THE COLLECTION OF THE SUPREME PEOPLE'S COURT'S JUDICIAL RULES (4rd)

最高人民法院
司法观点集成

〔第四版〕

民事卷

④

人民法院出版社 编

人民法院出版社

总 目 录

第一章 总 类 …… 1
第二章 《民法典》实施 …… 67
一、《民法典》适用 …… 67
二、民事主体与民事权利 …… 96
三、民事法律行为 …… 157
四、代 理 …… 193
五、民事责任 …… 217
六、诉讼时效与期间 …… 253
第三章 物 权 …… 299
一、物权变动与物权保护 …… 299
二、所有权 …… 332
三、业主的建筑物区分所有权 …… 350
四、相邻关系与共有 …… 401
五、所有权取得的特别规定 …… 420
六、用益物权 …… 446
七、担保物权 …… 513
八、留置权 …… 609
九、占 有 …… 612
第四章 合同通则 …… 625
一、一般规定 …… 625
二、合同的订立 …… 657
三、合同的效力 …… 730
四、合同的履行和变更 …… 850
五、合同的保全 …… 921
六、合同的变更和转让 …… 957

七、合同的权利义务终止……986
八、违约责任……1037
第五章　典型合同与准合同 ……1125
一、买卖合同……1125
二、房屋买卖合同……1167
三、赠与合同……1251
四、借款合同……1266
五、保证合同……1399
六、租赁合同……1426
七、承揽合同……1480
八、建设工程合同……1523
九、涉及土地使用权合同……1817
十、保管、仓储、运输合同……1869
十一、委托合同……1888
十二、物业服务合同……1907
十三、行纪合同、中介合同……1927
十四、旅游合同……1949
十五、其他合同……1956
十六、准合同……1987
第六章　人格权 ……1999
一、一般规定……1999
二、名誉权、荣誉权……2009
三、肖像权……2039
四、隐私权……2047
五、姓名权……2051
六、个人信息……2060
第七章　婚姻家庭……2077
一、结婚登记、婚姻关系……2077
二、父母子女关系……2090
三、离婚及财产分割……2137
四、夫妻共同债务……2168

五、反家庭暴力……………………………………………………………… 2186
第八章 继 承……………………………………………………………… 2197
一、一般规定……………………………………………………………… 2197
二、法定继承……………………………………………………………… 2204
三、遗嘱继承和遗赠……………………………………………………… 2209
四、遗产的处理…………………………………………………………… 2224
第九章 侵权责任…………………………………………………………… 2235
一、一般规定……………………………………………………………… 2235
二、人身损害赔偿………………………………………………………… 2261
三、精神损害赔偿………………………………………………………… 2301
四、产品责任……………………………………………………………… 2314
五、机动车交通事故责任………………………………………………… 2320
六、医疗损害责任………………………………………………………… 2368
七、高度危险责任………………………………………………………… 2396
八、饲养动物损害责任…………………………………………………… 2406
九、建筑物和物件损害责任……………………………………………… 2413
十、消费者权益保护……………………………………………………… 2415
十一、经营者安全保障义务……………………………………………… 2480
十二、其 他……………………………………………………………… 2495
第十章 劳动争议…………………………………………………………… 2509
一、一般规定……………………………………………………………… 2509
二、劳动关系的订立……………………………………………………… 2520
三、劳动合同的终止与解除……………………………………………… 2550
四、劳动仲裁……………………………………………………………… 2573
五、劳动报酬……………………………………………………………… 2576
六、社会保险……………………………………………………………… 2588
七、工 伤……………………………………………………………… 2593
八、平等就业权…………………………………………………………… 2602
九、加班费………………………………………………………………… 2614
十、档 案……………………………………………………………… 2624
十一、竞业限制…………………………………………………………… 2627

第十一章 环境资源保护 ………………………………………………… 2649
一、一般规定 ……………………………………………………………… 2649
二、环境治理 ……………………………………………………………… 2657
三、生态保护 ……………………………………………………………… 2709
四、资源开发利用 ………………………………………………………… 2734
五、环境诉讼与损害赔偿 ………………………………………………… 2755
第十二章 民刑（行）交叉案件 ……………………………………… 2789

附：关键词索引 ………………………………………………………… 2815

第四册目录

第七章 婚姻家庭

一、结婚登记、婚姻关系

1257. 区分借婚姻索取财物和正常的民间彩礼 …………………………… 2077
1258. 结婚登记程序瑕疵的处理 ………………………………………… 2078
1259. 父母为未成年子女订立“娃娃亲”的效力问题 …………………… 2080
1260. 基于完成父母心愿或报恩等动机缔结的婚姻关系是否违背婚姻自由 …………………………………………………………………… 2081
1261. 子女受父母胁迫结婚可请求依法撤销婚姻 ………………………… 2082
1262. 公民实施变性手术后，是否可以与异性进行婚姻登记 …………… 2084
1263. 拟制旁系血亲之间的婚姻效力 …………………………………… 2084
1264. 宣告死亡判决被撤销的，不影响宣告婚姻无效判决的效力 ……… 2085
1265. 审慎认定符合《民法典》规定的“重大疾病”………………………… 2086
1266. 夫妻之间的忠诚协议纠纷是否受理 ……………………………… 2087
1267. 事实婚姻的效力认定 ……………………………………………… 2088

二、父母子女关系

1268. 离婚判决中未涉及探望权，当事人另行诉讼的，人民法院应予受理 ……………………………………………………………………… 2090
1269. 父母分居状态下不与子女共同生活的父或母一方享有探望权 …… 2091
1270. 探望权的对象包括不能独立生活的成年子女 ……………………… 2092
1271. 继父母能否在离婚后对继子女行使探望权，应考虑继父母对继子女是否进行抚养教育 …………………………………………… 2093
1272. 应视情形尊重未成年子女意愿，保障探望权行使 ………………… 2094
1273. 丧子老人可对孙子女“隔代探望”………………………………… 2094

1274. 应尊重对未成年孙子女、外孙子女尽了抚养义务的祖父母、外祖父母的定期探望权 …… 2096
1275. 自然人没有监护能力的判断标准 …… 2099
1276. 协议确认监护人，应尊重被监护人真实意愿 …… 2100
1277. 监护人是否享有报酬请求权 …… 2101
1278. 区分申请变更监护人与其他监护制度 …… 2103
1279. 监护人将未成年学生送至学校学习，是否构成委托监护 …… 2105
1280. 对家长怠于履行家庭教育责任的行为可以发出家庭教育令责令家长切实履行监护职责 …… 2107
1281. 在没有依法具有监护资格的人时，由民政部门承担未成年人的监护责任 …… 2108
1282. 社会福利机构可指定为未成年人的监护人 …… 2110
1283. 监护人无法有效管理被监护人财产造成财产利益受损的，可将被监护人财产委托第三方监管 …… 2110
1284. 意定监护与法定监护冲突时，坚持最有利于被监护人原则和最大程度尊重被监护人真实意愿原则，依法判决变更监护人 …… 2112
1285. 申请撤销监护人资格诉讼 …… 2114
1286. 撤销监护人资格案件审理和判后安置 …… 2116
1287. 男方不愿意生育而女方坚持生育的，男方也应当承担抚养义务 … 2121
1288. 子女对于不在一起生活的父母应履行对其经济上供养、生活上照料和精神上慰藉的义务 …… 2122
1289. 父母未履行抚养子女的义务，子女能否主张免除赡养义务 …… 2123
1290. 孙辈赡养祖辈后不能免除其对自己父母的赡养义务 …… 2124
1291. 离婚时双方约定一方抚养子女，另一方给付抚养费及违约金，如未支付抚养费的，应承担违约金 …… 2124
1292. 夫妻一方不履行扶养义务时，可通过强制执行实现财产处置 …… 2126
1293. 父母双方或一方未尽抚养义务，子女成年后不能追索抚养费 …… 2126
1294. 未成年人子女有权向未对其承担过抚养义务的父母一方追索抚养费 …… 2127
1295. 父母一方垫付抚养费后向另一方追索时是否适用诉讼时效的限制？ …… 2128
1296. 继父母和继子女之间关系能否解除 …… 2129
1297. 父母均在外打工，不属于“无力抚养”…… 2130
1298. 查找不到生父母的未成年人的认定标准 …… 2131
1299. 历史遗留的事实收养的处理 …… 2132
1300. 涉外收养中被收养人的国籍认定 …… 2133

1301. 泄露收养秘密的精神损害赔偿认定 ………………………………… 2134
1302. 收养无效应通过诉讼方式确认 ………………………………………… 2135
1303. 人民法院审理一方起诉请求解除收养关系的案件应注重调解 …… 2135
1304. 父母向子女转款购房，子女能够提供证据加以证明的构成民间借贷关系 ……………………………………………………………………… 2136

三、离婚及财产分割

1305. 一方不当地限制对方参加生产、工作、学习和社会活动的，可作为“导致夫妻感情破裂”的情形，准予离婚 ………………………… 2137
1306. 婚前财产在婚后发生形态变化不导致所有权发生变化 …………… 2139
1307. 夫妻一方个人财产在婚后产生的收益如何处理 …………………… 2140
1308. 婚姻关系存续期间，相关保险利益是否属于夫妻共同财产 ……… 2143
1309. 夫妻一方将个人房产约定为共同共有或按份共有，赠与人在产权变更登记之前可以行使任意撤销权 …………………………… 2146
1310. 离婚时未实际取得或明确的知识产权收益应如何处理 …………… 2148
1311. 夫妻一方将个人所有的不动产赠与另一方，但未办理过户登记的，仍应认定为其个人财产 …………………………………………… 2149
1312. 对登记在未成年子女名下的不动产，若购房款系父母支付或未成年子女未举证其具备相应的经济能力或系通过继承、接受赠与等所得，应认定为家庭共有财产 ……………………………… 2150
1313. 一方在离婚诉讼期间或离婚诉讼前，擅自处分夫妻共同财产，或伪造债务企图侵占另一方财产的，离婚分割夫妻共同财产时，可以少分或不分财产 ………………………………………………… 2152
1314. 如何处理夫妻之间的借款问题 ………………………………………… 2154
1315. 夫妻共同还贷款项及其相对应增值部分的数额等于以夫妻共同还贷部分乘以不动产升值率 ………………………………………… 2155
1316. 对于离婚时未分割的夫妻共同财产，任何一方都有权诉请分割，不受三年诉讼时效限制 ………………………………………………… 2156
1317.《民法典》婚姻家庭编将家务劳动补偿扩大适用于夫妻共同财产制 ………………………………………………………………………… 2158
1318.《民法典》婚姻家庭编新增夫妻日常家事代理权制度……………… 2159
1319. 夫妻共同财产分割中确定少分或不分的数额时，不限于一方隐藏、转移、变卖、毁损的部分财产 ………………………………… 2160
1320. 婚内夫妻财产分割有着严格的适用条件 …………………………… 2161
1321. 父母以其未成年子女房产设定抵押行为的效力问题 ……………… 2161

1322. 夫妻一方非因日常生活需要实施的法律行为对另一方是否具有约束力 …………………………………………………………… 2162
1323. 男女没有办理结婚登记手续，在女方怀孕期间，法院可受理男方有关同居期间财产纠纷的起诉 …………………………… 2164
1324. 人民法院应根据实际情况对离婚经济帮助案件中的经济帮助时间附加期限或条件 ……………………………………………… 2165
1325. 双方父母出资购买不动产中出资的认定 ……………………… 2166
1326. 父母为子女出资购房赠与一方还是赠与双方的认定 ………… 2167

四、夫妻共同债务

1327. 原《婚姻法》第四十七条规定行为发生在《民法典》施行之前，但新规定对保护无过错方权益更有利的，可以适用《民法典》…… 2168
1328. 处理夫妻债务时，既要避免恶意逃债损害债权人利益，又要避免夫妻一方离婚时被高额负债 ……………………………… 2169
1329. 为配偶债务提供连带责任保证是否能够认定该债务属于夫妻共同债务 ……………………………………………………………… 2171
1330. 夫妻共同经营公司，一方因“对赌协议”承担的债务，是否属于夫妻共同债务 ……………………………………………………… 2172
1331. 夫妻一方行为引发的机动车交通事故责任是否认定为夫妻共同债务 ……………………………………………………………… 2173
1332. 离婚纠纷中，夫妻一方以个人名义举债用于夫妻共同生活，要求确认为夫妻共同债务的，如何处理 …………………………… 2175
1333. 因股权受让形成的债务是否属于夫妻共同债务 ……………… 2176
1334. 侵权所获利益用于家庭开销，因侵权所形成的债务是否属于夫妻共同债务 ……………………………………………………… 2177
1335. 配偶一方在保证债务交易中事实受益是否能认定该债务为夫妻共同债务 ……………………………………………………… 2178
1336. 夫妻一方婚前所持股权于婚后增值部分是否属于夫妻共同财产 … 2179
1337. 夫妻一方在《保证合同》中保证人配偶处签字的可以认定该保证债务为夫妻共同债务 ………………………………………… 2180
1338. 个人独资企业对外借款形成于夫妻关系存续期间，且借款目的用于企业资金周转，可以认定属于夫妻共同债务 ……………… 2181
1339. 夫妻一方个人债务，但配偶有数次还款行为不能认定夫妻共债 … 2182
1340. 夫妻一方以登记在其一人名下的共有房产对外抵押，若另一方采取默认态度，应推定其同意，抵押有效 ……………………… 2183

1341. 婚前个人债务向婚后共同债务转化，必须以婚前所欠债务用于婚后家庭共同生活为条件，债权人对此事实应当承担证明责任 …… 2184
1342. 夫妻一方以个人名义借款后形成的借贷债务是否因其配偶的还款行为而构成夫妻共同债务 …… 2186

五、反家庭暴力

1343. 贯彻实施反家庭暴力法，保护家庭成员人身、财产安全 …… 2186
1344. 涉家庭暴力相关部门的强制报告义务内容 …… 2187
1345. 家庭暴力的形式问题 …… 2188
1346. 离婚后或恋爱、同居关系终止后的暴力行为，能否参照适用反家庭暴力法 …… 2189
1347. 区分离婚损害赔偿的损害结果和家庭暴力的损害结果 …… 2191
1348. 审理离婚案件中确定子女抚养问题时不可忽略家庭暴力因素 …… 2192
1349. 家庭暴力发生的范围限定在家庭成员之间 …… 2194

第八章 继 承

一、一般规定

1350. 放弃继承权的限制 …… 2197
1351. 对放弃继承反悔的理解 …… 2198
1352. 继承纠纷中各方有主张法定继承、遗嘱继承、遗赠、遗赠扶养协议的，何者优先 …… 2198
1353. 同时死亡事故中，自然人死亡后是否存在继承 …… 2199
1354. 非婚生子女要取得生父母遗产的继承权，必须证明其与生父母的关系 …… 2201
1355. 被继承人遗产未分割的，不应认定继承人就其债务承担连带责任及不当得利返还责任 …… 2202
1356. 应以法院判决确定的死亡日期作为继承开始的时间 …… 2203

二、法定继承

1357. 已经解除关系的继子女主张对继父母遗产进行法定继承的，人民法院不予支持 …… 2204

1358. 当事人不是法定第一顺序继承人，但其自愿赡养老人承担了丧葬费用，可以视为第一顺序继承人 …………………………… 2206
1359. 侄甥代位继承制度的适用 …………………………………………… 2207

三、遗嘱继承和遗赠

1360. 审理涉及自书遗嘱的继承案件时审查自书遗嘱的要点 …………… 2209
1361. 审理涉及口头遗嘱的继承案件时审查口头遗嘱的要点 …………… 2210
1362. 审查遗嘱见证人资格的要点 ………………………………………… 2213
1363. 审查变更或撤回遗嘱的要点 ………………………………………… 2215
1364. 自然人被法院判决宣告为无、限制民事行为能力人，未经法院撤销能力宣告判决的，订立遗嘱无效 ……………………………… 2216
1365. 遗产管理人报酬的支付来源和支付顺序 ………………………… 2217
1366. 遗嘱继承人先于被继承人死亡，遗产如何分配 ………………… 2218
1367. 遗嘱解释应注重探寻被继承人的内心真意 ……………………… 2219
1368. 遗产管理人能否提起或参与遗产管理期间的诉讼 ……………… 2220
1369. 遗产管理人不作为时，利害关系人有权请求其履行职责 ……… 2222
1370. 公证遗嘱不具有优先于其他遗嘱形式的效力 …………………… 2223

四、遗产的处理

1371. 遗产属于继承人共同共有的，共有人请求分割共有财产的权利不受诉讼时效的限制 ……………………………………………… 2224
1372. 土地承包经营权能否作为遗产 ……………………………………… 2227
1373. 继承案件中析出配偶遗产时，不存在考虑配偶过错的适用空间 … 2230
1374. 家庭承包中部分成员死亡的，不发生继承，而是由其他成员继续承包经营 ………………………………………………………… 2231
1375. 夫妻共同居住的公租房在一方死亡后不得作为遗产继承 ……… 2232
1376. 家庭承包方式的土地承包经营权是否可以继承 ………………… 2233

第九章　侵权责任

一、一般规定

1377. 审理发生在公共空间案件，应兼顾国法天理人情，引导社会成

员增强公共意识、规则意识，实现法律效果与社会效果的统一 …… 2235
1378. 动物致害赔偿责任应区分被侵权人故意和重大过失 …… 2237
1379. 区分共同危险行为与共同侵权行为 …… 2238
1380. 过失相抵原则与因果关系中断的区别 …… 2239
1381. 分别实施侵权行为造成同一损害，起到间接作用的侵权行为人承担补充责任 …… 2240
1382. 分别实施侵权行为造成同一损害，起到间接作用的侵权行为人承担补充责任 …… 2242
1383. 共同侵权坚持必要共同诉讼是否与债权人对连带债务人享有选择权的规定相悖 …… 2244
1384. 公平责任不是归责原则 …… 2245
1385. 自甘风险是《民法典》侵权责任编新增的免责事由 …… 2246
1386. 自助行为的适用条件 …… 2248
1387. 应采取审慎从严态度适用自助行为 …… 2249
1388. 审判实践中有关自助行为不当实施的责任承担 …… 2250
1389. 债权人对债务人采取合理限度的自助行为，债务人在自身安全未受到现实威胁的情况下自行翻窗逃跑致死的，债权人不承担法律责任 …… 2251
1390. 行为人非因法定义务实施阻止不法侵害者逃逸的行为，可以认定为见义勇为 …… 2252
1391. 见义勇为受益人适当补偿的范围 …… 2253
1392. 持续性侵权之债的诉讼时效期间的起算 …… 2254
1393. 数人教唆、数人帮助或者既有人教唆又有人帮助的情形下，侵权责任的承担规则 …… 2256
1394. 损害赔偿关系中的"赔偿权利人""赔偿义务人"与《民法典》所规定的"被侵权人""侵权人"的异同 …… 2257
1395. 被侵权人死亡后无近亲属或近亲属不明时，未经授权的机关或者组织无权主张死亡赔偿金 …… 2258
1396. 被要求停止侵害、排除妨碍、消除危险的侵权责任人以无过错为由提出抗辩的，不予支持 …… 2260

二、人身损害赔偿

1397. 残疾辅助器具经营者在出售产品后，因售后服务缺失导致购买人人身损害的，应承担侵权赔偿责任 …… 2261
1398. 完全民事行为能力人在教育机构学习期间受到人身伤害，只能

作为一般人身损害赔偿案件确定案由 …………………………… 2262
1399. 在铁路旅客人身财产遭受损失时，旅客选择权决定案由的确定及法律适用 …………………………………………………… 2263
1400. 帮工人在帮工活动中致人损害应如何承担民事责任 ……………… 2266
1401. 帮工人在帮工活动中因第三人的行为遭受人身损害的，有权请求第三人承担赔偿责任 ………………………………………… 2268
1402. 赔偿义务人应否赔偿社会保险机构已支付的医疗费 ……………… 2271
1403. 残疾赔偿金的计算采“劳动能力丧失说”……………………………… 2272
1404. 改革人身损害赔偿制度，统一城乡居民赔偿标准 ………………… 2273
1405. 审理人身损害赔偿案件时，被扶养人生活费计入残疾赔偿金或者死亡赔偿金 ……………………………………………… 2274
1406. 计算被扶养人生活费的原则和方法 ………………………………… 2275
1407. 当事人基于同一侵权事实另行提起精神损害赔偿诉讼不构成重复诉讼 ………………………………………………………… 2276
1408. 以侵权行为发生的时间作为人身损害赔偿解释的适用标准 ……… 2277
1409. 死亡赔偿金的定性和计算标准 ……………………………………… 2278
1410. 损害赔偿的数额当事人能否约定的问题 …………………………… 2279
1411. 第三人原因致害下侵权损害赔偿与工伤保险待遇支付规则 ……… 2280
1412. 多名受害人在同一侵权事件中死亡，应适用同一标准进行赔偿 … 2281
1413. 因第三人侵权导致劳动者工伤，社会保险管理机构享有追偿权 … 2283
1414. 劳动者因第三人侵权构成工伤的可获双重赔偿 …………………… 2284
1415. 学生参加学校安排的校外实习过程中受到伤害，学校未对实习单位尽到必要督促义务的，应承担相应法律责任 ……………… 2288
1416. “无名死者”请求权主体问题……………………………………… 2290
1417. 损伤参与度在人身损害赔偿案件中适用的限制 …………………… 2291
1418. 个人体质特殊不属于减轻侵权人责任的情形 ……………………… 2293
1419. 定期金给付是否支付利息 …………………………………………… 2300

三、精神损害赔偿

1420. 精神损害的主体 ……………………………………………………… 2301
1421. 精神损害的赔偿数额的认定 ………………………………………… 2302
1422. 精神性人格权中动态体系论的具体运用 …………………………… 2305
1423. 同一行为形成违约与侵权竞合时严重精神损害的赔偿认定 ……… 2308
1424. 遭受性骚扰有权依法请求精神损害赔偿 …………………………… 2310
1425. 精神损害赔偿与物质损害赔偿特别是死亡赔偿金、残疾赔偿金

之间的关系 …… 2311
1426. 旅游合同之诉不能获得精神损害赔偿 …… 2312

四、产品责任

1427. 生产者或经营者承担惩罚性赔偿责任后是否有权相互追偿要视情况确定 …… 2314
1428. 自营误导情形下电子商务平台经营者和实际经营者连带责任的处理 …… 2315
1429. 药品上市许可持有人的界定及其承担医疗产品责任的性质 …… 2316

五、机动车交通事故责任

1430. 擅自驾驶人与所有人存在雇佣关系情形下的责任承担 …… 2320
1431. 无偿代驾发生交通事故，无偿驾驶人和车辆所有人的责任认定 … 2323
1432. 机动车未投保交强险发生交通事故赔偿责任如何承担的规定 …… 2324
1433. 套牌车出借人与使用人对交通事故负连带责任 …… 2327
1434. 拼装车、报废车无论经过几次转让，所有转让人与受让人均应承担连带责任 …… 2330
1435. 机动车所有人与占有人相分离情形下的责任认定 …… 2332
1436. 好意同乘的适用要点 …… 2336
1437. 好意同乘规定是否适用于营运机动车 …… 2337
1438. 如何理解“责任限额范围内”分项责任限额不应突破 …… 2338
1439. 机动车交通事故责任纠纷如何执行新的交强险责任限额 …… 2341
1440. 实践中对交强险“第三人范围”特殊情形的处理 …… 2342
1441. 擅自驾驶他人机动车，造成非车上人员的投保人损害的，如何处理 …… 2343
1442. 保险公司不得以被保险机动车转让后未向其办理变更手续为由拒绝赔付 …… 2345
1443. 关于保险公司追偿和在交强险责任限额范围内赔偿，以及受害人在侵权人和保险公司间求偿问题的处理 …… 2346
1444. 违法驾驶情形下交强险保险公司追偿权的行使对象、追偿范围及其诉讼程序 …… 2348
1445. 以家庭自用名义投保的车辆从事网约车营运活动，因从事网约车营运发生的交通事故，保险公司可以在商业三者险范围内免赔 2350
1446. “优者危险负担”原则在认定交通事故损害赔偿责任中的运用…… 2352

1447. 交通事故认定书认定的交通事故责任不等同于民事侵权责任 …… 2353
1448. 交强险脱保而商业车险未脱保的，应如何处理 …………………… 2355
1449. 如何认定保险公司拒保的合理期间 ………………………………… 2356
1450. 关于交强险合同解除的溯及力问题 ………………………………… 2357
1451. 关于多个被侵权人未同时在同一法院起诉问题的处理 …………… 2358
1452. 关于非法改装车在交强险合同有效期内发生交通事故的处理 …… 2361
1453. 银行不能作为交强险保险金请求权人 ……………………………… 2363
1454. 在责任保险中，不应存在被保险人保险金请求权的转让 ………… 2364
1455. 关于商业三者险保险合同的仲裁条款能否约束第三人（受害人）的问题 …………………………………………………………………… 2366
1456. 患有精神病的无劳动能力人因交通事故致残的，可请求侵权人赔偿残疾赔偿金 ………………………………………………………… 2367
1457. 如何确定道路交通事故中因伤持续治疗费用承担问题 …………… 2368

六、医疗损害责任

1458. 医疗机构紧急救治中不能取得患者近亲属意见的具体情形 ……… 2368
1459. 医疗机构实施紧急救治情形下的侵权责任分析 …………………… 2371
1460. 医务人员不宜向患者履行说明义务时，近亲属代理行使知情同意权的情形 ……………………………………………………………… 2372
1461. 医疗机构履行说明义务的具体要求 ………………………………… 2374
1462. 近亲属达不成一致意见时，是否需要考虑持不同意见近亲属的顺位 ……………………………………………………………………… 2376
1463. 医疗机构怠于实施紧急救治的法律责任 …………………………… 2377
1464. 多家医疗机构的行为共同造成患者损害时的责任确定 …………… 2378
1465.《民法典》第一千二百二十七条“不必要的检查”的认定………… 2379
1466. 医院不得基于部门规章的行政管理规定对抗当事人基于法律所享有的正当生育权利 ………………………………………………… 2380
1467. 因医疗产品的缺陷或者输入不合格血液造成患者损害，相关主体的免责情形 …………………………………………………………… 2383
1468. 缺陷医疗产品惩罚性赔偿数额的确定 ……………………………… 2385
1469. 医疗产品责任主体增加“药品上市许可持有人”………………… 2387
1470. 受邀医务人员的侵权责任构成要件 ………………………………… 2388
1471.“不能取得患者或者其近亲属意见”的界定……………………… 2392
1472. 医务人员违反说明义务的精神损害赔偿规则 ……………………… 2394
1473. 医疗美容机构虚假宣传和诊疗过错行为造成患者损害应予赔偿 … 2395

七、高度危险责任

1474. 高空抛物、坠物民事案件的审判原则 …………………………… 2396
1475.《民法典》对高空抛物坠物责任规则的完善…………………………… 2398
1476. 物业服务企业在高空抛物、坠物行为方面的责任承担 ……… 2402
1477. 公共道路妨碍通行损害责任与堆放物损害责任、高度危险物损害责任的区别 …………………………………………………… 2404
1478. 高压触电人身损害赔偿纠纷，供电企业已经履行警示、告知义务的，可根据受害人的过错程度减轻供电企业的侵权责任 …… 2405

八、饲养动物损害责任

1479. 审判实践中，应从规定出发而非主观感受出发判断危险动物 …… 2406
1480. 饲养动物遗弃、逃逸被人占有后致人损害的责任承担 ………… 2407
1481. "动物饲养人或者管理人"的范围…………………………………… 2409
1482. 动物园作为饲养管理动物的专业机构，依法负有注意和管理义务，其安全设施应充分考虑到未成年人的特殊安全需要，最大限度杜绝危害后果发生 ……………………………………………… 2410

九、建筑物和物件损害责任

1483. 违法建筑倒塌或其搁置物、悬挂物脱落、坠落致损的责任承担 … 2413

十、消费者权益保护

1484. 依法审理消费者权益纠纷 ………………………………………… 2415
1485.《消费者权益保护法》的适用及其溯及力…………………………… 2417
1486. 不宜将消费者扩大解释为包括单位 ……………………………… 2418
1487. 网络直播营销民事责任 …………………………………………… 2420
1488. 网络餐饮服务平台经营者违反食品安全法相关规定应当与入网餐饮服务提供者承担连带责任 ………………………………… 2423
1489. 外卖平台未审核餐饮服务提供者资质应承担连带责任 ……………… 2425
1490. 消费者权益保护组织有权提起公益诉讼要求智能电视生产者对其生产销售的智能电视提供即时一键关闭功能 ……………………… 2426
1491. 商场商铺承租人因经营不善等原因倒闭或歇业后，是否适用

《消费者权益保护法》第四十三条……………………………………… 2427
1492. 未尽到告知义务的药房对购买人因过量服用中药饮片而导致的死亡承担相应的侵权责任 ……………………………………………… 2429
1493. 消毒产品标示治疗功能误导消费者购买构成欺诈 ………………… 2431
1494. 销售未注明产品批号的药品应承担赔偿责任 ……………………… 2432
1495. 消费者与影楼签订摄影合同后可依法行使解除权 ………………… 2434
1496. 食品、药品生产经营者惩罚性赔偿的赔偿范围 …………………… 2435
1497. 消费者在短时间内购买相同或相似的若干件商品并分别提起诉讼情形下，是否分别支持惩罚性赔偿金的诉请 ………………… 2436
1498. 除食品、药品外，知假买假者不具有消费者身份 ………………… 2437
1499. 消费者购买汽车遭受欺诈有权依消法要求增加赔偿 ……………… 2447
1500. "消费者单方终止消费，经营者对已经收费但尚未提供商品或服务部分的价款不予退还"等该类格式条款应属无效 ……………… 2452
1501. 在预付式消费中，消费者单方终止消费，经营者并无违约或过错行为的，消费者应负相应违约责任 ……………………………… 2453
1502. 惩罚性赔偿法条竞合情形下消费者有选择权 ……………………… 2453
1503. 赠品的生产者是否应承担责任 ……………………………………… 2454
1504. 赠品本身价值或效用减少，消费者是否有权要求赔偿 …………… 2455
1505. 挂靠协议中关于内部责任约定的效力 ……………………………… 2456
1506. 普通人可以成为食品药品推荐责任的主体 ………………………… 2457
1507. 经营者单方作出的加重其责任的承诺如何处理 …………………… 2460
1508. 手机电信用户可在电信增值业务免费体验期内免费体验增值服务，免费期过后应当得到用户明确使用承诺才可进行收费 ……… 2461
1509. 经营者违反法定告知义务是否构成欺诈，应综合考虑消费缔约目的、隐瞒信息主观故意等确定 …………………………………… 2463
1510.《食品安全法》第一百四十八条第二款与《消费者权益保护法》第五十五条第二款规定的适用关系 ……………………………… 2465
1511. 人民法院不可依职权直接适用《食品安全解释（一）》第九条 … 2466
1512. 生产经营者不能以食品标签未标明基本信息实质上不影响预包装食品安全进行抗辩 ……………………………………………… 2467
1513. 商家作出的最低充值金额限制规定，应属无效 …………………… 2468
1514. 汽车经销商隐瞒车辆未交付即被维修或使用的事实，构成消费欺诈，应承担车辆三倍价款的惩罚性赔偿责任 ………………… 2469
1515. 消费者以食品标签存在瑕疵为由索赔的，应就此瑕疵对食品安全造成影响或对消费者造成误导举证证明 ……………………… 2474
1516. 消费者要求经营者适用惩罚性赔偿的，以因食用其食品而实际

遭受损失为要件 …… 2475
1517. 销售企业或经销商推销保健食品时提供的宣传资料内容与说明书载明的功效不一，且明示或暗示具有药理作用的，构成虚假宣传 …… 2477
1518. 销售企业或经销商的虚假宣传行为与消费者延误治疗的关联性、因果性及参与度的举证责任，应由死者近亲属承担 …… 2478

十一、经营者安全保障义务

1519.《民法典》中安全保障义务的认定 …… 2480
1520. 未履行从业人员资质审查、培训场所安全保障等义务的培训机构应对未成年人身体伤害承担侵权责任 …… 2482
1521. 完全民事行为能力人因私自攀爬景区内果树不慎跌落主张经营管理者承担赔偿责任的，人民法院不予支持 …… 2484
1522. 完全民事行为能力人擅自进入非公共场所造成自身损害的，经营管理者不承担责任 …… 2487
1523. 公共场所管理人是否尽到必要的救助义务，应参照社会普遍认同的衡量标准加以判断 …… 2489
1524. 物业公司未尽到管理职责造成他人损害的，应依法承担相应赔偿责任 …… 2490
1525. 碾压到车辆散落物导致交通事故的，高速公路管理者应承担已尽到及时巡视和清障义务的举证责任 …… 2491
1526. 吃“霸王餐”后逃跑摔伤，反向餐馆索赔，不予支持 …… 2493
1527. 燃气经营者未能在发现安全隐患后作出具体、明确的警示，不能认定为履行了安全保障义务 …… 2494

十二、其　他

1528. 公共交通运营企业对非本市户籍残疾人搭乘公共交通工具也应给予优惠 …… 2495
1529. 受托监护人的过错应以疏于履行监督义务为标准 …… 2496
1530. 被劝阻人因自身疾病发生猝死的，劝阻人不承担侵权责任 …… 2497
1531. 物业管理公司根据业主委员会决定拒绝共享单车骑入小区的，不构成侵权 …… 2499
1532. 个体店主允许他人在其经营场所内从事产品宣传服务应进行必要审查，否则造成他人损害的应承担过错责任 …… 2500

1533. 网络服务提供者的抗辩事由和义务 …………………………… 2500
1534. 网络服务提供者与网络用户承担连带责任时其过错标准认定 …… 2502
1535. 网络侵害人身权益应赔偿的财产损失范围 ……………………… 2504
1536. 提供酒店在线预订服务方应当履行协助退订等合同附随义务 …… 2507

第十章　劳动争议

一、一般规定

1537. 关于审理劳动争议案件的司法政策精神 ………………………… 2509
1538. 审理涉及农民工的劳动争议纠纷的司法原则 ………………… 2511
1539. 劳动合同纠纷不同于劳务合同纠纷 ……………………………… 2512
1540. 用工单位和劳务派遣单位就其工作人员侵权行为的责任分配进行了约定的效力认定 ……………………………………………… 2513
1541. 用人单位拖欠或未足额支付工伤医疗费、经济补偿金或者赔偿金的，劳动者不能申请支付令 ………………………………… 2514
1542. 应防止劳动者在诉讼过程中造成用人单位损失扩大化 ……… 2515
1543. 政府有关部门主导的企业改制行为引发的劳动争议，不属于人民法院民事诉讼受案范围 ……………………………………… 2516
1544. 劳动争议案件不适用协议管辖 ………………………………… 2517
1545. 用人单位的管理人员对被性骚扰员工的投诉，应采取合理措施进行处置 …………………………………………………………… 2518

二、劳动关系的订立

1546. 人事主管有义务提示用人单位与之订立书面合同 ……………… 2520
1547. 车辆实际所有人聘用的司机与挂靠单位之间不形成事实劳动关系　2522
1548. 劳动者仍在原工作场所、工作岗位工作，劳动合同主体由原用人单位变更为新用人单位的，属于“劳动者非因本人原因从原用人单位被安排到新用人单位工作”……………………………… 2523
1549.“空挂资质”的个人与单位间的纠纷不属于劳动争议………………… 2524
1550. 代签劳动合同的纠纷及其处理 ………………………………… 2525
1551. 如何认定用人单位与劳动者口头约定的试用期的效力 ……… 2527
1552. 劳动者欺诈签订的劳动合同不适用《民法典》关于欺诈合同撤销权行使期间的规定 ……………………………………………… 2528

1553. 夫妻在共同经营船舶中不能认定形成船员劳务合同关系 ………… 2530
1554. 网络主播通过合作公司推荐，自行从事网络直播活动，双方不具有劳动关系 ………… 2531
1555. 用人单位违反法律规定不与劳动者订立书面劳动合同，如何承担法律责任 ………… 2532
1556. 外国企业常驻代表机构与中国劳动者之间是具有劳动关系特征的雇佣关系 ………… 2534
1557. 用人单位分支机构是否属于劳动争议的适格主体 ………… 2535
1558. 劳动者主张与关联企业存在双重劳动关系的处理 ………… 2536
1559. 未取得就业证件的外国人、无国籍人就业的认定 ………… 2537
1560. 前一个劳动合同约定了合同期满自动续延的处理 ………… 2538
1561. 劳动合同期满而专项培训服务期未满情形的处理 ………… 2539
1562. 订立三次以上固定期限劳动合同的处理 ………… 2540
1563. 劳动合同中约定用人单位享有对劳动者工作岗位调整权的效力认定 ………… 2541
1564. 公司与董事长（法定代表人）形成劳动关系的认定 ………… 2542
1565. 如何认识劳社部发〔2005〕12号《通知》的规定及在实质上认定劳动者和用人单位之间形成劳动关系 ………… 2544
1566. 确认是否存在劳动关系应综合考量 ………… 2547
1567. 用人单位与劳动者以“合作经营”为名订立协议是否构成劳动关系 ………… 2548

三、劳动合同的终止与解除

1568. 非法解除劳动合同的处理 ………… 2550
1569. 用人单位的规章制度超越合理权限对劳动者设定义务，并据此解除劳动合同，属于违法解除，用人单位应当依法支付赔偿金 … 2552
1570. 用人单位单方解除劳动合同，使用“末位淘汰”或“竞争上岗”等形式的合法性判定 ………… 2553
1571. 在用人单位解除劳动合同的情形下，用人单位仍有义务向工伤职工支付一次性伤残就业补助金 ………… 2560
1572. 从事接触职业病危害作业的劳动者未进行离岗前职业健康检查的，即使用人单位与劳动者已协商一致解除劳动合同，也应认定无效 ………… 2561
1573. 用人单位搬迁行为不足以导致劳动合同无法履行的，劳动者不得以此为由拒绝提供劳动 ………… 2562

1574. 劳动者拒绝违法超时加班安排，用人单位不能解除劳动合同 …… 2563
1575. 新用人单位招用未解除劳动合同的劳动者不存在过错的，不承担损害赔偿责任 …… 2565
1576. 解除或终止劳动合同协议遗漏款项的处理 …… 2566
1577. 用人单位因劳动者违反诚信原则构成欺诈解除劳动合同不需支付赔偿金 …… 2567
1578. 长期“两不找”，劳资双方不具有劳动法意义上的权利义务关系… 2567
1579. 劳动者与用人单位签订停薪留职协议到期后未再续签，处于“互不找”的状态多年，应认定双方劳动人事关系实际已经终止… 2568
1580. 用人单位单方解除劳动合同行为的合法性应以向劳动者发出的解除通知的内容为依据 …… 2570
1581. 劳动者因直系亲属去世等特殊情形请假且未超过合理期限，用人以劳动者擅自离岗为由解除劳动合同的，属于违法解除 …… 2572

四、劳动仲裁

1582. 对于终局裁决，劳动者与用人单位一方申请执行、另一方以申请撤销仲裁裁决的方式抗辩的，受理执行的法院应当中止执行 … 2573
1583. 仲裁裁决书未载明该裁决为终局裁决或非终局裁决，用人单位认为仲裁裁决为终局裁决，直接向中级人民法院申请撤销的，应如何处理 …… 2574

五、劳动报酬

1584. 劳动者以用人单位拖欠劳动报酬为由，主张对用人单位动产行使留置权的，不予支持 …… 2576
1585. 用人单位向劳动者支付的补助、补贴等是否应当计入职工工资总额 …… 2578
1586. 劳动者有权拒绝用人单位以虚拟货币支付工资 …… 2579
1587. 如何理解当地最低工资标准 …… 2580
1588. 工资数额约定不明，依据同期市场标准确定 …… 2581
1589. 劳动者主张“视为订立劳动合同”期间的第二倍工资的不予认可 2583
1590. 劳动者完成用人单位规定的奖金条件，用人单位应当按照规定发放奖金 …… 2583
1591. 劳动合同的解除非因劳动者单方过失或主动辞职所致，劳动者可主张用人单位支付年终奖 …… 2585

1592. 职工轮岗吃饭，工作任务并未减少，计薪时间不应扣除吃饭时间 …… 2586

六、社会保险

1593. 缴纳工伤保险费是单位的法定义务，不能由职工和单位约定排除 …… 2588
1594. 享受养老保险待遇或者领取退休金人员的认定应以行政部门认定结果为准 …… 2589
1595. 实际施工人以投保人身份主张在赔偿款中扣除意外伤害保险金的，不予支持 …… 2589
1596. 用人单位欠缴、拒缴社会保险费等发生的争议，由社会保险管理部门解决处理，不属于人民法院的受案范围 …… 2591
1597. 劳动者与用人单位因住房公积金发生的争议，应当由住房公积金管理中心负责催缴，不属于人民法院的受案范围 …… 2592

七、工　伤

1598. 在企业内退人员与原单位保留劳动关系的前提下，其到另一单位从事劳动、接受管理期间发生工伤事故的，应由新单位承担工伤待遇赔偿义务 …… 2593
1599. 工作原因、工作场所的认定，应当考虑是否与履行工作职责相关，是否在合理区域内受到伤害 …… 2594
1600. 在用人单位解除劳动合同的情形下，用人单位仍有义务向工伤职工支付一次性伤残就业补助金 …… 2595
1601. 用人单位与劳动者就工伤事故达成的赔偿协议，赔偿金额明显低于劳动者应当享受的工伤保险待遇，劳动者请求撤销该赔偿协议的，人民法院应予支持 …… 2596
1602. 工作人员因执行工作任务而使自己受到伤害的处理 …… 2598
1603. 职工为上下班在合理时间内跨越城际往返于两地的合理路线，应当认定为“上下班途中”…… 2600
1604. 劳动者因第三人侵权造成人身损害并构成工伤的，在停工留薪期间内，原工资福利待遇不变 …… 2601

八、平等就业权

1605. 平等就业权纠纷与劳动争议、人事争议案由的关系 ………………… 2602
1606. 用人单位因劳动者的性别作出不合理的区别构成就业性别歧视 … 2603
1607. 招聘单位仅以性别原因拒绝录用应聘者构成侵权，应对给应聘者造成的直接经济损失和精神损害予以赔偿 ………………………… 2605
1608. 招聘活动中公司以地域事由对当事人进行不合理差别对待，构成侵害平等就业权行为 ……………………………………………… 2608
1609. 员工持有残疾人证并不影响其从事工作，单位不能以员工隐瞒残疾人证为由解除劳动合同 ………………………………………… 2610
1610. 用人单位对孕期女职工实施“恶意调整劳动者的工作地点”“滥用惩戒权”行为，侵害了孕期女职工权益 ………………………… 2611
1611. 用人单位基于与“工作内在要求”无必然联系的因素对劳动者进行差别对待的，构成就业歧视 ……………………………………… 2612

九、加班费

1612. 非全日制用工条件下是否存在加班问题应视具体情况而论 ……… 2614
1613. 劳动合同解除或终止后当事人就加班费作出低于法定标准的约定，在无其他无效情形的前提下，则应认定其有效 ………………… 2615
1614. 劳动者超时加班发生工伤，用工单位、劳务派遣单位应承担连带赔偿责任 …………………………………………………………… 2616
1615. 用人单位以规章制度形式否认劳动者加班事实的，人民法院可认定该项规章制度无效 …………………………………………… 2618
1616. 劳动者在离职文件上签字确认加班费已结清，仍有权请求支付欠付加班费 ……………………………………………………………… 2620
1617. 加班费的计算方式 ……………………………………………………… 2622

十、档　案

1618. 身份证件与档案记载的出生时间不一致时，退休年龄以本人档案最先记载的出生时间为准 ………………………………………… 2624
1619. 用人单位不及时办理劳动终止证明及证件转移手续等，导致劳动者不能顺利就业，应对劳动者的未就业损失进行赔偿 ………… 2625
1620. 用人单位能否以劳动者未办理完毕工作交接为由，拒绝为其转

移人事档案和社保关系 ……………………………………………… 2626

十一、竞业限制

1621. 竞业限制义务是否适用于在职期间的普通劳动者问题 ………… 2627
1622. 未约定经济补偿金的离职竞业限制条款的效力问题 ………… 2629
1623. 未约定经济补偿金的竞业限制纠纷的具体处理 ……………… 2632
1624. 竞业限制期限约定超过 2 年的效力应如何认定 ……………… 2634
1625. 竞业限制协议中约定的违约金过分高于或者低于实际损失，当事人可请求人民法院调整 ……………………………………… 2635
1626. 劳动者违反竞业限制约定，用人单位要求新用人单位与劳动者一起承担连带责任的处理 ……………………………………… 2639
1627. 竞业限制协议的违约金过分高于或者低于实际损失，当事人可请求调整违约金数额 …………………………………………… 2640
1628. 竞业限制期限约定超过 2 年的效力应如何认定 ……………… 2644
1629. 劳动合同解除后用人单位未支付经济补偿金，劳动者可以解除竞业限制约定 ………………………………………………… 2645
1630. 因履行竞业限制条款发生争议申请仲裁和提起诉讼的期间不计入竞业限制期限的约定无效 ………………………………… 2645

第十一章 环境资源保护

一、一般规定

1631. 贯彻习近平生态文明思想，坚持绿色原则，保护生态环境 ……… 2649
1632. 为积极稳妥推进碳达峰碳中和提供司法服务 ………………… 2651
1633. 完整准确贯彻新发展理念 …………………………………… 2652
1634. 依法审理新业态新模式生产服务消费纠纷案件 ……………… 2653
1635. 强化环境资源保护，助推乡村生态文明建设 ………………… 2654
1636. 依法审理企业环境信息披露纠纷案件 ……………………… 2655
1637. 依法审理产能置换纠纷案件 ………………………………… 2656

二、环境治理

1638. 审理环境资源案件的总体要求 ……………………………… 2657

1639. 审理环境污染防治类案件的要点 …… 2663
1640. 林业碳汇交易规则 …… 2668
1641. 审理生态环境治理与服务类案件的要点 …… 2669
1642. 森林生态环境损害责任规则 …… 2672
1643. 审理相邻污染侵害时，对明显超出容忍限度或无相关规定的，应做好利益衡量 …… 2675
1644. 第三人过错环境侵权与无意思联络数人环境侵权的区别 …… 2677
1645. 审理气候变化应对类案件的要点 …… 2677
1646. 依法审理高耗能、高碳排放企业生态环境侵权纠纷案件 …… 2681
1647. 依法审理绿色金融纠纷案件 …… 2682
1648. 依法审理温室气体排放侵权纠纷案件 …… 2682
1649. 依法审理大气污染防治案件 …… 2683
1650. 依法审理适应气候变化行政补偿案件 …… 2683
1651. 依法审理可再生能源发展纠纷案件 …… 2684
1652. 依法审理合同能源管理节能服务合同纠纷案件 …… 2684
1653. 依法审理碳排放配额、核证自愿减排量交易纠纷案件 …… 2685
1654. 依法审理碳排放配额、核证自愿减排量担保纠纷案件 …… 2686
1655. 依法审理碳排放配额清缴行政处罚案件 …… 2686
1656. 依法办理涉碳排放配额、核证自愿减排量金钱债权执行案件。 … 2687
1657. 依法审理涉温室气体排放报告纠纷案件 …… 2687
1658. 依法审理水环境与水资源案件 …… 2688
1659. 人民法院可根据申请人的申请出具禁止令制止“噪声扰民”…… 2690
1660. 在河道、湖泊管理范围内建设妨碍行洪的建筑物、构筑物，侵害他人民事权益的应当承担侵权责任 …… 2692
1661. 认定光污染损害应当依据是否超出公众可容忍度等进行综合认定 …… 2693
1662. 生产经营者将危险废物交由不具备危险废物处置资质的企业或者个人进行处置，造成环境污染的承担生态环境损害责任 …… 2696
1663. 明知受托单位违法排污不予制止甚或提供便利的，应当对环境污染损害承担连带责任 …… 2697
1664. 污染者主动改进环保设施可以适当减轻污染者的赔偿责任 …… 2699
1665. 污染者以被污染水域有自净功能、水质得到恢复为由主张免除责任的不予支持 …… 2700
1666. 人民法院判令污染者停止侵害的，可以责令其重新进行环境影响评价 …… 2703
1667. 被告拒不提供其处置污染物情况等环境信息的可以推定原告主

张的环境污染事实成立 …………………………………………………… 2705
1668. 企业事业单位和其他生产经营者通过私设暗管等逃避监管的方式排放水污染物的，依法应当予以行政处罚 ………………………… 2707
1669. 企业事业单位和其他生产经营者堆放、处理固体废物产生的臭气浓度超过大气污染物排放标准，环境保护主管部门适用处罚较重的《中华人民共和国大气污染防治法》对其进行处罚 ……… 2708

三、生态保护

1670. 审理生态保护类案件的要点 ………………………………………… 2709
1671. 人民法院应探索适合生态环境修复责任的判决和执行方式 ……… 2713
1672. 生态环境修复责任的承担 ………………………………………… 2714
1673. 生态环境修复的预期目标确定 …………………………………… 2717
1674. 收购者明知其所收购的鱼苗系非法捕捞所得收购者应当与捕捞者承担连带赔偿责任 ………………………………………………… 2719
1675. 草原承包合同履行中，案涉地块被划归为国家湿地公园范围内，属于客观情况发生重大变化的，合同应予解除 ………………… 2721
1676. 当事人应承担成生态环境损害赔偿责任的，其参与环境治理的投入费用可在赔偿费内按比例折抵 ……………………………… 2722
1677. 土地位于河道管理范围内违反防洪法关于河道行洪禁止性规定的，土地承包经营合同无效 ……………………………………… 2723
1678. 对案涉地濒危野生植物存在影响其生存的潜在风险可以判决被告采取预防性措施 ………………………………………………… 2725
1679. 依法审理煤炭资源利用和电源结构调整纠纷案件 ……………… 2727
1680. 当生态资源损失难以确定时人民法院应当结合多种因素考量非法行为并参考专家意见，综合作出判断 ………………………… 2728
1681. 行为人非法运输《濒危野生动植物种国际贸易公约》附录中的珊瑚、砗磲，行政机关依照野生动物保护法等有关规定作出行政处罚 ………………………………………………………………… 2729
1682. 人民法院应综合考破坏虑森林的生态环境服务功能，合理确定生态环境服务功能期间损失 ……………………………………… 2731
1683. 生态修复不符合验收标准的，可以按照林地修复方案就地继续履行补植复绿、管护抚育义务 ………………………………………… 2733

四、资源开发利用

1684. 审理资源开发利用类案件的要点 …… 2734
1685. 依法审理油气资源开发纠纷案件 …… 2738
1686. 在未取得探矿权的矿区范围内进行勘探，属于无证探矿行为 …… 2739
1687. 无证勘查开采合同与无权代理的法律后果是否相同 …… 2740
1688. 如何认定转让人拒不履行报批义务致矿业权转让合同解除时，应承担违约赔偿责任的范围 …… 2741
1689. “名为租赁、承包，实为转让矿业权”的主要特征与认定 …… 2743
1690. 矿业权许可证被吊销后抵押权的处理 …… 2744
1691. 采矿权存续期限届满后其上是否设立抵押应由双方当事人约定 …… 2745
1692. 采矿权证到期未办理续期手续，原采矿权上设立的抵押权的有效性判定 …… 2747
1693. 行政主管部门不作为情形下人民法院可径行宣告矿业权流转合同无效 …… 2749
1694. 承包荒山后未履行防治水土流失、加快荒山绿化等主要合同义务，承包方有权解除土地经营权流转合同 …… 2750
1695. 林地所有权人不得以其负责人发生变更、对合同不知情为由拒绝为合法取得林地使用权及地上林木所有权的经营者办理采伐许可证 …… 2752
1696. 人民法院应落实绿色金融政策要求，在查明森林火灾面积、损失程度及赔偿金额的基础上，依法支持林业生产经营者的索赔请求，及时弥补其受灾损失，保障经营者在灾后迅速恢复生产 …… 2753

五、环境诉讼与损害赔偿

1697. 人民法院审理环境民事公益诉讼案件，应当贯彻损害担责、全面赔偿原则 …… 2755
1698. 关于生态环境侵权惩罚性赔偿的适用范围 …… 2757
1699. 侵权人违反法律规定故意污染环境、破坏生态造成严重后果的，被侵权人有权请求相应的惩罚性赔偿 …… 2760
1700. 赔偿义务人不履行生态环境损害赔偿协议，未支付全部生态环境损害赔偿款的，构成违约，应向生态环境部门承担违约责任 …… 2762
1701. 针对同一污染行为，环境公益诉讼和私益诉讼应如何衔接 …… 2763
1702. 省级人民政府提起企业生态环境损害赔偿案件的审理规则 …… 2765

1703. 人民法院对生态环境损害修复协议进行司法确认，当事人拒绝履行或未全部履行的，对方当事人可向法院申请强制执行 ……… 2766
1704. 人民法院审理环境民事公益诉讼案件应当综合判断是否具有“损害社会公共利益重大风险” ……… 2768
1705. 对人民检察院就同一污染环境行为提起的环境民事公益诉讼，人民法院可以分别立案、一并审理、分别判决 ……… 2770
1706. 因破坏古迹、建筑群、遗址等人文遗迹造成生态资源损害的，侵权人应当承担侵权责任 ……… 2772
1707. 生态环境损害赔偿金是否可以抵扣 ……… 2775
1708. 行为人未在走私废物犯罪案件中被判处刑事责任，不代表其无须承担民事责任 ……… 2778
1709. 人民法院可以结合生态环境基础修复及生物多样性修复方案，确定修复费用的具体使用方向 ……… 2781
1710. 破坏自然遗迹和风景名胜造成生态环境损害的应依法承担修复和赔偿责任 ……… 2784
1711. 生态环境不立即修复将导致生态环境损害扩大的，人民法院可以依法裁定先予执行 ……… 2787

第十二章 民刑（行）交叉案件

1712. 办理民刑交叉案件的思路和原则 ……… 2789
1713. 理解和把握民刑交叉案件中的“同一事实”和“关联事实”……… 2790
1714. 金融民刑交叉案件的程序选择标准 ……… 2791
1715. 行政机关直接或间接以不正当手段侵害民事主体权益的应承担侵权责任 ……… 2792
1716. 民刑交叉情况下合同效力认定问题 ……… 2793
1717. 关于民刑交叉案件的合同效力认定 ……… 2795
1718. 侵权责任纠纷中发生刑事责任和民事责任的聚合时，刑事责任的承担并不能否定民事责任的承担 ……… 2798
1719. 生效刑事判决所做的认定，如无证据足以推翻，在民事案件中应当据此确认相关事实 ……… 2803
1720. 民事案件与刑事案件有一定事实牵连，但并非同一法律关系，民事案件无须中止审理 ……… 2805
1721. 行为人以法人名义订立合同的行为已被刑事裁判认定为构成犯罪，合同相对人请求该法人组织承担民事责任的，人民法院是否受理 ……… 2806

1722. 本案事实与刑事案件所涉事实属于同一事实，应裁定驳回起诉 … 2807
1723. 民事案件中的行为与犯罪行为具有同一性时应如何处理 ………… 2808
1724. 案涉犯罪与民事纠纷虽然有关联但不属于同一法律关系的，不影响民事案件的审理 ……………………………………………… 2809
1725. 涉案保证借款合同虽然因双方当事人的工作人员犯罪而无效，但双方债权债务关系仍存在 ………………………………… 2811
1726. 存款人经他人安排多次到金融机构存款并收高额利息，虽然他人构成挪用资金罪而使其存款造成损失，因存款人存在过错，不能因他人构成犯罪而主张免除自己的民事责任 ……………… 2813

附：关键词索引 ……………………………………………………………… 2815

第七章　婚姻家庭

一、结婚登记、婚姻关系

1257. 区分借婚姻索取财物和正常的民间彩礼

关键词

借婚姻索取财物　民间彩礼　缔结婚姻关系　包办、买卖婚姻

《中华人民共和国民法典》条文

第一千零四十六条　结婚应当男女双方完全自愿，禁止任何一方对另一方加以强迫，禁止任何组织或者个人加以干涉。

附录：最高人民法院主流观点

人民法院在审理具体案件时，要注意合理区分借婚姻索取财物和正常的民间彩礼。借婚姻索取财物是《民法典》明确禁止的，而正常的民间彩礼给付并不为《民法典》所禁止。但是，如果某一方当事人索取高额彩礼的行为已严重影响了当事人婚后的生活，实际上是把婚姻作为谋取财物的手段或工具，则应当认定为借婚姻索取财物。实践中，缔结婚姻关系过程中给付彩礼有可能和包办、买卖婚姻以及借婚姻索取财物交织在一起，因此，彩礼的给付可能只是一个条件或者表现形式，人民法院在审理此类案件时应当查明当事人的真实意思，正确识别此种婚姻的实质，认定此种情形下彩礼的给付实为包办、买卖婚姻以及借婚姻索取财物，构成违法行为，依法应予禁止。

——最高人民法院民法典贯彻实施工作领导小组编著：《中华人民共和国民法典婚姻家庭编继承编理解与适用》，人民法院出版社2020年版，第57页。

1258. 结婚登记程序瑕疵的处理

关键词

婚姻登记　程序瑕疵

最高人民法院司法解释

第十七条　当事人以民法典第一千零五十一条规定的三种无效婚姻以外的情形请求确认婚姻无效的，人民法院应当判决驳回当事人的诉讼请求。

当事人以结婚登记程序存在瑕疵为由提起民事诉讼，主张撤销结婚登记的，告知其可以依法申请行政复议或者提起行政诉讼。

——《最高人民法院关于适用〈中华人民共和国民法典〉婚姻家庭编的解释（一）》（2020 年 12 月 29 日，法释〔2020〕22 号）。

附录：最高人民法院主流观点

结婚登记瑕疵并不是一个法律概念，从目前使用的特定语境看，主要是指在结婚登记中存在程序违法或欠缺必要形式要件等缺陷。比如，一方或双方当事人未亲自到场办理结婚登记、借用或冒用他人身份证明进行结婚登记、婚姻登记机关越权管辖、当事人提交的婚姻登记材料有瑕疵等。因而，它不属于《婚姻法》第十条[①]规定的无效婚姻以及第十一条[②]规定的可撤销婚姻情形。

程序具有瑕疵的结婚登记存在着不合法性，其法律效力自然会受到质疑，如果同时欠缺了结婚的实质要件，在法律规定的情形内，可以被人民法院宣告为无效。但仅有程序瑕疵的结婚登记的法律效力，缺乏明确的法律规定，结婚登记程序瑕疵，并不必然导致婚姻关系无效。应当区别是重大瑕疵还是一般瑕疵，对于存在一般瑕疵能够通过补正等方式解决的，尽量不要轻易否定结婚登记的效力。

结婚登记瑕疵问题情形比较复杂，其法律后果也各不相同，下面根据审判实务中不同情况，对如何处理结婚登记瑕疵纠纷进行类型化梳理和分析。

1. 一方当事人在离婚诉讼中以结婚登记程序存在瑕疵为由，对民政部门颁发的结婚证效力提出异议，认为彼此之间不存在夫妻关系的，应如何处理

我们认为，当事人提起离婚诉讼，其前提应是双方存在合法的婚姻关系，

---

① 对应《民法典》第一千零五十一条。

② 对应《民法典》第一千零五十二条。

诉讼时应向法院提供证明婚姻关系的结婚证或《夫妻关系证明书》。如果一方对配偶身份提出异议，首先要解决的就是结婚登记的效力问题，这里还涉及民政部门。从民事审判角度来讲，应当裁定驳回当事人的起诉，同时进行释明，告知其可以找民政部门解决，或者直接提起行政诉讼。

2. 他人代理或冒名顶替进行结婚登记的认定和处理

一方或双方没有亲自到场办理结婚登记手续，而是由他人代理甚至冒名顶替进行结婚登记，这里又可以分为两种不同的情况：

（1）当事人明知他人代理其进行结婚登记，且对此不持异议，虽未亲自到场办理结婚登记手续，但有公开举行婚礼、共同以配偶身份生活、凭结婚证办理准生证或申报子女户口等行为，表明双方缔结婚姻是其真实的意思表示。法律规定婚姻行为不得代理，而要求当事人双方亲自办理，其宗旨在于保障当事人系完全自愿地结为夫妻关系，这是婚姻成立的本质特征，但法律并没有规定当事人未亲自到场办理结婚登记，其缔结的婚姻一律无效。换句话说，即便双方当事人亲自到场申请办理结婚登记，如果一方或双方不符合结婚的实质要件，婚姻登记部门也会拒绝为其办理结婚登记手续。因此，只要查明当事人双方自愿结婚，并完成了结婚的形式要件，其结婚登记中的瑕疵是不足以影响婚姻效力的。

（2）一方当事人不同意结婚，他人冒名顶替与另一方当事人进行结婚登记。我们认为，由他人冒名顶替登记结婚，不仅严重违反结婚程序，也违背了当事人的结婚意志，如果被冒名的当事人请求撤销结婚证的，人民法院应予支持。

3. 借用他人身份证件进行结婚登记，结婚证上载明的主体与实际共同生活者不一致时，应如何处理

如果结婚证上载明的主体对结婚证效力提出异议的，可以请求民政部门撤销结婚登记或直接提起行政诉讼；如果实际共同生活的当事人请求离婚的，法院应对当事人进行释明，告知其结婚登记存在瑕疵，请求离婚的双方与结婚证上载明的主体不符，无法判断双方是否存在婚姻关系。若当事人坚持自己的诉讼请求，则应当裁定驳回起诉；若经过法院释明后，当事人变更诉讼请求，主张解决同居期间的财产分割、子女抚养等问题时，法院可以依法继续进行审理。值得注意的是，如果当事人系在1994年2月1日之前以夫妻名义共同生活，可按照事实婚姻处理。

结婚证的效力是具体行政行为的结果，针对的对象是特定的，只对结婚证上载明的主体有约束力，而不应及于他人。我国对婚姻关系确立形式只有一种，即采取的是登记主义模式，记载于结婚证上的申请人才是行政机关许可缔结婚姻并承认婚姻关系的当事人。行政机关颁发的结婚证，实际确立的是被借用身份证件之人与持有真实身份证件之人夫妻关系的有效法律文件，

具有公示公信的效力，是形式合法的婚姻关系，在未经法定机关通过法定程序撤销前，不能直接否认其效力。基于行政行为的相对性，该结婚证的效力不应及于实际共同生活的当事人，当事人之间不存在法律所承认的婚姻关系。

4. 一方使用虚假身份证件，以骗取钱财为目的与另一方登记结婚，婚后不久即下落不明，另一方起诉离婚被法院裁定驳回，理由是没有明确的被告，此种情况有什么救济途径

我们认为，婚姻登记机关在受骗的情况下作出的婚姻登记发证行为，属于无效行政行为。根据有关规定，对无效行政行为的认定，主要有行政主体进行认定和法院在行政诉讼中进行认定两种方式。现鉴于婚姻登记机关一般不受理此类问题，根据最高人民法院《关于执行〈中华人民共和国行政诉讼法〉若干问题的解释》第五十七条规定，被诉具体行政行为依法不成立或无效的，人民法院应当作出确认被诉具体行政行为违法或者无效的判决。因此，受骗一方的救济途径是提起行政诉讼，请求撤销结婚登记。

5. 涉及结婚登记程序是否完成的纠纷

领取结婚证是婚姻登记的关键环节，由此确立夫妻关系。如果当事人因种种因素最后未领取结婚证，其结婚登记程序没有完成，法院应认定当事人双方之间不存在婚姻关系。

6. 婚姻登记机关越权管辖发放结婚证的效力

我们认为，我国法律并没有规定违反婚姻登记管辖规定的婚姻登记无效，婚姻登记管辖规定，重点是明确婚姻登记机关内部职权范围，也是为了方便申请结婚登记的当事人及便于监督管理。只要办理结婚登记时没有违反其他规定，双方当事人系完全自愿结婚，完成了结婚登记程序，并符合结婚的实质要件，法院应当认定婚姻登记机关发放的结婚证有效。

——最高人民法院民事审判第一庭编著：《最高人民法院婚姻法司法解释（三）理解与适用》，人民法院出版社 2011 年版，第 23、45~48 页。

1259. 父母为未成年子女订立“娃娃亲”的效力问题

关键词

娃娃亲　未成年子女　婚约　婚姻自由

《中华人民共和国民法典》条文

第一千零四十六条　结婚应当男女双方完全自愿，禁止任何一方对另一方加以强迫，禁止任何组织或者个人加以干涉。

附录：最高人民法院主流观点

违反当事人的自由意志干涉婚姻的，一种比较典型的情形为父母为未成年子女订立“娃娃亲”，在双方子女成年并达适婚年龄时，则要求双方子女结婚。此种“娃娃亲”实际上属于婚约的一种，《民法典》对婚约并没有进行规定。当事人双方自愿订立婚约的，不对双方产生法律上的拘束力，仅具备道德上的约束力，一方当事人要求履行婚约的，人民法院不应受理。父母为未成年子女订立“娃娃亲”的婚约效力亦同。根据《未成年人保护法》第十五条规定，父母或者其他监护人不得允许或者迫使未成年人结婚，不得为未成年人订立婚约。因此，尽管父母是未成年子女的法定监护人，但并不享有为其订立婚约的权利。这里需要注意的是，并非只要当事人基于订立的“娃娃亲”而结婚的，双方所缔结的婚姻关系即为法律禁止。虽然“娃娃亲”因违反法律规定而不具有法律效力，但是，只要双方成年后仍是基于自由意志缔结婚姻关系，则尽管先前存在订立“娃娃亲”的事实，但是，现存婚姻关系未违背双方当事人的意愿，则“娃娃亲”的存在并不影响婚姻的效力。

另一种需要注意的情形是，当事人以订立“娃娃亲”作为合同条件的合同条款是否有效的问题。如在黄某与熊某婚姻纠纷一案中，9 岁的熊某与 6 岁的黄某在玩飞镖时，熊某不慎将黄某一只眼睛射瞎。双方父母遂为双方订立“娃娃亲”，待黄某与熊某长大后就结婚，否则熊某就应当每月负担一定的费用供养黄某。多年后，熊某不愿与黄某结婚并与他人结婚。在本案中，双方父母为其各自未成年子女所订立的婚约，因违背子女的真实意愿及违反《民法典》对于婚姻自由的规定，该“娃娃亲”条款自然无效，当事人无权要求履行该条款。但熊某侵犯黄某的人身权益，理应赔偿由此给黄某造成的损失，黄某有权请求熊某承担侵权损害赔偿责任。

——最高人民法院民法典贯彻实施工作领导小组编著：《中华人民共和国民法典婚姻家庭编继承编理解与适用》，人民法院出版社 2020 年版，第 54~55 页。

1260. 基于完成父母心愿或报恩等动机缔结的婚姻关系是否违背婚姻自由

关键词

婚姻自由　结婚意思表示　婚姻关系

《中华人民共和国民法典》条文

第一千零四十六条　结婚应当男女双方完全自愿，禁止任何一方对另一方加以强迫，禁止任何组织或者个人加以干涉。

附录：最高人民法院主流观点

人民法院在审理具体案件中，应当正确认定足以影响当事人结婚意思表示的因素。在当事人能够通过自己的行为排除这种因素对其婚姻决定的影响时，则该因素不属于干涉婚姻自由的情形。实践中，有的婚姻当事人以其结婚时是为了完成已患重病的父母或者长辈的心愿或者是为了报答婚姻另一方当事人或其家人的恩情，并非出于其自由意志为由，主张该婚姻违背了婚姻自由，不应具有法律效力。婚姻自由原则所强调的是他人对拟缔结婚姻关系的当事人施加物质上或精神上的控制行为，致使当事人无法按照自己真实意图进行选择，则所缔结的婚姻关系无效。因此，他人的行为能否构成干涉婚姻自由，应当结合具体的行为进行分析。在婚姻的一方当事人为完成自己或者另一方当事人的父母抑或亲属的心愿或者遗愿而结婚的场合，婚姻一方当事人作出结婚的决定是其自愿的，他人的心愿或者遗愿或许对其决定是否结婚有一定的影响，但通常是一方当事人自己考虑和斟酌的因素，在他人并未以强制其身体或者控制其精神等方式强迫当事人结婚的情形下，该婚姻关系并未违背当事人的自由意志。同理，在基于报恩而结婚的情况下，是否结婚是当事人能够自由决定的事项，当事人可通过各种方式表达自己的感恩之情，若其决定以结婚等方式报恩，则是当事人的自由选择，不存在他人对其婚姻的干预，亦不成立干涉婚姻自由。

——最高人民法院民法典贯彻实施工作领导小组编著：《中华人民共和国民法典婚姻家庭编继承编理解与适用》，人民法院出版社 2020 年版，第 56~57 页。

1261. 子女受父母胁迫结婚可请求依法撤销婚姻

关键词

胁迫结婚　撤销婚姻

最高人民法院公布的典型案例

周某诉付某撤销婚姻纠纷案

裁判要旨:《民法典》第一千零五十二条第一款规定:"因胁迫结婚的,受胁迫的一方可以向人民法院请求撤销婚姻。"结婚应当是男女双方完全自愿的行为,禁止任何一方对另一方加以胁迫,禁止任何组织或者个人加以干涉。

一、基本案情

女孩周某在其母亲安排下与付某相亲。因付某家庭条件较好,两家又系远房亲戚,周某母亲非常希望周某与付某缔结婚姻。在周某明确拒绝与付某交往后,周某母亲强行将在外地工作的周某接回家,并以死相逼,表示如周某不同意该婚事就将其赶出家门。周某害怕家庭关系破裂,又担心母亲寻短见,不得不与付某登记结婚并举办婚礼。婚后近一年时间里,双方并未建立夫妻感情,也从未有过夫妻生活。但周某母亲仍不准许周某提出离婚,母女俩多次争吵并发生肢体冲突。周某诉至人民法院,请求撤销其与付某之间的婚姻关系。

二、裁判结果

审理法院认为,《民法典》第一千零五十二条第一款规定:"因胁迫结婚的,受胁迫的一方可以向人民法院请求撤销婚姻。"结婚应当是男女双方完全自愿的行为,禁止任何一方对另一方加以胁迫,禁止任何组织或者个人加以干涉。在周某多次明确提出不愿意和付某恋爱、结婚的情况下,周某母亲仍以将周某赶出家门、"死给周某看"等作为要挟,导致周某在违背自由意志的情况下与付某结婚。周某母亲的行为严重干涉了周某的婚姻自由,其行为构成胁迫。现周某要求撤销其与付某之间的婚姻符合法律规定,为维护当事人的合法权益,弘扬自由、文明的社会主义核心价值观,故判决撤销周某与付某之间的婚姻关系。

三、典型意义

母亲要求女儿按自己的意愿组建家庭,虽然本意是希望女儿能有一个幸福的归宿,但以死相逼,胁迫女儿与相亲对象结婚,不仅没有让女儿获得如期的幸福,反而给女儿带来痛苦和绝望。在子女婚恋问题上,父母"该放手时应放手",可以做好参谋但不能代作决断、强行干预,否则不但会侵害子女的婚姻自由、伤害父母子女之间的血脉亲情,也会违反法律规定。本案判决撤销周某与付某之间的婚姻关系,既保护了周某个人的合法权益,也向整个社会传达了婚姻自由的理念,有利于倡导独立、自主的婚姻观和自由、法治的社会主义核心价值观。

——《最高人民法院第三批人民法院大力弘扬社会主义核心价值观典型民事案例》(2023年3月1日)。

1262. 公民实施变性手术后，是否可以与异性进行婚姻登记

关键词

同性婚姻　变性手术　婚姻登记　生理性别

《中华人民共和国民法典》条文

第一千零四十六条　结婚应当男女双方完全自愿，禁止任何一方对另一方加以强迫，禁止任何组织或者个人加以干涉。

附录：最高人民法院主流观点

《民法典》虽未对同性婚姻予以规定，但如果公民在实施变性手术后，再与异性结婚的，并不属于立法予以禁止的情形。由于当事人生理性别已经发生变化，在符合婚姻实质条件的情况下，可以与异性进行结婚登记。根据《公安部治安管理局关于公民实施变性手术后变更户口登记性别项目有关问题的批复》(公治〔2002〕131号)的规定，对于申请变更户口登记性别项目的公民，只要其出具国家指定医院为其成功实施变性手术的证明，经县市公安机关审核后，公安派出所应予办理性别项目变更手续。性别项目变更后，应重新编制居民身份证号码。我国进行婚姻登记时对性别的识别主要是根据户口簿以及身份证的记载，故公民实施变形手术后，若户口簿与身份证上的性别信息已经依法完成变更，其以变性后的性别与异性结婚的，可以办理婚姻登记。

——最高人民法院民法典贯彻实施工作领导小组编著：《中华人民共和国民法典婚姻家庭编继承编理解与适用》，人民法院出版社2020年版，第57页。

1263. 拟制旁系血亲之间的婚姻效力

关键词

拟制旁系血亲　血缘关系　收养关系　婚姻自由　公序良俗

《中华人民共和国民法典》条文

第一千零四十八条　直系血亲或者三代以内的旁系血亲禁止结婚。

附录：最高人民法院主流观点

拟制旁系血亲是否属于禁婚范围，立法并未明确规定。从优生学上来看，拟制旁系血亲没有血缘关系，不会增加疾病或者生理缺陷的遗传概率。从社会伦理道德上来看，拟制旁系血亲关系建立在收养关系成立的基础上，在收养关系成立前并无任何关系；收养关系成立后，虽然成为拟制旁系血亲，但如与继父母带来的无血缘关系的兄弟姐妹结婚并不违背传统的家庭伦理关系，为普通大众所接受，亦可保障公民的婚姻自由。如熊某与任某婚姻无效纠纷一案，被告系其父母于1984年收养，被告之母与原告之父是同胞姐弟，原被告系表兄妹关系。原告以原、被告系三代以内的旁系血亲，属于法律禁止结婚的情形为由，主张确认原告与被告之间婚姻无效。法院经审理后认为，原被告之间不存在血缘关系，婚姻不属于婚姻法规定的无效婚姻情形，理由是：（1）对于拟制旁系血亲之间能否结婚，我国婚姻法没有明确规定，依照民法原理“法无禁止即许可”，拟制旁系血亲，不在禁止通婚之列。（2）立法之所以禁止三代以内旁系血亲结婚，一是基于近亲血缘的基因遗传，避免近亲血缘造成的遗传疾病，二是基于人类特殊的伦理道德。本案原被告不具有血缘关系，不存在基因遗传等问题，同时原被告系表兄妹关系，彼此通婚也不与社会公序良俗相悖。

——最高人民法院民法典贯彻实施工作领导小组编著：《中华人民共和国民法典婚姻家庭编继承编理解与适用》，人民法院出版社2020年版，第67~68页。

1264. 宣告死亡判决被撤销的，不影响宣告婚姻无效判决的效力

关键词

宣告死亡判决　婚姻无效

《中华人民共和国民法典》条文

第一千零五十一条　有下列情形之一的，婚姻无效：

（一）重婚；

（二）有禁止结婚的亲属关系；

（三）未到法定婚龄。

附录：最高人民法院主流观点

在夫妻一方或者双方死亡的情况下，生存一方或者利害关系人仍可在一

年内申请宣告婚姻无效，人民法院在审理此类案件的过程中要注意区分当事人自然死亡与宣告死亡的情形。根据《民法典》规定，宣告死亡会产生婚姻关系终止、继承开始等法律效果，此时夫妻中存活的一方或者利害关系人仍可向人民法院申请宣告婚姻无效。但由于宣告死亡只是一种法律上的推定，被宣告死亡的人有可能还存活于世。若死亡宣告被撤销，其配偶无再婚或未向婚姻登记机关书面声明不愿意恢复的，婚姻关系自撤销死亡宣告之日起自行恢复。而无效婚姻因违反法律禁止性规定无效，不受法律的保护与认可，其效力并不会因为宣告死亡的判决被撤销而受影响，即使被宣告死亡的人重新出现，其与另一方当事人的婚姻，因存在法定无效事由而属于无效婚姻，如果该婚姻已被人民法院宣告无效，则即使死亡宣告判决被撤销，宣告婚姻无效的判决也将继续有效。

——最高人民法院民法典贯彻实施工作领导小组编著：《中华人民共和国民法典婚姻家庭编继承编理解与适用》，人民法院出版社2020年版，第88页。

1265. 审慎认定符合《民法典》规定的“重大疾病”

关键词

婚姻撤销　重大疾病　婚姻自由　老年人

《中华人民共和国民法典》条文

第一千零五十三条　一方患有重大疾病的，应当在结婚登记前如实告知另一方；不如实告知的，另一方可以向人民法院请求撤销婚姻。

请求撤销婚姻的，应当自知道或者应当知道撤销事由之日起一年内提出。

附录：最高人民法院主流观点

人民法院在审理请求撤销婚姻的案件中，除一方患有“医学上认为不应当结婚的疾病”的情况外，非患病一方以患病一方所患疾病构成重大疾病且未告知为由请求撤销婚姻的，人民法院应当审慎认定符合《民法典》规定的“重大疾病”。《民法典》第一千零五十三条立法目的在于通过保障婚姻双方的知情权而最终维护婚姻自由自愿原则。因此，婚姻一方当事人办理结婚登记前已患有的疾病是否构成《民法典》规定的“重大疾病”范畴，人民法院在审查被隐瞒一方提请的撤销婚姻请求是否应予支持时，应按照该“重大疾病”是否能够足以影响另一方当事人决定结婚的自由意志或者是否对双方婚后生活造成重大影响的标准严格把握。审理相关案件时不仅要审查未如实告知该

“重大疾病”是否会给未患病的婚姻当事人的家庭生活造成损害以致影响到未患病一方当事人结婚的真实意思表示，还要审查双方当事人缔结婚姻关系后的家庭生活实际情况、是否生育小孩、婚后生活紧密度等。在一些特殊案件中，比如老年人提请的撤销婚姻，更要慎重甄别“重大疾病”的范围。实践中，由于老年人身体健康情况无法预计，不少老年人或多或少都患有一些该年龄阶段常见的疾病，因此，对于一方当事人依据《民法典》第一千零五十三条请求撤销婚姻的，人民法院要结合案件的具体情况，重点审查一方患有的“重大疾病”是否足以影响另一方当事人缔结婚姻关系的真实意思表示。

——最高人民法院民法典贯彻实施工作领导小组编著：《中华人民共和国民法典婚姻家庭编继承编理解与适用》，人民法院出版社2020年版，第102页。

1266. 夫妻之间的忠诚协议纠纷是否受理

关键词

夫妻关系　忠诚协议　诚信原则

《中华人民共和国民法典》条文

第一千零四十三条　家庭应当树立优良家风，弘扬家庭美德，重视家庭文明建设。

夫妻应当互相忠实，互相尊重，互相关爱；家庭成员应当敬老爱幼，互相帮助，维护平等、和睦、文明的婚姻家庭关系。

附录：最高人民法院主流观点

夫妻之间签订忠诚协议，应由当事人本着诚信原则自觉自愿履行，法律并不禁止夫妻之间签订此类协议，但也不赋予此类协议强制执行力。如果法院受理此类忠诚协议纠纷，主张按忠诚协议赔偿的一方当事人，既要证明协议内容是真实的，没有欺诈、胁迫的情形，又要证明对方具有违反忠诚协议的行为，可能导致为了举证而去捉奸，为获取证据窃听电话、私拆信件，甚至对个人隐私权更为恶劣的侵犯情形都可能发生，夫妻之间的感情纠葛可能演变为刑事犯罪案件，其负面效应不可低估。因此，从整体社会效果考虑，法院对夫妻之间的忠诚协议纠纷以不受理为宜。另外，赋予忠诚协议法律强制力的后果之一，就是鼓励当事人在婚前签订一个可以“拴住”对方的忠诚协议，这不仅会加大婚姻成本，而且也会使建立在双方情感和信任基础上的婚姻关系变质。从法律不保护婚约的情况看，当事人双方如果约定，一旦订婚必须结婚，否则违约方要支付若干违约金等，对如此这般主张，法院一般不会予以支持。同样道理，忠诚协议实质上属于情感、道德范畴，当事人自觉自愿履行当然极好，如违反忠诚协议一方心甘情愿净身出户或赔偿若干金钱，为自己的出轨行为付出经济上的代价。但是如果一方不愿履行，不应强迫其履行忠诚协议，就如同超过诉讼时效的债权债务，是否履行全凭债务人的自愿。

——最高人民法院民法典贯彻实施工作领导小组编著：《中华人民共和国民法典婚姻家庭编继承编理解与适用》，人民法院出版社2020年版，第39页。

1267. 事实婚姻的效力认定

关键词

事实婚姻　效力认定　婚姻关系　共同居住

《中华人民共和国民法典》条文

第一千零四十九条　要求结婚的男女双方应当亲自到婚姻登记机关申请结婚登记。符合本法规定的，予以登记，发给结婚证。完成结婚登记，即确立婚姻关系。未办理结婚登记的，应当补办登记。

最高人民法院司法解释

第六条　男女双方依据民法典第一千零四十九条规定补办结婚登记的，婚姻关系的效力从双方均符合民法典所规定的结婚的实质要件时起算。

第七条　未依据民法典第一千零四十九条规定办理结婚登记而以夫妻名义共同生活的男女，提起诉讼要求离婚的，应当区别对待：

（一）1994年2月1日民政部《婚姻登记管理条例》公布实施以前，男女双方已经符合结婚实质要件的，按事实婚姻处理。

（二）1994年2月1日民政部《婚姻登记管理条例》公布实施以后，男女双方符合结婚实质要件的，人民法院应当告知其补办结婚登记。未补办结婚登记的，依据本解释第三条规定处理。

第八条　未依据民法典第一千零四十九条规定办理结婚登记而以夫妻名义共同生活的男女，一方死亡，另一方以配偶身份主张享有继承权的，依据本解释第七条的原则处理。

——《最高人民法院关于适用〈中华人民共和国民法典〉婚姻家庭编的解释（一）》（2020年12月29日，法释〔2020〕22号）。

附录：最高人民法院主流观点

事实婚姻作为一种婚姻关系的客观存在，是相对于经合法登记确立的婚姻而言的。广义的事实婚姻，是指男女双方未经结婚登记即以夫妻名义同居生活的事实；狭义的事实婚姻，是指没有配偶的男女双方未经依法登记，即以夫妻名义共同居住生活的事实。广义的事实婚姻涉及违反一夫一妻制的行为，婚姻家庭法所讨论的一般是狭义的事实婚姻，此种情形下，群众往往也认为男女双方存在夫妻关系。事实婚姻产生的原因比较复杂，主要是受传统仪式婚的影响，认为按照习俗举办婚礼就取得了结婚的效力；有的是因为当事人未达到法定结婚年龄逃避登记；也有当事人法律意识淡漠等原因。有关事实婚姻的效力认定，长期以来，司法实践始终本着既严格依法认定又兼顾客观现实的原则，从历次关于事实婚姻认定的司法解释的态度看，伴随我国法治建设的进程，对于事实婚姻认定的标准是趋严的，特别是鉴于1994年施行的原《婚姻登记管理条例》第二十四条曾规定："未到法定结婚年龄的公民以夫妻名义同居的，或者符合结婚条件的当事人未经结婚登记以夫妻名义同居的，其婚姻关系无效，不受法律保护。"《民法典婚姻家庭编解释（一）》第七条规定，未依据《民法典》第一千零四十九条规定办理结婚登记而以夫妻名义共同生活的男女，提起诉讼要求离婚的，应当区别对待：（1）1994年2月1日民政部原《婚姻登记管理条例》公布实施以前，男女双方已经符合结婚实质要件的，按事实婚姻处理。（2）1994年2月1日民政部原《婚姻登记管理条例》公布实施以后，男女双方符合结婚实质要件的，人民法院应当告知其补办结婚登记。未补办结婚登记的，依据同居关系处理。即当事人提起诉讼仅请求解除同居关系的，人民法院不予受理，已经受理的，裁定驳回起诉；对于当事人因同居期间财产分割或者子女抚养纠纷提起诉讼的，人民法院应当受理。

——最高人民法院民法典贯彻实施工作领导小组编著：《中国民法典适用大全（婚姻家庭卷）》，人民法院出版社2022年版，第47页。

二、父母子女关系

1268. 离婚判决中未涉及探望权，当事人另行诉讼的，人民法院应予受理

关键词

探望权　离婚　中止探望　法定监护人

附录：最高人民法院主流观点

父母与子女的关系不因离婚而解除。但由于离婚事实的存在，父母不能一起共同抚养子女，未成年子女或不能独立生活的成年子女只能由父母其中一方直接抚养。离婚后对子女的抚养，父母的权利是平等的。父母离婚后，子女随父方或母方共同生活，只是父母对子女抚养形式的变化，并不影响父母对子女的权利和义务。不与子女共同生活的父或母一方，仍享有对子女的亲权。不直接抚养子女一方享有探望子女的权利，直接抚养子女的一方有让非直接抚养子女的一方探望子女的义务；对不履行义务的，相对人有权向人民法院提起诉讼。

根据相关规定，人民法院作出的生效离婚判决中未涉及探望权，当事人就探望权问题单独提起诉讼的，人民法院应予受理。当事人在履行生效判决、裁定或者调解书的过程中，一方请求中止探望的，人民法院在征询双方当事人意见后，认为需要中止探望的，依法作出裁定；中止探望的情形消失后，人民法院应当根据当事人的请求书面通知其恢复探望。未成年子女、直接抚养子女的父或者母以及其他对未成年子女负担抚养、教育、保护义务的法定监护人，有权向人民法院提出中止探望的请求。对于拒不协助另一方行使探望权的有关个人或者组织，可以由人民法院依法采取拘留、罚款等强制措施，但是不能对子女的人身、探望行为进行强制执行。

审判实践中涉及侵害探望权以及请求中止探望权的纠纷，均可确定为“探望权纠纷”。

——杨万明主编、郭锋副主编、最高人民法院研究室编著：《最高人民法院新民事案件案由规定理解与适用》，人民法院出版社2021年版，第126~127页。

1269. 父母分居状态下不与子女共同生活的父或母一方享有探望权

关键词

分居　探望权

最高人民法院司法政策精神

2. 离婚后，不直接抚养未成年子女的父母一方提出探望未成年子女诉讼请求的，应当向双方当事人释明探望权的适当行使对未成年子女健康成长、人格塑造的重要意义，并根据未成年子女的年龄、智力和认知水平，在有利于未成年子女成长和尊重其意愿的前提下，保障当事人依法行使探望权。

——《最高人民法院关于印发〈第八次全国法院民事商事审判工作会议（民事部分）纪要〉的通知》（2016 年 11 月 21 日，法〔2016〕399 号）。

附录：最高人民法院主流观点

所谓分居，并无法律定义，通常是指在继续维持夫妻关系的情况下，夫妻双方停止共同生活，各自建立自己的生活方式的状况。我国早在 1989 年《最高人民法院关于人民法院审理离婚案件如何认定夫妻感情确已破裂的若干具体意见》第七条就规定“因感情不和分居已满三年，确无和好可能的，或者经人民法院判决不准离婚后又分居满一年，互不履行夫妻义务的”为感情确已破裂的情形。后又在 2001 年修正的《婚姻法》第三十二条①第三款第（四）项中将其修改为“因感情不和分居满二年的”作为调解无效，准予离婚的情形。因此，分居本身不等于离婚，只能成为夫妻双方是否感情确已破裂、准予离婚的法定情形。既然分居不等于离婚，而《婚姻法》第三十八条②规定的探望权产生前提又是已离婚。故严格意义而言，分居父母均不符合《婚姻法》第三十八条规定的享有探望权的条件。但如果因父母分居，未成年人不能得到未共同生活父或母一方的呵护、关爱，其身心健康难免受到不利影响，显然不符合未成年人利益最大化的原则精神。因此，从保护未成年人合法权益出发，似应分居父母享有探望权。当然，这需要立法进一步对此完善。

——杜万华主编：《〈第八次全国法院民事商事审判工作会议（民事部分）纪要〉理解与适用》，人民法院出版社 2017 年版，第 113 页。

---

① 对应《民法典》第一千零七十九条。

② 对应《民法典》第一千零八十六条。

1270. 探望权的对象包括不能独立生活的成年子女

关键词

探望权　成年子女

最高人民法院司法政策精神

2. 离婚后，不直接抚养未成年子女的父母一方提出探望未成年子女诉讼请求的，应当向双方当事人释明探望权的适当行使对未成年子女健康成长、人格塑造的重要意义，并根据未成年子女的年龄、智力和认知水平，在有利于未成年子女成长和尊重其意愿的前提下，保障当事人依法行使探望权。

——《最高人民法院关于印发〈第八次全国法院民事商事审判工作会议（民事部分）纪要〉的通知》（2016 年 11 月 21 日，法〔2016〕399 号）。

附录：最高人民法院主流观点

我们认为，《婚姻法》第三十八条[①]第一款已经明确，不直接抚养子女的父或母，有探望子女的权利。这里的"子女"两字前并未以"未成年"作为限定。因此，从语义解释而言，只要父母对之有抚养义务的子女，不直接抚养子女一方就有探望的权利。而根据《婚姻法》第二十一条[②]第二款"父母不履行抚养义务时，未成年的或不能独立生活的子女，有要求父母付给抚养费的权利。"可见，父母有抚养义务的子女包括：未成年子女和不能独立生活的子女。后者就包括了不能独立生活的成年子女。依此类推，不直接抚养成年子女的父或母一方，也应该对不能独立生活的成年子女有探望权。而且，根据权利义务相一致原则，父母对无民事行为能力的成年子女依法享有探望权也符合民法所强调的权利义务责任相一致原则，更是对中华民族传统美德的继承与发展。

——杜万华主编：《〈第八次全国法院民事商事审判工作会议（民事部分）纪要〉理解与适用》，人民法院出版社 2017 年版，第 114 页。

---

① 对应《民法典》第一千零八十六条。

② 对应《民法典》第一千零六十七条。

1271. 继父母能否在离婚后对继子女行使探望权，应考虑继父母对继子女是否进行抚养教育

关键词

探望权　离婚　继子女

最高人民法院司法政策精神

2. 离婚后，不直接抚养未成年子女的父母一方提出探望未成年子女诉讼请求的，应当向双方当事人释明探望权的适当行使对未成年子女健康成长、人格塑造的重要意义，并根据未成年子女的年龄、智力和认知水平，在有利于未成年子女成长和尊重其意愿的前提下，保障当事人依法行使探望权。

——《最高人民法院关于印发〈第八次全国法院民事商事审判工作会议（民事部分）纪要〉的通知》（2016 年 11 月 21 日，法〔2016〕399 号）。

附录：最高人民法院主流观点

继父或继母能否在离婚后，对继子女行使探望权的问题。则应考虑继父或继母对其继子女是否进行抚养教育。如果存在抚养教育，则根据《婚姻法》第二十七条[①]第二款“继父或继母和受其抚养教育的继子女间的权利和义务，适用本法对父母子女关系的有关规定”，继父或继母与该继子女之间形成直接抚养关系。离婚时，由于继父和继母与子女没有血缘关系或收养关系，故 1993 年颁布的《最高人民法院关于人民法院审理离婚案件处理子女抚养问题的若干具体意见》（已失效）第十三条规定，生父与继母或生母与继父离婚时，对曾受其抚养教育的继子女，继父或继母不同意继续抚养的，仍应由生父母抚养。既然该子女由其生父母抚养且继父或继母不同意继续抚养，故其一般不会主张也没有必要再给予其探望权。

——杜万华主编：《〈第八次全国法院民事商事审判工作会议（民事部分）纪要〉理解与适用》，人民法院出版社 2017 年版，第 115 页。

---

① 对应《民法典》第一千零七十二条。

1272. 应视情形尊重未成年子女意愿，保障探望权行使

关键词

未成年子女　探望权

最高人民法院司法政策精神

2. 离婚后，不直接抚养未成年子女的父母一方提出探望未成年子女诉讼请求的，应当向双方当事人释明探望权的适当行使对未成年子女健康成长、人格塑造的重要意义，并根据未成年子女的年龄、智力和认知水平，在有利于未成年子女成长和尊重其意愿的前提下，保障当事人依法行使探望权。

——《最高人民法院关于印发〈第八次全国法院民事商事审判工作会议（民事部分）纪要〉的通知》（2016年11月21日，法〔2016〕399号）。

附录：最高人民法院主流观点

一般而言，未成年子女主要包括无民事行为能力人、限制民事行为能力人两种。根据最新颁布的《民法总则》可知，不满8周岁的小朋友是无民事行为能力人。8周岁以上不满18岁的未成年人为限制民事行为能力人。无民事行为能力人没有意思能力，不能辨别自己意思表示及行为后果，故在探望权行使上无须征求其意见。但对于8周岁以上不满18岁的限制民事行为能力人，则应考虑其有一定意思能力和辨别能力的实际情况，尊重在未成年前，意思能力随同年龄增长逐步增强的一般规律，在酌定探望权行使方式时，子女年龄越大，越应尊重子女的意愿。当然，这种对子女意愿的尊重应以智力发育正常为前提，如果智力发育缓慢，达不到同样年龄一般智力水平，则子女意愿在决定探望权行使中的比重也应相应降低。

——杜万华主编：《〈第八次全国法院民事商事审判工作会议（民事部分）纪要〉理解与适用》，人民法院出版社2017年版，第118页。

1273. 丧子老人可对孙子女“隔代探望”

关键词

丧子老人　隔代探望　孙子女

最高人民法院公布的典型案例

沙某某诉袁某某探望权纠纷案

裁判要旨:《民法典》第一千零八十六条规定了不直接抚养子女的父亲或者母亲享有探望权，对祖父母或者外祖父母等其他近亲属是否享有探望权未作出规定。祖父母与孙子女的近亲属身份关系，不因子女离婚或去世而消灭。

一、基本案情

沙某某之子丁某甲与袁某某系夫妻关系，丁某甲与袁某某于 2018 年 1 月 3 日生育双胞胎男孩丁某乙、丁某丙。同年 7 月 28 日，丁某甲去世。丁某乙、丁某丙一直与袁某某共同生活。沙某某多次联系袁某某想见孙子，均被袁某某拒绝。沙某某向人民法院起诉请求每月探望孙子两次。

二、裁判结果

审理法院认为,《民法典》第一千零八十六条规定了不直接抚养子女的父亲或者母亲享有探望权，对祖父母或者外祖父母等其他近亲属是否享有探望权未作出规定。祖父母与孙子女的近亲属身份关系，不因子女离婚或去世而消灭。本案中，沙某某老年丧子，其探望孙子是寄托个人情感的需要，是保障未成年孙子健康成长的需要，是祖孙之间亲情连接和延续的重要方式，袁某某应予配合。鉴于沙某某长时间不能探望孙子，审理法院从有利于未成年人成长、不影响未成年人正常生活、促进家庭和谐的原则出发，判决沙某某每月第一个星期探望丁某乙、丁某丙一次，每次不超过两小时，双方探望前做好沟通，袁某某应予配合。

三、典型意义

习近平总书记指出，中华民族自古以来就重视家庭、重视亲情。家和万事兴、天伦之乐、尊老爱幼、贤妻良母、相夫教子、勤俭持家等，都体现了中国人的这种观念。法律规定虽然未明确将探望权的外延延伸至祖父母和外祖父母，但在子女健在的情况下，祖父母和外祖父母可以通过子女的探望权实现“探望”孙子女和外孙子女的目的；在子女死亡的情况下，允许丧子老人进行隔代探望，符合社会主义核心价值观和我国传统家庭伦理、社会道德，有益于慰藉老人情感和促进孩子健康成长，体现了司法的温度，实现了良法善治。

——《最高人民法院第三批人民法院大力弘扬社会主义核心价值观典型民事案例》(2023 年 3 月 1 日)。

1274. 应尊重对未成年孙子女、外孙子女尽了抚养义务的祖父母、外祖父母的定期探望权

关键词

隔代探望权　亲属身份权　孙子女、外孙子女　祖父母、外祖父母

《中华人民共和国民法典》条文

第一千零一条　对自然人因婚姻家庭关系等产生的身份权利的保护，适用本法第一编、第五编和其他法律的相关规定；没有规定的，可以根据其性质参照适用本编人格权保护的有关规定。

最高人民法院司法政策精神

3. 祖父母、外祖父母对父母已经死亡或父母无力抚养的未成年孙子女、外孙子女尽了抚养义务，其定期探望孙子女、外孙子女的权利应当得到尊重，并有权通过诉讼方式获得司法保护。

——《最高人民法院第八次全国法院民事商事审判工作会议（民事部分）纪要》(2016 年 11 月 21 日，法〔2016〕399 号）。

最高人民法院审判业务意见（民事审判第一庭意见）

最高人民法院民一庭意见：虽然我国《婚姻法》将探望权的主体规定为离婚后不直接抚养子女的父或母，但在未成年子女的父或母死亡或者丧失行为能力的情况下，依照《婚姻法》第 28 条[①]之规定，代替自己已经死亡或者丧失行为能力的子女对孙子女或外孙子女尽抚养义务的祖父母或者外祖父母主张探望孙子女或外孙子女的，人民法院应当予以支持。

附：案情简介

2003 年，明某山 2 岁时父母离婚，明某山由其母傅某直接抚养。因傅某工作流动性强，傅某之母贺某承担起实际照顾外孙明某山的责任。2008 年 3 月，傅某遇车祸身亡。因明某山之父明某无固定收入，经济状况窘迫，以往即欠付抚养费，故明某山仍随贺某共同生活。贺某家庭经济状况较好，并未通过诉讼向明某山之父追索抚养费。2010 年 4 月，贺某突发脑血栓致半身不遂，无法照料明某山生活，接送其上、下学。经与明某协商，明某山随其父

① 对应《民法典》第一千零七十四条。

亲明某共同生活，考虑到明某嗜酒，无正当职业，经济困难，贺某每月为外孙明某山支付生活费600元。半年后，明某仍按月到贺某处领取明某山的生活费，但从不带明某山看望外祖母贺某。贺某多次提出要求见外孙明某山，均被明某以各种理由拒绝。贺某欲通过诉讼要求变更自己为明某山的监护人，经向律师咨询，考虑到明某山的父亲健在，自己的身体状况确实不允许直接照顾外孙，胜诉的可能性不大，遂起诉请求法院判决支持其定期探望明某山。

明某辩称，虽然自己没有工作，迫切需要贺某继续为明某山支付抚养费，但自己直接抚养明某山后，明某山不听话，并总以外祖母说应该如何如何来顶撞自己，如果让明某山继续与外祖母贺某接触，只会使其更加难以管教，故不同意贺某探望明某山。

——最高人民法院民一庭:《抚养孙子女、外孙子女的祖父母、外祖父母主张探望孙子女、外孙子女的人民法院应当予以支持》，载最高人民法院民事审判第一庭编:《民事审判指导与参考》2011年第2辑（总第46辑），人民法院出版社2011年版，第98页。

附录：最高人民法院主流观点

我国立法尚未确立完善的亲属身份权保护制度，但是近年来我国的司法实践却提出了亲属身份权保护的适用问题。如隔代探望权问题，在行使过程中面临两个方面的障碍：一是未成年人子女的父母离婚后，其祖父母事实上难以单独进行探望，或者说这种探望因缺乏相应的权利基础而难于实现；二是如果不与子女生活的父母一方怠于行使其探望权，祖父母代位探望孙子女的情感需求能否存在现实的权利基础。《八民会纪要》第三条规定，祖父母、外祖父母对父母已经死亡或者父母无力抚养的未成年孙子女、外孙子女尽了抚养义务，其定期探望孙子女、外孙子女的权利应当得到尊重，并有权通过诉讼方式获得司法保护。《婚姻法》第二十八条[①]规定，有负担能力的祖父母、外祖父母，对于父母已经死亡或父母无力抚养的未成年的孙子女、外孙子女，有抚养的义务。有负担能力的孙子女、外孙子女，对于子女已经死亡或子女无力赡养的祖父母、外祖父母，有赡养的义务。根据本条规定，对尽抚养义务的祖父母、外祖父母，尽赡养义务的孙子女、外孙子女而言，因有共同生活基础，祖父母、外祖父母与孙子女、外孙子女之间有深厚亲情，赋予隔代探望权是对情感需求的支持，能够维系亲属关系和谐、稳定。《民法典》编纂之初也规定了隔代探望权，规定祖父母、外祖母探望孙子女、外孙子女适用父母探望的规定。二次审议稿时就按照《八民会纪要》的内容对隔代探望权进行了限定。但由于这个问题涉及当事人的情感、隐私、风俗习惯等很多伦

① 对应《民法典》第一千零七十四条。

理因素，为避免法律刚性对婚姻家庭和未成年人生活的伤害，以及执行过程中存在种种问题，最终没能规定。

——最高人民法院民法典贯彻实施工作领导小组主编：《中华人民共和国民法典人格权编理解与适用》，人民法院出版社2020年版，第128~129页。

我国《婚姻法》第二十八条[①]规定“有负担能力的祖父母、外祖父母，对于父母已经死亡或父母无力抚养的未成年的孙子女、外孙子女，有抚养的义务。有负担能力的孙子女、外孙子女，对于子女已经死亡或子女无力赡养的祖父母、外祖父母，有赡养的义务。”可见，在祖父母、外祖父母有负担能力且未成年人的父母已经死亡或父母无力抚养的情形下，祖父母、外祖父母对未成年的孙子女、外孙子女是有法定抚养义务的。而对未成年孙子女、外孙子女法定抚养义务的履行一般是通过与其共同生活的方式实现。显然，这种共同生活，将会在祖父母、外祖父母与孙子女、外孙子女之间产生不亚于父母子女间的深厚亲情。如果祖父母、外祖父离婚，则未成年孙子女、外孙子女，会对不直接抚养孙子女、外孙子女一方产生情感需求。这也是为什么规定对父母已经死亡或父母无力抚养的未成年孙子女、外孙子女尽了抚养义务的祖父母、外祖父母有权探望的原因之一。另一方面，既然行使探望权实际上是在履行继续教育未成年子女的责任，对子女形成健康的人生观、价值观施加影响，那么父母已经死亡或父母无力抚养的孙子女、外孙子女也应当在其成长过程中，得到祖父母、外祖父母相应的指导和教育。在祖父母、外祖父母离婚后，不直接抚养孙子女、外孙子女的一方，应相应取得探望权，以便其通过探望权行使方式，继续对孙子女、外孙子女进行指导和教育。应当指出的是，祖父母、外祖父母对未成年孙子女、外孙子女的抚养义务的产生，除了因父母死亡之外，还包括父母无力抚养。这里的无力抚养，最常见于父母因被判刑失去人身自由或生活困难等情形。当父母刑满释放或经济条件好转后，自然应由父母亲自对其未成年子女进行抚养。相应的，可能出现的一种极端情形表现为，未成年子女开始由祖父母、外祖父母抚养，父母的“无力抚养”情形消失，取得对未成年子女抚养权后离婚，未成年子女被判给父母一方。此时，另一方的父母（即未成年子女的祖父母或外祖父母）基于之前的抚养关系，仍应享有探望的权利。由上，如果直接抚养子女的祖父母、外祖父母一方或父母一方不履行协助探望义务，则祖父母或外祖父母可参照《关于适用〈中华人民共和国婚姻法〉若干问题的解释（一）》第二十四条[②]“人民法院作出的生效的离婚判决中未涉及探望权，当事人就探望权问

① 对应《民法典》第一千零七十四条。

② 现为《关于适用〈中华人民共和国民法典法〉婚姻家庭编的解释（一）》第六十五条。

题单独提起诉讼的，人民法院应予受理”的起草精神，向人民法院提起诉讼，主张行使探望权。

抚养孙子女、外孙子女的祖父母、外祖父母主张探望孙子女、外孙子女的，人民法院应当予以支持。目前我国婚姻立法中确实将监护权的主体确定为离婚后不与子女共同生活的父或母。其他近亲属即使有探望未成年人的感情需求，也不能由国家强制力保护其探望的权利。但《婚姻法》的规定，并不等于禁止其他近亲属与被探望的未成年人接触。孙子女、外孙子女与祖父母、外祖父母的正常交往，不应当因为父母离婚而终止。相反正常的亲属之间的往来，有利于未成年人亲情观念和关心他人等良好品行的养成。探望子女，不仅仅是为了满足父母感情上的需要，更重要的是满足子女与父母正常交流的需要，让未成年人通过和平时不与自己共同生活的父亲或母亲的交流，得到其关爱，弥补单亲家庭父（或母）爱的缺失。这对于未成年子女健康成长尤其是健康人格的形成是十分重要的环节。另一方面，探望权的实现，也有利于维系不与子女共同生活的父或母一方与子女之间的感情，促使其自觉履行抚养义务。基于同样的道理，在特定情况下应当允许对探望权主体的突破，赋予相关直系尊亲属以探望的权利。例如，不直接抚养子女的父或母一方死亡或者丧失行为能力，则通过直系尊亲属的探望，可以弥补未成年子女感情方面的需要。当祖父母或者外祖父母依照《婚姻法》第二十八条[①]之规定，代替自己已经死亡或者丧失行为能力的子女尽抚养义务时，人民法院支持其探望孙子女或者外孙子女的诉讼请求，可以满足双方感情的需要，维系亲属关系的和谐、稳定。

——最高人民法院民事审判第一庭编：《民事审判指导与参考》2011 年第 2 辑（总第 46 辑），人民法院出版社 2011 年版。

1275. 自然人没有监护能力的判断标准

关键词

自然人　监护能力　监护职责

《中华人民共和国民法典》条文

第二十七条　父母是未成年子女的监护人。

未成年人的父母已经死亡或者没有监护能力的，由下列有监护能力的人按顺序担任监护人：

---

① 对应《民法典》第一千零七十四条。

（一）祖父母、外祖父母；

（二）兄、姐；

（三）其他愿意担任监护人的个人或者组织，但是须经未成年人住所地的居民委员会、村民委员会或者民政部门同意。

第二十八条 无民事行为能力或者限制民事行为能力的成年人，由下列有监护能力的人按顺序担任监护人：

（一）配偶；

（二）父母、子女；

（三）其他近亲属；

（四）其他愿意担任监护人的个人或者组织，但是须经被监护人住所地的居民委员会、村民委员会或者民政部门同意。

最高人民法院司法解释

第六条 人民法院认定自然人的监护能力，应当根据其年龄、身心健康状况、经济条件等因素确定；认定有关组织的监护能力，应当根据其资质、信用、财产状况等因素确定。

——《最高人民法院关于适用〈中华人民共和国民法典〉总则编若干问题的解释》（2022年2月24日，法释〔2022〕6号）。

附录：最高人民法院主流观点

实践中，自然人没有监护能力多为以下三种情况：一是不具有完全民事行为能力；二是被剥夺人身自由；三是下落不明。具体到“父母没有监护能力”，一般表现为：不具备履行监护职责的身体健康要求或相应经济条件，无法履行监护职责等。具体到“父母之外的其他个人没有监护能力”，一般表现为：年龄较大、身体健康状况不佳、与未成年人相隔较远、自身工作生活负担繁重，无暇承担监护责任、或已负担较重监护任务，无法承担新的监护任务等。

——贺荣主编：《最高人民法院民法典总则编司法解释理解与适用》，人民法院出版社2022年版，第141~143页。

1276. 协议确认监护人，应尊重被监护人真实意愿

关键词

协议监护　被监护人真实意愿

最高人民法院司法解释

第八条　未成年人的父母与其他依法具有监护资格的人订立协议，约定免除具有监护能力的父母的监护职责的，人民法院不予支持。协议约定在未成年人的父母丧失监护能力时由该具有监护资格的人担任监护人的，人民法院依法予以支持。

依法具有监护资格的人之间依据《民法典》第三十条的规定，约定由《民法典》第二十七条第二款、第二十八条规定的不同顺序的人共同担任监护人，或者由顺序在后的人担任监护人的，人民法院依法予以支持。

——《最高人民法院关于适用〈中华人民共和国民法典〉总则编若干问题的解释》（2022 年 2 月 24 日，法释〔2022〕6 号）。

附录：最高人民法院主流观点

协议确定监护人对被监护人的利益影响重大，应当充分尊重被监护人的真实意愿。被监护人都是无民事行为能力人或者限制民事行为能力人，"尊重被监护人的真实意愿"不是简单地征求被监护人的意见，要结合多种情况进行综合考量判断，探求其内心真实的愿望。限制民事行为能力的未成年人和成年人已经具备了一定的认知判断能力及较强的表达能力，协议确定监护人应当直接听取其意见，并对其意见是否反映其真实意愿，结合其他一些因素，例如，是否受到胁迫等进行判断。无民事行为能力的被监护人，不具有独立的认知判断能力，但这不意味着这些被监护人没有真实意愿。对于无民事行为能力的被监护人，也应当结合各种情况，例如，被监护人与哪一个具有监护资格的人生活联系最为密切等因素，去发现并充分尊重被监护人的真实意愿，这对于保护被监护人的身心健康，具有重要意义。此外，对于父母丧失监护能力的情形，虽然父母不能作为协议监护的主体，但对协议确定监护人也可以提出自己的意见，具有监护资格的人在协议确定未成年人的监护人时，从有利于保护被监护人的利益出发，应当尽量予以尊重。

——贺荣主编：《最高人民法院民法典总则编司法解释理解与适用》，人民法院出版社 2022 年版，第 164~165 页。

1277. 监护人是否享有报酬请求权

关键词

监护人　报酬请求权　意思自治　有偿监护　违约责任

最高人民法院司法解释

第八条 未成年人的父母与其他依法具有监护资格的人订立协议，约定免除具有监护能力的父母的监护职责的，人民法院不予支持。协议约定在未成年人的父母丧失监护能力时由该具有监护资格的人担任监护人的，人民法院依法予以支持。

依法具有监护资格的人之间依据《民法典》第三十条的规定，约定由《民法典》第二十七条第二款、第二十八条规定的不同顺序的人共同担任监护人，或者由顺序在后的人担任监护人的，人民法院依法予以支持。

第九条 人民法院依据《民法典》第三十一条第二款、第三十六条第一款的规定指定监护人时，应当尊重被监护人的真实意愿，按照最有利于被监护人的原则指定，具体参考以下因素：（一）与被监护人生活、情感联系的密切程度；

（二）依法具有监护资格的人的监护顺序；

（三）是否有不利于履行监护职责的违法犯罪等情形；

（四）依法具有监护资格的人的监护能力、意愿、品行等。

人民法院依法指定的监护人一般应当是一人，由数人共同担任监护人更有利于保护被监护人利益的，也可以是数人。

——《最高人民法院关于适用〈中华人民共和国民法典〉总则编若干问题的解释》（2022 年 2 月 24 日，法释〔2022〕6 号）。

附录：最高人民法院主流观点

关于监护人是否享有报酬请求权，各国家和地区主要存在三种立法例。（1）无偿主义，监护人履行监护职责无权获得报酬，如苏联；（2）补偿主义，以无偿为原则，但是家庭法院等有权机关可以根据监护人履行监护职责的情况和被监护人的财产状况决定给予监护人一定金额的补偿，如德国、日本、法国；（3）有偿主义，认可监护人享有报酬请求权，如美国、瑞士。至于我国监护制度应当采取何种立法例，有观点认为，监护制度具有明显的社会公益属性，监护人履行监护职责也大多基于法律的直接规定，是其承担社会责任的一种体现，因此获得报酬并非监护人的必然权利；然而从客观方面来看，对监护职责的履行是一件十分辛苦的事情，权利义务存在明显的不对等，在此种情况下，允许监护人在特定情况下获得经济上的合理补偿，或根据约定从监护活动中取酬，将有助于使监护人的权利和义务得到平衡，从而促使其更好地履行监护职责，使被监护人的合法权益得到有效保护，这与监护制度的公益属性并不存在冲突。对此我们认为，如果监护人对被监护人负有法定的抚养、赡养或者扶养义务，或基于所承担的公共职能而履行监护职责，则其无权要求被监护人支付报酬，对此无须过多解释。但是上述主体以外的其他依法具有监护资格的人履行监护义务，且双方对报酬问题有所约定的，从尊重当事人意思自治的角度出发，应当按照合同约定，监护人依约享有报酬请求权，对于未作约定的情况，监护人能否请求获得报酬还有探索的空间。另需注意的是，在当事人明确约定有偿监护的情况下，可能涉及违约责任问题。如当事人对于违约责任已经作出明确约定，在不违反法律、行政法规强制性规定的前提下，从尊重当事人意思自治的角度出发，肯定当事人依约追究违约方责任是较有道理的，但具体可否参照《民法典》第九百三十三条的规定确定赔偿数额，还有待实践中继续探索积累经验。

——贺荣主编：《最高人民法院民法典总则编司法解释理解与适用》，人民法院出版社 2022 年版，第 209~210 页。

1278. 区分申请变更监护人与其他监护制度

关键词

变更监护人　监护制度

《中华人民共和国民法典》条文

第三十一条　对监护人的确定有争议的，由被监护人住所地的居民委员会、村民委员会或者民政部门指定监护人，有关当事人对指定不服的，可以向人民法院申请指定监护人；有关当事人也可以直接向人民法院申请指定监护人。

居民委员会、村民委员会、民政部门或者人民法院应当尊重被监护人的真实意愿，按照最有利于被监护人的原则在依法具有监护资格的人中指定监护人。

依据本条第一款规定指定监护人前，被监护人的人身权利、财产权利以及其他合法权益处于无人保护状态的，由被监护人住所地的居民委员会、村民委员会、法律规定的有关组织或者民政部门担任临时监护人。

监护人被指定后，不得擅自变更；擅自变更的，不免除被指定的监护人的责任。

第三十九条　有下列情形之一的，监护关系终止：

（一）被监护人取得或者恢复完全民事行为能力；

（二）监护人丧失监护能力；

（三）被监护人或者监护人死亡；

（四）人民法院认定监护关系终止的其他情形。

监护关系终止后，被监护人仍然需要监护的，应当依法另行确定监护人。

最高人民法院司法解释

第十二条 监护人、其他依法具有监护资格的人之间就监护人是否有《民法典》第三十九条第一款第二项、第四项规定的应当终止监护关系的情形发生争议，申请变更监护人的，人民法院应当依法受理。经审理认为理由成立的，人民法院依法予以支持。

被依法指定的监护人与其他具有监护资格的人之间协议变更监护人的，人民法院应当尊重被监护人的真实意愿，按照最有利于被监护人的原则作出裁判。

——《最高人民法院关于适用〈中华人民共和国民法典〉总则编若干问题的解释》（2022 年 2 月 24 日，法释〔2022〕6 号）。

附录：最高人民法院主流观点

根据《民事案件案由规定》，监护权特别程序案件包括申请确定监护人、申请指定监护人、申请变更监护人、申请撤销监护人资格、申请恢复监护人资格五个第三级案由。这五个案由基本涵盖了监护制度的主要内容，实践中要注意把握各制度之间的衔接和关系，避免出现制度之间的混乱。

申请确定监护人指的是当事人对监护人的确定有争议，且对被监护人住所地的居民委员会、村民委员会或者民政部门指定监护人不服，向人民法院申请确定监护人，该案由只适用于当事人对被监护人住所地的居民委员会、村民委员会或者民政部门指定监护人不服的情形。申请指定监护人指的是对监护人的确定有争议，不经被监护人住所地的居民委员会、村民委员会或者民政部门指定监护人直接向人民法院申请指定监护人。申请撤销监护人资格是监护人有侵害被监护人合法权益的严重情形，人民法院根据有关个人或者组织的申请，撤销其监护人资格。申请恢复监护人资格是指被监护人的父母或者子女被人民法院撤销监护人资格后，除对被监护人实施故意犯罪的外，确有悔改表现的，经其申请，人民法院可以在尊重被监护人真实意愿的前提下，视情况恢复其监护人资格。从整个监护制度的设计和衔接的角度观察，全面理解和把握变更监护制度，特别需要理顺法定监护、协议监护、指定监护、变更监护、撤销监护人资格、监护关系终止等制度之间的关系。《民法典》规定了法定监护，父母是未成年子女的当然监护人，只有未成年人的父母已经死亡或者没有监护能力的，有其他具有监护资格和监护能力的人按顺序担任监护人；无民事行为能力或者限制民事行为能力的成年人，由具有监护资格和监护能力的人按顺序担任监护人。协议监护是指除父母对子女法定监护职责以外的情况，具有监护资格的人之间可以协议确定监护人，协议监护的效力优先于法定监护。如果有关当事人对法定监护确定的监护人等有争议，应当先按照《民法典》第三十条的规定进行协商，协商不成的，通过指定监护解决，由被监护人住所地的居民委员会、村民委员会或者民政部门指定监护人，有关当事人对指定不服的，可以向人民法院申请指定监护人；有关当事人也可以直接向人民法院申请指定监护人。变更监护以存在既有监护人为前提，变更监护的三类情形如前所述。撤销监护人资格只针对《民法典》第三十六条规定的严重侵害被监护人合法权益的行为，撤销监护人资格后需同时指定新的监护人，对于撤销监护人资格的被监护人的父母或者子女，符合法律规定的条件，还可以恢复其监护资格。监护关系终止是根据《民法典》第三十九条的规定，监护关系向后消灭的情形，其中当事人对该条第一款第二项、第四项规定的应当终止监护关系的情形发生争议还涉及监护人的变更。监护关系终止后，被监护人仍然需要监护的，应当依法另行确定监护人。

——贺荣主编:《最高人民法院民法典总则编司法解释理解与适用》，人民法院出版社 2022 年版，第 222~223 页。

1279. 监护人将未成年学生送至学校学习，是否构成委托监护

关键词

未成年人 委托监护人 学校 法定监护人

《中华人民共和国民法典》条文

第一千一百九十九条 无民事行为能力人在幼儿园、学校或者其他教育机构学习、生活期间受到人身损害的，幼儿园、学校或者其他教育机构应当承担侵权责任；但是，能够证明尽到教育、管理职责的，不承担侵权责任。

第一千二百条 限制民事行为能力人在学校或者其他教育机构学习、生活期间受到人身损害，学校或者其他教育机构未尽到教育、管理职责的，应当承担侵权责任。

第一千二百零一条 无民事行为能力人或者限制民事行为能力人在幼儿园、学校或者其他教育机构学习、生活期间，受到幼儿园、学校或者其他教育机构以外的第三人人身损害的，由第三人承担侵权责任；幼儿园、学校或者其他教育机构未尽到管理职责的，承担相应的补充责任。幼儿园、学校或者其他教育机构承担补充责任后，可以向第三人追偿。

最高人民法院司法解释

第十三条 监护人因患病、外出务工等原因在一定期限内不能完全履行

监护职责，将全部或者部分监护职责委托给他人，当事人主张受托人因此成为监护人的，人民法院不予支持。

——《最高人民法院关于适用〈中华人民共和国民法典〉总则编若干问题的解释》(2022 年 2 月 24 日，法释〔2022〕6 号)。

附录：最高人民法院主流观点

立法发展的趋势是以学校不是未成年人的委托监护人为原则。一般情况下监护人的监护职责并未转移到学校；学校也不因接受未成年学生到校学习，自然而然地承担起对该学生的监护职责。监护人如果想将监护职责部分或者全部委托给学校，必须与学校达成明确的委托约定。没有明确的委托约定，不能推定学校接受监护人的委托，对到校学习的未成年学生承担起部分或全部监护职责。学校如果是未成年人的委托监护人，其承担的是委托监护责任；如果学校不是未成人的委托监护人，其应按照法定义务（教育、管理和保护义务）承担相应的过错责任。《学生伤害事故处理办法》(已废止）第七条第二款规定："学校对未成年学生不承担监护职责，但法律有规定的或者学校依法接受委托承担相应监护职责的情形除外。"在学校接受委托，承担部分监护职责的情况下，被监护的未成年学生实施侵权行为需要承担民事责任的，也应当由监护人承担。如被监护学生把别人打伤或推倒，须支付医疗费，仍应当由其父母支付。除非事前约定，学校同意为被委托监护的学生承担民事责任，或者学校在履行被委托的监护职责时确有过错，否则，仍应当由法定监护人承担。根据《民法典》第一千一百九十九条、第一千两百条、第一千两百零一条规定，对在校学习的未成年学生，学校虽然没有监护职责，但有教育、管理的职责。学校履行教育、管理职责不当，以致未成年学生在校园内加害其他未成年学生的，除加害人的监护人应当承担责任外，学校也应当承担与其过错相应的赔偿责任。学校承担责任的基础，是其对学生的教育、管理职责。承担责任的条件，就是学校未尽这种职责，具有不注意的过失，没有这种过失，学校就不承担民事责任。如果涉及受到学校以外的第三人人身损害的，由第三人承担侵权责任，学校未尽到管理职责的，承担的是相应的补充责任。明确这一法律关系有利于学校和未成年学生法定监护人依法履行各自的职责，有利于共同做好未成年学生的安全保护工作，积极预防和妥善处理未成年学生伤害事故。

——贺荣主编：《最高人民法院民法典总则编司法解释理解与适用》，人民法院出版社 2022 年版，第 234~235 页。

1280. 对家长怠于履行家庭教育责任的行为可以发出家庭教育令责令家长切实履行监护职责

关键词

怠于履行　监护职责　家庭教育令

最高人民法院公布的典型案例

胡某诉陈某变更抚养权纠纷案

裁判要旨：未能按照协议切实履行抚养义务、承担监护职责，人民法院在综合考虑胡小某本人意愿的基础上依法作出判决，并依照家庭教育促进法，向被告发出了全国第一份家庭教育令，责令家长切实履行监护职责。

基本案情

2020 年 8 月，原告胡某和被告陈某协议离婚，约定女儿胡小某由其母即被告陈某抚养，原告每月支付抚养费。一个月后，因被告再婚，有两三个星期未送胡小某去上学。自 2020 年 12 月 10 日起，原告为胡小某找来全托保姆单独居住，原告自己住在距胡小某住处 20 公里的乡下别墅内，由保姆单独照护胡小某，被告每周末去接孩子。原告胡某认为离婚后，被告陈某未能按约定履行抚养女儿的义务，遂将陈某诉至法院，请求法院判令将女儿胡小某的抚养权变更给原告。经法庭询问，胡小某表示更愿意和妈妈陈某在一起生活。

裁判结果

法院经审理认为，原告胡某与被告陈某协议离婚后，对未成年女儿胡小某仍负有抚养、教育和保护的义务。本案原、被告双方都存在怠于履行抚养义务和承担监护职责的行为，忽视了胡小某的生理、心理与情感需求。鉴于胡小某表达出更愿意和其母亲即被告一起共同生活的主观意愿，法院判决驳回原告的诉讼请求。同时，法院认为，被告陈某在无正当理由的情况下由原告委托保姆单独照护年幼的女儿，属于怠于履行家庭教育责任的行为，根据家庭教育促进法的相关规定，应予以纠正。裁定要求陈某多关注胡小某的生理、心理状况和情感需求，与学校老师多联系、多沟通，了解胡小某的详细状况，并要求陈某与胡小某同住，由自己或近亲属亲自养育与陪伴胡小某，切实履行监护职责，承担起家庭教育的主体责任，不得让胡小某单独与保姆居住生活。

典型意义

家庭教育促进法作为我国家庭教育领域的第一部专门立法，将家庭教育由传统的“家事”，上升为新时代的“国事”，开启了父母“依法带娃”的时代，对于全面保护未成年人健康成长具有重大而深远的意义。家庭教育促进法规定，父母应当加强亲子陪伴，即使未成年人的父母分居或者离异，也应当相互配合履行家庭教育责任，任何一方不得拒绝或者怠于履行。鉴于本案被告未能按照协议切实履行抚养义务、承担监护职责，人民法院在综合考虑胡小某本人意愿的基础上依法作出判决，并依照家庭教育促进法，向被告发出了全国第一份家庭教育令，责令家长切实履行监护职责。家庭教育令发出后，取得了良好的社会反响。发布本案例，旨在提醒广大家长，家庭教育促进法明确规定，“父母或者其他监护人应当树立家庭是第一个课堂、家长是第一任老师的责任意识，承担对未成年人实施家庭教育的主体责任，用正确思想、方法和行为教育未成年人养成良好思想、品行和习惯”。希望广大家长认真学习这部重要法律，认真履行为人父母的重大责任，加强家庭家教家风建设，努力为未成年人健康成长营造良好的家庭环境。

——《最高人民法院未成年人权益司法保护典型案例》（2022 年 3 月 2 日）。

1281. 在没有依法具有监护资格的人时，由民政部门承担未成年人的监护责任

关键词

变更监护人　监护资格　民政部门　监护责任

最高人民法院公布的典型案例

广州市黄埔区民政局与陈某金申请变更监护人案

裁判要旨：《民法典》和新修订的《未成年人保护法》完善了公职监护人制度，明确规定在没有依法具有监护资格的人时，由民政部门承担未成年人的监护责任。

（一）典型意义

习近平总书记强调：“孩子们成长得更好，是我们最大的心愿。”本案是人民法院、人民检察院和民政部门联动护航困境少年的典型范例。民法典和

新修订的《未成年人保护法》完善了公职监护人制度，明确规定在没有依法具有监护资格的人时，由民政部门承担未成年人的监护责任。审理法院以判决形式确定由民政部门担任监护人，为民政部门规范适用相关法律履行公职监护职责提供了司法实践样本，推动民法典确立的以家庭、社会和国家为一体的多元监护格局落实落地。

（二）基本案情

吴某，2010 年 10 月 28 日出生，于 2011 年 8 月 22 日被收养。吴某为智力残疾三级，其养父母于 2012 年和 2014 年先后因病死亡，后由其养祖母陈某金作为监护人。除每月 500 余元农村养老保险及每年 2000 余元社区股份分红外，陈某金无其他经济收入来源，且陈某金年事已高并有疾病在身。吴某的外祖父母也年事已高亦无经济收入来源。2018 年起，陈某金多次向街道和区民政局申请将吴某送往儿童福利机构养育、照料。为妥善做好吴某的后期监护，广州市黄埔区民政局依照民法典相关规定向人民法院申请变更吴某的监护人为民政部门，广州市黄埔区人民检察院出庭支持民政部门的变更申请。

（三）裁判结果

生效裁判认为，被监护人吴某为未成年人，且智力残疾三级，养父母均已去世，陈某金作为吴某的养祖母，年事已高并有疾病在身，经济状况较差，已无能力抚养吴某。鉴于陈某金已不适宜继续承担吴某的监护职责，而吴某的外祖父母同样不具备监护能力，且陈某金同意将吴某的监护权变更给广州市黄埔区民政局，将吴某的监护人由陈某金变更为广州市黄埔区民政局不仅符合法律规定，还可以为吴某提供更好的生活、教育环境，更有利于吴某的健康成长。故判决自 2021 年 7 月 23 日起，吴某的监护人由陈某金变更为广州市黄埔区民政局。

（四）民法典条文指引

第二十七条　父母是未成年子女的监护人。

未成年人的父母已经死亡或者没有监护能力的，由下列有监护能力的人按顺序担任监护人：

（一）祖父母、外祖父母；

（二）兄、姐；

（三）其他愿意担任监护人的个人或者组织，但是须经未成年人住所地的居民委员会、村民委员会或者民政部门同意。

第三十二条　没有依法具有监护资格的人的，监护人由民政部门担任，也可以由具备履行监护职责条件的被监护人住所地的居民委员会、村民委员会担任。

——《最高人民法院贯彻实施民法典典型案例（第一批）》（2022 年 2 月

25 日）。

1282. 社会福利机构可指定为未成年人的监护人

关键词

指定监护人　未成年人保护　社会救助

最高人民法院公布的典型案例

柳州市儿童福利院申请确定监护人纠纷案

裁判要旨：对儿童有监护资格的人员丧失监护能力的，儿童福利院可以作为监护人。

（一）法院裁判

法院认为：对绍某某有监护资格的人员均已丧失监护能力或不愿意担任监护人，儿童福利院作为民政局下属的事业单位，对未成年人负有社会救助职责。为切实保障绍某某的合法权益，使其能在有合法监护人监护的情况下，尽快解决落户及正常上学等实际问题，该院依法判决，指定柳州市儿童福利院为绍某某的合法监护人。

（二）典型意义

儿童是家庭的希望，是国家和民族的未来，确保儿童健康成长是全社会共同的责任。本案系广西壮族自治区首例由检察机关支持起诉的困境儿童指定监护人案件，审理法院从充分保护未成年人合法权益的角度出发，通过法律程序指定社会福利机构作为监护人，这是人民法院在家事审判改革中进行的有益探索和实践。该案判决依法保护了未成年人的合法权益，充分体现了司法的人文关怀。

——《人民法院大力弘扬社会主义核心价值观十大典型民事案例》，载《人民法院报》2020 年 5 月 14 日。

1283. 监护人无法有效管理被监护人财产造成财产利益受损的，可将被监护人财产委托第三方监管

关键词

财产监管责任　最有利于被监护人原则　被监护人财产　申请变更监护

人　变更抚养关系

最高人民法院公报案例

姜某某、孟某某与乔某甲申请变更监护人案（上海市长宁区人民法院民事判决书）

裁判摘要：在申请变更监护人、变更抚养关系等需要确认未成年人、无行为能力或者限制行为能力人的财产监管责任的案件中，如监护人因年龄、身体健康等原因导致财产监管能力不足，或者监护人与被监护人的财产利益存在冲突等情况，造成监护人无法有效管理被监护人财产，可能造成其财产利益受损的，为体现"最有利于被监护人"的法律原则，经监护人与第三方协商一致并听取被监护人意见，经法院审查认定，可将被监护人财产委托第三方监管。

上海市长宁区人民法院认为：父母是未成年子女的法定监护人，现被监护人乔某乙的父母皆已过世，居民委员会指定了被申请人乔某甲成为乔某乙的监护人，乔某甲尽到了监护责任。然乔某乙在生活中难免与乔某甲的亲属产生矛盾，其本人希望由申请人姜某某、孟某某担任监护人，现两申请人与被申请人达成一致意见，符合法律规定，予以准许。关于财产监管的问题，根据法律规定，监护人有管理和保护被监护人财产的义务。乔某甲作为原监护人出于保护乔某乙合法权益出发，提议由可信任的案外人暂时保管乔某乙的银行卡，符合情理。案外人韩某某也愿意承担监管义务，考虑到两申请人文化水平有限，年岁已高，乔某乙也系未成年，其心智尚未完全成熟，案涉钱款系已离世的父母留给乔某乙的最后财产，确需慎重保管和处理，本案两申请人亦同意将乔某乙钱款交由韩某某监管。综合本案案情和现实生活中的情况，法院具体考量如下。

首先，在我国将被监护人财产交第三方监管是有法律依据的。当前的司法实践中，财产形式的多样化、财产关系的复杂化、经济行为的丰富化对财产监护能力提出更高要求。民法通则第十八条以及 2017 年 10 月 1 日起正式实施的民法总则第三十五条①对被监护人的财产监护职责作了原则规定。《最高人民法院关于贯彻执行〈中华人民共和国民法通则〉若干问题的意见（试行）》第二十二条规定，"监护人可以将被监护人监护职责部分或者全部委托给他人。"民法总则第三十五条②明确规定，"监护人应当按照最有利于被监护

① 对应《民法典》第三十五条。

② 对应《民法典》第三十五条。

人的原则履行监护职责。监护人除为维护被监护人利益外，不得处分被监护人的财产”。

其次，关于第三方资质的问题。监管被监护人财产的主体范围可以是被监护人的近亲属、亲朋好友等合适成年人，或是公证机关，或是妇联、关工委、居民（村）委员会、民政等公益组织。本案中，两申请人姜某某、孟某某和被申请人乔某甲共同选定由被监护人乔某乙的表舅韩某某担任财产监管人。法院在听取两申请人和被申请人意见的基础上，听取了案外人韩某某本人意见，其表示乔某乙系孤儿，愿意承担监管责任，由其保管该款项的银行卡或存折。法院还委托社会观护员调查韩某某的经济状况、社会表现、有无不良记录等各方面情况，确保韩某某确实具有监管乔某乙财产的能力，并会为了乔某乙的利益最大化管理其财产。

再次，为保证未成年被监护人利益的最大化，法院还详细解释并听取了被监护人乔某乙对财产监管方式的意见。乔某乙表示对由表舅韩某某担任财产监管人无异议，没有抵触心理。

最后，在各方面条件均具备的情况下，法院组织两申请人姜某某、孟某某，被申请人乔某甲和案外人韩某某在法官见证下，签订了书面监管协议，明确了财产清单、监管方式、监管时间等具体内容，并由法院审核确认，以此规范财产监管人的行为，保障未成年被监护人的财产得到最好管理和维护。

法院还指出，监护人有管理和保护未成年人财产的义务。财产监管是为防止监护人与未成年人的财产利益相冲突下，监护人无法合理有效管理未成年人财产并损害未成年人财产利益或者监护人出于自身管理财产能力等因素，自愿将未成年人财产交由他人代为监管。财产监管人并非未成年人财产的所有权人，财产监管人侵犯未成年人财产权益，未成年人或者监护人可以追究财产监管人的法律责任。

——《最高人民法院公报》2022 年第 9 期。

1284. 意定监护与法定监护冲突时，坚持最有利于被监护人原则和最大程度尊重被监护人真实意愿原则，依法判决变更监护人

关键词

意定监护　变更监护人　法定监护

最高人民法院公布的典型案例

孙某乙申请变更监护人纠纷案

裁判要旨：意定监护与法定监护冲突时，坚持最有利于被监护人原则和最大程度尊重被监护人真实意愿原则，依法判决变更监护人。

裁判要旨：

一、基本案情

被监护人孙某某现年84岁，曾患小儿麻痹症，有肢体残疾后遗症，父母、妻子均已过世。2019年，孙某某的房屋因旧房改造被征收。孙某某的女儿孙某甲在其不知情的情况下，申请对孙某某行为能力鉴定并指定自己为监护人，后经司法鉴定科学研究院鉴定，法院判决宣告孙某某为限制民事行为能力人，指定孙某甲为其监护人。现孙某某侄女孙某乙起诉要求变更监护人。经法院查明，上海市普陀区公证处出具的《公证书》载明，孙某某与孙某乙等签订的《意定监护协议》约定委任孙某乙为意定监护人、陶某某为监护监督人。房屋拆迁后，孙某某不再与孙某甲共同生活，孙某某的钱款和证件等均处于孙某乙及其父亲的保存与管理中，孙某乙对其进行照顾。审理中，法院在庭审与居住地调查中多次征询孙某某意见，其均表示希望孙某乙作为监护人。

二、裁判结果

上海市静安区人民法院认为，孙某某虽为限制民事行为能力人，但有一定的理解表达能力，其多次表示不愿意让孙某甲担任监护人、同意孙某乙担任监护人，态度十分坚决。考虑被监护人孙某某的实际状况，孙某甲在客观上无法再继续履行监护职责，亦未将监护责任部分或全部委托给他人。从有利于被监护人孙某某的角度出发，判决变更监护人为孙某乙，希望孙某乙能从维护被监护人利益的角度出发，依法行使监护的权利，认真履行监护职责，切实保护孙某某的人身、财产及其他合法权益，除为维护孙某某的利益外，不得擅自处理孙某某的财产。若孙某乙存在侵害被监护人利益的情况，孙某甲等其他愿意担任孙某某监护人的个人或组织亦可申请法院变更监护人。

三、典型意义

本案系典型的意定监护与法定监护相冲突的变更监护权案判决。法院既考量意定监护协议约定，又考量被监护人的实际生活情况，坚持最有利于被监护人原则和最大程度尊重被监护人真实意愿原则，多次征询被监护人意见，并突击走访被监护人家中和居委会，了解其真实生活与医疗等情况，综合各方因素，依法判决变更监护人。同时，积极引导监护人自觉履行监护职责，切实保障了“失智”老年人的合法利益。此外，本案裁判后，孙某某就案涉房屋拆迁的动迁利益仍在动迁组，保障了孙某某的动迁安置利益等财产安全。

——《孙某乙申请变更监护人纠纷案》，载最高人民法院民事审判第一庭编：《民事审判指导与参考》2022 年第 1 辑（总第 89 辑），人民法院出版社 2022 年版，第 80~81 页。

1285. 申请撤销监护人资格诉讼

关键词

撤销监护人资格

最高人民法院司法政策精神

27. 下列单位和人员（以下简称有关单位和人员）有权向人民法院申请撤销监护人资格：

（一）未成年人的其他监护人，祖父母、外祖父母、兄、姐，关系密切的其他亲属、朋友；

（二）未成年人住所地的村（居）民委员会，未成年人父、母所在单位；

（三）民政部门及其设立的未成年人救助保护机构；

（四）共青团、妇联、关工委、学校等团体和单位。

申请撤销监护人资格，一般由前款中负责临时照料未成年人的单位和人员提出，也可以由前款中其他单位和人员提出。

28. 有关单位和人员向人民法院申请撤销监护人资格的，应当提交相关证据。

有包含未成年人基本情况、监护存在问题、监护人悔过情况、监护人接受教育辅导情况、未成年人身心健康状况以及未成年人意愿等内容的调查评估报告的，应当一并提交。

29. 有关单位和人员向公安机关、人民检察院申请出具相关案件证明材料的，公安机关、人民检察院应当提供证明案件事实的基本材料或者书面说明。

30. 监护人因监护侵害行为被提起公诉的案件，人民检察院应当书面告知未成年人及其临时照料人有权依法申请撤销监护人资格。

对于监护侵害行为符合本意见第 35 条规定情形而相关单位和人员没有提起诉讼的，人民检察院应当书面建议当地民政部门或者未成年人救助保护机构向人民法院申请撤销监护人资格。

——最高人民法院等《印发〈关于依法处理监护人侵害未成年人权益行为若干问题的意见〉的通知》（2014 年 12 月 18 日，法发〔2014〕24 号）。

最高人民法院公布的典型案例

邵某某、王某某被撤销监护人资格案

裁判要旨：在未成年人其他近亲属无力监护、不愿监护和不宜监护，临时照料人监护能力又有限的情形下，民政局作为社会保障机构，有权申请撤销父母的监护权。

（一）基本案情

邵某某和王某某2004年生育一女，取名邵某。在邵某未满两周岁时，二人因家庭琐事发生矛盾，邵某某独自带女儿回到原籍江苏省徐州市铜山区大许镇生活。在之后的生活中，邵某某长期殴打、虐待女儿邵某，致其头部、脸部、四肢等多处严重创伤。2013年又因强奸、猥亵女儿邵某，于2014年10月10日被法院判处有期徒刑十一年，剥夺政治权利一年。王某某自2006年后从未看望过邵某，亦未支付抚养费用。邵某某被采取刑事强制措施后，王某某及家人仍对女儿邵某不闻不问致其流离失所、生活无着。邵某因饥饿离家，被好心人士张某某收留。邵某某的父母早年去世，无兄弟姐妹。王某某肢体三级残疾，其父母、弟、妹均明确表示不愿意抚养邵某。2015年1月铜山区民政局收到铜山区检察院的检察建议，于1月7日作为申请人向铜山区人民法院提起特别程序请求撤销邵某某和王某某的监护人资格。

（二）裁判结果

江苏省徐州市铜山区人民法院判决：1. 撤销被申请人邵某某对邵某的监护权。2. 撤销被申请人王某某对邵某的监护权。3. 指定徐州市铜山区民政局作为邵某的监护人。

（三）典型意义

通过对该案的审判，确定了当父母拒不履行监护责任或者侵害被监护人合法权益时，民政局作为社会保障机构，有权申请撤销父母的监护权，打破“虐童是家事”的陈旧观念，使受到家庭成员伤害的未成年人也能够得到司法救济。在未成年人其他近亲属无力监护、不愿监护和不宜监护，临时照料人监护能力又有限的情形下，判决民政局履行带有国家义务性质的监护责任，指定其作为未成年人的监护人，对探索确立国家监护制度作出大胆尝试。该案件审理中的创新做法：一、激活监护权撤销制度使之具有可诉性，明确了民政部门等单位在“有关单位”之列，使撤销监护权之诉具备了实际的可操作性；二、引入指定临时照料人制度，案件受理后，为未成年人指定临时照料人，既确保未成年人在案件审理过程中的生活稳定，也有利于作为受害人的未成年人表达意愿、参加庭审；三、引入社会观护制度，案件审理中，法院委托妇联、团委、青少年维权机构对受害未成年人进行观护，了解未成年人受到侵害的程度、现在的生活状态、亲属情况及另行指定监护人的人选等内容，给法院裁判提供参考；四、加强未成年人隐私保护，庭审中采用远程视频、背对镜头的方式让邵某出庭，寻求受害女童隐私保护和充分表达意愿的平衡。对裁判文书进行编号，向当事人送达裁判文书时送达《未成年人隐私保护告知书》，告知不得擅自复印、传播该文书。在审理终结后，对全部卷宗材料进行封存，最大限度保护受害人的隐私，确保其在另行指定监护人后能健康成长。

——《最高人民法院发布12起侵害未成年人权益被撤销监护人资格典型案例》，载《人民法院报》2016年5月31日。

1286. 撤销监护人资格案件审理和判后安置

关键词

撤销监护人资格　判后安置

最高人民法院司法政策精神

32. 人民法院审理撤销监护人资格案件，比照民事诉讼法规定的特别程序进行，在一个月内审理结案。有特殊情况需要延长的，由本院院长批准。

33. 人民法院应当全面审查调查评估报告等证据材料，听取被申请人、有表达能力的未成年人以及村（居）民委员会、学校、邻居等的意见。

34. 人民法院根据案件需要可以聘请适当的社会人士对未成年人进行社会观护，并可以引入心理疏导和测评机制，组织专业社会工作者、儿童心理问题专家等专业人员参与诉讼，为未成年人和被申请人提供心理辅导和测评服务。

35. 被申请人有下列情形之一的，人民法院可以判决撤销其监护人资格：

（一）性侵害、出卖、遗弃、虐待、暴力伤害未成年人，严重损害未成年人身心健康的；

（二）将未成年人置于无人监管和照看的状态，导致未成年人面临死亡或者严重伤害危险，经教育不改的；

（三）拒不履行监护职责长达六个月以上，导致未成年人流离失所或者生活无着的；

（四）有吸毒、赌博、长期酗酒等恶习无法正确履行监护职责或者因服刑等原因无法履行监护职责，且拒绝将监护职责部分或者全部委托给他人，致使未成年人处于困境或者危险状态的；

（五）胁迫、诱骗、利用未成年人乞讨，经公安机关和未成年人救助保护机构等部门三次以上批评教育拒不改正，严重影响未成年人正常生活和学习的；

（六）教唆、利用未成年人实施违法犯罪行为，情节恶劣的；

（七）有其他严重侵害未成年人合法权益行为的。

36. 判决撤销监护人资格，未成年人有其他监护人的，应当由其他监护人承担监护职责。其他监护人应当采取措施避免未成年人继续受到侵害。

没有其他监护人的，人民法院根据最有利于未成年人的原则，在民法通则第十六条第二款、第四款规定的人员和单位中指定监护人。指定个人担任监护人的，应当综合考虑其意愿、品行、身体状况、经济条件、与未成年人的生活情感联系以及有表达能力的未成年人的意愿等。

没有合适人员和其他单位担任监护人的，人民法院应当指定民政部门担任监护人，由其所属儿童福利机构收留抚养。

37. 判决不撤销监护人资格的，人民法院可以根据需要走访未成年人及其家庭，也可以向当地民政部门、辖区公安派出所、村（居）民委员会、共青团、妇联、未成年人所在学校、监护人所在单位等发出司法建议，加强对未成年人的保护和对监护人的监督指导。

38. 被撤销监护人资格的侵害人，自监护人资格被撤销之日起三个月至一年内，可以书面向人民法院申请恢复监护人资格，并应当提交相关证据。

人民法院应当将前款内容书面告知侵害人和其他监护人、指定监护人。

39. 人民法院审理申请恢复监护人资格案件，按照变更监护关系的案件审理程序进行。

人民法院应当征求未成年人现任监护人和有表达能力的未成年人的意见，并可以委托申请人住所地的未成年人救助保护机构或者其他未成年人保护组织，对申请人监护意愿、悔改表现、监护能力、身心状况、工作生活情况等进行调查，形成调查评估报告。

申请人正在服刑或者接受社区矫正的，人民法院应当征求刑罚执行机关或者社区矫正机构的意见。

40. 人民法院经审理认为申请人确有悔改表现并且适宜担任监护人的，可以判决恢复其监护人资格，原指定监护人的监护人资格终止。

申请人具有下列情形之一的，一般不得判决恢复其监护人资格：

（一）性侵害、出卖未成年人的；

（二）虐待、遗弃未成年人六个月以上、多次遗弃未成年人，并且造成重伤以上严重后果的；

（三）因监护侵害行为被判处五年有期徒刑以上刑罚的。

42. 被撤销监护人资格的父、母应当继续负担未成年人的抚养费用和因监护侵害行为产生的各项费用。相关单位和人员起诉的，人民法院应予支持。

43. 民政部门应当根据有关规定，将符合条件的受监护侵害的未成年人纳入社会救助和相关保障范围。

44. 民政部门担任监护人的，承担抚养职责的儿童福利机构可以送养未成年人。

送养未成年人应当在人民法院作出撤销监护人资格判决一年后进行。侵害人有本意见第 40 条第 2 款规定情形的，不受一年后送养的限制。

——最高人民法院等《印发〈关于依法处理监护人侵害未成年人权益行为若干问题的意见〉的通知》（2014 年 12 月 18 日，法发〔2014〕24 号）。

附录：理解与适用

《关于依法处理监护人侵害未成年人权益行为若干问题的意见》第三十二条（以下简称本条）规定了撤销监护人资格案件按照特别程序审理。对于本条另有两种不同意见：

一种意见认为：此类案件不应当适用特别程序审理，可比照普通程序审理。理由：民事诉讼法规定的特别程序主要适用于选民资格案件、宣告失踪或宣告死亡案件、认定财产无主案件等非争讼性案件，其程序价值在于对某种法律事实是否存在进行确认。非争讼性案件不解决民事权利义务争议，而是对某种法律事实是否存在进行确认。监护权变更案件属于争讼性案件，存在明显的诉辩双方当事人和具体的民事权利义务争议。因此，监护权变更案件不宜适用特别程序进行审理。

另一种意见认为：民事诉讼法及司法解释对这个问题都没有明确规定，只有 1988 年的《民通意见》和《民事案件案由规定》第三百八十七项作了规定，应当比照特别程序审理。如果《意见》直接规定适用普通程序或者简易程序审理，则与《民通意见》第 19、20 条规定矛盾，有逾越司法解释的嫌疑，实践中撤销监护资格案件也都是按照特别程序审理的。另外，适用特别程序审理此类案件，能够快速审结案件，明确未成年人的监护人，有利于保障未成年人的权益。

经研究，我们采纳了后一种意见，本着与法律、司法解释一致的原则，比照特别程序审理。

《意见》第 33、44 条撤销监护人资格案件的审理，不同于普通民事案件审判，需要听取各方面意见，且根据保护未成年人权益的需要，法院可以根据情况多做一些工作，故作出以上两条规定。

《意见》第三十五条由于我国法律对撤销监护人资格的规定非常原则，仅规定“不履行监护职责或者侵害未成年人的权益的，可以撤销监护人资格”，没有规定具体情形，也没有规定中止或者临时撤销等程序。在撤销监护资格案件中，法院只有两种选择，一种是撤销，一种是不撤销，这就要求撤销监护人资格的情形设定应当尽量严格。

之所以规定只有在严重侵害未成年人权益的情形下才可以判决撤销监护人资格，主要出于以下两点考虑：（1）是未成年人最大利益原则的要求。未成年人健康成长最需要父母的关爱，家庭是未成年人最好的生活环境。在条件允许的情况下，应当尽可能地让未成年人在家庭中生活。同时，父母抚养孩子既是亲情的需求，也是法定的责任。这就决定了撤销监护人资格只能适用于极少数特别严重的情形。（2）符合我国国情。在我国，以轻微打骂等不当方式教育孩子的现象普遍存在，社会对此有一定的容忍度。如果撤销监护人资格的标准不够严格，则可能混淆监护侵害行为和不当教育方式，导致大量案件进入司法程序，这是目前社会难以接受的。因此，《意见》本着尽可能严格的原则列举了可能撤销监护人资格的情形，这些情形与不当教育方法有明显的区别。不仅是我国，许多国家如美国、英国、荷兰等也都对撤销监护人资格的情形作出严格限定，撤销监护人资格本着“不得已而为之”的原则是国际上通常做法。

《意见》第三十六条规定撤销监护人资格后未成年人的监护问题。分为三个层次：（1）有其他监护人的，如父或母一方被撤销监护资格，另一方仍有监护权，则由另一方担任监护人。（2）在没有其他监护人的情况下，根据民法通则第十六条的规定，择优选择监护人，没有规定将亲属关系的远近作为选择顺序，是给法官充分的选择余地，以更好地实现未成年人最大利益。（3）规定在没有其他合适人员和单位担任指定监护人的情况下，应当判决民政部门担任监护人，明确了民政部门的兜底责任。

《意见》第三十七条规定人民法院可以在判后开展回访工作、发出司法建议。

《意见》第三十八条规定了恢复行使监护人资格的程序及期限。有三种不同意见。

第一种意见（多数意见）：可以允许被撤销监护人资格的侵害人申请恢复监护人资格，但应当规定一个合理的期限。

第二种意见：设定恢复申请的一年期限无法律依据，应当允许被撤销人随时申请。

第三种意见：恢复申请程序无法律依据，一旦撤销，则不允许恢复。

本条采纳多数意见。理由是：（1）众所周知，家庭是未成年人是最好的生活环境，父母亲情无人可以取代。规定当事人可以在一定期限内申请恢复监护人资格就是为了尽可能地促使当事人悔改，促进未成年人回归家庭，本条规定符合未成年人保护的立法精神。第三种意见既不利于保障儿童权益，也不利于保障父母权益，不可取。（2）未成年人保护法和民法通则只规定可以撤销监护人资格，但没有明确规定是否可以恢复监护人资格。在法律没有明确规定的情况下，《意见》规定可以恢复并设定期限不违法。国外立法普遍有恢复制度，如德国、法国、荷兰、日本等。（3）规定三个月以后才可以申请恢复监护人资格，目的是给当事人一个合理的悔过和恢复监护能力的期限。

规定申请恢复资格应当在一年内，是为了避免未成年人的监护权长期处于不稳定状态，以便让新的监护人能够更好、更踏实地履行职责，也可以让民政部门一年以后放心地送养。民政部门担任未成年人监护人的，儿童福利机构通常采用机构抚养、家庭寄养和送养的方式抚养未成年人。机构抚养很难营造出类似家庭的生活环境，家庭寄养稳定性较差，送养则可以提供较为稳定的家庭生活和学习环境，最有利于未成年人健康成长。因此，民政部门一般会优先选择送养，通过考察、筛选合适家庭，让未成年人在新的家庭中生活。如果《意见》不设定一年的申请期限，则意味着在未成年人十八岁之前，被撤销资格的当事人随时可以申请恢复监护人资格，未成年人的监护权将长期处于不确定的状态，民政部门不敢轻易送养，从而不利于未成年人得到稳定妥善照管。

《意见》规定政府的临时监护责任一般不超过一年，并规定被撤销监护人资格后三个月至一年内可以申请恢复，事实上给当事人大约两年的时间用来悔改和恢复监护能力，充分体现了适用撤销监护人资格的慎重。

《意见》第三十九条撤销监护人资格的审判应当慎重，恢复监护人资格案件的审判也应当慎重，需要全面考量申请人的悔改表现、意愿和能力，同时还需要考虑现任监护人的监护情况和未成年人的意愿，根据最有利于未成年人的原则进行审判。

《意见》第四十条第一款规定判决恢复监护人资格的，应当同时终止原指定监护人的资格（指定监护人与法定监护人不得并存）。如由其他监护人监护的，则申请人恢复资格后共同监护未成年人。

本条第二款规定了一般不得恢复监护资格的情形，列举的三种情形都属于情节非常恶劣的，供法官参考。

《意见》第四十二条根据未成年人保护法第五十三条规定作出。

《意见》第四十三条规定体现国家对未成年人的特殊照顾。

《意见》第四十四条规定由民政部门担任指定监护人的未成年人一年后可以送养。理由是：收养法规定三类不满十四周岁的未成年人可以被收养：丧失父母的孤儿；查找不到生父母的弃婴和儿童；生父母有特殊困难无力抚养的子女。我们认为，父母被撤销监护人资格的未成年人，与“丧失父母的孤儿”情况类似，民政部门可以参考收养法规定的“丧失父母的孤儿”送养。

——张颖新、方芳：《解读〈关于依法处理监护人侵害未成年人权益行为若干问题的意见〉》，载人民法院出版社法规编辑中心编：《解读最高人民法院司法指导性文件》（民事卷），人民法院出版社 2017 年版，第 89~94 页。

1287. 男方不愿意生育而女方坚持生育的，男方也应当承担抚养义务

关键词

生育权　抚养义务　终止妊娠　离婚

《中华人民共和国民法典》条文

第二十六条　父母对未成年子女负有抚养、教育和保护的义务。

第一千零八十四条　父母与子女间的关系，不因父母离婚而消除。离婚后，子女无论由父或者母直接抚养，仍是父母双方的子女。

离婚后，父母对于子女仍有抚养、教育、保护的权利和义务。

离婚后，不满两周岁的子女，以由母亲直接抚养为原则。已满两周岁的子女，父母双方对抚养问题协议不成的，由人民法院根据双方的具体情况，按照最有利于未成年子女的原则判决。子女已满八周岁的，应当尊重其真实意愿。

附录：最高人民法院法官著述

问：怀孕期间，女方起诉离婚并明确表示不要孩子，双方协议约定女方终止妊娠，男方给女方一笔补偿，女方已经拿到补偿款，但事后反悔，又生下孩子。此时，男方是否要承担抚养义务？

答：此种情况下，男方要承担抚养义务。

一方面，司法实践中，男女双方有时会因为生育问题签订协议，但生育权属于人身权，人身权与人身不可分离。因此，限制生育权的协议，应归于无效。

另一方面，抚养义务不受父母是否离异的影响，不能因为父母的过错而免除其对子女的应尽义务。我国《民法典》第二十六条第一款规定："父母对未成年子女负有抚养、教育和保护的义务。"第一千零八十四条第二款规定："离婚后，父母对于子女仍有抚养、教育、保护的权利和义务。"这主要是基于对未成年子女的利益的保护而设的规定。

因此，虽然双方已经签订终止妊娠的协议，但女方执意生育不能免除男方作为父亲的任何义务，男方在此种情况下仍要承担抚养义务。

——最高人民法院民事审判第一庭编：《民事审判实务问答》，法律出版社 2021 年版，第 132~133 页。

1288. 子女对于不在一起生活的父母应履行对其经济上供养、生活上照料和精神上慰藉的义务

关键词

精神赡养　子女探望　赡养费

最高人民法院公布的典型案例

陈某某赡养费纷案

裁判要旨：子女对于不在一起生活的父母，应根据其实际生活需要、实际负担能力、当地一般生活水平，给付一定的赡养费用。本案当事人年事已高且身患疾病，三个女儿作为赡养人，应当履行对其经济上供养、生活上照料和精神上慰藉的义务。

（一）基本案情

陈某某与妻子 1952 年结婚，婚后育有二子、三女，妻子及两个儿子均已去世。现陈某某同小女儿生活。陈某某年事已高且体弱多病，希望女儿常回家探望照顾自己，因女儿不同意负担陈某某的医药费及赡养费，故诉请判令长女和次女每月探望其不少于一次，患病期间三女儿必须轮流看护；三女儿共同给付陈某某医疗费、赡养费。

（二）裁判结果

黑龙江省佳木斯市前进区人民法院认为，子女对父母有赡养扶助的义务，子女不履行赡养义务时，无劳动能力或生活困难的父母，有要求子女给付赡养费的权利。子女不能因为父母有退休收入或者有一定的经济来源就完全将父母置之不顾，这不仅违反法律规定，也不符合中华民族“百善孝为先”的传统美德。子女对于不在一起生活的父母，应根据其实际生活需要、实际负担能力、当地一般生活水平，给付一定的赡养费用。本案陈某某年事已高且身患疾病，三个女儿作为赡养人，应当履行对其经济上供养、生活上照料和精神上慰藉的义务，故判决长女和次女每月探望陈某某不少于一次，并给付陈某某赡养费，三女儿共同负担陈某某医疗费用。

（三）典型意义

近年来，随着生活水平的不断提高，老人对子女经济供养方面的要求越来越少，越来越多的老人更加注重精神层面的需求，涉及“精神赡养”的案件数量也有所上升，该类案件执行情况远比给付金钱的案件要难得多，且强

制执行远不及主动履行效果好，希望“常回家看看”是子女们发自内心的行为，而不是强制执行的结果。“精神赡养”和“物质赡养”同样重要。老人要求子女定期探望的诉求，是希望子女能够承欢膝下，符合法律规定，体现中华民族传统的孝道，应当得到支持。“百善孝为先”，对老人的赡养绝不是一纸冷冰冰的判决就可以完成的，希望所有子女能够常回家看看，多关注老年人的精神需求。

——《最高人民法院发布人民法院老年人权益保护十大典型案例》案例四（2021年2月24日）。

1289. 父母未履行抚养子女的义务，子女能否主张免除赡养义务

关键词

抚养义务　赡养义务

《中华人民共和国民法典》条文

第一千零四十一条　婚姻家庭受国家保护。

实行婚姻自由、一夫一妻、男女平等的婚姻制度。

保护妇女、未成年人、老年人、残疾人的合法权益。

附录：最高人民法院主流观点

我们认为，如果父母确因经济能力或者其他客观原因（比如因犯罪被监禁）未能履行抚养义务，子女成年后主张免除赡养义务的，法院不予支持，子女不能将父母是否尽了抚养教育的义务作为自己履行赡养父母义务的基础和前提。审判实践中，对此应予从严掌握。因为子女赡养父母的义务是法定的和无附加条件的，在目前社会保障机制尚不完善、家庭主要承担养老育幼职责的现状下，不能轻易免除子女对父母的赡养义务。鉴于子女与父母之间特殊的身份关系，也不能简单地用等价有偿、公平合理的一般民法理念加以衡量。

如果父母具有抚养能力而拒不履行抚养义务或者对子女实施虐待、遗弃、故意杀害等行为，情节严重的，可以免除子女的赡养义务。从《民法典》继承编的规定来看，故意杀害被继承人、遗弃被继承人或者虐待被继承人情节严重的，丧失继承权。同样道理，犯有杀害、遗弃、虐待子女罪的父母原则上不再享有子女赡养的权利。因为让身心受到严重摧残的受害者再去赡养加害人，无论于法、于情、于理均说不过去。如果子女不计前嫌自愿赡养伤害过自己的父母，法律则不予干涉。

——最高人民法院民法典贯彻实施工作领导小组编著：《中华人民共和国民法典婚姻家庭编继承编理解与适用》，人民法院出版社2020年版，第23页。

1290. 孙辈赡养祖辈后不能免除其对自己父母的赡养义务

关键词

赡养义务　孙子女、外孙子女　祖父母、外祖父母

《中华人民共和国民法典》条文

第一千零四十一条　婚姻家庭受国家保护。

实行婚姻自由、一夫一妻、男女平等的婚姻制度。

保护妇女、未成年人、老年人、残疾人的合法权益。

附录：最高人民法院主流观点

根据《民法典》婚姻家庭编的相关规定，有负担能力的孙子女、外孙子女在两种情况发生时对祖父母、外祖父母有赡养义务，一种情况是子女已经死亡，另一种情况是子女没有赡养能力，即有前提条件的法定赡养义务。当孙辈赡养了祖辈后能否免除其对自己父母的赡养义务？答案应该是否定的。因为法律在规定孙辈对祖辈有前提条件承担法定赡养义务的同时，并没有规定孙辈对父辈的法定赡养义务可以免除。“子女已经死亡”的情况意味着孙辈对父辈的赡养义务不可能发生，但“子女无力赡养”的情况意味着父辈也需要自己的子女尽赡养义务，故此时孙辈应承担双重的赡养义务。

——最高人民法院民法典贯彻实施工作领导小组编著：《中华人民共和国民法典婚姻家庭编继承编理解与适用》，人民法院出版社2020年版，第23~24页。

1291. 离婚时双方约定一方抚养子女，另一方给付抚养费及违约金，如未支付抚养费的，应承担违约金

关键词

离婚　抚养费　抚养义务　违约金

《中华人民共和国民法典》条文

第一千零四十一条 婚姻家庭受国家保护。

实行婚姻自由、一夫一妻、男女平等的婚姻制度。

保护妇女、未成年人、老年人、残疾人的合法权益。

附录：最高人民法院主流观点

这个问题争议比较大，有两种完全不同的观点。第一种观点认为，双方离婚时签订抚养费给付协议，目的只是督促不直接抚养子女的一方履行抚养义务，该协议属于有关身份关系的协议。《合同法》第二条第二款[①]规定："婚姻、收养、监护等有关身份关系的协议，适用其他法律的规定。"也就是说，合同法领域中的个人自治空间可以得到极度的张扬，身份法领域个人的意思自治显然应当受到适当的抑制。因此双方达成的抚养费给付协议，不应适用合同法律规定。一方未按协议给付抚养费，实际上是没有履行法定的抚养义务，一方有能力抚养而拒绝给付抚养费，情节恶劣的，将被追究刑事责任。但并不存在违约问题，当然也不应承担违约责任。第二种观点认为，抚养未成年子女是父母的法定义务，父母双方在自觉自愿基础上签订的抚养费给付协议，约定的违约金条款旨在更好地保护未成年人的健康成长，法院支持违约金主张对未成年人一方并无不利。根据《合同法》第二条第二款[②]规定，婚姻、收养、监护等有关身份关系的协议不适用合同法相关规定，主要是指单纯身份关系的有关婚姻、收养、监护的协议，对于涉及身份关系的财产协议，并不完全排斥合同法律的适用，其属于合同法律的调整范围，不过应当优先适用婚姻法律有关规定，这些法律没有规定时才可适用合同相关规定。尤其值得注意的是《民法典》合同编中的第四百六十四条第二款规定："婚姻、收养、监护等有关身份关系的协议，适用有关该身份关系的法律规定；没有规定的，可以根据其性质参照适用本编规定。"进一步印证了该观点。

我们比较倾向于第二种观点。

——最高人民法院民法典贯彻实施工作领导小组编著：《中华人民共和国民法典婚姻家庭编继承编理解与适用》，人民法院出版社2020年版，第24~25页。

---

① 对应《民法典》第四百四十六条第二款。

② 对应《民法典》第四百四十六条第二款。

1292. 夫妻一方不履行扶养义务时，可通过强制执行实现财产处置

关键词

扶养义务　重大疾病　强制执行

《中华人民共和国民法典》条文

第一千零六十六条　婚姻关系存续期间，有下列情形之一的，夫妻一方可以向人民法院请求分割共同财产：

（一）一方有隐藏、转移、变卖、毁损、挥霍夫妻共同财产或者伪造夫妻共同债务等严重损害夫妻共同财产利益的行为；

（二）一方负有法定扶养义务的人患重大疾病需要医治，另一方不同意支付相关医疗费用。

附录：最高人民法院主流观点

如果是夫妻一方自身患重大疾病需要医治，另一方不同意支付医疗费用的，患病一方可否请求财产分割？我们认为，依据《民法典》第一千零五十九条规定，夫妻有相互扶养的义务，其中扶养义务既包括生活上的扶助，更包括一方患病时的扶持，因此在一方患病时，另一方应当以支付医疗费用等方式保障患病方受到医治。其不履行该义务的，患病方有权要求其支付医疗费、履行法定扶养义务，另一方不自动履行已生效判决书的，可通过强制执行程序实现对其个人财产和夫妻共同财产的处置，不需要通过《民法典》第一千零六十六条规定的方式来实现救济。

——最高人民法院民法典贯彻实施工作领导小组编著：《中华人民共和国民法典婚姻家庭编继承编理解与适用》，人民法院出版社2020年版，第183页。

1293. 父母双方或一方未尽抚养义务，子女成年后不能追索抚养费

关键词

抚养费　未成年子女　抚养义务

《中华人民共和国民法典》条文

第一千零六十七条　父母不履行抚养义务的，未成年子女或者不能独立生活的成年子女，有要求父母给付抚养费的权利。

成年子女不履行赡养义务的，缺乏劳动能力或者生活困难的父母，有要求成年子女给付赡养费的权利。

附录：最高人民法院主流观点

《民法典》第一千零六十七条规定的抚养费权利主体为未成年子女和不能独立生活的成年子女。如果在子女未成年期间，父母双方或者一方未尽抚养义务，子女成年后可否再向父母追索？我们认为，从抚养费立法目的和功能来看，抚养费的主要功能是保障未成年子女的健康成长，当子女成年且能独立生活后，抚养费的功能已经丧失，不再具有保护利益，故不能对其未成年期间父母应承担的抚养费进行追偿。

——最高人民法院民法典贯彻实施工作领导小组编著：《中华人民共和国民法典婚姻家庭编继承编理解与适用》，人民法院出版社2020年版，第189页。

1294. 未成年人子女有权向未对其承担过抚养义务的父母一方追索抚养费

关键词

抚养费　亲子关系　未成年子女　抚养教育义务

《中华人民共和国民法典》条文

第一千零七十一条　非婚生子女享有与婚生子女同等的权利，任何组织或者个人不得加以危害和歧视。

不直接抚养非婚生子女的生父或者生母，应当负担未成年子女或者不能独立生活的成年子女的抚养费。

附录：最高人民法院主流观点

父母对子女的抚养义务，自子女出生时开始，所以若父母一方未对子女承担过抚养义务，子女有权向未直接抚养其的父母一方追索自出生后的抚养费，并可就将来预计应当发生的抚养费用一并予以主张。如A与B同居生活，于期间生育了A1，但并未至民政部门登记结婚。后A与B因感情不和分手，A1 出生至今跟随 A 居住生活，B 从未支付过抚养费。后 A1 以 B 为被告提起诉讼，请求 B 按照每月 800 元标准支付 A1 从出生到 18 周岁的抚养费，共计 ×× 元。人民法院经审理后认为，依据《婚姻法》第二十五条[①]规定，A1 是其母亲 A 与 B 同居期间生育的子女，享有与婚生子女同等的权利，任何人不能剥夺。被告 B 是 A1 的亲生父亲，对 A1 负有抚养教育的法定义务，但其在与 A 分开后，在 A1 从出生至今一直跟随 A 居住生活的情况下，从未支付过任何抚养费，未履行其应负的抚养教育义务，故 A1 要求 B 支付抚养费的请求，予以支持。关于抚养费的计算问题。鉴于 A1 从出生之日起即跟随母亲一起生活，B 从未支付过抚养费，A1 主张 B 应从 A1 出生之日起支付抚养费，有事实及法律依据，予以支持。结合 A1 及其父母双方的实际情况，作为亲生父亲的 B 应承担每月 500 元抚养费为宜。A1 起诉前共 111 个月的抚养费 55500 元（111 个月 ×500 元），B 应一次性付清，起诉后的抚养费可每月支付，直至 A1 年满 18 周岁。

——最高人民法院民法典贯彻实施工作领导小组编著:《中华人民共和国民法典婚姻家庭编继承编理解与适用》，人民法院出版社 2020 年版，第 212~213 页。

1295. 父母一方垫付抚养费后向另一方追索时是否适用诉讼时效的限制？

关键词

抚养费　垫付　诉讼时效

最高人民法院裁判文书

冯某、程某离婚纠纷执行审查类执行案［最高人民法院（2020）最高法执监 66 号执行裁定书］

裁判要旨：从抚养费的性质来看，其属于具有财产利益内容的身份权请求权，且事关公序良俗和人的基本生存权利，事关未成年人和不能独立生活的子女等弱势群体的利益保护；在抚养法律关系存续期间，给付抚养费的请求权不应适用诉讼时效的规定，亦不应适用申请执行时效的规定。

① 对应《民法典》第一千零七十一条。

最高人民法院认为：从抚养费的性质来看，其属于具有财产利益内容的身份权请求权，且事关公序良俗和人的基本生存权利，事关未成年人和不能独立生活的子女等弱势群体的利益保护；在抚养法律关系存续期间，给付抚养费的请求权不应适用诉讼时效的规定，亦不应适用申请执行时效的规定。在执行司法解释没有规定或者其他相关规定不明确的情况下，应当适用基本法的原则性规定。《中华人民共和国民法总则》（2017 年 10 月 1 日起施行）第一百九十六条[①]明确规定："下列请求权不适用诉讼时效的规定：……（三）请求支付抚养费、赡养费或者扶养费……" 本案中，淮南中院（2019）皖 04 执恢 2 号案件系对该院（2012）淮执字第 00025 号案件在终结本次执行程序后的恢复执行程序，故本案应当审查（2012）淮执字第 00025 号案件中，程某于 2012 年 5 月 9 日就 2002 年 11 月至 2012 年 5 月的抚养费申请执行时，是否适用申请执行时效。本院认为，程某提出强制执行申请时，冯小 x 尚未成年，其与冯某的抚养法律关系尚在存续期间，且案件尚未执行完毕，执行中应当依照《中华人民共和国民法总则》第一百九十六条规定进行审查认定。申诉人主张程某在本案中的执行申请超过申请执行时效的主张，本院不予支持。

——中国裁判文书网。

1296. 继父母和继子女之间关系能否解除

关键词

姻亲关系　拟制血亲　继父母　继子女

《中华人民共和国民法典》条文

第一千零七十二条　继父母与继子女间，不得虐待或者歧视。

继父或者继母和受其抚养教育的继子女间的权利义务关系，适用本法关于父母子女关系的规定。

附录：最高人民法院主流观点

如果继子女的生父与继母或生母与继父的婚姻关系终止，继父母和继子女之间的关系是否解除，法律未作规定，实践中在认定时要区分情形：

如果继父母和继子女之间未成立拟制血亲，仅为姻亲关系，那么继母或继父与继子女之间的姻亲关系即解除。

① 对应《民法典》第一百九十六条。

如果继父母对未成年继子女进行抚养教育而成立拟制血亲，那么拟制血亲关系在原则上不能自然解除。继父母对未成年继子女仍有抚养教育的权利和义务，受继父母抚养长大的继子女，对缺乏劳动能力或生活困难的继父母有赡养的义务。但是继父母与继子女间权利义务产生的亲属基础毕竟是姻亲关系，因此在姻亲关系因为离婚或一方死亡而解除的情况下，对已经转化为拟制血亲的继父母与继子女间的关系，应该允许基于一定的特殊原因解除。比如，离婚时继子女尚未成年，继父母拒绝继续抚养且生父母至少有一方在世的，应认为继父母与继子女间拟制血亲关系解除，已经形成的权利义务关系终止。再如，离婚时，继子女已经成年，但继父母与成年继子女关系恶化，参照养父母和养子女的关系规定，应认为双方可协议或诉讼解除。解除后，继子女应否返还继父母的抚养教育费用，可结合解除的原因、继子女的过错等因素，从公平合理的角度予以判定。

——最高人民法院民法典贯彻实施工作领导小组编著：《中华人民共和国民法典婚姻家庭编继承编理解与适用》，人民法院出版社2020年版，第218~219页。

1297. 父母均在外打工，不属于“无力抚养”

关键词

留守儿童　无力抚养　抚养义务

《中华人民共和国民法典》条文

第一千零七十四条　有负担能力的祖父母、外祖父母，对于父母已经死亡或者父母无力抚养的未成年孙子女、外孙子女，有抚养的义务。

有负担能力的孙子女、外孙子女，对于子女已经死亡或者子女无力赡养的祖父母、外祖父母，有赡养的义务。

附录：最高人民法院主流观点

扶老育幼是我们中华民族的优良传统，现实生活中也普遍存在祖父母、外祖父母帮着带孩子的情形。尤其在农村地区，有大量父母外出打工，孩子留给祖父母、外祖父母照顾，即媒体中通常说的“留守儿童”。应注意的是，祖父母、外祖父母照顾孙子女、外孙子女往往是出于亲情。如果不存在其他的特殊情况，仅“父母外出打工”不能构成父母无力抚养的条件，在这种情形下，祖父母、外祖父母对孙子女、外孙子女进行照顾，是出于道义和亲情，并没有抚养的法定义务。父母仍应依照法律规定，对子女履行抚养、教育和保护义务，不能以在外打工为由推卸自己的责任。

——最高人民法院民法典贯彻实施工作领导小组编著：《中华人民共和国民法典婚姻家庭编继承编理解与适用》，人民法院出版社2020年版，第230页。

1298. 查找不到生父母的未成年人的认定标准

关键词

未成年人　生父母　遗弃　被拐获救　监护人

《中华人民共和国民法典》条文

第一千零九十三条　下列未成年人，可以被收养：

（一）丧失父母的孤儿；

（二）查找不到生父母的未成年人；

（三）生父母有特殊困难无力抚养的子女。

附录：最高人民法院主流观点

关于查找不到生父母的未成年人，视未成年人被遗弃或被拐获救而有不同的认定标准。对于被生父母遗弃的未成年人，根据《中国公民收养子女登记办法》第七条的规定，收养前应登记公告查找其生父母，公告期满60日未被生父母或其他监护人认领的，可视为查找不到生父母的弃婴、儿童，符合被收养人的条件。而对于被拐获救儿童，根据《民政部、公安部关于开展查找不到生父母的打拐解救儿童收养工作的通知》（民发〔2015〕159号）的要求，公安机关应当全力查找打拐解救儿童的生父母，在全国打拐DNA信息库录入、比对血样，1个月内未能查找到生父母或其他监护人的，社会福利机构或者救助保护机构在儿童寻亲公告平台上发布儿童寻亲公告，公告期30日。儿童被送交社会福利机构或者救助保护机构之日起满12个月，公安机关仍未能查找到儿童生父母或其他监护人的，可视为确实查找不到生父母，未成年人可被收养。

对被生父母遗弃的未成年人，因生父母主动放弃监护权，公安机关已出具捡拾报案证明，因此仅需以公告形式查找其生父母；对于被拐获救的未成年人，是因拐卖未成年人的犯罪行为导致脱离生父母的监护，除应发布30日寻亲公告之外，还应由公安机关全力查找其生父母，只有在较长时间（12个月）内无法查找到生父母时，才可以被收养。

——最高人民法院民法典贯彻实施工作领导小组编著：《中华人民共和

国民法典婚姻家庭编继承编理解与适用》，人民法院出版社2020年版，第350页。

1299. 历史遗留的事实收养的处理

关键词

事实收养 法不溯及既往 历史遗留 收养公证

《中华人民共和国民法典》条文

第一千一百零五条 收养应当向县级以上人民政府民政部门登记。收养关系自登记之日起成立。

收养查找不到生父母的未成年人的，办理登记的民政部门应当在登记前予以公告。

收养关系当事人愿意签订收养协议的，可以签订收养协议。

收养关系当事人各方或者一方要求办理收养公证的，应当办理收养公证。

县级以上人民政府民政部门应当依法进行收养评估。

附录：最高人民法院主流观点

事实收养，又称私自收养，是指未办理收养登记手续而以父母子女身份共同生活。根据法不溯及既往原则，对于历史遗留的未办理收养登记的事实收养，应按照收养关系建立当时有效的法律法规和部门规章的规定办理。为明确事实收养的效力及收养各方当事人的权利义务关系，最高人民法院和民政部等部委先后出台多个规范性文件。根据《最高人民法院关于贯彻执行民事政策法律若干问题的意见》（已废止）第二十八条规定，对社会公认以收养关系长期共同生活的，虽未办理合法手续，也按收养关系对待。《司法部关于办理收养法实施前建立的事实收养关系公证的通知》（司发通〔1993〕125号）规定："凡当事人能够证实双方确认共同生活多年，以父母子女相称，建立了事实上的父母子女关系，且被收养人与其生父母的权利义务关系确已消除的，可以为当事人办理收养公证。收养关系自当事人达成收养协议或因收养事实而共同生活时成立。"《民政部、公安部、司法部、卫生部、人口计生委关于解决国内公民私自收养子女有关问题的通知》（民发〔2008〕132号）中则区分不同情况提出解决事实收养问题的方案，通知中根据事实收养发生的时间分别规定了收养的效力。对于1999年4月1日，修正后的《收养法》施行前国内公民私自收养子女的，依据司法部《关于办理收养法实施前建立的事实收养关系公证的通知》等文件的规定办理，主要内容为当事人以父母子女身份长期共同生活，且与生父母权利义务关系消除的，可以办理收养公证，收养关系成立。对于 1999 年 4 月 1 日修正的《收养法》施行后发生的事实收养，再根据不同情形分别规定，基本内容为如果事实收养符合《收养法》规定的收养条件，可以办理收养登记，收养关系成立；事实收养不符合《收养法》规定的收养条件，收养关系不成立。该通知明确了事实收养的相关问题，否定了 1999 年 4 月 1 日以后发生的事实收养的法律效力，但同时规定了符合《收养法》规定条件的事实收养可以办理收养登记。根据《民法典》第一千一百零五条规定，收养关系自登记之日起成立。

——最高人民法院民法典贯彻实施工作领导小组编著：《中华人民共和国民法典婚姻家庭编继承编理解与适用》，人民法院出版社 2020 年版，第 405~406 页。

1300. 涉外收养中被收养人的国籍认定

关键词

涉外收养　被收养人　国籍

《中华人民共和国民法典》条文

第一千一百零九条　外国人依法可以在中华人民共和国收养子女。

外国人在中华人民共和国收养子女，应当经其所在国主管机关依照该国法律审查同意。收养人应当提供由其所在国有权机构出具的有关其年龄、婚姻、职业、财产、健康、有无受过刑事处罚等状况的证明材料，并与送养人签订书面协议，亲自向省、自治区、直辖市人民政府民政部门登记。

前款规定的证明材料应当经收养人所在国外交机关或者外交机关授权的机构认证，并经中华人民共和国驻该国使领馆认证，但是国家另有规定的除外。

附录：最高人民法院主流观点

《涉外民事关系法律适用法》和《民法典》中对涉外收养的被收养人的国籍问题都没有作出明确的规定，应按照《国籍法》的规定确定被收养人的国籍。《国籍法》第四条规定："父母双方或一方为中国公民，本人出生在中国，具有中国国籍。"第六条规定："父母无国籍或国籍不明，定居在中国，本人出生在中国，具有中国国籍。"结合上述两条规定，被收养人只要符合出生在中国，且父母双方或一方为中国公民，或者父母双方为定居在中国的无国籍或国籍不明人士，均具有中国国籍。收养所产生的法律效果并不包括对被收养人国籍的影响，因此被收养人并不因收养而丧失中国国籍。但因我国不承认双重国籍，如果被收养人符合养父母所在国的入籍条件而加入养父母所在国国籍，则被收养人自动丧失中国国籍。《国籍法》第九条规定："定居外国的中国公民，自愿加入或取得外国国籍的，即自动丧失中国国籍。"根据第十条规定，中国公民系外国人的近亲属或定居在外国，可以申请退出中国国籍。被外国人收养并随其定居国外，属于《国籍法》规定的退出中国国籍的法定情形。我国收养制度中规定的被收养人均为未成年人，收养关系成立后，其外国养父母成为被收养人的法定代理人，可以为被收养人选择国籍。如果被收养人的外国养父母愿意被收养人保留中国国籍，而不在养父母所在国办理入籍手续，则被收养人可以保留中国国籍；如果养父母已经在其所在国为被收养人申请办理了入籍手续，被收养人已经取得外国国籍，则不论被收养人是否在我国办理退籍手续，均丧失中国国籍。

——最高人民法院民法典贯彻实施工作领导小组编著：《中华人民共和国民法典婚姻家庭编继承编理解与适用》，人民法院出版社 2020 年版，第 422~423 页。

1301. 泄露收养秘密的精神损害赔偿认定

关键词

隐私权　收养秘密　精神损害赔偿　监护权

《中华人民共和国民法典》条文

第一千一百一十条　收养人、送养人要求保守收养秘密的，其他人应当尊重其意愿，不得泄露。

附录：最高人民法院主流观点

收养秘密属于个人隐私，隐私权是民事主体所享有的一项人格权，民事主体的人格权受法律保护，任何组织或者个人不得侵害。侵害他人人格权，侵权行为人应当承担损害赔偿责任。泄露收养信息，既侵害了收养各方当事人的隐私权，又妨碍了收养人监护权的行使，还可能影响收养人与被收养人之间的亲子关系，给收养人的亲权造成损害，不仅可能给收养各方造成财产损失，更为常见的是造成收养各方当事人精神痛苦。在符合其他侵权责任构成要件的条件下，收养各方当事人有权要求泄露收养秘密的人承担包括精神损害赔偿在内的侵权责任。

——最高人民法院民法典贯彻实施工作领导小组编著：《中华人民共和

国民法典婚姻家庭编继承编理解与适用》，人民法院出版社 2020 年版，第 427 页。

1302. 收养无效应通过诉讼方式确认

关键词

确认收养关系无效之诉　收养登记　收养无效

《中华人民共和国民法典》条文

第一千一百一十三条　有本法第一编关于民事法律行为无效规定情形或者违反本编规定的收养行为无效。

无效的收养行为自始没有法律约束力。

附录：最高人民法院主流观点

收养为事关被收养人身份地位的重要法律行为，为维护收养关系的稳定和被收养人的利益，不宜轻易宣告收养的无效。当收养确实违反法律行为一般生效要件或收养的特别要件时，应当由主张收养无效的一方当事人提起确认收养关系无效之诉，由法院宣告收养关系无效，以示慎重。法院作出确认收养无效的判决后，由当事人持法院生效判决到收养登记机关请求撤销收养登记，收养登记机关应当撤销收养登记，并收缴收养登记证。

——最高人民法院民法典贯彻实施工作领导小组编著：《中华人民共和国民法典婚姻家庭编继承编理解与适用》，人民法院出版社 2020 年版，第 442~443 页。

1303. 人民法院审理一方起诉请求解除收养关系的案件应注重调解

关键词

调解　解除收养关系

《中华人民共和国民法典》条文

第一千一百一十五条　养父母与成年养子女关系恶化、无法共同生活的，可以协议解除收养关系。不能达成协议的，可以向人民法院提起诉讼。

附录：最高人民法院主流观点

养父母抚养养子女至成年，表明双方收养关系已存续较长时间，养父母为抚养养子女付出很多，双方已有一定亲情基础，如果随意解除收养关系，养子女无法回报养父母的养育之恩，与中华民族知恩图报的传统美德不符，且养父母未来的养老问题也将面临困难。人民法院在审理一方起诉请求解除收养关系的案件时，应注重调解。对于双方仅因生活琐事产生纠纷，一时激情起诉要求解除收养关系的，人民法院应以说服劝导为主，动之以情、晓之以理，尽可能维系收养关系；对于双方确实积怨已深，存在不可调和的矛盾，尤其是养父母在养育过程中曾有不履行抚养义务、遗弃或虐待养子女等严重伤害养子女感情的行为，或养子女成年后有不赡养、遗弃或虐待养父母行为，双方亲子感情确已无法修复的，应及时判决解除收养关系，并根据当事人提出的诉讼请求，依法对解除收养后的财产关系一并审理并判决。

——最高人民法院民法典贯彻实施工作领导小组编著：《中华人民共和国民法典婚姻家庭编继承编理解与适用》，人民法院出版社2020年版，第454页。

1304. 父母向子女转款购房，子女能够提供证据加以证明的构成民间借贷关系

关键词

为子女购房　民间借贷　夫妻共同债务　父母赠与

最高人民法院裁判文书

王洪超与段莹、李玲民间借贷纠纷案［最高人民法院（2021）最高法民申5306号民事裁定书］

裁判要旨：父母向子女转款用于子女购买房屋，主张该转账款项系属借款，并提供了银行转账明细、子女一方的自认、子女一方出具的《借款协议》《欠条》等证据加以证明，子女的配偶虽辩称该转款系赠与，但并未提供充足证据。法院综合款项的支付过程、支付方式及其他相关证据等认定双方间构成民间借贷关系，并认定子女的配偶作为房屋共同共有人，应对因购买房屋而产生的夫妻共同借款债务承担共同偿还责任，于法有据。

最高人民法院认为：本案系具有涉外因素的民间借贷纠纷再审审查案件，应当依照《中华人民共和国民事诉讼法》第二百条[①]的规定对王洪超的申请再审理由进行审查。

根据《中华人民共和国民事诉讼法》第六十四条[②]的规定，当事人对自己提出的诉讼请求所依据的事实或者反驳对方诉讼请求所依据的事实有责任提供证据加以证明。双方对段莹（母亲）向李玲（女儿）、王洪超（女婿）转账的目的是购买案涉房屋均予认可。段莹主张转账款项属于借款，李玲、王洪超应共同偿还其借款本金及利息，该主张有银行转账明细、李玲的自认、《借款协议》《欠条》等证据证明，王洪超辩称转账款项属于段莹对其与李玲的赠与、款项中部分资金属于其本人收入或其与李玲的夫妻共同收入，但并未提供充足的证据予以证明。二审判决“综合款项的支付过程、支付方式及其他相关证据”认定段莹与李玲之间构成民间借贷关系，并认定王洪超作为案涉房屋的共同共有人，应当对因购买房屋而产生的夫妻共同的借款债务承担共同偿还责任，于法有据。王洪超申请再审没有充足的证据推翻原审的事实认定。原审综合双方的诉辩主张确定案件的审理焦点，并未遗漏主张，王洪超以应查清案涉资金来源是父母资金还是夫妻共同财产为由申请再审不能成立。

——中国裁判文书网。

三、离婚及财产分割

1305. 一方不当地限制对方参加生产、工作、学习和社会活动的，可作为“导致夫妻感情破裂”的情形，准予离婚

关键词

离婚诉讼　夫妻感情破裂　限制工作　解除婚姻关系

《中华人民共和国民法典》条文

第一千零五十七条　夫妻双方都有参加生产、工作、学习和社会活动的自由，一方不得对另一方加以限制或者干涉。

---

① 现为《民事诉讼法》（2021 年修正）第二百零七条。

② 现为《民事诉讼法》（2021 年修正）第六十七条。

附录：最高人民法院主流观点

《民法典》第一千零七十九条第三款规定："有下列情形之一，调解无效的，应当准予离婚：（一）重婚或者与他人同居；（二）实施家庭暴力或者虐待、遗弃家庭成员；（三）有赌博、吸毒等恶习屡教不改；（四）因感情不和分居满二年；（五）其他导致夫妻感情破裂的情形。"婚姻首先是情感的结合，它承载着男女双方，乃至于男女双方原生家庭的情感利益。家庭是养老育幼的最基本的社会单元。男女双方登记结婚、组建家庭后，均应承担家庭义务，应将个人的人身自由权利行使与家庭的责任、义务的承担和履行有机统一起来。在婚姻关系中，如果夫妻双方无法就家庭责任与个体人身自由权利的行使达成共同的一致意见，必然会对夫妻感情造成负面的影响，如果这种负面情绪日积月累，无法消解，最终必然会导致双方夫妻感情破裂，无法继续共同生活下去。此时，夫妻一方有权以此为由提起离婚诉讼，经审查，如果夫妻感情确已破裂，那么应准许双方解除婚姻关系。

例如，在周某诉史某离婚纠纷案中，婚后史某在某外资公司上班，周某在家料理家务。时间一长，周某对在家当全职太太产生厌倦情绪，遂与史某商量出去工作，但是史某坚决反对，认为自己挣的钱足够花了，周某不用出去工作，双方为此多次发生争执。后来周某明白了史某不让其外出工作的真实原因，是担心自己在社会上认识其他男性，背叛史某。周某感到自尊心受到极大伤害，认为史某对自己缺乏起码的信任，夫妻感情因此恶化。2002 年 6 月，周某未征求史某的意见，独自在外找了一份工作，史某知道后，到周某的工作单位大闹并威胁单位辞退了周某。周某先后又找了两份工作，均被史某以同样方式破坏。2002 年 10 月，周某向法院起诉要求离婚，后经法院调解，史某表示悔改，周某撤诉。但事后史某依然如故，继续阻止周某出去工作，并让自己的亲属监视周某。周某感到彻底绝望，于 2003 年 5 月再次提起离婚诉讼。法院经审理认为，根据原《婚姻法》的规定，夫妻双方都有参加生产、工作、学习和社会活动的自由，一方不得对他方加以限制和干涉。史某的做法侵犯了法律赋予周某的工作自由权利，是违法行为。史某的出发点是自私地将妻子当成了自己的私有财产，情节是恶劣的，造成了不良的社会影响，严重破坏了夫妻感情。鉴于双方感情确已破裂，应当判决准予离婚。

本案的焦点是夫妻一方以对方侵犯自己的工作权为由提起离婚应否得到法院支持的问题。我们认为，夫妻之间的生产、工作权利是平等的，不存在谁优先于谁的问题。虽然受长期存在的"男主外女主内"传统文化思想影响，现实中，大多数女性在照顾家庭、养育子女等方面比男性倾注了更多的时间和精力，但此种家庭经营的分工应以互相尊重、平等协商为前提，而不能违背一方意愿进行限制、干涉。丈夫限制妻子外出工作的权利，而导致夫妻感情破裂的情形，符合《民法典》第一千零七十九条第三款第五项“其他导致夫妻感情破裂的情形”，应当允许解除婚姻关系。

——最高人民法院民法典贯彻实施工作领导小组编著：《中国民法典适用大全（婚姻家庭卷）》，人民法院出版社 2022 年版，第 109~110 页。

1306. 婚前财产在婚后发生形态变化不导致所有权发生变化

关键词

婚前财产　所有权　形态变化

最高人民法院审判业务意见（民事审判第一庭意见）

最高人民法院民一庭意见：当事人以生产、经营之外的其他方式使用自己的婚前个人财产，即使该财产的形式因此发生了变化，不导致上述财产所有权及其自然增值归属的变化。

附：案情简介

2012 年 1 月，陈芝芝诉请与赵连理离婚，要求分割赵连理名下的另一处 90 平方米的房产。理由是，虽然该套房屋是赵连理变卖其婚前个人所有的一套房屋又添置了部分款项购买的，但是在婚姻关系存续期间所购置，属于夫妻共同财产，应当对半分割，由赵连理按该房屋现值的一半对其进行补偿。赵连理认为该房屋属于其个人财产，并称自己系独生子，当年因父亲脑血栓后生活无法自理，故自己变卖婚前所有的一套房改房并添加了个人婚前存款购置了 90 平方米的商品房将父母从外地接来安置。赵连理举证证明其本人因系再婚，故在与陈芝芝结婚前作过财产公证。婚前个人所有的房屋及存款均在公证书中有明确记载。陈芝芝承认赵连理之父母现居住的房屋是赵连理变卖婚前个人所有的房屋所购。赵连理可以举证证明添加的 15 万元系从其婚前个人存款账户上支出，用于交纳购房的定金。该房现由其父母居住，故坚决不同意分割。

——最高人民法院一庭：《婚前个人财产在婚后发生形态变化不导致所有权发生变化》，载最高人民法院民事审判第一庭编：《民事审判指导与参考》2013 年第 1 辑（总第 53 辑），人民法院出版社 2013 年版，第 145 页。

附录：本案解析

本案中，双方当事人对于赵连理购置讼争房屋的款项全部来源于其婚前财产的事实并无争议，只是陈芝芝认为赵连理变卖其婚前所有的房屋，添加部分婚前存款购置的新房为婚姻关系存续期间取得的财产，因此认为离婚时应当作为夫妻共同财产分割。而二审法院持第二种意见的审判人员虽然不认可赵连理婚后使用其婚前财产购置的房屋属于婚后取得的夫妻共同财产，但认为其购房行为属于经营行为，对于婚姻关系存续期间的生产经营性收益，无论婚姻当事人投入的是自己的婚前财产还是夫妻共同财产，其所得收益都属于夫妻共同财产。至赵连理与陈芝芝离婚诉讼时，经陈芝芝单方找人评估得知，赵连理所购房屋确实较购房时的房价有较大幅度的上涨，这部分价差应视为经营性收益，陈芝芝可以请求作为夫妻共同财产分割。陈芝芝本人的观点错误，不能得到支持，主要是因为，当事人婚前个人财产不能仅仅因为形式变化而致所有权发生变化。一方面，从赵连理购房的资金来源看，其以变卖婚前个人所有的房屋所得款项加上从个人婚前存款中拿出的部分款项一起，购置了 90 平方米的楼房一套，是使用个人婚前财产的行为。从其购置上述房屋的用途看，很明显，赵连理是为了安置自己因病需要照顾的父母，而不是进行投资经营。而且，至双方离婚时，赵连理名下的该套房屋并未出售，因此没有也不可能取得了什么经营性收入。根据《婚姻法司法解释（三）》第五条[①]的规定精神，夫妻一方个人财产在婚后产生的收益属于夫妻共同财产，但自然增值和孳息除外。那种将赵连理离婚诉讼时房屋的评估价与其购房时房价之差认为是经营性收益的观点，缺乏事实和法律依据。

在婚姻关系存续期间，如果认为婚姻当事人只要在婚姻关系存续期间使用个人婚前财产并使之存在形式发生了变化，就属于投资经营行为，并因此改变所有权的性质或者将其自然增值认定为夫妻共有的观点，明显不利于发挥物的使用价值，不利于财富的流转，也使得人们为了保有自己的婚前个人财产而不敢正常使用上述财产，这样的裁判理念不符合现代民事立法鼓励充分发挥物的效用，鼓励正常的财产流转的基本精神。

——韩玫：《婚前个人财产在婚后发生形态变化不导致所有权发生变化》，载最高人民法院民事审判第一庭编：《民事审判指导与参考》2013 年第 1 辑（总第 53 辑），人民法院出版社 2013 年版，第 144~145 页。

1307. 夫妻一方个人财产在婚后产生的收益如何处理

关键词

自然增值　夫妻共同财产

---

① 现为《最高人民法院关于适用〈中华人民共和国民法典〉婚姻家庭编的解释（一）》（2020 年 12 月 29 日，法释〔2020〕22 号）第二十六条。

最高人民法院审判业务意见（民事审判第一庭意见）

最高人民法院民一庭意见：一方婚前用个人财产购买股票、基金等，如果婚姻关系存续期间进行了交易，其收益应认定为夫妻共同财产。如果没有进行买进与卖出的操作，离婚时的账面收益更倾向于认定为自然增值；一方婚后用个人财产购买彩票所得收益，如果双方当事人没有事先约定，该收益应认定为夫妻共同财产；一方财产用于借贷而于婚后取得的利息属于法定孳息，离婚时应当认定为一方的个人财产。

附：案情简介

郭某诉冯某某离婚一案中，争议焦点是一方个人财产的婚后收益问题。其一，郭某婚前炒股开设一账户，结婚登记时账户市值 21 万元，婚后郭某一直关注股市行情，经常买进卖出，离婚时账面市值为 365000 元；冯某某婚前买了 18 万元基金，因基金净值状况不佳，冯某某婚后一直未动基金，即属于“零操作”，离婚时基金账面市值 201000 元。其二，郭某婚前持有某公司的股权，双方婚姻关系存续期间，郭某与美国某公司签订《股份置换协议》，由此取得美国某公司 100 多万股股票。后美国某公司宣布每一股普通股票新增两股，即股份一拆三，郭某在该公司持有普通股 300 多万股。其三，冯某某婚前继承了爷爷的遗产 500 万元，婚后因朋友做生意需要资金周转，于是与朋友签订了借款协议，每年利息 80 万元，共收取利息 240 万元。其四，郭某婚前购买黄金 2000 克，离婚时黄金价格涨了 2 倍多。郭某婚前出资 100 万元购买的一幅名画，离婚时价格已飙升至 600 多万元。其五，郭某在婚姻关系存续期间定期购买彩票，因冯某某坚决反对，郭某只好用自己婚前积蓄购买，后彩票中奖 100 万元，扣除税金尚余 80 万元。

——最高人民法院民一庭：《一方个人财产婚后收益问题的认定与处理》，载最高人民法院民事审判第一庭编：《民事审判指导与参考》2014 年第 1 辑（总第 57 辑），人民法院出版社 2014 年版，第 144~148 页。

附录：民事审判信箱

问：一方婚前购买的股票婚后增值，另一方可否请求分割增值部分？

答：关于婚前财产的归属问题，《婚姻法《与《最高人民法院关于适用〈中华人民共和国婚姻法〉若干问题的解释（三）》（以下简称《婚姻法司法解释（三）》）均作出了规定。《婚姻法》第十七条[①]规定：“夫妻在婚姻关系存续期间所得的下列财产，归夫妻共同所有：（一）工资、奖金；（二）生产、经

① 对应《民法典》第一千零六十二条。

营的收益；（三）知识产权的收益；（四）继承或赠与所得的财产，但本法第十八条第三项规定的除外；（五）其他应当归共同所有的财产。"《婚姻法司法解释（三）》第五条[①]规定，夫妻一方个人财产在婚后产生的收益，除孳息和自然增值外，应认定为夫妻共同财产。回答本问题的关键是如何理解股票的增值。如果股票账户一直没动过，则为一方的婚前财产，一方无权请求分割增值部分，如果股票账户一方在婚后进行过操作与管理，则其增值应当作为夫妻共同财产，另一方可以请求分割增值部分。

增值，就是物或权利在价格上的提升。增值根据发生的原因，可分为自然增值和主动增值两种。自然增值是指该增值的发生是因通货膨胀或市场行情的变化而致，与夫妻一方或双方是否为该财产投入物质、劳动、努力、管理等无关。比如，夫妻一方婚前所有的房屋、古董、字画、珠宝、黄金等，在婚姻关系存续期间因市场价格上涨而产生的增值。主动增值是指该增值的发生原因与通货膨胀或市场行情的变化无关，而是因夫妻一方或双方对该财产所付出的劳务、投资、管理等相关。如，夫妻一方的婚前房屋因在婚姻关系存续期间装修而产生的增值部分。具体到股票的增值问题，应当分析股票增值产生的原因。如果在婚前就持有股票，一直就没有操作过，则股票的增值完全是市场行情变化导致的，应当将这种增值理解为自然增值，适用《婚姻法司法解释（三）》第五条的规定，将其认定为婚前个人财产较为妥当。如果股票在婚后进行过多次的买入与卖出，则将股票的增值理解为投资行为较为妥当。因为此种情况下，股票的增值往往需要夫妻一方投入大量的时间与精力，其收益往往取决于炒股人的管理，这需要夫妻中的另一方在其他方面更多的付出，比如子女的养育、家庭日常开支的赚取，如果将其片面的理解为自然增值恐怕有失公允。而且在现实生活中出现职业炒股人，专门以炒股为业，或单纯靠炒股收入存活，如果将股票的增值收益不区分情况，全部视为夫妻一方的财产，不利于保护另一方的权益。将股票的收益理解为投资经营的收益较为妥当。投资分为直接投资与间接投资。直接投资是指将货币或实物直接投资于企业生产经营活动，其投资收益通常与投资者的经营行为相伴相随，这种投资方式通常为人们所了解与接受其为夫妻共同财产。而间接投资表现得比较隐蔽，其并不直接投资于企业，其收益通常与企业的经营活动并不直接关联，主要表现为购买股票、债券、投资基金等有价证券获得的红利、股息、基金投资收益及转让上述证券所得与扣除本金的差额。此种情况下股票的增值为间接投资行为的收益，应当属于夫妻共同财产，另一方当然可以请求分割。

① 现为《最高人民法院关于适用〈中华人民共和国民法典〉婚姻家庭编的解释（一）》（2020年12月29日，法释〔2020〕22号）第二十六条。

——本书研究组:《一方婚前购买的股票婚后增值，另一方可否请求分割增值部分》，载最高人民法院民事审判第一庭编:《民事审判指导与参考》2014 年第 3 辑（总第 59 辑），人民法院出版社 2014 年版，第 232~233 页。

1308. 婚姻关系存续期间，相关保险利益是否属于夫妻共同财产

关键词

保险利益　夫妻共同财产

最高人民法院司法政策精神

（二）关于夫妻共同财产认定问题

4. 婚姻关系存续期间以夫妻共同财产投保，投保人和被保险人同为夫妻一方，离婚时处于保险期内，投保人不愿意继续投保的，保险人退还的保险单现金价值部分应按照夫妻共同财产处理；离婚时投保人选择继续投保的，投保人应当支付保险单现金价值的一半给另一方。

5. 婚姻关系存续期间，夫妻一方作为被保险人依据意外伤害保险合同、健康保险合同获得的具有人身性质的保险金，或者夫妻一方作为受益人依据以死亡为给付条件的人寿保险合同获得的保险金，宜认定为个人财产，但双方另有约定的除外。

婚姻关系存续期间，夫妻一方依据以生存到一定年龄为给付条件的具有现金价值的保险合同获得的保险金，宜认定为夫妻共同财产，但双方另有约定的除外。

——《最高人民法院关于印发〈第八次全国法院民事商事审判工作会议（民事部分）纪要〉的通知》（2016 年 11 月 21 日，法〔2016〕399 号）。

附录：最高人民法院主流观点

婚姻家庭关系中，如果婚姻关系存续期间，夫妻一方以夫妻共同财产为自己投保具有储蓄性的人身保险，那么其所交保险费属于夫妻共同财产。相应地，其所交保费中多交部分及其相应利息，也由夫妻共同财产转化而来。虽然在保险合同履行期间内，该部分多交保费及相应利息均由保险公司所有，但因此也形成了投保人对保险公司的债权。一旦发生退保情形，则该债权将以保险单现金价值形式退回投保人，成为投保人的婚姻关系存续期间取得的共同共有财产。

由此，离婚案件中，对于夫妻一方用夫妻共同财产为自己投保的具有储蓄性的人身保险合同，如果该保险合同期限尚未届满，其保险单现金价值作

为夫妻共同财产，也应在离婚时进行分割。具体分割方式则根据投保人是否愿意继续投保而有不同。如果投保的夫妻一方不愿意继续投保的，可以根据《保险法》第十五条规定，向保险公司主张解除保险合同，退还保险单的现金价值。对于该退还的保险单现金价值部分应当按照夫妻共同财产进行分割；如果投保的夫妻一方愿意继续投保的，则由于保险合同尚未解除，不能现实得到保险公司退回的保险单现金价值。虽然保险公司不退回保险单现金价值，但该保险单现金价值作为夫妻共同财产在离婚时是确定的，也是投保的夫妻一方可以通过解除保险合同从保险公司确定得到的。因此，在投保的夫妻一方选择继续投保的情形下，离婚时本应属于夫妻共同财产的保险单现金价值部分将被投保的夫妻一方实际取得。相应地，其也应当支付保险单现金价值的一半给另一方。

在意外伤害保险合同场合，意外死亡给付和意外伤残给付是意外伤害保险中，保险公司的基本给付责任，其派生责任还包括医疗给付、误工给付，丧葬费给付和遗族生活费给付等责任。如平安个人意外伤害保险（B 款）条款中约定的身故保险金、伤残保险金、医疗保险金、误工津贴保险金和住院护理津贴保险金等。其中身故保险金、伤残保险金、医疗保险金、住院护理津贴保险金等，都具有人身性质。根据《婚姻法》第十八条第二项[①]“有下列情形之一的，为夫妻一方的财产：（二）一方因身体受到伤害获得的医疗费、残疾人生活补助费等费用”规定，夫妻一方身体受到伤害所获得的赔偿金和补偿金等费用均为其个人财产。理由在于，一是该费用与身体受到伤害一方的人身关系具有密切关系，是对受害人治疗和抚慰的专门费用，其赔偿对象和条件是特定的；二是该费用并非是夫妻关系存续期间一方的劳动收入，夫妻另一方也未对该费用的取得尽到协力义务。根据该规定，上述意外伤害保险中的伤残保险金、医疗保险金、住院护理津贴保险金等，都具有人身性质，应认定为夫妻一方的财产。而误工津贴保险金则是针对夫妻一方因受伤害耽误工作而减少收入进行的补偿，一般不具有人身性。应根据《婚姻法》第十七条[②]规定，参照工资、奖金，作为夫妻共有财产。

在健康保险合同场合，重大疾病保险、医疗保险和失能收入损失保险的保险金给付都是针对人身损害，具有人身属性，故这类人身属性保险金一般应认定为受到伤害的夫妻一方的个人财产。但现实生活中也有个别综合性健康保险给付的保险金中存在不具有人身性质的保险金给付项目。如平安中老年综合医疗保险条款中就约定：银行卡盗刷损失，在保险期间内，被保险人

① 对应《民法典》第一千零六十三条第二项，该项已修改为“一方因受到人身损害获得的赔偿或者补偿”。

② 对应《民法典》第一千零六十二条。

的银行卡被他人盗刷、盗用、复制，对被保险人为此遭受的资金损失，保险公司予以赔偿1至10万元。显然，这里的银行卡盗刷资金如为夫妻共同财产，则相应的损失赔偿也应属于夫妻共同财产。

在人寿保险合同场合，定期人寿保险的特征是被保险人在保险期间内死亡，受益人有权领取保险金。被保险人在保险期间未死亡，保险公司无须支付保险金也不返还保险费。终身人寿保险是一种不定期的死亡保险。由于被保险人的死亡是必然的，因而终身保险的保险金最终必然要支付给受益人。由于终身保险保险期长，故其费率高于定期保险，并有储蓄的功能。生存保险则是指被保险人必须生存到保险期满时才能够领取保险金。若被保险人在保险期间死亡，则不能主张收回保险金，也不能收回已交保险费。生死两全保险是指被保险人在保险期间里死亡，受益人领取约定的死亡保险金，被保险人生存至保险期期满，则投保人领取约定的生存保险金的人寿保险。

在离婚案件中，如果夫妻双方对夫妻一方作为受益人依据以死亡为给付条件的人寿保险合同获得的保险金归属产生争议时，应根据日常生活经验，探求当事人指定特定受益人的真意。一般而言，如果被保险人将其指定的特定人作为其死亡保险金受益人，该受益人大多与其有血缘、亲缘等某种特殊情感联系。相应地，该受益人因此获得的死亡保险金是基于其与被保险人或投保人的某种人身关系。从探求当事人真意出发，宜解释为被保险人或投保人只想让与其有某种特定人身关系的受益人本人得到该笔保险金。因此，这里可参照《婚姻法》第十八条[①]第三项“有下列情形之一的，为夫妻一方的财产：（三）遗嘱或赠与合同中确定只归夫或妻一方的财产”以及《关于适用〈中华人民共和国婚姻法〉若干问题的解释（三）》第七条[②]第一款“婚后由一方父母出资为子女购买的不动产，产权登记在出资人子女名下的，可按照婚姻法第十八条第（三）项的规定，视为只对自己子女一方的赠与，该不动产应认定为夫妻一方的个人财产”之规定，宜将夫妻一方在婚姻关系存续期间，作为受益人依据以死亡为给付条件的人寿保险合同获得的保险金认定为其个人财产。

至于在婚姻关系存续期间，夫妻一方依据以生存到一定年龄为给付条件的具有现金价值的保险合同获得的保险金，则宜认定为夫妻共同财产。这里以生存到一定年龄为给付条件的具有现金价值的保险合同主要有生存保险和两全保险。

生存保险除了一般的定期生存保险如子女教育金、婚嫁金保险外，其主

① 对应《民法典》第一千零六十三条。

② 现为《最高人民法院关于适用〈中华人民共和国民法典〉婚姻家庭编的解释（一）》（2020年12月29日，法释〔2020〕22号）第二十九条。

要类型是年金保险。年金保险是指，在被保险人生存期间，保险人按照合同约定的金额、方式，在约定的期限内，有规则地、定期地向被保险人给付保险金的保险。年金保险，同样是以被保险人的生存为给付条件的人寿保险，但生存保险金的给付，通常采取的是按年度周期给付一定金额的方式，因此称为年金保险，分为个人养老保险、定期年金保险。两全保险也称“生死合险”或“储蓄保险”，无论被保险人在保险期间死亡，还是被保险人到保险期满时生存，保险公司均给付保险金。该保险是人寿保险中价格最贵的。两全保险可以提供老年退休基金，可以为遗属提供生活费用，特殊情况下，可以作为投资工具、半强迫性储蓄工具，或者可以作为个人借贷中的抵押品。由于上述保险类型都存在储蓄性，也即生存到一定年龄，保险公司给付的保险金一般都大于收取的保险费，故均具有一定的投资属性。相应地，生存到一定年龄后所取得的保险金都可作为投资收益，由于该收益的取得发生在婚姻关系存续期间，故根据《婚姻法》第十七条规定，应属于夫妻共同所有的财产。

——杜万华主编：《〈第八次全国法院民事商事审判工作会议（民事部分）纪要〉理解与适用》，人民法院出版社 2017 年版，第 136~140 页。

1309. 夫妻一方将个人房产约定为共同共有或按份共有，赠与人在产权变更登记之前可以行使任意撤销权

关键词

房产加名登记　共有部分　赠与　撤销权　房产约定

附录：民事审判信箱

问：夫妻在婚前或婚姻关系存续期间约定将一方个人所有的房产与另一方共有，但没有办理房产加名登记，赠与一方请求法院撤销应如何处理？

答：目前审判实践中有两种意见，一种认为应当按照《婚姻法司法解释（三）》第六条[①]的规定处理；另一种认为应当按照《婚姻法》第十九条[②]的规定处理，夫妻之间的约定对双方有拘束力，不必非要去办理房产加名登记，否则会架空《婚姻法》第十九条的规定。对于夫妻一方将个人房产全部赠与另一方的问题，《婚姻法司法解释（三）》第六条已经给出答案，但将个人房

① 现为《最高人民法院关于适用〈中华人民共和国民法典〉婚姻家庭编的解释（一）》（2020 年 12 月 29 日，法释〔2020〕22 号）第三十二条。

② 对应《民法典》第一千零六十五条。

产约定为共同共有或按份共有的情形，赠与人在产权变更登记之前能否撤销的问题，目前仍然存在争议。由于《婚姻法》第十九条规定："夫妻对婚姻关系存续期间所得的财产以及婚前财产的约定，对双方具有约束力。"有的观点认为，既然夫妻之间的约定对双方有法律上的约束力，夫妻之间关于赠与房产的约定，不涉及第三人，只要意思表示真实，没有欺诈、胁迫的情形，就应该认定为有效，履行房屋变更登记手续不是必要条件，赠与一方请求撤销赠与的，人民法院不应予以支持。审判实践中，对夫妻将一方所有的房产约定为共同共有或按份共有时，按照《婚姻法》第十九条的规定，有的法院就认为这种约定对夫妻双方有约束力，判令继续履行有关的赠与协议；如果夫妻约定将一方所有的房产全部赠与另一方，因未办理房屋变更登记手续，依照物权法的规定，房屋所有权尚未转移，而依照合同法关于赠与一节的规定，赠与房产的一方可以撤销赠与。其实这个问题的关键点在于：对夫妻之间的房产赠与行为，究竟是按合同法上的赠与处理还是按照《婚姻法》第十九条的约定处理？无论夫妻双方约定将一方所有的房产赠与对方的比例是多少，都属于夫妻之间的有效约定，实质上都是一种赠与行为。问题是这种有效的赠与约定是否可以撤销？《婚姻法》中缺乏相应的规定。夫妻之间赠与的标的包括动产和不动产，合同法对赠与问题进行了比较详尽的规定，如："赠与人在赠与财产的权利转移之前可以撤销赠与"；"赠与的财产依法需要办理登记等手续的，应当办理有关手续"；"具有救灾、扶贫等社会公益、道德义务性质的赠与合同或者经过公证的赠与合同，赠与人不交付赠与的财产的，受赠人可以要求交付"。婚姻家庭领域的协议常常涉及财产权属的条款，对于此类协议的订立、生效、撤销、变更等并不排斥合同法的适用。在实际生活中，赠与往往发生在具有亲密关系或者血缘关系的人之间，合同法对赠与问题的规定也没有指明夫妻关系除外。一方赠与另一方不动产或约定夫妻共有，在没有办理变更登记之前，依照合同法第一百八十六条[①]的规定，是完全可以撤销的，这与《婚姻法》的规定并不矛盾。

因此，夫妻一方将个人房产约定为共同共有或按份共有，赠与人在产权变更登记之前可以行使任意撤销权。

——本书研究组：《夫妻在婚前或婚姻关系存续期间约定将一方个人所有的房产与另一方共有，但没有办理房产加名登记，赠与一方请求法院撤销应如何处理》，载最高人民法院民事审判第一庭编：《民事审判指导与参考》2016 年第 1 辑（总第 65 辑），人民法院出版社 2016 年版，第 251~252 页。

① 对应《民法典》第六百五十八条。

1310. 离婚时未实际取得或明确的知识产权收益应如何处理

关键词

知识产权收益　夫妻共同财产　婚姻关系存续期间　公平原则

《中华人民共和国民法典》条文

第一千零六十二条　夫妻在婚姻关系存续期间所得的下列财产，为夫妻的共同财产，归夫妻共同所有：

（一）工资、奖金、劳务报酬；

（二）生产、经营、投资的收益；

（三）知识产权的收益；

（四）继承或者受赠的财产，但是本法第一千零六十三条第三项规定的除外；

（五）其他应当归共同所有的财产。

夫妻对共同财产，有平等的处理权。

附录：最高人民法院主流观点

审判实践中，如果在婚姻关系存续期间，一方所取得的知识产权已经明确能够产生财产性收益，那无论收益的实际取得是在婚姻关系存续期间还是在离婚后，该收益均为夫妻共同财产。但是，对于离婚时一方尚未确定能够取得经济利益的知识产权，暂不宜作为夫妻共同财产分割。例如，写好的书稿在离婚时还没有联系到出版单位，已完成的绘画作品在离婚时还没有卖出。因知识产权是一种智力成果权，具有很强的人身依附性，与人身密不可分，作者的配偶无权在作者的著作中署名，也无权决定作品是否发表。享有知识产权的一方可能以后将自己的作品出售，也可能自己收藏，还可能赠送给朋友，无法确定是否必然产生财产性收益。如果作者的手稿、字画、设计稿等在离婚时还没有出版或未被采用，那它就仅仅属于夫妻一方的精神财富，离婚时应归一方所有。但是，考虑到创作的过程是在婚姻关系存续期间，而一方从事创作，另一方会承担更多家庭开支或家务劳动，其知识产权的获得离不开配偶一方的支持和帮助，对于一方享有的知识产权应当根据公平原则兼顾双方的利益作出认定与处理。

——最高人民法院民法典贯彻实施工作领导小组编著：《中国民法典适用大全（婚姻家庭卷）》，人民法院出版社 2022 年版，第 157 页。

1311. 夫妻一方将个人所有的不动产赠与另一方，但未办理过户登记的，仍应认定为其个人财产

关键词

夫妻之间赠与 不动产赠与 过户登记 个人财产

《中华人民共和国民法典》条文

第一千零六十三条 下列财产为夫妻一方的个人财产：

（一）一方的婚前财产；

（二）一方因受到人身损害获得的赔偿或者补偿；

（三）遗嘱或者赠与合同中确定只归一方的财产；

（四）一方专用的生活用品；

（五）其他应当归一方的财产。

最高人民法院司法解释

第二十九条 当事人结婚前，父母为双方购置房屋出资的，该出资应当认定为对自己子女个人的赠与，但父母明确表示赠与双方的除外。

当事人结婚后，父母为双方购置房屋出资的，依照约定处理；没有约定或者约定不明确的，按照民法典第一千零六十二条第一款第四项规定的原则处理。

第三十条 军人的伤亡保险金、伤残补助金、医药生活补助费属于个人财产。

第三十一条 民法典第一千零六十三条规定为夫妻一方的个人财产，不因婚姻关系的延续而转化为夫妻共同财产。但当事人另有约定的除外。

——《最高人民法院关于适用〈中华人民共和国民法典〉婚姻家庭编的解释（一）》（2020 年 12 月 29 日，法释〔2020〕22 号）。

附录：最高人民法院主流观点

对于夫妻一方所有的财产，个人享有完全的所有权，可以自行为处分行为，当然可以赠与另一方。但在夫妻之间赠与房产的情况下，存在婚姻法与物权法、合同法之间的衔接问题。由于我国目前对不动产物权变动原则上采登记生效主义，而在合同法语境下，除特定情况的赠与外，赠与人在赠与财产权利转移之前享有任意撤销权，实践中对一方在婚前或婚姻存续期间将自己个人房产赠与另外一方但未办理过户登记，离婚时又主张撤销该赠与

的，是按照物权法和合同法的规则处理，还是基于婚姻家庭关系的特殊性处理，实践中存在很大争议。我们认为，虽然原《合同法》规定婚姻、收养、监护等有关身份关系的协议适用其他法律的规定，但并未明确排除合同法的适用；而且，婚姻家庭虽以身份关系为前提和基础，但其中亦涉及财产关系内容，也有合同法的适用余地。《民法典》施行后，婚姻法回归民法体系，更应注重婚姻家庭编与物权编、合同编的协调统一。因此，仅以身份关系为由，排除物权法和合同法对婚姻家庭领域财产关系的调整，需要特别慎重。并且，为贯彻不动产物权登记的公示公信原则，要求夫妻双方对于房产的权属明确地通过登记体现出来，也能够最大限度保护不特定的第三人利益，维护交易安全。

近年来，全国房价不断攀升，年轻人结婚后短期内靠夫妻双方自身经济收入越来越难以负担较高的房价。且大多数年轻人是独生子女，父母基于对子女的爱护，将大部分积蓄用于资助子女购买房屋的情况日益增多。基于中国特有的传统家庭文化影响，父母在出资时，一般未明确或不愿意明确出资性质和出资对象，导致在子女离婚时出现纠纷。子女结婚后，父母为子女购房本是抱着美好的愿望，希望子女婚姻幸福稳定，不愿意设想子女将来离婚的可能，并使得另一方产生误会。因此，实践中，大多数情况下，父母通常无法提供明确表示赠与子女一方的证据。在目前“闪婚闪离”现象存在的情况下，直接认定父母为子女买房出资是对夫妻双方的赠与，缺乏社会认同。父母在子女婚后为其出资买房虽然表面上不排除为子女的配偶提供居住条件的考虑，但血亲与姻亲的差异决定了为己方子女提供婚后居住条件这一本意才是促使父母出资的根本原因。一旦子女离婚，其中关于房产的争议就会凸显。为此，《民法典婚姻家庭编解释（一）》第二十九条第二款规定：“当事人结婚后，父母为双方购置房屋出资的，依照约定处理；没有约定或者约定不明确的，按照民法典第一千零六十二条第一款第四项规定的原则处理。”

——最高人民法院民法典贯彻实施工作领导小组编著：《中国民法典适用大全（婚姻家庭卷）》，人民法院出版社 2022 年版，第 163~164 页。

1312. 对登记在未成年子女名下的不动产，若购房款系父母支付或未成年子女未举证其具备相应的经济能力或系通过继承、接受赠与等所得，应认定为家庭共有财产

关键词

物权确权纠纷　父母出资　家庭共有财产

最高人民法院裁判文书

梁玲玲、梁献省、刘素平与刘洋洋物权确认纠纷案［最高人民法院（2021）最高法民申1583号民事裁定书］

裁判要旨：经依法登记的不动产物权，具有对外公示效力，即登记的权利人在法律上被推定为不动产物权的实际权利人。但是，如有证据证明登记的权利人不是该不动产物权的实际权利人，应根据实际出资情况确定房产的真实归属。在现实生活中，经常发生由父母出资购买不动产，但登记在未成年子女名下，以规避执行的情形。当利害关系人要求确认该不动产为家庭共有财产时，如未成年子女未举证其具备相应的经济能力或系通过继承、接受赠与等所得，应予支持。

最高人民法院经审查认为，本案再审审查的焦点问题是：（一）刘洋洋是否具备原告主体资格；（二）原审判决认定涉案7套房产属于梁玲玲与刘素平、梁献省家庭共有财产是否有误。

一、关于刘洋洋是否具备原告主体资格的问题

原《中华人民共和国物权法》第九条第一款规定："不动产物权的设立、变更、转让和消灭，经依法登记，发生效力；未经登记，不发生效力，但法律另有规定的除外"。根据上述规定，不动产物权的设立、变更、转让和消灭，经依法登记，发生物权公示效力，即登记的权利人在法律上被推定为不动产物权的实际权利人。但是，如有证据证明登记的权利人不是该不动产物权的实际权利人，应根据实际出资情况确定房产的真实归属。原《中华人民共和国物权法》第三十三条规定："因物权的归属、内容发生争议的，利害关系人可以请求确认权利"。本案中，刘洋洋依据另案生效判决依法享有合法到期债权。刘素平、梁献省对上述债务应承担连带责任，但未予清偿。因此，确认登记于刘素平、梁献省女儿梁玲玲名下的8套房产是否属于家庭财产，关乎刘洋洋合法债权的有效实现。所以，原审判决认定刘洋洋系诉争房产的利害关系人，其有权依照上述规定提起本案物权确认之诉，并无不当。

二、关于原审判决认定涉案7套房产属于梁玲玲与刘素平、梁献省的家庭共有财产是否有误的问题

关于位于郑州市中原区，产权证号：郑房权证字第××号、第××号两套商业用房。据已查明的事实，该两套商业用房的60万元意向金系刘素平刷卡支付。两份购房合同明确载明，该两套商业用房购房款系一次性支付，而梁玲玲未提交剩余410余万元购房款由其支付的凭证。且两份购房合同载

明的购房时间为 2010 年 11 月，但梁玲玲此时刚从北京市景山中学毕业不久，无稳定的工作收入来源，也无证据证实梁玲玲已通过接受赠与、继承、投资等途径获得大额的财产，足以支付该购房款。梁玲玲称系刘素平用梁玲玲长期积攒的压岁钱、礼金等全额支付 470 余万元的购房款，无证据证实，不予采信。据此，原审判决认定该两套商业用房系梁玲玲父母刘素平、梁献省支付购房款，属家庭共有财产并无不当。

关于位于郑州市金水区丰庆路以东 3 幢 1 层 1 号、I 层 2 号、2 层 1 号、2 层 2 号，产权证号：郑房权证字第 ×× 号、第 ×× 号、第 ×× 号、第 ×× 号四套商业用房。据已查明的事实，该四套商业用房系刘素平向他人出借款项后，通过以房抵债的形式所获得，登记于梁玲玲名下。故原审判决认定该四套商业用房为梁玲玲与刘素平、梁献省家庭共有财产并无不当。

关于位于郑州市郑东新区，产权证号：郑房权证字第 ×× 号的一套房产。该购房合同明确载明，购房款为 2124738 元，系一次性现金支付，但梁玲玲未提交付款凭证。且此套房产购置时间为 2006 年 11 月 12 日，而梁玲玲此时年仅 14 岁，也无证据证实梁玲玲已通过接受赠与、继承、投资等途径获得大额的财产，足以支付该购房款。结合梁玲玲的母亲刘素平多次购置房产并登记于梁玲玲名下的事实，原审判决认定该套房产的购房款为刘素平、梁献省支付，属于梁玲玲与刘素平、梁献省的家庭共有财产亦无不当。

——中国裁判文书网。

1313. 一方在离婚诉讼期间或离婚诉讼前，擅自处分夫妻共同财产，或伪造债务企图侵占另一方财产的，离婚分割夫妻共同财产时，可以少分或不分财产

关键词

离婚　夫妻共同财产分割

最高人民法院指导性案例

雷某某诉宋某某离婚纠纷案（最高人民法院指导案例 66 号）

裁判要点：一方在离婚诉讼期间或离婚诉讼前，隐藏、转移、变卖、毁损夫妻共同财产，或伪造债务企图侵占另一方财产的，离婚分割夫妻共同财产时，依照《中华人民共和国婚姻法》第四十七

条[①]的规定可以少分或不分财产。

法院生效裁判认为：婚姻关系以夫妻感情为基础。宋某某、雷某某共同生活过程中因琐事产生矛盾，在法院判决不准离婚后，双方感情仍未好转，经法院调解不能和好，双方夫妻感情确已破裂，应当判决准予双方离婚。

本案二审期间双方争议的焦点在于雷某某是否转移夫妻共同财产和夫妻双方名下的存款应如何分割。《中华人民共和国婚姻法》第十七条[②]第二款规定："夫妻对共同所有的财产，有平等的处理权。"第四十七条[③]规定："离婚时，一方隐藏、转移、变卖、毁损夫妻共同财产，或伪造债务企图侵占另一方财产的，分割夫妻共同财产时，对隐藏、转移、变卖、毁损夫妻共同财产或伪造债务的一方，可以少分或不分。离婚后，另一方发现有上述行为的，可以向人民法院提起诉讼，请求再次分割夫妻共同财产。"这就是说，一方在离婚诉讼期间或离婚诉讼前，隐藏、转移、变卖、毁损夫妻共同财产，或伪造债务企图侵占另一方财产的，侵害了夫妻对共同财产的平等处理权，离婚分割夫妻共同财产时，应当依照《中华人民共和国婚姻法》第四十七条[④]的规定少分或不分财产。

本案中，关于双方名下存款的分割，结合相关证据，宋某某婚前房屋拆迁款转化的存款，应归宋某某个人所有，宋某某婚后所得养老保险金，应属夫妻共同财产。雷某某名下中国工商银行尾号为4179账户内的存款为夫妻关系存续期间的收入，应作为夫妻共同财产予以分割。雷某某于2013年4月30日通过ATM转账及卡取的方式，将尾号为4179账户内的195000元转至案外人名下。雷某某始称该款用于家庭开销，后又称用于偿还外债，前后陈述明显矛盾，对其主张亦未提供证据证明，对钱款的去向不能作出合理的解释和说明。结合案件事实及相关证据，认定雷某某存在转移、隐藏夫妻共同财产的情节。根据上述法律规定，对雷某某名下中国工商银行尾号4179账户内的存款，雷某某可以少分。宋某某主张对雷某某名下存款进行分割，符合法律规定，予以支持。故判决宋某某婚后养老保险金14322.48元归宋某某所有，对于雷某某转移的19.5万元存款，由雷某某补偿宋某某12万元。

——《最高人民法院关于发布第十四批指导性案例的通知》（2016年9月19日，法〔2016〕311号）。

① 对应《民法典》第一千零九十二条。
② 对应《民法典》第一千零六十二条。
③ 对应《民法典》第一千零九十二条。
④ 对应《民法典》第一千零九十二条。

说明

本指导案例旨在明确一方在离婚诉讼期间或离婚诉讼前，隐藏、转移、变卖、毁损夫妻共同财产，或伪造债务企图侵占另一方财产的，离婚分割夫妻共同财产时，依照《中华人民共和国婚姻法》第四十七条[①]的规定可少分或不分财产。该指导性案例从婚姻法的立法目的和立法原意出发，对婚姻法第四十七条规定的“离婚时”作出了合理解释，有利于惩戒侵害夫妻共同财产的非法行为，保护家庭成员的合法财产权益。

1314. 如何处理夫妻之间的借款问题

关键词

夫妻之间借款　诉讼时效

最高人民法院司法解释

第八十二条　夫妻之间订立借款协议，以夫妻共同财产出借给一方从事个人经营活动或者用于其他个人事务的，应视为双方约定处分夫妻共同财产的行为，离婚时可以按照借款协议的约定处理。

——《最高人民法院关于适用〈中华人民共和国民法典〉婚姻家庭编的解释（一）》（2020 年 12 月 29 日，法释〔2020〕22 号）。

附录：最高人民法院法官著述

关于夫妻之间的借款问题

婚前一方向另一方借款，没有约定还款期限，婚后双方共同生活多年。离婚时出借方要求另一方偿还借款，借款方以超过诉讼时效进行抗辩，如何处理？我们认为，婚前一方向另一方借款，没有约定还款期限，意味着出借方可以随时请求返还借款。双方缔结婚姻关系，并不导致婚前债权债务关系的消失。离婚时出借方要求对方偿还借款，对方关于超过诉讼时效的主张不能成立。

对于婚姻关系存续期间夫妻之间的借款问题，《婚姻法司法解释（三）》第十六条[②]作出了具体规定。首先，夫妻之间可以成立借贷法律关系，夫妻之

① 对应《民法典》第一千零九十二条。

② 现为《最高人民法院关于适用〈中华人民共和国民法典〉婚姻家庭编的解释（一）》（2020 年 12 月 29 日，法释〔2020〕22 号）第八十二条。

间协议约定以夫妻共同财产出借给夫妻一方用于个人事务，应视为双方处分夫妻共同财产的行为，该协议有效，双方应按借款协议履行。其次，对于夫妻之间以夫妻共同财产出借引发的借贷纠纷，应在离婚诉讼中一并处理，这样可以兼顾民事主体个人权利的保护与婚姻关系的维护。涉及诉讼时效问题，因出借的标的物属于夫妻共同财产，在未解除婚姻关系时无法分清彼此的具体数额，故诉讼时效应从离婚时才开始起算；如果一方是以个人财产出借，尽管双方存在婚姻关系，也应按照诉讼时效的规定处理。出借方超过诉讼时效后主张还款的，一般不予支持。

——吴晓芳：《〈婚姻法〉司法解释（三）适用中的疑难问题》，载《法律适用》2014 年第 1 期。

1315. 夫妻共同还贷款项及其相对应增值部分的数额等于以夫妻共同还贷部分乘以不动产升值率

关键词

离婚　夫妻共同财产　夫妻共同还贷

最高人民法院审判业务意见（民事审判第一庭意见）

最高人民法院民一庭意见：在适用《婚姻法解释（三）》第十条[①]时，涉及夫妻共同还贷款项及其相对应增值部分的数额等于以夫妻共同还贷部分乘以不动产升值率。所称不动产升值率，是用不动产现价格除以不动产成本，不动产成本包括购买时不动产价格 + 共同还贷的利息部分 + 其他费用（比如契税、印花税、营业税、评估费等）。

附：案情简介

甲男 2004 年购房一套，当时价格 18 万元，甲男首付 8 万元，从银行贷款 10 万元，契税等其他费用 1 万元，婚前甲男还贷本息合计 5 万元。2008 年甲男与乙女结婚，房屋价值 41 万元，产权登记在甲男名下。婚姻关系存续期间双方共同还贷 10 万元将贷款清偿完毕，其中本金 7 万元，利息 3 万元。2012 年离婚时房屋现值 90 万元。

甲男与乙女双方对解除婚姻关系没有异议，但对房屋补偿款的数额有异议。甲男认为，其婚前已经与房地产公司签订购房合同并从银行贷款，虽然

① 现为《最高人民法院关于适用〈中华人民共和国民法典〉婚姻家庭编的解释（一）》（2020 年 12 月 29 日，法释〔2020〕22 号）第七十八条。

婚后还贷本息共计10万元，但每月银行都是从其工资卡中定期扣款，女方并没有参与还贷，离婚时无权获得任何补偿款。乙女认为，双方没有约定实行分别财产制，男方的工资收入应当属于夫妻共同财产，离婚时应按房产现值90万元减去男方购房时的价格18万元作为基数对其进行补偿，即乙女应获得的补偿款是40万元。

——最高人民法院民一庭:《不动产婚内共同还贷及增值的计算》，载最高人民法院民事审判第一庭编:《民事审判指导与参考》2016年第1辑（总第65辑），人民法院出版社2016年版，第162~164页。

1316. 对于离婚时未分割的夫妻共同财产，任何一方都有权诉请分割，不受三年诉讼时效限制

关键词

诉讼时效　夫妻共同财产　离婚分割财产

《中华人民共和国民法典》条文

第三百零三条　共有人约定不得分割共有的不动产或者动产，以维持共有关系的，应当按照约定，但是共有人有重大理由需要分割的，可以请求分割；没有约定或者约定不明确的，按份共有人可以随时请求分割，共同共有人在共有的基础丧失或者有重大理由需要分割时可以请求分割。因分割造成其他共有人损害的，应当给予赔偿。

第一千零六十二条　夫妻在婚姻关系存续期间所得的下列财产，为夫妻的共同财产，归夫妻共同所有：

（一）工资、奖金、劳务报酬；

（二）生产、经营、投资的收益；

（三）知识产权的收益；

（四）继承或者受赠的财产，但是本法第一千零六十三条第三项规定的除外；

（五）其他应当归共同所有的财产。

夫妻对共同财产，有平等的处理权。

最高人民法院司法解释

第八十三条　离婚后，一方以尚有夫妻共同财产未处理为由向人民法院起诉请求分割的，经审查该财产确属离婚时未涉及的夫妻共同财产，人民法院应当依法予以分割。

——《最高人民法院关于适用〈中华人民共和国民法典〉婚姻家庭编的解释（一）》（2020 年 12 月 29 日，法释〔2020〕22 号）。

附录：最高人民法院法官著述

问:《民法典》规定的诉讼时效是 3 年，离婚 3 年以后发现有离婚时尚未分割的夫妻共同财产，为什么仍然可以诉请分割?

答：如果一对夫妻没有实行约定财产制，那么按照我国《民法典》第一千零六十二条的规定，夫妻于婚姻关系存续期间所取得的工资、奖金，生产、经营的收益，知识产权的收益，继承或赠与所得的未被确定只归夫妻一方的财产等均为夫妻共同所有。离婚时，夫妻应当协商分割共同财产；协商不成时，可以通过民事诉讼由人民法院判决分割。

对于离婚时未分割的夫妻共同财产，任何一方都有权诉请进行分割，而不受 3 年的诉讼时效的限制。《最高人民法院关于适用〈中华人民共和国民法典〉婚姻家庭编的解释（一）》第八十三条规定："离婚后，一方以尚有夫妻共同财产未处理为由向人民法院起诉请求分割的，经审查该财产确属离婚时未涉及的夫妻共同财产，人民法院应当依法予以分割。"主要理由可以从以下三个方面来看：

首先，夫妻共有财产制是典型的共同共有。我国《民法典》第三百零三条规定，共有人约定不得分割不动产或者动产，以维持共有关系的，应当按照约定，但是共有人有重大理由需要分割的，可以请求分割；没有约定或者约定不明确的，按份共有人可以随时请求分割，共同共有人在共有的基础丧失或者有重大理由需要分割时可以请求分割。因分割造成其他共有人损害的，应当给予赔偿。可见，共有人分割请求权虽然名为请求权，但并非请求他人同意分割的权利，而实质是使他人负有与其协议分割的具体方法之义务。分割共有物，早已是法律赋予共有人的权利，其得以一人之意志行使该项权利。因此，分割共有物之请求权，实质是形成权，不应受诉讼时效的限制。

其次，我国《民法典》物权编中没有规定时效取得制度，因此，根据物权法定的原则，所有权归属不会单纯因为时间的经过而发生改变。也就是说，夫妻共同财产，如果在离婚时没有进行分割，不会因为时间的经过而改变性质，双方身份关系的解除，也不能使原本属于两人共有的财产变更为一人所有。双方共有关系仍是稳定的，满足再进行分割的条件。

最后，如果司法解释规定，离婚时未经分割的夫妻共同财产经过 3 年的诉讼时效就不能再进行分割，无疑会鼓励转移、隐藏夫妻共同财产的不诚信行为，实际占有或者控制夫妻共同财产的一方，只要能够藏过 3 年的诉讼时效期间，就可以取得该财产。这种结果与我国的主流价值观念是相悖的。

——最高人民法院民事审判第一庭编:《民事审判实务问答》，法律出版社 2021 年版，第 131~132 页。

1317.《民法典》婚姻家庭编将家务劳动补偿扩大适用于夫妻共同财产制

关键词

家务劳动补偿　夫妻共同财产　离婚

《中华人民共和国民法典》条文

第一千零八十八条　夫妻一方因抚育子女、照料老年人、协助另一方工作等负担较多义务的，离婚时有权向另一方请求补偿，另一方应当给予补偿。具体办法由双方协议；协议不成的，由人民法院判决。

附录：最高人民法院法官著述

对双职工家庭而言，家务贡献较大的一方，因家务劳动挤压了其自身发展的时间和精力，减少了职业收入和经济收入，导致离婚后谋生能力较低，生活水平下降。有学者指出：如果把家庭领域界定为女性的领域，把家务劳动界定为女性的义务，对于那些职业女性来说是一条沉重的链条，不断撕扯着职业女性，使她们走得比男性慢，走得没男性远。她们既要在职场上同男人一样地工作，又要回家做繁重的家务，使她们感觉疲惫不堪。对家庭主妇而言，它是一管褪色剂，使她们辛苦的劳动失去意义，丧失价值。她们从事着世界上最重要的工作却不计薪酬，任劳任怨的奉献，无私无偿的劳作，而当婚姻解体时，家务劳动方实际上成为婚姻关系存续期间另一方免费的家务劳动工具。在绝大多数婚姻中，男主外女主内是当事人双方生活的真实写照，已婚妇女在家中身兼清洁工、厨师、心理咨询师等数职，对于她们为家庭作出的巨大贡献，法律不能视而不见。现实中我国夫妻实行分别财产制的情况很少，离婚时能得到家务劳动补偿的更是微乎其微，家务劳动补偿制度形同虚设。

也有观点认为，共同财产制本身就是承认了家务劳动与社会劳动具有同等价值，否则，只从事家务劳动的一方无权分割夫妻共同财产，共同财产制本身就包含对家务劳动价值的承认功能。在这一背景下再讨论“家务劳动”的价值，则显然是在重复计算。

这次婚姻家庭编将家务劳动补偿扩大适用于夫妻共同财产制，无疑是立法的一大进步，也是多年来众多学者孜孜以求的结果。以后主张家务劳动补偿势必成为离婚案件中的一个重要诉求，具体应当如何补偿，条文只是一般性地规定"另一方应当给予补偿"，并无任何补偿标准和参考要素。夏吟兰教授认为，具体补偿的方法，可参考夫妻双方的收入差距、婚姻关系存续时间以及一方付出的相应贡献等因素。王歌雅教授认为，家务劳动的补偿方法应为：家务贡献补偿 =（夫妻双方的年收入差除以 2）乘以婚姻关系存续年限，这一建议系借鉴德国剩余所得共同制的规定，将婚姻存续期间收入差距的一半补偿给家务劳动贡献较多的一方。但是，这种补偿方法可能并不公平。比如，妻子和丈夫一样年收入 30 万元，如果妻子工作之余还要包揽一切家务，而丈夫下班后就知道躺在沙发上玩手机，离婚时按照上述补偿计算公式，妻子获得的家务补偿款是零！再比如，妻子是家庭主妇，没有任何收入，丈夫年薪 30 万元，婚姻关系存续 10 年，离婚时丈夫需要补偿妻子 150 万元，而且是在依法分割夫妻共同财产之外！请问如此这般男人还敢结婚吗？

笔者认为，对于家务劳动补偿的具体数额，不宜以计算公式的方法直接规定，因为现实生活复杂多样，"一刀切"的计算公式也许并不科学。法官应当结合当地的经济生活水平、婚姻关系存续时间、一方对家庭所做的贡献、另一方的经济能力等因素，尽量公平合理地进行裁决。

——吴晓芳：《对民法典婚姻家庭编新增和修改条文的解读》，载最高人民法院民事审判第一庭编：《民事审判指导与参考》2020 年第 1 辑（总第 81 辑），人民法院出版社 2021 年版，第 34~35 页。

1318.《民法典》婚姻家庭编新增夫妻日常家事代理权制度

关键词

家事代理权　代理人　夫妻关系

附录：最高人民法院法官著述

婚姻家庭编中专门规定夫妻之间的家事代理权很有必要。首先，婚姻家庭生活事务繁多，夫妻之间不必事必躬亲。其次，节约生活成本。现代生活，特别是全球化时代，夫妻活动范围大，若凡事需夫妻双方共同出面，生活成本太大，难免令人不胜其烦。最后，明确日常家事的当然代理权，有利于家庭和睦。

在日常家事范围内，夫妻互为代理人，而无须对方授权。家事代理权基于夫妻关系产生，不以夫妻一方明示为必要，性质上类似于法定代理权，但不同于一般的法定代理权。夫妻一方在日常家事范围内与第三人为法律行为时，可直接以另一方的名义、双方名义或以自己名义为之，而一般法定代理人必须以被代理人的名义从事活动。薛宁兰教授认为，婚姻为夫妻生活之共同体，在处理日常家庭事务范围内，夫妻相互为代理人、享有家事代理权，这是婚姻的当然效力，夫妻因配偶身份关系的确立而依法当然享有此代理权。王利明教授认为，家事代理权乃为“夫妻在日常家务的范围内互为代理人，毋须委托授权”，属法定代理。这种代理是基于法律的直接规定，而非当事人的约定，因而具有不同于一般委托代理的当然性和法律强制性。

——吴晓芳:《对民法典婚姻家庭编新增和修改条文的解读》，载最高人民法院民事审判第一庭编:《民事审判指导与参考》2020 年第 1 辑（总第 81 辑），人民法院出版社 2021 年版，第 38~39 页。

1319. 夫妻共同财产分割中确定少分或不分的数额时，不限于一方隐藏、转移、变卖、毁损的部分财产

关键词

夫妻共同财产　离婚　婚姻关系存续期间

附录：民事审判信箱

《婚姻法》第四十七条[①]规定，离婚时，一方隐藏、转移、变卖、毁损夫妻共同财产，或伪造债务企图侵占另一方财产的，分割夫妻共同财产时，对隐藏、转移、变卖、毁损夫妻共同财产或伪造债务的一方，可以少分或不分。实践中，在确定少分或不分的数额时，是针对夫妻财产总额，还是仅针对隐藏、转移、变卖、毁损的部分财产?

法律规定的在隐藏、转移、变卖、毁损夫妻共同财产或伪造债务情形下，对该方可以少分或不分，针对的是夫妻共同财产总额，不限于隐藏、转移、变卖、毁损的财产。少分或不分把握的标准根据损害的财产数额、总财产的数额、各方的过错等案件具体情况酌情处理。具体处理时，应把隐藏、转移、变卖、毁损的财产作为隐藏、转移、变卖、毁损财产的一方分得的财产份额，对另一方的应得份额应以其他夫妻共同财产折抵，不足折抵的，差额部分由隐藏、转移、变卖、毁损财产的一方折价补偿对方。要特别注意的是，《民法典》第一千零九十二条在承继《婚姻法》第四十七条规定的基础上，删去了“离婚时”的表述，也即上述行为不限于离婚时，也包括离婚之前的整个婚姻关系存续期间。同时，增加了“挥霍”夫妻共同财产的情形。

——《在确定少分或不分的数额时，是针对夫妻财产总额，还是仅针对隐藏、转移、变卖、毁损的部分财产》，载最高人民法院民事审判第一庭编:

① 对应《民法典》第一千零九十二条。

《民事审判指导与参考》2020年第2辑（总第82辑），人民法院出版社2021年版，第230页。

1320. 婚内夫妻财产分割有着严格的适用条件

关键词

婚内财产分割　不解除婚姻关系　夫妻共同财产　法定扶养义务

附录：最高人民法院主流观点

婚内夫妻财产分割纠纷是夫妻双方在不解除婚姻关系的情况下对夫妻共同财产进行分割，有着严格的适用条件，只在两种情形下可以适用：一是一方有隐藏、转移、变卖、毁损、挥霍夫妻共同财产或者伪造夫妻共同债务等严重损害夫妻共同财产利益的行为；二是一方负有法定扶养义务的人患重大疾病需要医治，另一方不同意支付相关医疗费用。除此两种情形，夫妻一方提出婚内财产分割请求的，人民法院不予支持。

——杨万明主编、郭锋副主编、最高人民法院研究室编著：《最高人民法院新民事案件案由规定理解与适用》，人民法院出版社2021年版，第103页。

1321. 父母以其未成年子女房产设定抵押行为的效力问题

关键词

房产抵押　未成年子女利益　无权代理　法定监护人

《中华人民共和国民法典》条文

第一千零四十一条　婚姻家庭受国家保护。

实行婚姻自由、一夫一妻、男女平等的婚姻制度。

保护妇女、未成年人、老年人、残疾人的合法权益。

附录：最高人民法院主流观点

《民法典》第三十五条第一款规定："监护人应当按照最有利于被监护人的原则履行监护职责。监护人除为维护被监护人利益外，不得处分被监护人的财产。"上述条款的规定旨在避免未成年人之父母，借由管理未成年子女财产之便，不当处分其财产，以致对未成年子女造成不利益。其方式则为限制父母作为法定监护人的法定代理权，监护人行使法定代理权必须在为被监护人利益这一边界范围内进行，逾越此边界，非为被监护人利益处分其财产，则构成无权代理。鉴于房产的重大价值和抵押行为的高风险性，父母抵押其未成年子女名下房产的行为，原则上应认定为非为其未成年子女利益，除非相对人有相反证据足以证明该抵押行为确系为子女利益而实施。比如父母以房产设定抵押办理银行贷款为子女就医筹措医疗费用或出国留学费用，此种抵押行为直接对子女有利。父母代替未成年子女签章让其承担抵押风险的行为不属于接受奖励、赠与、报酬等纯利益的行为，应属无权代理，该代理行为无效。我国台湾地区学者史尚宽先生认为，父母为不利于子女之处分，除可认为表见代理外，其明显的不利于子女之行为，应认为无权代理，子女成年后得追认之。此为我国台湾地区司法实务中的通说。也有观点认为，认定抵押无效不利于保护交易安全，但我们认为，在无法兼顾交易安全与未成年人利益的情形下，应优先保护未成年人的利益。

——最高人民法院民法典贯彻实施工作领导小组编著：《中华人民共和国民法典婚姻家庭编继承编理解与适用》，人民法院出版社2020年版，第26~27页。

1322. 夫妻一方非因日常生活需要实施的法律行为对另一方是否具有约束力

关键词

日常生活需要　共同意思表示　表见代理　夫妻共同财产

《中华人民共和国民法典》条文

第一千零六十条　夫妻一方因家庭日常生活需要而实施的民事法律行为，对夫妻双方发生效力，但是夫妻一方与相对人另有约定的除外。

夫妻之间对一方可以实施的民事法律行为范围的限制，不得对抗善意相对人。

附录：最高人民法院主流观点

基于个人主义和意思自治原则，夫妻双方虽因婚姻存在共同利益，但不能完全否认各自人格的独立性，因此，夫妻一方非因日常生活需要实施的法律行为，不能当然对另一方具有法律约束力。对于家庭重大事项或者重大财产的处分等，夫妻双方应当取得一致意见。此时如果与之交易的第三人主张对夫妻双方均具有约束力，应当按照民法的一般原理，证明对方已经明确表示同意或者构成表见代理，即其有理由相信为夫妻双方的共同意思表示。

李某某与程某某系夫妻关系，程某某与冯某某于2004年11月开始婚外同居，当月程某某给冯某某20万元现金购买轿车，冯某某用该款购买轿车一辆，并登记在自己名下。2004年6月，程某某购买住房一套，向开发商支付购房款53万元。2005年4月，程某某以合同更名的方式将该套房屋赠与冯某某，房屋产权登记在冯某某名下。2005年10月至2006年，冯某某以办公司需要资金为由，共向程某某索要资金304万元。2006年7月，李某某诉至一审法院，请求判令：确认程某某赠与冯某某财产的行为无效，要求冯某某返还306万元以及案涉房屋和车辆。法院经审理认为，冯某某与程某某年龄相差悬殊，明知其有配偶而以情人身份与之同居生活，其向程某某索要汽车、房产和钱款的行为违反了社会公德，主观上并非出于善意。程某某未经李某某同意，将夫妻共有巨额财产赠与冯某某，侵害了李某某的合法财产权益，其擅自处分夫妻共同财产的赠与行为无效。法院判决：冯某某向李某某返还轿车、房屋以及304万元款项。

对于婚姻关系存续期间夫妻一方擅自将共同财产赠与他人的效力问题，存在两种不同的观点。第一种观点认为：(1) 程某某和冯某某婚外同居有违公序良俗，但该行为无效不能等同于赠与无效，对程某某向冯某某的赠与行为应依照合同法的规定单独判断。而依照合同法的相关规定，因赠与的财产所有权已经转移，该赠与行为不应撤销。(2) 程某某的赠与行为不必然侵害李某某的夫妻共有财产权。虽然婚姻关系存续期间所得的财产一般属于夫妻共同共有，但程某某作为夫妻一方应享有部分财产的独立处分权。程某某与李某某的夫妻共同财产总额较大，程某某在本案中单独处分的部分财产较之于夫妻共同财产比例较小，故该赠与行为并不必然损害李某某的夫妻共有财产权。而且，即使程某某侵犯了李某某的夫妻共有财产权，也应由程某某对李某某承担责任，而不应由冯某某承担责任。(3) 程某某的社会地位和经济地位均高于冯某某，其与冯某某婚外同居，双方均有过错。如果判令冯某某将程某某赠与的财产完全返还，不能体现对于程某某作为主要过错方的惩罚。第二种观点认为：(1) 程某某赠与冯某某的购车款和房产均系程某某与李某某的夫妻共同财产，程某某未经得李某某的同意将上述财产赠与冯某某，侵犯了李某某的财产权。(2) 程某某基于与冯某某之间存在的不正当婚外同居关系将诉争房屋和车辆赠与冯某某，该行为违反了公序良俗的法律原则，依法无效。(3) 冯某某取得诉争房屋和车辆并非善意、有偿取得，而是程某某非因日常生活需要，在未与其妻李某某协商一致的情况下，擅自处分共有财产，应认定无效。(4) 民事行为应遵循公序良俗原则，仅依照合同法单独判断赠与行为的效力，显属不当。我们同意第二种观点，首先，婚姻法规定，禁止有配偶者与他人同居。程某某与冯某某的婚外同居行为属于违法行为。其次，夫妻对共同所有的财产，有平等的处理权，并不意味着夫妻各自对共同财产享有一半的处分权。只有在共同共有关系终止时，才可对共同财产进行分割，确定各自份额。最后，程某某赠与冯某某大额财产，显然不是因家庭日常生活需要而处理夫妻共同财产的行为，其未经妻子李某某同意赠与冯某某车辆、房屋及钱款，侵犯了李某某的财产权益，该赠与行为应认定无效。

——最高人民法院民法典贯彻实施工作领导小组编著：《中华人民共和国民法典婚姻家庭编继承编理解与适用》，人民法院出版社2020年版，第141~143页。

1323. 男女没有办理结婚登记手续，在女方怀孕期间，法院可受理男方有关同居期间财产纠纷的起诉

关键词

同居　合法婚姻关系　配偶身份　女方怀孕期间

《中华人民共和国民法典》条文

第一千零四十一条　婚姻家庭受国家保护。

实行婚姻自由、一夫一妻、男女平等的婚姻制度。

保护妇女、未成年人、老年人、残疾人的合法权益。

附录：最高人民法院主流观点

我们认为，只有符合结婚的法定条件，才具有夫妻身份，才享有法定的权利和义务，这是婚姻的法律层面的要求。《民法典》婚姻家庭编中对妇女的特殊保护条款，“女方在怀孕期间、分娩后一年内或者终止妊娠后六个月内，男方不得提出离婚；但是，女方提出离婚或者人民法院认为确有必要受理男方离婚请求的除外”，针对的是合法婚姻而非同居关系。法律保护的是合法婚姻关系，保护的是妇女的合法权益。当双方选择同居而非登记结婚时，就意味着选择了一种不受法律保护、不享有夫妻间权利和义务的同居关系，同居的男女双方不具有配偶身份，同居关系的形成不需要履行特定手续，是一种既定的事实状态。有鉴于此，当事人仅起诉请求解除同居关系的纠纷，法院不予受理；当事人因同居期间财产分割或者子女抚养提起诉讼的，法院应当受理。因此，在女方怀孕期间，法院仍然可以受理男方有关同居期间财产纠纷的起诉。

——最高人民法院民法典贯彻实施工作领导小组编著：《中华人民共和国民法典婚姻家庭编继承编理解与适用》，人民法院出版社2020年版，第27页。

1324. 人民法院应根据实际情况对离婚经济帮助案件中的经济帮助时间附加期限或条件

关键词

离婚经济帮助　公平原则

《中华人民共和国民法典》条文

第一千零九十条　离婚时，如果一方生活困难，有负担能力的另一方应当给予适当帮助。具体办法由双方协议；协议不成的，由人民法院判决。

附录：最高人民法院主流观点

离婚经济帮助是对离婚时生活困难一方基本生存权益的救济，经济帮助不能被当作无限期的生存手段，否则将违背民法的公平原则。人民法院在审理离婚经济帮助案件时，应当根据个案实际情况，对经济帮助的时间附加一定的期限或条件，当期限届满或条件达成时，提供经济帮助的一方即不再承担经济帮助义务。此外，即使经济帮助的附加期限未满或条件尚未达成，当发生离婚时生活困难一方再婚或经济能力足以维持当地基本生活水平的情况，经济帮助的存在意义已经丧失，不论经济帮助的履行程度如何，提供经济帮助一方均可停止给付。如归某诉田某、陈某1、陈某2腾退房屋纠纷案，田某与归某在法院调解离婚，因田某生活困难且无房居住，双方约定归某单位分配的公房由田某继续居住，归某住房自行解决。离婚后归某取得了房屋产权，田某与陈某1结婚并生育子女陈某2。归某起诉要求田某、陈某1、陈某2腾退涉案房屋，在诉讼期间田某与陈某1离婚。归某的主张应否得到法院支持？我们认为，离婚时一方对另一方婚前承租的公房无权承租而解决住房确有困难的，人民法院可调解或判决其暂时居住。根据《最高人民法院关于审理离婚案件中公房使用、承租若干问题的解答》的规定精神，暂住期限一般不超过两年。本案田某与归某离婚时调解协议未对田某的居住期限予以明确约定，但并不表明田某可以永久居住，经济帮助也不是无休无止的。田某在涉案房屋中居住多年且再婚生育子女，无论从居住的合理期限以及田某家庭生活的变化、归某应享有的物权方面考虑，田某、陈某2均不宜继续在涉案房屋居住。田某虽在诉讼中与陈某1离婚，但并不能因此逃避腾退房屋的义务。归某对房屋享有占有、使用、收益和处分的权利，其起诉要求田某、陈某1、陈某2腾退房屋理由正当，应当予以支持。

——最高人民法院民法典贯彻实施工作领导小组编著：《中华人民共和

国民法典婚姻家庭编继承编理解与适用》，人民法院出版社 2020 年版，第 328 页。

1325. 双方父母出资购买不动产中出资的认定

关键词

双方父母出资　不动产　按份共有　另有约定

最高人民法院司法解释

第二十九条　当事人结婚前，父母为双方购置房屋出资的，该出资应当认定为对自己子女个人的赠与，但父母明确表示赠与双方的除外。

当事人结婚后，父母为双方购置房屋出资的，依照约定处理；没有约定或者约定不明确的，按照民法典第一千零六十二条第一款第四项规定的原则处理。

——《最高人民法院关于适用〈中华人民共和国民法典〉婚姻家庭编的解释（一）》（2020 年 12 月 29 日，法释〔2020〕22 号）。

附录：最高人民法院主流观点

第一款主要解决的是对当事人双方在办理结婚登记手续前，一方或者双方父母为当事人双方购买房屋的出资应如何认定的问题。我们认为，根据《民法典》确立的夫妻财产制度，夫妻共同财产制采用的是婚后所得共同制，即认定当事人的财产是否为夫妻共同所有必须是以婚姻关系存在为前提，而且还要将个人的特有财产和夫妻约定为个人所有的财产除外后，夫妻双方或者一方所得的财产才属于夫妻共同所有。而在本条款所述的当事人结婚前的前提条件下，其通过继承、接受赠与及其他合法方式等所取得的财产则均应属于个人婚前财产。按照《民法典》第一千零六十三条第一项的规定，一方的婚前财产为夫妻一方的财产。从现实社会生活中反映的情况看，父母为子女购买房屋出资的目的往往是为子女结婚，出资的真实意思表示也应是对自己子女的赠与。因此，当事人双方结婚前，各方的父母即使是为当事人双方购置房屋出资的，该出资也应当认定为对自己子女的个人赠与。当然，也不能排除一方或者双方父母明确表示该出资是赠与当事人双方用于购置房屋款项的情况。如果父母作出将出资赠与当事人双方的意思表示，就应认定该出资是对当事人双方的赠与，属于当事人双方共同所有。

综上，人民法院在对当事人结婚前的财产所有权归属认定处理时，首先要适用夫妻特有财产制原则，即婚姻关系缔结之前当事人双方所得财产属于婚前个人财产；其次再依照除外情形来认定是否为当事人双方共同所有。这也是对当事人婚前财产的一般处理原则。

——最高人民法院民法典贯彻实施工作领导小组编著：《中华人民共和国民法典婚姻家庭编继承编理解与适用》，人民法院出版社 2020 年版，第 284~285 页。

附录：最高人民法院法官著述

《婚姻法司法解释（三）》第七条第二款规定，由双方父母出资购买的不动产，产权登记在一方子女名下的，该不动产可认定为双方按照各自父母的出资份额按份共有，但当事人另有约定的除外。在制定《婚姻家庭编解释（一）》第二十九条的过程中将该款删除。笔者认为，删除该款符合婚姻家庭中财产规则的基本精神。在双方没有明确约定的情况下，认定为按份共有与家庭的伦理性特征不相符，也与法律规定有一定冲突。根据民法典第三百零八条规定，共有人对共有的不动产或者动产没有约定为按份共有或者共同共有，或者约定不明确的，除共有人具有家庭关系等外，视为按份共有。可见，在双方没有明确约定的情况下，基于家庭关系的特殊身份属性，不宜认定为按份共有。当然，如果不动产登记上载明了按份共有的，根据不动产登记状态确定为按份共有更为适宜。

——王丹：《〈关于父母为子女出资购房问题的再探讨——《最高人民法院关于适用〈中华人民共和国民法典〉婚姻家庭编的解释（一）》第二十九条的理解与适用〉》，载最高人民法院民事审判第一庭编：《民事审判指导与参考》2022 年第 1 辑（总第 89 辑），人民法院出版社 2022 年版，第 167 页。

1326. 父母为子女出资购房赠与一方还是赠与双方的认定

关键词

赠与　购置房屋　出资目的

附录：最高人民法院法官著述

笔者认为，从目前实际情况看，在一方父母出全资并将不动产登记在自己一方子女名下的，该出资认定为是对自己子女的赠与，更为妥当。对于一方父母部分出资的，基于《民法典婚姻家庭编解释（一）》第二十九条采纳了赠与标的物为出资的思路，则对于该不动产来讲，由于为婚姻关系存续期间购买，应当认定为夫妻共同财产。对于一方父母出资的部分，基于平衡保护双方利益的原则，同时也与父母出全资的情况保持规则一致性，笔者认为，在认定该出资部分属于赠与一方还是赠与双方的情况时，也可以与不动产登记挂钩，如果登记在自己一方子女名下的，可以认定为该出资是对自己子女的赠与。对于该出资对应的增值部分是认定为由出资方还是认定为由夫妻双方享有的问题，笔者认为，父母为子女购房的初衷并非投资，也即自然增值部分并非父母预期收益，同时，为维护婚姻家庭和谐稳定，仅保护父母出资部分即可，不宜再保护父母出资部分对应的自然增值部分。

——王丹:《〈关于父母为子女出资购房问题的再探讨——《最高人民法院关于适用〈中华人民共和国民法典〉婚姻家庭编的解释（一）》第二十九条的理解与适用〉》，载最高人民法院民事审判第一庭编:《民事审判指导与参考》2022 年第 1 辑（总第 89 辑），人民法院出版社 2022 年版，第 167 页。

四、夫妻共同债务

1327. 原《婚姻法》第四十七条规定行为发生在《民法典》施行之前，但新规定对保护无过错方权益更有利的，可以适用《民法典》

关键词

法不溯及既往　有利溯及　婚姻关系存续期间　夫妻共同财产

附录：民事审判信箱

《婚姻法》第四十七条[①]规定，离婚时，一方隐藏、转移、变卖、毁损夫妻共同财产，或伪造债务企图侵占另一方财产的，分割夫妻共同财产时，对隐藏、转移、变卖、毁损夫妻共同财产或伪造债务的一方，可以少分或不分。民法典对上述规定进行了修改，删除了“离婚时”的时间限定条件。民法典施行后正在审理的一、二审离婚案件如何适用上述规定?

法不溯及既往虽为法律适用的基本原则，但也存在有利溯及的例外。根据《最高人民法院关于适用〈中华人民共和国民法典〉时间效力的若干规定》第二条的规定，《民法典》施行前的法律事实引起的民事纠纷案件，当时的法律、司法解释有规定，适用当时的法律、司法解释的规定，但是适用《民法典》的规定更有利于保护民事主体合法权益，更有利于维护社会和经济秩序，更有利于弘扬社会主义核心价值观的除外。夫妻一方在婚姻关系存续期间隐

① 对应《民法典》第一千零九十二条。

藏、转移、变卖、毁损、挥霍夫妻共同财产，或者伪造夫妻共同债务企图侵占另一方财产的，虽然该行为发生在民法典施行之前，但是《民法典》新的规定对于树立优良家风、弘扬家庭美德，对于保护无过错方的合法权益，制裁违法方的非法行为更有利。因此，可以适用《民法典》的规定。

——《民法典施行后正在审理的一、二审离婚案件如何适用婚姻法第四十七条规定》，载最高人民法院民事审判第一庭编：《民事审判指导与参考》2020 年第 2 辑（总第 82 辑），人民法院出版社 2021 年版，第 231 页。

1328. 处理夫妻债务时，既要避免恶意逃债损害债权人利益，又要避免夫妻一方离婚时被高额负债

关键词

夫妻债务　生活需要　举证责任　共同生产经营

《中华人民共和国民法典》条文

第一千零六十四条　夫妻双方共同签名或者夫妻一方事后追认等共同意思表示所负的债务，以及夫妻一方在婚姻关系存续期间以个人名义为家庭日常生活需要所负的债务，属于夫妻共同债务。

夫妻一方在婚姻关系存续期间以个人名义超出家庭日常生活需要所负的债务，不属于夫妻共同债务；但是，债权人能够证明该债务用于夫妻共同生活、共同生产经营或者基于夫妻双方共同意思表示的除外。

附录：最高人民法院法官著述

2018 年 1 月 18 日，最高人民法院实施了新的夫妻债务司法解释[①]，将一方以个人名义所负的超出日常生活需要的债务，是否属于夫妻共同债务的举证责任从夫妻一方转移给了债权人，举证不力的后果自然也由债权人承担，未举债配偶一方从连带清偿到“无债一身轻”。有学者认为，《夫妻债务司法解释》具有如下亮点，一是设立了夫妻“共债共签”制度，即以夫妻双方的合意作为认定共同债务的依据；二是改变了《婚姻法司法解释（二）》第二十四条武断的共债推定，即以是否符合“家庭日常生活需要”为标准。体现了最高人民法院旨在通过强化债权人在交易中的注意审慎义务，力求从源头上解决债务定性的不确定性。

---

① 即《最高人民法院关于审理涉及夫妻债务纠纷案件适用法律有关问题的解释》，本文简称《夫妻债务司法解释》。

立法机关认为，从《夫妻债务司法解释》施行效果看，总体上能够有效平衡各方利益，各方面总体上赞同。[①]因此，民法典婚姻家庭编对于夫妻债务问题的规定基本沿用了2018年《夫妻债务司法解释》的规定精神，明确规定："夫妻双方共同签字或者夫妻一方事后追认等共同意思表示所负的债务，以及夫妻一方在婚姻关系存续期间以个人名义为家庭日常生活需要所负的债务，属于夫妻共同债务。夫妻一方在婚姻关系存续期间以个人名义超出家庭日常生活需要所负的债务，不属于夫妻共同债务；但是，债权人能够证明该债务用于夫妻共同生活、共同生产经营或者基于夫妻双方共同意思表示的除外。"上述规定旨在避免处理夫妻债务时的两个极端，既要避免夫妻双方恶意逃债损害债权人的利益，又要避免夫妻一方离婚时被高额负债。

对于"家庭日常生活需要"的认定，按照我国台湾地区学者史尚宽先生的观点，其包括未成年子女及夫妻生活方面必要的一切事项，一家子食物、光热、衣着等物之购买，保健、正当娱乐、医疗、子女教养之开支，家具及日常用品之购买，女仆、家庭教师之雇用，亲友之馈赠，报纸杂志之订购等。笔者认为，认定是否为"家庭日常生活需要"所负的债务，应当结合债务金额、举债次数、债务用途、家庭收入状况、消费水平、当地经济水平和一般社会生活习惯、日常经验法则等予以综合判断。

关于举证责任分配问题，未超出"家庭日常生活需要"的债务数额上相对较小，多属于衣食住行等家庭日常生活范围内，与夫妻双方均关系密切。对于该债务，有理由基于婚姻关系认定夫妻双方互为代理人，即使夫妻一方对债务未签名、未追认或根本不知情，但依据婚姻法第十七条和《最高人民法院关于适用〈中华人民共和国婚姻法〉若干问题的解释（一）》第十七条第一款的规定，夫妻因日常生活需要而处理夫妻共同财产的，任何一方均有权决定。因此，夫妻一方以个人名义所负的未超出"家庭日常生活需要"的债务，债权人应当提供该债务为"家庭日常生活需要"所负的初步证据，未举债配偶一方主张债务不属于夫妻共同债务的，其要承担举证责任；夫妻一方在婚姻关系存续期间以个人名义超出"家庭日常生活需要"所负的债务，推定不属于夫妻共同债务，夫妻一方不必对此举证。债权人主张系夫妻共同债务的，需要举证证明。

审判实践中如何认定超出"家庭日常生活需要"，笔者认为，需要从以下几个方面综合考虑：（1）债务金额明显超出债务人日常消费水平的；（2）债务发生于夫妻感情不和分居期间或离婚诉讼中；（3）债权人明知债务人从事吸毒、赌博等违法活动仍出借款项的；（4）债权人明知债务人已经大额负债

---

① 全国人民代表大会常务委员会副委员长王晨：《关于〈中华人民共和国民法典〉（草案）的说明》——2020年5月22日在第十三届全国人民代表大会第三次会议上。

无力偿还仍继续出借款项的。

对于构成“共同生产经营”的认定，虽然强调“共同性”，但“共同性”并非指夫妻双方一定要实际共同处理经营事务，而是指夫妻双方把经营活动纳入共同意志范围，同时经营收益也作为家庭收入来源。

总之，认定夫妻共同债务应坚持两个原则：一是夫妻之间有举债的共同意思表示，既包括债务形成时的共同意思表示，也包括夫妻一方的事后追认，不仅包括书面形式，还包括实际履行行为；二是夫妻之间实际共享，包括基于日常家事代理形成的“共享”以及超出日常家事代理范围但该债务涉及的财产利益用于夫妻共同生活、共同生产经营等形成的“共享”。

——吴晓芳：《对民法典婚姻家庭编新增和修改条文的解读》，载最高人民法院民事审判第一庭编：《民事审判指导与参考》2020 年第 1 辑（总第 81 辑），人民法院出版社 2021 年版，第 35~37 页。

1329. 为配偶债务提供连带责任保证是否能够认定该债务属于夫妻共同债务

关键词

夫妻共同债务　连带责任保证　夫妻共同债务

最高人民法院裁判文书

许长福与姚群、杭州灿瑞公司等股权转让纠纷案［最高人民法院（2021）最高法民申 5290 号民事裁定书］

裁判要旨：夫妻一方为配偶的债务提供连带保证责任时，仅能证明该方对其配偶举债的行为知情，但承担连带保证责任的意思表示不同于共同承担还款责任的意思表示，无法推断出夫妻双方具有共同还债的意思表示，因此人民法院不能据此将债务认定为夫妻共同债务。

最高人民法院经审查认为，根据本案查明的事实，姚延中向许长福出具《退款计划书》，承诺由其向许长福退还涉案款 8000 万元及利息 1040 万元，金都公司、姚群作为保证人在《退款计划书》中签字盖章。二审法院据此认定姚群在《退款计划书》中明确作出的是承担连带保证责任的意思表示，具有相应的事实和法律依据，并无不当。关于许长福主张姚群在《退款计划书》“担保保证人”处签字的行为，应认定姚群具有与姚延中共同承担还款责任的意思表示的问题。根据《最高人民法院关于审理涉及夫妻债务纠纷案件适用法律有关问题的解释》第一条规定，夫妻双方共同签字或者夫妻一方事后追认等共同意思表示所负的债务，应当认定为夫妻共同债务。本案中，姚群仅是在《退款计划书》“担保保证人”处签字，其作为姚延中配偶以保证人身份签字的行为并不能当然推定姚群具有愿意共同承担还款责任的意思表示，该签字行为仅能证明姚群对其配偶举债的行为知情，但知情并不等于愿意承担共同还款责任，姚群作出的仅是承担连带保证责任的意思表示，而非共同承担还款责任的意思表示，此种签字并不属于上述司法解释第一条所规定的“共同意思表示”。因此，许长福认为姚群应对案涉债务承担共同还款责任的主张不能成立。

——中国裁判文书网。

1330. 夫妻共同经营公司，一方因“对赌协议”承担的债务，是否属于夫妻共同债务

关键词

对赌协议　夫妻共同债务　共同清偿　债务承担　公司纠纷

最高人民法院裁判文书

冉绍枝与磐达合伙企业与公司有关的纠纷案［最高人民法院（2021）最高法民申5709号民事裁定书］

裁判要旨：夫妻双方作为股东共同参与公司经营时，其中一方因“对赌协议”须按照约定支付股权回购费的，如果有证据证明该债务是为公司经营获取投资而产生，且另一方对该债务知情，可以认定该债务用作共同生产经营，属于夫妻共同债务。

最高人民法院经审查认为，《最高人民法院关于审理涉及夫妻债务纠纷案件适用法律有关问题的解释》第三条[①]规定，“夫妻一方在婚姻关系存续期间以个人名义超出家庭日常生活需要所负的债务，债权人以属于夫妻共同债务为由主张权利的，人民法院不予支持，但债权人能够证明该债务用于夫妻共同生活、共同生产经营或者基于夫妻双方共同意思表示的除外。”本案中，2015年7月28日签订案涉《股权投资协议》时，刘纪明系新万兴公司的实

① 对应《民法典》第一千零六十四条。

际控制人，冉绍枝是新万兴公司持股49% 的股东，而且担任该公司的监事或高级管理人员，冉绍枝享有参加该公司经营和对重大事项进行表决等权利，可见刘纪明、冉绍枝作为夫妻，双方共同参与了该公司的生产经营。冉绍枝称其未参与新万兴公司经营管理的意见与《企业信用信息公示报告》记载内容相背，本院对该意见不予采信。其次，刘纪明签订《股权投资协议》是为了夫妻共同参与经营的新万兴公司获得投资，刘纪明承担《股权投资协议》所产生的债务，属于为夫妻共同参与经营的新万兴公司获取投资而产生的债务，故案涉债务系用于夫妻共同生产经营。最后，冉绍枝在《股权投资协议》上签字，证明冉绍枝对刘纪明应当承担的股权回购责任明确知晓，且未提出异议。综上，案涉债务用于刘纪明、冉绍枝夫妻共同生产经营，二审判决认定案涉债务为夫妻共同债务并无不当。

另，第525号裁决书认定，冉绍枝是否承担估值调整补偿责任，应当依据《股权投资协议》的约定来确定，而非依其与刘纪明的婚姻关系来确定。《股权投资协议》中约定的估值调整补偿责任的主体为新万兴公司实际控制人，其他签约人不是估值调整补偿的责任承担人，故冉绍枝不承担估值调整补偿责任。第525号裁决书因此认为，磐达合伙关于冉绍枝与刘纪明形成夫妻共同举债的意思表示的理由不能成立。本案二审判决以案涉债务系用于夫妻共同生产经营为由认定属于夫妻共同债务，与第525号裁决书的认定并不冲突。

——中国裁判文书网。

1331. 夫妻一方行为引发的机动车交通事故责任是否认定为夫妻共同债务

关键词

机动车交通事故责任　夫妻共同债务　个人债务

附录：最高人民法院法官著述

审判实务中关于侵权责任形态争议较大的一个问题是，夫妻一方行为引发的机动车交通事故责任是否认定为夫妻共同债务。夫妻共同债务属于共同责任。根据司法大数据的分析，司法实践中主要有两种不同认定：（1）35%的判例按照侵权法逻辑着眼于侵权人及其配偶是否均为责任主体，衡量的是配偶是否为共同侵权人。如果是夫妻一方行为引发的机动车交通事故，则认定为个人侵权，责任主体为行为人一方，配偶一方不承担连带责任。现行夫妻债务认定规则仅适用于民间借贷等合同纠纷，除法律、法规和司法解释有明确规定外，夫妻共同债务认定规则不适用于侵权纠纷。（2）65% 的判例按照婚姻法逻辑将夫妻一方行为引发的机动车交通事故责任认定为夫妻共同债务，主要有两种论证路径：一是推定论。交通事故发生在婚姻关系存续期间，基于夫妻共同财产制，收益共享、风险共担理念，推定为夫妻共同债务。二是目的论。基于夫妻共同生活目的，如处理家事、送妻子上班等驾驶机动车发生交通事故，认定为夫妻共同债务。上述司法大数据分析，与笔者调研了解的情况有所不同，调研情况是绝大多数法官支持按侵权法逻辑认定夫妻一方行为引发的机动车交通事故责任为个人债务，不成立夫妻共同债务。

这个问题确实值得研究，属于侵权法和婚姻家庭法的跨界领域。就笔者个人观点而言，对这个问题的认识应按照以下两个层次来理解。

第一，要明确机动车交通事故责任的性质，这是前提。机动车交通事故责任是民法典侵权责任编所规定的一种特殊侵权责任，所以它应当按照侵权法的逻辑，适用侵权责任编的规定来认定责任构成和责任主体。侵权法逻辑中承担连带责任的前提，必须存在多个侵权行为人，要么是共同侵权，要么是教唆帮助侵权，要么是共同危险行为，只有存在多个侵权行为主体才成立共同责任、连带责任，单个侵权行为人是不可能成立包括连带责任在内的共同责任的。夫妻共同债务作为连带责任，是基于婚姻法共同财产制下的一个共同责任，而机动车交通事故责任不属于婚姻法的调整范围。因此，不能将非行为人的配偶一方也作为共同被告，认定为连带债务人。

第二，应区分责任主体和责任财产的范围认定。侵权法上责任主体的认定，解决的是谁侵权、谁担责的问题；而责任财产的范围，解决的是执行程序中执行谁的财产、多少财产来实现判决确定的义务问题。原则上，责任财产应当是债务人的财产，但婚姻关系存续期间债务人的财产往往与配偶共同共有，这就会出现个人侵权会以夫妻共同财产来承担侵权责任的问题。如果配偶一方同意以共同财产清偿，则责任财产为夫妻双方的共同财产，但这不意味着夫妻双方承担连带侵权责任；如果配偶一方不同意以夫妻共同财产清偿，则执行程序中可以将配偶一方的财产份额剥离，仅以侵权行为人一方的财产份额来承担侵权责任。

因此，笔者个人认为，不能随意以夫妻共同财产制来扩大侵权责任主体范围，否则社会生活中任何金钱债务都可能扩及配偶一方。以上仅是笔者个人意见，对此问题还有待理论与实务界进一步调研。

——潘杰：《民法典侵权责任编重点问题解读》，载最高人民法院民事审判第一庭编：《民事审判指导与参考》2021 年第 1 辑（总第 85 辑），人民法院出版社 2021 年版，第 158~159 页。

1332. 离婚纠纷中，夫妻一方以个人名义举债用于夫妻共同生活，要求确认为夫妻共同债务的，如何处理

关键词

夫妻共同债务　夫妻共同生活　个人债务　连带清偿责任

《中华人民共和国民法典》条文

第一千零六十四条　夫妻双方共同签名或者夫妻一方事后追认等共同意思表示所负的债务，以及夫妻一方在婚姻关系存续期间以个人名义为家庭日常生活需要所负的债务，属于夫妻共同债务。

夫妻一方在婚姻关系存续期间以个人名义超出家庭日常生活需要所负的债务，不属于夫妻共同债务；但是，债权人能够证明该债务用于夫妻共同生活、共同生产经营或者基于夫妻双方共同意思表示的除外。

附录：最高人民法院主流观点

这种情况属于在夫妻内部对债务性质产生的争议。举债人的配偶往往以自己根本不知道债务的存在为由，否认对方举债用于夫妻共同生活。因为离婚案件不允许追加“债权人”为第三人参加诉讼，故证明责任属于主张债权债务关系存在且所举债务用于夫妻共同生活的一方当事人。“债权人”可能作为证人出庭作证，也可能根本找不到。由于离婚案件中人民法院要解决相关债务是否属于夫妻共同债务问题，这直接关系到夫妻共同财产的分割，如果债务被认定为夫妻共同债务，则需要以夫妻共同财产清偿。因此，如果债权债务关系明确，在离婚诉讼中以认定处理为宜。但是如果债务明显缺乏证据或无法查清，也可以不在离婚案件中处理。待债权人起诉时再按照债务纠纷案件受理。即使举债人此时已经离婚，只要债权人将债务人的原配偶列为共同被告，人民法院在审理中仍然要对债务的性质属于夫妻共同债务还是举债人的个人债务作出判断。如果债务被定性为夫妻共同债务，则由债务人与其前配偶负连带清偿责任。

——最高人民法院民法典贯彻实施工作领导小组编著:《中华人民共和国民法典婚姻家庭编继承编理解与适用》，人民法院出版社 2020 年版，第 170 页。

1333. 因股权受让形成的债务是否属于夫妻共同债务

关键词

股权转让　夫妻共同生活　夫妻共同债务

最高人民法院裁判文书

李建国与翟成股权转让纠纷案［最高人民法院（2021）最高法民申931号民事裁定书］

裁判要旨：夫妻关系存续期间，一方以个人名义进行股权转让，另一方不知晓且未基于股权转让而受益，受让的股权亦未用于夫妻共同生活，因股权受让而产生的债务不应视为夫妻共同债务。

最高人民法院认为，案涉《股权转让协议》及相关合同均是刘丽娟以个人名义与李某某签订，其所形成的债务超出家庭日常生活所需。李某某于2019年8月诉请判令翟成对刘丽娟所欠债务承担偿还责任，依据《最高人民法院关于审理涉及夫妻债务纠纷案件适用法律有关问题的解释》①（法释〔2018〕2号）第三条②关于"夫妻一方在婚姻关系存续期间以个人名义超出家庭日常生活需要所负的债务，债权人以属于夫妻共同债务为由主张权利的，人民法院不予支持，但债权人能够证明该债务用于夫妻共同生活、共同生产经营或者基于夫妻双方共同意思表示的除外"的规定，李某某负有举证证明案涉债务用于刘丽娟与翟成夫妻共同生活、共同生产经营或者基于夫妻双方共同意思表示的责任。而李某某在一、二审及申请再审中提交的其与刘丽娟的聊天记录等证据，均不能证明翟成同意或者追认刘丽娟受让锦和公司股权，亦不能证明案涉债务用于翟成与刘丽娟的夫妻共同生活或共同生产经营。李某某申请再审称刘丽娟受让的股权属于夫妻共同财产，翟成应对由此产生的债务承担清偿责任。但李某某未能提供证据证明翟成知晓并基于案涉股权转让而受益，亦未能提供证据证明刘丽娟就受让的案涉股权用于夫妻共同生活。原审未予判决翟成对刘丽娟的案涉债务承担清偿责任，适用法律正确，并无不当。据此，最高人民法院裁定：驳回李某某的再审申请。

——中国裁判文书网。

---

① 现已失效。

② 对应《民法典》第一千零六十四条。

1334. 侵权所获利益用于家庭开销，因侵权所形成的债务是否属于夫妻共同债务

关键词

侵权　夫妻共同债务　家庭开销　共同偿还

最高人民法院裁判文书

杨淑芝与罗逸峰财产损害赔偿纠纷案［最高人民法院（2021）最高法民申 7283 号民事裁定书］

裁判要旨：当事人所骗取的财产已被用于家庭开支，家庭因该行为享有利益，故夫妻双方应共同偿还。据此认定此侵权之债应归属夫妻共同债务，夫妻双方对此侵权之债承担连带责任，有事实和法律上的依据。

最高人民法院认为：本案为涉港财产损害赔偿纠纷，根据《中华人民共和国涉外民事法律关系适用法》第二十四条、《最高人民法院关于适用〈中华人民共和国涉外民事关系法律适用法〉若干问题的解释（一）》第十七条的规定，因林桂标与杨淑芝均为香港特别行政区居民，故对于林桂标应赔偿罗逸峰的损失是否属于林桂标与杨淑芝之间的夫妻共同债务问题应适用香港特别行政区的法律予以审查。根据罗逸峰在二审中提交的《法律意见书》所依据的《香港已婚者条例》第 182 章第九条规定，因侵权所生之债，本是属于林桂标一方对外形成的侵权之债，但由于已生效的（2017）粤刑终 569 号刑事裁定认定，林桂标所骗取的财产已被用于家庭开支，杨淑芝及家庭因该行为享有利益，故夫妻双方应共同偿还。原审据此认定此侵权之债应归属林桂标与杨淑芝的夫妻共同债务，杨淑芝应对此侵权之债承担连带责任，有事实和法律上的依据。

——中国裁判文书网。

1335. 配偶一方在保证债务交易中事实受益是否能认定该债务为夫妻共同债务

关键词

最高额保证合同　配偶受益　夫妻共同债务

最高人民法院裁判文书

兰州银行股份有限公司与林轶君等金融借款合同纠纷案［最高人民法院（2021）最高法民申4540号民事裁定书］

裁判要旨：本案银行主张配偶一方在案涉交易中事实受益而应承担责任，该主张因与我国公司法关于股东与公司的财产及责任相互独立的法定基本原则相违背，配偶一方事实受益并不当然产生婚姻法上夫妻共同债务的法律后果。

最高人民法院认为：2017年5月27日的最高额保证合同上有林轶君以保证人三辕公司法定代表人身份的签字，而在2018年5月18日另行签订最高额保证合同时，林轶君已经不是三辕公司法定代表人，该保证合同上并没有林轶君的签字。由于案涉两份保证合同上均非林轶君与廖卫国以夫妻名义共同签署，故原审法院认定案涉债务并非夫妻共同债务，符合《最高人民法院关于审理涉及夫妻债务纠纷案件适用法律有关问题的解释》第一条关于“夫妻双方共同签字或者夫妻一方事后追认等共同意思表示所负的债务，应当认定为夫妻共同债务”的规定。兰州银行还认为本案存在前述司法解释第三条[①]“夫妻一方在婚姻关系存续期间以个人名义超出家庭日常生活需要所负的债务，债权人以属于夫妻共同债务为由主张权利的，人民法院不予支持，但债权人能够证明该债务用于夫妻共同生活、共同生产经营或者基于夫妻双方共同意思表示的除外”中所指的廖卫国与林轶君共同经营的情形，但所提交的林轶君为三辕公司法定代表人的证据并不足以证明林轶君是以自己个人名义并以廖卫国配偶身份与廖卫国共同参与经营，故其关于案涉债务为夫妻债务的主张因缺乏事实根据而不能成立。兰州银行还主张林轶君在案涉交易中事实受益而应承担责任，因与我国公司法关于股东与公司的财产及责任相互独立的法定基本原则相违背，林轶君事实受益并不当然产生婚姻法上夫妻共

① 对应《民法典》第一千零六十四条。

同债务的法律后果，故原审法院认定林轶君不应承担廖卫国相应责任正确。综上，兰州银行的再审申请不能成立。

——中国裁判文书网。

1336. 夫妻一方婚前所持股权于婚后增值部分是否属于夫妻共同财产

关键词

婚前财产　股权增值　夫妻共同财产

最高人民法院裁判文书

谭某与雷某离婚后财产纠纷案［最高人民法院（2020）最高法民申1003号民事裁定书］

裁判要旨：夫妻一方婚前持有的公司股权价值在婚后的变化，主要是由公司所涉市场行情的变动引起，并非对公司经营管理或者利用该股权进行再投资产生的收益，因此对于该股权转让其即便存在溢价也应定性为自然增值，不应作为夫妻共同财产进行分割。

最高人民法院认为：谭某对雷某所持有的新鸿基公司股权属于雷某的个人婚前财产并无异议。本案争议的焦点是，雷某在与谭某的夫妻关系存续期间将其所持有的新鸿基公司股权转让，转让有无溢价以及该溢价应否作为夫妻共同财产进行分割。

根据查明的事实，新鸿基公司于2009年成立，成立时受让了雷某与他人设立的贵州黔东南州燕子岩旅游公司的土地及地上建筑物，经营范围包括房地产开发、销售、物业服务。谭某再审申请认为新鸿基公司2010至2012年的《公司年检报告书》可以证实新鸿基公司成立之后一直在经营。经审查，《公司年检报告书》系用于工商登记年检，可以证明新鸿基公司处于存续状态但并不足以证明公司在生产经营，更不足以证明新鸿基公司资产因此而增值，故谭某提交的新证据材料不足以推翻原审判决。而根据原审查明的事实，新鸿基公司成立后，未对土地进行开发，也未进行其他生产经营活动。由此，雷某持有的新鸿基公司股权价值在婚后的变化，主要是由公司所持有的地产市场行情变动引起，并不是雷某对公司进行经营管理或者利用该股权进行再投资产生的收益，原审认定事实不缺乏证据证明。《最高人民法院关于适用

〈中华人民共和国婚姻法〉若干问题的结算（三）》第五条[①]规定："夫妻一方个人财产在婚后所产生的收益，除孳息和自然增值外，应认定为夫妻共同财产"。原审据此认为，雷某转让其持有的新鸿基公司股权即便有溢价也应定性为自然增值，不应作为夫妻共同财产进行分割，适用法律并无不当。根据查明的事实，原审认为已能认定新鸿基公司未对土地进行开发，也未进行其他生产经营活动，在此情形下，谭某申请调查收集的证据已无必要，原审不予准许亦无不当。

——中国裁判文书网。

1337. 夫妻一方在《保证合同》中保证人配偶处签字的可以认定该保证债务为夫妻共同债务

关键词

保证合同　夫妻共同债务　配偶签字

最高人民法院裁判文书

天津市博祥置业发展有限公司、董洋金融借款合同纠纷案［最高人民法院（2019）最高法民申2976号民事裁定书］

裁判要旨：夫妻一方自愿承担连带保证责任，且其在《保证合同》中保证人配偶处签字，据此可以认定该保证债务为夫妻共同债务，夫妻双方应对涉案借款承担连带清偿责任。

最高人民法院认为：董洋作为涉案借款人的法定代表人，不仅与农商行广开支行签订《个人最高额保证合同》，自愿承担连带保证责任，且其配偶贾镜甄亦在《个人最高额保证合同》中保证人配偶处签字。原判决据此认定董洋的保证债务为夫妻共同债务，判令贾镜甄亦对涉案借款承担连带清偿责任并无不当。《最高人民法院民一庭关于夫妻一方对外担保之债能否认定为夫妻共同债务的复函》针对的是夫妻一方对外担保的情况，本案中董洋、贾镜甄夫妇均在保证合同上签字，自非夫妻一方对外担保之情形，贾镜甄依据该复函主张原判决适用法律错误，本院不予支持。董洋有关农商行广开支行在本案中存在过错，应当适当减免其保证责任的主张，没有事实和法律依据，本院亦不予支持。

---

① 现为《关于适用〈民法典〉婚姻家庭编司法解释（一）》的第二十六条。

——中国裁判文书网。

1338. 个人独资企业对外借款形成于夫妻关系存续期间，且借款目的用于企业资金周转，可以认定属于夫妻共同债务

关键词

夫妻关系存续期间　企业资金周转　夫妻共同债务

最高人民法院裁判文书

张明海等与王丽华等民间借贷纠纷案［最高人民法院（2021）最高法民申6080号民事裁定书］

裁判要旨：案涉协议约定振文煤矿作为借款人向王丽华借款，王丽华已按约出借款项，原审判决认定振文煤矿作为借款人承担还款责任于法有据。张明海、王洪德、徐艳主张王丽华系职业放贷人，但未提供证据证明。关于还款主体和范围，鉴于案涉借款形成于苏振文与徐艳夫妻关系存续期间，且借款目的用于煤矿资金周转，原审判决认定案涉借款属于夫妻共同债务，徐艳在家庭财产范围内承担还款责任，并无不当。

最高人民法院认为：本案涉及多方当事人，基本法律关系是振文煤矿作为借款人向王丽华借款，张明海、王洪德等人提供担保，后因投资人苏振文去世，其权利义务由其配偶徐艳等人承继。从张明海、王洪德及徐艳再审申请的情况看，本案审查的重点为徐艳应否对案涉借款承担还款责任以及张明海、王洪德应否承担连带保证责任。

关于徐艳应否对案涉借款承担还款责任。徐艳作为苏振文的继承人，其权利义务来自于苏振文，其应否承担还款责任，取决于苏振文投资设立的个人独资企业振文煤矿应否对案涉借款承担还款责任。案涉协议约定振文煤矿作为借款人向王丽华借款，王丽华已按约出借款项，原审判决认定振文煤矿作为借款人承担还款责任于法有据。张明海、王洪德、徐艳主张王丽华系职业放贷人，但未提供证据证明。关于还款主体和范围，鉴于案涉借款形成于苏振文与徐艳夫妻关系存续期间，且借款目的用于煤矿资金周转，原审判决认定案涉借款属于夫妻共同债务，徐艳在家庭财产范围内承担还款责任，并无不当。

关于张明海、王洪德应否承担连带保证责任。另案生效判决认定王丽华

曾在保证期间内向张明海、王洪德主张权利，在本案所涉历次诉讼中张明海、王洪德均未就此问题提出抗辩，结合判令其承担保证责任时亦未提起上诉等事实，原审判决认定张明海、王洪德对案涉借款承担连带还款责任亦无不当。此外，张明海提交的所谓新证据“业务凭证”仅为复印件，另案裁定书为再审审查阶段的法律文书，均不能推翻原审判决认定的事实，对其证据效力，本院不予认可。

——中国裁判文书网。

1339. 夫妻一方个人债务，但配偶有数次还款行为不能认定夫妻共债

关键词

夫妻共同债务　个人债务　配偶还款

最高人民法院裁判文书

秦某与熊某某、万某某民间借贷纠纷案［最高人民法院（2021）最高法民申 2196 号民事裁定书］

裁判要旨：夫妻一方作为借款人以其个人名义向出借人借款，出借人（债权人）仅借款人配偶的数次还款行为认为该借款系用于其夫妻共同经营，因还款行为与是否构成夫妻共同债务无必然联系，在出借人（债权人）尚无其他证据佐证的情况下，人民法院不应支持其关于案涉借款债务系借款人的夫妻共同债务，从而要求其夫妻双方共同偿还的主张。

最高人民法院认为：关于是否构成夫妻共同债务。熊某某以个人名义向秦某借款，秦某仅以万某某的数次还款行为认为案涉债务用于夫妻共同经营，因还款行为与是否构成夫妻共同债务无必然联系，在秦某尚无其他证据佐证的情况下，无法支持其主张。

——中国裁判文书网。

1340. 夫妻一方以登记在其一人名下的共有房产对外抵押，若另一方采取默认态度，应推定其同意，抵押有效

关键词

夫妻共同财产　共有房产抵押　物权公示效力

最高人民法院裁判文书

程晓春与重庆文化产业融资担保有限责任公司合同纠纷案［最高人民法院（2019）最高法民申4188号民事裁定书］

裁判要旨：本案中，配偶一方对案涉房屋登记在另一方名下并由其控制、支配和使用采取了默认态度，否则即应办理共有权利登记，但其一直未予办理，故依法应推定其对另一方就涉案房屋抵押知道或应该知道，因此其主张本案所涉抵押无效不能成立。

作为夫妻一方，以登记在其一人名下的共有房产对外抵押，抵押权人基于对不动产登记簿的记载所产生的物权公示效力产生的信赖利益应予保护，符合物权法、婚姻法的立法精神和保证市场交易秩序稳定和交易安全之原则。

最高人民法院认为：关于周伟东与文化融资担保公司签订的《反抵押担保合同》的效力问题。该问题主要涉及共有财产的共有人未经其他共有人同意进行抵押，抵押合同是否有效。案涉房产属于周伟东与程晓春的夫妻共同财产，程晓春提出，周伟东进行房产抵押未经其同意，故主张抵押无效。依照《最高人民法院关于适用〈中华人民共和国担保法〉若干问题的解释》第五十四条之规定，共同共有人以其共有财产设定抵押，一般应经其他共有人同意，否则抵押无效。但其他共有人知道或应该知道而未提出异议的视为同意，抵押有效。经查明，案涉房产虽属于夫妻共同财产，但一直登记于周伟东名下，且房产一直处于出租等经营状态，程晓春对周伟东个人对外进行出租获利并未提出异议。经本院询问，程晓春、周伟东称，周伟东定期将案涉房产租金的一半以上转账给程晓春，并提交了转账凭证，但其提交的转账流水不足以认定周伟东、程晓春对租金的分配有明确约定，亦无证据证明周伟东对外出租房产经过了程晓春同意。换言之，程晓春对案涉房屋登记在周伟东一人名下并由其控制、支配和使用采取了默认态度，否则即应办理共有权利登记，但其一直未予办理，依法应推定程晓春对周伟东对涉案房屋抵押知

道或应该知道。程晓春关于周伟东与文化融资担保公司签订的《反抵押担保合同》无效的主张不能成立。关于文化融资担保公司是否为善意第三人。《中华人民共和国物权法》第一百零六条规定，无处分权人将不动产转让给受让人，所有权人有权追回；但受让人受让该不动产时符合善意、以合理价格受让以及应该登记的不动产依法已经登记等情形的，由受让人取得不动产的所有权。《最高人民法院关于适用〈中华人民共和国婚姻法〉若干问题的解释（三）》第十一条[①]规定，一方未经另一方同意出售夫妻共同共有的房屋，第三人善意购买、支付合理对价并办理产权登记手续，另一方主张追回房屋的，人民法院不予支持。举重以明轻，周伟东作为夫妻一方，以登记在其一人名下的共有房产对外抵押，文化融资担保公司基于对不动产登记簿的记载所产生的物权公示效力产生的信赖利益应予保护，符合物权法、婚姻法的立法精神和保证市场交易秩序稳定和交易安全之原则。虽然《反抵押担保合同》上附有"配偶声明"，但该担保合同亦明确约定，乙方（周伟东）保证合法拥有抵押物的处分权，抵押物如系共有财产，乙方须出具其他共有人同意抵押的书面证明。本案中，案涉房产为周伟东、程晓春夫妻共同财产，但无证据证明周伟东按照该条款约定，如实陈述其不具备抵押物的处分权，故而，虽《反抵押担保合同》中附有"配偶声明"，但此条款不应理解为对文化融资担保公司必须尽到的合同审查义务，亦无相关法律法规要求抵押权人签订合同时必须对担保人婚姻状况及配偶声明尽到审查义务。综上，程晓春关于文化融资担保公司签订抵押合同时未尽到审查义务，主观上存在重大过失，不符合善意取得的主张，缺乏事实和法律依据。

——法信网。

1341. 婚前个人债务向婚后共同债务转化，必须以婚前所欠债务用于婚后家庭共同生活为条件，债权人对此事实应当承担证明责任

关键词

婚前个人债务　共同债务　家庭共同生活　证明责任

最高人民法院司法解释

第三十三条　债权人就一方婚前所负个人债务向债务人的配偶主张权利的，人民法院不予支持。但债权人能够证明所负债务用于婚后家庭共同生活

① 现为《最高人民法院关于适有〈中华人民共和国民法典〉婚姻家庭编的解释（一）》（2020年12月25日，法释〔2020〕22号）第二十八条。

的除外。

——《最高人民法院关于适用〈中华人民共和国民法典〉婚姻家庭编的解释（一）》（2020 年 12 月 25 日，法释〔2020〕22 号）。

附录：最高人民法院主流观点

婚前个人债务向婚后共同债务的转化，必须以婚前所欠债务用于婚后家庭共同生活为条件，债权人对此事实应当承担证明责任。在司法实践中，婚前个人债务向婚后共同债务的转化有多种类型：一方婚前举债购置大量结婚用品，婚后为夫妻双方共同生活所需要时，可以转化为婚后共同债务；一方婚前借款装修房屋，该房屋供夫妻双方婚后共同居住或共同使用的。总之，判断一方婚前债务与婚后共同生活之间的因果联系，应当结合债务人举债的目的、用途以及婚后共同生活的需要等诸多因素综合判断。

在实施《最高人民法院关于适有〈中华人民共和国民法典〉婚姻家庭编的解释（一）》第三十三条的过程中，除应当注意对一方婚前债务如何转化为婚后的共同债务的审查外，还要防止另外两种倾向：一是不能将一方婚前的全部债务转移给债务人的配偶，加重夫妻双方中另一方的责任。例如，一方婚前投资经营所负的债务、一方婚前因侵权行为所负的债务、一方婚前为自己亲属的婚丧嫁娶所负的债务、一方婚前因从事违法行为受到国家机关处罚时所负的债务等，只要一方婚前债务与夫妻婚后共同生活无关，不能要求债务人的配偶对该债务承担清偿责任。二是不能对债权人的举证责任设定较为苛刻的要求，使债权人的权利无法获得司法的救济。应当承认，由于一方婚前债务向婚后共同债务的转换，必须以所欠债务用于婚后共同生活为要件，这就使得债权人完成证明责任十分困难。如果我们对债权人承担证明责任的要求过于严苛，实际上无法真正保护债权人的合法权利。如债权人主张债务人婚前所负债务主要用于婚后共同生活，并举证证明了借款的时间、结婚的时间以及结婚时购置的大量物品等，由此可以推定债务人所负债务用于婚后共同生活。此时，人民法院可以要求债务人及其配偶就否认的事实承担证明责任。如果夫妻双方能够举证证明结婚时购置的物品或其他夫妻共同财产的形成，与债务人婚前所举债务无关，债务人的配偶就不应承担该债务的清偿责任；如果双方所持证据均不能完全证明自己的主张时，应当按照《民事诉讼法司法解释》第一百零八条规定的原则处理，即作为主张事实成立的一方，债权人负有举证证明的责任，其所举证据应当需要达到高度可能性证明标准；而对于作为抗辩一方的配偶，虽然其就抗辩主张也应当提供证据予以证明，但因其在诉讼中是防御的一方，其所举证据只要达到让债权人主张的事实达到真伪不明的程度即可。

——最高人民法民事审判第一庭编著：《最高人民法院民法典婚姻家庭编

司法解释（一）理解与适用》，人民法院出版社 2021 年版，第 323~324 页。

1342. 夫妻一方以个人名义借款后形成的借贷债务是否因其配偶的还款行为而构成夫妻共同债务

关键词

夫妻一方　借贷债务　还款行为　夫妻共同债务

最高人民法院裁判文书

秦洪与熊善水、万梅珍民间借贷纠纷案［最高人民法院（2021）最高法民申 2196 号民事裁定书］

裁判要旨：夫妻一方作为借款人以其个人名义向出借人借款，出借人（债权人）仅以借款人配偶的数次还款行为认为该借款系用于其夫妻共同经营，因还款行为与是否构成夫妻共同债务无必然联系，在出借人（债权人）尚无其他证据佐证的情况下，人民法院不应支持其关于案涉借款债务系借款人的夫妻共同债务，从而要求其夫妻双方共同偿还的主张。

最高人民法院认为，关于是否构成夫妻共同债务。熊善水以个人名义向秦洪借款，秦洪仅以万梅珍的数次还款行为认为案涉债务用于夫妻共同经营，因还款行为与是否构成夫妻共同债务无必然联系，在秦洪尚无其他证据佐证的情况下，无法支持其主张。

——中国裁判文书网。

五、反家庭暴力

1343. 贯彻实施反家庭暴力法，保护家庭成员人身、财产安全

关键词

人身安全保护令　监护制度

最高人民法院司法解释

6. 贯彻实施反家庭暴力法，保护老年家庭成员人身、财产安全。推动完善各部门共同参与的反家暴宏观体系。加强对家庭暴力受害老年人举证的指导，加大心理疏导和帮扶力度。建立人身安全保护令案件受理“绿色通道”，加大依职权调取证据力度，依法及时作出、送达人身安全保护令。加强与公安机关、居民委员会、村民委员会等部门协作配合，充分利用协助执行制度，保障人身安全保护令切实发挥作用。建立定期回访、跟踪机制，拓展反家暴延伸服务范围。

7. 完善老年人监护制度。妥善审理监护权纠纷案件，最大程度尊重老年当事人的真实意愿。依法认定老年人通过意定监护协议确定的监护人，督促其依法履行监护责任。对于侵犯无民事行为能力、限制民事行为能力老年人合法权益的监护人，依法撤销其监护人资格，为老年人安排必要的临时监护措施，按照最有利于被监护人的原则依法指定监护人，保护老年人人身权利、财产权利及其他合法权益。

——《最高人民法院关于为实施积极应对人口老龄化国家战略提供司法服务和保障的意见》(2022 年 3 月 29 日，法发〔2022〕15 号）载最高人民法院民事审判第一庭编:《民事审判指导与参考》2022 年第 1 辑（总第 89 辑），人民法院出版社 2022 年版，第 70 页。

1344. 涉家庭暴力相关部门的强制报告义务内容

关键词

家庭暴力　民政部门　医疗机构　学校　幼儿园　强制报告义务

最高人民法院司法解释

七、民政部门应当加强对居民委员会、村民委员会、社会工作服务机构、救助管理机构、福利机构等的培训和指导。居民委员会、村民委员会、社会工作服务机构、救助管理机构、福利机构及其工作人员在工作中发现无民事行为能力人、限制民事行为能力人遭受或者疑似遭受家庭暴力的，应当及时向公安机关报案。贯彻落实《关于做好家庭暴力受害人庇护救助工作的指导意见》，加强临时庇护场所建设和人员、资金配备，为家庭暴力受害人及时提供转介安置、法律援助、婚姻家庭纠纷调解等救助服务。

九、医疗机构在诊疗过程中，发现可能遭受家庭暴力的伤者，要详细做好伤者的信息登记和诊疗记录，将伤者的主诉、伤情和治疗过程，准确、客观、全面地记录于病历资料。建立医警联动机制，在诊疗过程中发现无民事行为能力人或者限制民事行为能力人遭受或者疑似遭受家庭暴力的，应当及时向公安机关报案，并积极配合公安机关做好医疗诊治资料收集工作。

十、学校、幼儿园应当加强对未成年人保护法、预防未成年人犯罪法、反家庭暴力法等法律法规的宣传教育。注重家校、家园协同。在发现未成年人遭受或者疑似遭受家庭暴力的，应当根据《未成年人学校保护规定》，及时向公安、民政、教育等有关部门报告。注重保护未成年人隐私，加强心理疏导、干预力度。

——《最高人民法院、全国妇联、教育部、公安部、民政部、司法部、卫生健康委关于加强人身安全保护令制度贯彻实施的意见》（2022 年 3 月 3 日，法发〔2022〕10 号）。

附录：答记者问

针对学校、幼儿园与未成年人接触密切，较易发现未成年人遭遇家庭暴力的特点，《意见》明确，学校、幼儿园在发现未成年人遭受或疑似遭受家庭暴力时，应当及时向公安、民政、教育等有关部门报告。医生在诊疗过程中基于专业医学知识也较易发现和判断伤情及原因，为此，《意见》也进一步明确了医院的强制报告义务。《意见》还规定，村民委员会、居民委员会、社会工作服务机构、救助管理机构、福利机构及其工作人员在工作中发现无民事行为能力人和限制民事行为能力人遭受或者疑似遭受家庭暴力的，应当及时向公安机关报案。通过上述细化规定，充分发挥各部门合力，保证家庭暴力能够被及时发现。

——《〈关于加强人身安全保护令制度贯彻实施的意见〉答记者问》，载最高人民法院民事审判第一庭编：《民事审判指导与参考》2022 年第 1 辑（总第 89 辑），人民法院出版社 2022 年版，第 25 页。

1345. 家庭暴力的形式问题

关键词

家庭暴力　人身安全保护令　列举式扩充

最高人民法院司法解释

第二条　当事人因年老、残疾、重病等原因无法申请人身安全保护令，其近亲属、公安机关、民政部门、妇女联合会、居民委员会、村民委员会、残疾人联合会、依法设立的老年人组织、救助管理机构等，根据当事人意愿，依照反家庭暴力法第二十三条规定代为申请的，人民法院应当依法受理。

第三条　家庭成员之间以冻饿或者经常性侮辱、诽谤、威胁、跟踪、骚扰等方式实施的身体或者精神侵害行为，应当认定为反家庭暴力法第二条规定的"家庭暴力"。

——《最高人民法院关于办理人身安全保护令案件适用法律若干问题的规定》（2022 年 7 月 14 日，法释〔2022〕17 号）。

附录：最高人民法院主流观点

《反家庭暴力法》第二条规定："本法所称家庭暴力，是指家庭成员之间以殴打、捆绑、残害、限制人身自由以及经常性谩骂、恐吓等方式实施的身体、精神等侵害行为。"该条列举了家庭暴力的常见形式。但实践中，除了上述列举的形式外，还存在其他可以归为家庭暴力范畴的行为，需要明确。《规定》第三条对家庭暴力行为种类作了列举式扩充，明确以冻饿以及经常性侮辱、诽谤、威胁、跟踪、骚扰等方式实施的身体或者精神侵害行为均属于家庭暴力。从而进一步明晰了人身安全保护令的适用范围，保障家庭成员免受各种形式家庭暴力的侵害。需要特别说明的是，从现有理论研究成果和域外立法例看，将性暴力和经济控制纳入家庭暴力范畴并无大的争议。《规定》没有明确列举该两种情形，主要考虑是：对于性暴力，一方面，可能涉及目前争议较大的婚内强奸问题；另一方面，基于该类行为发生的时空领域的特殊性，证据收集、留存困难，导致事实认定上也存在一定难度，需要审判实践进一步总结经验。对于经济控制，反家庭暴力法对家庭暴力的界定，主要是以身体和精神暴力为主。从司法实践看，因经济控制原因提出人身安全保护令的案件数量较少，目前的样本数量无法为制定规则提供实践支撑。司法实践中，对于上述两种形式，各地法院可以根据案件实际情况进行探索，积累实践经验，条件成熟的时候再作进一步明确。

——郑学林、吴景丽、王丹：《〈最高人民法院关于办理人身安全保护令案件适用法律若干问题的规定〉几个重点问题的》，载最高人民法院民事审判第一庭编：《民事审判指导与参考》2022 年第 2 辑（总第 91 辑），人民法院出版社 2022 年版，第 16 页。

1346. 离婚后或恋爱、同居关系终止后的暴力行为，能否参照适用反家庭暴力法

关键词

家庭暴力　人身安全保护令　列举式扩充

最高人民法院司法解释

第四条 反家庭暴力法第三十七条规定的"家庭成员以外共同生活的人"一般包括共同生活的儿媳、女婿、公婆、岳父母以及其他有监护、扶养、寄养等关系的人。

——《最高人民法院关于办理人身安全保护令案件适用法律若干问题的规定》(2022年7月14日，法释〔2022〕17号)。

附录：最高人民法院主流观点

从调研了解情况看，很多地方法院倾向于将该种暴力行为纳入参照适用范围，依当事人申请作出了人身安全保护令。对此，我们也进行了深入研究。从反家庭暴力法规定看，人身安全保护令适用的情形是家庭成员，家庭成员以外共同生活的人可以参照适用。而离婚后或恋爱、同居关系终止后的人员既不属于家庭成员，也未共同生活。因此，不适宜通过司法解释方式将其纳入人身安全保护令的适用范围。目前，正在修改的《妇女权益保障法征求意见稿》规定，该类人员可以参照《反家庭暴力法》规定申请人身安全保护令。如果最终《妇女权益保障法》保留该条规定，则该类人员参照适用《反家庭暴力法》规定向人民法院申请人身安全保护令就有了明确的法律依据。在现行法律没有明确规定的情况下，该类人员之间发生的暴力行为可以通过《民法典》第九百九十七条的人格权禁令予以解决。《民法典》第九百九十七条规定，民事主体有证据证明行为人正在实施或者即将实施侵害其人格权的违法行为，不及时制止将使其合法权益受到难以弥补的损害的，有权依法向人民法院申请采取责令行为人停止有关行为的措施。"人身安全保护令是人格权行为禁令针对家庭暴力行为的具体化特殊化适用，是为有效保护受害人的生命权、身体权、健康权等人格权，由法院依法责令行为人停止家庭暴力侵害行为的一种命令制度。虽然从法律施行时间看，规定人身安全保护令的反家庭暴力法先于规定人格权禁令的民法典，但从两者内在逻辑关系看，人格权行为禁令与人身安全保护令属于一般与特殊的关系。人格权行为禁令是一般化普遍化适用于保护所有人格权主体免予所有人格权侵害的制度，具有适用主体、适用客体上的一般性，而原本规定在先的人身安全保护令反而成了人格权禁令的一种特殊适用程序。"[①] 家庭暴力虽然广义上也属于人格权侵权范畴，但人身安全保护令属于特别法规定，在《反家庭暴力法》明确规定的人员范围内，应优先适用。但对于该范围以外人员之间实施的暴力行为，则应当适用《民法典》第九百九十七条的规定。《规定》第四条之所以没有就该部分人

① 林建军：《人身安全保护令的性质与内容》，载《法律适用》2022年第7期。

员申请人格权禁令作出指引性规定，主要考虑是，如果最终通过的《妇女权益保障法》能够保留征求意见稿的相关规定，则该类人员可以直接根据妇女权益保障法，参照适用《反家庭暴力法》规定，向人民法院申请人身安全保护令，而不需要再适用人格权禁令制度。

——郑学林、吴景丽、王丹:《〈最高人民法院关于办理人身安全保护令案件适用法律若干问题的规定〉几个重点问题的》，载最高人民法院民事审判第一庭编:《民事审判指导与参考》2022 年第 2 辑（总第 91 辑），人民法院出版社 2022 年版，第 20~22 页。

1347. 区分离婚损害赔偿的损害结果和家庭暴力的损害结果

关键词

损害结果　家庭暴力　离婚损害赔偿

《中华人民共和国民法典》条文

第一千零九十一条　有下列情形之一，导致离婚的，无过错方有权请求损害赔偿：

（一）重婚；

（二）与他人同居；

（三）实施家庭暴力；

（四）虐待、遗弃家庭成员；

（五）有其他重大过错。

附录：最高人民法院主流观点

因家庭暴力导致离婚，无过错方请求离婚损害赔偿的，人民法院对家庭暴力行为的认定，不以该行为产生了伤害后果为条件，只要过错方作出了相关行为，就构成家庭暴力。但离婚损害赔偿必须以因家庭暴力导致离婚为条件。

——最高人民法院民法典贯彻实施工作领导小组编著:《中华人民共和国民法典婚姻家庭编继承编理解与适用》，人民法院出版社 2020 年版，第 336 页。

1348. 审理离婚案件中确定子女抚养问题时不可忽略家庭暴力因素

关键词

子女抚养　家庭暴力　离婚

最高人民法院司法政策精神

1. 在审理婚姻家庭案件中，应注重对未成年人权益的保护，特别是涉及家庭暴力的离婚案件，从未成年子女利益最大化的原则出发，对于实施家庭暴力的父母一方，一般不宜判决其直接抚养未成年子女。

——《最高人民法院关于印发〈第八次全国法院民事商事审判工作会议（民事部分）纪要〉的通知》（2016 年 11 月 21 日，法〔2016〕399 号）。

最高人民法院审判业务意见（民事审判第一庭意见）

最高人民法院民一庭意见：在涉及家庭暴力的离婚案件中，人民法院在判决确定子女直接抚养权归属时，应当将有利于未成年子女的健康成长即子女利益最大化作为原则。在就与父母中哪一方共同生活的问题征询年满 10 周岁以上未成年子女意见的同时，应当将家庭暴力作为一项重要因素加以考量。

附：案情简介

原告陆某衣与被告苏某城系自由恋爱结婚，婚生子苏某 12 岁。苏某出生后，陆某衣辞职照顾苏某至 10 岁才重新工作，在苏某城的剧组做服装主管。苏某城投资拍戏失败后，开始酗酒，酒后常打骂陆某衣，有时也会殃及苏某。苏某城承认自己多次于酒后实施家庭暴力，但认为是工作压力所致，对妻子的感情并未改变，故不同意离婚。苏某城提出，苏家三代单传，自己年过四十，只有苏某一个儿子，不能在自己这儿断了香火。如果陆某衣坚持离婚，就必须放弃直接抚养苏某的权利，自己有能力直接抚养苏某，可以不要陆某衣支付抚养费。

经一审法院调解，双方当事人均同意离婚，但均主张只要将孩子判给自己直接抚养，财产上可以让步。可见双方的争议主要集中在婚生子苏某由谁直接抚养的问题上。鉴于苏某已经超过 10 岁，案件承办法官专门单独听取了苏某的意见。12 岁的苏某对于父母离婚一事并不吃惊，表示父母经常打架，早晚都得离。至于自己希望与谁共同生活，苏某先是称愿意跟妈妈，后来又表示还要再想想。经法官耐心引导、询问。苏某表示，自己从小就跟妈妈在家，爸爸总是出差，在家的时候不多，也不会给自己做饭吃。爸爸总是打妈妈，打自己的时候并不多。但爸爸有钱，要是跟爸爸一起生活，将来上重点中学、上大学的学费都不成问题。自己舍不得离开妈妈，但妈妈没钱，供不起自己上好学校。看得出，苏某为此事很纠结，但他最终表示要和父亲一起生活。

一审法院经审理认为，根据《最高人民法院关于人民法院审理离婚案件处理子女抚养问题的若干意见》第五条规定："父母双方对十周岁以上的未成年子女随父或随母生活发生争执的，应考虑该子女的意见。"苏某已经年满12周岁，经法院向其征询意见，其表示要随父亲生活。苏某的意思表示应当成为本案中确定子女由哪一方直接抚养的依据。另外，苏某城虽然有实施家庭暴力，殴打陆某衣的行为，但很少打苏某。苏某城的经济实力也确实好于陆某衣，能够为孩子提供较好的物质生活条件。故在判决陆某衣与苏某城离婚的同时，判决苏某由苏某城直接抚养。夫妻共同财产原则上对半分割，适当向陆某衣倾斜。

陆某衣不服一审判决，提起上诉，要求二审法院改判由自己直接抚养苏某，苏某城按月给付苏某抚育费2000元。二审法院经审理，最终改判支持了陆某衣的上诉请求。

——最高人民法院民一庭：《家庭暴力是人民法院在审理离婚案件中确定子女抚养问题时不可忽略的因素》，载最高人民法院民事审判第一庭编：《民事审判指导与参考》2013年第3辑（总第55辑），人民法院出版社2014年版，第93~96页。

附录：最高人民法院主流观点

我们认为，要追求社会的最大利益，就必须注意到未成年人的需要，将未成年人视为独立的个体，给予法律的特别保护。联合国1989年《儿童权利公约》第一次将"儿童最大利益原则"写入条约，得到了全世界大多数国家的认可。因此，与"子女最佳利益"相比，"父母在法律上的权利"则逐渐居于次要地位。我国《婚姻法》中虽未明确未成年子女利益最大化原则，但在相关法律中从未成年子女利益最大化角度对父母的抚养提出了要求。例如，《未成年人保护法》第十一条规定，父母或者其他监护人应当关注未成年人的生理、心理状况和行为习惯，以健康的思想、良好的品行和适当的方法教育和影响未成年人，引导未成年人进行有益身心健康的活动，预防和制止未成年人吸烟、酗酒、流浪、沉迷网络以及赌博、吸毒、卖淫等行为。1999年颁布的《中华人民共和国预防青少年犯罪法》第二十一条也规定，未成年人的父母离异的，离异双方对子女都有教育的义务，任何一方都不得因离异而不履行教育子女的义务。因此，为了未成年子女的健康成长，在确定直接抚养一方时必须根据未成年子女利益最大化原则，适度依职权审查父母双方个人情况对未成年子女的影响并予以重点考虑。

——杜万华主编：《〈第八次全国法院民事商事审判工作会议（民事部分）纪要〉理解与适用》，人民法院出版社2017年版，第95~96页。

1349. 家庭暴力发生的范围限定在家庭成员之间

关键词

家庭暴力　家庭成员

最高人民法院司法政策精神

1. 在审理婚姻家庭案件中，应注重对未成年人权益的保护，特别是涉及家庭暴力的离婚案件，从未成年子女利益最大化的原则出发，对于实施家庭暴力的父母一方，一般不宜判决其直接抚养未成年子女。

——《最高人民法院关于印发〈第八次全国法院民事商事审判工作会议（民事部分）纪要〉的通知》（2016年11月21日，法〔2016〕399号）。

附录：最高人民法院主流观点

基于司法实践的需要，早在2001年，最高人民法院就在《关于适用〈中华人民共和国婚姻法〉若干问题的解释（一）》第一条中第一次界定了“家庭暴力”的概念：家庭暴力是指行为人以殴打、捆绑、残害、强行限制人身自由或者其他手段，给其家庭成员的身体、精神等方面造成一定伤害后果的行为。该概念经过多年的司法实践检验，应该说是基本符合实际情况的。为此，2016年的《反家庭暴力法》第二条吸取了司法解释的合理内核，第一次从立法层面对家庭暴力的定义做了规定：家庭暴力，是指家庭成员之间以殴打、捆绑、残害、限制人身自由以及经常性谩骂、恐吓等方式实施的身体、精神等侵害行为。比较两者可知，后者进一步细化了司法解释中“其他手段”的具体情形包括经常性谩骂、恐吓等方式。也即，《反家庭暴力法》已适用实践需要，扩大家庭暴力的边界，将非直接身体伤害的谩骂、恐吓等纳入进来，对家庭成员的保护更为周全。目前实务中的家庭暴力主要有以下表现形式：（1）身体暴力：对身体的各个部位施加的攻击行为，比如推搡、拳打脚踢、咬人、拧拽、打耳光、揪头发或者使用器物伤害对方的身体，比如用刀扎、皮带抽打或烟头烫；（2）性暴力：在对方表示不同意的时候，用暴力手段威胁对方发生性关系，或残害对方的性器官等性侵犯行为；（3）精神暴力：通过辱骂、贬低、恐吓、诽谤等方式，直接影响对方的自尊心和自信心、使用故意冷淡或者拒绝沟通、不允许对方和外界接触、不给治病、不肯离婚等手段对对方进行精神折磨，强迫对方做不愿意做的事；（4）经济控制：通过对家庭中的金钱财物、时间、交通工具、食物、衣服和住房的控制，限制对方的行动和意志的自由，造成对方人身和精神的依赖，达到控制对方的目的。

从家庭暴力的定义可知，家庭暴力发生的范围限定在家庭成员之间。何谓家庭成员？至今无明确法律规定。《婚姻法》第三章“家庭关系”，列举了夫与妻，父母与子女（包括婚生或非婚生子女，合法的养子女和受其抚养教育继子女），形成抚养关系的祖父母、外祖父母与孙子女、外孙子女以及形成抚养关系的兄姐弟妹等四类家庭关系。日常生活中，最常见的是父母与子女之间的家庭关系。相应地，父母与子女彼此为家庭成员。进而，司法实践中，与未成年子女有关的家庭暴力主要发生在父与母、父或母与未成年子女之间。如果父或母对未成年子女实施了殴打、捆绑、残害、限制人身自由以及经常性谩骂、恐吓等侵害未成年子女身体、精神等的行为，则显然构成父或母一方对未成年子女的家庭暴力。此时，如果再判令未成年子女由施加家庭暴力的父或母一方直接抚养，对该未成年子女而言，无异于雪上加霜，必将严重危害未成年子女的身心健康，不利于其健康成长。因此，在此情形下，不宜判决由向未成年子女实施家庭暴力的父母一方直接抚养该未成年子女。

至于第二种情形，如果父或母一方实施家庭暴力的对象仅仅是父或母另一方，并不包括未成年子女时，则应根据实施家庭暴力人的类型不同，具体情况具体分析。从司法实践反映情况看，实施家庭暴力的人主要包括：（1）低智力的人。这类人智力发育水平低，只能从事简单工作，容易自卑和发脾气。（2）易激怒的人。这类人性格暴躁，耐性比较差，控制欲强，会周期性爆发不良的情绪。（3）个性偏执的人。这类人多数敏感多疑，容易与别人争执发脾气。（4）人格缺陷的人。这类人容易夸大事实，缺乏安全感，随意撒谎，发脾气后很难控制。（5）酗酒或吸毒的人。这类人难以控制自己的言行，经常会无缘故的恐吓、打骂家人。以上前四种实施家庭暴力的人如果非但不针对未成年子女实施家庭暴力，反而对未成年子女关爱有加。故这种家庭暴力对未成年子女的消极影响并不明显，不宜仅以其存在家庭暴力为由，剥夺其直接抚养子女的权利。至于第五种实施家庭暴力的人，虽然其实施家庭暴力的对象并不是未成年子女，甚至平时对未成年子女也很疼爱，但如果未成年子女与其共同生活，则其不良个人爱好或生活习惯，将会对未成年子女产生潜移默化的消极影响，故不宜判令由其直接抚养未成立子女。

另外，根据《关于人民法院审理离婚案件处理子女抚养问题的若干具体意见》第一条规定，两周岁以下的子女，一般随母方生活。理由在于，从有利于婴儿健康成长出发，哺乳期内的子女以母亲直接抚养为宜。因此，即便母亲一方对父亲有实施家庭暴力的情形，只要没有久治不愈的疾病或其他严重疾病，子女不宜与其共同生活的情形，原则上都可以判决其直接抚养未成年子女。这里久治不愈的疾病或其他严重疾病判断标准为影响到子女的健康成长。现实生活中主要表现为两类：一是对子女可能造成侵害的疾病，如传染性疾病、精神疾病；二是行动不便，无法照料子女起居，如瘫痪。如母亲仅患有一般性疾病，经治疗短期内可以痊愈，则不在此限。如父母双方均患有久治不愈的传染性疾病或其他严重疾病的，则应选择相对较轻、更有利于子女健康成长的一方直接抚养。

——杜万华主编:《〈第八次全国法院民事商事审判工作会议（民事部分）纪要〉理解与适用》，人民法院出版社 2017 年版，第 97~98 页。

第八章　继　承

一、一般规定

1350. 放弃继承权的限制

关键词

放弃继承　抚养　扶养　赡养

附录：最高人民法院法官著述

继承人可以放弃继承权，这是继承人对自己权益处分意思自治原则的体现，应当充分予以尊重。但是，如果继承人因放弃继承权导致其不能履行法定义务的，则应当认定该放弃继承的行为无效。此处的法定义务主要是指依法负有的抚养、扶养或赡养义务。例如继承人原本生活困难，放弃继承后，导致无法履行对妻子的扶养义务，则该放弃继承的行为应认定无效。对于放弃继承导致不能履行合同义务的，是否因此认定放弃继承权的行为无效，存在争议。我们认为，继承权系基于血缘、婚姻等身份关系产生，放弃继承权可能基于情感利益或者其他家庭因素考量，会涉及其他继承人的利益，比如其他继承人尽了主要赡养义务或者其他继承人生活有特殊困难又缺乏劳动能力等，需要在其他继承人利益与债权人利益之间作出平衡。放弃继承权虽可能导致继承人责任财产不足以清偿债务，但不宜简单认定此种情况下放弃继承权的行为无效。

——郑学林、刘敏、王丹：《〈最高人民法院关于适用〈中华人民共和国民法典〉继承编的解释（一）〉若干重点问题的理解与适用》，载最高人民法院民事审判第一庭编：《民事审判指导与参考》2021 年第 1 辑（总第 85 辑），人民法院出版社 2021 年版，第 212 页。

1351. 对放弃继承反悔的理解

关键词

禁止反言原则　放弃继承

附录：最高人民法院法官著述

根据禁止反言原则，放弃继承的，一般不应允许其反悔，但如果有特殊情况，人民法院可以根据其提出的具体理由决定是否承认。遗产处理后，遗产的所有权已经转移给各继承人或受遗赠人，为了维护社会秩序的稳定，则不宜再允许对放弃继承予以反悔。此处的“反悔”不包括欺诈、胁迫或者继承人无民事行为能力的情况，如果存在上述情形，根据民法典总则编的规定，应属于法定的撤销或者无效情形。

——郑学林、刘敏、王丹：《〈最高人民法院关于适用〈中华人民共和国民法典〉继承编的解释（一）〉若干重点问题的理解与适用》，载最高人民法院民事审判第一庭编：《民事审判指导与参考》2021 年第 1 辑（总第 85 辑），人民法院出版社 2021 年版，第 212~213 页。

1352. 继承纠纷中各方有主张法定继承、遗嘱继承、遗赠、遗赠抚养协议的，何者优先

关键词

遗赠抚养协议　法定继承　遗嘱继承　遗赠

《中华人民共和国民法典》条文

第一千一百二十三条　继承开始后，按照法定继承办理；有遗嘱的，按照遗嘱继承或者遗赠办理；有遗赠扶养协议的，按照协议办理。

第一千一百五十五条　遗产分割时，应当保留胎儿的继承份额。胎儿娩出时是死体的，保留的份额按照法定继承办理。

第一千一百五十九条　分割遗产，应当清偿被继承人依法应当缴纳的税款和债务；但是，应当为缺乏劳动能力又没有生活来源的继承人保留必要的遗产。

附录：最高人民法院主流观点

与遗嘱不同，遗赠扶养协议是遗赠人和扶养人之间，经双方意思表示一致后成立的协议，该协议属于双务、有偿、诺成的法律行为。双方互负义务，但是义务的履行却有差别，扶养人的义务是按照遗赠扶养协议的约定扶养遗赠人，而遗赠人的义务则是在其死后须按照协议的约定将其遗产遗赠给扶养人。因此，扶养人的义务自遗赠扶养协议生效时起即生效，但是接受遗赠的权利则只能于遗赠人死亡后才能够实现。

如果在一个继承纠纷中，既有人主张法定继承，又有人主张遗嘱继承或者遗赠，还有人主张遗赠抚养协议，则何者优先？按照《民法典》第一千一百二十三条和《最高人民法院关于适用〈中华人民共和国民法典〉继承编的解释（一）》第三条的规定，被继承人生前与他人订有遗赠扶养协议，又立有遗嘱的，继承开始后，如果遗赠扶养协议与遗嘱没有抵触，遗产分别按协议和遗嘱处理；如果有抵触，按协议处理，与协议抵触的遗嘱全部或者部分无效。按照遗嘱规定分配相关遗产后，如果还有遗产，则按照法定继承进行分配。这是因为相比于遗嘱，扶养人在履行遗赠抚养协议时已经承担了义务，故应该优先享有受到遗赠的权利；而相比于法定继承，遵循民法的意思自治的原则，约定大于法定，故按照遗嘱进行继承或者遗赠，应当优先于法定继承。当然，在按照这一顺序进行分配遗产时，按照《民法典》第一千一百五十五条和第一千一百五十九条的规定，应当保留胎儿的继承份额，同时为缺乏劳动能力又没有生活来源的继承人保留必要的遗产。

——杨万明主编、郭锋副主编、最高人民法院研究室编著：《最高人民法院新民事案件案由规定理解与适用》，人民法院出版社 2021 年版，第 140~141 页。

1353. 同时死亡事故中，自然人死亡后是否存在继承

关键词

同时死亡　继承人　继承财产　死亡先后顺序

《中华人民共和国民法典》条文

第一千一百二十一条　继承从被继承人死亡时开始。

相互有继承关系的数人在同一事件中死亡，难以确定死亡时间的，推定没有其他继承人的人先死亡。都有其他继承人，辈份不同的，推定长辈先死亡；辈份相同的，推定同时死亡，相互不发生继承。

附录：最高人民法院主流观点

实践中，自然人死亡，能否成为继承人和继承财产，似乎并无异议，但在同时死亡事故的继承中，却存在不同理解，试举一案例对此问题予以说明。王先生与妻子、儿子及岳父母一同驾车出游，途中遭遇车祸，五人全部丧生，王先生岳父、岳母名下有共有房屋两套，二人均有兄弟姐妹，而且感情均较好。事故发生后，因王先生岳父母房产的继承问题，王先生父母与王先生岳父母的兄弟姐妹发生争议，王先生父母认为，王先生岳父母、女儿及外孙（未成年），依法推定先后死亡，故其外孙应为王先生岳父母房产的继承人，而孙子死亡后，其依法属于法定继承人，故王先生岳父母的房产应归其所有。但这将导致本无继承关系的祖父母继承了外祖父母的财产。对此，王先生岳父母的兄弟姐妹均不可接受，认为祖父母对外祖父母的财产继承没有法律根据，违反常情常理。本案如何解决，部分意见倾向于由祖父母继承，其理由和逻辑是，按照死亡的先后顺序，既然女儿是外祖父母财产的继承人，儿子又是女儿财产继承人，祖父母又是孙子的继承人，这种继承即是合法及合乎逻辑的。对该案的上述处理，我们认为，首先感觉不符合情理，那么具体法律依据上如何解决，试从以下几个方面说明：第一，岳父母、女儿属于有相互继承关系的人，女儿与儿子是有相互继承关系的人。但因为女儿及儿子均已死亡，非生存的自然人，故均不能成为王先生岳父母的继承人。第二，根据遗产继承顺序及继承人范围，王先生父母不是王先生岳父母的继承人范围。第三，王先生父母成为其孙子的合法继承人的前提是孙子取得继承权，但因为继承人需为生存自然人，其孙子已经死亡，且无子女代位继承，故孙子无法取得王先生岳父母的遗产，这导致王先生的父母也即无权取得王先生岳父母的遗产。本案祖父母继承外祖父母的财产的主要错误在孙子死亡已不能取得继承权，则其祖父母自然难以取得其外祖父母的遗产。本案的案例虽比较极端，但现实生活中确有这样的案例，而且随着家庭成员一同出游的现象增多，类似事故越来越多。如何把握同一事故中当事人死亡的先后顺序，并结合继承人范围、继承顺序解决有关问题，成为继承纠纷当中的难点。

——最高人民法院民法典贯彻实施工作领导小组编著：《中华人民共和国民法典婚姻家庭编继承编理解与适用》，人民法院出版社 2020 年版，第 492~493 页。

1354. 非婚生子女要取得生父母遗产的继承权，必须证明其与生父母的关系

关键词

继承权 生父母遗产 非婚生子女

《中华人民共和国民法典》条文

第一千一百二十七条 遗产按照下列顺序继承：

（一）第一顺序：配偶、子女、父母；

（二）第二顺序：兄弟姐妹、祖父母、外祖父母。

继承开始后，由第一顺序继承人继承，第二顺序继承人不继承；没有第一顺序继承人继承的，由第二顺序继承人继承。

本编所称子女，包括婚生子女、非婚生子女、养子女和有扶养关系的继子女。

本编所称父母，包括生父母、养父母和有扶养关系的继父母。

本编所称兄弟姐妹，包括同父母的兄弟姐妹、同父异母或者同母异父的兄弟姐妹、养兄弟姐妹、有扶养关系的继兄弟姐妹。

附录：最高人民法院主流观点

非婚生子女要取得生父母遗产的继承权，必须证明其与生父母之间的身份关系。一般说来，认定谁是生母较容易，根据出生的事实即可确定。但是认定谁是生父则比较难，在司法实践中，一般具有下列条件之一，就可认定：（1）生父在户口簿上或自己档案中，已经清楚地载明非婚生子女是自己的子女，或者生前已承认是自己的子女；（2）经生母以确切的证据或其他人证、物证证明非婚生子女是他所生。此外，还可以采用先进的科学方法，如人类白细胞抗原（HLA）做亲子鉴定。不过采用这一方法的前提是当事人健在且同意。

——最高人民法院民法典贯彻实施工作领导小组编著：《中华人民共和国民法典婚姻家庭编继承编理解与适用》，人民法院出版社2020年版，第532页。

1355. 被继承人遗产未分割的，不应认定继承人就其债务承担连带责任及不当得利返还责任

关键词

遗产继承　有限清偿责任　债务承担　不当得利

最高人民法院裁判文书

周某、刘某1、刘某2与被申请人徐某、第三人新疆金天鑫矿业有限公司被继承人债务清偿纠纷案［最高人民法院（2018）最高法民申4528号民事裁定书］

裁判要旨：《中华人民共和国继承法》第三十三条[①]第一款规定，继承遗产应当清偿被继承人依法应当缴纳的税款和债务，缴纳税款和清偿债务以他的遗产实际价值为限。超过遗产实际价值部分，继承人自愿偿还的不在此限。根据上述法律规定，继承人以其继承遗产的实际价值为限对被继承人的债务各自承担有限清偿责任。超过遗产实际价值部分，继承人自愿偿还的不在此限。在被继承人遗产尚未分割的情况下，认定继承人应对被继承人的债务承担连带责任，并判令继承人承担不当得利返还责任，没有事实和法律依据。

最高人民法院认为：《中华人民共和国继承法》第三十三条第一款规定，继承遗产应当清偿被继承人依法应当缴纳的税款和债务，缴纳税款和清偿债务以他的遗产实际价值为限。超过遗产实际价值部分，继承人自愿偿还的不在此限。根据上述法律规定，继承人以其继承遗产的实际价值为限对被继承人的债务各自承担有限清偿责任。超过遗产实际价值部分，继承人自愿偿还的不在此限。在刘某3遗产尚未分割的情况下，二审法院认定周某等三人应对刘某3的案涉债务承担连带责任，并判决周某等三人共同承担返还责任，没有事实和法律依据。

——法信网。

① 对应《民法典》第一千一百六十条。

1356. 应以法院判决确定的死亡日期作为继承开始的时间

关键词

继承开始 死亡日期 死亡先后顺序

《中华人民共和国民法典》条文

第二百三十条 因继承取得物权的，自继承开始时发生效力。

第一千一百二十一条 继承从被继承人死亡时开始。

相互有继承关系的数人在同一事件中死亡，难以确定死亡时间的，推定没有其他继承人的人先死亡。都有其他继承人，辈份不同的，推定长辈先死亡；辈份相同的，推定同时死亡，相互不发生继承。

第一千一百二十四条 继承开始后，继承人放弃继承的，应当在遗产处理前，以书面形式作出放弃继承的表示；没有表示的，视为接受继承。

受遗赠人应当在知道受遗赠后六十日内，作出接受或者放弃受遗赠的表示；到期没有表示的，视为放弃受遗赠。

附录：最高人民法院主流观点

因继承取得物权的，自继承开始时发生效力，继承开始的时间即为继承人取得物权的时间。因此，实践中需要进一步明确继承开始的时间，依法保护继承人的利益。根据《民法典》第一千一百二十一条的规定，继承从被继承人死亡时开始。据此，继承开始的时间应当以被继承人死亡的时间为准。被继承人的死亡既包括自然死亡（生理死亡），也包括宣告死亡。被继承人自然死亡的，死亡的时间如何判断，一直存在争论，主要有脑死亡说、心脏停搏说、脉搏停止说、脉搏停止且心脏停搏说、呼吸停止说等观点。在我国，一般是以呼吸、心脏、脉搏均告停止且瞳孔放大为自然死亡的标准。如果自然人在医院死亡的，应以死亡证上记载的时间为准。宣告死亡，是指公民下落不明满法定期限，人民法院根据利害关系人的申请，依法定程序和方式宣告其死亡的法律制度。《民法典》第四十八条规定："被宣告死亡的人，人民法院宣告死亡的判决作出之日视为其死亡的日期……"因此，应当以法院判决中确定的死亡日期，作为继承开始的时间。还应注意的是，实践中可能存在相互有继承关系的几个人在同一事件中死亡而无法确定死亡先后时间的情形，对此，应当按照《民法典》第一千一百二十一条的规定确定死亡时间，即推定没有其他继承人的人先死亡。死亡人各自都有其他继承人的，如几个死亡人辈分不同，推定长辈先死亡；几个死亡人辈分相同的，推定同时死亡，彼此不发生继承，由他们各自的继承人分别继承。《民法典》第一千一百二十四条规定："继承开始后，继承人放弃继承的，应当在遗产处理前，以书面形式作出放弃继承的表示；没有表示的，视为接受继承。受遗赠人应当在知道受遗赠后六十日内，作出接受或者放弃受遗赠的表示；到期没有表示的，视为放弃受遗赠。"在继承人作出放弃继承表示之前，被继承人物权已变动至包括其在内的所有继承人共有；在存在多个继承人的情况下，部分继承人作出放弃继承表示的，从其作出放弃继承表示始，物权主体再次发生变动，由未放弃继承的继承人共有。受遗赠人在知道受遗赠后60日内，作出接受遗赠的，遗赠的效力包括物权的变动溯及于继承开始之时，受遗赠人放弃遗赠的，遗赠溯及于继承开始时不生效，该遗赠财产的所有权归其他继承人。

——最高人民法院民法典贯彻实施工作领导小组编著：《中华人民共和国民法典物权编理解与适用》，人民法院出版社2020年版，第168~169页。

二、法定继承

1357. 已经解除关系的继子女主张对继父母遗产进行法定继承的，人民法院不予支持

关键词

继承纠纷　继子女　继父母遗产　解除关系

最高人民法院公报案例

邹某蕾诉高某某、孙某、陈某法定继承纠纷案（上海市第二中级人民法院民事判决书）

裁判摘要：离婚中，作为继父母的一方对受其抚养教育的继子女，明确表示不继续抚养的，应视为继父母与继子女关系自此协议解除。继父母去世时，已经解除关系的继子女以符合继承法中规定的"具有抚养关系的继子女"情形为由，主张对继父母遗产进行法定继承的，人民法院不予支持。

上海市第二中级人民法院认为：对陈某是否符合继承法规定的与被继承人形成抚养关系的继子女的争议焦点，作出如下评判。根据《中华人民共和

国继承法》第十条[①]规定，判断继父母子女之间是否享有继承权，以是否形成抚养关系为标准。继父母子女在事实上形成了抚养关系，由直系姻亲转化为拟制血亲，从而产生法律拟制的父母子女间的权利义务。确定是否形成抚养关系应以继承实际发生时为节点。本案中，陈某两岁时，因生母陈某某与被继承人孙某某结婚，确实与孙某某共同生活，形成事实上的继父子关系，孙某某与陈某某共同抚养教育过陈某，后陈某某与孙某某协议离婚。根据1993年11月3日《最高人民法院关于人民法院审理离婚案件处理子女抚养问题的若干具体意见》[②]第十三条规定："生父与继母或生母与继父离婚后，对曾受其抚养教育的继子女，继父或继母不同意继续抚养的，仍应由生父母抚养。"对于上述规定，法院认为，继父母与继子女是基于姻亲而发生的一种事实上的抚养关系，这种关系是法律拟制的，离婚后，在继父母不愿意继续抚养的情况下，应视为继父母子女关系的解除，他们之间父母子女的权利义务不复存在。本案中，陈某曾经由孙某某抚养过，但是在其生母陈某某与孙某某离婚时，陈某九岁还尚未成年，且孙某某、陈某某在离婚协议中明确约定陈某由陈某某继续抚养，孙某某不再承担抚养费用，在此情形下，应当认定孙某某不再继续抚养是对原已形成抚养事实的终止，孙某某与陈某之间的继父子关系视为解除，而且，陈某与孙某某的继父子关系解除之后至孙某某病故时，期间长达二十余年之久，双方再无来往。陈某于1998年出国至今仅回国三次，短时间停留，其成年后也不存在赡养孙某某的事实。故而，法院认为，陈某与被继承人孙某某之间虽存在过抚养事实，但因孙某某与陈某生母陈某某离婚后不再抚养陈某，以及陈某成年后未履行赡养义务，本案继承发生时，陈某与被继承人孙某某之间继父子关系已解除，双方的权利义务不复存在，陈某不符合继承法规定的有抚养关系的继子女。综上，陈某对被继承人孙某某的遗产不享有继承权。一审判决认定陈某为法定继承人不当，依法予以纠正。

遗产是公民死亡后遗留的个人合法财产，公民依法享有财产继承权。继承开始后，没有遗嘱的，按照法定继承办理。一审判决根据在案证据以及一审庭审中证人孙某忠当庭作证的证人证言，认定邹某蕾为被继承人孙某某与前妻邹某娟所生之女，将其列为法定继承人，并无不妥，予以确认。本案中，系争房屋系原登记在被继承人孙某某个人名下的产权房屋，被继承人孙某某生前未立遗嘱，其遗产应按法定继承处理。邹某蕾作为孙某某与前妻邹某娟所生女儿，高某某作为孙某某的配偶，孙某作为孙某某与高某某的婚生女儿，

---

① 对应《民法典》第一千一百二十七条。

② 该意见已被2020年12月29日《最高人民法院关于废止部分司法解释及相关规范性文件的规定》废止。

依法均应作为孙某某的第一顺位法定继承人继承系争房屋产权。同时，鉴于高某某长期与孙某某共同生活，对被继承人尽了主要的扶养义务，故在分配遗产时，依法可以适当多分。综上，高某某、孙某的部分上诉请求成立，依法予以支持。一审判决认定陈某为法定继承人不当，予以纠正。

——《最高人民法院公报》2020 年第 6 期。

1358. 当事人不是法定第一顺序继承人，但其自愿赡养老人承担了丧葬费用，可以视为第一顺序继承人

关键词

法定继承　代书遗嘱　遗产分割　扶养行为

最高人民法院公布的典型案例

高某翔诉高甲、高乙、高丙继承纠纷案

裁判要旨：根据《继承法》第十四条[①]的规定，继承人以外的对被继承人扶养较多的人，可以分配给他们适当的遗产，当事人自愿赡养老人并承担了丧葬费用，可以视为第一顺序继承人。

（一）法院裁判

法院认为：高某翔提供的代书遗嘱因代书人是高某翔的妻子，在代书遗嘱时双方是恋爱关系，这种特殊亲密的关系与高某翔取得遗产存在身份和利益上的利害关系，属于《中华人民共和国继承法》第十八条[②]规定的禁止代书人，因此其代书行为不符合代书遗嘱的法定形式要求，应属无效。本案应当按照法定继承进行处理。高某翔虽然不是法定第一顺序继承人，但其自愿赡养高某启、李某并承担了丧葬费用，根据继承法第十四条的规定，继承人以外的对被继承人扶养较多的人，可以分配给他们适当的遗产，高某翔可以视为第一顺序继承人。

继承法第十四条所规定的“适当分配遗产”，是指与非继承人所行扶养行为相适应，和其他有赡养义务的继承人所尽赡养义务相比较的适当比例。高某翔虽没有赡养祖父母的法定义务，但其能专职侍奉生病的祖父母多年直至老人病故，使老人得以安享晚年，高某翔几乎尽到了对高某启、李某两位被

① 对应《民法典》第一千一百三十一条。

② 对应《民法典》第一千一百四十条。

继承人生养死葬的全部扶养行为，这正是良好社会道德风尚的具体体现，并足以让社会、家庭给予褒奖。而本案其他继承人有能力扶养老人，但仅是在老人患病期间轮流护理，与高某翔之后数年对患病老人的照顾相比，高甲、高乙、高丙的行为不能认为尽到了扶养义务。据此，高某翔有权获得与其巨大付出相适应的继承案涉回迁房屋的权利。

（二）典型意义

遗产继承处理的不仅是当事人之间的财产关系，还关系到家庭伦理和社会道德风尚，继承人应当本着互谅互让、和睦团结的精神消除误会，积极修复亲情关系，共促良好家风。本案中，高某翔虽没有赡养祖父母的法定义务，但其能专职侍奉生病的祖父母多年直至老人病故，是良好社会道德风尚的具体体现，应当予以鼓励。本案裁判结合继承法的规定对高某翔的赡养行为给予高度肯定，确定了其作为非法定继承人享有第一顺位的继承权利，并结合其赡养行为对高某翔适当继承遗产的范围进行合理认定，实现了情理法的有机融合，弘扬了团结友爱、孝老爱亲的中华民族传统美德。

——《人民法院大力弘扬社会主义核心价值观十大典型民事案例》，载《人民法院报》2020 年 5 月 14 日。

1359. 侄甥代位继承制度的适用

关键词

法定继承　代位继承　遗产

最高人民法院公布的典型案例

苏某甲诉李某田等法定继承纠纷案

裁判要旨：侄甥代位继承系民法典新设立的制度，符合我国民间传统，有利于保障财产在血缘家族内部的流转，减少产生遗产无人继承的状况，同时促进亲属关系的发展，引导人们重视亲属亲情，从而减少家族矛盾、促进社会和谐。

（一）典型意义

本案是适用民法典关于侄甥代位继承制度的典型案例。侄甥代位继承系民法典新设立的制度，符合我国民间传统，有利于保障财产在血缘家族内部的流转，减少产生遗产无人继承的状况，同时促进亲属关系的发展，引导人们重视亲属亲情，从而减少家族矛盾、促进社会和谐。本案中，审理法院还适用了遗产的酌给制度，即对继承人以外的对被继承人扶养较多的人适当分给遗产，体现了权利义务相一致原则，弘扬了积极妥善赡养老人的传统美德，充分体现了社会主义核心价值观的要求。

（二）基本案情

被继承人苏某泉于 2018 年 3 月死亡，其父母和妻子均先于其死亡，生前未生育和收养子女。苏某泉的姐姐苏某乙先于苏某泉死亡，苏某泉无其他兄弟姐妹。苏某甲系苏某乙的养女。李某田是苏某泉堂姐的儿子，李某禾是李某田的儿子。苏某泉生前未立遗嘱，也未立遗赠扶养协议。上海市徐汇区华泾路某弄某号某室房屋的登记权利人为苏某泉、李某禾，共同共有。苏某泉的梅花牌手表 1 块及钻戒 1 枚由李某田保管中。苏某甲起诉请求，依法继承系争房屋中属于被继承人苏某泉的产权份额，及梅花牌手表 1 块和钻戒 1 枚。

（三）裁判结果

生效裁判认为，当事人一致确认苏某泉生前未立遗嘱，也未立遗赠扶养协议，故苏某泉的遗产应由其继承人按照法定继承办理。苏某甲系苏某泉姐姐苏某乙的养子女，在苏某乙先于苏某泉死亡且苏某泉的遗产无人继承又无人受遗赠的情况下，根据《最高人民法院关于适用〈中华人民共和国民法典〉时间效力的若干规定》（以下简称《时间效力规定》）第十四条，适用民法典第一千一百二十八条第二款和第三款的规定，苏某甲有权作为苏某泉的法定继承人继承苏某泉的遗产。另外，李某田与苏某泉长期共同居住，苏某泉生病在护理院期间的事宜由李某田负责处理，费用由李某田代为支付，苏某泉的丧葬事宜也由李某田操办，相较苏某甲，李某田对苏某泉尽了更多的扶养义务，故李某田作为继承人以外对被继承人扶养较多的人，可以分得适当遗产且可多于苏某甲。对于苏某泉名下系争房屋的产权份额和梅花牌手表 1 块及钻戒 1 枚，法院考虑到有利于生产生活、便于执行的原则，判归李某田所有并由李某田向苏某甲给付房屋折价款人民币 60 万元。

（四）民法典条文指引

第一千一百二十八条被继承人的子女先于被继承人死亡的，由被继承人的子女的直系晚辈血亲代位继承。

被继承人的兄弟姐妹先于被继承人死亡的，由被继承人的兄弟姐妹的子女代位继承。

代位继承人一般只能继承被代位继承人有权继承的遗产份额。

——《最高人民法院贯彻实施民法典典型案例（第一批）》（2022 年 2 月 25 日）。

三、遗嘱继承和遗赠

1360. 审理涉及自书遗嘱的继承案件时审查自书遗嘱的要点

关键词

自书遗嘱　遗嘱能力　笔迹

《中华人民共和国民法典》条文

第一千一百三十四条　自书遗嘱由遗嘱人亲笔书写，签名，注明年、月、日。

附录：最高人民法院主流观点

一、审查遗嘱人是否具有遗嘱能力

只有具有完全民事行为能力的人订立的遗嘱才可能是有效的遗嘱，无民事行为能力人或限制民事行为能力人订立的遗嘱是无效的遗嘱。在确定遗嘱能力时，应以遗嘱人订立遗嘱时的精神状态为准，如果遗嘱人在订立遗嘱时具有完全的民事行为能力，在遗嘱订立完毕后变为无民事行为能力人或限制民事行为能力人，这种情况的变化是不影响遗嘱的效力的。如果遗嘱人在订立遗嘱时是无民事行为能力人或限制民事行为能力人，此后恢复为完全民事行为能力人，在这种情况下，除非遗嘱人对遗嘱进行追认，否则该遗嘱即为无效的遗嘱。遗嘱人在追认时需要进行明示的追认，默示的不作为不能发生追认的法律效力。

二、遗嘱是否为遗嘱人亲笔书写

在审查是否为遗嘱人亲笔书写时，一方面要审查遗嘱的主干部分是否为遗嘱人亲笔所写，另一方面也要审查遗嘱中遗嘱人的签名以及加注的年、月、日是否为遗嘱人亲笔所写。在涉及自书遗嘱继承纠纷时，当事人往往会对遗嘱是否为遗嘱人亲笔书写产生争议，此时就涉及对自书遗嘱笔迹真实性的认定问题。在司法实践中，一般由否认遗嘱真实性的一方承担对遗嘱真实性的举证证明责任。《民事诉讼证据规定》第九十二条规定："私文书证的真实性，由主张以私文书证证明案件事实的当事人承担举证责任。私文书证由制作者或者其代理人签名、盖章或捺印的，推定为真实。私文书证上有删除、涂改、增添或者其他形式瑕疵的，人民法院应当综合案件的具体情况判断其证明力。”该规定自2020年5月1日起施行。自书遗嘱从性质上说也属于私文书证。根据该规定，自书遗嘱上如果没有删除、涂改、增添或其他形式瑕疵，应该推定该自书遗嘱为真实，相对方如果否认其真实性，应就其主张承担举证证明责任。私文书证上有删除、涂改、增添或者其他形式瑕疵的，提供该私文书证，主张真实有效的一方当事人有进一步说明的义务；一方有理由对盖章或捺印的真实性怀疑的，对方当事人有进一步说明的义务，由人民法院综合案件的具体情况判断其证明力。

三、遗嘱应注明年、月、日的问题

1. 注明的日期是公历还是农历的问题。关于该问题，法律并没有强制性的规定，即无论加注的是公历日期还是农历日期，只要该日期中的年、月、日三要素齐全，都应该是有效的。一般而言，如果加注农历日期，应该对此特别标注加以说明。如果无法确定加注的是公历日期还是农历日期，考虑到现在通行的是公历日期，故推定遗嘱人使用的是公历日期。

2. 遗嘱主干部分实际完成的日期与遗嘱上加注的日期不符时，遗嘱是否有效。对于这个问题，如果遗嘱主干部分实际完成的日期早于遗嘱上标明的日期，且遗嘱上标明的日期是遗嘱人亲自加注，那么即使遗嘱主干部分实际完成的日期与加注的日期不符，也应认为遗嘱是有效的，且遗嘱上标明的日期应视为遗嘱完成的日期，不能以遗嘱主干部分实际完成的日期为准。如果遗嘱主干部分实际完成的日期晚于遗嘱上标注的日期，那么此时应该具体分析形成这一情况的原因，根据具体的案情酌情判定遗嘱作出的日期。

3. 为维护遗嘱的严肃性，如果遗嘱上只标明了年，或只标明了年、月，签署日期不全的自书遗嘱应为无效。

4. 根据《继承法意见》第四十条规定，在遗书中涉及死后个人财产处分的内容，确为死者真实意思的表示，有本人签名并注明了年、月、日，又无相反证据的，可按自书遗嘱对待。

——最高人民法院民法典贯彻实施工作领导小组编著：《中华人民共和国民法典婚姻家庭编继承编理解与适用》，人民法院出版社2020年版，第563~565页。

1361. 审理涉及口头遗嘱的继承案件时审查口头遗嘱的要点

关键词

口头遗嘱　危急情况　合理怀疑

《中华人民共和国民法典》条文

第一千一百三十八条 遗嘱人在危急情况下，可以立口头遗嘱。口头遗嘱应当有两个以上见证人在场见证。危急情况消除后，遗嘱人能够以书面或者录音录像形式立遗嘱的，所立的口头遗嘱无效。

附录：最高人民法院主流观点

法律对口头遗嘱有效要件的规定较为严格，首要的一点就是口头遗嘱的适用前提，即只有在危急情况下才能够订立口头遗嘱。此外，对于口头遗嘱是否存在、口头遗嘱的法律效力以及口头遗嘱内容的证明相对于其他遗嘱形式来说更为困难，故在实践中虽然主张存在口头遗嘱的当事人很多，但能够被人民法院确认为有效的口头遗嘱却较少。司法实践中，在处理有关口头遗嘱的继承纠纷案件时，应严格按照《民法典》第一千一百三十八条的规定审查遗嘱的效力，对于有效的遗嘱，按照遗嘱处理相关遗产；对于不符合法律规定要件的遗嘱，则应按照法定继承的相关规定处理相应的遗产。

在处理口头遗嘱继承案件时，应先审查口头遗嘱是否存在。对于口头遗嘱是否存在的证明责任，应交由主张遗嘱存在的一方负担，如果主张的一方能够证明口头遗嘱存在，下一步才涉及审查口头遗嘱的效力问题。在处理这类继承纠纷案件时，如果一方主张存在口头遗嘱，另一方对此既不承认也不否认，在经人民法院释明后，其仍然不明确表示肯定或者否定的，视为其认可存在口头遗嘱。关于这一证据规则，《民事诉讼证据规定》第四条有明确的规定，该条规定："一方当事人对于另一方当事人主张的于己不利的事实既不承认也不否认，经审判人员说明并询问后，其仍然不明确表示肯定或者否定的，视为对该事实的承认。"故在一方主张存在口头遗嘱，且该口头遗嘱对对方不利的情况下，对方是不能以默示的方式来否认该遗嘱存在的，如果其对口头遗嘱不认可，必须明确地表达出不认可的意思。

对口头遗嘱是否存在应该从严审查。遗嘱涉及的利益重大，而口头遗嘱内容往往不易确定，且容易被遗忘、曲解、误解，甚至被篡改，故对口头遗嘱存在与否的证明标准也应高于其他遗嘱形式。《民事诉讼法司法解释》第一百零九条规定："当事人对欺诈、胁迫、恶意串通事实的证明，以及对口头遗嘱或者赠与事实的证明，人民法院确信该待证事实存在的可能性能够排除合理怀疑的，应当认定该事实存在。"从该条可以看出，对于口头遗嘱是否存在以及口头遗嘱内容如何的证明，应该达到"排除合理怀疑"的程度。"排除合理怀疑"一般是刑事案件中对证据的审核标准，《刑事诉讼法》第五十五条规定："对一切案件的判处都要重证据，重调查研究，不轻信口供。只有被告人供述，没有其他证据的，不能认定被告人有罪和处以刑罚；没有被告人供述，证据确实、充分的，可以认定被告人有罪和处以刑罚。证据确实、充分，应当符合以下条件：（一）定罪量刑的事实都有证据证明；（二）据以定案的证据均经法定程序查证属实；（三）综合全案证据，对所认定事实已排除合理怀疑。”可以看出，对口头遗嘱事实的证明标准要高于一般民事案件审查证据时的证明标准。

在审查口头遗嘱的效力时，要注意查清遗嘱人是否存在危急情况，只有在危急情况下所立的口头遗嘱才可能是有效的遗嘱。如果没有危急情况的发生，口头遗嘱也就没有适用的余地，当事人不得以此遗嘱为依据来要求分得相应的遗产。

要区别口头遗嘱和一般的日常聊天、谈话。在实务中，常常有当事人主张被继承人在生前多次向家人或者邻居说过要在其死亡后将某财产遗留给自己，并据此认为这是被继承人遗留的口头遗嘱，要求按照该口头遗嘱继承相应的财产，有些当事人甚至还找来诸多的亲戚、朋友，甚至邻居对此加以证明。不可否认，被继承人生前确实可能在日常生活中提到过要将某项财产遗留给某人继承，其陈述的对象可能是该财产的受益人，也可能是家里的亲戚或相关的朋友、邻居，但需要注意的是，这种口头表述在日常生活中最多只能被看作被继承人的一种希望留下相应遗嘱的想法和愿望，它并不是法律规定的遗嘱，因为它不符合法律规定的任何一种遗嘱形式，如果要成为一份有效的遗嘱，必须经过一定的法定程序，否则不能将其作为遗嘱看待。况且，被继承人这种在日常生活中的相关表述，在很多情况下也并不是想要订立相应的遗嘱，他作出这类意思表示可能是出于各种目的，比如可能是为了向有关子女示好，以期得到更好的生活居住条件便于养老，这种情形在被继承人是经济条件不富裕且体弱的老年人的情况下最为常见。考虑到现实中存在的这些情况，更加不能直接将被继承人在日常生活中的聊天、谈话乃至赌咒发誓直接作为口头遗嘱予以处理。即使当事人申请再多的证人出庭作证也不可以。只有在出现危急情况的时候，才可能成立口头遗嘱。

关于口头遗嘱的失效问题。《民法典》第一千一百三十八条规定在危急情况消除后，遗嘱人能够以书面或者录音录像形式立遗嘱的，所立的口头遗嘱无效。在这里需要注意两点：第一，如上文所述，《民法典》第一千一百三十八条并非完全没有规定口头遗嘱的失效问题，而是留待于司法实践在具体个案中综合判断口头遗嘱是否继续有效，是否应按口头遗嘱执行。在作相应的判断时，应注重对遗嘱人是否具有重新订立其他形式遗嘱的客观条件的审查。在具备客观条件后，如果遗嘱人没有订立其他形式的遗嘱，则口头遗嘱归于无效。第二，如果遗嘱人在具备另立遗嘱的客观条件后重新订立了其他形式的遗嘱，此时，还有两种情形需要注意：（1）若口头遗嘱的内容与重新订立的遗嘱的内容相抵触，则应以重新订立的遗嘱内容为准；（2）若口头遗嘱的内容与重新订立的遗嘱的内容不相抵触，遗嘱人又未就口头遗嘱所涉及的事项另立遗嘱的，口头遗嘱也应归于无效。

最后一点，关于口头遗嘱的日期问题。虽然《民法典》第一千一百三十八条并未就口头遗嘱的订立日期问题进行规定，但在实务中也不能放任此问题于不顾，还是应该查明口头遗嘱的订立日期，只不过无须将日期问题作为遗嘱有效要件之一进行考察。

——最高人民法院民法典贯彻实施工作领导小组编著：《中华人民共和国民法典婚姻家庭编继承编理解与适用》，人民法院出版社2020年版，第580~583页。

1362. 审查遗嘱见证人资格的要点

关键词

遗嘱见证人　自书遗嘱　律师见证遗嘱　遗嘱形式

《中华人民共和国民法典》条文

第一千一百四十条 下列人员不能作为遗嘱见证人：

（一）无民事行为能力人、限制民事行为能力人以及其他不具有见证能力的人；

（二）继承人、受遗赠人；

（三）与继承人、受遗赠人有利害关系的人。

附录：最高人民法院主流观点

实践中，通过见证人见证订立的遗嘱越来越常见，因此而产生的纠纷也在逐渐增多。在审查见证人资格问题时，应该把握两个方面：一是审查见证人自身的民事行为能力以及事实见证能力，二是审查见证人与遗嘱之间是否存在直接或者间接的利害关系。只有具有完全民事行为能力并在事实上具备相应见证能力，且与遗嘱无利害关系的人员才能作为见证人。同时符合这两方面要求的人员才是合格的见证人，由其见证的遗嘱才可能是有效的遗嘱，不能同时满足这两方面要求的人员一律不得作为遗嘱的见证人。

在司法实践中，以下四个问题也值得我们注意：

第一，遗嘱人订立自书遗嘱时，为了慎重，有时也会让几名人员在场证明，继承人之间常会因此对遗嘱的效力产生争议，尤其是在场人员全部是遗嘱受益人时，这种争论更为激烈。因法律并未要求自书遗嘱需要见证人在场见证，即见证人在场见证并不是自书遗嘱的有效要件之一，故在这种情况下，在场证明的人员一般也无须满足《民法典》第一千一百四十条对见证人的资格限制要求。此时，在场证明的人员只是作为一般的证人存在，其可以证明该自书遗嘱是否为遗嘱人本人所书写以及遗嘱人在书写遗嘱时的精神状况等情况。

第二，在遗嘱人订立需要由见证人见证的遗嘱时，遗嘱人请来了符合条件的见证人在场见证，但同时遗嘱受益人或者受益人的利害关系人也全程参与了遗嘱的订立过程。这种情形也常常会引起继承人与受益人之间关于遗嘱效力的争论。遗嘱受益人或其利害关系人全程参与遗嘱的订立过程有可能会对遗嘱人施加不当的影响，让遗嘱人无法表达出自己的真实意愿，故在继承发生后，其他继承人对遗嘱的效力产生怀疑也符合情理。法律对此没有明确规定，在实务中，要分别对待，不能将遗嘱一律认定为有效或者无效。如果有证据证明在场的遗嘱受益人或其利害关系人实施了欺诈、胁迫行为，导致遗嘱人作出了不符合本意的遗嘱时，该遗嘱即应被确认为无效。反之，不应认定遗嘱无效。

第三，关于律师见证遗嘱的问题。随着人们法律意识的增强，寻找专业人士帮助自己订立遗嘱的现象越来越多，律师用其专门的法律知识为当事人提供服务也有助于当事人维护自己的合法权益。但是，应当看到，遗嘱是要式法律行为，《民法典》中并未规定律师见证遗嘱，故在实践中，律师在帮助当事人订立遗嘱时，仍旧应该依托《民法典》继承编规定的各类遗嘱形式，严格按照法律规定的各类遗嘱要件来订立遗嘱，否则即会被认定无效。律师虽然具有专业的法律知识，但在订立遗嘱时不得自由创设遗嘱形式。

第四，关于遗嘱见证人见证的内容问题。《民法典》继承编第三章规定的遗嘱形式中，除自书遗嘱外，其他类型的遗嘱（代书遗嘱、打印遗嘱、录音录像遗嘱、口头遗嘱、特殊条件下的公证遗嘱）都涉及见证人在场见证的问题。根据立法精神，见证人见证的目的是保证遗嘱是遗嘱人真实意思的体现。同时也是为了在遗嘱人死亡后，有人能够证明订立遗嘱时的过程，能够尽力还原遗嘱订立的场景。故见证人在场见证遗嘱应该主要是证明遗嘱人口述了遗嘱的内容，或者是证明他人根据遗嘱人的口述书写了遗嘱，或者是证明遗嘱人打印了遗嘱等。即核心的一点是，必须要亲眼看见、亲耳听到遗嘱人形成了完整的遗嘱表现形式。在代书遗嘱、打印遗嘱、特殊情况下公证遗嘱的情况下，如果仅仅是见证了遗嘱人在已经书写完毕的遗嘱上签名或按手印，而没有全程参与遗嘱的书写过程，这种见证并不是《民法典》继承编第三章所规定的见证，这样的见证人只能是可以证明遗嘱人确实签署了自己姓名的证人，并不是第三章所规定的见证人。

——最高人民法院民法典贯彻实施工作领导小组编著：《中华人民共和国民法典婚姻家庭编继承编理解与适用》，人民法院出版社2020年版，第

593~594 页。

1363. 审查变更或撤回遗嘱的要点

关键词

变更、撤回遗嘱　法定继承　新遗嘱

《中华人民共和国民法典》条文

第一千一百四十二条　遗嘱人可以撤回、变更自己所立的遗嘱。

立遗嘱后，遗嘱人实施与遗嘱内容相反的民事法律行为的，视为对遗嘱相关内容的撤回。

立有数份遗嘱，内容相抵触的，以最后的遗嘱为准。

附录：最高人民法院主流观点

在司法实务中应注意，变更或撤回遗嘱是对原有遗嘱作出的重大改变，遗嘱人在变更或撤回遗嘱的时候也应满足一定的条件。一般来说，遗嘱人在变更或撤回遗嘱时也应遵循订立遗嘱时的法律要件：(1) 在变更或撤回时，遗嘱人应该是完全的民事行为能力人；(2) 变更或撤回是遗嘱人的真实意思表示；(3) 变更或撤回需要满足《民法典》继承编中规定的遗嘱形式之一，至于遗嘱人选择何种遗嘱形式来进行变更或撤回则在所不问。此外，遗嘱人也可以销毁遗嘱的方式来撤回遗嘱，此种情况并不要求满足某一形式要件。

以上所说的是遗嘱人根据其自由意志变更或撤回遗嘱的问题。在实务中还会遇到另一种情况，即在遗嘱人生前，客观情况发生了不以遗嘱人意志为转移的变化，这种变化导致遗嘱所处理的财产形态产生了变化（比如遗嘱处理的房产被国家拆迁，遗嘱人得到了拆迁补偿；又如遗嘱所涉财产遭受他人损坏，他人赔偿给遗嘱人一笔款项；等等）。财产形态变化后，遗嘱人未就变化后的财产订立新的遗嘱，在遗嘱人死亡后，能否按照遗嘱人订立的遗嘱来处理变化后的财产？对于这一问题，实践中认识也不一致，有观点认为应该按照遗嘱的内容来处理变化后的财产，因为变化后的财产也只不过是变化前财产的转化形式，二者在本质上并没有区别。但有的观点认为，不能按照遗嘱处理，因为遗嘱人在明知道原有财产灭失或者财产形态发生了明显变化的情况下，没有订立新的遗嘱，这就表明其不愿按照遗嘱的内容来处分变化后的财产，故若无新的遗嘱，即应按照法定继承办理。对此，实务中，在遗嘱人不具有再次订立新的遗嘱的客观条件时，应该按照遗嘱人之前订立的遗嘱来执行。如果遗嘱人具备再次订立新的遗嘱的客观条件，则应尊重遗嘱人的选择。如果遗嘱人订立了新的遗嘱，则按照新的遗嘱办理。如果遗嘱人没有订立新的遗嘱，放任这种财产转化情况的发生，则应视为遗嘱人以自己的行为撤回了原有的遗嘱，不能再按照原有遗嘱办理。

——最高人民法院民法典贯彻实施工作领导小组编著：《中华人民共和国民法典婚姻家庭编继承编理解与适用》，人民法院出版社2020年版，第602~603页。

1364. 自然人被法院判决宣告为无、限制民事行为能力人，未经法院撤销能力宣告判决的，订立遗嘱无效

关键词

遗嘱人　遗嘱能力　遗嘱无效　能力宣告判决

《中华人民共和国民法典》条文

第一千一百四十三条　无民事行为能力人或者限制民事行为能力人所立的遗嘱无效。

遗嘱必须表示遗嘱人的真实意思，受欺诈、胁迫所立的遗嘱无效。

伪造的遗嘱无效。

遗嘱被篡改的，篡改的内容无效。

附录：最高人民法院主流观点

如果一个自然人经特别程序被人民法院判决宣告为无民事行为能力人或者限制民事行为能力人，其在疾病痊愈后，在未经法院撤销前述行为能力宣告判决的情况下订立了遗嘱，这种遗嘱的效力应如何认定。实务中对此有两种不同的观点。一种观点认为遗嘱人的遗嘱能力应以实际情况为准，如果确有证据证明遗嘱人在订立遗嘱时已经恢复为完全民事行为能力人，则可以认定遗嘱有效，而无须法院另行撤销行为能力判决。另一种观点则与此完全相反，该观点认为在法院判决撤销宣告之前，遗嘱人所订立的遗嘱应是无效遗嘱，其理由为：自然人的民事行为能力应以有资质的司法鉴定机构的鉴定结论为准，既然其行为能力的缺失是由法院判决宣告的，那么其行为能力的恢复也应以法院的撤销判决为准。应当说，第二种观点更为合理。因为我国法律对公民民事行为能力的宣告和撤销规定了严格的程序，法院的判决具有很强的公信力，如果认定这种遗嘱有效，会有损这种公信力。且遗嘱人是否痊愈也应经过一系列严格的程序来加以确定，确保其完全恢复了民事行为能力，而法院撤销判决的程序性规定能够满足这一要求。综上，在判决被撤销前订

立的遗嘱应是无效的遗嘱。

——最高人民法院民法典贯彻实施工作领导小组编著:《中华人民共和国民法典婚姻家庭编继承编理解与适用》,人民法院出版社2020年版,第607页。

1365. 遗产管理人报酬的支付来源和支付顺序

关键词

遗产管理费用　遗产管理人　优先受偿权

附录:最高人民法院法官著述

遗产管理人的报酬应从哪里支付,应在何时支付,民法典没有规定。从国外立法例看,普遍认为遗产管理人的费用和报酬均应从遗产中支付。如《法国民法典》第812-2、813-9、1033-1条规定,遗产管理费用由遗产负担并有优先受偿权。在没有相反约定时,遗嘱执行人和遗产的委托管理人不取得报酬,法官在指定遗产委托管理人时,确定管理人的报酬。《德国民法典》第1978、1987、2221条规定,管理费用从遗产中支付,遗产管理人可以为其职务的执行而请求适当的报酬,遗嘱已经确定报酬的除外。《日本民法典》第918、1018、1021条规定,遗产管理费用从遗产中负担,家庭法院可以从死者的财产中付给遗产管理人相当的报酬,遗嘱已经确定报酬的除外。《意大利民法典》第511、711、712条规定,遗产管理产生的费用均由遗产承担,遗嘱执行人之职是无偿的,但遗嘱可以为遗嘱执行人确定报酬,该项酬金由遗产承担。笔者认为,遗产管理费用是为了保全遗产而产生的成本费用,遗产管理人的报酬是为了管理遗产而产生的债务,其目的均在于保障遗产的安全和顺利分割,维护遗产继承人、债务人及其他利害关系人的利益。因此,应由遗产支付,而且应当置于最优先受偿的顺序。[①]

——于蒙、王楠楠:《试论遗产管理人制度》,载最高人民法院民事审判第一庭编:《民事审判指导与参考》2020年第1辑(总第81辑),人民法院出版社2021年版,第84页。

① 可参考企业破产法中有关破产费用优先清偿的规定。

1366. 遗嘱继承人先于被继承人死亡，遗产如何分配

关键词

遗嘱继承人　法定继承　代位继承　遗嘱

《中华人民共和国民法典》条文

第一千一百二十三条　继承开始后，按照法定继承办理；有遗嘱的，按照遗嘱继承或者遗赠办理；有遗赠扶养协议的，按照协议办理。

第一千一百二十八条　被继承人的子女先于被继承人死亡的，由被继承人的子女的直系晚辈血亲代位继承。

被继承人的兄弟姐妹先于被继承人死亡的，由被继承人的兄弟姐妹的子女代位继承。

代位继承人一般只能继承被代位继承人有权继承的遗产份额。

第一千一百五十四条　有下列情形之一的，遗产中的有关部分按照法定继承办理：

（一）遗嘱继承人放弃继承或者受遗赠人放弃受遗赠；

（二）遗嘱继承人丧失继承权或者受遗赠人丧失受遗赠权；

（三）遗嘱继承人、受遗赠人先于遗嘱人死亡或者终止；

（四）遗嘱无效部分所涉及的遗产；

（五）遗嘱未处分的遗产。

附录：民事审判信箱

老刘有房屋五间，生前立遗嘱将其中三间给大儿子，两间给二儿子。后大儿子意外身故，留有一儿一女。老刘去世前没有变更遗嘱。请问，老刘去世后，该五间房屋如何在老刘的孙子、孙女和小儿子之间分配？

《民法典》第一千一百二十三条规定，继承开始后，按照法定继承办理；有遗嘱的，按照遗嘱继承或者遗赠办理；有遗赠扶养协议的，按照协议办理。可见，遗嘱继承优先于法定继承。但是，此规则应当以遗嘱合法有效为前提。根据《民法典》第一千一百五十四条第三项规定，遗嘱继承人先于遗嘱人死亡的，遗产中的有关部分按照法定继承办理。由于大儿子先于老刘死亡，因此，遗嘱所涉及的给大儿子的三间房屋应当按照法定继承办理。代位继承不适用遗嘱继承情形。在法定继承情形下，根据《民法典》第一千一百二十八条规定，被继承人的子女先于被继承人死亡的，由被继承人的子女的直系晚辈血亲代位继承。因此，大儿子的一儿一女即老刘的孙子和孙女可以代位继

承，即老刘的孙子、孙女和二儿子共同继承其中的三间房屋。

——《遗嘱继承人先于被继承人死亡，遗产如何分配》，载最高人民法院民事审判第一庭编：《民事审判指导与参考》2020 年第 3 辑（总第 83 辑），人民法院出版社 2021 年版，第 263 页。

1367. 遗嘱解释应注重探寻被继承人的内心真意

关键词

遗嘱人　遗嘱解释　合同解释

最高人民法院审判业务意见（民事审判第一庭意见）

最高人民法院民一庭意见认为：遗嘱是典型的要式行为、死因行为、无相对人的单方法律行为，与合同等双方法律行为存在本质区别，故遗嘱解释不同于一般的合同解释。被继承人立遗嘱的本意是希望其所立的遗嘱能够生效，并能够按照遗嘱人的真意来处理遗产。因此，遗嘱的解释应探寻被继承人的内心真意，力求符合遗嘱愿望，而非仅仅因遗嘱存在个别错误或部分歧义而轻易否定其效力。

附：案情简介

罗某英于 2003 年 9 月 12 日去世，其父母先于罗某英去世。简某权和简某广、简某芳、简某云、简某娟均为第一顺序法定继承人。根据被继承人罗某英户籍和身份资料显示，罗某英于 1931 年 12 月出生，文化程度：小学。

2002 年 8 月 9 日，罗某英写下《遗言》一份："我本人过身后，愿意将现住房屋产权留给四仔简某权，三女简某云有居住权，房屋不能出租或出卖，如有变动需经五儿女签名同意；本人余下现金首饰留给五儿女平分……"

被继承人罗某英生前一直与原告简某权一家共同居住在涉案房屋，现简某权仍在该房屋居住。简某权名下没有其他房屋。其他四被告婚后（简某广：1981 年；简某芳：1981 年；简某云：1987 年；简某娟：1995 年）陆续搬出涉案房屋。

原告简某权据《遗言》依法要求继承上述房产全部所有权，遭简某广、简某芳、简某云、简某娟拒绝，遂成诉。四被告辩称：罗某英没有将处分权给简某权，且从罗某英的文化水平及当时的生活环境看，其生活的年代对户籍非常看重，平时"担心简某权一家没有地方挂户口"，故罗某英所说的产权仅仅是给简某权一家挂户口的地方，而不是真正意义上的产权。

——最高人民法院民一庭：《探求遗嘱人的内心真意是遗嘱解释的首要原

则》，载最高人民法院民事审判第一庭编：《民事审判指导与参考》2019年第1辑（总第77辑），人民法院出版社2019年版，第151页。

1368. 遗产管理人能否提起或参与遗产管理期间的诉讼

关键词

遗产管理人　遗产管理　处分行为　继承人代理人

《中华人民共和国民法典》条文

第一千一百四十七条　遗产管理人应当履行下列职责：
（一）清理遗产并制作遗产清单；
（二）向继承人报告遗产情况；
（三）采取必要措施防止遗产毁损、灭失；
（四）处理被继承人的债权债务；
（五）按照遗嘱或者依照法律规定分割遗产；
（六）实施与管理遗产有关的其他必要行为。

附录：最高人民法院主流观点

为了处理被继承人的债权债务，遗产管理人能否提起或参与与遗产有关的诉讼？虽然《民法典》第一千一百四十七条对此未作规定，但是基于保护遗产完整和安全的目的，我们认为，遗产管理人应该有一定的权限在遗产管理期间提起或参与与遗产有关的诉讼，并实施一定的处分行为。至于遗产管理人可否以自己的名义提起诉讼，目前法律没有规定，有待进一步探索。实践中，如果其不具有独立诉讼主体资格，其也可以以继承人代理人的身份参加诉讼。

——最高人民法院民法典贯彻实施工作领导小组编著：《中华人民共和国民法典婚姻家庭编继承编理解与适用》，人民法院出版社2020年版，第633页。

最高人民法院裁判文书

翁诗雅、吕绮雯第三人撤销之诉再审案［最高人民法院（2020）最高法民再111号］

裁判要旨：遗产管理人及受托人在收集遗产过程中遇到障碍，无法及时收集并有效管理遗产时，有权以自己的名义对相关民事主

体提起民事诉讼以保证遗产安全。

最高人民法院认为：（一）关于翁诗雅在本案诉讼中主体资格和诉讼地位的问题。

《中华人民共和国民事诉讼法》第五十六条规定："对当事人双方的诉讼标的，第三人认为有独立请求权的，有权提起诉讼。对当事人双方的诉讼标的，第三人虽然没有独立请求权，但案件处理结果同他有法律上的利害关系的，可以申请参加诉讼，或者由人民法院通知他参加诉讼。人民法院判决承担民事责任的第三人，有当事人的诉讼权利义务。前两款规定的第三人，因不能归责于本人的事由未参加诉讼，但有证据证明发生法律效力的判决、裁定、调解书的部分或者全部内容错误，损害其民事权益的，可以自知道或者应当知道其民事权益受到损害之日起六个月内，向作出该判决、裁定、调解书的人民法院提起诉讼。人民法院经审理，诉讼请求成立的，应当改变或者撤销原判决、裁定、调解书；诉讼请求不成立的，驳回诉讼请求。"一般情况下，遗产管理人及受托人进行遗产收集，为遗产管理、分配创造条件，有利于遗嘱受益人权利的实现，也有利于及时按照遗嘱分配遗产。因此，遗产管理人及受托人在收集遗产过程中遇到障碍，无法及时收集并有效管理遗产时，有权以自己名义对相关民事主体提起民事诉讼以保证遗产安全。在此类诉讼中，遗嘱所确定的遗嘱受益人尤其是个别遗嘱受益人可以不作为第三人参加。相应地，遗嘱受益人也无须就遗产管理人及受托人已经胜诉的遗产收集和管理诉讼在事后提起第三人撤销之诉。否则，既有违遗产管理人制度，也不符合遗嘱信托制度，还可能损害其他不参加诉讼的遗嘱受益人权益，也让遗产管理人及受托人针对其他民事主体提起的遗产收集和管理诉讼难以进行。当然，遗嘱受益人如认为遗产管理人及受托人行为失当或者不胜任，可通过法定程序解决。但鉴于本案遗嘱受益人与遗产管理人及受托人之间对遗产管理确有争议且另案诉讼已更换遗产管理人及受托人、案涉股权管理及登记的法律规定存在一定模糊性等因素，翁少芳等四名遗产管理人及受托人如何收集、管理、处置翁祐的遗产，与作为遗嘱受益人的翁诗雅存在一定法律上的利害关系，在一、二审判决均认可翁诗雅的原告主体资格并已作出实体裁判的情况下，本案可以认定翁诗雅具有提起第三人撤销之诉的主体资格和诉讼地位。

（二）关于新的遗产管理人及受托人吕绮雯、帕特里克·考利在本案诉讼中主体资格和诉讼地位的问题。

《最高人民法院关于适用〈中华人民共和国民事诉讼法〉的解释》第二百四十九条规定："在诉讼中，争议的民事权利义务转移的，不影响当事人的诉讼主体资格和诉讼地位。人民法院作出的发生法律效力的判决、裁定对受让人具有拘束力。受让人申请以无独立请求权的第三人身份参加诉讼的，人民法院可予准许。受让人申请替代当事人承担诉讼的，人民法院可以根据案件的具体情况决定是否准许；不予准许的，可以追加其为无独立请求权的第三人。”本案中，各方当事人均认可案涉遗产管理人及受托人已由翁少芳等四人变更为吕绮雯、帕特里克·考利。遗产管理及信托方面的权利义务已由原遗产管理人及受托人翁少芳等四人转移至新遗产管理人及受托人吕绮雯、帕特里克·考利。而11号判决已经生效并得到执行，在此情形下案涉股权的收集、管理和协助执行尚需原遗产管理人及受托人协助配合，因此在承认原遗产管理人及受托人诉讼主体资格和诉讼地位同时，新遗产管理人及受托人申请以第三人身份而不是替代原遗产管理人及受托人参加本案诉讼，符合前述法律规定。本案及相关联案件的裁判，对新遗产管理人及受托人具有拘束力。新遗产管理人及受托人与原遗产管理人及受托人可以根据身份变化情况，依照法律程序办理相关的权利义务承接手续。翁诗雅关于吕绮雯、帕特里克·考利不具有参加本案诉讼主体资格的主张，不符合法律规定，本院不予支持。

——中国裁判文书网。

1369. 遗产管理人不作为时，利害关系人有权请求其履行职责

关键词

遗产管理人　利害关系人　损害赔偿责任

《中华人民共和国民法典》条文

第一千一百四十八条　遗产管理人应当依法履行职责，因故意或者重大过失造成继承人、受遗赠人、债权人损害的，应当承担民事责任。

附录：最高人民法院主流观点

实践中，有这样一个案例：曹某生前曾向A借款20万元，曾出借10万元给B。曹某去世后，其子明确表示放弃继承，曹某无其他第一顺序继承人和第二顺序继承人。后曹某居住地的村委会负责接收曹某的厂房、设备等遗产并清偿了部分债务。A获悉曹某死亡后，向村委会申报了上述债权，并告知村委会有关曹某曾出借款项给B一事。事后，A未从村委会那里得到遗产清偿款，村委会也未向B主张此笔遗产债权，后A对B提起代位权诉讼，称村委会怠于清算，致使其对曹某的债权存在难以实现的可能，要求代位曹某或村委会向B主张曹某的债权人民币10万元。法院经审理认为，曹某死亡后，其生前财产包括债权债务均应纳入遗产范围进行清算。曹某生前是否怠

于向B行使债权及村委会接管曹某遗产后是否怠于清算，均不成立代位权，故驳回了A的诉讼请求。这个案例发生在《民法典》颁布之前，当时尚无遗产管理人制度。

如果适用《民法典》，曹某的继承人放弃继承后，村委会作为遗产管理人，其职责包括处理曹某的债权债务。所以，如果其怠于向曹某的债务人B追偿，因此损害债权人A利益的，A或者曹某的其他债权人作为利害关系人有权提起诉讼，请求村委会履行遗产管理相应职责。如果村委会仍然怠于履行职责，因此给债权人造成损害的，应当承担损害赔偿等责任。

——最高人民法院民法典贯彻实施工作领导小组编著：《中华人民共和国民法典婚姻家庭编继承编理解与适用》，人民法院出版社2020年版，第638~639页。

1370. 公证遗嘱不具有优先于其他遗嘱形式的效力

关键词

公证遗嘱　其他遗嘱　遗嘱效力

《中华人民共和国民法典》条文

第一千一百三十九条　公证遗嘱由遗嘱人经公证机构办理。

附录：最高人民法院主流观点

在原《继承法》第十七条规定遗嘱的各种形式时，因公证遗嘱是经公证机构审核，保证遗嘱内容和形式合法性，且遗嘱内容不易被篡改和伪造，《民法典》公布施行以后，依据《民法典》第一千一百四十二条之规定，遗嘱人可以撤回、变更自己所立之遗嘱，立遗嘱后，遗嘱人实施与遗嘱内容相反的民事法律行为的，视为对遗嘱相关内容的撤回。立有数份遗嘱，内容相抵触的，以最后所立的遗嘱为准。遗嘱人所订立的公证遗嘱，时间上早于其最后立的遗嘱，在遗嘱人不方便或者无力再通过立公证遗嘱推翻前公证遗嘱的情况下，如果公证遗嘱具有优先效力，实际上是违背了遗嘱人处分自己遗产的真实意愿。由此，公证遗嘱不再具有优先于其他遗嘱形式的效力。

——最高人民法院民法典贯彻实施工作领导小组编著：《中国民法典适用大全（继承卷）》，人民法院出版社2022年版，第155页。

四、遗产的处理

1371. 遗产属于继承人共同共有的，共有人请求分割共有财产的权利不受诉讼时效的限制

关键词

诉讼时效　遗产

最高人民法院司法政策精神

25. 被继承人死亡后遗产未分割，各继承人均未表示放弃继承，依据继承法第二十五条[①]规定应视为均已接受继承，遗产属各继承人共同共有；当事人诉请享有继承权、主张分割遗产的纠纷案件，应参照共有财产分割的原则，不适用有关诉讼时效的规定。

——《最高人民法院关于印发〈第八次全国法院民事商事审判工作会议（民事部分）纪要〉的通知》（2016 年 11 月 21 日，法〔2016〕399 号）。

最高人民法院裁判文书

王根云与王瑞卿继承纠纷申诉案［最高人民法院（2010）民监字第 607 号民事裁定书］

> **裁判要旨：以被继承人死亡、继承开始为时点，继承人没有明确表示放弃继承的，视为接受继承，遗产归继承人共同共有，遗产所有权已经发生转移，在继承后发生的财产分割纠纷，其侵犯的不再是继承人的继承权，而是对遗产所有权的侵害。共有人分割争议房屋的诉讼请求属形成之诉，请求权基础为物权请求权。根据相关规定，共有人请求分割共有财产的请求权不适用有关诉讼时效的规定。**

最高人民法院审查认为：本案一、二审法院认定事实基本清楚，但适用法律存在错误。

① 对应《民法典》第一千一百二十四条。

第一，本案是析产纠纷，而非继承纠纷。本案中，各方当事人对于王根云的继承资格和继承权之享有均无异议，并且王根云并未明确表示放弃继承。根据《民法通则意见》第一百七十七条关于"继承开始后，继承人未明确表示放弃继承的，视为接受继承，遗产未分割的，即为共同共有"之规定，应当视为王根云接受继承，其与王瑞卿共同共有遗产。双方在共同共有期间发生的纠纷，依法应当按析产纠纷处理。一、二审法院按照继承纠纷处理本案，定性欠妥。

第二，《继承法》第八条关于诉讼时效的规定，系针对继承纠纷所作规定，并不当然适用于析产纠纷。本案中，王根云与王瑞卿对遗产成立共同共有关系。共同共有人对标的物享有的是物权，该物权一旦被侵害，共同共有人可行使物权请求权来恢复其物权。王根云提出的诉讼请求中，包括确认共同共有关系的诉讼请求与分割争议房屋的诉讼请求，其请求权基础为物权请求权。物权作为支配性权利，非经请求即可实现，即使权利人因标的物在事实上为他人占有而无法支配，在法律上其"支配权"也从未被阻断，其向无权占有人主张权利，本质上是在行使"支配权"，此种支配意义上的请求不应被诉讼时效所阻断。而且，从我国现行法律对于诉讼时效期间规定过短的情形考虑，衡量权利人与相对人之间的利益关系，在涉及大宗财产纠纷时，物权请求权不适用诉讼时效也更有利于保护权利人。因此，一、二审判决认定王根云主张权利超过诉讼时效，适用法律不当。

综上，一、二审判决适用法律不当，判决结果损害了当事人的实体权益。最高人民法院遂于2010年12月10日作出〔2010〕民监字第607号民事裁定，指令浙江高院再审本案。

浙江高院再审审理认为：根据当事人的诉辩主张和理由，本案再审争议焦点为：第一，讼争房屋是虞巧凤一人的遗产还是虞巧凤与王瑞卿等四人共有的财产；第二，本案王根云的起诉是否适用诉讼时效；第三，本案是继承纠纷还是析产纠纷；第四，王根云主张的租金是否应在本案中审理。结合本案事实及相关法律，具体评析如下：

第一，关于讼争房屋是虞巧凤一人的遗产还是虞巧凤与王瑞卿等四人共有的财产的问题。王根云主张讼争房屋系虞巧凤的遗产，理由是"关于土改的法律、政策和司法解释或批准停止实施或不应当继续适用或废止"。从一、二审及再审查明的事实看，王根云于1947年嫁到缙云县七里乡并在夫家参加了土改。1951年王瑞卿作为户主，与其他家庭成员母亲虞巧凤、妻子樊仙珠、女儿王春琴参加了讼争房屋所在地的土改。根据现行仍有效的《最高人民法院关于贯彻执行民事政策法律若干问题的意见》（1984年8月30日）第五十三条"有关土改遗留的房屋确权纠纷，一般应以土改时确定的产权为准"的规定，本案讼争房屋由该四人共同共有。一审认定该房屋归该四人等额共有，其中的四分之一为虞巧凤的遗产份额是得当的。王根云主张讼争房屋全部是虞巧凤遗产缺乏事实和法律依据，不予支持。

第二，关于本案王根云的起诉是否适用诉讼时效的问题。《民法通则意见》第一百七十七条规定："继承的诉讼时效按《继承法》的规定执行。但继承开始后，继承人未明确表示放弃继承的，视为接受继承，遗产未分割的，即为共同共有。诉讼时效的中止、中断、延长，均适用《民法通则》的有关规定。"尽管最高人民法院于 2008 年 12 月 18 日公布的《关于废止 2007 年底以前发布的司法解释（第七批）的决定》（法释〔2008〕15 号）中已将该条废止（理由是"与《物权法》有关规定冲突"），但该决定明确"废止的司法解释从公布之日起不再适用，但过去适用下列司法解释对有关案件作出的判决、裁定仍然有效"。本案王根云起诉是在 2004 年 5 月，二审法院的判决于 2008 年 8 月 20 日作出，故该条规定仍应适用于本案。根据该条规定，虞巧凤于 1971 年去世，王根云未明确表示放弃虞巧凤的遗产，应视为接受继承，故虞巧凤的遗产应为王瑞卿与王根云共同共有。王根云作为原告提出的确认共同共有关系的诉讼请求，属确认之诉；分割争议房屋的诉讼请求属形成之诉，请求权基础为物权请求权。物权为支配性权利，非经请求即可实现，即使权利人在事实上因标的物为他人占有而失去支配，但于法律意义上，其"支配权"从未被阻断，其向占有人主张权利，本质上是在行使"支配权"，此种支配意义上的请求不应被诉讼时效所阻断。因此，不应对物权请求权适用诉讼时效。据此，尽管王瑞卿于 1995 年、1996 年期间分别办理了讼争房屋的国有土地使用证和房屋所有权证，但并不能否定王根云基于接受继承而与其他法定继承人共同共有虞巧凤遗产的权利。根据查明的事实，虞巧凤对讼争房屋所享有的四分之一份额，应作为遗产由王瑞卿与王根云共同继承所有，王根云应享有讼争房屋八分之一份额的所有权。综上，王根云关于本案不适用诉讼时效的理由成立，但主张其享有讼争房屋二分之一份额无事实和法律依据，不予支持。

第三，关于本案是继承纠纷还是析产纠纷的问题。本案系王根云对被继承人虞巧凤的遗产要求继承而产生的诉讼，基础法律关系是继承，按照《民法通则意见》第一百七十七条规定的"遗产未分割的，即为共同共有"，即使存在共有关系并析产，其前提仍然是建立在继承法律关系之上的，因此，本案属于继承纠纷。

第四，王根云主张的租金是否应在本案中审理的问题。王根云在向一审法院提交的起诉状中未提到租金问题，其是在发回重审后增加了要求王瑞卿返还租金的请求的。鉴于本案是继承关系，而王根云主张王瑞卿返还租金属于债权关系，两者系不同的法律关系，不能合并审理。关于租金问题，王根云可另行主张。据此，对王根云再审中提出的调查取证申请，因无必要，不予准许。

——《立案工作指导与参考》2012 年第 2 辑（总第 33 辑）。

附录：最高人民法院主流观点

物权确认请求权、已被登记簿记载的不动产和特殊动产权利人返还该财产的请求权、排除妨害请求权和消除危险请求权均不适用诉讼时效。因此，共有物分割请求权不应适用诉讼时效；被继承人死亡后遗产未分割，各继承人均未表示放弃继承，诉请享有继承权、主张分割遗产的，只要不涉及对继承人资格存在异议，则亦不适用诉讼时效。当然，由前所述，如果需要确定继承人资格等不仅仅涉及遗产分割的，仍要适用诉讼时效的规定。在这里还需说明的是，《关于贯彻执行〈民法通则〉若干问题的意见（试行）》第一百七十七条第三句曾规定："……诉讼时效的中止、中断、延长，均适用民法通则的有关规定。"该条已被《最高人民法院关于废止 2007 年底以前发布的有关司法解释（第七批）的决定》（法释〔2008〕15 号）第二十四条废止。我们认为，废止该条的原因其实就在于该句表述并未明确表明该类纠纷不适用诉讼时效规定的，甚至可以得出应适用《民法通则》有关诉讼时效中止、中断、延长的规定，这实际上也是与物权法对于物权确认请求权、物权请求权是否适用诉讼时效的精神不相吻合的，故该条规定已被废止。在这种情况下，《八民会纪要（民事部分）》对此问题进行了明确的有别于该条规定的表述，进一步表明了最高人民法院对此类案件不应适用有关诉讼时效规定的倾向性态度。

——杜万华主编：《〈第八次全国法院民事商事审判工作会议（民事部分）纪要〉理解与适用》，人民法院出版社 2017 年版，第 422~423 页。

1372. 土地承包经营权能否作为遗产

关键词

土地承包经营权　遗产　用益物权

《中华人民共和国民法典》条文

第一千一百二十二条　遗产是自然人死亡时遗留的个人合法财产。

依照法律规定或者根据其性质不得继承的遗产，不得继承。

最高人民法院司法解释

第二条　承包人死亡时尚未取得承包收益的，可以将死者生前对承包所投入的资金和所付出的劳动及其增值和孳息，由发包单位或者接续承包合同的人合理折价、补偿。其价额作为遗产。

第三十九条 由国家或者集体组织供给生活费用的烈属和享受社会救济的自然人，其遗产仍应准许合法继承人继承。

——《最高人民法院关于适用〈中华人民共和国民法典〉继承编的解释（一）》（2020 年 12 月 29 日，法释〔2020〕23 号）。

第二十三条 林地家庭承包中，承包方的继承人请求在承包期内继续承包的，应予支持。

其他方式承包中，承包方的继承人或者权利义务承受者请求在承包期内继续承包的，应予支持。

——《最高人民法院关于审理涉及农村土地承包纠纷案件适用法律问题的解释》（2020 年 12 月 29 日修正）。

附录：最高人民法院主流观点

实践中，我国的土地承包依照承包主体的不同一般分为两种形式，有的以户为单位，有的以个人为单位。以户进行承包的，根据《农村土地承包法》第十六条规定，家庭承包是以农户为生产经营单位进行的承包，当农户家庭中部分成员死亡的，由于作为承包方的户仍然存在，因此，不发生继承问题，而家庭成员全部死亡，家庭消亡，户已不存在，更不发生承包经营权的继承问题。当然这是从承包经营权对外形式上讲的，但从内部关系看也存在一个继承问题，如家庭成员部分死亡，其他人继续以户名义行使权利的时候，只不过这种继承因为内部消化而未显化。实践中，较有疑问的是个人承包，如果承包主体死亡，则其承包经营权是否可以继承。依照《农村土地承包法》和最高人民法院的司法解释规定，个人承包经营权在以下情形可以继承。（1）林地承包经营权。依据《农村土地承包法》第三十二条和《最高人民法院关于审理涉及农村土地承包纠纷案件适用法律问题的解释》第二十五条规定，林地承包的承包人死亡，其继承人可以在承包期内继续承包。这主要是考虑种植树木的收益周期长，承包期相对也较长，故在承包期内实际上允许继承承包经营权。（2）通过招标、拍卖、公开协商等方式取得的“四荒”（荒山、荒沟、荒丘、荒滩）土地的承包经营权，根据《农村土地承包法》第五十四条规定，“在承包期内，其继承人可以继续承包”，上述土地承包经营权的取得方式因属商业化，其财产属性更为浓厚，允许一定期限的继承符合经济发展要求。上述《农村土地承包法》中有关承包经营权的所谓的“继续承包”，有的理解为原合同主体的变更，有的理解为承包经营权的继承。学界和司法界大多数倾向于后一种理解，即将土地承包经营权理解为一种可继承的用益物权，而不是一种主体变更的债权。当然，土地承包经营权中取得的有关收益作为遗产，法律并无任何限制。

——最高人民法院民法典贯彻实施工作领导小组编著:《中华人民共和国民法典婚姻家庭编继承编理解与适用》，人民法院出版社 2020 年版，第 502 页。

土地承包经营权的家庭承包方式是指以农村集体经济组织的每一个农户家庭全体成员为一个生产经营单位，作为承包人承包农民集体的耕地、林地、草地等农业用地，对于承包地按照本集体经济组织成员是人人平等地享有一份的方式进行承包。即家庭承包方式以户为生产经营单位，承包方只能是承包地所属的集体经济组织的成员，凡是集体经济组织成员应当人人有份的耕地、林地和草地等农村土地，都应当实行家庭承包的方式。

（一）土地承包收益属于遗产

在各类土地承包中，被继承人死亡时已经取得或者应当取得的收益，依法属于其遗产，也是实践中的共识。《民法典继承编解释（一）》第二条规定："承包人死亡时尚未取得承包收益的，可以将死者生前对承包所投入的资金和所付出的劳动及其增值和孳息，由发包单位或者接续承包合同的人合理折价、补偿。其价额作为遗产。"据此，承包人生前对土地所投入的资金、付出的劳动及其增值和孳息等，也应当属于承包人的财产，其价额作为遗产。

（二）土地承包经营权原则上不能继承

土地承包经营权本身能否作为遗产继承，对此问题的判断，应当基于农村土地承包经营权的社会保障性考量，并以相关的法律规定为依据。

根据《农村土地承包法》第十六条第一款的规定，家庭承包的承包方是本集体经济组织的农户，即家庭承包是以农户为生产经营单位进行的承包，土地家庭承包经营权不属于某一个家庭成员，承包户家庭中部分成员死亡的，承包关系不变，其他成员以该户的名义继续承包经营，因此，不发生继承问题。非承包户成员不能基于继承权主张对土地承包经营的权利，否则会与农村集体土地制度保障"人人有份"的基本原则发生冲突。同时根据该条第二款规定，农户内家庭成员依法平等享有承包土地的各项权益，故农户家庭成员对土地承包经营权形成共同共有关系，部分成员死亡的，其内部权利义务关系适用共同共有的规则进行调整，彼此不发生继承关系。家庭成员全部死亡的，因农户已不存在，家庭承包经营权因权利主体消灭而丧失，承包地应由村集体收回重新发包，不存在承包经营权的继承问题。所以，土地承包经营权原则上不得继承。

（三）林地家庭承包经营权可以继承

土地承包经营权不可继承在我国法律上也存在例外。《农村土地承包法》第三十二条第二款规定："林地承包的承包人死亡，其继承人可以在承包期内继续承包”；《农村土地承包纠纷解释》第二十三条第一款规定：“林地家庭承包中，承包方的继承人请求在承包期内继续承包的，应予支持”。据此，林地承包的承包人在承包期内死亡的，其继承人可以基于继承权主张在承包期内继续承包。这主要是考虑种植树木的收益周期长，承包期相对也较长，故在承包期内允许继承人继承承包经营权。

（四）土地经营权可以继承

《农村土地承包法》第五十四条除规定以其他方式承包取得土地经营权的承包人死亡，其应得的承包收益依照继承法的规定继承外，还规定“在承包期内，其继承人可以继续承包”。以其他方式承包取得的土地经营权，承包主体没有身份限制，承包标的不具有社会保障性，发包方式呈现市场化属性，土地经营权的财产属性更为明显，《民法典》将其从原有的土地承包经营权体系中剥离，也是对此种承包方式主体平等性、权利配置市场性、权益财产性的尊重，因此，在承包期内允许继承人继承土地经营权。

——最高人民法院民法典贯彻实施工作领导小组编著：《中国民法典适用大全（继承卷）》，人民法院出版社 2022 年版，第 28~29 页。

1373. 继承案件中析出配偶遗产时，不存在考虑配偶过错的适用空间

关键词

离婚　配偶死亡　遗产分割　夫妻共同财产　过错

附录：民事审判信箱

《民法典》第一千一百五十三条第一款规定：“夫妻共同所有的财产，除有约定的外，遗产分割时，应当先将共同所有的财产的一半分出为配偶所有，其余的为被继承人的遗产。”但在继承案件中析出配偶遗产时，是否可以不采取一人一半的方式，而是生存配偶基于去世配偶的过错行为（婚姻关系存续期间与他人同居等，假设事实无争议），请求多分财产？

目前存在两种不同的观点：一是认为生存配偶不能在继承案件中以被继承人有过错为由请求多分财产，因为过错是在离婚案件中主张的，以婚姻关系解除为前提，在继承案件中不能主张；二是认为无论继承还是离婚，分割夫妻共同财产都是基于共同关系不存在时的清算，清算规则应当一样，不能机械地采取一人一半的方式，而应当考虑财产来源、婚姻过错等因素，在继承案件中综合认定生存配偶一方应当获得的夫妻共同财产份额。

我们认为，离婚和配偶死亡是完全不同的语境，离婚和继承是两个不同

的法律关系，不能把处理离婚纠纷的规则适用于继承纠纷。遗产分割时对夫妻共同财产一人一半的原则是继承法的规定，民法典继承编沿用了这个规则，不可以从财产来源、一方存在过错等方面进行突破。配偶已经去世，不能再要求一个去世的人承担责任，过错问题只能在离婚诉讼中进行判断，一方死亡则丧失了探究的基础。民法典婚姻家庭编中的第一千零八十七条规定了离婚时分割夫妻共同财产应按照照顾子女、女方和无过错方权益的原则判决，这是处理离婚案件的实体规定，即夫妻双方均生存情况下解除婚姻关系的处理规则；而继承编规定的是配偶一方死亡情形下遗产分割的处理规则，两者不能混淆。死亡和离婚是导致婚姻关系解除的两个不同原因，在遗产分割时不存在考虑配偶过错的适用空间。

——《在继承案件中析出配偶遗产时，是否可以不采取一人一半的方式，而是生存配偶基于去世配偶的过错行为请求多分财产》，载最高人民法院民事审判第一庭编:《民事审判指导与参考》2020 年第 2 辑（总第 82 辑），人民法院出版社 2021 年版，第 229 页。

1374. 家庭承包中部分成员死亡的，不发生继承，而是由其他成员继续承包经营

关键词

承包经营权　农户　家庭成员　承包收益继承

最高人民法院司法解释

第一条　下列涉及农村土地承包民事纠纷，人民法院应当依法受理：

（一）承包合同纠纷；

（二）承包经营权侵权纠纷；

（三）土地经营权侵权纠纷；

（四）承包经营权互换、转让纠纷；

（五）土地经营权流转纠纷；

（六）承包地征收补偿费用分配纠纷；

（七）承包经营权继承纠纷；

（八）土地经营权继承纠纷。

农村集体经济组织成员因未实际取得土地承包经营权提起民事诉讼的，人民法院应当告知其向有关行政主管部门申请解决。

农村集体经济组织成员就用于分配的土地补偿费数额提起民事诉讼的，人民法院不予受理。

——《最高人民法院关于审理涉及农村土地承包纠纷案件适用法律问题的解释》（2020 年 12 月 29 日修正）。

附录：最高人民法院法官著述

关于承包经营权的继承问题，根据农村土地承包法第十六条的规定，家庭承包的承包方是本集体经济组织的农户。农户内家庭成员依法平等享有承包土地的各项权益。由此，家庭承包是以户为生产经营单位进行承包经营的，而非以农户内的家庭成员。因此，家庭部分成员死亡的，作为承包法的户仍然存在，不发生继承的问题，而是由家庭中的其他成员继续承包经营。继承的发生，只能在因家庭成员全部死亡致使以承包单位的户不存在的情况下存在。而对此发生的继承，需区分不同的情形加以处理。如果涉及承包人应得的承包收益的继承问题，如承包经营收获的农作物等，可作为承包人的个人财产，根据继承法的规定予以继承。如果涉及承包经营权的问题，则不能继承，应当由农村集体经济组织收回。

——赵风暴：《〈最高人民法院关于审理涉及农村土地承包纠纷案件适用法律问题的解释〉新修改条文解读》，载最高人民法院民事审判第一庭编：《民事审判指导与参考》2021 年第 2 辑（总第 86 辑），人民法院出版社 2021 年版，第 34 页。

1375. 夫妻共同居住的公租房在一方死亡后不得作为遗产继承

关键词

公租房　租赁权　遗产继承　夫妻共同居住

《中华人民共和国民法典》条文

第一千零六十一条　夫妻有相互继承遗产的权利。

附录：最高人民法院主流观点

公房承租是指公房所有人或管理人将国家所有或集体、企业、事业单位所有房屋交给承租人使用，承租人向出租人支付租金的法律行为。公房承租是在特定历史条件下出现的一种产物，是我国传统福利住房分配制度的体现。对于公有住房，承租人只有租赁权，不能作为遗产继承。例如，《北京市公有住宅租赁合同》中规定：租赁期限内，承租方外迁或死亡，承租方同一户籍共同居住两年以上又无其他住房的家庭成员愿意继续履行原合同，可以办理更名手续。因此，作为与其共同居住的配偶一方，符合条件的可以继续承租使用，但不能主张作为遗产继承。

——最高人民法院民法典贯彻实施工作领导小组编著：《中华人民共和国民法典婚姻家庭编继承编理解与适用》，人民法院出版社2020年版，第147页。

1376. 家庭承包方式的土地承包经营权是否可以继承

关键词

家庭承包方式　承包经营收益　四荒地　遗产继承

《中华人民共和国民法典》条文

第一千零六十一条　夫妻有相互继承遗产的权利。

附录：最高人民法院主流观点

根据《农村土地承包法》的规定，农村土地承包分为家庭承包和其他方式的承包两类。家庭承包针对的是耕地、林地和草地，承包方是本集体经济组织的农户。其他方式承包针对的是不宜采取家庭承包方式的荒山、荒沟、荒丘、荒滩等“四荒”土地。家庭承包中，土地承包经营权的权利主体为“农户”，其他方式的承包中，土地承包经营权的权利主体，即承包方既可以是本集体经济组织成员，也可以是本集体经济组织以外的单位和个人。《民法典》总则编中的自然人一章明确“农村承包经营户”为一类民事主体。《民法典》第五十五条规定：“农村集体经济组织的成员，依法取得农村土地承包经营权，从事家庭承包经营的，为农村承包经营户。”可见，在家庭承包方式中，承包经营权的权利主体是农户，并不与农户内的家庭成员个人发生直接联系。而农户内的具体成员则因生、老、病、死存在变动。但按照“增人不增地、减人不减地”的政策，农户内的夫妻一方死亡的，不影响另一方和其他家庭成员享有的土地承包经营权，无发生继承的必要。当承包经营农户内的家庭成员全部死亡，该土地承包经营权因权利主体不存在而归于消灭。该块承包地应由农村集体经济组织收回后另行分配，不能由该农户家庭成员外的其他继承人继续承包经营。之所以作此理解，是由家庭承包方式“耕者有其田”的基本社会保障功能所决定的。因此，当夫或妻一方死亡时，配偶能够继续承包经营，是由家庭承包方式下土地承包经营权的性质决定的，并不是基于夫妻双方之间的遗产继承权所获得。《民法典》第一千零八十七条第二款规定，对夫或者妻在家庭土地承包经营中享有的权益等，应当依法予以保护。此种权益，应当包括一方继续承包经营的权利。当然，基于家庭承包经营已经获得的收益，属于夫妻共同财产范畴，可以作为遗产相互继承。

而对“四荒”土地采取的其他方式承包，则是以效率优先、兼顾公平为处理原则。《农村土地承包法》第五十四条规定：土地承包经营权通过招标、拍卖、公开协商等方式取得的，该承包人死亡，其应得的承包收益，依照继承法的规定继承；在承包期内，其继承人可以继续承包。对此，应作如下理解：首先，其他方式承包的，土地承包经营权的主体并非是农户，而是本集体经济组织成员或本集体经济组织以外的单位或个人，权利主体是确定的；其次，由于“四荒”土地开发周期长，短期内很难获得收益，因此，在很多情况下，承包人死亡时可能并未产生具体的收益。但承包人在死亡之前所做的投入是有财产利益的，其对应的承包收益应属于遗产范畴，作为夫妻的另一方，有权继承。同时，考虑到此种长期继续性合同的特点甚至其中包含的情感利益，在承包期内，夫妻另一方也可以继续承包，以实现承包收益。

——最高人民法院民法典贯彻实施工作领导小组编著：《中华人民共和国民法典婚姻家庭编继承编理解与适用》，人民法院出版社2020年版，第147~148页。

第九章　侵权责任

一、一般规定

1377. 审理发生在公共空间案件，应兼顾国法天理人情，引导社会成员增强公共意识、规则意识，实现法律效果与社会效果的统一

关键词

公共空间案件　见义勇为　紧急求助　好人条款　不法侵害

最高人民法院司法政策精神

引导社会成员增强公共意识、规则意识。现代社会，人们工作生活离不开公共空间，规范的公共空间行为是社会充满活力、和谐有序的基础。对发生在公共空间案件的审理，人民法院兼顾国法天理人情，明辨是非，惩恶扬善，努力实现法律效果与社会效果的统一。审理"撞伤儿童离开遇阻猝死案"，判决阻拦者不担责，鼓励见义勇为。审理"患者飞踹医生反被伤案"，改判医生为正当防卫，坚决跟"和稀泥"说不。审理"微信群主踢群第一案"，支持群组内正当管理行为，不让网络社区成为法外之地。审理"私自上树摘杨梅坠亡案"，认定村委会未违反安全保障义务，让守法者不用为他人过错买单。审理"冰面遛狗溺亡索赔案"，让自甘冒险者自负其责。审理"小偷逃逸跳河溺亡案"，依法判定追赶群众无责，宣示见义勇为者不用承担过重注意义务。通过一系列案件审理，破解长期困扰群众的"扶不扶""劝不劝""追不追""救不救""为不为""管不管"等法律和道德风险，坚决防止"谁能闹谁有理""谁横谁有理""谁受伤谁有理"等"和稀泥"做法，让司法有力量、有是非、有温度；让群众有温暖、有遵循、有保障，争做法治中国好公民。

——周强：《最高人民法院工作报告——2020 年 5 月 25 日在第十三届全国人民代表大会第三次会议上》，载《人民法院报》2020 年 6 月 2 日。

最高人民法院公布的典型案例

刘某某、郭某丽、郭某双诉孙某、某物业公司生命权纠纷案

裁判要旨：当事人合理阻止不法侵害儿童权益的行为，不具有违法性。

（一）法院裁判

法院认为：孙某见到郭某林将罗某某撞倒在地后，让郭某林等待罗某某的家长前来处理相关事宜，其目的在于保护儿童利益，该行为符合常理，不仅不具有违法性，还具有正当性，应当给予肯定与支持。孙某与郭某林在事发前并不认识，孙某不知道郭某林身体健康状况，孙某在阻拦过程中虽与郭某林发生言语争执，但孙某的言语并不过激，其阻拦方式和内容均在正常限度之内，阻拦行为本身不会造成郭某林死亡的结果。在郭某林倒地后，孙某及时拨打 120 急救热线救助，郭某林在抢救过程中因心脏骤停而不幸死亡，孙某的阻拦行为与郭某林的死亡结果不存在法律上的因果关系，孙某亦不存在过错，其不应承担侵权责任。

（二）典型意义

一段时期以来，“搀扶摔倒老人反被讹诈”等负面新闻屡屡见诸媒体报道，公众良知不断受到拷问和挑战，引发了人们对社会道德滑坡的担心和忧虑。本案中，好心人孙某对侵害儿童权益的行为进行合理地阻止，不仅不具有违法性，反而具有正当性，值得肯定和鼓励。本案判决好心人不担责，向社会公众明确传递出法律保护善人善举的信号，消除了老百姓对助人为乐反而官司缠身的担心和顾虑，让“扶不扶”“救不救”等问题不再成为困扰社会的两难选择。本案裁判对弘扬诚信相待、友善共处、守望相助的社会主义核心价值观起到积极的宣传和引导作用。

——《人民法院大力弘扬社会主义核心价值观十大典型民事案例》，载《人民法院报》2020 年 5 月 14 日。

李某某等人诉某村委会违反安全保障义务责任纠纷案

裁判要旨：当事人私自爬树摘果坠亡，管理人不应承担赔偿责任。

（一）法院裁判

法院认为：安全保障义务内容的确定应限于管理人的管理和控制能力范

围之内。案涉景区属于开放式景区，未向村民或游客提供采摘杨梅的旅游项目，杨梅树本身并无安全隐患，若要求某村委会对景区内的所有树木加以围蔽、设置警示标志或采取其他防护措施，显然超过善良管理人的注意标准。吴某某作为完全民事行为能力的成年人，应当充分预见攀爬杨梅树采摘杨梅的危险性，并自觉规避此类危险行为。吴某某私自爬树采摘杨梅，不仅违反了该村村规民约中关于村民要自觉维护村集体的各项财产利益的村民行为准则，也违反了爱护公物、文明出行的社会公德，有悖公序良俗。吴某某坠落受伤系其自身过失行为所致，某村委会难以预见并防止吴某某私自爬树可能产生的后果，不应认为某村委会未尽安全保障义务。事故发生后，某村委会亦未怠于组织救治。吴某某因私自爬树采摘杨梅不慎坠亡，后果令人痛惜，但某村委会对吴某某的死亡不存在过错，不应承担赔偿责任。

（二）典型意义

本案是人民法院依职权再审改判不文明出行人自行承担损害后果的案件。再审判决旗帜鲜明地表明，司法可以同情弱者，但对于违背社会公德和公序良俗的行为不予鼓励、不予保护，如果"谁闹谁有理""谁伤谁有理"，则公民共建文明社会的道德责任感将受到打击，长此以往，社会的道德水准将大打折扣。本案再审判决明确对吴某某的不文明出行行为作出了否定性评价，改判吴某某对坠亡后果自行担责，倡导社会公众遵守规则、文明出行、爱护公物、保护环境，共建共享与新时代相匹配的社会文明，取得了良好的社会效果。

——《人民法院大力弘扬社会主义核心价值观十大典型民事案例》，载《人民法院报》2020年5月14日。

1378. 动物致害赔偿责任应区分被侵权人故意和重大过失

关键词

故意　重大过失　动物饲养人　监督管理义务　动物致害

《中华人民共和国民法典》条文

第一千二百四十五条　饲养的动物造成他人损害的，动物饲养人或者管理人应当承担侵权责任；但是，能够证明损害是因被侵权人故意或者重大过失造成的，可以不承担或者减轻责任。

附录：最高人民法院主流观点

只有被侵权人故意造成损害结果才可免除动物饲养人或管理人的民事责

任，被侵权人有重大过失只能减轻动物饲养人或管理人的民事责任，所以，正确区分被侵权人的过错程度是司法实践中的难点与重点。一般认为，被侵权人的过错程度应站在侵害发生当时，以一般人的经验法则作为根据，将“理性第三人”或“一般理性人”作为判断基准，针对一般人认识到的客观事实和被侵权人可能特别认知的客观事实作为判断材料，对被饲养动物危险性及被侵权人行为招致动物伤害的可能性进行具体判断。一是需要考虑动物本身的危险性。以被侵权人向动物投喂食物为例，如果被侵权人向原本危险性较小的鸡鸭等家禽投喂食物而被啄伤的，应认为被侵权人仅存在一般过失；假如不顾警示标识近距离向有一定危险性的猴、狗等动物投喂食物招致伤害的，被侵权人可能存在重大过失；假如不顾警示标识进入禁入领域向有高度危险性的狮虎等猛兽投喂食物招致伤亡的，则可以认定被侵权人存在故意。二是需要考虑被侵权人行为本身招致危险的可能性。对动物的一般性挑逗行为，通常不会招致动物攻击，故通常不宜认定被侵权人故意造成损害。三是需要考虑动物饲养人或管理人监督管理义务履行情况。假如动物饲养人或管理人已全方位、多角度地对动物存在的危险进行了充分的告知警示，也设置了预防动物致害的完备防护设施，而被侵权人仍不顾警示，突破各种防护设施，靠近危险性动物导致损害发生的，可以认定被侵权人故意造成自身损害，动物饲养人或管理人可免除责任。

——最高人民法院民法典贯彻实施工作领导小组编：《中华人民共和国民法典侵权责任编理解与适用》，人民法院出版社 2020 年版，第 648~649 页。

1379. 区分共同危险行为与共同侵权行为

关键词

共同危险行为　共同侵权　损害后果　因果关系

《中华人民共和国民法典》条文

第一千一百七十条　二人以上实施危及他人人身、财产安全的行为，其中一人或者数人的行为造成他人损害，能够确定具体侵权人的，由侵权人承担责任；不能确定具体侵权人的，行为人承担连带责任。

附录：最高人民法院主流观点

通常而言，实施危及他人人身、财产安全行为的数人均有加害行为而致他人损害，如果这一损害后果是由全部行为人的行为所造成，这应属于共同侵权行为的范畴。如果这一损害后果是由其中一人或数人的行为所造成，而且能够确定具体加害人是谁，这也不是共同危险行为，而可能构成独立的侵权行为或者共同侵权行为，这时能够证明自己的行为与损害后果没有因果关系的行为人不承担侵权责任。如果能够确定损害事实是由数人的危险行为所致，但无法确定具体是哪个或者哪几个人的行为所致，这应属于共同危险行为的范畴。

——最高人民法院民法典贯彻实施工作领导小组编：《中华人民共和国民法典侵权责任编理解与适用》，人民法院出版社 2020 年版，第 75 页。

1380. 过失相抵原则与因果关系中断的区别

关键词

过失相抵　因果关系　损害结果　原因力竞合

《中华人民共和国民法典》条文

第一千一百七十三条　被侵权人对同一损害的发生或者扩大有过错的，可以减轻侵权人的责任。

附录：最高人民法院主流观点

在适用过失相抵原则时，要注意与因果关系中断的区别。因果关系中断，是指在因果关系进行过程中，因为介入一定的自然事实或者第三人行为，而使得原有的因果关系链发生中断。发生因果关系中断的情况，其一，表现为一方从事不法行为，在损害没有发生之前因为有其他因素的介入，从而使本不应发生的损害发生；其二，还包括行为人实施了侵权行为之后，由于第三人的行为或事件的介入，损害结果未按照原来的因果关系历程发生，而是导致了一种新的损害的发生。比如，保管人拒不交付保管物，寄存人一怒之下，将保管物烧毁。从损害结果分析，保管人拒不交付保管物，所受损害为对方迟延履行导致的违约损害，寄存人大怒而将保管物烧毁，表面上是因对方过失与自己过失相结合造成损失扩大，实际上后一损害为物的毁损灭失，与前一损害并非同一。此种情形属于损害结果不具有同一性，不能构成过失相抵，而属于因果关系中断。过失相抵原则的适用则是针对多因一果的侵权行为，其中受害人的过错是损害发生的一个原因，即受害人的过错行为（既可以是作为，也可以是不作为）与侵权行为人的行为，也可能还有其他原因共同作用发生同一损害时才适用过失相抵的规则。只有在损害结果同一且原因力竞合这两个条件同时具备时，才符合过失相抵的客观构成要件。仅符合其中一个条件的，不能构成过失相抵，而很可能属于因果关系中断的情形。

——最高人民法院民法典贯彻实施工作领导小组编：《中华人民共和国民法典侵权责任编理解与适用》，人民法院出版社 2020 年版，第 98 页。

1381. 分别实施侵权行为造成同一损害，起到间接作用的侵权行为人承担补充责任

关键词

财产损害赔偿　侵权补充责任

最高人民法院裁判文书

环境公司与姑苏支行财产损害赔偿纠纷案［最高人民法院（2021）最高法民申 2273 号民事裁定书］

裁判要旨：分别实施侵权行为造成同一损害的，行为人应当根据其责任大小承担相应的责任。侵权行为对损害结果的产生具有引导、促成、帮助等间接作用的，行为人需在直接责任人不能承担赔偿责任的范围内，根据其过错程度承担相应的补充责任。

最高人民法院经审查认为，根据环境公司申请再审理由及原审判决情况，本案再审审查的焦点为：1. 姑苏支行的行为是否构成侵权；2. 环境公司就其所受财产损失是否存在过错；3. 若姑苏支行构成侵权，其应承担的民事责任范围。

关于焦点 1，根据原审查明的事实，本案中环境公司所受财产损失并非单一原因造成，至于姑苏支行在其中是否存在过错、构成侵权，应结合其在电力公司向环境公司借款过程中的具体行为及所起作用来判断。首先，在环境公司与电力公司、国电集团签订《三方协议》阶段，姑苏支行向环境公司出具了《告知函》。该《告知函》载明，《三方协议》中国电集团印章与其留在姑苏支行的《订单融资三方合作协议》上的一致，并承诺若印章不一致则由姑苏支行承担赔偿责任。虽然国电集团在《订单融资三方合作协议》所留印章与《三方协议》中的印章在形式上近似，但《告知函》对印章评述为“合法、真实、准确、有效”显然已超出了客观判断。结合关联刑事案件中证人姚丹 2016 年 1 月 12 日询问笔录，姑苏支行出具《告知函》带有担保性质。再结合时任姑苏支行行长的徐晨 2015 年 4 月 20 日询问笔录与《告知函》所载内容，可认定姑苏支行在出具《告知函》时已明知电力公司向环境公司借款是为了归还姑苏支行的贷款。其次，在电力公司、环境公司、国电集团签

订《最高额借款合同》《不可撤销连带保证责任》阶段，电力公司向环境公司出示加盖有姑苏支行印章的《承诺函》。根据该《承诺函》，姑苏支行将向电力公司发放新贷，否则代为清偿《最高额借款合同》项下债务。鉴于环境公司在二审与申请再审期间均未主张姑苏支行在该阶段存在侵权行为，最高人民法院对此不再作评判。最后，在环境公司决定出借款项阶段，姑苏支行向电力公司出具《5 亿元授信审批批复》，电力公司向环境公司出示该批复。但该批复上未加盖姑苏支行印章，且载明授信前需落实七项条件。根据蔡玉明、钱鑫峰、李金明、方孝华、刘文健、姚丹等人在公安机关的询问笔录，环境公司法定代表人蔡玉明到姑苏支行核实上述批复真伪及贷款发放事宜时，徐晨告知批复是真实的，待电力公司偿还旧贷后，5 亿元新贷款即会发放；时任姑苏支行经理的钱鑫峰告知如果落实了批复上所列条件，贷款很快就会发放。综上可知，姑苏支行出具《告知函》和《5 亿元授信审批批复》不当，存在过错。姑苏支行出具《告知函》和《5 亿元授信审批批复》的行为，是促使环境公司在不完全掌握真实信息的情况下，决定向电力公司出借款项并造成财产损失的因素之一，已构成侵权。

关于焦点 2，环境公司主张其作为普通民事主体已尽合理注意义务，不应对损失承担 60% 的责任。但根据原审查明的事实，环境公司就其财产损失存在过错。首先，环境公司在签订《三方协议》《最高额借款合同》前具备核查国电集团印章等情况真实性的客观条件，其在事后也确实进行过相关核查工作，不存在障碍。环境公司在出借巨额款项决定作出前，将风险评估完全基于对姑苏支行的信赖，未能尽到必要的注意义务。其次，根据方孝华 2015 年 4 月 21 日询问笔录，其作为环境公司委托的律师，在未实际见证《承诺函》（盖有姑苏支行印章）办理盖章的情况下，即在复印件上签字确认其参与了办理盖章的全过程。而根据关联刑事案件查证情况，该《承诺函》系蔡玉明伪造的。环境公司仅出于对方孝华的信任即认为《承诺函》真实，未能尽到必要的注意义务。最后，电力公司向环境公司出示的《5 亿元授信审批批复》在形式上未加盖姑苏支行印章，在内容上附有七项授信条件，电力公司还清旧贷仅为其中一项。环境公司仅凭徐晨口头答复即认为姑苏支行会发放新贷款，并非合理信赖，未能尽到必要的注意义务。综上可知，环境公司在决定向电力公司出借款项过程中，自身多次存在未尽必要注意义务问题，就所受财产损失亦存在过错。

关于焦点 3，根据原审查明的事实，电力公司实施的虚构国电集团欠其 3.67 亿元应收账款、伪造国电集团印章签订《三方协议》、伪造《承诺函》、指使他人冒充国电集团员工签订《不可撤销连带保证责任》等一系列欺诈行为，系造成环境公司财产损失的直接原因，应承担赔偿责任。如前所述，姑苏支行出具《告知函》和《5 亿元授信审批批复》的不当行为，在客观上加固了电力公司欺诈行为与环境公司财产损失之间的因果关系，但起到的更多是促成作用，系造成环境公司财产损失的间接原因。依现有证据，电力公司与姑苏支行并不存在欺诈共谋，姑苏支行对电力公司欺诈行为造成的财产损失不承担连带赔偿责任。但考虑到姑苏支行的不当行为系造成环境公司财产损失的原因之一，已构成侵权，故应承担相应的补充赔偿责任。二审法院综合考虑全案事实及姑苏支行、环境公司的过错程度，认定姑苏支行对环境公司财产损失承担 40% 的补充赔偿责任，并无不当。

——中国裁判文书网。

1382. 分别实施侵权行为造成同一损害，起到间接作用的侵权行为人承担补充责任

关键词

财产损害赔偿　侵权补充责任

最高人民法院裁判文书

光大银行姑苏支行与环境公司财产损害赔偿纠纷案［最高人民法院（2021）最高法民申 5478 号民事裁定书］

裁判要旨：分别实施侵权行为造成同一损害的，行为人应当根据其责任大小承担相应的责任。侵权行为对损害结果的产生具有引导、促成、帮助等间接作用的，行为人需在直接责任人不能承担赔偿责任的范围内，根据其过错程度承担相应的补充责任。

最高人民法院经审查认为，根据姑苏支行申请再审的理由及一、二审判决情况，本案再审审查范围和焦点问题为：二审判决姑苏支行构成侵权并承担相应民事责任是否适当。

首先，根据一、二审查明的事实，本案中环境公司所受财产损失并非单一原因造成，至于姑苏支行在其中是否存在过错、构成侵权，应结合其在电力公司向环境公司借款过程中的具体行为及所起作用来判断。第一，在环境公司与电力公司、国电集团签订《三方协议》阶段，姑苏支行向环境公司出具了《告知函》。该《告知函》载明，《三方协议》中国电集团印章与其留在姑苏支行的《订单融资三方合作协议》上的一致，并承诺若印章不一致则由姑苏支行承担赔偿责任。虽然国电集团在《订单融资三方合作协议》所留印章与《三方协议》中的印章在形式上近似，但《告知函》对印章评述为“合

法、真实、准确、有效”显然已超出了客观判断。结合刑事另案中证人姚丹2016年1月12日询问笔录，姑苏支行出具《告知函》带有担保性质。再结合时任姑苏支行行长的徐晨2015年4月20日询问笔录、《告知函》所载内容以及电力公司之后向姑苏支行偿还3亿元贷款的事实，可认定姑苏支行在出具《告知函》时已明知电力公司向环境公司借款是为了归还姑苏支行的贷款。第二，在环境公司决定出借款项阶段，姑苏支行向电力公司出具《授信批复》，电力公司向环境公司出示该批复。但该批复上未加盖姑苏支行印章，且载明授信前需落实七项条件。根据蔡玉明、钱鑫峰、李金明、方孝华、刘文健、姚丹等人在刑事另案的询问笔录，环境公司法定代表人蔡玉明到姑苏支行核实上述批复真伪及贷款发放事宜时，徐晨告知批复是真实的，待电力公司偿还旧贷后，5亿元新贷款即会发放；时任姑苏支行经理的钱鑫峰告知如果落实了批复上所列条件，贷款很快就会发放。综上可知，姑苏支行出具《告知函》和《授信批复》不当，存在过错。姑苏支行出具《告知函》和《授信批复》的行为，是促使环境公司在不完全掌握真实信息的情况下，决定向电力公司出借款项并造成财产损失的因素之一，已构成侵权。

其次，根据一、二审查明的事实，环境公司就其财产损失存在过错，其过错因素主要包括：第一，环境公司在签订《三方协议》《最高额借款合同》前具备核查国电集团印章等情况真实性的客观条件，其在事后也确实进行过相关核查工作，不存在障碍。环境公司在出借巨额款项决定作出前，将风险评估完全基于对姑苏支行的信赖，未能尽到必要的注意义务。第二，根据方孝华2015年4月21日询问笔录，其作为环境公司委托的律师，在未实际见证《承诺函》（盖有姑苏支行印章）办理盖章的情况下，即在复印件上签字确认其参与了办理盖章的全过程。而根据刑事另案的情况，该《承诺函》系蔡玉明伪造。环境公司仅出于对方孝华的信任即认为《承诺函》真实，未能尽到必要的注意义务。第三，电力公司向环境公司出示的《授信批复》在形式上未加盖姑苏支行印章，在内容上附有七项授信条件，电力公司还清旧贷仅为其中一项。环境公司仅凭徐晨口头答复即认为姑苏支行会发放新贷款，并非合理信赖，未能尽到必要的注意义务。二审法院根据各方当事人过错程度，结合全案事实，酌情认定环境公司对其损失承担60%的责任，并无不当。

最后，根据一、二审查明的事实，电力公司实施的虚构国电集团欠其3.67亿元应收账款、伪造国电集团印章签订《三方协议》、伪造《承诺函》、指使他人冒充国电集团员工签订《不可撤销连带保证责任》等一系列欺诈行为，系造成环境公司财产损失的直接原因，应承担赔偿责任。如前所述，姑苏支行出具《告知函》和《授信批复》的不当行为，在客观上加固了电力公司欺诈行为与环境公司财产损失之间的因果关系，但起到的更多是促成作用，系造成环境公司财产损失的间接原因。依现有证据，电力公司与姑苏支行并不存在欺诈共谋，姑苏支行对电力公司欺诈行为造成的财产损失不承担连带赔偿责任。但考虑到姑苏支行的不当行为系造成环境公司财产损失的原因之一，已构成侵权，故应承担相应的补充赔偿责任。二审法院综合考虑全案事实及姑苏支行、环境公司的过错程度，认定姑苏支行对环境公司财产损失承担 40% 的补充赔偿责任，亦无不当。

——中国裁判文书网。

1383. 共同侵权坚持必要共同诉讼是否与债权人对连带债务人享有选择权的规定相悖

关键词

共同侵权　共同诉讼　债权人　连带债务人

附录：最高人民法院法官著述

2003 年《人身损害赔偿解释》第五条明确了对共同侵权人提起的损害赔偿之诉属于必要的、不可分的共同诉讼，如果赔偿权利人仅起诉部分共同侵权人，人民法院应当依职权追加其余共同侵权人为共同被告。有意见提出上述规定限制了连带债务的债权人的选择权，与《民法典》第五百一十八条的规定冲突。《民法典》第 518 条第一款规定，债务人为二人以上，债权人可以请求部分或者全部债务人履行全部债务的，为连带债务。经研究并报经立法机关同意，2020 年修正的《人身损害赔偿解释》第二条保留了原第五条共同侵权采取必要共同诉讼形式的规定，将债权人对连带债务人的选择权后移至执行程序。我们主要考虑，关于债权人对连带债务的债务人追责问题，实体法与程序法的规定并不完全一致。按照《民事诉讼法》第五十五条、第一百三十五条的规定，当事人一方或者双方为二人以上，其诉讼标的是共同的，构成必要共同诉讼。必须共同进行诉讼的当事人没有参加诉讼的，人民法院应当通知其参加诉讼。共同侵权产生的连带责任主体为二人以上，被侵权人与侵权人之间争议的并要求法院裁决的法律关系同一，故依程序法的逻辑，对共同侵权人提起的损害赔偿之诉应属必要共同诉讼，当事人必须一同起诉或者应诉，人民法院应当合并审理。如从诉讼处分原则的角度出发，允许债权人选择被告人民法院为查明共同过错、因果关系等案件事实的需要，往往会将未被债权人追责的共同侵权人追加为第三人，这就面临对第三人的范围进行扩张的问题，与《民事诉讼法》第 59 条的规定存在冲突。考虑到将共同侵权人追加为共同被告，并不会损害债权人利益，亦符合必要共同诉讼的规定，且有利于人民法院查明事实、一次性解决纠纷，避免出现分开起诉侵权人作出的裁判相互抵触，且债权人还可在执行程序中对法院裁判确认的连带债务人行使履行选择权，因此 2001 年《人身损害赔偿解释》第五条的规定仍然具有法律适用价值，在协调实体法和程序法方面具有重要意义，所以继续予以保留。

——潘杰:《民事侵权审判实务若干问题》，载马世忠主编、最高人民法院政治部编:《审判实务前沿问题解读——人民法院大讲堂实录》，人民法院出版社 2023 年版，第 320-321 页。

1384. 公平责任不是归责原则

关键词

公平责任　归责原则　因果关系

附录：最高人民法院法官著述

公平责任是否是侵权责任的归责原则？对于这个问题有不同的看法。倾向性观点认为不是归责原则，只是过错原则和无过错原则的补充。过错责任原则和无过错责任原则已经体现了公平原则的精神，况且它的适用具有相当的特殊性和自身独有的适用范围。从人民法院的审判实践来看，需要适用公平分担的情况也不是很多。考虑到社会生活的复杂性、多样性，为人民法院的审判实践留有余地，民法典保留了这个规定，但没有将它作为一个原则。

审判实践中，适用公平分担要注意两个问题：一是行为人的行为与损害结果有因果关系；二是双方当事人对损害后果的发生都没有过错。为什么要强调因果关系呢？因为在侵权责任上，因果关系很重要，因果关系是承担责任或者分担损失的基础和前提，损害后果的发生与行为人没有关系，为何要求行为人承担责任或者分担损失？不论行为人主观上是否有过错，没有因果关系都不能承担责任或者分担损失。这个案件一审判决适用公平分担的规定，判决杨某补偿田某某 15000 元，就是没有考虑公平责任的适用前提，属于适用法律错误。法条本身不会规定特别详细，但是我们在适用时一定要理解法条所蕴含的法理，准确把握立法本意。

附：案情简介

2017 年 5 月 2 日，段某（69 岁）与杨某（30 岁）先后进入郑州市某小区单元电梯内，因段某在电梯内吸烟，二人发生言语争执。段某与杨某走出电梯后，双方仍有言语争执。双方被该小区物业公司工作人员劝阻后，杨某离开。段某同物业公司工作人员一同进入物业公司办公室休息，后段某因心脏病发作猝死。根据小区监控视频显示内容，事件发生过程中，段某情绪较为激动，并随着时间的推移，情绪激动程度不断升级；杨某在整个过程中，情绪相对比较冷静、克制；二人只有语言交流，无拉扯行为，无肢体冲突。经核算，三段监控视频中显示出杨某与段某接触时长不足5分钟。在120救护车到达前，具有职业医护经验的杨某积极对段某实施了心脏按压复苏。段某有心脏病史，2007年做过心脏搭桥手术。本案原告田某某系段某配偶。田某某诉讼请求：判令：（1）被告杨某赔偿原告田某某死亡赔偿金326796元、丧葬费22960元、精神抚慰金5万元，医疗费755.8元，以上共计400511.8元；（2）本案诉讼费由被告杨某承担。

——郑学林：《民法典中的社会主义核心价值观及典型案例解析》，载最高人民法院民事审判第一庭编：《民事审判指导与参考》2021年第1辑（总第85辑），人民法院出版社2021年版，第45~48页。

1385. 自甘风险是《民法典》侵权责任编新增的免责事由

关键词

自甘风险　免责事由　安全保障义务　人身损害赔偿

附录：最高人民法院法官著述

自甘风险是侵权责任编一般规定中新增加的免责事由。所谓自甘风险，即明知风险而自甘冒险，发生损害后果应当自负，来源于英美法上的“自愿者无损害可言”原则。最早的案例是有人坚持乘坐醉酒的飞行员开的飞机，失事之后，乘机人家属起诉飞行员家属承担侵权责任，法院没有支持，由此确立了自甘风险的概念。2002年教育部发布的《学生伤害事故处理办法》第十二条第五项规定，在对抗性或者具有风险性的体育竞赛活动中发生意外伤害的，学校已履行了相应职责，行为并无不当的，无法律责任。《民法典》第一千一百七十六条规定：“自愿参加具有一定风险的文体活动，因其他参加者的行为受到损害的，受害人不得请求其他参加者承担侵权责任；但是，其他参加者对损害的发生有故意或者重大过失的除外。活动组织者的责任适用本法第一千一百九十八条至一千二百零二条的规定。”由此在民事法律制度中确立了“自甘风险”这一免责事由。

增加这条规定的立法理由是“参加对抗性较强的体育文体等活动容易发生受伤等情况。实践中，对伤害由谁承担责任经常发生纠纷。例如马拉松竞赛活动中参赛者去世，要求组织者承担侵权责任。参加拳击比赛参赛者死亡要求对方参赛者承担侵权责任。为了满足具有风险性的体育竞技等方面的需要，明确责任的界限，增加规定自甘风险”。

这条规定的适用要点为：（1）受害人必须意识到所参加的文体活动的风险。规定中的“一定风险”，应理解为风险性较高、对自身条件有一定要求、对抗性较强，比如篮球、足球、拳击、赛车、赛马、蹦极等。（2）因为其他参与者的对抗、冲撞等行为受到损害，排除行为人故意或重大过失的行为，如观众向演出台扔酒瓶。（3）活动组织者的责任适用安保义务的规定。活动组织者能否免责，还要看其是否履行了第一千一百九十八条至一千二百零一条规定的安全保障义务。在篮球比赛受伤向队友索赔案中，湖南省永州市中级人民法院（2015）永中法民一终字第191号民事判决认为，“篮球运动是一项对抗强烈的体育活动，任何人参加该项运动，都应当意识到可能发生的危险。参加体育运动的行为本身就是一种自愿承担危险的行为，只要不是故意使对方受伤，就不需要承担责任”。在央视女编辑灵山自助游人身损害赔偿纠纷案中，北京市海淀区人民法院认为，小某作为对其行为具有完全认知能力的民事主体，完全可以根据免责声明中的风险提示及对户外登山活动的认识作出判断，根据自身状况加以选择。最后，判决驳回小某父母的赔偿请求。在老人爬杨梅树坠亡案中，广州市中级人民法院（2018）粤01民终4942号民事判决认为，红山村村民委员会作为红山村景区的管理人，虽负有保障游客免遭损害的安全保障义务，但安全保障义务内容的确定应限于景区管理人的管理和控制能力范围之内。红山村景区属于开放式景区，未向村民或游客提供采摘杨梅的活动，杨梅树本身并无安全隐患，若要求红山村村民委员会对景区内的所有树木加以围蔽、设置警示标志或采取其他防护措施，显然超过善良管理人的注意标准。吴某某作为完全民事行为能力的成年人，应当充分预见攀爬杨梅树、采摘杨梅的危险性，并自觉规避此类危险行为。吴某某私自爬树采摘杨梅，不仅违反了该村村规民约中关于村民要自觉维护村集体的各项财产利益的村民行为准则，也违反了爱护公物、文明出行的社会公德，有悖公序良俗。吴某某坠落受伤系其自身过失行为所致，村委会难以预见并防止吴某某私自爬树可能产生的后果，不应认为村委会未尽安全保障义务。事故发生后，村委会亦未怠于组织救治。吴某某因私自爬树采摘杨梅不慎坠亡，后果令人痛惜，但村委会对吴某某的死亡不存在过错，不应承担赔偿责任。

——潘杰：《民法典侵权责任编重点问题解读》，载最高人民法院民事审判第一庭编：《民事审判指导与参考》2021年第1辑（总第85辑），人民法院出版社2021年版，第167~168页。

1386. 自助行为的适用条件

关键词

自助行为　自力救济　合理措施

《中华人民共和国民法典》条文

第一千一百七十七条　合法权益受到侵害，情况紧迫且不能及时获得国家机关保护，不立即采取措施将使其合法权益受到难以弥补的损害的，受害人可以在保护自己合法权益的必要范围内采取扣留侵权人的财物等合理措施；但是，应当立即请求有关国家机关处理。

受害人采取的措施不当造成他人损害的，应当承担侵权责任。

附录：最高人民法院法官著述

自助行为与正当防卫一样都属于自力救济，其立法理由是在不能立即寻求公力救济时，弥补公力救济之不足，有利于保护公民的合法权益。从比较法来看，大陆法系和英美法系都有类似于自助行为的相关规定。法国《民法典》第六百三十七条允许土地占用人割去侵占本人土地的任何植根、荆棘或小枝，准许土地所有人杀死侵入本人土地的家禽或鸽子。英美法系中"收回租借权""取回动产权"的规定，允许出租人、出借人行使一定限度的强制行为。《民法典》第一千一百七十七条的适用条件如下：一是合法权益受到侵害。合法权益可以是人身权益，也可以是财产权益，但以保护自己的权利为限。自助行为和无因管理不同，无因管理是保护他人的权利。二是情况紧迫且不能及时获得国家机关保护。三是在保护自己合法权益的必要范围内采取合理措施。四是应当立即请求有关国家机关处理，如将扣押的财产送往法院、公安机关。如果不被国家机关事后认可，须立即停止侵害并对受害人负赔偿责任。比如吃霸王餐逃跑摔伤反向餐馆索赔案，湖北省襄阳市中级人民法院（2019）鄂06民终1653号民事判决认为，就餐后付款结账是完全民事行为能力人均应知晓的社会常理。马某等人就餐后未买单，也未告知餐馆经营人用餐费用怎么处理即离开饭店，属于吃霸王餐的不诚信行为，经营者李某要求马某等人付款的行为并无不当。佘某某、李某夫妇在发现马某等人逃跑后阻拦其离开，并让马某买单或者告知请客付款人的联系方式，属于正当的自助行为，不存在过错。马某在逃跑过程中因自身原因摔伤，与李某、佘某某恰当合理的自助行为之间并无直接因果关系，李某、佘某某不应对马某摔伤造成的损失承担赔偿责任。

——潘杰:《民法典侵权责任编重点问题解读》，载最高人民法院民事审判第一庭编:《民事审判指导与参考》2021 年第 1 辑（总第 85 辑），人民法院出版社 2021 年版，第 169~170 页。

1387. 应采取审慎从严态度适用自助行为

关键词

自助行为 自力救济 现实紧迫性 公权力救济

《中华人民共和国民法典》条文

第一千一百七十七条 合法权益受到侵害，情况紧迫且不能及时获得国家机关保护，不立即采取措施将使其合法权益受到难以弥补的损害的，受害人可以在保护自己合法权益的必要范围内采取扣留侵权人的财物等合理措施；但是，应当立即请求有关国家机关处理。

受害人采取的措施不当造成他人损害的，应当承担侵权责任。

附录：最高人民法院主流观点

一方面，要求严格按照《民法典》第一千一百七十七条规定的适用条件来适用，不可随意扩大适用范围。另一方面，在解释上也要采取从严的态度，避免自助行为的滥用，避免以损害人身权为前提的自助行为，也要避免以堵人店门、泼洒脏物、人格侮辱等形式进行的所谓自力救济。在适用自助行为制度时要考虑价值导向与利益衡量的问题，也要考虑其必须实施的现实紧迫性或者不可替代性问题，如果此行为可以通过其他合法的公权力救济方式替代，则就不宜再适用自助行为。比如，在上海某服饰有限公司与魏某远租赁合同纠纷案中，法院就明确了“承租人违约将房屋给他人使用，出租人强行收回租赁物并造成承租人损失，该自助行为不是自力救济”的规则。在本案中，租赁合同一方违约后，守约方应依法或依约行使权利救济手段。从现行法律规定来看，在承租人存在违约情形下，法律并未赋予出租人强行收回租赁物的权利。如双方合同已解除，则上海某公司对涉案店铺无使用权，如拒不腾空，则魏某远作为出租人可将店铺内的衣服采取证据保全后异地放置；但在合同未解除时，虽然魏某远系租赁物产权人，但其因租赁合同事实已将店铺使用权在租赁期限内处分给了承租人上海某公司，而杭州某公司系得到了上海某公司的同意才使用案涉租赁店铺的，在此情形下，魏某远无权将该店铺内的衣服进行异地放置。也就是说，即便上海某公司未经魏某远许可将涉案店铺给他人使用构成违约，魏某远以本案属于自力救济行为为由强行收回租赁房屋，也缺乏法律依据。

——最高人民法院民法典贯彻实施工作领导小组编：《中华人民共和国民法典侵权责任编理解与适用》，人民法院出版社 2020 年版，第 131 页。

1388. 审判实践中有关自助行为不当实施的责任承担

关键词

自助行为　阻却违法　自助过当　迟延请求

《中华人民共和国民法典》条文

第一千一百七十七条　合法权益受到侵害，情况紧迫且不能及时获得国家机关保护，不立即采取措施将使其合法权益受到难以弥补的损害的，受害人可以在保护自己合法权益的必要范围内采取扣留侵权人的财物等合理措施；但是，应当立即请求有关国家机关处理。

受害人采取的措施不当造成他人损害的，应当承担侵权责任。

附录：最高人民法院主流观点

如果符合自助的要件，自助人所实施的行为就阻却违法，其不必承担侵权责任。但如果自助行为不符合相应条件要求，则要承担侵权责任，主要有两种类型：一是自助过当。自助人采取的自助措施超出保全其请求权的必要，此时类似于防卫过当和避险过当的规则，要求自助人承担适当的责任。二是迟延请求有关国家机关处理。未“立即请求有关国家机关处理”造成他人损害的，应当承担侵权责任。有学者认为，自助人因过错而迟延请求法院处理，因此导致的损害，自助人也要承担与自助过当类似的责任。如果自助人申请法院处理，而因法律上原因被驳回，自助人要对其过错承担责任。在此情形下都要承担侵权责任。这一见解有一定道理，但是实施自助行为的同时或者紧接着的是要向有关国家机关报告，请求处理，这里的国家机关并不限于法院，而且从时间紧迫性上看，可能更多的情况是自助人向有权对财物进行处置或者对人身自由进行一定控制的行政机关请求处理，而不是向法院请求处理，因为起诉需要的周期相对较长，当然依法申请诉前财产保全或者证据保全可以属于此情形。

——最高人民法院民法典贯彻实施工作领导小组编：《中华人民共和国民法典侵权责任编理解与适用》，人民法院出版社 2020 年版，第 131~132 页。

1389. 债权人对债务人采取合理限度的自助行为，债务人在自身安全未受到现实威胁的情况下自行翻窗逃跑致死的，债权人不承担法律责任

关键词

生命权　自助行为　因果关系

最高人民法院公报案例

陈帮容、陈国荣、陈曦诉陈静、吴建平、李跃国、周富勇生命权纠纷案

（重庆市第一中级人民法院民事判决书）

裁判摘要：债权人采取合理限度的自助行为以防止债务人再次隐匿逃债，并与债务人商定一同前往人民法院解决债务纠纷，在此期间，债务人在自身安全未受到现实威胁的情况下，为继续逃避法定债务，自行翻窗逃跑致死的，债权人不承担法律责任。

重庆市第一中级人民法院认为：本案属于一般侵权案件。一般侵权行为构成要素包括加害行为、过错、损害事实、加害行为与损害事实之间的因果关系，同时符合前述四要素的情况下，行为人应当承担侵权责任。

从已查明的事实来看，被上诉人陈静等人的行为并没有违反法律规定。陈静与陈键之间的债权债务关系已经由生效判决确认，陈静向重庆市渝北区人民法院申请执行后，陈键一直未履行法定义务。时隔几年后，陈静与陈键偶然相遇，为保障债权实现，预防陈键再次隐匿，债权人陈静扭住陈键，同时拨打电话寻求帮助，同行的周富勇则拨打报警电话，吴建平和李跃国在派出所期间时刻关注陈键，在陈键上卫生间过程中，予以跟随和在卫生间外面守候，但均未与陈键发生过肢体冲突。且所有行为的目的是让多年未履行还款义务又难觅踪影的债务人陈键履行还款义务，并没有侵害陈键合法权益的目的和动机。从陈键在派出所等候期间发给陈帮容的短信可以看出，陈键确已与陈静等人达成了等到天亮后去法院解决纠纷的共识。并且派出所及旁边的重庆芳华医院均一直有人值班，若陈键认为自己的人身自由受到限制或身体、精神受到伤害或威胁，完全可以第一时间寻求保护和帮助。本案中没有证据表明陈键有寻求保护和帮助的行为，也没有证据证明陈键遭受到吴建平、李跃国的侵害。故，重庆市第一中级人民法院认为被上诉人在本案中并不存在超出法律规范的、产生直接侵犯他人身体、导致本案后果发生的加害行为。

在整个事件过程中，被上诉人陈静等人的行为并不存在过错，既无故意也无过失。陈静一方的目的是明确的，为实现其合法债权，一方面，拨打报警电话、致电执行法官、一起到派出所说明情况，另一方面，在派出所等候期间，密切关注陈键的动向，甚至连陈键上卫生间也予以跟随、守候，以确保天亮后一同去法院解决案件执行问题。陈键最终从卫生间跳窗的事实表明了前述行为确有必要。在整个过程中，被上诉人均无侵害陈键生命权的故意或过失，亦无法预料到陈键的死亡结果。故，重庆市第一中级人民法院认为，在债务人多年未履行法定义务，债权一直无法得以实现的情况下，陈静一方采取了避免债务人再次隐匿的措施，属于保护自身合法权益的正当行为，并未超出法定的限度，并无过错。

被上诉人陈静等人的行为既不具有违法性，又不存在过错，与陈键的死亡结果也并无因果关系。陈键作为一名成年人，对跳窗可能带来的损害后果应有足够的认知，而且，正如前面分析所言，就算是其人身安全真的受到威胁，完全可以寻求正当保护，并对自己人身安全可能受到的威胁所致的损害与跳窗可能带来的损害之间亦应有所比较和判断。重庆市第一中级人民法院认为，被上诉人的前述行为并不必然导致陈键跳窗死亡，本案陈键的死亡结果与被上诉人的行为之间并不存在因果关系。

——《最高人民法院公报》2019 年第 8 期。

1390. 行为人非因法定义务实施阻止不法侵害者逃逸的行为，可以认定为见义勇为

关键词

社会主义核心价值观　见义勇为　因果关系　不法侵害

最高人民法院指导性案例

张庆福、张殿凯诉朱振彪生命权纠纷案（最高人民法院指导案例 98 号）

裁判要点：行为人非因法定职责、法定义务或约定义务，为保护国家、社会公共利益或者他人的人身、财产安全，实施阻止不法侵害者逃逸的行为，人民法院可以认定为见义勇为。

法院生效裁判认为：张庆福、张殿凯在本案二审审理期间提出撤回上诉的请求，不违反法律规定，准许撤回上诉。

本案焦点问题是被告朱振彪行为是否具有违法性；被告朱振彪对张永焕

的死亡是否具有过错；被告朱振彪的行为与张永焕的死亡结果之间是否具备法律上的因果关系。

首先，案涉道路交通事故发生后张雨来受伤倒地昏迷，张永焕驾驶摩托车逃离。被告朱振彪作为现场目击人，及时向公安机关电话报警，并驱车、徒步追赶张永焕，敦促其投案，其行为本身不具有违法性。同时，根据《中华人民共和国道路交通安全法》第七十条规定，交通肇事发生后，车辆驾驶人应当立即停车、保护现场、抢救伤者，张永焕肇事逃逸的行为违法。被告朱振彪作为普通公民，挺身而出，制止正在发生的违法犯罪行为，属于见义勇为，应予以支持和鼓励。

其次，从被告朱振彪的行为过程看，其并没有侵害张永焕生命权的故意和过失。根据被告朱振彪的手机视频和机车行驶影像记录，双方始终未发生身体接触。在张永焕持刀声称自杀意图阻止他人追赶的情况下，朱振彪拿起木凳、木棍属于自我保护的行为。在张永焕声称撞车自杀，意图阻止他人追赶的情况下，朱振彪和路政人员进行了劝阻并提醒来往车辆。考虑到交通事故事发突然，当时张雨来处于倒地昏迷状态，在此情况下被告朱振彪未能准确判断张雨来伤情，在追赶过程中有时喊话传递的信息不准确或语言不文明，但不构成民事侵权责任过错，也不影响追赶行为的性质。在张永焕为逃避追赶，跨越铁路围栏、进入火车运行区间之后，被告朱振彪及时予以高声劝阻提醒，同时挥衣向火车司机示警，仍未能阻止张永焕死亡结果的发生。故该结果与朱振彪的追赶行为之间不具有法律上的因果关系。

——《最高人民法院关于发布第 19 批指导性案例的通知》（2018 年 12 月 19 日，法〔2018〕338 号）。

1391. 见义勇为受益人适当补偿的范围

关键词

见义勇为　受益人　利益共同体　补偿责任

《中华人民共和国民法典》条文

第一百八十三条　因保护他人民事权益使自己受到损害的，由侵权人承担民事责任，受益人可以给予适当补偿。没有侵权人、侵权人逃逸或者无力承担民事责任，受害人请求补偿的，受益人应当给予适当补偿。

最高人民法院司法解释

第三十四条　因保护他人民事权益使自己受到损害，受害人依据民法典

第一百八十三条的规定请求受益人适当补偿的，人民法院可以根据受害人所受损失和已获赔偿的情况、受益人受益的多少及其经济条件等因素确定受益人承担的补偿数额。

——《最高人民法院关于适用〈中华人民共和国民法典〉总则编若干问题的解释》(2022 年 2 月 24 日，法释〔2022〕6 号)。

附录：最高人民法院主流观点

从侵权损害的角度看，因见义勇为遭受损害的受害人，与受益人应当是利益共同体，他们共同面对危险。因而，受益人对见义勇为者承担的不应是赔偿责任。对于受害人的救助，从长远看这属于社会责任的范畴，在缺乏相应社会救济机制的条件下，作为利益共同体的受益人，应适当分担损害，给受害人以补偿。补偿责任并非赔偿责任，补偿责任的范围应当根据见义勇为者所受损失情况、受益人的获益情况和其经济承受能力综合考虑，不必再进一步区分此补偿是否包括精神损害的补偿。《民法典》第一百八十三条给予了法官一定的裁量权，允许其根据具体案情来确定补偿的数额。一般来说，判断补偿是否适当主要应当考虑如下因素：一是被侵权人遭受的损失，即一般情况下所遭受的损失越大，越应当增加补偿数额；二是当事人双方的经济状况，尤其是受益人的经济状况；三是受益人的受益范围，一般来讲，受益人获得越多，给予的补偿也应相应增加。①

——最高人民法院民法典贯彻实施工作领导小组编著：《中国民法典适用大全（总则卷）》，人民法院出版社 2022 年版，第 1607 页。

说明

指导案例 98 号“张庆福、张殿凯诉朱振彪生命权纠纷案”旨在明确人民法院可以对见义勇为行为进行认定，依法保护见义勇为行为人的合法权益。该案例以公正裁判树立正确的行为规范和法律责任承担原则，有力地弘扬了社会主义核心价值观。

1392. 持续性侵权之债的诉讼时效期间的起算

关键词

持续性侵权之债　诉讼时效期间　分期履行

① 参见王利明：《民法总则研究（第三版）》，中国人民大学出版社 2018 年版，第 737 页。

《中华人民共和国民法典》条文

第一百八十九条　当事人约定同一债务分期履行的，诉讼时效期间自最后一期履行期限届满之日起计算。

附录：最高人民法院主流观点

关于持续性侵权之债的诉讼时效期间的起算，有三种观点：第一种观点主张，持续性侵权之债的诉讼时效期间应自侵权行为终了之日起算。理由是持续性侵权中的侵害行为是持续发生的，是一个整体，从侵害结束之时开始计算诉讼时效期间，有利于保护权利人的权利。第二种观点主张，持续性侵权之债的诉讼时效应从权利人向人民法院起诉之日起向前推3年起算。理由是平衡保护债权债务双方当事人，督促权利人及时行使权利，避免债权人放任权利受侵害。第三种观点主张，将持续性侵权行为延续的每一天都看作是诉讼时效期间的起算点，采取分别计算的方式起算诉讼时效期间。理由是持续性侵害之债的给付义务每天都在发生变化，应当分别计算时效。

事实上，持续性侵权之债与同一债务分期履行存在明显的差异，同一债务分期履行在债务成立时就是确定的，而持续性侵权之债是不确定的，不应适用《民法典》第一百八十九条关于同一债务分期履行情况下诉讼时效期间的起算方式。法律对持续性侵权之债的诉讼时效的起算没有进行特殊规定，故持续性侵权之债的诉讼时效的起算应按照《民法典》第一百八十八条之规定，自权利人知道或者应当知道权利受到损害以及义务人之日起计算。

这也与相关司法解释对持续侵权之债的诉讼的规定的精神相同。《最高人民法院关于审理著作权民事纠纷案件适用法律若干问题的解释》第二十八条规定："侵犯著作权的诉讼时效为两年，自著作权人知道或者应当知道侵权行为之日起计算。权利人超过两年起诉的，如果侵权行为在起诉时仍在持续，在该著作权保护期内，人民法院应当判决被告停止侵权行为；侵权损害赔偿数额应当自权利人向人民法院起诉之日起向前推算两年计算。"类似的规定还有《最高人民法院关于审理商标民事纠纷案件适用法律若干问题的解释》第十八条、《最高人民法院关于审理专利纠纷案件适用法律问题的若干规定》第二十三条，上述规定中，诉讼时效的起算时间为权利人知道或者应当知道侵权行为之日起计算，在诉讼时效期间的起算时间上并未作出特殊规定。但是，需要注意的是，在侵权赔偿数额的计算上，上述法律规定侵权损害赔偿数额应当自权利人向人民法院起诉之日起向前推算2年计算。

——最高人民法院民法典贯彻实施工作领导小组主编：《中华人民共和国民法典总则编理解与适用》，人民法院出版社2020年版，第954~955页。

1393. 数人教唆、数人帮助或者既有人教唆又有人帮助的情形下，侵权责任的承担规则

关键词

数人教唆　数人帮助　侵权责任　意思联络　连带责任

《中华人民共和国民法典》条文

第一千一百六十九条　教唆、帮助他人实施侵权行为的，应当与行为人承担连带责任。

教唆、帮助无民事行为能力人、限制民事行为能力人实施侵权行为的，应当承担侵权责任；该无民事行为能力人、限制民事行为能力人的监护人未尽到监护职责的，应当承担相应的责任。

附录：最高人民法院主流观点

这种情形实践中可能并不典型，但也会存在。对此需要把握的是：（1）要准确判断每个教唆者之间、帮助者之间或者教唆者与帮助者之间有无意思联络，如果有意思联络，则他们之间应当承担连带责任。如果没有意思联络，但存在客观行为关联，即符合相应的时空一致性的标准时，也要承担连带责任，否则他们之间就不存在连带责任之说。（2）在数人之间不成立连带责任的情况下，他们当中每个人的行为都符合教唆侵权或者帮助侵权的构成要件时，这时应当适用《民法典》第一千一百六十九条第一款关于连带责任的规定和第二款关于教唆、帮助无民事行为能力人、限制民事行为能力人的侵权责任承担规则。这时会出现教唆人甲与侵权行为人承担连带责任、教唆人乙与侵权行为人承担连带责任、帮助人丙与侵权行为人承担连带责任、帮助人丁与侵权行为人承担连带责任，但甲、乙、丙、丁之间并不承担连带责任的问题。从责任最终承担的角度讲，这时他们之间又有些类似于不真正连带责任，因为在甲或者侵权行为人承担完责任后，乙、丙、丁的责任也就消灭了，这时似乎并不存在他们之间承担按份责任的基础，因为《民法典》第一千一百六十九条已经明确规定了他们各自要与侵权行为人承担连带责任。当然这一情形非常复杂，有必要在实践中不断总结经验继续探索研究。

——最高人民法院民法典贯彻实施工作领导小组编：《中华人民共和国民法典侵权责任编理解与适用》，人民法院出版社 2020 年版，第 67~68 页。

1394. 损害赔偿关系中的“赔偿权利人”“赔偿义务人”与《民法典》所规定的“被侵权人”“侵权人”的异同

关键词

损害赔偿关系　赔偿权利人　赔偿义务人　被侵权人　侵权人

附录：最高人民法院法官著述

审判实践中，有不少法官认为，人身损害赔偿关系中的“赔偿权利人”和“赔偿义务人”等同《民法典》侵权责任编所规定的“侵权人”和“被侵权人”，主张最高人民法院应将《人身损害赔偿解释》的有关表述进行修改，与《民法典》侵权责任编的法条表述保持一致。对此，我们未采纳这一意见。在侵权损害赔偿之债的法律关系中，“赔偿权利人”和“赔偿义务人”不完全对应于“侵权人”和“被侵权人”。例如，“赔偿权利人”可以是作为直接受害人的被侵权人，也可以是作为间接受害人的死亡受害人的近亲属，还可以是为被侵权人支付医疗费、丧葬费等合理费用的人。《民法典》第一千一百八十一条第二款规定：被侵权人死亡的，支付被侵权人医疗费、丧葬费等合理费用的人有权请求侵权人赔偿费用，但是侵权人已经支付该费用的除外。上述主体均享有独立的赔偿请求权，均可以成为赔偿权利人。同样，“赔偿义务人”也不限于侵权行为人，与行为人或者致害动物、物件等具有一定管领控制关系的人亦可成为赔偿义务人，比如无民事行为能力人和限制民事行为能力人的监护人、致害动物和物件的所有人或管理人。因此，采用“赔偿权利人”和“赔偿义务人”来表述人身损害赔偿之债的权利义务主体，符合司法审判的实际情况，也能更好地体现人身损害赔偿的债性质。

审判实践中应注意，被扶养人不再具有独立的赔偿请求权，但因被扶养人生活费仍应计入残疾赔偿金和死亡赔偿金，故在确定法定被扶养人的范围时，应严格依照《民法典》婚姻家庭编的相关规定，一般不得基于法官自由裁量将被侵权人自愿扶养的非近亲属的旁系血亲或者姻亲纳入被扶养人范围，从而加重赔偿义务人的赔偿责任。被侵权人有法定被扶养人的情况下，其自愿扶养的非近亲属的旁系血亲或者姻亲，因被侵权人死亡或者残疾导致生活困难的，可通过其他途径获得救济。

——潘杰：《民事侵权审判实务若干问题》，载马世忠主编、最高人民法院政治部编：《审判实务前沿问题解读——人民法院大讲堂实录》，人民法院出版社 2023 年版，第 319-320 页。

1395. 被侵权人死亡后无近亲属或近亲属不明时，未经授权的机关或者组织无权主张死亡赔偿金

关键词

无名死者　近亲属　道路交通事故　死亡赔偿金　损害赔偿请求权

《中华人民共和国民法典》条文

第一千一百八十一条　被侵权人死亡的，其近亲属有权请求侵权人承担侵权责任。被侵权人为组织，该组织分立、合并的，承继权利的组织有权请求侵权人承担侵权责任。

被侵权人死亡的，支付被侵权人医疗费、丧葬费等合理费用的人有权请求侵权人赔偿费用，但是侵权人已经支付该费用的除外。

附录：最高人民法院主流观点

实践中争议比较大的是无近亲属或者近亲属不明的被侵权人即俗称“无名死者”请求权主体问题。此类案件以道路交通事故居多，在医疗损害纠纷及其他侵权纠纷中也偶有发生。有观点认为，为制裁侵权行为、维系社会关系稳定，保护潜在无名死者近亲属权益，可以由有关机关、法人或其他组织以原告身份提起诉讼主张死亡赔偿金。另有观点进一步认为，在此情况下可以认可的原告身份主要包括民政部门、道路交通事故社会救助基金管理机构、检察机关、村民委员会或居民委员会等。我们认为，在被侵权人死亡后，无近亲属或近亲属不明时，未经法律授权的机关或者组织无权向人民法院起诉主张死亡赔偿金。理由如下：

第一，死亡赔偿金性质决定了请求权的主体范围。关于死亡赔偿金的性质，理论界与实务界主要存在两种观点，一是“扶养丧失说”，受害人死亡后，其被扶养人丧失生活来源，侵权人应予赔偿，死亡赔偿金范围是被扶养人生活费，对受害人死亡导致的预期收入减少，不予赔偿；二是以受害人死亡导致预期收入减少为依据的“继承丧失说”，即侵权人向死者近亲属赔偿死者余命年限内（主要以一个国家的平均寿命减去死者死亡时的年龄）将获得的除去生活费等正常开支的剩余收入。我国立法及司法解释均采纳“继承丧失说”，即受害人因人身损害死亡，家庭可以预期的其未来收入因此减少或丧失，使家庭成员在财产上蒙受消极损失。这种未来收入的构成，既包括受害人用于个人的消费支出，也包括其扶养人因此丧失的扶养费的损失。《侵权责任法》实施后，最高人民法院下发通知，明确死亡赔偿金根据《人身损害赔

偿解释》中规定的被扶养人生活费和死亡赔偿金之和计算。

从侵权法理论看，损害赔偿的请求权主体即赔偿权利人为其权益受到侵害之人，包括直接受害人和间接受害人。直接受害人主要指因侵权行为导致其人身、财产权益受损害之人，也是侵权行为所直接指向的对象。而间接受害人是指侵权行为直接指向对象以外因法律关系或者社会关系的媒介作用受到损害的人。间接受害人所受“损害”，是一种以计算上的差额为主要表现形式的单纯的经济利益损失和反射性精神损害。在侵权行为导致受害人死亡的情况下，间接受害人包括受害人的近亲属及被扶养人，该损害赔偿是对受害人近亲属或者被扶养人因受害人死亡导致的生活资源减少和丧失的赔偿。这种观点，既为《侵权责任法》实施前的司法解释所确定，也被《侵权责任法》所承认。

第二，有关机关或单位代替无名死者主张死亡赔偿金缺乏法律依据。行政法基本原则之一为职权法定原则，行政机关以及其他行政公务组织的行政职权必须由法律予以规定或授予，“法无明文规定不可为”。目前相关法律、行政法规并未规定或授权有关机关或单位可代替无名死者主张死亡赔偿金。《城市生活无着的流浪乞讨人员救助管理办法》没有规定民政部门对流浪、乞讨人员的救助职责包括代表或者代替其提起民事诉讼。

第三，程序法关于公益诉讼的范围并未涵盖该种类型案件。《民事诉讼法》第五十五条[①]采取列举加概括式规定，对污染环境、侵害众多消费者合法权益等损害社会公共利益的行为，法律规定的机关和有关组织可以向人民法院提起诉讼。2015 年 6 月，全国人大常委会授权最高人民检察院在部分地区开展公益诉讼改革试点工作，授权检察机关可以就履行职责中发现的污染环境、食品药品安全领域侵害众多消费者合法权益等损害社会公共利益的行为向人民法院提起民事公益诉讼。可以看出，公益诉讼的核心是基于社会公共利益。公共利益是一个历史的范畴，与特定的社会形态相联系，社会的不断发展，导致社会主体利益诉求的不断变化，但公共利益的基本属性应当包括利益内容的不确定性和受益对象的不确定性、不可分性与非排他性、价值选择性、历史性、层次性等，故依照公益诉讼制度安排的价值考量，社会公共利益受损当然为提起公益诉讼的必要条件。“无名死者”的死亡赔偿问题似不宜划入“社会公共利益”的范畴。对此，《八民会纪要》明确：鉴于《侵权责任法》第十八条明确规定被侵权人死亡，其近亲属有权请求侵权人承担侵权责任，并没有赋予有关机关或者单位提起请求的权利，当侵权行为造成身份不明人死亡时，如果没有赔偿权利人或者赔偿权利人不明，有关机关或者单位无权提起民事诉讼主张死亡赔偿金。《道路交通损害赔偿司法解释》第二

---

① 现为《民事诉讼法》（2021 年修正）第五十八条。

十六条也有类似规定："被侵权人因道路交通事故死亡，无近亲属或者近亲属不明，未经法律授权的机关或者有关组织向人民法院起诉主张死亡赔偿金的，人民法院不予受理。侵权人以已向未经法律授权的机关或者有关组织支付死亡赔偿金为理由，请求保险公司在交强险责任限额范围内予以赔偿的，人民法院不予支持。"

——最高人民法院民法典贯彻实施工作领导小组编：《中华人民共和国民法典侵权责任编理解与适用》，人民法院出版社 2020 年版，第 161~163 页。

1396. 被要求停止侵害、排除妨碍、消除危险的侵权责任人以无过错为由提出抗辩的，不予支持

关键词

过错　侵权责任承担方式

最高人民法院司法政策精神

7. 依据侵权责任法第二十一条[①]的规定，被侵权人请求义务人承担停止侵害、排除妨害、消除危险等责任，义务人以自己无过错为由提出抗辩的，不予支持。

——《最高人民法院关于印发〈第八次全国法院民事商事审判工作会议（民事部分）纪要〉的通知》（2016 年 11 月 21 日，法〔2016〕399 号）。

附录：最高人民法院主流观点

实务中，行为人往往以其无过错为由进行抗辩，《八民会纪要（民事部分）》规定对于该抗辩应不予支持。过错是行为人行为时一种应受谴责的心理状态，包括故意和过失。故意是行为人预见到自己的行为会导致某一损害后果而希望或者放任该后果发生的一种主观心理状态；过失是指行为人因疏忽或者轻信而使自己未履行应有注意义务的一种心理状态。

在既存损害危险、危及被侵权人人身、财产安全情形下，法律上的损害后果已经发生，行为人以其主观无过错为由的抗辩不应予以支持。比如某人房屋由于受到暴雨冲击随时有倒塌危险，已经危及邻居的人身、财产安全，但房屋的所有人以天灾为由，拒绝采取修缮措施，对此邻居诉至法院请求判令其采取措施、消除危险，行为人以其无过错为由的抗辩不应予以支持。

① 对应《民法典》第一千一百六十七条。

需要注意的是,《民法总则》第一百九十六条[①]规定,对于请求停止侵害、排除妨碍、消除危险不适用诉讼时效的规定。如前所述,侵害、妨碍、危险应为现实的存在,正在实施或持续状态中,已经消除或停止的损害危险无从谈起停止侵害、排除妨碍与消除危险,一方面从人身、财产安全受到损害危险作为损害持续状态而言,不适用诉讼时效规定;另一方面,从解决对物权权能的障碍、发挥物的效用,恢复权利人对权利客体支配目的,也不应该适用诉讼时效的规定。根据物权理论,无论经过多长时间,法律不可能任侵害物权的行为取得合法性。如果适用诉讼时效,可能发生权利人必须容忍他人对其行使物权进行侵害的结果,既对权利人不公平,也违反物权法基本理论。

——杜万华主编:《〈第八次全国法院民事商事审判工作会议(民事部分)纪要〉理解与适用》,人民法院出版社 2017 年版,第 163~164 页。

二、人身损害赔偿

1397. 残疾辅助器具经营者在出售产品后,因售后服务缺失导致购买人人身损害的,应承担侵权赔偿责任

关键词

残疾辅助器具 产品质量 售后服务 人身损害 过错程度

最高人民法院公布的典型案例

王某某诉某康复器具公司侵权责任纠纷案

裁判要旨:本案确立了残疾辅助器具侵权责任纠纷的基本裁判规则,即残疾辅助器具的经营者在向购买人出售产品后,除应保证产品质量合格外,还应根据产品性能及合同约定,为购买人提供装配、调整、使用指导、训练、查访等售后服务,若因服务缺失导致购买人产生人身损害,经营者应根据其过错程度承担相应的侵权责任。

(一)基本案情

① 对应《民法典》第一百九十六条。

王某某因交通事故手术截肢，向某康复器具公司购买假肢产品。2016 年 4 月 25 日，双方签署《产品配置单》，约定由某康复器具公司为王某某提供假肢产品，并根据王某某的个人适应性提供修正装配方案以及终生免费调整、保养、维修等专业技术服务。某康复器具公司根据王某某情况先为其装配了临时假肢，王某某支付相应价款 8000 元。2017 年 4 月 18 日，王某某因左下肢残端溃烂住院治疗，支付医疗费 52725.42 元。王某某称其安装假肢后不到十天出现溃疡，向某康复器具公司业务员反映情况，对方称需磨合，慢慢会好，故未及时入院治疗。王某某起诉请求某康复器具公司赔偿其购买假肢费用 8000 元、医疗费 52725.42 元、住院伙食补助费 5500 元、营养费 11500 元、护理费 17400 元、交通费 2000 元。

（二）裁判结果

北京市丰台区人民法院经审理认为，某康复器具公司未向王某某提供足够的假肢佩戴指导和跟踪服务，导致王某某在使用假肢的过程中出现残端溃烂的损害后果，应对王某某的损害后果承担侵权责任，遂判决某康复器具公司退还王某某假肢款 8000 元，赔偿王某某医疗费 52725.42 元、住院伙食补助费 5500 元、护理费 11500 元、营养费 5750 元、交通费 500 元。二审中双方调解结案。

（三）典型意义

残疾辅助器具对残疾人生活具有重大影响。残疾辅助器具的质量是否合格，以及能否安全有效地使用，与辅助器具使用人的身体健康和人身、财产权益密切相关。残疾辅助器具产品除了具有物的属性外，还包含服务属性，任何一项属性存在缺陷都有可能对使用者造成损害。本案确立了残疾辅助器具侵权责任纠纷的基本裁判规则，即残疾辅助器具的经营者在向购买人出售产品后，除应保证产品质量合格外，还应根据产品性能及合同约定，为购买人提供装配、调整、使用指导、训练、查访等售后服务，若因服务缺失导致购买人产生人身损害，经营者应根据其过错程度承担相应的侵权责任。

——《最高人民法院、中国残疾人联合会残疾人权益保护十大典型案例》（2021 年 12 月 2 日）。

1398. 完全民事行为能力人在教育机构学习期间受到人身伤害，只能作为一般人身损害赔偿案件确定案由

关键词

教育机构责任　无民事行为能力　限制民事行为能力人　人身损害赔偿

附录：最高人民法院主流观点

教育机构责任针对的是无民事行为能力人和限制行为能力人作为受害人的情形，如果完全民事行为能力人在教育机构学习、生活期间受到人身伤害，则不能适用本案由，而只能作为一般人身损害赔偿案件确定案由。如果是在幼儿园、学校或者其他教育机构的无民事行为能力人和限制行为能力人实施了侵权行为造成他人损害的，也不能适用本案由，但如果是无民事行为能力人和限制行为能力人造成了同为幼儿园、学校或者其他教育机构的无民事行为能力人和限制行为能力人人身损害的纠纷，因为后者已经属于教育机构应当依法承担相应侵权责任的情形，对于此类纠纷就可以直接适用本案由。

——杨万明主编、郭锋副主编、最高人民法院研究室编著：《最高人民法院新民事案件案由规定理解与适用》，人民法院出版社2021年版，第1011页。

1399. 在铁路旅客人身财产遭受损失时，旅客选择权决定案由的确定及法律适用

关键词

旅客运输合同　责任竞合　铁路运输人身损害赔偿　无过错责任

《中华人民共和国民法典》条文

第一百八十六条　因当事人一方的违约行为，损害对方人身权益、财产权益的，受损害方有权选择请求其承担违约责任或者侵权责任。

第八百一十一条　承运人应当在约定期限或者合理期限内将旅客、货物安全运输到约定地点。

第八百二十二条　承运人在运输过程中，应当尽力救助患有急病、分娩、遇险的旅客。

第八百二十三条　承运人应当对运输过程中旅客的伤亡承担赔偿责任；但是，伤亡是旅客自身健康原因造成的或者承运人证明伤亡是旅客故意、重大过失造成的除外。

第一千二百四十条　从事高空、高压、地下挖掘活动或者使用高速轨道运输工具造成他人损害的，经营者应当承担侵权责任；但是，能够证明损害是因受害人故意或者不可抗力造成的，不承担责任。被侵权人对损害的发生有重大过失的，可以减轻经营者的责任。

附录：最高人民法院主流观点

应当注意的是，铁路旅客运输合同作为一种特殊形式的运输合同，铁路运输企业负有将旅客安全运输至目的地的义务。因此，如旅客在铁路运输过程中遭受人身、财产损害，存在侵权责任与违约责任的竞合。根据《民法典》第一百八十六条的规定，因当事人一方的违约行为，损害对方人身权益、财产权益的，受损害方有权选择请求其承担违约责任或者侵权责任。《最高人民法院关于审理铁路运输人身损害赔偿纠纷案件适用法律若干问题的解释》第十二条规定，铁路旅客运送期间发生旅客人身损害，赔偿权利人要求铁路运输企业承担违约责任的，依照运输合同纠纷第三级案由之下的与铁路运输有关的第四级案由确定案由。人民法院应当依照《民法典》第八百一十一条、第八百二十二条、第八百二十三条等规定，确定铁路运输企业是否承担责任及责任的大小；赔偿权利人要求铁路运输企业承担侵权赔偿责任的，人民法院应当依照有关侵权责任的法律规定，确定铁路运输企业是否承担赔偿责任及责任的大小。根据上述法律和司法解释的规定可知，在铁路旅客人身、财产遭受损失时，旅客的选择权决定了案由的确定及法律适用。当受害旅客以铁路运输合同纠纷请求赔偿时，应适用《民法典》合同编第19章和《铁路法》的相关规定。铁路运输企业作为承运人应当按照限额赔偿的规定承担赔偿责任。当受害旅客选择侵权责任时，应定为本案由，适用《民法典》侵权责任编及《最高人民法院关于审理铁路运输人身损害赔偿纠纷案件适用法律若干问题的解释》等规定，由铁路运输企业对受害旅客因损害事实而产生的损失予以赔偿。对于路外人提起的铁路运输损害责任纠纷案件，路外人因铁路运营企业的行车作业造成的人身损害结果，符合侵权法律关系的特征，审理此类案件应适用《民法典》侵权责任编和《最高人民法院关于审理铁路运输人身损害赔偿纠纷案件适用法律若干问题的解释》等规定。

关于铁路运输损害责任的规则原则：

1. 适用无过错责任原则

《民法典》第一千二百四十条规定："从事高空、高压、地下挖掘活动或者使用高速轨道运输工具造成他人损害的，经营者应当承担侵权责任；但是，能够证明损害是因受害人故意或者不可抗力造成的，不承担责任。被侵权人对损害的发生有重大过失的，可以减轻经营者的责任。"《铁路法》第五十八条规定："因铁路行车事故及其他铁路运营事故造成人身伤亡的，铁路运输企业应当承担赔偿责任；如果人身伤亡是因不可抗力或者由于受害人自身的原因造成的，铁路运输企业不承担赔偿责任。违章通过平交道口或者人行过道，或者在铁路线路上行走、坐卧造成的人身伤亡，属于受害人自身的原因造成的人身伤亡。"《最高人民法院关于审理铁路运输人身损害赔偿纠纷案件适用法律若干问题的解释》第五条规定："铁路运输中发生人身损害，铁路运输企业举证证明有下列情形之一的，不承担赔偿责任：（一）不可抗力造成的；（二）受害人故意以卧轨、碰撞等方式造成的。"根据上述法律和司法解释的规定可知，铁路运输企业对于运输过程中给旅客造成的损害，适用无过错责任原则。即无论铁路运输企业主观上是否有过错，都不影响其承担侵权责任。即使铁路运输企业举证证明自己没有过错，也不能免除其赔偿责任。因此，从受害人一方的角度看，其应当承担的举证责任有三点，即受害人应当举证证明侵权人实施了加害行为、受害人发生了实际损害、在侵权人的加害行为和受害人的实际损害之间存在因果关系。从铁路运输企业的角度看，其在法律上不负有举证证明自己的行为"不构成"侵权的责任，只要受害人不能完成前面所述的举证责任，就不能要求铁路运输企业承担民事责任。但是，在受害人完成举证责任后，铁路运输企业如果想要援引法律规定的免责事由以免除自己的责任，就必须就该免责事由的成立承担举证责任。

2. 受害人对损害的发生有过错的，适当减轻铁路运输企业的赔偿责任

《最高人民法院关于审理铁路运输人身损害赔偿纠纷案件适用法律若干问题的解释》第六条规定："因受害人翻越、穿越、损毁、移动铁路线路两侧防护围墙、栅栏或者其他防护设施穿越铁路线路，偷乘货车，攀附行进中的列车，在未设置人行通道的铁路桥梁、隧道内通行，攀爬高架铁路线路，以及其他未经许可进入铁路线路、车站、货场等铁路作业区域的过错行为，造成人身损害的，应当根据受害人的过错程度适当减轻铁路运输企业的赔偿责任，并按照以下情形分别处理：（一）铁路运输企业未充分履行安全防护、警示等义务，受害人有上述过错行为的，铁路运输企业应当在全部损失的百分之八十至百分之二十之间承担赔偿责任；（二）铁路运输企业已充分履行安全防护、警示等义务，受害人仍施以上述过错行为的，铁路运输企业应当在全部损失的百分之二十至百分之十之间承担赔偿责任。"铁路运输是一种具有高度危险的作业，作为作业人的铁路运输企业，应当承担比通常作业更高程度的安全义务。一般而言，这里的安全义务包括安全防护义务、安全警示的义务、避免损害发生的义务、损害发生后的及时救助义务。确定铁路运输企业承担责任的比例，要具体地考察受害人自身的过错程度，也要具体地考察铁路运输企业是否充分履行了安全防护、警示等义务。如果认定铁路运输企业没有充分履行安全防护、警示等义务，还要考虑其不履行义务的过错程度。

——杨万明主编、郭锋副主编、最高人民法院研究室编著：《最高人民法院新民事案件案由规定理解与适用》，人民法院出版社 2021 年版，第 1065~1067 页。

1400. 帮工人在帮工活动中致人损害应如何承担民事责任

关键词

追偿权　数个侵权人　责任分配　替代责任

最高人民法院司法解释

第四条　无偿提供劳务的帮工人，在从事帮工活动中致人损害的，被帮工人应当承担赔偿责任。被帮工人承担赔偿责任后向有故意或者重大过失的帮工人追偿的，人民法院应予支持。被帮工人明确拒绝帮工的，不承担赔偿责任。

——《最高人民法院关于审理人身损害赔偿案件适用法律若干问题的解释》（2022年2月15日修正）。

附录：最高人民法院主流观点

由于《民法典》第一千一百九十一条、第一千一百九十二条规定采无过错责任立场，即对承担责任主体是否具有过错在所不问，因此，设置追偿权能够让有过错的行为人最终承担损害赔偿责任，符合侵权责任法的法理。同时，在内部关系的认定上，以行为人有故意或者重大过失为判断追偿权能否获得支持的标准，能够合理强化工作人员或者提供劳务一方的注意和防范义务，以及在内部双方当事人之间公平分配责任。被帮工人责任与用人单位责任及个人之间劳务损害赔偿责任的性质均为替代责任，因此，被帮工人承担赔偿责任后，亦有权向有故意或者重大过失的帮工人追偿。当然，追偿权作为一种权利，被帮工人可以行使，也可以放弃。

需要说明的是，根据《民法典》第一百七十八条第三款的规定，连带责任必须由法律规定或者当事人明确约定。旧的司法解释规定帮工人存在故意或者重大过失的，帮工人和被帮工人承担连带责任，失去了法律依据。为了与《民法典》第一百七十八条第三款、第一千一百九十一条、第一千一百九十二条规定的精神保持一致，本次司法解释修改过程中删除了关于帮工人和被帮工人承担连带责任的规定，增加了被帮工人追偿权的规定。

——最高人民法院民事审判第一庭编著：《最高人民法院人身损害赔偿司法解释理解与适用》，人民法院出版社2022年版，第97页。

《最高人民法院关于审理人身损害赔偿案件适用法律若干问题的解释》第四条是关于帮工人在帮工活动中致人损害应如何承担民事责任的规定。《民法典》侵权责任编第三章关于责任主体的特殊规定中，未规定帮工人在帮工过程中致人损害的侵权责任。在司法实践中，帮工人在帮工过程中致人损害的案件时有发生，故有必要保留原司法解释第十三条的规定，并根据《民法典》的新精神作出相应调整，以为司法实践适用法律作出指引。《最高人民法院关于审理人身损害赔偿案件适用法律若干问题的解释》第四条规定包含四层含义：

1. 被帮工人的替代责任

被帮工人接受帮工或者未明确拒绝帮工的，帮工人在帮工活动中致人损害的责任由被帮工人承担。这主要是考虑，帮工人一般是应被帮工人的请求参加帮工活动，或虽然被帮工人没有邀请帮工人参加帮工活动，但当帮工人得知被帮工人在建房、收割粮食、搬家等方面存在困难时，基于中华民族的善良风俗而主动帮忙、无偿提供劳务，被帮工人是受益人，因帮工活动获得利益。因此，只要被帮工人没有明确拒绝帮工，帮工人因帮工活动致人损害的责任就应由被帮工人承担。被帮工人承担的赔偿责任，是基于帮工的特定关系而为帮工人的行为承担的替代责任，这与《民法典》第一千一百九十二条第一款关于个人劳务关系中提供劳务一方致人损害的侵权责任的立法意旨是一致的。

2. 被帮工人与有故意或者重大过失的帮工人之间不再承担连带责任

《民法典》第一百七十八条第三款规定："连带责任，由法律规定或者当事人约定。"本解释原第十三条"帮工人存在故意或者重大过失，赔偿权利人请求帮工人和被帮工人承担连带责任的，人民法院应予支持"的规定，缺乏法律依据，我们对此予以删除。

3. 被帮工人承担责任后享有追偿权

解释原第十三条对被帮工人承担赔偿责任后能否向帮工人追偿的问题没有作出规定，《最高人民法院关于审理人身损害赔偿案件适用法律若干问题的解释》第四条增加规定被帮工人承担赔偿责任后向有故意或者重大过失的帮工人追偿的，人民法院应予支持。作出这一修改，主要考虑：一是被帮工人在帮工活动中受益是有限的，不能要求被帮工人对帮工人所有的侵权行为都承担赔偿责任，如帮工人自身对侵权行为存在故意或者重大过失的，帮工人应当承担最终责任，否则就难免导致被帮工人因帮工获得的利益小于其承担的风险和责任，产生利益失衡，也不利于帮工人尽到必要的注意义务。因此，应允许被帮工人承担责任后向有故意或者重大过失的帮工人追偿，这也体现了过错责任原则，对被帮工人而言是过错推定，对帮工人而言是过错责任。二是帮工人因帮工活动致人损害，与工作人员执行工作任务、个人之间因提供劳务造成他人损害的情况是类似的。《侵权责任法》关于用人单位责任、个人之间因提供劳务造成他人损害的责任的规定，未明确规定用人单位和接受劳务一方享有追偿权。《民法典》第一千一百九十一条、第一千一百九十二条作了相应调整，增加规定用人单位和接受劳务一方的追偿权。从立法逻辑的一致性出发，《最高人民法院关于审理人身损害赔偿案件适用法律若干问题的解释》第四条参照《民法典》的上述规定，相应增加被帮工人的追偿权。三是解释原第十三条规定被帮工人与有故意或者重大过失的帮工人承担连带责任，连带责任是允许内部追偿的，也就是说，按照原规定，有故意或者重大过失的帮工人仍然是最终责任主体。因此，《最高人民法院关于审理人身损害赔偿案件适用法律若干问题的解释》第四条增加规定被帮工人的追偿权，与原条文的基本精神不矛盾。

4. 被帮工人明确拒绝帮工的，不承担责任

被帮工人明确拒绝帮工，其主观上不存在获得帮工利益的意图，若责令其为帮工人的侵权行为承担责任，缺乏正当性，故《最高人民法院关于审理人身损害赔偿案件适用法律若干问题的解释》第四条保留原解释关于“被帮工人明确拒绝帮工的，不承担责任”的规定。

——最高人民法院民法典贯彻实施工作领导小组办公室编著：《最高人民法院实施民法典清理司法解释修改条文（111 件）理解与适用》，人民法院出版社 2022 年版，第 319~321 页。

1401. 帮工人在帮工活动中因第三人的行为遭受人身损害的，有权请求第三人承担赔偿责任

关键词

第三人侵权　　人身损害　赔偿责任　过错责任

最高人民法院司法解释

第五条　无偿提供劳务的帮工人因帮工活动遭受人身损害的，根据帮工人和被帮工人各自的过错承担相应的责任；被帮工人明确拒绝帮工的，被帮工人不承担赔偿责任，但可以在受益范围内予以适当补偿。

帮工人在帮工活动中因第三人的行为遭受人身损害的，有权请求第三人承担赔偿责任，也有权请求被帮工人予以适当补偿。被帮工人补偿后，可以向第三人追偿。

——《最高人民法院关于审理人身损害赔偿案件适用法律若干问题的解释》（2022 年 2 月 15 日修正）。

附录：最高人民法院主流观点

帮工人在帮工活动中因第三人的行为遭受人身损害的，有权请求第三人承担赔偿责任。第三人承担的赔偿责任一般适用过错责任原则，或者依法适用过错推定、无过错责任原则。在适用过错责任原则的场合，一般侵权责任的特点是：第一，一般侵权行为实行普通的举证责任，即采取“谁主张，谁举证”原则，受害人必须就加害人的过错问题举证，否则不能获得赔偿，对过错既不能采取推定形式确定，也不能实行举证责任倒置。第二，由于一般侵权行为适用过错责任原则，因此，这种形式的侵权责任充分体现了民事责任的教育和预防作用，而不像特殊侵权行为责任那样对受害人损害单纯补偿。在《最高人民法院关于审理人身损害赔偿案件适用法律若干问题的解释》第五条“帮工人在帮工活动中因第三人的行为遭受人身损害”的情形中，第三人是指帮工人和被帮工人以外的第三人。第三人可能是一人，也可能是数人，可能是单一侵权行为，也可能是共同侵权行为；不论是哪一种形式的侵权行为，致害人是帮工法律关系以外的人，受害人是帮工人，是外部人实施侵权造成了内部人损害的侵权行为。人民法院在适用《最高人民法院关于审理人身损害赔偿案件适用法律若干问题的解释》第五条规定时，应当按照侵权责任的构成要件，依法认定侵权行为人承担何种侵权责任。

确定补偿数额的考虑因素。确定被帮工人补偿数额应当着重考虑如下因素：一是受害人的损害程度；二是被帮工人的经济状况；三是被帮工人的受益程度。同时，对这类案件的处理应当注重调解。因为帮工活动本身就是一种带有感情色彩的活动，现实生活中常常发生在亲朋好友之间，以过分刚性的判决方式审结此类案件社会效果未必好，而以调解这种较为柔和的方式结案，社会效果更好些。

——最高人民法院民事审判第一庭编著：《最高人民法院人身损害赔偿司法解释理解与适用》，人民法院出版社 2022 年版，第 106~107 页。

《最高人民法院关于审理人身损害赔偿案件适用法律若干问题的解释》第五条规定了帮工人在帮工活动中遭受人身损害和被第三人侵害两种情形的处理原则。

1. 帮工人在帮工活动中遭受人身损害的责任承担

根据本解释原第十四条规定，帮工人因帮工活动遭受人身损害的，由被帮工人承担赔偿责任，其理由是被帮工人是帮工活动的受益人，被帮工人理应承担赔偿责任。我们认为，义务帮工人因帮工活动遭受损害，与用人单位的工作人员执行工作任务遭受损害的情形不一样，义务帮工人一方在帮工活动中有较大自主权，不像用人单位对工作人员的控制力那么强。义务帮工人因帮工活动遭受损害的，要求被帮工人一方无条件地承担赔偿责任，难免责任过重，也不利于促使帮工人尽到必要的注意义务。而且，有时被帮工人并不是受益人，像被帮工人为代管他人房屋请他人帮工维修，实际受益人是房屋产权人而非帮工人。义务帮工与个人之间的劳务关系虽有区别，但也存在着相似性，被帮工人对帮工人因帮工活动遭受损害所承担的责任，不应超过个人劳务关系中提供劳务一方遭受损害时接受劳务一方承担的责任。根据《民法典》第一千一百九十条第一款规定，个人之间形成劳务关系，提供劳务一方因劳务受到损害的，根据双方各自的过错承担相应的责任。这一规定区分情况，根据双方过错来确定民事责任比较合理。因此，参照该条规定，《最高人民法院关于审理人身损害赔偿案件适用法律若干问题的解释》第五条将义务帮工人因帮工活动遭受人身损害的责任相应修改为“根据帮工人和被帮工人各自的过错承担相应的责任”。

2. 适用公平原则确定被帮工人的补偿责任

帮工人因帮工活动遭受损害，被帮工人承担责任的基础是其存在过错，因为无过错责任只有在法律有明确规定的情形下才适用。若被帮工人已经明确表示拒绝帮工人帮工，帮工人执意帮工并不符合被帮工人的意愿，帮工人在帮工活动中发生意外或者人身损害结果更是超出了被帮工人的主观意志，被帮工人在主观上不存在过错，不构成侵权行为，不应承担侵权损害赔偿责任。但是，被帮工人虽然对被帮工人因帮工活动遭受的人身损害不承担侵权责任，但不等于说在帮工活动中帮工人受到的损害与己无关，不管怎么讲，帮工人参加帮工活动使被帮工人受益了，根据公平原则被帮工人应当在受益的范围内对帮工人予以补偿。因此，《最高人民法院关于审理人身损害赔偿案件适用法律若干问题的解释》第五条保留了原司法解释关于“被帮工人明确拒绝帮工的，不承担赔偿责任；但可以在受益范围内予以适当补偿”的规定。

3. 帮工人因第三人侵权遭受损害的责任承担

对于帮工人因第三人侵权遭受人身损害的情形，司法解释原第十四条的处理是一个递进关系，即由第三人承担赔偿责任，第三人不能确定或者没有赔偿能力的，可以由被帮工人予以适当补偿。《最高人民法院关于审理人身损害赔偿案件适用法律若干问题的解释》第五条将帮工人请求权的这种递进关系，修改为选择关系，主要是因为帮工关系与个人之间的劳务关系具有相似性，故参照《民法典》第一千一百九十二条第二款的规定，即“提供劳务期间，因第三人的行为造成提供劳务一方损害的，提供劳务一方有权请求第三人承担侵权责任，也有权请求接受劳务一方给予补偿。接受劳务一方补偿后，可以向第三人追偿”的规定，作出相应调整。

——最高人民法院民法典贯彻实施工作领导小组办公室编著：《最高人民法院实施民法典清理司法解释修改条文（111 件）理解与适用》，人民法院出版社 2022 年版，第 321~322 页。

1402. 赔偿义务人应否赔偿社会保险机构已支付的医疗费

关键词

医疗费　社会保险机构　赔偿义务人

最高人民法院司法解释

第六条　医疗费根据医疗机构出具的医药费、住院费等收款凭证，结合病历和诊断证明等相关证据确定。赔偿义务人对治疗的必要性和合理性有异议的，应当承担相应的举证责任。

医疗费的赔偿数额，按照一审法庭辩论终结前实际发生的数额确定。器官功能恢复训练所必要的康复费、适当的整容费以及其他后续治疗费，赔偿权利人可以待实际发生后另行起诉。但根据医疗证明或者鉴定结论确定必然发生的费用，可以与已经发生的医疗费一并予以赔偿。

——《最高人民法院关于审理人身损害赔偿案件适用法律若干问题的解释》(2022 年 2 月 15 日修正)。

附录：最高人民法院主流观点

司法实践中，通常受害人医疗费的一部分已通过社会保险机构实时报销。此时，赔偿义务人是否还应赔偿已报销的部分医疗费尚有不同认识。一种意见认为，基于损害填补原则，赔偿权利人已经获得了社会保险报销的费用，不能再次从侵权人处获得赔偿，否则受害人即获得双份赔偿，即赔偿义务人只赔偿尚未报销部分的医疗费；还有一种意见认为，赔偿权利人的社会保险和人身损害赔偿分属不同的法律关系，受害人虽然已从社会保险机构获得部分医疗费用，但不妨碍其基于人身损害赔偿关系获得赔偿。我们认为，社会保险制度是对受害人的一种基本社会保障，没有分散侵权人侵权责任的功能，第三人的侵权责任不能因为受害人获得社会保险的给付而减轻或者免除。根据《社会保险法》第三十条的规定："下列医疗费用不纳入基本医疗保险基金支付范围：……（二）应当由第三人负担的；……医疗费用依法应当由第三人负担，第三人不支付或者无法确定第三人的，由基本医疗保险基金先行支付。基本医疗保险基金先行支付后，有权向第三人追偿。"如果社会保险管理机构向受害人先行垫付了部分医疗费的，其有权向侵权人追偿。

——最高人民法院民事审判第一庭编著：《最高人民法院人身损害赔偿司法解释理解与适用》，人民法院出版社 2022 年版，第 116~117 页。

1403. 残疾赔偿金的计算采“劳动能力丧失说”

关键词

残疾赔偿金　定型化计算　劳动能力丧失说　残疾等级

最高人民法院司法解释

第十二条　残疾赔偿金根据受害人丧失劳动能力程度或者伤残等级，按照受诉法院所在地上一年度城镇居民人均可支配收入标准，自定残之日起按二十年计算。但六十周岁以上的，年龄每增加一岁减少一年；七十五周岁以上的，按五年计算。

受害人因伤致残但实际收入没有减少，或者伤残等级较轻但造成职业妨害严重影响其劳动就业的，可以对残疾赔偿金作相应调整。

——《最高人民法院关于审理人身损害赔偿案件适用法律若干问题的解释》（2022年2月15日修正）。

附录：最高人民法院主流观点

我国法律、法规对逸失利益的赔偿原则上都采取定型化赔偿。其中，有关残疾赔偿的定型化计算渗透的是“劳动能力丧失说”的思想；其特点一般是根据受害人的残疾等级抽象评定其劳动力丧失程度，并以此作为评价受害人逸失利益损失的依据。鉴于我国有关立法均采“劳动能力丧失说”，本解释对逸失利益损失亦采“劳动能力丧失说”予以定型化赔偿。

“劳动能力丧失说”与“收入丧失说”或者“所得丧失说”是相对而言的。“收入丧失说”的法理依据为“差额说”或者“利益说”。如果严格依据“收入丧失说”理论，则只有实际取得收入的受害人才会有收入损失；也只有实际减少收入的人才存在收入损失。据此，未成年人、家庭主妇、待业人员都不存在收入损失，不能依据收入差额获得赔偿。更进一步地说，受害人虽然因伤致残，但实际收入没有减少的，也不应获得赔偿。如果贯彻这一理论，其结论显然不合理。因此，绝对的“收入丧失说”实际上没有人主张，通常都是“收入丧失说”结合“劳动能力丧失说”作为评价残疾赔偿的理论依据。

——最高人民法院民事审判第一庭编著：《最高人民法院人身损害赔偿司法解释理解与适用》，人民法院出版社2022年版，第161页。

1404. 改革人身损害赔偿制度，统一城乡居民赔偿标准

关键词

人身损害赔偿 残疾赔偿金 死亡赔偿金 被扶养人生活费 城镇居民标准

最高人民法院司法解释

第十二条 残疾赔偿金根据受害人丧失劳动能力程度或者伤残等级，按照受诉法院所在地上一年度城镇居民人均可支配收入标准，自定残之日起按二十年计算。但六十周岁以上的，年龄每增加一岁减少一年；七十五周岁以上的，按五年计算。

受害人因伤致残但实际收入没有减少，或者伤残等级较轻但造成职业妨害严重影响其劳动就业的，可以对残疾赔偿金作相应调整。

——《最高人民法院关于审理人身损害赔偿案件适用法律若干问题的解释》(2022 年 2 月 15 日修正)。

附录：最高人民法院主流观点

此次修改，将赔偿标准由原来的城乡区分的规定修改为统一按照城镇居民人均可支配收入标准计算残疾赔偿金、死亡赔偿金以及被扶养人生活费。

此次修改主要基于以下考虑：

第一，统一采用城镇居民标准是对试点工作经验的总结。试点过程中，各地法院根据辖区实际情况开展工作，采用了不同的做法，主要有统一到城镇居民标准和统一到全体居民标准两种做法。总体上，全体居民标准高于农村居民标准，但低于城镇居民标准。根据 2021 年上半年统计的情况，有 26 个省、自治区、直辖市以及新疆生产建设兵团在试点工作中采用了统一到城镇居民标准的做法。2021 年 8 月份，最高人民法院又下发《关于进一步推进人身损害赔偿标准城乡统一试点工作的通知》，要求各地法院扩大试点范围，并将赔偿标准统一到城镇居民标准上来。据各地报告的情况看，试点工作运行平稳，总体上效果较好。

第二，统一采用城镇居民标准能够更为充分地保护受害人利益。尤其是受害者为农村居民的，赔偿数额将获得较大幅度的提高。试点过程中，也有地方采用全体居民标准计算。但考虑到如果统一采用全体居民标准，则可能降低城镇居民受害者现有的赔偿额度。采用城镇居民标准，能够兼顾城镇居民受害者和农村居民受害者的整体情况，更好地保护人民群众合法权益。

第三，统一采用城镇居民标准与当前我国城镇化发展趋势相符。根据第七次全国人口普查公报，当前居住在城镇的人口占总人口的比例达到了63.89%。与2010年第六次全国人口普查相比，城镇人口比重上升了14.21个百分点。随着我国城镇化的进一步推进，可以预见城镇人口的占比将会进一步提高。统一为城镇居民标准，符合我国城镇化发展趋势。

——最高人民法院民事审判第一庭编著:《最高人民法院人身损害赔偿司法解释理解与适用》，人民法院出版社2022年版，第168~169页。

1405. 审理人身损害赔偿案件时，被扶养人生活费计入残疾赔偿金或者死亡赔偿金

关键词

人身损害赔偿　被扶养人生活费　残疾赔偿金　死亡赔偿金

最高人民法院司法解释

第十六条　被扶养人生活费计入残疾赔偿金或者死亡赔偿金。

——《最高人民法院关于审理人身损害赔偿案件适用法律若干问题的解释》（2022年2月15日修正）。

附录：最高人民法院主流观点

虽然当时《侵权责任法》未将被扶养人生活费作为一个单独的项目列举，而司法实践中仍然将被扶养人生活费计入残疾赔偿金和死亡赔偿金的做法，是符合客观实际的。在征求立法机关等相关方面意见的基础上，本解释延续司法实践的一贯做法，将残疾赔偿金和死亡赔偿金分为两个部分，即按照本解释第十二条和第十五条计算的（狭义的）残疾赔偿金、死亡赔偿金和被扶养人生活费，并将残疾赔偿金、死亡赔偿金与被扶养人生活费之和作为残疾赔偿金、死亡赔偿金的赔偿总额。这样不仅能够更有力地保护受害人的合法权益，而且也比较符合我国国情。因为被扶养人生活费一般指的就是实际的生活支出，甚至在一些情况下被进一步限制于维持被扶养人的基本生活费用。如果仅赔偿被扶养人生活费的话，那么死者近亲属的权益就很难得到周全的保护。因而在赔偿受害人未来可得收入的基础上，考虑被扶养人的情况，能够较好地兼顾不同类型的受害人的利益，更容易被社会公众所接受。

——最高人民法院民事审判第一庭编著:《最高人民法院人身损害赔偿司法解释理解与适用》，人民法院出版社2022年版，第220页。

《侵权责任法》取消了“被扶养人生活费”的赔偿项目，其原因是当时最高人民法院拟推动死亡赔偿金和残疾赔偿金计算标准的修改，提高两金的赔偿标准。该法实施后，最高人民法院下发《关于适用〈中华人民共和国侵权责任法〉若干问题的通知》，该通知第四条规定，被扶养人的生活费计入残疾赔偿金或者死亡赔偿金。《侵权责任法》实施十余年来，死亡赔偿金和残疾赔偿金的赔偿标准没有修改。《民法典》编纂时，对于赔偿项目的规定和《侵权责任法》的规定大体保持了一致，人身损害的赔偿项目仍不包含被扶养人生活费，若将被扶养人生活费的赔偿项目删除，则必然导致被侵权人获得的赔偿少于过去的标准，被扶养人的反射利益将得不到保障，故最高人民法院在本解释中仍保留了被扶养人生活费计算标准的规定，并增加一条规定，明确将被扶养人生活费计入残疾赔偿金或者死亡赔偿金。经征求立法机关意见，立法机关认为上述规定与《民法典》的规定不冲突。

——最高人民法院民法典贯彻实施工作领导小组办公室编著：《最高人民法院实施民法典清理司法解释修改条文（111 件）理解与适用》，人民法院出版社 2022 年版，第 323 页。

1406. 计算被扶养人生活费的原则和方法

关键词

丧失劳动能力　被扶养人生活费　人身损害

最高人民法院司法解释

第十七条　被扶养人生活费根据扶养人丧失劳动能力程度，按照受诉法院所在地上一年度城镇居民人均消费支出标准计算。被扶养人为未成年人的，计算至十八周岁；被扶养人无劳动能力又无其他生活来源的，计算二十年。但六十周岁以上的，年龄每增加一岁减少一年；七十五周岁以上的，按五年计算。

被扶养人是指受害人依法应当承担扶养义务的未成年人或者丧失劳动能力又无其他生活来源的成年近亲属。被扶养人还有其他扶养人的，赔偿义务人只赔偿受害人依法应当负担的部分。被扶养人有数人的，年赔偿总额累计不超过上一年度城镇居民人均消费支出额。

——《最高人民法院关于审理人身损害赔偿案件适用法律若干问题的解释》（2022 年 2 月 15 日修正）。

附录：最高人民法院主流观点

实际生活中，出现了受害人因人身损害导致丧失劳动能力或者部分丧失劳动能力，从而致使其收入减少进而导致被扶养人生活费减少的情况。本解释规定了伤残情况下的被扶养人生活费赔偿问题，是一种新的发展和补充，以利于解决实践中出现的问题。受害人丧失劳动能力的程度，是评价受害人收入减少的标准和参数。在确定赔偿被扶养人生活费时，要注意把握两个方面：（1）受害人劳动能力的丧失程度，这要以死亡或者伤残等级评定或者劳动能力丧失程度鉴定作为依据。劳动能力的丧失或者受害人死亡等因素导致的是抽象评价的未来收入损失的减少。根据伤残等级评定 1~10 级确定相应的赔偿基数，1 级伤残属于完全丧失劳动能力，2~4 级也视为丧失劳动能力。5~10 级伤残程度所反映的劳动能力丧失程度依次减弱，便是一种抽象损失标准。出现这种情况的，是要确定赔偿义务人赔偿受害人劳动能力丧失造成的损失，但不是绝对地、机械地套用公式进行乘除。举例来说，受害人的伤残等级评定为 10 级，为最轻的一个等级，这并不意味着以此为据确定赔偿义务人一律要承担受害人 10% 的劳动能力丧失基数，而是综合考虑受害人是否因伤残导致实际收入减少等情况，来确定受害人丧失劳动能力的程度。可以说，在审理此类案件时，法官要根据自由裁量权，参照受害人 5~10 级伤残等级，确定受害人丧失劳动能力的程度。（2）受理案件的人民法院所在的省、自治区、直辖市或者经济特区以及计划单列市上一年度城镇居民人均消费性支出标准。上述两个方面的因素结合起来综合计算的结果，便是据以确定被扶养人生活费的标准。

——最高人民法院民事审判第一庭编著：《最高人民法院人身损害赔偿司法解释理解与适用》，人民法院出版社 2022 年版，第 233~234 页。

1407. 当事人基于同一侵权事实另行提起精神损害赔偿诉讼不构成重复诉讼

关键词

重复起诉　同一侵权事实　另行起诉　精神损害

最高人民法院司法解释

第二十三条　精神损害抚慰金适用《最高人民法院关于确定民事侵权精神损害赔偿责任若干问题的解释》予以确定。

——《最高人民法院关于审理人身损害赔偿案件适用法律若干问题的解

释》(2022 年 2 月 15 日修正)。

附录：最高人民法院主流观点

其主要理由在于：根据《民事诉讼法司法解释》第二百四十七条的规定，当事人就已经提起的事项在诉讼过程中或者裁判生效后再次起诉，同时符合下列条件的，构成重复起诉：(1) 后诉与前诉的当事人相同；(2) 后诉与前诉的诉讼标的相同；(3) 后诉与前诉的诉讼请求相同，或者后诉的诉讼请求实质上否定前诉裁判结果。当事人重复起诉的，裁定不予受理；已经受理的，裁定驳回起诉，但法律、司法解释另有规定的除外。按照上述规定，当事人在侵权诉讼中没有提出赔偿精神损害的诉讼请求，诉讼终结后又基于同一侵权事实另行起诉请求赔偿精神损害的，不构成重复起诉。在立案登记制的背景之下，原规定不予受理没有法律依据。特别是在一些侵害人身权益的案件中，被侵权人的精神损害在其提起诉讼之时并未凸显，时隔多年才产生或者发现精神损害，这种情况下，剥夺当事人提起精神损害赔偿的诉权，于理不公。据此，当事人就此种情形提起诉讼的，应由人民法院依法判断，不宜采取一刀切的方式处理，故该解释修正过程中，废止了原第六条的规定。但是，需要说明的是，从两便原则以及提高纠纷解决效率的角度考虑，应当鼓励当事人将纠纷一次性解决。

——最高人民法院民事审判第一庭编著：《最高人民法院人身损害赔偿司法解释理解与适用》，人民法院出版社 2022 年版，第 304~305 页。

1408. 以侵权行为发生的时间作为人身损害赔偿解释的适用标准

关键词

溯及力　侵权行为

最高人民法院司法解释

第二十四条　本解释自 2022 年 5 月 1 日起施行。施行后发生的侵权行为引起的人身损害赔偿案件适用本解释。

本院以前发布的司法解释与本解释不一致的，以本解释为准。

——《最高人民法院关于审理人身损害赔偿案件适用法律若干问题的解释》(2022 年 2 月 15 日修正)。

附录：最高人民法院主流观点

《最高人民法院关于审理人身损害赔偿案件适用法律若干问题的解释》第

二十四条特别指出："施行后发生的侵权行为引起的人身损害赔偿案件适用本解释。"即使2022年5月1日以后受理的一审人身损害赔偿案件，如引起该案件的侵权行为发生于2022年5月1日之前，仍不能适用本解释。这样主要是出于以下考虑：2022年司法解释的修改主要针对的是残疾赔偿金、死亡赔偿金以及被扶养人生活费由原来的城乡区分的赔偿标准修改为统一采用城镇居民标准计算。为了保证全国范围内人身损害赔偿案件中统一城乡赔偿标准的平稳过渡，同类案件法律适用的规范统一，避免不同当事人因起诉时间、案件审理进程的不同在赔偿标准上出现差异，再结合之前全国各高级人民法院试点工作经验和反馈的情况，我们采取了以侵权行为发生的时间作为本解释的适用标准，而非以案件受理时间作为适用本解释的判断标准。

——最高人民法院民事审判第一庭编著：《最高人民法院人身损害赔偿司法解释理解与适用》，人民法院出版社2022年版，第318~319页。

1409. 死亡赔偿金的定性和计算标准

关键词

死亡赔偿金　计算标准

《中华人民共和国民法典》条文

第一千一百七十九条　侵害他人造成人身损害的，应当赔偿医疗费、护理费、交通费、营养费、住院伙食补助费等为治疗和康复支出的合理费用，以及因误工减少的收入。造成残疾的，还应当赔偿辅助器具费和残疾赔偿金；造成死亡的，还应当赔偿丧葬费和死亡赔偿金。

附录：最高人民法院主流观点

2003年《人身损害赔偿解释》将"死亡赔偿金"的性质确定为对收入损失的赔偿，而非"精神损害抚慰金"。具体的赔偿数额，按照"人均可支配收入"的客观标准以20年固定赔偿年限计算，即采取定型化赔偿模式。《人身损害赔偿解释》（2022年修正）第十五条规定："死亡赔偿金按照受诉法院所在地上一年度城镇居民人均可支配收入标准，按二十年计算。但六十周岁以上的，年龄每增加一岁减少一年；七十五周岁以上的，按五年计算。"该计算方法既与过去的法律法规相衔接，又不致因主观计算导致贫富悬殊、两极分化。这是最高人民法院坚持以人民为中心的发展思想，充分发挥审判职能作用，落实党中央决策部署的重要举措。有利于更充分地保护受害人尤其是农村居民受害人的利益，促进城乡融合发展，不断增强人民群众尤其是农村居民的安全感和获得感。

——最高人民法院民法典贯彻实施工作领导小组编著：《中国民法典适用大全（侵权责任卷）》，人民法院出版社2022年版，第204页。

1410. 损害赔偿的数额当事人能否约定的问题

关键词

损害赔偿　意思自治原则　当事人约定

《中华人民共和国民法典》条文

第一千一百八十四条　侵害他人财产的，财产损失按照损失发生时的市场价格或者其他合理方式计算。

附录：最高人民法院主流观点

我们认为，按照意思自治原则的要求，当事人对于财产损失的赔偿数额是可以约定的，这也是当事人和解或者协议解决纠纷的重要方式。在此要注意的是：其一，这一财产损害赔偿的协议，必须具有事后性，在造成财产损害之前就达成此协议，有悖公序良俗，不应予以认可。其二，这一协议内容应体现公平性和自愿性，以胁迫或者欺诈方式达成的协议，应依法不具有相应的效力。其三，关于当事人协议或者共同同意的赔偿数额能否作为裁判依据的问题。对这一问题有一定争议，有观点认为此可以通过调解方式结案。但实践中情况往往比较复杂，特别是在当事人对部分损害的赔偿数额达成一致意见，但对其他部分损害的赔偿达不成一致意见，且当事人也同意人民法院依据其协议的数额裁判相应损失时，我们认为，对此法律虽然没有明确规定，但在尊重当事人处分权原则的情况下，可以允许采取这一做法。至于当事人撤诉后又达成和解协议的问题，这属于诉讼程序的范畴，应从司法裁判权威性出发，结合案件进行的不同阶段来审查，通常在诉讼阶段不应具有强制执行的效力。

——最高人民法院民法典贯彻实施工作领导小组编著：《中国民法典适用大全（侵权责任卷）》，人民法院出版社2022年版，第250页。

1411. 第三人原因致害下侵权损害赔偿与工伤保险待遇支付规则

关键词

第三人原因　侵权损害　工伤保险　支付规则

附录：最高人民法院主流观点

2003 年发布的《最高人民法院关于审理人身损害赔偿案件适用法律若干问题的解释》第十二条第二款[①]规定了相应的处理规则，如果劳动者因为第三人的侵权行为遭受工伤，第三人不能免除民事赔偿责任，劳动者既能获得工伤保险赔偿，还能请求第三人承担侵权赔偿责任，[②]采取有限兼得模式。2014 年发布的《最高人民法院关于审理工伤保险行政案件若干问题的规定》第八条[③]进一步明确了采有限兼得模式，除医疗费用外，工伤职工可不受顺序限制地主张支付工伤保险待遇和获得侵权损害赔偿。2016 年《第八次全国法院民事商事审判工作会议（民事部分）纪要》“关于社会保险与侵权责任的关系问题”部分第九条[④]、第十条[⑤]重申了有限兼得的处理规则。

现行司法解释对于属于立法权限的事项，本着不突破司法权，不逾越基本法理的原则，作出了工伤职工对于第三人原因导致的侵权损害赔偿和工伤保险待遇支付可以有限兼得的规定。最高人民法院对于因第三人侵权导致工伤职工出现人身伤亡的损害进行了分类处理，即此种情形下的损害可分为两

① 现为《最高人民法院关于审理人身损害赔偿案件适用法律若干问题的解释》第三条第二款。

② 参见陈现杰：《〈最高人民法院关于审理人身损害赔偿案件适用法律若干问题的解释〉的若干理论与实务问题解析》，载《法律适用》2004 年第 2 期。

③ 《最高人民法院关于审理工伤保险行政案件若干问题的规定》第八条规定：“职工因第三人的原因受到伤害，社会保险行政部门以职工或者其近亲属已经对第三人提起民事诉讼或者获得民事赔偿为由，作出不予受理工伤认定申请或者不予认定工伤决定的，人民法院不予支持。职工因第三人的原因受到伤害，社会保险行政部门已经作出工伤认定，职工或者其近亲属未对第三人提起民事诉讼或者尚未获得民事赔偿，起诉要求社会保险经办机构支付工伤保险待遇的，人民法院应予支持。职工因第三人的原因导致工伤，社会保险经办机构以职工或者其近亲属已经对第三人提起民事诉讼为由，拒绝支付工伤保险待遇的，人民法院不予支持，但第三人已经支付的医疗费用除外。”

④ 《第八次全国法院民事商事审判工作会议（民事部分）纪要》第 9 条规定：“被侵权人有权获得工伤保险待遇或者其他社会保险待遇的，侵权人的侵权责任不因受害人获得社会保险而减轻或者免除。根据社会保险法第三十条和四十二条的规定，被侵权人有权请求工伤保险基金或者其他社会保险支付工伤保险待遇或者其他保险待遇。”

⑤ 《第八次全国法院民事商事审判工作会议（民事部分）纪要》第 10 条规定：“用人单位未依法缴纳工伤保险费，劳动者因第三人侵权造成人身损害并构成工伤，侵权人已经赔偿的，劳动者有权请求用人单位支付除医疗费之外的工伤保险待遇。用人单位先行支付工伤保险待遇的，可以就医疗费用在第三人应承担的赔偿责任范围内向其追偿。”

个部分：一是现实损害，根据“损害填补原则”，不论依何种法律关系，对现实损害均按实际损失据实赔偿，如医疗费用。即工伤职工对于现实损害虽存在工伤保险待遇支付请求权与第三人侵权损害赔偿请求权两项请求权，但其只能取得一份赔偿。实践中，工伤职工在向工伤保险基金申请工伤保险待遇或请求侵权人承担人身损害赔偿责任时，其需按照规定提供医疗费用和其他费用的原始发票（或者票据），否则仅凭复印件，难以获得赔偿。因此，工伤职工对于医疗费、交通费、住宿费、安装假肢等辅助器具等实际发生的费用只能取得一份赔偿。如果工伤保险基金先行支付了工伤医疗费用，其依法享有追偿权，可以向赔偿义务人主张权利。二是抽象损害，采取定型化的方法进行赔偿，法律不区分损失的大小，只规定统一的赔偿标准。对抽象损害，同样的客观损害后果，法律关系不同，赔偿标准往往不同，甚至赔偿项目的名称也不同，即法律上的损害后果并不相同。如造成死亡的，在人身损害赔偿法律关系中称为死亡赔偿金，在工伤保险法律关系中称为一次性工亡补助金，二者的计算标准明显不同。针对抽象损害，工伤职工有权获得双重赔偿。

——张艳：《第三人原因致害下侵权损害赔偿与工伤保险待遇支付规则》，载最高人民法院民事审判第一庭编：《民事审判指导与参考》2022 年第 2 辑（总第 90 辑），人民法院出版社 2022 年版，第 219~220 页。

1412. 多名受害人在同一侵权事件中死亡，应适用同一标准进行赔偿

关键词

人身损害　赔偿标准　死亡赔偿金

最高人民法院公布的典型案例

利比里亚籍“FS SANAGA”轮与“浙三渔 00011”轮碰撞引发的海上人身损害责任纠纷系列案

裁判要旨：多名受害人在同一侵权事件中死亡，应适用同一标准进行赔偿。如果因循多年来民事审判领域常采取的区分城镇和农村，依据不同赔偿标准分别进行赔偿的做法，不仅在结果上不尽公平，更是对普通民众朴素情感的极大挑战。

一、基本案情

2015 年 7 月 14 日，启邦萨那加有限公司所有的“FS SANAGA”轮（利

比里亚籍集装箱船）与倪某某所有的“浙三渔 00011”轮（中国三门籍渔船）在宁波象山沿海水域发生碰撞，事故造成“浙三渔 00011”轮沉没，船上 14 名船员全部遇难。遇难船员中，除 1 名船员为城镇户籍外，其余 13 名均为农村户籍。吴某某等 14 名遇难船员家属诉至宁波海事法院，要求启邦萨那加有限公司、倪某某作为碰撞两船的所有人连带承担人身损害赔偿责任，并主张应按照 2015 年度浙江城镇居民人均可支配收入计算死亡赔偿金。

二、裁判结果

宁波海事法院一审认为，14 名遇难船员因“FS SANAGA”轮与“浙三渔 00011”轮碰撞事故遇难，两船互有过失，依据《中华人民共和国海商法》第一百六十九条第三款的规定，启邦萨那加有限公司、倪某某作为碰撞船舶所有人应就该碰撞造成的人身伤亡负连带赔偿责任。关于死亡赔偿金计算标准问题，《侵权责任法》第十七条的规定，“因同一侵权行为造成多人死亡的，可以以相同数额确定死亡赔偿金”。涉案事故导致 14 名船员遇难，且无特殊情况排除该条的适用，故对于吴某某等以城镇标准计算死亡赔偿金的主张予以保护。宁波海事法院经核算各项损失后，判决 14 名遇难船员的家属在先期已获赔 350 万元的基础上，可再获赔 1166 万元。一审判决后，各方当事人均未上诉。

三、典型意义

多名受害人在同一侵权事件中死亡，应适用同一标准进行赔偿。如果因循多年来民事审判领域常采取的区分城镇和农村，依据不同赔偿标准分别进行赔偿的做法，不仅在结果上不尽公平，更是对普通民众朴素情感的极大挑战。城乡二元的人身损害赔偿标准系因特殊历史时期的客观原因造成，随着城乡一体化发展以及对人的生命健康平等保护的观念日益深入人心，打破城乡藩篱适用同一赔偿标准，实行“同命同价”的呼声日益高涨。本案中，因船舶碰撞事故导致 14 名船员遇难，其中 1 人为城镇户籍，根据《中华人民共和国侵权责任法》第十七条关于“因同一侵权行为造成多人死亡的，可以以相同数额确定死亡赔偿金”的规定，结合中央提出的改革人身损害赔偿制度、统一城乡居民赔偿标准的精神，法院最终判决支持 13 名农村户籍遇难船员家属关于按照城镇标准计算死亡赔偿金的主张。本案在海事审判领域探索人身损害赔偿标准的统一，有利于进一步推进权利平等、以人为本的裁判理念。

——《最高人民法院关于船员权益保护典型案例》（2020 年 6 月 24 日）。

1413. 因第三人侵权导致劳动者工伤，社会保险管理机构享有追偿权

关键词

工伤保险赔偿　社会保险管理机构追偿权

最高人民法院司法解释

第八条　职工因第三人的原因受到伤害，社会保险行政部门以职工或者其近亲属已经对第三人提起民事诉讼或者获得民事赔偿为由，作出不予受理工伤认定申请或者不予认定工伤决定的，人民法院不予支持。

职工因第三人的原因受到伤害，社会保险行政部门已经作出工伤认定，职工或者其近亲属未对第三人提起民事诉讼或者尚未获得民事赔偿，起诉要求社会保险经办机构支付工伤保险待遇的，人民法院应予支持。

职工因第三人的原因导致工伤，社会保险经办机构以职工或者其近亲属已经对第三人提起民事诉讼为由，拒绝支付工伤保险待遇的，人民法院不予支持，但第三人已经支付的医疗费用除外。

——《最高人民法院关于审理工伤保险行政案件若干问题的规定》(2014年6月18日，法释〔2014〕9号)。

最高人民法院司法政策精神

10. 用人单位未依法缴纳工伤保险费，劳动者因第三人侵权造成人身损害并构成工伤，侵权人已经赔偿的，劳动者有权请求用人单位支付除医疗费之外的工伤保险待遇。用人单位先行支付工伤保险待遇的，可以就医疗费用在第三人应承担的赔偿责任范围内向其追偿。

——《最高人民法院关于印发〈第八次全国法院民事商事审判工作会议(民事部分)纪要〉的通知》(2016年11月21日，法〔2016〕399号)。

附录：最高人民法院主流观点

为使工伤职工及时得到医疗救治，保障职工利益，《社会保险法》规定工伤保险先行支付制度。第四十一条规定：职工所在用人单位未依法缴纳工伤保险费，发生工伤事故的，由用人单位支付工伤保险待遇。用人单位不支付的，从工伤保险基金中先行支付。从工伤保险基金中先行支付的工伤保险待遇应当由用人单位偿还。用人单位不偿还的，社会保险经办机构可以依照本法第六十三条的规定追偿。第四十二条规定：由于第三人的原因造成工伤，

第三人不支付工伤医疗费用或者无法确定第三人的，由工伤保险基金先行支付。工伤保险基金先行支付后，有权向第三人追偿。确立工伤保险先行支付制度，一方面能够保障工伤职工待遇支付，也能够有效促使用人单位履行义务。

八民会提出，要保护社会保险管理机构的追偿权。如果社会保险制度规定社会保险管理机构向受害人支付保险待遇后有权就其中的部分或者全部向侵权人追偿，在相应的侵权纠纷案件中，可以通知其参加诉讼。在第三人侵权造成职工工伤前提下，涉及三个法律主体，被侵权人、侵权人与社保机构，被侵权人因侵权人侵权行为主张赔偿医疗费用属于侵权法调整范畴，被侵权人在治疗期间与享受工伤保险待遇由社保机构负担部分医疗费用属于社会保险法调整范畴，二者分属不同部门法。对于已经支付医疗费用的社保机构，法院可通知其作为有独立请求权的第三人参加诉讼，一并解决相关争议。

——杜万华主编：《〈第八次全国法院民事商事审判工作会议（民事部分）纪要〉理解与适用》，人民法院出版社 2017 年版，第 195~196 页。

1414. 劳动者因第三人侵权构成工伤的可获双重赔偿

关键词

第三人侵权　双重赔偿

最高人民法院司法解释

第八条　职工因第三人的原因受到伤害，社会保险行政部门以职工或者其近亲属已经对第三人提起民事诉讼或者获得民事赔偿为由，作出不予受理工伤认定申请或者不予认定工伤决定的，人民法院不予支持。

职工因第三人的原因受到伤害，社会保险行政部门已经作出工伤认定，职工或者其近亲属未对第三人提起民事诉讼或者尚未获得民事赔偿，起诉要求社会保险经办机构支付工伤保险待遇的，人民法院应予支持。

职工因第三人的原因导致工伤，社会保险经办机构以职工或者其近亲属已经对第三人提起民事诉讼为由，拒绝支付工伤保险待遇的，人民法院不予支持，但第三人已经支付的医疗费用除外。

——《最高人民法院关于审理工伤保险行政案件若干问题的规定》（2014 年 6 月 18 日，法释〔2014〕9 号）。

最高人民法院司法政策精神

9. 被侵权人有权获得工伤保险待遇或者其他社会保险待遇的，侵权人的侵权责任不因受害人获得社会保险而减轻或者免除。根据社会保险法第三十条和四十二条的规定，被侵权人有权请求工伤保险基金或者其他社会保险支付工伤保险待遇或者其他保险待遇。

——《最高人民法院关于印发〈第八次全国法院民事商事审判工作会议（民事部分）纪要〉的通知》（2016 年 11 月 21 日，法〔2016〕399 号）。

最高人民法院公报案例

杨文伟诉宝二十冶公司人身损害赔偿纠纷案（上海市第二中级人民法院民事判决书）

裁判摘要：因用人单位以外的第三人侵权造成劳动者人身损害，构成工伤的，该劳动者既是工伤事故中的受伤职工，又是侵权行为的受害人，有权同时获得工伤保险赔偿和人身侵权赔偿；用人单位和侵权人均应当依法承担各自所负赔偿责任，即使该劳动者已从其中一方先行获得赔偿，亦不能免除或者减轻另一方的赔偿责任。

上海市第二中级人民法院认为：本案的争议焦点是：因用人单位以外的第三人侵权造成劳动者人身损害，构成工伤的，劳动者在获得用人单位工伤保险赔偿后，又向侵权人提起人身损害赔偿诉讼，请求判令侵权人承担民事赔偿责任的，是否应当予以支持。

《工伤保险条例》第 14 条规定："职工有下列情形之一的，应当认定为工伤：（一）在工作时间和工作场所内，因工作原因受到事故伤害的；（二）工作时间前后在工作场所内，从事与工作有关的预备性或者收尾性工作受到事故伤害的；（三）在工作时间和工作场所内，因履行工作职责受到暴力等意外伤害的；（四）患职业病的；（五）因工外出期间，由于工作原因受到伤害或者发生事故下落不明的；（六）在上下班途中，受到机动车事故伤害的；（七）法律、行政法规规定应当认定为工伤的其他情形。"该规定明确了应当认定为工伤的法定情形，只要符合上述法定情形，职工所受伤害无论是否由第三人侵权引起，都应当认定为工伤。换言之，是否存在第三人侵权不影响工伤的认定。

《民法通则》第 98 条规定，公民享有生命健康权。第 119 条规定，侵害公民身体造成伤害的，应当赔偿医疗费、因误工减少的收入、残废者生活补助费等费用；造成死亡的，并应当支付丧葬费、死者生前扶养的人必要的生活费等费用。因此，第三人侵权造成他人身体伤害的应当承担赔偿责任，被侵害人依法享有获得赔偿的权利。

最高人民法院《人身损害赔偿解释》第 12 条[①] 第 1 款规定："依法应当参加工伤保险统筹的用人单位的劳动者，因工伤事故遭受人身损害，劳动者或者其近亲属向人民法院起诉请求用人单位承担民事赔偿责任的，告知其按《工伤保险条例》的规定处理。"该条第 2 款规定："因用人单位以外的第三人侵权造成劳动者人身损害，赔偿权利人请求第三人承担民事赔偿责任的，人民法院应予支持。"根据该规定，劳动者因工伤事故受到人身损害，有权向用人单位主张工伤保险赔偿，如果所受人身损害系因用人单位以外的第三人侵权所致，劳动者同时还有权向第三人主张人身损害赔偿。

因用人单位以外的第三人侵权造成劳动者人身损害，构成工伤的，劳动者因工伤事故享有工伤保险赔偿请求权，因第三人侵权享有人身损害赔偿请求权。二者虽然基于同一损害事实，但存在于两个不同的法律关系之中，互不排斥。首先，基于工伤事故的发生，劳动者与用人单位之间形成工伤保险赔偿关系。国家设置工伤保险制度，目的是保障因工作遭受事故伤害或者患职业病的职工获得医疗救治和经济补偿。根据《工伤保险条例》的规定，用人单位应当为本单位全体职工缴纳工伤保险费，因工伤事故受到人身损害的职工有权获得工伤保险赔偿、享受工伤待遇。因此，只要客观上存在工伤事故，就会在受伤职工和用人单位之间产生工伤保险赔偿关系，确认该法律关系成立与否，无须考查工伤事故发生的原因，即使工伤事故系因用人单位以外的第三人侵权所致，或者是由于受伤职工本人的过失所致，都不影响受伤职工向用人单位主张工伤保险赔偿。其次，基于侵权事实的存在，受伤职工作为被侵权人，与侵权人之间形成侵权之债的法律关系，有权向侵权人主张人身损害赔偿。侵权之债成立与否，与被侵权人是否获得工伤保险赔偿无关，即使用人单位已经给予受伤职工工伤保险赔偿，也不能免除侵权人的赔偿责任。综上，因用人单位以外的第三人侵权造成劳动者人身损害，构成工伤的，劳动者具有双重主体身份——工伤事故中的受伤职工和人身侵权的受害人。基于双重主体身份，劳动者有权向用人单位主张工伤保险赔偿，同时还有权向侵权人主张人身损害赔偿，即有权获得双重赔偿。在这种情形下，用人单位和侵权人应当依法承担各自所负的赔偿责任，不因受伤职工（受害人）先行获得一方赔偿、实际损失已得到全部或部分补偿而免除或减轻另一方的责任。

结合本案的实际情况，虽然被上诉人杨文伟获得了其所在单位宝冶公司的工伤保险赔偿，但并不因此而减免上诉人宝二十冶公司的侵权损害赔偿责任。宝二十冶公司作为本案事故的侵权行为人必须依法承担相应的侵权赔偿责任。宝二十冶公司上诉主张杨文伟已获得工伤保险赔偿，无权再向其要求

---

① 现为《最高人民法院关于审理人身损害赔偿案件适用法律若干问题的解释》第三条第一款。

侵权赔偿，没有法律依据，不予支持。杨文伟作为工伤事故中的受伤职工和侵权行为的受害人，有权获得双重赔偿，宝二十冶公司的侵权赔偿责任并未因此而有所加重。

根据瑞金医院的诊断治疗意见，被上诉人杨文伟需长期服用德巴金和弥凝片。一审法院判决上诉人宝二十冶公司负担杨文伟长期服用上述药物的费用是合理的，宝二十冶公司不同意承担该费用，并无法律和事实依据，不予支持。

——《最高人民法院公报》2006 年第 8 期。

附录：最高人民法院主流观点

我们认为，社会保险作为一种社会性风险分担机制，是社会保障制度的核心，而侵权责任是行为人因自己侵害他人权益所应承担的责任，两者在立法目的、价值取向、保护范围、适用条件等方面均有明显不同，原则上不存在冲突。如工伤保险是强制性社会保险，政府按规定向企业收取工伤保险费，建立工伤保险基金，在职工受到工伤事故时，按照一定程序予以确认并拨付补偿款项，属于社会基准法，其目的是将用人单位的安全生产经营风险转嫁由全体投保人承担，及时保护劳动者权利，赔偿范围限于物质损失。侵权责任属于司法范畴，目的在于填补损害，以全面赔偿为原则，赔偿范围包括物质损害赔偿和精神损害赔偿。八民会领导讲话提出，社会保险制度是对受害人的一种基本社会保障，没有分散侵权人侵权责任的功能，第三人的侵权责任不能因为受害人获得社会保险的给付而减轻或免除。《八民会纪要（民事部分）》规定：被侵权人有权获得工伤保险待遇或者其他社会保险待遇的，侵权人的侵权责任不因受害人获得社会保险而减轻或者免除。根据《社会保险法》第三十条和四十二条的规定，被侵权人有权请求工伤保险基金或者其他社会保险支付工伤保险待遇或者其他保险待遇。

首先，被侵权人获得工伤保险待遇后，并不减轻或免除侵权人责任。相关法律与行政法规明确规定构成工伤享受相关待遇。《社会保险法》第三十六条规定，职工因工作原因受到事故伤害或者患职业病，且经工伤认定的，享受工伤保险待遇；其中，经劳动能力鉴定丧失劳动能力的，享受伤残待遇。《工伤保险条例》第三十条第一款规定职工因工作遭受事故伤害或者患职业病进行治疗，享受工伤医疗待遇。《人身损害赔偿解释》第十二条[①]规定：依法应当参加工伤保险统筹的用人单位的劳动者，因工伤事故遭受人身损害，劳动者或者其近亲属向人民法院起诉请求用人单位承担民事赔偿责任的，告知其按《工伤保险条例》的规定处理。因用人单位以外的第三人侵权造成劳动

① 现为《最高人民法院关于审理人身损害赔偿案件适用法律若干问题的解释》第三条。

者人身损害，赔偿权利人请求第三人承担民事责任的，人民法院应予支持。

其次，因第三人侵权造成工伤并从第三人处获得赔偿后，仍可主张工伤保险待遇。《安全生产法》第四十八条规定，因生产安全事故受到损害的从业人员，除依法享有工伤社会保险外，依照有关民事法律尚有获得赔偿的权利的，有权向本单位提出赔偿要求。《职业病防治法》第五十二条规定，职业病病人除依法享有工伤社会保险外，依照有关民事法律，尚有获得赔偿的权利的，有权向用人单位提出赔偿要求。《最高人民法院关于因第三人造成工伤的职工或者其亲属在获得民事赔偿后是否还可以获得工伤保险补偿问题的答复》（〔2006〕行他字第12号）认为：根据《安全生产法》第四十八条及《人身损害赔偿解释》第十二条规定，因第三人造成工伤的职工或其近亲属，从第三人处获得民事赔偿后，可以按照《工伤保险条例》第三十七条规定，向工伤保险机构申请工伤保险待遇补偿。《最高人民法院关于审理工伤保险行政案件若干问题的规定》第八条第三款规定职工因第三人的原因导致工伤，社会保险经办机构以职工或者其近亲属已经对第三人提起民事诉讼为由，拒绝支付工伤保险待遇的，人民法院不予支持，但第三人已经支付的医疗费用除外。

——杜万华主编：《〈第八次全国法院民事商事审判工作会议（民事部分）纪要〉理解与适用》，人民法院出版社2017年版，第184~185页。

1415. 学生参加学校安排的校外实习过程中受到伤害，学校未对实习单位尽到必要督促义务的，应承担相应法律责任

关键词

校外实习　校方责任

最高人民法院公报案例

李帅帅诉上海通用富士冷机有限公司、上海工商信息学校人身损害赔偿纠纷案（上海市青浦区人民法院民事判决书）

裁判摘要：1. 实习生在实习单位工作中，在工作时间、工作场所因工作原因受到伤害的，即使自身存在一般性过错，亦不能减轻实习单位的赔偿责任。

2. 学校应就实习生在实习中的安全防范和权益依法提供必要的保障。学校未对实习单位尽到必要督促义务的，应根据其过错程度对实习生的伤害后果承担相应法律责任。

3. 在城市中小学校就读的农村户籍学生，在学校的教育教学活

动（含派出实习）中受伤致残的，其残疾赔偿金应当按照该校所在地的城镇居民标准计算。

上海市青浦区人民法院认为：被告通用富士公司作为实习单位，是实习生劳动工具的提供者和工作内容的指挥者，对实习生负有日常管理、保护之责，亦应尽到必要的安全保障义务。由于通用富士公司提供的工作设备有一定危险性，要求原告李帅帅在实习期操作机器却未安排带教师傅在旁指导，对李帅帅受伤存在过错。李帅帅作为具有完全民事行为能力的成年人，又经过相关专业知识的学习及实习培训，对操作设备的危险性应具有一定的认知，李帅帅作为实习生在从事实习劳动时亦应保持必要的谨慎，但李帅帅在无带教人员陪同指导的情况下自行更换模具，又未遵循正确操作规程，未尽审慎注意义务，对损害后果的发生也负有一定的过错。现有证据不足以证明被告工商学校在本起事故中有过错，故对于李帅帅要求工商学校承担损害赔偿责任的诉讼请求，难以支持。结合本案实际情况，一审法院确认通用富士公司对李帅帅本次受伤造成的经济损失承担 80% 的责任，李帅帅自负 20% 的责任。李帅帅各项损失计算如下：1. 医疗费，依凭证计算为 88001.76 元，其中伙食费 855 元、少儿学生医疗保障支付 16283.25 元应予扣除，余额 70863.51 元，予以确认；2. 住院伙食补助费 1380 元，护理费 5460 元、精神损害抚慰金 10000 元，李帅帅的计算符合法律规定，予以确认；3. 营养费，结合本案实际，酌情确认按每天 30 元计算鉴定确定的 60 天为 1800 元；4. 误工费，根据李帅帅与通用富士公司签订的实习协议，酌情确定按每月 1820 元计算 6 个月为 10920 元；5. 残疾赔偿金，李帅帅系农业户口，其未提供证据证明其住在城镇地区并以城镇收入为主要生活来源满一年以上，故应依照上海市农村人口标准每年 19208 元计算 4 年为 76832 元；6. 交通费，结合本案实际，酌情确认为 300 元；7. 鉴定费 1800 元，予以确认；8. 日用品费 180 元、住宿费 800 元，为李帅帅及其家属因李帅帅本次受伤产生的实际费用，双方均予以认可，通用富士公司已全额垫付，予以确认；9. 律师代理费 5000 元，系李帅帅为本次诉讼实际支出的费用，通用富士公司、工商学校亦予以认可，故予以确认。综上，李帅帅的损失除律师代理费外计 180335.51 元，通用富士公司应赔偿其中的 80% 计 144268.41 元，加上律师代理费合计 149268.41 元，扣除通用富士公司已垫付的医疗费、护理费、日用品费、住宿费及已预付的现金合计 78738.51 元，通用富士公司还应赔偿李帅帅余款 70529.90 元。

——《最高人民法院公报》2015 年第 12 期。

1416．"无名死者"请求权主体问题

关键词

无名死者　死亡赔偿金　计算标准　损害赔偿请求权

《中华人民共和国民法典》条文

第一千一百八十一条　被侵权人死亡的，其近亲属有权请求侵权人承担侵权责任。被侵权人为组织，该组织分立、合并的，承继权利的组织有权请求侵权人承担侵权责任。

被侵权人死亡的，支付被侵权人医疗费、丧葬费等合理费用的人有权请求侵权人赔偿费用，但是侵权人已经支付该费用的除外。

最高人民法院司法解释

第一条　因人身权益或者具有人身意义的特定物受到侵害，自然人或者其近亲属向人民法院提起诉讼请求精神损害赔偿的，人民法院应当依法予以受理。

第三条　死者的姓名、肖像、名誉、荣誉、隐私、遗体、遗骨等受到侵害，其近亲属向人民法院提起诉讼请求精神损害赔偿的，人民法院应当依法予以支持。

——《最高人民法院关于确定民事侵权精神损害赔偿责任若干问题的解释》(2020 年 12 月 29 日修正)。

第二十三条　被侵权人因道路交通事故死亡，无近亲属或者近亲属不明，未经法律授权的机关或者有关组织向人民法院起诉主张死亡赔偿金的，人民法院不予受理。

侵权人以已向未经法律授权的机关或者有关组织支付死亡赔偿金为理由，请求保险公司在交强险责任限额范围内予以赔偿的，人民法院不予支持。

被侵权人因道路交通事故死亡，无近亲属或者近亲属不明，支付被侵权人医疗费、丧葬费等合理费用的单位或者个人，请求保险公司在交强险责任限额范围内予以赔偿的，人民法院应予支持。

——《最高人民法院关于审理道路交通事故损害赔偿案件适用法律若干问题的解释》(2020 年 12 月 29 日修正)。

第二条　铁路运输人身损害的受害人以及死亡受害人的近亲属为赔偿权

利人，有权请求赔偿。

——《最高人民法院关于审理铁路运输人身损害赔偿纠纷案件适用法律若干问题的解释》（2020 年 12 月 29 日修正）。

附录：最高人民法院主流观点

此类案件以道路交通事故居多，在医疗损害纠纷及其他侵权纠纷中也偶有发生。有观点认为，为制裁侵权行为、维系社会关系稳定，保护潜在无名死者近亲属权益，可以由有关机关、法人或其他组织以原告身份提起诉讼主张死亡赔偿金。另有观点进一步认为，在此情况下可以认可的原告身份主要包括民政部门、道路交通事故社会救助基金管理机构、检察机关、村民委员会或居民委员会等。

对此，《八民会纪要》明确："鉴于侵权责任法第十八条明确规定被侵权人死亡，其近亲属有权请求侵权人承担侵权责任，并没有赋予有关机关或者单位提起请求的权利，当侵权行为造成身份不明人死亡时，如果没有赔偿权利人或者赔偿权利人不明，有关机关或者单位无权提起民事诉讼主张死亡赔偿金，但其为死者垫付的医疗费、丧葬费等实际发生的费用除外。"《道路交通损害赔偿解释》第二十三条也有类似规定："被侵权人因道路交通事故死亡，无近亲属或者近亲属不明，未经法律授权的机关或者有关组织向人民法院起诉主张死亡赔偿金的，人民法院不予受理。侵权人以已向未经法律授权的机关或者有关组织支付死亡赔偿金为理由，请求保险公司在交强险责任限额范围内予以赔偿的，人民法院不予支持。"

——最高人民法院民法典贯彻实施工作领导小组编著：《中国民法典适用大全（侵权责任卷）》，人民法院出版社 2022 年版，第 218 页。

1417. 损伤参与度在人身损害赔偿案件中适用的限制

关键词

人身损害赔偿　因果关系

附录：最高人民法院法官著述

虽然我国法律并未明确规定侵权行为与后果有因果关系，但是在认定侵权人应否承担侵权责任及赔偿金额时，因果关系是一个重要的构成要件。《最高人民法院关于审理人身损害赔偿案件适用法律若干问题的解释》第三条[①]第二款规定，二人以上没有共同故意或者共同过失，但其分别实施的数个行为间接结合发生同一损害后果的，应当根据过失大小或者原因力比例各自承担相应的赔偿责任。此处所提及的原因力系在共同侵权情况下，不同侵权行为与损害后果之间的因果关系，而未表明包括受害人自身的体质原因。第二条规定，受害人对同一损害的发生或者扩大有故意、过失的，依照民法通则第一百三十一条的规定，可以减轻或者免除赔偿义务人的赔偿责任。但侵权人因故意或者重大过失致人损害，受害人只有一般过失的，不减轻赔偿义务人的赔偿责任。侵权责任法第二十六条[②]规定，被侵权人对损害的发生也有过错的，可以减轻侵权人的责任。

最高人民法院公布的指导案例第六批第24号裁判要点为：交通事故的受害人没有过错，其体质状况对损害后果的影响不属于可以减轻侵权人责任的法定情形。裁判理由为：虽然荣宝英（原告）年事已高，但其年老骨质疏松仅是事故造成后果的客观因素，并无法律上的因果关系。因此，受害人荣宝英对于损害的发生或者扩大没有过错，不存在减轻或者免除加害人赔偿责任的法定情形。从上述法律规定及指导案例看，减轻侵权人责任的情况仅为受害人有过错，被侵权人自身有疾病，并非减轻侵权人的责任的理由。

除此以外，有如下几点考虑需限制损伤参与度的适用：

1. 适用损伤参与度不符合侵权法的价值取向。虽然受害人自身体质导致损失较常人严重，但是受害人的自身体质不具有归责性，不同于在受害人有过错的情况下，自担相应损失符合归责原则，如果因受害人的个体差异导致侵权人的侵权责任不同不利于道德评价。适用损伤参与度会限制独特体质或有疾病的人的正常行为范围，其需承担比常人更高的注意义务，违反了平等原则。

2. 适用损伤参与度增加了司法实践操作的难度。损伤参与度需通过司法鉴定来确定，导致纠纷不能及时解决；也容易使司法权受限于鉴定意见，裁判者有机械适用的可能；法院还需审查受害人的哪些特殊情况需纳入鉴定范围，每个人的体质从本质上说都是独特的，如果考察受害人以前是否有疾病，体质是否特殊，那么年龄、性别上的差异是否应予考虑？将损伤参与度引入司法实践会带来不必要的困扰。

3. 医疗损害赔偿案件不同于其他人身损害赔偿案件，法院在处理这两类案件时不宜采用同一标准。首先，在医疗损害赔偿案件中，患者疾病成因复

① 《民法典》第一千一百六十八条、第一千一百七十条、第一千一百七十一条以及第一千一百七十二条已重新作出规定。

② 对应《民法典》第一千一百七十三条。

杂，患者的个体特征会影响到病症表现和治疗效果，而医学是探索性、经验性学科，适用损伤参与度，区分医疗过错行为与损害后果之间的因果关系，确定医疗机构的赔偿责任具有合理性。而其他侵权案件应以受害人的过错作为减轻侵权人责任的依据。其次，《医疗事故处理条例》对于医疗事故赔偿明确规定了应考虑医疗事故损害后果与患者原有疾病状况之间的关系，有利于减轻医疗机构的赔偿压力。[①]而其他侵权人参照该规定的依据并不充足。

当然，该问题仍然可以进一步探讨。如果受害人对自己的特殊体质未尽自我保护的义务，有重大过失，是否可以从受害人的过错角度考虑减轻侵权人的责任。就目前来说，在其他人身损害赔偿案件中以受害人体质特殊或原有疾病为由，减轻侵权人的损害赔偿责任缺乏法律依据且与社会价值取向不符。

——最高人民法院民一庭:《浅谈损伤参与度在人身损害赔偿案件中适用的限制》，载杜万华主编、最高人民法院民事审判第一庭编:《民事审判指导与参考》2015 年第 3 辑（总第 63 辑），人民法院出版社 2015 年版，第 137~142 页。

1418. 个人体质特殊不属于减轻侵权人责任的情形

关键词

特殊体质 过错相抵

最高人民法院指导性案例

荣宝英诉王阳、永诚财产保险股份有限公司江阴支公司机动车交通事故责任纠纷案（最高人民法院指导案例 24 号）

裁判要点：交通事故的受害人没有过错，其体质状况对损害后果的影响不属于可以减轻侵权人责任的法定情形。

法院生效裁判认为:《侵权责任法》第二十六条[②]规定:“被侵权人对损害的发生也有过错的，可以减轻侵权人的责任。”《道路交通安全法》第七十六条

① 在医疗损害赔偿案件中适用损伤参与度，根据原因力的程度确定减轻医疗过失行为的赔偿责任，被视为缓解医疗机构的赔偿压力的合理规则。杨立新:《论医疗过失损害赔偿责任的适当限制规则》，载《法学论坛》2008 年第 6 期，第 33、35 页。

② 对应《民法典》第一千一百七十三条。

第一款第（二）项规定，机动车与非机动车驾驶人、行人之间发生交通事故，非机动车驾驶人、行人没有过错的，由机动车一方承担赔偿责任；有证据证明非机动车驾驶人、行人有过错的，根据过错程度适当减轻机动车一方的赔偿责任。因此，交通事故中在计算残疾赔偿金是否应当扣减时应当根据受害人对损失的发生或扩大是否存在过错进行分析。本案中，虽然原告荣宝英的个人体质状况对损害后果的发生具有一定的影响，但这不是侵权责任法等法律规定的过错，荣宝英不应因个人体质状况对交通事故导致的伤残存在一定影响而自负相应责任，原审判决以伤残等级鉴定结论中将荣宝英个人体质状况“损伤参与度评定为75%”为由，在计算残疾赔偿金时作相应扣减属适用法律错误，应予纠正。

从交通事故受害人发生损伤及造成损害后果的因果关系看，本起交通事故的引发系肇事者王阳驾驶机动车穿越人行横道线时，未尽到安全注意义务碰擦行人荣宝英所致；本起交通事故造成的损害后果系受害人荣宝英被机动车碰撞、跌倒发生骨折所致，事故责任认定荣宝英对本起事故不负责任，其对事故的发生及损害后果的造成均无过错。虽然荣宝英年事已高，但其年老骨质疏松仅是事故造成后果的客观因素，并无法律上的因果关系。因此，受害人荣宝英对于损害的发生或者扩大没有过错，不存在减轻或者免除加害人赔偿责任的法定情形。同时，机动车应当遵守文明行车、礼让行人的一般交通规则和社会公德。本案所涉事故发生在人行横道线上，正常行走的荣宝英对将被机动车碰撞这一事件无法预见，而王阳驾驶机动车在路经人行横道线时未依法减速慢行、避让行人，导致事故发生。因此，依法应当由机动车一方承担事故引发的全部赔偿责任。

根据我国道路交通安全法的相关规定，机动车发生交通事故造成人身伤亡、财产损失的，由保险公司在机动车第三者责任强制保险责任限额范围内予以赔偿。而我国交强险立法并未规定在确定交强险责任时应依据受害人体质状况对损害后果的影响作相应扣减，保险公司的免责事由也仅限于受害人故意造成交通事故的情形，即便是投保机动车无责，保险公司也应在交强险无责限额内予以赔偿。因此，对于受害人符合法律规定的赔偿项目和标准的损失，均属交强险的赔偿范围，参照“损伤参与度”确定损害赔偿责任和交强险责任均没有法律依据。

——《最高人民法院关于发布第六批指导性案例的通知》（2014 年 1 月 26 日，法〔2014〕18 号）。

说明

指导案例 24 号荣宝英诉王阳、永诚财产保险股份有限公司江阴支公司机动车交通事故责任纠纷案，旨在明确交通事故受害人体质状况对损害后果的发生即使存在一定程度的影响，也不属于可以减轻侵权人责任的法定情形。受害人没有过错的，侵权人应当承担全部损害赔偿责任。目前，在交通事故责任纠纷案件处理中存在一定的模糊认识，有的主张被侵权人体质特殊的，应当减轻侵权人承担的损害赔偿责任，这种认识是对侵权责任法过错责任原则的错误理解，不符合侵权责任法、道路交通安全法的有关规定。本指导案例对于澄清认识，正确区分民事赔偿与刑事处罚的适用规则，指导交通事故责任纠纷案件的审理，依法保护被侵权人的合法权益具有明显的作用和意义。

附录：最高人民法院主流观点

该指导案例的裁判要点确认：交通事故的受害人没有过错，其体质状况对损害后果的影响不属于可以减轻侵权人责任的法定情形。现围绕与该裁判要点相关的问题逐一论证和说明如下：

（一）受害人体质特殊是否属于侵权责任法中的“过错”

侵权责任法第六条第一款[①]规定：“行为人因过错侵害他人民事权益，应当承担侵权责任。”该款是对过错责任的规定。所谓过错责任，是指造成损害是否承担赔偿责任，必须要看行为人是否有过错，有过错有责任，无过错无责任。该款继承了民法通则第一百零六条第二款的规定，重申过错责任原则是侵权责任法的基本归责原则。在过错责任原则中，过错是确定行为人是否承担侵权责任的核心要件，也是人民法院审理侵权案件的主要考虑因素。过错分为故意和过失。过错是行为人行为时的一种应受谴责的心理状态。正是由于这种应受谴责的心理状态，法律要对行为人所实施的行为作否定性评价，让其承担侵权责任。

本案例中，被告王阳驾驶轿车穿越人行横道时，未尽到安全注意义务，将行人即本案原告荣宝英撞伤。交警作出的交通事故认定书认定王阳负全部责任，荣宝英无责。司法鉴定结论认定荣宝英所受损伤交通事故因素参与度为75%，其个人体质骨质疏松等因素占25%。受害人体质特殊，如骨质疏松、体质虚弱等是否属于侵权责任法中的“过错”？答案是否定的。如前所述，侵权责任法中的“过错”是指行为人的一种主观心理状态，分为故意和过失两种情形。本案中，受害人的体质特殊是其身体的一种客观情况，与其主观心理状态无关。显然，不能将受害人体质虚弱认定为一种应受谴责的主观心理状态。司法鉴定结论是民事诉讼证据的一种，人民法院在审理案件时，同样应当进行审查认证。交通事故认定书认定受害人无责，即认定其没有过错。将受害人的特殊体质状况认定为“过错”，缺乏法律和事实依据。

（二）受害人特殊体质是否可以作为扣减残疾赔偿金的依据

---

① 对应《民法典》第一千一百六十五条第一款。

本案例生效判决认为，计算残疾赔偿金时是否应当扣减，应当根据受害人对损失扩大是否存在过错进行分析。本案例中，受害人不应对特殊体质在伤残中存有参与度而负担相应责任。主要理由如下：

1. 不构成过错相抵

侵权责任法第二十六条[①]规定："被侵权人对损害的发生也有过错的，可以减轻侵权人的责任。"侵权责任法第四十八条[②]规定："机动车发生交通事故造成损害的，依照道路交通安全法的有关规定承担赔偿责任。"道路交通安全法第七十六条规定："机动车发生交通事故造成人身伤亡、财产损失的，由保险公司在机动车第三者责任强制保险责任限额范围内予以赔偿；不足的部分，按照下列规定承担赔偿责任：（一）机动车之间发生交通事故的，由有过错的一方承担赔偿责任；双方都有过错的，按照各自过错的比例分担责任。（二）机动车与非机动车驾驶人、行人之间发生交通事故，非机动车驾驶人、行人没有过错的，由机动车一方承担赔偿责任；有证据证明非机动车驾驶人、行人有过错的，根据过错程度适当减轻机动车一方的赔偿责任；机动车一方没有过错的，承担不超过百分之十的赔偿责任。交通事故的损失是由非机动车驾驶人、行人故意碰撞机动车造成的，机动车一方不承担赔偿责任。"

本案例中，案涉交通事故造成的损害后果系受害人荣宝英在机动车碰撞后倒地并引发骨折所致，虽然荣宝英年事已高、骨质疏松，但事故责任认定荣宝英对本起事故不负责任，其对事故的发生及损害后果的造成均无主观过错，其年老骨质疏松仅是与事故造成后果存在客观上的介入因素，并无法律上的因果关系。而在交通事故中，加害人的行为与损害后果之间符合"无此行为，必不生此损害；有此行为，通常即生此种损害"的相当因果关系判断标准。也就是说，加害人的行为是损害后果的直接原因，二者之间具有相当的因果关系，这也是损害赔偿责任的重要构成要件之一。而受害人自身的体质因素，按法理上之通说，对损害后果的发生并不具有相当的因果关系。

根据侵权责任法第二十六条[③]的规定，受害人对损害发生有过错，可以减轻侵权人的责任。受害人没有过错的，自然不构成过错相抵，不应承担责任。因此，受害人荣宝英对于损害的发生或者扩大没有过错，不存在减轻或者免除侵权人赔偿责任的法定情形。道路交通安全法第七十六条规定机动车与行人之间发生交通事故，行人没有过错的，由机动车一方承担赔偿责任。道路交通安全法并未规定行人自身体质状况对侵权损害后果有介入影响时，机动车方可以减免相应责任，故按照老年人体质状况对伤残结果的参与度比例扣

① 对应《民法典》第一千一百七十三条。
② 对应《民法典》第一千二百零八条。
③ 对应《民法典》第一千一百七十三条。

减相应残疾赔偿金属于适用法律错误。因此，交通事故受害人没有过错，以其体质特殊对构成伤残的参与度作为减轻侵权人责任的依据不符合侵权责任法、道路交通安全法的规定。

2. 不符合法律的立法目的和原则

我国侵权责任法的立法目的为“保护民事主体的合法权益，明确侵权责任、预防并制裁侵权行为，促进社会和谐稳定”。本案所涉受害人荣宝英的特殊体质系因年老而导致骨质疏松，但骨质随着年龄增长而疏松是一般生理规律，而非当事人个人特例。荣宝英根据交通法规在人行横道上行走，没有违反法律规定，属于其基本的生活权利和自由，理应受到法律的保护。另外，老年人、儿童、残疾人等群体，由于自我保护能力较弱，属于社会生活中的弱势群体，法律对其参与社会活动中的合法权益更应加强保障力度。本案例所涉事故发生在人行横道线上，正常行走的荣宝英本身没有过错，行为不具有违法性，其对将被机动车撞击这一事件无法预见，要求老年人具备与年轻人相同的风险避让能力、抗击打能力及伤后自愈能力亦与常理相悖。而王阳驾驶机动车在路经人行横道线时未依法减速慢行、避让行人，对损害结果的发生具有过失，其行为具有违法性，理应由机动车方承担事故引发的全部赔偿责任。而行人作为弱势群体，如果没有过错，却因自身体质状况分担一部分赔偿责任，显然有失公平。因此，将老年人遭受侵害后的残疾赔偿金按照特殊体质对伤残的参与度作相应扣减，违背侵权责任法的立法目的，不利于老年人等弱势群体权益的保护，缺乏社会伦理基础。

机动车较非机动车、行人而言，具有更大的交通危险性，在发生事故时其自身也具有更高的安全性，因此，机动车在获得自身更为快速的交通便利的同时，应当恪守文明行车、礼让行人的一般交通规则和社会公德。我国道路交通安全法等相关法律规定了机动车驾驶人员更高的注意义务和更严格的法律责任，从而平衡不同通行主体的权益，保护相对弱势的行人的通行权利。例如，道路交通安全法第四十七条规定：“机动车行经人行横道时，应当减速行驶；遇行人正在通过人行横道，应当停车让行。机动车行经没有交通信号的道路时，遇行人横过道路，应当避让。”道路交通安全法第七十六条规定，机动车发生交通事故造成人身伤亡、财产损失的，即使机动车一方没有过错，仍然要承担不超过百分之十的赔偿责任。上述法律规定，充分体现了法律对行人通行权利倾斜性保护的原则和精神。因此，道路交通安全法等相关法律规定的原则与侵权责任法是一致的，都没有将受害人特殊体质作为侵权人减轻责任的考虑因素和依据。

3. 不符合侵权责任理论通说

将受害人体质特殊对构成伤残的参与度作为扣减残疾赔偿金的依据，也不符合侵权责任理论上关于人身损害赔偿的通说。本案例所作结论也是“蛋壳脑袋理论”在交通事故责任纠纷案件中的具体适用，具有法理基础，有一定普遍性。所谓“蛋壳脑袋理论”，是英美侵权法中关于人身损害赔偿责任的一项著名规则。该规则指出，一个对他人犯有过失的人，不应计较受害人的个人特质，尽管受害人的这种个人特质增加了他遭受损害的可能性和程度；对于一个因受害人的头骨破裂而引起的损害赔偿请求，受害人的头骨异常易于破裂不能成为抗辩的理由，即侵权人不能以此作为减少应承担的损害赔偿金的理由。“蛋壳脑袋理论”的适用充分体现在法律对加强弱势群体权益的保护上。在交通事故中，无论受害人体质状况如何，机动车驾驶人是否能够预见，都应当具有同样的高度注意义务，对其行为直接引起的全部损害承担法律责任。

4. 混淆了刑事责任与侵权民事责任的区别

刑事责任与侵权民事责任同属法律责任，在构成要件上具有一定相似性，如都必须有违法行为的存在，一般要考虑行为人主观上的过错，都重视对因果关系的考察等等。但二者之间区别也是非常明显的。就制裁目的而言，刑事责任设立目的旨在通过惩罚犯罪分子以达到教育、预防的社会作用，不是被告人行为造成的直接后果，就不能让其承担全部的刑事责任，故刑事责任考虑各种因素对损害后果“参与度”问题。而侵权民事责任是一种事后补救性质的责任，更多的是考虑保护被侵权人的合法权益，一般遵循“填平”原则，对于侵权行为造成的全部损害后果，侵权人都应当承担赔偿责任。在交通事故责任纠纷中，以被害人体质“参与度”作为减轻侵权人责任的依据，属于对刑事处罚和民事赔偿的混淆和误用。

（三）其他相关问题的说明

本案例还涉及保险金赔付是否应当依据损伤“参与度”问题。本案例中，被告王阳驾驶的机动车在被告永诚财产保险股份有限公司江阴支公司（以下简称永诚保险公司）投保了机动车交通事故责任强制保险。原告荣宝英将永诚保险公司一同告上法庭。被告永诚保险公司的一项抗辩理由即认为应当按照伤残鉴定意见结论确定的损伤“参与度”对应赔偿的保险金作相应扣减。法院认为保险公司的主张没有法律依据，故不采纳其抗辩理由。

实践中，类似的保险金赔付争议并不鲜见。在原告宿迁市立昌塑业有限公司（以下简称立昌公司）诉被告中国人民财产保险股份有限公司宿迁中心支公司（以下简称人保公司）、第三人杨以生保险合同纠纷案中，即面临相似的法律问题。2009 年 1 月 11 日，立昌公司职员驾驶该公司机动车与电动自行车驾驶人杨以生相撞，致杨以生受伤，两车损坏。经交警鉴定双方分别承担同等责任。事后，立昌公司赔偿了杨以生部分相关损失。立昌公司的事故车辆在人保公司投保了第三者责任商业保险，限额为 50 万元，并附加不计免赔率特约条款。但立昌公司在向人保公司理赔时，人保公司拒绝赔付。立昌公司将人保公司诉至法院。人保公司主张其支付保险金的具体数额应当限定于交通事故对杨以生造成伤残的参与度比例范围内。司法鉴定意见认为，交通事故作为杨以生病情的诱发因素参与度为25%左右。此案一审判决认为，因交通事故造成第三者损害的，尽管损害后果与其自身疾病恶化可能引发的临床症状相似，但疾病非属过错，不应因此而减轻侵权人的民事赔偿责任。机动车第三者责任险是投保人缴纳保险费而由保险公司替代责任者进行赔偿的一种保险合同，基于保险的基本功能和对价公平的考虑，保险公司的理赔责任亦不应因此而减轻。保险公司以医学鉴定部门认定的事故造成损害后果的“参与度”比例为限承担赔付责任的抗辩没有法律依据，不予支持。法院应严格区分受害人身体所受伤害在病理上的因果关系与侵权法、保险法领域的责任因果关系，如受害人损害后果是由交通事故引发和造成的，应据此确定保险公司的保险赔偿责任。二审法院在查明案件事实基础上，认可了一审法院判决。但鉴于杨以生为了及时实现损害赔偿，同意放弃部分赔偿款，二审法院组织三方当事人进行调解，该案以调解方式结案。

保险公司关于依损伤“参与度”扣减保险赔偿金的抗辩，与交强险或商业保险的设置目的及赔付规则是不相符的。以交强险为例，我国道路交通安全法第七十六条规定：“机动车发生交通事故造成人身伤亡、财产损失的，由保险公司在机动车第三者责任强制保险责任限额范围内予以赔偿……”《机动车交通事故责任强制保险条例》第二十一条规定：“被保险机动车发生道路交通事故造成本车人员、被保险人以外的受害人人身伤亡、财产损失的，由保险公司依法在机动车交通事故责任强制保险责任限额范围内予以赔偿。道路交通事故的损失是由受害人故意造成的，保险公司不予赔偿。”该条例第二十三条规定了责任限额分为死亡伤残赔偿限额、医疗费用赔偿限额、财产损失赔偿限额以及被保险人在道路交通事故中无责任的赔偿限额。上述规定，明确了机动车发生交通事故，保险公司在机动车第三者责任强制保险责任限额范围内的赔付责任。可见，在确定交强险赔付责任时，我国相关立法并没有因受害人体质状况对损伤存有参与度须作相应扣减的规定，保险公司的免责事由仅限于受害人故意造成交通事故的情形，即便是投保机动车无责，保险公司也应在交强险无责限额内予以赔偿。因此，对于交通事故受害人符合法律规定的赔偿项目和标准的损失，均属交强险的赔付范围，参照损伤“参与度”而对交强险赔付责任进行扣减是没有法律依据的。

立昌公司案与指导案例24号荣宝英案在法律争议方面具有一定相似性，这说明侵权责任领域中，尤其是交通事故责任案件中对于损害“参与度”问题有一定模糊或不当的认识。在交通事故责任案件中，有人主张被侵权人体质特殊的，应当减轻侵权人承担的损害赔偿责任，即按个人特殊体质对侵权损害后果的介入程度，即“参与度”减轻侵权人的责任；也有人主张以医学鉴定部门认定的事故造成伤害后果的“参与度”比例为限承担交强险或机动车第三者责任险的赔付责任。通过上述两案的分析，我们认为这些认识是对侵权责任法过错责任原则的误用，不符合侵权责任法、道路交通安全法和保险法的有关规定，不符合保护被侵权人的合法权益，制裁违法行为，分散交通安全风险的立法目的。由于立昌公司案二审调解结案，不宜推荐为指导案例，最终荣宝英案经过审查程序讨论通过，作为指导案例发布。指导案例24号荣宝英案的发布，对于澄清认识，统一裁判尺度，实现法律效果和社会效果的良好统一，指导此类案件的审判具有指导意义。

——最高人民法院案例指导工作办公室：《指导案例24号〈荣宝英诉王阳、永诚财产保险股份有限公司江阴支公司机动车交通事故责任纠纷案〉的理解与参照——个人体质特殊不属于减轻侵权人责任的情形》。

1419. 定期金给付是否支付利息

关键词

定期金　支付利息　赔偿数额

最高人民法院司法解释

第二十一条　人民法院应当在法律文书中明确定期金的给付时间、方式以及每期给付标准。执行期间有关统计数据发生变化的，给付金额应当适时进行相应调整。

定期金按照赔偿权利人的实际生存年限给付，不受本解释有关赔偿期限的限制。

——《最高人民法院关于审理人身损害赔偿案件适用法律若干问题的解释》（2022年2月15日修正）。

附录：最高人民法院主流观点

关于定期金给付是否支付利息的问题，一直存在争议。在网上征求意见稿中曾有一条：定期支付赔偿金的，其每一期的实际支付数额应当以上一期的实际支付数额为基数，加上该期银行存款利率。这样规定的理由是，一方面，法律规定的给付原则是一次性的，在此原则下本应一次性支付的赔偿金，由于赔偿义务人的申请，而改为定期金支付，赔偿义务人可以利用这些款项去存款以获取利息，或者去投资以获取利润；另一方面，赔偿权利人如果一次性获取这些赔偿金，他也可以去存入银行或进行投资。所以，赔偿义务人将赔偿金由现在一次性给付改为将来定期给付，应当向赔偿权利人支付利息。

以上观点，从一定角度上讲不无道理。但是，定期金给付不同于分期付款，其原理是对未来发生的损害随时给予的赔偿，也是为避免通货膨胀可能对赔偿权利人带来的不利益，其赔偿标准根据时间的推移、经济的发展、人们收入和消费水平的提高、物价的上涨等因素，而随时进行调整。此种情况下，再由赔偿义务人支付利息，与定期金制度设立的本意是不相吻合的。虽然从一次性给付的角度讲，似乎支付利息才公平，但这种认识忽视了一次性给付的场合，赔偿金数额所依据的计算标准是一审法庭辩论终结时的“上一年度”的相关统计标准，而定期金给付的场合，赔偿金数额的计算标准是每一期定期金给付时"上一年度"的相关统计标准，采用这样的标准时，已将赔偿权利人的利益考虑在内。所以，本解释在最后定稿时，没有采纳对定期金加付利息的意见。

——最高人民法院民事审判第一庭编著:《最高人民法院人身损害赔偿司法解释理解与适用》，人民法院出版社 2022 年版，第 282~283 页。

三、精神损害赔偿

1420. 精神损害的主体

关键词

精神损害主体

最高人民法院司法解释

第一条　因人身权益或者具有人身意义的特定物受到侵害，自然人或者其近亲属向人民法院提起诉讼请求精神损害赔偿的，人民法院应当依法予以受理。

第三条　死者的姓名、肖像、名誉、荣誉、隐私、遗体、遗骨等受到侵害，其近亲属向人民法院提起诉讼请求精神损害赔偿的，人民法院应当依法予以支持。

第四条　法人或者非法人组织以名誉权、荣誉权、名称权遭受侵害为由，向人民法院起诉请求精神损害赔偿的，人民法院不予支持。

——《最高人民法院关于确定民事侵权精神损害赔偿责任若干问题的解释》(2020 年 12 月 29 日修正)。

附录：最高人民法院主流观点

本司法解释此次修改将有权提起精神损害赔偿的主体由“自然人”修改为“自然人或者其近亲属”，主要是考虑到与《民法典》第一千一百八十一条、第一千一百八十三条的衔接。根据《民法典》第一千一百八十一条的规定，被侵权人死亡的，其近亲属有权请求侵权人承担侵权责任。

考虑到审判实践的需要，我们在规定精神损害赔偿主体资格时采“自然人或者其近亲属”的表述，目的是进一步强调精神损害赔偿的主体范围排除法人及非法人组织的同时，明确被侵权人死亡时其近亲属有权提起精神损害赔偿，这与《民法典》第一千一百八十三条规定的精神并不矛盾。

与《民法典》规定精神保持一致，人民法院对于法人或者非法人组织以名称权、名誉权、荣誉权遭受侵害为由，请求赔偿精神损害的，不应予以支持。需要注意的是，法人或者非法人组织以名称权、名誉权、荣誉权之外的其他人格权益遭受侵害为由请求精神损害赔偿，人民法院应如何处理？由于《民法典》人格权编中，名称权、名誉权、荣誉权之外的其他人格权益是自然人专属的人格权，法人或者非法人组织并不享有，因此，法人或者非法人组织以名称权、名誉权、荣誉权之外的其他人格权益遭受侵害为由主张侵权损害赔偿的，由于其不具有诉的利益，不符合《民事诉讼法》第一百一十九条的规定，人民法院对此类诉讼应不予受理，已经受理的，应当驳回起诉。

——最高人民法院民法典贯彻实施工作领导小组办公室编著：《最高人民法院实施民法典清理司法解释修改条文（111 件）理解与适用》，人民法院出版社 2022 年版，第 300 页、第 305 页。

1421. 精神损害的赔偿数额的认定

关键词

精神损害　赔偿数额

最高人民法院司法解释

第五条　精神损害的赔偿数额根据以下因素确定：

（一）侵权人的过错程度，但是法律另有规定的除外；

（二）侵权行为的目的、方式、场合等具体情节；

（三）侵权行为所造成的后果；

（四）侵权人的获利情况；

（五）侵权人承担责任的经济能力；

（六）受理诉讼法院所在地的平均生活水平。

——《最高人民法院关于确定民事侵权精神损害赔偿责任若干问题的解释》（2020 年 12 月 29 日修正）。

附录：最高人民法院主流观点

本规定是关于确定精神损害赔偿数额的规定。精神损害赔偿数额的确定标准是审判实践中经常遇到的问题。由于缺少法律和司法解释的依据，各地法院在审判实践中判出的数额可能相差较大。因此，有必要对精神损害赔偿金数额的确定标准加以规范。

赔偿损失是承担民事责任的一种重要方式，精神损害赔偿本质上与财产损害赔偿的责任构成要件并无不同。《最高人民法院关于确定民事侵权精神损害赔偿责任若干问题的解释》第五条规定之所以要求法官在确定精神损害赔偿数额时首先考虑侵权人的主观过错，是因为过错责任原则是侵权责任法的一般归责原则。精神损害赔偿作为一种民事责任，自然应遵循这一归责原则。因此，侵权人主观上具有过错，过错程度是否严重，是故意还是过失，应该成为法官在确定精神损害赔偿数额时所要考虑的重要因素。这是过错责任原则的基本要求。将这一原则应用到审判实践中，就是要在确定精神损害赔偿数额时做到：其一，侵权人没有过错的，只有在法律另有规定的情况下，才可以判决其承担精神损害赔偿责任；其二，在侵权后果大致相同的情况下，故意侵权致人精神损害的当事人较之过失侵权致人精神损害的当事人责任要重，支付的精神损害赔偿金的数额相对要多一些；其三，对于过失致人精神损害的当事人，重大过失和一般过失相比较，前者支付的精神损害赔偿金数额要高一些。

侵权人的侵害目的、方式、场合等具体情节和侵权行为所造成的后果是法官在确定精神损害赔偿数额时需要结合起来考虑的问题。精神损害是一种无形损害，本质上不可用金钱计量，金钱也并不能像填补物质损害一样对受害人的精神损害起到填平损害的作用。要求侵权人承担精神损害的赔偿责任，主要是基于对侵犯他人人身权益的侵权行为的可归责性及道德上的可谴责性作出的主观评价。因此，精神损害赔偿兼具抚慰、惩罚和调整功能。精神损害的性质决定了损害后果是由多种因素综合造成的，单纯考虑某一种因素所得出的结果并不科学。例如，精神损害后果的严重与否，与受害人的主观状态，特别是其心理承受能力有密切的关系。同样的侵权行为，发生在不同的当事人身上，可引起不同的后果。因此，在确定精神损害赔偿金数额的时候，不仅仅要看到侵权行为造成的直接后果，还要结合侵害人的侵害目的、方式、场合等具体侵权情节加以考虑。一般说来，审判实践中结合侵权行为所造成的后果和侵权人的目的、方式、场合考虑确定精神损害赔偿金数额时应注意：

（1）从损害后果上看，侵权致人精神损害，造成受害人死亡，精神失常丧失劳动能力、生活自理能力的，较造成受害人一般精神痛苦的，侵权人的精神损害赔偿责任要重；（2）从侵权行为的道德可谴责性看，在公众场合，公然侮辱、诽谤他人，采取恶劣手段侮辱妇女，造成重大影响的，较一般后果、影响不大的侵权行为，侵权人的精神损害赔偿责任要重。也就是说，从侵害目的、方式、场合看，侵权行为的道德可谴责性越大，侵权人所应承担的精神损害赔偿责任也就相应地应该加重。

对于人身权益造成的损失到底是什么，是多少，在实践中往往难以认定。这时就要考虑采用其他合理的赔偿标准。在财产损失赔偿中，如果被侵权人的财产损失难以确定的，一般情况下采取侵权人所获利益标准进行赔偿。采取这种标准的原因在于，在被侵权人损失难以计算的情况下，通常对方所获得的利益就是等同于被侵权人所遭受的损失。这种做法在知识产权领域早有实践，在此背景下，《民法典》第一千一百八十二条在总结有关经验的基础上明确了以侵权人获利为标准的赔偿方式。《最高人民法院关于确定民事侵权精神损害赔偿责任若干问题的解释》第五条规定参照《民法典》第一千一百八十二条规定，将获利标准作为精神损害赔偿数额的考虑因素，是一种务实的选择。

是否应当将侵权人承担经济责任的能力作为确定精神损害赔偿数额的因素考虑，是争议较大的问题。持反对意见的人认为，将侵权人的经济承担能力作为确定精神损害赔偿金数额的依据，造成的直接后果是，实施同样侵权行为的人，有钱的就多赔，没钱的就少赔；对于受害者来说，受到有钱的行为人侵害，就可以多获赔偿，受到没有钱的行为人的侵害，就要少得赔偿或得不到赔偿，这种做法直接违反法律面前人人平等的原则。其实，这种观点是片面的。民法的一项基本功能就是平衡当事人之间的经济利益。其中的公平责任原则就是在特定情况下，授权法官基于公平的考虑，斟酌侵权人与受害人双方的经济情况，判令侵权人赔偿受害人一部分或全部损失的一项法律规定，目的是使双方当事人之间失去的利益平衡得到恢复。精神损害赔偿有着许多不同于财产损害的特点：一是精神损害是无形的，其本身无法以金钱数额的多少进行计量，因此，不能单纯以给付数量的多少体现判决是否公平；二是从精神损害抚慰金的功能上看，受害人是否从精神上得到满足，往往也不是由精神损害抚慰金的绝对数额决定的，只要能够给侵权人以惩罚，就能够起到安抚受害人的作用。如果受害人看到侵权人因为他的侵权行为而承担的责任对于其经济状况来说已经属于一种惩罚，常常能够感到一种安慰从而接受这样的裁决。相反，如果法院判决加害人支付的精神损害抚慰金远远超过其支付能力而使受害人得不到实际的赔偿，则不利于起到安抚受害人的作用。除了抚慰、惩罚功能外，精神损害赔偿的另一个功能是调整作用。目的是平衡双方当事人之间的经济利益，如果法官在作出裁决时不考虑侵权人的责任承担能力，使判决的结果在当事人之间造成新的重大的利益失衡，会使判决的执行变为不可能，从而使人民法院裁决的公平性、公正性受损。

处理侵权赔偿纠纷案件一般要适用侵权行为地法，但侵权行为地又可以分为侵权行为发生地和侵权行为结果地。根据《民事诉讼法》的规定，受害人可以选择在侵权行为发生地或侵权行为结果地提起民事诉讼。又由于侵权人和受害人可能分属两个不同的国家或地区，所以，受理诉讼法院常常在确定损害赔偿数额时，就参考哪一地的平均生活水平而发生分歧。由于精神损害赔偿不同于财产损害赔偿，不需要针对受害人的实际经济损失的大小作出准确的裁决，本着诉讼经济的原则，为了免去法官在就精神损害抚慰金数额作出裁决时考察受害人或侵权人住所地平均生活水平的麻烦，本解释明确规定法官在确定精神损害抚慰金的数额时可以只将受理诉讼法院所在地的平均生活水平作为考虑因素。

——最高人民法院民法典贯彻实施工作领导小组办公室编著：《最高人民法院实施民法典清理司法解释修改条文（111件）理解与适用》，人民法院出版社2022年版，第306~308页。

1422. 精神性人格权中动态体系论的具体运用

关键词

动态体系论　精神性人格权　基本要素

《中华人民共和国民法典》条文

第十五条　自然人的出生时间和死亡时间，以出生证明、死亡证明记载的时间为准；没有出生证明、死亡证明的，以户籍登记或者其他有效身份登记记载的时间为准。有其他证据足以推翻以上记载时间的，以该证据证明的时间为准。

第一千零二十六条　认定行为人是否尽到前条第二项规定的合理核实义务，应当考虑下列因素：

（一）内容来源的可信度；

（二）对明显可能引发争议的内容是否进行了必要的调查；

（三）内容的时限性；

（四）内容与公序良俗的关联性；

（五）受害人名誉受贬损的可能性；

（六）核实能力和核实成本。

第一千一百六十五条 行为人因过错侵害他人民事权益造成损害的，应当承担侵权责任。

依照法律规定推定行为人有过错，其不能证明自己没有过错的，应当承担侵权责任。

第一千一百六十六条 行为人造成他人民事权益损害，不论行为人有无过错，法律规定应当承担侵权责任的，依照其规定。

最高人民法院司法解释

第五条 精神损害的赔偿数额根据以下因素确定：

（一）侵权人的过错程度，但是法律另有规定的除外；

（二）侵权行为的目的、方式、场合等具体情节；

（三）侵权行为所造成的后果；

（四）侵权人的获利情况；

（五）侵权人承担责任的经济能力；

（六）受理诉讼法院所在地的平均生活水平。

——《最高人民法院关于确定民事侵权精神损害赔偿责任若干问题的解释》（2020 年 12 月 29 日修正）。

第六条 人民法院依据民法典第一千一百九十七条认定网络服务提供者是否“知道或者应当知道”，应当综合考虑下列因素：

（一）网络服务提供者是否以人工或者自动方式对侵权网络信息以推荐、排名、选择、编辑、整理、修改等方式作出处理；

（二）网络服务提供者应当具备的管理信息的能力，以及所提供服务的性质、方式及其引发侵权的可能性大小；

（三）该网络信息侵害人身权益的类型及明显程度；

（四）该网络信息的社会影响程度或者一定时间内的浏览量；

（五）网络服务提供者采取预防侵权措施的技术可能性及其是否采取了相应的合理措施；

（六）网络服务提供者是否针对同一网络用户的重复侵权行为或者同一侵权信息采取了相应的合理措施；

（七）与本案相关的其他因素。

第七条 人民法院认定网络用户或者网络服务提供者转载网络信息行为的过错及其程度，应当综合以下因素：

（一）转载主体所承担的与其性质、影响范围相适应的注意义务；

（二）所转载信息侵害他人人身权益的明显程度；

（三）对所转载信息是否作出实质性修改，是否添加或者修改文章标题，导致其与内容严重不符以及误导公众的可能性。

——《最高人民法院关于审理利用信息网络侵害人身权益民事纠纷案件适用法律若干问题的规定》(2020 年 12 月 29 日修正)。

附录：最高人民法院主流观点

《民法典》第九百九十八条只针对精神性人格权予以适用。这是因为，物质性人格权处于较高的价值位阶，法律应提供更加刚性和全面的保护。相较于物质性人格权而言，精神性人格权则存在较多的权利冲突和需要利益衡量的情形。精神性人格权的这种特征与动态体系论的“动态”思维具有很强的匹配性，这也正是《民法典》仅在精神性人格权中规定动态体系论的原因。

动态体系论具有较强的弹性，但其适用也绝非任意，动态体系论有其自身的适用规则。动态体系论的运用一般分为以下几个步骤：首先，需要提取发生法律规范的基本要素，这些要素共同构成了法律效果产生的基础。各个要素都有独立的价值，各要素之间可能存在关联关系，但是也可能出现其他可能性。因此，对各要素均应单独予以考虑和分析。其次，应将各要素对法律效果的关联性或者影响程度予以区分，确定各要素在法律效果中的重要程度，并相应地在确定是否发生法律效果时予以考虑。最后，将各种因素的强度和关系纳入统一考量，综合确定是否发生相应的法律效果以及程度。

人民法院在运用动态体系论裁判时，应注意以下几个方面：

1. 应充分考虑各要素之间的关系，要素之间的关系随着具体案件的不同而呈现不同的形态，有些要素之间在某一案件中呈现同向协力的关系，但在其他案件中则可能互相冲突。动态体系论之所以被称为“动态”，就在于各个要素之间关系的动态调整。法律只能规定要素本身，不能直接规定要素之间的关系，需要法官在具体案件中灵活运用，法官通过要素的强度和关系最终确定法律效果。

2. 在运用动态体系论时，应树立利益衡量思维。也就是说，要在个案中运用比例性原则调和相冲突的权利和价值。动态体系论往往应用于权利冲突的案件中，这类案件中各种权利互相纠缠和冲突，法官需对各种权利价值予以比较和分析后，保护更具优先性的权利，但同时要尽可能使其他权利受到的限制最小，从而使得权利的整体效用最大化。例如，对于言论自由权和人格尊严权的冲突，二者均属于《宪法》规定的基本权利，并不存在绝对的价值位阶。法官应结合具体案情判断行为人的言论是否超过了权利边界进而侵害了他人的权利，并通过利益衡量确定行为的违法性。即使认定行为人的行为成立侵权，也不能完全禁止行为人言论，而应在言论的内容等方面予以必要限制，从而尽可能避免对行为人的自由造成过大的损害。

3. 应强化裁判说理。与一般的法律规则采用的“全有或全无”的适用方法不同，动态体系论更富有弹性。在采用动态体系论的法律中，法律本身仅规定需要考虑的要素，至于要素之间关系的处理和取舍则需要法官在具体案件中处理。因此，法律并不能对特定法律效果提供充分的说明，为增强裁判的说服力，法官有义务在裁判文书中说明裁判结果的论证过程。在人格权编采用动态体系论后，法官的说理论证义务被进一步强化，充分的说理论证不仅有利于约束自由裁量权，减少恣意裁判现象，也有利于法院与当事人，以及不同审级法院之间的充分沟通，实现法律规定的确定性与灵活性之间的平衡。

——最高人民法院民法典贯彻实施工作领导小组编著：《中国民法典适用大全（人格权卷）》，人民法院出版社 2022 年版，第 106~107 页。

精神损害赔偿的无形性和个体差异性，决定了很难以单一标准直接确定精神损害赔偿的具体数额。因此，法官在确定其具体数额时，必须通过自由裁量的方式进行。为了给裁判提供指引和限制法官不当行使自由裁量权，有必要以列举方式将主要考量因素加以明确。对此，最高人民法院在《精神损害赔偿解释》中作了有益尝试，将确定精神损害赔偿数额的因素具体规定为：(1) 侵权人的过错程度，法律另有规定的除外；(2) 侵害的手段、场合、行为方式等具体情节；(3) 侵权行为所造成的后果；(4) 侵权人的获利情况；(5) 侵权人承担责任的经济能力；(6) 受诉法院所在地平均生活水平。从目前司法实践来看，人民法院在考量上述因素基础上确定精神损害赔偿数额的做法已经取得了明显效果。因此，在适用《侵权责任法》第二十二条[①]处理有关精神损害赔偿的纠纷时，就精神损害赔偿的数额仍可在参考上述因素的基础上予以确定。

——最高人民法院侵权责任法研究小组编著：《〈中华人民共和国侵权责任法〉条文理解与适用》，人民法院出版社 2010 年版，第 173~174 页。

1423. 同一行为形成违约与侵权竞合时严重精神损害的赔偿认定

关键词

违约行为与侵权行为竞合　精神损害赔偿

《中华人民共和国民法典》条文

第一百八十六条　因当事人一方的违约行为，损害对方人身权益、财产

① 对应《民法典》第一千一百八十三条。

权益的，受损害方有权选择请求其承担违约责任或者侵权责任。

第九百九十六条 因当事人一方的违约行为，损害对方人格权并造成严重精神损害，受损害方选择请求其承担违约责任的，不影响受损害方请求精神损害赔偿。

最高人民法院大法官著述

应当注意同一行为形成违约与侵权的竞合时严重精神损害的赔偿问题。这里的所谓行为竞合，是指当事人的行为既构成违约行为，又构成侵权行为。《民法典》第一百八十六条规定："因当事人一方的违约行为，损害对方人身权益、财产权益的，受损害方有权选择请求其承担违约责任或者侵权责任。"赋予当事人选择权，是民法典解决违约与侵权发生竞合时处理案件纠纷的基本规则。一般来说，如果受害人选择违约之诉，则不再按照侵权之诉的规定处理纠纷；如果受害人选择侵权之诉，则不再按照违约之诉的规定处理。实践证明，按照这一基本规则处理违约与侵权的行为竞合，对于公正解决当事人之间的纠纷是合理的。但是，如果当事人的违约行为造成了受害人严重的精神损害时，违约之诉的规则和侵权之诉的规则可能会出现不平衡的情况。这一问题在审判实践中经常遇到。为了解决这一不平衡的现象，《民法典》第九百九十六条规定："因当事人一方的违约行为，损害对方人格权并造成严重精神损害，受损害方选择请求其承担违约责任的，不影响受损害方请求精神损害赔偿。"适用该条规定时应注意，首先，是当事人实施了违约行为，且该违约行为不仅损害了受害人的财产权益，而且损害了受害人的人格权并造成了受害人严重的精神损害。如果当事人的违约行为只是损害了受害人的财产权益，没有损害其人格权，或者虽然损害了受害人的人格权，但该损害没有达到严重精神损害的程度，则不能适用该条。其次，受害人在行使选择权时选择了违约之诉。如果受害人选择了侵权之诉，则按照侵权之诉的规定，其本身就可以对精神损害请求承担赔偿责任，不必选择该条适用。最后，受害人选择违约之诉时，可以在违约之诉中直接提出精神损害赔偿的诉讼请求。审判实践中，违约之诉通常是按照当事人在合同中的约定追究对方的违约责任，只有在没有约定或者约定不明且法律有规定时，才按照法律的规定追究违约方的民事责任。按照《民法典》第九百九十六条规定，法律赋予当事人可以追究违约方的精神损害赔偿责任，但这种对精神损害赔偿的追究，是应当在违约之诉结束后另案追究呢，还是在该诉讼中一并追究呢？笔者认为，可以在该诉讼中一并追究。因为一并追究可以减轻当事人的诉累，提高审判效率，同时也可以使受害人及时得到赔偿。但是，如果受害人在违约之诉中没有提出精神损害的诉讼请求，是否可以就此另案再提起诉讼呢？笔者认为，可以另案起诉。因为违约或者侵权形成的行为竞合造成的财产损害是一个行为造成的损害，损害结果是相当的，受害人选择哪种规定处理纠纷都大致公平。但违约行为对受害人的财产权益造成损害时，对其精神损害则是可以造成也可以不造成，可以造成得重也可以造成得轻。因此，违约行为对精神损害赔偿是独立的诉因，可以另案处理。

——杜万华：《民法典人格权编重点问题解读》，载最高人民法院民事审判第一庭编：《民事审判指导与参考》2021 年第 1 辑（总第 85 辑），人民法院出版社 2021 年版，第 135~136 页。

1424. 遭受性骚扰有权依法请求精神损害赔偿

关键词

性骚扰　精神损害赔偿

最高人民法院公布的典型案例

王某诉傅某性骚扰损害责任纠纷案

裁判要旨：性骚扰行为系对他人人格权的侵犯，严重背离了社会主义核心价值观的要求，侵权人应当依法承担赔礼道歉、赔偿精神损失等民事责任。

一、基本案情

王某与傅某系同事关系。傅某为追求王某，不断拨打王某电话，频繁向王某发送骚扰短信，内容低俗、语言污秽。王某不堪其扰，将此事告知单位。在单位要求下，傅某两次写下保证书，保证不再骚扰王某。但此后傅某仍然通过电话、短信继续骚扰王某。2020 年 5 月 26 日，王某以傅某骚扰、恐吓为由报警。2020 年 6 月 8 日，某市公安局某分局确认傅某于 2019 年 7 月至 2020 年 5 月 15 日期间，违反法律规定，多次以发送骚扰短信、拨打骚扰电话方式干扰他人正常生活，决定给予傅某行政拘留七日并处罚款 200 元。因傅某频繁骚扰，王某被医院确诊患有抑郁发作，伴精神病性症状。王某认为，傅某的行为给其造成了严重的精神损害，向人民法院起诉请求判令傅某向其书面赔礼道歉，并赔偿其精神损害赔偿金 50000 元和医疗费等其他财产损失共计 228300 元。

二、裁判结果

审理法院认为，《中华人民共和国妇女权益保障法》（2018 年修正）第四十条规定，禁止对妇女实施性骚扰。任何人不得以身体、语言、动作、文字或者图像等方式，违背妇女意愿对妇女实施性骚扰。傅某通过电话、短信等方式对王某频繁实施性骚扰，侵害了王某的人格权，并对王某造成了极大的精神负担和身体伤害，其行为背离了社会主义核心价值观的基本要求，应当依法承担相应的法律责任。故判令傅某赔偿王某精神损害抚慰金 30000 元及医疗费等 61804.2 元，并向王某书面赔礼道歉。

三、典型意义

本案明确指出性骚扰行为系对他人人格权的侵犯，严重背离了社会主义核心价值观的要求，侵权人应当依法承担赔礼道歉、赔偿精神损失等民事责任。本案判决不仅保护了受害人的合法权益，而且弘扬了文明、法治的社会主义核心价值观，有利于发挥司法裁判对社会行为的规范、引导作用，营造和谐的社会环境。

——《最高人民法院第三批人民法院大力弘扬社会主义核心价值观典型民事案例》(2023 年 3 月 1 日)。

1425. 精神损害赔偿与物质损害赔偿特别是死亡赔偿金、残疾赔偿金之间的关系

关键词

精神损害赔偿　物质损害赔偿　死亡赔偿金　残疾赔偿金

《中华人民共和国民法典》条文

第一千一百八十三条　侵害自然人人身权益造成严重精神损害的，被侵权人有权请求精神损害赔偿。

因故意或者重大过失侵害自然人具有人身意义的特定物造成严重精神损害的，被侵权人有权请求精神损害赔偿。

附录：最高人民法院主流观点

相比较于人身损害赔偿和财产损害赔偿的客观性，精神损害赔偿因其自身的抽象性、主观性而很难精确量化。对精神损害赔偿的具体理解，可以结合相关学理、现有司法解释和司法实践经验等进行。

1. 侵权责任编分别规定了人身损害赔偿、财产损失赔偿和精神损害赔偿，三者之间为并列关系，所以精神损害赔偿独立于人身损害赔偿。死亡赔偿金和残疾赔偿金均为人身损害赔偿项下的具体项目，精神损害赔偿系独立于死亡赔偿金和残疾赔偿金而存在。认为精神损害赔偿已被死亡赔偿金和残疾赔偿金吸收的观点不符合法律规定。

2. 根据《民法典》第一千一百八十三条第一款的规定，可以请求精神损害赔偿的条件是“人身权益受到侵害”且“造成严重精神损害”。所谓“人身权益”，是指与财产权益相对的概念，包括生命权、健康权等人格权以及婚姻自主权、监护权等身份权等；“造成严重精神损害”是对损害程度的一个限制，是否严重，主要取决于身体、健康等被损害的程度。

3. 如果认为可以支持精神损害赔偿的请求，具体赔偿数额应综合多种因素考量。《精神损害赔偿解释》第十条[①]规定：“精神损害的赔偿数额根据以下因素确定：（一）侵权人的过错程度，法律另有规定的除外；（二）侵害的手段、场合、行为方式等具体情节；（三）侵权行为所造成的后果；（四）侵权人的获利情况；（五）侵权人承担责任的经济能力；（六）受诉法院所在地平均生活水平。法律、行政法规对残疾赔偿金、死亡赔偿金等有明确规定的，适用法律、行政法规的规定。”司法实践中，人民法院在考量上述因素基础上确定精神损害赔偿数额的做法已经取得了明显效果。其中，第六个参考因素“受诉法院所在地平均生活水平”与《人身损害赔偿解释》中关于残疾赔偿金、死亡赔偿金按照“受诉法院所在地”相关收入标准计算的规定有相似的考虑。故若出现上述情形，在计算精神损害赔偿数额时，也可参照适用《人身损害赔偿解释》第三十条第一款[②]规定的“赔偿权利人举证证明其住所地或者经常居住地城镇居民人均可支配收入或者农村居民人均纯收入高于受诉法院所在地标准的，残疾赔偿金或者死亡赔偿金可以按照其住所地或者经常居住地的相关标准计算”，来确定具体的精神损害赔偿数额。

——最高人民法院民法典贯彻实施工作领导小组编：《中华人民共和国民法典侵权责任编理解与适用》，人民法院出版社 2020 年版，第 180~181 页。

1426. 旅游合同之诉不能获得精神损害赔偿

关键词

旅游合同　精神损害赔偿　违约行为与侵权行为竞合

《中华人民共和国民法典》条文

第一百八十六条　因当事人一方的违约行为，损害对方人身权益、财产权益的，受损害方有权选择请求其承担违约责任或者侵权责任。

第九百九十六条　因当事人一方的违约行为，损害对方人格权并造成严

① 现为《精神损害赔偿解释》（2020 年修正）第五条。

② 现为《人身损害赔偿解释》（2022 年修正）第十八条第一款。

重精神损害，受损害方选择请求其承担违约责任的，不影响受损害方请求精神损害赔偿。

第一千一百八十三条　侵害自然人人身权益造成严重精神损害的，被侵权人有权请求精神损害赔偿。

因故意或者重大过失侵害自然人具有人身意义的特定物造成严重精神损害的，被侵权人有权请求精神损害赔偿。

附录：最高人民法院法官著述

问：审判实践中，很多旅游者以旅游合同之诉向旅行社主张经济损失和精神损害赔偿，请问其精神损害赔偿请求能否得到支持？

答：从理论上讲，通常认为精神损害赔偿属于侵权责任的范畴。虽然违约可以导致包括精神损害在内的非财产性损失，但对于生活在市场经济之中的任何一个理性的人来讲，订立合同本身就意味着风险，精神损害的风险应当包括在这种风险之内，不能单独就精神损害再主张一次赔偿。从法律上讲，随着《民法典》的出台，立法者依然将精神损害赔偿限定在侵权之诉中，并适当放宽了精神损害赔偿适用的侵权行为范围。《民法典》第一千一百八十三条规定："侵害自然人人身权益造成严重精神损害的，被侵权人有权请求精神损害赔偿。因故意或者重大过失侵害自然人具有人身意义的特定物造成严重精神损害的，被侵权人有权请求精神损害赔偿。"同时，《民法典》第九百九十六条还进一步规定："因当事人一方的违约行为，损害对方人格权并造成严重精神损害，受损害方选择请求其承担违约责任的，不影响受损害方请求精神损害赔偿。"第九百九十六条的适用需满足以下条件：（1）主要适用于侵害人格权的情形。违约责任的一般原则是不适用精神损害赔偿的。但是，涉及人身权利或以精神利益满足为主要目的的合同，因违约行为侵害对方人格权的，造成非违约一方的损失通常为非金钱损失，难以通过市场价值准确衡量，适用财产损害赔偿难以对非违约方进行救济，因而，可采用精神损害赔偿方式对人格权遭受的侵害实行全面的救济。（2）以违约责任与侵权责任竞合为前提。《民法典》总则编中的第一百八十六条规定："因当事人一方的违约行为，损害对方人身权益、财产权益的，受损害方有权选择请求其承担违约责任或者侵权责任。"从该条规定来看，仅在违约责任与侵权责任竞合的情形下，非违约方才能在违约责任中主张精神损害赔偿责任，在其他情形下，即便非违约方遭受了严重的精神损害，其也无权在违约责任中主张精神损害赔偿责任。（3）违约行为造成非违约方严重精神损害。关于造成"严重精神损害"的判断标准，理论上有不同的观点。严重精神损害的"严重性"可从以下几个方面进行判断：①损害后果的严重性。一般来说，造成严重精神痛苦往往伴随一定的后果，受害人因人身、精神遭受的损害对日常生活、工作、社会交往等造成较明显的不利影响。如果以社会一般人的标准判断，一般人在权利遭受此种侵害的情况下，都承受难以忍受的精神痛苦和肉体痛苦，则可以认为已经构成了严重后果。②精神痛苦的严重性。具体是指，因侵害人格权所造成的痛苦已经超出社会一般人的容忍限度，如果这种精神痛苦按照一般人的标准已经超出了可以忍受的程度，则可以认定其是严重的。③损害具有持续性。也就是说，损害所造成的痛苦不是立即消失的，而是持续了一段时间，如果受害人只是遭受了偶尔的精神痛苦或者心理情绪上的不愉悦，则不属于应予赔偿的精神损害。

——最高人民法院民事审判第一庭编:《民事审判实务问答》，法律出版社 2021 年版，第 37~38 页。

四、产品责任

1427. 生产者或经营者承担惩罚性赔偿责任后是否有权相互追偿要视情况确定

关键词

生产经营者　追偿权　惩罚性赔偿　食品安全标准　连带责任

最高人民法院司法解释

第一条　消费者因不符合食品安全标准的食品受到损害，依据食品安全法第一百四十八条第一款规定诉请食品生产者或者经营者赔偿损失，被诉的生产者或者经营者以赔偿责任应由生产经营者中的另一方承担为由主张免责的，人民法院不予支持。属于生产者责任的，经营者赔偿后有权向生产者追偿；属于经营者责任的，生产者赔偿后有权向经营者追偿。

——《最高人民法院关于审理食品安全民事纠纷案件适用法律若干问题的解释（一）》（2020 年 12 月 8 日，法释〔2020〕14 号）。

附录：最高人民法院主流观点

《食品安全法》第一百四十八条第一款除规定首负责任以外，还规定了生产经营者之间的追偿权。如果说第一百四十八条第一款规定的首负责任制并不适用于惩罚性赔偿，那么生产者或者经营者承担惩罚性赔偿责任后，是否就不存在相互追偿的问题呢？我们认为并非如此，除首负责任制下的追偿权外，法律还规定了连带责任等其他责任制度下的追偿权，生产者和经营者之间是否有权相互追偿要视情况确定。具体来说，可以区分以下情况：

1. 如果食品不符合食品安全标准是由生产者原因造成的，而经营者在明知不符合食品安全标准的情况下销售，则实质上与生产者构成共同侵权，责任形式应为连带责任。这种情况下，生产经营者实际上均有过错，内部可以划分过错。经营者承担价款十倍或者损失三倍的惩罚性赔偿责任后，可以依法对于超出自己责任份额的部分向生产者追偿，由生产者根据自己的过错程度承担责任。

2. 如果食品不符合食品安全标准是由生产者原因造成的，而经营者并不构成“明知”，则经营者仅需就销售者主张的实际损失承担首负责任，而不应承担惩罚性赔偿责任。消费者可向生产者主张承担惩罚性赔偿责任。经营者就实际损失承担赔偿责任可向生产者追偿。

3. 如果食品不符合安全标准并非生产者原因造成，而是在投入流通后由于经营者原因造成，则生产者因首负责任应当对实际损失承担首负责任，不承担惩罚性赔偿责任。经营者在明知的情况下承担惩罚性赔偿责任，不存在向生产者追偿的问题。

——最高人民法院民事审判第一庭编著:《最高人民法院食品安全民事案件司法解释（一）理解与适用》，人民法院出版社 2021 年版，第 33 页。

1428. 自营误导情形下电子商务平台经营者和实际经营者连带责任的处理

关键词

自营误导　连带责任　电子商务平台　平台经营者

最高人民法院司法解释

第二条　电子商务平台经营者以标记自营业务方式所销售的食品或者虽未标记自营但实际开展自营业务所销售的食品不符合食品安全标准，消费者依据食品安全法第一百四十八条规定主张电子商务平台经营者承担作为食品经营者的赔偿责任的，人民法院应予支持。电子商务平台经营者虽非实际开展自营业务，但其所作标识等足以误导消费者让消费者相信系电子商务平台经营者自营，消费者依据食品安全法第一百四十八条规定主张电子商务平台经营者承担作为食品经营者的赔偿责任的，人民法院应予支持。

——《最高人民法院关于审理食品安全民事纠纷案件适用法律若干问题的解释（一）》(2020 年 12 月 8 日，法释〔2020〕14 号)。

附录：最高人民法院主流观点

司法实践中，消费者同时起诉电子商务平台经营者和实际的平台内经营者，并要求二者承担连带责任的较为常见。这时，连带责任能否成立，需要以明确电子商务平台经营者和实际的平台内经营者的法律关系为基础。有观点认为，自营误导的情形下，消费者有权从对自己最有利的角度，基于电子商务平台经营者自营误导对消费者所作的承担经营者责任的承诺，选择电子商务平台经营者承担经营者责任，也可以基于不安全食品系实际的平台内经营者提供，选择实际的平台内经营者承担经营者责任，对于消费者要求电子商务平台经营者和实际的平台内经营者承担连带责任的，不应支持。也有观点认为，基于连带责任法定性原则，对于能否要求电子商务平台经营者和实际的平台内经营者承担连带责任需以双方法律关系所对应的法定责任承担方式确定，双方的法律关系不同，责任形式也不同，例如：电子商务平台经营者系广告发布者的，发布关系消费者生命健康食品的虚假广告并造成消费者损害的，与实际的平台内经营者承担连带责任；电子商务平台经营者基于债的加入，与实际的平台内经营者承担连带责任；电子商务平台经营者与实际的平台内经营者共同侵权造成消费者损害的，二者承担连带责任；等等。我们认为，该问题仍有待在司法实践中进行进一步研讨。

——最高人民法院民事审判第一庭编著：《最高人民法院食品安全民事案件司法解释（一）理解与适用》，人民法院出版社 2021 年版，第 39 页。

1429. 药品上市许可持有人的界定及其承担医疗产品责任的性质

关键词

药品上市许可持有人　医疗产品责任　追偿权　不真正连带责任

最高人民法院司法解释

第一条　患者以在诊疗活动中受到人身或者财产损害为由请求医疗机构，医疗产品的生产者、销售者、药品上市许可持有人或者血液提供机构承担侵权责任的案件，适用本解释。

患者以在美容医疗机构或者开设医疗美容科室的医疗机构实施的医疗美容活动中受到人身或者财产损害为由提起的侵权纠纷案件，适用本解释。

当事人提起的医疗服务合同纠纷案件，不适用本解释。

第三条　患者因缺陷医疗产品受到损害，起诉部分或者全部医疗产品的生产者、销售者、药品上市许可持有人和医疗机构的，应予受理。

患者仅起诉医疗产品的生产者、销售者、药品上市许可持有人、医疗机构中部分主体，当事人依法申请追加其他主体为共同被告或者第三人的，应予准许。必要时，人民法院可以依法追加相关当事人参加诉讼。

患者因输入不合格的血液受到损害提起侵权诉讼的，参照适用前两款规定。

第七条 患者依据民法典第一千二百二十三条规定请求赔偿的，应当提交使用医疗产品或者输入血液、受到损害的证据。

患者无法提交使用医疗产品或者输入血液与损害之间具有因果关系的证据，依法申请鉴定的，人民法院应予准许。

医疗机构，医疗产品的生产者、销售者、药品上市许可持有人或者血液提供机构主张不承担责任的，应当对医疗产品不存在缺陷或者血液合格等抗辩事由承担举证证明责任。

第二十一条 因医疗产品的缺陷或者输入不合格血液受到损害，患者请求医疗机构，缺陷医疗产品的生产者、销售者、药品上市许可持有人或者血液提供机构承担赔偿责任的，应予支持。

医疗机构承担赔偿责任后，向缺陷医疗产品的生产者、销售者、药品上市许可持有人或者血液提供机构追偿的，应予支持。

因医疗机构的过错使医疗产品存在缺陷或者血液不合格，医疗产品的生产者、销售者、药品上市许可持有人或者血液提供机构承担赔偿责任后，向医疗机构追偿的，应予支持。

第二十二条 缺陷医疗产品与医疗机构的过错诊疗行为共同造成患者同一损害，患者请求医疗机构与医疗产品的生产者、销售者、药品上市许可持有人承担连带责任的，应予支持。

医疗机构或者医疗产品的生产者、销售者、药品上市许可持有人承担赔偿责任后，向其他责任主体追偿的，应当根据诊疗行为与缺陷医疗产品造成患者损害的原因力大小确定相应的数额。

输入不合格血液与医疗机构的过错诊疗行为共同造成患者同一损害的，参照适用前两款规定。

第二十三条 医疗产品的生产者、销售者、药品上市许可持有人明知医疗产品存在缺陷仍然生产、销售，造成患者死亡或者健康严重损害，被侵权人请求生产者、销售者、药品上市许可持有人赔偿损失及二倍以下惩罚性赔偿的，人民法院应予支持。

——《最高人民法院关于审理医疗损害责任纠纷案件适用法律若干问题的解释》(2020 年 12 月 29 日修正)。

第十八条 本规定所称的“药品的生产者”包括药品上市许可持有人和

药品生产企业，“药品的销售者”包括药品经营企业和医疗机构。

——《最高人民法院关于审理食品药品纠纷案件适用法律若干问题的规定》（2020 年 12 月 29 日修正）。

附录：最高人民法院主流观点

1. 药品上市许可持有人的界定

药品上市许可持有人制度（Marketing Authorization Holder，MAH），通常是指拥有药品技术的药品研发机构、科研人员、药品生产企业等主体，通过提出药品上市许可申请并获得药品上市许可批件，并对药品质量在其整个生命周期内承担主要责任的制度。在该制度下，上市许可持有人和生产许可持有人可以是同一主体，也可以是两个相互独立的主体。上市许可持有人可以自行生产，也可以为其他生产企业进行生产。如果采取委托生产的形式，上市许可持有人要对要求的安全性、有效性以及质量可控性承担责任。

2015 年发布的《全国人民代表大会常务委员会关于授权国务院在部分地方开展药品上市许可持有人制度试点和有关问题的决定》（已失效）中明确：“授权国务院在北京、天津、河北、上海、江苏、浙江、福建、山东、广东、四川十个省、直辖市开展药品上市许可持有人制度试点，允许药品研发机构和科研人员取得药品批准文号，对药品质量承担相应责任。”国务院在此基础上对于药品上市许可持有人制度试点工作作了细化，2016 年发布的《国务院办公厅关于印发药品上市许可持有人制度试点方案的通知》（已失效）中明确：“试点行政区域内的药品研发机构或者科研人员可以作为药品注册申请人（以下简称申请人），提交药物临床试验申请、药品上市申请，申请人取得药品上市许可及药品批准文号的，可以成为药品上市许可持有人（以下简称持有人）。法律法规规定的药物临床试验和药品生产上市相关法律责任，由申请人和持有人相应承担。持有人不具备相应生产资质的，须委托试点行政区域内具备资质的药品生产企业（以下称受托生产企业）生产批准上市的药品。持有人具备相应生产资质的，可以自行生产，也可以委托受托生产企业生产。”药品研发机构或者科研人员成为申请人和持有人的条件必须是“属于在试点行政区域内依法设立且能够独立承担责任的药品研发机构，或者在试点行政区域内工作且具有中华人民共和国国籍的科研人员”。有关义务责任承担的要求，《国务院办公厅关于印发药品上市许可持有人制度试点方案的通知》明确：“履行《中华人民共和国药品管理法》（以下简称《药品管理法》）以及其他法律法规规定的有关药品注册申请人、药品生产企业在药物研发注册、生产、流通、监测与评价等方面的相应义务，并且承担相应的法律责任。”关于责任承担，“批准上市药品造成人身损害的，受害人可以向持有人请求赔偿，也可以向受托生产企业、销售者等请求赔偿。属于受托生产企业、销售者责任，持有人赔偿的，持有人有权向受托生产企业、销售者追偿；属于持有人责任，受托生产企业、销售者赔偿的，受托生产企业、销售者有权向持有人追偿。具体按照《中华人民共和国侵权责任法》等的规定执行”。但是，按照该通知内容，试点时间截至2018年11月4日。故在此日之后，该通知已失效。2019年修订的《药品管理法》在吸收上述试点通知的基础上专门对药品上市许可持有人作出了规定。该法第三十条规定：“药品上市许可持有人是指取得药品注册证书的企业或者药品研制机构等。药品上市许可持有人应当依照本法规定，对药品的非临床研究、临床试验、生产经营、上市后研究、不良反应监测及报告与处理等承担责任。其他从事药品研制、生产、经营、储存、运输、使用等活动的单位和个人依法承担相应责任。药品上市许可持有人的法定代表人、主要负责人对药品质量全面负责。”该法第三章针对药品上市许可持有人制度作出了细化规定。在《民法典》对于药品上市许可持有人相关制度有明确规定的情况下，应当适用《民法典》的规定。《药品管理法》对药品上市许可持有人制度的细化规定在不与《民法典》冲突的情况下，可以继续适用。

2. 药品上市许可持有人承担责任的性质

医疗产品责任采用不真正连带责任，在患者一方选择其中一个责任主体主张权利的情形，人民法院认定其责任大小及承担方式并无争议，这对于药品上市许可持有人也无例外。即药品上市许可持有人可以独立地向患者一方承担全部责任，也可以根据患者一方的主张，承担部分责任。至于在诉讼中，患者一方能否将医疗机构、药品上市许可持有人、药品生产者一并起诉或者追加其他主体为共同被告的问题，依据修改后的《最高人民法院关于审理医疗损害责任纠纷案件适用法律若干问题的解释》第三条第一款、第二款的规定：“患者因缺陷医疗产品受到损害，起诉部分或者全部医疗产品的生产者、销售者、药品上市许可持有人和医疗机构的，应予受理。患者仅起诉医疗产品的生产者、销售者、药品上市许可持有人、医疗机构中部分主体，当事人依法申请追加其他主体为共同被告或者第三人的，应予准许。必要时，人民法院可以依法追加相关当事人参加诉讼。”该条款关于追加共同被告规定的主要考虑在于实现纠纷的一次性解决，也便于查明案件事实，同时有利于对有关当事人程序权利甚至实体权利的保护。

3. 关于医疗产品责任承担后追偿权问题

在产品责任中，追偿权问题通常被认为是产品生产者与销售者之间内部责任关系的一体两面的内容，医疗产品责任中的追偿权关系也是如此，只是增加了医疗机构这一责任主体或者追偿权主体。由于《民法典》第一千二百二十三条仅规定了医疗机构对医疗产品生产者、药品上市许可持有人的追偿权，并没有规定对医疗产品销售者的追偿权，也没有规定医疗产品生产者、药品上市许可持有人、销售者以及对有过错医疗机构的追偿权问题。对此，修改后的《最高人民法院关于审理医疗损害责任纠纷案件适用法律若干问题的解释》第二十一条第二款、第三款明确了医疗机构承担责任后向医疗产品生产者、药品上市许可持有人、销售者的追偿权以及医疗产品生产者、药品上市许可持有人、销售者向有过错医疗机构追偿的内容，这对于药品上市许可持有人也同样可以适用。

——最高人民法院民法典贯彻实施工作领导小组办公室编著：《最高人民法院实施民法典清理司法解释修改条文（111 件）理解与适用》，人民法院出版社 2022 年版，第 127~129 页。

五、机动车交通事故责任

1430. 擅自驾驶人与所有人存在雇佣关系情形下的责任承担

关键词

擅自驾驶人　雇佣关系

《中华人民共和国民法典》条文

第一千二百一十二条　未经允许驾驶他人机动车，发生交通事故造成损害，属于该机动车一方责任的，由机动车使用人承担赔偿责任；机动车所有人、管理人对损害的发生有过错的，承担相应的赔偿责任，但是本章另有规定的除外。

附录：最高人民法院主流观点

擅自驾驶他人机动车中有一种特殊情形，即雇员擅自驾驶雇主的车辆或工作人员擅自驾驶单位的车辆，该情形是否适用《道交赔偿解释》第二条[①]的规定，需要先分析其是否属于从事雇佣活动或者是否属于执行工作任务的行为。

《人身损害赔偿解释》第九条[②]第一款规定："雇员在从事雇佣活动中致人损害的，雇主应当承担赔偿责任；雇员因故意或者重大过失致人损害的，应

① 对应《民法典》第一千二百一十二条。
② 对应《民法典》第一千一百九十一条、第一千一百九十二条。

当与雇主承担连带赔偿责任。雇主承担连带赔偿责任的，可以向雇员追偿。”因此，若雇员擅自驾驶是从事雇佣活动，则适用该条规定，肇事后直接由雇主对第三人承担赔偿责任，雇员只有在自己存在故意或者重大过失时，才承担连带责任。对于何为“从事雇佣活动”，该司法解释第九条规定：“是指从事雇主授权或者指示范围内的生产经营活动或者其他劳务活动。雇员的行为超出授权范围，但其表现形式是履行职务或者与履行职务有内在联系的，应当认定为‘从事雇佣活动’。”实践中可以一般人的认识判断雇员的行为是否与履行职务有内在联系，如雇员的行为是否会给雇主带来可能的利益，雇员的行为与正常获得授权的职务行为之间的相似性，雇主是否事先对类似行为有过明确的禁止等等。例如，雇员急于外出联系业务，在未获得雇主同意的情况下，擅自驾驶雇主的车辆，肇事后应当由雇主承担责任。

单位工作人员的情形与雇员的情形类似。《侵权责任法》第三十四条第一款[①]规定：“用人单位的工作人员因执行工作任务造成他人损害的，由用人单位承担侵权责任。”此条所称的用人单位的范围包括但不限于《劳动合同法》领域的用人单位，不再区分是否存在劳动关系而统称为用人单位，且范围更广，除个人、家庭、农村承包经营户外，其余均统称用人单位。单位工作人员擅自驾驶单位机动车是为执行工作任务的，适用《侵权责任法》第三十四条规定，直接由其所在单位承担赔偿责任[②]。在判断是否属于“执行工作任务”时，除一般原则外，还必须考虑其他特殊因素，如行为的内容、行为的时间、地点、场合、行为之名义、行为的受益人，以及是否与用人单位意志有关联等等。实践中，在认定驾驶人是否为执行工作任务时，常见的难点体现于公车私用情况。公车私用，指驾驶人未经所在单位的批准，擅自驾驶单位的公车办理个人事务，此时，单位对驾驶人擅自驾驶造成的交通事故是否还要承担赔偿责任，存有争议。日本的判例采用“外形理论”，即驾驶人是否擅自驾驶是公司和驾驶人之间的内部关系，不影响公司对外承担赔偿责任。国内有观点认为，若单位应当采取有效的预防措施控制公车私用而没有采取的，单位应当承担赔偿责任。我们认为，此种情形下，驾驶人即使是为个人事务，仍应由用人单位承担责任。单位是否采取了有效措施来控制公车私用，属于其内部管理措施，不能对抗受害人。

若雇员或单位工作人员的擅自驾驶行为与雇佣活动、执行工作任务无关，则应适用《道交赔偿解释》第二条规定认定车辆驾驶人和所有人的责任。这种情形下，所有人的过错主要体现于未对雇员或工作人员的驾驶资格予以合

① 对应《民法典》第一千一百九十一条。

② 对应《民法典》第一千一百九十一条第一款，在原来《侵权责任法》第三十四条第一款的基础上，增加规定了“用人单位承担侵权责任后，可以向有故意或者有重大过失的工作人员追偿”。

理审查，未对雇员或工作人员进行有效管理，未对车辆妥善保管等。

实践中，经常发生未成年人擅自驾驶他人机动车发生交通事故的情形，此情形下，若该未成年人属于无民事行为能力人或限制民事行为能力人，其监护人应承担《道交赔偿解释》第二条规定的驾驶人的责任。

依据《侵权责任法》第三十二条[①]的规定，无民事行为能力人、限制民事行为能力人造成他人损害的，由监护人承担侵权责任。依据该条规定，未成年人本身不是责任承担主体，监护人为责任主体。监护人承担的这种责任是无过错责任，是基于法定的监督、教育等义务为他人的行为负责的侵权责任，监护人不能以尽到监护义务为由主张免除其责任。《侵权责任法》第三十二条同时规定，监护人尽到监护责任的，可以减轻其侵权责任。我们认为，根据公安部门的规定，未成年人不具备驾驶许可条件，而且未成年人通常没有自己独立的财产，若减轻了监护人的侵权责任，不利于对受害人的保护，因而在擅自驾驶情形下，对监护人是否已尽到监护责任应从严认定。

若机动车所有人就是无民事行为能力人、限制民事行为能力人的监护人，则属于责任主体混同，其应同时承担所有人责任和监护人责任。

——最高人民法院民事审判第一庭编著：《最高人民法院关于道路交通损害赔偿司法解释理解与适用》，人民法院出版社 2012 年版，第 46~48 页。

附录：司法信箱

如何处理雇佣司机开车过程中发生的交通事故损害赔偿

问题：某法院在处理一些因交通事故引发的赔偿案件中，对个别问题存在不同认识，一是车主雇佣司机开车过程中发生交通事故，车主作为被告对外承担赔偿责任后，在车主与司机无事先约定的情况下，车主向司机追偿赔偿损失的，能否立案受理？应如何定性？二是某案件中某甲购货车后雇佣乙为其开车，一次甲跟车外出送货，发生单方交通事故致甲受伤，甲起诉乙要求赔偿人身损害造成的损失，其起诉是否符合立案条件？

《人民司法》研究组认为：第一个问题，车主雇佣司机开车过程中发生交通事故，实践中通常的做法是认定车主与司机对外承担责任。本案中车主对外承担赔偿责任后，在车主与司机事先没有做特别约定的情况下，车主完全有权要求司机赔偿理应由其负担的那部分损失，法院应予立案受理。第二个问题，甲雇佣乙开车送货，因单方交通事故致甲受伤，甲的权利受到侵害，甲作为受害人，有权向侵权人乙提起侵权之诉并要求赔偿损失，符合立案条件。

——《人民司法》2000 年第 2 期（总第 433 期）。

---

① 对应《民法典》第一千一百八十八条。

1431. 无偿代驾发生交通事故，无偿驾驶人和车辆所有人的责任认定

关键词

无偿代驾　交通事故　责任认定

最高人民法院审判业务意见（民事审判第一庭意见）

最高人民法院民一庭认为：驾驶人为了车辆所有人的利益无偿代为驾驶车辆发生交通事故，所有人对车辆既具有运行支配，也享有运行利益，应承担赔偿责任。无偿驾驶人和车辆所有人之间构成义务帮工的法律关系，无偿驾驶人是否应承担连带赔偿责任应根据其主观过错进行判断。

附：案情简介

2011 年 10 月，张某因喝酒不能开车，请其朋友郭某驾驶粤 ×× 号轿车送其回家，当行驶至某路段，遇梁某驾驶桂 ×× 号普通二轮摩托车乘搭李某对向行驶而来，郭某所驾驶车辆越过道路中心实线行驶过左侧路面，两车发生碰撞，造成梁某、李某受伤。同年 11 月，F 市公安局 N 分局交通警察大队作出《道路交通事故认定书》，认定郭某承担本起事故的全部责任，梁某、李某不承担本起事故的责任。事故发生后，李某被送到医院接受门诊、住院治疗，产生医疗费用 89019 元。事故发生后，保险公司已在交强险医疗费用赔偿限额内支付了医疗费 10000 元；郭某、张某共支付了赔偿款 17000 元。

粤 ×× 号轿车登记车主及实际支配人为张某。该肇事车辆已在保险公司投保了交强险（其中有责任死亡伤残赔偿限额 110000 元，有责任医疗费用赔偿限额 10000 元，有责任财产损失赔偿限额 2000 元），事故发生在保险期间内。事故发生后，保险公司已在交强险医疗费用赔偿限额 10000 元内垫付了李某医疗费 10000 元。

——最高人民法院民一庭：《无偿代驾发生交通事故如何认定无偿驾驶人和车辆所有人的责任》，载最高人民法院民事审判第一庭编：《民事审判指导与参考》2014 年第 1 辑（总第 57 辑），人民法院出版社 2014 年版，第 138~143 页。

1432. 机动车未投保交强险发生交通事故赔偿责任如何承担的规定

关键词

交强险　交通事故　赔偿责任

最高人民法院司法解释

第十六条　未依法投保交强险的机动车发生交通事故造成损害，当事人请求投保义务人在交强险责任限额范围内予以赔偿的，人民法院应予支持。

投保义务人和侵权人不是同一人，当事人请求投保义务人和侵权人在交强险责任限额范围内承担相应责任的，人民法院应予支持。

——《最高人民法院关于审理道路交通事故损害赔偿案件适用法律若干问题的解释》(2020 年 12 月 29 日修正)。

附录：最高人民法院主流观点

本规定是关于机动车未投保交强险发生交通事故赔偿责任如何承担的规定。

我们认为：未投保交强险的机动车发生交通事故，投保义务人因违反《道路交通安全法》《机动车交通事故责任强制保险条例》关于投保交强险的法定义务，导致被侵权人不能从交强险中获得赔付，由此产生的利益损失，投保义务人具有过错。依据《民法典》第一千一百六十五条的规定，投保义务人在交强险责任限额范围内应承担侵权责任。需要说明的是，投保义务人与侵权人为同一人的情况下，由于侵权人驾驶机动车给被侵权人造成人身、财产权利的损害，属于对绝对权利的损害，侵权人应当就全部损失承担损害赔偿责任。由于因绝对权利造成的损害赔偿范围中，包含了交强险赔偿，这是从外观上观察的结果。但究其实质，侵权人基于绝对权承担的损害赔偿责任，与投保义务人因未投保交强险给向被侵权人的合法利益进行的损害赔偿责任，是两种不同的侵权责任，只是在交强险责任范围内，上述两种责任发生竞合，根据损失填补的原则，被侵权人不能就此获得双倍赔偿。因此，在投保义务人和侵权人为同一人的情况下，由侵权人对因侵害绝对权的损失进行全部赔偿后，被侵权人不得就未获得交强险利益的损失再次请求赔偿；或者侵权人在交强险范围内先赔偿之后，被侵权人不得就其全部损失主张赔偿，仅能在扣除交强险责任限额后向侵权人主张赔偿。

投保义务人与侵权人不一致应承担何种责任？我们认为：应当在交强险

责任限额范围之内由投保义务人和行为人承担相应责任。对此，需要说明以下几个问题：

第一，对侵权人的责任应如何理解。由于机动车肇事给被侵权人造成人身、财产的损失，此种损失属于侵权人侵害他人人身、财产权利产生的损失，侵权人的过错是损失产生的直接原因，侵权人因过错行为对全部损失承担赔偿责任，此为侵权责任法过错责任原则的应有之义，不再赘述。

第二，对投保义务人的责任应如何理解。驾驶机动车上道路行驶，应当投保交强险。尽管投保义务人未投保交强险并非被侵权人人身、财产损失产生的直接原因，但如前所述，如果投保义务人此前已经投保了交强险，那么被侵权人可以直接获得交强险的赔付，此时，因为投保义务人没有投保交强险，由此导致被侵权人不能获得交强险赔付的利益损失，这种损失并非被侵权人因绝对权利受到侵害而产生的损失，要注意区分上述两种损害赔偿责任。其一，主体不同，前者承担侵权责任的主体是侵权人，后者承担侵权责任的主体是投保义务人。其二，客体不同，前者保护的是他人的人身、财产权利，是一种绝对权；后者保护的是他人的合法利益。其三，法律效果不同。前者通过承担损害赔偿责任，目的是使受害者恢复到交通事故发生前的状态，而后者的损害赔偿责任旨在恢复到投保交强险能够得到赔付的状态。由于交强险制度与侵权责任损害赔偿制度存在高度关联，交强险的意义在于加强侵权损害赔偿功能，因此，尽管侵权人与投保义务人在因未投保交强险的情况下造成的事故，对被侵权人而言承担的是不同的侵权责任，但由于二者同时具有的损失填补的功能，从结果上看，在交强险责任限额范围内，侵权人与投保义务人对被侵权人的损害赔偿责任产生了重合。但是，由于此时侵权人和投保义务人分别实施两个独立的侵权行为，侵害两个法益，因此二者并不构成连带责任、按份责任以及补充责任，而是二人均应独立承担侵权责任。

第三，侵权人与投保义务人责任的先后顺序。如果被侵权人仅选择侵权人或者投保义务人主张赔偿，二人分别承担各自的侵权责任，对此较好理解，也并无争议。问题是如果被侵权人同时向侵权人与投保义务人主张赔偿，就交强险责任限额内的赔偿责任来说，虽然侵权人对被侵权人的赔偿与投保义务人对侵权人的赔偿是两项独立的赔偿，但对于被侵权人而言，其在该部分的损失只要获得其中一方的赔偿即获得弥补，故其不能双倍主张，这就面临着侵权人与投保义务人责任承担先后的问题。我们认为，应当由侵权人对其造成的损失先行承担责任，如果其先行承担责任仍然不能赔偿被侵权人的全部损失的，由投保义务人在交强险责任限额范围内进行赔偿。需要注意的是，此处投保义务人虽然是在后位承担责任，具有补充责任的外观，但其实质并非补充责任，因为二人实施的侵权行为不同，投保义务人对其因未依法投保给被侵权人造成交强险限额范围内赔付利益的损失承担责任，很难说是为侵权人对其因机动车交通事故给被侵权人人身、财产权利造成的损失进行补充赔偿。对于此种情形，由侵权人先行承担责任的理由是：其一，侵权责任对于权利的保护与对利益的保护条件不同。从侵权责任法的制度价值来看，侵权责任法是救济法，其基本功能是对受害人的损害提供救济。现代侵权责任法的发展是以救济受害人为中心而展开的，其基本价值理念是对受害人遭受的损害提供全面救济，以保护公民人身财产安全为目标，所贯彻的是民法的人文关怀精神。在这一目标指导下，侵权责任法一般确立了对人身权的优先保护，对受害人的全面救济等制度。侵权责任法保护绝对权并无争议，但是，对于绝对权之外的纯粹经济损失是否保护存在争议。对于纯粹经济损失的含义，尽管各国和学者之间的观点有一定差异，但简单理解，纯粹经济损失是一种非因绝对权受侵害而发生的财产上的损害（不利益）。应当说，现阶段理论和实践对于由侵权责任保护纯粹经济损失已经作出一些和研究和探索，从一定程度上缩小了争议，目前就侵权责任法对纯粹经济损失的适用条件应当严于对绝对权的适用条件，并无太大争议。《最高人民法院关于审理道路交通事故损害赔偿案件适用法律若干问题的解释》第十六条涉及的投保义务人未依法投保，在发生机动车交通事故时，导致被侵权人在交强险责任限额范围内不能获得赔偿，这是一种纯粹经济损失。机动车交通事故侵权中，在有直接侵权人的情况下，适用侵权责任的一般条款足以对被侵权人的损失进行完全的弥补，此种情况下不再启动纯粹经济损失的侵权保护，具有理论依据。其二，从保险制度与侵权损害赔偿责任的关系上看。在近代社会，侵权责任法坚持过错责任原则，强调对侵权人过错的追责和道德的谴责，这体现了侵权责任法的惩罚功能。随着工业社会的发展，侵权责任法补偿功能日益突出，其中一个显著的表现就是责任保险制度的发展。责任保险制度的实质就是将承担侵权责任的风险由社会共同分担，以此避免责任人因无力赔偿导致受害人不能得到真正救济的情况，从这个意义上说，责任保险制度的目的在于更好地实现侵权责任法的损害赔偿功能，但责任保险制度并不能够完全替代侵权责任的过错责任，不能因为存在责任保险制度而完全免除侵权人的损害赔偿责任。因此，在《最高人民法院关于审理道路交通事故损害赔偿案件适用法律若干问题的解释》第十六条的情形下，尽管投保义务人需要对受害人在交强险责任限额范围内承担赔偿责任，但这并不意味着侵权人对受害人的损害赔偿责任当然免除，否则，有违侵权责任法“自己责任”的基本法理，难以有效督促对机动车进行直接控制的侵权尽到最大注意义务，从根本上避免损失发生。相反，如果侵权人通过承担损害赔偿责任，已经实现了对受害人损失的弥补，受害人就不能够再请求投保义务人承担责任。

综上，对于《最高人民法院关于审理道路交通事故损害赔偿案件适用法律若干问题的解释》第十六条第二款投保义务人与侵权人承担相应责任的理解，包括两个层次：第一个层次是，投保义务人与侵权人各自均应向受害人承担损害赔偿责任，即投保义务人对其因不依法投保交强险给受害人在不能得到交强险责任限额内赔付利益的损失承担赔偿责任，侵权人对机动车交通事故给受害人造成的人身、财产权利损失承担赔偿责任；第二个层次是，受害人请求投保义务人与侵权人赔偿损失的，应由侵权人先就其给受害人造成的全部损失进行赔偿，侵权人无力赔偿部分，由投保义务人在其应投保交强险责任限额范围内对受害人赔偿。

——最高人民法院民法典贯彻实施工作领导小组办公室编著：《最高人民法院实施民法典清理司法解释修改条文（111 件）理解与适用》，人民法院出版社 2022 年版，第 336~340 页。

1433. 套牌车出借人与使用人对交通事故负连带责任

关键词

套牌机动车　连带责任

最高人民法院指导性案例

赵春明等诉烟台市福山区汽车运输公司卫德平等机动车交通事故责任纠纷案（最高人民法院指导案例 19 号）

裁判要点：机动车所有人或者管理人将机动车号牌出借他人套牌使用，或者明知他人套牌使用其机动车号牌不予制止，套牌机动车发生交通事故造成他人损害的，机动车所有人或者管理人应当与套牌机动车所有人或者管理人承担连带责任。

法院生效裁判认为：根据本案交通事故责任认定，肇事货车司机林则东负事故主要责任，而卫广辉是肇事货车的实际所有人，也是林则东的雇主，故卫广辉和林则东应就本案事故损失连带承担主要赔偿责任。永安保险公司承保的鲁 F41703 货车并非实际肇事货车，其也不知道鲁 F41703 机动车号牌被肇事货车套牌，故永安保险公司对本案事故不承担赔偿责任。根据交通事故责任认定，本案客车司机周亚平对事故负次要责任，周亚平也是该客车的实际所有人，故周亚平应对本案事故损失承担次要赔偿责任。朱荣明虽系该客车的登记所有人，但该客车已几经转手，朱荣明既不支配该车，也未从该车运营中获益，故其对本案事故不承担责任。周亚平虽受雇于腾飞公司，但本案事发时周亚平并非在为腾飞公司履行职务，故腾飞公司对本案亦不承担责任。至于承保该客车的人保公司，因死者冯永菊系车内人员，依法不适用机动车交通事故责任强制保险，故人保公司对本案不承担责任。另，卫广辉和林则东一方、周亚平一方虽各自应承担的责任比例有所不同，但车祸的发生系两方的共同侵权行为所致，故卫广辉、林则东对于周亚平的应负责任份额、周亚平对于卫广辉、林则东的应负责任份额，均应互负连带责任。

鲁 F41703 货车的登记所有人福山公司和实际所有人卫德平，明知卫广辉等人套用自己的机动车号牌而不予阻止，且提供方便，纵容套牌货车在公路上行驶，福山公司与卫德平的行为已属于出借机动车号牌给他人使用的情形，该行为违反了《道路交通安全法》等有关机动车管理的法律规定。将机动车号牌出借他人套牌使用，将会纵容不符合安全技术标准的机动车通过套牌在道路上行驶，增加道路交通的危险性，危及公共安全。套牌机动车发生交通事故造成损害，号牌出借人同样存在过错，对于肇事的套牌车一方应负的赔偿责任，号牌出借人应当承担连带责任。故福山公司和卫德平应对卫广辉与林则东一方的赔偿责任份额承担连带责任。

——《最高人民法院关于发布第五批指导性案例的通知》（2013 年 11 月 8 日，法〔2013〕241 号）。

说明

指导案例 19 号赵春明等诉烟台市福山区汽车运输公司、卫德平等机动车交通事故责任纠纷案，旨在明确出借机动车号牌给他人套牌使用的法律责任。该案例裁判要点明确机动车所有人或者管理人将机动车号牌出借他人套牌使用，或者明知他人套牌使用其机动车号牌不予制止，套牌机动车发生交通事故造成他人损害的，机动车所有人或者管理人应当与套牌机动车所有人或者管理人承担连带责任。该案例进一步细化了交通事故责任纠纷有关法律和司法解释的规定，其价值导向是通过增加机动车号牌出借人的违法成本，遏制机动车套牌的违法行为，切实维护被害人的合法权益和机动车管理秩序，促进道路交通安全。

附录：最高人民法院主流观点

该指导案例的裁判要点确认：机动车所有人或者管理人将机动车号牌出借他人套牌使用，或者明知他人套牌使用其机动车号牌不予制止，套牌机动车发生交通事故造成他人损害的，机动车所有人或者管理人应当与套牌机动车所有人或者管理人承担连带责任。以下围绕与该裁判要点相关的问题逐一说明：

（一）指导案例 19 号的具体说明

本指导案例中，鲁 F41703 货车的登记所有人福山公司和实际所有人卫德平系明知卫广辉等人套用自己的车牌而不予阻止，且提供方便，纵容套牌货车在公路上行驶，卫德平与福山公司的行为实质上等同于出借机动车号牌给他人使用，该行为违反了道路交通安全法等有关机动车管理的法律规定。套牌机动车肇事造成损害的，号牌出借人同样存在过错，二者构成共同侵权。侵权责任法第八条[①]规定："二人以上共同实施侵权行为，造成他人损害的，应当承担连带责任。"因此，对于肇事的套牌车一方应负的赔偿责任，号牌出借人应当承担连带责任。故本案福山公司和卫德平应对卫广辉与林则东一方的赔偿责任份额承担连带责任。

最高人民法院发布的《道路交通事故赔偿解释》第五条规定被套牌机动车所有人或者管理人同意套牌的，应当与套牌机动车的所有人或者管理人承担连带责任。本指导案例进一步明确，明知他人套牌使用而不予制止的，也应当与套牌机动车所有人或者管理人承担连带责任。本指导案例裁判要点述及的套牌行为有两种情形：一种是积极地出借机动车号牌给他人使用，另一种是知道他人套牌使用自己的机动车号牌而消极地不予制止。两种情形下行为人对于损害的发生都具有过错。

发放机动车号牌是对机动车管理的重要手段，只有经定期检验符合国家安全技术标准的机动车才可核发和使用号牌。当前，机动车套牌行驶的违法现象十分突出，这一行为严重违反道路交通安全法的规定，并且使大量不符合安全技术标准的机动车在道路上行驶，增加道路交通的危险性。对于这类违法行为，相关行政机关加大执法力度固然有必要，而本指导案例通过依法合理延伸交通事故民事赔偿责任主体的范围，增加机动车号牌出借人的违法风险和成本，来遏制机动车套牌的违法行为，维护道路交通安全和正常的机动车管理秩序，也将具有很好的法律效果和社会效果。

（二）其他需要说明的问题

本指导案例在适用时要注意以下几个问题：

1. 关于相关法律依据问题。需要说明的是，本指导案例原型案件发生于《侵权责任法》施行之前，认定共同侵权的依据主要是民法通则和相关司法解释的规定。《民法通则》第一百三十条[②]规定："二人以上共同侵权造成他人损害的，应当承担连带责任。"最高人民法院于2003年颁布的《关于审理人身损害赔偿案件适用法律若干问题的解释》对共同侵权进行了细化，其中第三条[③]第一款规定："二人以上共同故意或者共同过失致人损害，或者虽无共同

---

① 对应《民法典》第一千一百六十八条。

② 对应《民法典》第一千一百六十八条，

③ 因《民法典》第一千一百六十八条、第一千一百七十条、第一千一百七十一条和第一千一百七十二条已作规定，故在2020年12月29日对该司法解释进行修改时被删除。

故意、共同过失，但其侵害行为直接结合发生同一损害后果的，构成共同侵权，应当依照民法通则第一百三十条规定承担连带责任。”侵权责任法自 2010 年 7 月 1 日起施行以后，机动车套牌构成共同侵权适用的法律依据应当是侵权责任法第八条及其他相关法律规定。

2. 关于所有人、管理人责任问题。本指导案例裁判要点将机动车所有人和管理人都纳入承担连带责任的主体，合理地规定了责任主体的范围，有利于加强被侵权人请求权的保护，提高被侵权人获得赔偿的可能性。责任主体涵盖所有人和管理人，不仅包括机动车号牌出借方的机动车所有人、管理人，也包括套牌机动车的所有人、管理人。

——最高人民法院案例指导工作办公室：《指导案例 19 号〈赵春明等诉烟台市福山区汽车运输公司、卫德平等机动车交通事故责任纠纷案〉的理解与参照——套牌车出借人与使用人对交通事故负连带责任》。

1434. 拼装车、报废车无论经过几次转让，所有转让人与受让人均应承担连带责任

关键词

连带责任　严格责任　转让行为　拼装车

《中华人民共和国民法典》条文

第一千二百一十四条　以买卖或者其他方式转让拼装或者已经达到报废标准的机动车，发生交通事故造成损害的，由转让人和受让人承担连带责任。

最高人民法院司法解释

第四条　拼装车、已达到报废标准的机动车或者依法禁止行驶的其他机动车被多次转让，并发生交通事故造成损害，当事人请求由所有的转让人和受让人承担连带责任的，人民法院应予支持。

——《最高人民法院关于审理道路交通事故损害赔偿案件适用法律若干问题的解释》（2020 年 12 月 29 日修正）。

附录：最高人民法院主流观点

出于对拼装车、报废车转让行为的违法性，依法禁止行驶机动车的高度危险性和保护受害人合法权益等因素的考量，只要转让拼装车、已达到报废标准的机动车，或者基于道路行驶目的转让依法禁止行驶的其他机动车，无

论经过几次转让，所有转让人与受让人均应承担连带责任。我们倾向于认为，《民法典》第一千二百一十四条规定连带责任的立法本意之一是预防并制裁转让、驾驶拼装的或者已达到报废标准的机动车的行为，让转让人承担连带责任可以更好地防止上述机动车重新上路行驶，增加道路风险，损害社会公共利益。因此，不知道拼装或报废车的主观认识，不应成为《民法典》第一千二百一十四条的免责事由。

对于《民法典》第一千二百一十四条，还有一种观点认为，《民法典》第一千二百一十四条规定的是严格责任，不存在任何免责事由。一般认为，对《民法典》第一千二百一十四条的理解要准确把握"发生交通事故造成损害的"这一要件，同时，仍需要结合《道路交通安全法》第七十六条的规定，受到一般规定的限制。转让的拼装车、报废车发生交通事故，都应当适用《民法典》第一千二百一十四条，但并非不考虑引发交通事故的原因。在举证责任方面，被侵权人只需要证明肇事车辆是拼装车或报废车即可。但如果损害并非因机动车属于拼装或报废车造成，而是因为非机动车驾驶人、行人故意碰撞机动车或者第三人的原因造成，此时，车辆属于拼装、报废的缺陷与损害发生并没有因果关系，则不能机械适用《民法典》第一千二百一十四条。

连带责任还区分为对外效力与对内效力。在对外效力上，转让人与受让人承担连带责任，意味着被侵权人可以向部分转让人或受让人请求赔偿部分或者全部损失，被请求的责任人不得以超出自己的责任份额为由对抗被侵权人的请求。而在内部效力上，《民法典》侵权责任编已经规定，连带责任人根据各自责任大小确定相应的赔偿数额，难以确定责任大小的，平均承担责任。支付超出自己赔偿数额的连带责任人，有权向其他连带责任人追偿。确定转让人和受让人各自的责任大小，需要综合各自的过错程度及客观行为与损害后果之间的原因力。比如，若机动车具有牌照、年检合格证明，受让人在过户登记前难以从外观上判断是否为拼装车或报废车，并无主观上的过错，应认定转让人承担主要责任。再如，交通事故的发生完全是因受让人作为驾驶人醉酒驾驶，此时应让受让人承担主要责任。转让人和受让人的过错程度及原因力均不能确定时，则应平均承担责任。

——最高人民法院民法典贯彻实施工作领导小组编著：《中国民法典适用大全（侵权责任卷）》，人民法院出版社 2022 年版，第 499~500 页。

1435. 机动车所有人与占有人相分离情形下的责任认定

关键词

机动车所有人　机动车占有人

最高人民法院司法解释

第五条　接受机动车驾驶培训的人员，在培训活动中驾驶机动车发生交通事故造成损害，属于该机动车一方责任，当事人请求驾驶培训单位承担赔偿责任的，人民法院应予支持。

——《最高人民法院关于审理道路交通事故损害赔偿案件适用法律若干问题的解释》(2020 年 12 月 29 日修正)。

四川省高级人民法院：

你院川高法〔1999〕2 号《关于在实行分期付款、保留所有权的车辆买卖合同履行过程中购买方使用该车辆进行货物运输给他人造成损失的，出卖方是否应当承担民事责任的请示》收悉。经研究，答复如下：

采取分期付款方式购车，出卖方在购买方付清全部车款前保留车辆所有权的，购买方以自己名义与他人订立货物运输合同并使用该车运输时，因交通事故造成他人财产损失的，出卖方不承担民事责任。

此复。

——《最高人民法院关于购买人使用分期付款购买的车辆从事运输因交通事故造成他人财产损失，保留车辆所有权的出卖方不应承担民事责任的批复》(2000 年 12 月 1 日，法释〔2000〕38 号)。

附录：最高人民法院主流观点

审判实践中，关于机动车的所有人与占有人相分离的情形比较多，在责任认定上存在很大争议。下面就《道交赔偿解释》中没有规定的这些问题，逐一作一讨论。

一、机动车陪练过程中发生交通事故责任主体的认定

机动车陪练过程中发生交通事故造成损害的，对于由驾驶人承担责任还是由陪练机构承担责任，在司法实践中存在争议。一种意见认为，应当由驾驶人承担责任，其具备独立控制机动车的能力。另一种意见认为，应当由陪练机构承担责任。保障行驶安全，是陪练合同中陪练机构的主要义务，驾驶人正是因为不具备独立的驾驶能力，才寻找陪练机构，因此，应由陪练机

构承担责任。我们认为，在机动车陪练过程中发生交通事故应当由驾驶人承担赔偿责任；陪练人对损害的发生有过错的，承担相应的赔偿责任。与上述司法解释规定的驾驶培训的情形不同，在机动车陪练过程中，由于驾驶人已经获得驾驶执照，其对于车辆有独立的控制能力，在陪练过程中发生交通事故，应当承担责任。而陪练人的作用在于督促驾驶人更加娴熟地掌握驾驶技能，其虽然对于行驶中的车辆有一定的控制能力，比如一般陪练车的副驾的位置上均配备副刹车系统，但是和驾驶员相比，毕竟其不能独立控制机动车的行驶，因此，不宜由其承担责任，但是如果对于损害的发生陪练人有过错的，应当承担与过错程度相适应的责任，比如不当地影响了驾驶人的正常驾驶，此种情况下，则需承担相应的责任。

二、酒店、宾馆等服务场所提供泊车、代驾等服务过程中发生交通事故责任主体的认定

酒店、宾馆等服务场所提供泊车、代驾等服务过程中发生交通事故造成损害的，由提供服务方承担赔偿责任。这是因为，在酒店、宾馆提供泊车或者代驾服务过程中，车辆的运行控制权在酒店、宾馆方，因为驾驶员是其提供的。酒店、宾馆提供的泊车业务通常是不收取费用的，而代驾服务会收取相应的费用。无论是否收费，酒店、宾馆的做法都是为了带动客源，增加其盈利，因此，也享有运行利益。在此期间发生交通事故造成损害，应当由酒店、宾馆承担赔偿责任，但是接受服务方对损害的发生有过错的，也应承担与过错程度相适应的赔偿责任。

三、修理关系中发生交通事故责任主体的认定

机动车的所有人或者管理人将机动车送往修理厂进行维修，在此期间，由于机动车的占有已经转移给修理厂，如果由于修理厂的职工驾驶该车试车或者将车辆送还机动车所有人或管理人的过程中造成他人损害，应当由修理厂承担责任。因为此时机动车的所有人或者管理人已经丧失了对机动车的运行支配权。机动车送交修理或保管期间，依车辆所有人的意思，车辆已停止运行，并实际脱离车辆所有人的控制和支配，而修理人和保管人则依合同取得了对该车的控制支配权。因此，在车辆修理和交付保管期间，修理人或保管人因试车或使用车辆发生交通事故造成他人损害的，应当承担赔偿责任。但是，如果机动车的所有人或者管理人存在定做、指示或者选任过失时，依照《人身损害赔偿解释》第十条①的规定，其仍应承担责任。

四、机动车融资租赁中发生交通事故责任主体的认定

依据《合同法》第二百三十七条②的规定，融资租赁是指出租人根据承租

① 对应《民法典》第一千一百九十三条。

② 对应《民法典》第七百三十六条。

人对出卖人、租赁物的选择，向出卖人购买租赁物，提供给承租人使用，由承租人支付租金。《合同法》第二百四十六条[①]规定："承租人占有租赁物期间，租赁物造成第三人的人身伤害或者财产损害的，出租人不承担责任。"因此，在机动车的融资租赁中，承租人应就机动车致他人之损害承担赔偿责任。一般来说，因物件致人损害时，其所有人或管理人应当承担赔偿责任，而依照《合同法》第二百四十二条[②]的规定融资租赁合同中的出租人是租赁物的所有人，但是其却无须为租赁物致害承担责任，这是因为：首先，依照《合同法》第二百四十三条[③]的规定，融资租赁合同不同于普通的使用租赁合同，出租人向承租人所收取的租金并非承租人使用租赁物的对价，而是出租人为购买租赁物所付出的成本及合理利润的分期偿还。因此在机动车融资租赁中，出租人虽然是机动车的所有人，但是却不对该机动车的运行享有利益。其次，融资租赁中出租人对于承租人所接受的租赁物的质量难以掌握，承租人在安装、保管或使用租赁物时，出租人更是难以控制，依照《合同法》第二百四十五条[④]和第二百四十七条[⑤]的规定出租人只是负有保证承租人对租赁物的占有和使用的义务。承租人应当妥善保管、使用租赁物，并履行占有租赁物期间的维修义务。所以对于承租人因对租赁物的保管、使用或者维护不当导致的对第三人的损害，自然不应当由出租人承担责任。

五、采取分期付款方式购买机动车，出卖人在买受人付清全部价款前保留车辆所有权并交付机动车的，发生交通事故责任主体的认定

依照《合同法》的规定，分期付款买卖是一种特殊的买卖形式，是买受人将其应付的总价款按照一定期限分批向出卖人支付的买卖。由于分期付款买卖中出卖人须先交付标的物，买受人于受领标的物后分若干次付款，出卖人有收不到价款的风险，因此在交易实践中，当事人双方就分期付款买卖常有所有权保留的特约，即买受人虽先占有、使用标的物，但在双方当事人约定的特定条件（通常是价款的一部或全部清偿）成就之前，出卖人仍保留标的物所有权，待条件成就后，再将所有权转移给买受人。

机动车分期付款买卖中，买受人在没有履行支付价款或者其他义务之前，机动车的所有权虽然仍属于出卖人，但依据《侵权责任法》第四十九条[⑥]规定，责任主体仍为买受人。

六、车辆在保管、质押期间发生交通事故情形下的责任主体的认定

---

① 对应《民法典》第七百四十九条。

② 对应《民法典》第七百四十五条。

③ 对应《民法典》第七百四十六条。

④ 对应《民法典》第七百四十八条。

⑤ 对应《民法典》第七百四十九条。

⑥ 对应《民法典》第一千二百零九条。

机动车辆的所有人依据保管合同、质押合同的约定，将车辆交给保管人、质权人占有，在此期间，车辆已经停止运营，因此，机动车辆的所有人不再有运行支配权，也不能享有此期间的运行利益，自然不能对此期间他人驾驶机动车辆肇事负责任。而按照《合同法》《担保法》的相关规定，保管人、质权人不得使用或者许可第三人使用保管物或者质物。保管人、质权人不认真履行保管机动车辆的义务，驾驶或者交给第三人驾驶由其保管的机动车辆肇事造成损害，应由保管人、质权人承担赔偿责任。委托人、出质人对损害的发生有过错的，承担相应的赔偿责任。

——最高人民法院民事审判第一庭编著：《最高人民法院关于道路交通损害赔偿司法解释理解与适用》，人民法院出版社 2012 年版，第 98~101 页。

附录：司法信箱

采取分期付款方式购车的买方，在付清全部车款前使用该车运输时，造成他人人身、财产损失的，出卖方是否承担民事责任？

问题：某法院在受理一起交通事故人身损害赔偿纠纷案件中，对于最高人民法院《关于购买人使用分期付款购买的车辆从事运输因交通事故造成他人财产损失保留车辆所有权的出卖方不应承担民事责任的批复》，在理解上产生了分歧。第一种意见认为：出卖方在购买方付清全部车款前保留车辆所有权的，购买方使用该车运输时，因交通事故造成人身及财产损失，出卖方均不承担民事责任。第二种意见认为，出卖方在购买方付清全部车款前保留车辆所有权的，购买方在使用该车运输时，因交通事故造成他人财产损失的，出卖方可不承担民事责任。但对交通事故造成的人身损害赔偿，应承担连带民事责任。第三种意见认为：该批复与 1991 年 9 月 22 日国务院发布的《道路交通事故处理办法》第三十一条的内容相抵触。认为车辆因交通事故造成的人身、财产损失，在未付清车款之前，保留所有权的出卖方均应承担连带民事责任。

《人民司法》研究组认为：采用分期付款方式签订的买卖合同，在标的物交付后、价款尚未完全付清之前，出卖方有保留标的物所有权的权利，但标的物的风险责任与其所有权是分离的，即由买受人负担。保留所有权买卖主要是为出卖方提供一种担保功能，确保其能如期、完全地获取应得价款。如果买受人违约，出卖人可依法采取补救措施，从而实现自己的利益。在价款未付清之前，虽然所有权尚未完全转移，但由于标的物已由买受人实际占有、控制、使用，此间发生的标的物毁损、灭失或造成与第三人的侵权诉讼等，其责任都与出卖人无关。从这一原则出发，买受人使用分期付款方式购买的车辆从事运输，自车辆交付之日起，风险责任就已经转由买受人承担，因发生交通事故给他人造成损失的，保留车辆所有权的卖主对此不承担民事责任。

信中所述最高人民法院的司法解释，是就具体案件所作的批复，明确了出卖人对买受人给他人造成的财产损失不承担民事责任，并非将人身损害赔偿问题作区别对待。相反，应该基于同样的道理，得出出卖人对于买受人给他人造成的人身损害也不应承担民事责任的结论。故原则同意信中的第一种意见。

——《人民司法》2002 年第 6 期（总第 461 期）。

1436. 好意同乘的适用要点

关键词

好意同乘　机动车交通事故责任　减轻责任事由　过错责任　注意义务

《中华人民共和国民法典》条文

第一千二百一十七条　非营运机动车发生交通事故造成无偿搭乘人损害，属于该机动车一方责任的，应当减轻其赔偿责任，但是机动车使用人有故意或者重大过失的除外。

附录：最高人民法院法官著述

“好意同乘”是机动车道路交通事故责任中新增加的一个减轻责任事由。关于好意同乘的性质，有利他合同说、无因管理说和情谊行为说三种观点。该条规定的适用要点为：（1）该条只适用于非营运机动车，包括处于非营运状态的营运机动车。出租汽车在上班前或下班后等非营运时间，免费搭乘邻居、朋友的，处于非营运状态，可适用该条规定。（2）关于机动车一方责任的归责原则是过错责任原则，也就是说当发生交通事故时，要提供搭乘服务的这一方机动车对交通事故有过错，才产生侵权责任，如果没有过错，就没有侵权责任，不存在适用好意同乘免责的问题。（3）减轻责任的理由是，赞许并提倡互助行为（内部减责）。（4）只能减轻而不能免除机动车一方的责任，因为机动车仍存在注意义务。减轻责任是为了在鼓励人际友善、利他和承担法律责任之间寻求平衡。（5）减轻的是机动车一方对无偿搭乘人的赔偿责任，对机动车外人员或财产的责任承担，适用侵权责任的其他一般规定。（6）机动车使用人有故意或重大过失的，不减轻责任。例如钱某诉李某、茅某交通事故责任纠纷案，南京市玄武区人民法院（2016）苏 0102 民初 1002 号民事判决认为：“好意同乘是指车辆供乘者不以牟利为目的邀请或者允许搭乘人搭乘车辆的行为。好意同乘是一种好意施惠行为，这种行为本身不是民事法律行为，驾驶人只是基于良好的道德风尚邀请或允许同乘人搭乘，属于一种情谊行为，驾驶人与同乘人并没有设立法律上的权利义务关系，应由道德规范来调整。好意同乘是我国乐于助人良好社会风尚的具体体现，其核心要素是车辆供乘者不以营利为目的，而是旨在为他人提供帮助，这种帮助一般是无偿的，但不排除搭乘人给予车辆供乘人数额较少的成本费用，如加油费、过路过桥费等，即搭乘人给予车辆供乘人一定的成本费用不影响好意同乘行为的成立。虽然好意同乘行为本身是一种不受法律调整的情谊行为，但搭乘者无偿或以较小成本乘坐他人车辆并不意味着自甘风险，车辆供乘人因邀请或允许他人搭乘的情谊行为的履行，而负有保障搭乘者人身和财产安全的注意义务。”

——潘杰：《民法典侵权责任编重点问题解读》，载最高人民法院民事审判第一庭编：《民事审判指导与参考》2021 年第 1 辑（总第 85 辑），人民法院出版社 2021 年版，第 170~171 页。

1437. 好意同乘规定是否适用于营运机动车

关键词

好意同乘　非营运机动车　搭便车　好意同乘

《中华人民共和国民法典》条文

第一千二百一十七条　非营运机动车发生交通事故造成无偿搭乘人损害，属于该机动车一方责任的，应当减轻其赔偿责任，但是机动车使用人有故意或者重大过失的除外。

最高人民法院司法解释

第十八条　民法典施行前，因非营运机动车发生交通事故造成无偿搭乘人损害引起的民事纠纷案件，适用民法典第一千二百一十七条的规定。

——《最高人民法院关于适用〈中华人民共和国民法典〉时间效力的若干规定》（2020 年 12 月 29 日，法释〔2020〕15 号）。

附录：最高人民法院主流观点

是否适用于营运机动车。好意同乘主要是指非营运机动车的驾驶人基于亲情或者友情在上下班、出游途中无偿搭载自己的亲朋好友、邻居同事的情形，生活中老百姓称之为“搭便车”。好意同乘可以缓解交通压力、实现资源最大化利用、节约资源等。但是，实践中，就好意同乘引发的损害赔偿问题，司法裁判结果不一，引发了较大争议。对于好意同乘过程中造成损害的责任承担的规定，既要保护受害者的权益，也要尊重我国助人为乐的传统美德，保护民事主体之间的信赖关系，为解决民事纠纷设定切实可行的规则。营运性车辆搭载乘客，双方之间形成客运合同关系，机动车使用人应当有较高的注意义务，按照客运合同的目的，将乘客安全运送至目的地。如果发生交通事故造成损害，属于该机动车一方责任的，乘客既可以依照合同请求机动车驾驶人承担违约责任；也可以依照侵权行为请求机动车驾驶人承担赔偿责任，不存在一般性免责或者减轻责任的需要。因此，好意同乘不适用于营运机动车。但是，出租汽车在上班前或者下班后等非营运的时间，免费搭乘邻居、朋友的，可以参照适用《民法典》第一千二百一十七条规定。

——最高人民法院民法典贯彻实施工作领导小组编著：《中国民法典适用大全（侵权责任卷）》，人民法院出版社 2022 年版，第 530 页。

1438. 如何理解“责任限额范围内”分项责任限额不应突破

关键词

交强险　分项限额

最高人民法院答复

辽宁省高级人民法院：

你院〔2012〕辽民一他字第 1 号《关于在道路交通事故损害赔偿纠纷案件中，机动车交通事故责任强制保险中的分项限额能否突破的请示》已收悉，经研究，答复如下：根据《道路交通安全法》第 17 条、《交强险条例》第 23 条，机动车发生交通事故后，受害人请求承保机动车第三者责任强制保险的保险公司对超出机动车第三者责任强制保险分项限额范围的损失予以赔偿的，人民法院不予支持。

——《最高人民法院关于机动车交通事故责任强制保险中的分项限额能否突破的答复》（2012 年 5 月 29 日，〔2012〕民一他字第 17 号），载最高人民法院民事审判第二庭编：《最高人民法院关于道路交通损害赔偿司法解释理解与适用》，人民法院出版社 2012 年版，第 216 页。

最高人民法院审判业务意见

通过调研我们发现，在交强险赔偿问题上，现在还有一部分法院在司法实践中突破了《交强险条例》的分项限额，在审理交通事故纠纷时，只要不超出总的限额即 12.2 万元，都要求保险公司予以赔付，没有把分项的限额予以区分。在这个问题上，我们认为，《交强险条例》明确规定了分项限额，我们应当严格遵守。理由是：（1）行政法规对此有明确规定。《交强险条例》明确规定了分项限额制度，人民法院审理相关民事案件时当然应该依法处理，这是最基本的理由。（2）分析法律规定的分项限额是否合理，需要对全国范围内的道路交通状况作出评估，需要对交通事故率作出统计，需要对赔偿范围变化对费率水平的影响进行计算，需要就费率水平的变化与民众的接受程度进行预测。应当看到，《交强险条例》是基于整体的、全面的、多种因素综合考量作出的规定，而这些考量、预测、评判恰恰是人民法院力不能及的。显然，在分项限额的问题上，涉及如此深入的专业问题和政策把握问题，由立法机构或行政机关作出判断更加妥当。《道路交通安全法》将交强险制度的细化规定授权给行政机关，也正是此种判断的当然结果。（3）我们还应当认识到，司法解决问题的范围是有限的。分项限额不仅仅涉及受害人的损失填补，还间接涉及交强险的费率水平等不特定多数人的利益。在处理个案中，我们有时会觉得分项限额不尽合理，希望能为受害人多争取一份救济，让保险公司承担更多的保险责任。当然，在个案中，注重考虑个体利益平衡有合理的一面，但不能因为绝对追求个案的利益平衡，而伤害到整个社会秩序。应当认识到，我国交强险的费率是法定的，保险公司没有定价权，保险公司必须按照法定的费率水平接受投保人的投保，根据保监会提供的数据，目前交强险的运营整体上处于亏损状态，这意味着，交强险的赔偿负担过重，保险公司就会产生提高保费的冲动。交强险的顺利运转不可能不考虑保险人的利益。如果保险公司所称的负担过重问题以及提高保费的利益诉求获得立法部门认可，结果就是交强险费率全面提高，全社会的整体投保负担增加，这涉及个体利益和社会利益的权衡问题。因此，打通分项限额，社会效果未必好。同时，由人民法院作出类似的决策，其正当性理由也不够充分。由于分项限额涉及交强险的基本制度、涉及费率水平甚至涉及金融安全，2011年国务院对此问题曾专门开会研究，并在会议上专门提到我们一些法院不遵守分项限额的问题，对这个问题我们要高度重视。法院的任务是适用法律，而不是评价法律或修改法律。当然，目前分项限额问题在立法上是否有调整的必要，我们通过案例一直在研究，有关的部门和立法机关也在研究。从西方立法例来看，他们在交强险赔偿限额规定上的调整也比较多，有些分项限额的调整幅度很大，甚至有些国家的交强险赔偿范围全部是人身损害，没有财产损害。外国有益的经验我们要注重吸收，在立法层面对交强险的有关规定进行调整，这是我们力求推动的。但是在《交强险条例》没有修改前，还是要按照行政法规的明确规定处理案件。

——张勇健：《在全国高级法院民一庭庭长座谈会上的总结讲话》（2013年4月12日），载最高人民法院民事审判第一庭编：《民事审判指导与参考》2013年第2辑（总第54辑），人民法院出版社2013年版，第34~35页。

最高人民法院审判业务意见（民事审判第一庭意见）

最高人民法院民一庭意见：根据《道路交通安全法》第17条、《交强险条例》第23条，机动车发生交通事故后，受害人请求承保机动车第三者责任强制保险的保险公司对超出机动车第三者责任强制保险分项限额范围的损失予以赔偿的，人民法院不予支持。

附：案情简介

2010年12月28日19时30分许，高某沿S303线由南向北行走至肇事地点处，被一辆由南向北行驶的机动车撞倒后（肇事后，驾车逃离现场，致使高某受伤摔倒于公路），又被由后驶来邢某驾驶的正三轮载客摩托车（忽视安全，观察瞭望不够，未保持安全车速，车主为郭某，邢某为其雇佣司机）撞出21.20米，造成高某受伤，车辆损坏的交通事故。此事故经某县公安局交通警察大队认定，肇事逃逸机动车肇事时的实际驾驶人（未查获）与邢某的行为对该起事故的发生共同起全部作用，共同承担全部责任，高某无责任。高某在事故当时到某县人民医院治疗，支付交通费50元（事故发生地至医院救护车费），次日转到中国医科大学附属第一医院门诊治疗，2011年1月1日办理住院手续，高某于2011年1月6日办理出院手续，医院诊断为：左侧颞叶脑出血、右侧颞叶硬膜外血肿、右侧额、顶部硬膜下血肿、蛛网膜下腔出血、右侧颞骨骨折、脑室出血。出院医嘱：回当地医院继续治疗。高某于2011年1月8日至某县人民医院住院治疗，2011年1月15日出院，共计住院13天，治疗期间支付医疗费29932.90元。住院期间1人护理。另查明，人保公司承保了肇事车辆三轮车的交强险。

——最高人民法院民事审判第一庭：《道路交通事故损害赔偿纠纷案件中，机动车交通事故责任强制保险中的分项限额能否突破》，载最高人民法院民事审判第一庭编：《民事审判指导与参考》2012年第2辑（总第50辑），人民法院出版社2012年版，第106~111页。

附录：司法信箱

问：在一起机动车交通事故中，受害人李某花费医药费8万元，无其他财产损失，经交警部门认定，肇事车辆负全责。该车辆已投保“交强险”。对于能否突破其中的医药费限额部分，对受害人实际发生的医药费予以全部赔偿，我们在审理中有两种不同意见。

第一种意见认为，可以突破分项限额的限制，只要全部赔偿不超过12万元，就应予全部赔偿。第二种意见认为，应严格适用相关规定，不能突破分项限额的限制。请问以上哪种意见正确？

答:《交强险条例》第二十三条规定，机动车交通事故责任强制保险在全国范围内实行统一的责任限额。责任限额分为死亡伤残赔偿限额、医疗费用赔偿限额、财产损失赔偿限额以及被保险人在道路交通事故中无责任的赔偿限额。该条例作为行政法规确立了分项限额制度。由于“交强险”的分项限额与机动车交通事故中财产损失、人身损害所占比例密切相关，与保险费直接联系，不能随意打破。故对机动车交通事故造成的各项损害，应根据《交强险条例》的规定，在各限额内予以赔偿，不能超出。

根据新的《机动车交通事故责任强制保险责任限额》规定，被保险机动车在道路交通事故中有责任的赔偿限额为：死亡伤残赔偿限额 11 万元、医疗费用赔偿限额 1 万元、财产损失赔偿限额 2000 元。本案中，李某虽然因交通事故花费医疗费用 8 万元，但在“交强险”范围内获得的赔偿不能超过 1 万元。综上，我们认为你们第二种意见的处理结果是正确的。

——《人民司法 · 应用》2012 年第 19 期（总第 654 期）。

1439. 机动车交通事故责任纠纷如何执行新的交强险责任限额

关键词

交强险　商业险　侵权责任　机动车交通事故发生时间

附录：最高人民法院法官著述

对于交强险的责任赔偿范围要受到责任限额的限制，银保监会《关于调整交强险责任限额和费率浮动系数的公告》（2020 年第 2 号）作了最新规定，责任限额上调从 2020 年 9 月 19 日零时起实行，截至 2020 年 9 月 19 日零时保险期间尚未结束的交强险保险单项下的机动车在 2020 年 9 月 19 日零时后发生道路交通事故的，按照新的责任限额执行；在 2020 年 9 月 19 日零时前发生道路交通事故的，仍按照原责任限额执行。最高人民法院民一庭已经下发了通知，以事故发生时间来确定责任限额的执行标准。请从事相关审判业务的法官关注。

——潘杰:《民法典侵权责任编重点问题解读》，载最高人民法院民事审判第一庭编:《民事审判指导与参考》2021 年第 1 辑（总第 85 辑），人民法院出版社 2021 年版，第 166 页。

1440. 实践中对交强险“第三人范围”特殊情形的处理

关键词

交强险第三人　车上人员

最高人民法院司法解释

第十四条　投保人允许的驾驶人驾驶机动车致使投保人遭受损害，当事人请求承保交强险的保险公司在责任限额范围内予以赔偿的，人民法院应予支持，但投保人为本车上人员的除外。

——《最高人民法院关于审理道路交通事故损害赔偿案件适用法律若干问题的解释》（2020 年 12 月 29 日修正）。

最高人民法院审判业务意见（民一庭倾向性意见）

最高人民法院民一庭倾向性意见：当被保险车辆发生交通事故时，如本车人员脱离了被保险车辆，不能视其为机动车第三者责任强制保险中的“第三者”，不应将其作为机动车第三者责任强制保险限额赔偿范围的理赔对象。

附：案情简介

张某乘坐李某驾驶的汽车行驶在山路上，在经过一处急转弯道路时，车辆发生险情，张某打开车门跳出车外，以求避险。但该车已经失去了平衡，向张某着地方向翻滚，将张某当场轧死。事故发生后，张某亲属要求该事故车辆的保险人某保险公司在机动车第三者责任强制保险限额范围内对张某遭受人身伤亡的损害后果予以赔偿，但该保险公司以张某为“车上人员”为由拒绝，张某诉至法院，要求该保险公司依法承担保险理赔责任。

——最高人民法院民事审判第一庭：《被保险车辆中的“车上人员”能否转化为机动车第三者责任强制保险中的“第三者”》，载最高人民法院民事审判第一庭编：《民事审判指导与参考》2010 年第 3 集（总第 43 集），法律出版社 2011 年版，第 142 页。

附录：最高人民法院主流观点

在《道交赔偿解释》第十七条[①] 征求意见过程中，很多人提到要明确“第

---

① 现为《最高人民法院关于审理道路交通事故损害赔偿案件适用法律若干问题的解释》（2020 年 12 月 29 日修正）第十四条。

三者"的范围。考虑到实际情况比较复杂，很难用司法解释的一个条文囊括所有的特殊情形，因此，该条仅就投保人特定情形下纳入"第三者"范围问题进行了规定。

司法实践中，特殊的情形还有很多，比如车上人员下车休息时，被疏忽的驾驶人撞死等。虽然司法解释没有作出具体的规定，但我们倾向认为，应将上述人员纳入"交强险"的赔偿范围，理由是：(1) 从目的解释看，《交强险条例》的主要目的是保障受害人能够得到及时有效的补偿，因此，因交通事故受到损害的人员应尽量纳入"第三者"范围；(2) 从对危险的控制力看，上述人员与其他普通"第三者"对机动车危险的控制力并无实质差别，均处于弱势地位。

再比如，车上的司乘人员发生交通事故时先摔出车外，后被车碾压致死的情况，有人认为，交强险合同中所涉及的"第三者"和"车上人员"均为在特定时空条件下的临时性身份，即"第三者"与"车上人员"均不是永久的、固定不变的身份，二者可以因特定时空条件的变化而转化。因保险车辆发生意外事故而受害的人，如果在事故发生前是保险车辆的车上人员，事故发生时已经置身于保险车辆之下，则属于"第三者"。至于何种原因导致该人员在事故发生时置身于保险车辆之下，不影响其"第三者"的身份。此时，车上人员"转化"为第三人，交强险应予赔偿。我们认为，"车上人员"与"车外人员"的区别是比较固定的，因交通事故的撞击等原因导致车上人员脱离本车的，不存在"转化"为第三人的问题，上述人员仍属于"车上人员"，不应由交强险予以赔偿。

至于驾驶人下车查看车辆状况时，被未熄火的车辆碾压致死的情形，争议更大。这种情况，驾驶人本人就是被保险人，且对机动车有实际的控制力，同时，因行为人自己行为造成自身受损害，对其赔偿不符合我国交强险的规定，故我们倾向认为，在现有法律规定下，这种情况下的驾驶人不属于"第三者"。

——最高人民法院民事审判第一庭编著：《最高人民法院关于道路交通损害赔偿司法解释理解与适用》，人民法院出版社 2012 年版，第 231~232 页。

1441. 擅自驾驶他人机动车，造成非车上人员的投保人损害的，如何处理

关键词

擅自驾驶

最高人民法院司法解释

第十四条 投保人允许的驾驶人驾驶机动车致使投保人遭受损害，当事人请求承保交强险的保险公司在责任限额范围内予以赔偿的，人民法院应予支持，但投保人为本车上人员的除外。

——《最高人民法院关于审理道路交通事故损害赔偿案件适用法律若干问题的解释》（2020 年 12 月 29 日修正）。

附录：最高人民法院主流观点

以是否基于自己的意志为标准，投保人丧失对被保险机动车的控制可分为自愿和非自愿两种。《最高人民法院关于审理道路交通事故损害赔偿案件适用法律若干问题的解释》第十四条规定“投保人允许的驾驶人”，这属于“自愿”的情形。在非自愿情形，《侵权责任法》第五十二条[①]规定了盗抢等情况，即盗窃、抢劫或者抢夺的机动车发生交通事故造成损害的，由盗窃人、抢劫人或者抢夺人承担赔偿责任。保险公司在机动车强制保险责任限额范围内垫付抢救费用的，有权向交通事故责任人追偿。根据上述规定，在盗抢情况下，保险公司仅负垫付抢救费用的责任，不承担赔偿责任。在盗抢情况下，应适用《侵权责任法》的该条规定，无《最高人民法院关于审理道路交通事故损害赔偿案件适用法律若干问题的解释》第十四条的适用余地，自无疑问。但问题是，在非自愿的情形中，还可能存在不以非法占有为目的、仅是私自驾驶的情况，此种情况下，如何适用法律，在司法实践中可能存在疑问。我们认为，这种情况应当根据《道交赔偿解释》第二条[②]的规定，并参照该条规定，适用“交强险”予以赔偿。主要考虑是，私自驾驶的人员一般与投保人的关系都比较亲密，对于是投保人允许还是驾驶人私自驾驶，在具体的诉讼中很难区分，实践中，为了获得“交强险”的赔偿，投保人与私自驾驶人完全可以“制造”证据，证明驾驶是投保人允许的。另外，根据《最高人民法院关于审理道路交通事故损害赔偿案件适用法律若干问题的解释》第十四条规定，即使投保人允许不合法的驾驶人员驾驶造成交通事故的，投保人也能受“交强险”保护，而私自驾驶毕竟非出于投保人的本意，投保人的过错显然比较轻微，本着举重以明轻的基本原则，此时，投保人更应获得相应的保护。

——最高人民法院民事审判第一庭编著：《最高人民法院关于道路交通损害赔偿司法解释理解与适用》，人民法院出版社 2012 年版，第 232~233 页。

---

① 对应《民法典》第一千二百一十五条。

② 对应《民法典》第一千二百一十二条。

1442. 保险公司不得以被保险机动车转让后未向其办理变更手续为由拒绝赔付

关键词

交强险　被保险机动车转让

附录：最高人民法院主流观点

《交强险条例》第十八条规定："被保险机动车所有权转移的，应当办理机动车交通事故强制责任保险合同变更手续。"在有些案件中，被保险机动车买卖后未向保险公司办理变更手续，发生交通事故后，保险公司以此为理由拒绝赔付。对于此类案件，应当如何处理？

上述问题涉及如何理解《交强险条例》第十八条之规定。如果从合同权利义务的转让的角度来看，机动车转让，强制险合同的当事人也会发生变更，据此而言，属于债权债务的概括转移，如果按照《合同法》的规定，应当经对方当事人同意。未经同意，按照合同法的理解，应当是债务转让部分不生效，而债权转让部分则对债务人不发生效力。如果仍然从保险合同的角度来看机动车所有权人与保险公司的关系，显然所有权人在转让时已经购买了保险，投保人的主要义务已经履行完毕，责任强制保险合同项下转让的主要是权利，即在发生交通事故时要求保险人支付保险金的权利。于此场合，我们认为，虽然没有通知债务人保险公司，但是保险金的请求本身即可视为通知，至于变更手续，应当看作是一种通知的形式，与口头通知并无实质的差别。

同时，还要看到，《交强险条例》第十四条第一款规定，保险公司不得解除机动车交通事故责任强制保险合同；但是，投保人对重要事项未履行如实告知义务的除外。这里的机动车转让是否属于"重要事项"，我们认为不属于。原因在于：第一，《交强险条例》第八条规定，保险公司应当根据被保险机动车发生交通事故的多少来减低或提高保险费率。该条所用的词语是被保险机动车而非被保险人。这就说明，在这里，重要事项应当是通过机动车来判断，例如被保险机动车的车况、安全性能以及使用年限等等，而主要的不是被保险人的情况。第二，实际上，在机动车转让办理强制保险变更手续时，保险公司也并不审查受让人个人的具体情况，这也从另一侧面反映出受让人的个人情况并非保险合同的重要情况。第三，以上都是从一种形式化、逻辑化的角度来分析问题，从更为实质的角度来看，正如有的法院所持的观点那样，即强制险是对物而非对人，因为它是对这个危险物所造成的第三人损失的保险，而非对某个人的保险，因此，即使不办理变更手续，只要被保险机动车存在，都应当承担责任。

——最高人民法院侵权责任法研究小组编著：《〈中华人民共和国侵权责任法〉条文理解与适用》，人民法院出版社 2010 年版，第 353~354 页。

1443. 关于保险公司追偿和在交强险责任限额范围内赔偿，以及受害人在侵权人和保险公司间求偿问题的处理

关键词

合并审理　交强险

最高人民法院司法解释

第十五条　有下列情形之一导致第三人人身损害，当事人请求保险公司在交强险责任限额范围内予以赔偿，人民法院应予支持：

（一）驾驶人未取得驾驶资格或者未取得相应驾驶资格的；

（二）醉酒、服用国家管制的精神药品或者麻醉药品后驾驶机动车发生交通事故的；

（三）驾驶人故意制造交通事故的。

保险公司在赔偿范围内向侵权人主张追偿权的，人民法院应予支持。追偿权的诉讼时效期间自保险公司实际赔偿之日起计算。

——《最高人民法院关于审理道路交通事故损害赔偿案件适用法律若干问题的解释》（2020 年 12 月 29 日修正）。

附录：最高人民法院主流观点

一、保险公司的追偿能否在同一诉讼中提出并合并审理

在实践中，有的保险公司可能会在诉讼中直接向法院提出，要求在同一案件中解决向致害被保险人追偿的问题。那么，保险公司的追偿请求能否在交通事故损害赔偿案件中一并审理呢？我们认为，不应对此类诉请予以合并审理，这是因为：（1）保险公司的追偿权应当在其实际向受害人赔偿后取得。在交通事故损害赔偿案件中，保险公司一般均未实际赔偿或未足额赔偿受害人，因此，并未取得追偿权。（2）在交通事故损害赔偿案件中，保险公司的诉讼地位是被告，被保险人作为侵权行为人，其诉讼地位也是被告，被告向被告提出的诉请，在民事诉讼程序上难以处理。因此，对保险公司在交通事故损害赔偿案件中提出追偿问题的，人民法院应当告知其可以在向受害人实际赔偿后另行主张。

二、保险公司在交强险责任限额范围内赔偿的理解

交强险保险公司的赔偿，应限于交强险责任限额范围内。对这一规定的理解，根据《道路交通安全法》第十七条、《交强险条例》第二十三条的规定，不仅应当是从总额上不应突破交强险的责任限额，而且在交强险的赔偿分项上，亦应当按照《中国保监会关于调整交强险责任限额的公告》(2008年1月11日)所确定的死亡伤残赔偿、医疗费用赔偿和财产损失赔偿的限额确定。受害人请求承保交强险的保险公司对超出交强险分项限额范围的损失予以赔偿的，人民法院不应予以支持。

三、受害人在侵权人和保险公司间求偿

在驾驶人存在违法情形导致交通事故的情况下，受害人所受人身损害程度不同，其从侵权人或保险公司取得实际赔偿的难度以及实际取得的赔偿数额不同等多种因素，使得实践中受害人获得损害赔偿的情形较为复杂。在受害人向人民法院起诉请求交强险保险公司予以赔偿时，应当注意区分不同情况具体分析：

(一)受害人已经从侵权人处获得全部或部分赔偿的，如何处理

在受害人已经从侵权人处获得全部或部分赔偿的情况下，是否还有权向交强险保险人请求损害赔偿呢？从《侵权责任法》所确立的损害赔偿原则看，我国目前侵权责任主要采取填补原则，即有损害才有赔偿，实际损害是多少，赔偿就偿付多少。从交强险设立的目的看，其主要是为了保护交通事故受害人权益，防止在发生交通事故时，因侵权人无力赔偿或难以向侵权人求偿的情况下，受害人无法得到及时救治等。因此，本司法解释所规定的保险公司的赔偿责任，应当理解为受害人对向侵权人请求赔偿或向保险公司请求赔偿具有选择权，在受害人已经从侵权人处获得全部赔偿的情况下，其无权再向保险公司请求赔偿；在受害人从侵权人处获得部分赔偿的情况下，保险公司可以在赔偿时相应扣减。

(二)交强险保险公司的赔偿不足以弥补受害人全部损失的，如何处理

由于目前我国交强险责任限额水平并不高，而一些经济发展水平较高地区的人身损害赔偿计算标准较高，受害人从交强险保险人处获得的赔偿不足以弥补其全部人身损害损失的情况并不少见。按照《侵权责任法》第四十八条[①]和《道路交通安全法》第七十六条第一款的规定，受害人就未从保险公司取得赔偿的部分，应有权向侵权人请求。在诉讼中，受害人通常也会将侵权人和保险公司一同告上法院。交强险责任限额之外的损失，受害人当然有权要求侵权人赔偿，人民法院也应分别确定侵权人和保险公司的赔偿数额。

(三)受害人全部或部分放弃对侵权人人身损害赔偿请求的，如何处理

受害人放弃对侵权人人身损害赔偿请求，转而向交强险保险公司请求赔

① 对应《民法典》第一千二百零八条。

偿的情况虽然并不多见，但在理论上也有可能会发生。从受害人意思表示的解释角度看，受害人对侵权人损害赔偿请求权的放弃，可以理解为同时放弃了对交强险保险公司依据《道交赔偿解释》第十八条[①]的赔偿请求权。这与商业保险中被保险人赔偿请求权的放弃与保险公司代位求偿权之间的关系相类似。由于受害人对侵权人赔偿请求权的丧失将使保险公司代位求偿权随之丧失，所以，保险公司可以在被保险人放弃赔偿请求的范围内获得免赔权。但是，当受害人放弃了对侵权人的损害赔偿请求权后，又向保险公司请求赔偿时，应理解为其并未有一并放弃对保险公司赔偿请求权的意思表示，在此情况下，我们认为，应当从交强险作为法定的强制保险的特点出发，将受害人放弃对侵权人赔偿请求的意思表示，解释为仅在受害人与侵权人之间发生法律效果，而在受害人与保险公司之间不发生法律效果。交强险保险公司对受害人的赔偿责任，不能因受害人对侵权人损害赔偿之放弃而免除。当然，在此情况下，保险公司在实际赔偿了受害人之后，可以取得对侵权人的法定追偿权，而同样不受受害人放弃赔偿请求意思表示的影响，除非是受害人的这种放弃赔偿请求已经事先得到保险公司的明示同意。这样才能使交强险追偿权制度设计之平衡利益、重大过错责任人承担最终赔偿责任以及惩戒违法行为、维护交通安全等目的不至落空。

——最高人民法院民事审判第一庭编著：《最高人民法院关于道路交通损害赔偿司法解释理解与适用》，人民法院出版社 2012 年版，第 241~243 页。

1444. 违法驾驶情形下交强险保险公司追偿权的行使对象、追偿范围及其诉讼程序

关键词

违法驾驶　交通损害　保险公司追偿权

最高人民法院审判业务意见（民事审判第一庭意见）

最高人民法院民一庭意见：依据《道交司法解释》第十八条[②]的规定，交强险保险公司在责任限额范围内向受害人承担赔偿责任后，有权就其已赔付的全部数额向侵权人追偿。

---

① 现为《最高人民法院关于审理道路交通事故损害赔偿案件适用法律若干问题的解释》（2020 年修正）第十五条。

② 现为《最高人民法院关于审理道路交通事故损害赔偿案件适用法律若干问题的解释》（2020 年修正）第十五条。

关于被追偿人，在机动车所有人、管理人与实际驾驶人分离时，如实际驾驶人是在执行工作任务过程中发生损害，则被追偿人为用人单位；在其他情形下，如果机动车所有人、管理人对于实际驾驶人存在司法解释第十八条规定的违法驾驶行为知道或应当知道的，机动车所有人、管理人应依其过错负担被追偿的义务。

关于侵权之诉与追偿权之诉的关系问题，审判实践中宜作如下处理：在前诉中，一审法院释明后，原告申请追加机动车所有人或管理人为被告，应予准许；释明后原告不申请追加，则可通知机动车所有人或管理人作为第三人参加诉讼。

附：案情简介

案例一：2012 年 1 月 5 日，崔甲与崔乙、向甲、向乙共同搭乘魏某驾驶的小型普通客车，与王某（持“C1”机动车驾驶证）驾驶的中型自卸货车，发生碰撞，造成两车受损，乘车人崔甲当场死亡，魏某、向乙受伤。公安交通管理部门作出《道路交通事故认定书》，认定魏某驾车经过连续弯道时占线行驶，王某持“C1”机动车驾驶证驾驶中型自卸货车上道路行驶，临危措施不当，认定魏某负此次道路交通事故的主要责任，王某负次要责任，乘车人崔甲、崔乙、向甲、向乙不负责任。

2012 年 4 月 6 日，崔甲的法定继承人与魏某、王某在人民法院就本次交通事故中魏某、王某在交强险外的赔偿责任达成赔偿协议（以下简称前诉），由魏某、王某分别赔偿崔甲的法定继承人 10 万元、3.5 万元。魏某、王某现已实际履行赔偿协议。

王某驾驶的中型自卸货车在保险公司投保了机动车交通事故责任强制保险，保险期限为 2011 年 3 月 16 日至 2012 年 3 月 15 日止。2012 年 5 月 8 日，某人民法院判决该保险公司在交强险责任限额内向崔甲的法定继承人赔偿 11 万元。

2012 年 7 月 3 日，保险公司向人民法院起诉要求王某支付保险公司赔偿崔甲近亲属的 11 万元。

一审法院认为，王某在本次事故中负次要责任，再结合王某在前诉中就本次交通事故所承担的赔偿数额，王某在本次交通事故的赔偿责任限额为 30%。故王某应在其责任限额内承担责任，即保险公司在交强险限额内向崔甲的近亲属赔偿 11 万的 30%，共计 3.3 万元。遂判决：（1）王某支付保险公司保险赔偿金损失 3.3 万元，限判决生效之日起十日内付清；（2）驳回保险公司的其余诉讼请求。保险公司不服，提起上诉，主张一审判决依据王某的事故责任比例确定追偿范围于法无据。

案例二：2010 年 8 月 17 日，于某无证驾驶无牌摩托车超速行驶与林某无证驾驶制动不良的普通货车发生交通事故，经交警认定，于某承担主要责任，林某承担次要责任。

2012 年 3 月 1 日，于某起诉（以下简称侵权之诉），要求林某赔偿医疗费、营业费、鉴定费、精神抚慰金、二次手术费等合计 31219.91 元 ×30% 即 9365.97 元；请求被告交强险保险公司在交强险限额范围内赔偿医疗费、住院伙食补助费、伤残赔偿金、护理人伙食补助费、误工费、护理费误工费等合计 107512 元。诉讼中，于某与林某达成协议，法院出具调解书；2012 年 5 月 29 日，一、二审法院判决保险公司向于某赔偿各项损失 107512 元。

之后，保险公司另行提起民事诉讼，向林某（车辆驾驶人）及李某（车辆所有人）主张追偿权。一审法院支持保险公司诉讼请求。林某、李某提出上诉。李某主张，首先，根据《最高人民法院审理道路交通事故损害赔偿案件适用法律若干问题的解释》（以下简称《道交司法解释》）第十八条①的规定，被追偿对象是"侵权人"，其作为车辆所有人不是被追偿对象；其次，李某未参加侵权之诉，依据侵权之诉认定的赔偿数额确定其被追偿数额，程序不当。

——最高人民法院民一庭：《违法驾驶情形下交强险保险公司追偿权的行使对象、追偿范围及其诉讼程序——道路交通损害赔偿司法解释第十八条的解释论》，载最高人民法院民事审判第一庭编：《民事审判指导与参考》2014 年第 3 辑（总第 59 辑），人民法院出版社 2014 年版，第 125~134 页。

1445. 以家庭自用名义投保的车辆从事网约车营运活动，因从事网约车营运发生的交通事故，保险公司可以在商业三者险范围内免赔

关键词

网约车　交通事故责任

最高人民法院公报案例

程春颖诉张涛、中国人民财产保险股份有限公司南京市分公司机动车交通事故责任纠纷案（江苏省南京市江宁区人民法院民事判决书）

裁判摘要：在合同有效期内，保险标的的危险程度显著增加的，

① 现为《最高人民法院关于审理道路交通事故损害赔偿案件适用法律若干问题的解释》（2020 年修正）第十五条。

被保险人应当及时通知保险人，保险人可以增加保险费或者解除合同。被保险人未作通知，因保险标的危险程度显著增加而发生的保险事故，保险人不承担赔偿责任。以家庭自用名义投保的车辆从事网约车营运活动，显著增加了车辆的危险程度，被保险人应当及时通知保险公司。被保险人未作通知，因从事网约车营运发生的交通事故，保险公司可以在商业三者险范围内免赔。

江苏省南京市江宁区人民法院认为：公民的健康权受法律保护。行为人因过错侵害他人权益的承担侵权责任。

关于本次交通事故责任划分问题。《中华人民共和国道路交通安全法》第七十六条规定机动车发生交通事故造成损失的，首先由保险公司在交强险责任限额内赔偿，不足部分，机动车与非机动车驾驶人之间发生交通事故，非机动车驾驶人无过错的，由机动车一方承担赔偿责任；有证据证明非机动车驾驶人有过错的，根据过错程度适当减轻机动车一方的赔偿责任。本案中，被告张涛驾驶机动车向右转弯，原告程春颖驾驶非机动车直行，转弯应当避让直行，张涛未能避让存在过错。被告不能证明原告程春颖存在闯红灯等过错行为，故张涛应负事故全部责任，程春颖因本次交通事故产生的损失首先由被告人保南京分公司在交强险责任限额内赔偿，不足部分，由机动车一方赔偿。

关于被告人保南京分公司是否应当在商业三者险内赔偿的问题。《中华人民共和国保险法》(以下简称《保险法》)第五十二条规定“在合同有效期内，保险标的的危险程度显著增加的，被保险人应当按照合同约定及时通知保险人，保险人可以按照合同约定增加保险费或者解除合同。……被保险人未履行前款规定的通知义务的，因保险标的的危险程度显著增加而发生的保险事故，保险人不承担赔偿保险金的责任。”保险合同是双务合同，保险费与保险赔偿金为对价关系，保险人依据投保人告知的情况，评估危险程度而决定是否承保以及收取多少保险费。保险合同订立后，如果危险程度显著增加，保险事故发生的概率超过了保险人在订立保险合同时对事故发生的合理预估，如果仍然按照之前保险合同的约定要求保险人承担保险责任，对保险人显失公平。

在当前车辆保险领域中，保险公司根据被保险车辆的用途，将其分为家庭自用和营运车辆两种，并设置了不同的保险费率，营运车辆的保费接近家庭自用的两倍。这是因为，相较于家庭自用车辆，营运车辆的运行里程多，使用频率高，发生交通事故的概率也自然更大，这既是社会常识也是保险公司对风险的预估，车辆的危险程度与保险费是对价关系，家庭自用车辆的风险小，支付的保费低；营运车辆风险大，支付的保费高。以家庭自用名义投保的车辆，从事营运活动，车辆的风险显著增加，投保人应当及时通知保险公司，保险公司可以增加保费或者解除合同并返还剩余保费，投保人未通知保险公司而要求保险公司赔偿营运造成的事故损失，显失公平。

营运活动与家庭自用的区别在于：第一，营运以收取费用为目的，家庭自用一般不收取费用。第二，营运的服务对象是不特定的人，与车主没有特定的关系；家庭自用的服务对象一般为家人、朋友等与车主具有特定关系的人。而本案中，被告张涛通过打车软件接下网约车订单，其有收取费用的意图，且所载乘客与其没有特定关系，符合营运的特征。

被告张涛的营运行为使被保险车辆危险程度显著增加，张涛应当及时通知被告人保南京分公司，人保南京分公司可以增加保险费或者解除合同返还剩余保险费。张涛未履行通知义务，且其营运行为导致了本次交通事故的发生，人保南京分公司在商业三者险内不负赔偿责任。

——《最高人民法院公报》2017 年第 4 期。

1446. “优者危险负担”原则在认定交通事故损害赔偿责任中的运用

关键词

优者危险负担　交通事故

最高人民法院审判业务意见（民事审判第一庭意见）

最高人民法院民一庭意见：在没有交通事故责任认定书的情形下，人民法院应根据事故发生时，事故双方的车辆性能、造成危险局面的成因、危害回避能力的大小、造成损害后果的原因等具体情况，判定各方的民事赔偿责任。

附：案情简介

2009 年 10 月 27 日，王某驾驶普通正三轮摩托车沿遂安线由西向往东方向行驶，行驶至遂安线 6 公里＋ 300 米时，在超越前方同向行驶的由李某驾驶并搭载张某的电动自行车的过程中，发现对面驶来一辆轿车，遂以五档的速度超越李某的电动自行车后，向右并线躲避迎面驶来的轿车。在其超过李某的时候，李某的电动自行车翻车，电动自行车倒地后在路面上划出长达 7 米的痕迹，车上人员摔伤。

事故发生后，当地交警支队分别对王某、李某以及张某作了询问笔录。其中王某称：给父亲打电话，告诉父亲说我出事故了。证人赵某陈述：那辆三轮车的车头超过那辆电动自行车后，车尾还没有完全过去时，电动自行车就左右摇晃了两下，车和人都摔倒在地上了。李某称：王某的三轮车刮到了坐在其车上的张某的膝盖。张某称：王某的三轮车的车厢右侧把我的左脚膝盖地方给刮到了，而且还把我从车上带了下来。

事故发生后，李某被送至医院住院治疗花费医疗费4万元；张某住院治疗花去医疗费3万元，张某的伤势经鉴定构成十级伤残，后续治疗费为8000元。2009年12月9日，公安局交通警察支队出具交通事故证明：认为王某驾驶的普通正三轮摩托车在超越李某驾驶的无号牌电动自行车的过程中，是否碰撞、剐擦到无号牌电动自行车及电动自行车上乘员无法证实，因现有证据不能证明事故成因，事故责任无法认定。交警队也对事故现场进行了勘查拍照，事发现场道路平直、视线良好。李某的电动自行车经车辆技术检验，其转向、制动性能均符合安全技术标准。现场勘查表明，事发道路双向6米宽，路中心有分隔线。电动自行车倒地划痕处距道路右侧边缘1.2米，王某以三轮摩托运营货物为业，三轮摩托车车厢宽度为1.24米。事发时，王某未按规定对车辆投保交强险。

李某和张某向法院起诉，要求王某赔偿其损失32万元。

——最高人民法院民一庭：《“优者危险负担”原则在认定交通事故损害赔偿责任中的运用》，载最高人民法院民事审判第一庭编：《民事审判指导与参考》2012年第3辑（总第51辑），人民法院出版社2012年版，第144~147页。

1447. 交通事故认定书认定的交通事故责任不等同于民事侵权责任

关键词

交通事故认定书　侵权责任

最高人民法院司法解释

第二十四条　公安机关交通管理部门制作的交通事故认定书，人民法院应依法审查并确认其相应的证明力，但有相反证据推翻的除外。

——《最高人民法院关于审理道路交通事故损害赔偿案件适用法律若干问题的解释》（2020年12月29日修正）。

最高人民法院公报案例

葛宇斐诉沈丘县汽车运输有限公司、中国人民财产保险股份有限公司周

口市分公司、中国人民财产保险股份有限公司沈丘支公司道路交通事故损害赔偿纠纷上诉案（南京市中级人民法院二审民事判决书）

裁判摘要：交通事故认定书是公安机关处理交通事故，作出行政决定所依据的主要证据，虽然可以在民事诉讼中作为证据使用，但由于交通事故认定结论的依据是相应行政法规，运用的归责原则具有特殊性，与民事诉讼中关于侵权行为认定的法律依据、归责原则有所区别。交通事故责任不完全等同于民事法律赔偿责任，因此，交通事故认定书不能作为民事侵权损害赔偿案件责任分配的唯一依据。行为人在侵权行为中的过错程度，应当结合案件实际情况，根据民事诉讼的归责原则进行综合认定。

江苏省南京市中级人民法院二审认为，《道路交通安全法》第 73 条规定："公安机关交通管理部门应当根据交通事故现场勘验、检查、调查情况和有关的检验、鉴定结论，及时制作交通事故认定书，作为处理交通事故的证据。交通事故认定书应当载明交通事故的基本事实、成因和当事人的责任，并送达当事人。"根据该规定，交通事故认定书本身并非行政决定，而是公安机关处理交通事故，作出行政决定所依据的主要证据。交通事故认定书中交通事故责任的认定，主要是依据《道路交通安全法》《道路交通安全法实施条例》等法律、行政法规，在分析判断交通事故责任认定时，与民事审判中分析判断侵权案件适用全部民事法规进行分析有所区别，而且，认定交通事故责任的归责原则与民事诉讼中侵权案件的归责原则不完全相同。《道路交通安全法实施条例》第 91 条规定："公安机关交通管理部门应当根据交通事故当事人的行为对发生交通事故所起的作用以及过错的严重程度，确定当事人的责任。"从交通事故认定书划分责任的依据看，公安机关交通管理部门认定交通事故的责任有两个因素，即行为人对交通事故所起的作用和过错的严重程度。前述条款中的"作用"与"过错"并列，与民法中的"过错"不是同一概念，在交通事故中，行为人有同等的过错不一定承担同等的责任，过错大的不一定是交通事故的主要责任人。《道路交通安全法实施条例》第 92 条规定："发生交通事故后当事人逃逸的，逃逸的当事人承担全部责任。但是，有证据证明对方当事人也有过错的，可以减轻责任。当事人故意破坏、伪造现场、毁灭证据的，承担全部责任。"该规定中，此类交通事故归责的依据不是发生侵权行为时的过错大小，而是侵权行为发生后其他违法行为。因此，公安机关交通管理部门进行交通事故责任认定时归责方法与民法上的归责原则存在区别。此外，在举证责任负担、责任人的范围等方面，交通事故责任认定也与民事诉讼存在不同之处。综上，交通事故认定书是公安机关处理交通事故，作出行政决定所依据的主要证据，虽然可以在民事诉讼中作为证据使用，但由于交通事故认定与民事诉讼中关于侵权行为认定的法律依据、归责原则有所区别，同时，交通事故责任也不等同于民事法律赔偿责任，因此，交通事故认定书不能作为民事侵权损害赔偿责任分配的唯一依据，行为人在侵权行为中的过错程度，应当结合案情，全面分析全部证据，根据民事诉讼的归责原则进行综合认定。

本案中，鲍士许在驾驶车辆码表已损坏的情况下，违反《道路交通安全法》第 21 条的规定，将具有安全隐患的车辆驶入高速公路。肇事车辆发生爆胎后，鲍士许在车辆制动、路面情况均正常且车辆系空载的情况下，未能采取有效的合理措施，导致车辆撞断隔离带护栏后冲入逆向车道，与正常行驶葛信国驾驶的车辆发生碰撞，致使车内被上诉人葛宇斐受伤。该起事故的发生并非不能预见，事故后果并非不可避免。因此，应当认定鲍士许有过错，其不当行为与损害事实的发生存在因果关系，葛信国驾驶的车辆正常行驶，车内的葛宇斐无过错。一审对此认定准确，应予维持。

——《最高人民法院公报》2010 年第 11 期。

1448. 交强险脱保而商业车险未脱保的，应如何处理

关键词

脱保　商业车险

最高人民法院司法解释

第十七条　具有从事交强险业务资格的保险公司违法拒绝承保、拖延承保或者违法解除交强险合同，投保义务人在向第三人承担赔偿责任后，请求该保险公司在交强险责任限额范围内承担相应赔偿责任的，人民法院应予支持。

——《最高人民法院关于审理道路交通事故损害赔偿案件适用法律若干问题的解释》(2020 年 12 月 29 日修正)。

附录：最高人民法院主流观点

在保险诉讼实务中，有些当事人同时投保了交强险和商业三者险，在发生保险事故时却发现交强险已经过了保险责任期间，到保险公司要求理赔，保险公司告知其损失未超过交强险限额，故保险公司拒绝在商业第三者责任险内予以理赔，由此发生纠纷。

《道交赔偿解释》第二十条[①]规定，未按照国家规定投保交强险的机动车，发生交通事故造成损害的，由交强险的投保义务人在交强险责任限额范围内予以赔偿。投保义务人和行为人不一致的，由投保义务人和行为人在交强险责任限额内承担连带赔偿责任。不足部分，按照《道路交通安全法》第七十六条和《侵权责任法》的有关规定承担赔偿责任。但是对于保险公司存在明显违法行为的，比如保险公司未尽说明义务，未提示保险期间等，则可以依照相应的条文由保险公司承担不利的法律后果。

在商业车险中，如果发生类似的问题，投保义务人因个人原因没有及时续保，保险合同到期终止，保险公司对保险合同终止后发生的保险事故不应承担赔偿责任。这里也不存在赔偿限额的问题。肇事的被保险人应自负其责。

——最高人民法院民事审判第一庭编著：《最高人民法院关于道路交通损害赔偿司法解释理解与适用》，人民法院出版社2012年版，第263页。

1449. 如何认定保险公司拒保的合理期间

关键词

拒保

最高人民法院司法解释

第十七条　具有从事交强险业务资格的保险公司违法拒绝承保、拖延承保或者违法解除交强险合同，投保义务人在向第三人承担赔偿责任后，请求该保险公司在交强险责任限额范围内承担相应赔偿责任的，人民法院应予支持。

——《最高人民法院关于审理道路交通事故损害赔偿案件适用法律若干问题的解释》（2020年12月29日修正）。

附录：最高人民法院主流观点

在保险公司拒保的情形下，赔偿义务人要求拒保的保险公司承担相应的赔偿责任，保险事故应当是在拒保后的合理期限内发生的。在拖延承保和拒保两种情形中，虽然保险公司均有过错，应当承担一定的责任，但这两种情形仍有区别，不能一概而论。拖延承保一方面使投保义务人不能获得保险保障，另一方面也失去了另寻保险公司投保的机会，拒保则不会导致后一种后

① 现为《最高人民法院关于审理道路交通事故损害赔偿案件适用法律若干问题的解释》（2020年修正）第十七条。

果。在保险公司直接拒保的情况下，投保义务人应当在一段"合理期限内"另寻保险公司投保，在该期限内发生保险事故的，才能要求拒保的保险公司承担赔偿责任。

我们认为，法律能发挥好的指引作用的前提在于该法律本身具有正当性，并为司法实践所检验。违法拒保责任的发生首先要求投保义务人依法投保，如果投保义务人怠于履行该义务，则不会发生《最高人民法院关于审理道路交通事故损害赔偿案件适用法律若干问题的解释》第十七条规定的责任。而一旦投保义务人依法投保，保险公司就应该受到该行为的约束，并承担相应的义务。违反这一义务，保险公司就应该承担相应责任。

但是，如果投保义务人利用保险公司作出的违法拒绝而长时间不投保交强险，是否仍能依据《最高人民法院关于审理道路交通事故损害赔偿案件适用法律若干问题的解释》第十七条判由保险公司承担交强险项下的赔偿责任呢？此时投保义务人已经违反了其投保交强险的义务，即使保险人曾经拒绝过投保义务人，也不能免除投保人的该项义务。在投保义务人和保险人均存在过错的情况下，应当根据各自的过错承担相应的责任，而不能完全引用《最高人民法院关于审理道路交通事故损害赔偿案件适用法律若干问题的解释》第十七条作为保险公司承担全部责任的依据。

——最高人民法院民事审判第一庭编著：《最高人民法院关于道路交通损害赔偿司法解释理解与适用》，人民法院出版社 2012 年版，第 263~264 页。

1450. 关于交强险合同解除的溯及力问题

关键词

交强险　合同解释

最高人民法院司法解释

第十七条　具有从事交强险业务资格的保险公司违法拒绝承保、拖延承保或者违法解除交强险合同，投保义务人在向第三人承担赔偿责任后，请求该保险公司在交强险责任限额范围内承担相应赔偿责任的，人民法院应予支持。

——《最高人民法院关于审理道路交通事故损害赔偿案件适用法律若干问题的解释》（2020 年 12 月 29 日修正）。

附录：最高人民法院主流观点

我国《保险法》第十六条规定了投保人违反告知义务，保险公司对于合同解除前的保险事故不承担责任。《交强险条例》并未区分故意和重大过失，但《交强险条例》第十七条规定，合同解除前的保险事故，保险人应当承担合同责任。此规定显然与《保险法》相冲突。此时应当如何协调和适用法律规定？我们认为，应当适用《交强险条例》的相关规定，理由如下：

1. 交强险的设立旨在保护第三人的利益，若解除合同，第三人将无法从保险合同获得补偿，这将不利于保护第三人的利益。

2.《保险法》第一百八十六条第二款规定，强制保险，法律、行政法规另有规定的，适用其规定。强制保险又称法定保险，是指依据法律、行政法规规定，特定的义务主体必须投保某种险种，特定的义务主体必须开办相应的险种业务的一种法律制度。交强险属于强制保险，因其规定与《保险法》不一致，故适用《交强险条例》的规定。因此，对于交强险合同解除前的保险事故，保险人应当承担责任。

由上可见，保险公司对于保险合同解除前发生的交通事故所造成的损失，仍然要承担保险赔偿责任。

——最高人民法院民事审判第一庭编著：《最高人民法院关于道路交通损害赔偿司法解释理解与适用》，人民法院出版社 2012 年版，第 264 页。

1451. 关于多个被侵权人未同时在同一法院起诉问题的处理

关键词

被侵权人

最高人民法院司法解释

第十九条 同一交通事故的多个被侵权人同时起诉的，人民法院应当按照各被侵权人的损失比例确定交强险的赔偿数额。

——《最高人民法院关于审理道路交通事故损害赔偿案件适用法律若干问题的解释》（2020 年 12 月 29 日修正）。

附录：最高人民法院主流观点

《道交赔偿解释》第二十二条[①]规定了同一交通事故的多个被侵权人同时起诉时，人民法院应该如何处理的问题。应该说，在司法解释制定过程中，各界对于该条的争议并不大。但是对于多个被侵权人未同时在同一法院起诉

① 现为《最高人民法院关于审理道路交通事故损害赔偿案件适用法律若干问题的解释》（2020 年修正）第十九条。

的，人民法院应该如何处理，实践中有如下做法：

一、关于多个被侵权人分别在同一个法院起诉的问题

此种情形下，法院要不要合并审理？实践中常见的一种做法是法院将案件合并审理，理由如下：（1）分别起诉的案件是同一事故引发的，引发纠纷的原因相同；（2）因涉及交强险的分配，合并审理有利于就交强险公平处理；（3）合并审理能够避免就相同事实重复审理，节约诉讼资源。我们认为，以上做法值得借鉴。

二、关于多个被侵权人分别在不同法院起诉的问题

对于多个被侵权人分别向不同的法院起诉且均有管辖权的，实践中的一种做法是由最先受理的法院管辖，后受理的人民法院将案件移交先受理的人民法院合并审理。此种做法的理由是，为了利于工作协调和判决的一致性，此类案件也应由一个法院审理为宜。另外一种做法是确定由最先受理的法院管辖，后受理的法院动员当事人撤诉然后到最先受理的法院重新起诉。我们认为，这些做法都是有益的探索，对于第一种做法而言，虽然不符合《民事诉讼法》关于移送管辖的规定，但也未违反法律的禁止性规定；对于第二种做法而言，如果当事人经法院释明后自愿撤诉的，则符合《民事诉讼法》关于共同诉讼的上述规定。但法院不能强迫当事人撤诉，如果当事人经释明后不撤诉的，不同的法院之间应该加强沟通协调，并参照本条司法解释的规定尽可能同时判决。

三、关于多个被侵权人未同时起诉如何处理的问题

实践中，困扰法官的正是同一起道路交通事故中存在多名受害人且交强险赔偿限额不足以全额赔偿，部分受害人先起诉，此时，法院是否需要通知其他被侵权人参加诉讼，应该如何确定交强险责任限额的分配，是否需预留份额。对此，主要有以下做法：

（一）部分被侵权人起诉的，法院是否需要通知其他被侵权人参加诉讼

对此，一些法院认为，应该通知其他受害人。在此前提之下，部分法院的做法是，对只有部分受害人起诉的，根据交通事故认定书上确定的当事人找出交强险赔偿的受害人，由受案法院通知其他未起诉的受害人参加诉讼，当其他受害人明确表示放弃权利的，就不再预留其交强险赔偿款份额，否则就应由其他受害人都参与到诉讼中来一并处理。部分法院的做法是，如果仅有部分赔偿权利人起诉，法院应当通知未起诉的赔偿权利人作为有独立请求权的第三人参加诉讼，一并审理。还有部分法院的做法是，如果只有部分被侵权人起诉的，人民法院应当告知未起诉的被侵权人在合理的期限内起诉，如果逾期起诉，在交强险责任限额已被分配完毕的情况下，将不能向保险公司主张交强险赔偿。

另一些法院认为，对于只有部分被侵权人起诉的，法院无须通知其他被

侵权人参加诉讼。在此前提下，部分法院的做法是，同一起交通事故存在多名受害人且交强险责任限额不足以全额赔偿，部分受害人先起诉的，人民法院应当在交强险赔偿限额内为其他受害人保留必要的赔偿份额。人民法院可以根据各受害人的伤情、治疗及善后事宜的迫切程度、家庭经济状况和侵权人赔付能力（包括商业三责险投保情况）等各项因素，综合认定预留交强险赔偿的金额。还有部分法院的做法是，部分被侵权人起诉的，法院对于各受损主体的起诉均可以按照单一受害人的案件进行正常审理，并且在无须查明受损总额或比例的情况下作出判决，将清偿的具体金额放到实际履行或执行程序中解决。

（二）关于部分受害人起诉，人民法院无法查明其他受害人或者通知其他受害人参加诉讼，或其他受害人坚持不起诉等情况下，是否需要为已知的其他受害人预留交强险的份额

对此，有部分法院的意见是，交强险限额赔偿存在多个受益者时，其中的部分受益者明确表示放弃，或者在人民法院指定的期限内仍不起诉，或者人民法院通过交警案卷所查找的联系方式无法通知时，人民法院不必为其预留交强险限额赔偿份额。还有部分法院的意见是，同一起事故多人受伤，每一位受害人都有权利向法院提起诉讼来维护自己的权利，至于受害人是否起诉是受害人的权利，既然是权利就可以放弃。法院应按照不诉不理的原则来处理。只有其中一个受害人起诉的，由该当事人享有，没有必要为其他受害人保留份额。因为其他受害人未主张权利，赔偿额亦难以确定，法院不应为其预留相应份额。另外，还有法院认为，交通事故后，因为事故中受害人受伤的情况不一样，其治疗过程也会有长有短，当部分受害人提起诉讼，而其他未放弃权利的受害人尚在治疗，损失暂无法确定的时候，案件应中止审理，待其治疗终结后一并审理。部分经济特别困难的受害人急需抢救治疗费用的，可申请法院先予执行解决，但执行的比例应与其他受害人协商确定。

以上介绍了实践中对这一问题的不同处理方式。目前，理论界对于交强险诸多理论问题的研究尚未深入，各法院对上述问题的处理并不完全一致，但这些都是有益的探索。鉴于这一问题的复杂性，司法解释不宜对此作出统一规定，在实践中宜由各法院根据个案来处理。上述各地法院的有益探索，值得参考。

——最高人民法院民事审判第一庭编著：《最高人民法院关于道路交通损害赔偿司法解释理解与适用》，人民法院出版社2012年版，第295~297页。

1452. 关于非法改装车在交强险合同有效期内发生交通事故的处理

关键词

非法改装车　交强险合同

最高人民法院司法解释

第二十条　机动车所有权在交强险合同有效期内发生变动，保险公司在交通事故发生后，以该机动车未办理交强险合同变更手续为由主张免除赔偿责任的，人民法院不予支持。

机动车在交强险合同有效期内发生改装、使用性质改变等导致危险程度增加的情形，发生交通事故后，当事人请求保险公司在责任限额范围内予以赔偿的，人民法院应予支持。

前款情形下，保险公司另行起诉请求投保义务人按照重新核定后的保险费标准补足当期保险费的，人民法院应予支持。

——《最高人民法院关于审理道路交通事故损害赔偿案件适用法律若干问题的解释》(2020 年 12 月 29 日修正)。

附录：最高人民法院主流观点

实践中遇到的一个问题是，车主在交强险合同的有效期内对机动车进行了改装，但是，由于改装幅度过大无法完成机动车的变更登记。那么在交强险合同的有效期内发生了交通事故后，当事人请求保险公司在责任限额范围内予以赔偿的，法院是否应该支持。对此，分析如下：

《道路交通安全法》第十六条规定，任何单位或者个人不得有下列行为：(1) 拼装机动车或者擅自改变机动车已登记的结构、构造或者特征；(2) 改变机动车型号、发动机号、车架号或者车辆识别代号；(3) 伪造、变造或者使用伪造、变造的机动车登记证书、号牌、行驶证、检验合格标志、保险标志；(4) 使用其他机动车的登记证书、号牌、行驶证、检验合格标志、保险标志。

《道路交通安全法实施条例》第六条规定，已注册登记的机动车有下列情形之一的，机动车所有人应当向登记该机动车的公安机关交通管理部门申请变更登记：(1) 改变机动车车身颜色的；(2) 更换发动机的；(3) 更换车身或者车架的；(4) 因质量有问题，制造厂更换整车的；(5) 营运机动车改为非营运机动车或者非营运机动车改为营运机动车的；(6) 机动车所有人的住所迁出或者迁入公安机关交通管理部门管辖区域的。申请机动车变更登记，应当提交下列证明、凭证，属于前款第（1）项、第（2）项、第（3）项、第（4）项、第（5）项情形之一的，还应当交验机动车；属于前款第（2）项、第（3）项情形之一的，还应当同时提交机动车安全技术检验合格证明：（1）机动车所有人的身份证明；（2）机动车登记证书；（3）机动车行驶证。机动车所有人的住所在公安机关交通管理部门管辖区域内迁移、机动车所有人的姓名（单位名称）或者联系方式变更的，应当向登记该机动车的公安机关交通管理部门备案。

2008年，公安部颁布了修订后的《机动车登记规定》。《机动车登记规定》第十条第一款规定，已注册登记的机动车有下列情形之一的，机动车所有人应当向登记地车辆管理所申请变更登记：（1）改变车身颜色的；（2）更换发动机的；（3）更换车身或者车架的；（4）因质量问题更换整车的；（5）营运机动车改为非营运机动车或者非营运机动车改为营运机动车等使用性质改变的；（6）机动车所有人的住所迁出或者迁入车辆管理所管辖区域的。

依据上述规定，法律认可的机动车改装包括"改变车身颜色、更换发动机、更换车身或者车架"，这些项目属于机动车的合法改装。

同时，《机动车登记规定》第十五条规定，有下列情形之一的，不予办理变更登记：（1）改变机动车的品牌、型号和发动机型号的，但经国务院机动车产品主管部门许可选装的发动机除外；（2）改变已登记的机动车外形和有关技术数据的，但法律、法规和国家强制性标准另有规定的除外；（3）有本规定第九条第（1）项、第（7）项、第（8）项、第（9）项规定情形的。

根据上述规定，机动车改装，如果属于更换发动机、车身或者车架的，应当提供机动车安全技术检验合格证明，如果车主对机动车进行上述改装幅度过大导致提供不了安全技术检验合格证明的，则属于非法改装；改变机动车的品牌、型号和发动机型号的，将不予办理变更登记；改变已登记的机动车外形和有关技术数据的，也不予办理变更登记。也就是说，依据上述规定，可以得出一个结论，法律法规对汽车的改装规定了一定的范围和条件，超出了这些范围和底线，则属于非法改装，其后果就是无法办理机动车变更登记。

依据上述分析，我们认为，《道交赔偿解释》第二款用语"改装"的本意是针对合法的改装车的，因此，对于合法改装车（包括已经完成变更登记和虽未进行变更登记但是可以进行变更登记的改装车）发生上述情形的，自然可以适用本条司法解释的规定。但是，对于非法改装车在交强险合同的有效期内发生交通事故的，考虑到该机动车处于交强险合同的有效期内，法院可以参照适用该条司法解释的规定，判令保险公司承担赔偿责任。但是在此种情形下，保险公司可以按照法律允许的最高保险费标准另行起诉投保义务人补足当期保险费。

——最高人民法院民事审判第一庭编著：《最高人民法院关于道路交通损害赔偿司法解释理解与适用》，人民法院出版社 2012 年版，第 309~310 页。

1453. 银行不能作为交强险保险金请求权人

关键词

交强险　受益人

最高人民法院司法解释

第二十一条　当事人主张交强险人身伤亡保险金请求权转让或者设定担保的行为无效的，人民法院应予支持。

——《最高人民法院关于审理道路交通事故损害赔偿案件适用法律若干问题的解释》（2020 年 12 月 29 日修正）。

附录：最高人民法院主流观点

交强险保险单中将银行设定为"受益人"，其行为实质是为当事人的保险金请求权设定担保，意图在发生事故时作为交强险的保险金请求权人获得贷款人的保险金。我们认为，银行不能作为交强险保险金请求权人。

（一）该做法不符合《交强险条例》的立法目的

根据《交强险条例》第一条、第三十一条可以看出，交强险的立法目的是"为了保障机动车道路交通事故受害人依法得到赔偿"；从赔偿对象上看，保险金请求权只能由被保险人或者受害人或者死亡受害人近亲属行使。司法实践中人民法院往往判决保险公司直接将保险赔偿金支付给受害人或者死亡受害人近亲属。

（二）银行要求当事人对其保险金请求权设定担保，既无法律依据，又无现实意义

银行要成为交强险"受益人"的做法，源于贷款买车时银行往往以车损险的保险金请求权人身份出现。借款人向银行借款购车后，一般会投保车损险。在贷款合同履行过程中，若该车辆损毁、灭失，借款人可以向保险人索赔，保险人应按照保险合同约定向借款人支付赔偿金。按照最高人民法院《担保法解释》第八十条第一款[①]规定："在抵押物灭失、毁损或者被征用的情况下，抵押权人可以就该抵押物的保险金、赔偿金或者补偿金优先受偿。"

---

① 现为《最高人民法院关于适用〈中华人民共和国民法典〉有关担保制度的解释》第四十二条第一款。

正是为了降低自身风险，银行要求贷款人投保过程中，将自己设定为“受益人”。

（三）通过设定“受益人”保护银行利益的做法没有法律依据

1. 车损险和交强险是根本不同的：（1）车损险在性质上属于商业车险，其作用在于弥补财产损失，不具有强制性。根据《担保法》第五十一条规定，“抵押物价值减少时，抵押权人有权要求抵押人恢复抵押物的价值，或者提供与减少的价值相当的担保”，为车辆购买保险，借款人就有了恢复抵押物价值的一个保障。退一步讲，即使车辆没有作为抵押物，车辆所有人也有必要购买车损险以防范风险。（2）交强险在性质上属于责任险，具有强制性，其作用在于承担被保险人的民事责任，保障受害人受到救济。人身伤亡保险金请求权具有人身依附性，因此该请求权不能用来优先清偿其他债务。

2. 借款人投保车损险时设定银行为“受益人”，有法律依据；而交强险项下，即使设定银行为保险金请求权人，但在发生交通事故时，银行也无权要求保险公司将交强险项下的保险金支付给自己。本条司法解释出台后，当事人还可以主张该担保无效。

（四）银行作为交强险保险金请求权人并无实际意义

不论车辆是否发生事故，保险公司应否在交强险项下给受害人进行赔偿，只要在抵押物未损毁、灭失的情况下，银行的利益都有抵押物担保。如果银行担心因抵押物损毁、灭失，影响其债权，可以要求投保人购买车损险。

综上所述，银行要求投保义务人在交强险保险单中约定银行为保险金请求权人的做法，在当事人依据《道交赔偿解释》第二十四条[①]主张设定担保无效时，可以认定为无效。

——最高人民法院民事审判第一庭编著：《最高人民法院关于道路交通损害赔偿司法解释理解与适用》，人民法院出版社 2012 年版，第 319~320 页。

1454. 在责任保险中，不应存在被保险人保险金请求权的转让

关键词

保险金请求权　转让

最高人民法院司法解释

第二十一条　当事人主张交强险人身伤亡保险金请求权转让或者设定担

① 现为《最高人民法院关于审理道路交通事故损害赔偿案件适用法律若干问题的解释》（2020 年修正）第二十一条。

保的行为无效的，人民法院应予支持。

——《最高人民法院关于审理道路交通事故损害赔偿案件适用法律若干问题的解释》(2020 年 12 月 29 日修正)。

附录：最高人民法院主流观点

交强险项下的财产损失保险从其性质上看是一种责任保险，其目的是弥补受害人的财产损失。在责任保险中，不应存在被保险人保险金请求权的转让。这是因为：(1) 责任保险的赔偿通常是直接支付给第三方受害人的。如果责任保险的赔偿请求权可以转让，就会损害受责任保险保护的潜在第三方受害人利益，这是违反公共利益的。(2) 责任保险的保险收益在损失发生前——法定责任确定前，不是一个可以确定的数额，是无法转让的；在损失发生之后——法定责任确定后，已经产生了责任保险赔偿的权利人，责任保险的保险金就不可能由被保险人转让。(3) 在财产保险中，损失发生后，保险金请求权是被保险人的债权，是保险人的债务。因此，被保险人将自己的债权转让给他人，可以使他人由此获益。与此不同，在责任保险中，损失发生后，保险金请求权虽然仍可视为被保险人的债权，但同时也是被保险人的债务。否则，保险人就没有赔付义务。因此，保险金请求权对他人并无利益可言，也就不存在转让的基础。

《道路交通安全法》第七十六条、《交强险条例》第三十一条赋予了受害人保险金直接请求权。对于受害人来说，事故发生后保险赔偿责任一旦确定，受害人就可以请求保险公司给付已经确定下来的保险金，这种权利是纯财产性质的利益，受害人有权进行转让或者提供担保。

另外，根据《交强险条例》第二十三条、《交强险条款》第八条，发生交通事故，致使受害人遭受人身伤亡或者财产损失，依法应当由被保险人承担的损害赔偿责任，保险人在赔偿限额内负责赔偿：其中有责财产损失赔偿限额为 2000 元；无责财产损失赔偿限额为 100 元。和人身伤亡损害动辄数十万元的赔偿金相比太低，利益驱动不大，因此转让及提供担保的现实意义较小。

——最高人民法院民事审判第一庭编著：《最高人民法院关于道路交通损害赔偿司法解释理解与适用》，人民法院出版社 2012 年版，第 321 页。

1455. 关于商业三者险保险合同的仲裁条款能否约束第三人（受害人）的问题

关键词

商业三者险　保险合同　仲裁条款　第三人

最高人民法院司法解释

第二十二条　人民法院审理道路交通事故损害赔偿案件，应当将承保交强险的保险公司列为共同被告。但该保险公司已经在交强险责任限额范围内予以赔偿且当事人无异议的除外。

人民法院审理道路交通事故损害赔偿案件，当事人请求将承保商业三者险的保险公司列为共同被告的，人民法院应予准许。

——《最高人民法院关于审理道路交通事故损害赔偿案件适用法律若干问题的解释》(2020 年 12 月 29 日修正)。

附录：最高人民法院主流观点

我们认为，商业三者险合同条款不能约束第三人。主要理由在于：

1.《保险法》第六十五条规定第三人的直接请求权是将商业三者险保险公司作为共同被告的实体法基础。如果承认商业三者险合同的仲裁条款能够约束第三人，则《保险法》第六十五条规定第三人的直接请求权的法律目的即落空。

2. 根据合同相对性原理，商业三者险合同的仲裁条款应当只约束当事人即被保险人与保险公司，而对合同当事人以外的人无约束力。由于第三人并非合同当事人，仲裁条款如对其具有约束力，则在实践中导致第三人对保险公司提起诉讼时应先就合同中存在仲裁条款进行调查，显然在实践中行不通。

3. 承认商业三者险合同的仲裁条款约束第三人，将增加当事人的诉累，并有可能损害第三人的利益。对于商业三者险合同而言，分散被保险人的风险是其主要目的。保险公司、被保险人与受害人的法律关系，规范模型是，受害人基于侵权法律关系向被保险人索赔，被保险人赔偿后，被保险人基于合同法律关系要求保险公司理赔。但根据《保险法》第六十五条的规定，保险公司也可根据被保险人的请求直接向第三人支付，并且在被保险人向第三人赔偿前，保险人不得向被保险人支付保险金。这种制度安排实际上更加重视第三人损失的赔偿。基于此，本条将商业三者险保险公司纳入同一诉讼一并解决。如果仲裁条款能够约束第三人，实践中保险公司可能在所有的商业三者险合同中均订立仲裁条款，则本条规定的规范目的也就难以实现。

综上所述，我们认为，商业三者险合同约定的仲裁条款对第三人不发生效力。

——最高人民法院民事审判第一庭编著：《最高人民法院关于道路交通损害赔偿司法解释理解与适用》，人民法院出版社 2012 年版，第 341~342 页。

1456. 患有精神病的无劳动能力人因交通事故致残的，可请求侵权人赔偿残疾赔偿金

关键词

无劳动能力人　损害赔偿

附录：民事审判信箱

问：对于患有精神病的无劳动能力人因交通事故致残，赔偿权利人请求侵权人赔偿残疾赔偿金的，人民法院能否基于该无劳动能力人一直未参加工作而不予支持该诉请？

答：对于患有精神病的无劳动能力人因交通事故致残，赔偿权利人请求侵权人赔偿残疾赔偿金的，虽然该受害人在交通事故发生前一直未参加工作，但鉴于《中华人民共和国侵权责任法》第十六条[①]规定："侵害他人造成人身损害的，应当赔偿医疗费、护理费、交通费等为治疗和康复支出的合理费用，以及因误工减少的收入。造成残疾的，还应当赔偿残疾生活辅助具费和残疾赔偿金。造成死亡的，还应当赔偿丧葬费和死亡赔偿金"，从该规定来看，对残疾赔偿金的赔偿并没有基于受害人是否系无行为能力人而规定例外的情形，故如受害人因交通事故受伤构成伤残等级的，对其请求侵权人赔偿残疾赔偿金的，人民法院应予支持。

——本书研究组：《对于无劳动能力人的损害赔偿问题》，载最高人民法院民事审判第一庭编：《民事审判指导与参考》2014 年第 3 辑（总第 59 集），人民法院出版社 2014 年版，第 234~235 页。

---

① 对应《民法典》第一千一百七十九条。

1457. 如何确定道路交通事故中因伤持续治疗费用承担问题

关键词

持续治疗费用

附录：民事审判信箱

如何确定道路交通事故中因伤持续治疗费用承担问题

问：在道路交通事故案件的审理中，原告一直未作伤残等级鉴定，并且每年都有新发生的治疗费用，此种情况应如何处理？

答：就因伤持续治疗费用在审判实践中应当如何认定的问题，我们认为，首先需要确定因伤治疗是否终结。是否治疗终结属客观性评定标准，双方当事人对治疗终结意见不一致时，任何一方都可以提起鉴定申请。如果相对方不进行必要的配合，则可以适用最高人民法院《民事证据规定》第七十五条[①]关于“有证据证明一方当事人持有证据无正当理由拒不提供，如果对方当事人主张该证据的内容不利于证据持有人，可以推定该主张成立”的规定，认定治疗终结，进入伤残鉴定。对已经进行伤残等级鉴定后的持续治疗，其治疗必要性以及与交通事故之间关联性的举证责任在于伤者。至于举证的证明标准要达到何种程度，最恰当的方式依然是鉴定。

——本书研究组：《如何确定道路交通事故中因伤持续治疗费用承担问题》，载最高人民法院民事审判第一庭编：《民事审判指导与参考》2013 年第 2 辑（总第 54 辑），人民法院出版社 2013 年版，第 241~242 页。

六、医疗损害责任

1458. 医疗机构紧急救治中不能取得患者近亲属意见的具体情形

关键词

医疗机构　紧急救治侵权责任　患者近亲属

① 现为《民事诉讼证据规定》（2019 年修正）第九十五条。

附录：最高人民法院法官著述

按照侵权责任法第五十六条[①]的规定，与“不能取得患者本人意见”并列的还有“不能取得患者近亲属意见”的情形。也就是说，只有在兼具二者的情况下，医疗机构方能按照法律规定的程序采取对生命垂危患者的紧急救治。与不能取得患者本人意见不同，不能取得患者近亲属意见的情况更为复杂，本文将该类情形详细分析如下：

（一）近亲属不明

关于“近亲属”的概念，现行法律并没有作出明确的界定和规范。按照《民法通则意见》第十二条的规定，在民事法律关系中使用“近亲属”这一概念，应当认为包括配偶、父母、子女、兄弟姐妹、祖父母、外祖父母、孙子女，外孙子女。而对于这些近亲属之间的顺位问题，法律和司法解释并没有予以明确规定。但从继承法第十条规定的继承人范围及继承顺序来看，在近亲属中实际上是存在不同顺位的，第一顺位的近亲属应为配偶、子女、父母；兄弟姐妹、祖父母、外祖父母则应作为第二顺位的近亲属。这一点在《精神损害赔偿司法解释》第七条[②]的规定中也有所体现。按照这一司法解释的规定，在自然人因侵权行为致死，或者自然人死亡后其人格或者遗体遭受侵害时，死者的配偶、父母和子女拥有向人民法院起诉请求赔偿精神损害的权利，仅在没有配偶、父母和子女的情况下，可以由其他近亲属提起诉讼。因而可以认为，配偶、父母、子女权利优先于其他近亲属，即在亲属顺位上，配偶、父母、子女应认为属于第一顺位，而其他近亲属则属于第二顺位。对于患者的紧急救治，是否应当将不能取得近亲属意见的范畴，限定在第一顺位的近亲属中，存在一定认识上的分歧。从更方便、快捷采取救治措施的角度看，似应当将全部近亲属均纳入“近亲属”的范畴，而不应仅限于第一顺位的近亲属。近亲属不明而需要实施紧急救治的情况，通常发生在因意外事故而遭受损害的情形。患者本身身份不明，或者不能从患者身上取得任何其近亲属的信息，都应认为属于“近亲属不明”的情形。而只有在不能获得患者全部近亲属信息的情况下，才能认为属于“近亲属不明”。这一对近亲属范围的界定，同样也应适用于联系和取得近亲属意见的其他情形。

（二）不能及时联系到近亲属

在紧急情况下，近亲属表达对患者采取何种救治的意见应当体现时效性。在患者面临生命垂危或同等紧迫的救治需求情况下，医疗机构及时联系患者近亲属表达救治意见非常重要，而且要求医疗机构无时限的联系患者近亲属，

① 对应《民法典》第一千二百二十条。

② 对应《民法典》第九百九十四条。

一方面会加重医疗机构在紧急情况下取得患者近亲属意见的义务，另一方面也与紧急救治的时间性需求不符。因此，应当认为医疗机构在判断需要采取紧急救治措施，并与患者近亲属进行联系，但没有能够在采取相应医疗措施所容许的等候时间内联系到患者近亲属时，就属于“不能及时联系到近亲属”的情形。

（三）近亲属拒绝发表意见

除无法获知患者近亲属信息、无法及时联系患者近亲属外，实践中还存在近亲属拒绝发表意见的情形。近亲属拒绝发表对处于紧急危险状态下患者的救治意见，客观效果与近亲属不明和无法及时联系到近亲属没有区别，作为医疗机构及其工作人员仍然不能获得采取相应救治措施的知情同意认可，因而此种情形也应当被纳入到医疗机构可以自主决定采取紧急救治措施的适用情形范畴。近亲属拒绝发表意见，除了明确拒绝对是否以及采取何种救治措施发表意见外，还应当包括近亲属拖延发表意见以致超出相应医疗措施所容许的等候时间，近亲属发表的意见模糊、不确定，在通常意义上不能理解和确定其具体救治意见等情形。概言之，以正常语境下的理解，根据患者近亲属所发表的意见，不能确定应当采取何种救治措施的，就应当认为属于近亲属拒绝发表意见的情形。

（四）近亲属达不成一致意见

如前所述，近亲属的范围包括配偶、父母、子女、兄弟姐妹、祖父母、外祖父母、孙子女，外孙子女，即使区分近亲属的顺位，第一顺位的近亲属亦包括配偶、父母、子女。在出现患者生命垂危的紧急情况时，患者近亲属的意见不一致的情况实践中并不鲜见。在此情况下，医疗机构实际上亦难以获得患者近亲属明确的救治意见，从有利于医疗机构采取紧急救治措施的角度看，应当将其纳入侵权责任法第五十六条适用范畴。

需要指出的是，在患者第一顺位近亲属意见与第二顺位近亲属意见不一致时，是否应当认为属于“近亲属达不成一致意见”的情形？从现行法律和司法解释的规定看，并没有明确赋予第一顺位近亲属以表达救治意见的优先权，因此，应当认为只要有近亲属表达不同的救治意见，均属于“近亲属达不成一致意见”的情形。这种解释倾向，实际上可以减轻医疗机构在紧急情况下取得近亲属一致意见的义务，有利于鼓励其根据专业判断对患者采取相应救治措施。不过，从情理上看，通常第一顺位近亲属与患者的亲密程度和利益牵涉度，要明显高于第二顺位近亲属。因此，如果第一顺位近亲属之间能够达成一致意见，按照他们的一致意见实施相应医疗救治，通常并不会引发医疗侵权纠纷，因为第一顺位的近亲属同时也是侵权损害赔偿的潜在权利人。相反，如果没有采纳第一顺位近亲属的救治意见实施救治，则容易引发纠纷。

（五）近亲属与患者本人意见不一致

囿于中国的传统文化和现实国情，出于严重疾病要对患者本人保密、不同诊疗方案下医疗费用负担相差巨大等诸多因素考虑，即使是非紧急状态下，很多时候医疗机构及其工作人员对诊疗方案的选择，也并非直接听从于患者本人的意见，而是要听取患者近亲属的意见。从实践中的情况看，医疗过程中出现患者与近亲属意见不一致的情况时，医疗机构应当以谁的意见为准采取救治措施，存在较大争议。该问题背后涉及医学伦理和专业判断等更深层面的问题，难以仅从法律层面给出明确而又合适的答案。但从理论上分析，当近亲属的意见明显不利于患者利益时，医疗机构工作人员应当根据医学专业知识独立对患者的病情作出判断，并以最有利于患者的方式进行救治，而不应当直接听从于患者近亲属的意见。但这种判断在实践中存在明显的操作上的困难，极易成为矛盾纠纷的触发点，更兼涉及医疗费用负担等问题，容易成为掣肘医务工作者采取诊疗措施的重要因素。如何从法律层面作出准确界定，尚需结合实践和医学专业知识进一步摸索。

——沈丹丹：《医疗机构紧急救治侵权责任的认定问题》，载最高人民法院民事审判第一庭编：《民事审判指导与参考》2018 年第 1 辑（总第 73 辑），人民法院出版社 2018 年版，第 82~85 页。

1459. 医疗机构实施紧急救治情形下的侵权责任分析

关键词

医疗机构　紧急救治侵权责任

附录：最高人民法院法官著述

按照侵权责任法第五十六条[①] 的规定，医务人员经医疗机构负责人或者授权的负责人批准实施相应医疗措施的，医疗机构是否因此而免除侵权民事责任的承担，仍应在侵权责任法的语境下进行具体分析。按照侵权责任法第六十条第二项的规定，医务人员在抢救生命垂危的患者等紧急情况下已经尽到合理诊疗义务的，即使患者受到损害，医疗机构对此不承担赔偿责任。因此，本文认为，按照该条法律规定的自身逻辑分析，医疗机构按照法律规定采取的紧急救治措施，原则上不属于侵权行为，对进行相应治疗后，正常医学风险或者疾病发展转归造成的不良后果，医疗机构不应当承担侵权责任。

医疗机构依法实施紧急救治措施情况下，对患者出现的不良后果不承担

① 对应《民法典》第一千二百二十条。

侵权责任，是尊重医疗行为特性和医学学科客观实际的法律结论。医学作为一门探索中发展的科学，加之患者个人体质等特异性，决定了诊治行为本身具有不确定的风险。医疗机构和医护人员在对患者进行合法救治的情况下，发生难以预防的不良后果时，医疗机构和具体实施救治行为的医护人员，均不应承担包括民事侵权责任在内的法律责任，这属于医疗行为豁免制度的一部分。在强调医疗机构和医务工作者救死扶伤法律义务和责任的同时，赋予其相应法律范围内的豁免权，是鼓励和保护医学事业发展，有效发挥医疗行为效果，保障社会公共利益的要求，体现的是法律在更高层面上保障公民生命健康权的价值取向。

不过，需要注意的是，虽然在紧急救治的情况下，医疗机构和医务人员的注意义务通常低于普通诊疗中的注意义务，但紧急救治措施仍要符合相应的诊疗规范要求，否则医疗机构仍可能面临侵权责任的承担后果。换言之，侵权责任法第五十六条的规定，仅是从程序的角度，规定了医疗机构在面临紧急情况且无法取得患者本人或者其近亲属对救治措施的知情同意时，仍可以按照基本诊疗救治规范采取救治措施的规定，所免除的是合法合规采取诊疗救治行为的法律责任，但并未因此免除或者减轻医疗机构在此情形下仍应负担的注意义务。易言之，在没有取得患者本人或者其近亲属同意的情况下采取紧急救治措施，治疗生命垂危患者后，出现患者伤残、死亡等不良后果时，仍应进一步分析医疗机构采取的紧急救治措施，是否符合基本诊疗规范，以及医疗机构在紧急救治过程中存在的过错与不良后果之间是否存在因果关系等，从而准确认定医疗机构在此情形下是否应当承担侵权责任。

——沈丹丹：《医疗机构紧急救治侵权责任的认定问题》，载最高人民法院民事审判第一庭编：《民事审判指导与参考》2018 年第 1 辑（总第 73 辑），人民法院出版社 2018 年版，第 86~87 页。

1460. 医务人员不宜向患者履行说明义务时，近亲属代理行使知情同意权的情形

关键词

知情同意权　患者近亲属　民事行为能力

最高人民法院司法解释

第十七条　医务人员违反民法典第一千二百一十九条第一款规定义务，但未造成患者人身损害，患者请求医疗机构承担损害赔偿责任的，不予支持。

——《最高人民法院关于审理医疗损害责任纠纷案件适用法律若干问题

的解释》(2020年12月29日修正)。

附录：最高人民法院主流观点

在特定情况下，医务人员不宜向患者履行说明义务，此时应当向患者的近亲属说明，并取得其书面同意，此时就发生代理行使知情同意权的问题。这里的近亲属，根据《中华人民共和国民法通则》等相关法律的规定，包括配偶、父母、子女、兄弟姐妹、祖父母、外祖父母、孙子女、外孙子女。代理行使知情同意权主要有两种情况：

(一)民事行为能力受限的代理权行使

民事行为能力受限包括两类情况：

1. 未满18周岁的未成年人，未满10周岁的未成年人是无民事行为能力人，已满10周岁未满18周岁的未成年人是限制民事行为能力人。在《中华人民共和国民法总则》生效后，则上述的无民事行为能力人和限制民事行为能力人的年龄节点需要进行相应调整为8岁。

2. 完全不能辨认或不能完全辨认自己行为的精神病人，前者是无民事行为能力人，后者是限制民事行为能力人。

上述几类人由于民事行为能力受限，无法以自身行为享有权利和承担义务，因而其在接受诊疗时应当由其近亲属代理行使知情同意权。

(二)特殊的行为能力受限的代理权行使

特殊的行为能力受限也包括两类情况：

1. 疾病状态下意识障碍患者的代理权行使

医疗实践中，虽然有些患者是完全民事行为能力人，但为防范患者在接受治疗时出现不可预测的事件，医疗机构应首先要求其指定代理人，如患者发生意识丧失或意识障碍后，利用合法的授权实施后续治疗。如果患者突发意识障碍，又没有任何事前的委托，医疗机构不可能直接向患者履行说明义务，这时患者的近亲属作为知情同意权行使的代理人应当依法获取患者的诊疗信息，并决定是否签署知情同意书。

2. 心理脆弱患者的代理权行使

心理脆弱患者是指具有完全民事行为能力并无意识障碍，但是由于心理脆弱客观上需要委托他人代为行使知情同意权的患者。代理心理脆弱患者行使知情同意权需要具备两个基本要件，即主观上患者无认知障碍，而客观上患者需要近亲属代理行使知情同意权。医学的专业化使很多人望而生畏，饱受疾病折磨的患者也不一定都有心情和心理准备去聆听医生的解释，而后作出冷静、恰当的决策。此时，允许患者的近亲属代理行使知情同意权具有一定的现实意义。不过，由于患者是完全行为能力人，并无认知障碍，如果不宜直接向其履行说明义务的条件已经丧失，仍然应当由患者亲自行使其知情同意权。

——杜万华主编：《最高人民法院医疗损害责任司法解释理解与适用》，人民法院出版社 2018 年版，第 319~320 页。

1461. 医疗机构履行说明义务的具体要求

关键词

医疗机构　患者　告知说明义务　患者近亲属

最高人民法院司法解释

第五条　患者依据民法典第一千二百一十九条规定主张医疗机构承担赔偿责任的，应当按照前条第一款规定提交证据。

实施手术、特殊检查、特殊治疗的，医疗机构应当承担说明义务并取得患者或者患者近亲属明确同意，但属于民法典第一千二百二十条规定情形的除外。医疗机构提交患者或者患者近亲属明确同意证据的，人民法院可以认定医疗机构尽到说明义务，但患者有相反证据足以反驳的除外。

第十一条　委托鉴定书，应当有明确的鉴定事项和鉴定要求。鉴定人应当按照委托鉴定的事项和要求进行鉴定。

下列专门性问题可以作为申请医疗损害鉴定的事项：

（一）实施诊疗行为有无过错；

（二）诊疗行为与损害后果之间是否存在因果关系以及原因力大小；

（三）医疗机构是否尽到了说明义务、取得患者或者患者近亲属明确同意的义务；

（四）医疗产品是否有缺陷、该缺陷与损害后果之间是否存在因果关系以及原因力的大小；

（五）患者损伤残疾程度；

（六）患者的护理期、休息期、营养期；

（七）其他专门性问题。

鉴定要求包括鉴定人的资质、鉴定人的组成、鉴定程序、鉴定意见、鉴定期限等。

——《最高人民法院关于审理医疗损害责任纠纷案件适用法律若干问题的解释》（2020 年 12 月 29 日修正）。

附录：最高人民法院主流观点

在需要取得患者或者其近亲属明确同意的情况下，医务人员除了履行向患者说明病情和医疗措施的义务以外，还应当及时向患者说明医疗风险、替代医疗方案等情况。所谓医疗风险，是指医疗措施可能出现的并发症、后遗症、不良反应等风险，代替医疗方案信息包括可选择的几种手术方案及其利弊等信息。这种特殊说明义务适用的条件是患者需要实施手术、特殊检查、特殊治疗。对于特殊检查、特殊治疗，依据《医疗机构管理条例实施细则》第八十八条的规定，包括：（1）有一定危险性，可能产生不良后果的检查和治疗；（2）由于患者体质特殊或者病情危笃，可能对患者产生不良后果和危险的检查和治疗；（3）临床试验性检查和治疗；（4）收费可能对患者造成较大经济负担的检查和治疗。依据本条的规定，不宜向患者说明的情形，例如将会造成患者悲观、恐惧、心理负担沉重，不利于治疗的，应当向患者近亲属说明，并取得其明确同意。

在此需要注意的是，上述医事法规所规定的医务人员上取得明确同意的对象与本条规定不尽一致。我们认为，如果上述规定与《民法典》第一千二百一十九条规定在文本含义上相冲突的，则不能再予以适用；但如果仅是规定不一致，或者有关医事法规规定的内容更加具体细化，则不能认定为是相冲突的规定，则可以按照特别法优于一般法的规则，适用特别法的规定。比如，《民法典》已经采用了近亲属的概念，《执业医师法》《医疗机构管理条例》等关于“家属”的提法，则不宜再予适用，而应统一适用《民法典》的规定。但是在情况非紧急即不属于第一千二百二十条规定情形时，仍找不到患者近亲属的，这时不仅不能认为《病例书写基本规范》第十条规定的“患者无近亲属的或者患者近亲属无法签署同意书的，由患者的法定代理人或者关系人签署同意书”与《民法典》规定不冲突，而恰恰是该条没有规定的情形，应当继续适用。

当然，并不是在一切情况下医疗机构都需要履行说明义务。依学理上的界定，不需要医务人员加以说明的情况有：一是依据法律给予医生强制治疗的权限；二是危险性极其轻微，发生的可能性几乎没有；三是患者非常清楚自己的症状；四是患者自愿放弃接受医生的说明；五是由于事态紧急无法取得患者的承诺；六是如果加以说明可能给患者招致不良影响。这些见解较有道理，当然也有进一步研究探讨的必要，比如当患者得了绝症的时候，医务人员采取相应的治疗措施就有必要在适当时间以适当方式具体告知患者的近亲属，并取得其同意，或者根据实际情况决定是否告知患者，从而体现对患者尊严与自由的尊重。

在此需要注意的是，除非对患者履行说明义务对患者的健康有损害，都应当对患者善尽告知义务。一方面，告知说明的内容要明确具体；另一方面，如果不能或者不宜向患者履行说明义务的，医务人员应当向患者的近亲属说明。违反这两方面的要求，造成患者损害的，医疗机构就要承担相应的侵权责任。这类纠纷审判实务中的存在具有一定普遍性。这类案件中，医务人员未尽说明义务，首先侵害的是患者的自主决定权，同时也可能造成患者人身财产损失。比如在某案件中，未婚女青年小红前往北京某体检中心进行健康体检，进行妇科检查时处女膜破裂。法院以体检中心违反了医疗机构的特定告知义务，存在主观过错为由，终审判令体检中心赔偿小红精神损害抚慰金1万元、交通费300元以及医疗费50元。这一案件系侵害了患者的自主决定权，但也是在客观上存在造成患者人身损害的后果。

——最高人民法院民法典贯彻实施工作领导小组办公室编著：《最高人民法院实施民法典清理司法解释修改条文（111件）理解与适用》，人民法院出版社2022年版，第130~132页。

1462. 近亲属达不成一致意见时，是否需要考虑持不同意见近亲属的顺位

关键词

患者近亲属　救治意见

最高人民法院司法解释

第十八条　因抢救生命垂危的患者等紧急情况且不能取得患者意见时，下列情形可以认定为民法典第一千二百二十条规定的不能取得患者近亲属意见：

（一）近亲属不明的；

（二）不能及时联系到近亲属的；

（三）近亲属拒绝发表意见的；

（四）近亲属达不成一致意见的；

（五）法律、法规规定的其他情形。

前款情形，医务人员经医疗机构负责人或者授权的负责人批准立即实施相应医疗措施，患者因此请求医疗机构承担赔偿责任的，不予支持；医疗机构及其医务人员怠于实施相应医疗措施造成损害，患者请求医疗机构承担赔偿责任的，应予支持。

——《最高人民法院关于审理医疗损害责任纠纷案件适用法律若干问题的解释》（2020年12月29日修正）。

附录：最高人民法院主流观点

鉴于医疗行为的专业性和复杂性，在司法实践中认定医疗机构及其医务

人员对于生命垂危患者的救治，是否存在“怠于”救治的过错，可能存在较大困难。我们认为，在司法实践中把握“怠于”的判断标准，在价值导向上应当遵循鼓励和倡导医疗机构实施紧急救助义务的基本原则，对于是否属于“怠于”紧急救助的情形，在认定标准上不宜太宽松，而是应当遵循有关诊疗规范的专业标准，同时充分尊重医学伦理，根据患者的具体病情等主客观因素综合认定。也就是说，医疗机构及其医务人员是否“怠于”救治的认定，应当充分尊重和考虑医学诊疗的专业性规范和专业判断，不应简单以生活常识替代专业常识进行判断，从而作为认定医疗机构是否承担侵权责任的认定依据。

——杜万华主编：《最高人民法院医疗损害责任司法解释理解与适用》，人民法院出版社 2018 年版，第 330 页。

1463. 医疗机构怠于实施紧急救治的法律责任

关键词

医疗机构　紧急救治侵权责任　医疗损害责任

附录：最高人民法院法官著述

对侵权责任法第五十六条[①]规定的医疗机构依照诊疗规范采取紧急救治措施，原则上不应承担侵权责任的理解，还应当包括它的另一面，即医疗机构及其医务人员怠于实施相应紧急救治措施造成损害的，应当就此承担相应的侵权责任。实践中对这一问题的认识存在较大分歧，有观点认为，将医疗机构的紧急救治界定为法定义务，会加重医疗机构责任。本文认为，从侵权责任法第五十六条的立法目的来分析，既然法律明确将医疗机构在法定情形下，未经患者本人及其近亲属同意而依法采取的紧急救治行为，排除在侵权行为之外，是出于维护患者生命健康权，保障医疗机构救死扶伤法定职责行使的目的，就应同时将医疗机构的这一救治义务，界定为法定义务，当其行为——主要是不作为的行为，违反了该法定义务时，则应承担相应的侵权责任。即在患者生命垂危的紧急情况下，如果医疗机构没有及时履行其紧急救治义务，应当认为构成侵权行为，应当就此承担相应的法律责任。唯如此，才能使患者的医疗救治得到法律的保障，从而使生命健康权得以保障。

诊疗活动作为一项由医疗机构和患者共同参与的活动，医疗机构组织实施医疗救治，其目的是维护患者的生命健康权益。生命垂危的患者，从病情

---

① 对应《民法典》第一千二百二十条。

特点上看基本都需要医务人员迅速对其实施救治，否则将会造成患者生命健康不可逆转的严重损害。因此，将医疗机构在患者请求救治时，以及患者在生命垂危的紧急情况下的需求，视为医疗机构的法律义务和责任是较为适宜的。

从侵权责任法第五十四条[①]规定的医疗损害责任的基本原则上看，医疗机构及其医务人员对其诊疗活动中的过错造成的患者所受损害，应当由医疗机构承担赔偿责任。在执业医师法第二十四条、《医疗机构管理条例》第三十一条均规定了对急危患者、危重病人，医疗机构应当采取紧急措施进行诊治，不得拒绝急救处置，对限于设备或者技术条件不能诊治的病人，应当及时转诊的法律义务的情况下，医疗机构违反上述法律、法规的规定，拒绝或者怠于履行紧急救治义务，应当认定为侵权责任法中的“过错”，而该拒绝或延误救治行为与患者最终所受身体健康损伤甚或生命丧失的后果之间具有因果关系的，则符合医疗损害侵权责任的全部构成要件，医疗机构应当就此承担相应侵权责任，完全符合侵权责任法第五十四条规定的基本法律原则和法律精神。

不过，医疗行为的专业性和复杂性决定了，在司法实践中认定医疗机构及其医务人员对于生命垂危患者的救治，是否存在“怠于”救治的过错，可能存在较大困难。本文认为，在司法实践中把握“怠于”的判断标准，在价值导向上应当遵循鼓励和倡导医疗机构实施紧急救助义务的基本原则，对于是否属于“怠于”紧急救助的情形，在认定标准上不宜太宽松，而是应当遵循有关诊疗规范的专业标准，同时充分尊重医学伦理，根据患者的具体病情等主客观因素综合认定。也就是说，医疗机构及其医务人员是否“怠于”救治的认定，应当充分尊重和考虑医学诊疗的专业性规范和专业判断，不应简单以生活常识替代专业常识进行判断，从而作为认定医疗机构是否承担侵权责任的认定依据。

——沈丹丹：《医疗机构紧急救治侵权责任的认定问题》，载最高人民法院民事审判第一庭编：《民事审判指导与参考》2018 年第 1 辑（总第 73 辑），人民法院出版社 2018 年版，第 87~88 页。

1464. 多家医疗机构的行为共同造成患者损害时的责任确定

关键词

医疗损害责任　医疗机构　多因一果

① 对应《民法典》第一千二百一十八条。

最高人民法院司法解释

第二十条　医疗机构邀请本单位以外的医务人员对患者进行诊疗，因受邀医务人员的过错造成患者损害的，由邀请医疗机构承担赔偿责任。

——《最高人民法院关于审理医疗损害责任纠纷案件适用法律若干问题的解释》(2020 年 12 月 29 日修正)。

附录：最高人民法院主流观点

实务中，医疗损害侵权纠纷往往存在多因一果的情况，即患者的损害是因多家医疗机构的医疗行为共同造成的。在此情况下，应根据原因力理论，确定各行为主体侵权责任份额的承担或赔偿义务人与受害人之间对损害后果的分担。原因力是在引起同一损害结果的数个原因中，每个原因对于该损害结果发生或扩大所发挥的作用力。各行为主体对损害结果所起作用大小不同，其原因力就不一样。一般来说，行为主体原因力大的，应承担等多份额或较重的赔偿责任，反之则承担较小份额或较轻的赔偿责任。比较行为人行为的原因力通常要与比较当事人之间的过错综合运用，以最终确定责任承担。由此，基于原因力理论，在处理多家医疗机构的医疗行为共同造成患者损害时，应结合当事人过错大小综合判断行为主体是否存在过错。通常情况下，对各医疗机构过错程度和诊疗行为在损害结果发生中的原因力大小确定问题，一般应通过司法鉴定予以确定，并根据鉴定结论认定的医疗过错行为在医疗损害后果中的责任程度来确定赔偿的比例。

——杜万华主编：《最高人民法院医疗损害责任司法解释理解与适用》，人民法院出版社 2018 年版，第 356~357 页。

1465.《民法典》第一千二百二十七条“不必要的检查”的认定

关键词

不必要检查　诊疗行为　申请鉴定

《中华人民共和国民法典》条文

第一千二百二十七条　医疗机构及其医务人员不得违反诊疗规范实施不必要的检查。

最高人民法院司法解释

第十一条　委托鉴定书，应当有明确的鉴定事项和鉴定要求。鉴定人应当按照委托鉴定的事项和要求进行鉴定。

下列专门性问题可以作为申请医疗损害鉴定的事项：

（一）实施诊疗行为有无过错；

（二）诊疗行为与损害后果之间是否存在因果关系以及原因力大小；

（三）医疗机构是否尽到了说明义务、取得患者或者患者近亲属明确同意的义务；

（四）医疗产品是否有缺陷、该缺陷与损害后果之间是否存在因果关系以及原因力的大小；

（五）患者损伤残疾程度；

（六）患者的护理期、休息期、营养期；

（七）其他专门性问题。

鉴定要求包括鉴定人的资质、鉴定人的组成、鉴定程序、鉴定意见、鉴定期限等。

——《最高人民法院关于审理医疗损害责任纠纷案件适用法律若干问题的解释》（2020年12月29日修正）。

附录：最高人民法院主流观点

我们认为，对医疗机构实施的诊疗行为"是否属于不必要的检查"通常也属于专门性判断问题，可以通过申请鉴定来解决。一般而言，医疗机构对患者的检查是疾病诊断以及采取治疗措施的必要手段，其本身就是一个专业判断问题，可以作为一个鉴定事项来对待。但考虑到医学本身的公益性、探索性以及疾病本身的复杂性等问题，在诊疗过程中是否属于不必要检查的情形在医学临床实践中不好把握，《医疗损害责任纠纷司法解释》最终没有规定这一内容。涉及此类问题，可以依据有关法律规定处理，有关鉴定问题，可以适用《医疗损害责任纠纷司法解释》第十一条规定的兜底条款"其他专门性问题"来解决。

——最高人民法院民法典贯彻实施工作领导小组编：《中华人民共和国民法典侵权责任编理解与适用》，人民法院出版社2020年版，第496页。

1466. 医院不得基于部门规章的行政管理规定对抗当事人基于法律所享有的正当生育权利

关键词

医疗服务合同　生育权　继续履行

最高人民法院公报案例

陈某某诉无锡市妇幼保健院医疗服务合同纠纷案（江苏省无锡市梁溪区人民法院民事判决书）

裁判摘要：夫妻双方与医疗机构订立“体外受精－胚胎移植”医疗服务合同并已经完成取卵、胚胎培养等合同内容，在胚胎正式移植前丈夫死亡且生前并未向医疗机构表示拒绝履行合同，妻子要求医疗机构继续履行胚胎移植义务，既是当事人真实意思的反映，亦具备可履行的内容，且并不违反法律法规及公序良俗，医疗机构应当继续履行医疗服务合同。

江苏省无锡市梁溪区人民法院一审认为：原告陈某某与其丈夫李某某因不育症至经卫生行政管理部门批准并登记开展人类辅助生殖技术的被告妇幼保健院进行人类辅助生殖治疗，妇幼保健院为其培育并冷冻胚胎，双方之间由此形成的医疗服务合同关系合法、有效。本案争议在于，李某某死亡后，陈某某要求继续实施胚胎移植手术，是否违反有关伦理道德，是否符合合同约定和法律规定，医患双方之间的相关医疗服务合同是否应当继续履行。

原卫生部于 2001 年 2 月颁布的《人类辅助生殖技术管理办法》和 2001 年 5 月发布、后又于 2003 年 6 月修订的原卫生部以卫科教发名义发布的《人类辅助生殖技术规范》《人类辅助生殖技术和人类精子库伦理原则》均分别规定：实施人类辅助生殖技术应当符合《人类辅助生殖技术规范》的规定；实施人类辅助生殖技术应当遵循知情同意原则，并签署知情同意书；实施人类辅助生殖技术人员禁止给不符合国家人口和计划生育法规和条例规定的夫妇和单身妇女实施人类辅助生殖技术；人类辅助生殖技术应当遵循保护后代的伦理原则。本案中，被告妇幼保健院虽然对于原告陈某某的情况予以同情，但同时出于执业医疗机构严谨、审慎的医疗作风和基于以上原卫生部制定相关的管理办法和伦理原则对陈某某的继续履行医疗服务合同要求予以拒绝，并在本案诉讼中以上述规定予以抗辩。对此，法院认为，首先，陈某某及其丈夫李某某与妇幼保健院订立医疗服务合同目的就是为了生育子女，虽然陈某某的丈夫李某某已经死亡，但李某某在生前与陈某某共同在妇幼保健院处两次接受人类辅助生殖技术治疗，尤其在本次医疗服务合同中签署了多项知情同意书，并进行培育和冷冻胚胎的事实，均表明了李某某明确的要求通过人类辅助生殖技术生育子女的意愿，且可推知继续实施胚胎移植手术并不违反李某某的生前意愿；陈某某、李某某接受妇幼保健院人类辅助生殖手术在履行过程中，李某某对胚胎冷冻、解冻及移植意见，已在知情同意书上一揽子、概括性的签字确认，之所以没有立即实施胚胎移植仅是陈某某身体原因，既有的医疗服务合同尚未完成，且陈某某夫妇仍有胚胎保存于妇幼保健院，陈某某作为患方主体之一单独要求妇幼保健院继续履行其夫妻早已与妇幼保健院订立的医疗服务合同，并不违反当事人的真实意思表示和知情同意原则，妇幼保健院应基于陈某某不育的病理因素和目前家庭实际情况，从依法保障生育权和有利于患者的伦理原则考量，不应拘泥于既有的医疗服务合同中的胚胎移植手术时李某某未签字这一形式，李某某未签字，亦不必然对继续履行合同构成妨碍。其次，虽然孩子出生后没有亲生父亲，可能生长在单亲家庭，但该假定条件并不意味着必然会对孩子的生理、心理、性格等方面产生严重影响，且目前并没有证据证明实施人类辅助生殖技术存在医学上、亲权上或其他方面于后代不利的情形；另通过人类辅助生殖技术出生的后代与自然分娩的后代享有同样的法律权利和义务，包括家庭伦理、道德义务等，陈某某要求继续实施人类辅助生殖手术取得了李某某父母的同意，以及自己父亲的支持，愿意承担包含道德、伦理在内的法律上的义务，故妇幼保健院继续为陈某某实施人类辅助生殖技术并不违反保护后代的原则。再者，陈某某与李某某未生育子女，也未收养子女，陈某某进行生育并不违反国家相关人口和计划生育法律法规；虽然李某某死亡，但陈某某作为丧偶妇女，现要求的是以其夫妇通过实施人类辅助生殖技术而获得的胚胎继续生育子女，有别于原卫生部上述管理规范中要求实施人类辅助生殖技术的单身妇女，故陈某某要求妇幼保健院继续为其移植胚胎，并不违反社会公益原则。此外，原卫生部上述这些规定是卫生行政管理部门对相关医疗机构和人员在从事人工生殖辅助技术时的管理性规定，妇幼保健院不得基于部门规章的行政管理规定对抗当事人基于民法所享有的正当的生育权利。

诉讼中被告妇幼保健院辩称原告陈某某未补交冷冻胚胎保存费用，无故两年未来其处实施胚胎移植手术，属于主观放弃胚胎，系合同未履行的根本原因。陈某某对此主张关于知情同意书中"有关首次冷冻费、续冻费用和保存期……"内容的条款为格式条款，存有不同解释，且医院没有尽到提示说明义务，应当按照法律作出有利于患者的解释，其认为胚胎移植时将拖欠的冷冻胚胎保存费用予以补交，这也是行业习惯，对于保存期也应当理解为医学上的"5–10年的保质期"；即使非格式条款，其未交保存费用，医院也应当向其催告交费，其为助孕身心受到很大的损伤，也花费了不少前期费用，其不会因150元/月的冷冻胚胎保存费而予以放弃，且也没有放弃胚胎移植的想法。对此，法院认为，医患双方当事人约定的"其知道目前首次冷冻费用含3个月的胚胎保存费，逾期如需继续冷冻，需补交费用，否则不予保存。如果超过保存期，其同意将胚胎去标识后作为教学科研用。"该内容条款为格式条款，对于逾期补交费用，没有明确具体时间限制，医院的《移植须知》

中关于冷冻胚胎保存费载明了在移植术当日交纳，陈某某提交的与院方医护人员对话录音也印证了妇幼保健院应允陈某某对冷冻胚胎保存费用于后期胚胎移植时一并支付；约定内容中“保存期”，医患双方也出现不同的解释，如按医院的解释为 3 个月或为患者交冷冻费用的期间为保存期，那么按照该条款的约定超过 3 个月或交费的期间就直接用于去标识教学科研用，就不存在需继续冷冻补交费用的情形，因此，该内容中的“保存期”，不能当然理解为交胚胎保存费的期间为保存期，按合同法的规定，对格式条款有两种以上解释的，应当作出不利于提供格式条款的一方的解释，应理解为患者理解的冷冻胚胎的“质保期”，妇幼保健院不能据此格式条款内容推断陈某某主观放弃冷冻胚胎；妇幼保健院的《移植术须知》，以及其对陈某某卵巢过度刺激综合症治疗出院时虽医嘱一周生殖中心门诊就诊，均未有明确的胚胎移植时间，且妇幼保健院对陈某某胚胎移植手术并无时间限制的约定；即使符合合同解除条件，妇幼保健院并未行使合同解除权，其诉讼中抗辩合同解除，以对抗陈某某要求继续履行合同的诉讼请求，有违诚信原则，且与人民法院行使审判权相冲突，其诉讼中主张合同解除权不能产生法律效力；从陈某某诉讼中与医院医护人员咨询补交冷冻胚胎保存费用对话的情况来看，医院同意陈某某予以挂号、补交胚胎冷冻费用，也应视为放弃行使合同解除权，医患双方之间的医疗服务合同并未解除。此外，妇幼保健院并未因陈某某未交冷冻胚胎保存费对冷冻胚胎作事实上的处分，事实上对 4 个胚胎仍按原有条件予以低温冷冻保存，妇幼保健院不存在事实上不能履行的情形。陈某某向法院提存冷冻胚胎保存费用后坚持要求履行既有的医疗服务合同，符合医患双方的合同约定和法律规定。

——《最高人民法院公报》2022 年第 2 期。

1467. 因医疗产品的缺陷或者输入不合格血液造成患者损害，相关主体的免责情形

关键词

医疗产品缺陷　不合格血液　免责情形

附录：最高人民法院主流观点

随着当代民法从注重抽象平等的形式正义向追求具体平等的实质正义的渐进，各国和地区立法者逐渐认识到消费者与产品生产经营者在经济实力、信息控制等方面差距日益拉大，进而在产品责任方面更倾向于不考虑过错因素，实行严格责任原则。只要受害人能够证明产品有缺陷，就可构成产品侵

权责任。尽管产品责任是实行的严格责任原则，但并不意味着一旦医疗产品出现缺陷并导致患者损害，医疗产品的生产者、销售者、医疗机构以及不合格血液提供机构均无条件承担责任。我们认为，至少有以下情形，相关主体可主张免责：

（一）医疗产品生产者的法定免责情形

根据《侵权责任法》第四十一条[①]规定，因产品缺陷造成他人损害的，生产者应当承担侵权责任。至于产品生产者有无主观过错，则在所不问。但严格责任亦有例外。根据《中华人民共和国产品质量法》第四十一条第二款规定，生产者能够证明有下列情形之一的，不承担赔偿责任：（1）未将产品投入流通的；（2）产品投入流通时，引起损害的缺陷尚不存在的；（3）将产品投入流通时的科学技术水平尚不能发现缺陷的存在的。因此，在下列情形下，医疗产品生产者可以主张免责：（1）医疗产品生产者未将医疗产品投入流通的。（2）医疗产品投入流通时，导致损害的缺陷还不存在的。换言之，医疗产品的缺陷是因流通领域原因引起。（3）医疗产品投入流通时的科学技术水平尚不足以发现缺陷的存在。这里所称科学技术水平不是依据医疗产品生产者所掌握的科学技术，而是以当时社会所具有的科学技术水平为依据。由于本条将对医疗机构的归责原则等同于生产者看待，故医疗机构也可类推主张上述免责事由，不承担损害赔偿责任。

（二）医疗产品的销售者对医疗产品的缺陷不存在过错

从本条司法解释规定来看，患者因医疗产品缺陷导致被损害，可以请求销售者或生产者赔偿。如果患者选择请求销售者赔偿，则此时销售者承担的责任和生产者一样，都是严格责任。但就医疗产品生产者和医疗产品销售者内部责任划分而言，则有不同。根据《中华人民共和国侵权责任法》第四十三条[②]规定，产品缺陷形成的原因，并非销售者的过错所致，则销售者可通过向生产者追偿，主张最终免责。

（三）医疗机构不承担损害赔偿责任情形

2011年修改的《民事案件案由规定》将本条司法解释所针对的医疗产品责任纠纷置于侵权责任纠纷中的“医疗损害责任纠纷”之下，显然是将医疗机构对缺陷产品承担责任限定在医疗机构诊疗过程中，对患者使用缺陷医疗产品或输入不合格血液而导致损害的情形。一般情况下，患者就医都是在医院由医生开出药方后，在医院购买药品或医疗器械。此时，医疗机构实际就是医疗产品的销售者，承担本条规定的责任当无疑义。但根据日常生活经验可知，随着医改的推进，医药分家的加速，患者完全可以在药店、超市等市

① 对应《民法典》第一千二百零二条。

② 对应《民法典》第一千二百零三条。

场经营者处购买到非处方药或医疗器械。在患者在非医疗机构自行购买医疗产品的情形下，医疗机构无从管控医疗产品的品质，故让其对该医疗产品缺陷导致患者的损害承担赔偿责任是缺乏正当性的。故医疗机构可以此主张免责。也即，后者情形不属于本条所规范的对象。

——杜万华主编：《最高人民法院医疗损害责任司法解释理解与适用》，人民法院出版社 2018 年版，第 369~371 页。

1468. 缺陷医疗产品惩罚性赔偿数额的确定

关键词

缺陷医疗产品　惩罚性赔偿责任　赔偿数额

附录：最高人民法院主流观点

（一）法律对惩罚性赔偿数额限制的原因

惩罚性赔偿的数额问题是惩罚性赔偿制度的核心问题，也是司法实践的难点。在惩罚性赔偿制度发展较为充分的美国，滥用惩罚性赔偿，给予原告过高赔偿问题也引发诸多争论。美国最高法院曾经审理过一个案件，该案补偿性赔偿只有 100 万美元，但是犹他州法院确定的惩罚性赔偿高达 1.45 亿美元。美国最高法院认为该案中确定的惩罚性赔偿违反了美国宪法第 14 修正案正当程序规则（未经正当程序不得剥夺财产），惩罚性赔偿通常不应超过补偿性赔偿的 10 倍，故撤销了犹他州法院的判决。在该案中，美国最高法院重申了其在 1994 年审理的宝马公司案中确立的规则，判断惩罚性赔偿金额是否过高，应考虑如下因素：被告侵权行为的恶劣程度；惩罚性赔偿金额与原告实际及可能遭受的损害的差额；陪审团决定的惩罚性赔偿金额与其他类似案件确定的赔偿差额。犹他州法院重新审理后认为，被告的行为极其恶劣，判令其承担 900 万元的惩罚性赔偿，系补偿性赔偿金额的 9 倍。[①] 域外法的经验表明，如果不对惩罚性赔偿的数额予以规范，会导致数额畸轻畸重，不利于法律适用的统一。

在我国消费者权益保护法修法过程中，惩罚性赔偿金额如何确定曾存在争论，有学者建议不设上限，但是最低不少于补偿性赔偿的 2 倍。法律委员会最终研究认为，在补偿性赔偿（人身、财产、精神损害赔偿）基础上，再明确两倍以下的惩罚性赔偿。其考虑是惩罚性赔偿金额应符合我国经济发展

① Marc A.Franklin et al：Tort Law and Alternatives cases and materials，8th edition，Foundation Press PP.749~759. 案例索引：State farm mutual insurance Co.v.Campbell.538 u.s.408.

实际，从我国目前经济发展水平看，这个赔偿额是适当的。如果确定的比例过高，经营者会因为忌惮责任而不敢研发新产品，不利于增强产品竞争力及经济发展；如果确定的比例过低则不能起到遏制违法行为的作用。[①]从修法过程看，我国对惩罚性赔偿金额的态度比较克制，不会出现给予天价赔偿金额的情况。司法实践中应领会上述立法本意，根据案件情况确定适当的惩罚性赔偿数额。

（二）惩罚性赔偿数额的计算基数

惩罚性赔偿数额需参考补偿性赔偿数额。本条司法解释参照《中华人民共和国消费者权益保护法》第五十五条第二款的规定"经营者明知商品或者服务存在缺陷，仍然向消费者提供，造成消费者或者其他受害人死亡或者健康严重损害的，受害人有权要求经营者依照本法第四十九条、第五十一条法律规定赔偿损失，并有权要求所受损失二倍以下的惩罚性赔偿。"确定医疗产品惩罚性赔偿数额为患者所受损失的二倍以下。《中华人民共和国消费者权益保护法》第四十九条规定的是人身损害赔偿范围，"经营者提供商品或者服务，造成消费者或者其他受害人人身伤害的，应当赔偿医疗费、护理费、交通费等为治疗和康复支出的合理费用，以及因误工减少的收入。造成残疾的，还应当赔偿残疾生活辅助具费和残疾赔偿金。造成死亡的，还应当赔偿丧葬费和死亡赔偿金。"第五十一条规定的是精神损害赔偿，"经营者有侮辱诽谤、搜查身体、侵犯人身自由等侵害消费者或者其他受害人人身权益的行为，造成严重精神损害的，受害人可以要求精神损害赔偿。"

精神损害赔偿与惩罚性赔偿均有抚慰受害人的功能。实践中，精神损害赔偿应否计入惩罚性赔偿的计算基数，会有分歧。根据上述法律规定，精神损害赔偿是患者实际受到的损害，属于补偿性赔偿。因此患者可请求的惩罚性赔偿的计算基数包括精神损害赔偿。

人身损害赔偿的标准及精神损害赔偿数额的确定，法律有较为明确的规定，司法实践也有成熟的经验。确定受害人的实际损失后，法院在此基础上确定惩罚性赔偿的数额。

（三）确定惩罚性赔偿的数额应考量的因素

确定惩罚性赔偿的数额，应考虑一些因素：侵权人的主观过错程度；侵权行为的具体细节；所造成的后果；侵权人的获利情况；侵权人承担责任的经济能力；不法行为发生后的态度；原告或者潜在原告的数量；侵权人因其行为已经承担和将要承担的其他财产性责任。[②]

---

① 贾东明：《中华人民共和国消费者权益保护法解读》，中国法制出版社 2013 年版，第 284~285 页。

② 张晓梅：《中国惩罚性赔偿制度的反思与重构》，上海交通大学出版社 2015 年版，第 128 页。

确定医疗产品的惩罚性赔偿数额，具体考量方法有：

惩罚性赔偿数额应与生产者、销售者的行为及主观状态相适应。司法实践中应审查生产者、销售者是否存在主观故意，不法行为的方式、持续时间，发现患者有损害后，是隐瞒还是积极补救，从上述事实推断生产者、销售者对损害后果是否积极追求或者放任。如果生产者、销售者的主观恶性大，不法行为持续时间长，已经知道产品缺陷造成实际损害仍然生产销售，采取各种措施隐瞒产品的缺陷，其应承担较重的惩罚性赔偿。

惩罚性赔偿的数额应与生产者、销售者的承受能力相适应，否则不能充分发挥惩罚性赔偿的功能。故应考量生产者、销售者是否获利及本身的经济能力。惩罚性赔偿的目的是震慑不法行为，故生产者、销售者获利多、经济实力雄厚情况下，应承担较重的责任，否则难以达到震慑目的。

医疗产品缺陷致人损害，生产、销售者还可能承担行政责任、刑事责任。《中华人民共和国产品质量法》第四十九条规定，生产、销售不符合保障人体健康和人身、财产安全的国家标准、行业标准的产品的，责令停止生产、销售，没收违法生产、销售的产品，并处违法生产、销售产品（包括已售出和未售出的产品，下同）货值金额等值以上三倍以下的罚款；有违法所得的，并处没收违法所得；情节严重的，吊销营业执照；构成犯罪的，依法追究刑事责任。刑法中规定了生产、销售假药罪，生产、销售劣药罪，生产、销售不符合标准的医疗器材罪。因惩罚性赔偿与行政责任、刑事责任的功能有相似性，均有惩罚、威慑功能，如果生产者、销售者承担了行政责任、刑事责任，则应减少惩罚性赔偿的金额，避免对生产者、销售者进行双重惩罚。

惩罚性赔偿的数额应考量原告的情况，原告所受损害的程度，受缺陷产品影响的原告数量等。原告死亡、重伤、残疾的，使众多受害人遭受损失的，惩罚性赔偿的数额应增多。但是在有多个原告就同一不法行为起诉或者存在多个潜在原告，应考虑被告对所有原告承担的惩罚性赔偿总额是否会超出其承受范围，以确定被告对每个原告应承担的惩罚性赔偿数额。

——杜万华主编：《最高人民法院医疗损害责任司法解释理解与适用》，人民法院出版社 2018 年版，第 395~398 页。

1469. 医疗产品责任主体增加“药品上市许可持有人”

关键词

医疗损害责任　医疗产品责任主体　药品上市许可持有人　药品缺陷

附录：最高人民法院主流观点

2019年修订的《药品管理法》专门对药品上市许可持有人作出了规定。该法第三十条规定："药品上市许可持有人是指取得药品注册证书的企业或者药品研制机构等。药品上市许可持有人应当按照本法规定，对药品的非临床研究、临床试验、生产经营、上市后研究、不良反应监测及报告与处理等承担责任。其他从事药品研制、生产、经营、储存、运输、使用等活动的单位和个人依法承担相应责任。药品上市许可持有人的法定代表人、主要负责人对药品质量全面负责。"该法第3章针对药品上市许可持有人制度作出了细化规定。在《民法典》对于药品上市许可持有人相关制度有明确规定的情况下，应当适用《民法典》的规定。《药品管理法》对药品上市许可持有人制度的细化规定在不与《民法典》冲突的情况下，可以继续适用。涉及药品上市许可持有人因药品缺陷承担侵权责任的纠纷，要适用医疗产品责任纠纷这一第四级案由，而不能适用产品责任纠纷这一案由。

——杨万明主编、郭锋副主编、最高人民法院研究室编著：《最高人民法院新民事案件案由规定理解与适用》，人民法院出版社2021年版，第1025页。

1470. 受邀医务人员的侵权责任构成要件

关键词

医师外出会诊　受邀医务人员　诊疗行为　损害后果　归责原则

附录：最高人民法院法官著述

结合学理的观点和法律的规定，笔者认为，受邀义务人员侵权责任的认定要件有四个，即受邀医务人员的诊疗行为、患者的损害、诊疗行为与损害后果之间的因果关系，受邀医务人员的过错。

（一）受邀医务人员的诊疗行为

从行为主体看，实施侵权行为的主体为受邀医务人员，而非其他主体。医务人员又可分为专业医务人员和社会医务人员两类。根据《中华人民共和国执业医师法》的规定，专业医务人员，是指依法取得执业医师资格或者执业助理医师资格，经注册在医疗、预防、保健机构中执业的专业人员。社会医务人员，根据《卫生部关于加强医疗机构聘用社会医务人员执业管理的通知》（卫医发〔1998〕第26号）的规定，是指取得技术职称的待聘人员或个体行医者。1999年5月1日《中华人民共和国执业医师法》实施后，则指取得执业资格的待聘人员或个体行医者。对无医疗技能又未取得行医许可的非医务人员，应认定为非法行医。

从行为性质上看，侵权行为的性质为受邀医务人员实施的诊疗行为。医务人员所进行的诊疗行为是医疗损害责任产生的前提。何谓诊疗行为，我国现行法律对此并未明确规定。我国台湾地区“行政院卫生署”1976年4月6日卫生署医字第107880号函件对此的解释为，医疗行为是指“凡以治疗、矫正或预防人体疾病、伤害残缺或保健为直接目的所为之诊察、诊断及治疗或基于诊察、诊断结果，以治疗为目的所谓之处方或用药等行为之一部或全部之总称。”我国台湾地区学者朱柏松教授认为，“医疗行为若从广义的概念加以认识，系指包括疾病、伤害之诊断、治疗、治疗后情况之判定，以及疗养指导等具有综合性的行为为内涵的法律事实。就目前医院或诊所的惯行，上述医疗行为的具体内涵，包括属于诊断方面之问诊、听诊以及检查，属于治疗方面之注射、给药、敷涂（外伤药物）、手术、复健，属于治疗情况判定之追踪、检证。”借鉴上述理论和我国法律的规定，我国学者将诊疗行为定义为，是指医疗机构及其医务人员借助其医学知识、专业技术、仪器设备及药物等手段，为患者提供的紧急治疗、检查、诊断、治疗、护理、保健、医疗美容以及为此服务的后勤和管理等维护患者生命健康所必需的活动的总和。[①]

从行为表现形态上看，医务人员的诊疗行为通常表现为以下情况：（1）误诊。根据病人的实际情况和有关操作规定或一个合格医务人员的应有注意，本来应当诊断出来病人存在某种疾病或伤害，但是没有诊断出来，或者根本就没有进行诊断。（2）贻误治疗。虽然进行了正确的诊断，但是未进行及时有效的治疗。（3）不当处方。对于已经确诊的病人，给予错误的处方。（4）不当手术和处置。不当手术和处置包括对不需要和不应当手术和处置的病人进行手术、错误切除不应当切除的器官或者组织、在手术和处置中将器具药棉等遗留在病人的胸腔或腹腔内、由于消毒不严格导致病人感染等。（5）手术或者处置导致病人不应有的伤害。（6）使用不合格的材料，导致病人的伤害或其他损失，等等。医疗损害案件中的侵权行为多表现为积极的行为，但是在病人（或者其家属、监护人）与医疗机构建立诊疗合同关系后，医务人员的不作为行为（如拒绝治疗、拒绝执行处方等）也可能构成侵权行为。[②]

对诊疗行为的内涵，目前尚难从正面加以全面、清晰的界定。在司法实践中，一般可以运用排除法来明确哪些情形不属于诊疗行为。通常而言，以下四种情形可以认定为非医疗行为：一是医院设施有瑕疵导致患者摔伤或在

---

① 王利明主编：《中国民法典学者建议稿及立法理由：侵权行为编》，法律出版社2005年版，第265页。

② 张新宝：《侵权责任法》，中国人民大学出版社2010年版，第233页。

医院自残、自杀。二是医院管理有瑕疵导致损害，如抱错婴儿。三是医生故意伤害患者，如拿患者做实验。四是非法行医致人伤害。对于非医疗行为产生的人身损害赔偿责任，适用本法关于人身损害赔偿的一般规定。①

（二）患者遭受损害

“无损害无救济”为侵权法的基本原则。侵权行为的成立必须以造成实际损害为必要，若无损害，则无赔偿。由此，只有诊疗行为导致患者造成损害的事实，才能构成侵权，并有权要求责任主体依法承担相应的法律责任。对损害的具体表现而言，主要包括财产损失、人身损害、精神损害等内容。以财产损失为例，侵害他人财产而造成的财产损失，不仅应赔偿财产毁损损失，还包括发生的可得财产利益的丧失。如受害人可得的经营利润、可得的工资、奖金等收入的损失等。从责任形式上看，侵权责任法规定了停止侵害、排除妨碍、消除危险等八种责任形式。上述责任形式，同样适用于会诊活动中致患者损害的情形。日常生活中，并非所有的损害都会得到法律的救济。而对损害的救济和认定，可从损害后果是否具有客观性、确定性及在法律上救济的必要性和可能性等加以考虑。

（三）诊疗行为与损害后果之间具有因果关系

因果关系在某种程度上体现着法律人的抽象思考方法。关于因果关系各国和地区法律多未规定，系由法院实务创造不同的概念或理论，以界定行为人就其行为所生损害，应予负责的范围，体现不同的法律文化及思考方法。最为宽广的是法国法上的直接说。最为传统的是英国法的预见说。最为精致的是德国法的因果关系说及法规目的论。②从我国的情况看，侵权责任法对因果关系未作出直接的规定，但在司法实践中并不影响侵权责任之因果关系问题的判断。从比较法的角度看，英美侵权责任法有法律上的因果关系与事实上的因果关系的划分，前者是指某一加害行为是否符合某一特定的侵权诉因要件的问题，后者指加害行为与损害之间的关系。大陆法系侵权责任法一般只规定事实上的因果关系，目前关于事实上的因果关系在大陆法系占主导地位的学说是经过改良的相当因果关系说，在英美法系占主导地位的学说则是近因关系说，二者在具体运用上较为接近。而我国侵权责任法没有接受法律上的因果关系的理论，不存在判断法律上的因果关系是否存在的问题。

因果关系作为侵权责任的构成要件，指向的是损害结果与加害行为之间的关联性问题。对因果关系的判断，除法律规定的特殊情况外，根据“谁主张谁举证”的民事诉讼证据规则，原告就侵权行为的因果关系负举证证明责

① 最高人民法院侵权责任法研究小组编著：《〈中华人民共和国侵权责任法〉条文理解与适用》，人民法院出版社 2010 年版，第 386 页。

② 王泽鉴：《侵权行为》，北京大学出版社 2009 年版，第 180 页。

任。而对因果关系的判断，特别是在医患纠纷中诊疗行为与损害后果之间的因果关系问题，裁判者运用逻辑推理和日常生活经验法则对此较为困难。而对诊疗行为与损害后果之间是否具有因果关系的事实判断，属专门性问题，需相对专业的人士通过相关方式或途径才能加以判断。在此情况下，因果关系的确定一般需求助于具有相关知识的第三方主体，或经专门的医疗科学技术鉴定才能确定。侵权责任法颁布实施前，对医疗损害赔偿案件的鉴定存在二元化的问题，即既有医学会的医疗事故技术鉴定，又有面向社会的关于医疗过错的司法鉴定，并由此产生医疗事故技术鉴定和司法鉴定的冲突问题。侵权责任法颁布实施后，解决了上述司法实践中的冲突问题，不再区分医疗事故与非医疗事故，仅就诊疗过程中的过错进行司法鉴定并确定因果关系问题。

（四）受邀医务人员的过错

过错责任为我国侵权责任法的一般归责原则，是一般侵权行为的归责基础。除法律规定的特殊情形外，侵权行为的构成仍要以加害人的过错为要件。由此，作为医疗侵权责任，亦是以过错为基础判定诊疗行为性质的依据。通常而言，过错包括过意和过失，是加害人的一种可归责的心理状态。就医务人员的过错认定标准而言，侵权责任法第五十七条[①]规定："医务人员在诊疗活动中未尽到与当时的医疗水平相应的诊疗义务，造成患者损害的，医疗机构应当承担赔偿责任。"从该条规定看，医务人员只要未尽到与当时的医疗水平相应的诊疗义务，即可认定医务人员存在过错。就判断方法而言，侵权责任法第五十八条[②]规定："患者有损害，因下列情形之一的，推定医疗机构有过错：（一）违反法律、行政法规、规章以及其他有关诊疗规范的规定；（二）隐匿或者拒绝提供与纠纷有关的病历资料；（三）伪造、篡改或者销毁病历资料。"由此，对医疗机构是否具有过错的认定，法律采用了推定的方法。同时，侵权责任法第六十条[③]亦对医疗机构不承担责任的情形加以明确。上述过错的认定标准和判断方法的规定，虽为法律对医务人员及医疗机构是否具有过错的判断依据，但其同样适用于对受邀医务人员外出会诊时是否存在过错的判断。

——赵风暴：《医师外出会诊的侵权责任承担》，载最高人民法院民事审判第一庭编：《民事审判指导与参考》2018 年第 2 辑（总第 74 辑），人民法院出版社 2018 年版，第 77~82 页。

① 对应《民法典》第一千二百二十一条。
② 对应《民法典》第一千二百二十二条。
③ 对应《民法典》第一千二百二十四条。

1471."不能取得患者或者其近亲属意见"的界定

关键词

紧急救治　患者意见

《中华人民共和国民法典》条文

第一千二百二十条　因抢救生命垂危的患者等紧急情况，不能取得患者或者其近亲属意见的，经医疗机构负责人或者授权的负责人批准，可以立即实施相应的医疗措施。

最高人民法院司法解释

第五条　患者依据民法典第一千二百一十九条规定主张医疗机构承担赔偿责任的，应当按照前条第一款规定提交证据。

实施手术、特殊检查、特殊治疗的，医疗机构应当承担说明义务并取得患者或者患者近亲属明确同意，但属于民法典第一千二百二十条规定情形的除外。医疗机构提交患者或者患者近亲属明确同意证据的，人民法院可以认定医疗机构尽到说明义务，但患者有相反证据足以反驳的除外。

第十八条　因抢救生命垂危的患者等紧急情况且不能取得患者意见时，下列情形可以认定为民法典第一千二百二十条规定的不能取得患者近亲属意见：

(一)近亲属不明的；

(二)不能及时联系到近亲属的；

(三)近亲属拒绝发表意见的；

(四)近亲属达不成一致意见的；

(五)法律、法规规定的其他情形。

前款情形，医务人员经医疗机构负责人或者授权的负责人批准立即实施相应医疗措施，患者因此请求医疗机构承担赔偿责任的，不予支持；医疗机构及其医务人员怠于实施相应医疗措施造成损害，患者请求医疗机构承担赔偿责任的，应予支持。

——《最高人民法院关于审理医疗损害责任纠纷案件适用法律若干问题的解释》(2020年12月29日修正)。

附录：最高人民法院主流观点

由于原《侵权责任法》第五十六条并未规定紧急救治的具体情形，尤其是没有规定责任承担规则，2017年，《医疗损害责任纠纷解释》在原《侵权责任法》第五十六条规定的基础上，结合原《侵权责任法》第五十四条、第五十五条、第六十条的规定，对于紧急救治具体情形作了细化。其第十八条第一款规定："因抢救生命垂危的患者等紧急情况且不能取得患者意见时，下列情形可以认定为侵权责任法第五十六条规定的不能取得患者近亲属意见：（一）近亲属不明的；（二）不能及时联系到近亲属的；（三）近亲属拒绝发表意见的；（四）近亲属达不成一致意见的；（五）法律、法规规定的其他情形。"①

第一，《医疗损害责任纠纷解释》第十八条第一款规定仅是对"不能取得患者近亲属意见"的情形作出的解释，并不能包括所有需要紧急救治的情形，且不涉及对生命垂危的患者等紧急情况的判断问题。对此仍应依据有关医疗法律法规、诊疗规范等进行处理，这往往需要专业判断，通过启动鉴定程序来解决。

第二，关于近亲属不明与不能及时联系到近亲属的情形。这两种情况相对容易判断，多为近亲属不在现场，在当时紧急情况下也无法查明近亲属或者联系不到近亲属的情况。但是，在当时情形下根本来不及联系近亲属的情形应该排除在外，因为这时抢救患者生命等人身重大利益无疑应是排在第一位的。

第三，关于近亲属拒绝发表意见的情形。近亲属拒绝发表意见的情形，是能够联系到近亲属且医方已经履行了告知说明义务，而近亲属不发表意见或者不能在及时抢救所需的时间内发表意见，此时其效果与患者接受告知说明后拒绝发表意见是一致的，应作为患者或者其近亲属放弃自主决定权，医方有权实施必要的紧急医疗行为。②这里的"拒绝"发表意见暗含着对医疗机构要向患者近亲属说明并征询其意见的义务性要求，有对患者近亲属知情同意权予以尊重的考虑。

第四，近亲属意见不一致的情形。对此仍应与患者本身病情的紧急情况相结合，原则上应以在场的近亲属达不成一致意见为限，不能硬性要求医疗机构通知到没到场的其他近亲属。当然，在患者病情允许的情况下，医疗机构应当进一步说明和督促患者近亲属形成一致意见，以免出现不必要的纠纷。

第五，关于兜底条款。考虑到社会生活的复杂性，这一法律、法规规定的其他情形有保留的必要。这不仅能保持司法解释本身适用的开放性，更能针对患者病情紧急程度，将来不及征求患者近亲属意见的情形包含在其中。

---

① 该司法解释2020年修正后，对引用的法条序号进行了调整，将"侵权责任法第五十六条"相应修改为"民法典第一千二百二十条"。

② 邹海林、朱广新主编：《民法典评注·侵权责任编》，中国法制出版社2020年版，第537页。

当然，对于来不及征求患者近亲属意见的情形如何认定，也是一个专业判断问题，对此既要尊重诊治过程中医务人员的专业判断，又要在事后纠纷处理中尊重有关的专业意见。

——最高人民法院民法典贯彻实施工作领导小组编著：《中国民法典适用大全（侵权责任卷）》，人民法院出版社 2022 年版，第 553~555 页。

1472. 医务人员违反说明义务的精神损害赔偿规则

关键词

医务人员　说明义务　精神损害赔偿　患者知情同意权

《中华人民共和国民法典》条文

第一千二百一十八条　患者在诊疗活动中受到损害，医疗机构或者其医务人员有过错的，由医疗机构承担赔偿责任。

第一千二百一十九条　医务人员在诊疗活动中应当向患者说明病情和医疗措施。需要实施手术、特殊检查、特殊治疗的，医务人员应当及时向患者具体说明医疗风险、替代医疗方案等情况，并取得其明确同意；不能或者不宜向患者说明的，应当向患者的近亲属说明，并取得其明确同意。

医务人员未尽到前款义务，造成患者损害的，医疗机构应当承担赔偿责任。

最高人民法院司法解释

第十七条　医务人员违反民法典第一千二百一十九条第一款规定义务，但未造成患者人身损害，患者请求医疗机构承担损害赔偿责任的，不予支持。

——《最高人民法院关于审理医疗损害责任纠纷案件适用法律若干问题的解释》（2020 年 12 月 29 日修正）。

附录：最高人民法院主流观点

对于医务人员违反说明义务的医疗机构精神损害赔偿问题，审判实践中有不同意见。一种意见认为，医务人员违反说明义务时，医疗机构应当承担相应的精神损害赔偿责任；另一种意见认为，医务人员未尽到说明义务，仅损害患者知情同意权而未损害患者人身、财产权益的，医疗机构不承担赔偿责任。《医疗损害责任纠纷司法解释》在深入调研、充分论证的基础上，最终采纳了第二种意见，其第十七条规定旨在平衡救济患者损害和有效推动医疗卫生事业发展，避免精神损害赔偿适用范围太广，给医疗机构造成不必要的负担，应当对“严重精神损害”从严把握，将此限定在造成患者人身损害的范围之内。这样也可以避免一些因医疗纠纷提起不必要的精神损害赔偿诉讼，从而加重医疗机构负担，不利于医患关系的和谐。但是，对于实施手术、特殊检查、特殊治疗的情形，本身即对患者利益影响较大，本章对这一情形都要求医疗机构征得患者明确同意。因此，在实施手术、特殊检查、特殊治疗的情形下，如果医务人员未尽到说明义务侵害了患者知情同意权，应当认定为给患者造成严重精神损害的情形。

具体而言，对于医疗机构违反告知义务情形下的精神损害赔偿的适用，不仅要符合“严重精神损害”的限定条件，还要满足上述的侵权责任构成的四要件，即主观过错、损害后果、违法行为和因果关系。在法律适用上，既要适用《民法典》侵权责任编中的第一千二百一十九条的规定，也要适用第一千二百一十八条的规定。

——最高人民法院民法典贯彻实施工作领导小组编：《中华人民共和国民法典侵权责任编理解与适用》，人民法院出版社 2020 年版，第 436~437 页。

1473. 医疗美容机构虚假宣传和诊疗过错行为造成患者损害应予赔偿

关键词

医疗美容　虚假宣传　诊疗过错

最高人民法院公布的典型案例

邹某与某医美机构侵权责任纠纷案

裁判要旨：医美机构因发布的医疗广告内容与卫生行政部门审批的广告内容不相符，广告语不真实等虚假宣传行为屡次受到行政处罚，当事人受到广告误导而接受服务，医美机构存在虚假宣传的欺诈行为，应适用《消费者权益保护法》关于惩罚性赔偿的规定。

基本案情

邹某曾在湖南某医院实施眼袋整形术，术后其认为自己下睑皮肤松弛，经其了解，得知北京某医美机构主刀医生师出名门，经验丰富，遂于 2015 年 12 月来到该医美机构进行了双侧下睑修复术。术后，邹某出现双侧下睑局部凹陷、疤痕畸形，外眼角畸形短小圆钝等症状。此后，邹某先后六次在其他医院进行修复，但仍无改善。邹某认为该医美机构的修复手术对其造成了损害，遂诉至法院要求该机构赔偿其医疗费、误工费、精神损害抚慰金等损失，并要求适用消费者权益保护法三倍赔偿其手术费。

裁判结果

法院认为：首先，本案属于消费型医疗美容，邹某为健康人士，为满足对美的追求的生活需要而接受美容服务，具有消费者的特征；该医美机构的经营目的为获取利润，具有经营者的特征。消费者为生活消费接受经营者提供服务的，应当受消费者权益保护法调整。经查，该医美机构因发布的医疗广告内容与卫生行政部门审批的广告内容不相符，广告语不真实等虚假宣传行为屡次受到行政处罚，邹某系受到上述广告误导而接受服务，故该医美机构存在虚假宣传的欺诈行为，应适用消费者权益保护法关于惩罚性赔偿的规定，由该医美机构三倍赔偿邹某的手术费用。其次，该医美机构的诊疗行为存在过错，但术后邹某又在其他医疗美容机构的修复行为确已改变医方的手术结果，法院遂判决该医美机构按照 60% 的过错责任比例赔偿邹某各项损失共计 74948 元。

典型意义

本案为典型的因医疗美容虚假宣传和诊疗不规范行为引发的侵权责任纠纷。通过该案的审理，法院充分发挥了司法裁判在社会治理中的规则引领和价值导向作用。首先，将医疗美容纠纷纳入医疗损害责任纠纷范畴，按照医疗损害责任纠纷的标准审查证据，有助于督促医美机构加强医疗文书制作及保存工作，规范其诊疗活动。其次，将消费型医疗美容纠纷纳入消费者权益保护法范围并适用惩罚性赔偿的规定，加大对商业欺诈行为的制裁力度，既能对医美机构起到应有的警示作用，预防、震慑其违法行为，也维护了医美市场的诚信和秩序，有利于切实保护消费者合法权益。

——《最高人民法院发布消费者权益保护典型案例》（2022 年 3 月 15 日）。

七、高度危险责任

1474. 高空抛物、坠物民事案件的审判原则

关键词

高空抛物坠物　可能加害的建筑物使用人　经验法则

最高人民法院司法政策精神

8. 加强高空抛物、坠物民事案件的审判工作。人民法院在处理高空抛物、坠物民事案件时，要充分认识此类案件中侵权行为给人民群众生命、健康、财产造成的严重损害，把维护人民群众合法权益放在首位。针对此类案件直接侵权人查找难、影响面广、处理难度大等特点，要创新审判方式，坚持多措并举，依法严惩高空抛物行为人，充分保护受害人。

9. 做好诉讼服务与立案释明工作。人民法院对高空抛物、坠物案件，要坚持有案必立、有诉必理，为受害人线上线下立案提供方便。在受理从建筑物中抛掷物品、坠落物品造成他人损害的纠纷案件时，要向当事人释明尽量提供具体明确的侵权人，尽量限缩“可能加害的建筑物使用人”范围，减轻当事人诉累。对侵权人不明又不能依法追加其他责任人的，引导当事人通过多元化纠纷解决机制化解矛盾、补偿损失。

10. 综合运用民事诉讼证据规则。人民法院在适用侵权责任法第八十七条[①]裁判案件时，对能够证明自己不是侵权人的“可能加害的建筑物使用人”，依法予以免责。要加大依职权调查取证力度，积极主动向物业服务企业、周边群众、技术专家等询问查证，加强与公安部门、基层组织等沟通协调，充分运用日常生活经验法则，最大限度查找确定直接侵权人并依法判决其承担侵权责任。

11. 区分坠落物、抛掷物的不同法律适用规则。建筑物及其搁置物、悬挂物发生脱落、坠落造成他人损害的，所有人、管理人或者使用人不能证明自己没有过错的，人民法院应当适用侵权责任法第八十五条[②]的规定，依法判决其承担侵权责任；有其他责任人的，所有人、管理人或者使用人赔偿后向其他责任人主张追偿权的，人民法院应予支持。从建筑物中抛掷物品造成他人损害的，应当尽量查明直接侵权人，并依法判决其承担侵权责任。

12. 依法确定物业服务企业的责任。物业服务企业不履行或者不完全履行物业服务合同约定或者法律法规规定、相关行业规范确定的维修、养护、管理和维护义务，造成建筑物及其搁置物、悬挂物发生脱落、坠落致使他人损害的，人民法院依法判决其承担侵权责任。有其他责任人的，物业服务企业承担责任后，向其他责任人行使追偿权的，人民法院应予支持。物业服务企业隐匿、销毁、篡改或者拒不向人民法院提供相应证据，导致案件事实难以

---

① 对应《民法典》第一千二百五十四条。

② 对应《民法典》第一千二百五十三条：“建筑物、构筑物或者其他设施及其搁置物、悬挂物发生脱落、坠落造成他人损害，所有人、管理人或者使用人不能证明自己没有过错的，应当承担侵权责任。所有人、管理人或者使用人赔偿后，有其他责任人的，有权向其他责任人追偿。”

认定的，应当承担相应的不利后果。

——《最高人民法院关于依法妥善审理高空抛物、坠物案件的意见》（2019 年 10 月 21 日，法发〔2019〕25 号）。

附录：答记者问

一方面，针对高空抛物、坠物案件直接侵权人查找难、影响面广等特点，《最高人民法院关于依法妥善审理高空抛物、坠物案件的意见》(以下简称《意见》) 紧密结合人民法院职责，通过举证责任分配规则推动当事人积极查找，同时要求各级法院加大依职权调查取证力度，充分运用日常生活经验法则，最大限度查找确定直接侵权人。另一方面，为及时充分救济受害人，《意见》第十二条在总结当前审判经验的基础上，依据侵权责任法有关规定，明确了物业服务企业在未尽到法定或者约定义务的情况下，依法承担相应的侵权责任。同时依法明确了物业服务企业对其他责任人享有相应的追偿权。

——《切实维护人民群众"头顶上的安全"——最高法研究室负责人就〈最高人民法院关于依法妥善审理高空抛物、坠物案件的意见〉答记者问》，载《人民法院报》2019 年 11 月 15 日。

1475.《民法典》对高空抛物坠物责任规则的完善

关键词

高空抛物坠物　自己责任原则　补偿责任　安全保障义务　追偿

《中华人民共和国民法典》条文

第一千二百五十四条　禁止从建筑物中抛掷物品。从建筑物中抛掷物品或者从建筑物上坠落的物品造成他人损害的，由侵权人依法承担侵权责任；经调查难以确定具体侵权人的，除能够证明自己不是侵权人的外，由可能加害的建筑物使用人给予补偿。可能加害的建筑物使用人补偿后，有权向侵权人追偿。

物业服务企业等建筑物管理人应当采取必要的安全保障措施防止前款规定情形的发生；未采取必要的安全保障措施的，应当依法承担未履行安全保障义务的侵权责任。

发生本条第一款规定的情形的，公安等机关应当依法及时调查，查清责任人。

附录：最高人民法院主流观点

高空抛物侵权人直接责任与可能加害人补偿责任的承担涉及《民法典》第一千二百五十四条第一款的适用问题，也涉及第三款规定的内容。对此，要注意以下问题：

1. 高空抛物侵权人直接责任的承担

依据本条第一款规定，从建筑物中抛掷物品或者从建筑物上坠落的物品造成他人损害的，应当由侵权人承担责任。此处的"侵权人"包括：(1) 实施抛物行为的人（或者其监护人、用人单位、个人雇主等）；(2) 致害物品的所有人、管理人、使用人（或者其监护人、用人单位、个人雇主等）。这一规则符合侵权责任可归责性的基本法理。一方面，高空抛物的行为人在主观方面通常有抛物的故意，在危害后果上既可能是希望相应的损害后果发生，也可能是放任这一损害后果的发生，这一情形主观上具有明显的可归责性。另一方面，高空坠物方面，通常是建筑物上坠落物品的所有人、管理人或者使用人未尽到相应的管理、维护义务，才导致相应坠落物致人损害的行为发生，主观上也具有可归责性。

在归责原则和构成要件上，本条规定并无体现过错的内容，但从本章的体系上讲，物件致人损害的责任属于过错推定责任。特别是第一千二百五十三条关于建筑物、构筑物或者其他设施及其搁置物、悬挂物坠落致人损害的情形，就采取了过错推定责任。从行为性质及条文体系角度上讲，本条规定的从建筑上坠落的物品造成他人损害的，应当适用与第一千二百五十三条相同的规则。而且，高空抛物行为，行为主观恶性更重，社会危险性更大，举轻以明重，此种情形更要适用过错推定责任，而不能适用过错责任加重受害人的负担。在证据规则上，加害人应当对其尽到相应管理、维护义务或者没有抛掷物品承担举证责任。

但是，实践中对于此类行为存在一个非常严重的问题就是行为人查找难。如果行为人查找不到，上述规定内容的适用就会大打折扣。立法机关经过调研，发现凡是公安机关立案侦查的从建筑物中抛掷物品或者从建筑物上坠落的物品造成他人损害的案件，基本上均能查到具体侵权人。为此，在发生高空抛物、坠物行为的，本条第三款专门规定了"公安等机关应当依法及时调查，查清责任人"。发生高空抛物、坠物事件后，查人、找人是关键，本条的这一规定在导向上有利于推动公安机关等根据自身职责权限及时调查，确定高空抛物、坠物行为的行为人，即直接侵权人。此外，《最高人民法院关于依法妥善审理高空抛物、坠物案件的意见》也结合人民法院职责对这一问题作了规定，第十条明确提出人民法院要积极主动向物业服务企业、周边群众、技术专家等询问查证，加强与公安部门、基层组织等沟通协调，充分运用日常生活经验法则，最大限度查找确定直接侵权人并依法判决其承担侵权责任。

2. 可能加害人补偿责任的适用

本条第一款后段规定“经调查难以确定具体侵权人的，除能够证明自己不是侵权人的外，由可能加害的建筑物使用人给予补偿”。此处所指的建筑物使用人必须是建筑物的占有人。法律之所以规定由建筑物的使用人承担，是因为使用人在案发时实际使用、控制建筑物，最有可能是抛物行为的实施者或者对防范物品坠落负有义务的人。一条文采用的是过错推定责任，即被告不能证明自己没有过错或者被告不能证明自己不是侵权人，均要承担民事责任。《民法典》之前，原《侵权责任法》已经对此种情形作出了规定，即由可能加害的建筑物使用人对被侵权人进行补偿。从现有实践效果来看，由可能加害的建筑物使用人对被侵权人进行补偿，这有利于合理分散损失，及时救济受害人，实现社会公平正义，促进社会和谐稳定。确立举证责任倒置制度，不是对被告的不公平，而是为了平衡当事人之间的利益，合理地保护被侵权人，最终实现实质意义上的公平。因此，建筑物抛掷物、坠落物造成他人损害，难以确定具体加害人时，让可能加害的建筑物使用人举证证明自己不是真正的加害人，符合民法公平正义的精神。关于此种情形的适用，要注意以下几点：

（1）关于可能加害的建筑物使用人的范围问题。本条中的“可能加害的建筑物使用人”必须限定在一定的合理范围内，不能机械地无限扩大至建筑物中的所有人。因此，这就需要公安机关、法院等有关机关积极作为，通过调查、侦查确定侵权人，排除不可能实施抛掷行为的人。在现代社会的高层楼宇中，从建筑物中抛掷物品或者从建筑物上坠落的物品造成他人损害，难以确定具体侵权人的，要从众多的使用人中确定可能的侵权人。本条规定的建筑物使用人，是指在侵权行为发生时建筑物的实际使用人。建筑物使用人在建筑物内进行活动，控制、管理着建筑物和建筑物内的物品，建筑物抛掷物、坠落物致人损害，经调查确实无法确定具体侵权人时，在他们中间确定可能的侵权人，符合社会生活实践经验。使用人包括使用建筑物的所有权人、承租人、借用人以及其他使用建筑物的人。“可能加害”的建筑物区分所有单元范围内的侵权人的确定问题可以依据科技手段和日常生活经验法则来进行，比如在一楼的住户显然不能属于高空抛物可能加害人的范围。此外，如果通过鉴定该损害发生的实际情况，可以确定坠落物来源高度超过一定楼层，则该楼层以下建筑物区分使用人也可以免除责任。如果不能确定为坠落物，则应该是由可能抛掷物品的窗户所在建筑物区分的使用人承担责任，这主要是因为抛掷物品来源的范围比坠落物的大。如果有证据证明抛掷物来自一定楼层或者一定方向，即可以确定一定范围内的“可能加害的建筑物使用人”，则应该尽量缩小责任人的范围。对于这一内容的适用，有必要做好相应的利益平衡保护，既要依法保护受害人的合法权益，又要注重维护建筑物使用人特别是建筑物居民的合法权益，尽量查明直接侵权人，尽量限缩“可能加害的建筑物使用人”的范围，实现救济损害与保障安居乐业的有机统一，促进社会和谐稳定。

（2）本条明确规定了举证责任倒置的做法。根据本条规定，无法确定具体侵权人的，由被侵权人证明自己是被建筑物上的抛掷物、坠落物伤害的，由建筑物使用人证明自己不是侵权人。建筑物使用人不能证明自己不是侵权人的，要对被侵权人受到的损害进行补偿。当然，如果有证据能够确定具体的侵权人，则其他可能加害的建筑物使用人无须再举证证明自己不是侵权人。在此要注意的是，一方面，这一举证责任倒置的做法，一定程度上加重了建筑物使用人的负担，但这是立法上分散风险、公平救济受害人的制度设计所要求的；另一方面，这一补偿责任更多地是基于道义、公平的理念进行的，不能理解为是赔偿责任，也不能理解为是过错责任。

——最高人民法院民法典贯彻实施工作领导小组编著:《中国民法典适用大全（侵权责任卷）》，人民法院出版社 2022 年版，第 812~844 页。

附录：最高人民法院法官著述

高空抛物坠物案件的审判难点是具体侵权人难以确定，受害人难以举证，为解决这一问题，进一步明确各方责任，采取分层次、全方位手段解决高空抛物坠物问题，及时完善高空抛物坠物治理规则，彰显法律公平正义，更好保护人民群众生命财产安全。作了五处修改：一是明确禁止从建筑物中抛掷物品，无论是有意还是无意的。比较著名的案件有重庆烟灰缸案、济南菜板案、深圳玻璃案等案件。二是确定了由侵权人依法承担侵权责任，解决随意追加主体的问题，能够查明侵权人的，由侵权人承担侵权责任。三是依靠公安机关解决举证困难的问题，大多数案件通过指纹等技术侦查手段，可以判断坠落物的归属，进而可以确定具体侵权人，这有利于保护受害人，所以明确坚持了侵权责任法的自己责任原则，避免了一些不必要的分歧。四是可能加害的建筑物使用人补偿后有权向侵权人追偿，可能加害的建筑物使用人的责任不是一个侵权责任，而是一个基于公平原则的补偿责任，补偿是一个按份责任，补偿人之间不能追偿，但是如果经过公安调查，具体侵权人出现了，补偿人可以向侵权人进行追偿，因为其不是真正的责任主体。五是增加了物业服务企业的安全保障义务。物业服务企业应当采取必要的安全保障措施，以防止前款规定情形的发生，未采取必要安全保障措施的，应当依法承担未履行安全保障义务的侵权责任，这是法定安保义务。实践中还要注意该条规定与《民法典》第一千二百五十三条的衔接适用，如果能够确定坠落物的归属的，就适用第一千二百五十三条；如果不能确定坠落物的归属的，就适用第一千二百五十四条。

——潘杰：《民法典侵权责任编重点问题解读》，载最高人民法院民事审判第一庭编：《民事审判指导与参考》2021 年第 1 辑（总第 85 辑），人民法院出版社 2021 年版，第 175 页。

1476. 物业服务企业在高空抛物、坠物行为方面的责任承担

关键词

物业服务企业　高空抛物　建筑物管理人

《中华人民共和国民法典》条文

第一千二百五十四条　禁止从建筑物中抛掷物品。从建筑物中抛掷物品或者从建筑物上坠落的物品造成他人损害的，由侵权人依法承担侵权责任；经调查难以确定具体侵权人的，除能够证明自己不是侵权人的外，由可能加害的建筑物使用人给予补偿。可能加害的建筑物使用人补偿后，有权向侵权人追偿。

物业服务企业等建筑物管理人应当采取必要的安全保障措施防止前款规定情形的发生；未采取必要的安全保障措施的，应当依法承担未履行安全保障义务的侵权责任。

发生本条第一款规定的情形的，公安等机关应当依法及时调查，查清责任人。

最高人民法院司法解释

第十九条　民法典施行前，从建筑物中抛掷物品或者从建筑物上坠落的物品造成他人损害引起的民事纠纷案件，适用民法典第一千二百五十四条的规定。

——《最高人民法院关于适用〈中华人民共和国民法典〉时间效力的若干规定》（2020 年 12 月 29 日，法释〔2020〕15 号）。

附录：最高人民法院主流观点

物业服务企业在预防和规制高空抛物、坠物行为方面也能够发挥重要作用，也属于其做好修缮、服务工作的职责所在。《最高人民法院关于依法妥善审理高空抛物、坠物案件的意见》第十二条在总结当前审判经验的基础上，依法明确了物业服务企业在未尽到法定或者约定义务的情况下，依法承担相应的侵权责任。《民法典》编纂过程中，特别是在最后阶段，着重研究了高空

抛物侵权责任问题，更是明确了物业服务企业等建筑物管理人的责任承担规定，明确了其承担相应的未履行安全保障义务的侵权责任。物业服务企业等建筑物管理人依照这一规定应当在物业管理和服务中对建筑物及相关设施采取必要的安全保障措施，其目的在于引导和规范物业服务企业等建筑物管理人更加注意采取相应的安全保障和防范、监控措施，从而更有利于发现直接侵权人，也更有利于预防高空抛物事件的发生，从责任后果上讲，也更有利于对受害人的救济。

物业服务企业并不当然地属于责任人之列。依据《民法典》第一千二百五十四条规定，物业服务企业等建筑物管理人承担侵权责任的前提是其未采取必要的安全保障措施，即未履行相应的安全保障义务。我们认为，对此的判断依据应在于，不履行或者不完全履行物业服务合同约定或者法律法规规定、相关行业规范确定的维修、养护、管理和维护义务。而此义务违反的行为与造成建筑物及其搁置物、悬挂物发生脱落、坠落并最终致使他人损害具有因果关系。从责任形态上讲，物业服务企业等建筑物管理人承担的是违反安全保障义务的法律后果。对此，《民法典》第一千一百九十八条第一款规定："宾馆、商场、银行、车站、机场、体育场馆、娱乐场所等经营场所、公共场所的经营者、管理者或者群众性活动的组织者，未尽到安全保障义务，造成他人损害的，应当承担侵权责任。"第二款规定："因第三人的行为造成他人损害的，由第三人承担侵权责任；经营者、管理者或者组织者未尽到安全保障义务的，承担相应的补充责任。经营者、管理者或者组织者承担补充责任后，可以向第三人追偿。"该条第一款是关于违反安全保障义务的直接侵权责任的规定，第二款则是存在第三人直接侵权时，安全保障义务人承担补充责任的规定。

结合该条规定，就物业服务企业等建筑物管理人承担的侵权责任而言，也包括两种形态：其一就是作为直接侵权人依照其过错大小承担的按份责任，归责原则上应当适用《民法典》第一千二百五十三条规定的规则。其二则是存在高空抛物、坠物行为的直接侵权人的情形，而物业服务企业等建筑物管理人也违反了相应的安全保障义务，这时物业服务企业应当承担相应的补充责任，物业服务企业在承担责任后可以向直接侵权人行使追偿权。这里的直接侵权人就是《民法典》第一千二百五十四条第一款规定的"侵权人"。

从证据法角度，《民事诉讼法解释》第一百一十二条规定："书证在对方当事人控制之下的，承担举证证明责任的当事人可以在举证期限届满前书面申请人民法院责令对方当事人提交。申请理由成立的，人民法院应当责令对方当事人提交，因提交书证所产生的费用，由申请人负担。对方当事人无正当理由拒不提交的，人民法院可以认定申请人所主张的书证内容为真实。"物业服务企业等建筑物管理人隐匿、销毁、篡改或者拒不向人民法院提供相应证据，导致案件事实难以认定的，应当承担相应的不利后果。在此需要注意的是，物业服务企业承担相应的不利后果，必须是其作为案件当事人，存在隐匿、销毁、篡改或者拒不向人民法院提供相应证据的情形，至于是否存在这一情形，应当贯彻“谁主张、谁举证”的一般规则。同时，还必须符合因为存在上述情形，导致案件事实不能认定的条件。虽然存在上述情形，但是案件事实能够认定，则物业服务企业也不必承担相应的不利后果。比如在缑某某与廊坊市某工程项目管理有限公司健康权纠纷案中，事发当日的视频资料是证实案件事实的直接证据。庭审中，原告申请调取事发当日被告的监控视频，但被告以事发当日的视频资料被覆盖为由不予提供。法院依据民事诉讼证据规则，结合原告提供的其他证据，依法认定原告主张的侵权事实成立。

——最高人民法院民法典贯彻实施工作领导小组编著：《中国民法典适用大全（侵权责任卷）》，人民法院出版社 2022 年版，第 845~847 页。

1477. 公共道路妨碍通行损害责任与堆放物损害责任、高度危险物损害责任的区别

关键词

公共道路妨碍通行损害责任　堆放物损害责任　高度危险物损害责任

《中华人民共和国民法典》条文

第一千二百五十六条　在公共道路上堆放、倾倒、遗撒妨碍通行的物品造成他人损害的，由行为人承担侵权责任。公共道路管理人不能证明已经尽到清理、防护、警示等义务的，应当承担相应的责任。

附录：最高人民法院主流观点

实践中，应当注意区分公共道路妨碍通行损害责任与堆放物损害责任、高度危险物损害责任。

一、致害物不同

公共道路妨碍通行损害责任的致害物为妨碍通行的物品，可以是有形的固体物，也可以是液体和气体。堆放物损害责任的致害物为堆放物，通常是固体或其他有形物。高度危险物损害责任的致害物特指易燃、易爆、剧毒、高放射性、强腐蚀性等高度危险物品。当然，妨碍通行物也有可能是上述高度危险物品。

二、致害方式不同

公共道路妨碍通行损害责任的致害行为系在公共道路上堆放、倾倒、遗

撒妨碍通行的物品。堆放物损害责任则由堆放物倒塌、滚落或者滑落致害，并不要求必须发生在公共道路上。高度危险物损害责任对致害行为和致害地点均无特殊要求。

三、归责原则不同

堆放物损害责任与公共道路管理人的妨碍通行损害责任实行过错推定，前者基于堆放人的堆放、管理瑕疵，后者基于公共道路管理人的管理过失。高度危险物损害责任为严格责任，在责任构成不考虑过错。

四、责任主体和责任范围不同

公共道路妨碍通行损害责任的责任主体为行为人及公共道路管理人，前者承担完全赔偿责任，后者承担相应的责任。堆放物损害责任的责任主体为堆放人，其责任为完全赔偿责任。高度危险物损害责任的责任主体较为复杂，既可能是占有人或者使用人，也可能是所有人或者管理人，占有人与所有人、管理人还可能发生连带责任。特定情形下，公共道路妨碍通行损害责任与堆放物损害责任、高度危险物损害责任可能发生竞合，此时应根据特别规定优于一般规定以及有利于受害人的原则，决定具体责任的适用。

——最高人民法院民法典贯彻实施工作领导小组编：《中华人民共和国民法典侵权责任编理解与适用》，人民法院出版社2020年版，第718~719页。

1478. 高压触电人身损害赔偿纠纷，供电企业已经履行警示、告知义务的，可根据受害人的过错程度减轻供电企业的侵权责任

关键词

触电人身损害赔偿　减轻责任事由

最高人民法院审判业务意见（民事审判第一庭意见）

最高人民法院民一庭意见：因高压触电引发的人身损害赔偿纠纷，应依据侵权责任法第七十三条[①]的规定认定高压供电企业的侵权责任。如果供电企业已经履行了法律、法规规定的警示、告知义务，可根据受害人的过错程度减轻供电企业的侵权责任。

附：案情简介

一审法院查明：2010年9月，王东受张朝雇佣，在某地隧道旁为张朝修建房屋。王东在修建房屋的过程中，到房顶作业，触碰到房顶上方10千

① 对应《民法典》第一千二百四十条。

伏高压线，被电击伤后坠地，经医院诊断为“1. 电击伤；2. 原发性脑干损伤；3. 外伤性蛛网膜下腔出血；4. 双手及双足三度烧伤；5. 头皮裂伤；6. 双眼屈光不正”，司法鉴定中心鉴定其“伤残等级为二级”。王东将雇主张朝和架设高压线的宏达电力公司起诉至县人民法院，请求判令由二被告赔偿原告误工费、营养费、住院伙食补助费、住院期间护理费、后续护理费、残疾赔偿金、精神损害抚慰金、残疾用具费、鉴定费、住宿费、交通费等费用共计316994.70 元，由二被告承担本案诉讼费。一审法院还查明，宏大电力公司在事发地区多次进行了电力设施保护宣传，还要求张朝停止在高压线下违法建房，在张朝和王东不听劝告执意继续施工时，宏大电力公司曾到当地派出所报案请求公安部门阻止违法施工行为，但派出所没有作为。

王东诉称：原告与张朝之间存在劳务关系，原告在为张朝提供劳务的过程中受伤，而击伤原告的高压线为宏大电力公司所有、管理，因此二被告应对原告的损害后果承担连带赔偿责任。

张朝辩称：原告受伤是因为触碰到宏大电力公司架设的高压线造成，与张朝行为没有因果关系，且张朝已垫付了部分医疗费。宏大电力公司系涉案高压线路的管理者，应承担无过错责任，系原告损害的最终赔偿义务人，应对原告的损害承担民事赔偿责任。张朝垫付的费用亦应由宏大电力公司赔偿。

宏大电力公司辩称：2010 年 3 月，宏大电力公司工作人员对张朝的违法建房行为进行了阻止，并向其送达《安全隐患整改通知书》，要求其停止施工，但张朝和王东不听劝阻，仍然违法建房。此后，答辩人多次口头和书面告知张朝不得违法建房，要求其停止施工，已尽到告知和警示义务，二人不听劝阻仍违法施工，造成原告受伤的后果，宏大电力公司不应承担赔偿责任。

——最高人民法院民一庭：《受害人从事违法行为触电造成损害，供电企业能否免责》，载最高人民法院民事审判第一庭编：《民事审判指导与参考》2013 年第 2 辑（总第 54 辑），人民法院出版社 2013 年版，第 115~118 页。

八、饲养动物损害责任

1479. 审判实践中，应从规定出发而非主观感受出发判断危险动物

关键词

大型犬　危险动物　烈性犬

《中华人民共和国民法典》条文

第一千二百四十七条　禁止饲养的烈性犬等危险动物造成他人损害的，动物饲养人或者管理人应当承担侵权责任。

附录：最高人民法院主流观点

关于“大型犬”是否属于《民法典》第一千二百四十七条规定的危险动物的问题。实践中，有的观点认为本条规范的类型为烈性犬等危险动物，有些大型犬性格温顺，不属于危险动物。有的观点认为，无论动物性格如何，应从其是否会对他人存在危险来判断。纵观各地规定也不尽相同。例如，《上海市养犬管理条例》第十二条第三款规定，禁止个人饲养烈性犬只。市公安局会同市农委核定本市禁止个人饲养的烈性犬只范围。禁止个人饲养烈性犬只目录有藏獒、獒犬、罗威那犬、意大利扭玻利顿、法国波尔多獒犬、斗牛獒犬、西班牙獒犬、高加索犬、比利牛斯獒犬、巴西菲勒、阿根廷杜高獒犬、丹麦布罗荷马獒等獒犬以及具有獒犬血统的杂交犬只等。《吉林市人民政府关于禁止在城市建成区内饲养大型犬和烈性犬的通告》规定：本通告所称大型犬是指体高超过40厘米，体重超过10公斤的犬类；烈性犬是指藏獒、斗牛獒犬、法国狼犬、德国牧羊犬、牛头梗、杜宾犬、圣班纳犬、高加索犬、中华田园犬（土狗）等具有较强攻击性的犬类。《天津市养犬管理条例》第七条规定，禁止个人饲养烈性犬、大型犬。如果是基于合同或决议等禁止饲养，则不适用该条，如小区的业主规约禁止饲养。禁止饲养的危险动物主要包括如下两类：一是家畜、家禽中的凶猛动物，如烈性犬；二是野生动物，如老虎、狮子等。从各地规定看，一般将大型犬和烈性犬规定在一起，在未按照公安机关要求登记而饲养的，均属于禁止行为。无论是大型犬还是烈性犬，在饲养、管理不当时，均有可能发生致人损害事件。审判实践中，更多地应当从规定出发而非主观感受出发判断是否属于危险动物，如符合国家法律、法规、规章或者规范性法律文件规定的明确禁止或者限制饲养的大型犬或者烈性犬，应当作为危险动物对待。

——最高人民法院民法典贯彻实施工作领导小组编：《中华人民共和国民法典侵权责任编理解与适用》，人民法院出版社2020年版，第658~659页。

1480. 饲养动物遗弃、逃逸被人占有后致人损害的责任承担

关键词

饲养动物遗弃、逃逸　动物致害

《中华人民共和国民法典》条文

第一千二百四十五条 饲养的动物造成他人损害的，动物饲养人或者管理人应当承担侵权责任；但是，能够证明损害是因被侵权人故意或者重大过失造成的，可以不承担或者减轻责任。

第一千二百四十六条 违反管理规定，未对动物采取安全措施造成他人损害的，动物饲养人或者管理人应当承担侵权责任；但是，能够证明损害是因被侵权人故意造成的，可以减轻责任。

第一千二百四十九条 遗弃、逃逸的动物在遗弃、逃逸期间造成他人损害的，由动物原饲养人或者管理人承担侵权责任。

第一千二百五十条 因第三人的过错致使动物造成他人损害的，被侵权人可以向动物饲养人或者管理人请求赔偿，也可以向第三人请求赔偿。动物饲养人或者管理人赔偿后，有权向第三人追偿。

附录：最高人民法院主流观点

《民法典》对此无具体规定。家畜、家禽以及狗、猫等宠物无论是被原饲养人或者管理人主动遗弃还是被动逃逸，都难以回归野生状态。因为人类饲养这些动物已久，它们已完全驯化，有的已失去了野生的本性，有的丧失了野外生存能力。对于这类动物如果已经被他人占有、饲养，则所有权变化后，饲养人或者管理人转移为新占有人，对于该类动物致人损害，从《民法典》第一千二百四十五条饲养动物致人损害一般条款规定出发，应当由新饲养人或者管理人，也就是占有人承担责任。如存在动物逃逸后又受到他人支配、强制、挑唆等造成损害而非动物自身主动造成损害的，则应当结合《民法典》第一千二百四十五条、第一千二百四十六条、第一千二百五十条的规定综合判断。

实践中存在流浪猫狗虽没有固定所有者或者管理者，但有爱心人士作为喂养者定期或者不定期喂养，如该类动物致害，则流浪猫狗的喂养者是否应当承担责任的问题，也有不同认识。为了增强对爱心人士照顾流浪动物行为的规范和管理，我们认为，不应对流浪动物的喂养者过于苛责，不应认定其属于喂养期间的所有者或者管理者，对流浪动物致害承担责任。

——最高人民法院民法典贯彻实施工作领导小组编：《中华人民共和国民法典侵权责任编理解与适用》，人民法院出版社 2020 年版，第 670 页。

1481.“动物饲养人或者管理人”的范围

关键词

动物饲养人　动物致害

附录：最高人民法院主流观点

《侵权责任法》第七十八条[①]在动物致害责任主体上仍然使用了“动物饲养人或者管理人”的概念。在理解上有三点值得注意：(1)动物所有人自己饲养管理的情况下，“动物饲养人或者管理人”就当然包括了动物所有人。(2)在动物所有人委托他人饲养或者管理时，动物所有人应当原则上被排除于义务主体的范围。因为动物与建筑物不同，其饲养或者管理人能够通过自己的控制行为掌控其危险性扩散。正是基于此种考虑，《侵权责任法》第八十五条[②]规定的(建筑物、构筑物或者其他设施及其搁置物、悬挂物致害)义务主体为“所有人或者管理人”。从文义解释角度看，在动物的致害责任中，《侵权责任法》在两种不同的细分规定中有意作了区分性的规定，即已清晰表明了立法者的明确用意。但由于按照相关管理规定(以养犬为例)，养犬人取得养犬登记证后，负有携犬到畜牧兽医行政部门批准的动物诊疗机构对犬只进行健康检查，免费注射预防狂犬病疫苗，领取动物防疫监督机构出具的动物健康免疫证的义务，而此中的“养犬人”主要是指犬只的所有人，因此如果因实施寄养(包括饲养与管理)的动物所有人未履行上述义务，而导致他人损害的，在解释上，所有人亦应当负连带责任。(3)占有动物的人，也应当纳入“动物饲养或者管理人”的范围。合法占有人(比如接受动物所有人委托的人及负责处理收容、没收犬只的犬只留检所等)，因其对动物的直接控制而负有管理义务故可纳入“动物管理人”范围，自当负其责任。至于非法占有人(比如抢劫、抢夺、盗窃动物的人)，一种观点认为也应当将纳入“动物饲养或者管理人”的范围，理由是尽管其为非法占有，但对社会公众而言，其仍应负担管理义务，唯如此才更有利于产生动物致害时更加充分地保护受害人。另一种观点则持相反意见，理由是法律条文中所表述的“动物饲养人或者管理人”，应当是指基于合法的根据或者事由饲养或者管理动物的人。我们倾向于后一种观点。由此推展，在动物被遗弃或者逃逸的情形下，占有人

---

① 对应《民法典》第一千二百四十五条。

② 对应《民法典》第一千二百五十三条。

出于无因管理亦应纳入合法占有。对此应当结合《侵权责任法》第八十二条[①]和第八十三条规定处理，换言之，动物饲养人、占有人以及第三人都会成为责任主体。

在上述基础上，如果在非法占有期间（抢劫、抢夺、盗窃动物等情形），因第三人过错发生了动物致害，动物饲养人或者管理人应否按照《侵权责任法》第八十三条[②]承担责任呢？对此有不同见解：一种观点认为动物饲养人或者管理人只有在能够证明已经尽到必要且足够的看管、防护义务的情况下，才能够免除责任；第二种观点认为，比照《侵权责任法》第八十二条规定精神，按照相同问题同种处理的原则，应当由非法占有人承担责任。在《侵权责任法》对此问题没有作出规定的情况下，上述观点有一定道理。借鉴与参考侵权法理上有关动物被侵夺后致害的一般处理原则以及“因果关系中断”理论，我们目前倾向于将第一种观点和第二种观点综合起来的立场。

——最高人民法院侵权责任法研究小组编著：《〈中华人民共和国侵权责任法〉条文理解与适用》，人民法院出版社 2010 年版，第 527~528 页。

1482. 动物园作为饲养管理动物的专业机构，依法负有注意和管理义务，其安全设施应充分考虑到未成年人的特殊安全需要，最大限度杜绝危害后果发生

关键词

动物园　无过错责任　过失相抵

最高人民法院公报案例

谢叶阳诉上海动物园饲养动物致人损害纠纷案（上海市第一中级人民法院民事判决书）

裁判摘要：动物园作为饲养管理动物的专业机构，依法负有注意和管理义务，其安全设施应充分考虑到未成年人的特殊安全需要，最大限度杜绝危害后果发生。游客亦应当文明游园，监护人要尽到监护责任，否则亦要依法承担相应的责任。

上海市长宁区人民法院一审认为：一、关于被告上海动物园是否尽到管

① 对应《民法典》第一千二百四十九条。
② 对应《民法典》第一千二百五十条。

理职责以免除其责任的问题。被告的管理职责应根据具体动物的种类和性质来定，并且鉴于动物园所承担的独特社会功能，其不应该只是承担善良管理人的注意义务，而应该承担更高的符合其专业管理动物的注意义务。具体可从以下几点考量：1. 是否尽到了告知提醒义务。被告在动物园门口张贴了《上海市公园游园守则》，并在灵长馆笼舍等处悬挂了“禁止跨越栏杆”“禁止敲打”“禁止嬉弄”等图文并茂的警示牌。原告谢叶阳认为上述警示牌事发时没有，位置不合理，但原告未提供相反证据予以佐证，法院不予采信，且游览动物是从远至近，挂于 2 米处的位置，适合游客从远处明显观察到，且被告配置了儿童较易识别的图文警示，其已尽到了告知义务。2. 管理人员是否有巡视制度，已尽到对游客擅自翻越、穿越栏杆靠近动物等行为的劝阻义务。被告提供的值班表、饲养员值班表等皆反映了事发当日，被告员工正常上班、巡视。对动物园的看管义务应当在具体情况下以一个谨慎、小心的动物保有人的标准来确定，不能要求其尽到所有的注意义务。原告受伤事发于瞬间，显不能苛求被告员工在事发时在场，故法院认为被告人员在巡视方面尽到了其职责。3. 动物园灵长馆设施、设备有无安全问题。对于动物园来说，需要安装特殊的防患设备将游客与动物隔离，避免动物因为游客的挑动而加害他人。动物园更应履行必要的防护义务，避免行人在过失的情况下擅入动物侵害范围之内，从而造成他人损害。被告给灵长类动物安装了网状的铁质笼舍，并在外加装了防护栏，保持了 1.50 米的安全间距，确实起到了一定的防护作用。但金属防护栏之间间距在 15 厘米左右仅仅能避免成年人钻入，并不能防止幼童的钻入，现原告穿过防护栏，用手喂食猴子导致右手中指受伤。动物园是一所对公众开放的公共场所，每年要接待成千上万的学龄前儿童，根据其专业能力应能预见此危险发生的可能性，而未采取必要补救措施，动物园有过错，未尽到其管理职责。

二、关于原告谢叶阳及其法定代理人有无过失，是否可以减轻被告上海动物园的责任的问题。原告受伤的直接原因是原告违反《上海市公园管理条例》第二十三条：“游客应当文明游园，爱护公园绿化，保护公园设施，维护公园秩序，遵守游园守则……”以及《上海市公园游园守则》：“不得嬉弄……各种动物……”等有关规定，擅自穿越防护栏，给猴子喂食导致受伤，原告有过错。原告事发时仅 4 周岁，其过错应由其监护人承担。根据《民法通则》第十八条规定，监护人应当履行监护职责，保护被监护人的人身、财产及其他合法权益。监护人的监护责任之一就是对被监护人的人身进行监护，防止其受到侵害。在监护人监护之下，被监护的无民事行为能力人受到自己的行为损害或者他人的行为侵害，就是监护人未尽到自己的监护责任。本案中，原告事发时仅 4 周岁，没有民事行为能力，对喂食猴子等危险情况没有认知能力和处置特殊情况的能力。原告法定代理人带原告到动物园游玩并无不当，然，在被告已书面告知警示情况下，原告法定代理人仍放松对原告危险警示教育和看护，导致原告穿过防护栏产生损害后果，故原告法定代理人有监管过失，应减轻被告的民事责任。

三、关于赔偿责任比例的确定问题。原告谢叶阳法定代理人未看护好无民事行为能力的原告导致原告擅自穿越防护栏，喂食猴子，是原告受伤的近原因及主要原因，应当承担主要责任即承担本案确定赔偿总额的百分之六十之责。被告上海动物园的防护栏存在安全瑕疵未有效阻止原告穿越，应承担次要责任即承担本案确定赔偿总额的百分之四十之责。

本案二审的争议焦点是：第一，对于上诉人谢叶阳的受伤，谢叶阳的法定代理人以及上诉人上海动物园是否需承担各自的责任及责任应如何分担；第二，谢叶阳的假肢费用是否应包括在赔偿范围内，之后的维修费用在本案中是否应一并解决。

上海市第一中级人民法院二审认为：

关于第一个争议焦点，法院认为，饲养的动物造成他人损害的，动物饲养人或者管理人应当承担侵权责任，但能够证明损害是因被侵权人故意或者重大过失造成的，可以不承担或减轻责任。根据本案查明的事实，事发地点灵长馆的笼舍系铁网状的封闭性笼舍，在笼舍外还另有金属隔离护栏，笼舍上也悬挂了“禁止跨越栏杆”等的警示牌。金属隔离护栏与铁质笼舍一样，都是起到防止灵长类动物伤及游客的防护作用。游园时不可穿越隔离护栏对每一个具有民事行为能力的人来说都应是明知的。上诉人谢叶阳这一 4 岁男童，正是活泼好动而又缺乏危险意识的时期，谢叶阳的监护人在对谢叶阳进行文明游园安全教育的同时，更应严格监管防止发生意外，然谢叶阳监护人却让谢脱离了监护人监护，发生了自行穿越防护栏并喂食猴子的行为，导致本案伤害的发生，因此，谢叶阳的监护人存在重大过失。谢叶阳一方上诉认为其对于本案不应承担任何责任的观点，法院不予采信。对上诉人上海动物园而言，其作为专门饲养管理动物的机构较一般动物饲养人有着更高的注意和管理义务。金属隔离护栏除警示的作用外亦应负担着一定的隔离作用，而护栏之间 15 厘米的间距，存在着不能杜绝幼童钻入的可能性。另外，本案事发时上海动物园无工作人员在场。事发后，上海动物园又缺乏有效的紧急联系方式供需要帮助的游客与园方取得联络，致使谢叶阳一方不能及时进行手指被咬伤后的紧急善后处理，只能自行至医院求治。基于以上原因，原审法院认为上海动物园未尽到管理职责，并无不当。上海动物园关于其已尽到管理职责，不应承担赔偿责任的上诉观点，法院亦不予采信。综合本案双方过错情况，原审法院酌定谢叶阳的法定代理人对谢叶阳的受伤承担 60% 的责任，上海动物园承担 40% 的责任，尚属合理，法院予以维持。

关于第二个争议焦点，法院认为，上诉人谢叶阳尚年幼，右手中指的部分缺失对其今后正常的生活、学习确实会造成一定影响，安装的假肢虽为美容假肢，但确能起到一定的功能作用。故原审法院根据双方的过错程度，酌情支持部分假肢费用并无不当。上诉人上海动物园上诉认为不应承担假肢费用的观点，法院不予采纳。原审法院鉴于今后的假肢费用目前尚未实际发生，假肢费用具有不确定性，为更好保护谢叶阳的权益，对今后的假肢费用未予支持亦无不当。谢叶阳要求本案中一并处理今后的假肢费用的观点，法院亦不予采纳。谢叶阳可待该费用实际发生后另行主张。

综上所述，原审法院所作的判决并无不当，予以维持。上诉人谢叶阳、上海动物园的上诉请求，均缺乏依据，法院不予支持。

——《最高人民法院公报》2013 年第 8 期。

九、建筑物和物件损害责任

1483. 违法建筑倒塌或其搁置物、悬挂物脱落、坠落致损的责任承担

关键词

违法建筑　损害赔偿纠纷

最高人民法院司法政策精神

22. 因违法建筑倒塌或其搁置物、悬挂物脱落、坠落造成的损害赔偿纠纷，属于民事案件受案范围，应按照侵权责任法有关物件损害责任的相关规定处理。

——《最高人民法院关于印发〈第八次全国法院民事商事审判工作会议（民事部分）纪要〉的通知》（2016 年 11 月 21 日，法〔2016〕399 号）。

附录：最高人民法院主流观点

建筑设施倒塌案件审判实务中应注意的问题

根据目前我们掌握的情况，此前引人注目的“楼倒倒”“楼脆脆”等事件，并未讼争至法院，争端多数已经在当地政府有关部门与建设单位以及房屋所有人之间，通过协商方式予以解决。不过，长期以来的审判实务中，关于因建筑物、构筑物及其他设施倒塌引发的纠纷，人民法院审理了不少。今后，审判实践中适用本条规定时，应当注意如下问题：

第一，审判实务中，准确把握立法制定本条（《侵权责任法》第八十六[①]条，下同）为了解决目前较为突出的“豆腐渣”工程问题的出发点和立法本义。要严格把握尺度，防止将本条第一款规定适用范围的过度扩大化，避免将非立法本意的建筑物倒塌都适用本条的原则。如果真正适用法律时会出现大量的对法律本义理解有困惑现象的话，适当的时候，相关具体问题应当由最高人民法院出台司法解释予以明确。

第二，本条所称的倒塌的范围，应当既包括建筑物、构筑物等设施的完全倒塌毁损，也包括仅其中部分毁损。诸如整个桥梁倒塌、建筑物部分阳台护栏倒塌等，都属于本条规定的倒塌物的范畴。

第三，作为受害人，其向人民法院基于本条起诉，只需证明其所受损害系前述倒塌物所致即可。作为建设单位、施工单位，基于严格责任归责原则，其在向受害人承担赔偿责任后，如果认为另有责任人的，诸如损害系因勘察设计缺陷监理失职以及第三人原因造成等，依法享有追偿权。

第四，受害人基于本条提起诉讼时，可以将建设单位和施工单位作为共同被告要求其承担连带责任，也可以仅起诉其中的一方当事人并要求其承担全部责任。其对诉讼主体具有的选择权，与本法第十一章物件致损责任中第八十五条等条文规定的受害人只能向物的实际控制和使用人一个主体主张权利之规定，是不同的。

——最高人民法院侵权责任法研究小组编著:《〈中华人民共和国侵权责任法〉条文理解与适用》，人民法院出版社2010年版。

由于违法建筑上并不存在不动产所有权，那么，在因违法建筑倒塌或其搁置物、悬挂物脱落、坠落造成的损害时，是否应作为民事侵权案件受理，何者应作为责任主体承担侵权责任，就成为一个需要明确的问题。对此，首先，建造人或其他占有人除受到占有制度的保护外，其对违法建筑本身因建造的违法性就应当受到法律的非难，一个合法建筑的所有权人在其建筑物致人损害时尚须因此而承担侵权责任，违法建筑的建造人或其他占有人更不能因建筑物的违法性而逃避建筑物致人损害时的侵权责任，否则，违法建筑的建造人或其他占有人将因此而获得利益，有违法律逻辑，而且难言公平。其次，一个违法之物侵害他人权利，对该物管理支配的人亦应承担法律责任。违法建筑的建造人或其他占有人因其建筑物致人损害而承担侵权责任，与其建筑物的违法性以及其对建筑物是否享有所有权没有本质关联。再次，违法建筑致人损害人，建造人或其他占有人承担侵权责任，有法律依据。《侵权责任法》规定的物件损害责任完全可以适用。所谓物件损害责任，是指物件的

① 对应《民法典》第一千二百五十三条。

所有人、管理人或者其他主体对其所管领的物件致人损害承担的侵权责任。物件损害责任不是对自己的不当行为承担责任，而是对物的损害承担责任，因而属于准侵权行为。管理人，是指非所有人依照法律规定或者合同约定对建筑物、构筑物或者其他设施及其搁置物、悬挂物负有管理、维护义务的人。《侵权责任法》第八十五条[①]规定："建筑物、构筑物或者其他设施及其搁置物、悬挂物发生脱落、坠落造成他人损害，所有人、管理人或者使用人不能证明自己没有过错的，应当承担侵权责任。所有人、管理人或者使用人赔偿后，有其他责任人的，有权向其他责任人追偿。"第八十六条[②]规定："建筑物、构筑物或者其他设施倒塌造成他人损害的，由建设单位与施工单位承担连带责任。建设单位、施工单位赔偿后，有其他责任人的，有权向其他责任人追偿。因其他责任人的原因，建筑物、构筑物或者其他设施倒塌造成他人损害的，由其他责任人承担侵权责任。"因此，《八民会纪要（民事部分）》第二十二条规定："因违法建筑倒塌或其搁置物、悬挂物脱落、坠落造成的损害赔偿纠纷，属于民事案件受案范围，应按照侵权责任法有关物件损害责任的相关规定处理。"

——杜万华主编：《〈第八次全国法院民事商事审判工作会议（民事部分）纪要〉理解与适用》，人民法院出版社 2017 年版，第 375~376 页。

十、消费者权益保护

1484. 依法审理消费者权益纠纷

关键词

消费者权益

最高人民法院司法政策精神

依法审理消费者权益纠纷。消费者权益纠纷表现形式多、涉及内容广，在做好日常审理工作的同时，今年要特别关注涉及食品药品安全方面的案件。目前，最高人民法院正在抓紧制定食品药品安全民事侵权赔偿司法解释，在司法解释出台前，各地法院要依据现有法律妥善处理此类纠纷。一方面要严

① 对应《民法典》第一千二百五十三条。
② 对应《民法典》第一千二百五十三条。

格按照侵权责任法、合同法、消费者权益保护法、产品质量法、食品安全法以及民事诉讼法、民事诉讼证据规定等相关法律、司法解释的规定，合理分配当事人的举证责任，准确认定侵权责任的主体、过错、因果关系和赔偿责任，依法适用法律规定的惩罚性赔偿等制度，切实保护广大消费者的合法权益。要在法律规定的范围内，加快对此类案件的受理审查和审理执行进程，确保权益维护的时效性。另一方面，要充分认识到，民事责任的承担仅是推动食品药品安全状况提升的一个方面，而不是全部。要积极探索通过民事审判职能作用的发挥，推动从根源上化解纠纷。利用民事审判平台作用和引导作用，普及食品药品安全常识，帮助消费者提高自我保护能力，增强企业安全责任意识。运用好司法建议手段，提示生产经营者主动修补经营管理漏洞，提示相关行政主管部门及时解决市场管理缺位、错位问题，预防矛盾纠纷的发生。认真制定应对地区性、行业性重大突发食品药品安全事件的预案，紧紧依靠党委的领导和政府的支持，及时妥善化解此类群体性纠纷。

——杜万华：《大力开展民事审判工作，为完善社会主义法治秩序，维护司法公正，推进依法治国而努力奋斗——在全国高级法院民一庭庭长座谈会上的讲话》（2013年4月12日），载最高人民法院民事审判第一庭编：《民事审判指导与参考》2013年第2辑（总第54辑），人民法院出版社2013年版，第26页。

三、提前谋划，全面贯彻。新《消费者权益保护法》规定了公益诉讼、保护人身权益、网络购物、无理由退货、退一赔三、保底赔偿、赔一罚二、精神损害赔偿等新制度，为更好地维护消费者合法权益提供了立法支撑，不仅排除了消费者解决耐用商品等争议的举证障碍，方便了消费者维权，而且从实体上加大了保护消费者权益的力度，同时也为人民法院支持消费者维权提供了重要法律依据。目前消费市场很不规范，诚信严重缺失，制售假冒伪劣商品的行为屡禁不止，严重损害了消费者的利益。人民法院在审理消费者维权案件中，一要坚持重典治乱。正确运用举证责任分配和惩罚性赔偿的规定，加大经营者的违法成本，让故意制售假冒伪劣商品的经营者付出沉重代价，把维护消费者权益真正落到实处。二要降低消费者维权成本。消费者是弱势群体，也是假冒伪劣商品的受害者。人民法院审理消费者维权案件，要设身处地为消费者排忧解难，减少他们不必要的诉讼负担。三要提供诉讼便利。要在诉讼案件多发地开展巡回审判，就地立案，就地调解，就地审理，最大限度减少消费者的诉累。四要实现快审快结。要针对多数消费者维权案件争议标的额较小，案情简单的特点，在确保办案质量的同时努力提高效率。对于消费者提起的小额诉讼，要充分运用简易程序，速裁速决，依法实行一审终审，尽快实现消费者权益，努力使当事人在每一个司法案件中都够感受到公平正义。

——《最高人民法院关于认真学习贯彻实施消费者权益保护法的通知》（2013 年 12 月 18 日，法〔2013〕288 号）。

1. 以最严的举措保护食品、药品安全。严格贯彻落实“四个最严”要求，充分发挥审判职能，对食品和药品生产、运输、仓储、销售全链条所涉制假售假行为进行严厉打击，确保人民群众“舌尖上的安全”和“针尖上的安全”。严格依法适用首负责任制，避免生产者和经营者相互推诿，及时保护消费者合法权益。依法支持和监督行政机关管理生产经营不符合食品安全标准食品的食品生产经营者、违法生产经营行为造成严重后果的食品生产经营者，以及生产、销售、使用假药、劣药的生产经营者，维护市场秩序。依法严厉惩治生产、销售不符合安全标准的食品罪和生产、销售有毒、有害食品罪，以及生产、销售假药罪和生产、销售劣药罪，充分发挥刑罚对涉食品、药品安全犯罪行为的震慑作用。

2. 以最严的手段斩断“黑作坊”生产经营链条。生产经营未依法标明生产者名称、地址、生产日期、保质期的预包装食品，消费者主张生产经营者承担惩罚性赔偿责任的，人民法院应当依法支持，但法律、行政法规、食品安全国家标准对标签标注事项另有规定的除外。未取得药品相关批准证明文件而生产药品或者明知是该类药品而销售，药品的适应症、功能主治或者成分不明的，按妨害药品管理罪惩处；药品被依法认定为假劣药，生产经营者同时构成生产、销售假药罪或者生产、销售劣药罪的，依照处罚较重的规定定罪处罚。既要依法追究生产者责任，也要依法追究经营者责任，坚决斩断“黑作坊”食品、药品的生产经营链条。

——《最高人民法院关于为促进消费提供司法服务和保障的意见》（2022 年 12 月 26 日，法发〔2022〕35 号）。

1485.《消费者权益保护法》的适用及其溯及力

关键词

法律适用

最高人民法院司法政策精神

六、严肃执法，公正司法。新《消费者权益保护法》施行后，在适用法律上存在着修改前后的法律衔接问题，对消费者维权案件的审理将带来很大变化。要坚持以法不溯及既往为原则、以溯及既往为例外。新《消费者权益保护法》施行后，因消费者购买、使用生活消费品或者接受服务引起的民事纠纷，适用新《消费者权益保护法》的规定；新《消费者权益保护法》施行前成立的生活消费合同发生纠纷起诉到人民法院的，适用当时的法律规定，当时的法律没有规定的，可以适用新《消费者权益保护法》的有关规定；新《消费者权益保护法》施行前已经终审，施行后当事人申请再审或者按照审判监督程序决定再审的案件，适用当时的法律规定。新《消费者权益保护法》规定了该法与其他相关法律的衔接，在审理食品纠纷案件时，要注重适用《食品安全法》关于价款十倍赔偿和相关司法解释的规定，最大限度地保护消费者的合法权益。

——《最高人民法院关于认真学习贯彻实施消费者权益保护法的通知》（2013 年 12 月 18 日，法〔2013〕288 号）。

1486. 不宜将消费者扩大解释为包括单位

关键词

消费者　单位

附录：最高人民法院主流观点

单位不是求偿权主体。司法实践中，单位经常集体采购食品，作为福利发给职工，如果食品存在质量安全问题，单位能否成为民事赔偿责任的求偿权主体的问题亟须明确。《消费者权益保护法》第二条规定："消费者为生活消费需要购买、使用商品或者接受服务，其权益受本法保护；本法未作规定的，受其他有关法律、法规保护。"由于我国没有法律意义上的"消费者"概念，对于单位是否属于消费者，是否属于《消费者权益保护法》的调整范围，学术界存有较大的争议。绝大多数学者倾向于消费者仅限于社会个体成员，反对将单位纳入《消费者权益保护法》调整，认为"消费者"指的是"为自己和家庭生活消费的目的而购买商品、接受服务的自然人。"其主要理由是，国际标准化组织消费者政策委员会第一届年会曾明确指出，"消费者"指为个人目的购买或使用商品和服务的个体社会成员。《消费者权益保护法》虽没有明确界定，但从保护在消费过程中处于经济弱势地位的往往是公民个人的角度出发，对消费者身份界定为自然人符合国际惯例。只有少数学者赞同单位是消费者，认为消费者不能仅限于个体社会成员，也应包括法人组织，如事业单位、社会团体等等。其主要理由是，《消费者权益保护法》（草案）在审议时明确将单位排除在消费者之外，但有意见提出，单位购买生活资料最后也是由个人使用，保护消费者权益的范围可以不排除法人和其他组织，只要用于生活消费的，都可以适用本法。因此，《消费者权益保护法》(草案)中“前款所称消费者，是指消费者个人”被删去了。况且，现实生活中单位生活消费的现象大量存在，单位购买生活消费品作为福利分发给职工个人是常见现象，有的虽非生活福利，但最终也归个人使用。在这种情况下，单位(法人或者其他组织)可作为生活消费的主体纳入消费者范围。

司法实践中对于消费者是否仅限于自然人还是包括单位亦存在争议。曾出现过单位以消费者身份到法院起诉的情形。这主要存在于单位为解决职工的生活需要以单位福利性质为职工购买食品的情形。有的法院认为，这种情况符合《消费者权益保护法》第二条的规定，单位应当属于消费者，这样有利于对消费者更充分的保护，应当适用《消费者权益保护法》。有的法院认为，单位不能作为消费者，消费者仅仅限于个人。单位购买商品虽然是为了职工的生活消费而非进行经营，但是出现消费者权益受损害的情况，职工仍然可以自己名义向经营者主张权利或者单位代理其主张权利。如果将单位列为消费者，可能与《消费者权益保护法》保护弱者的理念相悖。

我们认为，从对消费者权益给予特别法保护的角度考察，不宜将《消费者权益保护法》规定的消费者扩大解释为包括单位(法人或者非法人组织)。

1. 从《消费者权益保护法》的立法宗旨来看，其目的是保护现代消费社会中的弱者。个体社会成员处于消费关系中的弱者。我国国家标准《消费品使用说明总则》规定，消费者是“为满足个人或家庭的生活需要而购买、使用商品或服务的个体社会成员。”从域外法的情况看，大多强化对个人消费者的保护，对法人或者组织消费一般没有特别的保护，其对消费者保护的立法也多将消费者限定于自然人。因此，从《消费者权益保护法》的立法宗旨看，应当将消费者的范围限定于自然人。

2. 从消费者权益的内容来看，《消费者权益保护法》确定的消费者权益大多与个人享有的权利联系在一起，如知悉权、选择权、索赔权等。单位是法律拟制的人，而非真正生物意义上的人，自然人独享的权利其并不能享有，比如受尊重权。《消费者权益保护法》指的消费是指个人消费，或者说是直接消费，而单位虽然也可以订立买卖合同而接受一定的商品，或订立有关服务合同而接受一定的服务，但就生活消费而言，单位本身不能直接使用某种商品或直接接受某种服务，也就是说不能从事某种生活消费。单位不是最终的消费者，单位不能直接使用某种商品，也就是说不能从事某种生活消费，只有个人才是生活资料的终极消费者。这些组织、单位拥有的消费行为，总要以实物或服务的形式，有偿或无偿地转归个人消费，承受消费权益的主体仍然是个人。

3. 从法律适用来看，将单位的概念排除于消费者之外，在法律适用上并不存在障碍。如果出现消费者权益受损的情况，单位可以按照《合同法》《侵权责任法》和《产品质量法》等规定主张权利，而不是适用《消费者权益保护法》。

——最高人民法院民事审判第一庭编著：《最高人民法院关于食品药品纠纷司法解释理解与适用》，人民法院出版社 2014 年版，第 55~63 页。

附录：民事审判信箱

问：单位是否为消费者？

答：单位不是消费者。《消费者权益保护法》第二条规定："消费者为生活消费需要购买、使用商品或者接受服务，其权益受本法保护；本法未作规定的，受其他有关法律、法规保护。"单位虽然也可以订立买卖合同而接受一定的商品，或订立有关服务合同而接受一定的服务，但就生活消费而言，单位本身不能直接使用某种商品或直接接受某种服务，也就是说不能从事某种生活消费。其在购买某种商品或接受某种服务以后，还是需要将这些商品或服务转化为个人的消费。正是从这个意义上说，单位可以作为商品的买受人，服务合同的订立者，但不能作为最终的消费者。社会组织和单位的"人格"是法律拟制的，它们自身不能直接进行生活消费。这些组织、单位拥有的消费行为，总要以实物或服务的形式，有偿或无偿地转归个人消费，承受消费权益的主体仍然是个人。所以，消费者只是对自然人个人而言，不包括社会组织和单位。

作为法人或非法人团体，基本上不可能"为生活消费需要"而购买、使用商品，即便是购买了公民通常用来消费的商品，其目的也往往为了办公，或为职工发放福利等非生活需要的。因此，单位不应当属于消费者。

《消费者权益保护法》为了平衡交易双方当事人的利益，有必要对作为消费者的个人进行特别保护，但没有必要对单位进行特别保护。如果与经营者之间出现了纠纷，双方均可以通过合同主张权利，并受合同法的调整。

——本书研究组：《单位是否属于消费者权益保护法中规定的消费者》，载最高人民法院民事审判第一庭编：《民事审判指导与参考》2012 年第 3 辑（总第 51 辑），人民法院出版社 2012 年版，第 234 页。

1487. 网络直播营销民事责任

关键词

网络直播间　虚假宣传　赔偿责任　直播间运营者　标明义务

最高人民法院司法解释

第十一条 平台内经营者开设网络直播间销售商品，其工作人员在网络直播中因虚假宣传等给消费者造成损害，消费者主张平台内经营者承担赔偿责任的，人民法院应予支持。

第十二条 消费者因在网络直播间点击购买商品合法权益受到损害，直播间运营者不能证明已经以足以使消费者辨别的方式标明其并非销售者并标明实际销售者的，消费者主张直播间运营者承担商品销售者责任的，人民法院应予支持。

直播间运营者能够证明已经尽到前款所列标明义务的，人民法院应当综合交易外观、直播间运营者与经营者的约定、与经营者的合作模式、交易过程以及消费者认知等因素予以认定。

——《最高人民法院关于审理网络消费纠纷案件适用法律若干问题的规定（一）》（2022 年 3 月 1 日，法释〔2022〕8 号）。

附录：答记者问

平台内经营者开设网络直播间销售商品的，实务中通常称作品牌自播。这种情况下，只是展示和销售商品的方式发生了变化，责任承担与普通经营者并没有本质区别。司法解释明确，如果因平台内经营者的工作人员在网络直播中虚假宣传等给消费者造成损害，消费者有权主张平台内经营者承担赔偿责任。

除品牌自播情形以外，实践中更为常见的是商家以外的主体开设直播间专门从事直播营销业务。这种情况下，消费者往往存在对实际销售者辨识不清的问题。针对这一问题，司法解释规定，直播间运营者要能够证明已经标明了其并非销售者并标明实际销售者，并且要达到足以使消费者辨别的程度，否则，消费者有权主张直播间运营者承担商品销售者责任。

直播间运营者已经尽到标明义务的，也并非一概不承担销售者责任。此种情况下，构成何种法律关系以及如何承担责任，法院应当综合交易外观、直播间运营者与经营者的约定、与经营者的合作模式、交易过程以及消费者主观认知等事实认定。直播样态多样，并且不断发展，司法解释没有作“一刀切”的规定，在维护消费者知情权和选择权的同时，引导新业态规范健康发展，通过较为弹性的规定，为个案裁量和未来发展留出空间。

——《〈最高人民法院关于审理网络消费纠纷案件适用法律若干问题的规定（一）〉答记者问》，载最高人民法院民事审判第一庭编：《民事审判指导与参考》2022 年第 1 辑（总第 89 辑），人民法院出版社 2022 年版，第 11 页。

附录：最高人民法院主流观点

其一，《规定》第十一条对平台内经营者开设网络直播间销售商品的情况作出规定。经营者在自己开设的直播间中以网络直播的方式售卖商品，实务中通常称为品牌自播。此种情况下，只是经营者展示和销售商品的方式发生了变化，其责任承担与普通经营者无本质区别，平台内经营者直接承担销售者责任，并无争议。经营者的工作人员在直播中对商品进行展示介绍，相当于商家的导购介绍自家的商品，其在直播中的推介行为属于职务行为，因虚假宣传等给消费者造成损害，消费者主张平台内经营者承担赔偿责任的，人民法院应予支持。《规定》第十一条对此予以明确。

其二，除品牌自播情形以外，实践中更为常见的是商家以外的主体开设直播间专门从事直播营销业务。这种情况下，直播间运营者，可能是直播营销服务机构（MCN 机构），也可能是自然人主播、其他机构等。根据我们调研的情况，在实务中，此种直播营销又分为自播和代播两种情况。具体操作中，自播与代播情形下，消费者点击商品链接后均是跳转至商品详情页：自播情况下，一般是跳转到直播间运营者自己开设的平台内店铺完成交易；代播情况下，是跳转到他人店铺完成交易。自播情况下，因直播间运营者与店铺经营者主体相同，责任承担并无争议，即直播间运营者承担销售者责任。在代播的情况下，责任承担则存在较大争议。直播间运营者应当承担何种责任，存在不同观点。

直播间运营者本身为实际销售者的，承担销售者责任，并无争议。直播间运营者并非实际销售者，而是为实际销售者进行推广宣传，但未尽到法定标明义务，消费者有理由相信其交易对象为网络直播间经营者的，直播间运营者应当承担商品销售者责任。

为使消费者得到更为充分的保护，《规定》第十四条规定，网络直播间销售商品损害消费者合法权益，网络直播营销平台经营者不能提供直播间运营者的真实姓名、名称、地址和有效联系方式的，消费者依据消费者权益保护法第四十四条规定向网络直播营销平台经营者请求赔偿的，人民法院应予支持。网络直播营销平台经营者承担责任后，有权向直播间运营者追偿。

——郑学林、刘敏、高燕竹：《〈最高人民法院关于审理网络消费纠纷案件适用法律若干问题的规定（一）〉的理解与适用》，载最高人民法院民事审判第一庭编：《民事审判指导与参考》2022 年第 2 辑（总第 90 辑）》，人民法院出版社 2022 年版，第 141~144 页。

1488. 网络餐饮服务平台经营者违反食品安全法相关规定应当与入网餐饮服务提供者承担连带责任

关键词

网络餐饮服务　平台经营者　审查义务　连带责任　经营者责任

最高人民法院司法解释

第十八条　网络餐饮服务平台经营者违反食品安全法第六十二条和第一百三十一条规定，未对入网餐饮服务提供者进行实名登记、审查许可证，或者未履行报告、停止提供网络交易平台服务等义务，使消费者的合法权益受到损害，消费者主张网络餐饮服务平台经营者与入网餐饮服务提供者承担连带责任的，人民法院应予支持。

第十九条　入网餐饮服务提供者所经营食品损害消费者合法权益，消费者主张入网餐饮服务提供者承担经营者责任，入网餐饮服务提供者以订单系委托他人加工制作为由抗辩的，人民法院不予支持。

——《最高人民法院关于审理网络消费纠纷案件适用法律若干问题的规定（一）》（2022年3月1日，法释〔2022〕8号）。

附录：答记者问

二、现在外卖点餐的人越来越多，大家比较关心的是外卖餐饮是否能让人安全放心，司法解释对于外卖餐饮是否作出规制？

答：近年来，外卖餐饮行业蓬勃发展。网络外卖订餐的优势在于其便捷性、高效性，大家足不出户，就可以享受到美食。然而，实践中也存在一些问题，比如有的入网餐饮服务提供者没有任何餐饮卫生资质甚至经营许可证，却利用外卖平台的审核漏洞违法经营。为更好地保障人民群众的食品安全，司法解释规定，网络餐饮服务平台经营者违反食品安全法相关规定，未对入网餐饮服务提供者进行实名登记、审查许可证，或者未履行报告、停止提供网络交易平台服务等义务，使消费者的合法权益受到损害，应当与入网餐饮服务提供者承担连带责任。

另外，实践中存在入网餐饮服务提供者将订单委托他人加工制作，出现纠纷后，又以是他人加工为由进行抗辩的情况。我们认为，入网餐饮服务提供者负有保证食品质量安全的法定义务和合同义务。并且，入网餐饮服务提供者将订单委托其他食品经营者加工制作，违反行政管理规定，具有可归责性。司法解释规定，消费者主张入网餐饮服务提供者承担经营者责任，入网餐饮服务提供者不得以订单系委托他人加工制作为由主张免责。

——《〈最高人民法院关于审理网络消费纠纷案件适用法律若干问题的规定（一）〉答记者问》，载最高人民法院民事审判第一庭编：《民事审判指导与参考》2022 年第 1 辑（总第 89 辑），人民法院出版社 2022 年版，第 12~13 页。

附录：最高人民法院主流观点

食品安全法第六十二条和第一百三十一条规定了网络食品交易第三方平台负有对入网食品经营者进行实名登记、审查许可证，以及对违法行为履行报告、停止提供网络交易平台服务的义务。食品安全法第一百三十一条规定，违反上述义务，使消费者的合法权益受到损害的，应当与食品经营者承担连带责任。司法实践中，很多人对于在餐饮服务纠纷案件中是否适用以及如何适用食品安全法并不清晰。根据食品安全法第二条的规定，餐饮服务属于食品经营，也应当遵守食品安全法的规定。《规定》第十八条明确，网络餐饮服务平台经营者违反食品安全法第六十二条和第一百三十一条规定，未对入网餐饮服务提供者进行实名登记、审查许可证，或者未履行报告、停止提供网络交易平台服务等义务，使消费者的合法权益受到损害，消费者主张网络餐饮服务平台经营者与入网餐饮服务提供者承担连带责任的，人民法院应予支持。该条规定旨在压实网络餐饮服务平台责任，让网络餐饮服务平台为消费者把好食品安全关，确保人民群众“舌尖上的安全”。

另外，《规定》明确了入网餐饮服务提供者委托他人加工制作食品时的责任主体。为更好地保障网络餐饮食品安全，《网络餐饮服务食品安全监督管理办法》第十八条规定，入网餐饮服务提供者应当在自己的加工操作区内加工食品，不得将订单委托其他食品经营者加工制作。实践中，仍然经营者违规操作的情况，将订单委托他人加工制作，出现纠纷后，入网餐饮服务提供者又以系他人加工为由进行抗辩。我们认为，与消费者之间建立餐饮服务合同关系的是入网餐饮服务提供者，入网餐饮服务提供者负有保证食品质量安全的法定义务和合同义务。并且，入网餐饮服务提供者将订单委托其他食品经营者加工制作，违反了行政管理规定，具有可归责性。无论从合同角度还是侵权角度，消费者均有权主张入网餐饮服务提供者承担经营者责任。

——郑学林、刘敏、高燕竹：《〈最高人民法院关于审理网络消费纠纷案件适用法律若干问题的规定（一）〉的理解与适用》，载最高人民法院民事审判第一庭编：《民事审判指导与参考》2022 年第 2 辑（总第 90 辑），人民法院出版社 2022 年版，第 145~146 页。

1489. 外卖平台未审核餐饮服务提供者资质应承担连带责任

关键词

外卖平台　餐饮服务提供者　连带责任

最高人民法院公布的典型案例

王某与甲公司产品责任纠纷案

裁判要旨：外卖餐饮平台经营者未依法尽到资质审核义务，导致消费者合法权益受损的，应承担连带赔偿责任，确保人民群众的身体健康和生命安全不受非法侵害。

【基本案情】

被告甲公司运营某外卖餐饮平台，提供外卖订餐服务，并向消费者郑重承诺：我平台已对入网餐饮服务提供者的食品经营许可证进行严格的实地审查，并保证入网餐饮服务提供者食品经营许可证载明的经营者名称、经营场所、主体业态、经营项目、有效期等许可信息合法、真实、准确、有效。原告王某在该平台上一家麻辣烫店铺购买了一份麻辣烫，后发现该麻辣烫店铺未取得食品经营许可证。王某诉至法院，要求甲公司与该麻辣烫店铺承担连带赔偿责任。

【裁判结果】

审理法院认为：甲公司经营的外卖餐饮平台属于网络交易第三方平台，依照《中华人民共和国食品安全法》第一百三十一条规定以及甲公司在外卖平台上作出的承诺，甲公司应对入网食品经营者进行实名登记，并审查其是否取得食品经营许可证，但甲公司未履行上述义务，使王某购买到了无食品经营资质商家制作的食品，合法权益受损，甲公司应与食品经营者承担连带赔偿责任。

【典型意义】

在数字经济背景下，互联网平台应当依法履行主体责任，尤其是涉及消费者身体健康的外卖餐饮平台，更应加强对平台内餐饮服务提供者身份及经营许可资质的审核。本案裁判明确外卖餐饮平台经营者未依法尽到资质审核义务，导致消费者合法权益受损的，应承担连带赔偿责任，确保人民群众的身体健康和生命安全不受非法侵害。

——《最高人民法院公布的网络消费典型案例》（2023 年 3 月 15 日）。

1490. 消费者权益保护组织有权提起公益诉讼要求智能电视生产者对其生产销售的智能电视提供即时一键关闭功能

关键词

消费者权益保护　民事公益诉讼　智能电视　开机广告一键关闭

最高人民法院公报案例

江苏省消费者权益保护委员会诉乐融致新电子科技（天津）有限公司消费民事公益诉讼案（南京市中级人民法院民事判决书）

裁判摘要：智能电视开启时开机广告自动播放，如果智能电视生产者同时也是开机广告的经营者，其有义务明确提示消费者产品含有开机广告内容，并告知能否一键关闭。智能电视生产者对其生产销售的智能电视未提供即时一键关闭功能，消费者权益保护组织为维护众多不特定消费者合法权益，提起民事公益诉讼要求智能电视生产者提供开机广告一键关闭功能的，人民法院应予支持。

南京市中级人民法院经审理认为：本案的争议焦点为：被告乐融致新公司是否应为其销售的智能电视在播放开机广告同时提供一键关闭功能，是否侵害了消费者的知情选择权等合法权益，是否应承担相应民事责任。

消费者享有自主选择商品或者服务的权利。消费者享有公平交易的权利。《中华人民共和国广告法》第四十三条第一款规定："任何单位或者个人未经当事人同意或者请求，不得向其住宅、交通工具等发送广告，也不得以电子信息方式向其发送广告。"第四十四条规定："利用互联网从事广告活动，适用本法的各项规定。利用互联网发布、发送广告，不得影响用户正常使用网络。在互联网页面以弹出等形式发布的广告，应当显著标明关闭标志，确保一键关闭。"本案中，原告江苏省消保委作为依法设立的组织，履行消费者协会的职责，开展对商品和服务的社会监督，受理消费者投诉，保护消费者合法权益，根据《中华人民共和国民事诉讼法》第五十五条、《中华人民共和国消费者权益保护法》第四十七条、《最高人民法院关于审理消费民事公益诉讼案件适用法律若干问题的解释》第一条规定，有权提起本案诉讼。被告乐融致新公司生产和销售的"乐视 TV""Letv""Letv 超级电视"等品牌智能电视加载了开机广告，并通过互联网不断更新广告内容，消费者开机后会自动播放 15 秒左右的开机广告，且该广告直到播放最后 5 秒时才弹出一键关闭窗口，消费者才能选择关闭开机广告，侵害了消费者的选择权，降低了消费者观看电视的体验，侵害了众多不特定消费者的合法权益。而且，从技术角度看，智能电视在开机期间播放广告，完全可以做到播放广告同时提供一键关闭功能。被告抗辩认为电视开机时需要热机等待，如不播放广告会出现黑屏，与事实不符，不予采信。原告要求被告为其销售的带有开机广告的智能电视在播放开机广告同时提供一键关闭广告功能，具有事实和法律依据，予以支持。考虑到被告以前销售的老旧机型，受软硬件技术限制以及功能修改量大，对其已经出售的智能电视机不作整改时间限制。被告应于本案判决生效之日起为其销售的带有开机广告功能的智能电视机在开机广告播放的同时提供一键关闭广告功能。

关于原告江苏省消保委要求被告乐融致新公司在销售智能电视时以显著方式提示或告知消费者其产品存在开机广告的诉讼请求，因被告已经进行了整改，在产品销售页面、产品说明书、乐视商城网站的购买协议均有相应告知，且在外包装上就开机广告进行了提示，增大了提示字体。被告在销售智能电视时对其存在开机广告事项基本履行了向消费者的告知义务，对原告的此项诉讼请求，不予支持。综上所述，原告的部分诉讼请求有事实和法律依据，予以支持。

——《最高人民法院公报》2022 年第 8 期。

1491. 商场商铺承租人因经营不善等原因倒闭或歇业后，是否适用《消费者权益保护法》第四十三条

关键词

商铺出租人　商铺承租人　经营不善　共同承担赔偿责任

最高人民法院公报案例

车函倩诉连云港亲亲袋鼠教育咨询有限公司、连云港苏宁置业有限公司苏宁广场购物分公司等侵权责任纠纷案（江苏省连云港市海州区人民法院民事判决书）

裁判摘要：商场商铺承租人因经营不善等原因倒闭或歇业后，主动与消费者联系退费等事宜，且不存在经营者下落不明导致消费者无法找到交易对象、亦不存在租赁主体不清导致消费者无法区分交易对象的情形，消费者以消费者权益保护法第四十三条为依据，主张商场作为商铺出租人与商铺承租人共同承担赔偿责任的，人民

法院不予支持。

江苏省连云港市海州区人民法院认为，本案一审争议焦点为：1. 剩余课时费如何计算，被告袋鼠公司是否构成欺诈；2. 被告苏宁公司、英启迪公司是否应承担责任，承担何种责任。

根据《江苏省消费者权益保护条例》第二十七条规定，预付款消费，经营者发行单用途预付卡（含其他预收款凭证）的，单张记名卡限额不得超过五千元。预付卡不得设定有效期。经营者应当保存合同及履行的相关资料，方便消费者查询、复制；相关资料应当保存至合同履行完毕后两年。第二十八条规定，经营者停业、歇业或者变更经营场所的，应当提前一个月通知已交预付款的消费者，并按照前款规定承担责任。经营者未事先通知已交预付款的消费者并作出妥善安排，不提供或者不按照约定提供商品、服务又无法联络的，视为欺诈行为。本案中，原告车函倩与被告袋鼠公司存在早期教育培训合同关系，在合同履行期间，因袋鼠公司经营不善致使公司停业，袋鼠公司应当承担退还原告剩余课时费的责任。

关于剩余课时费的计算问题。首先，因为被告袋鼠公司掌握刷课系统，完全有能力举证证明剩余课时，而原告车函倩持有的刷课小票难以保存，消费者丢失也属正常。现袋鼠公司拒不提供刷课系统记录，应承担举证不能的法律后果。其次，从同期在袋鼠公司上课的朱某某、韩某等人提供的刷课小票看，课时并未按照会员协议约定计算，而是以实际上课次数计算，应视为双方对合同约定的变更。第三，根据《侵害消费者权益行为处罚办法》第十条的规定，对于退款无约定的，按照有利于消费者的计算方式折算退款金额。综上，一审法院支持原告自认剩余 88 课时的主张，经计算，原告剩余课时费为 11224 元（12500 元 ÷98 课时 × 剩余 88 课时）。

关于被告袋鼠公司是否构成欺诈问题。袋鼠公司因经营不善致使公司停业，停业后积极与原告车函倩协商退款事宜，因双方对剩余课时存在争议，没有达成一致意见，故袋鼠公司并无欺诈行为，对原告主张三倍赔偿的诉讼请求，不予支持。

关于被告苏宁公司、英启迪公司是否应承担责任、承担何种责任的问题，消费者权益保护法第四十三条规定，消费者在展销会、租赁柜台购买商品或者接受服务，其合法权益受到损害的，可以向销售者或者服务者要求赔偿。展销会结束或者柜台租赁期满后，也可以向展销会的举办者、柜台的出租者要求赔偿。展销会的举办者、柜台的出租者赔偿后，有权向销售者或者服务者追偿。根据该规定，结合本案案情，原告车函倩有权要求苏宁公司承担赔偿责任。首先，苏宁公司将位于苏宁广场第 3 层第 304 号商铺出租给被告袋鼠公司使用，用于经营儿童早教中心。根据双方签订的商铺租赁协议，双方不是简单的房屋租赁关系，苏宁公司对于袋鼠公司营业时间、商铺用途、消费投诉等方面都有限制性规定。苏宁公司的管理较一般的展销会举办者、柜台出租者更为严格。该经营场地相对独立，与其他客户相对隔离，经营形式符合柜台租赁的特征。苏宁公司应认定为“柜台的出租者”。其次，袋鼠公司已经停止经营，苏宁公司已将涉案商铺收回。再者，袋鼠公司向苏宁公司缴纳保证金118625元，该保证金仅是袋鼠公司履行合同、全部附件及各项管理制度约定义务的保证。苏宁公司有权从保证金中抵扣袋鼠公司拖欠的租金、物业服务费、其他费用、袋鼠公司应承担的赔偿、违约金、苏宁公司代乙方承担的赔偿等。综上，苏宁公司作为出租者，其在市场的管理经营过程中获得了经济收益，根据权利义务对等原则，出租者应在一定情形下承担一定的责任风险，其也预见到消费者与袋鼠公司发生纠纷时可能直接向其投诉，消费者选择到袋鼠公司进行预付款消费，也部分基于对苏宁广场的信任，故从保护消费者权益的角度和立场出发，苏宁公司应对原告承担连带赔偿责任。苏宁公司在承担赔偿责任后，可向袋鼠公司进行追偿。对于苏宁公司提出的袋鼠公司与苏宁公司之间不存在管理与被管理的关系，其不应承担连带赔偿责任的抗辩意见，与事实不符，不予采纳。袋鼠公司与英启迪公司是品牌特许加盟关系，双方系独立的法人，综合本案案情，原告要求英启迪公司承担连带赔偿责任，无法律依据，不予支持。

——《最高人民法院公报》2022年第9期。

1492. 未尽到告知义务的药房对购买人因过量服用中药饮片而导致的死亡承担相应的侵权责任

关键词

生命权纠纷　告知义务　中药饮片　侵权责任

最高人民法院公布的典型案例

钟某某、杜某甲、杜某乙与某药房、袁某某生命权纠纷案

裁判要旨：销售中药饮片应做到计量精准并告知煎服用法及注意事项。本案判决未尽到告知义务的药房对购买人因过量服用香加皮而导致的死亡承担相应的侵权责任，对销售中药饮片的经营者起到警示作用，警示其充分重视购药者的生命健康安全，在销售中药饮片时应充分尽到告知义务，告知中药饮片的煎服方法及注意事项。

简要案情

2017 年 7 月 6 日，杜某某到某药房购买香加皮 150 克，并于当晚将 150 克香加皮煎水服用，出现胸闷、恶心、呕吐，被家人送往医院，经抢救无效死亡。市场和质量监督管理部门委托检验机构对涉案的香加皮抽样检验，检验结果为质量合格产品。某司法鉴定研究所出具《尸检鉴定意见书》，证明杜某某符合过量服用香加皮导致中毒致死，为死亡的主要原因；其自身所患冠心病的潜在疾病对死亡起辅助促进作用。杜某某的妻子钟某某，儿子杜某甲、杜某乙以某药房在无执业医师、营业员无上岗证的情况下出售香加皮给杜某某而未告知煎服方法及注意事项导致其中毒死亡为由诉至法院，要求某药房及其股东袁某某承担侵权责任。

裁判结果

法院经审理认为，《中华人民共和国药品管理法（2015 年修正）》第十九条规定“药品经营企业销售药品必须准确无误，并正确说明方法、用量和注意事项……”。鉴定报告指出杜某某主要因为过量服用香加皮中毒致死，某药房是香加皮销售方，《药品经营质量管理规范（2016）》第一百六十七条第（四）项规定“销售药品应当符合以下要求：（四）销售中药饮片做到计量准确，并告知煎服用法及注意事项；提供中药饮片代煎服务，应当符合国家有关规定。”某药房在销售香加皮时负有告知杜某某煎服香加皮的方法及注意事项的义务，现有证据不足以证明某药房尽到了告知义务，某药房负有告知义务而未作为，具有过错，构成侵权；本案的损害结果是杜某某的死亡，某药房的过错行为与杜某某的死亡具有因果联系，某药房应当承担过错责任。因杜某某的死亡是药房没有尽到说明告知义务与其自身过错、自身疾病共同导致的，所以药房和杜某某应各承担 50% 的责任。遂判决：一、某药房赔偿钟某某、杜某甲、杜某乙治疗费 1249.5 元、丧葬费 28735 元、死亡赔偿金 315403 元、鉴定费 16000 元、其他费用 8176 元的 50% 计 184781.75 元；二、某药房赔偿钟某某、杜某甲、杜某乙精神抚慰金 10000 元；三、某药房应在判决生效后十日内履行完上述款项赔偿义务；四、驳回钟某某、杜某甲、杜某乙的其他诉讼请求。

典型意义

中药饮片不像西药有明确的说明书，中药饮片的功效、毒性、用量等并不被普通群众所熟知，一旦错误用药极易威胁生命健康安全，引发类似本案的悲剧。销售中药饮片应做到计量精准并告知煎服用法及注意事项。本案判决未尽到告知义务的药房对购买人因过量服用香加皮而导致的死亡承担相应的侵权责任，对销售中药饮片的经营者起到警示作用，警示其充分重视购药者的生命健康安全，在销售中药饮片时应充分尽到告知义务，告知中药饮片的煎服方法及注意事项。

——《最高人民法院发布药品安全典型案例》(2022 年 4 月 28 日)。

1493. 消毒产品标示治疗功能误导消费者购买构成欺诈

关键词

治疗功能　误导消费者　欺诈　三倍赔偿

最高人民法院公布的典型案例

许某与某药房买卖合同纠纷案

裁判要旨：以非药品冒充药品进行销售，致使消费者作出错误意思表示的，构成欺诈。消费者要求药房返还购物款并按价款的三倍赔偿其损失符合法律规定。

简要案情

许某于 2016 年 6 月在某药房先后购买了 10 盒“步洲”皮康乐制剂，共支付了 180 元。《“步洲”皮康乐制剂说明书》载明“作用”为抑制、杀灭皮肤真菌、霉菌；“批准文号”为鲁卫消证字（2013）第 0029 号。“步洲系列产品简介”中“皮康乐”的适用范围：由真菌引起的皮肤感染，如脚气、手癣、头癣、体癣、股癣、白癣、脓癣、黄癣、花斑癣（汗斑）、红癣、念珠菌病及一切真菌性皮肤瘙痒；产品优势：古语“行医不治癣，治癣就丢脸”。步洲牌皮康乐，清除真菌性癣病，效果领先。许某认为该药房以非药品冒充药品向其销售的行为违法，遂诉至法院要求该药房返还购物款并按消费者权益保护法三倍赔偿其损失。

裁判结果

法院经审理认为，经营者向消费者提供有关商品或者服务的质量、性能、用途、有效期限等信息，应当真实、全面，不得作虚假或者引人误解的宣传。涉案产品的批准文号为 × 卫消证字（20××）第 00×× 号，系消杀用品（消毒产品），但该产品的说明书、产品简介中均标示其具有治疗真菌性癣病的功效。根据《中华人民共和国药品管理法（2015 年修正）》第四十八条“禁止生产（包括配制，下同）、销售假药。有下列情形之一的，为假药：…（二）以非药品冒充药品或者以他种药品冒充此种药品的”的规定，该药房以非药品冒充药品进行销售，致使许某作出错误意思表示，构成欺诈。许某要求该药房返还购物款并按价款的三倍赔偿其损失符合法律规定，法院遂判决该药房返还许某购物款 180 元并赔偿损失 540 元。

典型意义

遍布城市大街小巷的药店，为老百姓及时购买药品、消除病痛带来了便利。但一些药品经营企业存在违规宣传销售的消毒、保健品有治疗功能、误导消费者的违法行为，危害人民身体健康。消毒产品不是药，不具备调节人体生理机能的功效，不能用于治疗疾病，与药品有着明显区别。《消毒管理办法》明确规定，消毒产品的标签（含说明书）和宣传内容必须真实，不得出现或暗示对疾病的治疗效果。消费者购买产品时一定要留意产品批准文号，严格区分“国药准字号”和“卫消证字号”产品，不要把消毒产品当药使用，以免延误病情。本案通过认定涉案标示治疗功能的消毒产品为假药、药品经营企业错误引导消费者购药的行为构成欺诈并适用惩罚性赔偿的规定，既能对药品经营企业起到应有的警示作用，规范其经营活动，也有利于引导广大消费者慎重、理性选购治疗性药品，保护消费者的合法权益。

——《最高人民法院发布药品安全典型案例》（2022 年 4 月 28 日）。

1494. 销售未注明产品批号的药品应承担赔偿责任

关键词

未注明产品批号　劣药　药品安全　赔偿责任

最高人民法院公布的典型案例

杨某某诉某药房合同纠纷案

裁判要旨：对生产假药、劣药或者明知是假药、劣药仍然销售、使用的行为，可以请求支付价款十倍或者损失三倍的赔偿金；增加赔偿的金额不足一千元的，为一千元。

简要案情

某药房是经市场监督管理局登记的个体工商户，为个人经营。其经营范围为：处方药与非处方药、抗生素、中成药、化学制剂、保健品、预包装食品销售（依法须经批准项目，经相关部门批准后方可开展经营活动）。2019 年 6 月 10 日，杨某某到某药房购买“伟哥”，在营业员介绍下购买了“虫草生精胶囊”2 大盒，每盒单价 500 元；“黄金伟哥”1 大盒，单价 500 元；“肾宝片”1 大盒，单价 500 元。合计价款 2000 元。杨某某现金支付价款后营业员未出具小票，在杨某某的要求下营业员手写了一份购物清单（某药房交款单）并加盖了“某药房现金收讫章”。后杨某某通过国家食品药品监督管理总局官网查询所购“虫草生精胶囊”信息未果，即以所购产品为有毒有害假药为由，提起本案诉讼。

裁判结果

法院经审理认为，本案所涉商品外包装标注了商品功效，其内置说明书明确载明其主要成分、适用人群、用法用量等内容，上述记载均满足了《中华人民共和国药品管理法（2019年修订）》第二条第二款“本法所称药品，是指用于预防、治疗、诊断人的疾病，有目的地调节人的生理机能并规定有适应症或者功能主治、用法和用量的物质，包括中药、化学药和生物制品等”关于药品的定义要件，因此，法院认定本案所涉商品“虫草生精胶囊”“黄金伟哥”“肾宝片”为药品。

《中华人民共和国药品管理法（2019年修订）》第九十八条第一款规定“禁止生产（包括配制，下同）、销售、使用假药、劣药。”第三款规定“有下列情形之一的，为劣药：（一）药品成分的含量不符合国家标准；（二）被污染的药品；（三）未标明或者更改有效期的药品；（四）未注明或者更改产品批号的药品；（五）超过有效期的药品；（六）擅自添加防腐剂、辅料的药品；（七）其他不符合药品标准的药品”。本案双方均认可在国家食品药品监督管理总局官网查询“虫草生精胶囊”“黄金伟哥”“肾宝片”信息的查询结果，某药房出售给杨某某的“虫草生精胶囊”“黄金伟哥”“肾宝片”存在未注明药品产品批号的情况，应当认定为劣药。杨某某请求判令某药房退还货款2000元，并以该货款价格的十倍进行赔偿的诉讼请求，符合法律规定。判决某药房赔偿杨某某货款2000元，并支付赔偿金20000元。

典型意义

食品药品安全关系到人民群众的身体健康和生命安全，国家一向采取严格管控措施。《中华人民共和国药品管理法（2019年修订）》第一百四十四条第三款“生产假药、劣药或者明知是假药、劣药仍然销售、使用的，受害人或者其近亲属除请求赔偿损失外，还可以请求支付价款十倍或者损失三倍的赔偿金；增加赔偿的金额不足一千元的，为一千元。”新修订药品管理法对药品安全实施更为严格的管理，对生产假药、劣药或者明知是假药、劣药仍然销售、使用的行为，加大对受害人购买假药的损失赔偿的金额，对净化药品市场、提高广大群众食品药品安全意识、促进公民知法守法具有十分重要的意义。

——《最高人民法院发布药品安全典型案例》（2022年4月28日）。

1495. 消费者与影楼签订摄影合同后可依法行使解除权

关键词

摄影合同　承揽合同　合同解除权　消费者权益

最高人民法院公布的典型案例

李某、景某诉某影楼承揽合同纠纷案

裁判要旨：消费者与影楼签订摄影合同后可依法行使解除权，尚未履行的协议全部解除，未全部履行的协议部分解除，已履行完毕的协议不能解除。

基本案情

李某、景某为两在校大学生，看到某影楼发布 19.9 元古装写真广告，遂去店拍摄。后两人对照片、相册、化妆、服装等项目多次消费升级，与某影楼先后签订了五份协议，合计金额达 2.6 万余元。李某、景某通过向亲友借款和开通网贷支付了部分款项后，当天向该公司提出变更套餐内容，减少合同金额，遭拒。后两人向某区消保委投诉未果，遂诉至法院，要求解除五份协议，并退还已经支付的全部款项 2 万余元，尚未支付的 5900 元不再支付。

裁判结果

法院认为，某影楼按照李某、景某特定拍摄、化妆、选片、选相册等要求而与其签订多份合同，影楼以自己的设备、技术和劳力，根据李某、景某的指示进行相应工作，交付约定的工作成果，李某、景某向影楼支付约定的报酬。故双方为承揽合同关系，李某、景某作为定作人享有任意解除权。但是，任意解除权的行使应有三大限制条件：解除应有效通知到承揽人；解除通知应在承揽人完成承揽工作之前到达承揽人；如因解除行为给承揽人造成损失的，定作人应当赔偿损失。合同解除后，定作人按合同约定预先支付报酬的，承揽人在扣除已完成部分的报酬后，应当将剩余价款返还定作人。故法院判决五份协议中尚未履行的协议全部解除，未全部履行的协议部分解除，已履行完毕的协议不能解除，被告退还两原告合同款项 1.86 万元。

典型意义

当前，越来越多的消费者选择摄影、美容、美发、健身、婚庆、教育培训等可以满足精神需求的消费方式。本案中，两女大学生从商家 19.9 元的低价引流活动一路消费升级至 2.6 万余元。因无力支付，被商家引导现场开通

网贷等消费贷款，后因合同协商解除不成引发纠纷。本案通过对系争合同解除争议作出正确判决，最大限度地维护了消费者合法权益的同时，充分发挥个案的指引、评价、教育功能，将司法裁判与倡导树立正确的消费观以及通过司法建议促进商家规范经营相结合，引导广大消费者理性消费，广大商家诚信经营。

——《最高人民法院发布消费者权益保护典型案例》(2022 年 3 月 15 日)。

1496. 食品、药品生产经营者惩罚性赔偿的赔偿范围

关键词

生产经营者　惩罚性赔偿　赔偿范围

最高人民法院司法解释

第十五条　生产不符合安全标准的食品或者销售明知是不符合安全标准的食品，消费者除要求赔偿损失外，依据食品安全法等法律规定向生产者、销售者主张赔偿金的，人民法院应予支持。

生产假药、劣药或者明知是假药、劣药仍然销售、使用的，受害人或者其近亲属除请求赔偿损失外，依据药品管理法等法律规定向生产者、销售者主张赔偿金的，人民法院应予支持。

——《最高人民法院关于审理食品药品纠纷案件适用法律若干问题的规定》(2020 年 12 月 29 日修正)。

附录：最高人民法院主流观点

食品、药品生产经营者所承担的赔偿范围包括：

第一，人身损失赔偿。依据《民法典》第一千一百七十九条规定，造成人身伤害的，食品、药品生产经营者应当赔偿医疗费、护理费、交通费、营养费、住院伙食补助费等为治疗和康复支出的合理费用，以及因误工减少的收入。造成残疾的，还应当赔偿辅助器具费和残疾赔偿金；造成死亡的，还应当赔偿丧葬费和死亡赔偿金。

第二，财产损失赔偿。食品、药品生产经营者应当赔偿被侵权人实际遭受的财产损失。

第三，精神损害赔偿。依据《民法典》第一千一百八十三条第一款的规定，侵害他人人身权益造成严重精神损害的，食品、药品生产经营者还应当进行精神损害赔偿。

第四，惩罚性赔偿。2009 年《食品安全法》第九十六条规定："违反本

法规定，造成人身、财产或者其他损害的，依法承担赔偿责任。生产不符合食品安全标准的食品或者销售明知是不符合食品安全标准的食品，消费者除要求赔偿损失外，还可以向生产者或者销售者要求支付价款十倍的赔偿金。”2015年《食品安全法》第一百四十八条第二款将生产者、经营者惩罚性赔偿责任修改为“支付价款十倍或者损失三倍的赔偿金；增加赔偿的金额不足一千元的，为一千元”。2019年修订《药品管理法》时，该法第一百四十四条第三款也规定了“生产假药、劣药或者明知是假药、劣药仍然销售、使用的，受害人或者其近亲属除请求赔偿损失外，还可以请求支付价款十倍或者损失三倍的赔偿金；增加赔偿的金额不足一千元的，为一千元”。

需要注意的是，除了依据《食品安全法》和《药品管理法》主张惩罚性赔偿外，消费者依据《消费者权益保护法》第五十五条规定主张惩罚性赔偿金的，应予支持。

——最高人民法院民法典贯彻实施工作领导小组办公室编著:《最高人民法院实施民法典清理司法解释修改条文（111件）理解与适用》，人民法院出版社2022年版，第352~353页。

1497. 消费者在短时间内购买相同或相似的若干件商品并分别提起诉讼情形下，是否分别支持惩罚性赔偿金的诉请

关键词

职业打假人　惩罚性赔偿

最高人民法院裁判文书

陈洪东与被无穷食品有限公司、深圳沃尔玛百货零售有限公司南宁民族大道分店、深圳沃尔玛百货零售有限公司及深圳沃尔玛百货零售有限公司南宁朝阳路分店产品责任纠纷案［最高人民法院（2021）最高法民申5274号民事裁定书］

裁判要旨：在短时间内购买相同或相似的若干件商品并分别提起诉讼的，由于该种行为实质上是一种拆分诉讼的行为，以期获得多份惩罚性赔偿金，有违诚信原则，有违《中华人民共和国食品安全法》所规定的惩罚性赔偿金的立法精神。陈洪东主张的惩罚性赔偿金已经在其中一个诉讼中得到支持，则在其他诉讼中不应再支持关于惩罚性赔偿金的诉讼请求。

最高人民法院经审查认为，本案争议焦点为，(2020)桂民终1353号民事判决(以下简称1353号判决)支持陈洪东惩罚性赔偿金的诉讼请求，但(2020)桂民终1354号民事判决(以下简称1354号判决)驳回该诉讼请求是否妥当。

陈洪东主张，1353号判决和1354号判决同案不同判，其两次购买行为不构成重复购买，分别起诉并非不诚信的行为。根据《中华人民共和国食品安全法》所规定的惩罚性赔偿金的立法精神分析，在短时间内购买相同或相似的若干件商品并分别提起诉讼的，由于该种行为实质上是一种拆分诉讼的行为，以期获得多份惩罚性赔偿金，有违诚信原则。本案中，陈洪东分别于2019年12月20日和2019年12月27日在沃尔玛民族大道店购买不同批次的同一案涉食品，后于2019年12月30日向广西壮族自治区南宁市中级人民法院就两次购买的案涉食品分别提起诉讼，并主张惩罚性赔偿金。陈洪东主张的惩罚性赔偿金已经在1353号判决中得到支持，1354号判决在二审法院另查明部分中亦强调这一点，故两案不属于同案，1354号判决不再支持陈洪东关于惩罚性赔偿金的诉讼请求并无不当，本院予以维持。

此外，陈洪东主张二审法院系以消费购物动机作为理由来否定申请人的消费者资格。事实上，1354号判决明确认定陈洪东系消费者，该主张不成立。陈洪东还主张，无穷公司知假卖假，存在主观恶意。经查，1354号判决不支持陈洪东关于惩罚性赔偿金的诉讼请求系因该诉讼请求已在1353号判决中得到支持，与无穷公司是否存在主观恶意无关。

——中国裁判文书网。

1498. 除食品、药品外，知假买假者不具有消费者身份

关键词

消费者身份　知假买假　食品安全

最高人民法院司法解释

第三条　因食品、药品质量问题发生纠纷，购买者向生产者、销售者主张权利，生产者、销售者以购买者明知食品、药品存在质量问题而仍然购买为由进行抗辩的，人民法院不予支持。

——《最高人民法院关于审理食品药品纠纷案件适用法律若干问题的规定》(2021年11月18日修正)。

最高人民法院答复

国家工商行政管理总局办公厅：

现就阳国秀等代表提出的关于引导和规范职业打假人的建议提出如下答复意见，供参考。

对于知假买假行为如何处理，知假买假者是否具有消费者身份的问题，《消费者权益保护法》和《食品安全法》并没有作出明确规定，导致这一问题在理论界和实务界都存在争议。我院在《最高人民法院关于审理食品药品纠纷案件适用法律若干问题的规定》（法释〔2013〕28号）[①]第三条规定："因食品、药品质量问题发生纠纷，购买者向生产者、销售者主张权利。生产者、销售者以购买者明知食品、药品存在质量问题而仍然购买为理由而进行抗辩的，人民法院不予支持"，该条规定从保护人民群众生命健康权出发，明确了在食品、药品领域，消费者即使明知商品为假冒伪劣仍然买，并以此诉讼索赔时，人民法院不能以其知假买假为由不予支持。因食品、药品是直接关系人体健康，安全的特殊、重要的消费产品，而该司法解释亦产生于地沟油、三聚氰胺奶粉、毒胶囊等一系列重大食品、药品安全事件频繁曝出，群众对食药安全问题反映强烈的大背景之下，是给予特殊背景下的特殊政策考量。

应该说，职业打假人自出现以来，对于增强消费者的权利意识，鼓励百姓运用惩罚性赔偿机制打假，打击经营者的违法侵权行为产生了一定积极作用。但就现阶段情况看，职业打假人群体及其引发的诉讼出现了许多新的发展和变化，其负面影响日益凸显。基于以下考虑，我们认为不宜将食药纠纷的特殊政策推广适用到所有消费者保护领域。

1. 按照《消费者权益保护法》第五十五条的规定，在普通消费产品领域，消费者获得惩罚性赔偿的前提是经营者的欺诈行为。民法上的欺诈，按照《民法通则意见》第六十八条的解释，应为经营者故意告知虚假情况或故意隐瞒真实情况，使消费者作出了错误意思表示。而对于知假买假人而言，不存在其主观上受到欺诈的情形。

2. 从打击的效果来看，由于成本较小，取证相对容易，牟利性打假的对象主要是大型超市和企业，主要集中在产品标识、说明等方面。该类企业往往是同类市场上产品质量相对有保障，管理较为规范的生产经营主体，而对于真正对市场危害较大的假冒伪劣产品及不规范的小规模经营主体打击效果不明显。

3. 从目前消费维权司法实践中，知假买假行为有形成商业化的趋势，出现了越来越多的职业打假人、打假公司（集团），其动机并非为了净化市场，

① 该司法解释已于2020年12月29日修正。

而是利用惩罚性赔偿为自身牟利或借机对商家进行敲诈勒索。更有甚者针对某产品已经胜诉并获得赔偿，又购买该产品以图再次获利。上述行为严重违背诚信原则，无视司法权威，浪费司法资源，我们不支持这种以恶惩恶，饮鸩止渴的治理模式。

因此，考虑食药安全问题的特殊性及现有司法解释和司法实践的具体情况，我们认为目前可以考虑在除购买食品、药品之外的情形，逐步限制职业打假人的牟利性打假行为。我们将根据实际情况，积极考虑阳国秀等代表提出的建议，适时借助司法解释、指导性案例等形式，逐步遏制职业打假人的牟利性打假行为。

——《最高人民法院办公厅对十二届全国人大五次会议第5990号建议的答复意见》(2017年5月19日，法办函〔2017〕181号)。

最高人民法院指导性案例

孙银山诉南京欧尚超市有限公司江宁店买卖合同纠纷案（最高人民法院指导案例23号）

裁判要点：消费者购买到不符合食品安全标准的食品，要求销售者或者生产者依照食品安全法规定支付价款十倍赔偿金或者依照法律规定的其他赔偿标准赔偿的，不论其购买时是否明知食品不符合安全标准，人民法院都应予支持。

法院生效裁判认为：关于原告孙银山是否属于消费者的问题。《消费者权益保护法》第二条规定："消费者为生活消费需要购买、使用商品或者接受服务，其权益受本法保护；本法未作规定的，受其他有关法律、法规保护。"消费者是相对于销售者和生产者的概念。只要在市场交易中购买、使用商品或者接受服务是为了个人、家庭生活需要，而不是为了生产经营活动或者职业活动需要的，就应当认定为"为生活消费需要"的消费者，属于消费者权益保护法调整的范围。本案中，原、被告双方对孙银山从欧尚超市江宁店购买香肠这一事实不持异议，据此可以认定孙银山实施了购买商品的行为，且孙银山并未将所购香肠用于再次销售经营，欧尚超市江宁店也未提供证据证明其购买商品是为了生产经营。孙银山因购买到超过保质期的食品而索赔，属于行使法定权利。因此欧尚超市江宁店认为孙银山"买假索赔"不是消费者的抗辩理由不能成立。

关于被告欧尚超市江宁店是否属于销售明知是不符合食品安全标准食品的问题。《食品安全法》第三条规定："食品生产经营者应当依照法律、法规和食品安全标准从事生产经营活动，对社会和公众负责，保证食品安全，接受社会监督，承担社会责任。”该法第二十八条第（八）项规定，超过保质期的食品属于禁止生产经营的食品。食品销售者负有保证食品安全的法定义务，应当对不符合安全标准的食品自行及时清理。欧尚超市江宁店作为食品销售者，应当按照保障食品安全的要求储存食品，及时检查待售食品，清理超过保质期的食品，但欧尚超市江宁店仍然摆放并销售货架上超过保质期的“玉兔牌”香肠，未履行法定义务，可以认定为销售明知是不符合食品安全标准的食品。

关于被告欧尚超市江宁店的责任承担问题。《食品安全法》第九十六条第一款规定：“违反本法规定，造成人身、财产或者其他损害的，依法承担赔偿责任。”第二款规定：“生产不符合食品安全标准的食品或者销售明知是不符合食品安全标准的食品，消费者除要求赔偿损失外，还可以向生产者或者销售者要求支付价款十倍的赔偿金。”当销售者销售明知是不符合安全标准的食品时，消费者可以同时主张赔偿损失和支付价款十倍的赔偿金，也可以只主张支付价款十倍的赔偿金。本案中，原告孙银山仅要求欧尚超市江宁店支付售价十倍的赔偿金，属于当事人自行处分权利的行为，应予支持。关于被告欧尚超市江宁店提出原告明知食品过期而购买，希望利用其错误谋求利益，不应予以十倍赔偿的主张，因前述法律规定消费者有权获得支付价款十倍的赔偿金，因该赔偿获得的利益属于法律应当保护的利益，且法律并未对消费者的主观购物动机作出限制性规定，故对其该项主张不予支持。

——《最高人民法院关于发布第六批指导性案例的通知》（2014 年 1 月 26 日，法〔2014〕18 号）。

说明

指导案例 23 号孙银山诉南京欧尚超市有限公司江宁店买卖合同纠纷案，旨在明确消费者明知食品有质量问题而购买的，有权主张 10 倍惩罚性赔偿。这一方面能够强化对消费者权益的法律保护，激发消费者的维权意识，鼓励食品消费者积极与食品违法行为做斗争，投诉、举报生产经营假冒伪劣商品行为，从而有利于群众监督食品安全，净化食品市场环境；另一方面能够对违法经营者起到震慑作用，促使生产经营企业加强管理，诚信经营，把食品安全和质量永远放在第一位，确保食品安全，从而防范和减少食品纠纷的发生。

附录：最高人民法院主流观点

指导案例 23 号裁判要点确认：消费者购买到不符合食品安全标准的食品，要求销售者或者生产者依照食品安全法规定支付价款十倍赔偿金或者依照法律规定的其他赔偿标准赔偿的，不论其购买时是否明知食品不符合安全标准，人民法院都应予支持。该案例裁判要点，针对法律规定尚不明确、理论和司法实践存在争议的热点问题，根据消费者权益保护法和食品安全法的规定，明确指出不论消费者是否明知食品有质量问题，都有权得到惩罚性赔偿。下面结合有关法律和司法解释规定，围绕与裁判要点有关的问题逐一论证和说明。

（一）关于消费者范围

关于消费者权益保护法的调整范围，理论界和司法实践中有不同观点和认识分歧。理论界多数学者主张消费者不包括单位（法人或者非法人组织），仅限于社会个体成员，认为消费者是指“为自己和家庭生活消费目的而购买商品、接受服务的自然人”。有的认为，消费者权益保护法没有明确规定消费者是指个人，实质上就暗含个人和单位都属于消费者范围。也有的认为，生活需要原则上是指自然人个人或者家庭生活需要，但是可以包括集体生活需要，如单位集体食堂消费、单位工会统一购买后发给个人生活用的福利性商品。我们认为，从对消费者权益给予特别法保护的角度来看，消费者权益保护法中的消费者应当限于个人，不应当包括单位（法人或者非法人组织）。其主要理由如下：

1. 从立法本意和宗旨来看，消费者权益保护法的目的在于保护消费关系中处于弱势地位的自然人，其调整范围限于个人生活消费需要。1993 年 8 月 25 日，时任国家工商行政管理局局长刘敏学在八届全国人民代表大会常务委员会第三次会议上对消费者权益保护法（草案）的说明中指出，关于该法的调整范围，参考国内外的一般做法，草案的调整范围限定为个人生活消费，凡是个人为生活消费需要而购买、使用商品或者接受服务，均属该法调整范围（草案第二条）。生产消费虽然也会影响到生活消费，但它对消费者来说只是一种间接影响，因而没有纳入该法的调整范围。至于农民购买、使用直接用于农业生产的生产资料，其性质也属生产消费，本不属于该法的调整范围，但考虑到一方面，农业生产力和农民的经济能力还不高；另一方面，假农药、假化肥、假种子等农用生产资料坑害农民的情况还很严重，农民受损害后又没有适当的途径寻求保护，因此草案规定参照该法执行。此外，单位生活消费虽然大量存在，但是单位作为消费的主体与个人毕竟不大一样，当发生争议时，可以适用合同法等有关法律、法规予以调整。因此，草案没有将单位生活消费纳入该法调整范围。

2. 从文义理解来看，消费者权益保护法第二条规定的“为生活消费需要”应仅限于自然人。因为“生活是指人为了生存和发展而进行的活动”，而单位并非生物意义上的人，不能直接进行生活消费。

3. 从法律适用上来看，将单位排除在消费者之外，并不影响其权利保护。单位在购买商品或者接受服务中权益受到侵害时，可以依据合同法、产品质量法、侵权责任法等法律规定主张权利，仍有权利救济渠道。

4. 从各地立法和司法实践来看，也将单位排除在消费者之外。如上海市、河南省等地方性法规曾规定：消费者，是指为生活消费需要购买、使用商品或者接受服务的个人和单位。但之后修改为：消费者在本行政区域内为生活消费需要购买、使用商品或者接受服务，其合法权益受法规保护。前后对比可以发现，均已排除单位为消费者。安徽省黄山市中级人民法院在金陵装饰有限公司诉卓远汽车销售服务有限公司轿车买卖合同纠纷案中认为，“为生活消费需要”应仅限于自然人，法人或其他组织等单位不属于消费者权益保护法调整范围。[①]

（二）关于明知食品不符合安全标准而索赔

对于消费者明知食品不符合安全标准而购买后索赔，即所谓的“知假买假”者是否属于消费者，可否给予惩罚性赔偿，法学理论界和司法实践中一直存在争议，社会上也存在不同意见。概括地说，主要有以下三种不同观点：第一种观点即肯定说认为，法律并未限制消费者“知假买假”的索赔，应当支持消费者“知假买假”后索赔。第二种观点即否定说认为，知假买假者的动机并非为了净化市场，而是为自身牟利，其购买商品的目的不是为了生活消费，不应当将其视为消费者。第三种观点即区别对待说认为，在处理有关知假买假纠纷的时候，要根据消费者权益保护法第二条的规定，结合具体案件的实际情况作出处理。指导案例的裁判要点采纳了第一种观点即肯定说，主要理由如下：

1. 符合立法本意。根据消费者权益保护法第二条的规定，只要是为了个人或者家庭生活需要购买商品或者接受服务，都应该属于消费者的范围。任何人只要不是为了将商品再次投入市场交易，不是为了从事商品交易活动，即使是明知商品有问题而购买，也不能否认其为消费者。况且食品安全法并未限制消费者的购物动机，也没有限制消费者事前知道食品不符合安全标准而不得索赔。

2. 符合立法目的。民以食为天，食以安为先。食品安全法的立法目的就是保证食品安全，保障公众身体健康和生命安全。虽然知假买假者主观上存在牟取私利的目的，但是从社会效果看，其行为客观上能够有效抑制制售假冒和不安全食品，有利于维护诚实商家的利益以及公平交易和竞争秩序，有利于打击违法的无良商家，从而维护食品安全。

3. 符合有关司法解释的规定。最高人民法院 2013 年 12 月 23 日公布的《关于审理食品药品纠纷案件适用法律若干问题的规定》（以下简称《食品药

① 参见吴林丹：《单位购买商品或接受服务不适用消法》，载《人民法院报》2013 年 9 月 5 日。

品案件规定》）[①] 第三条规定：“因食品、药品质量问题发生纠纷，购买者向生产者、销售者主张权利，生产者、销售者以购买者明知食品、药品存在质量问题而仍然购买为由进行抗辩的，人民法院不予支持。”这就是说，知假买假者具有消费者主体资格，其明知食品有问题，不影响以消费者身份维护权益。

4. 符合发挥社会监督作用的立法初衷。近年来，食品安全恶性事件不断出现，如三聚氰胺牛奶、地沟油、苏丹红咸鸭蛋、硫黄馒头等等，让人民群众对食品安全严峻形势忧心忡忡，必须用最严格的监管、最严厉的处罚、最严肃的问责，确保人民群众“舌尖上的安全”。其实对于食品安全的社会监督，食品安全法第三条就明确规定，食品生产经营者应当依照法律、法规和食品安全标准从事生产经营活动，对社会和公众负责，保证食品安全，接受社会监督。第十条规定，任何组织或者个人有权举报食品生产经营中违反该法的行为。由此可见，依法生产经营，接受社会监督，是食品生产经营者的义务，而举报和监督是社会公众的权利，更是消费者的权利。知假买假实际上是消费者主动行使监督权利的一种方式，只是这种监督是主动监督，而非事后补救。

具体到本指导案例，原告孙银山在被告欧尚超市江宁店购买了食品，食品安全法并未对消费者购物动机加以限制，被告辩称孙银山“买假索赔”不是消费者的主张不能成立，故法院判决支持原告依据食品安全法主张价款十倍赔偿金。

（三）关于不符合食品安全标准的认定

《食品药品案件规定》第六条[②] 规定：“食品的生产者与销售者应当对于食品符合质量标准承担举证责任。认定食品是否合格，应当以国家标准为依据；没有国家标准的，应当以地方标准为依据；没有国家标准、地方标准的，应当以企业标准为依据。食品的生产者采用的标准高于国家标准、地方标准的，应当以企业标准为依据。没有前述标准的，应当以食品安全法的相关规定为依据。”据此，对于食品符合食品安全标准，应当由生产经营者承担举证责任。如果生产经营者不能证明符合食品安全标准的，就可以认定该食品不符合食品安全标准。

需要说明的是，根据《食品药品案件规定》第七条的规定，食品、药品虽在销售前取得检验合格证明，且食用或者使用时尚在保质期内，但经检验确认产品不合格，生产者或者销售者以该食品、药品具有检验合格证明为由

① 该司法解释已于 2020 年 12 月 29 日修正。

② 该司法解释于 2020 年 12 月 29 日修正，修改后的第六条将原来第六条中的“合格”修改为“安全”，将地方标准限于“对地方特色食品”，和《食品安全法》保持一致，并删除了“没有国家标准、地方标准的，应当以企业标准为依据”。

进行抗辩的，人民法院不予支持。例如，华燕诉北京天超仓储超市有限责任公司及其二十六分公司人身权益纠纷案中，原告华燕因食用被告销售的山楂片中有山楂核致其槽牙崩裂，后到医院将受损的槽牙拔除。原告要求被告支付医疗费和购物价款十倍赔偿金。被告提供了山楂片的检验报告等，证明其销售的山楂片符合产品质量要求。法院经审理认为，销售的山楂片中含有硬度高的山楂核，不符合国家对蜜饯产品的安全卫生标准，存在食品质量瑕疵，遂判决被告赔偿医疗费和购物价款十倍赔偿金。①

要注意区分不安全食品与不合格食品。一般来说，不符合高于国家标准、地方标准的企业标准的食品，可以认定为不合格食品，但未必是不安全食品。不安全食品肯定是不合格食品，不合格食品不一定都是不安全食品。食品企业选择适用高于国家标准、地方标准的企业标准的，审理案件时就应当以此为据来衡量食品是否合格。如果经鉴定证明食品实际上不符合食品安全标准，消费者请求适用食品安全法惩罚性赔偿的规定的，法院应当支持；如果经鉴定证明食品达到了食品安全标准，但尚未达到其采用的高标准，可以认定其违约，要求其承担违约责任。如果经营者有欺诈行为，应当适用消费者权益保护法第五十五条惩罚性赔偿的规定，而不适用食品安全法。②

（四）关于销售者“明知”问题

依据食品安全法第九十六条第二款的规定，销售者明知是不符合食品安全标准的食品，才承担赔偿责任。那么如何认定销售者的“明知”呢？

由于“明知”是销售者的主观心理状态，司法实践中一般从销售者是否履行了以下两方面法定义务来判断：一是销售者在进货过程中是否履行进货查验义务。对此，2007年施行的《国务院关于加强食品等产品安全监督管理的特别规定》第五条规定：“销售者必须建立并执行进货检查验收制度，审验供货商的经营资格，验明产品合格证明和产品标识，并建立产品进货台账，如实记录产品名称、规格、数量、供货商及其联系方式、进货时间等内容。”2009年6月1日施行的食品安全法第三十九条再次明确规定了销售者的前述进货查验义务。二是销售者在销售过程中是否履行了应尽的注意义务。对此，食品安全法第二十七条规定了食品安全的具体要求，第二十八条规定了禁止生产经营的食品，第三十二条要求食品生产经营企业配备专职或者兼职食品安全管理人员，做好对所生产经营食品的检验工作，依法从事食品生产经营活动。如果销售者不能证明其履行了前述法定义务，则可以推定其

---

① 参见《最高人民法院公布五起食品药品纠纷典型案例》，载《人民法院报》2014年1月11日。

② 参见张勇健等：《〈关于审理食品药品纠纷案件适用法律若干问题的规定〉的理解与适用》，载《人民司法·应用》2014年第3期。

"明知"。根据前述法律规定，结合司法实践，具有下列情形之一的，可以认定为销售者"明知"：销售法律法规明令禁止的食品；更改食品生产日期、批号；同一批食品经有关部门检测确定为不符合食品安全标准并被责令停止经营仍然销售；从未依法取得食品生产许可的食品生产者处进货；未按食品安全法的规定履行进货查验记录义务；未按照食品安全的要求运输、储存食品等。本指导案例中，被告欧尚超市江宁店货架上摆放并销售的香肠过保质期，没有履行确保食品安全的法定义务，可以认定其销售明知不符合食品安全标准的食品。

（五）关于赔偿数额基数

依据食品安全法第九十六条第二款的规定，生产不符合食品安全标准的食品或者销售明知是不符合食品安全标准的食品，消费者除要求赔偿损失外，还可以向生产者或者销售者要求支付价款十倍的赔偿金。这里的"支付价款"应当如何理解呢？

尽管食品安全法及有关司法解释没有明确规定，但是结合消费者权益保护法的有关规定，"支付价款"是指消费者购买食品的价款。如果消费者购买食品中既有符合食品安全标准的，又有不符合食品安全标准的，则根据前述食品安全法规定的赔偿条件，应当仅指不符合食品安全标准那部分食品的价款。如果所购食品是不可分割的，则指消费者购买该食品支付的全部价款。例如，本指导案例中原告购买15包香肠，其中价值558.6元的14包已过保质期，最后得到14包香肠售价十倍的赔偿金5586元。

（六）其他需要说明的问题

1. 惩罚性赔偿不以造成人身等损害为前提

食品安全法第九十六条第一款规定："违反本法规定，造成人身、财产或者其他损害的，依法承担赔偿责任。"第二款规定了食品价款十倍的惩罚性赔偿。侵权责任法第四十七条规定："明知产品存在缺陷仍然生产、销售，造成他人死亡或者健康严重损害的，被侵权人有权请求相应的惩罚性赔偿。"对此，有的认为，侵权责任法晚于食品安全法，适用食品安全法惩罚性赔偿的规定，应当以消费者人身权益遭受损害为前提。我们认为，惩罚性赔偿的适用不以造成人身、财产或者其他损害为前提，该指导案例裁判要点对此也再次明确。其主要理由如下：

（1）符合食品安全法立法本意。食品安全法旨在保证食品安全，保障公众身体健康和生命安全。如果惩罚性赔偿以造成人身等损害后果为前提，则有悖立法初衷，不利于惩治和防范食品违法行为，净化食品安全环境。食品安全法第九十六条前后两个条款是各自独立的，第一款是损害赔偿的一般规定，第二款是惩罚性赔偿的特别规定，并未要求以消费者人身等遭受损害为前提。

（2）符合法律体系解释。消费者权益保护法第五十五条规定的惩罚性赔偿适用于违约之诉和侵权之诉，不受人身权益遭受损害的限制。况且消费者购买到不符合食品安全的食品，支付了购物款而没有得到安全合格的食品，本身就有支付价款的损失。

（3）符合特别法优于普通法适用原则。对于食品问题而言，食品安全法是特别法，应当优先于侵权责任法适用。

（4）符合有关司法解释规定的精神。《食品药品案件规定》第十五条[①]明确规定："生产不符合安全标准的食品或者销售明知是不符合安全标准的食品，消费者除要求赔偿损失外，向生产者或者销售者要求支付价款十倍赔偿金或者依照法律规定的其他赔偿标准要求赔偿的，人民法院应予支持。"也就是说，消费者只要购买了不安全食品，即可主张食品价款十倍赔偿金，不以人身权益遭受损害为前提。[②]

2. 职业打假问题

对于职业打假者是否属于消费者，现行法律和有关司法解释尚无明确规定，在法学理论界和司法实践中一直存有争议。第一种观点认为，无论职业打假者主观意图为何，其行为客观上是为了保护消费者的权益，维护诚实商家的利益以及公平公正的市场交易秩序和竞争秩序，支持职业打假个人及其公司符合立法本意。第二种观点认为，知假买假（暗含职业打假）不是为了生活需要而消费，因此，知假买假者不是消费者。[③]第三种观点认为，应当根据不同情况区别对待，要根据消费者权益保护法第二条的规定，结合具体案件的实际情况作出处理。为了个人或者家庭的生活需要，而不是为了生产经营活动或者职业活动的需要来购买使用商品或者接受服务的，都应该是消费者权益保护法调整的范围。[④]也有的认为，职业打假人是否属于消费者，要从其购买行为是否符合一般消费习惯考量。如果职业打假人的购买行为明显不符合消费交易习惯，则应认定其不属于消费者范畴。[⑤]第四种观点认为，职业打假个人以消费者身份主张权利的也应支持，职业打假组织（包括公司、非法人组织和名义上是个人实际上是公司）不具有法定的消费者身份，不应予

① 该司法解释于2020年12月29日修正，修改后的第十五条，将原来第十五条中"向生产者或者销售者要求支付价款十倍赔偿金或者依照法律规定的其他赔偿标准要求赔偿的"，修改为"依据食品安全法等法律规定向生产者、销售者主张赔偿金的"，并新增了第二款关于药品惩罚性赔偿的规定，因为是《药品管理法》2019年修订新增的规定。

② 参见《"不给制售有毒有害食品和假冒伪劣药品的人以可乘之机"——最高人民法院民一庭负责人答记者问》，载《人民法院报》2014年1月10日。

③ 参见李振宇、李学迎：《知假买假行为适用惩罚性赔偿评析》，载《政法论丛》2006年第1期。

④ 参见《知假买假应结合案情作出处理》，载《法治日报》2013年10月26日。

⑤ 参见徐小飞：《"十倍赔偿"制度如何落地》，载《人民日报》2013年10月16日。

以支持。

我们认为，第四种观点比较可行。如前所述，《食品药品案件规定》虽然没有明确职业打假问题，但是消费者知假买假实际上暗含着职业打假人以消费者身份主张权利的情况。知假买假是消费者主动行使监督权利的一种方式，职业打假人实际上也不过是时常、主动行使监督权利的消费者。况且消费者是弱势群体，缺乏专业知识，且囿于维权成本顾虑，许多人不愿意诉讼，而职业打假人是自发的民间监督力量，客观上代表了消费者维权，具有公益诉讼的成分，有利于净化食品市场和促进食品安全，应当给予支持。随着社会诚信建设和法治建设的推进以及公平有序竞争市场的形成，假冒伪劣必将得到有效遏制，职业打假人就会自然消失，对此也不必过多顾虑。但是，职业打假组织是以营利为目的而进行有组织、职业化的活动，可能扰乱正常的市场秩序，没有真正意义上的生活消费，不符合消费者权益保护法对消费者的界定，不能得到与消费者一样的支持。职业打假者购买不合格食品后提起诉讼的，可以依照产品质量法第四章和合同法第七章、第九章的规定处理。

——最高人民法院案例指导工作办公室：《指导案例 23 号〈孙银山诉欧尚超市有限公司江宁店买卖合同纠纷案〉的理解与参照——消费者明知食品不符合安全标准而购买可十倍索赔》。

1499. 消费者购买汽车遭受欺诈有权依消法要求增加赔偿

关键词

买卖合同　欺诈　家用汽车

最高人民法院指导性案例

张莉诉北京合力华通汽车服务有限公司买卖合同纠纷案（最高人民法院指导案例 17 号）

裁判要点：1. 为家庭生活消费需要购买汽车，发生欺诈纠纷的，可以按照《消费者权益保护法》处理。

2. 汽车销售者承诺向消费者出售没有使用或维修过的新车，消费者购买后发现系使用或维修过的汽车，销售者不能证明已履行告知义务且得到消费者认可的，构成销售欺诈，消费者要求销售者按照消费者权益保护法赔偿损失的，人民法院应予支持。

法院生效裁判认为：原告张莉购买汽车系因生活需要自用，被告合力华通公司没有证据证明张莉购买该车用于经营或其他非生活消费，故张莉购买汽车的行为属于生活消费需要，应当适用《消费者权益保护法》。

根据双方签订的《汽车销售合同》约定，合力华通公司交付张莉的车辆应为无维修记录的新车，现所售车辆在交付前实际上经过维修，这是双方共同认可的事实，故本案争议的焦点为合力华通公司是否事先履行了告知义务。

车辆销售价格的降低或优惠以及赠送车饰是销售商常用的销售策略，也是双方当事人协商的结果，不能由此推断出合力华通公司在告知张莉汽车存在瑕疵的基础上对其进行了降价和优惠。合力华通公司提交的有张莉签名的车辆交接验收单，因系合力华通公司单方保存，且备注一栏内容由该公司不同人员书写，加之张莉对此不予认可，该验收单不足以证明张莉对车辆以前维修过有所了解。故对合力华通公司抗辩称其向张莉履行了瑕疵告知义务，不予采信，应认定合力华通公司在售车时隐瞒了车辆存在的瑕疵，有欺诈行为，应退车还款并增加赔偿张莉的损失。

——《最高人民法院关于发布第五批指导性案例的通知》(2013 年 11 月 8 日，法〔2013〕241 号)。

说明

指导案例 17 号张莉诉北京合力华通汽车服务有限公司买卖合同纠纷案，旨在明确个人为生活消费需要购买家用汽车的，其权益应受《中华人民共和国消费者权益保护法》的保护。销售者出售汽车有欺诈行为的，消费者有权依法要求增加赔偿其受到的损失。这对于进一步保护消费者的合法权益，倡导诚信经营，加强社会诚信建设，维护公平的市场交易秩序具有引领意义。

附录：最高人民法院主流观点

该指导案例的裁判要点确认：(1) 为家庭生活消费需要购买汽车，发生欺诈纠纷的，可以按照消费者权益保护法处理。(2) 汽车销售者承诺向消费者出售没有使用或维修过的新车，消费者购买后发现系使用或维修过的汽车，销售者不能证明已履行告知义务且得到消费者认可的，构成销售欺诈，消费者要求销售者按照消费者权益保护法赔偿损失的，人民法院应予支持。以下围绕与该裁判要点相关的问题逐一说明：

(一) 消费者购买汽车是否受消费者权益保护法的保护

这是该案例首要的争议焦点，也是实务界广泛关注的热点问题。

消费者权益保护法第二条规定：消费者为生活消费需要购买、使用商品或者接受服务，其权益受消费者权益保护法的保护。根据该条的规定，消费者购买汽车可以受到消费者权益保护法的保护，应当至少符合两个要件，一是汽车可以作为生活消费品，二是消费者购买汽车是为了生活消费需要。

1. 关于汽车是否可以作为生活消费品

生活消费品是用来满足人们物质和文化生活需要的社会产品，可以用来交换的商品。汽车属于商品，可以进入市场流通，满足人们的生活消费需要。消费者权益保护法对消费者购买的商品没有价格的限制，所以汽车是否属于生活消费品与汽车价格的高低，是否属于奢侈品没有必然关系。因此，认为汽车单价过高，属于奢侈品，不是消费者权益保护法意义上的消费品的观点是没有法律依据的。同样，随着社会经济的发展，人们的生活消费需要呈现范围更广、层次更多的发展趋势，汽车、珠宝、高档手表、高档家具等商品进入越来越多的家庭。将这些商品认定为生活消费品，依法纳入消费者权益保护法的调整范围，不仅有利于充分保护消费者权益，满足人民群众日益增长的生活消费需要，而且有利于规范市场秩序，刺激消费需求，促进产业发展。

2. 关于消费者购买汽车是否属于生活消费需要

消费者权益保护法中所指的"生活消费"是相对于"生产消费"而言，只要消费者购买汽车是用于上下班或者旅游等自身出行需要，都应当属于生活消费；反之，企业购车用于生产经营，或者出租车公司购车用于乘客交通营运，这都不属于生活消费。从消费者权益保护法的立法目的看，该法主要是保护消费者的合法权益，至于生产经营者生产消费权益的保护，应当通过合同法等法律予以调整。因此，消费者权益保护法的调整范围不能扩张太大，并非所有购买汽车的消费都受该法保护，一定要满足消费者购买汽车是用于生活消费这个要件。

综上，消费者为家庭生活消费的需要而购买汽车，与销售者发生欺诈纠纷的，可以按照消费者权益保护法处理。

（二）消费者购买汽车遭受欺诈的赔偿

实践中，销售者隐瞒真实情况谎称"新车"，实际向消费者出售二手车或维修过的车是常见的汽车消费欺诈纠纷。本指导性案例裁判要点第二点明确，汽车销售者承诺向消费者出售没有使用或维修过的新车，消费者购买后发现系使用或维修过的汽车，销售者不能证明已履行告知义务且得到消费者认可的，构成销售欺诈，消费者要求销售者按照消费者权益保护法赔偿损失的，人民法院应予支持。

本案例一、二审判决依据的是原消费者权益保护法第四十九条，该条规定："经营者提供商品或者服务有欺诈行为的，应当按照消费者的要求增加赔偿其受到的损失，增加赔偿的金额为消费者购买商品的价款或者接受服务的费用的一倍。"即销售者售车存在欺诈行为的，应当"双倍赔偿"消费者的损失。需要说明的是，本案例作为指导性案例发布前，消费者权益保护法于2013年10月25日进行了修改，新法自2014年3月15日实施。原法第四十九条修改为第五十五条第一款："经营者提供商品或者服务有欺诈行为的，应当按照消费者的要求增加赔偿其受到的损失，增加赔偿的金额为消费者购买商品的价款或者接受服务的费用的三倍；增加赔偿的金额不足五百元的，为五百元。法律另有规定的，依照其规定。"另外增加一款，作为第二款："经营者明知商品或者服务存在缺陷，仍然向消费者提供，造成消费者或者其他受害人死亡或者健康严重损害的，受害人有权要求经营者依照本法第四十九条、第五十一条等法律规定赔偿损失，并有权要求所受损失二倍以下的惩罚性赔偿。"修改后的新法对受到消费欺诈的消费者的保护力度更大了，更有利于约束销售者规范经营、诚信经营。

因为本案被推选为指导性案例时法律经过修改，所以本指导案例在编写"相关法条"部分作了特别标注。"相关法条"部分直接引用了修改后的消费者权益保护法相关条文，即第五十五条第一款，并紧随其后在括号内注明"该款系 2013 年 10 月 25 日修改，修改前为第四十九条"。

（三）其他需要说明的问题

本指导案例在适用时要注意以下几个问题：

一是一般应当限制在"生活消费需要"的范围内。前文已述，生活消费需要主要是同生产消费需要相区别的。实践中，有人购买汽车主要用来进行"黑车"运营，这种情况不宜认定为"生活消费需要"，因而不能主张加倍赔偿。但实践中对"生活消费需要"的范围界定也存在一定程度的突破，例如农民购买种子、化肥等直接用于农业生产的生产资料，虽不算严格意义上的"生活消费需要"，但一般认为应受消费者权益保护法的保护。这一点已经被修改后的消费者权益保护法所确认，新法附则第六十二条明确规定："农民购买、使用直接用于农业生产的生产资料，参照本法执行。"消费者权益保护法主要起草人之一，中国消费者权益保护法学研究会会长河山认为，从发展趋势上看，为充分保护消费者的合法权益，维护公平的市场经济秩序，对"生活消费需要"的界定不宜过严，未来应根据实际情况的需要进一步放宽。

实践中，分歧最大、争议最多的问题是"知假买假"者是否算消费者，是否受消费者权益保护法的保护。2013 年 10 月消法修改依然回避了这个问题，没有对"知假买假"行为是否属于消法保护范围予以明确规定。反对的观点认为，"知假买假"存在道德问题，明知是假货还特意购买，意在以此谋利，不应受法律保护。支持的观点认为，造假者、售假者才是不道德经营行为，"以恶制恶"虽然不是最好的选择，但若不予保护此种方式打假，实际是纵容不道德商家。"知假买假"群体的存在，多少让那些制假售假的不法商人产生敬畏，在有关执法部门难以完全杜绝假货的情况下，这也不失为净化市场的一种有效手段和途径。目前市场假货横行，商家坑害消费者的事件层出不穷，而单个消费者处于弱势地位，保护自身合法权益的成本很高，只有动员广大消费者一起打假，打一场“人民战争”，才能有效杜绝假货，维护市场秩序。这个问题实践中争议很大，情况比较复杂，过去有人认为，对于“知假买假”纠纷的处理，以个案分析处理为宜，应当根据消费者权益保护法第二条并结合具体案件的实际情况作出妥善处理。2013 年 12 月 23 日，最高人民法院公布《关于审理食品药品纠纷案件适用法律若干问题的规定》，自 2014 年 3 月 15 日起施行。该《规定》明确了“知假买假”不影响主张消费者权利，惩罚性赔偿不以消费者人身权益遭受损害为前提。该《规定》虽然适用范围为食品药品纠纷案件，但明确了最高人民法院对“知假买假”的支持态度，这对其他领域，如汽车消费等消费者权益纠纷案件的审理同样具有参照意义。

二是是否应当对消费品的价格予以限制。随着人们物质生活水平的不断提高，各种高档消费品、奢侈品越来越多地进入消费者家庭。例如，有的高档汽车价格以百万计，有的名表价格数十万。如果商家在销售高档消费品时存在欺诈行为，损害了消费者权益，是否也应当适用惩罚性赔偿呢？支持价格限制的观点认为，购买高档消费品、奢侈品是否属于为了生活消费需要有一定争议，如果商家欺诈销售也适用惩罚性赔偿，可能会引发道德风险，诱使部分消费者以此牟利，而且高价格的商品必然带来的是高额的赔偿数额，可能对商家的惩罚责任太重，有失公平。因此，这种情况下法律保护的主要应当是消费者购买家常日用品等商品。反对价格限制的观点认为，对购买消费品的价格予以限制没有法律依据，消费者权益保护法仅从购买行为的目的进行限制，没有价格方面的限制；消费者购买商品都应受消法有关规定的保护，不应有商品价格的限制，否则是不公平的，执法判断的标准也无法把握，可以说是强人所难；消费者属于弱势群体，应当充分保护其合法权益，遏制不法商家谋取不正当利益的不道德、不诚信行为，当前许多普通工薪阶层积攒多年积蓄购买了少量奢侈品，也是为了满足自身高端的生活消费需要，如果不予以同等保护，有损公平。综上，随着经济社会的发展，人们的物质生活水平进一步提高，消费观念和层次也进一步更新、丰富，法律应当跟上对消费者合法权益保护的脚步，这样才能促进形成洁净、和谐的社会环境，满足人们日益增长的生活追求。

——最高人民法院案例指导工作办公室：《指导案例 17 号〈张莉诉北京合力华通汽车服务有限公司买卖合同纠纷案〉的理解与参照——消费者购买汽车遭受欺诈有权依消法要求增加赔偿》。

1500. “消费者单方终止消费，经营者对已经收费但尚未提供商品或服务部分的价款不予退还”等该类格式条款应属无效

关键词

预付式消费　格式条款

最高人民法院公报案例

孙宝静诉上海一定得美容有限公司服务合同纠纷案（上海市第二中级人民法院民事判决书）

裁判摘要：在消费者预先支付全部费用、经营者分期分次提供商品或服务的预付式消费模式中，如果经营者提供的格式条款载明“若消费者单方终止消费，则经营者对已经收费但尚未提供商品或服务部分的价款不予退还”的，该类格式条款违反我国合同法、消费者权益保护法的相关规定，应属无效。

上海市第二中级人民法院认为：根据法律规定，经营者不得以格式合同、通知、声明、店堂告示等方式作出对消费者不公平、不合理的规定，格式合同、通知、声明、店堂告示等包含有上述内容的，该内容无效。在上诉人孙宝静签订的服务协议及声明书中虽写明孙宝静放弃或不按照被上诉人一定得公司的安排接受服务，则不退回任何费用，但这些“余款不退”的约定系由一定得公司预先打印拟定的格式化条款，而且综观服务协议及声明书的内容，服务协议、声明书仅对孙宝静的权利进行了约束，而丝毫没有诸如是否需达到服务效果，一定得公司在无法达到服务效果时是否应承担责任，一定得公司在不能提供相应服务时应承担何种责任等对一定得公司的权利进行相应约束的约定。而作为消费者的孙宝静一旦预付了服务期内的所有费用，即使对服务效果不满意也无法放弃接受服务。显然，提供格式条款的一定得公司并未遵循公平的原则来确定其与孙宝静之间的权利和义务，服务协议及声明书中关于孙宝静放弃服务不退回任何费用的约定明显加重了孙宝静的责任，排除了孙宝静的权利，这些约定条款应属无效。

——《最高人民法院公报》2014 年第 11 期。

1501. 在预付式消费中，消费者单方终止消费，经营者并无违约或过错行为的，消费者应负相应违约责任

关键词

预付式消费　单方终止　违约责任

最高人民法院公报案例

孙宝静诉上海一定得美容有限公司服务合同纠纷案（上海市第二中级人民法院民事判决书）

裁判摘要：在预付式消费中，如果消费者单方终止消费，经营者并无违约或过错行为的，应结合消费者过错程度、经营者已经提供的商品或服务量占约定总量的比例、约定的计价方式等因素综合确定消费者的违约责任。

上海市第二中级人民法院认为：孙宝静在本案中虽应承担单方停止履约的违约责任，但该违约责任不能按照服务协议中有关“单方放弃服务余款不退”的格式条款来追究，而应由法院综合考量服务协议的履行程度、被上诉人一定得公司提供服务的情况、孙宝静单方放弃服务的过错程度等因素，依照公平原则和诚实信用原则予以确定，法院据此酌定孙宝静需向一定得公司支付20000元的违约金。在孙宝静向一定得公司支付的100000元预付款中扣除服务费用31800元、违约金20000元后，一定得公司还需返还孙宝静48200元。

——《最高人民法院公报》2014年第11期。

1502. 惩罚性赔偿法条竞合情形下消费者有选择权

关键词

惩罚性赔偿　法条竞合

附录：最高人民法院主流观点

知假买假者的目的在于索赔，审判实践中，其索赔的依据存在法条竞合的情况，既涉及《消费者权益保护法》中惩罚性赔偿的规定，也涉及《食品

安全法》中10倍赔偿的规定。《消费者权益保护法》第五十五条规定：经营者提供商品或者服务有欺诈行为的，应当按照消费者的要求增加赔偿其受到的损失，增加的金额为消费者购买商品的价款或者接受服务费用的3倍；增加赔偿的金额不足500元的，为500元。法律另有规定的，依照其规定。经营者明知商品或者服务存在缺陷，仍然向消费者提供，造成消费者或者其他受害人死亡或者健康严重损害的，受害人有权要求经营者依照本法第四十九条、第五十条等法律规定赔偿损失，并有权要求所受损失2倍以下的惩罚性赔偿。《食品安全法》第九十六条规定：违反本法规定，造成人身、财产或者其他损害的，依法承担赔偿责任。生产不符合食品安全标准的食品或者销售明知是不符合食品安全标准的食品，消费者除要求赔偿损失外，还可以向生产者或者销售者要求支付价款10倍的赔偿金。

在计算赔偿基数上，《食品安全法》是以价款为计算依据的，而《消费者权益保护法》虽然赔偿的倍数低于《食品安全法》，但规定了最低赔偿额，而且还规定了欺诈情况下以损失为基数计算赔偿数额。消费者可以选择对于自己有利的法律依据主张权利，法院应当根据当事人的诉讼请求的依据作出认定。

——最高人民法院民事审判第一庭编著：《最高人民法院关于食品药品纠纷司法解释理解与适用》，人民法院出版社2014年版，第64页。

1503. 赠品的生产者是否应承担责任

关键词

赠品 生产者

最高人民法院司法解释

第四条 食品、药品生产者、销售者提供给消费者的食品或者药品的赠品发生质量安全问题，造成消费者损害，消费者主张权利，生产者、销售者以消费者未对赠品支付对价为由进行免责抗辩的，人民法院不予支持。

——《最高人民法院关于审理食品药品纠纷案件适用法律若干问题的规定》（2021年11月18日修正）。

附录：最高人民法院主流观点

根据《合同法》第一百二十二条[①]规定，因当事人一方的违约行为，侵害

① 对应《民法典》第一百八十六条。

对方人身、财产权益的，受损害方有权选择依照本法要求其承担违约责任或者依照其他法律要求其承担侵权责任。根据该条规定，在加害给付的情况下，存在请求权竞合，受损害方有选择权。在赠品与所购食品、药品为同一商品的情况下，如发生质量安全问题，造成消费者损害，消费者当然有权选择销售者承担违约责任或者侵权责任，同时也可以要求生产者承担侵权责任；在赠品与所购食品、药品为不同商品的情况下，赠品发生质量安全问题，造成消费者损害的，消费者不仅可以依据本条司法解释规定要求销售者承担违约或者侵权责任，也可以要求赠品的生产者对此承担侵权责任。

——最高人民法院民事审判第一庭编著：《最高人民法院关于食品药品纠纷司法解释理解与适用》，人民法院出版社 2014 年版，第 74 页。

1504. 赠品本身价值或效用减少，消费者是否有权要求赔偿

关键词

赠品　生产者

最高人民法院司法解释

第四条　食品、药品生产者、销售者提供给消费者的食品或者药品的赠品发生质量安全问题，造成消费者损害，消费者主张权利，生产者、销售者以消费者未对赠品支付对价为由进行免责抗辩的，人民法院不予支持。

——《最高人民法院关于审理食品药品纠纷案件适用法律若干问题的规定》（2021 年 11 月 18 日修正）。

附录：最高人民法院主流观点

《食品药品司法解释》第四条司法解释主要适用的是赠品存在缺陷，造成消费者人身或者其他财产损害的情况，不包括赠品本身存有瑕疵的情况。主要考虑是赠品毕竟形式上是无偿取得的，因此，应对损害赔偿责任作出一定的限制。在赠品具有瑕疵，致使其本身效用或价值减少的情况下，由于未对消费者人身或者其他财产权益造成损害，我们倾向认为，对消费者的该项损害赔偿请求权，不宜予以支持。

——最高人民法院民事审判第一庭编著：《最高人民法院关于食品药品纠纷司法解释理解与适用》，人民法院出版社 2014 年版，第 74 页。

1505. 挂靠协议中关于内部责任约定的效力

关键词

挂靠协议　内部责任约定

最高人民法院司法解释

第十条　未取得食品生产资质与销售资质的民事主体，挂靠具有相应资质的生产者与销售者，生产、销售食品，造成消费者损害，消费者请求挂靠者与被挂靠者承担连带责任的，人民法院应予支持。

消费者仅起诉挂靠者或者被挂靠者的，必要时人民法院可以追加相关当事人参加诉讼。

——《最高人民法院关于审理食品药品纠纷案件适用法律若干问题的规定》（2021 年 11 月 18 日修正）。

附录：最高人民法院主流观点

挂靠者与被挂靠者通常情况下会在确立挂靠关系时签订一些书面协议，约定双方利益的分配以及在发生对外清偿责任时责任的分担，而作为具有谈判优势地位的被挂靠人一方，往往会要求约定其对挂靠人对外经营业务引发的纠纷不承担任何赔偿责任。挂靠人和被挂靠人之间的挂靠协议，因为其内容违反了行政法规的强制性规定，根据《合同法》第五十二条的规定，应当认定为无效合同。而根据《合同法》第五十六条的规定，无效的合同或者被撤销的合同自始没有法律约束力。理论上，当事人也不得基于一个被确认无效的合同主张任何权利或享有任何利益。因此，挂靠协议中关于双方利益和责任分配的条款不应发生法律效力，作为食品经营者，不能以此为依据主张自己享有不承担赔偿责任的利益。同时，从签订挂靠协议和允许挂靠人食品生产与销售的过错角度看，食品经营者亦不应豁免民事责任。在此情况下，应当按照挂靠人和被挂靠人的过错情况、对消费者损害的因果关系、食品经营者的实际获利情况等，综合判断双方内部责任的分配。

此外，对于消费者免除任何挂靠或者被挂靠一方债务人全部或部分债务，该免除是否对其他债务人产生效力，《侵权责任法》没有作出明确规定。从法律解释的角度上看，在人身损害赔偿之诉中，仍应遵循《人身损害赔偿解释》的规定，即赔偿权利人在诉讼中放弃对部分共同侵权人的诉讼请求的，其他共同侵权人对被放弃诉讼请求的被告应当承担的赔偿份额不承担连带责任。从法理上看，大陆法系各国和地区对连带债务中债权人的部分免除的法律效力的规定有一定出入，从避免循环请求和不公平结果的角度考虑，应当使债权人对部分债务人的责任或部分债务的免除，对其他连带债务人发生法律效力，即其他连带债务人的债务于此范围内被相应免除。

——最高人民法院民事审判第一庭编著：《最高人民法院关于食品药品纠纷司法解释理解与适用》，人民法院出版社2014年版，第147~148页。

1506. 普通人可以成为食品药品推荐责任的主体

关键词

食品药品推荐责任

最高人民法院司法解释

第十一条第一款 消费者因虚假广告推荐的食品、药品存在质量问题遭受损害，依据消费者权益保护法等法律相关规定请求广告经营者、广告发布者承担连带责任的，人民法院应予支持。

——《最高人民法院关于审理食品药品纠纷案件适用法律若干问题的规定》(2021年11月18日修正)。

附录：答记者问

明星代言连带担责

问：虚假食品药品广告代言人和推销者，是否承担法律责任？

答：近年来，利用虚假食品、药品广告坑害消费者的情况较为普遍，社会危害十分严重。不少商家为扩大其市场销售份额，利用媒体、个人代言人做虚假广告，或者利用虚假广告推销食品、药品，严重损害了消费者生命健康和财产安全。

针对这种不法行为，《规定》第十一条第一款规定："消费者因虚假广告推荐的食品、药品存在质量问题遭受损害，依据消费者权益保护法等法律相关规定请求广告经营者、广告发布者承担连带责任的，人民法院应予支持。"

该条第二款规定："社会团体或者其他组织、个人，在虚假广告中向消费者推荐食品、药品，使消费者遭受损害，消费者依据消费者权益保护法等法律相关规定请求其与食品、药品的生产者、销售者承担连带责任的，人民法院应予支持。"

根据消费者权益保护法、侵权责任法的相关规定精神，在连带责任中，消费者既可以一并起诉食品、药品的生产商、销售商、广告经营者、广告发布者、广告代言人，请求其共同承担赔偿责任，也可以起诉其中一个或者几个作为被告，由其承担全部赔偿责任，然后再向其他责任主体行使追偿权。

——《“不给制售有毒有害食品和假冒伪劣药品的人以可乘之机”——最高人民法院民一庭负责人答记者问》(2014年1月9日)，载《人民法院报》2014年1月10日。

最高人民法院公布的典型案例

从李松诉慈铭健康体检管理集团股份有限公司北京潘家园门诊部产品销售者责任纠纷案

裁判要旨：经营者提供商品或者服务有欺诈行为，消费者要求经营者退货并承担一倍赔偿责任的，人民法院予以支持。

（一）基本案情

原告丛李松从2012年6月2日《法制晚报》上看到题为“晚期肿瘤治疗新突破”的“神麒口服液”广告，该广告称这种药物的吸收利用率可达传统中药的几倍以上；该广告下方显示专卖地址为东二环左安门桥肿瘤医院西门北走100米【慈铭中西医门诊药房】。为给其患有癌症的婶婶治病，丛李松当日在慈铭健康体检管理集团股份有限公司北京潘家园门诊部（以下简称潘家园门诊部）购买了1盒售价450元的“神麒口服液（消癌平口服液）”，上面标有国家药准字Z20050778字样。后发现该药品是必须在医师指导下使用的处方药，而在销售时也没有进行指导说明。北京市药品监督管理局于2012年3月发布的《违法药品广告公告》中写有：“二、违规广告涉及药品品种33个，存在未经审查发布和擅自篡改广告审批内容的行为。其中标示名称为‘结石通茶’、‘神麒口服液’两种药品发布违规广告情节严重。标示名称为‘神麒口服液’的药品在广告宣称采用‘原子微量破核疗法’研制，含‘微管阻遏素’和‘特异激活因子’，可杀死清除肿瘤细胞，防止肿瘤的复发扩散转移。以上药品的广告宣传含夸大药品适应症、有不科学地表示功效的保证等内容，严重误导和欺骗消费者。”北京市药品监督管理局于2012年4月至6月期间发布的《违法药品广告公告》所附的《违规药品广告情况汇总表》中均包括“神麒口服液”，其后标示的经营企业均包括“慈铭中西医门诊药房”。丛李松认为潘家园门诊部在广告中夸大药品的适应症和功效，严重误导和欺骗消费者，故向北京市朝阳区人民法院起诉，要求其退还货款450元，赔偿450元，支付误时费9099元，赔偿精神损失费1元。

（二）裁判结果

一审法院认为，潘家园门诊部销售的药品合格，丛李松主张潘家园门诊部有欺诈行为证据不足，也无法确信丛李松具有购买该种商品的正当原因。

尽管其提交了潘家园门诊部开具的收据原件，但是法院仍然无法确信其消费者身份。故判决驳回了丛李松的诉讼请求。丛李松不服该判决，向北京市第二中级人民法院提起上诉，请求二审改判支持其一审诉讼请求。

二审法院认为，消费者因经营者利用虚假广告提供商品或者服务，其合法权益受到损害的，可以向经营者要求赔偿。经营者提供商品或者服务有发布虚假广告，欺骗和误导消费者，使购买商品或者接受服务的消费者的合法权益受到损害的行为的，当按照消费者的要求增加赔偿其受到的损失，增加赔偿的金额为消费者购买商品的价款或者接受服务的费用的一倍。本案中，丛李松以购买的“神麒口服液”存在虚假广告为由起诉潘家园门诊部要求其承担赔偿责任，二审法院对其主张予以支持，潘家园门诊部应对丛李松的合理损失承担赔偿责任。丛李松关于退还货款450元及增加赔偿450元的主张于法有据，该院予以支持。丛李松关于误时费的主张，因其未提供充分证据予以证明，该院不予支持。丛李松关于精神损害抚慰金的主张无事实和法律依据，该院亦不予支持。该院依据《消费者权益保护法》第39条、第49条，《民事诉讼法》第170条第1款第（2）项之规定，判决：撤销一审判决；潘家园门诊部退还丛李松货款450元，并增加赔偿丛李松450元；驳回丛李松的其他诉讼请求。

——《最高人民法院公布五起食品药品纠纷典型案例》，载《人民法院报》2014年1月11日。

王泉诉东方肾脏病医院邮购药品赔偿纠纷案

裁判要旨：医院在媒体发布违法广告诱使消费者购药，经服用无效后方知广告宣传不实，消费者请求双倍返还购药款的，人民法院予以支持。

（一）基本案情

东方肾脏病医院（以下简称肾病医院）在《四川日报》刊登了《治疗肾脏病尿毒症的新希望〈东方肾脏病医院全息根治疗法〉》，该广告对肾脏病、尿毒症的中医全息根治疗法的特点、疗效、治疗方式等进行了介绍，王泉看到这则广告后，向肾病医院进行了咨询，该医院对王泉的咨询信件作了回复，内容为其医院中医全息根治疗法能从根本上治疗肾脏病。2003年10月至2004年10月，王泉向肾病医院邮购价值20180元的“东方生力散”“东方肾病胶囊”和“GS系列全息治疗仪”。王泉服用所购药品并使用所购治疗仪后，病情未得到改善。2005年2月，王泉以肾病医院的广告宣传不实，向山东省潍坊市工商行政管理局作了反映，该局回复已对肾病医院违反广告法发布的医疗、内部制剂广告问题进行了立案调查处理，并责令其停止发布违法广告。据此，王泉向四川省泸州市江阳区人民法院起诉，要求肾病医院和《四川日报》双倍返还医疗费用 40360 元。一审中王泉撤回对四川日报社的起诉。

（二）裁判结果

一审法院认为，肾病医院刊登的广告内容和出具给王泉的信件中隐含了能够根治肾病，误导王泉接受了肾病医院的治疗，使王泉花费了不必要的治疗费。这种误导行为损害了王泉的合法权益，应当承担民事责任。王泉要求肾病医院双倍返还医疗费的主张合法，该院予以支持。该院依照《民法通则》第 122 条、《消费者权益保护法》第 49 条的规定，判决肾病医院赔偿王泉 40360 元，一审诉讼费由肾病医院承担。肾病医院不服一审判决，以其未损害王泉的合法权益为由向泸州市中级人民法院提起上诉，请求该院撤销原判，驳回王泉的诉讼请求。

二审法院认为，肾病医院在报纸上刊登虚假广告的行为，违反了广告法第十四条的规定，即广告不得含有不科学的表示功效的断言或者保证，也不得有说明治愈率或者有效率的内容。王泉因受该医疗广告的误导，购买了肾病医院的药品及治疗仪器，从而遭受经济损失。作为广告主的肾病医院应当承担赔偿责任。根据《广告法》第 38 条的规定，广告经营者和发布者应当承担连带责任。但王泉自愿申请撤回对四川日报社的诉讼，是其对诉讼权利的处分。本案不是基于药品或者治疗仪导致人身伤害而产生的损害赔偿诉讼，而是基于违法广告误导了王泉，使其在信任肾病医院能够根治肾病的情况下，购买该医院的药品和治疗仪，经过治疗后未达到广告所宣传的效果，从而造成的经济损失。该院依照《消费者权益保护法》第 39 条、第 49 条和当时的《民事诉讼法》第 153 条的规定，于 2007 年 2 月判决驳回东方肾脏病医院的上诉，维持原判。

——《最高人民法院公布五起食品药品纠纷典型案例》，载《人民法院报》2014 年 1 月 11 日。

1507. 经营者单方作出的加重其责任的承诺如何处理

关键词

经营者　加重责任　承诺

最高人民法院司法解释

第十六条　食品、药品的生产者与销售者以格式合同、通知、声明、告示等方式作出排除或者限制消费者权利，减轻或者免除经营者责任、加重消费者责任等对消费者不公平、不合理的规定，消费者依法请求认定该内容无效的，人民法院应予支持。

——《最高人民法院关于审理食品药品纠纷案件适用法律若干问题的规定》（2021 年 11 月 18 日修正）。

附录：最高人民法院主流观点

加重经营者责任的认定。《食品药品司法解释》第十六条仅规定了减轻或者免除经营者责任如何处理，但对于经营者单方作出的加重其责任的承诺如何认定没有作出规定。实践中，食品、药品的生产者与销售者为了扩大销售，会在销售时针对购买者作出承诺，或者在店堂内张贴告示，或者以发布广告等方式针对不特定的消费者作出“假一赔十”或“假一赔万”等承诺，消费者基于对此承诺的信赖购买了商品。因此，消费者要求生产者、销售者兑现承诺，人民法院应予支持。但如果食品、药品的生产者、销售者作出的承诺低于法定赔偿标准，消费者要求依照法定标准赔偿，而食品、药品的生产者、销售者以此为由抗辩的，人民法院对其抗辩不应予以支持。食品、药品的生产者与销售者作出自愿承担惩罚性赔偿承诺，消费者要求生产者、销售者按照其承诺承担赔偿责任的，人民法院应予支持，但如果承诺的惩罚性赔偿过高，可以请求人民法院予以适当调整。生产者、销售者的承诺低于法定赔偿标准，消费者主张按照法定标准赔偿的，人民法院应予支持。

——最高人民法院民事审判第一庭编著：《最高人民法院关于食品药品纠纷司法解释理解与适用》，人民法院出版社 2014 年版，第 231~233 页。

1508. 手机电信用户可在电信增值业务免费体验期内免费体验增值服务，免费期过后应当得到用户明确使用承诺才可进行收费

关键词

手机电信用户　知情权

最高人民法院公报案例

郑传新诉中国电信股份有限公司连云港分公司电信服务合同纠纷案（连云港市海州区人民法院民事判决书）

裁判摘要：根据《消费者权益保护法》的有关规定，市场交易行为应当遵循公平交易原则，反对强买强卖行为。消费者有权知悉所购买商品和接受服务的真实情况。手机电信服务提供者为达到电

信增值业务推广目的，事先确定免费体验期，用户可在该期间内免费体验增值服务。免费期过后，电信服务提供者对该增值业务进行收费时，应当得到用户明确的使用承诺，否则，电信服务提供者的强行扣费行为侵犯了消费者对所接受服务的知情权，违背市场公平交易原则。

连云港市海州区人民法院认为：原告郑传新系被告连云港电信公司客户，拥有电信号码133XXXX6469，双方之间形成电信服务关系。原告主张被告未经其同意开通手机报业务，并予以收费，侵犯了其知情权及财产权。法院认为，被告业务推销员未能有效核实机主身份，在未得到原告确认的情形下，为号码133XXXX6469开通生活百科手机报业务，并在免费体验期后收取相关费用。被告的上述行为导致了原告的财产受损，被告应当返还收取的4.83元的费用。

关于原告郑传新所称被告连云港电信公司存在欺诈行为，应按《中华人民共和国消费者权益保护法》第五十五条规定赔偿损失500元，法院认为，被告虽然在工作中存在过失，但并无侵占原告财产的故意，也不存在主观的欺诈故意，对原告主张被告构成欺诈，应予赔偿500元的诉讼请求，法院不予支持。

关于原告郑传新要求被告连云港电信公司赔礼道歉的诉讼请求，法院认为，《中华人民共和国消费者权益保护法》第五十条“经营者侵害消费者的人格尊严、侵犯消费者人身自由或者侵害消费者个人信息依法得到保护的权利的，应当停止侵害、恢复名誉、消除影响、赔礼道歉，并赔偿损失”；第五十二条“经营者提供商品或者服务，造成消费者财产损害的，应当依照法律规定或者当事人约定承担修理、重作、更换、退货、补足商品数量、退还货款和服务费用或者赔偿损失等民事责任。”因此，赔礼道歉的民事责任承担一般适用于经营者的经营行为给消费者的人身权利造成损害的情况，而对于财产损害的民事责任则主要是修理、重作、更换、退货、补足商品数量、退还货款和服务费用或者赔偿损失等，该财产损害一般不适用于赔礼道歉。本案中，原告因被告的行为导致财产受损，要求被告赔礼道歉，于法无据，法院不予支持。鉴于本次诉讼因被告在工作中存在过失而发生，原告对此并无过错，案件受理费应由被告承担。被告应在工作中进一步规范业务办理流程，充分尊重消费者权益，确保消费者明明白白消费。

——《最高人民法院公报》2017年第5期。

1509. 经营者违反法定告知义务是否构成欺诈，应综合考虑消费缔约目的、隐瞒信息主观故意等确定

关键词

欺诈 法定告知义务 消费者权益 缔约目的

最高人民法院裁判文书

贵州新贵兴汽车销售服务有限责任公司与杨代宝、原审被告大众汽车（中国）销售有限公司买卖合同纠纷案［最高人民法院（2018）最高法民终12号民事判决书］

裁判要旨：1. 即使经营者在缔约阶段对不利于消费者的相关商品信息不知情，但在交付消费者之前已经知悉的，其仍负有及时告知消费者的义务。《消费者权益保护法》中的欺诈不仅限于缔约阶段。

2. 经营者所应提供的商品全面信息，并非指与商品有关的所有信息，而是指可能影响消费者人身健康安全或一定财产利益的全部重要信息。

3. 经营者违反法定告知义务是否构成《消费者权益保护法》第五十五条第一款项下的欺诈，应综合考虑是否影响到消费者缔约的根本目的、经营者是否存在隐瞒相关信息的主观故意等因素确定。

最高人民法院认为：《消费者权益保护法》第八条和第二十条的规定对于平衡消费者在商品信息获取上所处的不利地位、确保消费者的知情权不受侵犯具有重要意义。至于新贵兴公司违反法定告知义务是否构成《消费者权益保护法》第五十五条第一款项下的欺诈，本院认为应综合考虑如下因素：

1. 是否影响到消费者缔约的根本目的

（1）合同中是否对此存在专门约定。双方在《销售合同》中对案涉车辆的基本情况如厂商、品牌及型号、颜色、单价、交付方式、付款方式等作了约定；新贵兴公司的义务还包括车辆应商检合格、具有合法手续、质量标准和保修期限应依厂家规定等；双方还对其他事项进行了约定。从合同内容来看，《销售合同》并未对与窗帘相关的问题或者类似的问题进行约定。因此，与窗帘相关的问题或类似的问题并不构成杨代宝缔约的根本目的。杨代宝诉称案涉车辆系经过“大修”的问题车而非新车，该主张与一般公众对于“大

修”的合理认知明显不符，在并无证据证明该车交付前即已被他人办理过车辆注册登记，或虽未办理过车辆注册登记但被他人实质使用过的情况下，新贵兴公司交付的车辆属于合同所约定的新车。

（2）问题是否严重及相应处理措施是否复杂。关于车辆的窗帘问题及相应修复措施，不涉及车辆的动力系统如发动机和变速器等，不涉及车辆的转向系统、制动系统、悬架系统、安全系统，不涉及前后桥的主要零件及全车的主线束，不危及车辆安全性能、主要功能和基本用途。相应修复措施轻微，花费时间较短，与此相关的信息并不属于影响杨代宝缔约根本目的的重要信息。

（3）是否给消费者造成较大不利影响。首先，是否涉及杨代宝的人身健康和安全。本案中，并无证据证明窗帘问题及其修复给杨代宝的人身健康和安全构成潜在威胁，甚至造成实质损害。杨代宝二审庭审时还称其系以全款购买豪车而新贵兴公司实际交付的却系有过修理记录的车辆，对其心理上造成了伤害。《消费者权益保护法》第五十一条规定："经营者有侮辱诽谤、搜查身体、侵犯人身自由等侵害消费者或者其他受害人人身权益的行为，造成严重精神损害的，受害人可以要求精神损害赔偿。"但杨代宝未举证证明新贵兴公司在销售过程中存在上述法定情形。事实上，杨代宝并未以其人身健康、安全受损或受威胁为由提起本案诉讼。其次，是否影响到杨代宝的日常使用。至本案二审第一次庭审时，案涉车辆实际使用时间已经超过三年，行驶里程超过 29000 公里，且杨代宝称案涉车辆常用于商业接待，无证据证明窗帘问题对其日常使用造成了不利影响。杨代宝二审庭审中称，窗帘处目前似存在漏风和风噪的情况，对此，在符合法定要件的前提下，杨代宝有权另行主张相应权利。再次，是否涉及杨代宝较大的财产利益。一般而言，如果经营者的欺诈行为给消费者造成了损失，通过消费者所遭受损失的严重程度，可合理反推经营者所隐瞒信息对消费者知情权影响的严重程度。杨代宝诉称车辆系经过大修的车辆，给其造成了巨大损失，但一审审理过程中杨代宝并未就损失问题提供任何证据。二审庭审中，杨代宝称经咨询相关评估机构，车辆经维修后价值降低了约 90 万元，对此杨代宝亦未提交任何证据。虽然更换案涉窗帘总成的费用就数额而言并非显著偏低，但相对于车辆购置价而言，该数额亦非明显偏高，且与车辆购置价相比占比显著轻微，故对于案涉车辆的消费者而言，窗帘修复费用并不构成一项较大的财产利益。

原审法院认为，案涉车辆不同于一般的汽车商品，其品牌溢价高，更轻微的质量问题亦会严重影响车辆价值，从而造成消费者杨代宝的损失。本院认为，价格高低取决于不同消费者的主观感受，在判断瑕疵或问题对车辆价值的影响时，以车辆市场售价的高低作为一般汽车商品与特殊汽车商品的区分标准，实践中难以掌握。案涉车辆本质上仍属于可依型号、规格、质量等加以确定的具有共同物理属性的物，并非具有独特特征而无法代替的物，原审法院的上述认定并无依据。

因此，从合同约定的内容、问题及处理措施的轻微程度及给杨代宝造成的影响来看，本案并不存在杨代宝的缔约目的不能实现的情形。

2. 新贵兴公司是否存在隐瞒相关信息的主观故意

首先，在车辆交付之前，新贵兴公司将上述两处操作均如实予以记录，并即时上传至消费者可通过一定途径公开查询的网络。信息的录入和上传系经营者自行主动完成，相关信息已在一定程度上进行了披露。虽然中国消费者协会认为经营者记录和上传前述信息的目的是对供应商而非消费者进行告知，但不论其主观目的如何，既然信息的记录和上传系经营者主动为之，且客观上有助于消费者查询到该类信息，可认定经营者并无刻意隐瞒相关信息的意图。其次，从案涉车辆的销售流程可见，杨代宝向新贵兴公司签约订购车辆在先，新贵兴公司向大众汽车销售公司订购车辆在后，杨代宝向新贵兴公司订购车辆时，车辆的发动机号和车架号尚未确定，亦即杨代宝与新贵兴公司签约时待购车辆尚未特定，无证据证明新贵兴公司与杨代宝缔约时即已知悉前述问题的存在。因此，在本次销售过程中新贵兴公司并无隐瞒相关问题及处理记录的主观故意。

——中国裁判文书网。

1510.《食品安全法》第一百四十八条第二款与《消费者权益保护法》第五十五条第二款规定的适用关系

关键词

消费欺诈　惩罚性赔偿　明知　特别规定　一般规定

最高人民法院司法解释

第七条　消费者认为生产经营者生产经营不符合食品安全标准的食品同时构成欺诈的，有权选择依据食品安全法第一百四十八条第二款或者消费者权益保护法第五十五条第一款规定主张食品生产者或者经营者承担惩罚性赔偿责任。

——《最高人民法院关于审理食品安全民事纠纷案件适用法律若干问题的解释（一）》（2020 年 12 月 8 日，法释〔2020〕14 号）。

附录：最高人民法院主流观点

《消费者权益保护法》第五十五条除了在第一款规定了消费欺诈的惩罚性

赔偿责任，还在该条第二款规定了经营者明知缺陷仍然提供造成消费者人身伤害的惩罚性赔偿责任，亦即"经营者明知商品或者服务存在缺陷，仍然向消费者提供，造成消费者或者其他受害人死亡或者健康严重损害的，受害人有权要求经营者依照本法第四十九条、第五十一条等法律规定赔偿损失，并有权要求所受损失二倍以下的惩罚性赔偿"。在食品消费中，如果出现《消费者权益保护法》第五十五条第二款规定的情形，其实际上也会同时满足《食品安全法》第一百四十八条第二款规定中请求损失三倍的赔偿金的构成要件。而消费者在此情况下，无论是依据《消费者权益保护法》第五十五条第二款还是《食品安全法》第一百四十八条第二款规定主张权利，其所主张的请求权性质都是相同的。因此，我们倾向认为，在此种情况下，《食品安全法》第一百四十八条第二款与《消费者权益保护法》第五十五条第二款之间应为特别规定与一般规定的适用关系。

——最高人民法院民事审判第一庭编著：《最高人民法院食品安全民事案件司法解释（一）理解与适用》，人民法院出版社 2021 年版，第 86 页。

1511. 人民法院不可依职权直接适用《食品安全解释（一）》第九条

关键词

惩罚性赔偿请求权　审级利益承诺质量标准　食品安全标准

最高人民法院司法解释

第九条　食品符合食品安全标准但未达到生产经营者承诺的质量标准，消费者依照民法典、消费者权益保护法等法律规定主张生产经营者承担责任的，人民法院应予支持，但消费者主张生产经营者依据食品安全法第一百四十八条规定承担赔偿责任的，人民法院不予支持。

——《最高人民法院关于审理食品安全民事纠纷案件适用法律若干问题的解释（一）》（2020 年 12 月 8 日，法释〔2020〕14 号）。

附录：最高人民法院主流观点

若消费者依据《食品安全法》第一百四十八条，主张生产经营者承担惩罚性赔偿责任，法院审理后认为食品符合食品安全标准，但未达到生产经营者承诺标准的，是否可以依职权直接适用本条规定进行处理。对此实践中存在不同做法，我们倾向认为，人民法院不宜依职权直接适用本条规定。一是基于《食品安全法》第一百四十八条的惩罚性赔偿请求权与基于《消费者权益保护法》《民法典》的相关请求权，在构成要件、对应的抗辩等方面具有明显差别，人民法院依职权干预当事人诉权，超出其诉讼请求范围进行审理，与司法被动、中立的角色定位不相适应；二是对于生产经营者而言，被动应对法院依职权适用的、并非当事人按照诉讼程序提出的诉讼请求，并不公平，尤其是在二审中法院依职权适用本条规定，还会损害当事人的审级利益。

——最高人民法院民事审判第一庭编著：《最高人民法院食品安全民事案件司法解释（一）理解与适用》，人民法院出版社 2021 年版，第 104 页。

1512. 生产经营者不能以食品标签未标明基本信息实质上不影响预包装食品安全进行抗辩

关键词

预包装食品　食品标签　食品安全标准　强制标示

最高人民法院司法解释

第十条　食品不符合食品安全标准，消费者主张生产者或者经营者依据食品安全法第一百四十八条第二款规定承担惩罚性赔偿责任，生产者或者经营者以未造成消费者人身损害为由抗辩的，人民法院不予支持。

——《最高人民法院关于审理食品安全民事纠纷案件适用法律若干问题的解释（一）》（2020 年 12 月 8 日，法释〔2020〕14 号）。

附录：最高人民法院主流观点

预包装食品标示是否会对食品安全造成影响，应当由立法机关和预包装食品标示国家标准制定部门作出判断，而非人民法院作出判断。人民法院在食品安全纠纷案件中，需要判决的是生产经营者生产经营的食品是否符合《食品安全法》以及食品安全国家标准的强制性要求，原则上不应对违反预包装食品标示强制性要求是否会对食品安全造成实质性影响作出判决。即人民法院不应对预包装食品标示的强制性国家标准本身进行审查。而且，预包装食品标签上应当标明的生产者名称、地址、生产日期、保质期、成分或者配料表等信息属于强制标示的信息，也属于影响消费者知情权和食品安全的基本信息。生产经营的预包装食品未标明生产者名称、地址、生产日期、保质期、成分或者配料表的，生产经营者不能以食品标签未标明基本信息实质上不影响预包装食品安全进行抗辩。

——最高人民法院民事审判第一庭编著：《最高人民法院食品安全民事案件司法解释（一）理解与适用》，人民法院出版社 2021 年版，第 132 页。

1513. 商家作出的最低充值金额限制规定，应属无效

关键词

格式条款　消费者权益　最低充值额限制

最高人民法院审判业务意见（民事审判第一庭意见）

最高人民法院民一庭意见认为：经营者作出的最低充值额限制属格式条款，占用了消费者的多余资金，且收取退款手续费也增加了消费者的负担，限制了消费者的权益，侵犯了消费者的自主选择权，是对消费者不公平、不合理的规定，应认定无效。

附：案情简介

原告刘某诉被告同方知网（北京）技术有限公司（以下简称同方知网公司）称，2018年5月9日，原告在同方知网公司运营的中国知网下载文献时，网页提示需付费7元，其随后进入中国知网“充值中心”。充值中心提供了支付宝、微信、银联在线等不同的充值方式，但均设置了10元至50元不等的最低充值金额限制。后原告通过支付宝充值50元，中国知网充值中心对于用支付宝方式充值的最低额限制设定为50元。2018年10月21日，原告电话联系中国知网的客服，询问是否可以自定义充值及账户余额能否退还，客服答复不可以自定义充值，不同的充值方式对于最低充值金额有不同规定。对于多余的金额可以退还，但退款周期长，还需扣除一定的手续费。原告认为，中国知网作出的最低充值金额限制侵犯了其权益，请求法院认定同方知网公司制定的最低充值金额限制条款无效，并退还其账户全部余额人民币43元。

被告同方知网公司辩称，（1）最低充值额限制是一种商业惯例，被告在中国知网网站和手机知网中提供了多种充值方式，如支付宝、微信、银联在线、会员卡等，有的充值方式最低限额系10元。银行电汇、邮局汇款及在书刊超市里订阅期刊可以对任意金额进行结算，均没有最低金额限制。不同充值方式所设定的最低限额和阶梯充值金额是出于为用户使用效率考虑，这样可以大幅减少每篇文章的付费操作次数，毕竟多数用户会重复下载或阅读文献，该方式执行多年来也得到用户认可。鉴于实践中确实存在小额付费的用户需求，被告即将增加0.5元短信充值的支付方式选项，并在研发单篇付费系统，目前正在测试。被告已经将原告账户余额41元退至原告的付款账户。

——最高人民法院民一庭：《商家作出的最低充值金额限制规定应属无效》，载最高人民法院民事审判第一庭编：《民事审判指导与参考》2019年第

2辑（总第78辑），人民法院出版社2019年版，第147~148页。

最高人民法院公报案例

刘智超诉同方知网（北京）技术有限公司买卖合同纠纷案（苏州市姑苏区人民法院民事判决书）

裁判摘要：经营者单方设定的最低充值金额条款不仅侵犯了消费者的自主选择权、无故占用了消费者的资金，还会额外增加消费者申请退款时的负担，因此，该最低充值金额条款属于限制消费者合法权益的格式条款，系对消费者不公平、不合理的规定，应认定无效。

苏州市姑苏区人民法院认为：消费者享有自主选择商品或者服务的权利，有权自主选择商品品种或者服务方式，自主决定购买或者不购买任何一种商品。经营者不得以格式条款、通知、声明、店堂告示等方式，作出排除或者限制消费者权利、减轻或免除经营者责任、加重消费者责任等对消费者不公平、不合理的规定，不得利用格式条款并借助技术手段强制交易。格式条款、通知、声明、店堂告示等含有前款所列内容的，其内容无效。本案中，被告同方知网公司在中国知网上关于最低充值额限制的规定导致消费者为购买价格仅为几元的文献需最低充值10元至50元。虽然账户余额可以退还，但同方知网称退还需扣除手续费，故该网站对于最低充值额的设定占用了消费者的多余资金，且收取退款手续费也增加了消费者的负担。故该规定侵犯了消费者的自主选择权，限制了消费者的权利，是对消费者不公平、不合理的规定，应认定无效。虽然本案的最低充值金额较低，大多数消费者尚可忍受，也未提出异议，但该做法的负面示范效应仍应引起重视并加以规范、指引，商家应在充值时允许消费者对于充值金额进行自定义。对于刘智超要求同方知网公司退款的请求，因同方知网公司已经退款，故对该项请求予以驳回。

——《最高人民法院公报》2020年第1期。

1514. 汽车经销商隐瞒车辆未交付即被维修或使用的事实，构成消费欺诈，应承担车辆三倍价款的惩罚性赔偿责任

关键词

消费欺诈　惩罚性赔偿责任　消费者权益

最高人民法院公报案例

邓美华诉上海永达鑫悦汽车销售服务有限公司买卖合同纠纷案（上海市第一中级人民法院民事判决书）

裁判摘要：汽车经销商对于车辆后保险杠外观瑕疵予以“拆装后保、后保整喷”的维修超出了车辆售前正常维护和PDI质量检测的范围，经销商对此未履行告知义务的，侵犯了消费者的知情权、选择权，使其陷入错误认识，属于故意隐瞒真实情况，构成消费欺诈。消费者要求经销商按照消费者权益保护法赔偿损失的，经销商应承担车辆三倍价款的惩罚性赔偿责任。

上海市第一中级人民法院认为：本案的争议焦点为被上诉人永达公司是否隐瞒系争车辆未交付即被维修或使用的事实，是否构成对消费者的欺诈，是否须承担退款、赔偿相关损失及三倍价款惩罚性赔偿的责任。具体分析如下：

本案上诉人邓美华因个人生活需要购买车辆，且被上诉人永达公司没有证据证明邓美华购买车辆系用于经营或其他非生活消费的情况，应认定邓美华购买车辆的行为属于生活消费。为家庭生活消费需要购买汽车，发生欺诈纠纷的，消费者选择我国消费者权益保护法相关规定为其相关主张的请求权基础的，应当适用消费者权益保护法。

一、关于消费欺诈的认定

所谓欺诈是指一方当事人故意告知对方虚假情况，或者故意隐瞒真实情况，诱使对方当事人作出错误意思表示的行为。欺诈可以是积极作为，告知虚假情况，也可以是单纯的不作为（沉默），隐瞒真实情况。欺诈行为包括负有告知义务时的不作为。

（一）被上诉人永达公司未告知系争车辆发生瑕疵并实施“拆装后保、后保整喷”的维修行为侵犯了上诉人邓美华作为消费者的知情权。

我国消费者权益保护法规定了消费者的知情权、选择权和经营者的相应义务。该法第八条第一款规定，消费者享有知悉其购买、使用的商品或者接受的服务的真实情况的权利。该法第九条规定，消费者享有自主选择商品或者服务的权利。消费者有权自主选择提供商品或者服务的经营者，自主选择商品品种或者服务方式，自主决定购买或者不购买任何一种商品、接受或者不接受任何一项服务。消费者在自主选择商品或者服务时，有权进行比较、鉴别和挑选。汽车属于比较复杂的商品，涉及大量的专业知识，消费者对相关领域的专业知识和信息知悉有限，在经营者和消费者之间存在严重的信息不对称。在判断需要主动告知消费者知情内容的范围时，一方面，应基于消费者在交易信息不对称中的弱势地位，给予特别保护，经营者不能以行业认知、行业惯例来对抗消费者所享有的知情权；另一方面，并非所有信息均应告知消费者。具体到售前质量检测，PDI 检测是汽车行业特殊的做法，以确保交付的车辆符合安全标准和质量要求，是经营者理应承担的责任。相关 PDI 维修的内容是否属于消费者知情权的范围，应根据一般消费者的认知能力、消费心理及对消费者选择权行使的影响作出判断，直接影响消费者选择权行使和真实意思表示的信息，属于经营者应当主动披露的信息。就本案而言：

第一，系争车辆存在瑕疵。客观上，新车出厂到达 4S 店的运输途中和销售环节可能会因为刮擦、碰撞等各种原因产生瑕疵。消费者权益保护法第二十三条第一款规定，经营者应当保证在正常使用商品或者接受服务的情况下其提供的商品或者服务应当具有的质量、性能、用途和有效期限；但消费者在购买该商品或者接受该服务前已经知道其存在瑕疵，且存在该瑕疵不违反法律强制性规定的除外；第三款规定，经营者提供的机动车、计算机、电视机、电冰箱、空调器、洗衣机等耐用商品或者装饰装修等服务，消费者自接受商品或者服务之日起六个月内发现瑕疵，发生争议的，由经营者承担有关瑕疵的举证责任。被上诉人永达公司承认交付前系争车辆后保险杠存在瑕疵，但辩称可能系厂方出厂运输到 4S 店过程中形成，且仅为“后保险杠倒车雷达处轻微破损漆面”这一轻微外观瑕疵，对此均未能提供充分证据予以证明。

第二，被上诉人永达公司实施的维修行为已经超出车辆正常售前检测的合理范畴。永达公司提出，其系根据操作规范，在交付系争车辆前作必要的检测时发现瑕疵而实施的喷漆维护，属于正常合理的售前质量检测。法院认为，汽车作为涉及消费者人身、财产安全以及社会公共安全的特殊商品，在交付前确实应当进行必要的售前质量检测，其目的在于判断车辆是否符合应有的安全标准和质量要求。因此，只有属于该目的范围内的检测才可以被归于 PDI 检测，而不能将其范围任意扩大。永达公司在二审中辩称，其为保证上诉人邓美华取得符合厂方规定的无瑕疵车辆，才对车辆的瑕疵部位进行维护。“拆装后保、后保整喷”项目，是永达公司对车辆进行售前 PDI 检测时所进行的合理维护，所需工时极少，并非重大维修，PDI 维修是生产过程的延续。对此，需要指出，“维护”与“维修”存在重大区别。“维护”是指保全、保护，使免遭到破坏；“维修”是指维护和修理。一方面，永达公司称对系争车辆瑕疵部位进行维护；另一方面，又自认“拆装后保、后保整喷”属于维修项目，存在自相矛盾之处。

本案中，被上诉人永达公司实施的行为是对系争车辆的后保险杠外观瑕疵予以“拆装后保、后保整喷”的维修，该行为与 PDI 检测之间并不存在必然的联系。从常理分析，车辆出厂时应属已检验合格，原装完好，并不需要再实施“拆装后保、后保整喷”的维修，永达公司亦未就此项维修应纳入 PDI 检测的合理性进行举证证明。基于上述分析，永达公司实施的“拆装后保、后保整喷”行为更符合后续修理的特征，已经超出了车辆售前正常维护和 PDI 质量检测的应有含义和合理范畴。

第三，经过维修的系争车辆不符合消费者“新车”认知标准。对于新车的解释，按照一般消费者的心理，指的是全新、未经使用、未经维修的车辆。本案中，超出正常维护范围的拆装后保险杠、漆面维修显然不符合上述一般消费者对于新车的认知和理解。被上诉人永达公司对系争车辆进行的油漆修补与原厂喷漆存在着工艺和质量上的差异，此类维修亦不能使车辆部件和整车外观恢复至原装状态。

根据消费者权益保护法关于保护消费者知情权和选择权的有关规定、被上诉人永达公司交付新车的合同义务以及交易上所要求的信义义务，永达公司理应交付未经维修或使用的无瑕疵新车。一旦其交付的车辆存在瑕疵并经维修，永达公司应负有说明义务，须告知上诉人邓美华瑕疵维修的事实；同时邓美华也有权期待永达公司对维修事实作出说明，因为这些信息会对消费者选择权的行使和真实意思表示产生直接影响。按照一般消费心理，消费者通常会放弃购车或在更有利于自己的价格条件下购车。

（二）被上诉人永达公司未履行告知义务，侵犯了上诉人邓美华作为消费者的选择权，使其陷入错误认识，属于故意隐瞒真实情况，构成欺诈。

最高人民法院于 2013 年 11 月 8 日公布了 17 号指导性案例：“张莉诉北京合力华通汽车服务有限公司买卖合同纠纷案”。该案件的裁判要点明确销售者不能证明已履行告知义务且得到消费者认可的，构成销售欺诈，消费者要求销售者按照消费者权益保护法赔偿损失的，人民法院应予支持。本案中，被上诉人永达公司就车辆瑕疵及维修事实应负有告知义务，但纵览全案真实情况，其并未履行该项义务，使上诉人邓美华陷入错误认识，构成故意隐瞒。对此具体分析如下：

第一，订立合同时，虽然被上诉人永达公司在《订单》上进行了概括性的格式告知，但是不能据此认定其履行了事前的说明义务而因之免责。因为，永达公司未以消费者能够接受和理解的方式特别提示 PDI 检测的性质、目的、范围和内容，以及车辆发生质量瑕疵后的修理行为亦包含在 PDI 检测范围内。同时，双方合同约定交付新车，但对于新车的标准，《订单》第 4 条注明：“卖方将车辆交予买方前，已根据厂方要求为该车辆做了交车前 PDI 检测，并根据 PDI 检测结果进行车辆检修、调校，确保该车辆符合厂方新车交付标准。”从该条内容的意思看，双方对车辆交付时符合厂方新车标准的检验标准和方法作了约定。虽然订单经上诉人邓美华签字确认，但该条款系格式条款。永达公司并未采取合理、显著的方式提请邓美华注意免除或者限制其责任的条款，或按照邓美华的要求，对该条款予以说明。该条款实际上排除了邓美华作为消费者的重要权利，即知情权、选择权。因此，该条款属于无效条款。

第二，维修行为发生后，被上诉人永达公司明知系争车辆存在瑕疵并作修理处理，却未在该车交付前向消费者主动披露相关维修信息，导致消费者在购买前并不知悉自己购买的新车存在瑕疵。永达公司却可基于前述《订单》中的格式条款，将实质上的维修行为隐藏在正常的检测和维护流程之中，造成消费者无法对商品情况有全面了解，限制其知情权的行使，导致消费者在选择是否进行消费时作出的意思表示不能充分体现其自由意志。

第三，上诉人邓美华基于被上诉人永达公司的行为陷入了错误认识。永达公司交付给邓美华的系争车辆在交付前就已经进行过维修，但仍作为新车销售和交付。从车辆销售价格看，邓美华支付对价的前提是永达公司向其交付新车，而非购买存在瑕疵或有维修记录的车辆。然而永达公司却是以当时同型号新车的正常售价将系争车辆销售给邓美华的。作为从事汽车销售的专门机构，永达公司明知系争车辆经过维修而未履行告知义务，且以概括性的格式条款告知为藉，误导和欺骗消费者，使消费者基于对知名汽车供应商的信任而陷入错误认识，误以为是新车从而订立买卖合同、受领车辆，其相关行为违反了民事活动中的诚实信用原则，限制了消费者知情权和选择权的行使，并使消费者因之蒙受损失，应当于法律上加以惩罚和制裁。

另，本案中，上诉人邓美华提出方向盘抖动、车辆跑偏等问题，但表示嗣后未再有相应维修记录，且2016年9月12日维修后保险杠时维修记录显示里程数为1公里，加之一审中案外人一汽大众销售有限公司工作人员对这一现象作出了情况说明，因此，邓美华关于系争车辆交付前已经被使用的理由不足。

二、关于被上诉人永达公司的责任承担

（一）本案应作还款退车处理

《中华人民共和国合同法》第二十五条规定，承诺生效时合同成立。2016年8月30日，上诉人邓美华至被上诉人永达公司下属的永达一汽大众申江店订购CC2.0T豪华型（9912B4）轿车，双方签订了《订单》，就车辆买卖的主要条款达成合意，合同应于当日生效，且嗣后已履行完毕。

《中华人民共和国合同法》第五十四条规定，一方以欺诈、胁迫的手段或者乘人之危，使对方在违背真实意思的情况下订立的合同，受损害方有权请求人民法院或者仲裁机构变更或者撤销。本案中，被上诉人永达公司在向上诉人邓美华销售系争车辆过程中存在欺诈行为，致使邓美华在违背真实意思的情况下作出意思表示。现邓美华提出退还购车款，故其与永达公司之间形成的买卖合同应当予以撤销。根据《中华人民共和国合同法》第五十八条之规定，合同无效或者被撤销后，因该合同取得的财产，应当予以返还；不能返还或者没有必要返还的，应当折价补偿。邓美华与永达公司签订的车辆买卖合同被撤销后，永达公司应当退还邓美华相应的购车款，邓美华同时应当返还系争车辆。因此，邓美华要求退还购车款 25 万元的诉讼请求，具有相应的法律依据，予以支持。

（二）被上诉人永达公司须承担车辆三倍价款的惩罚性赔偿责任

消费者权益保护法第五十五条规定，经营者提供商品有欺诈行为的，应当按照消费者的要求增加赔偿其受到的损失，增加赔偿的金额为消费者购买商品的价款或者接受服务的费用的三倍。被上诉人永达公司在销售车辆时存在欺诈行为，应当按照上诉人邓美华的要求增加赔偿其受到的损失，增加赔偿的金额为购买车辆的价款 25 万元的三倍，即 75 万元。理由如下：第一，从立法目的看，经营者向消费者提供商品或者服务，应当恪守社会公德，诚信经营，保障消费者的合法权益。对于违反诚信的欺诈行为，消费者权益保护法明确规定了经营者要向消费者承担三倍价款或者费用的惩罚性赔偿制度。惩罚性赔偿制度设立的目的就是不仅要使受害人所遭受的实际损失得到赔偿和填补，还要让经营者对其欺诈经营行为承担更大的责任，付出更大的代价，从而对其产生惩罚作用，并威慑、警告其他经营者，防止类似或更为严重的商业欺诈行为的发生，从而净化市场环境，保护处于弱势地位的消费者的合法权益。第二，从法条文义看，只要经营者提供商品或者服务有欺诈行为，则需要按照商品价款或接受服务的费用的三倍进行赔偿。该法条未对消费者受到损失的大小进行区分。因此，邓美华要求三倍赔偿的诉讼请求，具有相应的法律依据，予以支持。

——《最高人民法院公报》2018 年第 11 期。

1515. 消费者以食品标签存在瑕疵为由索赔的，应就此瑕疵对食品安全造成影响或对消费者造成误导举证证明

关键词

食品安全　食品标签　举证责任

最高人民法院公报案例

程浩诉南京欧尚超市有限公司江宁店等产品生产者、销售者责任案（江苏省南京市中级人民法院民事判决书）

裁判摘要：食品标签欠缺成分含量标注的可认定为标签瑕疵食品，但标签瑕疵食品不等于不安全食品。消费者以食品标签存在瑕

疵为由，依据《中华人民共和国食品安全法》第一百四十八条第二款规定索赔十倍价款或三倍损失赔偿的，应由消费者继续就标签瑕疵食品存在其他不符合食品安全标准的情形或该标签瑕疵对食品安全造成影响或对消费者造成误导进行举证证明。

江苏省南京市中级法院认为：涉案阿胶糕的标签不符合食品安全标准是否会影响食品安全或者会对消费者造成误导。（1）关于是否会影响食品安全的问题。根据查明的事实，涉案食品的生产厂家被上诉人东阿公司取得了国家核发的生产许可证，涉案食品的送检样品亦经聊城市食品药品检验检测中心检验合格。现上诉人程浩除提出涉案阿胶糕的标签未标注阿胶含量以外，亦无相反证据证明案涉食品标签影响了食品安全，或案涉食品对其人身造成了损害。（2）关于是否对消费者造成误导的问题。案涉“桃花姬”阿胶糕系普通食品，产品配料表中阿胶位于核桃仁、黑芝麻、黄酒、高麦芽糖浆等成分之后，东阿公司亦未在产品标签或说明书中着重强调或者夸大阿胶的成分。故东阿公司虽未在标签中标明阿胶的具体含量，但此瑕疵不足以对消费者的购买产生误导。因此，案涉产品虽存在标签上的瑕疵，但该瑕疵并不会对食品的安全性造成影响，亦不会对消费者造成误导，一审法院对程浩要求十倍赔偿的诉讼请求未予支持并无不当。

——《最高人民法院公报》2018 年第 9 期。

1516. 消费者要求经营者适用惩罚性赔偿的，以因食用其食品而实际遭受损失为要件

关键词

食品安全　惩罚性赔偿责任　消费者权益

最高人民法院裁判文书

刘锐、哈尔滨市新晚报传媒有限责任公司买卖合同纠纷案［最高人民法院（2019）最高法民申 4349 号民事判决书］

裁判要旨：经营者适用惩罚性赔偿应符合如下构成要件：（1）经营不符合食品安全标准的食品；（2）经营者明知该食品不符合食品安全标准仍然经营。就此而言，适用本款并以消费者已经因食用该食品而实际遭受损失为要件。其中不符合食品安全标准的食品，是指食品实质上有毒、有害，不符合应当有的营养要求，对人体健

康可能造成任何急性、亚急性或者慢性危害的食品。

最高人民法院认为：《食品安全法》第一百四十八条第二款规定："生产不符合食品安全标准的食品或者经营明知是不符合食品安全标准的食品，消费者除要求赔偿损失外，还可以向生产者或者经营者要求支付价款十倍或者损失三倍的赔偿金；增加赔偿的金额不足一千元的，为一千元。但是，食品的标签、说明书存在不影响食品安全且不会对消费者造成误导的瑕疵的除外。"根据该规定，针对本案所涉情形的经营者适用惩罚性赔偿应符合如下构成要件：其一，经营不符合食品安全标准的食品；其二，经营者明知该食品不符合食品安全标准仍然经营。就此而言，适用本款并以消费者已经因食用该食品而实际遭受损失为要件。因此，二审法院以刘锐未提供证据证明其遭受损失为由驳回刘锐提出的十倍惩罚性赔偿的请求，适用法律确有不妥。就刘锐的诉请能否获得支持而言，应考察本案是否存在经营不符合食品安全标准的食品及经营者明知该食品不符合食品安全标准仍然经营的情形。

根据《食品安全法》第一百四十八条第二款以及第一百五十条关于"食品安全，指食品无毒、无害，符合应当有的营养要求，对人体健康不造成任何急性、亚急性或者慢性危害"的规定，《食品安全法》第一百四十八条第二款规定的"不符合食品安全标准的食品"，应指食品实质上有毒、有害，不符合应当有的营养要求，对人体健康可能造成任何急性、亚急性或者慢性危害的食品。与此相反，虽然在经营食品过程中，存在食品标签、说明书的形式标注瑕疵，但是该瑕疵并不导致该食品"有毒、有害，不符合应当有的营养要求，及可能对人体健康造成任何急性、亚急性或者慢性危害"，则不能将该食品认定为《食品安全法》第一百四十八条第二款规定的"不符合食品安全标准的食品"，进而也不能适用该款所规定的惩罚性赔偿。

《中华人民共和国民事诉讼法》第六十四条第一款[①]规定，当事人对自己提出的主张，有责任提供证据。《最高人民法院关于适用〈中华人民共和国民事诉讼法〉的解释》第九十一条规定，人民法院应当依照下列原则确定举证证明责任的承担，但法律另有规定的除外：（一）主张法律关系存在的当事人，应当对产生该法律关系的基本事实承担举证证明责任；（二）主张法律关系变更、消灭或者权利受到妨害的当事人，应当对该法律关系变更、消灭或者权利受到妨害的基本事实承担举证证明责任。本案中，就乐购超市销售的俄罗斯海参而言，新晚报公司、哈报集团在一审诉讼过程中已经举示了其进口案涉海参的经营许可证、报关单、进口关税缴款书、检验检疫证明及粘贴有中文标识的《公证书》等证据，拟证明案涉海参并不存在"有毒、有

① 现为《民事诉讼法》（2021 年修正）第六十七条第一款。

害，不符合应当有的营养要求，进而能对人体健康造成任何急性、亚急性或者慢性危害的情形”。就此而言，根据上述法律、司法解释确定的举证责任，刘锐主张适用《食品安全法》第一百四十八条第二款规定的十倍惩罚性赔偿，应举证证明案涉海参为“有毒、有害，不符合应当有的营养要求，进而能对人体健康造成任何急性、亚急性或者慢性危害”的食品。但刘锐仅提供证据证明其所购买的海参存在没有中文标签的瑕疵，未提供证据证明案涉海参存在“有毒、有害，不符合应当有的营养要求，及可能对人体健康造成任何急性、亚急性或者慢性危害”的情形，故一审法院据此认定案涉海参产品不属于《食品安全法》规定的“不符合食品安全标准的食品”，由刘锐承担举证不能的不利法律后果，并无不当。二审法院驳回刘锐的上诉请求，适用法律虽然欠妥，但处理结果并无不当。

此外，尽管刘锐未能举证证明案涉海参产品为不符合食品安全的食品，应承担举证不能的法律后果。但是，这并不能免除生产者、经营者根据《食品安全法》第二十五条、第二十六条、第六十七条和第九十七条的规定所应承担的提供完整标签及说明书的义务，亦不因此否定行政机关依法对生产者、经营者所施加的行政处罚。

——法信网。

1517. 销售企业或经销商推销保健食品时提供的宣传资料内容与说明书载明的功效不一，且明示或暗示具有药理作用的，构成虚假宣传

关键词

虚假宣传　侵权责任

最高人民法院公报案例

颜荷莲、程玉环诉周宜霞、吉林天药科技有限责任公司等侵权责任纠纷案（安徽省高级人民法院民事判决书）

裁判摘要：保健食品的广告内容必须真实，应以行政主管部门核准的保健功能为准，不得更改和扩大，不得含有虚假、夸大的内容，不得涉及疾病预防、治疗功能。销售企业或经销商推销保健食品时提供的大量宣传资料，如其内容与该保健食品产品说明书载明的功效不一，且不同程度明示或暗示该保健食品具有抗菌、消炎、抗病毒、抗肿瘤、消除疾病等药理作用，则销售企业或经销商宣传

保健食品功效的上述违规行为构成虚假宣传，依法应承担虚假宣传责任。

安徽省高级人民法院认为：根据国务院卫生行政部门《保健食品管理办法》规定，保健食品系指表明具有特定保健功能的食品，适宜于特定人群食用，具有调节机体功能，不以治疗疾病为目的的食品。保健食品的标签、说明书和广告内容必须真实，符合其产品质量要求，不得有暗示可使疾病痊愈的宣传。《中华人民共和国食品安全法》第五十四条规定："食品广告的内容应当真实合法，不得含有虚假、夸大的内容，不得涉及疾病预防、治疗功能。"保健食品广告应以行政主管部门核准的保健功能为准，不得更改和扩大。上诉人颜荷莲、程玉环举证的上诉人周宜霞在向受害人苏文菊推销"活力宝"系列产品时提供了大量的宣传资料与图册的内容与"活力宝"保健食品产品说明书载明的功效不一致，且不同程度地明示或暗示"活力宝"产品具有抗菌、消炎、抗病毒、抗肿瘤等药理作用，违反了法律的强制性规定，周宜霞的行为属虚假宣传行为。因周宜霞经销的产品系上诉人天药生物公司销售，且周宜霞是根据上诉人天药生物公司的授权在特定区域内从事经营活动，结合天药生物公司认可苏文菊购买"活力宝"系列产品获赠公司股份的客观事实，原审认定上述宣传资料为天药生物公司所提供，天药生物公司作为销售天耀牌"活力宝"菊泰软胶囊的经营主体，其行为亦构成虚假宣传并无不当。天药生物公司上诉称周宜霞的促销宣传行为与其无关且相关宣传资料非本公司提供，因未提供证据，其主张不予采信。但颜荷莲和程玉环提供的证据，仅能证明被上诉人天药公司系"活力宝"保健产品的生产商，不能证实天药公司在本案中亦向消费者虚假宣传、推荐案涉保健产品，故对颜荷莲和程玉环有关天药公司存在虚假宣传行为的诉讼主张，不予采纳。

——《最高人民法院公报》2019 年第 1 期。

1518. 销售企业或经销商的虚假宣传行为与消费者延误治疗的关联性、因果性及参与度的举证责任，应由死者近亲属承担

关键词

虚假宣传　举证责任

最高人民法院公报案例

颜荷莲、程玉环诉周宜霞、吉林天药科技有限责任公司等侵权责任纠纷案（安徽省高级人民法院民事判决书）

裁判摘要：根据谁主张谁举证的举证规则，销售企业或经销商的虚假宣传行为与消费者延误治疗是否具有关联，以及与消费者死亡是否存在因果关系及参与度如何确定，应由死者近亲属承担相应举证责任。如当事人未能提供证据或者证据不足以证明其事实主张的，依法由负有举证证明责任的当事人承担不利的后果。

安徽省高级人民法院认为：从苏文菊检查出病症、接受治疗直至死亡的过程来看，2010 年 8 月，苏文菊经医院诊断发现其右乳出现肿块并疑似恶性肿瘤时，苏文菊未作进一步检查和治疗，至次年 8 月经医院确诊为右乳癌伴右腋下淋巴结并转移至肝肺等部位，此后苏文菊辗转在多家医院进行治疗，后因医治无效于 2013 年 1 月 5 日死亡。苏文菊作为完全民事行为能力人，在医院诊断其右乳肿块疑似恶性肿瘤时，未及时接受医疗机构诊疗，疏于关注个人生命安危，是死亡的客观原因和主导因素。在上诉人周宜霞得知苏文菊右乳生有肿块时，苏文菊是否罹患乳腺癌尚未经医疗机构确诊。周宜霞作为普通的个体经营者，对右乳肿块的发展、演化及后果不具备医务工作者的专业判断能力。周宜霞在推销“活力宝”产品过程中的不实宣传行为，虽与苏文菊没有通过常规方法、程序治疗自身存在一定牵连，但鉴于苏文菊订购产品的包装盒、瓶身及产品说明书对产品疗效和注意事项予以了提示，苏文菊对此应具备常人的基本辨识能力，主观上对“活力宝”产品属性为“保健品”、产品功能限于“免疫调节、抗疲劳”以及“本品不能替代药物”的注意事项是知情的，其未及时寻医就诊，系其自身对所患肿瘤性质的错误预估和判断所致。同时，癌症为凶险顽症，人类目前的医学科技水平难以治愈。颜荷莲和程玉环称苏文菊贻误诊疗时机，与周宜霞等夸大宣传“活力宝”产品的功效存在关联并致苏文菊死亡，应提供证据予以证明。本案中，上诉人颜荷莲和程玉环虽申请就苏文菊死亡与周宜霞等夸大宣传、贻误治疗时机的因果关系及原因力大小进行鉴定，但因相关鉴定机构对其申请评定的事项无法鉴定等客观原因，致苏文菊死亡、贻误诊疗时机与周宜霞及上诉人天药生物公司违规宣传之间的因果关系及参与度无法确定。因本案系一般侵权赔偿纠纷，根据谁主张谁举证的举证规则，颜荷莲、程玉环应承担相应的不利法律后果。

——《最高人民法院公报》2019 年第 1 期。

十一、经营者安全保障义务

1519.《民法典》中安全保障义务的认定

关键词

安全保障义务　补充责任　侵权责任

《中华人民共和国民法典》条文

第一千一百九十八条　宾馆、商场、银行、车站、机场、体育场馆、娱乐场所等经营场所、公共场所的经营者、管理者或者群众性活动的组织者，未尽到安全保障义务，造成他人损害的，应当承担侵权责任。

因第三人的行为造成他人损害的，由第三人承担侵权责任；经营者、管理者或者组织者未尽到安全保障义务的，承担相应的补充责任。经营者、管理者或者组织者承担补充责任后，可以向第三人追偿。

附录：最高人民法院主流观点

安全保障义务，是指宾馆、商场、银行、车站、机场、体育场馆、娱乐场所等经营场所、公共场所的经营者、管理者或者群众性活动的组织者，所负有的在合理限度范围内保护他人人身和财产安全的义务。理解安全保障义务，须注意以下问题：

（一）安全保障义务人的范围

第一，宾馆、商场、银行、车站、机场、体育场馆、娱乐场所等经营场所、公共场所的经营者、管理者。公共场所包括以公众为对象进行商业性经营的场所，也包括对公众提供服务的场所。除了本条列举的这些场所外，码头、公园、餐厅等也都属于公共场所。

第二，群众性活动的组织者。群众性活动，是指法人或者其他组织面向社会公众举办的参加人数较多的活动。例如，体育比赛活动，演唱会、音乐会等文艺演出活动，展览、展销等活动，游园、灯会、庙会、花会、焰火晚会等活动，人才招聘会、现场开奖的彩票销售等活动。

（二）保护对象的范围

安全保障义务所保护的对象与安全保障义务人之间应存在某种关系，但对是否要在法律中作出明确规定有不同意见。有的建议规定为“顾客或参与活动者”或者“进入公共场所或者参与活动的人”，有的建议规定为“合法进入公共场所或者参加活动的人”，有的建议不作明确规定。考虑到司法实践中的情况较为复杂，仅仅进入商场上洗手间、问路或者躲雨的人能不能界定为顾客，上错了公交车又准备下车的人是否属于保护对象，特别是对于非法进入者如到宾馆里打算偷窃的人是否给予保护等，争议很大，在法律中明确哪些人属于保护对象较为困难。因此，本法将安全保障义务的保护对象规定为“他人”，没有明确具体的范围，实践中哪些人属于保护对象应根据具体情况判断。

（三）安全保障义务的内容和判断标准

安全保障义务的目的在于保护他人的人身和财产安全，其主要内容是作为，即要求义务人必须采取一定的行为来维护他人的人身或者财产免受侵害。这种义务的具体内容既可能基于法律的明确规定，也可能基于合同义务，还可能基于诚信原则而产生。由于安全保障义务人的范围很广，涉及多个行业、多类主体，不同义务人对不同保护对象所负有的安全保障义务是不同的，在法律中无法明确其具体内容。对于实践中需要确定义务人应当负有的具体安全保障义务的内容，进而判断安全保障义务人是否已经尽到安全保障义务的，可以参考该安全保障义务人所在行业的普遍情况、所在地区的具体条件、所组织活动的规模等各种因素，从侵权行为的性质和力度、义务人的安保能力以及发生侵权行为前后所采取的防范、制止侵权行为的状况等方面，根据实际情况综合判断。

（四）未尽到安全保障义务的侵权责任

根据安全保障义务的内容不同，可以将安全保障义务分为以下两类：一是防止他人遭受义务人侵害的安全保障义务。这是指安全保障义务人负有不因自己的行为而直接使他人的人身或者财产受到侵害的义务。例如，宾馆负有不因自己提供的服务或者设施存在危险而使前来住宿的客人受伤的安全保障义务。二是防止他人遭受第三人侵害的安全保障义务。这是指安全保障义务人负有的不因自己的不作为而使他人的人身或者财产遭受自己之外的第三人侵害的义务。例如，宾馆对在本宾馆住宿的旅客负有使其人身或者财产安全免受第三人侵害的义务。两种安全保障义务之间的区别主要是造成损害后果的直接侵害人不同，未尽到前一类义务造成他人损害的，其直接加害人就是安全保障义务人，没有第三人的介入；未尽到后一类义务的并不必然导致他人的损害，只有当这种未尽到义务的行为与第三人的侵权行为相互结合时才导致他人的损害。本条根据未尽到的义务种类的不同，规定了安全保障义务人不同的侵权责任。

一是安全保障义务人未尽到防止他人遭受义务人侵害的安全保障义务的，应当承担侵权责任。这是本条第一款规定的情形。如果损害结果的发生没有第三人的介入，安全保障义务人就应当自己承担全部侵权责任。例如，顾客到餐厅吃饭，由于餐厅的地板有油渍导致顾客摔倒受伤的，餐厅就应当承担侵权责任。

二是安全保障义务人未尽到防止他人遭受第三人侵害的安全保障义务的，应当承担相应的补充责任。这是本条第二款规定的情形。在实践中，存在不少第三人的侵权行为和安全保障义务人未尽到安全保障义务两个因素结合在一起而造成他人损害的情形。例如，宾馆没有完善的安保措施或者没有认真履行安保职责，导致住宿旅客被外来人员殴打等。在这种情形下，根据本条第二款的规定，第三人的行为是造成损害的直接原因，应当首先由第三人承担侵权责任。在上述例子中，应当先由打人者承担侵权责任，安全保障义务人未尽到安全保障义务也是造成损害的因素，应当承担相应的补充责任。理解这一规定，应当注意以下两点：

第一，第三人的侵权责任和安全保障义务人的补充责任有先后顺序。首先由第三人承担侵权责任，在无法找到第三人或者第三人没有能力全部承担赔偿责任时，才由安全保障义务人承担补充责任。如果第三人已经全部承担侵权责任，则安全保障义务人不再承担责任。

第二，明确了追偿权规则。《民法典》编纂过程中，不少专家建议增加追偿权的规定。后研究认为，增加追偿权的规定：一是符合不真正连带责任的法理。二是有利于避免司法中的争议，为实践中出现的具体案例提供法律依据。

——最高人民法院民法典贯彻实施工作领导小组编著：《中国民法典适用大全（侵权责任卷）》，人民法院出版社 2022 年版，第 374~377 页。

1520. 未履行从业人员资质审查、培训场所安全保障等义务的培训机构应对未成年人身体伤害承担侵权责任

关键词

健康权　校外教育培训　安全保障义务　未成年人

最高人民法院公布的典型案例

原告周某诉被告张某、第三人张某某健康权纠纷案

裁判要旨：被告未取得相关资格证书，在培训教学中，未根据未成年人的生理特点合理安排练习和休息，导致未成年人受到严重身体伤害，应承担主要过错责任。第三人未经主管机构批准、备案

开办校外培训机构，未对被告是否具备舞蹈教学的能力和资质进行审查和监督，对未成年人受伤应承担次要责任。

（一）基本案情

第三人张某某未经行政机关许可、备案，在自住房内开办课外辅导班。被告张某在未取得相关资质的情况下，招收了原告周某等六名儿童，在张某某的培训场地开办中国舞培训班。2018 年 6 月，周某练习下腰动作时，张某指示周某应加大下腰动作幅度，但未指导其适度动作，未予扶托保护，导致周某摔倒。周某回家当晚，发现有下肢肌力改变等症状，经多家医院住院治疗，后其伤情鉴定为三级伤残。周某遂提起诉讼，要求判令张某承担主要责任，张某某承担次要责任。

（二）裁判结果

法院经审理认为，被告张某未取得相关资格证书，不具备儿童舞蹈教学的资格和能力，在培训教学中，未根据未成年人的生理特点合理安排练习和休息，在原告周某已连续多次下腰练习后指示周某加大动作幅度，且未予扶托保护，导致周某受到严重身体伤害。张某对周某受伤应承担主要过错责任。第三人张某某未经主管机构批准、备案开办校外培训机构，对张某是否具备舞蹈教学的能力和资质进行审查和监督，对周某受伤应承担次要责任。判决被告张某赔偿原告周某各项损失 948168.26 元；第三人张某某赔偿原告周某各项损失 222542 元。

（三）典型意义

近年来，校外教育培训市场繁荣，一定程度上为未成年人的全面发展提供了更多的选择。但由于监管机制和安全保障工作的不完善，未成年人在培训机构受到损害的事件屡见不鲜。培训机构及其从业人员因未履行安全保障义务导致未成年人受到伤害的，应当依法承担侵权责任。

本案也警示广大家长，在选择校外培训机构时，应认真审查培训机构的办学许可、备案登记情况，对培训机构的安全保障机制、培训人员的从业资质要尽可能有所了解，确保孩子在合法、规范、安全的培训机构接受教育。有关主管部门应当切实强化对校外培训机构的日常监管，对未经许可擅自开办的培训机构要及时取缔，对未履行从业人员资质审查、培训场所安全保障等义务的培训机构要依法惩处。

——《最高人民法院发布依法严惩侵害未成年人权益典型案例》第 5 号（2020 年 5 月 18 日）。

1521. 完全民事行为能力人因私自攀爬景区内果树不慎跌落主张经营管理者承担赔偿责任的，人民法院不予支持

关键词

安全保障义务　合理注意义务　公共场所管理人　损害赔偿　爬树坠亡

最高人民法院指导性案例

李秋月等诉广州市花都区梯面镇红山村村民委员会违反安全保障义务责任纠纷案（最高人民法院指导案例140号）

裁判要点：公共场所经营管理者的安全保障义务，应限于合理限度范围内，与其管理和控制能力相适应。完全民事行为能力人因私自攀爬景区内果树采摘果实而不慎跌落致其自身损害，主张经营管理者承担赔偿责任的，人民法院不予支持。

法院生效裁判认为：本案的争议焦点是红山村村民委员会是否应对吴某的损害后果承担赔偿责任。

首先，红山村村民委员会没有违反安全保障义务。红山村村民委员会作为红山村景区的管理人，虽负有保障游客免遭损害的安全保障义务，但安全保障义务内容的确定应限于景区管理人的管理和控制能力的合理范围之内。红山村景区属于开放式景区，未向村民或游客提供采摘杨梅的活动，杨梅树本身并无安全隐患，若要求红山村村民委员会对景区内的所有树木加以围蔽、设置警示标志或采取其他防护措施，显然超过善良管理人的注意标准。从爱护公物、文明出行的角度而言，村民或游客均不应私自爬树采摘杨梅。吴某作为具有完全民事行为能力的成年人，应当充分预见攀爬杨梅树采摘杨梅的危险性，并自觉规避此类危险行为。故李秋月、李月如、李天托、李记坤主张红山村村民委员会未尽安全保障义务，缺乏事实依据。

其次，吴某的坠亡系其私自爬树采摘杨梅所致，与红山村村民委员会不具有法律上的因果关系。《红山村村规民约》规定：村民要自觉维护村集体的各项财产利益，包括公共设施和绿化树木等。该村规民约是红山村村民的行为准则和道德规范，形成红山村的公序良俗。吴某作为红山村村民，私自爬树采摘杨梅，违反了村规民约和公序良俗，导致了损害后果的发生，该损害后果与红山村村民委员会不具有法律上的因果关系。

最后，红山村村民委员会对吴某私自爬树坠亡的后果不存在过错。吴某

坠亡系其自身过失行为所致，红山村村民委员会难以预见和防止吴某私自爬树可能产生的后果。吴某跌落受伤后，红山村村民委员会主任李某2及时拨打120电话求救，在救护车到达前，另有村民驾车将吴某送往医院救治。因此，红山村村民委员会对吴某损害后果的发生不存在过错。

综上所述，吴某因私自爬树采摘杨梅不慎坠亡，后果令人痛惜。虽然红山村为事件的发生地，杨梅树为红山村村民委员会集体所有，但吴某的私自采摘行为有违村规民约，与公序良俗相悖，且红山村村民委员会并未违反安全保障义务，不应承担赔偿责任。

——《最高人民法院关于发布第25批指导性案例的通知》(2020年10月9日，法〔2020〕253号)。

说明

指导案例140号《李秋月等诉广州市花都区梯面镇红山村村民委员会违反安全保障义务责任纠纷案》，明确了公共场所经营管理者的安全保障义务应限于合理限度范围内，与其管理和控制能力相适应。完全民事行为能力人因私自攀爬景区内果树采摘果实而不慎跌落致其自身损害，主张经营管理者承担赔偿责任的，人民法院不予支持。该案例对于明确安全保障义务的范围、规范人们行为等方面具有积极意义。

附录：最高人民法院法官著述

所谓安全保障义务，是指宾馆、商场、银行、车站、体育场馆、娱乐场所等经营场所、公共场所的经营者、管理者或者群众性活动的组织者，所负有的在合理限度范围内保护他人人身和财产安全的义务。安全保障义务人的范围主要是两类：第一类是宾馆、商场、银行、车站、机场、体育场馆、娱乐场所等经营场所、公共场所的经营者、管理者；第二类是群众活动的组织者。安全保障义务的对象是不特定的，也难以作出具体的规定。安全保障义务的目的是保护他人的人身和财产安全，其重要内容是“作为”，即要求义务人必须采取一定的行为来维护他人的人身或者财产免受侵害。这种义务的具体内容既可能基于法律的明确规定，也可能基于合同义务，还可能基于诚信原则而产生。由于安全保障义务的范围很广，涉及多个行业、多类主体，不同义务人对不同保护对象所负有的安全保障义务是不同的，在法律中无法明确其具体内容。对于实践中需要确定义务人应当负有的具体安全保障义务的内容，进而判断安全保障义务人是否已经尽到安全保障义务的，可以参考该安全保障义务人所在行业的普遍情况、所在地区的具体条件、所组织活动的规模等因素，从侵权行为的性质和力度、义务人的安保能力以及发生侵权行为前后所采取的防范、制止侵权行为的状况等方面，根据实际情况综合判断。

安全保障义务情况确实比较复杂，不可能在法律中对各类场所、各类活动的管理者、组织者所负有的安全保障义务作具体、明确、统一的规定，只能是根据个案情况作出裁判。

那么这个案件为什么不能判决某村委会承担没有尽到安全保障义务的责任呢？首先，这个场所是向公众开放的。其次，某村委会是所有人、管理人，但这个公共场所并不收取门票，某村委会在其中没有任何的利益。再次，最重要的一点，老人已经50多岁了，应当了解爬树的危险性，爬树有可能摔下来，有可能造成自身的损害，这是一个基本的常识，受害人没有尽到自己的注意义务，不能把责任推卸给某村委会。最后，某村委会的安全保障义务的范围不能无限制地扩张，如果要求某村委会在每棵树上都写明“禁止爬树”“爬树有危险，有可能摔伤”等，这种要求是不合理的，对某村委会也是不公平的。广州市中级人民法院启动再审程序，再审改判某村委会不承担责任，得到舆论一致好评。法律关于安全保障义务的规定虽然是笼统的，且具体案件情况不同，这就要求法官正确理解和适用法律，依靠知识、智慧，依靠法律思维解决问题。

前些时日，笔者看到北京市丰台区人民法院判的一个案子，基本案情是这样的：2019年3月8日，刘女士去北京西站坐火车。在北京西站北广场二楼的进站处，一个逆行出站的老人被刘女士身后的行李箱绊倒。后经过15天的治疗，老人不幸去世。老人家属刘先生将刘女士诉至北京市丰台区人民法院，认为刘女士有重大过错，要求其赔偿各类损失合计人民币62万余元。2020年9月29日，北京市丰台区人民法院作出（2020）京0106民初4256号民事判决书，判决驳回了刘先生的全部诉讼请求。这份判决受到舆论广泛称赞。这个案件的法律问题与“老人爬树坠亡案”的法律问题不同，这个案件的法律问题是“合理注意义务”，不是“安全保障义务”。这个案件的被告刘女士正常行走，受害人逆向行走，自己没有注意到刘女士的拉杆箱，被拉杆箱绊倒，不治身亡，是自己没有尽到注意义务，不能认为是刘女士没有尽到合理注意义务。因此，笔者认为丰台区人民法院的判决是正确的。但网上也有意见认为，受害人家属可以向北京西站主张权利，要求北京西站作为公共场所管理人承担安全保障义务并承担赔偿责任。笔者认为，受害人家属即便向北京西站主张权利恐怕也难以得到支持，因为损害后果的发生是受害人自身的过错造成的，不能扩大北京西站作为管理人的安全保障义务。

附：案情简介

案涉某村为国家3A级旅游景区，不收门票，该村内河堤旁边栽种有杨梅树，该村村委会系杨梅树的所有人。杨梅树仅为观赏用途，该村委会未向村民或游客提供杨梅采摘旅游项目。吴某系该村村民，其私自上树采摘杨梅不慎从树上跌落受伤。随后，该村委会主任拨打120急救电话救助，在急救车到来之前村民将吴某送往市区医院治疗，吴某于摔倒当日抢救无效死亡。吴某配偶及子女李某等人以某村委会未尽安全保障义务为由，起诉该村委会承担赔偿责任共计60余万元。

——郑学林:《民法典中的社会主义核心价值观及典型案例解析》，载最高人民法院民事审判第一庭编:《民事审判指导与参考》2021年第1辑（总第85辑），人民法院出版社2021年版，第48~51页。

1522. 完全民事行为能力人擅自进入非公共场所造成自身损害的，经营管理者不承担责任

关键词

生命权纠纷　公共场所　安全保障义务

最高人民法院指导性案例

支某1等诉北京市永定河管理处生命权、健康权、身体权纠纷案（最高人民法院指导案例141号）

裁判要点：消力池属于禁止公众进入的水利工程设施，不属于侵权责任法第三十七条第一款[①]规定的“公共场所”。消力池的管理人和所有人采取了合理的安全提示和防护措施，完全民事行为能力人擅自进入造成自身损害，请求管理人和所有人承担赔偿责任的，人民法院不予支持。

法院生效裁判认为：本案主要争议在于支某3溺亡事故发生地点的查实、相应管理机关的确定，以及该管理机关是否应承担侵权责任。本案主要事实和法律争议认定如下：

一、关于支某3的死亡地点及管理机关的事实认定。首先，从死亡原因上看，公安机关经鉴定认定支某3死因系因溺水导致；从事故现场上看，支某3遗体发现地点为永定河拦河闸前消力池。根据受理支某3失踪查找的公安机关派出所出具工作记录可认定支某3溺亡地点为永定河拦河闸南侧的消力池内。其次，关于消力池的管理机关。现已查明北京市永定河管理处为永定河拦河闸的管理机关，北京市永定河管理处对此亦予以认可，并明确确认

① 对应《民法典》第一千一百九十八条第一款。

消力池属于其管辖范围，据此认定北京市永定河管理处系支某 3 溺亡地点的管理责任方。鉴于北京市永定河管理处系依法成立的事业单位，依法可独立承担相应民事责任，故北京市水务局、北京市丰台区水务局、北京市丰台区永定河管理所均非本案的适格被告，支某 1 等四人要求该三被告承担连带赔偿责任的主张无事实及法律依据，不予支持。

二、关于管理机关北京市永定河管理处是否应承担侵权责任的认定。首先，本案并不适用侵权责任法中安全保障义务条款。安全保障义务所保护的人与义务人之间常常存在较为紧密的关系，包括缔约磋商关系、合同法律关系等，违反安全保障义务的侵权行为是负有安全保障义务的人由于没有履行合理范围内的安全保障义务而实施的侵权行为。根据查明的事实，支某 3 溺亡地点位于永定河拦河闸侧面消力池。从性质上看，消力池系永定河拦河闸的一部分，属于水利工程设施的范畴，并非对外开放的冰场；从位置上来看，消力池位于拦河闸下方的永定河河道的中间处；从抵达路径来看，抵达消力池的正常路径，需要从永定河的沿河河堤下楼梯到达河道，再从永定河河道步行至拦河闸下方，因此无论是消力池的性质、消力池所处位置还是抵达消力池的路径而言，均难以认定消力池属于公共场所。北京市永定河管理处也不是群众性活动的组织者，故支某 1 等四人上诉主张四被上诉人未尽安全保障义务，与法相悖。其次，从侵权责任的构成上看，一方主张承担侵权责任，应就另一方存在违法行为、主观过错、损害后果且违法行为与损害后果之间具有因果关系等侵权责任构成要件承担举证责任。永定河道并非正常的活动、通行场所，依据一般常识即可知无论是进入河道或进入冰面的行为，均容易发生危及人身的危险，此类对危险后果的预见性，不需要专业知识就可知晓。支某 3 在明知进入河道、冰面行走存在风险的情况下，仍进入该区域并导致自身溺亡，其主观上符合过于自信的过失，应自行承担相应的损害后果。成年人应当是自身安危的第一责任人，不能把自己的安危寄托在国家相关机构的无时无刻的提醒之下，户外活动应趋利避害，不随意进入非群众活动场所是每一个公民应自觉遵守的行为规范。综上，北京市永定河管理处对支某 3 的死亡发生无过错，不应承担赔偿责任。在此需要指出，因支某 3 意外溺亡，造成支某 1、马某某老年丧子、支某 2 年幼丧父，其家庭境遇令人同情，法院对此予以理解，但是赔偿的责任方是否构成侵权则需法律上严格界定及证据上的支持，不能以情感或结果责任主义为导向将损失交由不构成侵权的他方承担。

——《最高人民法院关于发布第 25 批指导性案例的通知》（2020 年 10 月 9 日，法〔2020〕253 号）。

说明

指导案例141号《支某1等诉北京市永定河管理处生命权、健康权、身体权纠纷案》，明确了完全民事行为能力人擅自进入禁止公众进入的非公共场所造成自身损害的，管理人和所有人不承担赔偿责任。该案例明确了侵权责任认定的法律标准和证据规则，重申了严格正确适用法律，不能以情感或结果责任主义为导向将损失交由不构成侵权的他方承担的原则。

1523.公共场所管理人是否尽到必要的救助义务，应参照社会普遍认同的衡量标准加以判断

关键词

生命权纠纷　公众场所　安全保障义务　救助义务

最高人民法院公报案例

张荣生等诉上海康仁乐购超市贸易有限公司生命权纠纷案（上海市第二中级人民法院民事判决书）

裁判摘要：公共场所管理人的安全保障义务应界定在合理范围内，应当保证场所及相关配套设施符合安全标准，排除安全隐患，同时应当及时对已发生的危险和损害采取积极的应对和救助措施。管理人是否尽到必要的救助义务，应参照社会普遍认同的衡量标准加以判断。

上海市第二中级人民法院认为：根据《中华人民共和国侵权责任法》第三十七条[①]的规定，宾馆、商场、银行、车站、娱乐场所等公共场所的管理人或者群众性活动的组织者，未尽到安全保障义务，造成他人损害的，应当承担侵权责任。本案中，上诉人张荣生等四人主张曾扣女系在被上诉人康仁公司经营的超市摔倒后经抢救无效死亡，要求康仁公司承担赔偿责任，张荣生等四人应当就康仁公司未尽到安全保障义务提供有效的证据加以证明。现张荣生等四人主张康仁公司未在事发区域设置监控摄像头，属于未尽到安全保障义务，对此，二审认为，康仁公司在本案中的安全保障义务，主要体现在对其经营管理场所及相关配套设施的安全性负有保障义务，即，康仁公司

① 对应《民法典》第一千一百九十八条。

的经营管理场所及相关配套设施不应具有危险性、不应威胁人身安全，至于事发区域是否安装监控摄像头，与曾扣女摔倒之间并不具有因果关系，因此，对张荣生等四人的该项上诉主张，法院不予支持。至于张荣生等四人主张康仁公司在曾扣女摔倒后未及时报警、送医，法院认为，经营者的安全保障义务应界定在合理范围内，康仁公司在曾扣女摔倒后，并未放任不管，而是将老人送至他处休息并报警，此后也陪同救护人员将老人送往医院就诊，故不能就此认定其未尽到救治义务。张荣生等四人主张康仁公司持有事发时监控录像但拒不提供，缺乏事实依据，二审不予采纳。

——《最高人民法院公报》2021 年第 10 期。

1524. 物业公司未尽到管理职责造成他人损害的，应依法承担相应赔偿责任

关键词

物业服务公司　管理义务　赔偿责任

最高人民法院公报案例

汤某 1 诉连云港光鼎置业有限公司、灌南县开源物业管理有限公司人身损害赔偿纠纷案（灌南县人民法院民事判决书）

裁判摘要：物业公司作为小区健身器材的管理人，应当对健身器材进行日常管理和维护，器材存在安全隐患的，物业公司应设置安全警示标志并及时维修，以保障他人使用器材时的安全。物业公司未尽到该职责造成他人损害的，应依法承担相应赔偿责任。

灌南县人民法院认为：侵害公民身体造成伤害的，应当承担赔偿责任。原告汤某 1 被南大院小区损坏的健身器材致伤，被告光鼎公司虽系该小区建设单位，但已与被告开源公司就小区物业设施完成交接查验手续，事发前健身器材完好无损可正常使用，其对原告损害发生并无过错，故不应承担赔偿责任；开源公司作为南大院小区的物业管理企业，对物业设施负有维护和管理义务，其未及时对健身设备进行检查、维修，导致健身器材存在一定的安全隐患，致使原告在玩耍时被建设器材夹伤手指，开源公司对此负有过错，现原告请求开源公司承担赔偿责任，法院予以支持。监护人周某带领三周岁的原告到南大院小区，放任原告独自进入健身场地，未尽到监护职责，对原告受伤负有重大过错。依据原告监护人周某和开源公司的过错程度，法院确

认开源公司对原告受伤承担 30% 的赔偿责任。原告因伤造成的损失为：医疗费 11445.06 元、护理费 5850 元（65 元 / 天 ×90 天）、住院伙食补助费 250 元（25 元 / 天 ×10 天）、营养费 900 元（15 元 / 天 ×60 天）、鉴定费 600 元，合计 19045.06 元。开源公司应赔偿 5713.52 元（19045.06 元 ×30%）。

——《最高人民法院公报》2017 年第 3 期。

1525. 碾压到车辆散落物导致交通事故的，高速公路管理者应承担已尽到及时巡视和清障义务的举证责任

关键词

高速公路管理者　交通事故　举证责任

最高人民法院公报案例

丁启章诉江苏京沪高速公路有限公司等人身损害赔偿纠纷案（江苏省高邮市人民法院民事判决书）

裁判摘要：车辆通过付费方式进入高速公路的法律关系，系通行者与高速公路管理者达成的有偿使用高速公路的民事合同关系，高速公路管理者有及时巡视和清障的义务，以保障司乘人员在通过高速公路时的安全、畅通。通行者在高速公路驾车行驶时碾压到车辆散落物导致交通事故的，高速公路管理者在不能举证证明已尽到及时巡视和清障义务的情况下，应当承担相应的赔偿责任。

江苏省高邮市人民法院一审认为：公民的生命健康权受法律保护。被告弓金秋驾驶苏 MFA177 号货车，在京沪高速公路上行驶时碾压到一铁制品物件后造成车辆侧翻，原告丁启章当场被甩出车外，随后弓金秋从事故车辆中爬出，在此之后，主国平驾驶鲁 QB1423 号牵引车与苏 MFA177 号货车相撞从而发生第二起交通事故；根据公安交警部门的调查材料，由于在第二起事故发生前，丁启章、弓金秋均已离开苏 MFA177 号货车，故本案原告在事故中受伤与第二起交通事故无关。以上事实法院予以确认。

根据法定的赔偿范围、标准以及本案查明的事实，法院对原告丁启章的赔偿请求项目认定如下：（1）原告主张医疗费 63255.10 元（审理中原告说明此金额为扣除医保报销部分的余额），被告江苏京沪高速公司对原告转院治疗的合理性及金额提出异议，对此法院认为，原告多次转院住院系因交通事故受伤部位治疗所致，转院之间存在治疗的连续性，且原告提交的医疗票据均

为住院期间所开具，医疗费的项目与治疗具有关联性，被告虽提出异议，但因被告对自己的主张未能提交证据证明，法院不予采信，据此法院对原告主张的医疗费 63255.10 元予以支持。（2）原告主张住院伙食补助费 2898 元，被告对每天 18 元无异议，对住院天数，请求法庭核实，对此法院认为，原告自 2009 年 12 月 22 日入住高邮市人民医院治疗，后经多家医院住院治疗，住院时间累计 161 天，据此对原告主张住院伙食补助费 2898 元予以支持。（3）原告主张营养费 3150 元，被告对期限无异议，对标准提出异议，认为应按农村居民消费标准 8~9 元 / 天计算，对此法院酌定营养费标准为 10 元 / 天，据此确定原告的营养费为 2100 元。（4）原告主张误工费 28999.68 元，被告对此提出异议，法院认为，根据司法鉴定意见书，原告误工期限为 384 天，原告受伤前在江苏华星重工机械有限公司工作，其受伤前的平均工资为 75.52 元 / 天，根据原告提交的江苏华星重工机械有限公司书面证明，发生交通事故后该公司停发了原告的工资，据此法院对原告主张的误工费 28999.68 元应予支持。（5）原告主张交通、住宿费 10860.50 元，被告对数额提出异议，法院认为，此项费用属于原告在就医过程中必然发生的费用，考虑到原告所举证据不能完全符合法定要求，法院对此酌定为 6000 元。（6）原告主张护理费 29944.60 元，被告对计算标准提出异议，法院认为根据司法鉴定意见书，原告的护理期限为 60 周，原告住院期间及出院后由其妻子朱艮娣护理，朱艮娣系靖江市新建工艺品厂员工，平均工资为 64.38 元 / 天，因护理原告被停发工资，故法院认定原告的护理费用为 27039.6 元。（7）原告主张残疾赔偿金 118709.85 元，被告提出异议，对此法院认为，原告受伤前在江苏华星重工机械有限公司工作，以非农业收入作为其主要生活来源已超过一年，其残疾赔偿金可按城镇标准计算，原告因交通事故分别构成九级和十级伤残，其残疾赔偿金为 110632.2 元；原告父亲丁苟郎已达 70 岁，母亲王秀芬为 69 岁，均无收入来源，根据被扶养人生有四个子女的情况确定被扶养人生活费为 8077.65 元（其中丁苟郎 3846.5 元，王秀芬 4231.15 元），据此法院对原告主张的残疾赔偿金 118709.85 元予以支持。（8）原告主张精神损害抚慰金 15000 元，被告认可 10000 元，对此法院认为，依照最高人民法院《关于确定民事侵权精神损害赔偿责任若干问题的解释》（以下简称《精神损害司法解释》）第一条第一款、第八条第二款的规定，精神损害抚慰金应根据原告在事故中无责任以及构成的伤残等因素确定，据此法院酌定原告的精神抚慰金为 10000 元。（9）原告主张鉴定费 3849 元，被告提出异议，对此法院认为，原告提交的鉴定费票据为扬州东方医院司法鉴定所开具的，且在票据的附页上已经写明了鉴定的项目，据此法院对原告主张的鉴定费 3849 元予以支持。以上认定的赔偿金额合计 262851.23 元。

本案系机动车辆在高速公路上通行而发生的交通事故，虽然公安交警部门认定该起事故属于交通意外事故，但法院认为，养护公路、保障公路安全通行是公路管理部门应尽的法定义务，高速公路是一种全封闭供车辆高速行驶的道路，该特征决定了高速公路经营单位应当确保高速公路符合通行技术标准和良好的通行环境，负有及时清理路障、确保道路安全畅通的义务，机动车辆在履行了交纳车辆通行费的义务后，即享有使用高速公路并安全通行的权利。本案被告江苏京沪高速公司因对高速公路上遗落的障碍物没有及时清除，未履行保障高速公路安全畅通的法定义务，据此法院确定，江苏京沪高速公司对原告主张的赔偿项目及金额承担 80% 的赔偿责任，计 210280.98 元。被告弓金秋作为机动车辆的驾驶人员，在高速公路上行驶时未能尽到安全谨慎驾驶的高度注意义务，对高速公路上的障碍物未能及时发现，故对原告主张的赔偿项目及金额承担 20% 的赔偿责任，计 52570.25 元。

关于原告丁启章提出被告江苏京沪高速公司和被告弓金秋承担连带责任的主张，法院认为，根据《中华人民共和国侵权责任法》第十二条[①]的规定，本案系由二人以上分别实施侵权行为造成的同一损害结果，由于能够确定当事人的责任大小，故被告各自承担相应的责任，因而对原告提出的主张不予支持。

——《最高人民法院公报》2016 年第 10 期。

1526. 吃“霸王餐”后逃跑摔伤，反向餐馆索赔，不予支持

关键词

公序良俗　自助行为　因果关系　侵权责任

最高人民法院公布的典型案例

马某诉佘某某、李某侵权责任纠纷案

裁判要旨：当事人就餐后未买单即离开饭店，属于吃“霸王餐”的不诚信行为，经营者要求付款的行为属于正当的自助行为，当事人在逃跑过程中因自身原因摔伤，与经营者恰当合理的自助行为之间并无直接因果关系，经营者不承担赔偿责任。

（一）法院裁判

法院认为：就餐后付款结账是完全民事行为能力人均应知晓的社会常理。

① 对应《民法典》第一千一百七十一条。

马某等人就餐后未买单，也未告知餐馆经营人用餐费用怎么处理即离开饭店，属于吃“霸王餐”的不诚信行为，经营者李某要求马某等人付款的行为并无不当。佘某某、李某在发现马某等人逃跑后阻拦其离开，并让马某买单或者告知请客付款人的联系方式，属于正当的自助行为，不存在过错。马某在逃跑过程中因自身原因摔伤，与李某、佘某某恰当合理的自助行为之间并无直接因果关系，李某、佘某某不应对马某摔伤造成的损失承担赔偿责任。

（二）典型意义

吃“霸王餐”是违反公序良俗的不文明行为，吃“霸王餐”后逃跑摔伤，反向餐馆索赔，不仅于法无据，更颠覆了社会公众的是非观。本案不支持“我伤我有理”“我闹我有理”，对吃“霸王餐”者无理的索赔请求不予支持，发挥了司法裁判匡扶正义，引领诚信、友善、文明的社会新风尚的积极作用。

——《人民法院大力弘扬社会主义核心价值观十大典型民事案例》，载《人民法院报》2020 年 5 月 14 日。

1527. 燃气经营者未能在发现安全隐患后作出具体、明确的警示，不能认定为履行了安全保障义务

关键词

安全保障义务　书面告知　注意义务

最高人民法院审判业务意见（民事审判第一庭意见）

最高人民法院民一庭意见认为：燃气经营者仅以发放用户手册等方式进行安全风险的书面告知，而未能在发现安全隐患后作出具体、明确的警示，以保证消费者清楚认知到危险的存在从而避免危险后果发生的，应就未在合理限度范围内履行安全保障义务所导致的消费者的损害后果承担相应的赔偿责任。

附：案情简介

一审法院查明：2015 年 7 月 11 日，某市某小区一房屋厨房内发生爆燃事故，将正在烧饭的张某梅严重烧伤。事故发生后，消防部门前往火灾现场勘验，发现案涉房屋的厨房内除使用 A 公司的管道天然气之外，橱柜内还存有一瓶液化石油气，钢瓶阀门处接有软管，软管通至灶台下方的橱柜内，软管另一头未连接灶具。2015 年 7 月 31 日，消防部门出具火灾事故认定书，认定起火原因为：大量泄漏的可燃气体与空气混合形成爆炸性混合物，遇激发能源引发爆燃。

案外人胡某民系案涉房屋的所有人，胡某民将该房屋出租。2015 年 7 月 3 日，胡某民与 A 公司签订《城市管道燃气供用气合同》，A 公司向胡某民发放了天然气新客户使用手册，该手册在“燃气安全”章节写明：“不得在同一室内同时使用含天然气在内的两个或两个以上独立燃料源。”

张某梅起诉认为，A 公司未能恰当、及时地履行警示和防范义务，导致事故的发生，请求判令 A 公司赔偿医疗费、护理费、误工费、营养费、伤残鉴定费、伤残赔偿金等损失。A 公司答辩认为，案涉房屋内除使用天然气外还同时存放有液化气钢瓶及连接胶管，钢瓶中存有液化气，不排除张某梅由于误操作导致液化气泄漏发生事故，而在使用天然气的厨房内同时存放或使用液化气是法律禁止的行为。A 公司已向用气人发放了客户使用手册，履行了作为燃气经营企业的告知义务，故 A 公司对于本案事故的发生没有过错。

——最高人民法院民一庭：《燃气经营者仅以发放用户手册等方式进行安全风险的书面告知，而未能在发现安全隐患后作出具体、明确的警示，不能认定已在合理限度范围内履行了安全保障义务》，载最高人民法院民事审判第一庭编：《民事审判指导与参考》2019 年第 2 辑（总第 78 辑），人民法院出版社 2019 年版，第 152~153 页。

十二、其　他

1528. 公共交通运营企业对非本市户籍残疾人搭乘公共交通工具也应给予优惠

关键词

残疾人证　残疾人免费乘车权　地方性规范

最高人民法院公布的典型案例

于某某诉某公交客运公司侵权责任纠纷案［江苏省南京市玄武区人民法院民事判决书］

裁判要旨：在地方性文件未规定非本市户籍残疾人享受乘车优惠的情况下，依据《残疾人保障法》等的规定，某公交客运公司作为公共交通运营企业，应当本着保障残疾人享有各项社会福利的原则，给予外地残疾人更为简便、灵活的免费乘车手续。

（一）基本案情

于某某为肢体四级残疾人，户籍甲市。2014 年 7 月，于某某在乙市乘坐某公交客运公司公交车时，出示其持有的中华人民共和国残疾人证，要求免费乘车，遭该车驾驶员拒绝，双方发生纠纷。于某某向人民法院起诉，请求判令某公交客运公司赔礼道歉、承认错误；赔偿其交通费用、住宿费、餐饮费、误工费、精神损害赔偿金等各项损失共计 45254.6 元。

（二）裁判结果

江苏省南京市玄武区人民法院经审理认为，残疾人享有乘车优惠的权利受法律保护。《残疾人保障法》第四十六条规定，国家保障残疾人享有各项社会保障的权利。第五十条规定，县级以上人民政府对残疾人搭乘公共交通工具，应当根据实际情况给予便利和优惠。某公交客运公司作为公共交通运营企业，应当本着保障残疾人享有各项社会福利的原则，给予外地残疾人更为简便、灵活的免费乘车手续。某公交客运公司拒绝于某某免费乘坐，侵害了残疾人的免费乘车权，应承担相应的法律责任。遂判决某公交客运公司赔偿于某某 2528 元。

（三）典型意义

残疾人在政治、经济、社会、文化和家庭生活方面享有的合法权益受法律保护。但实践中，一些地方性文件仍未能有效落实相关法律规定。本案中，在地方性文件未规定非本市户籍残疾人享受乘车优惠的情况下，人民法院依据《残疾人保障法》和《江苏省残疾人保障条例》的规定依法作出裁判，充分保障了残疾人参与社会生活、共享社会物质文化成果的权益，将法律法规赋予残疾人的合法权益落到实处。同时，在本案审结后，玄武区法院还向乙市公交总公司发出司法建议，建议相关职能部门根据法律规定，在兼顾公交企业经济利益的同时，牵头制定更加便利残疾人免费乘车的相关制度及政策，通过司法建议进一步延伸对残疾人的司法服务。

——《最高人民法院、中国残疾人联合会残疾人权益保护十大典型案例》（2021 年 12 月 2 日）。

1529. 受托监护人的过错应以疏于履行监督义务为标准

关键词

受托监护人　过错　监督义务　利益衡量　加害行为

《中华人民共和国民法典》条文

第一千一百八十九条　无民事行为能力人、限制民事行为能力人造成他人损害，监护人将监护职责委托给他人的，监护人应当承担侵权责任；受托人有过错的，承担相应的责任。

附录：最高人民法院主流观点

受托监护人的过错，应以疏于履行监督义务为标准。对于疏于履行监督义务的判断，应坚持“个案判断”原则和“利益衡量”原则。史尚宽先生认为，监督义务的判断“不独已尽一般的所要求之监督义务，而且就该加害行为特别情事，亦应已为必要之监督，始可免除疏懈之责。……又监督之疏懈与否，应以加害行为之时为准。即于此时法定代理人是否以善良管理人之注意，尽其监督之责任”。由于被监护人“加害行为之时”的具体情况千差万别，很难对受托监护人的监督义务作出一般性规定，而只能根据个案的情况，综合受害人的人身财产权益、被监护人的自身特点（年龄、性格、过往表现）、健康自由发展空间、教育义务的履行情况、受托监护人的履行成本等因素，予以综合判断。同时，在考虑受托人的责任时，还应依据委托合同的有偿和无偿等因素，决定受托人的责任范围。

——最高人民法院民法典贯彻实施工作领导小组编：《中华人民共和国民法典侵权责任编理解与适用》，人民法院出版社 2020 年版，第 229 页。

1530. 被劝阻人因自身疾病发生猝死的，劝阻人不承担侵权责任

关键词

生命权纠纷　合理限度　自身疾病

最高人民法院指导性案例

刘明莲、郭丽丽、郭双双诉孙伟、河南兰庭物业管理有限公司信阳分公司生命权纠纷案（最高人民法院指导案例 142 号）

> **裁判要点：行为人为了维护因碰撞而受伤害一方的合法权益，劝阻另一方不要离开碰撞现场且没有超过合理限度的，属于合法行为。被劝阻人因自身疾病发生猝死，其近亲属请求行为人承担侵权责任的，人民法院不予支持。**

法院生效裁判认为：本案争议的焦点问题是被告孙伟是否实施了侵权行为；孙伟阻拦郭某离开的行为与郭某死亡的结果之间是否有因果关系；孙伟是否有过错。

第一，郭某骑自行车与年幼的罗某相撞之后，罗某右颌受伤出血并倒在地上。郭某作为事故一方，没有积极理性处理此事，执意离开。对不利于儿童健康、侵犯儿童合法权益的行为，任何组织和个人有权予以阻止或者向有关部门控告。罗某作为未成年人，自我保护能力相对较弱，需要成年人对其予以特别保护。孙伟见到郭某与罗某相撞后，为保护罗某的利益，让郭某等待罗某的母亲前来处理相撞事宜，其行为符合常理。根据案发当晚博士名城业主群聊天记录中视频的发送时间及孙伟拨打 110、120 的电话记录等证据证实，可以确认孙伟阻拦郭某的时间为 8 分钟左右。在阻拦过程中，虽然孙伟与郭某发生言语争执，但孙伟的言语并不过激。孙伟将手放在郭某的自行车车把上，双方没有发生肢体冲突。孙伟的阻拦方式和内容均在正常限度之内。因此，孙伟的劝阻行为是合法行为，且没有超过合理限度，不具有违法性，应予以肯定与支持。

第二，郭某自身患脑梗、高血压、心脏病、糖尿病、继发性癫痫等多种疾病，事发当月曾在医院就医，事发前一周应其本人及家属要求出院。孙伟阻拦郭某离开，郭某坐在石墩上，倒地后因心脏骤停不幸死亡。郭某死亡，令人惋惜。刘明莲、郭丽丽、郭双双作为死者郭某的近亲属，心情悲痛，提起本案诉讼，可以理解。孙伟的阻拦行为本身不会造成郭某死亡的结果，郭某实际死亡原因为心脏骤停。因此，孙伟的阻拦行为与郭某死亡的后果之间并不存在法律上的因果关系。

第三，虽然孙伟阻拦郭某离开，诱发郭某情绪激动，但是，事发前孙伟与郭某并不认识，不知道郭某身患多种危险疾病。孙伟阻拦郭某的行为目的是保护儿童利益，并不存在侵害郭某的故意或过失。在郭某倒地后，孙伟拨打 120 急救电话予以救助。由此可见，孙伟对郭某的死亡无法预见，其对郭某的死亡后果发生没有过错。

——《最高人民法院关于发布第 25 批指导性案例的通知》（2020 年 10 月 9 日，法〔2020〕253 号）。

说明

指导案例 142 号《刘明莲、郭丽丽、郭双双诉孙伟、河南兰庭物业管理有限公司信阳分公司生命权纠纷案》，明确行为人为维护受伤害一方的合法权益，劝阻他人发生碰撞后不要离开现场且没有超过合理限度的属于合法行为。他人因自身疾病发生猝死的与劝阻行为没有法律上的因果关系，劝阻人不应当承担侵权责任。该案例在分清是非的基础上，对于“死者为大”传统思想支配下的裁判理念予以否定，明白无误地表明了司法的态度，对劝阻人的善行和义举给予肯定和鼓励，对正确适用法律，弘扬社会主义核心价值观作出了生动诠释。

1531. 物业管理公司根据业主委员会决定拒绝共享单车骑入小区的，不构成侵权

关键词

侵权纠纷　业主委员会　公共区域　共享单车

最高人民法院公报案例

常知富诉南京秦房物业管理有限责任公司侵权责任纠纷案（江苏省南京市秦淮区人民法院民事判决书）

裁判摘要：业主委员会有权按照法定程序对小区公共区域的管理作出决定。在法律未对共享单车停放作出明确规定的前提下，业主委员会作出的不允许小区内部骑行、停放共享单车的决定对全体业主具有约束力，物业管理公司据此拒绝业主将共享单车骑入小区的，不构成侵权。

江苏省南京市秦淮区人民法院认为：关于被告秦房物业工作人员阻拦原告常知富将共享单车骑入小区是否侵权的问题

1. 物业管理人员阻拦原告常知富将共享单车骑入小区是正当的履职行为。被告秦房物业依据“双桥新村小区物业管理托管合同”，进入南京市秦淮区双桥新村开展物业管理服务，合法有据。其工作人员遵照小区业主委员会“请物业公司不要让共享单车进入小区”的决定，履行工作职责，阻止常知富将共享单车骑入小区的行为没有过错。

2. 物业管理人员阻拦原告常知富将共享单车骑入小区不侵犯其合法权益。原告将共享单车骑入小区并非其法定权利，而是违背小区自治管理规定，损害他人利益的行为，物业管理人员有合法的依据和正当的理由予以制止。

3. 物业管理人员阻拦原告常知富将共享单车骑入小区是维护公共行为规范的行为。南京市交通运输局、南京市公安局、南京市城市管理局已经对共享单车按区域和点位规范停放作出指导性意见，共享单车经营企业也积极响应，并在手机 APP 中作出明确提示，使用者理应按规范要求骑行停放。原告坚持骑共享单车进入小区，穿行小区后将单车随意停放在其所住楼栋门口的树下，违反了共享单车的使用规范。物业管理人员对其进行制止，是对公共行为规范的维护。

综上所述，物业管理人员阻拦原告常知富将共享单车骑入小区是正当履

职行为，并未侵犯原告的合法权益，被告秦房物业并不构成侵权。

——《最高人民法院公报》2021 年第 9 期。

1532. 个体店主允许他人在其经营场所内从事产品宣传服务应进行必要审查，否则造成他人损害的应承担过错责任

关键词

健康权　经营场所　产品宣传服务　过错责任

最高人民法院公报案例

刘天珍诉孙仁芳、李霞健康权纠纷案（江苏省扬州市中级人民法院民事判决书）

裁判摘要：经营日常生活用品的个体店主允许他人在其经营场所内从事产品宣传服务时，其作为场地提供者，应对所宣传的产品及服务的合法性、适当性进行必要的审查，若未尽此义务，造成他人损害的，应当依法承担相应的过错责任。

江苏省扬州市中级人民法院认为：上诉人孙仁芳作为个体店主，其联系被上诉人刘天珍到该店接受服务，作为召集人和指导场地的提供者，对被上诉人李霞在其店内进行的所谓治疗的合法性、适当性应有基本的审查义务。孙仁芳不仅对李霞的仪器未行审查，且提供烧水的辅助性服务，主观存在一定过错，客观上其行为与刘天珍的损害后果亦有关联，其所称的理疗仪器非自身经营对判断其承担相应责任没有影响，原审据此认定孙仁芳承担次要赔偿责任依据充分。

——《最高人民法院公报》2019 年第 1 期。

1533. 网络服务提供者的抗辩事由和义务

关键词

网络服务提供者　抗辩事由

最高人民法院司法解释

第四条　人民法院适用民法典第一千一百九十五条第二款的规定，认定

网络服务提供者采取的删除、屏蔽、断开链接等必要措施是否及时，应当根据网络服务的类型和性质、有效通知的形式和准确程度、网络信息侵害权益的类型和程度等因素综合判断。

——《最高人民法院关于审理利用信息网络侵害人身权益民事纠纷案件适用法律若干问题的规定》(2020年12月29日修正)。

附录：最高人民法院主流观点

据《民法典》的内容，本规定也作出相应的修改。第一处修改是将“网络服务提供者以收到通知为由抗辩的，人民法院应予支持”修改为“网络服务提供者以收到民法典第一千一百九十五条第一款规定的有效通知为由抗辩的，人民法院应予支持”。此处修改的关键问题是何为有效通知。根据《民法典》1195条的规定，权利人的通知应当包括构成侵权的初步证据以及权利人的真实身份信息,《民法典》作出上述规定目的是减少或者避免恶意通知损害网络用户合法权益的情况。如果缺少上述内容的通知，并不能构成有效通知。网络服务提供者以收到有效通知主张免责的，才能得到人民法院的支持，反之则不能得到支持。第二处修改是删除原第二款规定。这涉及对网络服务提供者义务的理解。根据《民法典》第一千一百九十五条规定，网络服务提供者的义务包括两方面。第一，要及时将权利人通知转送相关网络用户。这是因为，权利人发出通知是其单方的行为，无法确定相关信息是否对其构成侵权，网络服务提供者将通知转送相关网络用户之后，便于网络用户依法维护自身权益。第二，根据构成侵权的初步证据和服务类型采取必要措施，以达到在技术能够做到的范围内避免相关信息进一步传播。由于《民法典》第一千一百九十五条新增了网络服务提供者的通知转送义务，这就意味着即使没有网络用户的请求，网络服务提供者也应当主动履行这一义务,《民法典》上述新增规定与本条规定原第二款关于“被采取删除、屏蔽、断开链接等措施的网络用户，请求网络服务提供者提供通知内容的，人民法院应予支持”的规定相比，这种义务更为严格。本解释在2014年制定时，之所以没有将网络服务提供者的通知转送义务规定为一般性通知转送义务，主要原因在于，在社交媒体高度发达、海量信息即时产生、网络匿名性仍然普遍存在的背景下，这种通知义务会造成网络服务提供者的过重负担。同时，赋予被采取措施的网络用户要求网络服务提供者、通知人披露通知的请求权，并不会对其维护自身权利形成障碍。应当看到，近些年来，随着国家对互联网生态治理力度不断加大，一些领域已经进行实名认证，而互联网技术也在不断进步，在当前的条件下要求网络服务提供者进行一般性的通知转送的基础条件与2014年相比已经发生了变化，与此同时，错误通知、恶意通知的事件也高发频发，反向侵害网络用户合法权益。《民法典》的上述规定，更有利于平衡保护各方主体合法权益。本规定原第二款删除之后，网络用户可以依据《民法典》第一千一百九十五条第二款规定主张权利。

——最高人民法院民法典贯彻实施工作领导小组办公室编著:《最高人民法院实施民法典清理司法解释修改条文（111 件）理解与适用》，人民法院出版社 2022 年版，第 365~370 页。

1534. 网络服务提供者与网络用户承担连带责任时其过错标准认定

关键词

网络服务提供者　连带责任　过错标准

最高人民法院司法解释

第五条　其发布的信息被采取删除、屏蔽、断开链接等措施的网络用户，主张网络服务提供者承担违约责任或者侵权责任，网络服务提供者以收到民法典第一千一百九十五条第一款规定的有效通知为由抗辩的，人民法院应予支持。

——《最高人民法院关于审理利用信息网络侵害人身权益民事纠纷案件适用法律若干问题的规定》（2020 年 12 月 29 日修正）。

附录：最高人民法院主流观点

准确理解和适用《最高人民法院关于审理利用信息网络侵害人身权益民事纠纷案件适用法律若干问题的规定》第五条规定的关键在于“知道”和“应当知道”的判断标准。由于网络具有开放性的特征，网络信息十分庞杂，对于网络服务提供者来说，一般不要求其进行普遍性的审查。对于网络服务提供者的注意义务，国际社会通行的标准是“红旗规则”，即只有当侵权事实在网络空间中像红旗一样明显时，方可根据侵权事实发生的具体环境推定网络服务提供者对侵权事实知道并要求其采取必要措施制止侵权行为，这也就是“知道”或者“应当知道”的含义。《最高人民法院关于审理利用信息网络侵害人身权益民事纠纷案件适用法律若干问题的规定》第五条规定结合立法起草和司法实践的情况，对“知道”和“应当知道”的判断标准作出指引性规定。

第一，网络服务提供者是否以人工或者自动方式对侵权网络信息以推荐、排名、选择、编辑、整理、修改等方式作出处理。一般而言，权利人向网络服务提供者发送符合规定的通知即可认定网络服务提供者明知网络用户侵权。

此种情形下，因有“通知”这一外在表征而较易判断网络服务提供者的主观状态。而在被侵权人未通知或通知之前，要判断网络服务提供者知道侵权是比较困难的，如果网络服务提供者已经对侵权信息采取一定手段进行处理，无论此种处理是自动方式还是人工方式，都应当认定为网络服务提供者已经明确知道。

第二，网络服务提供者应当具备的管理信息的能力，所提供服务的性质、方式及其引发侵权的可能性大小。这属于网络服务提供者的自身因素。网络服务提供者不同的服务类型、经营模式和管理能力会影响过错的判定。相比提供其他技术服务的网络服务提供者，提供接入、缓存服务的网络服务提供者“知道”的标准应当更加严格。接入服务连接着网站和网络用户，所有网络信息包括侵权信息都需要通过接入服务才能得以传输，但这种传输是即时的，信息量十分庞大，该类型网络服务提供者无法一一核实，如果认定标准过于宽泛，可能会使接入服务提供者承担过重的责任，影响普遍接入服务。对于搜索引擎、信息存储空间、P2P 文件传输服务提供者提供的信息收集、整理、分类服务，如果是纯客观的分类，不能推定网站知道或者应当知道侵权内容；如果按照主观分类，可以推定网站知道或者应当知道，容易判断其是否有过错。如果上传的侵权内容显示在提供存储空间服务网站的首页，则任何网络服务提供者的管理能力均足以达到发现侵权信息的程度，法院可以认定其有过错。对于电子商务交易平台如淘宝网上有几千万个商家，其中一个商家在其自家网页广告宣传中侮辱、诋毁其他同类商家的商品，法院不能推定淘宝网知道或者应当知道。

第三，网络信息侵害民事权益的类型及明显程度。涉嫌诋毁他人名誉、不当使用他人肖像、违法公布他人个人信息等行为，不经法院审理，有时难以准确判断是否是侵权行为，网络服务提供者不是司法机关，不应要求其具有专业法律素养，更不能要求其对用户发布的信息一一核实。但是，对于家庭地址等信息被公布，这种侵害隐私权的判断就比较容易。

第四，网络信息的社会影响程度或者一定时间内的浏览量。网络信息的社会影响程度与其一定时间内的浏览量相匹配，浏览量大，证明社会影响大，网络服务提供者知道侵权事实的可能性就大。

第五，网络服务提供者采取预防侵权措施的技术可能性及其是否采取了相应的合理措施。目前，自动抓取等技术已经普及，如果网络服务提供者采用预防措施的成本较低，则其“知道”义务的范围就越广。当然，与著作权等权利不同的是，由于侵害人格权的类型多种多样，目前网络服务提供者在预防侵犯人格权信息方面的措施和技术仍然较少，但《最高人民法院关于审理利用信息网络侵害人身权益民事纠纷案件适用法律若干问题的规定》第五条规定具有一定的前瞻性，即随着技术的发展，采取预防措施的能力可能会大大提高、预防措施的成本会大大降低，在此情形下，该判断因素即具有适用性。

第六，网络服务提供者是否针对同一网络用户的重复侵权行为或者同一侵权信息采取了相应的合理措施。虽然侵权人多次发布侵权信息多数并不能单独作为判断网络服务提供者知道的判断标准，但是作为一个综合考虑因素，仍有在个案中发挥作用的空间。

第七，就其他相关因素而言，需要结合个案加以判断。在根据该条规定认定网络服务提供者是否应知其网络用户侵害人格权益时，司法解释中规定的考虑因素并不需要机械地全部进行考虑。特别是对于"应当知道"标准的把握，

人民法院应当根据个案的具体情况，综合考虑平衡保护互联网行业健康发展与权利人合法权益的价值取向，选择合理的判断标准。

——最高人民法院民法典贯彻实施工作领导小组办公室编著：《最高人民法院实施民法典清理司法解释修改条文（111 件）理解与适用》，人民法院出版社 2022 年版，第 370~372 页。

1535. 网络侵害人身权益应赔偿的财产损失范围

关键词

网络侵害人身权益　财产损失范围

最高人民法院司法解释

第十二条　被侵权人为制止侵权行为所支付的合理开支，可以认定为民法典第一千一百八十二条规定的财产损失。合理开支包括被侵权人或者委托代理人对侵权行为进行调查、取证的合理费用。人民法院根据当事人的请求和具体案情，可以将符合国家有关部门规定的律师费用计算在赔偿范围内。

被侵权人因人身权益受侵害造成的财产损失以及侵权人因此获得的利益难以确定的，人民法院可以根据具体案情在 50 万元以下的范围内确定赔偿数额。

——《最高人民法院关于审理利用信息网络侵害人身权益民事纠纷案件适用法律若干问题的规定》（2020 年 12 月 29 日修正）。

附录：最高人民法院主流观点

侵害人身权益的财产损害赔偿，是指侵权人因侵害民事主体人格权、身份权等权利而造成的财产损害赔偿。《民法典》第一千一百八十二条规定：

"侵害他人人身权益造成财产损失的，按照被侵权人因此受到的损失或者侵权人因此获得的利益赔偿；被侵权人因此受到的损失以及侵权人因此获得的利益难以确定，被侵权人和侵权人就赔偿数额协商不一致，向人民法院提起诉讼的，由人民法院根据实际情况确定赔偿数额。"可以说，该条对侵害人身权益的财产损害赔偿作出了概括性的规定，确定了侵害人身权益的财产损害赔偿的规则。《最高人民法院关于审理利用信息网络侵害人身权益民事纠纷案件适用法律若干问题的规定》第十二条规定进一步细化规定了通过信息网络侵害他人人身权益导致的财产损失的范围，将被侵权人为制止侵权行为所支付的合理费用及特定情况下的律师费纳入财产损失范围内，符合侵权责任法理论上的完全赔偿原则，即只要与侵权行为有因果关系的损害，都应当予以赔偿，以使受害人恢复到如同损害没有发生时的状态。

1. 为制止侵权行为所支付的合理费用

利用信息网络侵害人身权益的案件中，由于人身权益的保护对象是抽象、无形的，因此，其受侵害时并没有像有形财产那样直接表现为财产的毁损或灭失。但并不能片面地认为侵犯人身权益的行为没有导致财产损失，此时的财产损失主要表现为因侵权行为使被侵权人多支出的费用。如被侵权人为制止侵权行为支出的调查、取证的合理费用，这部分费用是因为侵权行为而增加的，是为恢复权利的必要支出，应列入财产损失的范围，由侵权行为人承担赔偿责任，这同时也体现了完全赔偿原则的要求。

2. 律师费

律师费是诉讼当事人为聘请律师为自己提供法律服务所支付的费用，一般包括按固定收费标准收取的费用和其他费用，如差旅费等。随着民事诉讼的专业化程度越来越高，律师费越来越成为民事诉讼的一项必要支出。关于民事诉讼中律师费的负担，在世界范围内主要有三种模式：第一种是以法国、德国等一些大陆法系国家以及英国等国家为代表的败诉方负担模式。第二种是以美国为代表的律师费各自负担为主、根据申请单独判决为辅的模式。第三种是以日本为代表的，以各自负担为主、但有明确例外规定的模式。并且，已有案例作出了新的突破。比如，日本最高法院有判决认为，侵权行为的被害者，为了保护自己的权利不得已提起诉讼时的律师费用，是与侵权行为有相当因果关系的损失，可以向当事人请求赔偿。

律师费应当由谁来承担，在我国律师法及律师收费制度中都没有明确规定，也没有其他法律法规作出具有普遍约束力的规定。但是近几年最高人民法院出台的司法解释，在个别领域对民事诉讼律师费由败诉方承担有明确规定。比如，在知识产权领域，2010 修改后的《著作权法》第四十九条规定："……赔偿数额还应当包括权利人为制止侵权行为所支付的合理开支。"《商标法》《专利法》也作出相应的规定。其后，相应的司法解释明确了"支出的合理开支”的具体范畴。如《最高人民法院关于审理著作权民事纠纷案件适用法律若干问题的解释》第二十六条第一款规定：“著作权法第四十九条第一款规定的制止侵权行为所支付的合理开支，包括权利人或者委托代理人对侵权行为进行调查、取证的合理费用。”第二款规定：“人民法院根据当事人的诉讼请求和具体案情，可以将符合国家有关部门规定的律师费用计算在赔偿范围内。”《最高人民法院关于审理商标民事纠纷案件适用法律若干问题的解释》第十七条也作出了相应的规定。知识产权领域的这一规定，是在我国加入WTO的大背景下，根据TRIPS协议的精神作出的调整。这样规定一方面坚持了我国诉讼制度和最高人民法院的一贯做法，谨慎地对待这个问题，在整体诉讼制度上有所协调；另一方面又符合TRIPS协议规定的精神，根据诉讼请求和具体案情可以将律师费计算在赔偿数额内，履行了我国在加入世贸组织谈判中的庄严承诺。而在律师费前用了“符合国家有关部门规定”的表述，使规定更加稳妥，以避免在经验不足的情况下法官不好掌握或者自由裁量施之过宽的情形。可以说，知识产权领域“将合理诉讼费纳入损害赔偿范围”的实践取得了良好的法律效果和社会效果。《最高人民法院关于审理利用信息网络侵害人身权益民事纠纷案件适用法律若干问题的规定》第十二条规定充分借鉴了知识产权领域的做法和经验，规定“人民法院根据当事人的请求和具体案情，可以将符合国家有关部门规定的律师费用计算在赔偿范围内”，遵循侵权责任的完全赔偿原则，对民事主体的权益施以更加完备的保护，同时也顺应了立法和司法的发展需要。

3. 限额赔偿

限额赔偿是指在权利人损失以及侵权人获利均难以确定或者在权利人直接请求适用的情况下，依据与侵权行为相关的一些因素在一定幅度内酌情确定条件的赔偿方法。这是在司法实践中发展起来的一种赔偿损失的新思路，其原则是强调“合理的赔偿”。《民法典》第1182规定，侵害人身权益的财产损失按照所受损失或者侵权人所得利益两种方法计算，如果两种方法都难以确定的，且被侵权人和侵权人不能协商一致的，由人民法院根据具体情况确定。在利用网络侵害人身权益的案件中，不少情况下被侵权人确实有财产损失但无相关证据支持。为此，有必要规定一个赔偿上限，以便于人民法院作出裁判。《最高人民法院关于审理利用信息网络侵害人身权益民事纠纷案件适用法律若干问题的规定》第十二条规定50万元的上限，主要考虑为：一是在侵害企业法人商誉权、名称权的案件中，此类案件与侵害商标权、著作权、专利权造成的损失相比，有时更大。因此，参考知识产权法的相关规定，确定50万元的赔偿上限并不过分高。二是在侵害自然人名誉权、隐私权等案件中，其财产损失虽然不一定明显，但其后果却较为严重，规定50万元的上限有利于人民法院根据具体情况酌情判断。在确定最高限额的情况下，具体的赔偿数额应充分考虑侵权行为人的过错程度、具体侵权行为和方式、造成的损害或影响等因素综合考量确定。

——最高人民法院民法典贯彻实施工作领导小组办公室编著：《最高人民法院实施民法典清理司法解释修改条文（111 件）理解与适用》，人民法院出版社 2022 年版，第 372~374 页。

1536. 提供酒店在线预订服务方应当履行协助退订等合同附随义务

关键词

在线预订　协助退订　合同附随义务

最高人民法院公布的典型案例

熊某等诉某旅行社网络服务合同纠纷案

裁判要旨：提供酒店在线预订服务方负有及时协助顾客向酒店方申请取消订单、申请退款等合同附随义务，而非一经预订成功即视为全部义务已履行完毕。

【基本案情】

原告熊某通过某旅游 APP 向被告某旅行社预订了“机票 + 酒店”自由行产品。出行前两日，因同行人员中原告儿子患病无法出行，原告遂向被告申请退订。被告就该酒店产品联系其中间供应商，中间供应商反馈“需要扣除每间每晚 200 元共计违约金 800 元，去申请且不保证结果”。但被告未将酒店取消政策告知原告，亦未继续要求供应商取消订单，而是告知原告该订单不可取消，如未实际入住将全额收取房费。熊某后未实际出行，诉至法院。审理中，经当庭拨打酒店客服电话，确认涉案订单当时的取消政策为“如自行取消要扣除每间每晚 200 元的违约金，如提供相关疾病证明则除节假日外可无损取消。”

【裁判结果】

审理法院认为，本案双方是网络服务合同关系，被告提供服务的主要内容为通过相应渠道代原告预订其指定酒店，以使原告与酒店方顺利建立住宿服务合同关系。鉴于涉案服务合同履行的特殊性，预订等事宜并非由原告直接与相应产品提供方沟通确定，故在原告因同行人员患病需取消预订时，应当认为被告依法负有及时协助原告向酒店方申请取消订单、申请退款等合同附随义务，而非一经预订成功即视为全部义务已履行完毕。本案中，案涉酒店预订事实上可以取消，至多承担 800 元违约金，但被告未将该情况如实告知原告，依据《中华人民共和国民法典》第五百零九条之规定，应认定被告未能履行附随义务导致原告损失，被告应予以赔偿。

【典型意义】

现实生活中，人们通过在线旅游平台预订酒店等服务的情况十分常见。线上预订服务提供者上游对接各类服务商或供应商，下游对接广大消费者，中间往往涉及多个环节，容易滋生侵害消费者权益的道德风险。本案裁判认定提供酒店在线预订服务方应当履行协助退订等合同附随义务，防止消费者权益被不当减损，有利于促进在线旅游平台经营模式健康发展。

——《最高人民法院公布的网络消费典型案例》（2023 年 3 月 15 日）。

第十章　劳动争议

一、一般规定

1537. 关于审理劳动争议案件的司法政策精神

关键词

劳动争议　劳动者权益保护　企业生存发展

最高人民法院司法政策精神

三、妥善审理劳动争议案件，维护和谐稳定的劳动关系。要始终坚持保障企业生存发展和维护劳动者合法权益并重的理念，把保护劳动者的眼前利益同保障劳动者的长远利益和根本利益结合起来，在依法维护劳动者合法权益的同时，努力促进企业生产的健康发展。对暂时存在资金困难但有发展潜力的企业特别是中小微企业，要尽量通过和解、调解等方式，鼓励企业与劳动者共渡难关。对于生存完全无望且以恶意欠薪等形式损害劳动者权益的企业，要加快审理进度和财产保全的力度，依法保障劳动者的权益。

——《最高人民法院关于当前形势下加强民事审判切实保障民生若干问题的通知》(2012 年 2 月 15 日，法〔2012〕40 号)。

6. 准确把握新就业形态民事纠纷案件审判工作要求。推进落实《人力资源社会保障部、国家发展改革委、交通运输部、应急部、市场监管总局、国家医保局、最高人民法院、全国总工会关于维护新就业形态劳动者劳动保障权益的指导意见》(以下简称新业态劳动者权益保障指导意见)有关制度和要求，加强灵活就业和新就业形态劳动者权益保障，支持和规范发展新就业形态，合理认定平台企业责任，支持网约配送、移动出行、网络直播等平台企业在引领发展、创造就业、国际竞争中大显身手。依法支持劳动者依托互联网平台就业，支持用人单位依法依规灵活用工，引导平台企业与劳动者就劳动报酬、工作时间、劳动保护等建立制度化、常态化沟通协调机制，保障新就业形态劳动者合法劳动权益。适时制定司法政策，发布典型案例，统一裁判标准，发挥个案裁判和司法政策引领作用，推动形成新就业形态用工综合治理机制。

7. 依法合理认定新就业形态劳动关系。平台企业及其用工合作单位与劳动者建立劳动关系的，应当订立书面劳动合同。未订立书面劳动合同，劳动者主张与平台企业或者用工合作单位存在劳动关系的，人民法院应当根据用工事实和劳动管理程度，综合考虑劳动者对工作时间及工作量的自主决定程度、劳动过程受管理控制程度、劳动者是否需要遵守有关工作规则、劳动纪律和奖惩办法、劳动者工作的持续性、劳动者能否决定或者改变交易价格等因素，依法审慎予以认定。平台企业或者用工合作单位要求劳动者登记为个体工商户后再签订承揽、合作等合同，或者以其他方式规避与劳动者建立劳动关系，劳动者请求根据实际履行情况认定劳动关系的，人民法院应当在查明事实的基础上依法作出相应认定。

8. 加强新就业形态劳动者合法权益保障。不完全符合确立劳动关系情形但企业对劳动者进行劳动管理的，可以结合新业态劳动者权益保障指导意见有关规定，依法保障劳动者权益。依法保护劳动者按照约定或者法律规定获得劳动报酬的权利；劳动者因不可抗力、见义勇为、紧急救助以及工作量或者劳动强度明显不合理等非主观因素，超时完成工作任务或者受到消费者差评，主张不能因此扣减应得报酬的，人民法院应当依法支持。推动完善劳动者因执行工作任务遭受损害的责任分担机制。依法认定与用工管理相关的算法规则效力，保护劳动者取得劳动报酬、休息休假等基本合法权益；与用工管理相关的算法规则存在不符合日常生活经验法则、未考虑遵守交通规则等客观因素或者其他违背公序良俗情形，劳动者主张该算法规则对其不具有法律约束力或者请求赔偿因该算法规则不合理造成的损害的，人民法院应当依法支持。

11. 妥善审理劳动合同纠纷案件。用人单位生产经营困难，按照法定程序经与职工代表大会讨论或者经与工会、职工代表等民主协商，对在合理期限内延迟支付工资、轮岗轮休等事项达成一致意见的，可以作为认定双方权利义务的依据。除依法按协商程序降低劳动报酬外，用人单位安排劳动者通过居家办公或者灵活办公等方式提供正常劳动，劳动者请求按正常工资标准支付其工资的，人民法院应当依法支持。依法妥善审理相关案件，积极引导和支持用人单位与劳动者依法协商，采取协商薪酬、调整工时、轮岗轮休、在岗培训等措施稳定工作岗位。

12. 推动劳动争议纠纷多元化解。准确适用《人力资源社会保障部、最高人民法院关于劳动人事争议仲裁与诉讼衔接有关问题的意见（一）》，推动劳动争议仲裁和诉讼有序衔接，逐步统一裁审受理范围和法律适用标准；加强与人社部门、工会、行业协会联动协作，促使劳动者与企业和解协商、共克时艰，推动构建和谐劳动关系。对于群体性、突发性、敏感性、涉重大利益等劳动争议，应当坚持把非诉讼纠纷解决机制挺在前面，积极推动诉源治理，及时做好风险预警，“调、裁、审”协作发力，充分维护劳动者与用人单位合法权益。

——《最高人民法院关于为稳定就业提供司法服务和保障的意见》（2022年12月26日，法发〔2022〕36号）。

1538. 审理涉及农民工的劳动争议纠纷的司法原则

关键词

农民工　劳动争议

最高人民法院司法政策精神

维护农民工合法权益，推进城乡经济社会发展一体化

全面落实有关法律、行政法规和司法解释的相关规定，充分及时保护农民工的合法权益。在审理涉及农民工维权的案件时，要准确把握相关法律、行政法规和司法解释的规定精神，处理好农民工合法权益保护与企业健康发展之间的关系，努力实现法律效果和社会效果的有机统一。对案件事实清楚，法律关系明确的拖欠农民工工资或者劳务报酬纠纷以及有财产给付内容的涉及农民工的劳动争议纠纷，要着力提高司法保护的效率，在确保公正的前提下，务必做到快审快结和及时执行。符合先予执行法定条件的，应当及时裁定先予执行。要坚持依法平等保护原则，在劳动条件、安全生产、劳动报酬，以及工伤、医疗、养老保险等各个方面，引导和树立城乡平等的社会观念，为建立城乡统一的人力资源市场，推进城乡经济社会发展一体化作出积极努力。

——《最高人民法院印发〈关于为推进农村改革发展提供司法保障和法律服务的若干意见〉的通知》（2008年12月3日，法发〔2008〕36号）。

4. 依法支持脱贫人口稳岗就业，推动农村劳动力转移就业。为巩固拓展脱贫攻坚成果、全面推进乡村振兴、实施乡村建设行动提供有效司法服务，妥善处理涉“三农”领域传统纠纷以及休闲农业、乡村旅游、民宿经济、健康养老等农村新业态纠纷，妥善处理涉农担保融资纠纷案件，促进农村产业

融合发展，推动提升富农产业、本地特色产业就业吸纳能力。深入推进新型城镇化和乡村振兴战略有效衔接，为农村劳动力转移就业提供有效司法服务，依法保障进城落户农民农村土地承包权、宅基地使用权、集体收益分配权，依法平等保护其就业、教育、住房、医疗等民生权益，推动在城镇稳定就业生活、具有落户意愿的农业转移人口便捷落户。推动形成平等竞争、规范有序、城乡统一的劳动力市场，落实城乡劳动者平等就业、同工同酬，完善办理拖欠农民工工资案件的快立快审快执通道，依法适用先予执行，推动完善欠薪治理长效机制，依法推动农业转移人口全面融入城市。

——《最高人民法院关于为稳定就业提供司法服务和保障的意见》（2022年12月26日，法发〔2022〕36号）。

1539. 劳动合同纠纷不同于劳务合同纠纷

关键词

劳务合同　劳动合同　劳动仲裁　雇佣合同

附录：最高人民法院主流观点

劳务合同有广义与狭义之分。广义的劳务合同是指一切与提供劳动服务（即劳务）有关的协议。它属于民法调整的范畴，该合同标的是劳务。狭义的劳务合同仅指雇主为个人或者家庭雇佣合同，即是指双方当事人约定，在确定或不确定期间内，一方向他方提供劳务，他方给付报酬的合同。狭义的劳务合同由民法调整。在这里，作为民事案由的一种，我们规定的是狭义的劳务合同，即雇佣合同。劳务（雇佣）合同纠纷是指以一方当事人提供劳务为合同标的，在履行合同过程中，因劳务（雇佣）关系发生的纠纷。在劳务合同中，雇主处于支配地位，雇员则处于被支配的从属地位；虽然双方当事人的法律主体地位形式上平等，但在合同履行过程中，雇主与雇员之间的主体身份是不平等的。由于雇佣合同在《劳动法》《劳动合同法》和《合同法》中未明文规定，雇佣合同纠纷适用《民法典》，同时因为雇主与雇员之间的关系本质上可以视为一种劳动关系，故可以适用《劳动法》《劳动合同法》所规定的基本原则。现行法律对于保护雇员的合法权益是不够的，还有待于法律的进一步完善。

审判实践中，要注意劳务（雇佣）合同纠纷与劳动合同纠纷的区别。因为这两种纠纷的处理方式不同。劳动合同纠纷发生后，当事人不愿协商、协商不成或者达成和解协议后不履行的，可以向调解组织申请调解；不愿调解、调解不成或者达成调解协议后不履行的，可以向劳动争议仲裁委员会申请仲裁；对仲裁裁决不服的，除《劳动争议调解仲裁法》第四十九条另有规定的外，可以向人民法院提起诉讼。一般的应在法定期间内先到劳动仲裁委员会仲裁，不服仲裁裁决的在法定期间内可以向人民法院起诉，劳动仲裁是前置程序。但劳务合同纠纷发生以后，当事人可以直接向人民法院提起诉讼，劳动仲裁不是诉讼前置程序，当然也可以经双方当事人协商解决或者调解解决。《劳动争议调解仲裁法》第四十九条规定："用人单位有证据证明本法第四十七条规定的仲裁裁决有下列情形之一，可以自收到仲裁裁决书之日起三十日内向劳动争议仲裁委员会所在地的中级人民法院申请撤销裁决：（一）适用法律、法规确有错误的；（二）劳动争议仲裁委员会无管辖权的；（三）违反法定程序的；（四）裁决所根据的证据是伪造的；（五）对方当事人隐瞒了足以影响公正裁决的证据的；（六）仲裁员在仲裁该案时有索贿受贿、徇私舞弊、枉法裁决行为的。人民法院经组成合议庭审查核实裁决有前款规定情形之一的，应当裁定撤销。仲裁裁决被人民法院裁定撤销的，当事人可以自收到裁定书之日起十五日内就该劳动争议事项向人民法院提起诉讼。"用人单位有证据证明该法第四十七条规定的仲裁裁决有法定情形之一的，可以自收到仲裁裁决书之日起 30 日内向劳动争议仲裁委员会所在地的中级人民法院申请撤销裁决，但不得向人民法院提起诉讼。

——杨万明主编、郭锋副主编、最高人民法院研究室编著：《最高人民法院新民事案件案由规定理解与适用》，人民法院出版社 2021 年版，第 542~544 页。

1540. 用工单位和劳务派遣单位就其工作人员侵权行为的责任分配进行了约定的效力认定

关键词

用工单位　劳务派遣单位　意思自治原则　强制性规定

《中华人民共和国民法典》条文

第一千一百九十一条　用人单位的工作人员因执行工作任务造成他人损害的，由用人单位承担侵权责任。用人单位承担侵权责任后，可以向有故意或者重大过失的工作人员追偿。

劳务派遣期间，被派遣的工作人员因执行工作任务造成他人损害的，由接受劳务派遣的用工单位承担侵权责任；劳务派遣单位有过错的，承担相应的责任。

附录：最高人民法院主流观点

审判实践中经常遇到劳务派遣单位与用工单位就工作人员侵权的责任承担进行了约定，对于该约定的效力如何认定需要明确。我们认为，劳务派遣单位与用工单位在劳务派遣协议中约定由一方单独承担或者由双方按比例对外承担侵权责任，该约定应当得到尊重，其效力应当得到认可，不能因约定内容与《民法典》第一千一百九十一条规定不同而随意反悔。因劳务派遣单位与用工单位之间基于劳务派遣协议所产生的是民事合同关系，根据民法意思自治原则，双方的约定只要不违反法律、行政法规的强制性规定，该约定当然有效。从现实角度而言，由于双方就其工作人员造成的外部侵权责任进行了约定，该约定能够更准确地反映某一具体劳务派遣关系中的实际情况，更能为双方当事人所接受，也更有利于纠纷的解决。当然，该约定的效力应当仅及于劳务派遣单位与用工单位之间，不得对抗受害人。实践中还应注意一点，除劳务派遣单位与用工单位事先在劳务派遣协议中就侵权责任分担进行约定外，在实际侵权行为发生后，如果劳务派遣单位与用工单位就侵权责任分担能够达成协议，对该协议的效力仍应予以确认。毕竟，对受害人而言，只要其损害能够获得相应赔偿，其并不关心具体赔偿人及赔偿比例。

——最高人民法院民法典贯彻实施工作领导小组编：《中华人民共和国民法典侵权责任编理解与适用》，人民法院出版社2020年版，第246页。

1541. 用人单位拖欠或未足额支付工伤医疗费、经济补偿金或者赔偿金的，劳动者不能申请支付令

关键词

申请支付令　金钱债权　工伤医疗费　经济补偿金

最高人民法院司法解释

第十三条　劳动者依据劳动合同法第三十条第二款和调解仲裁法第十六条规定向人民法院申请支付令，符合民事诉讼法第十七章督促程序规定的，人民法院应予受理。

依据劳动合同法第三十条第二款规定申请支付令被人民法院裁定终结督促程序后，劳动者就劳动争议事项直接提起诉讼的，人民法院应当告知其先向劳动争议仲裁机构申请仲裁。

依据调解仲裁法第十六条规定申请支付令被人民法院裁定终结督促程序后，劳动者依据调解协议直接提起诉讼的，人民法院应予受理。

——《最高人民法院关于审理劳动争议案件适用法律问题的解释（一）》（2020 年 12 月 29 日，法释〔2020〕26 号）。

附录：最高人民法院主流观点

申请支付令制度的主要目的是简便快捷地督促债务人偿还金钱债务，以快速实现债权人的金钱债权。为了达到这一目的，申请支付令的一个重要条件就是给付的金钱数额要确定，而工伤医疗费、经济补偿或者赔偿金的数额往往不确定。加之债务人提出支付令异议并不需要提出证据，而工伤医疗费、经济补偿或者赔偿金的数额往往双方争议很大，如果允许劳动者申请支付令，那么用人单位提出支付令异议的可能性接近 100%。因此，因用人单位拖欠或者未足额支付工伤医疗费、经济补偿或者赔偿金，劳动者不能申请支付令。申请支付令的法律依据是《劳动合同法》第三十条第二款和《劳动争议调解仲裁法》第十六条，其中所涉两类劳动者可以申请支付令的情形并未包括因用人单位拖欠或者未足额支付工伤医疗费、经济补偿或者赔偿金的情形。

——最高人民法院民事审判第一庭编著：《最高人民法院新劳动争议司法解释（一）理解与适用》，人民法院出版社 2021 年版，第 177 页。

1542. 应防止劳动者在诉讼过程中造成用人单位损失扩大化

关键词

竞业限制约定　用人单位　劳动者　财产保全　强制性措施

最高人民法院司法解释

第四十条　劳动者违反竞业限制约定，向用人单位支付违约金后，用人单位要求劳动者按照约定继续履行竞业限制义务的，人民法院应予支持。

——《最高人民法院关于审理劳动争议案件适用法律问题的解释（一）》（2020 年 12 月 29 日，法释〔2020〕26 号）。

附录：最高人民法院主流观点

司法实践中，当用人单位以劳动者违反竞业限制约定为由提起诉讼后，劳动者可能会基于报复或牟利的目的，继续实施违反竞业限制约定的行为。鉴于诉讼周期较长的固有属性，如任由劳动者继续实施违约行为，将可能导致用人单位即便最终胜诉但诉讼目的落空的结果。为此，可运用保全制度保证用人单位的诉讼目的能够得以实现。所谓保全制度，是为确保当事人民事诉讼目的能够实现而设立的一种暂时性救济制度。学理上根据保全对象的不同将保全分为财产保全和行为保全。财产保全针对的是双方当事人争议的财产，而所谓行为保全，则是指为了保证将来裁判能得以顺利执行，避免给胜诉一方造成损失或损失扩大，在诉讼前或诉讼进行过程中，责令另一方当事人作出一定行为或禁止其作出一定行为的强制性措施。

——最高人民法院民事审判第一庭编著：《最高人民法院新劳动争议司法解释（一）理解与适用》，人民法院出版社2021年版，第502页。

1543. 政府有关部门主导的企业改制行为引发的劳动争议，不属于人民法院民事诉讼受案范围

关键词

政府主导的企业改制行为　劳动争议　劳动争议

最高人民法院裁判文书

王作泉与棉麻公司劳动争议案［最高人民法院（2020）最高法民申6275号民事裁定书］

裁判要旨：案涉企业改制行为是在政府有关部门主导下进行的，并非企业自主进行改制。当事人所诉本案争议系其作为企业职工在国有企业改制过程中产生的纠纷，不符合《最高人民法院关于审理劳动争议案件适用法律若干问题的解释（三）》第二条[①]有关"因企业自主进行改制引发的争议，人民法院应予受理"的规定。据此，原审法院驳回当事人的起诉，适用法律并无不当。

最高人民法院认为，本案争议的焦点问题是王作泉所诉劳动争议是否属于企业自主改制过程中引发的争议，人民法院是否应予受理。

根据当事人提供的证据证实，棉麻公司改制系根据2001年6月11日山东省供销合作社联合社下发《关于印发〈山东省供销合作社联合社关于深化直属企业改革改制试行意见〉的通知》（鲁供字〔2001〕29号，以下简称29号通知）进行的，该通知载明："……按照鲁政办发〔2000〕61号文件精神，结合直属企业的实际，符合下列条件的人员均须办理内退手续……五、社有资产的处置与评估1.企业改制前由省社聘请中介机构统一组织资产评估。评

① 现为《最高人民法院关于审理劳动争议案件适用法律若干问题的解释（一）》（2020年12月25日，法释〔2020〕26号）第一条第九项。

估报告报省社审核确认后方可生效。……省社改革改制领导小组负责企业改革方案的组织和实施。并对企业派出强有力的改制工作指导小组。"2006 年 1 月 4 日，山东省天元纤维有限公司（山东省天元纤维有限公司是棉麻公司投资的子公司）根据省政府的有关规定和省供销社鲁供字〔2001〕29 号文件的要求，对省天元公司职工原劳动关系通过内退和经济补偿的办法妥善处理和转换。王作泉在《山东省天元纤维有限公司职工竞争上岗选择意向表》上标注有"三十年工龄内退"处签字并办理了内退审批手续。

本院认为，山东省供销合作社联合社（以下简称省社）是山东省供销合作社的联合组织，为山东省直属正厅级事业单位，行使山东省政府授权的行政职能。棉麻公司的企业改制行为是在政府主导下进行的，改制过程中涉及困难职工安置有相应政府解决途径、涉及省社资产处置问题必须先行评估并且报批、各企业改制均在改革改制领导小组的指导下进行，省社在棉麻公司改制过程中履行的是政府的行政管理职能。因此，棉麻公司的企业改革改制属于政府有关部门主导的企业改制行为，并非企业自主进行改制。王作泉所诉本案争议系其作为棉麻公司的职工在国有企业改制过程中产生的纠纷，不符合《最高人民法院关于审理劳动争议案件适用法律若干问题的解释（三）》第二条有关"因企业自主进行改制引发的争议，人民法院应予受理"的规定，据此，原审法院驳回王作泉的起诉，适用法律并无不当。

——中国裁判文书网。

1544. 劳动争议案件不适用协议管辖

关键词

劳动争议　协议管辖

最高人民法院裁判文书

李继东与海天致远公司劳动争议案［最高人民法院（2020）最高法民辖 24 号民事裁定书］

裁判要旨：协议管辖的适用领域为合同或者其他财产权益纠纷，因身份关系产生民事纠纷的不能协议选择管辖法院。用人单位与劳动者之间的劳动关系，具有人身属性，不适用协议管辖的有关规定。故本案中《劳动合同》里所约定的管辖条款无效。

最高人民法院经审查认为，根据《中华人民共和国民事诉讼法》第三十四条[①]的规定，合同或者其他财产权益纠纷的当事人可以书面协议选择被告住所地、合同履行地、合同签订地、原告住所地、标的物所在地等与争议有实际联系的地点的人民法院管辖，但不得违反本法对级别管辖和专属管辖的规定。可见，协议管辖的适用领域为合同或者其他财产权益纠纷，这里的合同纠纷包括因合同订立、履行、变更、解除、违约等所产生的纠纷，其他财产权益纠纷包括因物权、知识产权中的财产权而产生的民事纠纷，因身份关系产生民事纠纷的不能协议选择管辖法院。劳动争议案件涉及的法律关系为用人单位与劳动者之间的劳动关系，具有人身属性，不适用协议管辖的有关规定。故本案中《劳动合同》里所约定的管辖条款无效。

根据《最高人民法院关于审理劳动争议案件适用法律若干问题的解释》第八条[②]的规定，劳动争议案件由用人单位所在地或者劳动合同履行地的基层人民法院管辖。山东省泰安市泰山区人民法院作为劳动合同履行地的基层人民法院，北京市海淀区人民法院作为用人单位所在地的基层人民法院，对本案都具有管辖权。根据《最高人民法院关于适用〈中华人民共和国民事诉讼法〉的解释》第三十六条规定，两个以上人民法院都有管辖权的诉讼，先立案的人民法院不得将案件移送给另一个有管辖权的人民法院。在原告李继东选择向山东省泰安市泰山区人民法院起诉的情况下，山东省泰安市泰山区人民法院对本案有管辖权，泰安市中级人民法院裁定将本案移送至北京市海淀区人民法院不当。

——中国裁判文书网。

1545. 用人单位的管理人员对被性骚扰员工的投诉，应采取合理措施进行处置

关键词

解除劳动合同　性骚扰　规章制度

最高人民法院指导性案例

郑某诉霍尼韦尔自动化控制（中国）有限公司劳动合同纠纷案（最高人民法院指导案例181号）

① 现为《民事诉讼法》（2021年修正）第三十五条。

② 现为《最高人民法院关于审理劳动争议案件适用法律问题的解释（一）》（2020年12月25日，法释〔2020〕26号）第三条。

裁判要点：用人单位的管理人员对被性骚扰员工的投诉，应采取合理措施进行处置。管理人员未采取合理措施或者存在纵容性骚扰行为、干扰对性骚扰行为调查等情形，用人单位以管理人员未尽岗位职责，严重违反规章制度为由解除劳动合同，管理人员主张解除劳动合同违法的，人民法院不予支持。

法院生效裁判认为：本案争议焦点在于：一、霍尼韦尔公司据以解除郑某劳动合同的《员工手册》和《商业行为准则》对郑某有无约束力；二、郑某是否存在足以解除劳动合同的严重违纪行为。

关于争议焦点一，霍尼韦尔公司据以解除郑某劳动合同的《员工手册》和《商业行为准则》对郑某有无约束力。在案证据显示，郑某持有异议的霍尼韦尔公司 2017 年版《员工手册》《商业行为准则》分别于 2017 年 9 月、2014 年 12 月经霍尼韦尔公司工会沟通会议进行讨论。郑某与霍尼韦尔公司签订的劳动合同明确约定《员工手册》《商业行为准则》属于劳动合同的组成部分，郑某已阅读并理解和接受上述制度。在《员工手册》修订后，郑某亦再次签署确认书，确认已阅读、明白并愿接受 2017 年版《员工手册》，愿恪守公司政策作为在霍尼韦尔公司工作的前提条件。在此情况下，霍尼韦尔公司的《员工手册》《商业行为准则》应对郑某具有约束力。

关于争议焦点二，郑某是否存在足以解除劳动合同的严重违纪行为。一则，在案证据显示霍尼韦尔公司建立有工作场所性骚扰防范培训机制，郑某亦接受过相关培训。霍尼韦尔公司《商业行为准则》要求经理、主管等管理人员在下属提出担忧或问题时能够专业并及时帮助解决，不能进行打击报复。霍尼韦尔公司 2017 年版《员工手册》还将违反公司《商业行为准则》的行为列为会导致立即辞退的严重违纪行为范围。现郑某虽称相关女职工未提供受到骚扰的切实证据，其无法判断骚扰行为的真伪、对错，但从郑某在 2018 年 8 月 30 日谈话录音中对相关女职工初入职时向其出示的微信截屏所做的“我是觉得有点怪，我也不敢问”“我就是不想掺和这个事”的评述看，郑某本人亦不认为相关微信内容系同事间的正常交流，且郑某在相关女职工反复强调间接上级一直对她进行骚扰时，未见郑某积极应对帮助解决，反而说“他这么直接，要是我的话，先靠近你，摸摸看，然后聊聊天”。所为皆为积极促成自己的下级与上级发展不正当关系。郑某的行为显然有悖其作为霍尼韦尔公司部门主管应尽之职责，其相关答复内容亦有违公序良俗。此外，依据郑某自述，其在 2018 年 8 月 30 日谈话后应已明确知晓相关女职工与间接上级关系不好的原因，但郑某不仅未采取积极措施，反而认为相关女职工处理不当。在任某明确表示对郑某性骚扰的抗拒后，郑某于 2018 年 11 月中旬向人事经理提出任某性格不合群，希望公司能解除与任某的劳动合同，据此霍尼韦尔公司主张郑某对相关女职工进行打击报复，亦属合理推断。二则，霍尼韦尔公司2017年版《员工手册》明确规定在公司内部调查中做虚假陈述的行为属于会导致立即辞退的严重违纪行为。霍尼韦尔公司提供的2019年1月15日调查笔录显示郑某在调查过程中存在虚假陈述情况。郑某虽称该调查笔录没有按照其所述内容记录，其不被允许修改很多内容，但此主张与郑某对该调查笔录中诸多问题的答复都进行过修改的事实相矛盾，法院对此不予采信。该调查笔录可以作为认定郑某存在虚假陈述的判断依据。

综上，郑某提出的各项上诉理由难以成为其上诉主张成立的依据。霍尼韦尔公司主张郑某存在严重违纪行为，依据充分，不构成违法解除劳动合同。对郑某要求霍尼韦尔公司支付违法解除劳动合同赔偿金368130元的上诉请求，不予支持。

——《最高人民法院关于发布第32批指导性案例的通知》（2022年7月4日，法〔2022〕167号）。

说明

指导案例181号《郑某诉霍尼韦尔自动化控制（中国）有限公司劳动合同纠纷案》，明确了用人单位的管理人员对被性骚扰员工的投诉没有采取合理措施，或者存在纵容性骚扰行为、干扰对性骚扰行为调查等情形，用人单位以管理人员未尽岗位职责，严重违反规章制度为由解除劳动合同，管理人员主张解除劳动合同违法的，人民法院不予支持。该案例对于民法典施行后用人单位合理构建性骚扰防范处置机制，切实提升全员防范意识，有效防范职场性骚扰行为，具有一定的示范指导意义。

二、劳动关系的订立

1546. 人事主管有义务提示用人单位与之订立书面合同

关键词

劳动合同　书面合同　人事主管

最高人民法院公报案例

刘丹萍与南京仁创物资有限公司劳动争议纠纷案（江苏省南京市江宁区人民法院民事判决书）

裁判摘要：用人单位未与人事主管订立书面劳动合同，人事主管诉请用人单位支付因未订立书面劳动合同的二倍工资赔偿，因订立书面劳动合同系人事主管的工作职责，人事主管有义务提示用人单位与其订立书面劳动合同，人事主管如不能举证证明其曾提示用人单位与其订立书面劳动合同，则不应支持其诉讼请求。

江苏省南京市江宁区人民法院认为：劳动者以及用人单位的合法权益受法律保护。建立劳动关系，应当订立书面劳动合同。已建立劳动关系，未同时订立劳动合同的，应当自用工之日起一个月内订立书面劳动合同。用人单位自用工之日起超过一个月不满一年未与劳动者订立书面劳动合同的，应当向劳动者每月支付二倍的工资。用人单位应当按照劳动合同约定和国家规定，按时足额支付劳动报酬。当事人对自己提出的诉讼请求所依据的事实或者反驳对方诉讼请求所依据的事实有责任提供证据加以证明。没有证据证明或者证据不足以证明当事人主张的，由负有举证责任的当事人承担不利后果。本案中，双方之间存在劳动关系，被告仁创公司提交的工资表足以确认仁创公司预留原告刘丹萍 2015 年 5 月份工资 833 元，仁创公司应当按照合同约定和国家规定按时足额支付。仁创公司辩称 2015 年 5 月份工资表系刘丹萍恶意制作，但未提交证据证明，故法院不予采信。故对刘丹萍要求仁创公司支付其 2015 年 3 月份至 7 月份的预留工资，法院予以部分支持。

关于原告刘丹萍主张的经济补偿金 2917 元，被告仁创公司虽未足额支付刘丹萍 2015 年 5 月份工资，但庭审中刘丹萍亦陈述仁创公司预留其工资也经过其同意，仁创公司预留其 2015 年 5 月份工资有正当理由，刘丹萍主张经济补偿金缺乏事实和法律依据，故法院不予支持。

关于原告刘丹萍主张的二倍工资 11666 元，本案中，被告仁创公司确实未与刘丹萍签订劳动合同，但是，一般而言，劳动合同签订事项属于人力资源负责的事项，刘丹萍作为仁创公司的人事主管，其工作职责范围应该包括代表单位依照法律法规处理与劳动者之间劳动合同履行方面的相关事宜，避免单位因违反法律法规被追究法律责任，也应当知晓订立书面劳动合同的相关规定及不订立书面劳动合同的法律后果，因此，刘丹萍有义务主动向仁创公司要求订立书面劳动合同。但刘丹萍并未提交证据证明其曾主动要求仁创公司与其签订劳动合同。故综合刘丹萍的岗位职务因素等考量后，法院对刘丹萍主张的未签订书面劳动合同的二倍工资的诉讼请求不予支持。

——《最高人民法院公报》2018 年第 7 期。

1547. 车辆实际所有人聘用的司机与挂靠单位之间不形成事实劳动关系

关键词

事实劳动关系　劳动合同　挂靠

最高人民法院答复

安徽省高级人民法院：

你院（2013）皖民一他字第 00011 号《关于车辆挂靠其他单位经营车辆实际所有人聘用的司机与挂靠单位是否形成事实劳动关系的请示》收悉。经研究，答复如下：

个人购买的车辆挂靠其他单位且以挂靠单位的名义对外经营的，根据 2008 年 1 月 1 日起实施的劳动合同法规定的精神，其聘用的司机与挂靠单位之间不具备劳动关系的基本特征，不宜认定其形成了事实劳动关系。

以上意见，供参考。

——《最高人民法院关于车辆实际所有人聘用的司机与挂靠单位之间是否形成事实劳动关系的答复》（2013 年 10 月 28 日，〔2013〕民一他字第 16 号），载最高人民法院民事审判第一庭编：《民事审判指导与参考》2014 年第 2 辑（总第 58 辑），人民法院出版社 2014 年版，第 125 页。

附录：最高人民法院法官著述

我们认为，劳动合同法是 2008 年 1 月 1 日开始施行的，该法特别强调“建立劳动关系，应当订立书面劳动合同。已建立劳动关系、未同时订立书面劳动合同的，应当自用工之日起一个月内订立书面劳动合同”。因此，处理本案要考虑到这个基本法律背景。

第一，在劳动合同法实施后，劳动关系有明确的法律含义，用人单位除了管理劳动者外还有辞退他的权利，而本案某运输公司与司机杨某之间不存在这种劳动关系。杨某劳动所创造的价值最主要的也不是交给某运输公司，很大一部分还是由徐某某取得，某运输公司只是每年收取一定的管理费，给杨某发工资的是徐某某，不是某运输公司，故杨某与某运输公司之间不符合劳动关系的基本法律特征。

第二，司机杨某与某运输公司之间，相安无事时一般不会认为其存在劳动关系，出了事故反而认定存在劳动关系，从法律上讲是说不通的。从价值取向、社会影响、社会效果看，如果认定杨某与某运输公司之间形成了劳动关系，通过认定工伤予以保护，而实际上某运输公司并没有为杨某缴纳有关社会保险费用，只是每年收取固定的管理费。杨某在没有缴纳有关保险费用的情况下享受工伤待遇，从更广阔的视角来看，对广大的劳动者而言可能会构成另一种不公平。

第三，挂靠一词并不是法律用语，挂靠者与被挂靠单位之间本质就是花钱买名分的关系。挂靠是一种不正当竞争，无论是从立法精神来说还是社会效果上看，挂靠现象扰乱了正常的运营秩序，应当通过民事、行政、刑事多种渠道予以遏制，多管齐下制止挂靠行为的发生，这是属于行政管理方面的问题，而认定杨某与某运输公司之间是否形成劳动关系则应当适用劳动合同法的规则去衡量。也就是说，遏制挂靠行为是行政管理的重点，认定劳动关系需要用劳动合同法来界定。

——吴晓芳：《关于车辆实际所有人聘用的司机与挂靠单位之间是否形成事实劳动关系的答复的解读》，载最高人民法院民事审判第一庭编：《民事审判指导与参考》2014 年第 2 辑（总第 58 辑），人民法院出版社 2014 年版，第 130 页。

1548. 劳动者仍在原工作场所、工作岗位工作，劳动合同主体由原用人单位变更为新用人单位的，属于“劳动者非因本人原因从原用人单位被安排到新用人单位工作”

关键词

劳动合同　用人单位变更　工作年限

最高人民法院公报案例

包利英诉上海申美饮料食品有限公司劳动合同纠纷案（上海市第一中级人民法院民事判决书）

裁判摘要：劳动者仍在原工作场所、工作岗位工作，劳动合同主体由原用人单位变更为新用人单位的，应当认定属于“劳动者非因本人原因从原用人单位被安排到新用人单位工作”，工作年限应当连续计算。劳动者用人单位发生变动，对于如何界定是否因劳动者本人原因，不应将举证责任简单地归于新用人单位，而应从该变动的原因着手，查清是哪一方主动引起了此次变动。劳务派遣公司亦不应成为工作年限连续计算的阻却因素。

上海市第一中级人民法院二审认为：根据本案查明的事实，上诉人包利英于 2006 年 4 月 4 日起，一直在上诉人申美公司处从事销售相关工作，其用人单位先后从人资公司、支点公司变更为安普公司，2010 年 2 月 1 日起变更为申美公司，自 2006 年 4 月 4 日至 2010 年 3 月期间，包利英的工作场所并无变化，且从事的工作内容也没有变化。申美公司主张用人单位主体的变更系包利英本人原因造成，但申美公司未提供充分证据予以证明。从上述事实分析可以得知，包利英的劳动合同主体虽然由人资公司变为支点公司，再变为安普公司，但是包利英的工作场所没有变化，包利英一直在从事销售相关工作，申美公司亦承认由于公司人员需要，申美公司从 2010 年 2 月 1 日起与包利英建立劳动关系。根据《最高人民法院关于审理劳动争议案件适用法律若干问题的解释（四）》第五条第二款第一项[①]之规定，可以认定本案的情形属于"劳动者非因本人原因从原用人单位被安排到新用人单位工作"。因此，依照《中华人民共和国劳动合同法实施条例》第十条的规定，可以确认包利英在申美公司处的工作年限应自 2006 年 4 月 4 日起计算。

——《最高人民法院公报》2017 年第 12 期。

1549.“空挂资质”的个人与单位间的纠纷不属于劳动争议

关键词

空挂资质　劳动关系

最高人民法院审判业务意见（民事审判第一庭意见）

最高人民法院民一庭意见：在劳动争议案件中，不能仅以存在书面劳动合同就认定双方当事人存在劳动关系。认定劳动关系是否存在，不仅应审查其主体是否适格、是否有书面劳动合同，还应审查当事人之间是否符合劳动关系的实质要件，是否发生实际用工、劳动者是否提供有偿劳动并接受用人单位管理等。“空挂资质”的个人与单位之间不存在实际用工关系，由此发生的纠纷不属于劳动争议，应按一般民事纠纷案件处理。

附：案情简介

陈琦是某监理公司员工，通过国家一级注册结构师考试。浙西工程设计院是一家从事工程设计的企业。2003 年，陈琦与浙西工程设计院协商一致，

① 现为《关于审理劳动争议案件适用法律问题的解释（一）》（2020 年 12 月 25 日，法释〔2020〕26 号）第四十六条第二款第一项。

将其一级注册结构师的执业资格注册到该院，执业证书及执业专用章等同时移交给该院统一管理。同时，双方签订了书面劳动合同。浙西工程设计院在劳动合同存续期间按期向陈琦发放报酬，但陈琦并未在该院实际工作。现该书面劳动合同约定的劳动期限已届满。陈琦要求浙西工程设计院返还注册证书及执业专用章，浙西工程设计院以返还后会导致其无法满足单位资质要求为由拒绝返还。陈琦遂向劳动争议仲裁委员会申请劳动仲裁，该委员会以不属于劳动争议处理范围为由作出不予受理案件通知书。

陈琦不服，起诉至法院，请求：确认劳动合同终止；浙西工程设计院返还其国家一级注册结构师执业证书、执业专用章。

浙西工程设计院辩称：2003年应陈琦的要求，将其一级注册结构师的执业资格注册到该院，给予其优厚报酬并逐步提高。现该院执业人数与单位工程设计资质的要求相比无富余人员，若同意对陈琦的执业注册变更手续，则单位工程设计资质不能满足国家要求。陈琦是该院外聘技术人员，不存在严格意义上的劳动关系。请求驳回原告的诉讼请求。

——最高人民法院民一庭：《"空挂资质"的个人与单位之间的纠纷不属于劳动争议》，载最高人民法院民事审判第一庭编：《民事审判指导与参考》2011年第2辑（总第46辑），人民法院出版社2011年版，第103页。

1550. 代签劳动合同的纠纷及其处理

关键词

代签劳动合同　合同效力

最高人民法院审判业务意见（民事审判第一庭意见）

最高人民法院民一庭意见：用人单位或他人代替劳动者签订劳动合同，用人单位有证据证明代签劳动合同经劳动者本人同意，或者劳动者以实际行为表明接受所代签劳动合同内容，如果劳动合同并不违反法律、行政法规效力性强制性规定，当事人主张劳动合同无效的，不应予以支持。

附：审判指导

一、劳动合同故意让他人代签，后能否要求公司支付未签合同的双倍工资

劳动合同的订立和履行，应当遵循诚实信用原则。劳动者已经实际为用人单位工作，用人单位超过1个月未与劳动者订立书面合同的，是否需要双倍支付劳动者的工资，应当考虑用人单位是否履行诚实磋商的义务以及是否

存在劳动者拒绝订立等情况。如用人单位已尽到诚信义务，而因不可抗力、意外情况或者劳动者拒绝签订等用人单位以外的原因，造成未订立书面劳动合同的，不属于《劳动合同法实施条例》第六条所称的用人单位“未与劳动者订立书面劳动合同”的情况，也就不需要承担支付二倍工资的责任。司法实践中，对于劳动者本人能够签订劳动合同但拒绝签订，而是故意找人代签，事后又反悔，否认签订劳动合同，并向用人单位主张未签订劳动合同的二倍工资的情形，由于用人单位不存在拒签劳动合同的情形，劳动者找人代签的劳动合同的真实性应当予以确认，无论其是否反悔追认代签劳动合同的效力，均不能向用人单位主张未签订劳动合同的二倍工资。当然，从另一角度看，劳动者反悔后找人代签劳动合同的目的也发生了变化，变成不具有合法性，其主张二倍工资同样不应得到支持。

二、注意适用二倍工资的时效

在用人单位未经劳动者授权而代签劳动合同时，可以视为双方未签订劳动合同，用人单位应向劳动者承担支付二倍工资的责任。由于该“二倍工资”不同于普通劳动报酬，具有特殊性，劳动者应当注意其主张时效的把握。就未签订劳动合同二倍工资性质而言，因为用人单位支付劳动者未订立书面劳动合同二倍工资中的一倍不是基于劳动者提供的劳动，而是基于用人单位的违法行为，故未签订劳动合同双倍工资中的一倍在法律性质上属于惩罚性赔偿金，仅是惩罚性赔偿金的计算基数是工资标准。用人单位依法应当额外支付的“工资”一倍并非劳动报酬性质。鉴于未签订劳动合同二倍工资不属于劳动报酬，则劳动者主张未签订劳动合同的双倍工资中的一倍就不适用《劳动争议调解仲裁法》第二十七条第四款关于劳动关系存续期间因拖欠劳动报酬发生争议的仲裁时效特别规定。用人单位支付劳动者未签订劳动合同双倍工资的责任可视为同一合同项下约定的具有整体性和关联性的定期给付之债，仲裁时效期间从最后履行期限届满之日起算。用人单位自用工之日起超过1个月不满1年与劳动者终止劳动关系的，未签订劳动合同双倍工资中的一倍工资的仲裁时效自终止劳动关系之日起算。

此外，对于二倍工资计算基数也应当注意。劳动关系双方对月工资有约定的，双倍工资的计算基数应按照双方约定的正常工作时间月工资来确定。双方对月工资没有约定或约定不明的，应按《劳动合同法》第十八条规定来确定正常工作时间的月工资，并以确定的工资数额作为双倍工资的计算基数。如按《劳动合同法》第十八条规定仍无法确定正常工作时间工资数额的，可按劳动者实际获得的月收入扣除加班工资、非常规性奖金、福利性、风险性等项目后的正常工作时间月工资确定。如月工资未明确各构成项目的，由用人单位对工资构成项目进行举证，用人单位不能举证或证据不足的，双倍工资的计算基数按照劳动者实际获得的月收入确定。劳动者月工资高于用人单位所在直辖市、设区的市级人民政府公布的本地区上年度职工月平均工资三倍的，按职工月平均工资三倍的数额支付；劳动者月工资低于当地最低工资标准的，按照最低工资标准支付。

三、注意区分代签订、补签与倒签劳动合同的异同

用人单位在法定期限内未与劳动者签订劳动合同，但在劳动者提供劳动一段时间后又与劳动者补签了合同，而且合同的期限也往往会将前段未签合同的期间予以覆盖，即构成所谓的“倒签劳动合同”。如果劳动者与用人单位事后签订劳动合同，把合同期限往前移，但签订日期为补签合同的时间，则构成“补签劳动合同”。“补签劳动合同”与“倒签劳动合同”主要区别在于签订合同的落款日期是否与实际签订日期一致：“倒签劳动合同”的签订日期是劳动关系建立之初的时间，补签劳动合同的时间是签订的当前日期。从签订劳动合同的程序上来讲，无论补签还是倒签劳动合同，都是劳动关系双方在合法、公平、诚实信用的基础上经过充分协商达成一致，签订的书面劳动合同是双方合意的体现和对未来预期的承诺一般不会给双方当事人造成损害，但却与《劳动合同法》要求用工单位与劳动者建立劳动关系应及时签订劳动合同的立法本意不符，不利于保护劳动者权益。

关于补签或者倒签劳动合同应否向劳动者支付二倍工资问题，我们认为，二者应适用不同的法律后果：“补签劳动合同”，能证明签订劳动合同的真正日期，有利于劳动者更好地维护自己的权益，根据《民法通则》的相关规定，如果倒签行为是在平等自愿、协商一致的基础上达成的共识，只要不违反法律法规的规定，符合民法关于当事人意思自治的原则，就是有效的，“补签劳动合同”不应付双倍工资；而“倒签劳动合同”与《劳动合同法》的立法本意相悖，不利于保护劳动者权益，是用人单位为规避二倍工资的借口，“倒签劳动合同”应付二倍工资。

——最高人民法院民一庭：《代签劳动合同的纠纷及其处理》，载最高人民法院民事审判第一庭编：《民事审判前沿》（第一辑），人民法院出版社 2014 年版，第 291~294 页。

1551. 如何认定用人单位与劳动者口头约定的试用期的效力

关键词

用人单位　试用期

附录：民事审判信箱

根据《劳动合同法》的规定，用人单位与劳动者建立劳动关系应当签订

书面劳动合同。但由于法律许可非全日制用工方式可以不签订书面劳动合同，即允许订立口头的劳动合同，故非全日制用工不得约定试用期，由此可以推定，只要用人单位与劳动者之间的劳动合同存在试用期，则应当签订书面劳动合同。试用期因含在劳动合同期限之内，当然应当以书面形式订立。实践中很多用人单位根据劳动合同的期限长短和工作性质，口头或以其他形式与劳动者约定 1 个月到 6 个月不等的试用期，但不签订书面的劳动合同，或者在书面的劳动合同中不签订试用期条款。这种以口头或者以其他形式约定的试用期期满后，用人单位再以该劳动者试用是否合格来决定是否与劳动者签订正式劳动合同。用人单位的这种做法是违反法律规定的。

根据《劳动合同法》第十七条规定，试用期不属于劳动合同的必备条款，而是属于约定条款，缺少试用期的约定并不影响劳动合同的效力。当劳动者与用人单位就试用期发生纠纷时，除非双方都认可关于试用期的明确约定，否则提出存在试用期的一方应当负有举证责任来证明试用期的存在。

——本书研究组:《如何认定用人单位与劳动者口头约定的试用期的效力》，载最高人民法院民事审判第一庭编:《民事审判指导与参考》2012 年第 3 辑（总第 51 辑），人民法院出版社 2012 年版，第 235 页。

1552. 劳动者欺诈签订的劳动合同不适用《民法典》关于欺诈合同撤销权行使期间的规定

关键词

欺诈　合同撤销权　劳动合同　合同效力

《中华人民共和国民法典》条文

第一百四十八条　一方以欺诈手段，使对方在违背真实意思的情况下实施的民事法律行为，受欺诈方有权请求人民法院或者仲裁机构予以撤销。

第一百五十二条　有下列情形之一的，撤销权消灭：

（一）当事人自知道或者应当知道撤销事由之日起一年内、重大误解的当事人自知道或者应当知道撤销事由之日起九十日内没有行使撤销权；

（二）当事人受胁迫，自胁迫行为终止之日起一年内没有行使撤销权；

（三）当事人知道撤销事由后明确表示或者以自己的行为表明放弃撤销权。

当事人自民事法律行为发生之日起五年内没有行使撤销权的，撤销权消灭。

附录：最高人民法院法官著述

问：根据我国《劳动合同法》第二十六条的规定，以欺诈手段，使对方在违背真实意思的情况下订立或者变更劳动合同的，劳动合同无效（或者部分无效）。因此，对于劳动合同争议来说，如果劳动者欺诈签订劳动合同，则用人单位随时可以要求确认劳动合同无效，并且这种确认无效的权利并没有规定一定的行使期限。与《劳动合同法》的规定相对，我国《民法典》第一百四十八条将相同的行为订立的合同规定为可撤销的合同，并在第一百五十二条中规定，撤销权因具有撤销权的当事人自知道或者应当知道撤销事由之日起1年内没有行使而归于消灭。因此，在劳动者基于欺诈签订劳动合同的情况下，为了更有力地保护劳动者利益，是否可以考虑借鉴《民法典》合同编的相关规定，准用用人单位请求确认合同无效的1年期限？

答：从调整的法律关系来看，《民法典》合同编调整的是平等主体之间的民事关系，而《劳动合同法》主要调整的是劳动者和用人单位之间的劳动关系，因此，在劳动者和用人单位之间产生争议时应优先适用《劳动合同法》而不是《民法典》。从瑕疵合同的效力来看，《劳动合同法》第二十六条规定："下列劳动合同无效或者部分无效：（一）以欺诈、胁迫的手段或者乘人之危，使对方在违背真实意思的情况下订立或者变更劳动合同的；（二）用人单位免除自己的法定责任、排除劳动者权利的；（三）违反法律、行政法规强制性规定的。对劳动合同的无效或者部分无效有争议的，由劳动争议仲裁机构或者人民法院确认。"因此，在劳动者以欺诈的手段签订劳动合同的情况下，用人单位可以请求劳动争议仲裁机构或者人民法院确认合同无效。《劳动法》第十八条第二款规定："无效的劳动合同，从订立的时候起，就没有法律约束力。确认劳动合同部分无效的，如果不影响其余部分的效力，其余部分仍然有效。"无效合同往往是自始确定无效，其确认无效合同并不受一定期限的限制。相较而言，我国《民法典》第一百四十八条规定："一方以欺诈手段，使对方在违背真实意思的情况下实施的民事法律行为，受欺诈方有权请求人民法院或者仲裁机构予以撤销。"针对一方以欺诈的手段签订的合同，《民法典》赋予受欺诈方的是合同撤销权而非合同无效请求权，并受到一定期限的限制。因此，对于劳动者欺诈签订的劳动合同，在现行《劳动合同法》将其规定为无效合同，并且对于用人单位请求确认合同无效没有明确规定权利行使期限的情况下，不能准用《民法典》第一百五十二条关于撤销权行使期间的规定。

——最高人民法院民事审判第一庭编：《民事审判实务问答》，法律出版社2021年版，第209~210页。

1553. 夫妻在共同经营船舶中不能认定形成船员劳务合同关系

关键词

共同经营 “夫妻船” 劳务合同

最高人民法院公布的典型案例

杨某某与方某某船员劳务合同纠纷案

裁判要旨：内河船舶一般以家庭夫妻共同经营为常态，如认可夫妻在共同经营船舶中仍能形成船员劳务合同关系，轻易认定此类“劳务报酬”，将助长被执行人以此方式逃避债务、规避执行的行为，严重侵害被执行人债权人的合法权益。

一、基本案情

涉案船舶“海源伟雷”轮为内河船舶，该轮登记所有人为方某某。杨某某与方某某系夫妻关系。第三人鲍某某因与方某某发生船舶买卖合同纠纷，法院应其申请扣押该轮。后因方某某未履行与案外人某银行船舶抵押合同纠纷一案生效法律文书确定的义务，经该银行申请，法院依法裁定拍卖该轮。包括杨某某在内的5名船员（另外4名船员也与方某某系近亲属关系）及第三人鲍某某均进行了债权登记。杨某某在诉讼中提交了《船员劳务合同》以及在涉案船舶被法院扣押后方某某向其出具的欠付劳务报酬26.4万元的欠条。杨某某据此请求法院判令方某某立即支付拖欠的劳务报酬并确认其就上述债权对“海源伟雷”轮享有船舶优先权。

二、裁判结果

武汉海事法院一审认为，“海源伟雷”轮依法应为夫妻共同财产，二人对“海源伟雷”轮共同享有权利，共同承担义务。夫妻二人对外为一个经营主体，二人之间不能成为雇主与雇员关系。杨某某在本案中向方某某主张劳务报酬，本质上属于在其与方某某婚姻关系存续期间要求对夫妻共同财产进行分割，该主张违反了《最高人民法院关于适用〈中华人民共和国婚姻法〉若干问题的解释（三）》第四条第一款[①]的规定。杨某某、方某某需承担的夫妻共同债务已经进入执行程序，如确认双方之间的劳务合同关系及劳务报酬债

① 现为《关于适用〈中华人民共和国民法典〉婚姻家庭编的解释（一）》（2020年12月25日，法释〔2020〕22号）第三十八条。

权，并允许其从船舶拍卖款中受偿，势必导致可供清偿债务的财产减少，让本应共同对外清偿债务的杨某某逃避履行债务，明显侵害了其他债权人的合法权益。综上，一审法院认为杨某某与方某某的船员劳务合同关系不能成立，判决驳回其全部诉讼请求。湖北省高级人民法院二审维持一审判决。

三、典型意义

司法实践中，船舶经司法拍卖后，被执行人为从拍卖款中非法受偿，与船员串通伪造、虚增债务的现象时有发生。如仅凭被执行人自认即对此类债务进行认定，将严重侵害其他债权人的合法权益。本案情况则更为极端。内河船舶一般以家庭夫妻共同经营为常态，如认可夫妻在共同经营船舶中仍能形成船员劳务合同关系，轻易认定此类“劳务报酬”，将助长被执行人以此方式逃避债务、规避执行的行为，严重侵害被执行人债权人的合法权益。故而本案在实体审理中，从多角度分析原、被告不能成立船员劳务合同关系，从而彻底否定了其债权主张。在程序上，允许作为被执行人债权人的第三人参加诉讼，有效预防原、被告双方串谋诉讼。人民法院在审判环节严格把关，不搞“和稀泥”式的裁判，否决此类串谋诉讼，彰显了法院维护诚信诉讼环境、防范和打击当事人通过诉讼侵害他人权益的基本立场。

——《最高人民法院关于船员权益保护典型案例》(2020年6月24日)。

1554. 网络主播通过合作公司推荐，自行从事网络直播活动，双方不具有劳动关系

关键词

劳动合同纠纷　网络主播　合作公司　劳动关系

最高人民法院公报案例

李林霞诉重庆漫咖文化传播有限公司劳动合同纠纷案（重庆市第一中级人民法院民事判决书）

裁判摘要：网络主播与合作公司签订艺人独家合作协议，通过合作公司包装推荐，自行在第三方直播平台上注册，从事网络直播活动，并按合作协议获取直播收入。因合作公司没有对网络主播实施具有人身隶属性的劳动管理行为，网络主播从事的直播活动并非合作公司的业务组成部分，其基于合作协议获得的直播收入亦不是劳动法意义上的具有经济从属性的劳动报酬。因此，二者不符合劳动关系的法律特征，网络主播基于劳动关系提出的各项诉讼请求，

不应予以支持。

重庆市第一中级人民法院认为：本案的上诉焦点仍然在于，上诉人李林霞与被上诉人漫咖公司之间是否存在劳动关系。

首先，从管理方式上看，被上诉人漫咖公司没有对上诉人李林霞进行劳动管理。虽然李林霞通过漫咖公司在第三方直播平台上注册并从事网络直播活动，但李林霞的直播地点、直播内容、直播时长、直播时间段并不固定，李林霞亦无须遵守漫咖公司的各项劳动规章制度。尽管双方合作协议对李林霞的月直播天数及直播时长作出了约定，且漫咖公司可能就直播间卫生、休息时间就餐地点、工作牌遗失损毁等问题对李林霞进行处罚，但这些均应理解为李林霞基于双方直播合作关系应当履行的合同义务以及应当遵守的行业管理规定，并非漫咖公司对李林霞实施了劳动法意义上的管理行为。

其次，从收入分配上看，被上诉人漫咖公司没有向上诉人李林霞支付劳动报酬。李林霞的直播收入虽由漫咖公司支付，但主要是李林霞通过网络直播吸引粉丝获得打赏所得，漫咖公司仅是按照其与直播平台和李林霞之间的约定比例进行收益分配，漫咖公司无法掌控和决定李林霞的收入金额，双方在合作协议中约定的保底收入应属于漫咖公司给予直播合作伙伴的保障和激励费用，并非李林霞收入的主要来源，故漫咖公司基于合作协议向李林霞支付的直播收入不是用人单位向劳动者支付的劳动报酬。

最后，从工作内容上看，上诉人李林霞从事的网络直播活动并非被上诉人漫咖公司业务的组成部分。李林霞从事网络直播的平台由第三方所有和提供，网络直播本身不属于漫咖公司的经营范围，漫咖公司的经营范围仅包括直播策划服务，并不包括信息网络传播视听节目等内容，虽然双方合作协议约定漫咖公司享有李林霞直播作品的著作权，但不能据此推论李林霞从事直播活动系履行职务行为，故李林霞从事的网络直播活动不是漫咖公司业务的组成部分。

因此，上诉人李林霞与被上诉人漫咖公司之间不符合劳动关系的法律特征，一审法院对李林霞基于劳动关系提出的各项诉讼请求未予支持并无不当。

——《最高人民法院公报》2020 年第 10 期。

1555. 用人单位违反法律规定不与劳动者订立书面劳动合同，如何承担法律责任

关键词

用人单位　书面合同　二倍工资　劳动合同

附录：民事审判信箱

问：用人单位违反法律规定不与劳动者订立书面劳动合同，应当如何承担支付二倍工资的法律责任？

答：首先，劳动合同法第十四条第二款规定："用人单位与劳动者协商一致，可以订立无固定期限劳动合同。有下列情形之一，劳动者提出或者同意续订、订立劳动合同的，除劳动者提出订立固定期限劳动合同外，应当订立无固定期限劳动合同：(一) 劳动者在该用人单位连续工作满十年的；(二) 用人单位初次实行劳动合同制度或者国有企业改制重新订立劳动合同时，劳动者在该用人单位连续工作满十年且距法定退休年龄不足十年的；(三) 连续订立二次固定期限劳动合同，且劳动者没有本法第三十九条和第四十条第一项、第二项规定的情形，续订劳动合同的。"即凡具有上述三种情形之一，劳动者提出或者同意续订、订立劳动合同的，除劳动者提出订立固定期限劳动合同外，用人单位应当与劳动者订立无固定期限劳动合同，否则用人单位应向劳动者每月支付二倍的工资。其次，《劳动合同法实施条例》第六条规定："用人单位自用工之日起超过一个月不满一年未与劳动者订立书面劳动合同的，应当依照劳动合同法第八十二条的规定向劳动者每月支付两倍的工资，并与劳动者补订书面劳动合同；劳动者不与用人单位订立书面劳动合同的，用人单位应当书面通知劳动者终止劳动关系，并依照劳动合同法第四十七条的规定支付经济补偿。前款规定的用人单位向劳动者每月支付两倍工资的起算时间为用工之日起满一个月的次日，截止时间为补订书面劳动合同的前一日。"第七条规定："用人单位自用工之日起满一年未与劳动者订立书面劳动合同的，自用工之日起满一个月的次日至满一年的前一日应当依照劳动合同法第八十二条的规定向劳动者每月支付两倍的工资，并视为自用工之日起满一年的当日已经与劳动者订立无固定期限劳动合同，应当立即与劳动者补订书面劳动合同。"《劳动合同法实施条例》第七条规定一年期满后视为用人单位与劳动者双方已经订立了无固定期限的劳动合同。如果再让用人单位承担一年期满后的二倍工资，则属于重复惩罚。最后，劳动合同法第八十二条第二款规定："用人单位违反本法规定不与劳动者订立无固定期限劳动合同的，自应当订立无固定期限劳动合同之日起向劳动者每月支付二倍的工资。"该条规定主要针对劳动合同法第十四条第二款的三种情形。劳动合同法第八十二条第二款规定的情形从实质上和形式上劳动合同都尚未成立。因此，《劳动合同法实施条例》第七条与劳动合同法第八十二条第二款规定的情形法律性质并不相同，不能同时适用。此外，用人单位不与符合劳动合同法第十四条第二款规定的应予签订无固定期限劳动合同的劳动者签订书面劳动合同，对劳动者权益的侵害更大，影响也愈发恶劣，承担更长期限的二倍工资责任具有合理性。否则，不利于督促用人单位及时与劳动者签订书面劳动合同，与二倍工资规则的立法原意相悖，亦降低了二倍工资规则的威慑力。

基于以上分析，根据劳动合同法第十四条第二款、第八十二条、《劳动合同法实施条例》第六条、第七条规定，按照以下规则作出裁判：一、用人单位未订立劳动合同超过一个月不满一年的，应当向劳动者支付自用工之日起满一个月的次日起至补订书面劳动合同的前一日止的二倍工资；二、用人单位未订立劳动合同超过一年的，应当向劳动者支付自用工之日起满一个月的次日起至满一年的前一日止的二倍工资，并视为自用工之日起满一年的当日已经与劳动者订立无固定期限劳动合同，应当立即与劳动者补订书面劳动合同，不再支付二倍工资；三、劳动合同法第十四条第二款规定的应当订立无固定期限劳动合同而不与劳动者订立无固定期限劳动合同的，自应当订立无固定期限劳动合同之日起至补订书面劳动合同的前一日向劳动者每月支付二倍的工资。

——《用人单位违反法律规定不与劳动者订立书面劳动合同，如何承担法律责任》，载最高人民法院民事审判第一庭编：《民事审判指导与参考》2020 年第 4 辑（总第 84 辑），人民法院出版社 2021 年版，第 241~242 页。

1556. 外国企业常驻代表机构与中国劳动者之间是具有劳动关系特征的雇佣关系

关键词

外国企业常驻代表机构　劳动者　雇佣关系　劳动合同

最高人民法院司法解释

第二条　下列纠纷不属于劳动争议：

（一）劳动者请求社会保险经办机构发放社会保险金的纠纷；

（二）劳动者与用人单位因住房制度改革产生的公有住房转让纠纷；

（三）劳动者对劳动能力鉴定委员会的伤残等级鉴定结论或者对职业病诊断鉴定委员会的职业病诊断鉴定结论的异议纠纷；

（四）家庭或者个人与家政服务人员之间的纠纷；

（五）个体工匠与帮工、学徒之间的纠纷；

（六）农村承包经营户与受雇人之间的纠纷。

——《最高人民法院关于审理劳动争议案件适用法律问题的解释（一）》（2020 年 12 月 29 日，法释〔2020〕26 号）。

附录：最高人民法院主流观点

在我国，按照《劳动法》《劳动合同法》《劳动合同法实施条例》等法律法规的规定，劳动关系中用人单位一方为特殊主体，必须是中华人民共和国境内的企业、个体经济组织、民办非企业单位等组织，以及国家机关、事业单位、社会团体、基金会等。外国企业常驻代表机构不属于上述用人单位，不能作为我国劳动关系的主体。而在我国，雇佣合同的主体无此限制。所以，外国企业常驻代表机构与其聘用的中国劳动者之间建立的不是劳动合同关系，而是具有一定劳动关系特征的雇佣关系，双方之间的权利义务应适用雇佣合同关系进行调整。又根据《国务院关于管理外国企业常驻代表机构的暂行规定》第十一条的规定，常驻代表机构租用房屋、聘请工作人员，应当委托当地外事服务单位或者中国政府指定的其他单位办理。因此，如果常驻代表机构未到相关部门办理合法用工手续，其与中国劳动者之间订立的合同无效，对于劳动者付出了实际劳动的，应由雇佣方根据劳动者的实际工作时间支付劳动报酬。

——最高人民法院民事审判第一庭编著：《最高人民法院新劳动争议司法解释（一）理解与适用》，人民法院出版社 2021 年版，第 64 页。

1557. 用人单位分支机构是否属于劳动争议的适格主体

关键词

用人单位分支机构　用工主体资格　营业执照　劳动合同

最高人民法院司法解释

第七条　劳动争议仲裁机构以申请仲裁的主体不适格为由，作出不予受理的书面裁决、决定或者通知，当事人不服依法提起诉讼，经审查确属主体不适格的，人民法院不予受理；已经受理的，裁定驳回起诉。

——《最高人民法院关于审理劳动争议案件适用法律问题的解释（一）》（2020 年 12 月 29 日，法释〔2020〕26 号）。

附录：最高人民法院主流观点

用人单位分支机构的法律地位比较特殊，其不具有独立的法人资格，但仍具有相对的独立性。分支机构是否具备用工主体资格，即是否可以独立的以用人单位的名义招用劳动者，是实践中常见的问题之一。《劳动合同法实施条例》对此作出了明确规定，其中第四条规定："劳动合同法规定的用人单位设立的分支机构，依法取得营业执照或者登记证书的，可以作为用人单位与劳动者订立劳动合同；未依法取得营业执照或者登记证书的，受用人单位委托可以与劳动者订立劳动合同。"同时，根据《民事诉讼法司法解释》第五十二条之规定，《民事诉讼法》第四十八条规定的其他组织是指合法成立、有一定的组织机构和财产，但又不具备法人资格的组织，其中包括了依法设立并领取营业执照的法人的分支机构，以及依法设立并领取营业执照的商业银行、政策性银行和非银行金融机构的分支机构等。据此，用人单位设立的分支机构具有一定的用工资格，但同时受到一定的限制。关键是在于区分分支机构是否已经依法取得营业执照或登记证书，如果依法取得了营业执照或登记证书，则可以独立地招用劳动者，与劳动者订立劳动合同，并可以作为劳动争议的适格主体；反之，如果分支机构并未依法取得了营业执照或登记证书，其能受用人单位委托与劳动者订立劳动合同，而不能独立地作为用人单位订立劳动合同，亦非劳动争议的适格主体，此时应当将设立该分支机构的单位列为用人单位。

——最高人民法院民事审判第一庭编著：《最高人民法院新劳动争议司法解释（一）理解与适用》，人民法院出版社 2021 年版，第 121 页。

1558. 劳动者主张与关联企业存在双重劳动关系的处理

关键词

劳动者　关联企业　双重劳动关系　劳动报酬

最高人民法院司法解释

第三十二条　用人单位与其招用的已经依法享受养老保险待遇或者领取退休金的人员发生用工争议而提起诉讼的，人民法院应当按劳务关系处理。

企业停薪留职人员、未达到法定退休年龄的内退人员、下岗待岗人员以及企业经营性停产放长假人员，因与新的用人单位发生用工争议而提起诉讼的，人民法院应当按劳动关系处理。

——《最高人民法院关于审理劳动争议案件适用法律问题的解释（一）》（2020 年 12 月 29 日，法释〔2020〕26 号）。

附录：最高人民法院主流观点

实务中，一些劳动者为关联企业同时提供劳动，劳动者在获取其中一个企业劳动报酬后，又主张与其他关联企业同时存在劳动关系，要求关联企业支付另一份劳动报酬。此种情形劳动者的主张实质是其在同一时间同时为两个以上用人单位提供劳动，并非《最高人民法院关于审理劳动争议案件适用法律问题的解释（一）》第三十二条第二款规定调整的对象。对于此类劳动者诉求，我们认为，应适当提高劳动者证明存在第二个劳动关系的证明标准，劳动者不能仅提供存在第二个劳动关系的初步证据，而必须提供充分证据证明其与关联企业同时存在劳动关系，且有获取劳动报酬的权利。

——最高人民法院民事审判第一庭编著：《最高人民法院新劳动争议司法解释（一）理解与适用》，人民法院出版社 2021 年版，第 366 页。

1559. 未取得就业证件的外国人、无国籍人就业的认定

关键词

外国人　就业许可　居留手续　劳动关系　无国籍人

最高人民法院司法解释

第三十三条　外国人、无国籍人未依法取得就业证件即与中华人民共和国境内的用人单位签订劳动合同，当事人请求确认与用人单位存在劳动关系的，人民法院不予支持。

持有《外国专家证》并取得《外国人来华工作许可证》的外国人，与中华人民共和国境内的用人单位建立用工关系的，可以认定为劳动关系。

——《最高人民法院关于审理劳动争议案件适用法律问题的解释（一）》（2020 年 12 月 29 日，法释〔2020〕26 号）。

附录：最高人民法院主流观点

《外国人在中国就业管理规定》第五条规定，用人单位聘用外国人须为该外国人申请就业许可，经获准并取得《中华人民共和国外国人就业许可证书》后方可聘用。

实践中，一些外籍人士未依法办理就业证和居留手续，有些外国人在一个单位办理了就业证，却在其他单位工作，有的持有旅游和留学签证的人在境内打工。这些未办理就业证的原因众多，有的是外国人、无国籍人本身不符合在中国内地就业的条件，或者不配合用人单位办理相关手续，有的是用人单位为逃避责任，故意不办理就业证。不少涉外用工纠纷的起因，往往是由于用人单位对企业责任及社会责任的淡漠。由于在违约经济赔偿上非法用工的成本较之合法用工要低得多，因此，有的用人单位以降低人力成本为目的聘用未办理就业证的外国人，或有意推诿协助外国人办理就业证的企业义

务，致使用工双方形成的用工关系不受我国《劳动法》及《劳动合同法》的保护，借此规避出现劳动争议时企业应当承担的劳动法上的用人单位责任。更有甚者，个别用人单位本身并不具备用工主体资格，违法聘用持有就业证的外国人，导致劳动争议处理时合法就业的外国人无法享受劳动法上相关经济补偿规定的正当权利。

按照司法解释的规定，未取得相应就业证件的外国人、无国籍人不能与用人单位之间建立合法的劳动关系，因而其不能受到我国劳动法律规范的保护。但是对他们已经付出的劳动，是否能够基于民事法律确立的公平原则，获得相应的报酬，存在较大争议。有观点认为，这种情况下，即使不能认定劳动关系，不能享有我国劳动法律规范下社会保险、公积金和劳动者权益特别保护等权益，但至少应当按照劳务关系确认其应获得的劳务报酬。也有观点认为，既然就业的外国人、无国籍人未取得相应就业证件，其在我国境内的就业就是一种违法行为，其因违法行为所获报酬，不应得到法律上的认可，国家强制力不能用来保护这种违法所得。在目前法律和司法解释对此没有作出统一规定的情况下，我们认为，应当在个案中区分具体情况处理，由于用人单位在办理相关证件上负有重要的法律责任，对于那些劳动者本身确实无任何过错的情况，不应一律驳回其要求合理报酬的请求。实践中，应当引导外国人、无国籍人与用人单位签订协议，明确用人单位办理就业证等义务，在其拒不办理的情况下，通过承担相应的违约责任，避免损害就业人员的合法权益。同时应当按照相关法律法规的规定，加大对非法用工单位的惩处力度，让未依法办理就业证而雇佣外国人、无国籍人的用人单位，切实承担相应的行政责任。

——最高人民法院民事审判第一庭编著:《最高人民法院新劳动争议司法解释（一）理解与适用》，人民法院出版社 2021 年版，第 374~376 页。

1560. 前一个劳动合同约定了合同期满自动续延的处理

关键词

劳动合同　合同期满自动续延　无固定期限劳动合同　事实劳动关系

最高人民法院司法解释

第三十四条　劳动合同期满后，劳动者仍在原用人单位工作，原用人单位未表示异议的，视为双方同意以原条件继续履行劳动合同。一方提出终止劳动关系的，人民法院应予支持。

根据劳动合同法第十四条规定，用人单位应当与劳动者签订无固定期限劳动合同而未签订的，人民法院可以视为双方之间存在无固定期限劳动合同关系，并以原劳动合同确定双方的权利义务关系。

——《最高人民法院关于审理劳动争议案件适用法律问题的解释（一）》（2020 年 12 月 29 日，法释〔2020〕26 号）。

附录：最高人民法院主流观点

实务中，部分用人单位与劳动者在前一个劳动合同中作了合同期满自动续延的约定，对此我们认为本着对劳动者有利的原则，应根据劳动合同期满时双方是否具备法定应签订无固定期限劳动合同情形分别处理。如果具备法定应当签订无固定期限劳动合同情形的，应根据《最高人民法院关于审理劳动争议案件适用法律问题的解释（一）》第三十四条第二款，视为双方存在无固定期限劳动合同关系；如果不具备法定应签订无固定期限劳动合同情形的，由于双方在前一个劳动合同中续延期限上有一个共同的意思表示，应视为双方重新订立了一个新的固定期限劳动合同，而不应根据《最高人民法院关于审理劳动争议案件适用法律问题的解释（一）》第三十四条第一款，认定双方只是存在事实劳动关系。

——最高人民法院民事审判第一庭编著:《最高人民法院新劳动争议司法解释（一）理解与适用》，人民法院出版社 2021 年版，第 398~399 页。

1561. 劳动合同期满而专项培训服务期未满情形的处理

关键词

劳动合同期限　专项培训服务　劳动关系　违约行为

最高人民法院司法解释

第三十四条　劳动合同期满后，劳动者仍在原用人单位工作，原用人单位未表示异议的，视为双方同意以原条件继续履行劳动合同。一方提出终止劳动关系的，人民法院应予支持。根据劳动合同法第十四条规定，用人单位应当与劳动者签订无固定期限劳动合同而未签订的，人民法院可以视为双方之间存在无固定期限劳动合同关系，并以原劳动合同确定双方的权利义务关系。

——《最高人民法院关于审理劳动争议案件适用法律问题的解释（一）》（2020 年 12 月 29 日，法释〔2020〕26 号）。

附录：最高人民法院主流观点

实务中，有用人单位依据《劳动合同法》第二十二条的规定，为劳动者提供专项培训费用对劳动者进行专项技术培训，与劳动者约定服务期，若劳动合同期满而专项培训服务期未满，存在劳动者可否在劳动合同期满时终止劳动关系的问题。对此我们认为，首先，服务期本质还是劳动关系存续期间的约定，服务期与劳动合同期限约定不一致时，应认定结束日期在后的期限为劳动合同期限。其次，用人单位提供费用对劳动者进行专项技术培训，用人单位合同义务已履行完毕，服务期主要是用人单位一方的期限利益。劳动合同期满而专项培训服务期未满，劳动者不受劳动合同约束但需受专项培训协议服务期约束，劳动者若主动终止劳动关系属于违约行为，应向用人单位支付违约金。但若用人单位主动终止劳动关系，则应认定为用人单位放弃其享有的服务期权利，无权要求劳动者支付违约金。

——最高人民法院民事审判第一庭编著：《最高人民法院新劳动争议司法解释（一）理解与适用》，人民法院出版社 2021 年版，第 399 页。

1562. 订立三次以上固定期限劳动合同的处理

关键词

固定期限劳动合同　意思表示　二倍工资

最高人民法院司法解释

第三十四条　劳动合同期满后，劳动者仍在原用人单位工作，原用人单位未表示异议的，视为双方同意以原条件继续履行劳动合同。一方提出终止劳动关系的，人民法院应予支持。根据劳动合同法第十四条规定，用人单位应当与劳动者签订无固定期限劳动合同而未签订的，人民法院可以视为双方之间存在无固定期限劳动合同关系，并以原劳动合同确定双方的权利义务关系。

——《最高人民法院关于审理劳动争议案件适用法律问题的解释（一）》（2020 年 12 月 29 日，法释〔2020〕26 号）。

附录：最高人民法院主流观点

实务中，一些用人单位与劳动者签订三次以上固定期限劳动合同，劳动者起诉要求撤销最后一次固定期限劳动合同，并请求重新签订无固定期限劳动合同及支付未签订无固定期限劳动合同的 2 倍工资。对此应首先推定双方签订最后一次固定期限劳动合同时的意思表示真实，在劳动者没有证据证明其没有首先提出签订固定期限劳动合同的情形下，对劳动者的请求一般不予支持。如双方订立了三次以上固定期限劳动合同期满后，劳动者仍在原用人单位工作，原用人单位未表示异议的，因此时双方已符合订立无固定期限劳动合同的条件，故应适用《最高人民法院关于审理劳动争议案件适用法律问题的解释（一）》第三十四条第二款规定，视为双方之间存在无固定期限劳动合同关系。

——最高人民法院民事审判第一庭编著：《最高人民法院新劳动争议司法解释（一）理解与适用》，人民法院出版社 2021 年版，第 399~400 页。

1563. 劳动合同中约定用人单位享有对劳动者工作岗位调整权的效力认定

关键词

工作岗位调整权　用人单位　变更岗位条款　劳动请求权

最高人民法院司法解释

第四十三条　用人单位与劳动者协商一致变更劳动合同，虽未采用书面形式，但已经实际履行了口头变更的劳动合同超过一个月，变更后的劳动合同内容不违反法律、行政法规且不违背公序良俗，当事人以未采用书面形式为由主张劳动合同变更无效的，人民法院不予支持。

——《最高人民法院关于审理劳动争议案件适用法律问题的解释（一）》（2020 年 12 月 29 日，法释〔2020〕26 号）。

附录：最高人民法院主流观点

工作岗位是用人单位与劳动者形成劳动关系的重要基础，是劳动合同的必备条款。在劳动合同中预先约定用人单位享有单方面调整劳动者工作岗位的权利，这种约定是否有效？一种观点认为，该约定有违平等自愿、协商一致的劳动合同法基本原则，也是典型的排除劳动者权利，故该约定无效。另一种观点认为，该约定是企业自主经营权的行使，应属有效。

我们认为，对于这种约定的效力，不能简单地一概而论。一方面，《劳动合同法》第三条规定订立劳动合同，应当遵循合法、公平、平等自愿、协商一致、诚实信用的原则，《劳动合同法》第三十五条规定：用人单位与劳动者协商一致，可以变更劳动合同约定的内容。可见，变更劳动合同应当遵守平等自愿、协商一致的原则。就变更劳动合同，劳动者享有平等自愿和协商的权利。另一方面，由于市场变化的不可预测性和企业经营管理的复杂性，用人单位经常需要对员工进行必要的岗位调整，因此，必要的岗位调整既是企业经营管理所不可或缺的手段，也是企业经营自主权的体现。我们认为，考虑到调整岗位的复杂性，对于约定的效力，应当结合用人单位具体的调岗行为，从合法性、合理性角度进行个案考量。

第一，诸如“用人单位根据工作需要可以调整劳动者工作岗位”之类的约定，过于原则，不够具体明确，对可能出现调整岗位的情形和条件也没有进行充分说明，变相排除了劳动者就变更劳动合同享有的协商一致的权利，因此，这类约定不能产生其字面上的法律约束力。第二，《劳动合同法》第四十条第一、二项赋予了用人单位劳动请求权，在劳动者不能胜任或者因医疗期满不能从事原工作的情况下，用人单位具有法定的调整劳动者工作岗位的权利。在此框架下订立的预先约定条款当属有效。

第三，对于双方约定的变更岗位条款，应当是具体的、可操作的，当约定的情形出现时，可以将工作岗位变更为哪一种岗位，已经在合同中充分进行了明示。

第四，用人单位的劳动请求权应在合理范围内行使，不能随心所欲地支配劳动者。调整后的工作岗位应与原岗位有一定的关联，避免劳动者工作能力与岗位职务明显不符，超出一般人可以接受的范围。

——最高人民法院民事审判第一庭编著:《最高人民法院新劳动争议司法解释（一）理解与适用》，人民法院出版社 2021 年版，第 536~538 页。

1564. 公司与董事长（法定代表人）形成劳动关系的认定

关键词

公司　董事长　法定代表人　形成劳动关系

最高人民法院裁判文书

孙起祥与吉林麦达斯轻合金有限公司劳动争议案［最高人民法院（2020）最高法民再 50 号民事判决书］

裁判要旨：从公司法的角度看，公司与董事之间形成委任关系，从双方法律行为的角度看实为委托合同关系，但二者之间在符合特定条件时还可以同时构成劳动法上的劳动合同关系。本案当事人被任命为董事长的同时，还担任公司法定代表人，负责公司具体经营管理事务，受公司规章制度管理和约束，按月获得工资，该事实符

合劳动关系的构成要素，足以认定双方形成委任关系和事实上的劳动合同关系。

最高人民法院认为:（一）关于麦达斯轻合金与孙起祥之间是否存在无固定期限劳动合同关系

首先，本院认为麦达斯轻合金与孙起祥之间存在事实上的劳动合同关系。2017 年 7 月 20 日，孙起祥被麦达斯控股调任其全资子公司麦达斯轻合金任董事长兼法定代表人，月薪税后 7 万元。自此，孙起祥既作为麦达斯轻合金的董事、董事长参加董事会行使公司法赋予的职权，同时还作为麦达斯轻合金的法定代表人参与公司日常经营管理。

从公司法的角度看，公司依据章程规定及股东会决议聘任董事行使法定职权，董事同意任职并依法开展委托事项，公司与董事之间即形成委任关系，从双方法律行为的角度看实为委托合同关系。但公司与董事之间的委任关系并不排斥劳动合同关系的存在，即二者之间在符合特定条件时还可以同时构成劳动法上的劳动合同关系。

《中华人民共和国公司法》第四十四条第二款规定“两个以上的国有企业或者两个以上的其他国有投资主体投资设立的有限责任公司，其董事会成员中应当有公司职工代表；其他有限责任公司董事会成员中可以有公司职工代表”，这就以法律形式明确肯定了董事与公司之间可以形成劳动关系，委任关系与劳动关系并非绝对排斥、不能兼容。

本案中，孙起祥于 2017 年 7 月被任命为麦达斯轻合金董事长，与公司形成委任关系。孙起祥虽未与麦达斯轻合金签订书面劳动合同，但其被任命为董事长的同时，还担任公司法定代表人，负责公司融资、对外协调及财务管理等大量具体经营管理事务，受公司规章制度管理和约束，麦达斯轻合金按月向其支付工资并委托外服公司代缴“五险一金”费用。故孙起祥因担任法定代表人而从事除董事职权以外的公司其他具体业务，并以工资为主要生活来源等事实，符合劳动关系的构成要素，足以认定麦达斯轻合金与孙起祥同时形成委任关系和事实上的劳动合同关系。因此，孙起祥关于与麦达斯轻合金存在劳动合同关系的主张，本院予以支持。

其次，本院认为麦达斯轻合金与孙起祥之间事实上的劳动合同关系随着孙起祥职务被免除而解除，双方之间不存在无固定期限劳动合同关系。孙起祥为麦达斯轻合金法定代表人，并非公司普通员工，本有条件与公司签订劳动合同，但其在任职期间并未与公司订立书面劳动合同，二者之间的劳动关系是基于孙起祥担任公司法定代表人，从事公司经营管理事务、从公司领取固定报酬等事实而形成的。

2018 年 2 月，麦达斯轻合金在被裁定破产重整前夕，免除了孙起祥董事长、法定代表人职务，且未再安排孙起祥从事其他工作，孙起祥与麦达斯轻合金形成事实劳动关系的基础已经丧失，事实劳动关系应相应解除。2019 年 1 月 18 日，麦达斯轻合金被裁定宣告破产，其与所有员工的劳动关系均应依法终止。故在孙起祥被解聘后形成事实劳动关系的基础已经丧失，且麦达斯轻合金亦先后进入破产重整、破产清算的情况下，孙起祥诉请确认与麦达斯轻合金存在无固定期限劳动合同关系，缺乏事实基础和法律依据，本院不予支持。

如此处理，既可以对公司董事和高管利益予以必要的保护，又可以防止公司因经营发展需要而无因解除董事、法定代表人职务的同时，却不得不背负沉重的、难以摆脱的劳动合同负担。

（二）关于麦达斯轻合金应否支付孙起祥解聘后的工资、赔偿金及垫付的"五险一金"

如前所述，案涉委任关系及劳动关系一并解除后，麦达斯轻合金不再具有向孙起祥支付工资及缴纳社会福利费用的法定义务，亦不符合《劳动合同法》第八十五条规定的因未依法支付劳动报酬而支付赔偿金的法定情形，故对孙起祥关于补发解聘后工资、支付赔偿金及返还垫付的"五险一金"费用的主张，本院不予支持。

但公司行使任意解除权解聘董事后，为平衡双方利益，应综合考虑解聘原因、董事薪酬、剩余任期等因素，确定是否补偿及补偿的合理数额。本案中，孙起祥长期在麦达斯系公司工作，受麦达斯控股调任而赴麦达斯轻合金任职，被解聘也并非因自身过错而导致，现其已接近退休年龄，本院综合考虑上述情形，酌定麦达斯轻合金应参照孙起祥任职时的薪酬对其给予合理补偿。但因麦达斯轻合金在诉讼期间已经被宣告破产，根据《中华人民共和国企业破产法》第一百一十三条第三款"破产企业的董事、监事和高级管理人员的工资按照该企业职工的平均工资计算"之规定，本院酌定麦达斯轻合金按被宣告破产时职工月平均工资向孙起祥支付 6 个月的补偿金，该补偿金债权应按照职工债权顺序在破产程序中进行清偿。

——中国裁判文书网。

1565. 如何认识劳社部发〔2005〕12 号《通知》的规定及在实质上认定劳动者和用人单位之间形成劳动关系

关键词

劳动争议　劳动关系

最高人民法院裁判文书

丛明滋与威海日报社劳动争议纠纷案［最高人民法院（2016）最高法民再148号民事判决书］

裁判要旨：1. 劳社部发〔2005〕12号《通知》是专门判断用人单位和劳动者之间是否具备劳动关系的规范性文件，该《通知》属于对《劳动法》未规范内容的创设性规定，不能当然溯及至《中华人民共和国劳动法》实施之时。当事人主张确认劳动关系的开始时间是1998年10月，早于劳社部发〔2005〕12号《通知》的施行时间，劳社部发〔2005〕12号《通知》不能作为判断2005年5月25日之前当事人与报社之间法律关系的依据。

2. 当事人向报社提供的不是单纯的劳动力这一生产要素，而是结合了其他生产要素包括投递工具之后形成的劳动产品，与劳务关系更为接近。

最高人民法院再审认为，本案争议焦点是丛明滋与威海日报社之间是否存在劳动关系。

丛明滋主张自1998年10月至2009年3月期间，确认其与威海日报社之间存在劳动关系。丛明滋提出上述诉请的法律依据是劳动和社会保障部《关于确立劳动关系有关事项的通知》(劳社部发〔2005〕12号，以下简称《通知》)，但该《通知》的性质是部门规范性文件。依据《立法法》规定，部门规范性文件不属于法律范畴，又《中华人民共和国民事诉讼法》规定，人民法院审理民事案件，必须以事实为依据，以法律为准绳，故不能以人民法院未引用规范性文件作为认定法律适用错误的理由。此外，因《劳动法》未明确规定用人单位和劳动者之间具备劳动关系的标准，而劳社部发〔2005〕12号《通知》是专门判断用人单位和劳动者之间是否具备劳动关系的规范性文件，该《通知》属于对《劳动法》未规范内容的创设性规定，不能当然溯及至《劳动法》实施之时。丛明滋主张确认劳动关系的开始时间是1998年10月，早于劳社部发〔2005〕12号《通知》的施行时间，劳社部发〔2005〕12号《通知》不能作为判断2005年5月25日之前丛明滋与威海日报社之间法律关系的依据。丛明滋认为再审判决未适用劳社部发〔2005〕12号《通知》，属于法律适用错误的观点，本院不予支持。需要说明的是，判断劳动者与用人单位之间是否具备劳动关系，并不必然以签订劳动合同为前提条件。再审判决以丛明滋与威海日报社在2008年之前未签订劳动合同，不受《中华人民共和国劳动法》调整为由，认定双方不存在劳动关系，本院予以纠正。

本案中，丛明滋主张其与威海日报社之间存在劳动关系的主要事实包括：（1）威海日报社认可丛明滋从事威海日报、晚报的征订和投递工作；（2）《发行工作基础读本》以及威海日报社为丛明滋办理工作证，发放工作服，收取工作押金，丛明滋在经济技术开发区发行站员工的星级考核中考核为三星级发行员等事实，证明丛明滋是威海日报社的员工，受威海日报社规章制度的管理；（3）威海日报社为丛明滋办理银行卡，每月根据征订报纸的份数，投递报纸数量和路程、时间决定发放工资具体数额。对此，逐项分析如下：

首先，威海日报社最初与丛雪滋（系丛明滋前妻）约定报刊投递、征订工作，2002 年后丛明滋才接手相关事务，并且丛明滋在庭审中亦认可系以家庭为单位负责报纸投递。本院认为，丛明滋为威海日报社投递、征订报刊并不具有专属性，其家庭成员均可从事，这一事实亦与威海日报社所称丛明滋可找他人代替完成投递工作的说法相印证。故威海日报社对丛明滋不具有劳动力使用上的专属性。

其次，丛明滋向法庭提交《发行工作基础读本》并提出威海日报社为丛明滋办理工作证、发放工作服以及进行考评等，目的在于说明其与威海日报社之间存在人身隶属性。对此，威海日报社认为办理工作证，发放工作服，仅是方便其进入相关客户单位投递报纸，收取押金的做法已经取消，星级考核只是激励员工，并不区分正式员工还是临时员工。本院认为，《发行工作基础读本》并未明确规定适用人员范围，丛明滋也未举证证明曾接受具体管理措施处理的事实。并且办理工作证、发放工作服以及进行考评等事实在劳动关系之外的其他法律关系中亦有存在的可能性，威海日报社的辩称具有一定的合理性，丛明滋诉称事实及理由并不能达到认定具备劳动关系的证明标准。

第三，威海日报社为丛明滋办理银行卡，按月发放一定数额的款项。威海日报社认为发给丛明滋的报酬是承包费，并非固定工资加薪酬，具体数额是根据投递报纸的份数决定的，每个月都不一样。丛明滋认为工资是根据征订报纸的份数，投递报纸数量和路程、时间决定的，工资是每个月发放的。本院认为，劳动力作为生产要素存在，用人单位支付工资是获得这一生产要素的对价。庭审中，丛明滋并未提供证据否认威海日报社关于每个月的具体报酬数额均不相同的事实，同时其陈述投递报刊用的摩托车、车油费由丛明滋本人提供，威海日报社并不提供投递报刊的交通工具等。故丛明滋向威海日报社提供的不是单纯的劳动力这一生产要素，而是结合了其他生产要素包括投递工具之后形成的劳动产品，与劳务关系更为接近。

综上，劳社部发〔2005〕12 号《通知》系部门规范性文件，且在丛明滋从事威海日报社报刊投递工作之后颁布的，再审判决未将上述《通知》第一条、第二条的规定作为法律适用依据，并无不当。进一步而言，丛明滋以家庭为单位，自备投递交通工具，完成威海日报社交给的投递任务，根据投递报刊的份数确定报酬数额。故丛明滋提出的事实和理由并未达到认定劳动关系的证明标准，丛明滋的申诉理由不成立，再审判决的结果应予以维持。

——中国裁判文书网。

1566. 确认是否存在劳动关系应综合考量

关键词

确认劳动关系

最高人民法院裁判文书

成先勤与宝丰线缆公司劳动争议纠纷案［最高人民法院（2020）最高法民申 3401 号民事裁定书］

裁判要旨：确认是否存在劳动关系，应当结合双方权利义务的履行情况来判断双方是否建立劳动关系，并从双方是否存在人身依附性及财产性、劳动者是否实际受用人单位的管理、指挥或者监督等方面进行综合考量。

最高人民法院经审查认为，确认成先勤与宝丰线缆公司之间是否存在劳动关系，应当结合双方权利义务的履行情况来判断双方是否建立劳动关系，并从双方是否存在人身依附性及财产性、劳动者是否实际受用人单位的管理、指挥或者监督等方面进行综合考量。成先勤主张宝丰线缆公司提交的其与案外人胡某签订的《场地租赁协议》系串通伪造，但并未提供相应证据证明。成先勤主张证人胡某、周某的证言不属于二审新证据，且胡某未到庭接受询问，该二人证言不应采信。本院认为，依照《最高人民法院关于适用〈中华人民共和国民事诉讼法〉的解释》第一百零二条的规定，当事人因故意或者重大过失逾期提供的证据，人民法院不予采纳。但该证据与案件基本事实有关的，人民法院应当采纳，并依照民事诉讼法第六十五条[①]、第一百一十五条[②]第一款的规定予以训诫、罚款。胡某、周某的证言虽系宝丰线缆公司在二审中提交，但该证据与本案基本事实有关，胡某二审虽未到庭，但其出具的书面陈述明显对己不利，且由公证机关进行了公证，胡某的书面证言能与周某证言、《场地租赁协议》等证据相互印证，故二审法院予以采信并无不当。根

① 现为《民事诉讼法》（2021 年修正）第六十八条。
② 现为《民事诉讼法》（2021 年修正）第一百一十八条第一款。

据原审查明的事实，虽然成先勤工作的地点是在宝丰线缆公司厂区内，记录成先勤工作量的收据系用印有宝丰线缆公司的销售发货单记录，但宝丰线缆公司已将其厂区2号车间底楼车间出租给胡某生产经营，叶军场、周某受胡某委托对承租车间进行现场管理。叶军场虽系宝丰线缆公司股东，但其行为并不必然代表宝丰线缆公司，成先勤亦无证据证明另一管理人周某与宝丰线缆公司之间存在利害关系，或周某的管理行为代表宝丰线缆公司。成先勤原审中提交的病历资料、记录工作量的销售发货单并不足以证明宝丰线缆公司与成先勤之间存在管理与被管理的人身隶属关系，宝丰线缆公司也未向成先勤发放过劳动报酬，故成先勤主张其与宝丰线缆公司之间存在事实劳动关系，缺乏事实依据。

——中国裁判文书网。

1567. 用人单位与劳动者以“合作经营”为名订立协议是否构成劳动关系

关键词

确认劳动关系　合作经营　实际履行情况　实质要件

最高人民法院指导性案例

聂美兰诉北京林氏兄弟文化有限公司确认劳动关系案（最高人民法院指导案例179号）

裁判要点：1. 劳动关系适格主体以“合作经营”等为名订立协议，但协议约定的双方权利义务内容、实际履行情况等符合劳动关系认定标准，劳动者主张与用人单位存在劳动关系的，人民法院应予支持。

2. 用人单位与劳动者签订的书面协议中包含工作内容、劳动报酬、劳动合同期限等符合劳动合同法第十七条规定的劳动合同条款，劳动者以用人单位未订立书面劳动合同为由要求支付第二倍工资的，人民法院不予支持。

法院生效裁判认为：申请人林氏兄弟公司与被申请人聂美兰签订的《合作设立茶叶经营项目的协议》系自愿签订的，不违反强制性法律、法规规定，属有效合同。对于合同性质的认定，应当根据合同内容所涉及的法律关系，即合同双方所设立的权利义务来进行认定。双方签订的协议第一条明确约定聘任聂美兰为茶叶经营项目经理，“聘任”一词一般表明当事人有雇佣劳动者为其提供劳动之意；协议第三条约定了聂美兰的取酬方式，无论在双方设定的目标公司成立之前还是之后，聂美兰均可获得“基本工资”“业绩”等报酬，与合作经营中的收益分配明显不符。合作经营合同的典型特征是共同出资，共担风险，本案合同中既未约定聂美兰出资比例，也未约定共担风险，与合作经营合同不符。从本案相关证据上看，聂美兰接受林氏兄弟公司的管理，按月汇报员工的考勤、款项分配、开支、销售、工作计划、备用金的申请等情况，且所发工资与出勤天数密切相关。双方在履行合同过程中形成的关系，符合劳动合同中人格从属性和经济从属性的双重特征。故原判认定申请人与被申请人之间存在劳动关系并无不当。双方签订的合作协议还可视为书面劳动合同，虽缺少一些必备条款，但并不影响已约定的条款及效力，仍可起到固定双方劳动关系、权利义务的作用，二审法院据此依法改判是正确的。林氏兄弟公司于 2017 年 5 月 6 日向聂美兰出具了《终止合作协议通知》，告知聂美兰终止双方的合作，具有解除双方之间劳动关系的意思表示，根据《最高人民法院关于民事诉讼证据的若干规定》第六条，在劳动争议纠纷案件中，因用人单位作出的开除、除名、辞退、解除劳动合同等决定而发生的劳动争议，由用人单位负举证责任，林氏兄弟公司未能提供解除劳动关系原因的相关证据，应当承担不利后果。二审法院根据本案具体情况和相关证据所作的判决，并无不当。

——《最高人民法院关于发布第 32 批指导性案例的通知》（2022 年 7 月 4 日，法〔2022〕167 号）。

说明

指导案例 179 号《聂美兰诉北京林氏兄弟文化有限公司确认劳动关系案》，明确了用人单位与劳动者以“合作经营”为名订立协议，但从协议约定的双方权利义务内容、实际履行情况来看符合劳动关系认定标准的，人民法院应当认定用人单位与劳动者存在劳动关系。该案例以实质要件为判断标准，通过辨析劳动者与用人单位签订的合同内容的性质、合同实际履行中体现出来的权利与义务关系来确定双方劳动关系，防止用人单位利用优势地位通过订立其他合同方式掩盖用工事实，变相地排除国家法律赋予劳动者的法定权利，实现更好地保护劳动者合法权益的目的。

三、劳动合同的终止与解除

1568. 非法解除劳动合同的处理

关键词

非法解除劳动合同

最高人民法院审判业务意见（民事审判第一庭意见）

最高人民法院民一庭意见：非法解除劳动合同包括用人单位非法解除劳动合同和劳动者非法解除劳动合同。对于用人单位非法解除劳动合同的法律后果，劳动者具有选择权：劳动者要求继续履行劳动合同的，用人单位应当继续履行；劳动者不要求继续履行劳动合同或者劳动合同已经不能继续履行的，用人单位应当支付赔偿金。劳动者违反《劳动合同法》规定解除劳动合同的，只有在给用人单位造成损失的情况下，才应当承担赔偿责任，否则不应承担违约责任。

附：审判指导

一、用人单位辞退已提出辞职申请的劳动者是否要承担违法解除责任

用人单位是否构成违法解除劳动关系，应从用人单位的辞退行为来判断，与劳动者是否辞职无关。理由如下：

单方解除是一种法定解除。用人单位的法定解除又以劳动者是否有过错区分为过错解除与非过错解除。其中，用人单位的过错性解除，又称即时辞退，是指劳动者出现了法律规定的过错行为，用人单位无须向劳动者预告就可以单方解除劳动合同。《劳动合同法》第三十九条将用人单位的过错性解除劳动合同规定为六种情形，劳动者只要出现六种过错性行为，用人单位就可以单方解除劳动合同。用人单位的过错性解雇行为，无须事先通知，也没有经济补偿金，是一种严厉的解雇行为，因此，我国劳动法律通过解除理由和解除程序进行了制约。从解除理由上看，《劳动合同法》将过错性解除理由主要限定在依据用人单位的规章制度来进行解除。从解除程序上看，在过错性解除的情况下，用人单位虽然可以不必提前通知劳动者，但作出解除时仍要通知劳动者本人，并办理相应的退工、社会保险转移手续。《劳动合同法》第四十三条还规定："用人单位单方解除劳动合同，应当将理由通知工会。用人

单位违反法律、行政法规规定或者劳动合同约定的，工会有权要求用人单位纠正。用人单位应当研究工会的意见，并将处理结果书面通知工会。”用人单位解除劳动合同只有满足上述条件和程序才是依法解除劳动合同。尽管劳动者事先已提出辞职行为，但在其辞职未获批准的情形下，用人单位解除劳动合同仍应遵循《劳动合同法》的规定，否则即构成违法解除劳动合同。因为，劳动者申请辞职行为并不免除用人单位的解除行为的合法性，所以，用人单位要向劳动者要承担违法解除劳动合同的法律责任。

二、关于解除劳动合同的举证责任分配问题

依据《劳动合同法》的规定，用人单位依照法律规定与劳动者解除劳动合同的，应当向劳动者支付经济补偿金。实践中，用人单位与劳动者往往对解除劳动合同无异议，但因何种原因或者由哪一方提出解除劳动合同各执一词，用人单位主张因劳动者的原因导致劳动合同的解除，应免除其支付经济补偿金的义务，而劳动者则主张是用人单位违法解除劳动合同。这种情形下，为维护劳动者的合法权益，应以用人单位对劳动者负有管理责任为由，由用人单位承担相应的举证责任，证明因劳动者的原因导致劳动合同的解除，否则即推定用人单位单方解除劳动合同。

三、《劳动合同法》实施前签订的劳动合同，用人单位违法解除合同劳动者能否同时主张违约金和赔偿金

在《劳动合同法》实施前签订的劳动合同中所约定的违约条款，在法律实施后用人单位与劳动者未对此进行协商变更时，该条款效力应如何认定？

我们认为，《劳动合同法》实施之前，用人单位即便存在违法解除劳动合同的情形，劳动者也只能要求继续履行劳动合同，或者依劳动合同约定要求支付违约金，除此之外，劳动者不能要求用人单位赔偿其他损失。《劳动合同法》实施后，法律中规定只有涉及服务期和竞业限制两种情况可以约定违约金，除此之外，用人单位不得与劳动者约定由劳动者承担违约金的情形，这是法律的禁止性规定，着重加强了对劳动者的保护。但是法律并未禁止双方约定由用人单位承担违约金的情形，若用人单位与劳动者在《劳动合同法》实施之后签订的劳动合同中约定了由用人单位承担违约责任的条款，该条款固然合法有效，对此没有争议。关键的是用人单位与劳动者在《劳动合同法》实施之前签订的劳动合同中有关的违约条款其效力该如何认定？对此应分两种情形，分开认定。第一，若违约条款系同一条款，即将用人单位与劳动者的违约责任在同一违约条款中予以约定，彼此相互对应。这时就不能割裂开理解，认为该违约条款中对劳动者的约定与《劳动合同法》禁止性规定相抵触，属于无效，但对用人单位的约定却仍然有效。《劳动合同法》中已规定当用人单位违法解除劳动合同时要向劳动者支付赔偿金，该赔偿金标准系协商解除劳动合同所应支付经济补偿的两倍，可见，劳动者的权利已经得到充分

救济。在这种情况下，若再允许劳动者向用人单位主张违约金，对用人单位来说显失公平。对此要全面把握，该违约条款中双方当事人的权利义务是对等的，既然不允许约定劳动者的违约责任，那么《劳动合同法》实施前合同中基于相同情形所约定的用人单位的违约责任也应无效。第二，若违约条款不是同一条款，即在劳动合同中将用人单位与劳动者的违约责任分开予以约定。这时就要分开处理，一方面认定对劳动者的违约责任约定与《劳动合同法》禁止性规定相抵触，属于无效；另一方面则认定对用人单位的违约责任约定依然有效，当用人单位存在违约行为时就要据此承担违约责任。

——最高人民法院民一庭：《非法解除劳动合同的处理》，载最高人民法院民事审判第一庭编：《民事审判前沿》（第一辑），人民法院出版社 2014 年版，第 356~359 页。

1569. 用人单位的规章制度超越合理权限对劳动者设定义务，并据此解除劳动合同，属于违法解除，用人单位应当依法支付赔偿金

关键词

劳动合同　支付赔偿金

最高人民法院公报案例

张建明诉京隆科技（苏州）公司支付赔偿金纠纷案（苏州市中级人民法院民事判决书）

裁判摘要：用人单位规章制度是在本企业内部实施的、关于组织劳动过程和进行劳动管理的制度。用人单位以劳动者严重违反单位的规章制度为由解除劳动合同，劳动者提起相关诉讼的，法院应当依法审查该规章制度的合法性与合理性。如果用人单位的规章制度超越合理权限对劳动者设定义务，并据此解除劳动合同，属于违法解除，损害劳动者的合法权益，用人单位应当依法支付赔偿金。

苏州市中级人民法院认为：用人单位规章制度是指用人单位依法制定的、仅在本企业内部实施的、关于如何组织劳动过程和进行劳动管理的规则和制度，是用人单位和劳动者在劳动过程中的行为准则，也称为企业内部劳动规则。其内容主要包括了劳动合同管理、工资管理、社会保险、福利待遇、工时休假、职工奖惩以及其他劳动管理等。规章制度作为用人单位加强内部劳动管理，稳定、协调劳动关系，保证正常劳动生产秩序的一种管理工具，在

日常的劳动秩序中确实发挥着重要作用。但是，规章制度既要符合法律、法规的规定，也要合情合理，不能无限放大乃至超越劳动过程和劳动管理的范畴。本案中，被上诉人张建明乘坐黑车行为发生之日正值其休息之日，劳动者有权利支配自己的行为，公司不能以生产经营期间的规章制度来约束员工休息期间的行为。单位职工乘坐何种交通工具上班是职工的私人事务，用人单位无权作出强制规定，如果劳动者确有违法之处，也应由国家行政机关等有权进行处罚。因此，被上诉人京隆公司因张建明乘坐非法营运车辆而作出解除劳动合同系违法解除，损害了劳动者的合法权益，应当按劳动合同法之规定，向张建明支付赔偿金。

——《最高人民法院公报》2014 年第 7 期。

1570. 用人单位单方解除劳动合同，使用“末位淘汰”或“竞争上岗”等形式的合法性判定

关键词

劳动合同解除　末位淘汰

最高人民法院司法政策精神

关于劳动争议纠纷案件

8. 会议认为，和谐的劳动关系既关系到每个劳动者及其家庭的切身利益，也关系到经济发展和社会稳定，在审理劳动争议案件时要坚持以下原则：第一，坚持依法保障劳动者合法权益和用人单位的生存发展并重；第二，通过司法手段倡导和谐稳定的劳动关系；第三，切实保护劳动者的合法权益。要在坚持上述原则基础上，妥善处理好以下几类纠纷案件：

用人单位在劳动合同期限内通过“末位淘汰”或“竞争上岗”等形式单方解除劳动合同，劳动者以用人单位违法解除劳动合同为由，请求用人单位继续履行劳动合同或者支付赔偿金的，应予支持；但劳动合同另有约定的除外。

——《最高人民法院办公厅关于印发〈全国民事审判工作会议纪要〉的通知》（2011 年 10 月 9 日，法办〔2011〕442 号）。

29. 用人单位在劳动合同期限内通过“末位淘汰”或“竞争上岗”等形式单方解除劳动合同，劳动者可以用人单位违法解除劳动合同为由，请求用人单位继续履行劳动合同或者支付赔偿金。

——《最高人民法院关于印发〈第八次全国法院民事商事审判工作会议

（民事部分）纪要〉的通知》（2016 年 11 月 21 日，法〔2016〕399 号）。

附录：最高人民法院主流观点

只有在符合《劳动合同法》规定的情形下，用人单位才具有单方解除权，对其实体要件和程序要件均要严格把握。“末位淘汰制”或“竞争上岗制”本身并不违法，但如果在劳动合同中将此作为用人单位单方解除劳动合同的事由，则相关约定应认定无效；如果用人单位通过“末位淘汰制”或“竞争上岗制”的形式，仅因劳动者排名末位或者未能竞争取胜就单方解除劳动合同，则属于违法解除。在用人单位违法解除劳动合同的情形下，依据《劳动合同法》第四十八条规定，劳动者可请求继续履行劳动合同或者支付赔偿金。

——杜万华主编：《〈第八次全国法院民事商事审判工作会议（民事部分）纪要〉理解与适用》，人民法院出版社 2017 年版，第 459 页。

最高人民法院审判业务意见（民事审判第一庭意见）

最高人民法院民一庭意见：“末位”总是存在的，用人单位必须将“不能胜任工作而处于末位”和“胜任工作却处于末位”区分开来。如果劳动者确实不能胜任工作，用人单位须对其进行培训或调整工作岗位，劳动者仍不能胜任工作，则用人单位可以依法解除劳动合同；如果劳动者仅是业绩居于“末位”而并非不胜任工作，则用人单位不能依据“末位淘汰制”单方解除劳动合同。

附：案情简介

2008 年 1 月，刘某进入某科技公司工作，劳动合同约定刘某从事销售岗位，基本工资为 3840 元。科技公司通过公示将规章制度告知刘某，其中《员工绩效管理办法》规定：员工半年、年度绩效考核分为 S——优秀、A——良好、C1——价值观不符、C2——业绩待改进四个等级，比例分别为 20%、70%、5%、5%，不胜任工作原则上考核为 C2。刘某原在该公司从事销售工作，2009 年 1 月之后，刘某转岗至西北区从事销售工作。2009 年上半年及 2010 年下半年，刘某的考核结果均为 C2。科技公司认为，刘某不能胜任工作，故在支付了部分经济补偿金的情况下解除了劳动合同。刘某提起劳动仲裁，仲裁委裁决：科技公司支付刘某违法解除劳动合同的赔偿金 41378 元。科技公司认为其不存在违法解除劳动合同的行为，不服仲裁裁决，诉至法院，请求判令不予支付刘某违法解除劳动合同赔偿金余额。

法院审理中，形成两种意见。

一种意见认为，“末位淘汰制”是用人单位根据本单位的总体目标和具体目标，结合各岗位的实际情况，设定一定的考核指标体系，以此指标体系为标准对员工进行考核，根据考核结果对得分靠后的员工进行淘汰的绩效管理制度。这种管理方法引入员工竞争激励机制，使企业始终处于一种激活的状态，从而提高员工积极性和企业竞争力。用人单位将“末位淘汰制”写入企业规章制度或者劳动合同中，劳动者未提出异议的，视为同意这一绩效考核的形式。因此，应当以此作为生产经营管理的重要内容和依据。

另一种意见认为，“末位淘汰制”虽然属于用人单位的规章制度，但并不意味着用人单位对业绩居于末位的劳动者可以单方面解除劳动合同。用人单位单方解除劳动合同的情形是法定的，即劳动合同法第三十六、三十九、四十、四十一条的规定。“末位淘汰制”不能作为用人单位解除劳动合同的依据。

我们认为，第二种意见是正确的。

——最高人民法院民一庭:《“末位淘汰制”能否作为单方解除劳动合同的条件》，载最高人民法院民事审判第一庭编:《民事审判指导与参考》2013年第3辑（总第55辑），人民法院出版社2014年版，第105~107页。

最高人民法院指导性案例

中兴通讯（杭州）有限责任公司诉王鹏劳动合同纠纷案（最高人民法院指导案例18号）

裁判要点：劳动者在用人单位等级考核中居于末位等次，不等同于“不能胜任工作”，不符合单方解除劳动合同的法定条件，用人单位不能据此单方解除劳动合同。

法院生效裁判认为：为了保护劳动者的合法权益，构建和发展和谐稳定的劳动关系，《劳动法》《劳动合同法》对用人单位单方解除劳动合同的条件进行了明确限定。原告中兴通讯以被告王鹏不胜任工作，经转岗后仍不胜任工作为由，解除劳动合同，对此应负举证责任。根据《员工绩效管理办法》的规定，“C（C1、C2）考核等级的比例为10%”，虽然王鹏曾经考核结果为C2，但是C2等级并不完全等同于“不能胜任工作”，中兴通讯仅凭该限定考核等级比例的考核结果，不能证明劳动者不能胜任工作，不符合据此单方解除劳动合同的法定条件。虽然2009年1月王鹏从分销科转岗，但是转岗前后均从事销售工作，并存在分销科解散导致王鹏转岗这一根本原因，故不能证明王鹏系因不能胜任工作而转岗。因此，中兴通讯主张王鹏不胜任工作，经转岗后仍然不胜任工作的依据不足，存在违法解除劳动合同的情形，应当依法向王鹏支付经济补偿标准二倍的赔偿金。

——《最高人民法院关于发布第五批指导性案例的通知》（2013年11月8

日，法〔2013〕241 号）。

最高人民法院公报案例

戴为军诉台玻长江玻璃有限公司追索劳动报酬纠纷案（江苏省苏州市中级人民法院二审民事判决书）

裁判摘要：用人单位依据末位淘汰制对员工实行奖优惩劣，对排名靠后的员工采取调岗调薪等措施，是企业经营自主权的重要内容，只要该调岗调薪行为是基于企业生产经营管理的合理需要，且不违反法律规定和单位依法制定的规章制度，劳动者主张该调岗调薪行为违法的，人民法院不予支持。

江苏省苏州市中级人民法院认为：用人单位依法变动劳动者工作岗位降低其工资水平，应当符合用人单位依法制定的规章制度的规定，但不得违反诚信原则滥用权力，对劳动者的工作岗位作出不合理的变动。本案二审的争议焦点为被上诉人台玻长江玻璃有限公司依据末位淘汰制调整上诉人戴为军的工作岗位及薪资是否违法。劳动者排名末位与劳动者不能胜任工作岗位之间并无必然联系，故用人单位根据末位淘汰制解除劳动关系违反法律规定。但在除解除劳动关系情形之外，末位淘汰制并非当然违法。根据本案查明的事实，戴为军调岗前担任的职务为台玻长江玻璃有限公司包装股课长，该岗位具有一定的管理性质，要求劳动者具备更优秀、全面的职业技能。用人单位根据劳动者的工作业绩、安排相对更为优秀的劳动者担任该职务既符合用人单位对于保证和提高产品质量的要求，亦能较大程度激发劳动者的工作积极性，故用人单位依据末位淘汰制调整劳动者工作岗位在一定条件下应予以支持。本案台玻长江玻璃有限公司与戴为军的劳动合同中明确约定台玻长江玻璃有限公司根据工作需要，按照诚信原则，可依法变动原告的工作岗位。2016 年 1 月 4 日台玻长江玻璃有限公司根据人员配置检讨事公告和戴为军 2015 年度考绩汇总表对戴为军的工作岗位进行调整，调岗后戴为军并未提出异议，应视为戴为军对本次调岗的认可。综上，本次调岗不违反双方劳动合同的约定，亦符合《中华人民共和国劳动合同法》的相关规定，应认定为合法，因本次调岗引起的薪资变动亦属合法。现戴为军上诉认为本次调岗违法并要求台玻长江玻璃有限公司支付工资差额和经济补偿金没有事实和法律依据，应予驳回。

——《最高人民法院公报案例》2021 年第 2 期。

附录：最高人民法院主流观点

该指导案例的裁判要点确认：劳动者在用人单位等级考核中居于末位等次，不等同于“不能胜任工作”，不符合单方解除劳动合同的法定条件，用人单位不能据此单方解除劳动合同。该裁判要点针对法律和司法解释没有规定的“末位淘汰制”热点问题，以劳动法、劳动合同法为依据，根据劳动合同法第四十七条、第四十八条、第八十七条等规定，重点分析了“末位淘汰制”不符合劳动合同法规定的“劳动者不能胜任工作，经过培训或者调整工作岗位，仍不能胜任工作的”情形，用人单位不能以此单方解除劳动合同。下面结合有关法律和司法解释等规定，围绕与裁判要点有关的问题逐一论证和说明。

（一）“末位淘汰制”是否属于用人单位规章制度

“末位淘汰制”作为绩效考核的一种管理制度，是指工作单位根据本单位的工作目标，结合各个岗位的实际情况，制定具体的考核指标体系对员工考核，并依据考核结果对得分靠后的员工予以淘汰的管理制度。这一制度源于美国通用电气公司杰克·韦尔奇创建的活力曲线，也叫10%淘汰率法则，每年对员工工作绩效严格评估，有10%的员工被评为C类落后员工，表现最差的员工通常会被淘汰。这是一种强势的管理制度，员工竞争激励机制，一方面有积极作用，从客观上推动了员工工作积极性，有利于提高企业竞争力；另一方面也有消极作用，如可能存在违法内容、给员工压力过大等。近年来，我国一些企业将“末位淘汰制”写入企业规章制度或者劳动合同中，作为绩效考核的重要内容，定期将业绩居于末位的劳动者降薪、调岗或解除劳动合同，由此引发的劳动争议纠纷逐渐增多。本案例中，中兴通讯（杭州）有限公司（以下简称中兴通讯）将其《员工绩效管理办法》在网上予以公示，使其成为一项单位内部规章制度。

我国劳动合同法第四条对用人单位制定规章制度的总体要求进行了规定，《最高人民法院关于审理劳动争议案件适用法律若干问题的解释》第十九条[①]对此也有涉及。据此，用人单位的规章制度要合法有效，在劳动争议案件审理中可以作为依据之一，须同时具备以下条件：其一，规章制度的制定程序合法。用人单位在制定、修改或者决定有关劳动报酬、工作时间、休息休假、劳动安全卫生、保险福利、职工培训、劳动纪律以及劳动定额管理等直接涉及劳动者切身利益的规章制度或者重大事项时，应当经职工代表大会或者全体职工讨论，提出草案，听取意见，与工会或者职工代表平等协商后确定。

---

① 现为《关于审理劳动争议案件适用法律问题的解释（一）》（2020年12月25日，法释〔2020〕26号）第五十条。

其二，履行告知义务。用人单位应当将直接涉及劳动者切身利益的规章制度和重大事项决定予以公示，或者直接告知劳动者。其三，不违反国家法律、行政法规及政策规定。根据劳动合同法第八十条规定，用人单位直接涉及劳动者切身利益的规章制度违反法律、法规规定的，由劳动行政部门责令改正，给予警告；给劳动者造成损害的，应当承担赔偿责任。

本案例中，中兴通讯的《员工绩效管理办法》，内容属于涉及劳动者切身利益的重大事项，将其制定为单位的规章制度，要履行前述的协商制定程序和公示义务，制定包括实行末位淘汰的岗位、对象、程序、淘汰形式等内容的书面方案，充分征求员工意见，经过职工代表大会讨论后，向员工公示，并不得违反法律、法规的规定。

（二）“末位淘汰制”可否作为单方解除劳动合同条件

“末位淘汰制”作为用人单位的规章制度，并不意味着用人单位对业绩居于末位等次的劳动者可以单方面解除劳动合同。劳动合同法第三十九条、第四十条和劳动合同法实施条例第十九条规定了用人单位可以单方面解除劳动合同的法定情形。实践中劳动者与用人单位因为考核而解除劳动合同容易发生争议的情形主要有两种：一是“劳动者严重违反用人单位的规章制度”；二是“劳动者不能胜任工作，经过培训或者调整工作岗位，仍不能胜任工作”。下面对这两种情形逐一分析：

第一，劳动者考核等次居于末位，是否构成“严重违反用人单位的规章制度”。严重违反用人单位的规章制度，是指劳动者明知或应知规章制度的要求，却基于故意或重大过失的心态，实施了严重违反规章制度的行为。考核居于末位是一种客观状态，不是员工的主观行为。有考核就有先进与落后之分，从客观上讲任何规章制度都不可能禁止劳动者的工作业绩在单位考核中居于末位。因此，劳动者考核中居于末位，并不意味着严重违反用人单位的规章制度，用人单位不能以此为由单方面解除劳动合同。

第二，劳动者考核等次居于末位，是否属于“劳动者不能胜任工作”。劳动者考核居于末位等次，可能是其不胜任现职工作，也可能是其能够胜任现职工作，但因各种因素在某次考核中居于末位等次。因为末位等次总是客观存在的，每次考核中总会有人居于末位等次，考核的末位等次不能直接等同于不胜任现职工作；以同一标准在相同行业考核，本单位考核的末位可能是其他单位考核的中位甚至首位，即“末位不末”，以此来认定劳动者不胜任工作也并不科学合理。即使考核居于末位等次的劳动者确实不能胜任现职工作，用人单位也不能直接与之解除劳动合同，而应当对劳动者先进行培训或调整工作岗位。只有在劳动者经培训或者调整工作岗位后仍不能胜任工作的情况下，才能提前30日以书面形式通知劳动者本人或者额外支付劳动者一个月工资后解除劳动合同。因此，用人单位不能仅因劳动者居于末位等次，就以其不能胜任工作为由而解除合同。

（三）“末位淘汰制”可否调整岗位或工资待遇

所谓“淘汰”，本意指去掉不合适的，留下合适的。淘汰制度，并非仅指解除劳动合同，而是可以泛指降级、降职、免职、调整工作岗位、待岗培训、解除劳动合同等多种形式。

劳动者在用人单位的工作岗位、工资待遇等，应由双方协商确定。根据劳动合同法第三十五条规定，用人单位与劳动者协商一致，采用书面形式，可以变更劳动合同约定的内容。调整工作岗位或者工资待遇等涉及劳动者切身利益，只要符合劳动法、劳动合同法等法律规定，经过了前述的民主协商程序，可以视为双方事前协商约定了单方变更劳动合同的内容，就合法有效，对双方具有约束力。因此，如果将“淘汰”限定为降级、降职、免职、调整工作岗位、待岗培训等其他形式，用人单位就可以在不解除劳动合同的前提下，对考核居于末位的劳动者作出调整工作岗位等处理。但是，用人单位单方解除劳动合同的条件是法定的，即使用人单位以法定程序制定了以“末位淘汰制”为内容的规章制度，且经过公示，也不能将其作为单方解除劳动合同的依据。需要注意的是，用人单位将考核与劳动报酬、奖金等工资待遇相挂钩，不得违反法律法规的相关规定。例如，试用期的工资不得低于本单位相同岗位最低档工资或者劳动合同约定工资的 80%，并不得低于用人单位所在地的最低工资标准。

（四）其他需要说明问题

1. 参照该指导案例需要注意的问题

审理“末位淘汰”类具体案件时，要分别从考核制度制定的合法性，解除劳动合同条件的法定性，“不能胜任工作”的举证，以及对末位劳动者采取的不同处理形式等多方面，进行具体分析。在劳动合同法第四十二条的法定情形下，用人单位不得依照本法第四十条、第四十一条的规定解除劳动合同。在不解除劳动合同的前提下，用人单位可以依据合法的规章制度或者劳动合同，对考核居于末位的劳动者予以待岗培训、调整工作岗位等处理。故在参照适用该指导性案例时应注意区别案件的不同情况，依法作出正确妥当的裁判。

2. 如何进行科学合理的考核

考核中“末位”总是存在的，用人单位必须将不能胜任工作而处于末位和能胜任工作而处于末位区分开来。如果劳动者能胜任工作而处于末位，则用人单位根据规章制度或者劳动合同，可以对劳动者进行待岗培训、调整工作岗位等处理，而不能单方解除劳动合同。如果劳动者不能胜任工作而处于末位，那么用人单位须先对其进行培训或调整工作岗位，只有仍不能胜任工作，才可以依法解除劳动合同。

要区分上述两种情形下的末位，就需要制定科学合理的考核指标，以判断劳动者能否胜任工作。首先，用人单位要有明确的目标管理制度和清晰的岗位职责，制定科学合理的考核标准和程序，将劳动者的工作职责、岗位要求细化、量化，明确不能胜任工作的具体标准和指标。其次，用人单位应当根据单位工作实际情况，在与劳动者或其代表民主协商的基础上，在单位规章制度或者劳动合同中对考核指标予以明确并公示告知，并注意不得违反法律法规的规定。

——最高人民法院案例指导工作办公室:《指导案例 18 号〈中兴通讯（杭州）有限公司诉王鹏劳动合同纠纷案〉的理解与参照——用人单位不得因劳动者考核末位单方解除劳动合同》

1571. 在用人单位解除劳动合同的情形下，用人单位仍有义务向工伤职工支付一次性伤残就业补助金

关键词

劳动合同解除　一次性伤残就业补助金

最高人民法院公报案例

侯宏军诉上海隆茂建筑装潢有限公司劳动合同纠纷案（上海市第一中级人民法院民事判决书）

裁判摘要：一次性伤残就业补助金是在终止或解除劳动合同时，工伤职工应当享受的由用人单位支付的费用。在用人单位解除劳动合同的情形下，用人单位仍有义务向工伤职工支付一次性伤残就业补助金。

上海市第一中级人民法院认为：本案的争议焦点是，当用人单位解除劳动合同时，用人单位是否应当向工伤职工支付一次性工伤医疗补助金与一次性伤残就业补助金。

关于上诉人侯宏军主张的一次性工伤医疗补助金，根据《工伤保险条例》第三十七条第二款的规定，因工致残被鉴定为七级至十级伤残的工伤人员，在劳动合同期满终止或工伤人员本人提出解除劳动合同的情况下，可享受由工伤保险基金支付一次性工伤医疗补助金。本案中，被上诉人隆茂公司为侯宏军办理了 2011 年 7 月至 2012 年 7 月期间的上海市城镇社会保险费，隆茂公司并非支付一次性工伤医疗补助金的责任主体，故侯宏军要求隆茂公司支

付一次性工伤医疗补助金的上诉请求缺乏法律依据，不予支持。

关于上诉人侯宏军主张的一次性伤残就业补助金，一次性伤残就业补助金等工伤保险待遇是对职工因工作原因受到伤害而给予的补救和补偿，它不应受劳动关系解除原因等因素的影响。首先，《中华人民共和国社会保险法》第三十九条第三款明确规定，终止或者解除劳动合同时，工伤职工应当享受的一次性伤残就业补助金，按照国家规定由用人单位支付。该规定仅将终止或解除劳动合同作为工伤职工享受一次性伤残就业补助金的前提条件，并未将合同解除方式与原因作为支付一次性伤残就业补助金的前提条件。其次，根据《工伤保险条例》第四十二条的规定，工伤职工仅在丧失享受待遇条件、拒不接受劳动能力鉴定、拒绝治疗的情况下，停止享受工伤保险待遇，用人单位解除劳动合同并不属于工伤职工停止享受工伤保险待遇的情形。再次，举轻以明重，《工伤保险条例》第三十七条第二款规定在工伤职工主动提出解除劳动合同及劳动合同期限终止时，用人单位尚需支付一次性伤残就业补助金，那么用人单位在主动解除劳动合同时支付一次性伤残就业补助金，更是理所当然的。故被上诉人隆茂公司应支付侯宏军一次性伤残就业补助金，侯宏军的相关上诉请求，予以支持。至于侯宏军提出的其余上诉请求，因均未经仲裁前置程序，故在本案中均不予处理。

——《最高人民法院公报》2015 年第 11 期。

1572. 从事接触职业病危害作业的劳动者未进行离岗前职业健康检查的，即使用人单位与劳动者已协商一致解除劳动合同，也应认定无效

关键词

劳动合同　合同解除

最高人民法院公报案例

张传杰诉上海敬豪劳务服务有限公司等劳动合同纠纷案（上海市第二中级人民法院民事判决书）

裁判摘要：从事接触职业病危害的作业的劳动者未进行离岗前职业健康检查的，用人单位不得解除或终止与其订立的劳动合同。即使用人单位与劳动者已协商一致解除劳动合同，解除协议也应认定无效。

上海市第二中级人民法院认为：根据《中华人民共和国劳动合同法》第四十二条第一款的规定，从事解除职业病危害作业的劳动者未进行离岗前职业健康检查的，用人单位不得依照该法第四十条、第四十一条的规定解除劳动合同。此款规定虽然没有排除用人单位与劳动者协商一致解除劳动合同的情形，但根据《中华人民共和国职业病防治法》第三十六条的规定，“对从事接触职业病危害的作业的劳动者，用人单位应当按照国务院安全生产监督管理部门、卫生行政部门的规定组织上岗前、在岗期间和离岗时的职业健康检查，并将检查结果书面告知劳动者……对未进行离岗前职业健康检查的劳动者不得解除或者终止与其订立的劳动合同”。因此，用人单位安排从事接触职业病危害的作业的劳动者进行离岗职业健康检查是其法定义务，该项义务并不因劳动者与用人单位协商一致解除劳动合同而当然免除。

本案中，双方于 2014 年 1 月 13 日签订的《协商解除劳动合同协议书》并未明确上诉人张传杰已经知晓并放弃了进行离岗前职业健康检查的权利，且张传杰于事后亦通过各种途径积极要求被上诉人敬豪公司为其安排离岗职业健康检查。因此，张传杰并未放弃对该项权利的主张，敬豪公司应当为其安排离岗职业健康检查。在张传杰的职业病鉴定结论未出之前，双方的劳动关系不能当然解除。

——《最高人民法院公报》2017 年第 5 期。

1573. 用人单位搬迁行为不足以导致劳动合同无法履行的，劳动者不得以此为由拒绝提供劳动

关键词

劳动合同　整体搬迁　合同无法履行　拒绝提供劳动

最高人民法院公报案例

吴继威诉南京搏峰电动工具有限公司劳动合同纠纷案（南京市江宁经济技术开发区人民法院民事判决书）

裁判摘要：因用人单位整体搬迁导致劳动者工作地点变更、通勤时间延长的，是否属于《中华人民共和国劳动合同法》第四十条第三项规定的“劳动合同订立时所依据的客观情况发生重大变化，致使劳动合同无法履行”的情形，需要考量搬迁距离远近、通勤便利程度，结合用人单位是否提供交通工具、是否调整出勤时间、是否增加交通补贴等因素，综合评判工作地点的变更是否给劳动者的

工作和生活带来严重不便并足以影响劳动合同的履行。如果用人单位已经采取适当措施降低了搬迁对劳动者的不利影响，搬迁行为不足以导致劳动合同无法履行的，劳动者不得以此为由拒绝提供劳动。

南京市江宁经济技术开发区人民法院认为：被告搏峰公司拟将厂区整体迁移，是基于生产运作情况作出的经营决策，不改变劳动者的岗位和待遇，并非滥用用工权利刻意为难劳动者的行为。厂区迁移后，确实可能对劳动者产生一定的通勤压力，但搬迁距离并不遥远，也在公共交通、共享单车可达之处，将军大道本身具备较好的通行条件，搏峰公司也承诺增发交通补助，总体而言，迁移对劳动者的影响是有限的，不构成双方继续履行劳动合同的根本障碍。同时，争议发生后，双方均应当采取正当手段维护自身权利。原告吴继威不愿意调整工作地点，可以提出相关诉求，但其自身仍然负有继续遵守规章制度、继续履行劳动合同的义务。吴继威在搏峰公司的再三催告下，仍然拒绝返回原岗位工作，已经构成旷工，违反基本的劳动纪律，并且达到员工手册中规定的可被解除劳动合同的严重程度，故搏峰公司在通知工会后作出的解除劳动合同决定，并无违法之处，故对吴继威要求搏峰公司支付违法解除劳动合同赔偿金的请求不予支持。

——《最高人民法院公报》2020 年第 9 期。

1574. 劳动者拒绝违法超时加班安排，用人单位不能解除劳动合同

关键词

超时加班　试用期间　劳动合同　合同解除

最高人民法院公布的典型案例

张某与某快递公司劳动仲裁案

裁判要旨：为确保劳动者休息权的实现，我国法律对延长工作时间的上限予以明确规定。用人单位制定违反法律规定的加班制度，在劳动合同中与劳动者约定违反法律规定的加班条款，均应认定为无效。

基本案情

张某于 2020 年 6 月入职某快递公司，双方订立的劳动合同约定试用期为

3 个月，试用期月工资为 8000 元，工作时间执行某快递公司规章制度相关规定。某快递公司规章制度规定，工作时间为早 9 时至晚 9 时，每周工作 6 天。2 个月后，张某以工作时间严重超过法律规定上限为由拒绝超时加班安排，某快递公司即以张某在试用期间被证明不符合录用条件为由与其解除劳动合同。张某向劳动人事争议仲裁委员会（以下简称仲裁委员会）申请仲裁。

案例分析

本案的争议焦点是张某拒绝违法超时加班安排，某快递公司能否与其解除劳动合同。

《劳动法》第四十一条规定："用人单位由于生产经营需要，经与工会和劳动者协商后可以延长工作时间，一般每日不得超过一小时；因特殊原因需要延长工作时间的，在保障劳动者身体健康的条件下延长工作时间每日不得超过三小时，但是每月不得超过三十六小时。"第四十三条规定："用人单位不得违反本法规定延长劳动者的工作时间。"《劳动合同法》第二十六条规定："下列劳动合同无效或者部分无效：……（三）违反法律、行政法规强制性规定的。"为确保劳动者休息权的实现，我国法律对延长工作时间的上限予以明确规定。用人单位制定违反法律规定的加班制度，在劳动合同中与劳动者约定违反法律规定的加班条款，均应认定为无效。

本案中，某快递公司规章制度中"工作时间为早 9 时至晚 9 时，每周工作 6 天"的内容，严重违反法律关于延长工作时间上限的规定，应认定为无效。张某拒绝违法超时加班安排，系维护自己合法权益，不能据此认定其在试用期间被证明不符合录用条件。故仲裁委员会依法裁决某快递公司支付张某违法解除劳动合同赔偿金。

典型意义

《劳动法》第四条规定："用人单位应当依法建立和完善规章制度，保障劳动者享有劳动权利和履行劳动义务。"法律在支持用人单位依法行使管理职权的同时，也明确其必须履行保障劳动者权利的义务。用人单位的规章制度以及相应工作安排必须符合法律、行政法规的规定，否则既要承担违法后果，也不利于构建和谐稳定的劳动关系、促进自身健康发展。

——《最高人民法院发布劳动人事争议典型案例（第二批）》（2021 年 8 月 26 日）。

1575. 新用人单位招用未解除劳动合同的劳动者不存在过错的，不承担损害赔偿责任

关键词

新用人单位 劳动合同 损害赔偿责任 侵权之诉

最高人民法院司法解释

第二十七条 用人单位招用尚未解除劳动合同的劳动者，原用人单位与劳动者发生的劳动争议，可以列新的用人单位为第三人。

原用人单位以新的用人单位侵权为由提起诉讼的，可以列劳动者为第三人。

原用人单位以新的用人单位和劳动者共同侵权为由提起诉讼的，新的用人单位和劳动者列为共同被告。

——《最高人民法院关于审理劳动争议案件适用法律问题的解释（一）》（2020 年 12 月 29 日，法释〔2020〕26 号）。

附录：最高人民法院主流观点

关于新用人单位招用了尚未与原用人单位解除劳动合同关系的劳动者，由原用人单位提起侵权之诉，请求新用人单位承担损害赔偿责任的，是否会因新用人单位不存在过错而不获支持，实践中仍然存有争议。一种观点认为，依据《劳动法》第九十九条之规定，用人单位招用了尚未解除劳动合同的劳动者，并因此给原用人单位造成了经济损失的，即应承担赔偿责任，不应再以其主观上是否存在过错为要件；另一种观点认为，人民法院审理侵权责任纠纷案件，应当适用《民法典》侵权责任编的有关规定。据此，除非在适用无过错责任原则的情况下，行为人存在过错当是成立侵权责任的重要条件。

我们认为，一方面，从社会实践的现状看，我国尚未形成完善的人才市场，尚不具备成熟的档案制度，给用人单位招用劳动者附加过重的审查义务并不现实，不仅是用人单位难以掌握劳动者与原用人单位劳动合同的实际状况，劳动者也经常会因劳动合同履行中异常状况而产生已经解除劳动合同关系的误解。另一方面，从《劳动法》的立法目的看，《劳动法》第九十九条规定新用人单位承担赔偿责任，并非对用人单位或者劳动者的合同自由作出限制，而是为了规范劳动合同的订立程序，杜绝劳动合同关系中的不正当竞争，依法维护劳动者与用人单位的合法权益，保障经济社会健康发展。因此，新用人单位招用未解除劳动合同的劳动者不存在过错的，不应承担损害赔偿

责任。

——最高人民法院民事审判第一庭编著：《最高人民法院新劳动争议司法解释（一）理解与适用》，人民法院出版社 2021 年版，第 319 页。

1576. 解除或终止劳动合同协议遗漏款项的处理

关键词

劳动合同协议　遗漏款项　合同解除

最高人民法院司法解释

第三十五条　劳动者与用人单位就解除或者终止劳动合同办理相关手续、支付工资报酬、加班费、经济补偿或者赔偿金等达成的协议，不违反法律、行政法规的强制性规定，且不存在欺诈、胁迫或者乘人之危情形的，应当认定有效。

前款协议存在重大误解或者显失公平情形，当事人请求撤销的，人民法院应予支持。

——《最高人民法院关于审理劳动争议案件适用法律问题的解释（一）》（2020 年 12 月 29 日，法释〔2020〕26 号）。

附录：最高人民法院主流观点

司法实践中，劳动者请求用人单位支付解除或终止劳动合同协议未明确包括的款项亦十分常见。对于这类争议，如果确实存在协议未明确列举的款项，且双方在协议中未约定劳动者放弃权利主张条款或约定的劳动者放弃条款不当之时，应当依法审查并支持劳动者相关请求。如果在协议中明确约定双方今后不再向对方主张任何劳动法权利或追究任何劳动法责任的弃权条款，且不存在欺诈、胁迫、乘人之危，或者重大误解、显失公平情形的，不宜再行支持劳动者相关请求。但是，如果双方仅在协议约定“任何一方不得再就双方之间的争议提起任何仲裁或诉讼”，由于诉权属于公法上的程序权利，这种权利是不得被放弃的，故放弃诉权的约定属于无效约定，劳动者依法可以主张协议中未涉及的权利。

——最高人民法院民事审判第一庭编著：《最高人民法院新劳动争议司法解释（一）理解与适用》，人民法院出版社 2021 年版，第 262~264 页。

1577. 用人单位因劳动者违反诚信原则构成欺诈解除劳动合同不需支付赔偿金

关键词

劳动合同解除 诚信原则 欺诈 赔偿款

最高人民法院司法政策精神

十九、用人单位因劳动者违反诚信原则，提供虚假学历证书、个人履历等与订立劳动合同直接相关的基本情况构成欺诈解除劳动合同，劳动者主张解除劳动合同经济补偿或者赔偿金的，劳动人事争议仲裁委员会、人民法院不予支持。

——《人力资源社会保障部、最高人民法院关于劳动人事争议仲裁与诉讼衔接有关问题的意见（一）》（2022年2月21日，人社部发〔2022〕9号）。

1578. 长期“两不找”，劳资双方不具有劳动法意义上的权利义务关系

关键词

“两不找” 劳动法意义上的权利义务关系

最高人民法院裁判文书

田某某与煤层气公司职工破产债权确认纠纷案［最高人民法院（2021）最高法民申3939号民事裁定书］

裁判要旨：劳动者提供劳动属于事实劳动关系的基本构成要件，原审法院认为当事人未举证证明其于2014年8月后提供劳动，从而认定其提供劳动至2014年7月，后双方形成“长期两不找”的事实，自2014年8月起双方劳动关系处于中止履行状态，并无不当。由于此后双方不具有劳动法意义上的权利义务关系，当事人申请再审认为2019年公司单方解除劳动合同，应当支付经济赔偿金，及公司应赔偿其2018年生病住院未能取得医保报销的损失，缺乏依据。

最高人民法院经审查认为，田某某与煤层气公司未签订劳动合同，双方

均认可自 2013 年 5 月起建立事实劳动关系且田某某提供劳动至 2014 年 7 月。田某某称 2014 年 8 月后煤层气公司委派其到煤层气公司郑禹分公司协助开展选煤加工业务至 2015 年 7 月份，但其提供的蒋某出具的证明系证人证言，蒋某未出庭作证，真实性无法核实，《煤炭洗选加工投资协议》并无煤层气公司委派其履行该合同的内容，不能证明其主张的受煤气层公司派遣至煤层气公司郑禹分公司工作的事实。劳动者提供劳动属于事实劳动关系的基本构成要件，原审法院认为田某某未举证证明其于 2014 年 8 月后提供劳动，从而认定其提供劳动至 2014 年 7 月，后双方形成"长期两不找"的事实，自 2014 年 8 月起双方劳动关系处于中止履行状态，并无不当。由于此后双方不具有劳动法意义上的权利义务关系，田某某申请再审认为 2019 年煤层气公司单方解除劳动合同，应当支付经济赔偿金，及煤层气公司应赔偿其 2018 年生病住院未能取得医保报销的损失，缺乏依据。

——中国裁判文书网。

1579. 劳动者与用人单位签订停薪留职协议到期后未再续签，处于"互不找"的状态多年，应认定双方劳动人事关系实际已经终止

关键词

停薪留职协议　劳动人事关系

最高人民法院裁判文书

中国航空工业空气动力研究院与李洪臣人事争议纠纷案［最高人民法院（2019）最高法民再 126 号民事判决书］

裁判要旨：劳动者与用人单位签订停薪留职协议到期后未再续签，处于"互不找"的状态长达 16 年，其劳动人事关系基础已不复存在多年。应认定双方劳动人事关系实际已经终止。

最高人民法院根据抗诉机关的抗诉意见以及当事人的意见，认为本案再审的争议焦点为：（一）双方当事人的劳动人事关系是否已经终止；（二）李洪臣主张权利是否超过法定时效。兹分析如下：

（一）关于李洪臣与航空研究院之间的劳动人事关系问题。本案系劳动人事争议，属于人民法院受理范围，可参照《中华人民共和国劳动法》的有关规定。首先，双方签订停薪留职协议系真实意思表示，不违反法律法规的强制性规定，是合法有效的。原审查明，双方先后于 1987、1988、1993 年

签订三份停薪留职协议，对停薪留职期间缴纳管理费及双方权利义务、违约责任等均作了约定。前两份停薪留职协议双方均认可履行完毕。其次，李洪臣未按约缴纳管理费，对“自动离职”的处理决定存有过错。经查，双方于1993年6月25日签订的第三份停薪留职协议约定，李洪臣于每年六月底前向航空研究院缴纳2147.52元管理费，逾期一个月不交齐，视为自动离职。签订第三份协议后，李洪臣至今仍未缴纳管理费，其知道或应当知道不缴纳管理费的违约责任及后果。第三，双方处于“互不找”的状态长达16年，其劳动人事关系基础已不复存在多年。第三份停薪留职协议约定期限为1993年元月1日至1994年12月31日。一方面，李洪臣在停薪留职期满后仍未补缴管理费也未申请回单位或申请延期并续签停薪留职协议，更未提出领取工资等人事关系方面的主张；另一方面，航空研究院主张在单位公示栏张贴了对李洪臣按自动离职的处理决定。第四，原审判决双方当事人人事关系存续有违公平原则。双方在签订第三份停薪留职协议后未再续签，李洪臣未申请回单位工作也无合理事由，若再给予其正常工作人员享有的工资、奖金、医疗、职工福利补助等待遇，则对航空研究院明显不公，影响单位正常工作秩序。故双方当事人的人事关系实际已经终止多年。

（二）关于李洪臣权利主张是否超过法定时限。根据2007年颁布实施的《中华人民共和国劳动争议调解仲裁法》第二十七条第一款“劳动争议申请仲裁的时效期间为一年。仲裁时效期间从当事人知道或者应当知道其权利被侵害之日起计算”的规定，由于李洪臣在第三份停薪留职协议到期后未再续签也未回单位工作，其以自己的实际行为表明其已经按照协议约定自动离职，也应当知道航空研究院按照协议约定对其作出按照自动离职处理的决定，李洪臣在1993-1994年期间自动离职后，于2010年才申请仲裁且其并无充分证据证明存在不可抗力或者有其他正当理由，故其申请仲裁已超过仲裁时效期间，而仲裁是向人民法院起诉劳动人事争议的前置程序。原审因航空研究院未能提供李洪臣收到解除或终止劳动关系书面通知的证据，适用《最高人民法院关于审理劳动争议案件适用法律若干问题的解释（二）》第一条第二项“因解除或者终止劳动关系所产生的争议，用人单位不能证明或者受到解除或者终止劳动关系书面通知时间的，劳动者主张权利之日为劳动争议发生之日”的规定，认定李洪臣向黑龙江省人事争议仲裁委员会提出申请仲裁的日期即2010年12月22日为劳动争议发生之日。但上述规定的适用前提是劳动关系存续期间发生的解除或终止，而本案双方的停薪留职协议明确约定逾期一个月未缴纳管理费视为自动离职。双方的劳动关系早已不复存在多年，劳动争议发生之日的确定不应适用上述条款，而应优先适用双方协议中关于自动离职的约定。故李洪臣的诉讼请求应予驳回。

——中国裁判文书网。

1580. 用人单位单方解除劳动合同行为的合法性应以向劳动者发出的解除通知的内容为依据

关键词

劳动合同　单方解除　合法性判断

最高人民法院指导性案例

孙贤锋诉淮安西区人力资源开发有限公司劳动合同纠纷案（最高人民法院指导案例180号）

裁判要点：人民法院在判断用人单位单方解除劳动合同行为的合法性时，应当以用人单位向劳动者发出的解除通知的内容为认定依据。在案件审理过程中，用人单位超出解除劳动合同通知中载明的依据及事由，另行提出劳动者在履行劳动合同期间存在其他严重违反用人单位规章制度的情形，并据此主张符合解除劳动合同条件的，人民法院不予支持。

法院生效裁判认为：用人单位单方解除劳动合同是根据劳动者存在违法违纪、违反劳动合同的行为，对其合法性的评价也应以作出解除劳动合同决定时的事实、证据和相关法律规定为依据。用人单位向劳动者送达的解除劳动合同通知书，是用人单位向劳动者作出解除劳动合同的意思表示，对用人单位具有法律约束力。解除劳动合同通知书明确载明解除劳动合同的依据及事由，人民法院审理解除劳动合同纠纷案件时应以该决定作出时的事实、证据和法律为标准进行审查，不宜超出解除劳动合同通知书所载明的内容和范围。否则，将偏离劳资双方所争议的解除劳动合同行为的合法性审查内容，导致法院裁判与当事人诉讼请求以及争议焦点不一致；同时，也违背民事主体从事民事活动所应当秉持的诚实信用这一基本原则，造成劳资双方权益保障的失衡。

本案中，孙贤锋与西区公司签订的劳动合同系双方真实意思表示，合法有效。劳动合同附件《奖励与处罚管理规定》作为用人单位的管理规章制度，不违反法律、行政法规的强制性规定，合法有效，对双方当事人均具有约束力。根据《奖励与处罚管理规定》，员工连续旷工3天（含）以上的，公司有权对其处以第五类处罚责任，即解除合同、永不录用。西区公司向孙贤锋送达的解除劳动合同通知书明确载明解除劳动合同的事由为孙贤锋无故旷工达3

天以上，孙贤锋诉请法院审查的内容也是西区公司以其无故旷工达 3 天以上而解除劳动合同行为的合法性，故法院对西区公司解除劳动合同的合法性审查也应以解除劳动合同通知书载明的内容为限，而不能超越该诉争范围。虽然西区公司在庭审中另提出孙贤锋在工作期间存在不及时上交营业款、未穿工服、代他人刷考勤卡、在单位公共平台留言辱骂公司主管等其他违纪行为，也是严重违反用人单位规章制度，公司仍有权解除劳动合同，但是根据在案证据及西区公司的陈述，西区公司在已知孙贤锋存在上述行为的情况下，没有提出解除劳动合同，而是主动提出重新安排孙贤锋从事其他工作，在向孙贤锋出具解除劳动合同通知书时也没有将上述行为作为解除劳动合同的理由。对于西区公司在诉讼期间提出的上述主张，法院不予支持。

西区公司以孙贤锋无故旷工达 3 天以上为由解除劳动合同，应对孙贤锋无故旷工达 3 天以上的事实承担举证证明责任。但西区公司仅提供了本单位出具的员工考勤表为证，该考勤表未经孙贤锋签字确认，孙贤锋对此亦不予认可，认为是单位领导安排停工并提供刷卡失败视频为证。因孙贤锋在工作期间被安排停工，西区公司之后是否通知孙贤锋到公司报到、如何通知、通知时间等事实，西区公司均没有提供证据加以证明，故孙贤锋无故旷工 3 天以上的事实不清，西区公司应对此承担举证不能的不利后果，其以孙贤锋旷工违反公司规章制度为由解除劳动合同，缺少事实依据，属于违法解除劳动合同。

——《最高人民法院关于发布第 32 批指导性案例的通知》(2022 年 7 月 4 日，法〔2022〕167 号)。

说明

指导案例 180 号《孙贤锋诉淮安西区人力资源开发有限公司劳动合同纠纷案》，明确了人民法院在判断用人单位单方解除劳动合同行为的合法性时，应当以用人单位向劳动者发出的解除通知的内容为认定依据；对于用人单位超出解除劳动合同通知中载明的依据及事由，在案件审理过程中另行提出的理由，人民法院不予支持。本案例细化了用人单位单方解除劳动合同行为合法性的判断标准，有助于引导用人单位遵守诚实信用原则，有利于保障劳动者的合法权益，对构建和谐劳动关系具有积极意义。

1581. 劳动者因直系亲属去世等特殊情形请假且未超过合理期限，用人以劳动者擅自离岗为由解除劳动合同的，属于违法解除

关键词

合理期限　擅自离岗　解除劳动合同

最高人民法院公报案例

上海安盛物业有限公司诉王某劳动合同纠纷案（上海市第二中级人民法院民事判决书）

裁判摘要：劳动者因直系亲属死亡向用人单位请假奔丧，符合公序良俗，用人单位应予理解和尊重。劳动者请假时间未超过合理期间且已按用人单位规定履行申报程序，用人单位未予准假，事后以劳动者擅自离岗、严重违反规章制度为由解除劳动合同的，属于违法解除。劳动者主张用人单位支付赔偿金的，人民法院应予支持。

上海市第二中级人民法院二审认为：在劳动合同履行期间，用人单位及劳动者均负有切实、充分、妥善履行合同的义务。劳动者有自觉维护用人单位劳动秩序，遵守用人单位的规章制度的义务；用人单位管理权的边界和行使方式亦应善意、宽容及合理。

王某工作做二休一，2020 年 1 月 6 日至 14 日期间，其请假日期为 1 月 6 日至 13 日，其应出勤日期分别为 6 日、8 日、9 日、11 日、12 日、14 日。

王某于 1 月 6 日早上提交请假手续，其上级主管签字同意，然，其领导迟至下午才报公司审批，次日才告知未获批准，故一审认定王某 1 月 6 日缺勤系因公司未及时行使审批权所致，不应认定为旷工，并无不当。1 月 7 日王某因公司未准假，返回上海途中得知父亲去世便再次回家办理丧事，至此，事假性质发生改变，转化为丧假事假并存，扣除三天丧假，王某实际事假天数为 2 天，至于此 2 天事假是否应获批准，纵观本案，王某请假，事出有因，其回老家为父亲操办丧事，符合中华民族传统人伦道德和善良风俗，无可厚非，安盛公司亦应以普通善良人的宽容心、同理心加以对待。

至于安盛公司对其父去世及火化下葬时间存有异议一节，法院认为，相关村委会证明显示其父从去世到火化下葬所耗时间在合理范围内，尊重民俗，体恤员工的具体困难与不幸亦是用人单位应有之义，故对安盛公司之主张不予采纳。

至于 2020 年 1 月 14 日，该日不在请假期间范围内，安盛公司认定该日为旷工并无不当。

综上，王某并未达到安盛公司规章制度规定的可解除劳动合同的条件，安盛公司系违法解除，应支付违法解除劳动合同赔偿金。

——《最高人民法院公报》2023 年第 4 期。

四、劳动仲裁

1582. 对于终局裁决，劳动者与用人单位一方申请执行、另一方以申请撤销仲裁裁决的方式抗辩的，受理执行的法院应当中止执行

关键词

申请撤销仲裁裁决　申请执行仲裁裁决　执行中止

最高人民法院司法解释

第十八条第一款　劳动争议仲裁机构作出终局裁决，劳动者向人民法院申请执行，用人单位向劳动争议仲裁机构所在地的中级人民法院申请撤销的，人民法院应当裁定中止执行。

——《最高人民法院关于审理劳动争议案件适用法律若干问题的解释（一）》（2020 年 12 月 29 日，法释〔2020〕26 号）。

附录：最高人民法院主流观点

有管辖权的基层法院受理劳动者申请执行终局裁决后，如果用人单位以申请撤销仲裁裁决的方式抗辩的，则要查明该抗辩的证据是否存在，这一证据就是劳动人事争议仲裁委员会所在地的中级人民法院向用人单位出具的立案通知书。立案通知书一般都会写明用人单位向该院申请撤销某仲裁委员会作出的某某号仲裁裁决书。在查明用人单位确已向劳动人事争议仲裁委员会所在地的中级人民法院申请撤销仲裁裁决，该仲裁裁决与劳动者申请执行的是同一仲裁文书的情况下，受理申请执行的基层法院应当裁定中止该仲裁裁决书的执行。

同理，如果用人单位先申请撤销仲裁裁决，劳动者后申请执行的，受理申请执行的基层法院在查明上述情况后，也应依法裁定中止该仲裁裁决书的执行。

——最高人民法院民事审判第一庭编著：《最高人民法院劳动争议司法解释（三）的理解与适用》，人民法院出版社 2010 年版，第 229~230 页。

1583. 仲裁裁决书未载明该裁决为终局裁决或非终局裁决，用人单位认为仲裁裁决为终局裁决，直接向中级人民法院申请撤销的，应如何处理

关键词

用人单位　申请撤销仲裁

最高人民法院司法解释

第二条　仲裁裁决的类型以仲裁裁决书确定为准。

仲裁裁决书未载明该裁决为终局裁决或非终局裁决，用人单位不服该仲裁裁决向基层人民法院起诉的，应当按照以下情形分别处理：

（一）经审查认为该仲裁裁决为非终局裁决的，基层人民法院应予受理；

（二）经审查认为该仲裁裁决为终局裁决的，基层人民法院不予受理，但应告知用人单位可以自收到不予受理裁定书之日起三十日内向劳动争议仲裁机构所在地的中级人民法院申请撤销该仲裁裁决；已经受理的，裁定驳回起诉。

——《最高人民法院关于审理劳动争议案件案件适用法律若干问题的解释（一）》（2020 年 12 月 29 日，法释〔2020〕26 号）。

附录：最高人民法院主流观点

《劳动争议解释（四）》第二条[①] 主要解决的是在仲裁裁决书未载明该裁决为终局裁决或非终局裁决的情况下，用人单位不服该仲裁裁决而直接向基层人民法院起诉应如何处理的问题。该问题假设的前提用人单位认为未载明仲裁裁决类型的仲裁裁决书为非终局裁决，因而其可以根据《劳动争议调解仲裁法》第五十条规定，向基层人民法院提起诉讼。因为仲裁机构并未就仲裁决的类型加以认定，同样会出现用人单位认为仲裁裁决为终局裁决的情形，用人单位直接向劳动人事争议仲裁委员会所在地的中级人民法院申请撤销该仲裁裁决，中级人民法院该如何处理呢？我们认为，中级人民法院应当参照该条规定予以处理。

① 现为《最高人民法院关于审理劳动争议案件案件适用法律若干问题的解释（一）》（2020 年 12 月 29 日，法释〔2020〕26 号）第十八条。

具体来讲，中级人民法院应当就用人单位申请撤销的仲裁裁决的类型进行审查，并按照以下情形分别处理：（一）经审查认为该仲裁裁决为非终局裁决的，中级人民法院应不予受理，应告知用人单位可以自收到不予受理裁定书之日起十五日内向用人单位所在地或者劳动合同履行地的基层人民法院起诉，已经受理的，裁定驳回起诉；（二）经审查认为该仲裁裁决为终局裁决的，中级人民法院应予受理。因中级人民法院受理的申请撤销仲裁裁决的案件必须是产生法律效力的仲裁裁决，而终局裁决一经作出即产生法律效力，非终局裁决则不立即生效，故正确审查仲裁裁决类型，对于正确指引用人单位行使诉权显得尤为重要。

需要注意一点，在仲裁裁决未载明裁决类型的情况下，用人单位很少会主动选择向中级人民法院申请撤销仲裁裁决作为救济途径，而一般都是会主动选择向基层人民法院起诉作为救济途径的首选。这倒不是因为我国长期以来实行“一裁二审”劳动争议处理机制的习惯使然，而是因为向基层法院提起诉讼比起向中级法院申请撤销仲裁裁决更有利于保护自己的权益。我国立法为确保一裁终局制度更好地落实，虽为用人单位设立了救济途径，但为防止用人单位滥用，又设置了更为严格的限制条件，才能申请撤销仲裁裁决，这些条件集中规定在《劳动争议调解仲裁法》第四十九条，具体情形有：（一）适用法律、法规确有错误的；（二）劳动争议仲裁委员会无管辖权的；（三）违反法定程序的；（四）裁决所根据的证据是伪造的；（五）对方当事人隐瞒了足以影响公正裁决的证据的；（六）仲裁员在仲裁该案时有索贿受贿、徇私舞弊、枉法裁决行为的。人民法院经组成合议庭审查核实裁决有前款规定情形之一的，应当裁定撤销。相比申请撤销仲裁裁决之严格，用人单位以非终局裁决为由直接向基层人民法院起诉基本没有什么限制，容易得多。但既然存在上述情形，就有探讨之必要。

——最高人民法院民事审判第一庭编著：《最高人民法院劳动争议司法解释（四）理解与适用》，人民法院出版社 2013 年版，第 53 页。

五、劳动报酬

1584. 劳动者以用人单位拖欠劳动报酬为由，主张对用人单位动产行使留置权的，不予支持

关键词

返还原物　留置权　拖欠劳动报酬

最高人民法院公报案例

长三角商品交易所有限公司诉卢海云返还原物纠纷案（无锡市中级人民法院民事判决书）

裁判摘要：留置权是平等主体之间实现债权的担保方式；除企业之间留置的以外，债权人留置的动产，应当与债权属于同一法律关系。劳动关系主体双方在履行劳动合同过程中处于管理与被管理的不平等关系。劳动者以用人单位拖欠劳动报酬为由，主张对用人单位供其使用的工具、物品等动产行使留置权，因此类动产不是劳动合同关系的标的物，与劳动债权不属于同一法律关系，故人民法院不予支持该主张。

无锡市中级人民法院认为：留置权是平等主体之间实现债权的担保方式；除企业之间留置的以外，债权人留置的动产，应当与债权属于同一法律关系。劳动关系主体双方在履行劳动合同过程中处于管理与被管理的不平等关系。劳动者以用人单位拖欠劳动报酬为由，主张对用人单位供其使用的工具、物品等动产行使留置权，因此类动产不是劳动合同关系的标的物，与劳动债权不属于同一法律关系，故该主张与法律规定相悖。上诉人长三角公司的上诉理由成立，应予采纳。理由如下：

1. 基于劳动关系产生的债权不能行使留置权。《物权法》第 230 条[①] 规定“债务人不履行到期债务，债权人可以留置已经合法占有的债务人的动产，并有权就该动产优先受偿”；第 231 条规定“债权人留置的动产，应当与债权

① 对应《民法典》第四百四十七条。

属于同一法律关系，但企业之间留置的除外”。根据法律规定及法律体系的架构，留置权的行使要件之一应为存在平等主体间的债权债务关系。留置权是担保物权之一，规定在我国的《民法通则》《担保法》《物权法》等民法体系中，其调整对象应是平等主体间的民事担保关系，排除因管理行为产生的债权债务对担保法的运用。留置权在性质上是平等主体间实现债权的一种方式，其平等性表现在债权人可通过留置债务人的动产对抗债务人，督促其履行债务，并可通过对留置物进行变价优先受偿来保护债权。而劳动关系一方为用人单位，另一方为劳动者，与一般的民事关系相比，双方在履行劳动合同过程中处于管理和被管理的不平等关系，劳动者不能基于劳动管理关系而对所占有的用人单位的财产适用留置，否则将导致劳动管理秩序的紊乱。我国的劳动法及劳动合同法已经对劳动者的合法权利设置了倾斜性保护条款，劳动者完全可以通过法定的正当途径保护自己的劳动债权，如再使用私力救济方式保护劳动债权，不仅影响劳动生产和管理秩序，还将造成债权债务保护的不公平性。另外，由于留置权具有优先受偿性，不仅优于一般债权人，还优先于享有抵押权、质押权人的其他债权人，而劳资纠纷产生于用人单位与劳动者之间，本质上系经济组织的内部纠纷，从用人单位与劳动者共担经营风险的角度而言，也不应通过行使留置权而优先于外部债权人受偿。

2. 被上诉人卢海云所扣留的苏B××××× 轿车，不是双方劳动合同关系的标的物，不符合“同一法律关系”的构成要件。除企业间留置外，留置的动产应与债权属于同一法律关系。这实际上对留置的动产范围作了严格限定。所谓同一法律关系，是指债权人占有动产是基于与其债权发生的同一法律关系发生，动产与债权发生具有紧密联系性。劳动合同的基本法律关系为劳动者承担向用人单位提供劳动和接受用人单位管理的义务，并有权要求用人单位依约支付劳动报酬。本案中，卢海云被上诉人长三角公司安排在管理岗位，分管行政事务、财务以及人事工作，因此卢海云所扣留的苏B××××× 轿车，仅仅是长三角公司为公司高管出行提供的便利，并非是双方建立的劳动关系的标的物，长三角公司可以随时收回车辆也并不影响原有劳动关系的履行，长三角公司是基于所有权而不是基于劳动关系要求卢海云返还车辆，因此卢海云占有苏B××××× 轿车与其主张的工资、社保金等劳动债权并非基于同一法律关系。

3. 双方劳动关系已经解除，被上诉人卢海云丧失合法占有苏B××××× 轿车的基础。作为上诉人长三角公司高管所享受的便利，卢海云合法占有苏B××××× 轿车是有时间限制和条件限制的，在双方劳动关系解除后，卢海云合法占有苏B××××× 轿车的条件已不存在，理应向长三角公司返还苏B××××× 轿车。

——《最高人民法院公报》2017 年第 1 期。

1585. 用人单位向劳动者支付的补助、补贴等是否应当计入职工工资总额

关键词

用人单位　补助、补贴　职工工资总额

附录：民事审判信箱

问：在审理劳动争议案件时，经常需要面临的问题就是确定劳动者的工资总额。在计算劳动者工资总额时，由于目前各用人单位发放的工资项目繁杂，当事人之间对一些补助、补贴是否应当计入工资总额往往容易产生争议。这些补助、补贴究竟是否应当计入劳动者的工资总额中呢？

答：从理论上看，劳动者的工资应当是其基于向用人单位提供劳动所获得的相应报酬。对于劳动者工资的具体组成，由于实践中的情况较为复杂，劳动法、劳动合同法及司法解释等对此没有作出明确具体的规定。但在1990年1月1日国家统计局经国务院批准发布的《关于工资总额组成的规定》中，对劳动者工资总额的组成予以了明确规定，即劳动者工资主要由六个部分组成：计时工资、计件工资、奖金、津贴和补贴、加班加点工资、特殊情况下支付的工资。该规定还对以上六种工资组成部分的具体内涵及外延进行了相应规定。根据这一规定，计入劳动者工资总额中的津贴和补贴，是指为了补偿职工特殊或额外的劳动消耗和因其他特殊原因支付给职工的津贴，以及为了保证职工工资水平不受物价影响支付给职工的物价补贴。一般包括补偿职工特殊或额外劳动消耗的津贴，如保健性津贴、技术性津贴、年功性津贴及其他津贴，以及为保证职工工资水平不受物价上涨或变动影响而支付的各种补贴。国家统计局于同日发布的《关于工资总额组成的规定若干具体范围的解释》第四条中，对于工资总额中不包括的项目和范围也进行了相应规定，根据这一解释规定，劳动保险和职工福利、劳动保护方面的各种收入待遇，均不应计入工资总额，比如生活困难补贴、集体福利费、上下班交通补贴、取暖补贴、洗理费等。以上规定在我们审理劳动争议案件时，可以参照适用，从而较为合理地确定劳动者具体的工资组成和工资总额。结合劳动者工资的性质和上述规定精神可以看出，在审理劳动争议案件需要确定劳动者工资总额的时候，不能对用人单位发放给劳动者的补助、补贴等一概而论，认为均应或者均不应计入劳动者的工资总额，而是应当具体分析这些补助、补贴的性质。需要注意的是，由于各地的房改政策不尽相同，所以用人单位发放给劳动者的住房补贴是否应当计入工资总额，还应结合各地的实际情况具体予

以区分，对于那些专款专用，劳动者不能自由支配的住房补贴，一般不应作为工资对待，而对于那些以现金形式发放给劳动者，并且劳动者可以自由支配的住房补贴，则可以考虑计入工资总额。

——本书研究组:《用人单位向劳动者支付的补助、补贴等是否应当计入职工工资总额》，载最高人民法院民事审判第一庭编:《民事审判指导与参考》2013 年第 3 辑（总第 55 辑），人民法院出版社 2014 年版，第 238 页。

1586. 劳动者有权拒绝用人单位以虚拟货币支付工资

关键词

虚拟货币　支付工资　用人单位

最高人民法院公布的典型案例

沈某某诉胡某、邓某劳动争议案

裁判要旨：用人单位应当按照劳动合同约定和国家规定，向劳动者及时足额支付劳动报酬。根据相关规定，工资应当以法定货币支付，以虚拟货币支付劳动报酬明显违反法律规定。

一、基本案情

2019 年 5 月 20 日，沈某某入职某公司并签订劳动合同，约定月工资 5 万元。沈某某的月工资实际以 2574 元人民币加一定数额某虚拟货币的方式支付。2020 年 10 月 17 日，沈某某因个人原因辞职。2020 年 11 月 27 日，某公司注销，胡某、邓某系公司股东。后沈某某向人民法院起诉请求胡某、邓某支付工资等人民币 53 万余元。

二、裁判结果

审理法院认为，用人单位应当按照劳动合同约定和国家规定，向劳动者及时足额支付劳动报酬。《中华人民共和国中国人民银行法》第十六条规定，中华人民共和国的法定货币是人民币。《工资支付暂行规定》第五条规定:“工资应当以法定货币支付。不得以实物及有价证券替代货币支付。”以虚拟货币作为工资支付给劳动者违反法律规定，应认定为无效。胡某称应以虚拟货币支付工资的主张于法无据，沈某某要求以人民币支付工资符合法律规定，应予以支持。胡某、邓某办理公司注销时承诺的公司不存在未结清工资事宜与事实不符，应对某公司的债务承担责任。故判决胡某、邓某支付沈某某工资等合计人民币 278199.74 元。

三、典型意义

根据相关规定，工资应当以法定货币支付，以虚拟货币支付劳动报酬明显违反法律规定。本案旗帜鲜明地否定了以虚拟货币支付工资行为的合法性，有利于规范企业用工，维护劳动者合法权益，增强劳动者和用人单位双方的风险防范意识和法律意识，对于构建和谐劳动关系、彰显诚信价值、优化营商环境、维护经济金融秩序和社会稳定具有积极意义，弘扬了法治、诚信的社会主义核心价值观。

——《最高人民法院第三批人民法院大力弘扬社会主义核心价值观典型民事案例》(2023年3月1日)。

1587. 如何理解当地最低工资标准

关键词

最低工资标准　仲裁机构所在地　劳动报酬

最高人民法院司法解释

第十九条　仲裁裁决书未载明该裁决为终局裁决或者非终局裁决，劳动者依据调解仲裁法第四十七条第一项规定，追索劳动报酬、工伤医疗费、经济补偿或者赔偿金，如果仲裁裁决涉及数项，每项确定的数额均不超过当地月最低工资标准十二个月金额的，应当按照终局裁决处理。

——《最高人民法院关于审理劳动争议案件适用法律问题的解释（一）》(2020年12月29日，法释〔2020〕26号)。

附录：最高人民法院主流观点

最低工资标准，是国家依法规定的，当职工在法定工作时间或依法签订的劳动合同约定的工作时间内提供了正常劳动的前提下，用人单位在最低限度内应当支付的足以维持职工及其平均供养人口基本生活需要的劳动报酬，即工资的法定最低限额。根据《最低工资规定》，确定和调整最低工资标准，应参考当地就业者及其赡养人口的最低生活费用、城镇居民消费价格指数、职工个人缴纳的社会保险费和住房公积金、职工平均工资、经济发展水平、就业状况等因素。因各地经济发展水平的差异，各省、自治区、直辖市的最低工资标准均有所差异。并且伴随经济水平的发展，最低工资标准并非一成不变而是根据前述相关因素的变化适时进行调整的，根据《最低工资规定》，最低工资标准至少两年调整一次。可见，最低工资标准因地域不同、时间点不同而有很大的差异。因最低工资标准并非固定不变，《最高人民法院关于审理劳动争议案件适用法律问题的解释（一）》第十九条规定按照当地最低工资标准12个月作为判断终局裁决的标准，在具体实践适用中自然也会产生不同的理解，不同观点自然也是围绕地域和时间点的确定标准展开。我们认为，关于“当地”这一地域范围的理解，鉴于终局裁决判断标准是以仲裁裁决为标准，应当按照仲裁机构所在地作为计算最低工资标准的地域条件，一方面与本解释规定的以仲裁裁决为判断标准保持地理上的一致性，另一方面也便于仲裁机构统一适用标准，防止按照不同标准认定终局裁决的情形出现。关于最低工资标准的时间节点认定，也存在一定分歧，是以相关报酬及赔偿应当支付时间为节点，还是以劳动合同解除或终止时为节点，再或者以仲裁裁决作出时为节点？我们认为，以仲裁裁决作出时的最低工资标准作为判断依据更为合理，主要理由是：一是以该时点作为判断标准与以“仲裁裁决”认定的数额为判断标准更趋于一致。二是劳动合同解除或终止的时间以及相关请求应当支付的时间具有“不确定性”，这种不确定性一方面表现在劳动者与用人单位对于解除、终止、工资支付等问题往往有很大分歧，最终的时间是通过仲裁进行认定的；另一方面表现在支付工资、支付补偿或赔偿金的时间往往存在不一致性，如工资的支付时间是提供劳动对应月，而经济补偿或赔偿的支付时间是发生解除或终止等法定事由。而采用仲裁裁决作出时这一时间作为认定标准，更为明确统一。三是最低工资标准随着时间的推移始终处于不断增长的状态，按照裁决作出时计算最低工资标准得出的金额高于其他时点，更有利于一裁终局制度立法目的的实现，也更有利于保护劳动者的合法权益。

——最高人民法院民事审判第一庭编著：《最高人民法院新劳动争议司法解释（一）理解与适用》，人民法院出版社2021年版，第241~242页。

1588. 工资数额约定不明，依据同期市场标准确定

关键词

工资数额　约定不明　市场标准

最高人民法院公布的典型案例

王某某诉被告钟某某、王某贵船员劳务合同纠纷案

裁判要旨：当事人之间对船员工资的标准未做书面约定并发生争议的，船员主张以不低于同时期市场平均标准确定工资标准，应予支持。

一、基本案情

2018年8月24日，王某某经人介绍到钟某某经营的“辽大旅渔1039号”渔船上担任普通船员，双方口头约定工作时间自2018年8月24日至12月31日，工资为5万元。2019年1月1日，渔船靠港，王某某在船上继续工作至1月6日。工作期间，王某某请假11天，实际工作125天。钟某某通过微信转账、银行转账及现金方式实际给付28000元。另，王某贵系钟某某岳父，负责船员和船舶的日常管理。

大连海事法院审理过程中，双方对于工资标准发生争议，王某贵主张工作期间的工资标准为4万元，王某某主张工作期间的工资标准为5万元，并声称因其已在钟某某经营的渔船工作过一年，考虑到工作岗位熟悉，故双方口头商定的工资标准已低于同时期市场平均标准，王某贵所述工资标准则明显低于市场平均标准。

二、裁判结果

王某某与钟某某虽未签订书面船员劳务合同，但王某某已上船工作，钟某某也在王某某工作期间向其支付了部分工资，故双方之间存在船员劳务合同关系。依照《中华人民共和国合同法》第一百零七条[①]规定，当事人一方不履行合同义务或者履行合同义务不符合约定的，应当承担继续履行的违约责任。本案中，王某某已完成船员劳务工作，钟某某应及时全面履行工资给付义务，其拒不履行给付义务，应承担相应违约责任。故对王某某提出的给付拖欠工资主张，大连海事法院予以支持，并判决钟某某于本判决生效之日起十日内给付王某某工资20076元。双方当事人均未上诉。

三、典型意义

目前，规模较小的船公司或个体船东在船员用工方面不规范的现象不同程度存在，双方对工资仅有口头约定，或约定不明甚至未做约定的情况时常出现。无论是运输作业，还是渔船作业，在一定时期内，不同工种、不同级别的船员工资通常存在一个市场行情，有些信息平台定期发布相关的工资标准。在可以确定船员在一定时期内为船舶所有人提供了劳动或劳务的前提下，可根据船员的工种和级别，依据同时期的市场工资标准，确定船员应获得的工资数额。当事人之间对船员工资的标准未做书面约定并发生争议的，船员主张以不低于同时期市场平均标准确定工资标准，应予支持。

——《最高人民法院关于船员权益保护典型案例》（2020年6月24日）。

① 对应《民法典》第五百七十七条。

1589. 劳动者主张“视为订立劳动合同”期间的第二倍工资的不予认可

关键词

未订立书面合同 无固定期限劳动合同 第二倍工资

最高人民法院司法政策精神

二十、用人单位自用工之日起满一年未与劳动者订立书面劳动合同，视为自用工之日起满一年的当日已经与劳动者订立无固定期限劳动合同。

存在前款情形，劳动者以用人单位未订立书面劳动合同为由要求用人单位支付自用工之日起满一年之后的第二倍工资的，劳动人事争议仲裁委员会、人民法院不予支持。

——人力资源社会保障部、最高人民法院《关于劳动人事争议仲裁与诉讼衔接有关问题的意见（一）》（2022 年 2 月 21 日，人社部发〔2022〕9 号）。

1590. 劳动者完成用人单位规定的奖金条件，用人单位应当按照规定发放奖金

关键词

追索劳动报酬 审批义务 奖金

最高人民法院指导性案例

彭宇翔诉南京市城市建设开发（集团）有限责任公司追索劳动报酬纠纷案（最高人民法院指导案例 182 号）

裁判要点：用人单位规定劳动者在完成一定绩效后可以获得奖金，其无正当理由拒绝履行审批义务，符合奖励条件的劳动者主张获奖条件成就，用人单位应当按照规定发放奖金的，人民法院应予支持。

法院生效裁判认为：本案争议焦点为城开公司应否依据《奖励办法》向彭宇翔所在的投资开发部发放无锡红梅新天地等六项目奖励。

首先，从《奖励办法》设置的奖励对象来看，投资开发部以引进项目为

主要职责，且在城开公司引进各类项目中起主导作用，故其系该文适格的被奖主体；从《奖励办法》设置的奖励条件来看，投资开发部已成功为城开公司引进符合城开公司战略发展目标的无锡红梅新天地、扬州 GZ051 地块、如皋约克小镇、徐州焦庄、高邮鸿基万和城、徐州彭城机械六项目，符合该文规定的受奖条件。故就案涉六项目而言，彭宇翔所在的投资开发部形式上已满足用人单位规定的奖励申领条件。城开公司不同意发放相应的奖励，应当说明理由并对此举证证明。但本案中城开公司无法证明无锡红梅新天地项目、如皋约克小镇项目存在亏损，也不能证明彭宇翔在二项目中确实存在失职行为，其关于彭宇翔不应重复获奖的主张亦因欠缺相应依据而无法成立。故而，城开公司主张彭宇翔所在的投资开发部实质不符合依据《奖励办法》获得奖励的理由法院不予采纳。

其次，案涉六项目奖励申请未经审核或审批程序尚未完成，不能成为城开公司拒绝支付彭宇翔项目奖金的理由。城开公司作为奖金的设立者，有权设定相应的考核标准、考核或审批流程。其中，考核标准系员工能否获奖的实质性评价因素，考核流程则属于城开公司为实现其考核权所设置的程序性流程。在无特殊规定的前提下，因流程本身并不涉及奖励评判标准，故而是否经过审批流程不能成为员工能否获得奖金的实质评价要素。城开公司也不应以六项目的审批流程未启动或未完成为由，试图阻却彭宇翔获取奖金的实体权利的实现。此外，对劳动者的奖励申请进行实体审批，不仅是用人单位的权利，也是用人单位的义务。本案中，《奖励办法》所设立的奖励系城开公司为鼓励员工进行创造性劳动所承诺给员工的超额劳动报酬，其性质上属于《国家统计局关于工资总额组成的规定》第 7 条规定中的“其他奖金”，此时《奖励办法》不仅应视为城开公司基于用工自主权而对员工行使的单方激励行为，还应视为城开公司与包括彭宇翔在内的不特定员工就该项奖励的获取形成的约定。现彭宇翔通过努力达到《奖励办法》所设奖励的获取条件，其向城开公司提出申请要求兑现该超额劳动报酬，无论是基于诚实信用原则，还是基于按劳取酬原则，城开公司皆有义务启动审核程序对该奖励申请进行核查，以确定彭宇翔关于奖金的权利能否实现。如城开公司拒绝审核，应说明合理理由。本案中，城开公司关于彭宇翔存在失职行为及案涉项目存在亏损的主张因欠缺事实依据不能成立，该公司也不能对不予审核的行为作出合理解释，其拒绝履行审批义务的行为已损害彭宇翔的合法权益，对此应承担相应的不利后果。

综上，法院认定案涉六项目奖励的条件成就，城开公司应当依据《奖励办法》向彭宇翔所在的投资开发部发放奖励。

——《最高人民法院关于发布第 32 批指导性案例的通知》（2022 年 7 月 4 日，法〔2022〕167 号）。

说明

指导案例 182 号《彭宇翔诉南京市城市建设开发（集团）有限责任公司追索劳动报酬纠纷案》，明确了用人单位规定劳动者在完成一定绩效后可以获得奖金，对符合条件的劳动者申请发放奖金的，有义务进行审查。用人单位无正当理由拒绝履行审批义务，劳动者向人民法院主张获奖条件成就，用人单位应当按照规定发放奖金的，人民法院应予支持。本案例对于规范用人单位用工自主权，引导用人单位在劳动合同履行过程中秉持诚信原则，建立和谐、稳定、良性互动的劳动关系具有积极作用。

1591. 劳动合同的解除非因劳动者单方过失或主动辞职所致，劳动者可主张用人单位支付年终奖

关键词

劳动合同　离职　年终奖

最高人民法院指导性案例

房玥诉中美联泰大都会人寿保险有限公司劳动合同纠纷案（最高人民法院指导案例 183 号）

裁判要点：年终奖发放前离职的劳动者主张用人单位支付年终奖的，人民法院应当结合劳动者的离职原因、离职时间、工作表现以及对单位的贡献程度等因素进行综合考量。用人单位的规章制度规定年终奖发放前离职的劳动者不能享有年终奖，但劳动合同的解除非因劳动者单方过失或主动辞职所导致，且劳动者已经完成年度工作任务，用人单位不能证明劳动者的工作业绩及表现不符合年终奖发放标准，年终奖发放前离职的劳动者主张用人单位支付年终奖的，人民法院应予支持。

法院生效裁判认为：本案的争议焦点系用人单位以客观情况发生重大变化为依据解除劳动合同，导致劳动者不符合员工手册规定的年终奖发放条件时，劳动者是否可以获得相应的年终奖。对此，一审法院认为，大都会公司的《员工手册》明确规定了奖金发放情形，房玥在大都会公司发放 2017 年度奖金之前已经离职，不符合奖金发放情形，故对房玥要求 2017 年度奖金之请求不予支持。二审法院经过审理后认为，现行法律法规并没有强制规定年

终奖应如何发放，用人单位有权根据本单位的经营状况、员工的业绩表现等，自主确定奖金发放与否、发放条件及发放标准，但是用人单位制定的发放规则仍应遵循公平合理原则，对于在年终奖发放之前已经离职的劳动者可否获得年终奖，应当结合劳动者离职的原因、时间、工作表现和对单位的贡献程度等多方面因素综合考量。本案中，大都会公司对其组织架构进行调整，双方未能就劳动合同的变更达成一致，导致劳动合同被解除。房玥在大都会公司工作至 2017 年 12 月 29 日，此后两日系双休日，表明房玥在 2017 年度已在大都会公司工作满一年；在大都会公司未举证房玥的 2017 年度工作业绩、表现等方面不符合规定的情况下，可以认定房玥在该年度为大都会公司付出了一整年的劳动且正常履行了职责，为大都会公司作出了应有的贡献。基于上述理由，大都会公司关于房玥在年终奖发放月之前已离职而不能享有该笔奖金的主张缺乏合理性。故对房玥诉求大都会公司支付 2017 年度年终奖，应予支持。

——《最高人民法院关于发布第 32 批指导性案例的通知》（2022 年 7 月 4 日，法〔2022〕167 号）。

说明

指导案例 183 号《房玥诉中美联泰大都会人寿保险有限公司劳动合同纠纷案》，明确了虽然用人单位的规章制度规定年终奖发放前离职的劳动者不能享有年终奖，但是劳动合同的解除非因劳动者单方过失或主动辞职所致，且劳动者符合年终奖发放标准时，劳动者主张用人单位支付年终奖的，人民法院应当予以支持。本案例对人民法院审理涉年终奖的劳动争议案件具有指导意义，防止用人单位借规章制度之名侵害劳动者合法权益。

1592. 职工轮岗吃饭，工作任务并未减少，计薪时间不应扣除吃饭时间

关键词

劳动争议　计薪时间

最高人民法院裁判文书

重庆华润万家生活超市有限公司与任家会劳动争议案［最高人民法院（2017）最高法民再 25 号民事判决书］

裁判要旨：关于每天工作时长，华润超市主张工作时间段中含

有 1.5~2 小时吃饭时间，每周工作时间不超过 40 小时。但排班表上并未标注吃饭时间，也未有吃饭时间增加工作人员的安排，电子考勤卡亦未有吃饭时间刷卡记录，显系职工轮换吃饭，且吃饭期间的工作任务由其他人承担，每人工作任务并未因吃饭而减少，所以华润超市主张扣减 1.5~2 小时吃饭时间的主张无法支持。

最高人民法院认为：关于上班时间。根据双方当事人在法庭上的陈述，可以确认任家会每周工作时间为 6 天。关于每天工作时长，虽然华润超市认为排班表只是工作计划，不能据此认定具体工作时间，但并未否定每个班次工作时间：早早班时间 5：30~14：00，早班时间为 6：00~14：30，中班时间 10：00~18：30，晚班时间 14：00~ 清场，不同时期有细微差异，在一审中，华润超市认可清场时间为 22：00。华润超市主张工作时间段中含有 1.5~2 小时吃饭时间，每周工作时间不超过 40 小时。但排班表上并未标注吃饭时间，也未有吃饭时间增加工作人员的安排，电子考勤卡亦未有吃饭时间刷卡记录，显系职工轮换吃饭，且吃饭期间的工作任务由其他人承担，每人工作任务并未因吃饭而减少，所以华润超市主张扣减 1.5~2 小时吃饭时间的主张无法支持。据此可以认定，任家会每周工作时间为 6 天，每天工作 8 小时。

关于休息日加班天数。依据《国务院关于职工工作时间的规定》第三条规定，“职工每日工作 8 小时、每周工作 40 小时。”而任家会每周工作时间为 6 天，每天工作 8 小时，对每周超出法定工作时间的天数，应视为休息日加班。在任家会主张的 2011 年 3 月 1 日至 2012 年 6 月 30 日时间段内，共计 70 周。除 2011 年 9 月、2012 年 2 月、3 月工资表表明任家会存在请假外，华润超市未提交其他证据证明任家会存在其他请假情形，而病事假并非对加班的补休，都已经扣减了工资，且请假天数较少，因而不影响加班的认定。据此认定任家会休息日加班时间为 70 天。

关于休息日加班费。根据劳动法第四十四条第二项规定，“休息日安排劳动者工作又不能安排补休的，支付不低于工资的百分之二百的工资报酬。”日工资标准的计算方法为月基本工资除以法定工作天数，而根据《劳动和社会保障部关于职工全年月平均工作时间和工资折算问题的通知》，职工全年月平均工作天数为 20.92 天，故任家会应得休息日加班费为 $1577.08 \div 20.92 \times 70 \times 200\% = 10554.07$ 元。

——法信网。

六、社会保险

1593. 缴纳工伤保险费是单位的法定义务，不能由职工和单位约定排除

关键词

工伤保险　工伤认定　缴纳工伤保险费

最高人民法院公报案例

北京奥德清洁服务有限公司上海分公司诉上海市长宁区人力资源和社会保障局工伤认定案（上海市第三中级人民法院民事判决书）

裁判摘要：职工应当参加工伤保险，缴纳工伤保险费是用人单位的法定义务，不能由职工和用人单位协商排除用人单位的法定缴纳义务。认定工伤并不以用人单位是否缴纳工伤保险费为前提。用人单位未依法缴纳工伤保险费的，职工在被认定为工伤后可以依法请求用人单位承担相应的工伤保险待遇。

上海市第三中级人民法院认为：上诉人及原审第三人对长宁区人社局的职权依据、执法程序没有异议，被上诉人及原审第三人对汪朝云与上诉人的劳动关系亦无争议。该案的争议焦点是汪朝云在入职后向奥德公司提交的放弃缴纳社保申请能否构成不予认定工伤的理由。

根据《中华人民共和国社会保险法》的相关规定，职工应当参加基本养老保险、基本医疗保险、工伤保险、失业保险，由用人单位和职工共同缴纳相关保险费。这是保障公民在年老、疾病、工伤、失业等情况下，依法从国家和社会获得物质帮助的权利，也是法律明确规定的用人单位和个人的义务，并不是由职工和用人单位自由协商处分的权利。而且是否缴纳社会保险费与认定工伤并无直接关联，人社局受理工伤申请以及认定工伤并不以伤（亡）者是否缴纳社会保险为依据，只是未缴社会保险费用一旦发生工伤就无法从工伤保险基金中获得物质帮助的权利。故对奥德公司主张的汪朝云放弃缴纳社保申请不予认定工伤的理由不予采信。

——《最高人民法院公报》2020 年第 1 期。

1594. 享受养老保险待遇或者领取退休金人员的认定应以行政部门认定结果为准

关键词

养老保险待遇　领取退休金人员　行政审批

最高人民法院司法解释

第三十二条　用人单位与其招用的已经依法享受养老保险待遇或者领取退休金的人员发生用工争议而提起诉讼的，人民法院应当按劳务关系处理。

企业停薪留职人员、未达到法定退休年龄的内退人员、下岗待岗人员以及企业经营性停产放长假人员，因与新的用人单位发生用工争议而提起诉讼的，人民法院应当按劳动关系处理。

——《最高人民法院关于审理劳动争议案件适用法律问题的解释（一）》（2020 年 12 月 29 日，法释〔2020〕26 号）。

附录：最高人民法院主流观点

鉴于享受养老保险待遇是一个专业的行政审批程序，实务中人民法院如涉及对是否属于已依法享受养老保险待遇或者领取退休金人员进行认定，应以行政部门认定结果作为判断依据，不应根据劳动者的缴纳社保年限、年龄等因素自主作出判断。

——最高人民法院民事审判第一庭编著：《最高人民法院新劳动争议司法解释（一）理解与适用》，人民法院出版社 2021 年版，第 365 页。

1595. 实际施工人以投保人身份主张在赔偿款中扣除意外伤害保险金的，不予支持

关键词

提供劳务者受害责任纠纷　实际施工人　赔偿款　意外伤害保险金

最高人民法院公报案例

范仲兴、俞兰萍、高娟诉上海祥龙虞吉建设发展有限公司、黄正兵提供劳务者受害责任纠纷案（江苏省南通市中级人民法院民事判决书）

裁判摘要：根据《中华人民共和国建筑法》第四十八条规定，为职工参加工伤保险缴纳工伤保险费系建筑施工企业必须履行的法定义务，为从事危险作业的职工办理意外伤害保险并支付保险费系倡导性要求。建筑施工企业已为从事危险工作的职工办理意外伤害保险的，并不因此免除企业为职工缴纳工伤保险费的法定义务。根据《中华人民共和国保险法》第三十九条规定，投保人为与其有劳动关系的劳动者投保人身保险，不得指定被保险人及其近亲属以外的人为受益人。建筑施工企业作为投保人为劳动者投保团体意外伤害险，该保险的受益人只能是劳动者或其近亲属。劳动者在工作中发生人身伤亡事故，建筑施工企业或实际施工人以投保人身份主张在赔偿款中扣除意外伤害保险金，变相成为该保险受益人的，有违立法目的，依法不予支持。

江苏省南通市中级人民法院认为：首先，《中华人民共和国建筑法》第四十八条规定，建筑施工企业应当依法为职工参加工伤保险缴纳工伤保险费。鼓励企业为从事危险作业的职工办理意外伤害保险，支付保险费。即为职工缴纳工伤保险系建筑施工企业的法定义务，而为从事危险工作的职工办理意外伤害保险为倡导性规定，不具有强制性。法律鼓励施工企业为从事危险工作的职工办理意外伤害保险的目的在于为职工提供更多的保障，但并不免除施工企业为职工缴纳工伤保险的法定义务，如施工企业可以通过为职工办理意外伤害保险获赔的保险金抵销其对员工的赔偿责任，则相当于施工企业可以通过为职工办理意外伤害保险而免除缴纳工伤保险的法定义务，显然与该条的立法目的相违背。

其次，从意外伤害险的属性分析。团体意外伤害保险并非雇主责任险，该人身保险的受益人一般为被保险人或其指定的人。《中华人民共和国保险法》第三十九条规定，人身保险的受益人由被保险人或者投保人指定。投保人指定受益人时须经被保险人同意。投保人为与其有劳动关系的劳动者投保人身保险，不得指定被保险人及其近亲属以外的人为受益人。该条的立法本意在于，雇主和劳动者通常处于不平等状态，雇主在为劳动者投保意外伤害险时，可能会利用自身的强势地位将受益人指定为雇主，该行为势必损害处于弱势地位的劳动者合法权益，故该条明确雇主为劳动者投保人身保险时，受益人只能是被保险人及其近亲属。如施工单位或雇主为员工投保意外伤害险后可以直接在赔偿款中扣除该保险金，施工单位或雇主即成为实质意义上的受益人，有违本条立法本旨。本案中，被上诉人祥龙公司作为投保人为范洪昌购买团体意外险，该人身保险的受益人为范洪昌，范洪昌死亡后，其继承人有权继承该意外伤害保险金。即便祥龙公司为范洪昌投保意外伤害险的主观目的在于减轻自己的赔偿责任，但意外伤害险系人身险而非责任财产险，祥龙公司或被上诉人黄正兵如要减轻用工风险，应当依法为范洪昌缴纳工伤保险或购买雇主责任险，而非通过办理团体人身意外伤害险的方式替代强制性保险的投保义务。

其三，意外伤害保险的被保险人有权获得双重赔偿。《中华人民共和国保险法》第四十六条规定，被保险人因第三者的行为而发生死亡、伤残或者疾病等保险事故的，保险人向被保险人或者受益人给付保险金后，不享有向第三者追偿的权利，但被保险人或者受益人仍有权向第三者请求赔偿。根据该条规定，由于被保险人的生命、健康遭到损害，其损失无法用金钱衡量或弥补，被保险人或受益人可获得双重赔偿，此时不适用财产保险中的损失填补原则。本案中，范洪昌在为被上诉人黄正兵提供劳务的过程中受伤后死亡，其继承人有权依据意外伤害保险向保险公司主张保险金，也有权请求范洪昌的雇主黄正兵承担雇主赔偿责任。但保险公司给付保险金后，不享有向雇主黄正兵的追偿权。换言之，人身意外伤害保险金和人身损害死亡赔偿金均归属于范洪昌的继承人所有，投保人祥龙公司不享有任何权益，雇主黄正兵更无权主张从赔偿款中扣除 10 万元的意外伤害保险金。

——《最高人民法院公报》2021 年第 10 期。

1596. 用人单位欠缴、拒缴社会保险费等发生的争议，由社会保险管理部门解决处理，不属于人民法院的受案范围

关键词

欠缴、拒缴社会保险费　受案范围

最高人民法院裁判文书

侯永滨与红梅集团劳动争议纠纷案［最高人民法院（2017）最高法民申 1121 号民事裁定书］

裁判要旨：对于已经由用人单位为劳动者办理了社会保险手续，但因用人单位欠缴、拒缴社会保险费或者劳动者对缴费年限、缴费基数有异议等发生的争议，应由社会保险管理部门解决处理，不属于人民法院受理劳动争议案件的受案范围。

最高人民法院经审查认为，关于侯永滨诉请补缴社会保险金是否属于人民法院受理劳动争议案件受案范围的问题。依据《中华人民共和国劳动争议

调解仲裁法》第二条第四项的规定，因社会保险发生的争议，属于劳动争议。但是，并非所有的社会保险争议都属于人民法院受理劳动争议案件的范围，主要区分两种情形：1. 对于已经由用人单位为劳动者办理了社会保险手续，但因用人单位欠缴、拒缴社会保险费或者劳动者对缴费年限、缴费基数有异议等发生的争议，因《社会保险费征缴暂行条例》（国务院令第 259 号）、《劳动保障监察条例》（国务院令第 423 号）等行政法规赋予了劳动行政部门对用人单位为劳动者办理社会保险的专属管理权、监察权和处罚权，用人单位、劳动者和社会保险机构就欠费发生争议，是征收与缴纳之间的纠纷，属于行政管理的范畴，带有社会管理的性质，不是单一的劳动者与用人单位之间的社会保险争议。因此，此类纠纷应由社会保险管理部门解决处理，不属于人民法院受理劳动争议案件的受案范围。2. 对于用人单位没有为劳动者办理社会保险手续，且社会保险经办机构不能补办导致劳动者不能享受社会保险待遇，要求用人单位赔偿损失发生的争议，人民法院应予以受理。《最高人民法院关于审理劳动争议案件适用法律若干问题的解释（三）》第一条[①]所规定的人民法院应予受理的社会保险争议即是上述第二种情形，该条规定："劳动者以用人单位未为其办理社会保险手续，且社会保险经办机构不能补办导致其无法享受社会保险待遇为由，要求用人单位赔偿损失而发生争议的，人民法院应予受理。"本案中，侯永滨诉请红梅集团补缴除医疗保险以外的养老、工伤、生育、失业等四种社会保险，但本案用人单位为其办理了医疗、养老、失业、工伤、生育的社会保险手续，其享有以上社会保险账户。据此，侯永滨关于补缴社会保险金的诉讼请求应属于上述第一种情形即已经由用人单位办理了社会保险手续，但因用人单位欠缴保险费引发的争议，不属于司法解释所规定的人民法院应予受理的情形，故本案一、二审法院认定侯永滨的该项诉讼请求不属于人民法院受理劳动争议案件的范围，适用法律并无不当。

——中国裁判文书网。

1597. 劳动者与用人单位因住房公积金发生的争议，应当由住房公积金管理中心负责催缴，不属于人民法院的受案范围

关键词

住房公积金　受案范围

① 现为《关于审理劳动争议案件适用法律问题的解释（一）》（2020 年 12 月 25 日，法释〔2020〕26 号）第一条第五项。

最高人民法院裁判文书

侯永滨与红梅集团劳动争议纠纷案［最高人民法院（2017）最高法民申1121号民事裁定书］

裁判要旨：劳动者与用人单位因住房公积金发生的争议，应当由住房公积金管理中心负责催缴，不属于人民法院的受案范围。

最高人民法院经审查认为，关于侯永滨诉请补缴住房公积金是否属于人民法院受理劳动争议案件受案范围的问题。根据国务院《住房公积金管理条例》第三十七条规定："违反本条例的规定，单位不办理住房公积金缴存登记或者不为本单位职工办理住房公积金账户设立手续的，由住房公积金管理中心责令限期办理；逾期不办理的，处1万元以上5万元以下的罚款。"第三十八条规定："违反本条例的规定，单位逾期不缴或者少缴住房公积金的，由住房公积金管理中心责令限期缴存；逾期仍不缴存的，可以申请人民法院强制执行。"依据上述规定，劳动者与用人单位因住房公积金发生争议，应当由住房公积金管理中心负责催缴，故一、二审法院认定侯永滨要求红梅集团补缴其住房公积金的诉讼请求不属于人民法院受理劳动争议案件的范围，亦无不当。

——中国裁判文书网。

七、工　伤

1598. 在企业内退人员与原单位保留劳动关系的前提下，其到另一单位从事劳动、接受管理期间发生工伤事故的，应由新单位承担工伤待遇赔偿义务

关键词

劳动关系　工伤事故　企业内退人员　工伤待遇赔偿

最高人民法院公报案例

伏恒生等诉连云港开发区华源市政园林工程公司工伤待遇赔偿纠纷案（连云港市中级人民法院民事判决书）

裁判摘要：未达到法定退休年龄的企业内退人员，在与原用人单位保留劳动关系的前提下，到另一单位从事劳动、接受管理的，劳动者与新用人单位之间的用工关系为劳动关系。劳动者在新用人单位工作期间发生工伤事故的，新用人单位是工伤保险责任的赔偿主体，应由其承担工伤待遇赔偿的各项义务。

连云港市中级人民法院认为：当事人对自己的主张，有责任提供证据。本案中，上诉人华源公司并未提供合法有效的证据证明其主张。《工伤保险条例》第六十四条第二款规定，本条例所称本人工资，是指工伤职工因工作遭受事故伤害或者患职业病前12个月平均月缴费工资。一审法院关于2008年社保缴费工资基数的认定及相应工伤保险待遇的计算数额均无不当。

——《最高人民法院公报》2018年第3期。

1599. 工作原因、工作场所的认定，应当考虑是否与履行工作职责相关，是否在合理区域内受到伤害

关键词

工作场所　因工作原因　工伤

最高人民法院公报案例

孙立兴诉天津新技术产业园区劳动局工伤认定行政案（天津市高级人民法院行政判决书）

裁判摘要：根据《工伤保险条例》第十四条第（一）项规定，职工在工作时间和工作场所内，因工作原因受到事故伤害，应当认定为工伤。对该规定中的“工作场所”“因工作原因”应作全面、正确的理解。“工作场所”，是指职工从事职业活动的场所，在有多个工作场所的情形下，还包括职工来往于多个工作场所之间的必经区域；“因工作原因”，是指职工受伤与从事本职工作之间存在因果关系，即职工系因从事本职工作而受伤。除了工伤保险条例第十六条规定的因犯罪或者违反治安管理伤亡的、醉酒导致伤亡的、自残或者自杀等情形外，职工在从事工作中存在过失，不影响该因果关系的成立。

天津市高级人民法院认为：原审法院依据《工伤保险条例》第五条二款

的规定，认定上诉人具有负责本行政区域内的工伤保险工作的主体资格，受理工伤认定申请并作出工伤认定决定是其法定职权正确。原审判决认定上诉人行政程序合法，符合《工伤保险条例》的规定。各方当事人对原审判决认定被上诉人摔伤的事实经过均无异议。本案争议焦点是被上诉人孙立兴是否属于在工作场所因工作原因摔伤。关于是否“工作场所”。中力公司所在商业中心 8 楼的经营场所是被上诉人孙立兴的工作场所，被上诉人孙立兴因接受开车接人的工作任务，汽车是被上诉人孙立兴的又一工作场所，对此没有争议。被上诉人要开的汽车停放在商业中心一楼院内，被上诉人要完成开车的工作任务，从商业中心 8 楼下到一楼并通过一楼门口台阶，是被上诉人必经的空间，因该空间与被上诉人两个工作场所紧密相联的特殊性，一审法院将此空间范围认定为被上诉人的工作场所，符合立法本意；关于是否“工作原因”。上诉人关于被上诉人不是因为从事开车的任务导致其在台阶摔伤，被上诉人摔伤的直接原因是被上诉人精力不集中的个人原因，故被上诉人不符合《工伤保险条例》规定的“因工作原因”致伤的法定工伤条件的主张，因《工伤保险条例》未将工作任务与伤害结果之间的因果关系规定为认定工伤的法定条件，亦未将个人主观过错作为认定工伤的排除条件，故上诉人认为被上诉人摔伤不属于“因工作原因”的依据不足，本院不予支持。被上诉人孙立兴为完成开车任务而发生摔伤事故，应认定符合《工伤保险条例》“因工作原因”的工伤条件。

——《最高人民法院公报》2006 年第 5 期。

1600. 在用人单位解除劳动合同的情形下，用人单位仍有义务向工伤职工支付一次性伤残就业补助金

关键词

劳动合同解除　一次性伤残就业补助金

最高人民法院公报案例

侯宏军诉上海隆茂建筑装潢有限公司劳动合同纠纷案（上海市第一中级人民法院民事判决书）

裁判摘要：一次性伤残就业补助金是在终止或解除劳动合同时，工伤职工应当享受的由用人单位支付的费用。在用人单位解除劳动合同的情形下，用人单位仍有义务向工伤职工支付一次性伤残就业补助金。

上海市第一中级人民法院认为：本案的争议焦点是，当用人单位解除劳动合同时，用人单位是否应当向工伤职工支付一次性工伤医疗补助金与一次性伤残就业补助金。

关于上诉人侯宏军主张的一次性工伤医疗补助金，根据《工伤保险条例》第三十七条第二款的规定，因工致残被鉴定为七级至十级伤残的工伤人员，在劳动合同期满终止或工伤人员本人提出解除劳动合同的情况下，可享受由工伤保险基金支付一次性工伤医疗补助金。本案中，被上诉人隆茂公司为侯宏军办理了 2011 年 7 月至 2012 年 7 月期间的上海市城镇社会保险费，隆茂公司并非支付一次性工伤医疗补助金的责任主体，故侯宏军要求隆茂公司支付一次性工伤医疗补助金的上诉请求缺乏法律依据，不予支持。

关于上诉人侯宏军主张的一次性伤残就业补助金，一次性伤残就业补助金等工伤保险待遇是对职工因工作原因受到伤害而给予的补救和补偿，它不应受劳动关系解除原因等因素的影响。首先，《中华人民共和国社会保险法》第三十九条第三款明确规定，终止或者解除劳动合同时，工伤职工应当享受的一次性伤残就业补助金，按照国家规定由用人单位支付。该规定仅将终止或解除劳动合同作为工伤职工享受一次性伤残就业补助金的前提条件，并未将合同解除方式与原因作为支付一次性伤残就业补助金的前提条件。其次，根据《工伤保险条例》第四十二条的规定，工伤职工仅在丧失享受待遇条件、拒不接受劳动能力鉴定、拒绝治疗的情况下，停止享受工伤保险待遇，用人单位解除劳动合同并不属于工伤职工停止享受工伤保险待遇的情形。再次，举轻以明重，《工伤保险条例》第三十七条第二款规定在工伤职工主动提出解除劳动合同及劳动合同期限终止时，用人单位尚需支付一次性伤残就业补助金，那么用人单位在主动解除劳动合同时支付一次性伤残就业补助金，更是理所当然的。故被上诉人隆茂公司应支付侯宏军一次性伤残就业补助金，侯宏军的相关上诉请求，予以支持。至于侯宏军提出的其余上诉请求，因均未经仲裁前置程序，故在本案中均不予处理。

——《最高人民法院公报》2015 年第 11 期。

1601. 用人单位与劳动者就工伤事故达成的赔偿协议，赔偿金额明显低于劳动者应当享受的工伤保险待遇，劳动者请求撤销该赔偿协议的，人民法院应予支持

关键词

工伤事故　赔偿协议　显失公平

最高人民法院公报案例

黄仲华诉刘三明债权人撤销权纠纷案（德阳市中级人民法院二审民事判决书）

裁判摘要：用人单位与劳动者就工伤事故达成赔偿协议，但约定的赔偿金额明显低于劳动者应当享受的工伤保险待遇的，应当认定为显失公平。劳动者请求撤销该赔偿协议的，人民法院应予支持。

广汉市人民法院一审认为：本案原告黄仲华要求撤销赔偿协议，并不涉及工伤赔偿的实体处理，案由应为撤销权纠纷而非劳动争议纠纷。广汉市亿达胶合板厂系个体工商户，业主为刘三明，被告主体应为刘三明本人而非广汉市亿达胶合板厂。原告在广汉市亿达胶合板厂上班期间受伤，因此而引起的相关责任应当由被告承担。在广汉市亿达胶合板厂向德阳市劳动和社会保障局申请了工伤认定后，原告与广汉市亿达胶合板厂就赔偿问题达成协议，虽然协议未加盖广汉市亿达胶合板厂的公章，但有经广汉市亿达胶合板厂认可的代表刘漳明签字，刘漳明的签字行为系职务行为，协议中的权利义务由广汉市亿达胶合板厂承担。该协议内容不违反国家法律规定，自双方签字时依法成立并生效。原告在广汉市亿达胶合板厂已向德阳市劳动和社会保障局提交了工伤认定申请的情况下，自愿放弃工伤认定和伤残等级鉴定，和广汉市亿达胶合板厂就赔偿事宜作了一次性了断，该协议是双方的真实意思表示，对当事人均有约束力。原告系完全民事行为能力人，对自己所作出的决定应当承担法律责任。应当认定本案当事人是在充分协商，自觉自愿的情况下签订了协议，并不存在《合同法》第54条①中规定的重大误解、显失公平等法定可撤销合同的行为。原告申请伤残程度鉴定并被评定为十级伤残，不能推翻双方就损害赔偿已达成协议并已实际履行的事实，故对原告的诉讼请求不应支持。

德阳市中级人民法院二审认为：

首先，关于本案案由及被告主体问题。民事案件案由应当依据当事人主张的民事法律关系的性质来确定。当事人在一审中请求撤销双方就工伤损害达成的赔偿协议，但其请求不涉及工伤赔偿的实体处理，故本案案由属合同纠纷项下的债权人撤销权纠纷。最高人民法院《劳动争议解释（二）》第9条规定："劳动者与起有字号的个体工商户产生的劳动争议诉讼，人民法院应当以营业执照上登记的字号为当事人，但应同时注明该字号业主的自然情况。"

① 对应《民法典》第一百四十七条、第一百五十一条。

最高人民法院《民通意见》第 41 条规定："起字号的个体工商户，在民事诉讼中，应以营业执照登记的户主（业主）为诉讼当事人，在诉讼文书中注明系某字号的户主。"本案双方当事人就工伤损害达成的赔偿协议具有一般合同的属性，故广汉市人民法院将本案按照一般民事诉讼处理，以业主刘三明为当事人，并无不妥，亦无损当事人的合法权益。

其次，关于赔偿协议的效力问题。最高人民法院《劳动争议解释（三）》第 10 条[①]规定："劳动者与用人单位就解除或者终止劳动合同办理相关手续、支付工资报酬、加班费、经济补偿金或者赔偿金等达成的协议，不违反法律、行政法规的强制性规定，且不存在欺诈、胁迫或者乘人之危情形的，应当认定有效。前款协议存在重大误解或者显失公平情形，当事人请求撤销的，人民法院应予支持。"本案中双方当事人就工伤损害达成的赔偿协议，不违反法律法规效力性强制规范，上诉人黄仲华主张协议违反强制性规定的上诉理由不能成立。

关于双方签订的协议是否构成显失公平的问题。所谓显失公平，是指双方当事人的权利义务明显不对等，使一方遭受重大不利。其构成要件为：双方当事人的权利义务明显不对等；这种不对等违反公平原则，超过了法律允许的限度；不属于因欺诈、胁迫、乘人之危、恶意串通损害他人利益等原因导致的显失公平。本案中上诉人黄仲华伤残等级为十级，其应获得的一次性伤残补助金为 7 个月本人工资，一次性工伤医疗补助金和一次性伤残就业补助金（为 10 个月统筹地区上年度平均工资）。被上诉人刘三明支付给上诉人的各项赔偿费用合计 6927.92 元（含医疗费），显著低于上诉人应取得的工伤保险待遇。另，一般的合同关系仅涉及双方当事人的财产权纠纷，而本案中，双方就工伤损害达成的赔偿协议虽具有一般合同的属性，但本案的处理并非针对简单的债权债务关系，而是涉及劳动者的生存权益。故综合考虑以上因素，法院认为，双方签订的赔偿协议导致双方权利义务不对等，使黄仲华遭受重大利益损失，构成显失公平。

——《最高人民法院公报》2013 年第 1 期。

1602. 工作人员因执行工作任务而使自己受到伤害的处理

关键词

工伤保险赔偿　用人单位　社会保险　无过错归责原则

---

① 现为《最高人民法院关于审理劳动争议案件适用法律问题的解释（一）》（2020 年 12 月 25 日，法释〔2020〕26 号）第三十五条。

《中华人民共和国民法典》条文

第一千一百九十一条 用人单位的工作人员因执行工作任务造成他人损害的，由用人单位承担侵权责任。用人单位承担侵权责任后，可以向有故意或者重大过失的工作人员追偿。

劳务派遣期间，被派遣的工作人员因执行工作任务造成他人损害的，由接受劳务派遣的用工单位承担侵权责任；劳务派遣单位有过错的，承担相应的责任。

附录：最高人民法院主流观点

《民法典》侵权责任编对此没有作出规定，实践中亦经常发生。有观点认为，用人单位应当依法为其工作人员缴纳社会保险（含工伤保险），当其工作人员在因执行工作任务而受到伤害时，该工作人员应当被认定为工伤，从而享受工伤保险待遇。因此受到伤害的该工作人员不能对用人单位提起民事损害赔偿诉讼，应当依照《工伤保险条例》的规定，向工伤保险机构请求工伤保险赔偿。我们认为，该观点仍有值得商榷的地方，应根据具体案情具体分析。在工作人员因工作而自己受到损害的场合，存在两种情况，法律适用各不相同。一种情况是用人单位无过错，工作人员发生工伤事故是其自身劳动保护意识不强或本身违反操作规程导致的，如劳动纪律松弛、安全意识淡薄、违法操作规程等，此时，劳动者只能按工伤保险待遇标准获得赔偿。按照《工伤保险条例》的规定，用人单位须对劳动者设立工伤保险，对用人单位而言，虽然这种保险是强制性社会保险，但其直接目的是为用人单位设立的责任保险，因此，工伤职工可以责任保险的受益人身份获得工伤保险赔付。用人单位虽在工伤事故中不存在过错，但工伤赔偿因遵循无过错归责原则，故工伤职工仍享有工伤赔偿的请求权。另一种情况是用人单位对工伤事故的造成存在重大过错，如管理不善、强迫加班等，此时，劳动者不仅构成工伤，而且用人单位对劳动者也构成一般民事侵权。这种情况下，劳动者既有获得工伤保险待遇的权利，也有获得民事赔偿的权利。当劳动者享受了工伤保险待遇后，用人单位不能因为保险赔付而免责，仍需承担民事损害赔偿责任。需要注意的是，因工伤赔偿与民事侵权系同一主体（用人单位），此种情况下应当贯彻工伤保险赔偿优先的原则，即劳动者应当优先请求工伤保险赔偿，然后再向用人单位主张工伤保险与民事赔偿差额部分的赔偿及要求给予精神损害赔偿等民事侵权责任。应当注意，劳动者不享有选择权，即劳动者不能先向用人单位主张民事侵权责任，然后再主张工伤保险赔偿。

——最高人民法院民法典贯彻实施工作领导小组编：《中华人民共和国民法典侵权责任编理解与适用》，人民法院出版社2020年版，第244~246页。

1603. 职工为上下班在合理时间内跨越城际往返于两地的合理路线，应当认定为“上下班途中”

关键词

工伤　上下班途中　合理路线

最高人民法院公报案例

王志国诉重庆市万州区人力资源和社会保障局工伤认定及重庆市人力资源和社会保障局行政复议案（重庆市第一中级人民法院行政判决书）

裁判摘要：职工的家庭住所地与工作地相隔两城，法定节假日或约定休息日期间，职工为上下班在合理时间内跨越城际往返于两地的合理路线，应当认定为《工伤保险条例》第十四条规定的“上下班途中”。

重庆市第一中级人民法院二审认为：上诉人万州区人社局作为该辖区的社会保险行政主管部门，具有作出万州人社伤险不认字〔2018〕8号《不予认定工伤决定书》的法定职责，其受理一审第三人长安跨越公司提出的工伤认定申请符合《工伤保险条例》的规定；一审被告市人社局作为万州区人社局的上级主管部门，受理被上诉人王志国提出的行政复议申请并作出渝人社复决字〔2018〕109号《行政复议决定书》，符合行政复议法的规定。

本案争议焦点是：被上诉人王志国遭遇交通事故时是否属于上班的合理时间即是否符合“上下班途中”。《工伤保险条例》第十四条规定：“职工有下列情形之一的，应当认定为工伤：（六）在上下班途中，受到非本人主要责任的交通事故或者城市轨道交通、客运轮渡、火车事故伤害的……”同时，《最高人民法院关于审理工伤保险行政案件若干问题的规定》第六条（一）项、（三）项规定，在合理时间内往返于工作地与住所地、经常居住地、单位宿舍的合理路线的上下班途中或者从事属于日常工作生活所需要的活动，且在合理时间和合理路线的上下班途中，社会保险行政部门认定为“上下班途中”的，法院应予支持。本案中，根据上诉人万州区人社局举示的《劳动合同》、工伤认定调查笔录，《道路交通事故认定书》等证据，结合庭审笔录中各方当事人的陈述，能够认定被上诉人王志国在一审第三人长安跨越公司工作，2018年4月7日18时许，乘坐公司为其配备的渝A2××××号小型客车，从居住地重庆市江北区出发前往公司所在地万州区，19时55分许车辆行驶至沪渝高速公路出城方向 1672 千米处与前车发生追尾交通事故致其受伤，王志国在此次交通事故中不承担事故责任的事实。上述证据相互印证，可以证明王志国是为了 4 月 8 日能准时上班而提前于 4 月 7 日 16 时许从距离万州 280 余公里的家中出发前往公司。虽然事发当日不是上班时间（“清明”小长假的最后一天），但因王志国属于异地工作，居家与工作地相距较远，放假回家后提前一天返回职工宿舍，既符合其平时的惯常往返方式也符合常理，同时亦符合公司《关于对渝万往返乘车安排的通知》第三条“乘车规定：（8）返万时间原则上为假期最后一日，……”的规定。王志国发生事故时是 4 月 7 日 19 时 50 分，已经是晚上，故其提前返回公司的时间处于合理范围内，并未过分提前超出必要限度。如果苛求王志国必须于 4 月 8 日当天工作日上班出行，才构成《工伤保险条例》“上下班途中”的要求，那么王志国须于当日凌晨 3 时左右就要出发前往万州才能按时到达工作岗位，显然既不符合人体生理条件也不符合常理，更不利于对异地工作劳动者的保护。因此，王志国事发当日提前返回公司宿舍休息，也是为了第二天能够正常上班不耽误，符合以“上下班为目的”基本条件，具有正当性和合理性，应当认定其发生交通事故时处于上班的合理时间。因此，王志国受伤符合《工伤保险条例》第十四条（六）项及《最高人民法院关于审理工伤保险行政案件若干问题的规定》第六条（一）项、（三）项之规定，应当认定为工伤。上诉人作出的万州人社伤险不认字〔2018〕8 号《不予认定工伤决定书》认定事实清楚，但适用法律错误，依法应予撤销。同理，一审被告市人社局作出的渝人社复决字〔2018〕109 号《行政复议决定书》亦属适用法律错误，同样应予撤销。上诉人认为王志国不是正常上班时间而受伤不应认定工伤的理由不能成立，法院不予支持。万州区人社局作出的万州人社伤险不认字〔2018〕8 号《不予认定工伤决定书》以及市人社局作出的渝人社复决字〔2018〕109 号《行政复议决定书》适用法律错误，一审予以撤销并无不当。上诉人的上诉理由及上诉请求均不能成立，依法不予支持。

——《最高人民法院公报》2022 年第 5 期。

1604. 劳动者因第三人侵权造成人身损害并构成工伤的，在停工留薪期间内，原工资福利待遇不变

关键词

第三人侵权　人身损害　停工留薪　福利待遇

最高人民法院公报案例

吴江市佳帆纺织有限公司诉周付坤工伤保险待遇纠纷案（江苏省苏州市中级人民法院二审民事判决书）

裁判摘要：劳动者因第三人侵权造成人身损害并构成工伤的，在停工留薪期间内，原工资福利待遇不变，由所在单位按月支付。用人单位以侵权人已向劳动者赔偿误工费为由，主张无须支付停工留薪期间工资的，人民法院不予支持。

江苏省苏州市中级人民法院认为：职工因工作遭受事故伤害进行治疗，享受工伤医疗待遇。本案中，被上诉人周付坤遭受工伤，应享受相应工伤待遇。因佳帆公司已为周付坤缴纳了社保，故周付坤可享有的一次性伤残补助金和一次性工伤医疗补助金应由工伤保险基金支付。

关于一次性伤残就业补助金。被上诉人周付坤构成十级伤残，上诉人佳帆公司应当支付周付坤一次性伤残就业补助金 15000 元。关于停工留薪期工资。周付坤因工伤休息 35 天，应视同其正常提供劳动而享有工资，一审酌定佳帆公司支付周付坤停工留薪期工资为 7028 元并无不当。关于佳帆公司认为周付坤系因第三人侵权构成工伤，其已经获得误工费赔偿，故不能同时享有停工留薪期工资。法院认为，一方面，现行法律并未禁止工伤职工同时享受工伤保险待遇和人身损害赔偿；另一方面，工伤保险待遇与民事侵权赔偿二者性质不同，前者属公法领域，基于社保法律关系发生，后者属私法领域，基于民事法律关系发生，不宜径行替代。

——《最高人民法院公报案例》2021 年第 6 期。

八、平等就业权

1605. 平等就业权纠纷与劳动争议、人事争议案由的关系

关键词

平等就业权　劳动合同　劳动关系

附录：最高人民法院主流观点

需要注意平等就业权纠纷与劳动争议、人事争议案由的关系。劳动争议一般以签订劳动合同或者存在劳动关系为前提，平等就业权纠纷往往发生在劳动合同订立和劳动关系形成前。需要注意的是，对于单位因性别歧视而未予招录、拒绝签订劳动合同引发的纠纷，可以适用平等就业权纠纷。对于招录后、签订劳动合同后因性别歧视而发生的纠纷，一般不适用平等就业权纠纷，而应当适用劳动争议、人事争议相关案由。

——杨万明主编、郭锋副主编、最高人民法院研究室编著：《最高人民法院新民事案件案由规定理解与适用》，人民法院出版社 2021 年版，第 97 页。

1606. 用人单位因劳动者的性别作出不合理的区别构成就业性别歧视

关键词

人格权纠纷　就业平等权　性别歧视

最高人民法院公报案例

梁某某诉广东惠食佳经济发展有限公司、广州市越秀区名豪轩鱼翅海鲜大酒楼人格权纠纷案（广东省广州市中级人民法院民事判决书）

裁判摘要：就业平等权不仅属于劳动者的劳动权利范畴，亦属劳动者作为自然人的人格权范畴。在招聘广告并未明确不招女性，对于并非不适宜女性从事的工作岗位，用人单位无不当理由仅因劳动者的性别而作出不合理的区别、限制以及排斥行为，构成就业性别歧视，侵犯了劳动者的平等就业权。

广东省广州市中级人民法院认为：本案二审的争议焦点为上诉人惠食佳公司、名豪轩酒楼是否侵犯了上诉人梁某某的就业平等权以及应否承担相应的民事责任问题。

对于上诉人惠食佳公司、名豪轩酒楼是否侵犯了上诉人梁某某的就业平等权的问题。一审法院根据双方当事人的诉辩、提交的证据对本案事实进行了认定，并在此基础上依法作出一审判决，合法合理，且理由阐述充分，应予以确认。虽然惠食佳公司、名豪轩酒楼主张其不存在性别歧视行为，但是从惠食佳公司发布仅限男性的招聘广告以及名豪轩酒楼前台工作人员告知梁某某“厨房学徒不要女的”“厨房里没有女工，都是男的”“公司规定厨房不招女工，即便具备厨师证也不行”“不招女工，你填了（表）也是没用”“不是说有没有实力的问题，这是管理的问题，就是如果不招女生的话就是不招”等行为可以看出，惠食佳公司、名豪轩酒楼在发布招聘广告以及招聘员工的过程中存在对女性应聘者进行区别、限制以及排斥的行为。而惠食佳公司、名豪轩酒楼所招聘的岗位并非不适合妇女的工种以及岗位。根据《中华人民共和国民法通则》第一百零五条之规定，妇女享有同男子平等的民事权利。又根据《中华人民共和国就业促进法》第三条之规定，劳动者依法享有平等就业和自主择业的权利。劳动者就业，不因民族、种族、性别、宗教信仰等不同而受歧视。惠食佳公司、名豪轩酒楼仅因招聘者性别而产生的区别、限制以及排斥的行为不具有合法以及合理性，损害了女性应聘者的就业平等权，应构成就业歧视中的性别歧视。虽然惠食佳公司、名豪轩酒楼针对梁某某所提交的系列证据均提出了异议，但是梁某某所提交的招聘广告网页公证书、录音录像以及证人证言等系列证据，相互印证，已经形成证据链，足以证明本案事实，故在惠食佳公司、名豪轩酒楼未能提出相反证据予以反驳之情况下，一审法院采纳梁某某所提交的证据，认定惠食佳公司、名豪轩酒楼存在性别歧视行为，并无不当，应予以维持。

关于上诉人惠食佳公司、名豪轩酒楼应否承担相应的民事责任问题。就业平等权系指劳动者不论民族、种族、性别、宗教信仰等不同，而依法享有平等就业、自主择业而不受歧视的权利。就业平等权不仅属于劳动者的劳动权利范畴，亦属劳动者作为自然人的人格权范畴。根据《中华人民共和国侵权责任法》第二条第一款[①]、第十五条[②]之规定，侵害民事权益，应当依照本法承担侵权责任。承担侵权责任的方式主要有：（一）停止侵害；（二）排除妨碍；（三）消除危险；（四）返还财产；（五）恢复原状；（六）赔偿损失；（七）赔礼道歉；（八）消除影响、恢复名誉。以上承担侵权责任的方式，可以单独适用，也可以合并适用。又根据《最高人民法院关于确定民事侵权精神损害赔偿责任若干问题的解释》第八条[③]之规定，因侵权致人精神损害，但未造成严重后果，受害人请求赔偿精神损害的，一般不予支持，人民法院可以根据情形判令侵权人停止侵害、恢复名誉、消除影响、赔礼道歉。因侵权致人精神损害，造成严重后果的，人民法院除判令侵权人承担停止侵害、恢复名誉、消除影响、赔礼道歉等民事责任外，可以根据受害人一方的请求判令其赔偿相应的精神损害抚慰金。惠食佳公司、名豪轩酒楼在招聘过程中仅

① 对应《民法典》第九百九十条。

② 对应《民法典》第一百七十九条。

③ 对应《民法典》第一千一百八十三条。

因招聘者性别而产生的区别、限制以及排斥的行为，损害了上诉人梁某某的就业平等权，给梁某某造成了一定的精神损害。惠食佳公司、名豪轩酒楼应该认识到自身行为的不当，故法院根据上述法律规定判令惠食佳公司、名豪轩酒楼向梁某某作出书面赔礼道歉并赔偿相应的精神损害抚慰金。关于精神损害抚慰金的数额问题。根据《最高人民法院关于确定民事侵权精神损害赔偿责任若干问题的解释》第十条[①]之规定，精神损害的赔偿数额根据以下因素确定：（一）侵权人的过错程度，法律另有规定的除外；（二）侵害的手段、场合、行为方式等具体情节；（三）侵权行为所造成的后果；（四）侵权人的获利情况；（五）侵权人承担责任的经济能力；（六）受诉法院所在地平均生活水平。梁某某上诉主张一审法院判决的精神损害赔偿金过低，并提交了相关的病历材料以及医疗发票等证据拟证明其所遭受的精神损害，但是惠食佳公司、名豪轩酒楼对此不予确认。鉴于法院已经判令惠食佳公司、名豪轩酒楼向梁某某作出书面赔礼道歉，而且一审法院已经综合考量了上述法律规定的各项因素以及本案的具体情况，酌定由惠食佳公司、名豪轩酒楼连带赔偿梁某某精神损失费 2000 元，属于一审法院自由裁量权范围，无明显不当，应予以维持。

——《最高人民法院公报》2021 年第 1 期。

1607. 招聘单位仅以性别原因拒绝录用应聘者构成侵权，应对给应聘者造成的直接经济损失和精神损害予以赔偿

关键词

招聘单位　性别歧视

最高人民法院公布的典型案例

邓某某诉某速递公司、某劳务公司一般人格权纠纷案

裁判要旨：招聘单位仅仅以性别原因拒绝录用应聘者构成侵权，对由此而给应聘者造成的直接经济损失予以赔偿，对于应聘者主张的精神损害抚慰金可根据招聘单位的过错程度以及对应聘者造成的损害后果酌情确定。

---

① 现为《最高人民法院关于确定民事侵权精神损害赔偿责任若干问题的解释》（2020 年修正）第五条。

（一）基本案情

某劳务公司在某同城网站上发布招聘信息，标题为“某速递员三千加计件”，任职资格：男。邓某某遂在线投递简历申请该职位，并于 2014 年 9 月 25 日到某速递公司进行了面试。邓某某主张其面试后并在某速递公司酒仙桥营投部试干了两天。邓某某称，根据试干结论，双方达成于 10 月 8 日签约的意向，某速递公司酒仙桥营投部主任戴某要求其先做入职体检，因此花费体检费 120 元。邓某某就此提交 2014 年 9 月 28 日其与戴某的谈话录音以及体检报告予以佐证。邓某某表示因 10 月 8 日未能签约，故其于 10 月 16 日给某速递公司人事专员打电话询问戴某的联系方式，后戴某让其联系李某。10 月 19 日邓某某给李某打电话询问不能签合同的原因，李某确认因为邓某某是女性所以某速递公司不批准签合同。邓某某就此提交 2014 年 10 月 19 日其与李某电话通话录像复制件予以证明（诉讼中，邓某某申请对该录像中画面是否经过剪辑修改、录音是否经过剪辑修改进行鉴定，邓某某交纳鉴定费 6450 元）。2015 年 3 月 31 日，邓某某向北京市长安公证处申请保全某劳务公司在其官网上发布快递员招聘单位及条件的网页，花费公证费 1000 元。邓某某称其应聘的快递员一职并不属于不适合妇女的工种或岗位，但某速递公司、某劳务公司仅因为邓某某是女性就表示不予考虑，导致邓某某受到了就业性别歧视。邓某某自从被拒后一直没有找到一份满意的工作，情绪低落、沮丧、失眠，邓某某受歧视、遭排挤的心理阴影难以消除。综上，邓某某请求判令：某速递公司、某劳务公司向邓某某以书面形式赔礼道歉，连带赔偿邓某某入职体检费用人民币 120 元、公证费用人民币 1000 元、精神损害抚慰金人民币 50000 元、鉴定费 6450 元。

某速递公司则认为：一、我方不存在歧视邓某某就业的客观条件，也无歧视邓某某就业的实际行为。广告不是我方发布的，我方也从未委托某劳务公司发布此类广告。如果该广告存在就业性别歧视，应当由某劳务公司承担责任。假设邓某某提供的证据都是真实的，但我方的员工没有一句是对女性就业的歧视。二、投递员是法律法规禁止女性从事的负重体力劳动。关于女职工劳动保护，我国法律法规中也有规定，包括《中华人民共和国劳动法》《女职工劳动保护特别规定》《女职工禁忌从事的劳动范围》《邮电女职工劳动保护规定实施细则》中均有规定。

（二）裁判结果

北京市顺义区人民法院生效裁判认为：戴某作为某速递公司酒仙桥营投部主任，在招录人员上显然能够代表某速递公司。邓某某在某速递公司面试后，戴某已经代表某速递公司表明其有意愿聘用邓某某，虽然聘用形式是直接聘用还是劳务派遣在 2014 年 9 月 28 日谈话中并未明确，但能够肯定的是某速递公司给予邓某某获得在某速递公司担任快递员的机会。在邓某某未能如期签约的情形下，戴某告知邓某某联系李某，且李某在电话中亦表明邓某某的应聘资料在其处，故法院认定李某能够代表某速递公司。某速递公司在答辩意见中所援引的相关规定并不能证明快递员属于国家规定的不适合妇女的工种或者岗位。对于邓某某询问丧失应聘机会的原因是否因其为女性时，李某作了肯定的答复，能够证明某速递公司拒绝聘用邓某某的原因在于其为女性，侵犯了邓某某平等就业的权利。某速递公司对其侵权行为给邓某某造成的合理损失应予以赔偿。

某劳务公司虽然在其网站上及在某同城网站上发布的涉诉岗位的招聘信息均表明任职资格为男性，但某劳务公司并未因邓某某系女性而拒绝提供就业机会，仍通知邓某某进行面试。本案中，邓某某并未举证证明某劳务公司对其实施了就业性别歧视的行为，故邓某某要求某劳务公司承担责任，法院不予支持。邓某某主张赔偿公证费用，缺乏依据，法院不予支持。

某速递公司不认可邓某某提交的体检报告部分内容的真实性，但未提交反驳证据，法院对其真实性予以采信。邓某某虽未提交体检费票据，但体检系应某速递公司的要求，且邓某某提交了体检报告，邓某某主张的入职体检费用符合一般市场行情，法院予以支持。鉴定费系邓某某为维权产生的合理费用，应由某速递公司予以赔偿。

某速递公司对邓某某实施了就业歧视，给邓某某造成了一定的精神损害，故法院结合某速递公司在此过程中的过错程度及给邓某某造成的损害后果酌情支持邓某某精神损害抚慰金 2000 元。邓某某所提某速递公司书面赔礼道歉的请求，依据不足，不予支持。

法院于 2015 年 10 月 30 日作出民事判决：一、某速递公司于本判决生效之日起七日内赔偿邓某某入职体检费用 120 元、精神损害抚慰金 2000 元、鉴定费 6450 元；二、驳回邓某某的其他诉讼请求。宣判后，邓某某及某速递公司向北京市第三中级人民法院提起上诉，北京市第三中级人民法院于 2016 年 2 月 23 日作出判决：驳回上诉，维持原判。

（三）典型意义：社会公德

实行男女平等是国家的基本国策。《中华人民共和国宪法》《中华人民共和国妇女权益保障法》均规定妇女在政治的、经济的、文化的、社会的和家庭的生活等各方面享有同男子平等的权利，而《中华人民共和国劳动法》《中华人民共和国就业促进法》进一步具体规定劳动者就业，不因民族、种族、性别、宗教信仰不同而受歧视，妇女享有与男子平等的就业权利；在录用职工时，除国家规定的不适合妇女的工种或者岗位外，不得以性别为由拒绝录用妇女或者提高对妇女的录用标准。但现实生活中，考虑到女性特殊的生理性原因，妇女需要生育、哺乳以及有生理期等，招聘单位往往以较为隐蔽的方式（比如以只接收简历不通知面试或专业不对口等非性别原因掩盖核心的性别原因）拒绝录用女性，使得女性在就业时因性别而遭受歧视。由于应聘者和招聘单位地位不对等、信息不对称使得应聘者很难获取招聘单位实施就业性别歧视的证据，即便掌握了相关证据，出于诉讼成本及效益等方面的考虑，应聘者未必拿起法律武器维护自己的权益。

本案中，应聘者通过搜集证据形成证据链，能够证明某速递公司在已表明愿为其提供担任快递员机会并签约的情形下，又予以反悔，拒绝录用应聘者，构成就业性别歧视。在招聘单位仅仅以性别原因拒绝录用应聘者的情况下，招聘单位就构成了侵权，对由此而给应聘者造成的直接经济损失应予以赔偿，同时招聘单位的拒录行为客观上也给应聘者造成了一定的精神损害，对于应聘者主张的精神损害抚慰金可根据招聘单位的过错程度以及对应聘者造成的损害后果酌情确定。对实施就业性别歧视的单位通过判决使其承担民事责任，不仅是对全体劳动者的保护，营造平等、和谐的就业环境，更是对企图实施就业性别歧视的单位予以威慑，让平等就业的法律法规落到实处，起到规范、引导的良好作用。

——《最高人民法院发布10起关于弘扬社会主义核心价值观典型案例》，载《人民法院报》2016年8月22日。

1608. 招聘活动中公司以地域事由对当事人进行不合理差别对待，构成侵害平等就业权行为

关键词

平等就业权　地域歧视　就业歧视　不合理差别对待

最高人民法院公布的典型案例

闫佳琳诉浙江喜来登度假村有限公司平等就业权纠纷案［浙江省杭州市中级人民法院民事判决书］

裁判要旨：公司在案涉招聘活动中因“河南人”这一地域事由对当事人进行了不合理差别对待，损害了当事人平等获得就业机会和就业待遇的利益，构成对其平等就业权的侵害，主观上具有过错。

基本案情

浙江喜来登度假村有限公司（以下简称喜来登公司）通过智联招聘平台向社会发布了一批公司人员招聘信息，其中包含有“法务专员”“董事长助理”两个岗位。闫佳琳通过智联招聘手机软件就喜来登公司发布的前述两个岗位

分别投递了求职简历，其投递的求职简历中，包含有姓名、性别、出生年月、户口所在地、现居住城市等个人基本信息，其中户口所在地填写为“河南南阳”，现居住城市填写为“浙江杭州西湖区”。据杭州市杭州互联网公证处出具的公证书记载，公证人员使用闫佳琳的账户、密码登录智联招聘手机客户端，显示闫佳琳投递的前述“董事长助理”“法务专员”岗位被查看后，均给出岗位不合适的结论，“不合适原因：河南人”。闫佳琳因案涉公证事宜支出公证费用 1000 元。闫佳琳认为，喜来登公司上述地域歧视行为，违反《就业促进法》的相关规定，严重侵犯了其人格权，请求判令：喜来登公司向其口头道歉、登报道歉、支付精神抚慰金 6 万元及其他相关费用。

裁判结果

杭州互联网法院一审认为，劳动者依法享有平等就业权，对平等就业权的侵害是对一般人格权的核心内容即人格尊严的侵害，受害人有权依照民事法律规定，请求行为人承担民事责任。就业歧视的本质特征是没有正当理由的差别对待，用人单位招用人员，不得实施就业歧视。本案中，喜来登公司在案涉招聘活动中因“河南人”这一地域事由对闫佳琳进行了不合理差别对待，损害了闫佳琳平等获得就业机会和就业待遇的利益，构成对闫佳琳平等就业权的侵害，主观上具有过错。杭州互联网法院一审判令喜来登公司向闫佳琳支付精神抚慰金 9000 元、公证费 1000 元，由喜来登公司对闫佳琳进行口头道歉并在国家级媒体《法治日报》登报道歉。一审判决后，双方均提起上诉。浙江省杭州市中级人民法院二审判决：驳回上诉，维持原判。

典型意义

就业公平关乎每一个劳动者的切身利益。本案通过依法对用人单位用工自主权的规制，对侵害劳动者平等就业权的歧视行为给予旗帜鲜明的否定，并对遭受侵害的权利依法给予及时、适当救济，通过司法的评价和确认来厘清权利的边界，维护了法律公平正义的价值秩序及公民的合法权益。

人民法院坚持以人民为中心的发展思想，践行司法为民宗旨，通过司法规范用人制度，努力消除影响平等就业的制度障碍和就业歧视，助力形成公平、效率的用工秩序和市场环境，培育相互尊重、宽容、多元的社会文化体系，努力服务和保障长三角一体化发展。

——《最高人民法院发布人民法院服务和保障长三角一体化发展典型案例》（2021 年 11 月 2 日）。

1609. 员工持有残疾人证并不影响其从事工作，单位不能以员工隐瞒残疾人证为由解除劳动合同

关键词

知情权　残疾人权益　劳动合同　合同解除

最高人民法院公布的典型案例

牛某某诉某物流公司劳动合同纠纷案［上海市第一中级人民法院民事判决书］

裁判要旨：某物流公司招聘的系叉车工，当事人已提供有效期内的叉车证，入职时体检合格，从工作情况来看，当事人是否持有残疾人证并不影响其从事叉车工的工作。故某物流公司以当事人隐瞒残疾人证为由解除合同，理由不能成立，其解除劳动合同违法。

（一）基本案情

牛某某为左手大拇指缺失残疾。其 2019 年 10 月 10 日到某物流公司工作，担任叉车工。入职时提交了在有效期内的叉车证，入职体检合格。公司要求填写员工登记表，登记表上列明有无大病病史、家族病史、工伤史、传染病史，并列了"其他"栏。牛某某均勾选"无"。2020 年 7 月 4 日，某物流公司以牛某某隐瞒持有残疾人证，不接受公司安排的工作为由解除劳动合同。2020 年 7 月 10 日，牛某某申请仲裁，要求某物流公司支付违法解除劳动合同赔偿金 30000 元。2020 年 10 月 13 日，劳动人事争议仲裁委员会裁决某物流公司支付牛某某违法解除劳动合同赔偿金 5860 元。牛某某起诉请求某物流公司支付其违法解除劳动合同赔偿金 30000 元。

（二）裁判结果

上海市浦东新区人民法院经审理认为，某物流公司招聘的系叉车工，牛某某已提供有效期内的叉车证，入职时体检合格，从工作情况来看，牛某某是否持有残疾人证并不影响其从事叉车工的工作。故某物流公司以牛某某隐瞒残疾人证为由解除合同，理由不能成立，其解除劳动合同违法。遂判决某物流公司支付牛某某违法解除劳动合同赔偿金 5860 元。上海市第一中级人民法院维持一审判决。

（三）典型意义

用人单位可以对劳动者进行管理，有权了解劳动者的基本情况，但该知

情权应当是基于劳动合同能否履行的考量，与此无关的事项，用人单位不应享有过于宽泛的知情权。而且，劳动者身体残疾的原因不一而足，对工作的影响也不可一概而论。随着社会越来越重视对个人隐私的保护，在残疾不影响工作的情况下，劳动者可以不主动向用人单位披露其身有残疾的事实，而是作为一名普通人付出劳动，获得劳动报酬，这是现代社会应有的价值理念。用人单位本身承担着吸纳就业的社会责任，对残疾劳动者应当有必要的包容而不是歧视，更不能以此为由解除劳动合同。本案判决对维护残疾人劳动权益，保障残疾人平等参与社会生活起到了重要示范引领作用。

——《最高人民法院、中国残疾人联合会残疾人权益保护十大典型案例》（2021 年 12 月 2 日）。

1610. 用人单位对孕期女职工实施“恶意调整劳动者的工作地点”“滥用惩戒权”行为，侵害了孕期女职工权益

关键词

怀孕女职工　惩戒权　工作地点　劳动合同

最高人民法院公布的典型案例

解某某孕期劳动权益保护案

一、基本案情

解某某于 2010 年 6 月入职某公司，双方签订了劳动合同。解某某的岗位系高级业务代表，负责维护、拜访销售客户。某公司在与解某某签订的劳动合同中将后者的工作地点约定为“中国”，且未就公司的经营模式、解某某的工作岗位特性等事项进行特别提示。解某某的实际居住地点和工作地点均位于北京市顺义区。2019 年 7 月 26 日，某公司通知解某某于 2019 年 8 月 1 日起到位于 40 余公里外的工作地点开展销售类工作。解某某向某公司提交了其怀孕的诊断证明材料，表明孕期不便进行工作地点调整。某公司坚持调整解某某工作岗位，双方多次沟通未果。2019 年 8 月 26 日，某公司以解某某“自 2019 年 8 月 10 日起构成旷工”为由，通知解某某于 2019 年 8 月 27 日解除劳动合同。随后，解某某到劳动人事争议仲裁委员会申请劳动仲裁，要求某公司向其支付违法解除劳动合同赔偿金 24 万余元。劳动人事争议仲裁委员会裁决某公司向解某某支付违法解除劳动合同赔偿金 22 万余元。某公司不服仲裁裁决向人民法院提起诉讼。

二、裁判结果

北京市大兴区人民法院认为，工作地点属于与劳动者权益密切相关的重要事项，用人单位调整劳动者的工作地点的做法应具有合理性，且应事先与劳动者进行协商。本案中，某公司在与解某某签订的劳动合同中，将解某某的工作地点宽泛的约定为“中国”，且未对工作岗位特性等事项进行特别提示，故某公司与解某某对后者的工作地点应属约定不明。鉴于解某某自入职以来的实际工作地点一直较为固定，应视为确定了具体的工作地点，某公司无正当理由不得随意变更。某公司在明知解某某已经怀孕，远距离调整工作地点必然对其的日常生活造成不利影响的情况下，未采取措施减少对解某某日常生活的不利影响并坚持要求调整其工作地点。据此，可以认定某公司调整解某某工作地点的行为，以及在解某某对此予以拒绝的情况下认定解某某构成旷工并与解某某解除劳动合同的行为，均不具有正当性和合法性。依照《劳动法》第五十条、《劳动合同法》第八十七条、《职工带薪年休假条例》第五条第三款之规定，判决：某公司向解某某支付违法解除劳动合同赔偿金221495.16 元。

三、典型意义

用人单位作为劳动关系中管理者一方，有权根据公司的经营状况、劳动者的工作情况等对劳动者的工作地点进行调整，但用人单位的相应行为不得严重侵犯劳动者的正当权益或对劳动者产生重大不利影响，如对劳动者产生重大不利影响，用人单位应采取合理的弥补措施。本案中，用人单位故意对劳动者的工作地点作模糊、宽泛约定，并据此对处于孕期的女职工实施“恶意调整劳动者的工作地点”“滥用惩戒权”的行为，严重侵害了孕期女职工的合法权益。本案由法院高效、公正、合法作出判决，依法维护了怀孕女职工的合法权益。

——最高人民法院民一庭：《妇女儿童权益保护典型案例》，载最高人民法院民事审判第一庭编：《民事审判指导与参考》2020 年第 4 辑（总第 84 辑），人民法院出版社 2021 年版，第 126~127 页。

1611. 用人单位基于与“工作内在要求”无必然联系的因素对劳动者进行差别对待的，构成就业歧视

关键词

平等就业权　就业歧视　地域歧视

最高人民法院指导性案例

闫佳琳诉浙江喜来登度假村有限公司平等就业权纠纷案（最高人民法院

指导案例185号）

裁判要点：用人单位在招用人员时，基于地域、性别等与“工作内在要求”无必然联系的因素，对劳动者进行无正当理由的差别对待的，构成就业歧视，劳动者以平等就业权受到侵害，请求用人单位承担相应法律责任的，人民法院应予支持。

法院生效裁判认为：平等就业权是劳动者依法享有的一项基本权利，既具有社会权利的属性，亦具有民法上的私权属性，劳动者享有平等就业权是其人格独立和意志自由的表现，侵害平等就业权在民法领域侵害的是一般人格权的核心内容——人格尊严，人格尊严重要的方面就是要求平等对待，就业歧视往往会使人产生一种严重的受侮辱感，对人的精神健康甚至身体健康造成损害。据此，劳动者可以在其平等就业权受到侵害时向人民法院提起民事诉讼，寻求民事侵权救济。

闫佳琳向喜来登公司两次投递求职简历，均被喜来登公司以“河南人”不合适为由予以拒绝，显然在针对闫佳琳的案涉招聘过程中，喜来登公司使用了主体来源的地域空间这一标准对人群进行归类，并根据这一归类标准而给予闫佳琳低于正常情况下应当给予其他人的待遇，即拒绝录用，可以认定喜来登公司因“河南人”这一地域事由要素对闫佳琳进行了差别对待。

《中华人民共和国就业促进法》第三条在明确规定民族、种族、性别、宗教信仰四种法定禁止区分事由时使用“等”字结尾，表明该条款是一个不完全列举的开放性条款，即法律除认为前述四种事由构成不合理差别对待的禁止性事由外，还存在与前述事由性质一致的其他不合理事由，亦为法律所禁止。何种事由属于前述条款中“等”的范畴，一个重要的判断标准是，用人单位是根据劳动者的专业、学历、工作经验、工作技能以及职业资格等与“工作内在要求”密切相关的“自获因素”进行选择，还是基于劳动者的性别、户籍、身份、地域、年龄、外貌、民族、种族、宗教等与“工作内在要求”没有必然联系的“先赋因素”进行选择，后者构成为法律禁止的不合理就业歧视。劳动者的“先赋因素”，是指人们出生伊始所具有的人力难以选择和控制的因素，法律作为一种社会评价和调节机制，不应该基于人力难以选择和控制的因素给劳动者设置不平等条件；反之，应消除这些因素给劳动者带来的现实上的不平等，将与“工作内在要求”没有任何关联性的“先赋因素”作为就业区别对待的标准，根本违背了公平正义的一般原则，不具有正当性。

本案中，喜来登公司以地域事由要素对闫佳琳的求职请申请进行区别对待，而地域事由属于闫佳琳乃至任何人都无法自主选择、控制的与生俱来的

“先赋因素”，在喜来登公司无法提供客观有效的证据证明，地域要素与闫佳琳申请的工作岗位之间存在必然的内在关联或存在其他的合法目的的情况下，喜来登公司的区分标准不具有合理性，构成法定禁止事由。故喜来登公司在案涉招聘活动中提出与职业没有必然联系的地域事由对闫佳琳进行区别对待，构成对闫佳琳的就业歧视，损害了闫佳琳平等地获得就业机会和就业待遇的权益，主观上具有过错，构成对闫佳琳平等就业权的侵害，依法应承担公开赔礼道歉并赔偿精神抚慰金及合理维权费用的民事责任。

——《最高人民法院关于发布第 32 批指导性案例的通知》（2022 年 7 月 4 日，法〔2022〕167 号）。

说明

指导案例 185 号《闫佳琳诉浙江喜来登度假村有限公司平等就业权纠纷案》，明确了用人单位在招用人员时，基于地域、性别等与“工作内在要求”无必然联系的因素对劳动者进行无正当理由的差别对待的，构成就业歧视，应当承担相应的法律责任。本案例对于人民法院正确认定平等就业权纠纷中就业歧视行为，准确把握企业用工自主权和劳动者平等就业权的关系，具有指导意义。

九、加班费

1612. 非全日制用工条件下是否存在加班问题应视具体情况而论

关键词

非全日制用工　加班费

附录：最高人民法院主流观点

我们认为，在非全日制用工条件下，是否存在加班问题，应当视具体情况而论。由于非全日制用工的工资计算方法分为两种：一种是按小时计算，这是绝大多数非全日制用工的计酬方式；另外一种则是按天或者月计算。在双方当事人约定休息日、法定节假日工作是否支付加班费的情况下，考虑到非全日制用工的特殊性，原则上应当认定该约定有效，依照当事人的约定处理。在未约定的情形下，则是否构成加班，需要考虑。我们认为，从我国《劳动法》关于延长工作时间的规定来看，一方面为了保护劳动者身心健康，对加班的时间予以限制；另外一方面，对于延长工作时间的，应当按照相应的标准支付工资报酬，从而使用人单位和劳动者的权益得到平衡。以此立法目的衡量，在非全日制用工场合，劳动者在超出制度工作时间以外的时间计算加班费，即如果劳动者的当天工作时间超过8小时，则8小时之外的工作时间应当计算加班费。对于休息日和法定节假日工作的情形，则应当计算相应的加班费。

——最高人民法院民事审判第一庭编著：《最高人民法院劳动争议司法解释（三）的理解与适用》，人民法院出版社2010年版，第122页。

1613. 劳动合同解除或终止后当事人就加班费作出低于法定标准的约定，在无其他无效情形的前提下，则应认定其有效

关键词

加班费法定标准　效力性强制性规定

附录：最高人民法院主流观点

在加班制度方面，法律关于加班条件的规定所保护的劳动者身体健康权益，在价值评价上，显然优先于合同自由所体现的当事人的意思自治。当事人在劳动合同中约定超出法定条件下的加班时间，应当认定为无效条款。

劳动合同解除或者终止后，之前的加班费的支付问题，如果当事人在协议中约定的加班费的支付标准低于《劳动法》所规定的标准，其效力如何？根据强制性规范与合同效力关系的理论，第一，法律规定加班费的立法目的，在于对劳动者超出标准工作时间之外的过量劳动的补偿，其前提是加班时间满足法定的限制条件。在此前提下，劳动者健康权利已经通过该制度加以保护，因此，加班费所保护的利益并非劳动者身体健康权，而是劳动者付出劳动的对价。在价值的优先次序上，并不比合同自由更优，或者说与合同自由处于同等重要的地位。第二，当事人在合同解除或者终止后就劳动者的加班费作出低于法定标准的约定，在无其他无效情形的前提下，则应当认定其有效。其原因在于，首先，此类约定总是个别的、具体的，认定其有效不会一般性地、抽象性地违反《劳动法》在整体上倾向于保护劳动者的立法判断和立法政策，因而也不会违反立法者的立法规划。其次，此类约定是在肯定劳动者享有加班费的权利的前提下达成的，与劳动合同中约定的加班费条款不同，在劳动合同解除或终止后双方达成的协议，无论是从法律上看、还是从实体权利上看，劳动者享有的加班费债权已经成立。这种情形与双方当事人签订劳动合同之时约定的加班费条款不同。换言之，劳动合同约定的加班费

条款，在立法者看来，极有可能是用人单位利用其优势地位、劳动力市场的不均衡性以及其他因素对劳动者此项权利的事先的剥夺，因此具有可非难性，宜认定为无效。而在劳动合同解除或终止后的协议中关于加班费的约定，用人单位虽然仍然具有经济上的优势，但此种优势对于合同已经终止或解除的劳动者来讲，难具实质意义。因此，关于劳动合同签订时的立法判断和立法政策在此情形下不具有正当性。第三，从现实来看，用人单位与劳动者之所以能够在劳动合同解除或终止后的协议中达成低于加班费法定标准的协议，是劳动者在考虑了诉讼成本、支付时间、期限利益以及其他因素情形下所做的综合判断。如果以低于加班费法定标准为理由否定该条款的效力，会导致通过协商解决合同解除或终止后的纠纷的法律氛围几乎不存在，也不利于营造诚实信用的商业环境，变相鼓励签订协议以后毁约的行为。

综上所述，我们认为，我国现行法关于加班费标准的强制性条款，对劳动者与用人单位就劳动合同解除或终止后相关权利义务的约定的效力不产生影响，双方当事人约定的加班费低于加班费的法定标准的，亦应认定有效。但是，需要注意的是，如果双方当事人约定的加班费低于最低工资标准的，低于部分则应当认定无效。

——最高人民法院民事审判第一庭编著：《最高人民法院劳动争议司法解释（三）的理解与适用》，人民法院出版社 2010 年版，第 135~136 页。

1614. 劳动者超时加班发生工伤，用工单位、劳务派遣单位应承担连带赔偿责任

关键词

超时加班　工伤　劳务派遣　连带赔偿责任　休息权

最高人民法院公布的典型案例

某服务公司、惠某等不服仲裁裁决案

裁判要旨：休息权是劳动者的基本劳动权利，即使在支付劳动者加班费的情况下，劳动者的工作时间仍然受到法定延长工作时间上限的制约。劳务派遣用工中，劳动者超时加班发生工伤，用工单位和劳务派遣单位对劳动者的损失均负有责任，应承担连带赔偿责任。劳动者与用工单位、劳务派遣单位达成赔偿协议的，当赔偿协议存在违反法律、行政法规的强制性规定、欺诈、胁迫或者乘人之危情形时，不应认定赔偿协议有效；当赔偿协议存在重大误解或者

显失公平情形时，应当支持劳动者依法行使撤销权。

基本案情

2017 年 8 月，某服务公司（已依法取得劳务派遣行政许可）与某传媒公司签订劳务派遣协议，约定某服务公司为某传媒公司提供派遣人员，每天工作 11 小时，每人每月最低保底工时 286 小时。2017 年 9 月，某服务公司招用李某并派遣至某传媒公司工作，未为李某缴纳工伤保险。2018 年 8 月、9 月、11 月，李某月工时分别为 319 小时、293 小时、322.5 小时，每月休息日不超过 3 日。2018 年 11 月 30 日，李某工作时间为当日晚 8 时 30 分至 12 月 1 日上午 8 时 30 分。李某于 12 月 1 日凌晨 5 时 30 分晕倒在单位卫生间，经抢救无效于当日死亡，死亡原因为心肌梗死等。2018 年 12 月，某传媒公司与李某近亲属惠某等签订赔偿协议，约定某传媒公司支付惠某等工亡待遇 42 万元，惠某等不得再就李某工亡赔偿事宜或在派遣工作期间享有的权利，向某传媒公司提出任何形式的赔偿要求。上述协议签订后，某传媒公司实际支付惠某等各项费用计 423497.80 元。此后，李某所受伤害被社会保险行政部门认定为工伤。某服务公司、惠某等不服仲裁裁决，诉至人民法院。

裁判结果

一审法院判决：按照《工伤保险条例》，因用人单位未为李某参加工伤保险，其工亡待遇由用人单位全部赔偿。某服务公司和某传媒公司连带赔偿惠某等医疗费、一次性工亡补助金、丧葬补助金、供养亲属抚恤金合计 766911.55 元。某传媒公司不服，提起上诉。二审法院判决：驳回上诉，维持原判。

案例分析

本案的争议焦点是李某超时加班发生工伤，用工单位与劳务派遣单位是否应承担连带赔偿责任。

《劳动法》第三十八条规定：“用人单位应当保证劳动者每周至少休息一日。”第四十一条规定：“用人单位由于生产经营需要，经与工会和劳动者协商后可以延长工作时间，一般每日不得超过一小时；因特殊原因需要延长工作时间的，在保障劳动者身体健康的条件下延长工作时间每日不得超过三小时，但是每月不得超过三十六小时。”《劳动合同法》第九十二条规定：“用工单位给被派遣劳动者造成损害的，劳务派遣单位与用工单位承担连带赔偿责任。”《国务院关于职工工作时间的规定》（国务院令第 174 号）第三条规定：“职工每日工作 8 小时、每周工作 40 小时。”休息权是劳动者的基本劳动权利，即使在支付劳动者加班费的情况下，劳动者的工作时间仍然受到法定延长工作时间上限的制约。劳务派遣用工中，劳动者超时加班发生工伤，用工单位和劳务派遣单位对劳动者的损失均负有责任，应承担连带赔偿责任。劳动者与用工单位、劳务派遣单位达成赔偿协议的，当赔偿协议存在违反法律、行政法规的强制性规定、欺诈、胁迫或者乘人之危情形时，不应认定赔偿协议有效；当赔偿协议存在重大误解或者显失公平情形时，应当支持劳动者依法行使撤销权。

本案中，某服务公司和某传媒公司协议约定的被派遣劳动者每天工作时间及每月工作保底工时，均严重超过法定标准。李某工亡前每月休息时间不超过3日，每日工作时间基本超过11小时，每月延长工作时间超过36小时数倍，其依法享有的休息权受到严重侵害。某传媒公司作为用工单位长期安排李某超时加班，存在过错，对李某在工作期间突发疾病死亡负有不可推卸的责任。惠某等主张某传媒公司与某服务公司就李某工伤的相关待遇承担连带赔偿责任，应予支持。惠某等虽与某传媒公司达成了赔偿协议，但赔偿协议是在劳动者未经社会保险行政部门认定工伤的情形下签订的，且赔偿协议约定的补偿数额明显低于法定工伤保险待遇标准，某服务公司和某传媒公司应对差额部分予以补足。

典型意义

面对激烈的市场竞争环境，个别用人单位为降低用工成本、追求利润最大化，长期安排劳动者超时加班，对劳动者的身心健康、家庭和睦、参与社会生活等造成了严重影响，极端情况下会威胁劳动者的生命安全。本案系劳动者超时加班发生工伤而引发的工伤保险待遇纠纷，是超时劳动严重损害劳动者健康权的缩影。本案裁判明确了此种情况下用工单位、劳务派遣单位承担连带赔偿责任，可以有效避免劳务派遣用工中出现责任真空的现象，实现对劳动者合法权益的充分保障。同时，用人单位应依法为职工参加工伤保险，保障职工的工伤权益，也能分散自身风险。如用人单位未为职工参加工伤保险，工伤职工工伤保险待遇全部由用人单位支付。

——《最高人民法院发布劳动人事争议典型案例（第二批）》（2021年8月26日）。

1615. 用人单位以规章制度形式否认劳动者加班事实的，人民法院可认定该项规章制度无效

关键词

加班申请审批　加班费　规章制度

最高人民法院公布的典型案例

某网络公司不服仲裁裁决案

裁判要旨：通过民主程序制定的规章制度，不违反国家法律、行政法规及政策规定，并已向劳动者公示的，可以作为确定双方权利义务的依据。一旦用人单位以规章制度形式规避应当承担的用工成本，侵害劳动者的合法权益，仲裁委员会、人民法院应当依法予以审查，充分保护劳动者的合法权益。

基本案情

常某于2016年4月入职某网络公司。入职之初，某网络公司通过电子邮件告知常某，公司采取指纹打卡考勤。员工手册规定："21：00之后起算加班时间；加班需由员工提出申请，部门负责人审批。"常某于2016年5月至2017年1月期间，通过工作系统累计申请加班126小时。某网络公司以公司规章制度中明确21：00之后方起算加班时间，21：00之前的不应计入加班时间为由，拒绝支付常某加班费差额。常某向劳动人事争议仲裁委员会（简称仲裁委员会）申请仲裁，请求裁决某网络公司支付其加班费差额。某网络公司不服仲裁裁决，诉至人民法院。

案例分析

本案的争议焦点是某网络公司以规章制度形式否认常某加班事实是否有效。

《劳动合同法》第四条规定："用人单位应当依法建立和完善劳动规章制度，保障劳动者享有劳动权利、履行劳动义务。用人单位在制定、修改或者决定有关劳动报酬、工作时间、休息休假、劳动安全卫生、保险福利、职工培训、劳动纪律以及劳动定额管理等直接涉及劳动者切身利益的规章制度或者重大事项时，应当经职工代表大会或者全体职工讨论，提出方案和意见，与工会或者职工代表平等协商确定。……用人单位应当将直接涉及劳动者切身利益的规章制度和重大事项决定公示，或者告知劳动者。"通过民主程序制定的规章制度，不违反国家法律、行政法规及政策规定，并已向劳动者公示的，可以作为确定双方权利义务的依据。

本案中，一方面，某网络公司的员工手册规定有加班申请审批制度，该规定并不违反法律规定，且具有合理性，在劳动者明知此规定的情况下，可以作为确定双方权利义务的依据。另一方面，某网络公司的员工手册规定21：00之后起算加班时间，并主张18：00至21：00是员工晚餐和休息时间，故自21：00起算加班。鉴于18：00至21：00时间长达3个小时，远超过合理用餐时间，且在下班3个小时后再加班，不具有合理性。在某网络公司不能举证证实该段时间为员工晚餐和休息时间的情况下，其规章制度中的该项规定不具有合理性，人民法院依法否定了其效力。人民法院结合考勤记录、工作系统记录等证据，确定了常某的加班事实，判决某网络公司支付常某加班费差额。

典型意义

劳动争议案件的处理，既要保护劳动者的合法权益，亦应促进企业有序发展。合法的规章制度既能规范用人单位用工自主权的行使，又能保障劳动者参与用人单位民主管理，实现构建和谐劳动关系的目的。不合理的规章制度则会导致用人单位的社会声誉差、认同感低，最终引发人才流失，不利于用人单位的长远发展。用人单位制定的合理合法的规章制度，可以作为确定用人单位、劳动者权利义务的依据。一旦用人单位以规章制度形式规避应当承担的用工成本，侵害劳动者的合法权益，仲裁委员会、人民法院应当依法予以审查，充分保护劳动者的合法权益。用人单位应当根据单位实际，制定更为人性化的规章制度，增强劳动者对规章制度的认同感，激发劳动者的工作积极性，从而进一步减少劳动纠纷，为构建和谐劳动关系作出贡献。

——《最高人民法院发布劳动人事争议典型案例（第二批）》（2021 年 8 月 26 日）。

1616. 劳动者在离职文件上签字确认加班费已结清，仍有权请求支付欠付加班费

关键词

加班费　离职　员工确认　真实意思表示　劳动报酬

最高人民法院公布的典型案例

肖某不服仲裁裁决案

裁判要旨：离职申请交接表中员工确认的“现单位已将我的工资、加班费、经济补偿结清，我与单位无其他任何争议”如与事实不符，不能认定为员工的真实意思表示。司法实践中，既应尊重和保障双方基于真实自愿合法原则签订的终止或解除劳动合同的协议，也应对劳动者明确持有异议的、涉及劳动者基本权益保护的协议真实性予以审查，依法保护劳动者的合法权益。

基本案情

2017 年 7 月，肖某与某科技公司（已依法取得劳务派遣行政许可）订立劳动合同，被派遣至某快递公司担任配送员，月工资为基本工资加提成。肖某主张某快递公司在用工期间安排其双休日及法定节假日加班，并提交了工

资表。工资表加盖有某科技公司公章，某科技公司和某快递公司均认可其真实性。该工资表显示，2017 年 7 月至 2019 年 10 月期间肖某存在不同程度的双休日加班及法定节假日加班，但仅获得少则 46.15 元、多则 115.40 元的出勤补款或节假日补助。2019 年 11 月，肖某向某科技公司提出离职，当日双方签署离职申请交接表。该表“员工离职原因”一栏显示：“公司未上社会保险，工作压力大、没给加班费。”“员工确认”一栏显示：“经说明，我已知悉《劳动合同法》上的权利和义务，现单位已经将我的工资、加班费、经济补偿结清，我与单位无其他任何争议。本人承诺不再以任何理由向某科技公司及用工单位主张权利。”员工签名处有肖某本人签名。肖某对离职申请交接表的真实性认可，但认为表中“员工确认”一栏虽系其本人签字，但并非其真实意思，若不签字，某科技公司就不让其办理工作交接，该栏内容系某科技公司逃避法律责任的一种方法。肖某不服仲裁裁决，诉至人民法院。

案例分析

本案的争议焦点是肖某是否与用人单位就支付加班费达成合法有效的协议。

《最高人民法院关于审理劳动争议案件适用法律问题的解释（一）》（法释〔2020〕26 号）第三十五条规定：“劳动者与用人单位就解除或者终止劳动合同办理相关手续、支付工资报酬、加班费、经济补偿或者赔偿金等达成的协议，不违反法律、行政法规的强制性规定，且不存在欺诈、胁迫或者乘人之危情形的，应当认定有效。”司法实践中，既应尊重和保障双方基于真实自愿合法原则签订的终止或解除劳动合同的协议，也应对劳动者明确持有异议的、涉及劳动者基本权益保护的协议真实性予以审查，依法保护劳动者的合法权益。

本案中，肖某认为离职申请交接表“员工确认”一栏不是其真实意思表示，上面记载的内容也与事实不符。该表中“员工离职原因”与“员工确认”两处表述确实存在矛盾。两家公司均未提供与肖某就加班费等款项达成的协议及已向肖某支付上述款项的证据，且肖某否认双方就上述款项已达成一致并已给付。因此，离职申请交接表中员工确认的“现单位已将我的工资、加班费、经济补偿结清，我与单位无其他任何争议”与事实不符，不能认定为肖某的真实意思表示。本案情形并不符合《最高人民法院关于审理劳动争议案件适用法律问题的解释（一）》第三十五条之规定，故二审法院依法支持肖某关于加班费的诉讼请求。

典型意义

实践中，有的用人单位在终止或解除劳动合同时，会与劳动者就加班费、经济补偿或赔偿金等达成协议。部分用人单位利用其在后续工资发放、离职证明开具、档案和社会保险关系转移等方面的优势地位，借机变相迫使劳动者在用人单位提供的格式文本上签字，放弃包括加班费在内的权利，或者在未足额支付加班费的情况下让劳动者签字确认加班费已经付清的事实。劳动者往往事后反悔，提起劳动争议仲裁与诉讼。本案中，人民法院最终依法支持劳动者关于加班费的诉讼请求，既维护了劳动者合法权益，对用人单位日后诚信协商、依法保护劳动者劳动报酬权亦有良好引导作用，有助于构建和谐稳定的劳动关系。劳动者在签署相关协议时，亦应熟悉相关条款含义，审慎签订协议，通过合法途径维护自身权益。

——《最高人民法院发布劳动人事争议典型案例（第二批）》（2021 年 8 月 26 日）。

1617. 加班费的计算方式

关键词

加班费　最低工资标准　基本工资　全日制用工　非全日制用工

最高人民法院司法解释

第四十二条　劳动者主张加班费的，应当就加班事实的存在承担举证责任。但劳动者有证据证明用人单位掌握加班事实存在的证据，用人单位不提供的，由用人单位承担不利后果。

——《最高人民法院关于审理劳动争议案件适用法律问题的解释（一）》（2020 年 12 月 29 日，法释〔2020〕26 号）。

附录：最高人民法院主流观点

关于加班费的计算方式问题，实践中有以下几种情形：

第一种情形是，有的法院为了诉讼快捷，避免由于证明困难等问题采取无论当事人有无约定，都按当地最低工资标准计算加班费。此种方式的不合理性非常明显，不仅违反了法律关于加班费计算标准的规定，而且在很多场合违反了当事人的约定。

第二种情形是，如果劳动合同中明确约定了基本工资和加班费的计算基数，且加班费的计算基数不低于基本工资的，有的法院按照约定的加班费计算基数计算加班费，有的法院以基本工资为基数计算加班费。此方式在部分情况下呈现出不合理性，除了基本工资之外，劳动者的工资报酬还可能以津贴等其他形式体现。在以基本工资为基数计算加班费时，实际上未将劳动者的工资报酬完全涵盖进来，导致加班费数额不足法定标准，甚至可能出现加班费标准比制度工作时间内的工资标准低的情况。

第三种情形是，劳动合同中约定了劳动者的基本工资，但是没有约定加班费的计算基数，且用人单位实际支付加班费的计算基数低于基本工资的。我们认为，从《劳动法》的规定来看，加班费的计算标准之所以高于平时的工资，主要原因是对劳动者丧失休息时间的一种补偿，具有保护劳动者的立法目的，因而属于强行性规范。在劳动合同没有约定加班费计算基数或者实际支付加班费的计算基数低于基本工资的，应当认定用人单位违反了法定义务，加班费差额应予补足。

第四种情形是，劳动合同中没有约定基本工资和加班费。在诉讼中，根据双方当事人提供的证据能够判断劳动者的工作时间和工资报酬。在此情形下，应当如何计算加班费？我们认为，应当将实际发放的工资报酬作为制度工作时间和加班时间的所有工资，计算出每小时的工资标准，以此作为计算加班费的基数。应当看到，此种计算方式是以工资单所反映的工资为劳动者的全部工资报酬为前提的，亦即法官已对实际发放的工资是包括制度工作时间和加班时间的事实产生了确信。但是，如果劳动者有证据证明实际发放的工资并不包括加班费，则不应当按照该方式计算加班费。另外，如果以此方式计算出的每小时工资低于最低工资标准的，则应当按照最低工资标准或者在该企业从事相同或者类似工作的其他劳动者的工资标准计算加班费。

第五种情形是，用人单位在劳动合同中约定了基本工资，也约定了加班费的计算基数以基本工资为标准，但是在加班费之外还支付了生活补贴、津贴、奖金。那么，在加班费计算基数之外的补贴、津贴、奖金应否纳入加班费计算基数中来？我们认为，要根据补贴、津贴或奖金的性质分别判断。一般情况下，补贴、津贴是对劳动者制度工作时间内的劳动的其他补偿，并不随用人单位的效益或者其他因素的变化而改变，因此应当计入加班费的计算基准之内。而奖金的形式有很多，如果奖金是根据劳动者的工作业绩发放的，则应当根据劳动者主张加班费的期间的工作业绩来判断是否计入工资的范围从而作为加班费的计算基准。

第六种情形则是劳动合同只约定了基本工资，没有约定加班费计算基数。那么，基本工资之外的补贴、津贴应否计入加班费计算基准？我们认为，为了防止用人单位以此形式减少其加班费的支付，侵害劳动者的权益，在劳动合同无明确约定的情况下，这些形式的工资报酬都应计入加班费计算依据。

——最高人民法院民事审判第一庭编著:《最高人民法院新劳动争议司法解释（一）理解与适用》，人民法院出版社 2021 年版，第 520~524 页。

十、档　案

1618. 身份证件与档案记载的出生时间不一致时，退休年龄以本人档案最先记载的出生时间为准

关键词

退休年龄　身份证件　出生日期　职工档案

最高人民法院裁判文书

吴锦春、江西省人力资源和社会保障厅劳动和社会保障行政管理（劳动、社会保障）再审审查与审判监督案［最高人民法院（2017）最高法行申 2877 号行政裁定书］

最高人民法院认为：再审申请人吴锦春申请更正其档案中出生日期的冲突记载，但根据劳动和社会保障部《关于制止和纠正违反国家规定办理企业职工提前退休有关问题的通知》（劳社部发〔1999〕8 号）规定，对职工出生时间的认定，实行居民身份证件与职工档案相结合的办法。当本人身份证件与档案记载的出生时间不一致时，以本人档案最先记载的出生时间为准。至于国务院《关于做好规章清理工作有关问题的通知》（国办发〔2010〕28 号）清理对象是规章，劳社部发〔1999〕8 号文属规范性文件，不属于国务院规章清理的范围，吴锦春认为劳社部发〔1999〕8 号文没有上位法依据、系被国务院清理的规章属于无效的申请再审的理由不能成立。而劳社部发〔1999〕8 号文中对退休起算时间的规定是为规范确定职工退休时间，在本人身份证件和档案记载的出生时间不一致的特殊情况下，以本人档案中最先记载的出生时间来确定退休时间，并不是确认上诉人的身份情况，与最高人民法院《关于贯彻执行〈民法通则〉若干问题的意见（试行）》并不抵触。故再审被申请人江西省人力资源和社会保障厅吴锦春退休起算时间为 1954 年 4 月 29 日并无不妥。江西省人力资源和社会保障厅作为省级以上人民政府的劳动保障部门，具有作出退休审批决定的行政职权。吴锦春的退休经江西省社会保险管理中心审核后报江西省人力资源和社会保障厅审批，符合职工退休审批程序规定。故再审申请人申请再审缺乏相应的事实和法律依据，一、二审法院的判决符合法律规定。

——法信网。

1619. 用人单位不及时办理劳动终止证明及证件转移手续等，导致劳动者不能顺利就业，应对劳动者的未就业损失进行赔偿

关键词

劳动合同纠纷　解除劳动合同　劳动终止证明

最高人民法院公报案例

蔡玉龙诉南京金中建幕墙装饰有限公司劳动合同纠纷案（南京市中级人民法院民事判决书）

裁判摘要：用人单位应依据劳动合同法的规定，在解除或终止劳动合同时出具解除或终止劳动合同的证明，在十五日内为劳动者办理档案和社会保险关系转移手续，并在合理期限内为劳动者办理专业证件转移手续。用人单位不及时办理上述事项，致使劳动者在再次就业时无法办理相关入职手续，或者无法出示相关证件，严重影响新用人单位对劳动者工作态度和职业能力的判断，从而导致劳动者不能顺利就业，损害劳动者再就业权益的，应对劳动者的未就业损失进行赔偿。

南京市中级人民法院认为：关于上诉人蔡玉龙主张的归还安全B证及一级建造师印章的问题。因蔡玉龙未提供证据证明其将安全B证及一级建造师印章交给了上诉人金中建公司，故对该上诉请求不予支持。

关于未及时退还证件导致的损失问题。上诉人蔡玉龙于2015年4月28日离职，上诉人金中建公司应当在合理期限内积极为蔡玉龙办理相关证件的转出手续，金中建公司至2015年11月30日才将相关证件退还给蔡玉龙，超出了合理期限。一审按照蔡玉龙离职前平均工资13975元的标准酌定金中建公司支付蔡玉龙4个月工资损失，并无不当。故对蔡玉龙主张6个月工资损失、金中建公司不同意支付此期间工资损失的上诉请求，均不予支持。

——《最高人民法院公报》2020年第4期。

1620. 用人单位能否以劳动者未办理完毕工作交接为由，拒绝为其转移人事档案和社保关系

关键词

人事档案　社保关系

附录：民事审判信箱

问：郜某与某公司的劳动合同到期后未再续签，郜某到另一家公司就职，但原公司一直未为其办理人事档案和社保关系的移转手续。郜某几次找原公司协商，公司都以郜某负责的合同尾款尚未收齐，工作未交接完毕为由予以拒绝。请问这种情况下，郜某能否要求该公司为其办理人事档案和社保关系的移转手续？

答：根据《劳动合同法》第五十条第一款的规定，用人单位应当在解除或者终止劳动合同时出具解除或者终止劳动合同的证明，并在15日内为劳动者办理档案和社会保险关系转移手续。用人单位为劳动者办理档案和社会保险关系转移手续的条件，是劳动关系的解除或者终止，换言之，用人单位的这一义务，是其与劳动者劳动合同解除后应履行的附随义务，用人单位不得为与其解除或终止劳动合同的劳动者移转人事档案和社会保险关系设定任何附加条件。虽然根据《劳动合同法》第五十条第二款的规定，劳动者在解除或终止劳动关系的时候，应当按照双方约定，办理工作交接，但用人单位办理移转档案和社会保险关系，并不要求以劳动者办理工作交接为前提条件。如果用人单位没有按照法律规定及时为劳动者办理相关移转手续，例如以劳动者未办理完毕工作交接为由，拒绝办理上述移转手续，给劳动者造成实际损失的，劳动者可以要求用人单位予以赔偿。当然，如果劳动者确实存在未按照劳动合同约定与用人单位办理工作交接手续给用人单位造成实际损失的，用人单位也可以另行向劳动者主张赔偿。

——本书研究组：《用人单位能否以劳动者未办理完毕工作交接为由，拒绝为其转移人事档案和社保关系》，载最高人民法院民事审判第一庭编：《民事审判指导与参考》2012年第1辑（总第49辑），人民法院出版社2012年版，第266页。

十一、竞业限制

1621. 竞业限制义务是否适用于在职期间的普通劳动者问题

关键词

竞业限制义务　在职期间

最高人民法院司法解释

第六条　当事人在劳动合同或者保密协议中约定了竞业限制，但未约定解除或者终止劳动合同后给予劳动者经济补偿，劳动者履行了竞业限制义务，要求用人单位按照劳动者在劳动合同解除或者终止前十二个月平均工资的30%按月支付经济补偿的，人民法院应予支持。

前款规定的月平均工资的30%低于劳动合同履行地最低工资标准的，按照劳动合同履行地最低工资标准支付。

——《最高人民法院关于审理劳动争议案件案件适用法律若干问题的解释（一）》（2020年12月29日，法释〔2020〕26号）。

附录：最高人民法院主流观点

竞业限制分为法定竞业限制和约定竞业限制。法定竞业限制，义务人的竞业限制义务直接来自于法律的禁止性规定，在我国法上的表现主要是公司的董事以及高级管理人员、合伙企业的合伙人、个人投资企业的管理人等情形。法律规定此类特殊主体负有法定竞业限制义务的理论基础在于诚实信用原则。基于诚实信用原则，由于公司董事、高级管理人员与公司之间、合伙人与合伙之间、管理人与个人独资企业之间存在的特殊关系，他们应当承担忠实义务。在英美法，公司和董事之间具有代理和委托的关系，董事兼有公司代理人与受托人双重身份，董事应承担信义义务，包括注意义务和忠实义务。注意义务是对董事称职的要求，而忠实义务则是对董事道德的要求，主要表现为忠实善意的主观义务和自身利益不得与公司利益相冲突的客观义务。在大陆法系国家，基于董事与公司之间的代理关系或委任关系，董事对公司同样负有忠实义务。《公司法》对董事的竞业禁止，是建立在以主体之间平等的委任关系基础之上，是董事忠实义务的具体体现，其目的是防止董事的贪婪和自私行为，以保护公司利益。

从我国现行法来看，法定竞业限制主要适用于任职期间具有特定地位的主体，那么其他劳动者在职期间是否负有法定的竞业限制义务？

对此问题，《劳动法》《劳动合同法》并无明确规定。一种观点认为，对了解或知悉商业秘密的劳动者或雇员于在职期间应强制课以法定竞业限制义务。原因在于，劳动者或雇员与董事、经理人一样对所在公司、企业负有忠实义务。若允许这些劳动者从事竞业活动他们也极易在竞业活动中有意或无意地泄露或使用其所在公司、企业的商业秘密，削弱它们的竞争优势，损害其经济利益，造成不正当竞争，使自己获得不正当利益。虽然对商业秘密有法定的保护手段，但这些手段并不充分，因而不能因商业秘密已有独立的法律保护手段而否认掌握商业秘密的劳动者负不竞业义务。在职或不在职、对于竞业限制义务采法定或约定的方式等问题有重要意义，它关涉立法者的利益（用人单位或雇主的经济利益或商业秘密之利益与劳动者或雇员的自由劳动权或工作权、信息自由权之利益）衡量。这两种利益按民法原理均应保护，唯在它们冲突时应加以权衡，找出一个适当的平衡点。按此认识，劳动者或雇员因其已就业，其工作权和生存权已有保障，此时自不应该牺牲用人单位或雇主的合法利益，而去成全劳动者或雇员的自由劳动权或工作权的充分实现，否则有悖公平正义原则。

我们认为，上述观点基本结论值得赞同，并补充如下内容：第一，在解释论立场上，一般劳动者在职期间是否负有竞业限制义务需要以现行法为基础。劳动关系存续期间，劳动者与用人单位都负有依据诚实信用原则所产生的义务，这一点，与其他合同关系并无不同。《合同法》第四十三条所规定的合同当事人的保密义务在劳动合同场合仍有适用余地。在劳动者一方，主要是对用人单位的忠实义务，包括保密义务以及竞业限制义务。如果当事人在劳动合同中明确约定了在职期间的保密义务和竞业限制义务，则该义务的根源在于当事人之间的合同；如果当事人未明确约定，则该义务的根源在于依据合同解释规则对劳动合同作出的解释结论。《劳动合同法》第二十三条第二款的规定也可对该结论提供佐证。第二十三条第二款规定的“对负有保密义务的劳动者，用人单位可以在劳动合同或者保密协议中与劳动者约定竞业限制条款……”，这里的保密协议或竞业限制条款并未仅仅限于劳动关系结束后即劳动者离职之后，因此保密协议或竞业限制条款所约定的期限当然可以包括在职期间。换言之，只要当事人在劳动合同中未明确排除，该义务即附着于劳动合同而自始存在。在此意义上，该竞业限制义务的根源仍应为合同义务。第二，劳动者在职期间的竞业限制义务并非是强制性义务，规范该义务的规范也并非强制性规范。所谓强制性规范，是指不允许当事人排除适用的规范。而其他劳动者在职期间的竞业限制义务并非不允许当事人约定排除，劳动合同约定排除此类义务的，法律无干涉的必要。第三，一般劳动者所负担的竞业限制义务与董事、高级管理人员、合伙人、个人独资企业管理人所负担的竞业限制义务在范围和程度上存在不同。根据我国现行法的规定，董事等特殊主体所负担的竞业限制义务是指与不得从事与本公司、企业相竞争的业务，其原因在于董事等特殊主体基于其与公司、企业之间的关系所负担的较高的忠实义务，不作如此规定难以避免其侵害公司、企业利益。而其他主体在职期间的竞业限制义务，在范围上应当仅限于知悉用人单位商业秘密的劳动者，其目的是防止这些劳动者利用这些商业秘密损害用人单位的竞争利益。在范围上要小于董事等特殊主体所负担的竞业限制义务。第四，由于劳动者在职期间所负担的竞业限制义务以其知悉商业秘密为条件，因此，在同业竞业情形下，特别是另为同业之第三人服务或另受雇于第三人时，应限于劳动者在第三人处所处的岗位能够使其掌握的商业秘密有用武之地，如果不论义务人处于何岗位或任何职，均一概加以禁止，显然过宽；对于兼业之禁止而言，应以不损及劳动者对所在单位的劳动义务之履行能力为限，即《劳动合同法》第三十九条所规定的，劳动者同时与其他用人单位建立劳动关系，对完成本单位的工作任务造成严重影响，或者经用人单位提出，拒不改正的，用人单位有权解除劳动合同。

——最高人民法院民事审判第一庭编著：《最高人民法院劳动争议司法解释（四）理解与适用》，人民法院出版社 2013 年版，第 128~131 页。

1622. 未约定经济补偿金的离职竞业限制条款的效力问题

关键词

经济补偿金　离职竞业限制条款

最高人民法院司法解释

第六条　当事人在劳动合同或者保密协议中约定了竞业限制，但未约定解除或者终止劳动合同后给予劳动者经济补偿，劳动者履行了竞业限制义务，要求用人单位按照劳动者在劳动合同解除或者终止前十二个月平均工资的 30% 按月支付经济补偿的，人民法院应予支持。

前款规定的月平均工资的 30% 低于劳动合同履行地最低工资标准的，按照劳动合同履行地最低工资标准支付。

——《最高人民法院关于审理劳动争议案件案件适用法律若干问题的解释（一）》（2020 年 12 月 29 日，法释〔2020〕26 号）。

附录：最高人民法院主流观点

我们认为，对于未约定经济补偿金的竞业限制条款，不宜认定为无效。主要理由在于：第一，从我国合同效力制度的发展史来看，我国法上的合同效力制度总的发展趋势是意思自治原则越来越发挥出实际效能，公序良俗原则越来越定位合理，鼓励交易原则越来越落到实处，无效的范围逐渐缩小，效力形式越来越多样化、富有弹性，有效、无效、可撤销、效力待定、未生效并存的模式渐趋完善。由此，对合同效力包括劳动合同效力的认定应当与此趋势保持一致。

第二，在此趋势之下，要看到，合同无效是对当事人意思自治的否定，影响交易效率，应当慎重。相应地，在能够通过其他效力形式实现法律的目的时，应当选择其他效力形式。在无效制度之内，能够通过部分无效、相对无效等制度解决问题时，应避免对该合同作出全部无效、绝对无效的判断，为合同效力的可补正、为合同向多个方向发展提供空间。

第三，具体到未约定经济补偿金的竞业限制条款的效力问题，经济补偿金是对竞业限制条款限制劳动者的劳动自由权、生存权的一种补偿。劳动者的劳动自由权、生存权与用人单位对商业秘密的权益形成冲突，为了平衡两种权益，经济补偿金就成为必须。如果竞业限制条款未约定经济补偿金或明确约定不给予经济补偿金，显然将使劳动者的权益难以得到保护，不符合《劳动合同法》的规范目的。因此，在约定竞业限制的前提下，经济补偿金就自动成为合同的条款，无须当事人约定，在此意义上，也可以说，在当事人约定竞业限制条款的前提下，经济补偿金的给付具有强制性。只有如此理解，《劳动合同法》第二十三条中"……并可以约定在解除或终止劳动合同后，在竞业限制期限内按月给予劳动者经济补偿"的规定才具规范意义。

第四，尽管经济补偿金的给付具有"强制性"，但此种强制性与《合同法》第五十二条第五项或《劳动合同法》第二十六条所规定的"强制性规定"中的强制性有所不同。经济补偿金的强制性，是指在约定离职竞业限制的前提下，必须同时给付经济补偿金。只要当事人不约定竞业限制，经济补偿金即非必须。换言之，当事人可以通过不订立竞业限制条款的方式排除经济补偿金的约定，这与强制性规定不允许当事人约定排除显然不同。因此，《劳动合同法》第二十三条关于经济补偿金的规定不属于《合同法》第五十二条或《劳动合同法》第二十六条所规定的法律、行政法规的强制性规定。

第五，从合同解释的规则及理论来看，未约定经济补偿金的竞业限制条款也不属于无效条款。一方面，根据合同法理论，合同效力的判断在合同解释操作这一作业之后，换言之，法院在审理合同案件时，需要首先解释合同的内容，在合同条款约定不明时，应当通过解释使之明晰；当合同条款未约定时，则应当通过解释对其补充。《合同法》第一百二十五条、第六十二条、第六十三条、第一百四十一条、第一百五十九条等诸多规定都是合同解释的具体规则。另一方面，合同解释中的目的解释要求解释者要将法律体系所蕴含的基本价值作为合同解释的重要来源，要将合同放在所处的法律体系中解释。合理的、合法的和有效的意思优先规则，有利于公共利益的解释优先规则，不利于起草人的解释优先规则，特定类型条款的解释规则，根据交易惯例、误解和“法定”条款进行解释的规则，技术性术语和专门术语的解释规则等等这些法院所适用的判断合同含义的解释规则等等，实际上服务于多重目标，而当事人意思的查明并不必然是最重要的。在此意义上，通过合同解释贯彻法律体系所蕴含的价值，实在是合同解释的目的之一。在具体的规则上，要求解释者遵守合法性假设、有效性假设等规则要求。

依据上述合同解释的规则，对未约定经济补偿金的竞业限制条款的处理即存在其他路径，首先，未约定经济补偿金的竞业限制条款，宜认定为合同必备条款不具备，应当进行补充。其次，在对合同作出补充解释时，应当遵守《劳动合同法》的规范目的和立法趣旨，即前述的无论当事人是否约定经济补偿金，都应当解释为竞业限制条款包含有经济补偿金的内容。最后，在当事人约定经济补偿金的情况下，经济补偿金依照当事人的约定判断；在未约定时，则由法官综合多种因素作出裁量。

第六，由此，就不宜认定未约定经济补偿金的竞业限制条款对劳动者不发生效力。首先，如果对劳动者不发生效力，在逻辑上的结论有两个，即对用人单位可能发生效力也可能不发生效力。如果对用人单位发生效力，则会导致用人单位一方面要受到竞业限制条款中的经济补偿金义务的约束（未约定经济补偿金的通过合同补充予以确定），另一方面用人单位又无合同上的权利。这显然不是一个正常的法秩序。如果对用人单位不发生效力，实质上就意味着该竞业限制条款无效，则前述关于对无效说的反驳于此仍可适用。其次，对劳动者不发生效力意味着劳动者不受竞业限制条款的约束，有权利用其获得的商业秘密。但是，如此种观点也承认的那样，劳动者如果履行了竞业限制义务，仍然有权请求经济补偿金，该经济补偿金显然是一种合同上的权利义务。那么在逻辑上就会产生这样一个结论，即该竞业限制条款是否约束劳动者取决于劳动者是否履行了竞业限制义务，这显然也不符合合同法的规则及理论。因此，妥当的结论仍应是，通过对未约定经济补偿金的竞业限制条款的补充解释，该竞业限制条款从成立时即生效，并且拘束双方当事人。

综上所述，从合同解释的规则、合同的效力制度等角度考虑，本解释对未约定经济补偿金的离职竞业限制条款未规定为无效条款，而是承认其效力。同时，针对司法实践中如何确定此类竞业限制条款下的经济补偿金存在裁判不统一的现象，参考其他国家的立法例和我国的审判实践，明确规定即按照劳动者在劳动合同解除或终止前 12 个月平均工资的 30% 确定。

——最高人民法院民事审判第一庭编著:《最高人民法院劳动争议司法解释（四）理解与适用》, 人民法院出版社 2013 年版, 第 133~136 页。

1623. 未约定经济补偿金的竞业限制纠纷的具体处理

关键词

经济补偿金　竞业限制纠纷

最高人民法院司法解释

第六条　当事人在劳动合同或者保密协议中约定了竞业限制，但未约定解除或者终止劳动合同后给予劳动者经济补偿，劳动者履行了竞业限制义务，要求用人单位按照劳动者在劳动合同解除或者终止前十二个月平均工资的 30% 按月支付经济补偿的，人民法院应予支持。

前款规定的月平均工资的 30% 低于劳动合同履行地最低工资标准的，按照劳动合同履行地最低工资标准支付。

——《最高人民法院关于审理劳动争议案件案件适用法律若干问题的解释（一）》(2020 年 12 月 29 日，法释〔2020〕26 号)。

附录：最高人民法院主流观点

在认定未约定经济补偿金的离职竞业限制条款有效的前提下，对相关案件应如何处理，需要区分不同情况，分别讨论。

第一种情况是本司法解释规定的典型情形，即未约定经济补偿金，用人单位也未实际支付，劳动者依约履行了竞业限制义务，请求用人单位支付经济补偿金的，人民法院应予支持。

第二种情况是，虽然未约定经济补偿金，但用人单位实际上按照本司法解释所规定的平均工资的 30% 或以上标准按月支付经济补偿金，如果用人单位请求劳动者履行竞业限制义务，或者请求劳动者承担违反竞业限制义务的违约责任的，人民法院应予支持。

第三种情况是，未约定经济补偿金，用人单位也未实际支付，劳动者未解除竞业限制条款且违反了竞业限制义务，用人单位请求劳动者承担违约责任的，人民法院应当支持。尽管双方当事人未明确约定经济补偿金，但依据前文所述理由和本司法解释的规定，经济补偿金是合同内容的一部分，由于用人单位未实际支付，也存在违约行为，应承担违约责任，劳动者同时请求按照本司法解释规定的标准给付劳动者经济补偿金的，也应予以支持。另外，根据《劳动争议解释（四）》第十条[①]的规定，用人单位并可同时请求劳动者继续履行竞业限制义务。

对于此种情形，不宜支持劳动者以履行抗辩权（先履行抗辩权或同时履行抗辩权）为理由拒绝履行竞业限制义务或免除其违约责任的主张，理由在于，首先，虽然此种竞业限制条款有效的逻辑结论应当是当事人享有履行抗辩权，但是竞业限制义务自身特征不宜适用。竞业限制义务是一种不作为义务，劳动者以履行抗辩权为理由而拒绝履行竞业限制义务的后果即劳动者有权利用其掌握的前用人单位的商业秘密，劳动者一旦利用该商业秘密，往往具有不可挽回性，在不少情形下，会造成用人单位商业秘密的完全公开化。所以，支持劳动者的履行抗辩权会导致竞业限制条款的目的难以实现。其次，不支持劳动者的履行抗辩权，并不会给劳动者造成不利影响。劳动者可以依据《劳动争议解释（四）》第八条的规定，在用人单位3个月未支付经济补偿金的，行使解除权解除竞业限制条款，从而实现其从竞业限制条款中解脱的目的，3个月的期限对劳动者而言并非过重负担，并且解除前的经济补偿金请求权并不受影响。

需要进一步讨论的问题是，如果劳动者未解除合同，且未遵守竞业限制义务，例如劳动者到与用人单位具有竞争关系的其他用人单位就职，用人单位还应否支付劳动者再就业之后的经济补偿金？

我们认为，就此期间内的经济补偿金，用人单位无须支付。原因仍然是竞业禁止义务的特征所决定的。因为一旦劳动者违反竞业禁止义务，这种违约行为即难以通过其他形式补正（例如继续履行），违反该义务期间的经济补偿金给付显然不能获得相应的对价，这与积极的作为义务的履行存在不同。因此，用人单位就此期间的支付经济补偿金给付义务也应消灭。

第四种情形是，未约定经济补偿金，用人单位也未实际支付，劳动者请求用人单位支付经济补偿金，用人单位明确表示拒绝。此时劳动者有权解除合同。在实践中，此种解除合同的意思表示的形式宜从宽解释，明确的意思表示固然发生解除合同的效果，以其行为表示解除合同的，也应承认其解除合同的效力。

第五种情况是，未约定经济补偿金，用人单位也未实际支付且达到3个月期限，劳动者解除竞业限制条款的，应当类推适用《劳动争议解释（四）》第八条[②]的规定，确认劳动者解除竞业限制条款的效力。但竞业限制条款解除前，劳动者仍应承担违反竞业限制义务的违约责任、用人单位仍应承担给付经济补偿金的违约责任，合同解除不免除已经产生的违约责任。

---

① 现为《最高人民法院关于审理劳动争议案件适用法律问题的解释（一）》第四十条。

② 现《最高人民法院关于审理劳动争议案件适用法律问题的解释（一）》第三十八条。

——最高人民法院民事审判第一庭编著：《最高人民法院劳动争议司法解释（四）理解与适用》，人民法院出版社 2013 年版，第 136~137 页。

1624. 竞业限制期限约定超过 2 年的效力应如何认定

关键词

竞业限制期限

最高人民法院司法解释

第三十六条 当事人在劳动合同或者保密协议中约定了竞业限制，但未约定解除或者终止劳动合同后给予劳动者经济补偿，劳动者履行了竞业限制义务，要求用人单位按照劳动者在劳动合同解除或者终止前十二个月平均工资的 30% 按月支付经济补偿的，人民法院应予支持。

前款规定的月平均工资的 30% 低于劳动合同履行地最低工资标准的，按照劳动合同履行地最低工资标准支付。

——《最高人民法院关于审理劳动争议案件案件适用法律若干问题的解释（一）》（2020 年 12 月 29 日，法释〔2020〕26 号）。

附录：最高人民法院主流观点

对于这个问题，涉及如何认定《劳动合同法》第二十四条第二款规定的性质，换言之，该条规定是否属于影响合同效力的强制性规定？

核心问题在于，如何识别效力性强制性规定？首先，应当认识到，影响合同效力的强制性规范是对合同自由的限制，对该自由的限制，必须要有充足的理由，即必须要有优先于私法上自由的更重要的价值。这是强制性规范对合同效力影响的原则性前提。其次，必须通过对具体强制性规范的解释尤其是目的解释获取其规范目的，发现其要保护的规范利益，并将该规范利益与所要保护的合同利益加以比较，亦即通过利益衡量和评价，确定强制规范所保护的规范利益与合同利益之间的价值优先次序；最后，在具体的强制规范与具体的合同效力之间，还要考虑到该强制规范影响合同效力对法的和平和法律安定性利益的影响，在不少情形下即使合同违反了强制性规范，但是法律和平和法律的安定性利益会要求认定该合同有效。同时，还要根据合同的履行状态对违法合同的效力作出评价。如果合同一旦执行完毕，说明强制性规定并未能够有效地制止执行合同的行为，此时，应当考虑另外一个问题：坚持合同继续无效能否在其他方面促进立法目的的达成。换言之，合同履行后所形成的事实上的法律利益关系往往能够对强制性规范对具体合同的效力判断产生影响。这同样是结果考量的导向功能和法律的安定性所要求的。另外，还要从强制规范所调整的当事人的范围来考虑，如果强制性规范是针对一方当事人的违法行为的，则原则上合同效力不受影响。

由此可见，关于强制性规范与合同效力的关系，需要法律解释、利益衡量、后果判断等一系列法律适用方法的综合运用方能得出的结论，同时还需要在具体案件中对法的和平性、安定性以及目的实现可能性等进行具体的评价。因此，以一种贴标签式的方式就欲完成影响合同效力的强制性规定的识别工作，不仅在理论上难以自洽，在实践中也会造成不公平、不正义的结果。

依据上述理论分析超过2年的竞业限制条款的效力问题，我们认为，应当认定该条款部分无效，即超出2年的期限部分无效。主要理由在于：首先，竞业限制义务对劳动者的择业自由权和生存权会产生影响，而劳动者的择业自由权和生存权在法益体系中至少不比合同自由低。其次，在劳动合同关系中，劳动者与用人单位的缔约谈判的能力并不均衡，尤其是在我国的劳动力市场中更是如此。再次，如果不认定超出2年期限部分的竞业限制条款无效，就难以通过其他手段达到《劳动合同法》所追求的将竞业限制期限制在合理范围内的立法目的。

当然，如果双方当事人已经履行完毕超过2年期限的竞业限制义务，劳动者请求用人单位按约定支付经济补偿金的，自然应予支持，此时已无必要以该约定违反强制性规定为理由认定其无效，而应通过其他手段制裁此种违反强制性规范的行为。

——最高人民法院民事审判第一庭编著:《最高人民法院劳动争议司法解释（四）理解与适用》，人民法院出版社2013年版，第141~142页。

1625. 竞业限制协议中约定的违约金过分高于或者低于实际损失，当事人可请求人民法院调整

关键词

竞业限制　违约金调整

最高人民法院司法解释

第十条　劳动者违反竞业限制约定，向用人单位支付违约金后，用人单位要求劳动者按照约定继续履行竞业限制义务的，人民法院应予支持。

——《最高人民法院关于审理劳动争议案件案件适用法律若干问题的解释（一）》（2020年12月29日，法释〔2020〕26号）。

最高人民法院审判业务意见（民事审判第一庭意见）

最高人民法院民一庭意见：用人单位和劳动者可以在竞业限制协议中约定相应的违约金，但用人单位和劳动者在竞业限制协议中约定的违约金过分高于或者低于实际损失，当事人请求调整违约金数额的，可予支持。

附：审判指导

一、正确理解竞业限制违约金与赔偿责任的关系

在劳动者违法解除劳动合同时，用人单位一般只能主张适用《劳动合同法》第九十条要求劳动者承担损害赔偿责任。这里所谓劳动者违法解除劳动合同是指劳动者未履行离职告知义务或没有按法律规定提前一定时间告知用人单位的情形；而当劳动者违反竞业限制约定时，则可能会出现违约金责任和损害赔偿责任的重合。

具体到对两者关系的把握，应分情况进行处理：第一，当用人单位与劳动者约定了竞业限制但未约定违约金时，用人单位不能向劳动者主张违约金，而可以主张适用《劳动合同法》第九十条要求劳动者承担损害赔偿责任。第二，当用人单位与劳动者约定了竞业限制且约定了违约金时，劳动者如只是违反了竞业限制义务而无证据证明给用人单位造成了其他损害，则一般适用违约金。这是因为立法设定违约金就是对违反竞业限制义务的一种制裁，在劳动者没有对用人单位商业秘密造成实际损害的情况下，违约金已经起到补偿用人单位、制裁劳动者的作用。第三，在劳动者违反竞业限制约定义务导致用人单位损失远大于违约金的情况下，用人单位可主张违约金并同时以约定的违约金低于造成的损失为由，引用《合同法》第一百一十四条的规定，请求人民法院或者仲裁机构对违约金予以增加。此时，已无直接引用《劳动合同法》第九十条主张劳动者承担全部赔偿责任的必要。

二、违约金调整中举证责任分配问题

1. 违约金低于损失，守约方要求增加违约金的情形。根据《合同法》第一百一十四条第二款[①]和《合同法解释（二）》第二十八条的精神，只要守约方有确切的证据证明了实际损失，违约金是可以调整的，增加到能够证明的实际损失为止。在这样的情形下，守约方的举证责任是不可推卸的，违约方只需质证和举反驳证据。

2. 违约金高于损失，违约方提出减少违约金的情形。违约方依照《合同

① 对应《民法典》第五百八十五条第二款。

法》第一百一十四条第二款[①]和《合同法解释（二）》[②]第二十九条第一款要求对高于损失的违约金调整时，如何分配举证责任，在违约方请求人民法院调整违约金数额时，需由其提供违约金过高的初步证据后，举证责任转移至守约方，这属于举证责任的转移。因为损失实际发生与否及发生多少，违约方一般情况下不能准确得悉，只有守约方才能如实掌握损失发生的情况，让守约方负责证明损失的大小。在违约方举出的盖然性证据能够表明实际损失远低于违约金的数额或者能够提出守约方实际发生损失的相关线索，并要求守约方举证证明其实际损失时，守约方有义务提供相关的证明材料。

——最高人民法院民一庭：《竞业限制违约金调整纠纷的处理》，载最高人民法院民事审判第一庭编：《民事审判前沿》（第一辑），人民法院出版社2014年版，第310~314页。

附录：最高人民法院主流观点

现实中，部分用人单位为了防止劳动者在竞业限制期限内违反竞业限制约定损害其利益，往往倾向于利用自己在劳动关系中的优势地位，在约定较低数额经济补偿的同时，要求劳动者与其约定数额巨大的违约金。由于立法并未对当事人约定违约金的数额大小问题进行干涉，故该违约金可以被认定为惩罚性违约金而具有合法性。但数额巨大的违约金本身是一柄双刃剑：一方面，有利于督促劳动者忠实履行竞业限制约定；另一方面，一旦劳动者有违反竞业限制的行为，将可能因巨额违约金的支付陷入生活困境。而且由于对将来损失大小估计不足，现实中也出现了部分用人单位与劳动者约定的违约金虽然绝对数额不低，但还是不能补偿用人单位的损失情况。

为缓解违约金过高或过低可能造成的用人单位和劳动者之间利益失衡，《劳动争议解释（四）》2011年8月征求意见稿第十三条曾规定，约定的违约金低于或者过分高于造成的损失的，用人单位或者劳动者请求对违约金数额予以适当调整的，应当参照《合同法》第一百一十四条第二款、最高人民法院《合同法解释（二）》第二十八条、第二十九条的规定处理。但在随后的起草中，本条规定内容曾被删除，直到本司法解释送审稿第十二条才重新表述为："劳动者违反竞业限制约定，向用人单位支付违约金后，用人单位要求劳动者继续履行竞业限制义务的，人民法院应予支持。"与之前表述相比，该条文虽然删除了可对违约金调整的规定，但并非意味着对劳动者或用人单位有关违约金调整主张的否定性评价。事实上，这里的删除更多的是基于表述简练，不重复规定的需要。

---

① 对应《民法典》第五百八十五条第二款。

② 《民法典》施行后该司法解释已被废止。

实务中，如果劳动者提出违约金过高的抗辩，人民法院不能机械适用《合同法解释（二）》第二十九条第二款之规定，认定只有在约定的违约金超过用人单位损失的百分之三十时，才是“过分高于造成的损失”。这是因为在存在劳动关系这一特殊背景下，劳动者与用人单位经济实力的差异决定了其责任承担能力不能向用人单位看齐。相应地，判断约定的违约金是否过分高于造成的损失，不能仅仅参考用人单位自身损失这一因素，而应该同时考虑用人单位支付的经济补偿数额、劳动者在用人单位工作年限、劳动者的职务、劳动者主观过错程度以及给用人单位造成的损害等因素，认定违约金是否过高并进行适当减少。至于用人单位能否以违约金过低为由要求增加违约金，同样要结合上述劳动者的诸多个人因素进行综合判断，而不能单纯以用人单位自身客观损失为依据。

当出现确实无法依据上述因素判断违约金是否过高或过低时，还可考虑借鉴《劳动合同法》起草过程中曾规定的判断方法作为自由裁量权行使的一个参考依据。《劳动合同法（草案）》一审稿第十六条曾对竞业限制协议中的违约金约定进行了必要限制，其规定：“用人单位与劳动者有竞业限制约定的，应当同时与劳动者约定在劳动合同终止或者解除时向劳动者支付的竞业限制经济补偿，其数额不得少于劳动者在该用人单位的年工资收入。劳动者违反竞业限制约定的，应当向用人单位支付违约金，其数额不得超过用人单位向劳动者支付的竞业限制经济补偿的3倍。”但是，二审稿认为对于经济补偿金和违约金标准等，应尊重双方的约定。其第二十四条第二款规定：“对负有保守用人单位商业秘密义务的劳动者，用人单位可以在劳动合同或者保密协议中与劳动者约定竞业限制条款，并约定在解除或者终止劳动合同后，在竞业限制期限内按月给予劳动者经济补偿。劳动者违反竞业限制约定的，应当按照约定向用人单位支付违约金。”之后的三审稿、四审稿直至颁布的《劳动合同法》都采用了二审稿的规定。虽然上述3倍的最高标准已被删除，不能作为判断违约金上限的硬性指标，但其将违约金与竞业限制经济补偿两者关联计算的做法，符合竞业限制的特性，具有一定的合理性，可资借鉴。在司法实务中，人民法院在判断违约金是否过高或过低时，没有必要一律适用上述3倍标准，至于具体采用几倍标准可由法院根据个案酌定。最后，鉴于部分劳动者诉讼能力不强的现实，为实现案结事了，人民法院在审理时如发现违约金确有过高之嫌，可在庭审中主动向劳动者加以释明，以避免出现劳动者在二审变更诉讼请求的尴尬局面。

——最高人民法院民事审判第一庭编著：《最高人民法院劳动争议司法解释（四）理解与适用》，人民法院出版社2013年版，第205~207页。

1626. 劳动者违反竞业限制约定，用人单位要求新用人单位与劳动者一起承担连带责任的处理

关键词

新用人单位　连带责任

最高人民法院司法解释

第十条　劳动者违反竞业限制约定，向用人单位支付违约金后，用人单位要求劳动者按照约定继续履行竞业限制义务的，人民法院应予支持。

——《最高人民法院关于审理劳动争议案件案件适用法律若干问题的解释（一）》（2020 年 12 月 29 日，法释〔2020〕26 号）。

附录：最高人民法院主流观点

司法实践中，多数因违反竞业限制约定引发的纠纷都与劳动者在竞业限制期间到同行业或类似行业的新用人单位就业有关。此时，作为原告的用人单位往往以新用人单位与案件有利害关系为由，将其列为共同被告，要求其与劳动者一起承担连带责任。对此，应如何处理，实务中素有争议。一种观点认为，根据合同相对性原则，既然新用人单位不是竞业限制约定中的订约一方，自然不受竞业限制约定的约束，故不能支持用人单位要求其承担连带责任的主张；另一种观点则认为，当新用人单位明知劳动者有竞业限制义务仍与其建立劳动关系，损害用人单位的利益，主观上存在过错，与劳动者一起构成共同侵权，应与劳动者承担连带责任；第三种观点认为，既然《劳动合同法》第九十一条已经规定，用人单位招用与其他用人单位尚未解除或者终止劳动合同的劳动者，给其他用人单位造成损失的，应当承担连带赔偿责任，那么依此类推，在负有竞业限制义务的劳动者已经解除或终止劳动合同后，新用人单位招用该劳动者给原用人单位造成损失的，也应承担连带赔偿责任。

我们认为，劳动者解除或终止劳动合同后，违反竞业限制约定到与原用人单位有竞争关系的新用人单位工作时，新用人单位是否要与劳动者一起对原用人单位承担连带赔偿责任问题，需要区分情况对待：

1. 如果用人单位以劳动者违反竞业限制约定为由，主张适用《劳动争议解释（四）》第十条①要求新用人单位与劳动者一起就违约金承担连带责任时，

① 现为《最高人民法院关于审理劳动争议案件适用法律问题的解释（一）》第四十条。

其显然主张的是违约之诉。此时，由于新用人单位并非竞业限制约定的订约方，不受该约定的约束，自然也就不存在承担违约责任的可能。故应判决驳回原用人单位对新用人单位承担违约责任的主张；

2. 如果用人单位以新用人单位与劳动者构成共同侵权为由，主张新用人单位与劳动者就损失赔偿承担连带责任，则应具体考察其请求权基础。显然，首先应排除本条的适用，因为本条规范的是违约之诉而非侵权之诉。其次，应排除《劳动合同法》第九十一条的适用。理由是两者规范对象不同。《劳动合同法》第九十一条针对的是与其他用人单位尚未解除或者终止劳动合同的劳动者，而本条所指的劳动者是已经解除或终止劳动合同的劳动者。事实上，就新用人单位与劳动者对原用人单位的共同侵权行为，现实中主要表现为劳动者在新用人单位利诱、教唆下违反竞业限制约定，泄露相关商业秘密给新用人单位或者新用人单位出于取得竞争优势的需要，在明知劳动者还在竞业限制期限内的情况下，仍将其招用至该单位。对此，实务中更多的是适用《侵权责任法》和《反不正当竞争法》来处理。

——最高人民法院民事审判第一庭编著：《最高人民法院劳动争议司法解释（四）理解与适用》，人民法院出版社 2013 年版，第 207~208 页。

1627. 竞业限制协议的违约金过分高于或者低于实际损失，当事人可请求调整违约金数额

关键词

竞业限制协议　违约金调整

最高人民法院司法解释

第六条　当事人在劳动合同或者保密协议中约定了竞业限制，但未约定解除或者终止劳动合同后给予劳动者经济补偿，劳动者履行了竞业限制义务，要求用人单位按照劳动者在劳动合同解除或者终止前十二个月平均工资的 30% 按月支付经济补偿的，人民法院应予支持。

前款规定的月平均工资的 30% 低于劳动合同履行地最低工资标准的，按照劳动合同履行地最低工资标准支付。

第十条　劳动者违反竞业限制约定，向用人单位支付违约金后，用人单位要求劳动者按照约定继续履行竞业限制义务的，人民法院应予支持。

——《最高人民法院关于审理劳动争议案件适用法律若干问题的解释（一）》（2020 年 12 月 29 日，法释〔2020〕26 号）。

最高人民法院司法政策精神

28. 用人单位和劳动者在竞业限制协议中约定的违约金过分高于或者低于实际损失，当事人请求调整违约金数额的，人民法院可以参照《最高人民法院关于适用〈中华人民共和国合同法〉若干问题的解释（二）》第二十九条的规定予以处理。

——《最高人民法院关于印发〈第八次全国法院民事商事审判工作会议（民事部分）纪要〉的通知》（2016 年 11 月 21 日，法〔2016〕399 号）。

最高人民法院审判业务意见（最高人民法院民一庭意见）

竞业限制违约金调整纠纷的处理

【审判指导】

一、正确理解竞业限制违约金与赔偿责任的关系

在劳动法领域，违约金责任和损害赔偿责任既有联系也有区别。两者联系为责任产生前提基本一致，都是源自劳动者的违约行为。两者区别在于：1. 违约金与损害赔偿产生基础不同。违约金产生于约定，如果没有约定，则用人单位不能要求劳动者承担违约金。而损害赔偿则不取决于约定，也不可能事先约定。只能在有损害事实发生后，才可能产生损害赔偿的问题。2. 违约金与损害赔偿的举证责任不同。违约金产生于双方当事人的事先约定，不以实际损失为前提，用人单位无须举证证明实际损失大小；而损害赔偿则是来自法律的明确规定，应以可证明的实际损失大小来确定赔偿额度，故用人单位必须就损失大小进行举证。3. 违约金与损害赔偿的起因不同。违约金责任的起因既包括劳动者违反竞业限制约定，也包括违反服务期约定；而损害赔偿则是起因于劳动者违法解除劳动合同或违反约定的保密义务或竞业限制义务。

由上述两者之间的比较可知，在劳动者违法解除劳动合同时，用人单位一般只能主张适用《劳动合同法》第九十条要求劳动者承担损害赔偿责任。这里所谓劳动者违法解除劳动合同是指劳动者未履行离职告知义务或没有按法律规定提前一定时间告知用人单位的情形；而当劳动者违反竞业限制约定时，则可能会出现违约金责任和损害赔偿责任的重合。

具体到对两者关系的把握，应分情况进行处理：第一，当用人单位与劳动者约定了竞业限制但未约定违约金时，用人单位不能向劳动者主张违约金，而可以主张适用《劳动合同法》第九十条要求劳动者承担损害赔偿责任。第二，当用人单位与劳动者约定了竞业限制且约定了违约金时，劳动者如只是违反了竞业限制义务而无证据证明给用人单位造成了其他损害，则一般适用违约金。这是因为立法设定违约金就是对违反竞业限制义务的一种制裁，在

劳动者没有对用人单位商业秘密造成实际损害的情况下，违约金已经起到补偿用人单位、制裁劳动者的作用。第三，在劳动者违反竞业限制约定义务导致用人单位损失远大于违约金的情况下，用人单位可主张违约金并同时以约定的违约金低于造成的损失为由，引用《合同法》第一百一十四条[①]的规定，请求人民法院或者仲裁机构对违约金予以增加。此时，已无直接引用《劳动合同法》第九十条主张劳动者承担全部赔偿责任的必要。

二、违约金调整中举证责任分配问题

1. 违约金低于损失，守约方要求增加违约金的情形。根据《合同法》第一百一十四条第二款[②]和《最高人民法院关于适用〈中华人民共和国合同法〉若干问题的解释（二）》[③]第二十八条的精神，只要守约方有确切的证据证明了实际损失，违约金是可以调整的，增加到能够证明的实际损失为止。在这样的情形下，守约方的举证责任是不可推卸的，违约方只需质证和举反驳证据。

2. 违约金高于损失，违约方提出减少违约金的情形。违约方依照《合同法》第一百一十四条第二款和《最高人民法院关于适用〈中华人民共和国合同法〉若干问题的解释（二）》第二十九条第一款要求对高于损失的违约金调整时，对于如何分配举证责任存在三种观点：

第一种观点认为，一方当事人认为违约金约定过分高于损失的，主张方应当提供相应证据证明。理由：依据《最高人民法院关于民事诉讼证据的若干规定》关于“谁主张，谁举证”的规定。

第二种观点认为，一方当事人认为违约金约定过分高于损失的，损失方应举证证明其损失的数额。理由：就举证能力而言，违约方对守约方造成的损失，与损失相关的证据距守约方较近，守约方对此有较强的举证能力，应由损失方承担举证责任。

第三种观点认为，违约方需提供足以让法官对违约金约定公平性产生怀疑的初步证据，然后法官可将举证责任分配给守约方。理由：根据“谁主张，谁举证”的原则，违约方提出调整的主张必须要有举证的责任，但考虑到违约方不可能举出守约方损失全部证据的因素，因此，分配给其举出让法官对违约金约定公平性产生怀疑的证据即可。此时法官可以进行举证责任的分配，将证明违约金约定合理的举证责任分配给守约方承担。

我们赞同第三种观点。在违约方请求人民法院调整违约金数额时，需由其提供违约金过高的初步证据后，举证责任转移至守约方，这属于举证责任的转移。因为损失实际发生与否及发生多少，违约方一般情况下不能准确得

---

① 对应《民法典》第五百八十五条。

② 对应《民法典》第五百八十五条第二款。

③ 《民法典》施行后该司法解释已废止。

悉，只有守约方才能如实掌握损失发生的情况，让违约方证明违约金数额高于实际损失的确有点强人所难。如果法院要对事实予以查清，就得让守约方负责证明损失的大小。在违约方举出的盖然性证据能够表明实际损失远低于违约金的数额或者能够提出守约方实际发生损失的相关线索，并要求守约方举证证明其实际损失时，守约方有义务提供相关的证明材料。因缔约者在议定违约金条款之时就已经充分考虑了证明损失的难度，可以达到让合同当事人正视违约金条款的目的。如果让当事人发觉在诉讼中可以轻易提起违约金减少的请求，而不必加重自身任何负累的话，无疑将会使违约金功能在实践中的意义大打折扣。但必须正视的是，这样的举证确实具有一定的难度，在社会经济生活纷繁复杂的背景下，常常因单个合同不能按约履行会致使一系列的连锁后果，产生的有些损失已不单属于直接损失，有些损失会相继发生，而有些损失也不是单纯计算可估，因此将实际损失的举证责任分配给守约方，势必会增加其诉讼成本，亦会引起社会对于违约成本在减弱而守约成本在增强的评价之嫌。

用人单位和劳动者可以在竞业限制协议中约定相应的违约金，但用人单位和劳动者在竞业限制协议中约定的违约金过分高于或者低于实际损失，当事人请求调整违约金数额的，可予支持。

——最高人民法院民事审判第一庭编著：《民事审判前沿》(第一辑)，人民法院出版社 2014 年版。

附录：最高人民法院主流观点

竞业限制条款由当事人自由签订，通常情况下人民法院应当尊重当事人的意思自治，不应调整违约金数额，但是竞业限制毕竟是对劳动者择业权的限制，在一定程度上影响了劳动者的自由发展，因此，违约金应当以补偿性为主，在所约定的数额过分高于或者低于实际损失时，应允许进行调整，以更好地平衡用人单位和劳动者之间的利益。再者，从性质上讲，劳动合同仍然为民事合同，所以在《劳动合同法》这一特别法没有规定的情形下，可以参照《合同法》的规定予以处理。《合同法》第一百一十四条[①]规定：“当事人可以约定一方违约时应当根据违约情况向对方支付一定数额的违约金，也可以约定因违约产生的损失赔偿额的计算方法。约定的违约金低于造成的损失的，当事人可以请求人民法院或者仲裁机构予以增加；约定的违约金过分高于造成的损失的，当事人可以请求人民法院或者仲裁机构予以适当减少。”《关于适用〈中华人民共和国合同法〉若干问题的解释（二）》[②]第二十八条规定：

① 对应《民法典》第五百八十五条。

② 《民法典》施行后该司法解释已废止。

“当事人依照合同法第一百一十四条第二款的规定，请求人民法院增加违约金的，增加后的违约金数额以不超过实际损失额为限。增加违约金以后，当事人又请求对方赔偿损失的，人民法院不予支持。”第二十九条规定：“当事人主张约定的违约金过高请求予以适当减少的，人民法院应当以实际损失为基础，兼顾合同的履行情况、当事人的过错程度以及预期利益等综合因素，根据公平原则和诚实信用原则予以衡量，并作出裁决。当事人约定的违约金超过造成损失的百分之三十的，一般可以认定为合同法第一百一十四条第二款规定的‘过分高于造成的损失’”。综合上述原因《八民会纪要（民事部分）》第二十八条规定：用人单位和劳动者在竞业限制协议中约定的违约金过分高于或者低于实际损失，当事人请求调整违约金数额的，人民法院可以参照《最高人民法院关于适用〈中华人民共和国合同法〉若干问题的解释（二）》第二十九条规定予以处理。

——杜万华主编：《〈第八次全国法院民事商事审判工作会议（民事部分）纪要〉理解与适用》，人民法院出版社 2017 年版，第 446~447 页。

1628. 竞业限制期限约定超过 2 年的效力应如何认定

关键词

竞业限制　择业自由权　生存权　合同自由　经济补偿金

最高人民法院司法解释

第三十六条　当事人在劳动合同或者保密协议中约定了竞业限制，但未约定解除或者终止劳动合同后给予劳动者经济补偿，劳动者履行了竞业限制义务，要求用人单位按照劳动者在劳动合同解除或者终止前十二个月平均工资的 30% 按月支付经济补偿的，人民法院应予支持。

前款规定的月平均工资的 30% 低于劳动合同履行地最低工资标准的，按照劳动合同履行地最低工资标准支付。

——《最高人民法院关于审理劳动争议案件适用法律问题的解释（一）》（2020 年 12 月 29 日，法释〔2020〕26 号）。

附录：最高人民法院主流观点

对于超过 2 年的竞业限制条款的效力问题，我们认为，应当认定该条款部分无效，即超出 2 年的期限部分无效。主要理由在于：（1）竞业限制义务对劳动者的择业自由权和生存权会产生影响，而劳动者的择业自由权和生存权在法益体系中至少不比合同自由位阶低。（2）在劳动合同关系中，劳动者与用人单位缔约谈判的能力并不均衡。(3)如果不认定超出2年期限部分的竞业限制条款无效，就难以通过其他手段达到《劳动合同法》所追求的将竞业限制期限制在合理范围内的立法目的。

当然，如果双方当事人已经履行完毕超过2年期限的竞业限制义务，劳动者请求用人单位按约定支付经济补偿金的，自然应予支持，此时已无必要以该约定违反强制性规定为由认定其无效，而应通过其他手段制裁此种违反强制性规范的行为。

——最高人民法院民事审判第一庭编著:《最高人民法院新劳动争议司法解释(一)理解与适用》，人民法院出版社2021年版，第430页。

1629. 劳动合同解除后用人单位未支付经济补偿金，劳动者可以解除竞业限制约定

关键词

劳动合同解除　竞业限制　经济补偿金

最高人民法院司法政策精神

二十一、当事人在劳动合同或者保密协议中约定了竞业限制和经济补偿，劳动合同解除或者终止后，因用人单位的原因导致三个月未支付经济补偿，劳动者请求解除竞业限制约定的，劳动人事争议仲裁委员会、人民法院应予支持。

——人力资源社会保障部、最高人民法院《关于劳动人事争议仲裁与诉讼衔接有关问题的意见(一)》(2022年2月21日，人社部发〔2022〕9号)。

1630. 因履行竞业限制条款发生争议申请仲裁和提起诉讼的期间不计入竞业限制期限的约定无效

关键词

竞业限制　期限　约定无效

最高人民法院指导性案例

马筱楠诉北京搜狐新动力信息技术有限公司竞业限制纠纷案(最高人民法院指导案例184号)

裁判要点：用人单位与劳动者在竞业限制条款中约定，因履行竞业限制条款发生争议申请仲裁和提起诉讼的期间不计入竞业限制期限的，属于劳动合同法第二十六条第一款第二项规定的“用人单位免除自己的法定责任、排除劳动者权利”的情形，应当认定为无效。

法院生效裁判认为：本案争议焦点为《不竞争协议》第3.3款约定的竞业限制期限的法律适用问题。搜狐新动力公司上诉主张该协议第3.3款约定有效，马筱楠的竞业限制期限为本案仲裁和诉讼的实际审理期限加上12个月，以实际发生时间为准且不超过二年，但本院对其该项主张不予采信。

一、竞业限制协议的审查

法律虽然允许用人单位可以与劳动者约定竞业限制义务，但同时对双方约定竞业限制义务的内容作出了强制性规定，即以效力性规范的方式对竞业限制义务所适用的人员范围、竞业领域、限制期限均作出明确限制，且要求竞业限制约定不得违反法律、法规的规定，以期在保护用人单位商业秘密、维护公平竞争市场秩序的同时，亦防止用人单位不当运用竞业限制制度对劳动者的择业自由权造成过度损害。

二、“扣除仲裁和诉讼审理期限”约定的效力

本案中，搜狐新动力公司在《不竞争协议》第3.3款约定马筱楠的竞业限制期限应扣除仲裁和诉讼的审理期限，该约定实际上要求马筱楠履行竞业限制义务的期限为：仲裁和诉讼程序的审理期限＋实际支付竞业限制补偿金的月数（最长不超过12个月）。从劳动者择业自由权角度来看，虽然法律对于仲裁及诉讼程序的审理期限均有法定限制，但就具体案件而言该期限并非具体确定的期间，将该期间作为竞业限制期限的约定内容，不符合竞业限制条款应具体明确的立法目的。加之劳动争议案件的特殊性，相当数量的案件需要经过“一裁两审”程序，上述约定使得劳动者一旦与用人单位发生争议，则其竞业限制期限将被延长至不可预期且相当长的一段期间，乃至达到二年。这实质上造成了劳动者的择业自由权在一定期间内处于待定状态。另一方面，从劳动者司法救济权角度来看，对于劳动者一方，如果其因履行《不竞争协议》与搜狐新动力公司发生争议并提起仲裁和诉讼，依照该协议第3.3款约定，仲裁及诉讼审理期间劳动者仍需履行竞业限制义务，即出现其竞业限制期限被延长的结果。如此便使劳动者陷入“寻求司法救济则其竞业限制期限被延长”“不寻求司法救济则其权益受损害”的两难境地，在一定程度上限制了劳动者的司法救济权利；而对于用人单位一方，该协议第3.3款使得搜狐新动力公司无须与劳动者进行协商，即可通过提起仲裁和诉讼的方式单方地、变相地延长劳动者的竞业限制期限，一定程度上免除了其法定责任。综上，

法院认为，《不竞争协议》第 3.3 款中关于竞业限制期限应将仲裁和诉讼的审理期限扣除的约定，即“但如因履行本协议发生争议而提起仲裁或诉讼时…乙方应履行竞业限制义务的期限，在扣除仲裁和诉讼审理的期限后，不应短于上述约定的竞业限制月数”的部分，属于劳动合同法第二十六条第一款第二项规定的“用人单位免除自己的法定责任、排除劳动者权利”的情形，应属无效。而根据该法第二十七条规定，劳动合同部分无效，不影响其他部分效力的，其他部分仍然有效。

三、本案竞业限制期限的确定

据此，依据《不竞争协议》第 3.3 款仍有效部分的约定，马筱楠的竞业限制期限应依据搜狐新动力公司向其支付竞业限制补偿金的月数确定且最长不超过 12 个月。鉴于搜狐新动力公司已向马筱楠支付 2017 年 3 月至 2018 年 2 月期间共计 12 个月的竞业限制补偿金，马筱楠的竞业限制期限已经届满，其无须继续履行对搜狐新动力公司的竞业限制义务。

——《最高人民法院关于发布第 32 批指导性案例的通知》(2022 年 7 月 4 日，法〔2022〕167 号)。

说明

指导案例 184 号《马筱楠诉北京搜狐新动力信息技术有限公司竞业限制纠纷案》，明确了用人单位与劳动者在竞业限制条款中约定，因履行竞业限制条款发生争议申请仲裁和提起诉讼的期间不计入竞业限制期限的，属于劳动合同法第二十六条第一款第二项规定的“用人单位免除自己的法定责任、排除劳动者权利”的情形，应当认定为无效。本案例对竞业限制有关问题进行了规范，有效保障了劳动者的择业自由权。

第十一章　环境资源保护

一、一般规定

1631. 贯彻习近平生态文明思想，坚持绿色原则，保护生态环境

关键词

绿色原则　生态环境　绿色发展理念

《中华人民共和国民法典》条文

第九条　民事主体从事民事活动，应当有利于节约资源、保护生态环境。

最高人民法院司法政策精神

2. 以习近平生态文明思想为指引，树立新时代环境资源司法理念。坚持以人民为中心，不断满足人民群众日益增长的对优美生态环境和公正环境资源司法保障的需求，切实保障人民群众在健康、舒适、优美生态环境中生存发展的权利。坚持人与自然和谐共生，落实节约优先、保护优先、自然恢复为主的方针，通过有效法律手段把生产生活规制在资源环境承载能力范围内，推动实现经济全面发展、社会全面进步、生态全面优化。坚持绿水青山就是金山银山，统筹协调经济社会可持续发展与生态环境保护的关系，找准环境保护、经济发展与人民群众环境权益之间的平衡点，推动经济高质量发展和生态环境高水平保护。坚持山水林田湖草系统保护，统筹考虑自然生态各要素保护需要，探索创新审判执行方式，推动生态环境整体保护、系统修复、区域统筹、综合治理。

——《最高人民法院关于深入学习贯彻习近平生态文明思想为新时代生态环境保护提供司法服务和保障的意见》（2018 年 5 月 30 日，法发〔2018〕7 号）。

贯彻落实生态优先、绿色发展原则，司法服务供给侧结构性改革，促进经济社会发展全面绿色转型。各级人民法院依法审理涉及环境影响评价、环境监测、环境损害评估鉴定、生态环境监测设备及污染防治设施维护运营、生态环境修复等方面案件。妥善审理涉高耗能、高排放企业规划、建设、生产引发的纠纷，鼓励清洁生产，推动重点行业和重要领域绿色化改造。加大对高耗能、高排放企业改制、破产和重整案件审理力度，完善市场退出机制。支持运用金融工具助力绿色发展，支持保险机构创新绿色保险产品和服务，促进绿色金融市场健康发展。

——最高人民法院:《中国环境资源审判（2021）》，2022 年 6 月 5 日发布。

最高人民法院大法官著述

《民法典》贯彻习近平生态文明思想，结合近年来环境保护实践，在总则编创设“绿色原则”，并在各分编予以系统贯彻，从而形成“原则 + 规则”的完整规范体系。“绿色原则”写入《民法典》，开世界民事立法之先河，为世界生态文明建设提供了中国方案。

一是明确规定环境污染和生态破坏责任。《民法典》在《侵权责任法》环境污染责任的基础上，新增规定了生态破坏责任，用七个条文系统规定了环境污染和生态破坏责任，这是绿色发展理念在《民法典》各分编最直接、最集中的体现。在法律适用过程中，要准确理解和适用《民法典》以及相关公益诉讼司法解释，妥善审理环境公益诉讼案件，以司法裁判彰显保护生态环境的信心和决心。

二是将节约资源、保护生态作为物权规则的基本遵循。在物的归属方面，《民法典》新增了添附的规定，明确在没有约定和法律规定的情况下，可以按照充分发挥物的效用等原则确定，这种所有权归属方式有利于节约资源、避免物的浪费。在物的利用方面，多处条款都体现了绿色发展理念，如规定不动产权利人不得违反国家规定弃置固体废物，排放水污染物、噪声、光辐射等有害物质，用益物权人行使权利应当遵守法律有关保护和合理开发利用资源、保护生态环境的规定，等等。

三是将“绿色原则”融入到合同规范当中。基于绿色发展理念，《民法典》规定了一些“绿色”法定义务，直接约束合同当事人。如在合同履行环节，规定当事人应当避免浪费资源、污染环境和破坏生态；在合同终止环节，规定合同终止后当事人应当根据交易习惯履行旧物回收等义务。此外，在典型合同中，“绿色原则”也发挥着重要作用，如用电人应当安全、节约和计划用电；标的物有效使用年限届满后应予回收的，出卖人负有回收义务，等等。

——周强：《充分发挥审判职能作用确保民法典正确贯彻实施》，载马世忠主编、最高人民法院政治部编：《人民法院大讲堂：民法典重点问题解读》，人民法院出版社 2021 年版，第 14 页。

附录：最高人民法院主流观点

《民法典》深入贯彻习近平生态文明思想，在总则编确立绿色原则，各分编通过具体条款予以贯彻，形成了“原则＋规则”的完整规范体系。要深刻认识绿色原则对物权、合同、侵权等条款的指导作用，准确把握物尽其用与绿色使用、意思自治与绿色干预、经济发展与生态保护的关系。在绿色原则指引下，适用物权编绿色条款，充分发挥自然资源的经济价值和生态价值，确保物的利用符合节约资源和保护生态环境的需要；适用合同编绿色条款，准确界定绿色原则对合同效力、合同履行、合同终止等的必要干预，积极协调经济发展与环境保护之间的关系，推进全社会广泛形成绿色生产生活方式，为高质量发展提供新动能；适用侵权责任编绿色条款，对污染环境、破坏生态，损害生态环境公共利益的行为，依法判令侵权者承担生态修复和赔偿责任，体现救济法在后果评价层面对绿色发展理念的贯彻落实。

——最高人民法院民法典贯彻实施工作领导小组编著：《中国民法典适用大全（生态环境卷）》，人民法院出版社 2022 年版，第 9 页。

1632. 为积极稳妥推进碳达峰碳中和提供司法服务

关键词

碳达峰碳中和

最高人民法院司法政策精神

实现碳达峰碳中和，是以习近平同志为核心的党中央统筹国内国际两个大局作出的重大战略决策，是立足新发展阶段、贯彻新发展理念、构建新发展格局、推动高质量发展的内在要求。为深入学习贯彻习近平生态文明思想和习近平法治思想，贯彻落实党的二十大精神，完整准确全面贯彻新发展理念，推动绿色发展，促进人与自然和谐共生，进一步发挥人民法院审判职能作用，为积极稳妥推进碳达峰碳中和提供司法服务，提出如下意见。

一、指导思想和总体要求

1. 坚持以习近平生态文明思想和习近平法治思想为指导。坚持以人民为中心，服务国家发展大局，推进美丽中国建设。坚持绿水青山就是金山银山，生态优先、节约集约、绿色低碳发展。坚持系统保护，推进山水林田湖草沙一体化保护和系统治理，为实现碳达峰碳中和各项决策部署落地见效提供司法服务，推动实现人与自然和谐共生的中国式现代化。

2. 完整准确全面贯彻新发展理念。积极稳妥推进碳达峰碳中和，统筹产业结构调整、减污降碳、生态保护、应对气候变化。依法助力协调和平衡发展和减排、整体和局部、短期和中长期、政府和市场的关系。以促进能源绿色低碳发展为关键，推动形成节约资源和保护环境的产业结构、生产方式、生活方式、空间格局，走符合中国国情和实际的司法服务道路。

3. 贯彻最严格制度最严密法治。准确把握刑事、民事、行政法律涉及生态环境保护的立法精神，让制度成为刚性约束和不可触碰的高压线。正确适用民法典绿色原则和绿色条款，强化以环境保护法为基础，以生态保护、污染防治、资源利用以及能源开发等法律为主干，以行政法规规章为补充的碳达峰碳中和法律制度供给和执行，加快形成系统完备的裁判规则体系，确保法律适用统一。

4. 统筹国内法治与涉外法治。落实《世界环境司法大会昆明宣言》，秉持公平、共同但有区别的责任及各自能力原则，依法审理节能减排、低碳技术、碳交易、绿色金融等相关案件，促进气候变化减缓和适应。秉持人类命运共同体理念，坚定维护经济全球化和可持续发展，持续深化环境司法领域国际合作交流，积极参与应对气候变化全球治理。

——《最高人民法院关于完整准确全面贯彻新发展理念为积极稳妥推进碳达峰碳中和提供司法服务的意见》（2023 年 2 月 16 日，法发〔2023〕5 号）。

1633. 完整准确贯彻新发展理念

关键词

环境资源审判　新发展理念

最高人民法院司法政策精神

2020 年，面对世纪疫情和百年变局交织的复杂局面，全国法院保持政治定力，牢固树立“四个意识”，坚定“四个自信”，坚持“一盘棋”思想，切实以党和国家工作大局为中心，扎实开展环境资源审判各项工作。助力疫情防控。坚决贯彻“一决定一法”，制定发布《关于依法妥善审理涉新冠疫情民事案件若干问题的指导意见》（一）（二）（三），与最高人民检察院、公安部、司法部联合印发《关于依法惩治妨害新型冠状病毒感染肺炎疫情防控违法犯罪的意见》，依法审理疫情防控相关案件，推动疫情防控与生态文明建设有机结合。推动环境质量持续改善。妥善审理涉大气、水、土壤等环境污染案件，特别是针对公众普遍关注的大气污染案件，考虑其具有扩散性和修复困难等特点，坚持源头预防、系统保护，综合运用刑事、民事、行政三种责任方式，提高环境违法成本，助力实现碳达峰碳中和目标。推进重点流域区域治理。坚持从生态系统整体性和流域区域系统性出发，聚焦国家重大发展战略，开展“司法护航美丽长江”集中调研宣传活动，指导黄河流域9省区高院签署环境资源审判协作框架协议，发布《关于为黄河流域生态保护和高质量发展提供司法服务与保障的意见》，持续深化长江经济带、黄河流域生态保护和高质量发展、京津冀、海南自贸区等重点流域区域司法协作和生态环境系统治理。服务经济社会高质量发展。贯彻新发展理念，加快发展方式绿色转型。统筹经济发展与环境保护、资源利用关系，助推传统产业升级转型和环保节能新兴产业建设，营造稳定、公平、透明、绿色的法治化营商环境。

——最高人民法院：《中国环境资源审判（2020）》，2021年6月4日发布。

1634. 依法审理新业态新模式生产服务消费纠纷案件

关键词

绿色低碳发展

最高人民法院司法政策精神

二、服务经济社会发展全面绿色转型

5. 依法审理新业态新模式生产服务消费纠纷案件。把握好能源和生态环境市场被纳入全国统一要素和资源市场体系的重要契机，加大新类型生态资源权益司法保护力度，推进数字化赋能绿色低碳发展，强化对新类型环境权益交易模式、资源要素市场创新的规则指引，降低绿色项目开发和交易成本，形成节约集约、循环高效、普惠共享的生产服务新格局。妥善审理涉标的物包装方式争议的消费纠纷案件，对包装方式是否符合通用方式，是否足以保护标的物并且有利于碳减排、保护生态环境等因素作出合理判断，积极倡导电子商务平台绿色消费和可持续经营发展。

——《最高人民法院关于完整准确全面贯彻新发展理念为积极稳妥推进碳达峰碳中和提供司法服务的意见》（2023年2月16日，法发〔2023〕5号）。

1635. 强化环境资源保护，助推乡村生态文明建设

关键词

生态文明建设　环境资源审判　环境民事公益诉讼

最高人民法院司法政策精神

18. 准确理解和把握绿色发展与乡村振兴、生态环境保护与乡村经济发展的辩证关系。牢固树立和践行绿水青山就是金山银山的理念，保护和促进乡村旅游产业发展。倡导绿色生活方式，促进乡村不断改善人居环境。围绕建设生态宜居乡村的总体要求，助推农业生产方式由过度消耗资源型向节能减排绿色发展型转变，实现社会生产良性循环。

19. 依法妥善审理环境资源民事案件，引导树立良好的环境保护理念。依法妥善审理涉及乡村土壤、水源污染等环境侵权案件，准确认定责任主体，严格追究民事责任，探索惩罚性赔偿制度在环境污染和生态破坏纠纷案件中的适用，积极营造不敢污染、不愿污染的法治环境。积极稳妥审理乡村生态补偿案件，推动形成生态损害者赔偿、受益者付费、保护者受偿的工作机制。依法妥善审理在发展乡村生态旅游过程中产生的合同纠纷和人身、财产损害等侵权纠纷案件，保障各方当事人合法权益，促进农业生态产品和服务供给。

20. 依法妥善审理环境资源行政案件，促进环境行政执法的法治化、规范化。依法审理涉及乡村土地、森林、山岭、草原、滩涂等行政确权案件，加强对乡村自然资源的保护。依法妥善审理生态功能区生态移民和生态补偿等相关行政案件，推动生态保护补偿机制落实。依法妥善审理因乡村环境监管、污染物排放许可、农业面源污染防治、禁牧轮休以及环境保护税等税费征收引发的行政案件，支持和监督环境资源保护行政主管部门依法履职。

21. 依法妥善审理环境公益诉讼案件、生态环境损害赔偿案件以及其他新型环境资源案件。及时受理和审理符合法定条件的社会组织提起的环境民事公益诉讼案件以及检察机关提起的乡村环境民事、行政公益诉讼案件和刑事附带民事公益诉讼案件，不断完善环境公益诉讼案件审理程序和配套机制。依法妥善审理法定机关提起的乡村生态环境损害赔偿案件，追究责任主体的生态环境损害赔偿责任。

——《最高人民法院印发〈关于为实施乡村振兴战略提供司法服务和保障的意见〉的通知》（2018年10月23日，法发〔2018〕19号）。

贯彻落实中共中央、国务院《关于深入打好污染防治攻坚战的意见》，坚

持良好生态环境是最普惠的民生福祉，充分运用司法手段切实维护人民群众环境权益。各级人民法院依法严厉打击暗管偷排、跨域倾倒、非法处置污染物等突出违法犯罪行为，审理涉大气、水、土壤、固体废物及噪声污染等案件，推动解决人民群众身边突出的环境污染问题。依法审理涉城市重污染天气、黑臭水体整治、医疗废物处置等案件，持续改善城市人居环境。依法审理涉农业面源污染、农用地土壤污染、生活垃圾分类等案件，服务美丽乡村建设。

——最高人民法院：《中国环境资源审判（2021）》，2022年6月5日发布。

最高人民法院大法官著述

提供生态屏障是乡村的基本功能。随着经济发展和人民生活富裕，人民群众对生态环境保护的需求越来越高。牢固树立和践行绿水青山就是金山银山的理念，加大审理环境资源案件的力度，倡导绿色生活方式，促进乡村不断改善人居环境。探索惩罚性赔偿制度在环境污染和生态破坏纠纷案件中的适用，积极营造不敢污染、不愿污染、不能污染的法治环境。依法支持和监督环境资源保护行政主管部门履行监管职责。不断完善环境公益诉讼案件审理程序和配套机制，不断优化协同审判机制，提升乡村绿色发展司法服务保障水平。

乡村振兴，生态宜居是关键，保护生态与发展经济是对立统一体。目前农村环境和生态问题比较突出。准确理解和把握绿色发展与乡村振兴、生态环境保护与乡村经济发展的辩证关系。牢固树立和践行绿水青山就是金山银山的理念，着力加强乡村生态环境司法保护，守住绿水青山，守护美丽乡村。落实节约优先、保护优先、自然恢复为主的方针，促进农村生态环境明显好转，增加农业生态产品和服务供给，以绿色发展引领乡村振兴，助推农业生产方式由过度消耗资源型向节能减排绿色发展型转变，实现社会生产良性循环。

——江必新：《解读〈关于为实施乡村振兴战略提供司法服务和保障的意见〉》，载《解读最高人民法院司法指导性文件（综合卷）》，人民法院出版社2019年版，第175页、第177页。

1636. 依法审理企业环境信息披露纠纷案件

关键词

企业环境信息披露

最高人民法院司法政策精神

二、服务经济社会发展全面绿色转型

9. 依法审理企业环境信息披露纠纷案件。引导企业主动适应绿色低碳发展要求，强化环境责任意识，依法及时、真实、准确、完整披露环境信息。投资者以上市公司和发债企业等未按照企业环境信息披露管理要求，公布企业碳排放量、排放设施等碳排放信息，年度融资形式、金额、投向等信息，以及融资所投项目的应对气候变化、生态环境保护等相关信息，致其遭受损失为由提起侵权损害赔偿诉讼、符合法律规定情形的，依法确定上市公司和发债企业等承担相应侵权责任，确保资金投向气候友好型绿色低碳项目，切实保护投资者合法权益，维护公平、公正的气候投融资市场秩序。

——《最高人民法院关于完整准确全面贯彻新发展理念为积极稳妥推进碳达峰碳中和提供司法服务的意见》（2023 年 2 月 16 日，法发〔2023〕5 号）。

1637. 依法审理产能置换纠纷案件

关键词

产能置换

最高人民法院司法政策精神

三、保障产业结构深度调整

10. 依法审理产能置换纠纷案件。审理钢铁、水泥等产能置换纠纷案件，依法确认合同效力，结合产业政策，能源消耗、碳排放强度和总量控制要求，认定合同履行和违约责任，推动产能指标从高耗能、高碳排放企业向低耗能、低碳排放企业转移。审理债务人在建项目被纳入国家相关领域产业规划或产能置换范围的破产重整、破产和解或者破产清算等纠纷案件，积极引导债务人与债权人协商，协调解决企业兼并问题，完善市场主体救治和退出机制，推动实现产业结构调整目标。

——《最高人民法院关于完整准确全面贯彻新发展理念为积极稳妥推进碳达峰碳中和提供司法服务的意见》（2023 年 2 月 16 日，法发〔2023〕5 号）。

二、环境治理

1638. 审理环境资源案件的总体要求

关键词

环境资源案件

最高人民法院司法政策精神

妥善审理涉大气、水、土壤等环境污染案件，特别是针对公众普遍关注的大气污染案件，考虑其具有扩散性和修复困难等特点，坚持源头预防、系统保护，综合运用刑事、民事、行政三种责任方式，提高环境违法成本，助力实现碳达峰碳中和目标。推进重点流域区域治理。坚持从生态系统整体性和流域区域系统性出发，聚焦国家重大发展战略，开展“司法护航美丽长江”集中调研宣传活动，指导黄河流域9省区高院签署环境资源审判协作框架协议，发布《关于为黄河流域生态保护和高质量发展提供司法服务与保障的意见》，持续深化长江经济带、黄河流域生态保护和高质量发展、京津冀、海南自贸区等重点流域区域司法协作和生态环境系统治理。服务经济社会高质量发展。贯彻新发展理念，加快发展方式绿色转型。统筹经济发展与环境保护、资源利用关系，助推传统产业升级转型和环保节能新兴产业建设，营造稳定、公平、透明、绿色的法治化营商环境。

——最高人民法院：《中国环境资源审判（2020）》，2021年6月4日发布。

服务保障新时代党和国家工作大局，助力深入打好污染防治攻坚战，落实生物多样性保护国家战略，促进资源高效节约合理利用，服务绿色低碳循环发展，助力产业结构优化升级，服务国家区域发展战略，推动重点流域区域系统治理。坚持良法善治，出台新时代加强和创新环境资源审判工作的意见，制订适用禁止令、惩罚性赔偿等司法解释和会议纪要，发布指导性案例和典型案例，创新审判执行方式，拓展延伸审判职能，不断完善生态环境裁判规则体系。坚持创新引领，加强环境资源专门审判机构建设，完善归口审理、集中管辖、司法协作、协调联动和多元解纷机制，专门化环境资源审判体系基本建成。加强审判队伍思想政治和专业化建设，深化审判理论研究，完善司法便民利民惠民举措，推进司法公开，深化公众参与，不断提升环境资源司法服务保障水平。深化国际交流，成功举办世界环境司法大会，起草并推动通过《世界环境司法大会昆明宣言》，在联合国环境规划署网站刊登中国环境资源典型案例和中国环境资源审判年度报告，我国环境司法国际影响力显著提升。

最高人民法院发布涉及大气、水、土壤、固体废物、噪声污染典型案例，深化污染防治司法指引。积极参与噪声污染防治法修改论证，提出法律责任相关条文修改建议，为噪声污染防治法修改工作提供司法实践支持。京津冀、长江、黄河流域等地法院加大对辖区突出环境问题的司法治理，以更高标准打好蓝天、碧水、净土保卫战。各地法院加强医疗废物处置相关案件审理，司法助力疫情防控，维护公共卫生安全。上海法院审理涉"洋垃圾"环境民事公益诉讼案，强化固体废物污染责任追究，改善人居环境。

——最高人民法院：《中国环境资源审判（2021）》，2022年6月5日发布。

最高人民法院相关规范

1 基本遵循

1.1 立足现行法律规定

以依照宪法法律为根本，从环境资源实体法的规定出发，契合刑事诉讼法、行政诉讼法、民事诉讼法、海事诉讼特别程序法等程序法，同时遵守相关司法解释关于各类环境资源案件受理范围的规定。

1.2 关联环境资源保护

以保护环境资源为宗旨，将与生态环境保护和自然资源可持续利用有密切关联作为案件类型划分的主要依据，同时兼顾与环境资源行政管理职能的对接。强调对于同一起环境污染、生态破坏以及资源不合理利用事件，应统筹适用刑事、行政和民事责任，注重协同发挥刑事审判的惩治教育、行政审判的监督预防、民事审判的救济修复等功能。

1.3 按照主导价值归类

以实现类型划分为基础，将环境资源案件划分为环境污染防治、生态保护、资源开发利用、气候变化应对、生态环境治理与服务等五大类型；在一个案件同时关涉生态环境、自然资源等多重秩序、多种权益的情况下，根据其所要保护、实现的主要秩序、权益进行归类。

1.4 衔接罪名案由体系

以对接罪名案由为手段，从保障案件统计分析的适度稳定性和连续性出发，在现有刑事罪名与行政、民事案由的体系和名称的基础上，形成类型描述附加罪名案由的规范框架，同时结合理论创新与实践发展需要，保持一定的开放度，以适应将来罪名与案由的调整。

1.5　完善审判执行规则

以指引法律适用为目标，认真梳理研究各类环境资源案件的特点，在现代环境司法理念指引下，探索裁判程序规则，改进审判执行方式，分类施策，依法妥善审理案件，充分发挥环境资源审判职能作用。

——《最高人民法院关于印发〈环境资源案件类型与统计规范（试行）〉的通知》(2021年1月4日，法〔2021〕9号)。

附录：最高人民法院主流观点

基本遵循所起到的作用，是明晰起草《最高人民法院关于印发〈环境资源案件类型与统计规范（试行）〉的通知》(以下简称《规范》) 的基本理念与制定目的、《规范》的体系框架与结构设计、如何将具体的环境资源案件对应到环境污染防治、生态保护、资源开发利用、气候变化应对、生态环境治理与服务等五大类案件等问题。

《规范》所明确的环境资源案件类型，要以宪法法律为根据，以环境资源实体法为基础，同时符合程序法关于案件受案范围的有关规定。

1.《宪法》。《宪法》在序言部分提出，"……推动物质文明、政治文明、精神文明、社会文明、生态文明协调发展，把我国建设成为富强民主文明和谐美丽的社会主义现代化强国……" 第九条规定："矿藏、水流、森林、山岭、草原、荒地、滩涂等自然资源，都属于国家所有，即全民所有；由法律规定属于集体所有的森林和山岭、草原、荒地、滩涂除外。国家保障自然资源的合理利用，保护珍贵的动物和植物。禁止任何组织或者个人用任何手段侵占或者破坏自然资源。" 第二十六条规定："国家保护和改善生活环境和生态环境，防治污染和其他公害。国家组织和鼓励植树造林，保护林木。"《宪法》中虽未明确提出环境权，但其相关规定与精神在环境资源审判实践中应贯彻遵循。

2. 环境资源实体法。作为环境保护基本法的《环境保护法》第二条规定："本法所称环境，是指影响人类生存和发展的各种天然的和经过人工改造的自然因素的总体，包括大气、水、海洋、土地、矿藏、森林、草原、湿地、野生生物、自然遗迹、人文遗迹、自然保护区、风景名胜区、城市和乡村等。" 该条所定义的"环境"，是内涵与外延均相当宽泛的概念。从近年来的环境资源审判实践来看，涉及大气、水、海洋、土地、矿藏、森林、草原、湿地、野生生物、自然遗迹、人文遗迹、自然保护区、风景名胜区、城市和乡村的案件均已出现。传统案件如大气污染、水污染、海洋污染、土壤污染等环境污染防治类案件，矿业权、林业权等资源类案件，野生生物保护等生态类案件，新型案件如保护自然遗迹、人文遗迹的公益诉讼案件。除《环境保护法》

以外，还有丰富多层的相关环境资源法律。（1）环境污染防治法，包括大气、水、土壤、固体废物、环境噪声、放射性污染等防治法，以及《海洋环境保护法》。（2）自然保护法，包括自然资源法与生态保护法。前者如《土地管理法》《水法》《海域使用管理法》《森林法》《草原法》《野生动物保护法》《渔业法》《煤炭法》等，后者如《水土保持法》《防沙治沙法》等。（3）环境与资源保护单行法，包括《环境影响评价法》《节约能源法》《清洁生产促进法》《循环经济促进法》《可再生能源法》等。《民法典》第七编第七章专门规定了“环境污染和生态破坏责任”一章，也是《规范》起草的重要依据。

3. 程序法。诉讼法没有环境资源案件范围的专门规定，而是散落于各程序法及其司法解释中。如《民事诉讼法》第五十五条专门规定了社会组织和检察机关提起的民事公益诉讼，《行政诉讼法》第二十五条专门规定了检察行政公益诉讼，《最高人民法院关于适用〈中华人民共和国民事诉讼法〉的解释》第十三章、《最高人民法院关于审理环境侵权责任纠纷案件适用法律若干问题的解释》《最高人民法院关于审理环境民事公益诉讼案件适用法律若干问题的解释》《最高人民法院、最高人民检察院关于检察公益诉讼案件适用法律若干问题的解释》《最高人民法院关于审理生态环境损害赔偿案件的若干规定（试行）》《最高人民法院关于审理海洋自然资源与生态环境损害赔偿纠纷案件若干问题的规定》《最高人民法院、最高人民检察院关于人民检察院提起刑事附带民事公益诉讼应否履行诉前公告程序问题的批复》等司法解释均有相关规定。在没有特殊规定时，则适用一般规定。

《规范》将与生态环境保护和自然资源可持续利用有密切关联作为环境资源案件类型的主要划分依据，兼顾与环境资源行政管理职能相对接的需要，统筹适用行政、刑事、民事三种责任。

首先，《规范》强调环境资源案件的核心性与关联性。《规范》之所以将环境资源案件划分为环境污染防治类案件、生态保护类案件、资源开发利用类案件、气候变化应对类案件、生态环境治理与服务类案件五大类，是在总结环境资源审判经验的基础上，对具有共性的案件梳理提炼并进行了类型化区分。这样一种架构，也许不是最科学、逻辑最为圆满的，但应当是最契合当前司法服务保障生态文明建设需要的。

其次，要注重统筹适用不同责任，避免责任与行为不匹配。当一起较大环境污染、生态破坏事件发生后，尤其是在跨行政区划的情况下，则很有可能由不同主体在不同时间、向不同地域不同层级的法院提起不同性质的诉讼。如排污企业在排污过程中受到行政处罚，从而产生行政纠纷，一般由基层法院受理；如果行政主管部门没有依法履行职责，则检察机关可能会提起环境行政公益诉讼，一般由基层法院受理；如果排污行为构成犯罪，则检察机关会提起刑事公诉，在某些情况下还会一并提起刑事附带民事公益诉讼，一般由基层法院受理；如果涉及环境公共利益，则社会组织以及国家规定的机关可能会提起环境民事公益诉讼，一般由中级法院受理，特殊情况下可能由基层法院或高级法院受理；如果是特别重大的环境污染、生态破坏事件，在符合法定条件的情况下，政府及其授权部门可能会提起生态环境损害赔偿诉讼，一般由中级法院受理；如果同时还侵犯了私益，则被侵权人可能会提起环境私益侵权诉讼，一般由基层法院或中级法院受理。因此，同一起事件，可能会产生刑事、行政、民事、公益诉讼案件，行为人需要承担刑事、行政、民事中的一种或多种责任。这种情况下，我们强调对于同一起环境污染、生态破坏以及资源不合理利用事件，应统筹适用刑事、行政和民事责任，注重协同发挥刑事审判的惩治教育、行政审判的监督预防、民事审判的救济修复等功能。

在具体案件同时关涉环境、资源、生态等多重价值时，应根据其所涉的主导价值进行归类。这一遵循体现了统计规范的需要。即在已经明确该案件是环境资源案件的情况下，具体应作为哪一类案件、哪一类案由。具体可从两个层面理解：

第一个层面是应归入五大类案件中的哪一类。比如，同一个行为，可能既不合理利用资源，又污染了环境，还破坏了生态。非法破坏林地开采矿产即为一实例。在自然保护区、风景名胜区、重点生态功能区、生态环境敏感区和脆弱区等特殊区域内，环境保护与经济发展之间的矛盾较为突出。我们在审理、执行相关案件时，要依据国家和省级国土空间主体功能区规划，充分考虑各类功能区的不同功能定位，确定不同的处理思路。如果是在优先开发区域尤其是重点开发区域发生的环境资源纠纷，可以更多地考虑合理利用环境容量发展经济的需要，这种情况下可能归入资源开发利用类案件更合适。对于限制开发和禁止开发区域，尤其是在划定环境质量底线或生态保护红线地区发生的环境资源纠纷，则要贯彻最严格的保护措施，这种情况下可能归入环境污染防治类案件或者生态保护类案件更为合适。针对上述特殊区域签订的勘查、开采矿产资源合同，即使已经得到国土资源主管部门批准，人民法院仍应对合同效力进行特别审查，若合同违反法律、行政法规的强制性规定，损害环境公共利益的，应依法认定无效。

第二个层面是应归入五大类案件中下属哪一类。比如，环境污染防治类案件包括环境介质污染案件、有毒有害物质污染案件、能量污染案件三类案件，这里其实采取了两种划分标准。其一，按照污染环境行为，可以分为物质排放污染和能量排放污染；其二，按照被侵害的环境介质属性，分为大气、土壤、水、海洋等污染。在前述两种划分出现重叠时，比如排放有毒有害物质污染了土壤，既构成土壤污染案件，又构成有毒有害物质污染案件，同样是根据该案所要保护的主导价值进行归类。一般而言，因公益诉讼针对的是破坏承载了社会公共利益的生态环境的行为，故环境民事公益诉讼案件按环境介质污染划分，而民事私益、刑事、行政案件，则根据案件具体情况归入对应案由。

对于立案部门初步确定的案由，在审理过程中审判部门如认为初步案由不准确，可以根据法律关系性质确定结案案由。

从保障案件范围体系的适度稳定性出发，尽量能与现有罪名、案由的体系、结构、名称直接衔接对应，同时结合理论创新与审判实践发展需要，采用类别描述、兜底规定等方式，保持一定开放度。

这一基本遵循有利于立案识别，帮助立案人员在审查受理环节准确判断哪些案件属于环境资源案件，并在立案时即可在审判信息管理系统中勾选相应信息项进行标识归类，从而为后续案件分配、审理及司法统计等工作奠定良好的基础。同时，立案部门将受理的环境资源案件在环境资源专门审判机构和其他审判业务部门，以及在集中管辖法院和非集中管辖法院之间进行准确分配，可以避免案件受理过程中在不同业务部门、法院之间的无效流转，有利于方便当事人进行诉讼，减少当事人讼累。

由于工作安排，《规范》没有发布相对应的罪名、案由附表。对此，有待各地法院结合当地生态环境保护需要、相关环境资源案件数量、环境资源审判机构设置与人员配备情况等具体因素，确定适合本地区的环境资源案件范围。最高人民法院将在各地实践探索与经验总结的基础上，适时发布环境资源罪名、案由规定。

五大类案件的划分已经初步构建起环境资源案件类型化研究的框架，不同类型的环境资源案件在适用法律、审判执行方式甚至适用程序方面都存在差异，《规范》对于五大类案件在审判执行过程中应注意的共性问题均予以明确。在正确归类的情况下，《规范》对于法官审理具体环境资源案件有一定的指导作用。此外，《规范》还期冀在以下两方面起到积极作用：

一是法律适用指引。《规范》确定的环境资源案件范围，是以与环境资源保护有着最密切关联作为主要划分依据。《规范》中的案件无论是否由环境资源专门审判机构审理，均应贯彻绿色原则，体现生态环境保护优先和资源可持续利用的价值追求，遵循预防为主、损害担责、注重修复等环境资源司法理念，确保裁判尺度统一。具体而言，审理污染防治与生态保护案件，应加大预防原则的适用力度，把环境污染、生态破坏消灭在源头或者控制在合理范围内，对已经造成生态环境损害的，要注重落实以生态环境修复为中心的损害救济制度；审理资源开发利用案件，应在注重资源权属保护与交易秩序维护的基础上，兼顾资源的合理开发利用和生态环境的有效修复；审理气候变化应对案件，应注意运用司法裁判手段，促进减缓、适用两种应对气候变化手段的落地；审理环境治理与服务案件，应在强调通过市场机制发挥预防、减少污染以及有效修复的同时，关注公法所赋予的义务，实现环境治理目标。

二是协同审判指引。明晰环境资源案件范围，有利于实现各审判业务部门之间的合理分工。各级人民法院可以将《规范》作为参考指引，合理确定应由环境资源专门审判机构审理的案件范围。其中，环境污染、生态破坏、气候变化应对等典型环境资源案件应统一划归环境资源专门审判机构审理；其他案件，则应根据各地生态环境保护实际需要、案件数量、机构人员配备等情况合理分工。对于知识产权、海事海商等专门管辖案件，仍应适用专门管辖相关规定。同时，明晰环境资源案件范围，有利于构建与刑事、民事、行政审判以及立案、执行等业务部门既分工负责又紧密配合的协同审判机制，充分发挥环境资源专门审判机构专业化研究、协调和指导作用。明晰环境资源案件范围，还有利于推动集中管辖法院与非集中管辖法院的协作分工机制，集中管辖法院主要负责审理污染防治和生态破坏案件，自然资源开发利用案件原则上仍由非集中管辖法院受理，形成环境资源审判集聚优势。

——最高人民法院环境资源审判庭编著：《〈环境资源案件类型与统计规范（试行）〉适用指南》，人民法院出版社 2022 年版，第 17~25 页。

1639. 审理环境污染防治类案件的要点

关键词

环境资源案件　污染防治

最高人民法院司法解释

第二条　因环境污染、生态破坏受到损害的自然人、法人或者非法人组织，依据民法典第一千二百三十二条的规定，请求判令侵权人承担惩罚性赔偿责任的，适用本解释。

第三条　被侵权人在生态环境侵权纠纷案件中请求惩罚性赔偿的，应当在起诉时明确赔偿数额以及所依据的事实和理由。

被侵权人在生态环境侵权纠纷案件中没有提出惩罚性赔偿的诉讼请求，诉讼终结后又基于同一污染环境、破坏生态事实另行起诉请求惩罚性赔偿的，人民法院不予受理。

——《最高人民法院关于审理生态环境侵权纠纷案件适用惩罚性赔偿的解释》（2022 年 1 月 12 日，法释〔2022〕1 号）。

最高人民法院相关规范

2　环境污染防治类案件

2.1 定义

环境污染防治类案件，是指向大气、水、土壤和海洋等环境介质排放有毒有害物质、其他物质及能量，损害环境介质及其生态系统服务功能，以及导致个人或公众的人身健康、财产受损而产生的刑事、民事、行政以及公益案件。

2.2 划分标准

环境污染防治类案件包括环境介质污染案件、有毒有害物质污染案件、能量污染案件等。

2.2.1 按照被侵害的环境介质属性，分为大气、土壤、水、海洋等污染案件。

2.2.2 按照污染环境的原因类型，分为物质污染案件和能量污染案件。其中，物质污染案件包括固体废物、电子废物、放射性物质、危险化学品等有毒有害物质污染案件，以及未纳入国家或地方环境标准的污染物等其他物质污染案件。能量污染案件是指噪声、振动、光、热、电磁辐射、电离辐射等能量造成损害的案件。

2.2.3 在一个污染行为同时符合两种划分标准，比如有毒有害物质污染了土壤，既可能形成有毒有害物质污染案件，也可能形成土壤污染案件的情况下，根据具体案件重点保护的法益、维护的秩序以及统计需要归入对应案由。

2.3 基本特点

2.3.1 环境污染具有累积性与不可逆转性，且治理成本高，审理此类案件应坚持事前预防和事后惩治并重。贯彻预防优先原则，坚守环境质量底线，依法及时采取禁止令、先予执行等预防性司法措施避免、减少环境损害。贯彻损害担责原则，对已经造成生态环境损害的，优先适用恢复性责任方式，落实以生态环境修复为中心的损害救济制度。

2.3.2 环境介质具有流动性与不可分割性，应坚持系统治理。此类案件适宜以流域、湖域等生态系统或生态功能区为单位实行跨行政区划集中管辖。

2.3.3 此类案件证据易流失，要依法行使释明权和法律赋予的其他职权，重视证据的保全和收集，适时查验排污现场。

2.4 案件类型

2.4.1 环境介质污染案件

2.4.1.1 大气（空气）污染案件。

2.4.1.1.1 因排放污染物造成大气环境损害，或者车船、住宅、经营场所等全封闭、半封闭空间空气环境损害的案件；

2.4.1.1.2 因大气污染或者空气污染致使他人人身、财产损害，或者造成公众健康损害的案件。

2.4.1.2　土壤污染案件。

2.4.1.2.1　因排放污染物造成土壤环境损害的案件；

2.4.1.2.2　因土壤污染致使他人人身、财产损害，或者造成公众健康损害的案件。

2.4.1.3　水污染案件。

2.4.1.3.1　因排放污染物造成江河、湖泊、运河、渠道、水库等地表水、地下水环境损害的案件；

2.4.1.3.2　因地表水、地下水污染致使他人人身、财产损害，或者造成公众健康损害的案件。

2.4.1.4　海洋污染案件。

2.4.1.4.1　因在海上或者沿海陆域内排放污染物，造成海洋生态环境损害的案件；

2.4.1.4.2 因海洋污染致使他人人身、财产损害，或者造成公众健康损害的案件。

2.4.2　有毒有害物质污染案件

2.4.2.1　因产生、收集、贮存、运输、利用、处置固体废物、电子废物、放射性物质、危险化学品等有毒有害物质造成环境损害的案件。

2.4.2.2　因产生、收集、贮存、运输、利用、处置固体废物、电子废物、放射性物质、危险化学品等有毒有害物质致使他人人身、财产损害，或者造成公众健康损害的案件。

2.4.3　能量污染案件

2.4.3.1　因噪声、振动、光、热、电磁辐射、电离辐射等能量污染造成环境损害的案件。

2.4.3.2　因能量污染致使他人人身、财产损害，或者造成公众健康损害的案件。

——《最高人民法院关于印发〈环境资源案件类型与统计规范（试行）〉的通知》（2021年1月4日，法〔2021〕9号）。

附录：最高人民法院主流观点

一、环境污染防治类案件的含义和类型

环境污染，指被人们利用的物质或者能量直接或者间接地进入环境，导致对自然的有害影响，以致危害人类健康、危害生命资源和生态系统，损害或者妨碍舒适环境的其他合法用途的现象。主要是指由于主体排放污染物导致不利后果，包括废气、废水、废渣、粉尘、垃圾、放射性物质以及噪声、震动、恶臭等污染。环境污染是各种污染因素本身及其相互作用的结果。其特点包括：公害性，即不受地区、种族、经济条件影响一律受害；潜伏性，即不易及时发现，一旦爆发后果严重；长久性，即长期影响，持续危害健康并不易消除。

《规范》所规定的环境污染防治类案件，是指向大气、水、土壤和海洋等环境介质排放有毒有害物质、其他物质及能量，损害环境介质及其生态系统服务功能，以及导致个人或公众的人身健康、财产受损而产生的刑事、民事、行政以及公益案件。环境污染防治类案件包括环境介质污染案件、有毒有害物质污染案件、能量污染案件等。

按照被侵害的环境介质属性，环境污染防治类案件分为大气、土壤、水、海洋等污染案件。环境介质是指自然环境中各个独立组成部分中所具有的物质，如大气、水体、土壤和岩石，生物体中所具有各自特性的固体颗粒、肌肉和体液等不同介质。环境介质之间经常发生相互作用或关联，从而直接、间接影响人类生活和发展。环境介质污染案件的共同特点是由于排放污染物污染环境介质，造成环境损害或者他人人身、财产损害或者公众健康损害。环境既是直接受损的客体，也是造成人身、财产、公众健康损害的媒介，由此导致污染行为和损害之间因果关系认定的专业性。

以污染环境的原因类型为标准，环境污染防治类案件可分为物质污染案件和能量污染案件。物质污染案件包括固体废物、电子废物、放射性物质、危险化学品等有毒有害物质污染案件，以及未纳入国家或地方环境标准的污染物等其他物质污染案件。能量污染案件是指噪声、震动、光、热、电磁辐射等能量造成损害的案件。物质污染案件中的污染物属于有形的客观存在的物质，包括已纳入和未纳入国家或地方环境标准的物质，即使相关物质并未被纳入国家或者地方有关环境标准列明的有害物质目录，只要造成环境污染或者环境服务功能下降，亦可认定属于污染物，对此应持开放态度。能量污染案件则系因向环境排放声波、电磁波、光波、振动波等造成环境污染，与物质污染有明显不同。

上述两种划分标准在实践中存在交叉，在一个污染行为同时符合两种划分标准情况下，比如有毒有害物质污染了土壤，既可能形成有毒有害物质污染案件，也可能形成土壤污染案件的情况下，需要根据具体案件重点保护的法益、维护的秩序以及统计需要来归入对应案由。

二、环境污染防治类案件的审理原则

（一）坚持预防优先、损害担责

生态环境是人类安身立命之基，环境污染具有累积性与不可逆性，且治理成本高，审理此类案件应坚持事前预防和事后惩治并重。

贯彻预防优先原则。要在审判工作中高度关注维护生态环境安全，坚守环境质量底线，依法及时采取预防性司法措施，避免、减少环境损害。特别是在审理涉及主体功能区、重大生态屏障、饮用水源地、珍稀物种保护等环境污染案件时，要注重通过禁止令、行为保全、先予执行、预防性诉讼等司法措施，预防环境损害的发生，保障国家和区域生态安全，为社会经济发展和群众生活提供最根本的保障条件。

贯彻损害担责原则。要依法追究行为人法律责任，只要实施了污染环境行为产生了损害，行为人就必须要承担采取防治措施和事后措施的责任及承担必要费用的责任，从而实现“外部成本”（社会承担的成本）“内部化”（成本由破坏者承担）。充分发挥环境侵权惩罚性赔偿的惩治功能，准确适用《民法典》第一千二百三十二条规定[①]，对违反法律规定故意污染环境、破坏生态造成严重后果的行为人课以惩罚性赔偿，加大对恶意行为人的惩治力度。对已经造成生态环境损害的，要贯彻恢复性司法理念，优先适用恢复性责任方式，落实以生态环境修复为中心的损害救济制度。实践中，各地探索了“补种复绿”修复林木、“削填引种”修复矿山、“增殖放流”修复江河、“海砂回填”修复海域、禁业令、异地修复、替代修复等多种修复责任承担方式，对于促进受损环境及时有效修复发挥了积极作用。

（二）坚持系统治理

环境介质具有流动性与不可分割性，要充分尊重生态系统的整体性、系统性，坚持系统治理。此类案件适宜以流域、湖域等生态系统或生态功能区为单位实行跨区域集中管辖，统筹山水林田湖草沙一体化保护和修复，不断提高生态系统自我修复能力和稳定性，促进自然生态系统质量整体改善。在具体案件审理中，充分考量针对特定环境要素的修复行为对生态环境整体造成的影响，最大限度运用近自然方法、生态化技术确定修复方案，不断提升环境修复的系统性、整体性、功能性和均衡性。

（三）坚持适度能动司法

生态环境损害具有公益性，并且专业性非常强，其污染行为、污染后果、因果关系的认定，往往需要专业鉴定，当事人较为普遍地存在举证能力不足问题。在审理环境污染防治类案件过程中，人民法院要更加注重发挥审判职权作用，依法行使释明权和法律赋予的其他职权，重视证据的保全和收集，适时查验排污现场，适时采取依职权调取证据、行使释明权、委托鉴定、征求专家意见等手段，更充分地维护环境公共利益和群众环境权益，提高维护环境权益的及时性和有效性。

——最高人民法院环境资源审判庭编著：《〈环境资源案件类型与统计规范（试行）〉适用指南》，人民法院出版社 2022 年版，第 26~29 页。

---

① 《民法典》第一千二百三十二条规定：“侵权人违反法律规定故意污染环境、破坏生态造成严重后果的，被侵权人有权请求相应的惩罚性赔偿。”

1640. 林业碳汇交易规则

关键词

林业碳汇交易规则

最高人民法院司法解释

第十六条 以森林生态效益补偿收益、林业碳汇等提供担保，债务人不履行到期债务或者发生当事人约定的实现担保物权的情形，担保物权人请求就担保财产优先受偿的，人民法院依法予以支持。

——《最高人民法院关于审理森林资源民事纠纷案件适用法律若干问题的解释》（2022 年 6 月 13 日，法释〔2022〕16 号）。

附录：理解与适用

（四）服务碳达峰碳中和目标实现，规范林业碳汇交易规则

中共中央办公厅、国务院办公厅《关于建立健全生态产品价值实现机制的意见》要求，健全碳排放权交易机制，探索碳汇权益交易试点。森林是陆地生态系统中最大的碳库，我国已将林业碳汇作为国家核证自愿减排量项目纳入碳排放权交易体系。规范林业碳汇交易规则，鼓励各行各业和社会公众采取多种方式参与温室气体自愿减排交易，对于促进林业生态产品市场化，巩固提升森林生态系统碳汇能力，将“绿水青山”转变成“金山银山”，具有积极意义。

1. 关于林业碳汇担保问题

林业碳汇，根据《联合国气候变化框架公约》及《京都议定书》的界定，是指利用森林的储碳功能，通过实施造林、再造林和加强森林经营管理、减少毁林、保护和恢复森林植被等活动，吸收和固定大气中的二氧化碳，并按照相关规则与碳汇交易相结合的过程、活动或机制。林业碳汇是一种以森林为载体的自然资源，是森林资源提供的生态服务产品，客观上附着于森林资源并与整个大气环境容量融为一体。林业碳汇权益是一种新型的森林资源财产权益，通说认为其性质为准物权，主体具多重性，客体为碳减排量，通过“碳信用”进行交易。

林业碳汇担保属于银行发展绿色信贷和碳金融趋势要求下的金融创新，实践中有收益权质押（以项目未来售碳收入作为质押担保）、应收账款质押（将其视为未来应收账款设立质押）、动产抵押（碳资产抵押）等不同做法。《解释》第十六条对以林业碳汇为客体的担保物权保护进行了原则性规定，鼓

励实践探索，明确人民法院在坚持物权法定原则基础上，依法保护担保物权人的优先受偿权。

2. 关于认购林业碳汇的替代责任方式

国务院办公厅《关于完善集体林权制度的意见》明确，鼓励林业碳汇项目产生的减排量参与温室气体自愿减排交易，促进碳汇进入碳交易市场。司法实践中，多地均已出现侵权人通过自愿认购林业碳汇方式替代履行森林生态环境损害赔偿责任的案例，但存在交易机构非统一、公开市场，所购碳汇未经核证，交易完成后有再次对外转让变现风险等问题。《解释》第二十条依据国家发展改革委《温室气体自愿减排交易管理暂行办法》及生态环境部《碳排放权交易管理办法（试行）》等相关规定，在征求七个国家碳排放权交易试点地区高级人民法院及碳排放权交易机构意见的基础上，对通过认购林业碳汇方式替代履行生态环境损害责任进行了原则性规定，明确三个规则：

一是当事人请求认购林业碳汇的，应当认购经核证的林业碳汇，确保交易的自愿减排项目及减排量经过了授权机构的核证，是统一市场中的规范碳汇。

二是人民法院适用该替代履行方式时，应当综合考虑各方当事人意见、各种责任方式的合理性等因素，包括当事人购买意愿、受损环境要素、侵权行为类型、损害后果及修复情况等具体案情。

三是强调“依法”要求，林业碳汇等新型权益的交易相关规则尚在构建当中，人民法院适用认购林业碳汇的替代责任方式时，应当依法妥善处理。

——杨临萍、刘竹梅、刘小飞、朱婧：《〈最高人民法院关于审理森林资源民事纠纷案件适用法律若干问题的解释〉的理解与适用》，载《法律适用》2022 年第期。

1641. 审理生态环境治理与服务类案件的要点

关键词

环境资源案件

最高人民法院相关规范

6　生态环境治理与服务类案件

6.1　定义

生态环境治理与服务类案件，是指在利用税费、配额等规制措施以及第三方治理、环境容量利用权、绿色金融等市场机制，控制生态环境退化、改善生态环境质量过程中产生的刑事、民事、行政以及公益案件。

6.2 划分标准

生态环境治理与服务类案件，包括环境污染第三方治理案件，环境资源税费案件，环境容量利用权案件和绿色金融案件等案件。

6.2.1 环境污染第三方治理案件，是指政府、企业事业单位和其他生产经营者通过缴纳或按合同约定支付费用，委托第三方环境服务公司进行生态环境治理过程中产生的案件。

6.2.2 环境资源税费案件，是指国家对环境污染、生态破坏、开发利用资源者征收环境资源税或收取费用过程中产生的案件。

6.2.3 环境容量利用权案件，是指对用能权、用水权、排污权、碳排放权总量指标或额度进行初始分配及利用产生的案件。

6.2.4 绿色金融案件，是指为支持生态环境改善、应对气候变化和资源节约高效利用，对环保、节能、清洁能源、绿色交通、绿色建筑等领域的项目投融资、项目运营、风险管理，提供绿色信贷、绿色债券、绿色股票指数和相关产品、绿色发展基金、绿色保险、碳金融等金融服务而产生的案件。

6.3 基本特点

6.3.1 审理此类案件要牢固树立绿色发展理念，找准环境保护和经济发展之间的平衡点，促进环保服务市场化机制和环保产业的健康有序发展。在强调通过市场机制发挥预防、减少污染以及有效修复的同时，应关注公法所赋予的环境保护义务，实现环境治理目标。

6.3.3 审理环境污染第三方治理案件要依法确定政府、排污企业、环境服务单位的责任，妥善认定污染责任主体、责任基础、责任大小以及责任承担方式。

6.4 案件类型

6.4.1 环境污染第三方治理案件

6.4.1.1 环境影响评价、环境监测、环境损害评估鉴定案件。

6.4.1.2 生态环境监测设备及污染处理设施维护运营案件。

6.4.1.3 环境污染治理、生态环境修复案件。

6.4.2 环境资源税费案件

6.4.3 环境容量利用权案件

6.4.3.1 涉及区域用能总量控制之下对电力、原煤、蒸汽、天然气等用能总量指标进行利用的用能权交易案件。

6.4.3.2 涉及江河、湖泊水量利用的用水权交易案件。

6.4.3.3 涉及重点污染物排放总量控制指标利用的排污权交易案件。

6.4.3.4 涉及特定范围内碳排放权或额度利用的碳排放权交易案件。

6.4.4 涉及环境污染防治、生态保护和资源可持续利用的绿色信贷、绿色债券、绿色发展基金、绿色保险等绿色金融案件

——《最高人民法院关于印发〈环境资源案件类型与统计规范（试行）〉的通知》（2021年1月4日，法〔2021〕9号）。

附录：最高人民法院主流观点

生态环境治理与服务类案件是指对生态环境、资源开发利用进行监管、综合治理以及第三方服务案件。审理环境治理与服务案件，应在强调通过市场机制发挥预防、减少污染以及有效修复的同时，关注公法所赋予的义务，实现环境治理目标。一是第三方生态环境委托、服务合同纠纷案件，包括环境影响评价、环境监测、环境损害评估鉴定委托合同纠纷，生态环境监测设备及污染防治设施维护运营合同纠纷，以及生态环境修复合同纠纷；二是环境资源税费案件；三是环境容量利用权案件，包括用能权、用水权、排污权、碳排放权总量指标或额度的初始分配及利用案件；四是绿色金融案件，包括绿色信贷案件、绿色债券案件、绿色发展基金案件、绿色保险案件。2016年8月，中国人民银行、财政部、发展改革委、原环境保护部、原银监会、证监会、原保监会七部门联合出台的《关于构建绿色金融体系的指导意见》对绿色金融和绿色金融体系的概念进行了界定，[①] 这标志着绿色金融正式纳入监管体系之中，我国成为首个提出构建系统性绿色金融政策框架的国家。目前，我国已形成了庞大的绿色金融市场，截至2020年末，我国本外币绿色贷款余额达到12万亿元，存量规模居世界第一，2013—2020年实现年均复合增长率12.3%。绿色债券存量约为8000亿元，居世界第二。2018—2019年，与绿色金融相关的股权融资规模在500亿元以上。绿色信贷、绿色融资租赁、绿色债券、绿色资产支持债券、绿色风险投资、碳基金、绿色保险、绿色信托、绿色PPP等新产品、新业态不断涌现，有效拓宽了绿色项目、产业的融资渠道。绿色金融的迅速发展有力推动了生态产品等绿色资产“难度量、难抵押、难交易、难变现”等问题有效解决，生态产品价值实现机制不断完善，进而体现自然资源用益物权、环境容量利用权的经济价值，亦催生了司法制度保障的需求。

——最高人民法院环境资源审判庭编著：《〈环境资源案件类型与统计规范（试行）〉适用指南》，人民法院出版社2022年版，第286~287页。

---

① 绿色金融是指为支持环境改善、应对气候变化和资源节约高效利用的经济活动，即对环保、节能、清洁能源、绿色交通、绿色建筑等领域的项目投融资、项目运营、风险管理等所提供的金融服务。绿色金融体系是指通过绿色信贷、绿色债券、绿色股票指数和相关产品、绿色发展基金、绿色保险、碳金融等金融工具和相关政策支持经济向绿色化转型的制度安排。

1642. 森林生态环境损害责任规则

关键词

森林生态环境损害责任规则

最高人民法院司法解释

第十四条 人民法院对于当事人为利用公益林林地资源和森林景观资源开展林下经济、森林旅游、森林康养等经营活动订立的合同，应当综合考虑公益林生态区位保护要求、公益林生态功能及是否经科学论证的合理利用等因素，依法认定合同效力。

当事人仅以涉公益林为由主张经营合同无效的，人民法院不予支持。

第十七条 违反国家规定造成森林生态环境损害，生态环境能够修复的，国家规定的机关或者法律规定的组织依据民法典第一千二百三十四条的规定，请求侵权人在合理期限内以补种树木、恢复植被、恢复林地土壤性状、投放相应生物种群等方式承担修复责任的，人民法院依法予以支持。

人民法院判决侵权人承担修复责任的，可以同时确定其在期限内不履行修复义务时应承担的森林生态环境修复费用。

第十八条 人民法院判决侵权人承担森林生态环境修复责任的，可以根据鉴定意见，或者参考林业主管部门、林业调查规划设计单位、相关科研机构和人员出具的专业意见，合理确定森林生态环境修复方案，明确侵权人履行修复义务的具体要求。

第十九条 人民法院依据民法典第一千二百三十五条的规定确定侵权人承担的森林生态环境损害赔偿金额，应当综合考虑受损森林资源在调节气候、固碳增汇、保护生物多样性、涵养水源、保持水土、防风固沙等方面的生态环境服务功能，予以合理认定。

第二十条 当事人请求以认购经核证的林业碳汇方式替代履行森林生态环境损害赔偿责任的，人民法院可以综合考虑各方当事人意见、不同责任方式的合理性等因素，依法予以准许。

第二十一条 当事人请求以森林管护、野生动植物保护、社区服务等劳务方式替代履行森林生态环境损害赔偿责任的，人民法院可以综合考虑侵权人的代偿意愿、经济能力、劳动能力、赔偿金额、当地相应工资标准等因素，决定是否予以准许，并合理确定劳务代偿方案。

第二十二条 侵权人自愿交纳保证金作为履行森林生态环境修复义务担保的，在其不履行修复义务时，人民法院可以将保证金用于支付森林生态环境修复费用。

——《最高人民法院关于审理森林资源民事纠纷案件适用法律若干问题的解释》(2022年6月13日，法释〔2022〕16号)。

附录：理解与适用

(五)总结审判实践经验，丰富森林生态环境损害责任规则

中共中央办公厅、国务院办公厅《关于统筹推进自然资源资产产权制度改革的指导意见》要求，落实和完善生态环境损害赔偿制度，由责任人承担修复或赔偿责任。近年来，人民法院依法审理环境资源案件，不断完善审判体制机制，着力提升环境司法能力，探索积累了具有中国特色的生态环境司法保护经验。习近平总书记在2021年5月致世界环境司法大会的贺信中，充分肯定中国环境司法改革创新的有益经验。《解释》在充分总结吸收实践经验基础上，结合森林资源保护修复特点，将部分审判执行创新通过司法解释的形式予以固定。

1. 关于森林生态环境损害的修复问题

(1)修复方式和修复费用

生态环境和资源保护诉讼以恢复生态环境功能为核心目标。《民法典》第一千二百三十四条规定，违反国家规定造成生态环境损害，生态环境能够修复的，侵权人应当承担生态环境修复责任。《森林法》第七十四条、第七十六条、第八十一条亦规定了补种树木及其代履行方式。各地法院在审判、执行中，对补植复绿责任方式进行了积极探索。此外，还可以采取恢复林地土壤性状、投放相应生物种群等合理方式，恢复森林生态环境。《解释》第十七条第一款明确，人民法院可以判令侵权人在合理期限内，以补种树木、恢复植被、恢复林地土壤性状、投放相应生物种群等方式承担修复责任。该条第二款依据《最高人民法院关于审理环境侵权责任纠纷案件适用法律若干问题的解释》第十四条等相关司法解释规定，明确人民法院可以同时确定侵权人不履行修复义务时应承担的生态环境修复费用。该费用由执行法院用于委托他人代履行。

(2)修复义务的具体要求

林木生长遵循自然规律。《森林法》第四十六条明确，应当采取以自然恢复为主、自然恢复和人工修复相结合的措施，科学保护修复森林生态系统。实践中，存在因生效裁判确定的森林生态环境修复义务不科学、不明确，造成履行、执行困难等问题。如盲目要求侵权人在非宜林地区、非宜林时节、种植不适宜当地的树种等，不仅难以达到生态修复效果，更易造成资源浪费。在司法鉴定费用较高，并非每个案件均能够进行鉴定的情况下，《解释》第十八条规定，确定修复方案时可以参考林业主管部门、林业调查规划设计单位、

相关科研机构和人员出具的专业意见，确保修复方案的科学性和可操作性。经科学论证，人民法院可以在判项中明确履行修复义务的树种、树龄、地点、数量、存活率及完成时间等具体要求，并可附详细修复方案。同时，修复方案的确定绝不仅仅是简单补植树木，而是森林生态功能的恢复，对于修复效果应当组织有关部门验收，验收不合格的应当继续修复。对于补植的树种，可以根据当地实际情况予以选择，兼顾经济效益和社会效益。

（3）修复保证金

毁林开荒、非法占用林地、非法猎捕或杀害野生动物等破坏森林生态环境的行为，往往涉及民事责任、行政责任甚至刑事责任。许多侵权人愿意交纳一定数量的保证金作为履行森林生态环境修复义务的担保。这种保证金实质为一种保全措施，有利于确保补植复绿等修复责任得到落实，保障生态环境及时有效恢复。人民法院通过统筹刑事责任、民事责任和行政责任，将侵权人对承担森林生态修复责任的态度和交纳保证金等行为作为其具有悔过表现的认定依据，在处罚、量刑时予以考虑，引导侵权人从生态环境的“破坏者”转变为“修复者”，充分发挥环境资源审判的惩罚教育和示范引领功能。《解释》第二十二条明确，侵权人不履行修复义务时，人民法院可以将其交纳的保证金用于支付森林生态环境修复费用。

2. 关于森林生态环境损害的赔偿问题

（1）赔偿金额的确定

中共中央办公厅、国务院办公厅《生态环境损害赔偿制度改革方案》明确，生态环境损害是指因污染环境、破坏生态造成大气、地表水、地下水、土壤、森林等环境要素和植物、动物、微生物等生物要素的不利改变，以及上述要素构成的生态系统功能退化。中共中央办公厅、国务院办公厅《关于统筹推进自然资源资产产权制度改革的指导意见》提出，要强化自然资源资产损害赔偿责任，全面落实公益诉讼和生态环境损害赔偿诉讼等法律制度，构建自然资源资产产权民事、行政、刑事案件协同审判机制。

森林资源除经济价值之外，还具有重要的生态功能和价值，对这些功能的损害通常具有不可逆转的特点。由于审判理念未能及时更新以及生态价值鉴定难、鉴定贵等原因，一些法院在认定森林生态环境损害时，仅关注其经济价值，忽略了生态价值。而只有全面赔偿对自然资源造成的损害，才能真正落实《环境保护法》确立的“损害担责”原则，切实提高破坏森林资源的侵权行为成本。

依据《民法典》第一千二百三十五条规定，生态环境侵权行为造成的森林资源生态价值损失包括期间服务功能损失、永久性功能损失等。《解释》第十九条明确，人民法院确定侵权人承担的森林生态环境损害赔偿金额，应当综合考虑受损森林资源在调节气候、固碳增汇、保护生物多样性、涵养水源、保持水土、防风固沙等方面的生态环境服务功能，予以合理认定。人民法院在司法鉴定、评估中，应当注意引导鉴定机构、专家充分考虑森林的生态价值和功能，依法查明生态环境损害结果。

（2）劳务代偿

环境资源案件中，因许多侵权人不具备经济赔偿能力，或者生态环境损害赔偿、惩罚性赔偿金额较高，各地法院探索出巡山、护林、护鸟等劳务代偿的创新裁判、执行方式。劳务代偿免除了侵权人过重的经济赔偿负担，通过身体力行、现身说法的方式，使侵权人改过自新，也使当地居民、环境受益。《解释》第二十一条对此予以肯定。人民法院在案件审理中，经综合考虑侵权人的代偿意愿、经济能力、劳动能力、赔偿金额、当地相应工资标准等因素，决定采用劳务代偿方式的，可以在判决中合理确定劳务代偿方案。如审理中不能确定的，也可以在执行中根据案件具体情况予以适用。

——杨临萍、刘竹梅、刘小飞、朱婧：《〈最高人民法院关于审理森林资源民事纠纷案件适用法律若干问题的解释〉的理解与适用》，载《法律适用》2022 年第期。

1643. 审理相邻污染侵害时，对明显超出容忍限度或无相关规定的，应做好利益衡量

关键词

容忍限度　利益衡量　相邻污染侵害　无过错归责原则

《中华人民共和国民法典》条文

第二百九十四条　不动产权利人不得违反国家规定弃置固体废物，排放大气污染物、水污染物、土壤污染物、噪声、光辐射、电磁辐射等有害物质。

附录：最高人民法院主流观点

审判实践中，在判断是否构成相邻污染侵害时，标准不一致的情况较为突出，有的以是否超出国家规定为标准，有的适用环境侵权无过错归责原则。有观点认为，即使行为合法、排放达标，也仍有可能侵犯相邻关系，承担民事责任，这是相邻制度区别于环境管制的优点和特点，把相邻领域环境民事责任的承担简化为“超标担责”，而未充分考虑管制标准在不同类型环境侵害中的意义差别，也容易在司法实践中产生“达标免责”的误导，不利于环境权益的充分保护。我们认为，《民法典》第二百九十四条虽然将排放行为“违反国家规定”作为相邻污染侵害的判断标准，但司法实践中仍应借鉴容忍限

度理论，做好利益衡量。排污虽未超过国家规定，但根据习惯、经验或者常理推论明显超出一般人容忍限度，不予救济明显不合理的，从以人为本、优先保障生存权考虑，可以根据个案具体情况在利益衡量基础上判断是否构成相邻污染妨害。

在没有国家规定的领域，或者争议的行为不属于既存国家规定调整的对象等情形下，不动产权利人排放或者弃置有害物质的行为，仍然可能构成对相邻关系的侵害。此种情形下，虽然判断标准无法依据国家规定，但应当结合案件情况进行利益衡量，判断是否超出了容忍限度。具体而言，要对被侵害利益的种类、性质、被侵害程度、加害行为样态、受害方具体情况和加害方具体情况，并结合不动产利用的先后关系、污染者所从事行为的社会价值和必要性综合衡量，判断该排放行为是否超过了一个理性人能够忍受的范围和程度。如在贾某与夏某相邻关系纠纷案中，法院认为，贾某后建房屋所利用土地是宅基地性质，作为一种用益物权，宅基地使用权是农民安身之本的重要财产，用于建造农村住宅满足其居住生活的基本需求。虽然该宅基地位置与夏某鸡舍相邻，从村整体布局规划、居住环境等角度而言本就存在不合理性。但在该宅基地已经政府审批给贾某使用情况下，贾某作为宅基地使用权人必然要在该土地上建房居住生活，以实现对土地的充分利用。虽然夏某主张在贾某建造房屋之初即已有言在先，曾告知其可能出现的后果，但此亦不能成为法律上贾某自行承担全部侵害后果的理由。在本案中不能单纯以双方利用土地时间先后来判断是否构成妨害而应当排除，还要区分双方所主张利益性质，考虑最大利益和最小弊害加以权衡并取舍。夏某经营鸡舍虽有一定历史原因，但与未来农村村舍整体规划布局、环境发展理念并不相符，如继续允许夏某在现址经营鸡舍，长期实施侵扰行为，必然要以损害周边居民的健康生活等基本生存权利为代价，长此以往，弊显大于利，得不偿失。从被舍弃的价值有无依理性的其他替代方式获取的可能角度考虑，本案中如停止养鸡，主要涉及夏某维持生计问题，夏某虽停止在原址养鸡，但仍可通过另觅他址将养鸡场搬至远离居民区等方式，实现其继续养鸡至经营目的，或在原址考虑另觅其他替代性收益渠道维持生计。法院判决夏某停止在原址养鸡并将畜禽养殖排泄物全部清除。该案即体现了法院在审理相邻关系纠纷中在多重利益冲突情况下的衡量规则，可资参考。

——最高人民法院民法典贯彻实施工作领导小组编著：《中华人民共和国民法典物权编理解与适用》，人民法院出版社 2020 年版，第 471~473 页。

1644. 第三人过错环境侵权与无意思联络数人环境侵权的区别

关键词

第三人过错环境侵权　无意思联络数人环境侵权　损害后果　分别侵权

《中华人民共和国民法典》条文

第一千二百三十三条　因第三人的过错污染环境、破坏生态的，被侵权人可以向侵权人请求赔偿，也可以向第三人请求赔偿。侵权人赔偿后，有权向第三人追偿。

附录：最高人民法院主流观点

第三人过错环境侵权与无意思联络数人环境侵权都是复数主体的环境侵权类型，容易混淆。实践中要注意两者间的区别。《民法典》第一千二百三十三条适用范围应仅限于污染环境、破坏生态导致他人损害系因第三人过错造成的情形。即《民法典》第一千二百三十三条规定的第三人并非污染源的控制与排放者，而是对污染源实施破坏行为从而导致环境污染或者生态破坏的行为人。第三人的过错行为不能是环境污染、生态破坏行为，否则该第三人的身份就发生了根本变化。该第三人的过错行为必须是与侵权人污染环境、破坏生态的行为结合在一起导致了损害后果。第三人直接实施环境污染、生态破坏行为而造成损害的，第三人就应当属于侵权人的范畴，其与《民法典》第一千二百三十三条中的侵权人之间承担责任的规则应适用包括《民法典》第一千二百三十一条关于数人共同或者分别侵权的相关规定。如果第三人的过错行为与侵权人污染环境、破坏生态的行为可以分开，单独导致了某一损害后果，那么就该损害的赔偿问题，第三人承担的是一个独立的侵权责任。

——最高人民法院民法典贯彻实施工作领导小组编：《中华人民共和国民法典侵权责任编理解与适用》，人民法院出版社 2020 年版，第 546~547 页。

1645. 审理气候变化应对类案件的要点

关键词

环境资源案件

最高人民法院司法政策精神

贯彻落实中共中央、国务院《关于完整准确全面贯彻新发展理念做好碳达峰碳中和工作的意见》，推动减污降碳协同增效，助力实现碳达峰碳中和目标。各级人民法院依法审理碳排放重点行业领域及新能源开发利用的节能减排案件，在能源、交通、臭氧层物质消耗、土地和林业利用等领域减少或避免温室气体排放，应对全球气候变化危机。准确把握碳排放权、碳汇、碳衍生品等涉碳权利的经济属性、公共属性和生态属性，依法妥当处理涉及确权、交易、担保以及执行的相关涉碳民事纠纷。监督和支持行政机关依法查处碳排放单位虚报、瞒报温室气体排放数据、拒绝履行温室气体排放报告义务等违法行为。

最高人民法院专题研究碳排放权交易纠纷司法规则，起草司法助力实现碳达峰碳中和目标的指导意见、审理涉森林资源民事案件司法解释。各地法院严格执行国家减污降碳相关法律法规政策要求，积极探索新型涉碳纠纷特点，依法审理涉碳案件，共助碳达峰碳中和目标实现。江苏、上海、浙江、福建四地海事法院签订保护东海海洋资源与生态环境框架协议，保护海洋“蓝碳”资源；四川法院建立“绿色金融诉源治理工作站”，密切跟进碳排放权、用能权等环境权益交易及融资纠纷法律适用等问题；广东法院妥善审理涉碳排放权交易合同纠纷案件，理清交易各方的责任承担；浙江、湖北等高院发布工作意见，服务保障碳达峰碳中和。

——最高人民法院：《中国环境资源审判（2021）》，2022年6月5日发布。

最高人民法院相关规范

5　气候变化应对类案件

5.1　定义

气候变化应对类案件，是指在应对因排放温室气体、臭氧层损耗物质等直接或间接影响气候变化过程中产生的刑事、民事、行政以及公益案件。

5.2　划分标准

气候变化应对类案件包括气候变化减缓类案件和气候变化适应类案件。

5.2.1　气候变化减缓类案件，是指通过发展可再生能源、提升能源效率、控制臭氧层消耗物质、推进可持续交通、管理土地利用变化和林业等以减少或避免温室气候排放的过程中产生的案件。

5.2.2　气候变化适应类案件，是指通过发展政策、规划、计划、项目和行动中促进迅捷和长期的适应措施，增强各种能力去更好地适应气候变化，从而降低气候变化对人身、财产以及公众健康带来的各种损失和影响过程中产生的案件。

5.3 基本特点

5.3.1 审理此类案件要注重运用多种司法裁判手段，促进减缓、适应两种应对气候变化手段的落地，推动构建国家气候变化应对治理体系。

5.3.2 气候变化应对案件具有损害后果复合性、因果关系间接性的特点，认定行为人是否构成侵权不能简单套用传统侵权诉讼理论，要深入探索研究此类案件的特殊裁判规则。

5.3.3 此类案件与另几类案件存在竞合的，在根据具体案件重点保护法益、维护秩序以及统计需要归入对应案由的前提下，可以优先统计为本类案件。

5.4 案件类型

5.4.1 气候变化减缓类案件

5.4.1.1 碳排放重点行业领域产业结构调整及新能源开发利用、节能服务等节能减排案件。

5.4.1.2 碳汇交易案件。

5.4.1.3 非法生产、销售、使用、进出口消耗臭氧层物质案件。

5.4.1.4 推进可持续交通、管理土地利用变化及林业等案件。

5.4.2 气候变化适应类案件

5.4.2.1 涉及气候变化的建设项目和规划环境影响评价等案件。

5.4.2.2 涉及综合防洪除涝减灾和气象灾害防御工程、治理退化、沙化和碱化草地、治理水土流失、海洋和海平面变化趋势科学监测等气候变化应对措施的案件。

——《最高人民法院关于印发〈环境资源案件类型与统计规范（试行）〉的通知》（2021年1月4日，法〔2021〕9号）。

附录：最高人民法院主流观点

一、概念

气候变化是当今人类面临的重大全球性挑战。气候变化是环境问题，但归根结底是发展问题。积极应对气候变化是我国实现可持续发展的内在要求，是加强生态文明建设、实现美丽中国目标的重要抓手，是我国履行大国责任、推动构建人类命运共同体的重大历史担当。习近平总书记在第七十五届联合国大会一般性辩论上提出我国力争于2030年前二氧化碳排放达到峰值的目标与努力争取于2060年前实现碳中和的愿景，并在气候雄心峰会上进一步宣布国家自主贡献最新举措。《中华人民共和国国民经济和社会发展第十四个五年规划和2035年远景目标纲要》第十一篇第三十八章第四节“积极应对气候变化”明确：落实2030年应对气候变化国家自主贡献目标，制定2030年前碳排放达峰行动方案。完善能源消费总量和强度双控制度，重点控制化石能源消费。实施以碳强度控制为主、碳排放总量控制为辅的制度，支持有条件的地方和重点行业、重点企业率先达到碳排放峰值。推动能源清洁低碳安全高效利用，深入推进工业、建筑、交通等领域低碳转型。加大甲烷、氢氟碳化物、全氟化碳等其他温室气体控制力度。提升生态系统碳汇能力。努力争取2060年前实现碳中和，采取更加有力的政策和措施。加强全球气候变暖对我国承受力脆弱地区影响的观测和评估，提升城乡建设、农业生产、基础设施适应气候变化能力。加强青藏高原综合科学考察研究。坚持公平、共同但有区别的责任及各自能力原则，建设性参与和引领应对气候变化国际合作，推动落实联合国气候变化框架公约及其巴黎协定，积极开展气候变化南南合作。

根据《联合国气候变化框架公约》规定，气候变化的不利影响，是指气候变化所造成的自然环境或生物区系的变化，这些变化对自然和管理下的生态系统的组成、复原力或生产力，或对社会经济系统的运作，或对人类的健康和福利产生重大的有害影响。气候变化，是指除在类似时期内所观测的气候的自然变异之外，由于直接或间接的人类活动改变了地球大气的组成而造成的气候变化。气候变化适应类案件，是指在应对因排放温室气体、臭氧层损耗物质等直接或者间接影响气候变化过程中产生的刑事、民事、行政以及公益案件。排放，是指温室气候和/或其前体在一个特定地区和时期内向大气的释放。温室气体，是指大气中那些吸收和重新放出红外辐射的自然的和人为的气态成分。《京都议定书》中规定控制的六种温室气体为：二氧化碳、甲烷、氧化亚氮、氢氟碳化合物、全氟碳化合物、六氟化硫。臭氧层损耗物质，《关于消耗臭氧层物质的蒙特利尔议定书》中规定需要淘汰的臭氧层损耗物质包括六大类：全氯氟氢、哈龙、四氯化碳、甲基氯仿、甲基溴、含氢氯氟氢。

二、划分标准

1990年，政府间气候变化专门委员会（IPCC）发表的第一次评估报告中将适应与限制（即1995年第二次评估报告及之后的一系列评估报告中所称的“减缓”）并列为应对气候变化的两项基本策略。之后，《联合国气候变化框架公约》等一系列国际公约均引入该两项策略，并确定了减缓和适应并重的原则。

减缓和适应是应对气候变化的两个有机组成部分，减缓主要是指减少人类活动带来的温室气体排放，从而减缓并阻止气候变化的发生，是一项相对长期、艰巨的任务；而适应主要是基于气候变化已经发送，各国社会皆经历其中不可避免，因而需要增强自身的各种能力去更好地适应这一变化，从而降低气候变化对生命、财产以及健康等带来的损失和影响，更为现实、紧迫。

根据上述标准，气候变化应对类案件可以分为气候变化减缓类案件和气候变化适应类案件两大类型。气候变化减缓类案件，是指通过发展可再生能源、提升能源效率、控制臭氧层消耗物质、推进可持续交通、管理土地利用变化和林业等以减少或者避免温室气候排放的过程中产生的案件。气候变化应对类案件，是指通过发展政策、规划、计划、项目和行动中促进迅捷和长期的适应措施，增强各种能力去更好地适应气候变化，从而降低气候变化对人身、财产以及公众健康带来的各种损失和影响过程中产生的案件。

三、基本特点

气候变化应对类案件具有损害后果复合性、因果关系间接性的特点，认定行为人是否构成侵权不能简单套用传统侵权诉讼理论，要深入探索研究此类案件的特殊裁判规则。审理此类案件要注重运用多种司法裁判手段，促进减缓、适应两种应对气候手段的落地，推动构建国家气候变化应对治理体系。

此类案件与另几类案件存在竞合的，在根据具体案件重点保护法益、维护秩序以及统计需要归入对应案由的前提下，可以优先统计为本类案件。

——最高人民法院环境资源审判庭编著:《〈环境资源案件类型与统计规范（试行）〉适用指南》，人民法院出版社 2022 年版，第页。

1646. 依法审理高耗能、高碳排放企业生态环境侵权纠纷案件

关键词

企业生态环境

最高人民法院司法政策精神

三、保障产业结构深度调整

11. 依法审理高耗能、高碳排放企业生态环境侵权纠纷案件。侵权人提出延长生态环境修复赔偿金交纳期限、分批赔偿申请，同时提供有效担保的，依法予以准许，引导企业有序开展节能降碳技术改造。侵权人按照生效裁判要求，在合理期限内履行生态环境修复义务，申请支付清洁生产改造费用折抵生态环境受到损害至修复完成期间服务功能丧失导致损失的，依法予以准许，加强绿色低碳技改抵扣赔偿损失方式的推广适用。

——《最高人民法院关于完整准确全面贯彻新发展理念为积极稳妥推进碳达峰碳中和提供司法服务的意见》（2023 年 2 月 16 日，法发〔2023〕5 号）。

1647. 依法审理绿色金融纠纷案件

关键词

绿色金融

最高人民法院司法政策精神

三、保障产业结构深度调整

12. 依法审理绿色金融纠纷案件。审理清洁能源、节能环保、绿色交通、绿色建筑和碳减排技术等领域具有发展前景，但经营、资金周转暂遇困难的企业所涉金融借款合同纠纷案件，要充分考虑中国人民银行发布的碳减排支持工具、绿色专项再贷款、碳减排项目质押贷款等政策性开发性金融工具，促进金融机构为企业绿色低碳转型提供长期稳定融资支持，降低融资成本。审理绿色股权投资、绿色保险、绿色股票指数、绿色基金等纠纷案件，投资者以相关责任主体违反绿色金融管理规定或擅自改变资金绿色用途、致其遭受损失为由主张损害赔偿责任的，依法予以支持，有效保护投资者合法权益，鼓励更多资本和机构参与气候投融资。

——《最高人民法院关于完整准确全面贯彻新发展理念为积极稳妥推进碳达峰碳中和提供司法服务的意见》（2023 年 2 月 16 日，法发〔2023〕5 号）。

1648. 依法审理温室气体排放侵权纠纷案件

关键词

温室气体

最高人民法院司法政策精神

二、服务经济社会发展全面绿色转型

6. 依法审理温室气体排放侵权纠纷案件。审理温室气体排放生态环境侵权纠纷案件，依法认定企业排放行为与损害后果之间因果关系是否成立，明确侵权人承担停止侵害、排除妨碍、消除危险、生态环境修复、赔偿损失等民事责任。侵权人自愿购买核证自愿减排量并在碳排放权交易市场核销或购买其他碳汇产品折抵赔偿碳汇损失、生态环境受到损害至修复完成期间服务功能丧失导致损失的，坚持生态修复优先，处理好固碳和增汇的关系。

——《最高人民法院关于完整准确全面贯彻新发展理念为积极稳妥推进碳

达峰碳中和提供司法服务的意见》(2023 年 2 月 16 日，法发〔2023〕5 号)。

1649. 依法审理大气污染防治案件

关键词

大气污染

最高人民法院司法政策精神

二、服务经济社会发展全面绿色转型

7. 依法审理大气污染防治案件。依法监督、支持行政机关依照法定权限和程序，对无证排放、通过逃避监管方式排放、超标排放大气污染物，机动车、非道路移动机械生产企业对发动机、污染控制装置弄虚作假，以及违法焚烧废弃物等行为进行行政处罚，对造成污染的排放设施设备实施查封、扣押等行政强制措施。推动行政机关充分利用生态环境制度体系促进低碳发展，采取多污染物与温室气体协同控制措施，全面提升减污降碳综合效能。对违法使用受控消耗臭氧层物质，走私木炭、硅砂等构成犯罪的，依法追究刑事责任。

——《最高人民法院关于完整准确全面贯彻新发展理念为积极稳妥推进碳达峰碳中和提供司法服务的意见》(2023 年 2 月 16 日，法发〔2023〕5 号)。

1650. 依法审理适应气候变化行政补偿案件

关键词

气候变化

最高人民法院司法政策精神

二、服务经济社会发展全面绿色转型

8. 依法审理适应气候变化行政补偿案件。加大司法对行政机关采取措施积极适应气候变化的支持力度，推动行政争议实质性化解。审理企业退出重点生态功能区、生态环境敏感区和脆弱区、自然保护地等行政补偿纠纷案件，企业主张因行政机关变更或撤销行政许可而遭受实际损失的，依法对行政行为进行合法性审查，保障企业有序退出。审理收回国有土地使用权、规划变更、移民安置等行政补偿纠纷案件，依法保障行政相对人的合法权益，推动完善陆地生态系统保护和海洋生态系统保护，促进资源开发利用与生态环境保护相协调。

——《最高人民法院关于完整准确全面贯彻新发展理念为积极稳妥推进碳达峰碳中和提供司法服务的意见》（2023 年 2 月 16 日，法发〔2023〕5 号）。

1651. 依法审理可再生能源发展纠纷案件

关键词

可再生能源发展

最高人民法院司法政策精神

四、助推构建清洁低碳安全高效能源体系

15. 依法审理可再生能源发展纠纷案件。审理清洁能源建设项目环境影响评价案件，要按照能源项目建设用地分类指导政策和国土空间规划要求，依法妥善处理好沙漠、戈壁、荒漠生态环境保护和大型风电、光伏发电基地等建设用地需求之间的关系，助力形成清洁低碳安全高效能源供应体系。依法推动行政机关主动公开涉及公众生态环境利益调整、需要公众广泛知晓或者公众参与决策的重大建设项目批准和实施情况、环境保护监督检查情况等政府信息。依法引导和推动电力企业重视促进碳减排和保护生态环境的社会责任，加大设备资金投入，提升电力系统对可再生能源电力的消纳能力。审理电网企业涉可再生能源发电并网、运行服务和涉分布式光伏发电并网运行纠纷案件，依法推动能源高效、清洁利用。

——《最高人民法院关于完整准确全面贯彻新发展理念为积极稳妥推进碳达峰碳中和提供司法服务的意见》（2023 年 2 月 16 日，法发〔2023〕5 号）。

1652. 依法审理合同能源管理节能服务合同纠纷案件

关键词

合同能源管理　节能服务合同

最高人民法院司法政策精神

四、助推构建清洁低碳安全高效能源体系

16. 依法审理合同能源管理节能服务合同纠纷案件。节能服务企业与用能单位以合同形式约定节能项目的节能目标，节能服务企业向用能单位提供节能服务，用能单位以节能效益支付节能服务企业投入及其合理利润，用能单位未依约支付节能效益分享款的，依法认定构成违约。节能服务企业作为出质人，以节能服务项目收益权作为质押财产出质并在法定登记机构办理登记，质权人主张就质押节能服务项目收益优先受偿的，依法予以支持。

——《最高人民法院关于完整准确全面贯彻新发展理念为积极稳妥推进碳达峰碳中和提供司法服务的意见》(2023 年 2 月 16 日，法发〔2023〕5 号)。

1653. 依法审理碳排放配额、核证自愿减排量交易纠纷案件

关键词

碳排放配额

最高人民法院司法政策精神

五、推进完善碳市场交易机制

17. 依法审理碳排放配额、核证自愿减排量交易纠纷案件。重点排放单位、其他符合国家有关交易规则规定的机构或个人等碳排放权交易主体主张通过协议转让、单向竞价等方式订立的交易合同有效的，依法予以支持。审理碳排放配额、核证自愿减排量交易合同案件，依照法律法规，参照行政规章，结合碳市场业务规则、交易合同约定，全面、客观审核碳排放权注册登记系统、碳排放权交易系统以及核证自愿减排注册登记系统、核证自愿减排交易系统记载的分配、持有、交易、变更、注销等信息、数据，依法确定碳交易产品的归属。交易主体主张碳排放权、核证自愿减排注册登记机构、交易机构承担相关民事责任的，应当依照法律法规，参照行政规章关于注册登记机构与交易机构之间的职能划分和风险防范制度、结算风险准备金制度等规定，结合碳市场业务规则、交易合同约定等，依法予以认定，保障碳市场健康有序发展。

——《最高人民法院关于完整准确全面贯彻新发展理念为积极稳妥推进碳达峰碳中和提供司法服务的意见》(2023 年 2 月 16 日，法发〔2023〕5 号)。

1654. 依法审理碳排放配额、核证自愿减排量担保纠纷案件

关键词

碳排放配额

最高人民法院司法政策精神

五、推进完善碳市场交易机制

18. 依法审理碳排放配额、核证自愿减排量担保纠纷案件。担保合同当事人或者利害关系人以碳排放配额、核证自愿减排量不是可以设立担保的财产为由，主张担保合同无效的，从严认定合同无效情形，依法最大限度维护合同效力。当事人在碳排放权或者核证自愿减排注册登记系统等办理质押登记，债务人不履行到期债务或者发生当事人约定实现质权的情形，质权人主张就登记账户内的碳排放配额或者核证自愿减排量优先受偿的，依法予以支持，助力碳交易产品发挥融资功能，稳定市场预期。

——《最高人民法院关于完整准确全面贯彻新发展理念为积极稳妥推进碳达峰碳中和提供司法服务的意见》（2023年2月16日，法发〔2023〕5号）。

1655. 依法审理碳排放配额清缴行政处罚案件

关键词

碳排放配额

最高人民法院司法政策精神

五、推进完善碳市场交易机制

19. 依法审理碳排放配额清缴行政处罚案件。温室气体重点排放单位实际排放量超过所持有的上一年度碳排放配额，未按时履行足额清缴义务，行政机关责令限期改正，重点排放单位逾期未改正、未补缴碳排放配额或未提交核证自愿减排量抵销，行政机关依法作出等量核减重点排放单位下一年度碳排放配额、罚款等行政处罚决定的，依法支持行政机关履行温室气体减排行政监管职责。

——《最高人民法院关于完整准确全面贯彻新发展理念为积极稳妥推进碳达峰碳中和提供司法服务的意见》（2023年2月16日，法发〔2023〕5号）。

1656. 依法办理涉碳排放配额、核证自愿减排量金钱债权执行案件。

关键词

碳排放配额

最高人民法院司法政策精神

五、推进完善碳市场交易机制

20. 依法办理涉碳排放配额、核证自愿减排量金钱债权执行案件。对被执行人的存款、现金、有价证券、机动车等可以执行的动产和其他方便执行的财产执行完毕后，债务仍未能得到清偿的，可依法查封、扣押、冻结被执行人的碳排放配额、核证自愿减排量。查封、扣押、冻结的财产不得超出被执行人应当履行义务部分的范围。应当向碳排放权、核证自愿减排注册登记机构、交易机构送达执行裁定书和协助执行通知书。

——《最高人民法院关于完整准确全面贯彻新发展理念为积极稳妥推进碳达峰碳中和提供司法服务的意见》（2023 年 2 月 16 日，法发〔2023〕5 号）。

1657. 依法审理涉温室气体排放报告纠纷案件

关键词

温室气体

最高人民法院司法政策精神

五、推进完善碳市场交易机制

21. 依法审理涉温室气体排放报告纠纷案件。温室气体重点排放单位因拒绝履行温室气体排放报告义务，或者虚构、捏造、瞒报、漏报温室气体排放数据的，支持行政机关依法作出行政处罚决定。技术服务机构与温室气体重点排放单位恶意串通，虚构、捏造、瞒报、漏报温室气体排放数据，对他人造成损害，受害人主张侵权损害赔偿的，依法予以支持；构成犯罪的，依法追究刑事责任。

——《最高人民法院关于完整准确全面贯彻新发展理念为积极稳妥推进碳达峰碳中和提供司法服务的意见》（2023 年 2 月 16 日，法发〔2023〕5 号）。

1658. 依法审理水环境与水资源案件

关键词

水污染防治　水资源案件

最高人民法院司法政策精神

4. 遵循自然规律。人与自然是生命共同体，人类必须尊重自然、顺应自然、保护自然。要正确认识和把握长江流域以水为核心的生态特征，遵循自然生态规律和河流演变规律。要遵循流域的自然统一性，协调好江河湖泊、上中下游、干支流、左右岸、水中岸上的关系，保护和改善流域生态服务功能。要遵循流域的要素复合性，根据环境资源承载能力、现有开发密度和发展潜力，在流域整体范围内统筹协调多元环境要素。要遵循流域的功能整体性，维护好流域的生活、生产和生态功能，尤其是要维护流域生态系统的相对稳定和完整。

5. 坚持保护优先。长江拥有独特的生态系统，是国家重要的生态宝库。要从经济社会发展全局出发，准确理解生态环境保护与经济社会发展的辩证关系，牢固树立和践行绿水青山就是金山银山的发展理念，坚持节约优先、保护优先、自然恢复为主的方针，把保护和修复长江生态环境摆在首要位置。充分发挥环境资源审判职能作用，保护和改善水环境，保护和修复水生态，保护和合理使用水资源，有序利用长江岸线资源。

6. 促进绿色发展。要准确把握长江经济带发展的战略定位和基本内涵，牢固树立和贯彻落实生态优先、绿色发展的理念。要充分发挥审判职能作用，落实将重大生态修复工程作为推动长江经济带发展项目优先选项的要求，保障重大生态修复工程的顺利实施。要围绕改善流域生态环境、建设立体交通走廊、优化产业布局和构建对外开放新格局的总体要求，为把长江经济带建设成为生态文明建设的先行示范带、创新驱动带和协调发展带提供司法服务和保障。

7. 注重区域协同。长江流域江河湖泊、干支流、上中下游、左右岸区域之间联动性及互补性强，流域的自然生态系统特征明显。要把长江流域生态环境保护作为一项系统工程，树立生态环境协同保护的理念，统筹推进山水林田湖草系统治理。要打破行政区划的界限和壁垒，推动全流域联动，构建区域互动合作的司法保障新机制，统筹考虑污染产生地、污染防治地、生态受益地、生态保护地的利益平衡。

——《最高人民法院关于全面加强长江流域生态文明建设与绿色发展司法保障的意见》（2017 年 12 月 1 日，法发〔2017〕30 号）。

最高人民法院公布的典型案例、最高人民法院裁判文书

韩国春与中国石油天然气股份有限公司吉林油田分公司水污染责任纠纷案［最高人民法院（2018）最高法民再 415 号民事判决书］

裁判要旨：排放污染物行为，不限于积极的投放或导入污染物质的行为，还包括伴随企业生产活动的消极污染行为。当事人是案涉废弃油井的所有者，无论是否因其过错导致废弃油井原油泄漏流入他人鱼塘，其均应对污染行为造成的损失承担侵权损害赔偿责任。

（一）基本案情

韩国春与宝石村委会于 1997 年签订《承包草沟子合同书》后，取得案涉鱼塘的承包经营权，从事渔业养殖。2010 年 9 月 9 日，中国石油天然气股份有限公司吉林油田分公司（以下简称中石油吉林分公司）位于韩国春鱼塘约一公里的大 – 119 号油井发生泄漏，泄漏的部分原油随洪水下泄流进韩国春的鱼塘。中石油吉林分公司于 9 月 14 日至 9 月 19 日在污染现场进行了清理油污作业。大安市渔政渔港监督管理站委托环境监测站作出的水质监测报告表明，鱼塘石油含量严重超标，水质环境不适合渔业养殖。韩国春请求法院判令中石油吉林分公司赔偿 3015040.36 元经济损失，包括 2010 年养鱼损失、2011 年未养鱼损失、鱼塘围坝修复及注水排污费用。

（二）裁判结果

吉林省白城市中级人民法院一审认为，本案应适用一般侵权归责原则，韩国春未能证明损害事实及因果关系的存在，故判决驳回其诉讼请求。吉林省高级人民法院二审认为，韩国春未能证明三次注水排污事实的发生，未能证明鱼塘围坝修复费用、2011 年未养鱼损失与中石油吉林分公司污染行为之间的因果关系，故仅改判支持其 2010 年养鱼损失 1058796.25 元。最高人民法院再审认为，本案系因原油泄漏使鱼塘遭受污染引发的环境污染侵权责任纠纷。韩国春举证证明了中石油吉林分公司存在污染行为，鱼塘因污染而遭受损害的事实及原油污染与损害之间具有关联性，完成了举证责任；中石油吉林分公司未能证明其排污行为与韩国春所受损害之间不存在因果关系，应承担相应的损害赔偿责任。排放污染物行为，不限于积极的投放或导入污染物质的行为，还包括伴随企业生产活动的消极污染行为。中石油吉林分公司是案涉废弃油井的所有者，无论是否因其过错导致废弃油井原油泄漏流入韩国春的鱼塘，其均应对污染行为造成的损失承担侵权损害赔偿责任。洪水系本案污染事件发生的重要媒介以及造成韩国春 2010 年养鱼损失的重要原因，可以作为中石油吉林分公司减轻责任的考虑因素。综合本案情况，改判中石油吉林分公司赔偿韩国春经济损失 1678391.25 元。

（三）典型意义

本案系因原油泄漏致使农村鱼塘遭受污染引发的环境污染侵权责任纠纷。司法服务保障农业农村污染治理攻坚战是司法服务保障污染防治攻坚战的重要组成部分，也是司法服务保障乡村振兴战略的重要任务，对于依法解决农业农村突出生态环境问题具有重要意义。本案重申了此类案件双方当事人的举证责任，明确了“排放污染物行为”，不限于积极的投放或导入污染物质的行为，还包括伴随企业生产活动的消极污染行为，并对多种因素造成侵权结果的规则进行了探索。本案的正确审理，体现了环境司法协调平衡保障民生与发展经济之间的关系，既保护了被侵权人的合法权益，体现了对农业水产健康养殖的司法保障，同时也对督促石油企业履行更高的注意义务具有一定的指引作用。

——《人民法院生态环境保护十大典型案例》（2019 年 3 月 3 日）。

1659. 人民法院可根据申请人的申请出具禁止令制止“噪声扰民”

关键词

环境污染　禁止令　噪声

最高人民法院司法解释

第一条　申请人以被申请人正在实施或者即将实施污染环境、破坏生态行为，不及时制止将使申请人合法权益或者生态环境受到难以弥补的损害为由，依照民事诉讼法第一百条[①]、第一百零一条[②]规定，向人民法院申请采取禁止令保全措施，责令被申请人立即停止一定行为的，人民法院应予受理。

——《最高人民法院关于生态环境侵权案件适用禁止令保全措施的若干规定》（2021 年 12 月 27 日，法释〔2021〕22 号）。

附录：最高人民法院审判业务意见

问：噪音一直是困扰居民的难题。眼下，新的噪声污染防治法已经施行，对社会普遍反映的噪声问题作出了回应。对于噪声污染带来的矛盾纠纷，法院有哪些举措？哪些是不同于传统诉讼的创新的方式？

答：人民法院的举措主要有：一是发挥诉前调解作用。近年来，在最高人民法院的推动下，人民法院一站式多元解纷和诉讼服务体系基本建成。在调解方面，线上是发挥人民法院调解平台的作用，线下是广泛邀请社会各界参与多元解纷工作，使得包括噪声污染在内的大量案件化解在萌芽，解决在诉前。

---

① 现为《民事诉讼法》（2021 年修正）第一百零三条。

② 现为《民事诉讼法》（2021 年修正）第一百零四条。

二是充分发挥审判职能作用，依法公正审理噪声污染纠纷案件。案件审理是法院最基本也是最主要的职能，人民法院紧紧围绕“让人民群众在每一个司法案件中感受到公平正义”的目标要求，坚决做到司法为民、公正司法。

三是加强调研工作。在新噪声污染防治法实施后，最高人民法院将开展调研工作，了解实践中遇到的新情况新问题，适时出台相关的司法政策或适用规则。

四是发布典型案例。典型案例具有引领示范和规则补充作用，人民法院发布噪声污染典型案例将对潜在的污染者起到警示作用。

五是开展司法宣传工作。最高人民法院每年都会在六五环境日前后指导各地法院开展司法宣传工作，今年也已经在相关通知中要求各地法院结合新噪声污染防治法的实施，开展相关的宣传工作，提升公众的法治意识。

创新的方式在于：随着《最高人民法院关于生态环境侵权案件适用禁止令保全措施的若干规定》（以下简称环境禁止令司法解释）在2022年1月1日的正式实施，在噪声污染案件中，人民法院可以根据申请人在诉讼前或诉讼中的申请，出具禁止令，及时制止正在发生的噪声污染。广东法院于2022年4月针对播放“荒山野鬼”录音噪声扰民作出禁止令，正是对环境禁止令司法解释的正确适用，也体现了行为保全在生态环境保护中的创新。

问：在该案件中，由于噪音分贝未达处罚标准，导致行政机关无法对其实施处罚。对于这类未到法规标准但又确实产生负面影响的行为，禁止令作为一种保全措施，有哪些作用？

答：环境禁止令司法解释的出台，较好的弥补了新的噪声污染防治法正式施行前，未超过噪声排放标准，但给老百姓造成极大影响，不及时制止将噪声难以弥补的损害的行为及时得到禁止。本案人民法院通过采取行为保全措施，依法及时作出噪声侵害禁止令，制止紧迫的生态环境领域侵权行为，守护了老百姓在宁静环境中生活的权利。

新的噪声污染防治法第八十六条第一款规定：“受到噪声侵害的单位和个人，有权要求侵权人依法承担民事责任。”这里的规定并不以是否超标作为承担民事责任的前提条件，故保护人民群众合法权益的范围进一步拓宽。禁止令司法解释适用于制止环境污染、生态破坏行为的发生和扩大，是一种预防性司法手段。环境禁止令司法解释除了适用像王先生这样在起诉前申请法院作出的诉前禁止令外，还适用于在诉讼过程中申请人民法院作出诉中禁止令，制止已经发生或者即将发生的污染环境、破坏生态行为。

问：除了噪声领域，是否可以申请其他类型的环境侵权禁止令？

答：环境禁止令司法解释除了适用像王先生这样在起诉前申请法院作出的诉前禁止令外，还适用于在诉讼过程中申请人民法院作出诉中禁止令，制止已经发生或者即将发生的污染环境、破坏生态行为。

附：案情简介

2018年12月起，家住广州市海珠区某小区302房的王先生一家就不断在房间内听到古怪的吼叫，内容是“荒山野鬼”，并在每天上午、下午到夜间不间断重复播放。受新冠肺炎病毒疫情影响，王先生的女儿居家线上学习，奇怪的叫声严重影响家人的正常生活。经王先生了解，原来是102房的李先生制造的噪音。经沟通未果，无奈之下，王先生于2022年4月13日向广东省广州市海珠区人民法院提交诉前《禁止令申请书》，请求法院禁止被申请人李先生采取制造“荒山野鬼”声音等其他方式制造噪声。

经广州市海珠区生态环境局监测，该声音在302房屋内为36分贝，但可以清晰听到，并未达到噪声限值昼间60分贝、夜间50分贝的标准，相关执法部门无法予以处罚。

广州市海珠区人民法院依据《中华人民共和国民事诉讼法》《最高人民法院关于生态环境侵权案件适用禁止令保全措施的若干规定》，依法作出诉前禁止令，禁止被申请人通过播放“荒山野鬼”录音等方式制造噪声扰民。

——《最高人民法院环资庭相关负责人就“噪音扰民”诉前禁止令答记者问》

1660. 在河道、湖泊管理范围内建设妨碍行洪的建筑物、构筑物，侵害他人民事权益的应当承担侵权责任

关键词

防洪障碍物建设者　侵权责任

最高人民法院公报案例

汪吉美诉仪征龙兴塑胶有限公司生命权纠纷案（扬州市中级人民法院民事判决书）

裁判摘要：根据《中华人民共和国防洪法》第二十二条规定，禁止在河道、湖泊管理范围内建设妨碍行洪的建筑物、构筑物，禁止从事影响河势稳定、危害河岸堤防安全和其他妨碍河道行洪的活动。

公民的生命权受法律保护。行为人因过错侵害他人民事权益，应当承担侵权责任。受害人对于损害的发生也具有过错的，可以减轻侵权人的民事责任。

扬州市中级人民法院认为：由于天气原因突降暴雨虽然属于自然现象，但由于上诉人龙兴公司自建围墙，导致上游河水滞留在龙兴公司厂区内，直至冲垮部分围墙致水流迅速向路边冲击，此系造成被上诉人汪吉美的女儿杨颖被水流卷走溺亡的重要因素之一。因此，杨颖的死亡非不可抗力所致，一审法院据此认定龙兴公司承担 40% 的赔偿责任比例划分得当。上诉人提出因杨颖未听他人劝告一意孤行和其监护人汪吉美未尽监护责任故应承担相应责任，一审法院已经据此酌定被上诉人自行承担 30% 的责任符合法律规定，对上诉人要求被上诉人再承担更多责任的上诉主张不予支持。

——《最高人民法院公报》2017 年第 6 期。

1661. 认定光污染损害应当依据是否超出公众可容忍度等进行综合认定

关键词

环境污染责任　光污染　损害认定　可容忍度

最高人民法院指导性案例

李劲诉华润置地（重庆）有限公司环境污染责任纠纷案（最高人民法院指导案例 99 号）

裁判要点：由于光污染对人身的伤害具有潜在性、隐蔽性和个体差异性等特点，人民法院认定光污染损害，应当依据国家标准、地方标准、行业标准，是否干扰他人正常生活、工作和学习，以及是否超出公众可容忍度等进行综合认定。对于公众可容忍度，可以根据周边居民的反映情况、现场的实际感受及专家意见等判断。

法院生效裁判认为：保护环境是我国的基本国策，一切单位和个人都有保护环境的义务。《中华人民共和国民法总则》第九条规定："民事主体从事民事活动，应当有利于节约资源、保护生态环境。"《中华人民共和国物权法》第九十条规定："不动产权利人不得违反国家规定弃置固体废物，排放大气污染物、水污染物、噪声、光、电磁波辐射等有害物质。"《中华人民共和国环境保护法》第四十二条第一款规定："排放污染物的企业事业单位和其他生产经营者，应当采取措施，防治在生产建设或者其他活动中产生的废气、废水、废渣、医疗废物、粉尘、恶臭气体、放射性物质以及噪声、振动、光辐射、电磁辐射等对环境的污染和危害。"本案系环境污染责任纠纷，根据《中华人民共和国侵权责任法》第六十五条规定："因污染环境造成损害的，污染者应当承担侵权责任。"环境污染侵权责任属特殊侵权责任，其构成要件包括以下三个方面：一是污染者有污染环境的行为；二是被侵权人有损害事实；三是污染者污染环境的行为与被侵权人的损害之间有因果关系。

一、关于被告是否有污染环境的行为

被告华润置地（重庆）有限公司作为万象城购物中心的建设方和经营管理方，其在正对原告住宅的购物中心外墙上设置 LED 显示屏播放广告、宣传资料等，产生的强光直射进入原告的住宅居室。根据原告提供的照片、视频资料等证据，以及组织双方当事人到现场查看的情况，可以认定被告使用 LED 显屏播放广告、宣传资料等所产生的强光已超出了一般公众普遍可容忍的范围，就大众的认知规律和切身感受而言，该强光会严重影响相邻人群的正常工作和学习，干扰周围居民正常生活和休息，已构成由强光引起的光污染。被告使用 LED 显示屏播放广告、宣传资料等造成光污染的行为已构成污染环境的行为。

二、关于被侵权人的损害事实

环境污染的损害事实主要包含了污染环境的行为致使当事人的财产、人身受到损害以及环境受到损害的事实。环境污染侵权的损害后果不同于一般侵权的损害后果，不仅包括症状明显并可计量的损害结果，还包括那些症状不明显或者暂时无症状且暂时无法用计量方法反映的损害结果。本案系光污染纠纷，光污染对人身的伤害具有潜在性和隐蔽性等特点，被侵权人往往在开始受害时显露不出明显的受损害症状，其所遭受的损害往往暂时无法用精确的计量方法来反映。但随着时间的推移，损害会逐渐显露。参考本案专家意见，光污染对人的影响除了能够感知的对视觉的影响外，太强的光辐射会造成人生物钟紊乱，短时间看不出影响，但长期会带来影响。本案中，被告使用 LED 显示屏播放广告、宣传资料等所产生的强光，已超出了一般人可容忍的程度，影响了相邻居住的原告等居民的正常生活和休息。根据日常生活经验法则，被告运行 LED 显示屏产生的光污染势必会给原告等人的身心健康造成损害，这也为公众普遍认可。综上，被告运行 LED 显示屏产生的光污染已致使原告居住的环境权益受损，并导致原告的身心健康受到损害。

三、被告是否应承担污染环境的侵权责任

《中华人民共和国侵权责任法》第六十六条[①]规定："因污染环境发生纠纷，污染者应当就法律规定的不承担责任或者减轻责任的情形及其行为与损害之间不存在因果关系承担举证责任。"本案中，原告已举证证明被告有污染环境的行为及原告的损害事实。被告需对其在本案中存在法律规定的不承担

① 对应《民法典》第一千二百三十条。

责任或者减轻责任的情形，或被告污染行为与损害之间不存在因果关系承担举证责任。但被告并未提交证据对前述情形予以证实，对此被告应承担举证不能的不利后果，应承担污染环境的侵权责任。根据《最高人民法院关于审理环境侵权责任纠纷案件适用法律若干问题的解释》第十三条规定："人民法院应当根据被侵权人的诉讼请求以及具体案情，合理判定污染者承担停止侵害、排除妨碍、消除危险、恢复原状、赔礼道歉、赔偿损失等民事责任。"环境侵权的损害不同于一般的人身损害和财产损害，对侵权行为人承担的侵权责任有其独特的要求。由于环境侵权是通过环境这一媒介侵害到一定地区不特定的多数人的人身、财产权益，而且一旦出现可用计量方法反映的损害，其后果往往已无法弥补和消除。因此在环境侵权中，侵权行为人实施了污染环境的行为，即使还未出现可计量的损害后果，即应承担相应的侵权责任。本案中，从市民的投诉反映看，被告作为万象城购物中心的经营管理者，其在生产经营过程中，理应认识到使用LED显示屏播放广告、宣传资料等发出的强光会对居住在对面以及周围住宅小区的原告等人造成影响，并负有采取必要措施以减少对原告等人影响的义务。但被告仍然一直使用LED显示屏播放广告、宣传资料等，其产生的强光明显超出了一般人可容忍的程度，构成光污染，严重干扰了周边人群的正常生活，对原告等人的环境权益造成损害，进而损害了原告等人的身心健康。因此即使原告尚未出现明显症状，其生活受到光污染侵扰、环境权益受到损害也是客观存在的事实，故被告应承担停止侵害、排除妨碍等民事责任。

——《最高人民法院关于发布第24批指导性案例的通知》(2019年12月26日，法〔2019〕297号)。

说明

该案例为生态环境保护专题指导性案例，集中展示了人民法院环境资源审判工作成果，浓缩了中国环境资源审判的发展亮点。

1662. 生产经营者将危险废物交由不具备危险废物处置资质的企业或者个人进行处置，造成环境污染的承担生态环境损害责任

关键词

生态环境损害　废物处置资质　主观过错　分期支付

最高人民法院指导性案例

江苏省人民政府诉安徽海德化工科技有限公司生态环境损害赔偿案（最

高人民法院指导案例 129 号）

裁判要点：企业事业单位和其他生产经营者将生产经营过程中产生的危险废物交由不具备危险废物处置资质的企业或者个人进行处置，造成环境污染的，应当承担生态环境损害责任。人民法院可以综合考虑企业事业单位和其他生产经营者的主观过错、经营状况等因素，在责任人提供有效担保后判决其分期支付赔偿费用。

法院生效裁判认为，海德公司作为化工企业，对其在生产经营过程中产生的危险废物废碱液，负有防止污染环境的义务。海德公司放任该公司营销部负责人杨峰将废碱液交给不具备危险废物处置资质的个人进行处置，导致废碱液被倾倒进长江和新通扬运河，严重污染环境。《中华人民共和国环境保护法》第六十四条规定，因污染环境和破坏生态造成损害的，应当依照《中华人民共和国侵权责任法》的有关规定承担侵权责任。《中华人民共和国侵权责任法》第六十五条[①]规定，因污染环境造成损害的，污染者应当承担侵权责任。《中华人民共和国侵权责任法》第十五条[②]将恢复原状、赔偿损失确定为承担责任的方式。环境修复费用、生态环境服务功能损失、评估费等均为恢复原状、赔偿损失等法律责任的具体表现形式。依照《中华人民共和国侵权责任法》第十五条第一款第六项、第六十五条，《最高人民法院关于审理环境侵权责任纠纷案件适用法律若干问题的解释》第一条第一款、第十三条之规定，判决海德公司承担侵权赔偿责任并无不当。

海德公司以企业负担过重、资金紧张，如短期内全部支付赔偿将导致企业破产为由，申请分期支付赔偿费用。为保障保护生态环境与经济发展的有效衔接，江苏省人民政府在庭后表示，在海德公司能够提供证据证明其符合国家经济结构调整方向、能够实现绿色生产转型，在有效提供担保的情况下，同意海德公司依照《中华人民共和国民事诉讼法》第二百三十一条[③]之规定，分五期支付赔偿款。

——《最高人民法院关于发布第 24 批指导性案例的通知》（2019 年 12 月 26 日，法〔2019〕297 号）。

说明

指导案例 129 号《江苏省人民政府诉安徽海德化工科技有限公司生态环

① 对应《民法典》第一千二百二十九条。

② 对应《民法典》第一百七十九条。

③ 现为《民事诉讼法》（2021 年修正）第二百三十八条。

境损害赔偿案》，该案例确认了企业事业单位和其他生产经营者将生产经营过程中产生的危险废物交由不具备危险废物处置资质的企业或者个人进行处置，造成环境污染的，应当承担生态环境损害责任。人民法院可以综合考虑企业事业单位和其他生产经营者的主观过错、经营状况等因素，在责任人提供有效担保后判决其分期支付赔偿费用的规则。

1663. 明知受托单位违法排污不予制止甚或提供便利的，应当对环境污染损害承担连带责任

关键词

生态环境损害　委托排污　共同侵权　连带责任

最高人民法院指导性案例

重庆市人民政府、重庆两江志愿服务发展中心诉重庆藏金阁物业管理有限公司、重庆首旭环保科技有限公司生态环境损害赔偿、环境民事公益诉讼案（最高人民法院指导案例 130 号）

裁判要点：取得排污许可证的企业，负有确保其排污处理设备正常运行且排放物达到国家和地方排放标准的法定义务，委托其他单位处理的，应当对受托单位履行监管义务；明知受托单位违法排污不予制止甚或提供便利的，应当对环境污染损害承担连带责任。

法院生效裁判认为：首旭公司是明知 1 号废水调节池池壁上存在 120mm 口径管网并故意利用其违法排污的直接实施主体，其理应对损害后果承担赔偿责任，对此应无疑义。本争议焦点的核心问题在于如何评价藏金阁公司的行为，其与首旭公司是否构成共同侵权。法院认为，藏金阁公司与首旭公司构成共同侵权，应当承担连带责任。

第一，我国实行排污许可制，该制度是国家对排污者进行有效管理的手段，取得排污许可证的企业即是排污单位，负有依法排污的义务，否则将承担相应法律责任。藏金阁公司持有排污许可证，必须确保按照许可证的规定和要求排放。藏金阁公司以委托运行协议的形式将废水处理交由专门从事环境治理业务（含工业废水运营）的首旭公司作业，该行为并不为法律所禁止。但是，无论是自行排放还是委托他人排放，藏金阁公司都必须确保其废水处理站正常运行，并确保排放物达到国家和地方排放标准，这是取得排污许可证企业的法定责任，该责任不能通过民事约定来解除。申言之，藏金阁公司

作为排污主体，具有监督首旭公司合法排污的法定责任，依照《委托运行协议》其也具有监督首旭公司日常排污情况的义务，本案违法排污行为持续了1年8个月的时间，藏金阁公司显然未尽监管义务。

第二，无论是作为排污设备产权人和排污主体的法定责任，还是按照双方协议约定，藏金阁公司均应确保废水处理设施设备正常、完好。2014年8月藏金阁公司将废酸池改造为1号废水调节池并将地下管网改为高空管网作业时，未按照正常处理方式对池中的120mm口径暗管进行封闭，藏金阁公司亦未举证证明不封闭暗管的合理合法性，而首旭公司正是通过该暗管实施违法排放，也就是说，藏金阁公司明知为首旭公司提供的废水处理设备留有可以实施违法排放的管网，据此可以认定其具有违法故意，且客观上为违法排放行为的完成提供了条件。

第三，待处理的废水是由藏金阁公司提供给首旭公司的，那么藏金阁公司知道需处理的废水数量，同时藏金阁公司作为排污主体，负责向环保部门缴纳排污费，其也知道合法排放的废水数量，加之作为物业管理部门，其对于园区企业产生的实际用水量亦是清楚的，而这几个数据结合起来，即可确知违法排放行为的存在，因此可以认定藏金阁公司知道首旭公司在实施违法排污行为，但其却放任首旭公司违法排放废水，同时还继续将废水交由首旭公司处理，可以视为其与首旭公司形成了默契，具有共同侵权的故意，并共同造成了污染后果。

第四，环境侵权案件具有侵害方式的复合性、侵害过程的复杂性、侵害后果的隐蔽性和长期性，其证明难度尤其是对于排污企业违法排污主观故意的证明难度较高，且本案又涉及对环境公益的侵害，故应充分考虑到此类案件的特殊性，通过准确把握举证证明责任和归责原则来避免责任逃避和公益受损。综上，根据本案事实和证据，藏金阁公司与首旭公司构成环境污染共同侵权的证据已达到高度盖然性的民事证明标准，应当认定藏金阁公司和首旭公司对于违法排污存在主观上的共同故意和客观上的共同行为，二被告构成共同侵权，应承担连带责任。

——《最高人民法院关于发布第24批指导性案例的通知》(2019年12月26日，法〔2019〕297号)。

说明

该案例为生态环境保护专题指导性案例，集中展示了人民法院环境资源审判工作成果，浓缩了中国环境资源审判的发展亮点。

1664. 污染者主动改进环保设施可以适当减轻污染者的赔偿责任

关键词

环境民事公益诉讼　大气污染责任　赔偿责任

最高人民法院指导性案例

中国生物多样性保护与绿色发展基金会诉秦皇岛方圆包装玻璃有限公司大气污染责任民事公益诉讼案（最高人民法院指导案例 132 号）

裁判要点：在环境民事公益诉讼期间，污染者主动改进环保设施，有效降低环境风险的，人民法院可以综合考虑超标排污行为的违法性、过错程度、治理污染设施的运行成本以及防污采取的有效措施等因素，适当减轻污染者的赔偿责任。

法院生效判决认为：《最高人民法院关于审理环境民事公益诉讼案件适用法律若干问题的解释》第二十三条规定，生态环境修复费用难以确定的，人民法院可以结合污染环境、破坏生态的范围和程度、防止污染设备的运行成本、污染企业因侵权行为所得的利益以及过错程度等因素予以合理确定。本案中，方圆公司于 2015 年 2 月与无锡市格瑞环保科技有限公司签订《玻璃窑炉脱硝脱硫除尘总承包合同》，对其四座窑炉配备的环保设施进行升级改造，合同总金额 3617 万元，体现了企业防污整改的守法意识。方圆公司在环保设施升级改造过程中出现超标排污行为，虽然行为具有违法性，但在超标排污受到行政处罚后，方圆公司积极缴纳行政罚款共计 1280 余万元，其超标排污行为受到行政制裁。在提起本案公益诉讼后，方圆公司加快了环保设施的升级改造，并在环保设施验收合格后，再次投资 1965 万元建造一套备用排污设备，是秦皇岛地区首家实现大气污染治理环保设备开二备一的企业。

《中华人民共和国环境保护法》第一条、第四条规定了保护环境、防止污染，促进经济可持续发展的立法目的，体现了保护与发展并重原则。环境公益诉讼在强调环境损害救济的同时，亦应兼顾预防原则。本案诉讼过程中，方圆公司加快环保设施的整改进度，积极承担行政责任，并在其安装的环保设施验收合格后，出资近 2000 万元再行配备一套环保设施，以确保生产过程中环保设施的稳定运行，大大降低了再次造成环境污染的风险与可能性。方圆公司自愿投入巨资进行污染防治，是在中国绿发会一审提出“环境损害赔偿与环境修复费用”的诉讼请求之外实施的维护公益行为，实现了《中华人民共和国环境保护法》第五条规定的“保护优先，预防为主”的立法意图，以及环境民事公益诉讼风险预防功能，具有良好的社会导向作用。人民法院综合考虑方圆公司在企业生产过程中超标排污行为的违法性、过错程度、治理污染的运行成本以及防污采取的积极措施等因素，对于方圆公司在一审鉴定环境损害时间段之前的超标排污造成的损害予以折抵，维持一审法院依据鉴定意见判决环境损害赔偿及修复费用的数额。

——《最高人民法院关于发布第24批指导性案例的通知》（2019年12月26日，法〔2019〕297号）。

说明

该案例为生态环境保护专题指导性案例，集中展示了人民法院环境资源审判工作成果，浓缩了中国环境资源审判的发展亮点。

1665. 污染者以被污染水域有自净功能、水质得到恢复为由主张免除责任的不予支持

关键词

环境民事公益诉讼　水污染　生态环境修复责任

最高人民法院指导性案例

山东省烟台市人民检察院诉王振殿、马群凯环境民事公益诉讼案（最高人民法院指导案例133号）

裁判要点：污染者违反国家规定向水域排污造成生态环境损害，以被污染水域有自净功能、水质得到恢复为由主张免除或者减轻生态环境修复责任的，人民法院不予支持。

法院生效裁判认为：

一、关于王振殿、马群凯侵权行为认定问题

（一）关于涉案危险废物数量及处置费用的认定问题

审理中，山东恒诚检测科技有限公司出具的检测报告指出涉案酸洗反应南池－40cm、－70cm及－1.2m深度的ph值均在正常值范围内；北池－1.2m ph值<2属于危险废物。涉案酸洗池的北池内原为王振殿、马群凯使用盐酸进行长石颗粒清洗产生的废酸液，后其用沙土进行了填埋，根据国家危险废物名录（2016版）HW34废酸900－300－34和HW49其他废物一

项900－041－49类规定，现整个池中填埋的沙土吸附池中的废酸液，成为含有或沾染腐蚀性毒性的危险废物。山东省环境保护科学研究设计院环境风险与污染损害鉴定评估中心出具的环境损害检验报告中将酸洗池北池内受污染沙土总量223吨作为危险废物量，参照《环境污染损害数额计算推荐方法》中给出的“土地资源参照单位修复治理成本”清洗法的单位治理成本250－800元/吨，本案取值250元/吨予以计算处置费用5.6万元，具有事实和法律依据，并无不当，予以采信。(具体计算方法为：20m×6m×平均深度1.3m×密度1.3t/m^3＝203t沙土＋20t废酸＝223t×250元/t＝5.6万元)

(二)关于涉案土壤、地表水及地下水污染生态损害修复费用的认定问题

莱州市环境监测站监测报告显示，废水池内残留废水的PH值<2，属于强酸性废水。王振殿、马群凯通过废水池、排水沟排放的酸洗废水系危险废物亦为有毒物质污染环境，致部分居民家中水井颜色变黄，味道呛人，无法饮用。监测发现部分居民家中井水的PH值低于背景值，氯化物、总硬度远高于背景值，且明显超标。储存于废水池期间渗漏的废水渗透至周边土壤和地下水，排入沟内的废水流入消水河。涉案污染区域周边没有其他类似污染源，可以确定受污染地下水系黄色、具有刺鼻气味，且氯化物浓度较高的污染物，即王振殿、马群凯实施的环境污染行为造成。

2017年2月13日水质监测报告显示，在原水质监测范围内的部分监测点位，水质监测结果达标。根据地质环境监测专家出具的意见，可知在消除污染源阻断污染因子进入地下水环境的情况下，随着上游地下水径流和污染区地下水径流扩大区域的地下水稀释及含水层岩土的吸附作用，污染水域的地下水浓度将逐渐降低，水质逐渐好转。地下水污染区域将随着时间的推移，在地下水径流水动力的作用下，整个污染区将逐渐向下游移动扩大。经过一定时间，原污染区可能达到有关水质要求标准，但这并不意味着地区生态环境好转或已修复。王振殿、马群凯仍应当承担其污染区域的环境生态损害修复责任。在被告不能自行修复的情况下，根据《环境污染损害数额计算推荐方法》和《突发环境事件应急处置阶段环境损害评估推荐方法》的规定，采用虚拟治理成本法估算王振殿、马群凯偷排废水造成的生态损害修复费用。虚拟治理成本是指工业企业或污水处理厂治理等量的排放到环境中的污染物应该花费的成本，即污染物排放量与单位污染物虚拟治理成本的乘积。单位污染物虚拟治理成本是指突发环境事件发生地的工业企业或污水处理厂单位污染物治理平均成本。在量化生态环境损害时，可以根据受污染影响区域的环境功能敏感程度分别乘以1.5－10的倍数作为环境损害数额的上下限值。本案受污染区域的土壤、Ⅲ类地下水及消水河Ⅴ类地表水生态损害修复费用，山东省环境保护科学研究设计院环境风险与污染损害鉴定评估中心出具的环境损害检验报告中取虚拟治理成本的6倍，按照已生效的莱州市人民

法院（2016）鲁0683刑初136号刑事判决书认定的偷排酸洗废水60吨的数额计算，造成的生态损害修复费用为72万元，即单位虚拟治理成本2000元/t×60t×6倍=72万元具有事实和法律依据，并无不当。

二、关于侵权责任问题

《中华人民共和国侵权责任法》第六十五条①规定，"因污染环境造成损害的，污染者应当承担侵权责任。"第六十六条②规定，"因污染环境发生纠纷，污染者应当就法律规定的不承担责任或者减轻责任的情形及其行为与损害之间不存在因果关系承担举证责任。"山东省莱州市人民法院作出的（2016）鲁0683刑初136号刑事判决书认定王振殿、马群凯实施的环境污染行为与所造成的环境污染损害后果之间存在因果关系，王振殿、马群凯对此没有异议，并且已经发生法律效力。根据《中华人民共和国环境保护法》第六十四条，《中华人民共和国侵权责任法》第八条③、第六十五条、第六十六条，《最高人民法院关于审理环境侵权责任纠纷案件适用法律若干问题的解释》第十四条之规定，王振殿、马群凯应当对其污染环境造成社会公共利益受到损害的行为承担侵权责任。

——《最高人民法院关于发布第24批指导性案例的通知》（2019年12月26日，法〔2019〕297号）。

说明

该案例为生态环境保护专题指导性案例，集中展示了人民法院环境资源审判工作成果，浓缩了中国环境资源审判的发展亮点。

1666. 人民法院判令污染者停止侵害的，可以责令其重新进行环境影响评价

关键词

环境民事公益诉讼　停止侵害　环境影响评价

最高人民法院指导性案例

重庆市绿色志愿者联合会诉恩施自治州建始磺厂坪矿业有限责任公司水污染责任民事公益诉讼案（最高人民法院指导案例134号）

---

① 对应《民法典》第一千二百二十九条。

② 对应《民法典》第一千二百三十条。

③ 对应《民法典》第一千一百六十八条。

裁判要点：环境民事公益诉讼中，人民法院判令污染者停止侵害的，可以责令其重新进行环境影响评价，在环境影响评价文件经审查批准及配套建设的环境保护设施经验收合格之前，污染者不得恢复生产。

法院生效裁判认为：本案的焦点问题之一为是否需判令停止侵害并重新作出环境影响评价。

环境侵权行为对环境的污染、生态资源的破坏往往具有不可逆性，被污染的环境、被破坏的生态资源很多时候难以恢复，单纯事后的经济赔偿不足以弥补对生态环境所造成的损失，故对于环境侵权行为应注重防患于未然，才能真正实现环境保护的目的。本案建始磺厂坪矿业公司只是暂时停止了生产行为，其“三同时”工作严重滞后、环保设施未建成等违法情形并未实际消除，随时可能恢复违法生产。由于建始磺厂坪矿业公司先前的污染行为，导致相关区域土壤中部分生态指标超过生态基线，因当地降水量大，又地处喀斯特地貌山区，裂隙和溶洞较多，暗河纵横，而其中的暗河水源正是千丈岩水库的聚水来源，污染风险明显存在。考虑到建始磺厂坪矿业公司的违法情形尚未消除、项目所处区域地质地理条件复杂特殊，在不能确保恢复生产不会再次造成环境污染的前提下，应当禁止其恢复生产，才能有效避免当地生态环境再次遭受污染破坏，亦可避免在今后发现建始磺厂坪矿业公司重新恢复违法生产后需另行诉讼的风险，减轻当事人诉累、节约司法资源。故建始磺厂坪矿业公司虽在起诉之前已停止生产，仍应判令其对千丈岩水库饮用水源停止侵害。

此外，千丈岩水库开始建设于 2008 年，而建始磺厂坪矿业公司项目的环境影响评价工作开展于 2010 年 7 月，并于 2011 年 5 月 16 日才取得当地环境行政主管部门的批复。《中华人民共和国环境影响评价法》第二十三条规定：“建设项目可能造成跨行政区域的不良环境影响，有关环境保护行政主管部门对该项目的环境影响评价结论有争议的，其环境影响评价文件由共同的上一级环境保护行政主管部门审批。”考虑到该项目的性质、与水库之间的相对位置及当地特殊的地质地理条件，本应在当时项目的环境影响评价中着重考虑对千丈岩水库的影响，但由于两者分处不同省级行政区域，导致当时的环境影响评价并未涉及千丈岩水库，可见该次环境影响评价是不全面且有着明显不足的。由于新增加了千丈岩水库这一需要重点考量的环境保护目标，导致原有的环境影响评价依据发生变化，在已发生重大突发环境事件的现实情况下，涉案项目在防治污染、防止生态破坏的措施方面显然也需要作出重大变动。根据《中华人民共和国环境影响评价法》第二十四条第一款“建设项目的环境影响评价文件经批准后，建设项目的性质、规模、地点、采用的生产工艺或者防治污染、防止生态破坏的措施发生重大变动的，建设单位应当重新报批建设项目的环境影响评价文件”及《中华人民共和国水污染防治法》第十七条第三款“建设项目的水污染防治设施，应当与主体工程同时设计、同时施工、同时投入使用。水污染防治设施应当经过环境保护主管部门验收，验收不合格的，该建设项目不得投入生产或者使用”的规定，鉴于千丈岩水库的重要性、作为一级饮用水水源保护区的环境敏感性及涉案项目对水库潜在的巨大污染风险，在应当作为重点环境保护目标纳入建设项目环境影响评价而未能纳入且客观上已经造成重大突发环境事件的情况下，考虑到原有的环境影响评价依据已经发生变化，出于对重点环境保护目标的保护及公共利益的维护，建始磺厂坪矿业公司应在考虑对千丈岩水库环境影响的基础上重新对项目进行环境影响评价并履行法定审批手续，未经批复和环境保护设施未经验收，不得生产。

——《最高人民法院关于发布第24批指导性案例的通知》（2019年12月26日，法〔2019〕297号）。

说明

指导案例134号《重庆市绿色志愿者联合会诉恩施自治州建始磺厂坪矿业有限责任公司水污染责任民事公益诉讼案》，该案例确认如下裁判规则：环境民事公益诉讼中，人民法院判令污染者停止侵害的，可以责令其重新进行环境影响评价，在环境影响评价文件经审查批准及配套建设的环境保护设施经验收合格之前，污染者不得恢复生产。

1667. 被告拒不提供其处置污染物情况等环境信息的可以推定原告主张的环境污染事实成立

关键词

环境民事公益诉讼　环境信息　不利推定

最高人民法院指导性案例

江苏省徐州市人民检察院诉苏州其安工艺品有限公司等环境民事公益诉讼案（最高人民法院指导案例135号）

裁判要点：在环境民事公益诉讼中，原告有证据证明被告产生危险废物并实施了污染物处置行为，被告拒不提供其处置污染物情况等环境信息，导致无法查明污染物去向的，人民法院可以推定原

告主张的环境污染事实成立。

法院生效裁判认为：

一、关于在沛县经济开发区倾倒3桶硫酸废液造成的生态环境损害，五被告应否承担连带赔偿责任及赔偿数额如何确定问题

《中华人民共和国固体废物污染环境防治法》（以下简称固体废物法）第五十五条规定："产生危险废物的单位，必须按照国家有关规定处置危险废物，不得擅自倾倒、堆放"。第五十七条规定："从事收集、贮存、处置危险废物经营活动的单位，必须向县级以上人民政府环境保护行政主管部门申请领取经营许可证……禁止无经营许可证或者不按照经营许可证规定从事危险废物收集、贮存、利用、处置的经营活动"。本案中，其安公司明知黄克峰无危险废物经营许可证，仍将危险废物硫酸废液交由其处置；黄克峰、何传义、王克义、魏以东明知自己无危险废物经营许可证，仍接收其安公司的硫酸废液并非法处置。其安公司与黄克峰、何传义、王克义、魏以东分别实施违法行为，层层获取非法利益，最终导致危险废物被非法处置，对此造成的生态环境损害，应当承担赔偿责任。五被告的行为均系生态环境遭受损害的必要条件，构成共同侵权，应当在各自参与非法处置危险废物的数量范围内承担连带责任。

本案中，倾倒3桶硫酸废液污染土壤的事实客观存在，但污染发生至今长达三年有余，且倾倒地已进行工业建设，目前已无法将受损的土壤完全恢复。根据《环境损害鉴定评估推荐方法（第Ⅱ版）》和原环境保护部《关于虚拟治理成本法适用情形与计算方法的说明》（以下简称《虚拟治理成本法说明》），对倾倒3桶硫酸废液所产生的生态环境修复费用，可以适用"虚拟治理成本法"予以确定，其计算公式为：污染物排放量 × 污染物单位治理成本 × 受损害环境敏感系数。公益诉讼起诉人委托的技术专家提出的倾倒3桶硫酸废液所致生态环境修复费用为204415元（$4.28 \times 6822.92 \times 7$）的意见，理据充分，应予采纳。该项生态环境损害系其安公司、黄克峰、何传义、王克义、魏以东五被告的共同违法行为所致，五被告应连带承担204415元的赔偿责任。

二、关于五被告应否就其余68桶硫酸废液承担生态环境损害赔偿责任，赔偿数额如何确定问题

根据固体废物法等法律法规，我国实行危险废物转移联单制度，申报登记危险废物的流向、处置情况等，是危险废物产生单位的法定义务；如实记载危险废物的来源、去向、处置情况等，是危险废物经营单位的法定义务；产生、收集、贮存、运输、利用、处置危险废物的单位和个人，均应设置危险废物识别标志，均有采取措施防止危险废物污染环境的法定义务。本案中，

其安公司对硫酸废液未履行申报登记义务，未依法申请领取危险废物转移联单，黄克峰、何传义、王克义三被告非法从事危险废物经营活动，没有记录硫酸废液的流向及处置情况等，其安公司、黄克峰、何传义、王克义四被告逃避国家监管，非法转移危险废物，不能说明 68 桶硫酸废液的处置情况，没有采取措施防止硫酸废液污染环境，且 68 桶硫酸废液均没有设置危险废物识别标志，而容器上又留有出水口，即使运出苏州后被整体丢弃，也存在液体流出污染环境甚至危害人身财产安全的极大风险。因此，根据《最高人民法院关于审理环境民事公益诉讼案件适用法律若干问题的解释》第十三条"原告请求被告提供其排放的主要污染物名称、排放方式、排放浓度和总量、超标排放情况以及防治污染设施的建设和运行情况等环境信息，法律、法规、规章规定被告应当持有或者有证据证明被告持有而拒不提供，如果原告主张相关事实不利于被告的，人民法院可以推定该主张成立"之规定，本案应当推定其余 68 桶硫酸废液被非法处置并污染了环境的事实成立。

关于该项损害的赔偿数额。根据《虚拟治理成本法说明》，该项损害的具体情况不明确，其产生的生态环境修复费用，也可以适用"虚拟治理成本法"予以确定。如前所述，68 桶硫酸废液的重量仍应以每桶 1.426 吨计算，共计 96.96 吨；单位治理成本仍应确定为 6822.92 元。关于受损害环境敏感系数。本案非法处置 68 桶硫酸废液实际损害的环境介质及环境功能区类别不明，可能损害的环境介质包括土壤、地表水或地下水中的一种或多种。而不同的环境介质、不同的环境功能区类别，其所对应的环境功能区敏感系数不同，存在 2 – 11 等多种可能。公益诉讼起诉人主张适用的系数 7，处于环境敏感系数的中位，对应 Ⅱ 类地表水、Ⅱ 类土壤、Ⅲ 类地下水，而且本案中已经查明的 3 桶硫酸废液实际污染的环境介质即为 Ⅱ 类土壤。同时，四被告也未能举证证明 68 桶硫酸废液实际污染了敏感系数更低的环境介质。因此，公益诉讼起诉人的主张具有合理性，同时体现了对逃避国家监管、非法转移处置危险废物违法行为的适度惩罚，应予采纳。综上，公益诉讼起诉人主张非法处置 68 桶硫酸废液产生的生态环境修复费用为 4630852 元（96.96 × 6822.92 × 7），应予支持。同时，如果今后查明 68 桶硫酸废液实际污染了敏感系数更高的环境介质，以上修复费用尚不足以弥补生态环境损害的，法律规定的机关和有关组织仍可以就新发现的事实向被告另行主张。该项生态环境损害系其安公司、黄克峰、何传义、王克义四被告的共同违法行为所致，四被告应连带承担 4630852 元的赔偿责任。

综上所述，生态文明建设是关系中华民族永续发展的根本大计，生态环境没有替代品，保护生态环境人人有责。产生、收集、贮存、运输、利用、处置危险废物的单位和个人，必须严格履行法律义务，切实采取措施防止危险废物对环境的污染。被告其安公司、黄克峰、何传义、王克义、魏以东没有履行法律义务，逃避国家监管，非法转移处置危险废物，任由危险废物污染环境，对此造成的生态环境损害，应当依法承担侵权责任。

——《最高人民法院关于发布第24批指导性案例的通知》（2019年12月26日，法〔2019〕297号）。

说明

该案例为生态环境保护专题指导性案例，集中展示了人民法院环境资源审判工作成果，浓缩了中国环境资源审判的发展亮点。

1668. 企业事业单位和其他生产经营者通过私设暗管等逃避监管的方式排放水污染物的，依法应当予以行政处罚

关键词

行政处罚　环境保护　私设暗管　逃避监管

最高人民法院指导性案例

陈德龙诉成都市成华区环境保护局环境行政处罚案（最高人民法院指导案例138号）

裁判要点：企业事业单位和其他生产经营者通过私设暗管等逃避监管的方式排放水污染物的，依法应当予以行政处罚；污染者以其排放的水污染物达标、没有对环境造成损害为由，主张不应受到行政处罚的，人民法院不予支持。

法院生效裁判认为，德龙加工厂工商登记注册地虽然在成都市龙泉驿区，但其生产加工形成环境违法事实的具体地点在成都市成华区，根据《中华人民共和国行政处罚法》第二十条、《环境行政处罚办法》第十七条的规定，成华区环保局具有作出被诉处罚决定的行政职权；虽然成都市成华区环境监测站于2012年5月22日出具的《检测报告》，认为德龙加工厂排放的废水符合排放污水的相关标准，但德龙加工厂私设暗管排放的仍旧属于污水，违反了水污染防治法第二十二条第二款的规定；德龙加工厂曾因实施“未办理环评手续、环保设施未验收即投入生产”的违法行为受到过行政处罚，本案违法行为系二次违法行为，成华区环保局在水污染防治法第七十五条第二款所规定的幅度内，综合考虑德龙加工厂系二次违法等事实，对德龙加工厂作出罚款10万元的行政处罚并无不妥。

——《最高人民法院关于发布第24批指导性案例的通知》（2019年12月26日，法〔2019〕297号）。

1669. 企业事业单位和其他生产经营者堆放、处理固体废物产生的臭气浓度超过大气污染物排放标准，环境保护主管部门适用处罚较重的《中华人民共和国大气污染防治法》对其进行处罚

关键词

行政处罚　大气污染防治　固体废物污染环境防治　超过排放标准

最高人民法院指导性案例

上海鑫晶山建材开发有限公司诉上海市金山区环境保护局环境行政处罚案（最高人民法院指导案例139号）

裁判要点：企业事业单位和其他生产经营者堆放、处理固体废物产生的臭气浓度超过大气污染物排放标准，环境保护主管部门适用处罚较重的《中华人民共和国大气污染防治法》对其进行处罚，企业事业单位和其他生产经营者主张应当适用《中华人民共和国固体废物污染环境防治法》对其进行处罚的，人民法院不予支持。

法院生效裁判认为，本案核心争议焦点在于被告适用大气污染防治法对原告涉案行为进行处罚是否正确。其中涉及固体废物污染环境防治法第六十八条第一款第七项、第二款及大气污染防治法第九十九条第二项之间的选择适用问题。前者规定，未采取相应防范措施，造成工业固体废物扬散、流失、渗漏或者造成其他环境污染的，处一万元以上十万元以下的罚款；后者规定，超过大气污染物排放标准或者超过重点大气污染物排放总量控制指标排放大气污染物的，由县级以上人民政府环境保护主管部门责令改正或者限制生产、停产整治，并处十万元以上一百万元以下的罚款；情节严重的，报经有批准权的人民政府批准，责令停业、关闭。前者规制的是未采取防范措施造成工业固体废物污染环境的行为，后者规制的是超标排放大气污染物的行为；前者有未采取防范措施的行为并具备一定环境污染后果即可构成，后者排污单位排放大气污染物必须超过排放标准或者重点大气污染物排放总量控制指标才可构成。本案并无证据可证实臭气是否来源于任何工业固体废物，且被告接到群众有关原告排放臭气的投诉后进行执法检查，检查、监测对象是原告排放大气污染物的情况，适用对象方面与大气污染防治法更为匹配；《监测

报告》显示臭气浓度超过大气污染物排放标准，行为后果方面适用大气污染防治法第九十九条第二项规定更为准确，故被诉行政处罚决定适用法律并无不当。

——《最高人民法院关于发布第24批指导性案例的通知》(2019年12月26日，法〔2019〕297号)。

三、生态保护

1670. 审理生态保护类案件的要点

关键词

环境资源　生态保护

最高人民法院司法政策精神

贯彻落实中共中央办公厅、国务院办公厅《关于进一步加强生物多样性保护的意见》，系统保护珍贵、濒危野生动植物及其生存环境，维护生物多样性和生物安全。各级人民法院依法审理涉遗传多样性、物种多样性和生态系统多样性保护案件，严厉打击各类破坏野生动植物资源犯罪活动，依法惩治利用网络或以其他方式实施野生动植物及制品非法贸易，非法引进、释放或丢弃外来物种等违法犯罪行为。加大对国家公园、自然保护区等各类自然公园的司法保护力度，保护珍贵濒危野生动植物栖息地生态环境，护航候鸟安全迁徙。统筹疫情防控与生物多样性司法保护，助推国家生物安全治理能力水平不断提升。

最高人民法院发布“绿孔雀保护”预防性公益诉讼案等首批7个生物多样性保护专题指导性案例，明确生物种群及其生存环境司法保护的裁判规则。长江流域相关法院严格落实《中华人民共和国长江保护法》，通过发布司法保护意见、加强区域司法协作、对非法捕捞犯罪实施全链条打击等方式，促进长江水生生物资源恢复，服务长江十年禁渔。重庆法院审理黎某建等非法捕捞水产品犯罪案，在惩处被告人的同时，依法规制被告人自行投放对当地生态环境有害的外来物种的行为，明确增殖放流应当采取符合生态环境特点的方式，维护当地生物多样性和水域生态安全。

——最高人民法院：《中国环境资源审判（2021）》，2022年6月5日发布。

最高人民法院相关规范

3 生态保护类案件

3.1 定义

生态保护类案件，是指因破坏遗传（基因）、物种、生态系统多样性、景观多样性以及影响生态系统功能正常运行而产生的刑事、民事、行政以及公益案件。

3.2 划分标准

生态保护类案件包括生物多样性保护案件、景观多样性保护案件、重点生态区域保护案件和其他生态破坏案件。

3.2.1 生物多样性保护案件，是指对生物（动物、植物、微生物）以及它们所拥有的基因和生存环境进行司法保护的案件，包括遗传（基因）多样性保护、物种多样性保护和生态系统多样性保护三类案件。这是生态保护类案件中的核心案件。

3.2.2 景观多样性保护案件，是指对一定时空范围内景观类型和景物品类数量的丰富性和美观度进行司法保护的案件。包括自然遗迹保护案件、人文遗迹保护案件以及其他景观多样性保护案件。

3.2.3 为突出近年来司法对重点生态区域治理的服务保障，将重点生态区域保护案件专列一类案件，包括自然保护地案件、岸线区域保护案件等。

3.2.4 有的案件同时构成生物多样性保护案件、景观多样性保护案件或重点生态区域保护案件的，根据具体案件重点保护的法益、维护的秩序以及统计需要归入对应案由。

3.2.5 其他生态破坏案件，是指生物多样性保护案件、景观多样性保护案件、重点生态区域保护案件之外的，因外来物种引入、地下水超采、植被破坏、乱捕滥杀、矿产开采、工程建设等行为导致生物要素的不利改变或者生态系统功能退化的其他生态破坏案件。这是生态保护类案件中的兜底案件。

3.2.6 对诉争标的物及法律关系以某一层次生物多样性为行为对象或基础，但与环境资源保护无直接关联的生物技术合作开发股权纠纷、合同纠纷等案件，不纳入环境资源案件统计范围。

3.3 基本特点

3.3.1 生态破坏具有易破坏和难修复的不对称性，审理此类案件要坚持保护优先与合理开发并重的原则。贯彻修复性理念，立足不同生态要素的修复需求，灵活运用限期履行、劳务代偿、第三方治理等生态修复责任承担方式，最大限度运用近自然恢复方法、生态化技术确定修复方案。

3.3.2 审理此类案件要坚守生态保护红线，依据国家和省级国土空间主体功能区规划，充分考虑影响生态安全的生态功能退化区、重点生态敏感区和脆弱区、生态良好地区等不同生态功能区划的生态承载能力和敏感度，依法保障经济社会持续健康发展。

3.3.3　生态是统一的自然系统，审理此类案件要树立系统保护理念，遵循生态系统的整体性、系统性及内在规律，贯彻山水林田湖草沙一体化生态保护。此类案件适宜以流域、湖域等生态系统或生态功能区为单位实行跨行政区划集中管辖。

3.4　案件类型

3.4.1　生物多样性保护案件

3.4.1.1　涉及生物遗传资源和相关传统知识的获取、开发、利用及其惠益分享、转基因生物和产品安全案件。

3.4.1.2　涉及外来物种入侵防控与动植物微生物物种及其栖息地保护案件。

3.4.1.3　涉及森林、草原、湿地、荒漠、冻原、海洋、河流湖泊、农田、城市等生态系统保护案件。

3.4.2　景观多样性保护案件

3.4.2.1　涉及具有重要科学文化价值的地质构造、著名溶洞、化石分布区、冰川、火山、温泉等自然遗迹保护案件。

3.4.2.2　涉及古迹、建筑群、遗址等人文遗迹保护案件。

3.4.3　重点生态区域保护案件

3.4.3.1　涉及国家公园、自然保护区、自然公园等各类自然保护地案件。

3.4.3.2　涉及湖泊、河道、海洋等岸线区域保护案件。

3.4.4　因外来物种引入、地下水超采、植被破坏、乱捕滥杀、矿产开采、工程建设等行为导致生物要素的不利改变或者生态系统功能退化的其他生态破坏案件。

——《最高人民法院关于印发〈环境资源案件类型与统计规范（试行）〉的通知》（2021年1月4日，法〔2021〕9号）。

附录：最高人民法院主流观点

生态保护类案件，是指因破坏遗传（基因）、物种、生态系统多样性、景观多样性以及影响生态系统功能正常运行而产生的刑事、民事、行政以及公益案件。包括生物多样性保护案件、景观多样性保护案件、重点生态区域保护案件和其他生态破坏案件。

生物多样性是生物（动物、植物、微生物）与环境形成的生态复合体以及与此相关的各种生态过程的总和，包括生态系统、物种和基因三个层次。由此，生物多样性保护的重点应当是维护生态系统的稳定性、抢救濒危物种和保障基因安全。生物多样性是人类赖以生存的条件，是经济社会可持续发展的基础，保护生物多样性才能保证生物资源的永续利用。

我国地域辽阔，自然条件复杂多样，南北跨越纬度49° 15′，东西跨越经度62°，气温存在明显的北、南梯度，纬度、经度、垂直三维空间的相互结合及复杂的自然历史演变过程，造就了丰富多彩的生物种类，使我国成为全球生物多样性丰富的国家之一，丰度居全球第八位。我国生物种类约3万种，仅次于马来西亚和巴西，居世界第三位。[①]

但是，由于对自然资源的长期过度开发利用，以及对生态环境的保护不足，目前我国的生物多样性面临严峻形势。主要表现在：第一，部分生态系统功能不断退化。我国人工林树种单一，抗病虫害能力差。90%的草原不同程度退化。内陆淡水生态系统受到威胁，部分重要湿地退化。海洋及海岸带物种及其栖息地不断丧失，海洋渔业资源减少。第二，物种濒危程度加剧。我国野生高等植物濒危比例达15%~20%，其中，裸子植物、兰科植物等高达40%以上。野生动物濒危程度不断加剧，有233种脊椎动物面临灭绝，约44%的野生动物呈数量下降趋势，非国家重点保护野生动物种群下降趋势明显。第三，遗传资源不断丧失和流失。一些农作物野生近缘种的生存环境遭受破坏，栖息地丧失，野生稻原有分布点中的60%~70%已经消失或萎缩。部分珍贵和特有的农作物、林木、花卉、畜、禽、鱼等种子资源流失严重。一些地方传统和稀有品种资源丧失。[②]上述情况表明，我国的生物多样性正在以惊人速度丧失，加强对生物多样性的保护势在必行。

立法保护方面，我国生物多样性保护的法律体系已经初步建立。相关法律主要包括：《生物安全法》《环境保护法》《野生动物保护法》《森林法》《草原法》《畜牧法》《种子法》《进出境动植物检疫法》等。此外，相关行政法规主要包括《自然保护区条例》《野生植物保护条例》《农业转基因生物安全管理条例》《濒危野生动植物进出口管理条例》《野生药材资源保护管理条例》等。相关行业主管部门和部分省级政府也制定了相应的规章、地方法规和规范。

司法保护方面，最高人民法院发布的《关于深入贯彻习近平生态文明思想为新时代生态环境保护提供司法服务和保障的意见》明确将生物多样性保护案件纳入专门化研究和审理范围。各级人民法院大力加强生物多样性司法保护工作，成效显著。2020年，全国法院共受理走私珍贵动物、珍贵动物制品罪案件209件，审结162件；受理非法猎捕、杀害珍贵、濒危野生动物罪案件1127件，审结1088件；受理非法收购、运输、出售珍贵、濒危野生动物及其制品罪案件2738件，审结2471件；受理非法狩猎罪案件3469件，审结3416件；受理非法捕捞水产品罪案件6198件，审结6017件；受理非法采

① 参见周珂主编：《环境与资源保护法》，中国人民大学出版社2007年版，第430页。

② 参见原环境保护部《中国生物多样性保护战略与行动计划（2011—2030年）》。

伐、毁坏国家重点保护植物罪案件716件，审结692件；受理非法收购、运输、加工、出售国家重点保护植物及其制品罪案件114件，审结105件；受理盗伐林木罪案件1576件，审结1520件；受理妨害动植物防疫、检疫罪案件167件，审结111件；受理植物新品种合同纠纷、植物新品种育种合同纠纷、植物新品种申请权转让合同纠纷、植物新品种实施许可合同纠纷等案件41件，审结32件；受理林业行政案件3438件，审结3105件；受理渔业行政案件412件，审结386件。①

——最高人民法院环境资源审判庭编著：《〈环境资源案件类型与统计规范（试行）〉适用指南》，人民法院出版社2022年版，第111~115页。

1671. 人民法院应探索适合生态环境修复责任的判决和执行方式

关键词

生态环境修复责任　替代性修复　修复费用　一并判决原则

《中华人民共和国民法典》条文

第一千二百三十四条　违反国家规定造成生态环境损害，生态环境能够修复的，国家规定的机关或者法律规定的组织有权请求侵权人在合理期限内承担修复责任。侵权人在期限内未修复的，国家规定的机关或者法律规定的组织可以自行或者委托他人进行修复，所需费用由侵权人负担。

附录：最高人民法院主流观点

实践中，人民法院可以参考专业部门确定的修复具体标准、方案，判令侵权人清除污染物，恢复土地原貌，恢复水体原有的养殖，在植被破坏地按照受损植被的种类及十倍株数进行补种复绿及养护等。这种方式大多适用于生态环境损害不太严重的情况，无须借助复杂的技术和设备，以直接的劳动行为短时间内即可完成修复。在受损生态环境无法修复或者修复成本过高、没有必要修复的，人民法院可以综合案件污染生态环境或者破坏资源的要素类型、污染严重程度、生态破坏程度等因素，要求当事人通过增殖放流、补种复绿、劳务代偿等方式承担替代性修复责任，从而实现生态环境功能的总体提升。北京市第四中级人民法院2019年5月调解结案的北京市朝阳区自然之友环境研究所诉现代汽车（中国）投资有限公司大气污染环境民事公益诉讼案中，首次创新引入了公益信托机制，让现代汽车出资设立公益信托基金

① 参见最高人民法院编：《中国环境资源审判（2020）》，人民法院出版社2021年版。

并将资金用于建设充电桩等设施，以清洁能源利用的方式保护环境，这是替代性修复责任方式的有效探索。

对于侵权人的生态环境修复责任以及其不履行修复责任时应当承担的修复费用，要遵循一并判决的原则。生态环境的修复往往专业性强，修复工程的实施也会耗费相当长的时间。如果人民法院仅仅判决被告修复生态环境，被告在执行过程中怠于履行或者不能履行判决确定的义务，使生态环境迟迟不能得到修复，将进一步损害社会公共利益，且人民法院不能因此就同一诉再次作出裁判，故《环境民事公益诉讼司法解释》第二十条第二款规定，“人民法院可以在判决被告修复生态环境的同时，确定被告不履行修复义务时应承担的生态环境修复费用”。基于及时修复生态环境避免损害扩大的考虑，此规则应当在《民法典》施行过程中予以一体遵循。

——最高人民法院民法典贯彻实施工作领导小组编：《中华人民共和国民法典侵权责任编理解与适用》，人民法院出版社 2020 年版，第 564~565 页。

1672. 生态环境修复责任的承担

关键词

生态环境　修复责任　直接承担

《中华人民共和国民法典》条文

第一千二百三十四条　违反国家规定造成生态环境损害，生态环境能够修复的，国家规定的机关或者法律规定的组织有权请求侵权人在合理期限内承担修复责任。侵权人在期限内未修复的，国家规定的机关或者法律规定的组织可以自行或者委托他人进行修复，所需费用由侵权人负担。

最高人民法院司法政策精神

第一条　法律规定的机关和有关组织依据民事诉讼法第五十五条、环境保护法第五十八条等法律的规定，对已经损害社会公共利益或者具有损害社会公共利益重大风险的污染环境、破坏生态的行为提起诉讼，符合民事诉讼法第一百一十九条第二项、第三项、第四项规定的，人民法院应予受理。

第二条　依照法律、法规的规定，在设区的市级以上人民政府民政部门登记的社会团体、基金会以及社会服务机构等，可以认定为环境保护法第五十八条规定的社会组织。

第三条　设区的市，自治州、盟、地区，不设区的地级市，直辖市的区以上人民政府民政部门，可以认定为环境保护法第五十八条规定的“设区的市级以上人民政府民政部门”。

第四条　社会组织章程确定的宗旨和主要业务范围是维护社会公共利益，且从事环境保护公益活动的，可以认定为环境保护法第五十八条规定的“专门从事环境保护公益活动”。

社会组织提起的诉讼所涉及的社会公共利益，应与其宗旨和业务范围具有关联性。

第十八条　对污染环境、破坏生态，已经损害社会公共利益或者具有损害社会公共利益重大风险的行为，原告可以请求被告承担停止侵害、排除妨碍、消除危险、修复生态环境、赔偿损失、赔礼道歉等民事责任。

第二十条　原告请求修复生态环境的，人民法院可以依法判决被告将生态环境修复到损害发生之前的状态和功能。无法完全修复的，可以准许采用替代性修复方式。

人民法院可以在判决被告修复生态环境的同时，确定被告不履行修复义务时应承担的生态环境修复费用；也可以直接判决被告承担生态环境修复费用。

生态环境修复费用包括制定、实施修复方案的费用，修复期间的监测、监管费用，以及修复完成后的验收费用、修复效果后评估费用等。

——《最高人民法院关于审理环境民事公益诉讼案件适用法律若干问题的解释》(2020年12月29日修正)。

第十三条　人民法院应当根据被侵权人的诉讼请求以及具体案情，合理判定侵权人承担停止侵害、排除妨碍、消除危险、修复生态环境、赔礼道歉、赔偿损失等民事责任。

——《最高人民法院关于审理环境侵权责任纠纷案件适用法律若干问题的解释》(2020年12月29日修正)。

第十七条　违反国家规定造成森林生态环境损害，生态环境能够修复的，国家规定的机关或者法律规定的组织依据民法典第一千二百三十四条的规定，请求侵权人在合理期限内以补种树木、恢复植被、恢复林地土壤性状、投放相应生物种群等方式承担修复责任的，人民法院依法予以支持。

人民法院判决侵权人承担修复责任的，可以同时确定其在期限内不履行修复义务时应承担的森林生态环境修复费用。

——《最高人民法院关于审理森林资源民事纠纷案件适用法律若干问题的解释》(2022年6月13日，法释〔2022〕16号)。

第二条　因污染环境、破坏生态行为受到损害的自然人、法人或者非法人组织，以及民法典第一千二百三十四条、第一千二百三十五条规定的“国家规定的机关或者法律规定的组织”，可以向人民法院申请作出禁止令。

——《最高人民法院关于生态环境侵权案件适用禁止令保全措施的若干规定》（2021 年 12 月 27 日，法释〔2021〕22 号）。

附录：最高人民法院主流观点

根据《民法典》第一千二百三十四条的规定，生态环境能够修复的，国家规定的机关或者法律规定的组织有权请求侵权人在合理期限内承担修复责任；侵权人在期限内未修复的，国家规定的机关或者法律规定的组织可以自行或者委托他人进行修复，所需费用由侵权人承担。

可见，生态环境修复责任，以侵权人直接承担为原则，其可以直接履行修复责任，也可以自行委托第三方修复机构开展修复。如果侵权人在合理期限内不履行、怠于履行生态环境修复义务，或者侵权人履行部分修复义务但无法达到生态环境修复验收要求，或者因履行困难放弃履行，均属于《民法典》第一千二百三十四条规定的在合理期限内未修复的情形。此时，国家规定的机关或者法律规定的组织可以自行或者委托他人进行修复。

实践中，依据不同的分类标准，可以对生态环境修复责任的承担方式作出不同的区分，以理清不同承担方式的适用条件和具体要求，妥当实现被损生态环境的修复。

（一）直接修复和替代修复

依据修复对象的不同，生态环境修复责任的承担方式可分为直接修复和替代修复。直接修复是针对受到污染或者破坏的环境介质、生物、生态系统等进行评估并予以原区域、原体的修复。直接修复是责任承担的首要方式。在无法直接修复的情况下，比如囿于直接修复的技术难度过大或所需修复费用过高，或者被损坏的生态环境确实无法复原等因素，可以采取替代性修复的方式。替代性修复方式包括同地区异地点、同功能异种类、同质量异数量、同价值异等级等可以使生态环境恢复到受损害之前的功能、质量和价值的情形。①

（二）自行修复和委托修复

依据修复生态环境责任的实施主体不同，修复生态环境责任的承担方式可分为自行修复和委托修复。自行修复包括由侵权人自行实施修复，或者由国家规定的机关或者法律规定的组织自行组织实施修复。但囿于生态修复的专业性、复杂性，抑或存在无法直接实施生态修复活动的情况下，委托他人

① 参见最高人民法院环境资源审判庭编著：《最高人民法院关于环境民事公益诉讼司法解释理解与适用》，人民法院出版社 2015 年版，第 296~297 页。

修复亦可实现救济受损生态环境的目的。委托修复主要包括两种情况：一种情况是由侵权人自行委托，修复费用由其支付；另一种情况是侵权人未在合理期限内履行修复生态环境责任时，国家规定的机关或者法律规定的组织可以委托第三方实施修复，所需费用由侵权人负担。

——最高人民法院民法典贯彻实施工作领导小组编著：《中国民法典适用大全（生态环境卷）》，人民法院出版社 2022 年版，第 94~95 页。

1673. 生态环境修复的预期目标确定

关键词

生态环境修复　预期目标　基线水平

《中华人民共和国民法典》条文

第一千二百三十五条　违反国家规定造成生态环境损害的，国家规定的机关或者法律规定的组织有权请求侵权人赔偿下列损失和费用：

（一）生态环境受到损害至修复完成期间服务功能丧失导致的损失；

（二）生态环境功能永久性损害造成的损失；

（三）生态环境损害调查、鉴定评估等费用；

（四）清除污染、修复生态环境费用；

（五）防止损害的发生和扩大所支出的合理费用。

最高人民法院司法解释

第十八条　对污染环境、破坏生态，已经损害社会公共利益或者具有损害社会公共利益重大风险的行为，原告可以请求被告承担停止侵害、排除妨碍、消除危险、修复生态环境、赔偿损失、赔礼道歉等民事责任。

第二十条　原告请求修复生态环境的，人民法院可以依法判决被告将生态环境修复到损害发生之前的状态和功能。无法完全修复的，可以准许采用替代性修复方式。

人民法院可以在判决被告修复生态环境的同时，确定被告不履行修复义务时应承担的生态环境修复费用；也可以直接判决被告承担生态环境修复费用。

生态环境修复费用包括制定、实施修复方案的费用，修复期间的监测、监管费用，以及修复完成后的验收费用、修复效果后评估费用等。

第二十一条　原告请求被告赔偿生态环境受到损害至修复完成期间服务功能丧失导致的损失、生态环境功能永久性损害造成的损失的，人民法院可以依法予以支持。

——《最高人民法院关于审理环境民事公益诉讼案件适用法律若干问题的解释》（2020 年 12 月 29 日修正）。

第十三条　人民法院应当根据被侵权人的诉讼请求以及具体案情，合理判定侵权人承担停止侵害、排除妨碍、消除危险、修复生态环境、赔礼道歉、赔偿损失等民事责任。

——《最高人民法院关于审理环境侵权责任纠纷案件适用法律若干问题的解释》（2020 年 12 月 29 日修正）。

附录：最高人民法院主流观点

从理论上来说，突发环境事件发生后，可以分为环境险情排除的事故应急阶段、环境安全保障的环境修复阶段、提高生态功能的生态恢复阶段。在事故应急阶段，为减轻或消除对公众健康、公私财产和生态环境造成的损害，各级政府与相关单位针对可能或已经发生的突发环境事件而采取系列行动和措施，由此会产生应急处置费用，即对污染物进行清除、处理和处置的费用。在环境修复阶段，为防止污染物扩散迁移、降低环境中污染物浓度，将环境污染导致的人体健康风险或生态风险降至可接受风险水平而开展系列必要的、合理的行动或措施。在生态恢复阶段，为将生态环境的物理、化学或生物特性及其提供的生态系统服务恢复至基线状态，同时补偿期间损害而采取系列必要的、合理的措施。[①] 在环境修复阶段与生态恢复阶段所发生的费用即生态环境修复费用。从严格意义上来说，生态环境受到污染和破坏后，恢复到与损害之前一模一样的状态几无可能，生态系统服务功能也只是尽可能地接近基线水平而已。此外，如果受到损害前的生态环境并不处于良好状态，要求赔偿义务人恢复损害之前的状态也并非受害者利益所需。因此，对生态环境修复标准中的“基线水平”不能机械理解，否则可能会造成过度修复或者修复不足。一般而言，基线确定方法通常有：（1）利用污染环境或破坏生态行为发生前评估区域近三年的历史数据；（2）利用未受污染环境或破坏生态行为影响的相似现场数据，要求“对照区域”与评估区域的生态环境特征、生态系统服务等具有可比性；（3）利用模型确定基线；（4）参考环境基准或国家和地方发布的环境质量标。[②] 在面对具体个案时，可以综合比较背景值、对照值，合理确定。

——最高人民法院民法典贯彻实施工作领导小组编著：《中国民法典适用

---

① 参见《环境损害鉴定评估推荐方法（第Ⅱ版）》第 4.6 条、第 4.10 条、第 4.11 条。

② 参见《生态环境损害鉴定评估技术指南 总纲和关键环节 第 1 部分：总纲》第 5.2 条规定。

大全（生态环境卷）》，人民法院出版社 2022 年版，第 108~109 页。

1674. 收购者明知其所收购的鱼苗系非法捕捞所得收购者应当与捕捞者承担连带赔偿责任

关键词

生态破坏民事公益诉讼　非法捕捞　共同侵权　生态资源损害赔偿

最高人民法院指导性案例

江苏省泰州市人民检察院诉王小朋等 59 人生态破坏民事公益诉讼案（最高人民法院指导案例 175 号）

裁判要点：当收购者明知其所收购的鱼苗系非法捕捞所得，仍与非法捕捞者建立固定买卖关系，形成完整利益链条，共同损害生态资源的，收购者应当与捕捞者对共同实施侵权行为造成的生态资源损失承担连带赔偿责任。

法院生效裁判认为：一、非法捕捞造成生态资源严重破坏，当销售是非法捕捞的唯一目的，且收购者与非法捕捞者形成了固定的买卖关系时，收购行为诱发了非法捕捞，共同损害了生态资源，收购者应当与捕捞者对共同实施的生态破坏行为造成的生态资源损失承担连带赔偿责任。

鳗鱼苗于 2014 年被世界自然保护联盟列为濒危物种，也属于江苏省重点保护鱼类。鳗鱼苗特征明显，无法直接食用，针对这一特定物种，没有大规模的收购，捕捞行为毫无价值。收购是非法捕捞鳗鱼苗实现获利的唯一渠道，缺乏收购行为，非法捕捞难以实现经济价值，也就不可能持续反复地实施，巨大的市场需求系引发非法捕捞和层层收购行为的主要原因。案涉收购鳗鱼苗行为具有日常性、经常性，在收购行为中形成高度组织化，每一个捕捞者和收购者对于自身在利益链条中所处的位置、作用以及通过非法捕捞、出售收购、加价出售、养殖出售不同方式获取利益的目的均有明确的认知。捕捞者使用网目极小的张网方式捕捞鳗鱼苗，收购者对于鳗鱼苗的体态特征充分了解，意味着其明知捕捞体态如此细小的鳗鱼苗必然使用有别于对自然生态中其他鱼类的捕捞方式，非法捕捞者于长江水生生物资源繁衍生殖的重要时段，尤其是禁渔期内，在长江干流水域采用“绝户网”大规模、多次非法捕捞长江鳗鱼苗，必将造成长江生态资源损失和生物多样性破坏，收购者与捕捞者存在放任长江鳗鱼资源及其他生态资源损害结果出现的故意。非法捕捞与收购已经形成了固定买卖关系和完整利益链条。这一链条中，相邻环节均从非法捕捞行为中获得利益，具有高度协同性，行为与长江生态资源损害结果之间具有法律上的因果关系，共同导致生态资源损害。预防非法捕捞行为，应从源头上彻底切断利益链条，让非法收购、贩卖鳗鱼苗的共同侵权者付出经济代价，与非法捕捞者在各自所涉的生态资源损失范围内对长江生态资源损害后果承担连带赔偿责任。

——《最高人民法院关于发布第31批指导性案例的通知》（2021年12月1日，法〔2021〕286号）。

说明

指导案例175号江苏省泰州市人民检察院诉王小朋等59人生态破坏民事公益诉讼案，系全国首例判令从捕捞、收购到贩卖长江鳗鱼苗“全链条”承担生态破坏赔偿责任的案件。该案确立了收购者与捕捞者之间共同侵权的责任认定规则，同时明确侵权人应当全面赔偿其造成的水生生物资源损失。

1675. 草原承包合同履行中，案涉地块被划归为国家湿地公园范围内，属于客观情况发生重大变化的，合同应予解除

关键词

草原承包合同　湿地公园　合同解除　合同目的重大变化

最高人民法院公布的典型案例

黑龙江省讷河市通江街道五一村村民委员会诉苏廷祥农村土地承包合同纠纷案

裁判要旨:《草原承包合同书》合法有效，合同履行过程中，因案涉地块被划归为国家湿地公园范围内，客观情况发生了当事人在订立合同时无法预见的、非不可抗力造成的不属于商业风险的重大变化，合同目的不能实现，应予解除。

（一）基本案情

2006年3月，黑龙江省讷河市通江街道五一村村民委员会（以下简称五一村委会）与苏廷祥签订一份《草原承包合同书》，将草原104亩发包给苏廷祥，期限30年，收取承包费7020元。2007年2月6日，经行政主管部门批准，黑龙江省讷河市雨亭国家湿地公园被列为国家城市湿地公园，苏廷

祥承包的草原包含在内。2019 年 2 月 1 日，讷河市自然资源局对五一村委会下发通知，要求其将包含湿地的发包合同解除、迁出承包户，恢复土地原始地貌，做好湿地环境保护。五一村委会诉至法院，要求解除《草原承包合同书》，苏廷祥迁出湿地。

（二）裁判结果

黑龙江省讷河市人民法院一审认为，《草原承包合同书》合法有效，合同履行过程中，因案涉地块被划归为国家湿地公园范围内，客观情况发生了当事人在订立合同时无法预见的、非不可抗力造成的不属于商业风险的重大变化，合同目的不能实现，应予解除。五一村委会应将剩余期限的承包费退还给苏廷祥。苏廷祥应迁出湿地，其因迁出湿地受有损失的，可另行主张。一审判决，解除《草原承包合同书》，五一村委会退还苏廷祥土地承包费 2250 元，苏廷祥迁出湿地。黑龙江省齐齐哈尔市中级人民法院二审维持原判。

（三）典型意义

本案系草原承包合同纠纷。国家湿地公园是以保护湿地生态系统、合理利用湿地资源、开展湿地宣传教育和科学研究为目的，按照有关规定予以保护和管理的特定区域，具有显著的生态、文化、美学和生物多样性价值。根据《国家湿地公园管理办法》第十九条规定，禁止在湿地公园内擅自放牧、捕捞、取土、取水、排污、放生。案涉《草原承包合同》所涉草地被划入国家湿地公园范围，继续履行将违反法律规定，破坏湿地及其生态功能。人民法院在确认合同解除、发包人退还剩余承包费、承包人迁出湿地的同时，释明承包人因此受到损失的，可另行主张，兼顾了当事人合法利益与生态环境保护的关系，对类案审理具有较好的借鉴意义。

——《最高人民法院发布 2019 年度人民法院环境资源典型案例》第十七号（2020 年 5 月 8 日）。

1676. 当事人应承担成生态环境损害赔偿责任的，其参与环境治理的投入费用可在赔偿费内按比例折抵

关键词

生态环境损害赔偿　折抵赔偿费用　企业复工复产　生态修复

最高人民法院公布的典型案例

河南省濮阳市人民政府诉聊城德丰化工有限公司生态环境损害赔偿诉讼案

裁判要旨：人民法院认定涉事企业构成环境侵权、应承担生态环境损害赔偿责任的同时，判令其参与生态环境治理、技术改造、购买环境责任保险的费用在一定额度内折抵赔偿费用的裁判方式，充分体现生态环境损害赔偿诉讼以修复为主的审判理念。

（一）基本案情

聊城德丰化工有限公司（以下简称德丰公司）是生产三氯乙酰氯的化工企业，副产酸为盐酸。2017 年 12 月至 2018 年 3 月，德丰公司采取补贴销售的手段将副产酸交给不具有处置资质的徐章华、徐文超等人，再由不具有处置资质的吴茂勋、翟瑞花等人从德丰公司运输酸液共 27 车，每车装载约 13 吨，其中 21 车废酸液直接排放到濮阳县回木沟，致使回木沟及金堤河岳辛庄段严重污染。濮阳县环境保护局委托濮阳天地人环保科技股份有限公司进行应急处置，应急处置费用 138.90 万元。经评估，确定回木沟和金堤河环境损害价值量化数额为 404.74 万元，评估费 8 万元。河南省濮阳市人民政府先后两次召开会议，与德丰公司就生态环境损害赔偿进行磋商，未达成一致意见。遂提起诉讼，请求德丰公司赔偿应急处置费用、环境损害价值和评估费用共计 551.64 万元。

（二）裁判结果

河南省濮阳市中级人民法院一审认为，德丰公司将副产酸交由不具备处置资质的主体处置，造成生态环境受到严重损害，应当承担赔偿责任。同时，为促进市场主体积极投身生态环境保护事业，酌定德丰公司参与生态环境治理、技术改造、购买环境责任保险等事项的投入费用，可在本案环境损害赔偿费一定额度内按比例折抵。一审判决德丰公司赔偿濮阳市政府应急处置费 138.90 万元、评估费 8 万元、环境损害赔偿费 404.74 万元，其中环境损害赔偿费可由德丰公司以参与相关水域生态环境治理工程支出的费用、技术改造、购买环境污染责任险等方式在一定额度内予以抵扣。河南省高级人民法院二审维持原判。

（三）典型意义

本案系市级人民政府提起的生态环境损害赔偿诉讼。本案中，德丰公司将其副产酸交由没有处置资质的主体非法处置，其行为与生态环境损害后果之间具有因果关系。人民法院认定涉事企业构成环境侵权、应承担生态环境损害赔偿责任的同时，判令其参与生态环境治理、技术改造、购买环境责任保险的费用在一定额度内折抵赔偿费用的裁判方式，充分体现生态环境损害赔偿诉讼以修复为主的审判理念，彰显人民法院助力企业复工复产的积极作为。本案的审理对同类化工行业规范危险副产品无害化处置具有重要的教育示范意义，对潜在违法者具有重大的警示效果，能够引领社会公众自觉参与到生态环境保护中来，在全社会形成保护环境、爱护生态的良好氛围。

——《最高人民法院发布2020年度人民法院环境资源典型案例》第十号（2021年6月4日）。

1677. 土地位于河道管理范围内违反防洪法关于河道行洪禁止性规定的，土地承包经营合同无效

关键词

土地承包经营合同　合同无效　恢复原状　河道行洪　禁止性规定

最高人民法院公布的典型案例

济南新时代家庭农场有限公司与济南市天桥区泺口街道办事处鹊山东社区居民委员会等确认合同无效纠纷案

裁判要旨：《防洪法》第二十二条第二款规定，禁止在河道、湖泊管理范围内建设妨害行洪的建筑物、构筑物，倾倒垃圾、渣土，从事影响河势稳定、危害河岸堤防安全和其他妨碍河道行洪的活动。案涉土地承包经营合同中的土地位于黄河河道管理范围内，当事人在合同中约定建设生态农业大棚及配套管理用房，并实际采用了混浆混水砖墙及钢架结构，违反了防洪法上述禁止性规定，该合同无效。

基本案情

2018年2月，济南市天桥区泺口街道办事处鹊山东社区居民委员会（以下简称居委会）、济南市天桥区鹊华烟雨生态农业观光专业合作社（以下简称合作社）与济南新时代家庭农场有限公司（以下简称农场公司）签订土地承包经营合同，将合作社享有承包经营权的位于济南市天桥区鹊山东社区约176亩土地发包给农场公司，期限30年，承包费每亩每年1000元整，农场公司修建267个生态农业大棚及配套用房，出租后向专业合作社按一个大棚缴纳2000元费用作为合作利益所得。合同签订后，合作社将涉案土地交付农场公司，农场公司遂在涉案土地上建设了混浆混水砖墙及钢架结构式大棚、砖混结构管理房。2018年5月24日，济南黄河河务局执法部门向农场公司作出行政处罚决定，以农场公司在黄河河道管理范围内建设砖混结构管理房、对河道行洪造成影响为由，作出行政处罚。2019年1月9日，农场公司诉至济南市天桥区人民法院，请求确认涉案土地承包经营合同无效，居委会、合

作社返还其此前交纳的租金 90 万元并赔偿其经济损失 80 万元。

裁判结果

山东省济南市天桥区人民法院一审判决：解除双方土地承包经营合同；农场公司于判决生效后 30 日内将承包土地恢复原状并返还合作社；居委会、合作社共同返还农场公司租金 45 万元，并赔偿农场公司损失 8.78 万元。济南市中级人民法院二审维持原判。山东省高级人民法院指令再审后，济南市中级人民法院再审判决：确认案涉土地承包经营合同无效，农场公司对土地恢复原状并予以返还，合作社以及居委会返还租金 80 万元，赔偿农场公司经济损失 8.78 万元。

典型意义

本案系因在黄河河道内土地上建设构筑物、建筑物导致土地承包经营合同无效的案件。为了保障黄河汛期河流的通畅，避免发生洪水泛滥，我国相关法律将黄河两岸的一定区域划为行洪区。《防洪法》第二十二条第二款规定，禁止在河道、湖泊管理范围内建设妨害行洪的建筑物、构筑物，倾倒垃圾、渣土，从事影响河势稳定、危害河岸堤防安全和其他妨碍河道行洪的活动。案涉土地承包经营合同中的土地位于黄河河道管理范围内，当事人在合同中约定建设生态农业大棚及配套管理用房，并实际采用了混浆混水砖墙及钢架结构，违反了防洪法上述禁止性规定。再审法院根据当时的《合同法》第五十二条规定，对合同效力作出正确认定，并合理分担双方责任，对此类案件的处理具有良好的示范作用。

——《最高人民法院发布黄河流域生态环境司法保护典型案例》第七号（2021 年 11 月 25 日）。

1678. 对案涉地濒危野生植物存在影响其生存的潜在风险可以判决被告采取预防性措施

关键词

生态环境保护民事公益诉讼　潜在风险　预防性措施　环境影响评价

最高人民法院指导性案例

中国生物多样性保护与绿色发展基金会诉雅砻江流域水电开发有限公司生态环境保护民事公益诉讼案（最高人民法院指导案例 174 号）

裁判要点：人民法院审理环境民事公益诉讼案件，应当贯彻绿色发展理念和风险预防原则，根据现有证据和科学技术认为项目建

成后可能对案涉地濒危野生植物生存环境造成破坏，存在影响其生存的潜在风险，从而损害生态环境公共利益的，可以判决被告采取预防性措施，将对濒危野生植物生存的影响纳入建设项目的环境影响评价，促进环境保护和经济发展的协调。

法院生效裁判认为：我国是联合国《生物多样性公约》缔约国，应该遵守其约定。《生物多样性公约》中规定，我们在注意到生物多样性遭受严重减少或损失的威胁时，不应以缺乏充分的科学定论为理由，而推迟采取旨在避免或尽量减轻此种威胁的措施；各国有责任保护它自己的生物多样性并以可持久的方式使用它自己的生物资源；每一缔约国应尽可能并酌情采取适当程序，要求就其可能对生物多样性产生严重不利影响的拟议项目进行环境影响评估，以期避免或尽量减轻这种影响。因此，我国有保护生物多样性的义务。同时，《生物多样性公约》规定，认识到经济和社会发展以及根除贫困是发展中国家第一和压倒一切的优先事务。按照《中华人民共和国节约能源法》第四条“节约资源是我国的基本国策。国家实施节约与开发并举、把节约放在首位的能源发展战略”的规定和《中华人民共和国可再生能源法》第二条第一款“本法所称可再生能源，是指风能、太阳能、水能、生物质能、地热能、海洋能等非化石能源”的规定，可再生能源是我国重要的能源资源，在满足能源要求，改善能源结构，减少环境污染，促进经济发展等方面具有重要作用。而水能资源是最具规模开发效益、技术最成熟的可再生能源。因此开发建设水电站，将水能资源优势转化为经济优势，在国家有关部门的监管下，利用丰富的水能资源，合理开发水电符合我国国情。但是，我国水能资源蕴藏丰富的地区，往往也是自然环境良好、生态功能重要、生物物种丰富和地质条件脆弱的地区。根据《中华人民共和国环境保护法》《最高人民法院关于审理环境民事公益诉讼案件适用法律若干问题的解释》的相关规定，环境保护是我国的基本国策，并且环境保护应当坚持保护优先、预防为主的原则。预防原则要求在环境资源利用行为实施之前和实施之中，采取政治、法律、经济和行政等手段，防止环境利用行为导致环境污染或者生态破坏现象发生。它包括两层含义：一是运用已有的知识和经验，对开发和利用环境行为带来的可能的环境危害采取措施以避免危害的发生；二是在科学技术水平不确定的条件下，基于现实的科学知识评价风险，即对开发和利用环境的行为可能带来的尚未明确或者无法具体确定的环境危害进行事前预测、分析和评价，以促使开发决策避免可能造成的环境危害及其风险出现。因此，环境保护与经济发展的关系并不是完全对立的，而是相辅相成的，正确处理好保护与发展的关系，将生态优先的原则贯穿到水电规划开发的全过程，二者可以相互促进，达到经济和环境的协调发展。利用环境资源的行为如果造成环境污染、生态资源破坏，往往具有不可逆性，被污染的环境、被破坏的生态资源很多时候难以恢复，单纯事后的经济补偿不足以弥补对生态环境造成的损失，故对环境污染、生态破坏行为应注重防患于未然，才能真正实现环境保护的目的。

具体到本案中，鉴于五小叶槭在生物多样性红色名录中的等级及案涉牙根梯级水电站建成后可能存在对案涉地五小叶槭原生存环境造成破坏、影响其生存的潜在风险，可能损害社会公共利益。根据我国水电项目核准流程的规定，水电项目分为项目规划、项目预可研、项目可研、项目核准四个阶段，考虑到案涉牙根梯级水电站现处在项目预可研阶段，因此责令被告在项目可研阶段，加强对案涉五小叶槭的环境影响评价并履行法定审批手续后才能进行下一步的工作，尽可能避免出现危及野生五小叶槭生存的风险是必要和合理的。故绿发会作为符合条件的社会组织在牙根梯级水电站建设可能存在损害环境公共利益重大风险的情况下，提出“依法判令被告立即采取适当措施，确保不因雅砻江水电梯级开发计划的实施而破坏珍贵濒危野生植物五小叶槭的生存”的诉讼请求，于法有据，人民法院予以支持。

鉴于案涉水电站尚未开工建设，故绿发会提出“依法判令被告在采取的措施不足以消除对五小叶槭的生存威胁之前，暂停牙根梯级水电站及其辅助设施（含配套道路）的一切建设工程”的诉讼请求，无事实基础，人民法院不予支持。

——《最高人民法院关于发布第 31 批指导性案例的通知》（2021 年 12 月 1 日，法〔2021〕286 号）。

说明

指导案例 174 号为中国生物多样性保护与绿色发展基金会诉雅砻江流域水电开发有限公司生态环境保护民事公益诉讼案。该案依据风险预防原则，明确项目建设可能破坏濒危野生植物生存环境，损害生态环境公共利益的，可以判决被告采取预防性措施，将对濒危野生植物生存的影响纳入环境影响评价，根据环评结果决定项目建设能否依法推进，促进环境保护和经济发展的协调。

1679. 依法审理煤炭资源利用和电源结构调整纠纷案件

关键词

煤炭资源利用　电源结构调整

最高人民法院司法政策精神

四、助推构建清洁低碳安全高效能源体系

13. 依法审理煤炭资源利用和电源结构调整纠纷案件。审理涉煤炭资源整合案件，被兼并中小煤矿主张兼并煤炭企业与其新设目标公司共同承担矿业权转让债务清偿责任等的，要结合煤炭资源整合政策，合同签订主体、具体内容以及履行情况，依法保护中小煤矿合法权益，推动高碳排放企业低碳公正转型。审理煤炭中长期合同纠纷案件，坚守契约精神，依法推动完善煤炭生产企业与发电供热企业长协机制，并严格落实。审理电源结构调整纠纷案件，要促进有计划分步骤实施碳达峰行动，依法服务国家能源结构清洁高效转型，维护企业和员工的合法权益，防范社会风险。

——《最高人民法院关于完整准确全面贯彻新发展理念为积极稳妥推进碳达峰碳中和提供司法服务的意见》（2023 年 2 月 16 日，法发〔2023〕5 号）。

1680.　当生态资源损失难以确定时人民法院应当结合多种因素考量非法行为并参考专家意见，综合作出判断

关键词

生态破坏民事公益诉讼　生态资源损害　劳务代偿

最高人民法院指导性案例

江苏省泰州市人民检察院诉王小朋等 59 人生态破坏民事公益诉讼案（最高人民法院指导案例 175 号）

裁判要点：侵权人使用禁用网具非法捕捞，在造成其捕捞的特定鱼类资源损失的同时，也破坏了相应区域其他水生生物资源，严重损害生物多样性的，应当承担包括特定鱼类资源损失和其他水生生物资源损失在内的生态资源损失赔偿责任。当生态资源损失难以确定时，人民法院应当结合生态破坏的范围和程度、资源的稀缺性、恢复所需费用等因素，充分考量非法行为的方式破坏性、时间敏感性、地点特殊性等特点，并参考专家意见，综合作出判断。

法院生效裁判认为：生态资源损失在无法准确统计时，应结合生态破坏的范围和程度、资源的稀缺性等因素，充分考量非法行为的方式破坏性、时间敏感性和地点特殊性，并参考专家意见，酌情作出判断。

综合考虑非法捕捞鳗鱼苗方式系采用网目极小的张网进行捕捞，加之捕捞时间的敏感性、捕捞频率的高强度性、捕捞地点的特殊性，不仅对鳗鱼种群的稳定造成严重威胁，还必然会造成对其他渔业生物的损害，进而破坏了长江生物资源的多样性，给长江生态资源带来极大的损害。依照《最高人民法院关于审理环境民事公益诉讼案件适用法律若干问题的解释》第二十三条的规定，综合考量非法捕捞鳗鱼苗对生态资源造成的实际损害，酌定以鳗鱼资源损失价值的 2.5 倍确定生态资源损失。主要依据有两点：

一是案涉非法捕捞鳗鱼苗方式的破坏性。捕捞者系采用网目极小的张网捕捞鳗鱼苗，所使用张网的网目尺寸违反了《农业部关于长江干流实施捕捞准用渔具和过渡渔具最小网目尺寸制度的通告》中不小于 3 毫米的规定，属于禁用网具。捕捞时必将对包括其他小型鱼类在内的水生物种造成误捕，严重破坏相应区域水生生物资源。案涉鳗鱼苗数量达 116999 条，捕捞次数多、捕捞网具多、捕捞区域大，必将对长江生态资源产生较大危害。

二是案涉非法捕捞鳗鱼苗的时间敏感性和地点特殊性。案涉的捕捞、收购行为主要发生于长江禁渔期，该时期系包括鳗鱼资源在内的长江水生生物资源繁衍生殖的重要时段。捕捞地点位于长江干流水域，系日本鳗鲡洄游通道，在洄游通道中对幼苗进行捕捞，使其脱离自然水体后被贩卖，不仅妨碍鳗鲡种群繁衍，且同时误捕其他渔获物，会导致其他水生生物减少，导致其他鱼类饵料不足，进而造成长江水域食物链相邻环节的破坏，进一步造成生物多样性损害。

考虑到生态资源的保护与被告生存发展权利之间的平衡，在确定生态损害赔偿责任款项时可以考虑被告退缴违法所得的情况，以及在被告确无履行能力的情况下，可以考虑采用劳务代偿的方式，如参加保护长江生态环境等公益性质的活动或者配合参与长江沿岸河道管理、加固、垃圾清理等方面的工作，折抵一定赔偿数额。

——《最高人民法院关于发布第 31 批指导性案例的通知》（2021 年 12 月 1 日，法〔2021〕286 号）。

说明

指导案例 175 号江苏省泰州市人民检察院诉王小朋等 59 人生态破坏民事公益诉讼案，系全国首例判令从捕捞、收购到贩卖长江鳗鱼苗“全链条”承担生态破坏赔偿责任的案件。该案确立了收购者与捕捞者之间共同侵权的责任认定规则，同时明确侵权人应当全面赔偿其造成的水生生物资源损失。

1681. 行为人非法运输《濒危野生动植物种国际贸易公约》附录中的珊瑚、砗磲，行政机关依照野生动物保护法等有关规定作出行政处罚

关键词

行政处罚　非法运输　珍贵、濒危水生野生动物及其制品

最高人民法院指导性案例

海南临高盈海船务有限公司诉三沙市渔政支队行政处罚案（最高人民法院指导案例 177 号）

裁判要点：我国为《濒危野生动植物种国际贸易公约》缔约国，对于列入该公约附录一、附录二中的珊瑚、砗磲的所有种，无论活体、死体，还是相关制品，均应依法给予保护。行为人非法运输该公约附录一、附录二中的珊瑚、砗磲，行政机关依照野生动物保护法等有关规定作出行政处罚的，人民法院应予支持。

法院生效裁判认为：一、我国作为《濒危野生动植物种国际贸易公约》缔约国，应当严格、全面履行公约义务，对已列入该公约附录一、附录二中的珊瑚、砗磲的所有种，无论活体、死体，还是相关制品，均应依法给予保护。砗磲属受保护的珍贵、濒危水生野生动物，砗磲贝壳为受我国法律保护的水生野生动物产品。根据《最高人民法院关于审理发生在我国管辖海域相关案件若干问题的规定（二）》第七条第三款及《中华人民共和国水生野生动物保护实施条例》第二条的规定，列入《国家重点保护野生动物名录》中国家一、二级保护的，以及列入《濒危野生动植物种国际贸易公约》附录一、附录二中所有水生野生动物物种，无论属于活体、死体，还是相关制品（水生野生动物的任何部分及其衍生品），均受到法律保护。案涉大砗磲属《国家重点保护野生动物名录》中的国家一级保护动物，砗蠔属《濒危野生动植物种国际贸易公约》附录二物种，二者均受法律保护。盈海公司运输行为的客体虽然是砗磲贝壳，但作为双壳纲动物，砗磲的贝壳属于其作为动物的一部分，因此，应当将砗磲贝壳认定为《中华人民共和国水生野生动物保护实施条例》第二条规定应受保护的水生野生动物产品；盈海公司关于其运输的砗磲为死体，不违反法律、行政法规的抗辩不能成立。

二、非法开发利用野生动物资源“产业链”中所涉及的非法采捕、收购、

运输、加工、销售珍贵、濒危野生动物及其制品等行为均构成违法并需承担相应的法律责任。非法运输珍贵、濒危野生动物及其产品的行为是非法开发利用野生动物资源“产业链”的重要一环，应承担相应的法律后果和责任。根据案发时生效的《中华人民共和国野生动物保护法》（2009 年 8 月 27 日修订）第二十三条、《中华人民共和国水生野生动物保护实施条例》第二十条及《中华人民共和国水生野生动物利用特许办法》第二十九条的规定，运输、携带国家重点保护野生动物或者其产品出县境的，必须经省、自治区、直辖市政府野生动物行政主管部门或者其授权的单位批准并取得相应许可证明。本案中，盈海公司未经批准并取得相关许可证明，就将案涉砗磲贝壳从三沙市向海南岛运输，已构成违法，故三沙市渔政支队对其处以罚款具有法律、行政法规依据。

——《最高人民法院关于发布第 31 批指导性案例的通知》（2021 年 12 月 1 日，法〔2021〕286 号）。

说明

指导案例 177 号系海南临高盈海船务有限公司诉三沙市渔政支队行政处罚案。该案所涉砗磲是珊瑚礁生态系统的重要组成部分，人民法院通过正确适用相关法律和司法解释，对《濒危野生动植物种国际贸易公约》附录中的珊瑚、砗磲依法予以同等保护，有力维护了海洋生态环境安全。

1682. 人民法院应综合考破坏虑森林的生态环境服务功能，合理确定生态环境服务功能期间损失

关键词

生态破坏民事公益诉讼　森林资源　生态环境服务功能

最高人民法院司法解释

第十八条　人民法院判决侵权人承担森林生态环境修复责任的，可以根据鉴定意见，或者参考林业主管部门、林业调查规划设计单位、相关科研机构和人员出具的专业意见，合理确定森林生态环境修复方案，明确侵权人履行修复义务的具体要求。

第十九条　人民法院依据民法典第一千二百三十五条的规定确定侵权人承担的森林生态环境损害赔偿金额，应当综合考虑受损森林资源在调节气候、固碳增汇、保护生物多样性、涵养水源、保持水土、防风固沙等方面的生态环境服务功能，予以合理认定。

——《最高人民法院关于审理森林资源民事纠纷案件适用法律若干问题的解释》（2022 年 6 月 13 日，法释〔2022〕16 号）。

最高人民法院公布的典型案例

中国生物多样性保护与绿色发展基金会诉河南省新郑市某镇人民政府、新郑市某庄村民委员会等生态破坏民事公益诉讼案

裁判要旨：人民法院根据专家意见和相关调查报告，综合考虑林木破坏的范围，生态环境恢复的难易程度，受损森林资源在固碳增汇、保护生物多样性、保持水土等方面的生态环境服务功能，合理确定被告应承担的生态环境服务功能期间损失。

基本案情

被告河南省新郑市某镇人民政府（以下简称某镇政府）经批准作为建设单位，建设新型社区及附属学校项目。因该项目所需占用的某庄村集体土地上栽种有树龄在百年以上的枣树，某镇政府于 2014 年 1 月组织、协调新郑市某庄村民委员会（以下简称某庄村委会）相关人员，在未依法办理采伐和移栽手续的情况下，将枣树移栽至该镇辖区内另一村的中华古枣园内。森林公安部门认定，移栽枣树共 1870 棵，涉及面积 198.5 亩。经现场勘查，移入地仅有少量枣树存活。中国生物多样性保护与绿色发展基金会于 2016 年 5 月提起民事公益诉讼，请求判令某镇政府、某庄村委会等承担生态环境侵权责任。

裁判结果

河南省郑州市中级人民法院一审认为，某镇政府、某庄村委会违法移栽案涉枣树，导致被移栽枣树大面积死亡，应当承担破坏生态的侵权责任。经咨询专家，依据相关森林资源清查成果及报告，河南省 2016 年平均每亩林地的森林生态价值为 3644.15 元，具体包括涵养水源、保育土壤、固碳释氧、积累营养物质、净化环境、保护生物多样性、农田防护、森林休憩等价值。参照这一数据及案件具体情况，酌定案涉 198.5 亩枣林地生态环境受到损害至恢复原状期间的服务功能损失为 361 万余元。遂判决：某镇政府、某庄村委会停止违法移栽或采伐行为；于判决生效后十个月内补种被移栽致死的枣树数目五倍的林木，并抚育管护三年；赔偿生态环境服务功能期间损失 361 万余元；在枣树移入地现场展示因移栽致死的枣树，作为生态环境保护宣传、教育和警示基地；在国家级媒体上赔礼道歉等。宣判后，某镇政府、某庄村委会提出上诉。河南省高级人民法院二审明确现场展示移栽致死枣树的时间为一年，维持原审其他判项。

典型意义

习近平总书记深刻指出，经济发展不能以破坏生态为代价，生态本身就是经济，保护生态就是发展生产力。本案所涉的河南省新郑市是中国红枣之乡，被违法移栽的枣树树龄较长，承载着当地群众的记忆和乡愁。被告未能正确处理保护与发展、人与自然的关系，为建设工程项目违法移栽枣树造成其大面积死亡。人民法院根据专家意见和相关调查报告，综合考虑林木破坏的范围，生态环境恢复的难易程度，受损森林资源在固碳增汇、保护生物多样性、保持水土等方面的生态环境服务功能，合理确定被告应承担的生态环境服务功能期间损失，对森林生态环境损害的认定规则进行了有益探索。本案充分彰显了人民法院推动实现更高质量、更可持续发展的坚定决心，努力让绿色成为高质量发展的鲜明底色。

——《最高人民法院公布的森林资源民事纠纷典型案例》（2022 年 6 月 14 日）。

1683. 生态修复不符合验收标准的，可以按照林地修复方案就地继续履行补植复绿、管护抚育义务

关键词

生态破坏民事公益诉讼　长江防护林　修复验收标准　继续履行

最高人民法院司法解释

第十七条　违反国家规定造成森林生态环境损害，生态环境能够修复的，国家规定的机关或者法律规定的组织依据民法典第一千二百三十四条的规定，请求侵权人在合理期限内以补种树木、恢复植被、恢复林地土壤性状、投放相应生物种群等方式承担修复责任的，人民法院依法予以支持。

人民法院判决侵权人承担修复责任的，可以同时确定其在期限内不履行修复义务时应承担的森林生态环境修复费用。

——《最高人民法院关于审理森林资源民事纠纷案件适用法律若干问题的解释》（2022 年 6 月 13 日，法释〔2022〕16 号）。

最高人民法院公布的典型案例

重庆市人民检察院第二分院诉张某奉、赵某辉破坏长江防护林环境民事公益诉讼案

裁判要旨：被告在刑事案件审理期间主动补植树苗，但经鉴定，其补植有部分不符合验收标准，原受损林地并未得到有效修复。人

民法院贯彻落实《长江保护法》要求，秉持恢复性司法理念，限期被告按照林地修复方案就地继续履行补植复绿、管护抚育义务，明确了受损森林生态环境的修复验收标准。

基本案情

2015年11月至2016年4月期间，被告张某奉、赵某辉为种植药材销售获利，未办理相关手续，在重庆市奉节县云雾乡采用挖掘机作业方式，损毁重点公益防护林地118.43亩。2017年4月，重庆市万州区人民法院以张某奉、赵某辉构成非法占用农用地罪，分别判处有期徒刑二年十个月缓刑四年、有期徒刑三年缓刑四年，并各处罚金40万元。该案审理期间，张某奉、赵某辉主动补植树苗，恢复植被。重庆市人民检察院第二分院于2019年9月委托西南大学司法鉴定所鉴定后，认为张某奉、赵某辉2017年补植的林地，部分不符合验收标准，需继续履行补植义务，遂提起民事公益诉讼，请求二被告就地进行生态修复或者承担修复费用，支付鉴定费，并公开向社会赔礼道歉。

裁判结果

重庆市第二中级人民法院一审认为，张某奉、赵某辉虽然已经承担了刑事责任，但其刑事责任的承担未吸收或覆盖民事责任。从现场勘查和司法鉴定情况看，受损生态环境并没有基于二被告的修复行为得到有效恢复。遂判决：张某奉、赵某辉按照鉴定意见书所载修复方案，在2021年12年31日前完成补植补造，并管护至2024年12月31日；如在上述期限内未履行该义务，则应承担生态环境修复费用86453.9元；二被告在重庆市级媒体上向社会公众赔礼道歉，并支付鉴定费5500元。宣判后，当事人均未上诉，一审判决已发生法律效力。

典型意义

长江三峡库区是我国重要的淡水资源储备库和生态功能区，也是农村人口众多、发展相对落后的大山区。为改善生态环境，涵养水源，库区沿江区域种植了大量长江防护林。部分农户法律意识不强，受利益驱动，毁损林地种植经济作物。本案中，被告在刑事案件审理期间主动补植树苗，但经鉴定，其补植有部分不符合验收标准，原受损林地并未得到有效修复。人民法院贯彻落实《长江保护法》要求，秉持恢复性司法理念，限期被告按照林地修复方案就地继续履行补植复绿、管护抚育义务，明确了受损森林生态环境的修复验收标准。宣判后，被告均表示愿意自行补植、管护林木，当地林业主管部门为当事人提供技术指导并组织验收。本案通过引导行为人从生态环境的“破坏者”转变为“修复者”，依法保障长江流域生态环境修复，实现了司法审判的法律效果、社会效果和生态效果相统一。

——《最高人民法院公布的森林资源民事纠纷典型案例》(2022年6月

14 日）。

四、资源开发利用

1684. 审理资源开发利用类案件的要点

关键词

环境资源案件

最高人民法院司法政策精神

贯彻落实绿水青山就是金山银山的理念，正确处理人与自然、保护与发展的关系，全面提高资源利用效率。各级人民法院依法惩治非法采矿采砂、非法侵占河湖、乱砍滥伐、毁林挖草、非法开垦等破坏生态的违法犯罪活动。依法审理涉土地、草原、矿藏、森林、海域等自然资源权属案件，科学划定自然资源所有权、使用权行使边界，维护全民所有自然资源资产所有者权益。完善自然资源权属争议行政调处与司法审判的衔接，服务构建市场化、多元化的生态保护补偿机制。

——最高人民法院：《中国环境资源审判（2021）》，2022 年 6 月 5 日发布。

15. 完善环境资源审判刑事、民事、行政审判职能“三合一”体制，综合运用刑事、民事、行政法律手段惩治盗采矿产资源犯罪，形成组合拳。推进以湿地、森林、海洋等生态系统，或者以国家公园、自然保护区等生态功能区为单位的环境资源案件跨行政区划集中管辖，推广人民法院之间协商联动合作模式，努力实现一体化司法保护和法律统一适用。全面加强队伍专业能力建设，努力培养既精通法律法规又熟悉相关领域知识的专家型法官，不断提升环境资源审判能力水平。

——最高人民法院关于充分发挥环境资源审判职能作用依法惩处盗采矿产资源犯罪的意见（2022 年 7 月 1 日，法发〔2022〕19 号）。

最高人民法院相关规范

4　资源开发利用类案件

4.1　定义

资源开发利用类案件，是指在土地、矿产等各类自然资源开发利用过程中产生的，与生态环境保护修复密切相关的刑事、民事、行政以及公益案件。

4.2　划分标准

资源开发利用类案件包括自然资源开发利用案件，侵害通风、采光、眺望、景观等环境权益案件等案件。

4.2.1　自然资源开发利用案件，限于与生态环境保护相关联的自然资源确权登记、权属争议、开发利用等案件。

4.2.2　侵害通风、采光、眺望、景观等环境权益案件，是指因资源开发利用导致他人或公众的通风、采光、眺望、景观等环境权益受到损害而引发的案件。这是由自然资源开发利用所衍生出来的案件。

4.2.3　对以某种自然资源为诉争标的物、其法律关系与生态环境保护关联性不大的合同纠纷（如以股权转让方式进行资源权属转让的纠纷等）以及土地征收类案件，不纳入环境资源案件统计范围。

4.3　基本特点

4.3.1　审理此类案件要适应生态文明建设需要，在注重资源权属保护与交易秩序维护的基础上，兼顾资源的合理开发利用和生态环境的有效保护及修复，促进自然资源的全面节约、有序开发、高效利用。一方面，通过裁判尽量避免、减少开发利用资源对生态环境造成破坏；另一方面，开发利用资源已经造成破坏的，应判令开发利用者承担相应生态环境修复责任。

4.3.2　审理此类案件要准确把握行政监管与司法裁判的界限划分，尊重行政机关的首次判断权和自由裁量权，注意裁判内容和方式的强度或者深度，避免以司法裁量权取代行政裁量权。妥善处理行政法、民法适用的交叉问题，避免不同审判组织作出矛盾认定。

4.3.3　审理此类案件要严守资源利用上线，区分优化开发、重点开发、限制开发、禁止开发的主体功能定位分类施策，确定不同的处理思路，适度发挥司法能动作用，依法认定自然资源开发过程中相关合同的效力。

4.3.4　审理侵害环境权益案件，应当以本规范规定的、已经形成共识且权利内涵外延较为明确的四种环境权益为主，实践中可进一步探索其他环境权益的保护。

4.4　案件类型

4.4.1　与生态环境保护与修复相关的土地、矿产、水、森林、草原、海域、无居民海岛等自然资源的资产权属登记、权属争议、权利变动、开发案件

4.4.2　因资源开发利用导致他人或公众的通风、采光、眺望、景观等环境权益受到损害而引发的案件

——《最高人民法院关于印发〈环境资源案件类型与统计规范（试行）〉

的通知》（2021年1月4日，法〔2021〕9号）。

附录：最高人民法院主流观点

一、资源开发利用类案件的含义及类型

资源是一个涉及经济、社会、政治等多领域的概念，有广义和狭义之分。广义的资源包括自然资源、经济资源、人力资源、社会资源等各种资源；狭义的资源仅指自然资源。自然资源是生产资料或生活资料的天然来源，是人类赖以生存和发展的物质基础、能量基础和生存基础。联合国环境规划署将资源解释为：所谓资源，特别是自然资源，是指在一定时间、地点条件下能生产经济价值，以提高人类当前和将来福利的自然环境因素和条件。

自然资源开发利用，是指对自然界中一切能被人类开发和利用的物质和能量的开发和利用，包括对土地资源、矿产资源、水资源、海洋资源以及气候资源等的开发和利用。资源开发利用类案件，是指在土地、矿产等各类自然资源开发利用过程中产生的，与生态环境保护修复密切相关的刑事、民事、行政以及公益案件。资源开发利用类案件主要包括自然资源开发利用案件和侵害通风、采光、眺望、景观等环境权益案件等案件。

（一）自然资源开发利用案件

自然资源开发利用案件，限于与生态环境保护相关联的自然资源确权登记、权属争议、开发利用等案件。自然资源确权登记，是指国家相关职权部门按照国家生态文明体系建设的总体要求，在不动产登记的基础上，对水流、森林、山岭、草原、荒地、滩涂、海域、无居民海岛以及探明储量的矿产资源等自然资源的所有权和所有自然生态空间统一进行确权登记。通过开展自然资源统一确权登记，清晰界定全部国土空间各类自然资源资产的所有权主体，划清全民所有和集体所有之间的边界，划清全民所有、不同层级政府行使所有权的边界，划清不同集体所有者的边界，划清不同类型自然资源之间的边界。自然资源权属争议是指因自然资源所有权、使用权权属界限不明确而引起的争议，包括自然资源所有权争议和使用权争议。

（二）侵害通风、采光、眺望、景观等环境权益案件

侵害通风、采光、眺望、景观等环境权益案件，是指因资源开发利用导致他人或公众的通风、采光、眺望、景观等环境权益受到损害而引发的案件。环境权益是公民享有的在健康、舒适、优美的环境中生存和发展的权益。保护环境权益的核心在于保障人类现在和将来世世代代对环境的利用，以获得满足人类生存需要和经济社会发展的必要条件。《民法典》对公民享有的一些环境权益作了具体规定，如第二百九十三条规定，建造建筑物，不得违反国家有关工程建设标准，不得妨碍相邻建筑物的通风、采光和日照；第二百九十四条规定，不动产权利人不得违反国家规定弃置固体废物，排放大气污染

物、水污染物、土壤污染物、噪声、光辐射、电磁辐射等有害物质。同时,《民法典》第一百二十六条规定,民事主体享有法律规定的其他民事权利和利益,其中即包含了环境权益。因自然资源开发利用而侵害他人或者公众环境权益的案件是由自然资源开发利用所衍生出来的案件,既包括侵害特定主体环境权益案件,也包括环境公益诉讼和生态环境损害赔偿诉讼案件。

特别需要注意的是,对以某种自然资源为诉争标的物、其法律关系与生态环境保护关联性不大的合同纠纷,如以股权转让方式进行资源权属转让的纠纷等,以及土地征收类案件,不纳入环境资源案件统计范围。

二、审理原则

对于资源开发利用类案件总的审理原则是,在注重资源权属保护与交易秩序维护的基础上,兼顾资源的合理开发利用和生态环境的有效修复。具体而言,需要注意以下几点。

(一)自然资源合理开发利用和生态环境保护修复并重

审理此类案件要适应生态文明建设需要,在注重资源权属保护与交易秩序维护的基础上,兼顾资源的合理开发利用和生态环境的有效保护及修复,促进自然资源的全面节约、有序开发、高效利用。一方面,通过裁判尽量避免、减少开发利用资源对生态环境造成破坏;另一方面,开发利用资源已经造成破坏的,应判令开发利用者承担相应生态环境修复责任。

(二)妥善处理司法权和行政权的关系

审理此类案件要准确把握行政监管与司法裁判的界限划分,尊重行政机关的首次判断权和自由裁量权,注意裁判内容和方式的强度或者深度,避免以司法裁量权取代行政裁量权。妥善处理行政法、民法适用的交叉问题,避免不同审判组织作出矛盾认定。

(三)坚持分类精准施策

在审理不同主体功能区发生的自然资源开发利用案件时,要严守资源利用上线,坚持分类精准施策,区分优化开发、重点开发、限制开发、禁止开发的主体功能定位分类施策,确定不同的处理思路,适度发挥司法能动作用,依法认定自然资源开发过程中相关合同的效力。对于优化开发区域尤其是重点开发区域发生的纠纷,可以更多地考虑合理利用环境容量发展经济的需要;对于限制开发和禁止开发区域,尤其是在划定生态保护红线地区发生的环境资源纠纷,则要实行最严格的保护措施。

需要注意的是,确定自然资源开发利用类案件中的侵害环境权益案件,应当以《规范》中规定的、已经形成共识且权利内涵外延较为明确的四种环境权益为主,实践中可进一步探索其他环境权益的保护,对于经过探索总结逐渐形成共识的环境权益可以纳入此类案件。

——最高人民法院环境资源审判庭编著:《〈环境资源案件类型与统计规

范（试行）〉适用指南》，人民法院出版社 2022 年版，第 195~198 页。

1685. 依法审理油气资源开发纠纷案件

关键词

油气资源开发

最高人民法院司法政策精神

四、助推构建清洁低碳安全高效能源体系

14. 依法审理油气资源开发纠纷案件。审理油气资源矿业权转让合同纠纷案件，依法确认合同中履行报批义务等条款的效力。负有报批义务的一方当事人未按照合同约定或者法律、行政法规规定办理申请批准等手续，合同相对方请求其履行报批义务的，依法予以支持，推动油气企业尽快释放产能。预约合同生效后，一方当事人不履行预约合同约定的订立委托、合作勘探开发油气资源本约合同义务，对方请求其承担违约损害赔偿责任的，依法予以支持。依法惩处涉能源资源非法采矿、破坏性采矿等犯罪行为，保障国家能源供应安全。

——《最高人民法院关于完整准确全面贯彻新发展理念为积极稳妥推进碳达峰碳中和提供司法服务的意见》（2023 年 2 月 16 日，法发〔2023〕5 号）。

1686. 在未取得探矿权的矿区范围内进行勘探，属于无证探矿行为

关键词

探矿权　工程价款结算　无证探矿　强制性规定

最高人民法院公布的典型案例、最高人民法院裁判文书

江西省地质工程（集团）公司青海分公司与江西省地质工程（集团）公司诉青海江源煤炭开发有限公司合同纠纷案［最高人民法院（2018）最高法民终 1338 号民事判决书］

裁判要旨：双方当事人对于未取得探矿权的矿区范围进行勘探的行为属于无证探矿行为，因违反我国现有矿产资源法律、法规强制性规定，其合同应认定为无效，并应根据过错大小依法各自承担

相应责任，但勘探方的实际施工费用应予以保障。

（一）基本案情

青海江源煤炭开发有限公司（以下简称江源煤炭公司）的《采矿许可证》上所载矿区面积是0.18平方公里，但其与江西省地质工程（集团）公司青海分公司（以下简称江西地质青海分公司）签订的勘探合同中，委托江西地质青海分公司勘探矿区外围12.20平方公里的煤炭资源量。后因江源煤炭公司未依约支付工程款，双方成讼。

（二）裁判结果

青海省高级人民法院一审认为，江源煤炭公司在未取得野马滩探矿权的情况下擅自发包，对导致案涉合同无效及由此造成的损失负有主要过错。江西地质青海分公司明知江源煤炭公司未取得探矿权，在签订勘探合同后实施探矿行为，对案涉合同无效及由此造成的损失亦有过错。江西地质青海分公司实际给付的施工费用已超出其应承担的责任部分，驳回双方当事人的诉讼请求。最高人民法院二审认为，江源煤炭公司对约定勘探的矿区范围并未取得探矿权，案涉勘探合同约定的探矿行为违反法律、行政法规的强制性规定，应认定无效，双方对此均存在过错。一审法院在计算具体施工费用存在认定事实不当，改判支持了江源煤炭公司部分施工费用。

（三）典型意义

本案系对未取得探矿权的矿区范围进行勘探引发的工程款结算纠纷。根据我国现有矿产资源法律、法规规定，勘查矿产资源须经申请并取得探矿权。对于未取得探矿权的矿区范围进行勘探的行为属于无证探矿行为，案涉勘探合同约定的外围勘探面积约12.20平方公里，明显超过国家所规定的合理采矿权扩区范围，即“采矿权扩区范围原则上限于原采矿权深部及周边零星分散且不宜单独另设采矿权的资源”，应为无效。双方当事人应根据过错大小依法各自承担相应责任，但勘探方的实际施工费用应予以保障。本案重申了违反法律、行政法规强制性规定的合同应认定为无效，对于规范矿产资源勘探行为具有指引作用。

——《最高人民法院2019年度人民法院环境资源典型案例》（2020年5月8日）。

1687. 无证勘查开采合同与无权代理的法律后果是否相同

关键词

勘查开采合同　无权代理　探矿权　采矿权

最高人民法院司法解释

第五条 未取得矿产资源勘查许可证、采矿许可证，签订合同将矿产资源交由他人勘查开采的，人民法院应依法认定合同无效。

——《最高人民法院关于审理矿业权纠纷案件适用法律若干问题的解释》（2020年12月29日修正）。

附录：最高人民法院主流观点

在民法上，无代理权而以他人名义实施法律行为且欲将行为效果直接归属于该他人，称无权代理。无权代理包括行为人自始没有代理权、超越代理权或者代理权终止三种情形。在法律效果上，原则上代理行为“未经被代理人追认，对被代理人不发生效力，由行为人承担责任”或者“经被代理人追认后，由被代理人承担责任”。无权代理在矿产资源勘查开采中往往体现在，在没有代理权的情形下，将本属于他人的探矿权或者采矿权，以他人的名义交由第三人勘查、开采。需注意的是：1. 无权代理转让或处置他人探矿权、采矿权，是指他人已经实际取得了矿产资源的探矿权、开采权，与本解释规制的未取得矿产资源勘查许可证、采矿许可证，将矿产资源交由他人勘查开采属于两种不同性质的情形，故无权代理转让或者处置他人探矿权、采矿权的情形不属于本解释规制的范围。2. 在无权代理转让或者处置他人探矿权、采矿权的情形下，若经探矿权人或者采矿权人追认，可以转化成有权代理，并由探矿权人或者采矿权人享受权利、承担义务；追认既包括作出追认的意思表示并到达相对人，也包括探矿权人或者采矿权人已经开始履行合同义务而视为对合同的追认。3. 冒用探矿权人或者采矿权人名义转让探矿权、采矿权的情形下，各方当事人的利益状况与无权代理相似，在“冒名行为”无明确的法律规范的情况下，可以类推适用无权代理规则。

——最高人民法院环境资源审判庭编著：《最高人民法院矿业权司法解释理解与适用》，人民法院出版社2018年版，第85~86页。

1688. 如何认定转让人拒不履行报批义务致矿业权转让合同解除时，应承担违约赔偿责任的范围

关键词

矿业权转让　损害赔偿　报批义务　合同解除

最高人民法院司法解释

第八条　矿业权转让合同依法成立后，转让人无正当理由拒不履行报批义务，受让人请求解除合同、返还已付转让款及利息，并由转让人承担违约责任的，人民法院应予支持。

——《最高人民法院关于审理矿业权纠纷案件适用法律若干问题的解释》（2020 年 12 月 29 日修正）。

附录：最高人民法院主流观点

转让人拒不履行报批义务致矿业权转让合同解除时，应承担违约赔偿责任，司法实践中，赔偿范围可根据以下规则确定：

1. 若转让合同中已明确约定了转让人不履行报批义务的违约金条款，则原则上应按约定确定赔偿数额。理由是：一方面，该违约金条款往往属于因报批义务而设定的相关条款，无论基于报批义务条款及与履行报批义务相关条款的独立性，或者合同自依法成立即具有法律约束力，该违约条款均具有相应的法律效力，当事人均应实际遵守，而不受矿业权转让是否审批的影响；另一方面，该违约金条款可理解为《合同法》第九十八条[①]规定的结算和清理条款，根据《买卖合同纠纷解释》第二十六条[②]关于"买卖合同因违约而解除后，守约方主张继续适用违约金条款的，人民法院应予支持"的规定，受让人在解除合同后仍可依据该条款请求转让人支付违约金。当然，如果存在《合同法》第一百一十四条[③]规定的违约金过高或过低的情形，法院可依当事人的请求予以调整。在贵州国能能源有限公司与贵州省朗月矿业投资有限公司金沙县高坪乡老虎石煤矿、刘肇坤等采矿权转让合同纠纷一案中，[④]当事人在签订矿业权转让合同后，又签订三份补充协议，约定解除原合同及退款事宜，并约定了违约金及滞纳金的条款，最高人民法院认为，该条款是为排除办理煤矿收购和采矿权转让报批的障碍以及在不能排除障碍时如何处理的约定，属于与履行报批义务相关的条款，没有违反法律、行政法规的强制性效力性规定，应为合法有效。老虎石煤矿、刘肇坤、孙大明在不能排除办理采矿权转让障碍、进而办理采矿权转让审批的情况下，应据此承担相应的违约责任。此外，还基于本案实际和国能公司的损失情况，将案涉违约金进行了适当调低。

---

① 对应《民法典》第五百六十七条。

② 现为该司法解释第二十条。

③ 对应《民法典》第五百八十五条。

④ 参见最高人民法院（2015）民一终字第 151 号民事判决书。

2. 在当事人没有约定违约金的情形下，可依据《合同法》第一百一十三条第一款[①]关于“当事人一方不履行合同义务或者履行合同义务不符合约定，给对方造成损失的，损失赔偿额应当相当于因违约所造成的损失，包括合同履行后可以获得的利益”的规定请求赔偿损失。该损失主要包括受让人为履行合同所支付的相关费用损失，受让人若取得矿业权后的预期收益损失以及矿业权的升值损失等。但是，该损失一是受可预见性规则的限制，即不得超过违反合同一方订立合同时预见到或者应当预见到的因违反合同可能造成的损失；二是受损益相抵规则的限制，即受让人因合同解除而没有的支出的费用可以扣除；[②]三是受过失相抵规则的限制，若是受让人对造成的损失亦有过错，可减轻或免除转让人的违约责任。

——最高人民法院环境资源审判庭编著：《最高人民法院矿业权司法解释理解与适用》，人民法院出版社 2018 年版，第 138~139 页。

1689.“名为租赁、承包，实为转让矿业权”的主要特征与认定

关键词

矿业权转让　矿业权租赁　矿业权承包

最高人民法院司法解释

第十二条　当事人请求确认矿业权租赁、承包合同自依法成立之日起生效的，人民法院应予支持。

矿业权租赁、承包合同约定矿业权人仅收取租金、承包费，放弃矿山管理，不履行安全生产、生态环境修复等法定义务，不承担相应法律责任的，人民法院应依法认定合同无效。

——《最高人民法院关于审理矿业权纠纷案件适用法律若干问题的解释》（2020 年 12 月 29 日修正）。

附录：最高人民法院主流观点

鉴于《最高人民法院关于审理矿业权纠纷案件适用法律若干问题的解释》第十二条对以租赁、承包方式擅自转让矿业权的合同给予否定性法律评价，人民法院在审理具体涉及矿业权租赁、承包纠纷中应慎重适用该条款的规定，以避免导致在认定“名为租赁、承包，实为转让”以及合同无效上的随意性，

---

① 对应《民法典》第五百八十四条。

② 王利明：《合同法研究（第 2 卷修订版）》，中国人民大学出版社 2011 年版，第 327 页。

形成负面的法律指引。

1. 应全面理解“名为租赁、承包，实为转让矿业权”的主要特征。人民法院在处理矿业权租赁、承包纠纷案件过程中，应遵循矿业权租赁、承包合同自依法成立之日起即生效的一般原则，只是对于以租赁、承包形式擅自转让矿业权，构成实质转让的合同，才依法给予否定性法律评价。《最高人民法院关于审理矿业权纠纷案件适用法律若干问题的解释》(以下简称《解释》)第十二条中列明了合同约定的矿业权人具备的四种情形：(1)仅收取租金、承包费；(2)放弃矿山管理；(3)不履行安全生产、生态环境修复等法定义务；(4)不承担相应法律责任。在没有特别规定的情况下，原则上须同时具备上述四种情形时，才可以认定构成以租赁、承包形式的实质矿业权转让，不能仅以其中一、二种情形即认定构成“名为租赁、承包，实为转让矿业权”。此种处理，实质上为实质矿业权转让合同无效设置了较高的认定标准，避免动辄无效的合同认定干扰，影响交易安全和交易秩序，这也符合在市场交易过程中尽可能维持合同效力的司法理念。

2. 应注意合同约定与实际履行不一致的情形。“名为租赁、承包，实为转让矿业权”的认定主要基于对合同约定具体内容的理解和判断，若当事人在合同中并没有作出上述约定或者仅作出部分相关约定，但在实际履行过程中却按上述约定内容履行的；人民法院经审查确认实际履行内容符合《最高人民法院关于审理矿业权纠纷案件适用法律若干问题的解释》第十二条所规定的关于以租赁、承包形式擅自转让矿业权的四种情形，可视为当事人以实际行为变更了原合同约定的内容，并据此认定合同的效力。此外，在具体矿业权纠纷案件中，其他案件事实，出租、承包期限，出租、承包的矿区范围等亦可作为认定案涉矿业权流转是否构成实质矿业权转让的参考因素。

3. 关于矿业权出租的审批对合同效力认定的影响。根据国土资源部《矿业权出让转让管理暂行规定》第三十六条第二款：“矿业权的出租、抵押，按照矿业权转让的条件和程序进行管理，由原发证机关审查批准”的规定，矿业权出租被按照矿业权转让进行管理，要求经颁发许可证的国土资源主管部门审查批准，但是由于矿业权出租与矿业权转让并不具有同质性，二者具有明显的区别，除符合《最高人民法院关于审理矿业权纠纷案件适用法律若干问题的解释》第十二条第二款规定的情形可认定为实质矿业权转让外，正常的矿业权出租不宜与矿业权转让完全等同对待；而且《矿业权出让转让管理暂行规定》仅是国土资源部颁发的规范性文件，根据《行政许可法》的规定，除法律、行政法规、地方性法规、规章外，其他规范性文件不得设立行政许可，显然对矿业权出租行政审批的适法性亦值得研究。更为重要的，《矿业权出让转让管理暂行规定》作为部门规范性文件，不符合《合同法解释（一）》第四条“合同法实施以后，人民法院确认合同无效，应当以全国人大及其常委会制定的法律和国务院制定的行政法规为依据，不得以地方性法规、行政规章为依据”的规定。因此，对于矿业权租赁合同，除符合《最高人民法院关于审理矿业权纠纷案件适用法律若干问题的解释》第十二条第二款构成实质矿业权转让的情形外，不能以矿业权出租是否得到国土资源主管部门审查批准为由认定矿业权租赁合同具有效力瑕疵。

——最高人民法院环境资源审判庭编著:《最高人民法院矿业权司法解释理解与适用》，人民法院出版社 2018 年版，第 176~178 页。

1690. 矿业权许可证被吊销后抵押权的处理

关键词

矿业权许可证　抵押权实现　矿业权抵押

最高人民法院司法解释

第十六条　债务人不履行到期债务或者发生当事人约定的实现抵押权的情形，抵押权人依据民事诉讼法第一百九十六条[①]、第一百九十七条[②]规定申请实现抵押权的，人民法院可以拍卖、变卖矿业权或者裁定以矿业权抵债，但矿业权竞买人、受让人应具备相应的资质条件。

——《最高人民法院关于审理矿业权纠纷案件适用法律若干问题的解释》（2020 年 12 月 29 日修正）。

附录：最高人民法院主流观点

在矿业权抵押权设立后，若矿山企业严重违反安全生产、环境保护法律法规，县级以上人民政府对其实施关闭，或者通知国土资源主管部门吊销其采矿许可证的，国土资源主管部门对采矿许可证予以吊销，不受抵押权设立的影响。这是因为设立矿业权抵押权只是为保障抵押权人债权的实现，其不能影响国土资源主管部门为保护社会公共利益而对矿业权人所作出的行政处罚。这种情况下，根据《矿业权出让转让管理暂行规定》第五十八条第二款关于“采矿权人被吊销许可证时，由此产生的后果由债务人承担”的规定，应由债务人承担相关责任。可见，矿业权权利属性的特殊性决定了其与一般抵押权相比，具有较强的政策风险，需要抵押权人经常关注矿业权财产价值

① 现为《民事诉讼法》（2021 年修正）第二百零三条。

② 现为《民事诉讼法》（2021 年修正）第二百零四条。

的波动，并根据《担保法》第五十八条第一款[①]“抵押人的行为足以使抵押物价值减少的，抵押权人有权要求抵押人停止其行为。抵押物价值减少时，抵押权人有权要求抵押人恢复抵押物的价值，或者提供与减少的价值相当的担保”等规定，及时采取相关措施。

——最高人民法院环境资源审判庭编著：《最高人民法院矿业权司法解释理解与适用》，人民法院出版社2018年版，第220~221页。

1691. 采矿权存续期限届满后其上是否设立抵押应由双方当事人约定

关键词

采矿权抵押　采矿权许可期限

最高人民法院裁判文书

上海浦东发展银行股份有限公司贵阳分行与贵阳金昌精密铸造有限公司、冯某某等担保及金融借款合同纠纷案［最高人民法院（2017）最高法民终971号民事判决书］

裁判要旨：采矿权为用益物权，采矿权人依法对矿产资源享有占有、使用和收益的权利。采矿权在一定期限内存续，采矿权许可期限届满，延续审批登记完成之前的期间内，原采矿权人对矿产资源并不享有使用和收益的权利。但原采矿权人对矿产资源享有财产性权益，该权益具有财产价值，但并非采矿权。抵押合同中如果约定了以特定期限内的采矿权设立抵押，则超出这一期限的采矿权或财产性权益是否设立抵押，应当由双方当事人约定。

债务人提供的物的担保与人的担保并存。债权人与保证人约定了实现债权时，债权人有权先要求保证人承担保证责任；同时债权人与债务人约定了实现债权时，债权人有权先要求抵押人承担担保责任。上述约定并不矛盾，也不会导致物的担保与人的担保实现约定不明确。债权人实现债权时，有权依据合同约定先要求保证人承担保证责任。

---

① 对应《民法典》第四百零八条。

最高人民法院认为：首先，根据《物权法》第117条[①]之规定，用益物权人对他人所有的不动产或者动产，依法享有占有、使用和收益的权利。采矿权为用益物权，采矿权人依法对矿产资源享有占有、使用和收益的权利。采矿权在一定期限内存续，而本案所涉采矿权许可期限至2015年3月到期，虽然金昌精密铸造公司已经就该采矿权申请延续，但是国土资源主管部门尚未批准，在延续审批登记完成之前，金昌精密铸造公司不得从事任何采矿活动。故在此期间，金昌精密铸造公司就罗甸县凤亭乡仁矿铁矿矿产资源并不享有使用和收益的权利。如果国土资源主管部门最终审批同意上述采矿权延续申请，则金昌精密铸造公司可以继续享有对罗甸县凤亭乡仁矿铁矿矿产资源使用和收益的权利。故金昌精密铸造公司目前对罗甸县凤亭乡仁矿铁矿矿产资源享有财产性权益，该权益具有财产价值，但并非采矿权；其次，本案中，"采矿权许可有效期限2005年3月至2015年3月止"，浦发银行贵阳分行与金昌精密铸造公司明确约定了是以这一期限内的采矿权设立抵押。超出这一期限的采矿权或财产性权益是否设立抵押，应当由双方当事人约定。且本案所涉《采矿权最高额抵押合同》履行期间长于该采矿权存续期间，双方在合同中也明确约定了"抵押人承诺将维持所抵押采矿权在本合同履行期内始终有效，并在采矿许可证到期之前的半年前书面通知抵押权人，及按规定在采矿许可证到期前办妥采矿权的该等延期手续"，故浦发银行贵阳分行已经预见到合同履行期间内相关采矿权许可到期，无法对案涉采矿权行使抵押权的情况。综上所述，一审判决认定本案所涉采矿权上设立的抵押权已消灭并无不当，浦发银行贵阳分行关于其对罗甸县凤亭乡仁矿铁矿采矿权享有抵押权，有权以上述权利优先受偿的上诉请求无事实和法律依据，二审法院不予支持。

——法信网。

1692. 采矿权证到期未办理续期手续，原采矿权上设立的抵押权的有效性判定

关键词

采矿权抵押　采矿权许可证

最高人民法院裁判文书

晋商银行股份有限公司太原迎泽东大街支行与介休市绵山风景区开发有限责任公司、山西三佳新能源集团有限公司等借款合同纠纷案［最高人民法

① 对应《民法典》第二百二十三条。

院（2018）最高法民终 292 号民事判决书]

裁判要旨：我国对矿产资源的开采实行许可证制度，采矿权人应当在依法取得的采矿许可证上记载的时间及范围内开采矿产资源。如果采矿许可证到期未办理延续登记手续，根据《矿产资源开采登记管理办法》第 7 条规定，采矿许可证自行废止。采矿许可证废止的后果是原采矿权人不得再对矿产资源进行开采，不再对矿产资源享有占有、使用和收益的权利，这意味着采矿权在采矿许可证到期后灭失。抵押权以抵押物为基础，抵押物灭失，抵押权归于消灭，因此原采矿权之上设立的抵押权亦因采矿权的灭失而归于消灭，该情形属于《物权法》第 177 条第 4 项[①] 规定的"法律规定担保物权消灭的其他情形"。

最高人民法院认为：一审已查明，四子王旗佳辉硅业公司与晋商银行建设北路支行于 2013 年 8 月 2 日签订的《最高额抵押合同》约定，四子王旗佳辉硅业公司以其拥有的哈拉忽少硅石矿的采矿权为绵山风景区开发公司在 2013 年 8 月 8 日（不含该日）至 2015 年 8 月 1 日（含该日）期间向晋商银行建设北路支行的借款，在最高额 2.2 亿元限额内提供抵押担保。该合同系双方当事人的真实意思表示，内容不违反法律、行政法规的禁止性规定，合法有效。合同签订后，双方办理了采矿权抵押登记，抵押权已依法设立。晋商银行迎泽东大街支行上诉提出案涉抵押权已依法设立的主张，具有事实和法律依据，予以支持。但对于晋商银行迎泽东大街支行认为一审判决未认定抵押权已设立属于适用法律错误的主张，最高人民法院认为，虽然一审判决对此未作出明确表述，但已指出双方已就采矿权办理了抵押登记，意味着亦认可抵押权已设立，因此不存在适用法律错误的问题。

抵押权作为担保物权的一种，在依法设立之后，如债务人不履行债务，债权人有权以抵押物折价或者拍卖、变卖价款优先受偿，但在抵押物灭失、主债权消灭、担保物权实现、债权人放弃担保物权或者法律规定的其他情形下，抵押权可因法定情形而归于消灭。对此，《担保法》第 58 条[②]、《物权法》第 177 条[③] 进行了明确规定。

本案中，案涉采矿权之上设立的抵押权是否消灭、晋商银行迎泽东大街支行能否行使优先受偿权是各方争议的焦点。而上述问题的认定取决于对案

① 对应《民法典》第三百九十三条第四项。

② 对应《民法典》第四百零八条。

③ 对应《民法典》第二百二十三条。

涉采矿权是否仍然存续以及抵押权是否存在法定消灭情形的审查和判断。一审已查明，四子王旗佳辉硅业公司持有的采矿许可证至 2016 年 1 月 4 日到期，由于该公司在到期前未办理延续登记手续，根据《矿产资源开采登记管理办法》第 7 条的规定，该采矿许可证已自行废止。根据《矿产资源法》第 3 条第 3 款关于“勘查、开采矿产资源，必须依法分别申请、经批准取得探矿权、采矿权，并办理登记”的规定，以及《矿产资源法实施细则》第 5 条、第 6 条第 2 款关于“国家对矿产资源的勘查、开采实行许可证制度……开采矿产资源，必须依法申请登记，领取采矿许可证，取得采矿权”“采矿权，是指在依法取得的采矿许可证规定的范围内，开采矿产资源和获得所开采的矿产品的权利”等规定，采矿许可证自行废止意味着四子王旗佳辉硅业公司不得对哈拉忽少硅石矿进行开采，不再对该矿产资源享有占有、使用和收益的权利。也就是说，四子王旗佳辉硅业公司的采矿权在采矿许可证到期后已经灭失。抵押权以抵押物为基础，抵押物灭失，抵押权归于消灭，因此晋商银行迎泽东大街支行原已享有的抵押权存在《担保法》第 58 条规定的“抵押权因抵押物灭失而消灭”的情形，亦属于《物权法》第 177 条第 4 项规定的“法律规定担保物权消灭的其他情形”。此种情形下，晋商银行迎泽东大街支行上诉提出对案涉采矿权拍卖、变卖价款享有优先受偿权的主张，因采矿权灭失已无法实现，因此不予支持。一审法院依据双方约定以及法律规定，以四子王旗佳辉硅业公司原因导致晋商银行迎泽东大街支行无法有效实现抵押权为由，判决四子王旗佳辉硅业公司在合同约定的担保范围内对担保债务与债务人绵山风景区开发公司承担连带清偿责任。对于该项认定，四子王旗佳辉硅业公司虽然在二审中提出异议，但并未就此提出上诉，因此予以维持。

——中国裁判文书网。

1693. 行政主管部门不作为情形下人民法院可径行宣告矿业权流转合同无效

关键词

合同效力　矿业权流转合同

最高人民法院司法解释

第十八条　当事人约定在自然保护区、风景名胜区、重点生态功能区、生态环境敏感区和脆弱区等区域内勘查开采矿产资源，违反法律、行政法规的强制性规定或者损害环境公共利益的，人民法院应依法认定合同无效。

——《最高人民法院关于审理矿业权纠纷案件适用法律若干问题的解释》

（2020 年 12 月 29 日修正）。

附录：最高人民法院主流观点

自然保护区、风景名胜区、重点生态功能区、生态环境敏感区和脆弱区等特殊区域内，往往储藏着丰富的矿产资源，矿产开发成为当地经济支柱，因而存在环境保护与经济发展之间的矛盾与协调问题。这在矿产资源丰富而工业欠发达地区尤为突出，部分地区 80% 的矿区在自然保护区范围内、地方政府 90% 以上的财政收入来自矿产企业。在过去一切以 GDP 优先的发展思路指导下，许多地方政府抱有“经济要上，执法要让”的错误观念，对于特殊区域内的违法开矿行为睁一只眼、闭一只眼的情况普遍存在。同时，以前矿产资源主管部门与特殊区域保护部门之间没有相互衔接，管理不统一。国土资源主管部门在探矿权、采矿权的发证和延续上往往只审查是否符合矿业开发方面的条件，没有考虑矿区是否位于自然保护区等特殊区域的情况。自然保护区等特殊区域保护主管部门发现违法开矿活动后，虽也对相关企业口头警告或向地方政府发出执法建议，但更多的情况下往往对此无可奈何。十八大以后，随着“金山银山不如绿水青山”“绿水青山就是金山银山”的绿色发展理念的提出，国家和许多省级政府已明令要求严格执行环境保护法律法规，对自然保护区等特殊区域内的违法违规探矿采矿活动予以清理。对于特殊区域内已经设立的矿业权，虽然可能仍允许延续，但正在研究退出机制。可见，对在自然保护区等特殊区域内的违法勘查开采矿产资源的活动管理不严、有法不依的情况，属于历史遗留问题，不得以此作为违法勘查开采行为合法化的依据。

人民法院对特殊区域涉矿合同的效力审查，应当注意发挥环境资源司法的纠偏功能。无效民事行为具有违法性、国家干预性和不得履行性的特点，自始无效。特殊区域涉矿合同纠纷的审理，应当系统、完整地适用环境资源法律法规，保障国土空间主体功能区规划的执行。对于优化开发区域尤其是重点开发区域发生的环境资源纠纷，可以更多地考虑合理利用环境容量发展经济的需要，对于限制开发和禁止开发区域，尤其是在划定生态保护红线地区发生的环境资源纠纷，则要贯彻最严格的保护措施。针对上述特殊区域签订的勘查、开采矿产资源合同，不宜因其已得到国土资源主管部门的批准，或者相关行政主管部门未对违法开矿行为采取取缔措施，便径行认定其有效。而应当注意发挥环境资源司法的纠偏功能，对于涉及公共利益的合同效力依职权进行特别审查，主动适用关于合同无效法定情形的相关规定。通过依法认定合同无效，严禁任意改变自然生态空间用途的行为，防止不合理开发利用资源的行为损害生态环境，为生态文明建设和绿色发展提供有力司法保障。

——最高人民法院环境资源审判庭编著：《最高人民法院矿业权司法解释理解与适用》，人民法院出版社 2018 年版，第 241~242 页。

1694. 承包荒山后未履行防治水土流失、加快荒山绿化等主要合同义务，承包方有权解除土地经营权流转合同

关键词

荒山治理承包合同　土地经营权流转合同　解除合同　农业生态环境

最高人民法院公布的典型案例

黑龙江省穆棱市某村民委员会诉常某春黑土区荒山治理承包合同纠纷案

裁判要旨：《农村土地承包法》明确，对于擅自改变土地的农业用途、弃耕抛荒连续两年以上、给土地造成严重损害或者严重破坏土地生态环境等严重违约行为，承包方有权解除土地经营权流转合同。人民法院依法判令解除合同，由被告返还承包地及违法侵占土地并赔偿损失，有效避免了生态环境损害进一步扩大。

基本案情

黑龙江省穆棱市属于东北黑土区的低山丘陵地区。1998 年 4 月，为防治水土流失，加快荒山绿化，改善生态环境，原告穆棱市某村民委员会（以下简称某村委会）与被告常某春签订《荒山承包合同》，经营年限 30 年，至 2028 年 4 月止。合同履行期间，常某春未依约履行果树栽植、改造嫁接、刨鱼鳞坑及造压谷坊等主要合同义务，未能达到防治水土流失、防止山洪水灾的效果，且擅自非法开垦某村委会的八块土地耕种。某村委会于 2019 年 7 月提起诉讼，请求解除合同，返还承包地及违法侵占土地，并赔偿三年经济损失 13578 元。

裁判结果

黑龙江省穆棱市人民法院一审认为，某村委会与常某春签订《荒山承包合同》的主要目的是加快水土流失防治，加速绿化荒山，改善农业生态环境。常某春虽交纳了承包费，但未履行合同主要义务，致使承包地区域大面积水土流失，合同目的不能实现。后其又擅自非法开垦某村委会的其他土地耕种，给某村委会造成经济损失。遂判决解除《荒山承包合同》，由常某春限期返还承包地及违法侵占土地，赔偿三年损失 13578 元。宣判后，当事人均未上诉，一审判决已发生法律效力。

典型意义

黑土高产丰产且稀有，被誉为“耕地中的大熊猫”。黑龙江拥有广袤的黑土地，是我国重要农业生产基地。案涉低山丘陵区黑土层厚度薄、土质疏松、抗蚀能力差，水土流失对耕地有机质含量、地力、粮食产量有较大影响。被告虽然交纳了承包费，但未履行防治水土流失、加快荒山绿化等主要合同义务，未能实现改善农业生态环境的合同目的。《农村土地承包法》明确，对于擅自改变土地的农业用途、弃耕抛荒连续两年以上、给土地造成严重损害或者严重破坏土地生态环境等严重违约行为，承包方有权解除土地经营权流转合同。人民法院依法判令解除合同，由被告返还承包地及违法侵占土地并赔偿损失，有效避免了生态环境损害进一步扩大。本案对于全面加强黑土地保护，推进黑土区周边荒山治理，防治水土流失，具有示范意义，同时有利于引导广大群众增强生态环境保护意识，营造珍惜保护黑土资源的良好社会氛围。

——《最高人民法院森林资源民事纠纷典型案例》(2022 年 6 月 14 日)。

1695. 林地所有权人不得以其负责人发生变更、对合同不知情为由拒绝为合法取得林地使用权及地上林木所有权的经营者办理采伐许可证

关键词

林业承包合同　继续履行　地上林木所有权　采伐许可证

最高人民法院司法解释

第三条　当事人以未办理批准、登记、备案、审查、审核等手续为由，主张林地承包、林地承包经营权互换或者转让、林地经营权流转、林木流转、森林资源担保等合同无效的，人民法院不予支持。

因前款原因，不能取得相关权利的当事人请求解除合同、由违约方承担违约责任的，人民法院依法予以支持。

——《最高人民法院关于审理森林资源民事纠纷案件适用法律若干问题的解释》(2022 年 6 月 13 日，法释〔2022〕16 号)。

最高人民法院公布的典型案例

杨某家诉贵州省安龙县某村民委员会、某村二组林业承包合同纠纷案

裁判要旨：作为林业经营者，通过竞标、经营并经依法登记，

取得案涉林地使用权及地上林木所有权，其合法权益受法律保护。双方对合同终止时地上林木的处理有明确约定，该约定未违反公益林保护、林木采伐等法律、行政法规的强制性规定。林地所有权人，应当按照合同约定为原告申请办理采伐许可证出具相关手续。

基本案情

2004 年 2 月，被告贵州省安龙县某村二组（以下简称某村二组）举行公开招标会议，对该组一处集体林地的承包经营权进行拍卖，该组村民原告杨某家中标。双方于同年 4 月签订《拍卖（租赁）山林合同书》，约定：某村二组将集体山林租赁给杨某家，期限 15 年，价款 4500 元；15 年期限届满后，直径 10 厘米以上的树木由杨某家自行处理；15 年内如杨某家出售林木，某村二组给予出证，手续由杨某家自行办理。合同签订当日，杨某家付清租赁费用，之后对林地进行管理。2009 年 12 月，杨某家取得该片林地的《林权证》，载明：林地所有权人为某村二组，林地使用权人、林木所有权人为杨某家，林地面积 176.93 亩，林种为用材林，林地使用期 15 年，终止日期为 2019 年 3 月 31 日。合同约定期限届满后，杨某家要求某村二组出具办理林木采伐许可证的手续。某村二组以其负责人发生变更、对合同不知情为由，拒绝出具相关手续。双方产生争议，杨某家诉至法院。

裁判结果

贵州省安龙县人民法院一审认为，双方签订的《拍卖（租赁）山林合同书》合法有效，某村二组负责人变更不影响该合同的效力与履行。杨某家取得的《林权证》上登记林种为用材林，用材林经申请采伐许可证后允许限额采伐。杨某家订立案涉合同，支付招标价款并付出管理劳务，目的在于出售木材以实现其利益。而某村二组在杨某家履行合同义务后，拒绝为杨某家出具办理地上林木采伐许可的手续，违反合同约定，应承担继续履行的违约责任，判决某村二组限期为杨某家申请办理采伐许可证出具相关手续。宣判后，当事人均未上诉，一审判决已发生法律效力。

典型意义

根据《森林法》第二十条确立的“谁造谁有”规则，植树造林为林木所有权原始取得的方式之一。但林木附着于土地之上，林地承包、经营合同终止时，需要妥善处理地上林木，依法保护当事人合法权益，避免森林资源的损失和浪费。本案中，原告作为林业经营者，通过竞标、经营并经依法登记，取得案涉林地使用权及地上林木所有权，其合法权益受法律保护。双方对合同终止时地上林木的处理有明确约定，该约定未违反公益林保护、林木采伐等法律、行政法规的强制性规定。被告作为林地所有权人，应当按照合同约定为原告申请办理采伐许可证出具相关手续。人民法院判决被告继续履行合同约定的出证义务，依法保护林业经营者的合法权益，倡导了诚实守信的社会主义核心价值观。

——《最高人民法院公布的森林资源民事纠纷典型案例》（2022 年 6 月 14 日）。

1696. 人民法院应落实绿色金融政策要求，在查明森林火灾面积、损失程度及赔偿金额的基础上，依法支持林业生产经营者的索赔请求，及时弥补其受灾损失，保障经营者在灾后迅速恢复生产

关键词

森林保险合同　森林火灾　受灾损失　恢复生产

最高人民法院司法解释

第一条　人民法院审理涉及森林、林木、林地等森林资源的民事纠纷案件，应当贯彻民法典绿色原则，尊重自然、尊重历史、尊重习惯，依法推动森林资源保护和利用的生态效益、经济效益、社会效益相统一，促进人与自然和谐共生。

——《最高人民法院关于审理森林资源民事纠纷案件适用法律若干问题的解释》（2022 年 6 月 13 日，法释〔2022〕16 号）。

最高人民法院公布的典型案例

湖北某林业科技有限公司诉中国某财产保险股份有限公司森林保险合同纠纷案

裁判要旨：《森林法》第六十三条规定“国家支持发展森林保险。”本案中，人民法院落实绿色金融政策要求，在查明森林火灾面积、损失程度及赔偿金额的基础上，依法支持林业生产经营者的索赔请求，及时弥补其受灾损失，保障经营者在灾后迅速恢复生产。

基本案情

2015 年 10 月 21 日，原告湖北某林业科技有限公司（以下简称某林业公司）在被告中国某财产保险股份有限公司（以下简称某保险公司）投保林木火灾保险，某保险公司向某林业公司出具保单一份。双方约定，总保险金额 7582 万余元，保险期间自 2015 年 10 月 23 日至 2016 年 10 月 22 日，对因火灾直接造成保险林木死亡产生的财产损失承担保险责任等。2016 年 1 月

1 日至 2016 年 9 月 5 日期间，案涉投保林地发生保险范围内的山林火灾多起。经调查鉴定，森林火灾涉及 3 个县、11 个乡镇、20 个村，总受灾面积 3410.95 亩。某林业公司向某保险公司申请理赔，双方就赔偿问题产生纠纷，形成本案诉讼。

判决结果

湖北省蕲春县人民法院一审认为，当事人之间的保险合同已成立并生效，某林业公司投保的林木在保险期间发生火灾事故，某保险公司应当按照约定赔偿火灾损失。根据保险条款一般规定及保单特别约定的赔偿金额计算方式，某林业公司的火灾损失为 232 万余元。遂判决由某保险公司赔偿损失，并承担鉴定费用 2 万元。某保险公司提出上诉，湖北省黄冈市中级人民法院二审调解结案，某保险公司支付火灾损失及鉴定费共计 180 万元。

典型意义

林业经营受自然气候条件影响较大，且容易因火灾、病虫害等自然灾害遭受损失。森林保险作为增强林业风险抵御能力的重要机制，对于减少林业投融资风险、保障林业持续稳定经营具有重要意义。《森林法》第六十三条规定"国家支持发展森林保险。"本案中，人民法院落实绿色金融政策要求，在查明森林火灾面积、损失程度及赔偿金额的基础上，依法支持林业生产经营者的索赔请求，及时弥补其受灾损失，保障经营者在灾后迅速恢复生产。本案体现了人民法院发挥审判职能、助推绿色金融的鲜明导向，既增强市场主体的投资信心，也促进林业与保险业的互惠共赢，为发挥市场机制作用、服务生态文明建设提供了有益司法样本。

——《最高人民法院公布的森林资源民事纠纷典型案例》（2022 年 6 月 14 日）。

五、环境诉讼与损害赔偿

1697. 人民法院审理环境民事公益诉讼案件，应当贯彻损害担责、全面赔偿原则

关键词

生态破坏民事公益诉讼　生态环境修复　全面赔偿　非法采砂

最高人民法院指导性案例

湖南省益阳市人民检察院诉夏顺安等 15 人生态破坏民事公益诉讼案（最高人民法院指导案例 176 号）

裁判要点：人民法院审理环境民事公益诉讼案件，应当贯彻损害担责、全面赔偿原则，对于破坏生态违法犯罪行为不仅要依法追究刑事责任，还要依法追究生态环境损害民事责任。认定非法采砂行为所导致的生态环境损害范围和损失时，应当根据水环境质量、河床结构、水源涵养、水生生物资源等方面的受损情况进行全面评估、合理认定。

法院生效裁判认为：根据我国相关矿产资源法律法规的规定，开采矿产资源必须依法申请许可证，取得采矿权。夏顺安等 15 人在下塞湖区域挖取的砂石系国家矿产资源。根据沅江市砂石资源开采管理领导小组办公室证明、益阳市水务局《情况说明》、湘阴县河道砂石综合执法局证明、岳阳市河道砂石服务中心证明，并结合另案生效判决认定的事实及各被告当庭陈述，可证明被告未依法获得许可，私自开采国家矿产资源，应认定为非法采砂。

非法采砂行为不仅造成国家资源损失，还对生态环境造成损害，致使国家利益和社会公共利益遭受损失。矿产资源兼具经济属性和生态属性，不能仅重视矿产资源的经济价值保护，而忽视矿产资源生态价值救济。非法采砂违法犯罪行为不仅需要依法承担刑事责任，还要依法承担生态环境损害赔偿民事责任。应当按照谁污染谁治理、谁破坏谁担责的原则，依法追究非法采砂行为人的刑事、民事法律责任。

本案中，夏顺安等 15 人的非法采砂生态破坏行为，导致了洞庭湖生态系统的损害，具体包括丰富的鱼类、虾蟹类和螺蚌等软体动物生物资源的损失，并严重威胁洞庭湖河床的稳定性及防洪安全，破坏水生生物资源繁衍生存环境。为确保生态环境损害数额认定的科学性、全面性和合理性，人民法院委托具备资格的机构进行司法鉴定，通过对生态环境损害鉴定意见的司法审查，合理确定生态破坏行为所导致生态环境损害的赔偿数额。本案中，人民法院指导鉴定专家按照全面赔偿原则，对非法采砂行为所导致的采砂区域河床、水源涵养、生物栖息地、鱼虾生物资源、水环境质量等遭受的破坏进行全方位的鉴定，根据抽取砂土总量、膨胀系数、水中松散沙土的密度、含水比例，以及洞庭湖平均鱼类资源产量等指标量化了各类损失程度。被告虽主张公共利益受损与其无关联，但本案各被告当庭陈述均认可实施了采砂行为，根据另案生效判决认定的事实及审理查明的事实，各被告实施的采砂行为非法，且鉴定意见书明确了采砂行为造成生态环境受损，故认定被告的采砂行为破坏了生态环境资源。各被告未提交反驳证据推翻案涉鉴定意见，经审查，对鉴定意见载明的各项损失及修复费用予以确认。

根据《中华人民共和国环境保护法》第六十四条规定，因污染环境和破坏生态造成损害的，应当依照《中华人民共和国侵权责任法》的有关规定承担侵权责任。《中华人民共和国侵权责任法》第八条[①]规定，二人以上共同实施侵权行为，造成他人损害的，应当承担连带责任。《最高人民法院关于审理环境民事公益诉讼案件适用法律若干问题的解释》第二十条第二款规定，人民法院可以在判决被告修复生态环境的同时，确定被告不履行修复义务时应承担的生态环境修复费用；也可以直接判决被告承担生态环境修复费用。根据审理查明的事实并依据上述法律规定，夏顺安等 15 人在各自参与非法采砂数量范围内构成共同侵权，应在各自参与非法采砂数量范围内承担连带赔偿生态环境修复费用的民事责任。

——《最高人民法院关于发布第 31 批指导性案例的通知》（2021 年 12 月 1 日，法〔2021〕286 号）。

说明

指导案例 176 号湖南省益阳市人民检察院诉夏顺安等 15 人生态破坏民事公益诉讼案明确，对于破坏生态违法犯罪行为不仅要依法追究刑事责任，还要依法追究生态环境损害民事责任。认定非法采砂行为所导致的生态环境损害范围和损失时，应当根据水环境质量、河床结构、水源涵养、水生生物资源等方面的受损情况进行全面评估、合理认定。

1698. 关于生态环境侵权惩罚性赔偿的适用范围

关键词

生态环境侵权　惩罚性赔偿　适用范围

《中华人民共和国民法典》条文

第一千二百三十二条　侵权人违反法律规定故意污染环境、破坏生态造成严重后果的，被侵权人有权请求相应的惩罚性赔偿。

---

① 对应《民法典》第一千一百六十八条。

最高人民法院司法解释

第一条 人民法院审理生态环境侵权纠纷案件适用惩罚性赔偿，应当严格审慎，注重公平公正，依法保护民事主体合法权益，统筹生态环境保护和经济社会发展。

第二条 因环境污染、生态破坏受到损害的自然人、法人或者非法人组织，依据民法典第一千二百三十二条的规定，请求判令侵权人承担惩罚性赔偿责任的，适用本解释。

第三条 被侵权人在生态环境侵权纠纷案件中请求惩罚性赔偿的，应当在起诉时明确赔偿数额以及所依据的事实和理由。

被侵权人在生态环境侵权纠纷案件中没有提出惩罚性赔偿的诉讼请求，诉讼终结后又基于同一污染环境、破坏生态事实另行起诉请求惩罚性赔偿的，人民法院不予受理。

第四条 被侵权人主张侵权人承担惩罚性赔偿责任的，应当提供证据证明以下事实：

（一）侵权人污染环境、破坏生态的行为违反法律规定；

（二）侵权人具有污染环境、破坏生态的故意；

（三）侵权人污染环境、破坏生态的行为造成严重后果。

第五条 人民法院认定侵权人污染环境、破坏生态的行为是否违反法律规定，应当以法律、法规为依据，可以参照规章的规定。

第九条 人民法院确定惩罚性赔偿金数额，应当以环境污染、生态破坏造成的人身损害赔偿金、财产损失数额作为计算基数。

前款所称人身损害赔偿金、财产损失数额，依照民法典第一千一百七十九条、第一千一百八十四条规定予以确定。法律另有规定的，依照其规定。

第十条 人民法院确定惩罚性赔偿金数额，应当综合考虑侵权人的恶意程度、侵权后果的严重程度、侵权人因污染环境、破坏生态行为所获得的利益或者侵权人所采取的修复措施及其效果等因素，但一般不超过人身损害赔偿金、财产损失数额的二倍。

因同一污染环境、破坏生态行为已经被行政机关给予罚款或者被人民法院判处罚金，侵权人主张免除惩罚性赔偿责任的，人民法院不予支持，但在确定惩罚性赔偿金数额时可以综合考虑。

第十一条 侵权人因同一污染环境、破坏生态行为，应当承担包括惩罚性赔偿在内的民事责任、行政责任和刑事责任，其财产不足以支付的，应当优先用于承担民事责任。

侵权人因同一污染环境、破坏生态行为，应当承担包括惩罚性赔偿在内的民事责任，其财产不足以支付的，应当优先用于承担惩罚性赔偿以外的其他责任。

第十二条 国家规定的机关或者法律规定的组织作为被侵权人代表，请求判令侵权人承担惩罚性赔偿责任的，人民法院可以参照前述规定予以处理。但惩罚性赔偿金数额的确定，应当以生态环境受到损害至修复完成期间服务功能丧失导致的损失、生态环境功能永久性损害造成的损失数额作为计算基数。

——《最高人民法院关于审理生态环境侵权纠纷案件适用惩罚性赔偿的解释》(2022 年 1 月 12 日，法释〔2022〕1 号)。

第二条 依据海洋环境保护法第八十九条第二款规定，对破坏海洋生态、海洋水产资源、海洋保护区，给国家造成重大损失的，应当由依照海洋环境保护法规定行使海洋环境监督管理权的部门，在有管辖权的海事法院对侵权人提起海洋自然资源与生态环境损害赔偿诉讼。

有关部门根据职能分工提起海洋自然资源与生态环境损害赔偿诉讼的，人民检察院可以支持起诉。

——《最高人民法院、最高人民检察院关于办理海洋自然资源与生态环境公益诉讼案件若干问题的规定》(2022 年 5 月 10 日，法释〔2022〕15 号)。

附录：最高人民法院主流观点

对《民法典》第一千二百三十二条规定的生态环境惩罚性赔偿的适用范围问题，存在两种不同认识：一种认为生态环境惩罚性赔偿仅适用于环境私益诉讼；另一种认为应同时适用于环境私益诉讼和环境民事公益诉讼。从《民法典》的立法过程看，并未将环境侵权惩罚性赔偿制度的适用范围仅仅局限于环境私益侵权，甚至从某种程度上，其更多的关注恰恰是针对生态环境公共利益的保护和救济。如根据全国人大常委会法工委主任沈春耀在十三届全国人大常委会第五次会议初审民法典各分编草案所作的说明，为落实党的十八届三中全会提出的“对造成生态环境损害的责任者严格实行赔偿制度”要求，贯彻党的十九大提出的“要加大生态系统保护力度”的决策部署，结合 2017 年《生态环境损害赔偿制度改革方案》，草案修改完善了生态环境损害赔偿责任制度，其中规定侵权人故意违反国家规定损害生态环境的，被侵权人有权请求相应的惩罚性赔偿。全国人民代表大会常务委员会副委员长王晨对《民法典》作的起草说明中亦提及，《民法典》为贯彻落实习近平生态文明思想，增加规定生态环境损害的惩罚性赔偿制度，并明确规定了生态环境损害的修复和赔偿规则（草案第一千二百三十二条、第一千二百三十四条、第一千二百三十五条）。生态环境领域的惩罚性赔偿，首先应当是针对生态环境损害而设置。此外，中央文件中亦对探索适用民事公益诉讼惩罚性赔偿制度作出了部署要求。例如，2021 年 1 月中共中央印发的《法治中国建设规划（2020—2025 年）》第五部分第（十七）条中明确要求，要“拓展公益诉讼案件范围，完善公益诉讼法律制度，探索建立民事公益诉讼惩罚性赔偿制度”。2021 年 3 月公布的《国民经济和社会发展第十四个五年规划和 2035 年远景目标纲要》规定，探索建立食品安全民事公益诉讼惩罚性赔偿制度。2021 年 9 月国务院新闻办公室发布的《国家人权行动计划（2021—2025 年）》第二部分第（八）条中规定，“完善公益诉讼法律制度。拓展公益诉讼案件范围，探索建立生态环境、食品药品安全领域民事公益诉讼惩罚性赔偿制度”。司法实践亦多有环境公益诉讼适用惩罚性赔偿的需求。例如，2021 年 6 月 29 日最高人民检察院公布的《人民检察院公益诉讼办案规则》中，明确规定人民检察院在破坏生态环境和资源保护领域案件，可以提出惩罚性赔偿的诉讼请求。综上，我们认为，根据《民法典》第一千二百三十二条规定的文义解释和体系解释，惩罚性赔偿主要适用于由被侵权人提起的私益诉讼。在环境公益诉讼中，如果国家规定的机关或者法律规定的组织能够被认定为被侵权人代表的，亦可以适用该条的规定。

——最高人民法院民法典贯彻实施工作领导小组编著：《中国民法典适用大全（侵权责任卷）》，人民法院出版社 2022 年版，第 663~664 页。

1699. 侵权人违反法律规定故意污染环境、破坏生态造成严重后果的，被侵权人有权请求相应的惩罚性赔偿

关键词

环境污染　补偿性费用　惩罚性赔偿　基数 + 倍数

最高人民法院司法解释

第二条　因环境污染、生态破坏受到损害的自然人、法人或者非法人组织，依据民法典第一千二百三十二条的规定，请求判令侵权人承担惩罚性赔偿责任的，适用本解释。

第六条　人民法院认定侵权人是否具有污染环境、破坏生态的故意，应当根据侵权人的职业经历、专业背景或者经营范围，因同一或者同类行为受到行政处罚或者刑事追究的情况，以及污染物的种类，污染环境、破坏生态行为的方式等因素综合判断。

第九条　人民法院确定惩罚性赔偿金数额，应当以环境污染、生态破坏造成的人身损害赔偿金、财产损失数额作为计算基数。

前款所称人身损害赔偿金、财产损失数额，依照民法典第一千一百七十

九条、第一千一百八十四条规定予以确定。法律另有规定的，依照其规定。

第十条　人民法院确定惩罚性赔偿金数额，应当综合考虑侵权人的恶意程度、侵权后果的严重程度、侵权人因污染环境、破坏生态行为所获得的利益或者侵权人所采取的修复措施及其效果等因素，但一般不超过人身损害赔偿金、财产损失数额的二倍。

因同一污染环境、破坏生态行为已经被行政机关给予罚款或者被人民法院判处罚金，侵权人主张免除惩罚性赔偿责任的，人民法院不予支持，但在确定惩罚性赔偿金数额时可以综合考虑。

——《最高人民法院关于审理生态环境侵权纠纷案件适用惩罚性赔偿的解释》（2022 年 1 月 12 日，法释〔2022〕1 号）。

最高人民法院公布的典型案例

浮梁县人民检察院诉某化工集团有限公司环境污染民事公益诉讼案

裁判要旨：法院在判令侵权人承担生态环境修复费用、环境功能性损失等补偿性费用之外，采取“基数＋倍数”的计算方式，结合具体案情决定以环境功能性损失费用为计算基数，综合考虑侵权人主观过错程度、侵权后果的严重程度、侵权人的经济能力、赔偿态度、受到行政处罚的情况等调节因素确定倍数，进而确定最终的惩罚性赔偿数额。

（一）典型意义

本案是我国首例适用民法典惩罚性赔偿条款的环境污染民事公益诉讼案件。民法典侵权责任编新增规定了污染环境和破坏生态的惩罚性赔偿制度，贯彻了“绿水青山就是金山银山”的环保理念，增强了生态环境保护力度，是构建天蓝地绿水净的美好家园的法治保障。审理法院在判令被告承担生态环境修复费用、环境功能性损失等补偿性费用之外，采取“基数＋倍数”的计算方式，结合具体案情决定以环境功能性损失费用为计算基数，综合考虑侵权人主观过错程度、侵权后果的严重程度、侵权人的经济能力、赔偿态度、受到行政处罚的情况等调节因素确定倍数，进而确定最终的惩罚性赔偿数额，为正确实施环境污染和生态破坏责任惩罚性赔偿制度提供了有益借鉴。

（二）基本案情

2018 年 3 月 3 日至同年 7 月 31 日期间，被告某化工集团有限公司（以下简称被告公司）生产部经理吴某民将公司生产的硫酸钠废液交由无危险废物处置资质的吴某良处理，吴某良又雇请李某贤将 30 车共计 1124.1 吨硫酸钠废液运输到浮梁县寿安镇八角井、浮梁县湘湖镇洞口村的山上倾倒，造成了浮梁县寿安镇八角井周边约 8.08 亩范围内的环境和浮梁县湘湖镇洞口村洞口组、江村组地表水、地下水受到污染，影响了浮梁县湘湖镇洞口村约 6.6 平方公里流域的环境，妨碍了当地 1000 余名居民的饮用水安全。经鉴定，两处受污染地块的生态环境修复总费用为人民币 2168000 元，环境功能性损失费用共计人民币 57135.45 元，并产生检测鉴定费 95670 元。受污染地浮梁县湘湖镇洞口村采取合理预防、处置措施产生的应急处置费用共计人民币 528160.11 元。其中，吴某良、吴某民、李某贤等因犯污染环境罪已被另案判处六年六个月至三年二个月不等的有期徒刑。公益诉讼起诉人起诉请求被告公司赔偿相关生态环境损害。

（三）裁判结果

生效裁判认为，被告公司将生产废液交由无危险废物处置资质的个人处理，放任污染环境危害结果的发生，主观上存在故意，客观上违反了法律规定，损害了社会公共利益，造成严重后果。且至本案审理期间，涉案倾倒废液行为所致的环境污染并未得到修复，损害后果仍在持续，符合民法典第一千二百三十二条规定的环境侵权惩罚性赔偿适用条件。综合该公司的过错程度、赔偿态度、损害后果、承担责任的经济能力、受到行政处罚等因素，判令其赔偿环境修复费用 2168000 元、环境功能性损失费用 57135.45 元、应急处置费用 532860.11 元、检测鉴定费 95670 元，并承担环境污染惩罚性赔偿 171406.35 元，以上共计 3025071.91 元；对违法倾倒硫酸钠废液污染环境的行为在国家级新闻媒体上向社会公众赔礼道歉。

（四）民法典条文指引

第一千二百三十二条　侵权人违反法律规定故意污染环境、破坏生态造成严重后果的，被侵权人有权请求相应的惩罚性赔偿。

——《最高人民法院贯彻实施民法典典型案例（第一批）》（2022 年 2 月 25 日）。

1700. 赔偿义务人不履行生态环境损害赔偿协议，未支付全部生态环境损害赔偿款的，构成违约，应向生态环境部门承担违约责任

关键词

生态环境损害赔偿　违约责任

最高人民法院公布的典型案例

山东省生态环境厅诉山东道一新能源科技有限公司合同纠纷案

裁判要旨：《最高人民法院关于审理生态环境损害赔偿案件的若干规定（试行）》规定，省级、市地级人民政府及其指定的相关部门，可与造成生态环境损害的自然人、法人或者其他组织经磋商达成生态环境损害赔偿协议。一方当事人拒绝履行或者未全部履行生态环境损害赔偿协议的，可经由司法确认程序赋予强制执行效力，也可由另一方当事人提起违约之诉。

（一）基本案情

2016 年 3 月，山东道一新能源科技有限公司（以下简称道一公司）非法倾倒危险废物，对生态环境造成了严重损害。山东省人民政府指定山东省生态环境厅为具体工作部门，开展生态环境损害赔偿索赔工作。2017 年 7 月，山东省生态环境厅与道一公司签订《山东道一新能源科技有限公司非法倾倒危险废物事件生态环境损害赔偿合同书》（以下简称《赔偿合同书》），约定道一公司赔偿 229.03 万元。2017 年 8 月，道一公司支付赔偿款 70 万元后，剩余两期赔偿款均未按约支付。山东省生态环境厅诉至法院，要求道一公司继续履行《赔偿合同书》，承担逾期付款违约金和其他费用。

（二）裁判结果

山东省济南市历下区人民法院一审认为，《赔偿合同书》合法有效。道一公司应按约支付赔偿款及后评估费用等。一审判决，道一公司支付山东省生态环境厅赔偿款本金 159.03 万元及相应违约金和评估费用。

（三）典型意义

本案系赔偿义务人不履行生态环境损害赔偿协议引发的合同纠纷案件。根据《最高人民法院关于审理生态环境损害赔偿案件的若干规定（试行）》的规定，省级、市地级人民政府及其指定的相关部门，可与造成生态环境损害的自然人、法人或者其他组织经磋商达成生态环境损害赔偿协议。一方当事人拒绝履行或者未全部履行生态环境损害赔偿协议的，既可经由司法确认程序赋予强制执行效力，也可由另一方当事人提起违约之诉予以解决。本案判决道一公司未支付全部生态环境损害赔偿款，构成违约，应向山东省生态环境厅承担违约责任，有力保障了生态环境损害赔偿协议的有效履行和生态环境修复工作的切实开展，是人民法院在司法确认程序之外，依法追究损害生态环境行为人赔偿责任的又一路径。

——《最高人民法院公布的 2019 年度人民法院环境资源典型案例》（2020 年 5 月 8 日）。

1701. 针对同一污染行为，环境公益诉讼和私益诉讼应如何衔接

关键词

土壤、水污染责任　环境民事公益诉讼　环境私益诉讼　既判力

最高人民法院公布的典型案例

中山市围垦有限公司与苏洪新等 5 人、中山市慈航农业投资有限公司土壤污染责任纠纷案

裁判要旨：因公益诉讼另案生效判决在先，其间已委托专业机构对环境损害进行鉴定评估，确定了生态环境损害费用和污染治理的可行性修复方案，受害人亦应受该案生效判决既判力约束，故不再重复支持其已在公益诉讼生效判决范围之内的私益诉讼请求。

（一）基本案情

中山市围垦有限公司（以下简称围垦公司）系案涉地块土地使用权人。2015 年 3 月，围垦公司将案涉地块租赁给中山市慈航农业投资有限公司（以下简称慈航公司）经营使用。2016 年 6 月，慈航公司擅自将上述地块转租给苏洪新填土。2016 年 8 月，经万荣均介绍，胡锦勇分两次将李日祥经营的洗水场内的废弃物运输至苏洪新处用于上述填土工程。胡胜栋亦参与了上述运输行为。2017 年 7 月，中山市环境科学学会针对上述污染行为提起环境公益诉讼。广东省广州市中级人民法院 2018 年 9 月作出生效民事判决，判令李日祥等 5 人、慈航公司共同赔偿生态环境受到损害至恢复原状期间服务功能损失费用 205.21 万元，修复案涉地块（原为水塘）水质至地表水第 Ⅲ 类标准、土壤第 Ⅲ 类标准。围垦公司于本案诉至法院，请求苏洪新等 5 人、慈航公司连带清偿因委托第三方清运、处理案涉违法倾倒的固体废物以及打井钻探取样、检测支付的费用共计 102.87 万元，并恢复案涉污染土地原状、实施案涉土地的土壤修复、周边生态环境修复和周边水体的净化处理。

（二）裁判结果

广东省中山市第一人民法院一审认为，围垦公司作为案涉土地使用权人，可就案涉土地污染受到的人身、财产损害提起民事诉讼并就其实际损害获得赔偿。但围垦公司关于委托第三方清运、处理案涉违法倾倒固体废物以及打井钻探取样、检测支付费用等诉讼请求，证据不足，不予支持；关于案涉污染土地恢复原状、土壤及周边环境修复的诉讼请求，已包含在另案环境公益

诉讼判决范围内。一审判决驳回围垦公司的诉讼请求。广东省中山市中级人民法院二审维持原判。

（三）典型意义

本案系土壤（水）污染责任纠纷案件。其典型性在于，针对同一污染行为，环境公益诉讼和私益诉讼之间应如何衔接。《最高人民法院关于适用〈中华人民共和国民事诉讼法〉的解释》第二百八十八条①规定："人民法院受理公益诉讼案件，不影响同一侵权行为的受害人根据民事诉讼法第一百一十九条②规定提起诉讼。"本案中，围垦公司作为案涉地块的土地使用权人，有权就其因案涉地块污染受到的人身、财产损害提起诉讼。但应就其主张负有举证证明责任，举证不能的，应承担不利法律后果。同时，受害人在私益诉讼中亦可就与其人身、财产合法权益保护密切相关的生态环境修复提出主张。本案系因公益诉讼另案生效判决在先，该案已委托专业机构对环境损害进行鉴定评估，确定了生态环境损害费用和污染治理的可行性修复方案，受害人亦应受该案生效判决既判力约束，故对其已在公益诉讼生效判决范围之内的诉讼请求，不再重复支持。本案的正确审理，对厘清环境公益诉讼和私益诉讼之间的关系，引导当事人进行合理化诉讼安排，具有示范意义。

——《最高人民法院公布的2019年度人民法院环境资源典型案例》（2020年5月8日）。

1702. 省级人民政府提起企业生态环境损害赔偿案件的审理规则

关键词

水污染责任　生态环境损害赔偿　环境修复

最高人民法院公布的典型案例

江苏省人民政府诉安徽海德化工科技有限公司生态环境损害赔偿案

裁判要旨：地方省级政府经国务院授权，可以对违反法律法规造成生态环境损害的单位和个人提起民事诉讼；根据损害担责原则，污染者应当赔偿环境修复费用和生态环境服务功能损失，不能仅以水体具备自净能力为由主张污染物尚未对水体造成损害以及无须再行修复。

① 现为《最高人民法院关于适用〈中华人民共和国民事诉讼法〉的解释》第二百八十六条。

② 现为《民事诉讼法》（2021年修正）第一百二十二条。

（一）基本案情

2014 年 4 至 5 月间，安徽海德化工科技有限公司（以下简称海德公司）营销部经理杨峰分三次将海德公司生产过程中产生的 102.44 吨废碱液，以每吨 1300 元的价格交给没有危险废物处置资质的李宏生等人处置，李宏生等人又以每吨 500 元、600 元不等的价格转交给无资质的孙志才、丁卫东等人。上述废碱液未经处置，排入长江水系，严重污染环境。其中，排入长江的 20 吨废碱液，导致江苏省靖江市城区集中式饮用水源中断取水 40 多个小时；排入新通扬运河的 53.34 吨废碱液，导致江苏省兴化市城区集中式饮水源中断取水超过 14 个小时。靖江市、兴化市有关部门分别采取了应急处置措施。杨峰、李宏生等人均构成污染环境罪，被依法追究刑事责任。经评估，三次水污染事件共造成环境损害 1731.26 万元。

（二）裁判结果

江苏省泰州市中级人民法院一审认为，海德公司作为化工企业，对其生产经营中产生的危险废物负有法定防治责任，其营销部负责人杨峰违法处置危险废物的行为系职务行为，应由海德公司对此造成的损害承担赔偿责任。案涉长江靖江段生态环境损害修复费用，系经江苏省环境科学学会依法评估得出；新通扬运河生态环境损害修复费用，系经类比得出，亦经出庭专家辅助人认可。海德公司污染行为必然对两地及下游生态环境服务功能造成巨大损失，江苏省人民政府主张以生态环境损害修复费用的 50% 计算，具有合理性。江苏省人民政府原诉讼请求所主张数额明显偏低，经释明后予以增加，应予支持。水体自净作用只是水体中污染物向下游的流动中浓度自然降低，不能因此否认污染物对水体已经造成的损害，不足以构成无须再行修复的抗辩。一审法院判决海德公司赔偿环境修复费用 3637.90 万元、生态环境服务功能损失 1818.95 万元、评估鉴定费 26 万元，上述费用合计 5482.85 万元，支付至泰州市环境公益诉讼资金账户。江苏省高级人民法院二审在维持一审判决的基础上，判决海德公司可在提供有效担保后分期履行赔偿款支付义务。

（三）典型意义

本案是《生态环境损害赔偿制度改革试点方案》探索确立生态环境损害赔偿制度后，人民法院最早受理的省级人民政府诉企业生态环境损害赔偿案件之一。长江是中华民族的母亲河。目前沿江化工企业分布密集，违规排放问题突出，已经成为威胁流域生态系统安全的重大隐患。加强长江经济带生态环境司法保障，要着重做好水污染防治案件的审理，充分运用司法手段修复受损生态环境，推动长江流域生态环境质量不断改善，助力长江经济带高质量发展。本案判决明确宣示，不能仅以水体具备自净能力为由主张污染物尚未对水体造成损害以及无须再行修复，水的环境容量是有限的，污染物的排放必然会损害水体、水生物、河床甚至是河岸土壤等生态环境，根据损害担责原则，污染者应当赔偿环境修复费用和生态环境服务功能损失。本案还是《中华人民共和国人民陪审员法》施行后，由七人制合议庭审理的案件，四位人民陪审员在案件审理中依法对事实认定和法律适用问题充分发表了意见，强化了长江流域生态环境保护的公众参与和社会监督，进一步提升了生态环境损害赔偿诉讼裁判结果的公信力。

——《最高人民法院公布的人民法院生态环境保护十大典型案例》(2019年3月3日)。

1703. 人民法院对生态环境损害修复协议进行司法确认，当事人拒绝履行或未全部履行的，对方当事人可向法院申请强制执行

关键词

环境修复协议　司法确认　强制执行　生态环境损害赔偿

最高人民法院公布的典型案例

绍兴市环境保护局、浙江上峰建材有限公司、诸暨市次坞镇人民政府生态环境损害赔偿协议司法确认案

裁判要旨：人民法院受理司法确认申请后，对《生态环境损害修复协议》内容进行了公告，审查后认为，申请人达成的协议符合司法确认的条件，遂裁定确认协议有效。一方当事人拒绝履行或者未全部履行的，对方当事人可以向人民法院申请强制执行。

（一）基本案情

2017年4月11日，诸暨市环境保护局会同诸暨市公安局对上峰建材公司联合突击检查时发现，该企业存在采用在大气污染物在线监控设施监测取样管上套装管子并喷吹石灰中和后的气体等方式，达到干扰自动监测数据目的。上峰建材公司超标排放氮氧化物、二氧化硫等大气污染物，对周边大气生态环境造成损害。经绍兴市环保科技服务中心鉴定评估，造成生态环境损害数额110.4143万元，鉴定评估费用12万元，合计122.4143万元。上峰建材公司违法排放的大气污染物已通过周边次坞镇大气生态环境稀释自净，无须实施现场修复。

绍兴市环境保护局经与上峰建材公司、次坞镇人民政府进行磋商，达成了《生态环境损害修复协议》，主要内容为：一、各方同意上峰建材公司以替代修复的方式承担生态环境损害赔偿责任。上峰建材公司在承担生态环境损

害数额 110.4143 万元的基础上，自愿追加资金投入 175.5857 万元，合计总额 286 万元用于生态工程修复，并于 2018 年 10 月 31 日之前完成修复工程。二、次坞镇人民政府对修复工程进行组织、监督管理、资金决算审计，修复后移交大院里村。三、修复工程完成后，由绍兴市环境保护局委托第三方评估机构验收评估，提交验收评估意见。四、生态环境损害鉴定评估费、验收鉴定评估费由上峰建材公司承担，并于工程验收通过后 7 日内支付给鉴定评估单位。五、如上峰建材公司中止修复工程，或者不按约定时间、约定内容完成修复的，绍兴市环境保护局有权向上峰建材公司追缴全部生态环境损害赔偿金。

（二）裁判结果

绍兴市中级人民法院受理司法确认申请后，对《生态环境损害修复协议》内容进行了公告。公告期内，未收到异议或意见。绍兴市中级人民法院对协议内容审查后认为，申请人达成的协议符合司法确认的条件，遂裁定确认协议有效。一方当事人拒绝履行或者未全部履行的，对方当事人可以向人民法院申请强制执行。

（三）典型意义

本案是涉大气污染的生态环境损害赔偿案件。大气污染是人民群众感受最为直接、反映最为强烈的环境问题，打赢蓝天保卫战是打好污染防治攻坚战的重中之重。今年，世界环境日主题聚焦空气污染防治，提出“蓝天保卫战，我是行动者”的口号，显示了中国政府推动打好污染防治攻坚战的决心。本案中，上峰建材公司以在大气污染物在线监控设施监测取样管上套装管子并喷吹石灰中和后的气体等方式，干扰自动监测数据，超标排放氮氧化物、二氧化硫等大气污染物。虽然污染物已通过周边大气生态环境稀释自净，无须实施现场修复，但是大气经过扩散等途径仍会污染其他地区的生态环境，不能因此免除污染者应承担的生态环境损害赔偿责任。人民法院对案涉赔偿协议予以司法确认，明确由上峰建材公司以替代方式承担生态环境损害赔偿责任，是对多样化责任承担方式的积极探索。本案体现了环境司法对大气污染的“零容忍”，有利于引导企业积极履行生态环境保护的主体责任，自觉遵守环境保护法律法规，推动企业形成绿色生产方式。此外，经磋商，上峰建材公司在依法承担 110.4143 万元生态环境损害赔偿的基础上，自愿追加资金投入 175.5857 万元用于生态环境替代修复，体现了生态环境损害赔偿制度在推动企业主动承担社会责任方面起到了积极作用。

——《最高人民法院公布的人民法院保障生态环境损害赔偿制度改革典型案例》（2019 年 6 月 5 日）。

1704. 人民法院审理环境民事公益诉讼案件应当综合判断是否具有“损害社会公共利益重大风险”

关键词

生态环境保护民事公益诉讼　损害社会公共利益　重大风险

最高人民法院指导性案例

北京市朝阳区自然之友环境研究所诉中国水电顾问集团新平开发有限公司、中国电建集团昆明勘测设计研究院有限公司生态环境保护民事公益诉讼案（最高人民法院指导案例173号）

> **裁判要点：人民法院审理环境民事公益诉讼案件，应当贯彻保护优先、预防为主原则。原告提供证据证明项目建设将对濒危野生动植物栖息地及生态系统造成毁灭性、不可逆转的损害后果，人民法院应当从被保护对象的独有价值、损害结果发生的可能性、损害后果的严重性及不可逆性等方面，综合判断被告的行为是否具有《最高人民法院关于审理环境民事公益诉讼案件适用法律若干问题的解释》第一条规定的“损害社会公共利益重大风险”。**

法院生效裁判认为：本案符合《最高人民法院关于审理环境民事公益诉讼案件适用法律若干问题的解释》第一条“对已经损害社会公共利益或者具有损害社会公共利益重大风险的污染环境、破坏生态的行为提起诉讼”规定中“具有损害社会公共利益重大风险”的法定情形，属于预防性环境公益诉讼。预防性环境公益诉讼突破了“无损害即无救济”的诉讼救济理念，是环境保护法“保护优先，预防为主”原则在环境司法中的具体落实与体现。预防性环境公益诉讼的核心要素是具有重大风险，重大风险是指对“环境”可能造成重大损害危险的一系列行为。本案中，自然之友研究所已举证证明戛洒江一级水电站如果继续建设，则案涉工程淹没区势必导致国家一级保护动物绿孔雀的栖息地及国家一级保护植物陈氏苏铁的生境被淹没，生物生境面临重大风险的可能性毋庸置疑。此外，从损害后果的严重性来看，戛洒江一级水电站下游淹没区动植物种类丰富，生物多样性价值及遗传资源价值可观，该区域不仅是绿孔雀及陈氏苏铁等珍稀物种赖以生存的栖息地，也是各类生物与大面积原始雨林、热带雨林片段共同构成的一个完整生态系统，若水电站继续建设所产生的损害将是可以直观估计预测且不可逆转的。而针对该现实上的重大风险，新平公司并未就其不存在的主张加以有效证实，而仅以《环境影响报告书》加以反驳，缺乏足够证明力。因此，结合生态环境部责成新平公司对项目开展后评价工作的情况及戛洒江一级水电站未对绿孔雀采取任何保护措施等事实，可以认定戛洒江一级水电站继续建设将对绿孔雀栖息地、陈氏苏铁生境以及整个生态系统生物多样性和生物安全构成重大风险。

根据环境影响评价法第二十七条"在项目建设、运行过程中产生不符合经审批的环境影响评价文件的情形的，建设单位应当组织环境影响后评价，采取改进措施，并报原环境影响评价文件审批部门和建设项目审批部门备案；原环境影响评价文件审批部门也可以责成建设单位进行环境影响后评价，采取改进措施"的规定，2017 年 7 月 21 日，生态环境部办公厅针对本案建设项目，向新平公司发出《责成后评价函》，责成新平公司就该项目建设开展环境影响后评价，采取改进措施，并报生态环境部备案，后评价完成前不得蓄水发电符合上述法律规定。目前，案涉电站已经处于停建状态，新平公司业已向其上级主管单位申请停建案涉项目并获批复同意，绿孔雀生态栖息地存在的重大风险已经得到了有效的控制。在新平公司对案涉项目申请停建但未向相关行政部门备案并通过审批的情况下，鉴于生态环境部已经责成新平公司开展环境影响后评价，且对于尚不明确的事实状态的重大风险程度，案涉水电站是否继续建设等一系列问题，也需经环境主管部门审批备案决定后，才能确定案涉项目今后能否继续建设或是永久性停建，因此，案涉项目应在新平公司作出环境影响后评价后由行政主管机关视具体情况依法作出决定。

——《最高人民法院关于发布第 31 批指导性案例的通知》(2021 年 12 月 1 日，法〔2021〕286 号)。

说明

指导案例 173 号为北京市朝阳区自然之友环境研究所诉中国水电顾问集团新平开发有限公司等生态环境保护民事公益诉讼案。该案通过贯彻环境保护法预防为主原则，根据生态环境侵权案件特点，突破了"无损害即无救济"的传统侵权损害救济理念，依法保护了绿孔雀、陈氏苏铁等国家一级重点保护濒危物种及其生存环境。

1705. 对人民检察院就同一污染环境行为提起的环境民事公益诉讼，人民法院可以分别立案、一并审理、分别判决

关键词

环境行政公益诉讼　环境民事公益诉讼　分别立案　一并审理

最高人民法院指导性案例

吉林省白山市人民检察院诉白山市江源区卫生和计划生育局、白山市江源区中医院环境公益诉讼案（最高人民法院指导案例 136 号）

裁判要点：人民法院在审理人民检察院提起的环境行政公益诉讼案件时，对人民检察院就同一污染环境行为提起的环境民事公益诉讼，可以参照行政诉讼法及其司法解释规定，采取分别立案、一并审理、分别判决的方式处理。

法院生效裁判认为，根据国务院《医疗机构管理条例》第五条及第四十条的规定，白山市江源区卫生和计划生育局对辖区内医疗机构具有监督管理的法定职责。《吉林省医疗机构审批管理办法（试行）》第四十四条规定，医疗机构申请校验时应提交校验申请、执业登记项目变更情况、接受整改情况、环评合格报告等材料。白山市江源区卫生和计划生育局在白山市江源区中医院未提交环评合格报告的情况下，对其《医疗机构职业许可证》校验为合格，违反上述规定，该校验行为违法。白山市江源区中医院违法排放医疗污水，导致周边地下水及土壤存在重大污染风险。白山市江源区卫生和计划生育局作为卫生行政主管部门，未及时制止，其怠于履行监管职责的行为违法。白山市江源区中医院通过渗井、渗坑违法排放医疗污水，且污水处理设施建设完工及环评验收需要一定的时间，故白山市江源区卫生和计划生育局应当继续履行监管职责，督促白山市江源区中医院污水处理工程及时完工，达到环评要求并投入使用，符合《吉林省医疗机构审批管理办法（试行）》第四十四条规定的校验医疗机构执业许可证的条件。

《中华人民共和国侵权责任法》第六十五条[①]、第六十六条[②]规定，因污染环境造成损害的，污染者应当承担侵权责任。因污染环境发生纠纷，污染者应当就法律规定的不承担责任或者减轻责任的情形及其行为与损害之间不存在因果关系承担举证责任。本案中，根据公益诉讼人的举证和查明的相关事实，可以确定白山市江源区中医院未安装符合环保要求的污水处理设备，通过渗井、渗坑实施了排放医疗污水的行为。从检测机构的检测结果及检测意见可知，其排放的医疗污水，对附近地下水及周边土壤存在重大环境污染风险。白山市江源区中医院虽辩称其未建设符合环保要求的排污设备系因政府对公办医院投入建设资金不足所致，但该理由不能否定其客观上实施了排污

① 对应《民法典》第一千二百二十九条。

② 对应《民法典》第一千二百三十条。

行为，产生了周边地下水及土壤存在重大环境污染风险的损害结果，以及排污行为与损害结果存在因果关系的基本事实。且环境污染具有不可逆的特点，故作出立即停止违法排放医疗污水的判决。

——《最高人民法院关于发布第 24 批指导性案例的通知》(2019 年 12 月 26 日，法〔2019〕297 号)。

说明

第 24 批指导性案例聚焦生态环境保护专题，是最高人民法院从 100 多件涉生态环境保护案例中遴选出来的 13 个具有指导价值的案例。案例在诉讼类型上，既包括私益诉讼，也包括公益诉讼和生态环境损害赔偿诉讼；在责任方式上，涉及刑事责任、民事责任、行政责任以及三种责任方式的统筹适用；在保护对象上，涵摄大气、水、土壤、矿业、林业、渔业等环境要素和自然资源，覆盖污染环境、破坏生态等领域，环境案件特色鲜明，辨识度高。

1706. 因破坏古迹、建筑群、遗址等人文遗迹造成生态资源损害的，侵权人应当承担侵权责任

关键词

生态资源损害　环境民事公益诉讼　人文生态资源

最高人民法院公报案例

江西省金溪县人民检察院诉徐华文、方雨平人文遗迹保护民事公益诉讼案(江西省金溪县人民法院民事判决书)

裁判摘要：因破坏古迹、建筑群、遗址等人文遗迹造成生态资源损害的，侵权人应当承担侵权责任。检察机关可以依法对破坏人文遗迹造成生态资源损害的案件提起环境民事公益诉讼。在没有鉴定机构对古建筑损坏导致的人文生态资源损失作出鉴定的情况下，经当庭质证的专家意见可以作为认定根据。人民法院应综合考虑检察机关的公益诉讼请求、人文遗迹所在地经济发展水平、人文遗迹自身的社会影响力、被告的主观过错及其经济条件、对人文遗迹整体性的破坏程度和专家意见等要素，依法酌定人文生态资源损失。

江西省金溪县人民法院认为：人文遗迹属于我国环境法保护的范畴。传统村落是中国农耕文明留下的宝贵文化遗产，归属于人文遗迹，是环境的重

要组成部分。对传统村落的保护应当重视其生态价值和文化价值的保护。同时，对传统村落的保护必须着眼于整体性保护，方能实现传统村落的可持续发展。因破坏古迹、建筑群、遗址等人文遗迹造成生态资源损害的，侵权人应当承担侵权责任。案涉“甲第里”“三公旧第”牌匾及其依存建筑具有浓厚的地域文化特征，且包含了丰富的历史信息，属于不可再生的文化遗产。

本案系环境资源案件中的生态保护案件。公益诉讼起诉人起诉要求两被告承担民事侵权责任，对于侵权行为以及侵权行为和损害后果之间的因果关系，因两被告盗窃行为造成被盗门楼损毁的事实，已为生效刑事判决所确认，故本案审理重点为：1. 检察机关对破坏传统村落行为能否提起环境民事公益诉讼。2. 在没有鉴定机构能对古建筑损坏所造成的人文生态资源损失作出鉴定时，有专门知识的人出具的专家意见能否作为证据采信。3. 本案的损失如何确定。对此，评述如下：

一、关于检察机关对破坏传统村落行为能否提起环境民事公益诉讼的问题

金溪县琉璃乡波源村系“江西省传统村落”，拥有丰富的物质和非物质文化遗产。“甲第里”门楼属于不可再生的古建筑资源，该门楼牌匾被盗及损坏，改变了原有古建筑风貌，斩断了原有历史文化传承。金溪县合市镇湖坊村下洋组与“中国传统村落”珊珂村、仲岭村距离相近，具备地域文化特色及传统村落风貌。“三公旧第”门楼承载着一定的历史、文化、艺术、社会、经济价值，对研究当地明清古建筑群以及江西农耕文化具有一定的史料参考价值。法院认为，人文遗迹属于文化遗产，虽然文化遗产属于精神文明范畴，但都是通过一定的物质载体来体现。传统村落即属于有形文化遗产与无形文化遗产的综合体。上述门楼牌匾被盗及损坏，严重损毁被盗门楼的生态价值和历史文化价值，损害了社会公共利益。本案所造成的损失既包含具有直观性和直接性的直接经济损失即门楼牌匾修复费用，也包含具有无形性的生态和人文价值损失，两被告应承担相应的民事侵权责任。本案涉及生态资源的公共利益保护，在没有法律规定的机关和组织提起诉讼的情况下，检察机关可以提起环境民事公益诉讼。

二、关于在没有鉴定机构能对古建筑损坏所造成的人文生态资源损失作出鉴定时，有专门知识的人出具的专家意见能否作为证据采信的问题

本案因无鉴定机构可以对人文生态资源损失进行鉴定，委托两名专家出具了《专家评估意见》。经查，两名专家分别为：抚州市文物保护中心副研究馆员丁潮康，抚州市博物馆副研究馆员程小辉，均系文博类专家，具有文博领域专业知识，且长期从事文物保护领域研究，具有对古建筑损坏所造成人文生态资源损害等专门性问题进行评价的能力，属于“有专门知识的人”。两名专家接受公益诉讼起诉人的委托，依据自己的专业知识并查阅资料，经

充分讨论、分析，从人文生态环境角度对古建筑损坏所造成的功能损害给出了明确的专业意见，并以专家身份出庭接受当事人及审判人员的询问。根据《中华人民共和国民事诉讼法》第七十九条[①]规定："当事人可以申请人民法院通知有专门知识的人出庭，就鉴定人作出的鉴定意见或者专业问题提出意见。"《最高人民法院关于适用〈中华人民共和国民事诉讼法〉的解释》第一百二十二条规定："当事人可以依照民事诉讼法第七十九条[②]的规定，在举证期限届满前申请一至二名具有专门知识的人出庭，代表当事人对鉴定意见进行质证，或者对案件事实所涉及的专业问题提出意见。具有专门知识的人在法庭上就专业问题提出的意见，视为当事人的陈述。"《最高人民法院关于审理环境民事公益诉讼案件适用法律若干问题的解释》第十五条规定："当事人申请通知有专门知识的人出庭，就鉴定人作出的鉴定意见或者就因果关系、生态环境修复方式、生态环境修复费用以及生态环境受到损害至修复完成期间服务功能丧失导致的损失等专门性问题提出意见的，人民法院可以准许。前款规定的专家意见经质证，可以作为认定事实的根据。"法院认为，《专家评估意见》的出具主体、形成程序均合法，两名专家出具的意见，经过充分讨论、分析，结论明确，且经庭审质证，具备合法性、科学性，符合上述法律及司法解释的规定，依法可以作为本案认定事实的根据。

三、关于本案的损失如何确定问题

本案门楼牌匾被盗的同时造成其本身依附的建筑损坏，经具有文物工程设计资质的重庆市工程设计院福建分院对两块牌匾依存建筑所做的修复设计，"甲第里"门楼修复预算为 9812 元，"三公旧第"门楼修复预算为 93727.61 元。法院认为，上述修复工程费用系有资质的专业机构所做的评估意见，且两被告对该修复费用并无异议，故对公益诉讼起诉人提起的要求两被告承担"甲第里"门楼修复费 9812 元、"三公旧第"门楼修复费 93727.61 元的诉讼请求，予以支持。

关于对人文生态资源损失的确定。法院认为，公益诉讼起诉人起诉要求两被告承担人文生态环境服务功能损失，实质上是要求两被告承担所造成的人文生态资源损失，既包含了服务功能损失，也应包含永久性功能损失。故法院界定本案所造成的损失应为人文生态资源损失。案涉"甲第里""三公旧第"牌匾及其依存建筑具有浓厚的地域文化特征，且包含了丰富的历史信息，属于不可再生的文化遗产。虽然被盗牌匾及被破坏的门楼建筑可以依照原貌进行修复，但被盗牌匾的原物已难以追回，而且经过修复后的门楼及牌匾的人文生态价值相较原物价值必有贬损，原生态的古村落传统风貌的完整性和

---

① 现为《民事诉讼法》（2021 年修正）第八十二条。

② 现为《民事诉讼法》（2021 年修正）第八十二条。

传统村落历史文化的传承功能已不可逆地遭到破坏，对当地人文生态资源造成了损害，这种损害严重影响了当地人民群众的人文情怀、历史情感，这种无形的损失难以用金钱来衡量。综合考虑金溪县地方经济发展水平、“甲第里”石匾所在地波源村系“江西省传统村落”、两被告的主观过错及其家庭经济条件、对传统村落整体性的破坏程度以及专家依据专业知识出具的人文生态环境服务功能损失费用310617元的意见等情况，根据《最高人民法院关于审理环境民事公益诉讼案件适用法律若干问题的解释》第二十一条“原告请求被告赔偿生态环境受到损害至修复完成期间服务功能丧失导致的损失、生态环境功能永久性损害造成的损失的，人民法院可以依法予以支持”的规定，酌定两被告承担因破坏人文生态资源所造成的损失为300000元。鉴定和评估费用共计11200元，应由两被告一并承担。

——《最高人民法院公报》2022年第9期。

1707. 生态环境损害赔偿金是否可以抵扣

关键词

生态环境　固体废物　生态环境损害赔偿金

最高人民法院指导性案例

重庆市人民检察院第五分院诉重庆瑜煌电力设备制造有限公司等环境污染民事公益诉讼案（最高人民法院指导案例204号）

裁判要点：1. 受损生态环境无法修复或无修复必要，侵权人在已经履行生态环境保护法律法规规定的强制性义务基础上，通过资源节约集约循环利用等方式实施环保技术改造，经评估能够实现节能减排、减污降碳、降低风险效果的，人民法院可以根据侵权人的申请，结合环保技术改造的时间节点、生态环境保护守法情况等因素，将由此产生的环保技术改造费用适当抵扣其应承担的生态环境损害赔偿金。

2. 为达到环境影响评价要求、排污许可证设定的污染物排放标准或者履行其他生态环境保护法律法规规定的强制性义务而实施环保技术改造发生的费用，侵权人申请抵扣其应承担的生态环境损害赔偿金的，人民法院不予支持。

法院生效裁判认为：根据《中华人民共和国固体废物污染环境防治法》

（2015年修正）第五十七条规定，从事收集、贮存、处置危险废物经营活动的单位，必须向县级以上人民政府环境保护行政主管部门申请领取经营许可证；从事利用危险废物经营活动的单位，必须向国务院环境保护行政主管部门或者省、自治区、直辖市人民政府环境保护行政主管部门申请领取经营许可证。本案中，瑜煌公司、顺泰公司作为危险废物的生产者，却将涉案危险废物交由未取得危险废物经营许可证的鹏展公司处置，违反了危险废物污染防治的法定义务。鹏展公司非法排放的危险废物中无法区分瑜煌公司、顺泰公司各自提供的具体数量或所占份额，构成共同侵权，故瑜煌公司和顺泰公司应对鹏展公司所造成的生态环境损害承担连带责任。

环境公益诉讼作为环境保护法确立的重要诉讼制度，其诉讼目的不仅仅是追究环境侵权责任，更重要的是督促引导环境侵权人实施环境修复，鼓励企业走生态优先、绿色发展的道路，实现环境保护同经济建设和社会发展相协调。瑜煌公司和顺泰公司在案涉污染事件发生后实施技术改造，并请求以技术改造费用抵扣生态环境损害赔偿金。对技术改造费用能否用以抵扣应承担的生态环境损害赔偿金的问题，应秉持前述环境司法理念，对企业实施的环保技术改造的项目和目的加以区分，分类对待。如果企业实施的环保技术改造的项目和目的仅满足其环境影响评价要求、达到排污许可证设定的污染物排放标准或者履行其他法定的强制性义务，那么对该部分技术改造费用应不予抵扣；如果企业在已完全履行法律对企业设定的强制性环境保护义务基础之上，通过使用清洁能源、采用更优技术、工艺或设备等方式，实现资源利用率更高、污染物排放量减少、废弃物综合利用率提升等效果，则该部分技术改造费用就应考虑予以适当抵扣。

本案中，由于河流具有自净能力，受到污染的水体现已无必要进行生态环境修复。瑜煌公司和顺泰公司愿意继续进行技术改造，其承诺实施的技术改造，有利于实现污染物的减量化、再利用和资源化，亦有利于降低当地的环境风险。因此，将瑜煌公司和顺泰公司已实际支付的环保技术改造费用用于抵扣其应承担的生态环境损害赔偿金，符合环境公益诉讼维护社会公共利益的目的。为支持企业绿色转型，鼓励瑜煌公司和顺泰公司投入更多的资金用于节能减排，法院将瑜煌公司和顺泰公司各自可以抵扣的上限设定为其应承担的生态环境损害赔偿金的50%。故瑜煌公司和顺泰公司在本判决生效后开展技术改造，在相同产能的前提下明显减少危险废物的产生或降低资源的消耗，且未因环境违法行为受到处罚，其已支付的技术改造费用凭技术改造效果评估意见和具有法定资质的中介机构出具的技术改造投入资金审计报告，可向人民法院申请抵扣。

——《最高人民法院关于发布第37批指导性案例的通知》（2022年12月30日，法〔2022〕277号）。

说明

指导性案例 204 号环境污染民事公益诉讼案，鼓励生产经营者通过资源节约集约循环利用等方式实施环保技术改造，明确技改抵扣的适用以产生法定强制性义务之外的环境效益增量为前提，经评估能够实现节能减排、减污降碳、降低风险效果的，侵权人可以申请以相关技改费用适当抵扣生态环境损害赔偿金。

北京市人民检察院第四分院诉朱清良、朱清涛环境污染民事公益诉讼案（最高人民法院指导案例 206 号）

裁判要点：1. 两个以上侵权人分别实施污染环境、破坏生态行为造成同一损害，每一个侵权人的污染环境、破坏生态行为都不足以造成全部损害，部分侵权人根据修复方案确定的整体修复要求履行全部修复义务后，请求以代其他侵权人支出的修复费用折抵其应当承担的生态环境服务功能损失赔偿金的，人民法院应予支持。

2. 对于侵权人实施的生态环境修复工程，应当进行修复效果评估。经评估，受损生态环境服务功能已经恢复的，可以认定侵权人已经履行生态环境修复责任。

法院生效裁判认为：朱清良、朱清涛非法开采的行为，造成了生态环境破坏，侵害了不特定多数人的合法权益，损害了社会公共利益，构成环境民事侵权。朱清良、朱清涛作为非法开采行为人，违反了保护环境的法定义务，应对造成的生态环境损害承担民事责任。

一、关于被告对他人倾倒渣土的处理费用能否折抵生态功能损失赔偿费用的问题。从环境法的角度而言，生态环境具有供给服务、调节服务、文化服务以及支持服务等功能。生态环境受损将导致其向公众或其他生态系统提供上述服务的功能减少或丧失。朱清良、朱清涛在其租赁的林果地上非法开采，造成地块土壤受损，属于破坏生态环境、损害社会公共利益的行为，还应赔偿生态环境受到损害至恢复原状期间的服务功能损失。根据鉴定评估报告对生态服务价值损失的评估意见，确定朱清良、朱清涛应承担的服务功能损失赔偿金额为 652896.75 元。《最高人民法院关于审理环境民事公益诉讼案件适用法律若干问题的解释》第二十四条第一款规定，人民法院判决被告承担的生态环境修复费用、生态环境受到损害至恢复原状期间服务功能损失等款项，应当用于修复被损害的生态环境。故被告人承担的生态环境受到损害至恢复原状期间服务功能损失的款项应当专项用于该案环境修复、治理或异地公共生态环境修复、治理。朱清良、朱清涛对案涉土地进行生态修复时，土地上还存在无法查明的他人倾倒渣土。朱清涛、朱清良非法开采的行为造成受损地块原生土壤丧失、土壤的物理结构变化，而他人倾倒渣土的行为则会造成土壤养分的改变，两个侵权行为叠加造成现在的土壤生态环境损害。为全面及时恢复生态环境，朱清良、朱清涛根据修复方案对涉案地块整体修复的要求，对该环境内所倾倒渣土进行清理并为此实际支出 75.4 万元，系属于对案涉环境积极的修复、治理，这与法律、司法解释规定的被告承担生态功能损失赔偿责任的目的和效果是一致的。同时，侵权人在承担修复责任的同时，积极采取措施，对他人破坏环境造成的后果予以修复治理，有益于生态环境保护，在修复效果和综合治理上亦更能体现及时优化生态环境的特点。因此，综合两项费用的功能目的以及赔偿费用专项执行的实际效果考虑，朱清良、朱清涛对倾倒渣土环境进行清理的费用可以折抵朱清良、朱清涛需要承担的生态功能损失赔偿费用。

二、关于被告诉讼过程中自行进行生态修复的效果评估问题。朱清良、朱清涛在诉讼过程中主动履行环境修复义务，并于 2020 年 6 月 25 日至 10 月 15 日期间按照承诺书载明的生态环境修复方案对案涉地块进行了回填修复。根据《最高人民法院关于审理生态环境损害赔偿案件的若干规定（试行）》第九条规定，负有相关环境资源保护监督管理职责的部门或者其委托的机构在行政执法过程中形成的事件调查报告、检验报告、监测报告、评估报告、监测数据等，经当事人质证并符合证据标准的，可以作为认定案件事实的根据。本案中，北京市房山区有关单位积极履行环境监督管理职责，对于被告人自行实施的生态修复工程进行过程监督并出具相应的验收意见，符合其职责范围，且具备相应的专业判断能力，有关单位联合出具的验收意见，可以作为认定当事人自行实施的生态修复工程质量符合标准的重要依据。同时，评估机构在此基础上，对修复工程进行了效果评估，确认案涉受损地块内土壤已恢复至基线水平，据此可以认定侵权人已经履行生态环境修复责任。

——《最高人民法院关于发布第 37 批指导性案例的通知》（2022 年 12 月 30 日，法〔2022〕277 号）。

说明

指导性案例 206 号环境污染民事公益诉讼案，人民法院与检察机关、行政机关协同配合，督促侵权人根据修复方案确定的整体修复要求积极进行生态修复，在依法认定无意思联络侵权人各自责任基础上，准许被告以代其他侵权人支出的修复费用折抵生态环境损害赔偿金，并明确了生态环境修复工程实施效果的评估标准。

1708. 行为人未在走私废物犯罪案件中被判处刑事责任，不代表其无须承担民事责任

关键词

固体废物　生态环境损害　处置费用

最高人民法院指导性案例

上海市人民检察院第三分院诉郎溪华远固体废物处置有限公司、宁波高新区米泰贸易有限公司、黄德庭、薛强环境污染民事公益诉讼案（最高人民法院指导案例205号）

裁判要点：1. 侵权人走私固体废物，造成生态环境损害或者具有污染环境、破坏生态重大风险，国家规定的机关或者法律规定的组织请求其依法承担生态环境侵权责任的，人民法院应予支持。在因同一行为引发的刑事案件中未被判处刑事责任的侵权人主张不承担生态环境侵权责任的，人民法院不予支持。

2. 对非法入境后因客观原因无法退运的固体废物采取无害化处置是防止生态环境损害发生和扩大的必要措施，所支出的合理费用应由侵权人承担。侵权人以固体废物已被行政执法机关查扣没收，处置费用应纳入行政执法成本作为抗辩理由的，人民法院不予支持。

法院生效裁判认为：行为人未在走私废物犯罪案件中被判处刑事责任，不代表其必然无须在民事公益诉讼中承担民事责任，是否应当承担民事责任，需要依据民事法律规范予以判断，若符合相应民事责任构成要件的，仍应承担民事赔偿责任。本案中，相关证据能够证明华远公司与米泰公司、黄德庭、薛强之间就进口铜污泥行为存在共同商议，其属于进口铜污泥行为的需求方和发起者，具有共同的侵权故意，符合共同实施环境民事侵权行为的构成要件。

对于非法入境的国家禁止进口的固体废物，即使因被查扣尚未造成实际的生态环境损害，但对国家生态环境安全存在重大侵害风险的，侵权行为人仍应负有消除危险的民事责任。相关行为人应当首先承担退运固体废物的法律责任，并由其自行负担退运成本，在无法退运的情形下，生态环境安全隐患和影响仍客观存在，行为人不应当因无法退运而免除排除污染风险的法律责任。故在本案中，四被告应当共同承担消除危险的民事责任。

针对非法入境而滞留境内的固体废物，无害化处置是消除危险的必要措施，相应的处置费用应由侵权行为人承担。为防止生态环境损害的发生，行为人应当承担为停止侵害、消除危险等采取合理预防、处置措施而发生的费用。案涉铜污泥无法退运，为消除环境污染危险，需要委托有关专业单位采取无害化处置，此系必要的、合理的预防处置措施。相关费用属于因消除污染危险而产生的费用，华远公司与其他各方应承担连带赔偿责任。侵权行为人以固体废物已被行政执法机关查扣没收，处置费用应纳入行政执法成本作为抗辩理由的，不应予以支持。

——《最高人民法院关于发布第 37 批指导性案例的通知》（2022 年 12 月 30 日，法〔2022〕277 号）。

说明

指导性案例 205 号环境污染民事公益诉讼案，系司法保障全面禁止“洋垃圾”入境的代表性案例。该案明确侵权人走私固体废物，造成生态环境损害或者具有污染环境、破坏生态重大风险的，应当依法承担生态环境侵权责任，赔偿行政执法机关实施无害化处置支出的合理费用，有效解决“企业污染、群众受害、政府买单”的生态保护困局。

九江市人民政府诉江西正鹏环保科技有限公司、杭州连新建材有限公司、李德等生态环境损害赔偿诉讼案（最高人民法院指导案例 210 号）

裁判要点：侵权人虽因同一污染环境、破坏生态行为涉嫌刑事犯罪，但生态环境损害赔偿诉讼案件中认定侵权事实证据充分的，不以相关刑事案件审理结果为依据，人民法院应当继续审理，依法判决侵权人承担生态环境修复和赔偿责任。

法院生效裁判认为：正鹏公司、连新公司、张永良、李德、舒正峰、黄永、夏吉萍、陈世水、马祖兴以分工合作的方式非法转运、倾倒污泥造成生态环境污染，损害了社会公共利益，应当承担相应的生态环境损害赔偿责任。因各被告倾倒的每一地块污泥已混同，同一地块的污泥无法分开进行修复，应由相关被告承担同一地块的共同修复责任。本案各被告对案涉 3、4、5 号地块环境污染应承担的侵权责任逐一认定如下：

一、3 号地块污泥系李德从长江江面多家公司接手，由黄永、舒正峰、陈世水分工合作倾倒，该地块修复费用 280.3396 万元，应由上述各被告共同承担。陈世水辩解其系李德雇员且在非法倾倒行为中非法所得较少及作用较小，应由雇主李德承担赔偿责任或由其承担较小赔偿责任。因环境共同侵权并非以非法所得或作用大小来计算修复责任大小，该案无证据可证明陈世水系李德雇员，陈世水与其他被告系以分工合作的方式非法倾倒污泥，应承担共同侵权连带环境修复责任。

二、4 号地块部分污泥来源于连新公司（系张永良以连新公司名义获得），由李德、黄永、舒正峰、陈世水分工合作进行倾倒，该地块剩余修复费用 201.8515 万元，应由上述各被告共同承担。连新公司辩称来源于张永良的污泥并不等同于来源于连新公司，连新公司不应承担赔偿责任。依据审理查明的事实可知，连新公司是在处理污泥能力有限的情况下，将公司公章、空白合同交由张永良处理污泥，其对张永良处理污泥的过程未按照法律规定的流程进行追踪，存在明显监管过失，且张永良、证人黄某某证言证实 4 号地块的部分污泥来源于连新公司。因而，连新公司该抗辩意见不应予以支持。

三、5 号地块污泥来源于张永良，由李德、马祖兴分工合作进行倾倒，该地块修复费用 448.9181 万元，应由上述各被告共同承担。环境损害鉴定报告中评估报告编制费 20 万元，风险评估方案编制费 10 万元以及律师代理费 4 万元，均属本案诉讼的合理支出费用，原告主张的上述费用应予以支持。生态环境损害赔偿案件承担责任的方式包括赔礼道歉，九江市人民政府要求被告在省级或以上媒体向社会公开道歉的诉讼请求于法有据，应予以支持。

本案裁判还认为，李德作为正鹏公司的实际控制人，在正鹏公司无处理污泥资质及能力的情况下，以正鹏公司的名义参与污泥的非法倾倒，李德与正鹏公司应共同承担生态环境修复责任。在上述 4 号、5 号地块的污泥非法倾倒中，夏吉萍以志合公司的名义与正鹏公司合作处理污泥的方式参与其中，且作为志合公司实际负责人取得相关利润分成，故夏吉萍应共同承担上述地块的生态修复责任。对夏吉萍辩称其不明知被告正鹏公司非法倾倒污泥的行为，不应承担生态环境损害修复责任，其本人涉嫌环境污染刑事犯罪正在公诉，刑案应优先于本案审理的理由，本案正鹏公司与志合公司的合作协议、银行流水记录及李德、夏吉萍、张永良的供述、证人王某某的证言、志合公司转运联单等证据足以证明志合公司与正鹏公司于 2017 年 9 月 14 日合作后，双方共同参与了涉案污泥倾倒，夏吉萍取得倾倒污泥的利润分成，应当承担所涉污泥倾倒导致的环境损害赔偿责任。本案对夏吉萍侵权事实的认定已有相关证据予以支撑，并非必须以相关刑事案件审理结果为依据，继续审理并无不妥。

——《最高人民法院关于发布第 37 批指导性案例的通知》（2022 年 12 月 30 日，法〔2022〕277 号）。

说明

指导性案例 210 号系地方人民政府对长江流域跨省倾倒工业污泥违法行

为提起的生态环境损害赔偿诉讼案。该案进一步细化政府赔偿磋商与诉讼程序的衔接机制，明确国家规定的机关通过诉前磋商，与部分赔偿义务人达成生态环境损害赔偿协议的，可以依法向人民法院申请司法确认；对于磋商不成的其他赔偿义务人，可以依法提起生态环境损害赔偿诉讼。

1709. 人民法院可以结合生态环境基础修复及生物多样性修复方案，确定修复费用的具体使用方向

关键词

环境民事公益诉讼　生态环境修复　系统治理　修复费用

最高人民法院指导性案例

江苏省南京市人民检察院诉王玉林生态破坏民事公益诉讼案（最高人民法院指导案例207号）

裁判要点：1. 人民法院审理环境民事公益诉讼案件，应当坚持山水林田湖草沙一体化保护和系统治理。对非法采矿造成的生态环境损害，不仅要对造成山体（矿产资源）的损失进行认定，还要对开采区域的林草、水土、生物资源及其栖息地等生态环境要素的受损情况进行整体认定。

2. 人民法院审理环境民事公益诉讼案件，应当充分重视提高生态环境修复的针对性、有效性，可以在判决侵权人承担生态环境修复费用时，结合生态环境基础修复及生物多样性修复方案，确定修复费用的具体使用方向。

法院生效裁判认为：非法采矿对生态资源造成复合性危害，在长江沿岸非法露天采矿，不仅造成国家矿产资源损失，还必然造成开采区域生态环境破坏及生态要素损失。环境和生物之间、生物和生物之间协同共生，相互影响、相互依存，形成动态的平衡。一个生态要素的破坏，必然会对整个生态系统的多个要素造成不利影响。非法采矿将直接导致开采区域的植被和土壤破坏，山体损坏影响到林、草蓄积，林、草减少影响到水土涵养，上述生态要素的破坏又直接、间接影响到鸟类和其他动物的栖息环境，造成生态系统的整体破坏及生物多样性的减少，自然要素生态利益的系统损害必将最终影响到人类的生产生活和优美生态环境的实现。被告王玉林违反矿产资源法的规定，未取得采矿许可证即实施非法采矿行为，造成生态环境的破坏，主观

存在过错，非法采矿行为与生态环境损害之间具有因果关系，应当依照《中华人民共和国侵权责任法》第六条[①]之规定，对其行为造成的生态环境损害后果承担赔偿责任。

一、关于生态环境损害计算问题

（一）生态资源的经济损失计算合理。非法采矿必将使被开采区域的植被遭到严重破坏，受损山体的修复及自然林地的恢复均需要合理周期，即较长时间才能重新恢复林地的生态服务功能水平，故《评估报告》以具有20年生长年限的林地作为参照计算具有一定合理性，《评估报告》制作人关于林木经济损失计算的解释科学，故应对非法采矿行为造成林木经济损失861750元依法予以认定。

（二）鸟类生态价值损失计算恰当。森林资源为鸟类提供了栖息地和食物来源，鸟类种群维持着食物链的完整性，保持营养物质循环的顺利进行，栖息地的破坏必然导致林鸟迁徙或者食物链条断裂，一旦食物链的完整性被破坏，必将对整个森林生态系统产生严重的后果。《补充说明》载明，两处非法开采点是林鸟种群的主要栖息地和适宜生境，非法采矿行为造成鸟类栖息地被严重破坏，由此必然产生种子传播收益额及改善土壤收益额的损失。鸟类为种子的主要传播者和捕食者，可携带或者吞食植物种子，有利于生态系统次生林的自然演替；同时，次生林和原始森林系统的良性循环，也同样为鸟类的自然栖息地提供了庇护，对植物种子的传播具有积极意义。《补充说明》制作人从生态系统的完整性和种间生态平衡的角度，对非法采矿行为造成平衡性和生物多样性的破坏等方面对鸟类传播种子损失作出了详细解释，解释科学合理，故对非法采矿造成鸟类生态价值损失243122元予以认定。

（三）哺乳动物栖息地服务价值损失客观存在。森林生态系统是陆地生态系统的重要组成部分，同时也是哺乳动物繁衍和生存的主要栖息地之一。哺乳动物不仅对维持生态系统平衡有重要作用，还能够调节植物竞争，维护系统物种多样性以及参与物质和能量循环等，是改变生态系统内部各构件配置的最基本动力。虽然因客观因素无法量化栖息地生态环境损害价值，但非法采矿行为造成山体破坏和植被毁坏，导致哺乳动物过境受到严重影响，哺乳动物栖息地服务价值损失客观存在。结合案涉非法采矿区域位于矿坑宕口及林场路口的实际情况，综合考虑上述区域植被覆盖率以及人类活动影响造成两区域内哺乳动物的种类和数量较少等客观因素，公益诉讼起诉人主张按照其他生态环境损失1874368元的1%计算哺乳动物栖息地服务价值损失18744元具有一定的合理性，应当依法予以支持。

二、关于生态环境修复问题

---

① 对应《民法典》第一千一百六十五条。

恢复性司法理念要求受损的生态环境切实得到有效修复，系统保护需要从各个生态要素全方位、全地域、全过程保护，对破坏生态所造成的损失修复，也要从系统的角度对不同生态要素所遭受的实际影响予以综合考量，注重从源头上系统开展生态环境修复，注重自然要素生态利益的有效发挥，对长江流域生态系统提供切实有效的保护。鉴于非法采矿给生态环境造成了严重的破坏，应当采取消除受损山体存在的地质灾害隐患，以及从尽可能恢复其生态环境功能的角度出发，结合经济、社会、人文等实际发展需要进行总体分析判断。

案涉修复方案涵盖了山体修复、植被复种、绿地平整等生态修复治理的多个方面，充分考虑了所在区域生态环境结构的功能定位，体现了强化山水林田湖草沙等各种生态要素协同治理的理念，已经法庭技术顾问论证，结论科学，方法可行。王玉林赔偿的生态环境损失费用中，属于改善受破坏的自然环境状况，恢复和维持生态环境要素正常生态功能发挥范畴的，可用于侵权行为发生地生态修复工程及地质灾害治理工程使用。本案中生物栖息地也是重要的生态保护和修复目标，生物多样性受到影响的损失即鸟类生态价值损失、哺乳动物栖息地服务价值损失、修复期间生物多样性价值恢复费用属于生物多样性恢复考量范畴，可在基础修复工程完成后，用于侵权行为发生地生物多样性的恢复及保护使用。

综上，法院最终判决王玉林对其非法采矿造成的生态资源损失承担赔偿责任，并在判决主文中写明了生态修复、地质治理等项目和生物多样性保护等费用使用方向。

——《最高人民法院关于发布第37批指导性案例的通知》(2022年12月30日，法〔2022〕277号)。

说明

指导性案例207号生态破坏民事公益诉讼案，注重综合治理、系统治理、源头治理，充分考虑生态环境结构功能定位，根据山体、林草、水土、生物资源及其栖息地等各生态环境要素的受损情况，整体认定非法采矿行为造成的生态环境损害，并在确定修复费用的具体使用方向时一并予以综合考量，切实提高生态环境修复的针对性、有效性。

1710. 破坏自然遗迹和风景名胜造成生态环境损害的应依法承担修复和赔偿责任

关键词

自然遗迹　风景名胜　生态环境损害

最高人民法院指导性案例

江西省上饶市人民检察院诉张永明、张鹭、毛伟明生态破坏民事公益诉讼案（最高人民法院指导案例 208 号）

裁判要点：1. 破坏自然遗迹和风景名胜造成生态环境损害，国家规定的机关或者法律规定的组织请求侵权人依法承担修复和赔偿责任的，人民法院应予支持。

2. 对于破坏自然遗迹和风景名胜造成的损失，在没有法定鉴定机构鉴定的情况下，人民法院可以参考专家采用条件价值法作出的评估意见，综合考虑评估方法的科学性及评估结果的不确定性，以及自然遗迹的珍稀性、损害的严重性等因素，合理确定生态环境损害赔偿金额。

法院生效裁判认为：

一、关于人民法院对检察机关提起的本案生态破坏民事公益诉讼可否支持的问题

首先，张永明上诉称其三人行为仅构成对自然资源的破坏而非对生态环境的破坏，该主张不能成立。《中华人民共和国宪法》第二十六条明确“国家保护和改善生活环境和生态环境，防治污染和其他公害。”该法条将环境分为生活环境和生态环境。生活环境指向与人类活动有关的环境，生态环境指向与自然活动有关的环境。《中华人民共和国环境保护法》第二条“本法所称环境，是指影响人类生存和发展的各种天然的和经过人工改造的自然因素的总体，包括大气、水、海洋、土地、矿藏、森林、草原、湿地、野生生物、自然遗迹、人文遗迹、自然保护区、风景名胜区、城市和乡村等。”该法条将环境分为自然环境和人工环境。自然环境指与人类生存和发展有密切关系的自然条件和自然资源，人工环境指经过人类活动改造过的环境。由以上分析可以认定张永明等三人采取打岩钉方式攀爬行为对巨蟒峰自然遗迹的损害构成对自然环境，亦即对生态环境的破坏。

其次，张永明等三人采取打岩钉方式攀爬对巨蟒峰的破坏损害了社会公共利益。巨蟒峰作为独一无二的自然遗迹，是不可再生的珍稀自然资源型资产，其所具有的重大科学价值、美学价值和经济价值不仅是当代人的共同财富，也是后代人应当有机会享有的环境资源。本案中，张永明等三人采取打岩钉方式攀爬对巨蟒峰的损害，侵害的是不特定社会公众的环境权益，不特定的多数人享有的利益正是社会公共利益的内涵。人们享有的环境权益不仅包含清新的空气、洁净的水源等人们生存发展所必不可少的环境基本要素，也包含基于环境而产生的可以满足人们更高层次需求的生态环境资源，例如优美的风景、具有重大科研价值的濒危动物或具有生态保护意义的稀缺植物或稀缺自然资源等。对这些资源的损害，直接损害了人们可以感受到的生态环境的自然性、多样性，甚至产生人们短时间内无法感受到的生态风险。

综上，张永明等三人的行为对巨蟒峰自然遗迹的损害，属于生态环境资源保护领域损害社会公共利益的行为，检察机关请求本案三被告依法承担破坏自然遗迹和风景名胜造成的生态环境损害赔偿责任，人民法院应予支持。

二、关于赔偿数额如何确定的问题

本案三行为人对巨蟒峰造成的损失量化问题，目前全国难以找到鉴定机构进行鉴定。依据《最高人民法院关于审理环境民事公益诉讼案件适用法律若干问题的解释》第二十三条规定，法院可以结合破坏生态的范围和程度、生态环境的稀缺性、生态环境恢复的难易程度以及被告的过错程度等因素，并可以参考相关部门意见、专家意见等合理确定。

2018 年 3 月 28 日，上饶市人民检察院委托江西财经大学专家组就本案所涉巨蟒峰损失进行价值评估。江西财经大学专家组于 2018 年 5 月 3 日作出《三清山巨蟒峰受损价值评估报告》（以下简称《评估报告》）。该专家组成员具有环境经济、旅游管理、生态学方面的专业知识，采用国际上通行的条件价值法对本案所涉价值进行了评估，专家组成员均出庭对《评估报告》进行了说明并接受了各方当事人的质证。该《评估报告》符合《最高人民法院关于审理环境民事公益诉讼案件适用法律若干问题的解释》第十五条规定的“专家意见”，依法可作为本案认定事实的参考依据。

《评估报告》采用的条件价值法属于环境保护部下发的《环境损害鉴定评估推荐方法（第 II 版）》确定的评估方法之一。虽然该方法存在一定的不确定性，但其科学性在世界范围内得到认可，且目前就本案情形没有更合适的评估方法。故根据以上意见，参考《评估报告》结论“‘巨蟒峰案的价值损失评估值’不应低于该事件对巨蟒峰非使用价值造成的损失最低阈值，即 1190 万元”，综合考虑本案的法律、社会、经济因素，具体结合了三被告已被追究刑事责任的情形、本案查明的事实、当事人的过错程度、当事人的履行能力、江西的经济发展水平等，酌定赔偿金额为 600 万元。

裁判同时明确，生态环境是人类生存和发展的根基，对自然资源的破坏即是对生态环境的破坏。我国法律明确将自然遗迹、风景名胜区作为环境要素加以保护，规定一切单位和个人都有保护环境的义务，因破坏生态环境造成损害的，应当承担侵权责任。特别是在推进生态文明建设的进程中，只有实行最严格的制度、最严密的法治，才能更好地保护我们的生态环境。张永明、张鹭、毛伟明三人采用打岩钉方式攀爬行为给巨蟒峰造成不可修复的永久性伤害，损害了社会公共利益，构成共同侵权。判决三人承担环境侵权赔偿责任，旨在引导社会公众树立正确的生态文明观，珍惜和善待人类赖以生存和发展的生态环境。

——《最高人民法院关于发布第 37 批指导性案例的通知》（2022 年 12 月 30 日，法〔2022〕277 号）。

说明

指导性案例 208 号生态破坏民事公益诉讼案，系首例自然遗迹保护公益诉讼。该案明确侵权人以破坏性方式攀爬世界自然遗产三清山巨蟒峰，应当依法承担修复和赔偿责任，对破坏自然遗迹和风景名胜造成的生态环境损害认定方法进行了有益探索，通过司法裁判引导社会公众树立正确生态文明观，保护和可持续利用自然资源，珍惜爱护生态环境。

1711. 生态环境不立即修复将导致生态环境损害扩大的，人民法院可以依法裁定先予执行

关键词

生态环境修复　先予执行　损害扩大

最高人民法院指导性案例

浙江省遂昌县人民检察院诉叶继成生态破坏民事公益诉讼案（最高人民法院指导案例 209 号）

裁判要点：生态恢复性司法的核心理念为及时修复受损生态环境，恢复生态功能。生态环境修复具有时效性、季节性、紧迫性的，不立即修复将导致生态环境损害扩大的，属于《中华人民共和国民事诉讼法》第一百零九条第三项规定的“因情况紧急需要先予执行的”情形，人民法院可以依法裁定先予执行。

法院生效裁判认为：森林生态环境修复需要考虑节气及种植气候等因素，如果未及时采取修复措施补种树苗，不仅增加修复成本，影响修复效果，而且将导致生态环境受到损害至修复完成期间的服务功能损失进一步扩大。叶继成滥伐林木、破坏生态环境的行为清楚明确，而当时正是植树造林的有利时机，及时补种树苗有利于新植树木的成活和生态环境的及时有效恢复。基于案涉补植树苗的季节性要求和修复生态环境的紧迫性，本案符合《中华人民共和国民事诉讼法》第一百零六条第三项规定的因情况紧急需要先予执行的情形，故对公益诉讼起诉人的先予执行申请予以准许。

林地是森林资源的重要组成部分，是林业发展的根本。林地资源保护是生态文明建设中的重要环节，对于应对全球气候变化，改善生态环境有着重要作用。被告叶继成违反《中华人民共和国森林法》第二十三条、第三十二条的规定，未经许可，在公益林山场滥伐林木，数量较大，破坏了林业资源和生态环境，对社会公共利益造成了损害，应当承担相应的环境侵权责任。综合全案事实和鉴定评估意见，人民法院对公益诉讼起诉人要求叶继成承担生态环境修复责任的主张予以支持。

——《最高人民法院关于发布第37批指导性案例的通知》(2022年12月30日，法〔2022〕277号)。

说明

指导性案例209号生态破坏民事公益诉讼案，贯彻恢复性司法理念，准确把握生态系统整体性和内在规律，明确生态环境修复具有时效性、季节性、紧迫性，不立即修复将导致生态环境损害扩大的，可以依法裁定先予执行，确保受损生态环境服务功能有效恢复。

第十二章　民刑（行）交叉案件

1712. 办理民刑交叉案件的思路和原则

关键词

民刑交叉　基本原则　同一性程度

最高人民法院审判业务意见（六巡疑难问题解答）

问题 1：如何把握办理民刑交叉案件的思路和原则？

民事诉讼与刑事诉讼在基本原则、程序构造、证据规则等方面均有不同之处，司法实践中民事案件与刑事案件在主体、事实等方面可能存在完全重合或者部分重合，导致案件的民事、刑事部分在程序处理、实体责任承担等方面相互交织、影响，就是所谓的民刑交叉案件。人民法院关于民刑交叉问题的司法解释或规范性文件，例如《最高人民法院关于在审理经济纠纷案件中涉及经济犯罪嫌疑若干问题的规定》《民间借贷司法解释》《民商审判会议纪要》等，对办理民刑交叉案件提供了基本裁判依据。

办理民刑交叉案件的基本思路是按照案涉事实的同一性程度，进行区分认定和处理。对于因同一事实、相同当事人同时涉及刑事、民事责任，如因刑事犯罪行为侵犯受害人人身权利、财产权利，以及受害人对刑事程序中依法应予追缴、责令退赔的财产享有合法民事权益的，为“竞合型”民刑交叉案件，一般应当遵循“先刑后民”的处理原则，在刑事程序中合并处理，民事权利救济可通过刑事附带民事诉讼或追赃、退赔等方式获得实现。当事人单独提起民事诉讼的，人民法院一般不予受理，应告知受害人或者利害关系人可在刑事诉讼程序中提起附带民事诉讼，同时将涉嫌刑事犯罪的相关材料、线索移送刑事侦查机关。

但在刑事案件中未对民事责任予以处理的，应允许当事人另行提起民事诉讼。

因不同事实、相同当事人分别涉及刑事、民事责任的，或者因同一事实、不同当事人分别涉及刑事、民事责任的，为“牵连型”民刑交叉案件，参考

《民商审判会议纪要》第 128 条规定，一般采取并行处理的原则，即民事案件与刑事案件应分别受理，分开审理。另外，在涉及银行卡纠纷、证券虚假陈述案件中，司法解释已明确规定了“先民后刑”的审理原则。如《最高人民法院关于审理银行卡民事纠纷案件若干问题的规定》第 10 条规定，在符合当事人约定或法定情形下，人民法院应依法支持持卡人请求发卡行、非银行支付机构承担先行赔付责任的诉讼请求。

——杨临萍主编、最高人民法院第六巡回法庭编：《最高人民法院第六巡回法庭裁判规则》，人民法院出版社 2022 年版，第 29~30 页。

1713. 理解和把握民刑交叉案件中的“同一事实”和“关联事实”

关键词

民刑交叉案件　同一事实　关联事实

最高人民法院审判业务意见（六巡疑难问题解答）

问题 1：如何理解和把握民刑交叉案件中的“同一事实”和“关联事实”？

《最高人民法院关于在审理经济纠纷案件中涉及经济犯罪嫌疑若干问题的规定》第 1 条规定，同一自然人、法人或非法人组织因不同的法律事实，分别涉及经济纠纷和经济犯罪嫌疑的，经济纠纷案件和经济犯罪嫌疑案件应当分开审理。《民间借贷司法解释》第 5 条、第 6 条的规定也采取该项原则，并将“同一法律关系”“同一法律事实”，表述为“同一事实”。对于同一事实，《民商审判会议纪要》提出从实施主体、法律关系、要件事实三个角度进行认定，第 128 条规定以是否系同一主体实施的行为来判断刑事、民事案件应否分别审理。另外，该条第 1 款第 5 项作为兜底性条款，明确规定受害人请求涉嫌刑事犯罪的行为人之外的其他主体承担民事责任的，民事案件与刑事案件应当分别审理。因此，应根据是否系同一主体实施的行为，来分析判断是否是基于同一事实产生的民事纠纷与涉嫌刑事犯罪；如果不是同一主体实施的行为，一般情况下不宜认定为“同一事实”。

民刑交叉领域所指的“关联事实”，一般是指在民事法律关系的形成过程中，当事人或他人的行为虽涉嫌犯罪，但对民事法律行为或者民事法律关系的性质、效力、责任等不产生实质性影响的相关事实。对于因关联事实分别引起的民事和刑事案件，相关司法解释采取分别受理、分别审理的原则，如《最高人民法院关于在审理经济纠纷案件中涉及经济犯罪嫌疑若干问题的规定》第 10 条、《最高人民法院关于审理票据纠纷案件若干问题的规定》第 73

条、《民间借贷司法解释》第6条等规定。

——杨临萍主编、最高人民法院第六巡回法庭编：《最高人民法院第六巡回法庭裁判规则》，人民法院出版社2022年版，第30~31页。

1714. 金融民刑交叉案件的程序选择标准

关键词

金融民刑交叉案件 程序选择标准 同一事实

最高人民法院司法政策精神

七、关于金融民刑交叉案件审理问题

当前，金融市场涉众型金融犯罪多发，个案风险跨市场跨区域传染，金融审判领域刑民交叉法律问题突出。对于民刑程序衔接、金融犯罪对合同效力影响等问题，有必要进一步统一裁判规则。

（一）关于金融民刑交叉案件的程序选择标准

根据民事诉讼法和有关司法解释的规定，人民法院审理民刑交叉案件，主要采用刑事程序吸收民事程序、“刑民并行”和“先刑后民”三种审理方式。这三种审理方式的基本划分标准是：刑事案件与民事案件涉及“同一事实”的，原则上应通过刑事诉讼方式解决，刑事程序吸收民事程序；不属“同一事实”的，刑事和民事案件分别审理，“刑民并行”；在“刑民并行”的案件中，如民事案件必须以相关刑事案件的审理结果为依据，民事案件中止审理，“先刑后民”。

民刑案件是否构成“同一事实”，是选择刑事程序吸收民事程序还是“刑民并行”程序的核心标准。总体上看，民事案件与刑事案件的主体相同，且案件基本事实存在竞合或者基本竞合的，可以认定民事案件与刑事案件构成“同一事实”。如在非法集资、P2P等涉众型刑事犯罪引发的民事案件要坚持“刑事先行”的工作策略，刑事吸收民事程序，全力维护社会稳定，充分发挥刑事退赔制度的民事赔偿功能，发挥公安机关刑事追赃挽损的优势，更有利于最大化地追缴赃款赃物，最大化地补救受害人的损失。在实践中，有许多处理非法集资类案件的典型案例可资参考。通过追赃发还受害人的方式，不仅有利于更好地保护受害人，也一并处理了犯罪分子的民事责任追究问题，更有利于公平清理债务。民事案件当事人双方与刑事案件的主体不一致的，不能认定为“同一事实”。如银行柜员将储户交付的存款私吞，涉嫌构成吸收客户资金不入账罪的，储户为犯罪被害人，因银行并非刑事案件的犯罪嫌疑人，储户以储蓄存款合同起诉银行的，人民法院应予受理。定罪量刑的事实与民事案件的基本事实无关的，即使主体相同，也不构成“同一事实”。如行为人以非法占有为目的，在正常订立贷款合同后采取欺诈手段拒不还贷，涉嫌贷款诈骗罪的，因金融借款合同的逾期还款违约事实的认定，不受合同履行过程中诈骗犯罪的影响，人民法院对金融借款纠纷可继续审理。

在“刑民并行”过程中，如果发现民事案件构成必须以刑事案件的裁判结果为依据，民事案件应当裁定中止审理，采“先刑后民”模式。主要包括：一是民事案件的事实认定或者民事责任承担，需要以行为人所涉刑事案件处理结果为依据的，如保险人以被保险人故意犯罪导致其伤残或者死亡而拒赔的，在刑事案件审理结果作出前，民事案件应当中止审理。二是民事基本事实明显依赖于刑事诉讼查证的，如存款人所持存单与银行记账不符，且存在额外获取高息行为，存款人是否与涉嫌违规出具金融票证罪的银行工作人员存在共谋这一事实，民事案件难以查清的应当中止审理。

——刘贵祥：《关于金融民商事审判工作中的理念、机制和法律适用问题》，载《法律适用》2023 年第 1 期。

1715. 行政机关直接或间接以不正当手段侵害民事主体权益的应承担侵权责任

关键词

行政机关　间接　不正当手段　侵权责任

最高人民法院裁判文书

宏德公司与南台箱包公司、南台镇政府侵权责任纠纷案［最高人民法院（2021）最高法民申 7183 号民事裁定书］

裁判要旨：在民事活动中，行政机关为关联企业利益参与其中，以不正当的行政手段，直接侵害或者间接指示职能部门侵害相对人利益的，应承担民事侵权责任。

最高人民法院经审查认为，关于南台箱包公司、南台镇政府是否应承担侵权责任问题。南台箱包公司是南台镇政府通过政府工作人员代持股方式占绝对控股地位而成立的有限责任公司，法定代表人张震同时担任南台镇市场工作服务站（原南台镇市场管理委员会，以下简称南台市场管委会）副主任；南台市场管委会当时系镇政府下属事业单位，南台箱包公司由南台市场管委会具体经营管理；南台镇政府与工商、消防、交通等相关职能部门之间具有行政管理或协调关系。本案中，南台箱包公司与南台镇政府基于利益的一致性，在 2007 年 12 月至 2008 年 1 月间，通过南台镇政府以行政手段介入宏德公司与南台箱包公司之间的纠纷，采取了一系列不正当竞争的行为，对宏德公司实施了“打假”“收税”“交通整治”、堵截通行车辆、出动消防车辆、组织防暴警力、断水断电等经营骚扰行为。虽然南台镇政府不是上述行为的直接实施者，但是南台镇政府与上述行政执法部门存在行政管理或协调关系，且宏德公司在原审举示的证据已证明南台镇政府主要负责人员当时在纠纷现场指挥行动，同时在场的执法人员亦表示其行为受政府指派，足以认定上述行为得到了南台镇政府的授意或许可。原审法院认定南台箱包公司、南台镇政府实质性损害了宏德公司的合法权益，应承担侵权责任并无不当。

——中国裁判文书网。

1716. 民刑交叉情况下合同效力认定问题

关键词

合同效力　民刑交叉

最高人民法院裁判文书

大兴安岭林业集团公司与国家开发银行以及黑龙江柏杉林木业有限公司、初汶泽、葛天茹、初洪波、张丽娜、初洪涛、边鹤、初梓溪金融借款合同纠纷案［最高人民法院（2019）最高法民终 114 号民事判决书］

裁判要旨：1. 主债务人和保证人被生效刑事判决确认犯骗取贷款罪，仅与借款关系的借款人及保证人之一重合，民事案件责任主体与刑事案件的责任主体并不完全一致。柏杉林公司被生效刑事判决认定构成骗取贷款罪，承担刑事责任，是依据刑法规范对其骗取贷款行为作出的法律评价，而其与贷款人、担保人之间形成的借款法律关系和担保法律关系，则属于民法规范评价和调整的范畴。生效刑事判决责令柏杉林公司将骗取的贷款款项退赔给国开行甘肃分行的事实，并不影响国开行基于民事合同关系主张本案，刑事判决追究的是行为人违反刑法的责任，民事合同的当事人应否承担民事责任及如何承担责任应当通过民事诉讼程序处理。

2. 刑事判决已经认定本案主债务人柏杉林公司构成骗取贷款罪，构成民法上欺诈，其与国开行订立的案涉贷款合同为可撤销合同。而贷款人国开行作为撤销权人，没有主张撤销合同，则合同有效。

国开行在合同有效的基础上主张解除合同，且符合合同解除的条件，应予支持。

刑事案件和民事案件审理的法律关系和救济的法益不同，在刑事判决判令追赃、民事判决判令责任人承担民事责任的情形下，应对追赃与民事责任的认定和执行进行协调。本案执行程序中，如果相关刑事案件执行过程中发还国开行款项，则应冲抵柏杉林公司依本判决应支付的金额，执行法院应结合民事责任、刑事责任的认定，确定民事责任人应承担的民事责任范围和赃款退还的对象，避免民事权利人（刑事被害人）双重受偿。

最高人民法院认为，结合上诉人的上诉与被上诉人的答辩，本案争议焦点有二：一是案涉贷款的数额问题；二是大兴安岭集团是否应当承担担保责任的问题。

关于本案主债务人柏杉林公司和保证人之一初汶泽被生效刑事判决确认犯骗取贷款罪的问题。从本案所涉法律关系看，国开行与柏杉林公司存在金融借款法律关系，与初汶泽、大兴安岭集团、初梓溪、葛天茹、初洪波、张丽娜、初洪涛、边鹤等存在担保法律关系。柏杉林公司与初汶泽被生效刑事判决认定有罪，并不涉及担保法律关系。柏杉林公司、初汶泽作为刑事案件的犯罪人仅与借款关系的借款人及保证人之一重合，民事案件责任主体与刑事案件的责任主体并不完全一致。柏杉林公司被生效刑事判决认定构成骗取贷款罪，承担刑事责任，是依据刑法规范对其骗取贷款行为作出的法律评价，而其与贷款人、担保人之间形成的借款法律关系和担保法律关系，则属于民法规范评价和调整的范畴。生效刑事判决责令柏杉林公司将骗取的贷款款项退赔给国开行甘肃分行的事实，并不影响国开行基于民事合同关系主张本案，刑事判决追究的是行为人违反刑法的责任，民事合同的当事人应否承担民事责任及如何承担责任应当通过民事诉讼程序处理。故大兴安岭集团关于本案应当发回重审的上诉主张没有事实与法律依据，本院不予支持。

根据《中华人民共和国合同法》第五十四条之规定，一方以欺诈、胁迫的手段或者乘人之危，使对方在违背真实意思的情况下订立的合同，受损害方有权请求人民法院或者仲裁机构变更或者撤销。刑事判决已经认定本案主债务人柏杉林公司构成骗取贷款罪，构成民法上欺诈，其与国开行订立的案涉贷款合同为可撤销合同。而贷款人国开行作为撤销权人，没有主张撤销合同，则合同有效。国开行在合同有效的基础上主张解除合同，且符合合同解除的条件，一审判决予以支持并无不当。《最高人民法院关于适用〈中华人民共和国担保法〉若干问题的解释》第十条[①]规定："主合同解除后，担保人对

① 对应《民法典》第五百六十六条第三款。

债务人应当承担的民事责任仍应承担担保责任。但是，担保合同另有约定的除外。”案涉贷款合同解除后，相应的担保合同效力不受影响。大兴安岭集团关于本案贷款合同无效，保证合同也无效的上诉主张没有事实与法律依据，最高人民法院不予支持。

需要注意的是，由于刑事案件和民事案件审理的法律关系和救济的法益不同，在刑事判决判令追赃、民事判决判令责任人承担民事责任的情形下，应对追赃与民事责任的认定和执行进行协调。本案执行程序中，如果相关刑事案件执行过程中发还国开行款项，则应冲抵柏杉林公司依本判决应支付的金额，执行法院应结合民事责任、刑事责任的认定，确定民事责任人应承担的民事责任范围和赃款退还的对象，避免民事权利人（刑事被害人）双重受偿。

——中国裁判文书网。

1717. 关于民刑交叉案件的合同效力认定

关键词

金融民刑交叉案件　程序选择标准

最高人民法院司法政策精神

（二）关于民刑交叉案件的合同效力认定

在以往的审判实践中，有一种观点认为只要合同当事人构成犯罪，就必然导致合同无效。近年来，理论界和实务界开始对这一问题进行反思，认为一概认定合同无效，可能既不利于实现打击犯罪和保护被害人的刑法目的，还可能会给被害人造成“二次伤害”。因此，人民法院对合同效力的认定，无论合同是否涉及犯罪，都应当以民法典及其他民事法律关于民事法律行为效力的规定作为裁判依据。根据民法典及其他民事法律关于合同效力的规定，犯罪行为对合同效力的影响，主要可分为三类:

其一，意思表示不真实。尽管《民法典》第143条将意思表示真实作为民事法律行为有效的条件之一，但不能对此作反对解释，认为只要意思表示不真实，合同就无效。当事人意思表示不真实订立的合同，也可能是可撤销的合同。合同一方当事人在刑法上构成金融诈骗犯罪，该犯罪行为在民法上同时构成民事欺诈。民法典之所以未把欺诈等情形规定为当然无效，是站在被欺诈人立场上，给受害人一个选择权，由其在法定期限内衡量维护合同效力是否对自己更有利，有利则诉请继续履行，不利则行使撤销权，合同自始不发生效力。如果仅因民事欺诈构成了诈骗犯罪，就断然认定合同无效，对被欺诈方的保护将无法周全。以骗取贷款罪为例，一旦认定合同无效，且不论担保将随之无效，就连追究犯罪分子违约责任的可能都没有了，显然有悖常理，更有悖法理。因此，在合同一方主体构成金融诈骗犯罪的情况下，受欺诈一方不行使撤销权的，如无其他法定合同无效情形，人民法院应依法认定该合同有效。

当然，如果是双方以虚假意思表示订立合同，则应依据《民法典》第146 条第 1 款认定该合同无效。但是，根据《民法典》第 146 条第 2 款的规定，如果当事人双方以虚假意思表示隐藏真实意思表示，则该真实意思表示订立合同的效力，应根据民法典及其他民事法律关于合同效力的规定进行认定，不能再根据原《合同法》第 52 条关于"以合法形式掩盖非法目的"订立的合同无效之规定认定真实意思表示订立的合同当然无效。实践中，有的当事人为规避金融监管部门的监管，订立所谓"阴阳合同"或者"抽屉协议"，无论当事人的行为是否构成犯罪，都应将《民法典》第 146 条作为认定合同效力的依据。

其二，恶意串通损害他人合法权益。当事人恶意串通损害他人合法权益订立的合同，即使双方当事人都构成犯罪，也应依据《民法典》第 154 条认定合同无效。在恶意串通无效的适用规则上，要严格审查合同主体与犯罪主体的一致性，并将适用情形严格限定在合同订立阶段。首先，在合同订立时，如果只是合同一方的法定代表人或者职务代理人构成犯罪而单位未构成犯罪，就不应认定单位与合同相对方构成恶意串通而宣告合同无效。比如，银行工作人员构成违法发放贷款罪且借款人构成行贿罪，人民法院自应根据《民法典》第 164 条的规定，认定该代理人与借款人恶意串通损害银行合法权益，判令银行工作人员与借款人向银行承担连带还款责任。但是，该条未就合同效力作出规定。实践中，一种意见认为，应当依据《民法典》第 154 条认定该合同无效。我们认为，在贷款已经发放的情况下，认定合同无效可能更加不利于保护银行的利益，因为合同一旦被认定无效，则相应的担保也将被认定无效，贷款收回的可能性更小。此外，由于合同是以单位的名义而非法定代表人或者代理人个人的名义签订，也难言损害"他人"合法权益，所以，上述观点值得商榷。事实上，法定代表人或者代理人与相对人恶意串通损害单位的合法利益，是代表权或者代理权滥用的典型表现，其订立合同的行为自应构成越权代表或者无权代理，因而应根据民法典关于越权代表或者无权代理的规定认定合同效力。如此处理的好处是，如果银行认为对该行为进行追认更有利于自己，就可以对合同进行追认，进而向担保人主张权利。反之，则不予追认，使合同不发生效力。不过，需要注意的是，银行向担保人主张担保权利，应以担保合同本身合法有效为前提，如果银行的工作人员与相对人恶意串通，向担保人转嫁风险，损害担保人利益，这是两个合同主体之间恶意串通损害他人利益的典型形态，而应依据《民法典》第154条的规定认定担保合同无效。其次，恶意串通无效规则不适用于合同一方构成过失犯罪的情形。以骗取贷款罪为例，如果在判处借款人骗取贷款罪的同时，判处出借人的工作人员违法发放贷款罪，就不能适用《民法典》第154条认定合同无效，因为一旦合同被认定无效，则担保也将被认定无效，就对银行会很不公平。所以，将该合同认定为可撤销合同更加合理。但问题是，如果担保人也被骗了怎么办？我们认为，如果借款人同时欺骗了出借人和担保人，担保人可依据《民法典》第149条的规定，在出借人对此知道或者应当知道的情况下，请求撤销其与出借人之间订立的担保合同。最后，需要注意的是，在合同履行阶段，合同各方恶意串通构成犯罪的，不影响之前订立的合同效力。比如，在金融借款合同订立后，借款人通过行贿与银行工作人员恶意串通，形成虚假不良贷款，该犯罪行为不影响金融借款合同效力。

其三，违反法律或者公序良俗。《民法典》第153条第1款规定，违反法律、行政法规的强制性规定的民事法律行为无效，但该强制性规定不导致该民事法律行为无效的除外。虽然任何犯罪都违反了法律、行政法规的强制性规定，但在金融审判中，既不能一概认定合同因犯罪而无效，也不能一概认定合同有效，而应该根据量变到质变的原理，从违法性程度和保护刑事被害人两个维度，具体情况具体分析。一般认为，合同内容本身约定的就是犯罪行为的，如为掩饰、隐瞒犯罪所得实施洗钱犯罪签订的协议，应认定合同无效；合同相对方知道或者应当知道对方系为实施犯罪筹集资金、买卖、借用物资等行为的，如明知为集中资金优势实施操作证券市场犯罪签订的委托理财合同，应认定合同无效；合同标的物属于法律、行政法规禁止或者限制流通物的，如买卖假币的，应认定合同无效；此外，合同主体违反法律、行政法规关于国家限制经营、特许经营以及禁止经营等强制性规定，当事人的交易方式违反法律、行政法规关于应当采用公开竞价方式缔约等强制性规定以及当事人的交易场所违反法律、行政法规关于应当集中交易等强制性规定，无论是否构成犯罪，也都应当认定合同无效。除以上情形外，一般不应以合同当事人构成犯罪而根据《民法典》第153条第1款规定宣告合同无效。需进一步强调的是，民法对合同效力的评价主要是在合同订立阶段，合同履行中一方或双方违法犯罪不应作为合同无效的事由，履行中的违法犯罪问题应由其他制度解决。比如，借款人在金融借款合同订立后为促使银行尽快放款而行贿构成犯罪的，不应认定借款合同无效。

此外，关于《民法典》第153条第2款违背公序良俗无效规则的适用，要认识到，公序良俗引致的是更为抽象的法律原则乃至法外道德，较之于违法无效规则更加抽象和具有不确定性。在审理民刑交叉案件时，不能把合同主体构成犯罪与合同违反公序良俗划等号，而要根据犯罪所侵害的法益、所构成罪名的立法目的以及犯罪与合同的关系，审慎加以认定。

——刘贵祥：《关于金融民商事审判工作中的理念、机制和法律适用问题》，载《法律适用》2023 年第 1 期。

1718. 侵权责任纠纷中发生刑事责任和民事责任的聚合时，刑事责任的承担并不能否定民事责任的承担

关键词

侵权责任　刑事责任和民事责任的聚合

最高人民法院裁判文书

泸州老窖与工行南阳中州支行、工行南阳分行、三亚农商行红沙支行侵权责任纠纷上诉案［最高人民法院（2020）最高法民终 1271 号民事裁定书］

裁判要旨：本案因存款人存款被犯罪分子转移这一同一法律事实分别产生刑事法律关系和民事法律关系，从而构成了刑事责任和民事责任的聚合，而刑事责任的承担并不能否定民事责任的承担，刑事程序追究犯罪分子的刑事责任并要求犯罪分子退赔损失，与民事程序中判令民事侵权人承担民事赔偿责任并不矛盾，虽然本案泸州老窖公司存款被骗取的直接原因是犯罪分子实施的犯罪行为，但银行作为负有安全保障义务的义务人，在其未尽到相关法定义务、存在过错的情形下，也应承担相应的赔偿责任。刑事案件没有执行终结，并不影响民事案件的审理，两种责任的具体承担可在后续执行程序中综合协调处理，同时应计付自存款被实际转移至各侵权人实际履行完毕赔偿金额之日止期间的利息损失。

最高人民法院认为，本案二审的争议焦点为：一、工行南阳中州支行、工行南阳分行及三亚农商行红沙支行应否对泸州老窖公司损失承担赔偿责任，泸州老窖公司自身过错能否减轻银行责任；二、具体赔偿责任应如何确定，本案是否需要等待另案刑事执行程序终结后再由银行承担民事赔偿责任；三、一审判决确定的利息计算方式是否正确。

一、关于工行南阳中州支行、工行南阳分行及三亚农商行红沙支行应否对泸州老窖公司损失承担赔偿责任，泸州老窖公司自身过错能否减轻银行责任的问题

《中华人民共和国商业银行法》第六条规定："商业银行应当保障存款人

的合法权益不受任何单位和个人的侵犯”。银行对储户存款具有安全保障的法定义务。商业银行作为吸收公众存款、发放贷款、办理结算等业务的企业法人、专门的金融机构，相对于存款人而言，更有义务、有条件防范犯罪分子利用银行实施诈骗犯罪，理应严格遵守工作流程和业务操作规范，尽到最大的注意义务和安全保障义务，确保存款人的资金安全。《中华人民共和国侵权责任法》第六条[①]规定："行为人因过错侵害他人民事权益，应当承担侵权责任。”本案属于因同一法律事实分别产生刑事法律关系和民事法律关系，从而构成了刑事责任和民事责任的聚合，而刑事责任的承担并不能否定民事责任的承担，刑事程序追究犯罪分子的刑事责任并要求犯罪分子退赔损失，与民事程序中判令民事侵权人承担民事赔偿责任并不矛盾，虽然本案泸州老窖公司存款被骗取的直接原因是犯罪分子实施的犯罪行为，但银行作为负有安全保障义务的义务人，在其未尽到相关法定义务、存在过错的情形下，也应承担相应的赔偿责任。因此，工行南阳中州支行主张应在本案划分民事赔偿责任比例时先行剔除犯罪分子应当承担的部分，系对刑事责任与民事责任聚合时责任认定的误解，该主张不能成立。

关于工行南阳中州支行的过错责任。根据本案查明事实，在一般结算账户开户环节，犯罪分子持时任工行南阳中州支行行长朱仕杰提供的银行空白开户材料、印鉴卡等到泸州老窖公司办理上门开户，导致泸州老窖公司对犯罪分子身份产生错误认知，使得二人顺利取得泸州老窖公司整套开户资料。犯罪分子伪造泸州老窖公司公章、财务章、法人代表私章等全套印鉴和开户所需相关证照后，由朱仕杰与其他犯罪分子看过并认可。犯罪分子持加盖了泸州老窖公司伪造印鉴的开户资料办理开户时，朱仕杰负责接待，明知二人并非泸州老窖公司工作人员，仍然安排银行工作人员违规办理开户业务。而工行南阳中州支行工作人员在未对经办人身份进行有效核实，且未依规审核开户资料原件的情况下，即为犯罪分子开立了泸州老窖公司一般结算账户，导致该账户被犯罪分子利用伪造印鉴实际控制。在定期账户开户环节，泸州老窖公司财务人员吕锐到工行南阳中州支行核行、要求开立定期存款账户时，朱仕杰安排其到酒店休息，工行南阳中州支行工作人员随即根据犯罪分子提供的伪造资料，未对经办人身份有效核实即开立了泸州老窖公司定期存款账户。在定期存款证实书挂失环节，朱仕杰在明知犯罪分子并非泸州老窖公司工作人员且要提前支取款项的情况下，告知其要对该定期存款证实书进行挂失、登报声明。犯罪分子在工行南阳中州支行办理挂失业务时，申请人公章处加盖的是新刻制公章，存在同时使用两套公章的情况，且办理挂失业务并不需要重新刻制单位公章（需要更换单位财务专用章、单位法人代表私章），

① 对应《民法典》第一千一百六十五条。

工行南阳中州支行对此未核实，该行工作人员在更换印鉴申请书上加盖印鉴，朱仕杰作为会计主管加盖“经核对无误”印章。2014 年 2 月 8 日，犯罪分子补办了定期存款证实书，而 2014 年 2 月 12 日泸州老窖公司工作人员向朱仕杰寄送银行询证函时，朱仕杰并未向其披露泸州老窖公司定期存款证实书丢失、挂失以及补办的情况。在犯罪分子转移资金环节，2014 年 2 月 20 日，犯罪分子将定期存款转入一般结算账户，工行南阳中州支行工作人员经办，朱仕杰明知犯罪分子并非泸州老窖公司员工的情况下作为复核人员盖章确认，且并未提示泸州老窖公司财务人员。2014 年 2 月 20 日至 5 月 28 日，犯罪分子将泸州老窖公司账户内资金 1.5 亿元转走，导致泸州老窖公司损失的发生和扩大。掩饰犯罪环节。泸州老窖公司存入的资金被犯罪分子骗取后，工行南阳中州支行不但未按规定与泸州老窖公司定期对账，反而在泸州老窖公司发现案涉存款存在风险要求对账的情况下，由朱仕杰伪造并亲自向泸州老窖公司邮寄了伪造的对账单，导致对账监管形同虚设。且朱仕杰亲自前往泸州老窖公司商谈，称当时上门开户时其本人本来要来，因为爱人身体不好，前来开户的是工行南阳中州支行副行长张伟和客户经理孙罗庚，意图掩盖案涉款项已被转移的事实。综上，朱仕杰虽未被检察机关起诉追究刑事责任，但根据本案查明的事实，朱仕杰全程参与、配合犯罪分子实施诈骗犯罪，并试图掩盖犯罪事实，直至案发。朱仕杰对于诈骗犯罪的实施和得逞，起到了至关重要的作用。而朱仕杰时任工行南阳中州支行行长，其行为从外观判断属于能够代表工行南阳中州支行的职务行为，其一系列行为是导致泸州老窖公司轻信犯罪分子行为的重要原因，也是犯罪分子诈骗得逞的重要原因，工行南阳中州支行在对行长、工作人员的监管以及工作流程方面存在重大疏漏和缺失，对泸州老窖公司的存款被犯罪分子骗取具有重大过错，因此，应当承担相应的侵权责任。上述事实有另案生效刑事裁判中经质证认定的被告人供述、证人证言等予以佐证，且在本案一审期间均予以质证，工行南阳中州支行主张无证据证明朱仕杰参与、配合犯罪分子实施犯罪，与本案查明事实不符。而且，根据《最高人民法院关于适用〈中华人民共和国民事诉讼法〉的解释》第一百零八条第一款规定：“对负有举证证明责任的当事人提供的证据，人民法院经审查并结合相关事实，确信待证事实的存在具有高度可能性的，应当认定该事实存在。”民事诉讼证明标准系达到“高度可能性”，与刑事诉讼排除合理怀疑的证明标准并不相同，朱仕杰未被追究刑事责任，并不等于其在民事诉讼中不具有过错，故工行南阳中州支行相关上诉主张缺乏事实依据和法律依据，不能成立。

关于工行南阳分行的过错责任。根据《中国银行业监督管理委员会办公厅关于落实案件防控工作有关要求的通知》（银监办发〔2012〕127 号）要求，金融机构对风险高的账户要进行重点监控，从对账方式和频率上加强对账力度，主动防范风险。对于值得高度关注的账户，原则上逐月采取上门对账的方式并收取对账回执；对于异动、可疑、高风险账户，要求必须逐月采取上门对账的方式，核对发生额和余额并收取余额对账回执。对这些账户：1. 连续两个对账周期对账失败的账户；2. 短期内频繁收付的大额存款、整收零付或零收整付且金额大致相当的账户；3. 账户所有者与无业务往来者之间划转大额款项的账户；4. 未经银行营销主动开立并立即收付大额款项的存款账户等，应由金融机构在日常经营管理中密切关注或监视。本案中泸州老窖公司在工行南阳中州支行存款期间，根据工商银行规定，应由工行南阳分行负责对账。但在 2014 年 9 月前，实际均未完成每季度一次的邮寄对账。在邮寄的对账单被退信后，工行南阳分行并未根据相关规定进行地址电话核实，对大型国有企业邮寄对账单被连续退信处理这一明显异常情况没有引起足够重视，对案涉账户在日常经营和管理中未予密切关注和监视，资金存在异动、可疑情况时，亦未按照相关要求进行上门对账，对地处四川的泸州老窖公司财务人员舍近求远面对面对账的真实性也未产生怀疑，从而未对工行南阳中州支行起到有效监督作用，客观上延缓了泸州老窖公司发现存款被骗事实的时间，造成了损失的扩大，对泸州老窖公司的损失形成具有一定过错，应当承担相应的赔偿责任。一审判决认定工行南阳分行与泸州老窖公司没有业务关系，对泸州老窖公司案涉损失的发生不存在过错，不应承担民事赔偿责任，与查明事实不符，本院予以纠正。一审时泸州老窖公司起诉明确请求工行南阳分行承担赔偿责任，工行南阳分行辩称泸州老窖公司上诉请求其承担责任违反禁止反言原则，缺乏事实依据。

关于三亚农商行红沙支行的过错责任。该行在开户时按照规定对孙罗庚、吕荣群提供的伪造的全套开户资料进行双人核对、联网核查，尽到了一定的审核义务，但对二人是否确为泸州老窖公司工作人员的身份审核不严，且未按照规定预留企业负责人和财务负责人的联系电话在开户时亲自进行电话核对，存在一定过错，应当承担相应的赔偿责任。

关于泸州老窖公司自身过错能否减轻各银行责任。《中华人民共和国侵权责任法》第二十六条[①]规定：“被侵权人对损害的发生也有过错的，可以减轻侵权人的责任。”根据本案查明事实，在开展业务环节，泸州老窖公司对经销商资格审查不严，致使犯罪分子有机可乘；在开户环节，犯罪分子冒充银行工作人员上门开户时，泸州老窖公司工作人员均未对相关人员身份进行有效核实，错误轻信，向犯罪分子出具授权委托书、法人授权委托书等开户资料并委托犯罪分子代为开户；办理该行业务时，泸州老窖公司财务人员已经发现上门开户的张伟并非银行工作人员，但并未引起警觉；办理定期存款业务

① 对应《民法典》第一千一百七十三条。

时未按规定做到柜台亲见，在拿到预留印鉴片的复印件时，疏忽大意，未能及时发现预留的财务人员及电话均非泸州老窖公司的人员及电话；对于账户长期未能按时对账的异常情况，怠于监管，未及时与银行核实。综上，泸州老窖公司对其资金损失的造成和扩大具有过错，根据前述法律规定，可以适当减轻工行南阳中州支行、工行南阳分行、三亚农商行红沙支行的责任。

二、关于本案各侵权人的具体赔偿责任应如何确定，本案是否需要等待另案刑事执行程序终结后再由各银行承担民事赔偿责任的问题

《中华人民共和国侵权责任法》第十二条[①]规定："二人以上分别实施侵权行为造成同一损害，能够确定责任大小的，各自承担相应的责任；难以确定责任大小的，平均承担赔偿责任。"本案中，工行南阳中州支行、工行南阳分行、三亚农商行红沙支行对泸州老窖公司的存款被骗造成的损失均负有过错，属于上述法律规定的二人以上分别实施侵权行为造成同一损害、应当各自承担相应责任的情形。如前所述，根据工行南阳中州支行、工行南阳分行及三亚农商行红沙支行的过错程度即造成损害后果的原因比例，本院酌定工行南阳中州支行对泸州老窖公司1.5亿元本息的50%承担赔偿责任；工行南阳分行在对账过程中存在一定过错，本院酌定其对泸州老窖公司1.5亿元本息的5%承担赔偿责任，一审判决以工行南阳分行与泸州老窖公司之间不存在业务关系为由认定该行无须承担责任与本案查明事实不符，本院予以纠正；因三亚农商行红沙支行工作人员并未参与或者知晓犯罪分子的诈骗事实，虽在开户中存有一定过失，但一审判决酌定其承担10%责任过重，本院酌定调减至5%，即三亚农商行红沙支行对泸州老窖资金1.221亿元本息的5%承担民事赔偿责任。其余损失由泸州老窖公司自担。本案与另案农行案相比，案件事实不同，三亚农商行红沙支行与该案中农行红星支行的过错程度亦不相同，故工行南阳中州支行关于本案与类案裁判不一的主张缺乏事实依据，不能成立。

此外，关于本案民事责任与另案刑事责任的衔接问题。一审判决认定本案具体的民事赔偿数额应以泸州老窖公司在刑事执行程序中无法追回的损失金额确定后再予确定，并判令侵权人在全案刑事执行程序终结后再承担民事责任，是认为民事责任应以刑事责任的承担为前提来确定赔偿范围。如前所述，本案构成刑事责任和民事责任的聚合，刑事案件没有执行终结，并不影响民事案件的审理，两种责任的具体承担可在后续执行程序中综合协调处理。并且，从与本案相关的刑事执行程序进展情况看，刑事判决生效进入执行程序后至今长达七年时间，被告人未能退赔泸州老窖公司损失。参照《中

① 对应《民法典》第一千一百七十二条。

华人民共和国民事诉讼法》第二百五十七条[①]规定："有下列情形之一的，人民法院裁定终结执行：（一）申请人撤销申请的；（二）据以执行的法律文书被撤销的；（三）作为被执行人的公民死亡，无遗产可供执行，又无义务承担人的；（四）追索赡养费、扶养费、抚育费案件的权利人死亡的；（五）作为被执行人的公民因生活困难无力偿还借款，无收入来源，又丧失劳动能力的；（六）人民法院认为应当终结执行的其他情形。"在相关刑事执行程序中，尚无证据证明符合上述可以终结执行的情形。故此，若本案民事赔偿责任的承担需等待另案刑事执行程序的终结，意味着民事判决生效后执行程序无法启动，实则是由民事权利人承担了民事程序与刑事程序衔接中的时间成本，造成被侵权人的合法权益持续受损，司法救济功能无法得以体现，不符合公平合理原则。在此情形下，为依法保护被侵权人泸州老窖公司的合法权益，应当在确定各侵权人责任比例的同时，直接确定各银行承担赔偿责任的具体数额。综上，根据前述确定的各银行承担责任的比例，最高人民法院认定工行南阳中州支行应对泸州老窖公司1.5亿元资金本息的50%即7500万元及利息承担民事赔偿责任，工行南阳分行应对泸州老窖公司1.5亿元资金本息的5%即750万元及利息承担民事赔偿责任，三亚农商行红沙支行应对泸州老窖公司1.221亿元资金本息的5%即610.5万元及利息承担民事赔偿责任，且上述三银行均应在本判决生效之日起十五日内履行完毕。对一审判决以本案所涉相关刑事案件尚未执行终结为由未直接确定具体赔偿金额，且判令侵权人在本案判决生效且全案刑事执行程序终结后的十五日内执行完毕的结论，本院予以纠正。为协调民事执行程序与刑事执行程序的衔接，避免民事权利人（刑事被害人）重复受偿，如日后在相关的刑事案件执行程序中能够追缴到违法所得，则追缴款项可按本案确定的比例发还已承担民事赔偿责任的当事人。

——中国裁判文书网。

1719. 生效刑事判决所做的认定，如无证据足以推翻，在民事案件中应当据此确认相关事实

关键词

物权保护　挂靠

① 现为《民事诉讼法》（2021年修正）第二百六十四条。

最高人民法院裁判文书

崔宗超与鹤壁市公路管理局物权保护纠纷案［最高人民法院（2021）最高法民申 2665 号民事裁定书］

裁判要旨：在当事人主张与已经生效的刑事判决认定不符，且其所提交的证据亦不足以推翻刑事判决的认定的情形下，应当根据已生效刑事判决的认定的事实确认相关事实。本案中，刑事判决已经认定公路总公司虽登记为集体企业，但应认定为“挂靠”在鹤壁公路局名下的个体私营企业，崔宗超是该企业的业主，鹤壁市公路局主张公路总公司资产属国有资产，但其所提交的证据不足以推翻刑事判决的认定，这种情形下，企业性质应当根据已生效刑事判决的认定确定。原审判决对此认定不当，故指令再审。

最高人民法院经审查认为，本案再审审查阶段的争议焦点为：崔宗超请求鹤壁市公路局返还公司印章、账册和公司资产及支付租赁费的主张能否得到支持。

第一，关于公路总公司的性质。根据已经生效的二审法院（2001）豫法审监刑字第 44 号刑事判决认定，公路总公司虽登记为集体企业，但应认定是“挂靠”在鹤壁市公路局名下的个体私营企业，崔宗超是该企业的业主。鹤壁市公路局主张公路总公司资产属国有资产，与已经生效的刑事判决认定不符，其所提交的证据亦不足以推翻刑事判决的认定。这种情形下，公路总公司的企业性质应当根据已生效刑事判决的认定确定。二审判决要求先对公路总公司进行清理甄别、变更企业性质，没有法律依据。

第二，关于鹤壁市公路局是否有返还印章、账册和资产的义务。根据一、二审法院查明事实，在崔宗超被限制人身自由后，鹤壁市公路局对公路总公司的领导班子进行重新组建，对公路总公司进行实际管理和控制。2004 年，崔宗超与鹤壁市公路局签订《清产核资业务约定书》，约定对公路总公司进行清产核资并进行交接，鹤壁市公路局也主动向上级部门请示。这也说明双方认可公路总公司现由鹤壁市公路局实际控制的事实。这种情形下，二审判决仍认定崔宗超未提供充分证据证明鹤壁市公路局存在侵占公路总公司资产、印章、账册等的行为，显属不当。

第三，关于鹤壁市公路局应返还的财产范围的界定。公路总公司作为私营企业，其原有资产除去双方协议约定归鹤壁市公路局所有的部分外，其他部分应归崔宗超所有。在崔宗超已经提交《固定资产明细表》等初步证据的情形下，鹤壁市公路局如果认为其中包含不应属于崔宗超所有的财产，应当承担相应的举证责任。另外，2004 年，崔宗超与鹤壁市公路局签订《清产核资业务约定书》后，为何没有实际履行，亦需进一步查明。况且，2016 年 3 月，一审法院组织鹤壁市公路局、崔宗超对公路总公司现有机械设备进行查看，已经确认现存一部分车辆、机械设备和房屋等财产为公路总公司的原有财产。所以，根据当事人举证或通过鉴定评估等方式，本案可以依法认定应当予以返还或折价返还的财产范围。二审判决以需当事人先行核资析产为由判决驳回崔宗超的全部诉讼请求，认定事实和适用法律均有不当。

——中国裁判文书网。

1720. 民事案件与刑事案件有一定事实牵连，但并非同一法律关系，民事案件无须中止审理

关键词

民间借贷　中止审理

最高人民法院裁判文书

卢础其与方锦程民间借贷纠纷案［最高人民法院（2021）最高法民终 880 号民事裁定书］

裁判要旨：若民事案件与相关刑事案件当事人不同，法律关系不同，且并非以该刑事案件的审理结果为依据，即便二案相关事实存在一定牵连，亦不影响民事案件的继续审理。

最高人民法院认为，关于本案是否中止审理的问题。卢础其依据《全国法院民商事审判工作会议纪要》（法〔2019〕254 号）第 130 条关于"人民法院在审理民商事案件时，如果民商事案件必须以相关刑事案件的审理结果为依据，而刑事案件尚未审结的，应当根据《民事诉讼法》第 150 条第 5 项的规定裁定中止诉讼。待刑事案件审结后，再恢复民商事案件的审理。如果民商事案件不是必须以相关的刑事案件的审理结果为依据，则民商事案件应当继续审理"的规定，认为本案须以刘晓东、黄朗煌涉嫌操纵证券市场罪的审理结果为依据，申请中止审理。经查，卢础其主张刘晓东操纵证券市场一案已移送深圳市公安局侦办，刘晓东、黄朗煌均已被依法逮捕，但仅提供了一份 2021 年 5 月 27 日深圳市公安局作出的对黄朗煌的《拘留通知书》，并无该刑事案件立案侦查以及刘晓东、黄朗煌被逮捕的相关证据材料；即便卢础其陈述的刘晓东、黄朗煌涉嫌操纵证券市场罪被立案侦查的事实存在，鉴于

刘晓东、黄朗煌均非本案当事人，该刑事案件所要审理的是刘晓东、黄朗煌的行为是否构成操纵证券市场罪的问题，而本案作为民事案件，审理的是卢础其与方锦程之间是否存在真实借款关系的问题，且并非必须以该刑事案件的审理结果为依据。故二案尽管相关事实存在一定的牵连，但并非同一法律关系，卢础其申请本案中止审理的事由不能成立。

——中国裁判文书网。

1721. 行为人以法人名义订立合同的行为已被刑事裁判认定为构成犯罪，合同相对人请求该法人组织承担民事责任的，人民法院是否受理

关键词

民间借贷纠纷　民刑交叉案件

最高人民法院裁判文书

李剑与花园春公司民间借贷纠纷案［最高人民法院（2021）最高法民申 2759 号民事裁定书］

裁判要旨：行为人以法人名义订立合同的行为已被刑事裁判认定为构成犯罪。该刑事裁判处理的是行为人的行为是否构成犯罪等刑事问题，不涉及行为人与合同相对人订立的合同是否有效、法人组织是否应承担还款责任等民事问题。相关民事问题应由民事程序另行审理，合同相对人向人民法院主张法人组织承担民事责任的，人民法院应当受理。

最高人民法院经审查认为，李剑申请再审的理由成立。李剑系依据其与花园春公司、王舒红签订的《借款合同》，起诉要求花园春公司承担民事责任。河南省郑州市中级人民法院（2019）豫 01 刑初 76 号刑事判决认定王舒红就案涉款项犯合同诈骗罪，该刑事程序处理的是王舒红是否构成犯罪以及如果构成犯罪如何处罚问题，但不涉及案涉《借款合同》是否有效、花园春公司是否应承担还款责任等民事问题。《借款合同》是否有效、花园春公司是否应承担还款责任等民事问题应由民事程序另行审理。本案符合《九民会议纪要》第 128 条规定的情形，民事案件和刑事案件应当分别审理。一二审法院裁定驳回李剑起诉适用法律不当，应予纠正。

——中国裁判文书网。

1722. 本案事实与刑事案件所涉事实属于同一事实，应裁定驳回起诉

关键词

刑民交叉

最高人民法院裁判文书

黄军与双合公司、赵红委托合同纠纷案［最高人民法院（2020）最高法民申3212号民事裁定书］

裁判要旨：本案所涉《生蚝养殖合同》的相关事实与赵颜涉嫌集资诈骗案所涉事实为同一事实，该刑事案件的处理结果对本案的事实认定和处理结果具有先决关系，根据《最高人民法院关于在审理经济纠纷案件中涉及经济犯罪嫌疑若干问题的规定》第十一条、《最高人民法院、最高人民检察院、公安部关于办理非法集资刑事案件适用法律若干问题的意见》第七条规定，应裁定驳回黄军的起诉，将案件移送公安机关。

最高人民法院经审查认为，本案系再审审查案件，应当对黄军提出的再审申请事由是否成立进行审查。

《最高人民法院关于在审理经济纠纷案件中涉及经济犯罪嫌疑若干问题的规定》第十一条规定："人民法院作为经济纠纷受理的案件，经审理认为不属于经济纠纷案件而有经济犯罪嫌疑的，应当裁定驳回起诉，将有关材料移送公安机关或检察机关。"《最高人民法院、最高人民检察院、公安部关于办理非法集资刑事案件适用法律若干问题的意见》第七条第一款规定："对于公安机关、人民检察院、人民法院正在侦查、起诉、审理的非法集资刑事案件，有关单位或者个人就同一事实向人民法院提起民事诉讼或者申请执行涉案财物的，人民法院应当不予受理，并将有关材料移送公安机关或者检察机关。"第二款规定："人民法院在审理民事案件或者执行过程中，发现有非法集资犯罪嫌疑的，应当裁定驳回起诉或者中止执行，并及时将有关材料移送公安机关或者检察机关。"根据原审查明的事实，黄军于2018年1月3日提起本案诉讼，事实和理由为，赵红与其签订盖有双合公司公章的《生蚝养殖合同》，其向赵红汇入合同约定的款项，但赵红和双合公司未履行合同约定的义务给其造成损失。2019年3月28日，黄军到公安机关报案称，双合公司、赵红、

赵颜以投资蚝排的名义骗取其投资款。同年 4 月 22 日，广西壮族自治区防城港市公安局以涉嫌集资诈骗为由将双合公司法定代表人赵颜抓获。目前该案已进入刑事诉讼程序。鉴于上述事实，原裁定认定本案所涉《生蚝养殖合同》的相关事实与赵颜涉嫌集资诈骗案所涉事实为同一事实，该刑事案件的处理结果对本案的事实认定和处理结果具有先决关系，依照上述规定，将案件移送公安机关，裁定驳回黄军的起诉，不存在因适用法律错误而应再审的情形。

——中国裁判文书网。

1723. 民事案件中的行为与犯罪行为具有同一性时应如何处理

关键词

合同纠纷　民事案件中的行为与犯罪行为具有同一性

最高人民法院裁判文书

大业信托与西藏华烁、北京华业、重庆恒韵合同纠纷案［最高人民法院（2021）最高法民终 802 号民事裁定书］

裁判要旨：法院在审理民事案件中的经济纠纷时，如发现当事人有经济犯罪嫌疑，特别是已经被提起公诉的，应当先根据民事案件中的事实判断当事人是否可能构成犯罪。例如当事人通过转让虚假应收账款的方式骗取合同相对人资金，合同相对人起诉其还款的，明显属于民事案件中的行为与犯罪行为具有同一性。此种情况下，为了及时、有力地打击经济犯罪，受理民事案件的法院应当裁定驳回起诉，将有关材料移送公安机关或检察机关。

最高人民法院认为，本案的争议焦点是人民法院是否应驳回对重庆恒韵起诉的问题。本案中，大业信托起诉重庆恒韵主张的资金源自盈富 8 号集合资金信托计划，系“盈富”集合资金信托产品的一部分。重庆恒韵通过转让虚构应收账款的方式不仅骗取大业信托通过设立“盈富”集合资金信托计划的方式募集的资金，还包括 10 家银行的贷款、承兑汇票、信用证及多家资产管理公司的资金，所涉单位众多、当事人分布地域广、标的额特别巨大、影响范围广，严重影响社会稳定。本案与重庆恒韵涉嫌犯罪的刑事案件系因同一法律事实分别产生的民事法律关系和刑事法律关系。重庆恒韵现已因涉嫌骗取贷款、金融票据、合同诈骗以及对非国家工作人员行贿等行为被提起公诉，目前案件正在人民法院审理当中。根据《最高人民法院关于在审理经济纠纷案件中涉及经济犯罪嫌疑若干问题的规定》第十一条“人民法院作为经济纠纷受理的案件，经审理认为不属经济纠纷案件而有经济犯罪嫌疑的，应当裁定驳回起诉，将有关材料移送公安机关或检察机关”的规定，应当裁定驳回大业信托对重庆恒韵的起诉。因一审裁定驳回大业信托对重庆恒韵的起诉，西藏华烁、北京华业不具有上诉利益，故对西藏华烁、北京华业的上诉不予理涉。

——中国裁判文书网。

1724. 案涉犯罪与民事纠纷虽然有关联但不属于同一法律关系的，不影响民事案件的审理

关键词

金融借款合同　涉及刑事犯罪

最高人民法院裁判文书

申银万国创新证券投资有限公司与中科建设开发总公司、中科龙轩工程项目管理海安有限公司、海安经济技术开发区管理委员会金融借款合同纠纷案［最高人民法院（2021）最高法民终654号民事裁定书］

裁判要旨：本案争议的金融借款合同纠纷与海安管委会所称伪造公章涉嫌犯罪所涉的法律关系并非同一法律关系。本案民事纠纷要解决的是案涉《信托贷款合同》及《质押合同》的效力和责任承担问题，刑事案件涉及的是作为《质押合同》附件的《应收账款确认函》《应收账款追加确认函》《应收账款质押通知函》上是否存在涉嫌伪造海安管委会印章的犯罪事实。因此，海安管委会印章的真实与否，并不影响本案金融借款合同关系的成立，亦不影响本案民事案件的审理，对本案的金融借款合同纠纷应当继续审理，而仅就涉嫌伪造海安管委会印章的犯罪线索移送侦查机关。

最高人民法院认为，根据双方当事人的上诉和答辩意见，本案争议焦点为：一审裁定以本案有经济犯罪嫌疑，应将案件移送刑事犯罪侦查机关为由，驳回申银万国证券公司起诉是否有误。

《最高人民法院关于在审理经济纠纷案件中涉及经济犯罪嫌疑若干问题的规定》第一条规定，“同一自然人、法人或非法人组织因不同的法律事实，分别涉及经济纠纷和经济犯罪嫌疑的，经济纠纷案件和经济犯罪嫌疑案件应当

分开审理。”第十一条规定，“人民法院作为经济纠纷受理的案件，经审理认为不属经济纠纷案件而有经济犯罪嫌疑的，应当裁定驳回起诉，将有关材料移送公安机关或检察机关。”依据上述规定，涉及经济纠纷和涉嫌经济犯罪属同一事实是法院驳回起诉将有关材料移送刑事犯罪侦查机关的必备条件。

本案中，首先，申银万国证券公司与中科总公司是金融借款合同关系，与中科龙轩海安公司是质押合同关系。上述法律关系的设立系签订合同的双方当事人真实意思表示，不存在合同无效的情形。本案争议的金融借款合同纠纷与海安管委会所称伪造公章涉嫌犯罪所涉的法律关系并非同一法律关系。本案民事纠纷要解决的是案涉《信托贷款合同》及《应收账款质押合同》的效力和责任承担问题，刑事案件涉及的是作为《应收账款质押合同》附件的《应收账款确认函》《应收账款追加确认函》《应收账款质押通知函》上是否存在涉嫌伪造海安管委会印章的犯罪事实。而海安管委会印章的真实与否，并不影响本案金融借款合同关系的成立，亦不影响本案民事案件的审理。且申银万国证券公司作为债权人，并未主张追究相关当事人的刑事责任，而是请求债务人中科总公司及担保人中科龙轩海安公司承担民事责任。

其次，在民事法律关系的形成过程中，当事人或其他自然人的行为虽涉及犯罪，但对民事法律行为的性质、效力、责任等不产生实质影响的相关事实为关联事实。本案中，涉嫌伪造海安管委会印章的行为仅对《应收账款质押合同》的附件《应收账款确认函》《应收账款追加确认函》《应收账款质押通知函》的真实性产生影响，虽与案涉金融借款合同纠纷有关联，但其本身不是借贷行为，涉嫌伪造公章的行为并不是借贷行为不可或缺的组成部分。因此，应当对本案的金融借款合同纠纷继续审理，而仅就涉嫌伪造海安管委会印章的犯罪线索移送侦查机关。

第三，根据案涉《应收账款质押合同》第八条保证条款的约定，“因下列原因致使质权未设立或无效的，出质人应对债务人在主合同项下的债务承担连带保证责任：（1）出质人未按第 1.4 条、第 6.5 条第（1）款的约定提供和 / 或追加提供足额的质押物，以及未按照第 4.1 条约定协助办理质押登记和 / 或追加提供足额的质押物，以及未按照第 4.1 条约定协助办理质押登记和 / 或追加质押登记手续；（2）出质人在第五条项下所做陈述与保证不真实；（3）因出质人方面的其他原因。”中科龙轩海安公司存在对案涉贷款承担连带保证责任的可能性，《应收账款确认函》《应收账款追加确认函》《应收账款质押通知函》上涉嫌伪造印章的问题并不对申银万国证券公司民事权益的实现产生必然影响。

——中国裁判文书网。

1725. 涉案保证借款合同虽然因双方当事人的工作人员犯罪而无效，但双方债权债务关系仍存在

关键词

以房抵债　诉讼时效　债权债务关系

最高人民法院裁判文书

中国农业银行股份有限公司鞍山立山支行与国网辽宁省电力有限公司鞍山供电公司、中国电力财务有限公司东北分公司物权保护纠纷案［最高人民法院（2015）民二终字第39号民事判决书］

裁判要旨：农行立山支行原行长犯罪，该行对涉及该犯罪所发放贷款而形成的债权依然受法律保护。本案保证借款合同曾因涉及刑事犯罪，被另案认定为无效合同，但不能因此否定双方之间存在民事上的债权债务关系的认定。

最高人民法院认为：结合本案事实，归纳各方上诉请求与辩称，并经庭前会议及各方当事人当庭确认，本院归纳以下争议焦点分述如下：

一、本案债务人应当认定是谁。尽管鞍山市立山区人民法院2005年4月15日作出的（2004）鞍立刑初字第220号生效刑事判决已经认定，农行立山支行的3500万元本金通过鞍山供电公司转借给泰隆集团并最终实际转给了正龙公司，但刑事判决对于涉及犯罪款项最终走向的认定并不能替代或等同于民事债权债务关系的认定与判断。本案农行立山支行于1998年12月31日向鞍山供电公司发放贷款4000万元并进入鞍山供电公司账户的事实是清楚的，双方为此签订了《保证担保借款合同》以及《借款借据》的事实是清楚的，通过鞍山供电公司最终只还款本金500万元以及利息和复利共计3986453.57元的事实也是清楚的，这些既定的事实足可认定农行立山支行与鞍山供电公司之间存在债权债务关系。鞍山供电公司认为，本案贷款系农行立山支行负责人王忠利向关系人发放贷款犯罪所形成，虽使用其账户进行借款和还款，但该账户只是犯罪表现形式和工具，其并非实际借款主体，亦无任何实际取得，应由最终实际用款人承担返还责任，对此主张本院不予支持。因为，贷款一经依据借款合同发放，双方债权债务关系即已形成，鞍山供电公司再将所借款项转借泰隆集团以及泰隆集团又将款项转借正龙公司，并不能改变或相互替代各自依据合同相对性所建立起来的彼此独立且相互区分的

债权债务关系。将打击刑事犯罪所查清的涉案款物去向与民事法律关系全然混同的主张，不能成立。本案债务人应当认定为鞍山供电公司。鞍山供电公司主张，农行立山支行应向泰隆集团或聚富宫公司及正龙水产公司追偿债务，本院不予支持。

二、鞍山供电公司是否有向农行立山支行自愿以房抵债的行为。鞍山供电公司主张，其没有向农行立山支行以物抵债的合意与事实，本案所谓以房抵债系由辽宁省公安厅按照刑事犯罪追赃退赃程序扣押了正龙公司房产，并发还给了农行立山支行。农行立山支行关于鞍山市立山区人民法院（2004）鞍立刑初字第220号刑事判决书认定该房产是通过民事程序执行给鞍山供电公司，如果不是鞍山供电公司自愿行为，公安机关不会扣押其房产的主张，应予支持。所以，鞍山供电公司关于以房抵债非其自愿的主张，不能成立；其以公安部门扣押与发还的程序而否认其以房抵债的行为，以及以其没有在《辽宁省公安厅发还物品、文件清单》上盖有公章，即否认发还行为系其自愿抵债的行为，均不能成立。

另，鞍山供电公司主张，即便假设存在2004年9月24日以房抵债的事实，则应视为对公安厅抵债行为的认可，其与农行立山支行的民事债权债务也得以消灭。本院认为，鞍山供电公司对其用于抵债的房产应当负有权利瑕疵担保的责任，应当保证所抵房产权属合法且无瑕疵，但其用以抵债的3××号房产已被（2004）鞍行初字第3号行政判决撤销了所有权证，被（2004）鞍民执字第30－1号执行裁定撤销了抵债处分，在此情形下，农行立山支行原本获得抵偿的债权未能实现，其仍有权向鞍山供电公司进行追偿。

三、农行立山支行的债权是否已经超过诉讼时效期间。原审关于本案主债权在鞍山供电公司以房抵债之前已经过了两年诉讼时效期间的认定，并无不当。

但是，原审以2010年4月8日鞍山中院针对申请执行人鞍山供电公司下发的（2004）鞍民执字第30－1号执行裁定之日，作为农行立山支行即知道或应当知道其权益受到侵害的诉讼时效起算时间，显然不当。

四、本案合同无效认定后的责任该如何划分。本院认为，就导致本案合同无效的责任而言，农行立山支行虽因其行长违法发放贷款构成犯罪而过错责任明显，但鞍山供电公司提供借款主体身份及账号，同时帮助将所借款项转借其他公司，其负责人又与农行立山支行行长达成默契，对于本案合同因违法而无效亦负有不可推卸的责任。当前，关于涉及犯罪的民事交易行为的法律效力，有合同无效说与合同有效说等不同学理解释与裁判理念。本案《保证担保借款合同》曾因涉及刑事犯罪，并被另案认定为无效合同，但这并不当然影响农行立山支行依据实际发放的贷款所应当享有的债权。本案农行立山支行原行长犯罪，该行对涉及该犯罪所发放贷款而形成的债权依然应当受到法律保护。原审关于本案保证借款合同虽然因双方当事人的工作人员犯罪而无效，但不能因此否定双方之间存在民事上的债权债务关系的认定，以及合同无效确认后鞍山供电公司仍负有返还本案借款责任的认定，本院认同并支持。

综上所述，农行立山支行对于鞍山供电公司债权并不因涉及其负责人犯罪而丧失，鞍山供电公司在该笔债权已过诉讼时效后自愿以房抵债的行为使其不得再以诉讼时效期间届满为由进行抗辩；农行立山支行在得知所抵房产被撤销后及时发布公告主张权利、委托八卦支行扣划相关款项并提起本案诉讼，并未超过诉讼时效期间；鞍山供电公司在用于抵债房产权证被判决及裁定撤销后，仍负有偿还与原抵价值相等额的债权及相关利息的义务。原审判令鞍山供电公司返还农行立山支行31658188元债权及相关利息，予以维持。另，东北分公司的上诉辩论意见正确，予以采纳，原审关于东北分公司以及泰隆集团不予承担本案责任的理由并无不当，予以维持。至于鞍山供电公司提出将本案发回重审的请求，经本院审理，并没有发现本院无法查清的事实或需要发回重审的其他理由，且本案事实发生已长达17年之久，故对该项请求予以驳回，本院决定不将本案发回重审。

本院必须指出的是，鞍山供电公司在本案终审判决生效后，有权以其与泰隆集团达成的《债权转让协议》以及与聚富宫公司、正龙水产公司达成的《执行和解协议书》依法另行主张其债权，且诉讼时效应自发生本案诉讼时中断，自本院判决生效时重新起算。

——中国裁判文书网。

1726. 存款人经他人安排多次到金融机构存款并收高额利息，虽然他人构成挪用资金罪而使其存款造成损失，因存款人存在过错，不能因他人构成犯罪而主张免除自己的民事责任

关键词

存单纠纷　经济犯罪　民事责任

最高人民法院裁判文书

李亚东与泰安市泰山区农村信用合作联社泰汶路分社、泰安市泰山区农村信用合作联社存单纠纷申请再审案［最高人民法院（2013）民申字第849号民事裁定书］

最高人民法院认为：二审查明，2008年8月29日，李亚东在赵勇的安

排下到泰汶分社开立账户并存入400万元，并收取了19.2万元的高息。随即赵勇利用获知的账号、密码违规将该笔款项转到自己控制的账户。对此，有赵勇在刑事案件中的供述及信用社工作人员许桂芬、罗英的陈述相互印证，且李亚东收取了高息以及双方之间曾存在发生多笔业务的事实。故李亚东所称其未将密码告诉赵勇，本院不予采信。李亚东对存款损失的发生具有重大过错，二审判决其自行承担30%的责任并无不当，本院予以维持。

此外，刑事诉讼与民事诉讼的证明标准存在差别，刑事责任与民事责任的构成也存在差别，李亚东以另案刑事判决认定赵勇构成挪用资金罪为由主张免除自己在本案中的民事责任不能成立。

——中国裁判文书网。

关键词索引

A

安全保障义务 1869, 1912, 1951, 2246, 2398, 2480, 2482, 2484, 2487, 2489, 2494
安全管理义务 1496
按份保证 1420
按份共有 412, 413, 419, 2166
按份责任 873
按份之债 884
案外人 950
案由协调 1999

B

办学用途 1823
包办、买卖婚姻 2077
包工包料 1506
保管费用 581
保管合同 656, 919, 1869, 1873, 1874, 1885
保管人 1873, 1877, 1887
保管行为 1144
保管义务 1974
保管责任 1869
保密措施 729
保密义务 728
保全 104, 2008
保险公司追偿权 2348
保险合同 2366
保险金请求权 2364
保险利益 2143
保修期 1630, 1636
保修义务 1627, 1637
保证方式 1400
保证份额 1420
保证合同 873, 1399, 1401, 1408, 1415, 2180
保证金 582, 1630
保证金账户 591
保证期间 570, 1399, 1405, 1408, 1409, 1410, 1423
保证人 1403, 1405, 1418, 1421, 1423
保证责任 1405, 1415, 1416, 1420, 1421
保证债务 1404
报酬 1904
报酬请求权 146, 1485, 1971, 1972, 2101
报批义务 738, 741, 1093, 2740
报请政府批准 769

暴力侮辱 2038
备案 737，1235
备案合同 1583，1589，1650，1679
备忘录 720
“背靠背”条款 1685
被保险机动车转让 2345
被拆迁人 1245
被代理人 215
被扶养人生活费 2273，2274，2275
被挂靠人 1541
被拐获救 2131
被监护人 121，123，132
被监护人财产 2110
被监护人真实意愿 2100
被侵权人 2257，2358
被收养人 2133
本代理 214
本金 566，1120，1292，1316，1329，1366，1371，1372，1374
本约 712，714，715，722
本约合同 707，1185，1222，1241，1281
比特币“挖矿” 761
笔迹 2209
必然损失 1896
必须招标 1571
必要措施 2044
必要费用 1927
必要条款 725，840
必要限度 231，236，238，242
变更、撤回遗嘱 2215
变更登记 531，1245，1255
变更抚养关系 2111
变更岗位条款 2541
变更监护人 2103，2108，2112
变更姓名 2051
变性手术 2084
标的物质量 1511
标明义务 2420
标注号码 2025
表见代理 202，204，215，803，811，814，1359，1360，2162
别除权 563，610
补偿性费用 2759
补偿责任 2253，2398
补充合同 1546
补充协议 786，1136，1590
补充责任 543，2480
补救措施 1675
补签 833
补助、补贴 2578
不安抗辩权 876，1240
不必要检查 2379
不当得利 436，1451，1989，1994，1995，1997，2202
不当得利请求权 1531，1987
不当使用 505，1456
不当言论 2021
不动产 492，2166
不动产登记 301，304，314，317，491，506，507，539，1207，1209，1234
不动产登记簿 305，307，353，525，526，573
不动产抵押合同 543
不动产抵押权 531
不动产买卖 329
不动产权利人 409
不动产确权 317
不动产使用权 411
不动产赠与 2149
不法管理 1987
不法侵害 227，231，233，234，241，

244, 1260, 2008, 2235, 2252
不合格血液 2383
不合理差别对待 2608
不合理低价 943
不解除婚姻关系 2161
不可分物 941
不可抗力 221, 894, 900, 911, 1224, 1881, 1949
不可抗力条款 1111
不利推定 2704
不利益风险 2002
不良信用 2031
不实评价 2026
不视为认可 1706
不特定第三人 318
不特定人 1388, 1970
不完全履行 1211
不应有的损害 235, 236
不真正连带责任 218, 2316
不正当竞争 2034
不正当手段 2792
不知情 1418
部分当事人 671
部分解除 1013
部分履行 858
部分条款附条件 186
部分无效 1429
部分有效 1429
部分债务 290
部门法 76

C

材料货款 1765
材料灭失风险 1486, 1491
财产保全 2515
财产代管人 110
财产返还 755
财产监管责任 2110
财产清算 139
财产权 2047
财产损害赔偿 1453, 2240, 2242
财产损失范围 2504
财产瑕疵 1263
财产性赔偿 2076
财务顾问费 1371
财政评审 1682
裁判说理 52
裁判文书 43, 46, 49, 922
裁判依据 49
采伐许可证 2751
采矿权 2739
采矿权抵押 2745, 2746
采矿权许可期限 2745
采矿权许可证 2746
采矿权转让合同 1093
餐饮服务提供者 2425
残疾等级 2272
残疾辅助器具 2261
残疾赔偿金 2272, 2273, 2274, 2311
残疾人免费乘车权 2495
残疾人权益 2073, 2610
残疾人证 2495
仓储合同 1873, 1874, 1875, 1885, 1887
仓储物 1875
仓单 1874
仓单背书 1887
仓单持有人 1877
草原承包合同 2720
查封 537, 550, 565
差评行为 2038

拆迁 554
拆迁补偿安置房屋 1796
拆迁补偿安置协议 1105, 1248
拆墙改门 399
产能置换 2656
产品宣传服务 2500
产品责任 1150
产品质量 1160, 1161, 1220, 2261
产权登记 369
产权分割 411
产权申诉 36
产权司法保护 36
长江防护林 2732
长期性合同 993
偿还部分款项 1325
偿还债权 1376
超过排放标准 2708
超期租赁 1472
超时加班 2563, 2616
车上人员 2342
车位车库 369, 371, 375, 376, 377, 1243
撤回承诺 697
撤回出卖 1935
撤诉 276, 277
撤销婚姻 2082
撤销监护人资格 2114, 2116
撤销权 165, 198, 262, 752, 853, 936, 940, 941, 942, 943, 950, 952, 954, 955, 1889, 2146
撤销行为标的 941
撤销赠与 1258
沉默 957, 1415, 1706
成立未生效合同 776
成立要件 157, 160, 165
成年监护 120, 123, 140
成年人 105, 117, 125
成年子女 2092
诚实信用 918
诚信原则 13, 626, 636, 843, 885, 1061, 1226, 1304, 1587, 2087, 2567
承包地征收补偿费 467
承包合同 461, 1648
承包经营权 2231
承包经营收益 2233
承包人 1543, 1619, 1772
承包收益继承 2231
承揽合同 1480, 1484, 1485, 1488, 1489, 1490, 1491, 1492, 1493, 1495, 1496, 1498, 1505, 1506, 1509, 1511, 1522, 1537, 1767, 1940, 2434
承揽人 1486, 1487, 1492, 1495, 1497, 1501, 1502, 1506, 1507, 1510
承诺 666, 667, 684, 688, 689, 722, 724, 725, 1415, 2460
承诺迟到 691
承诺函 1401
承诺书 980, 983
承运人 1878, 1879
承租人 1444, 1455, 1456, 1471, 1478
城镇居民标准 2273
城镇土地使用税 329
城中村 1428
乘人之危 176
程序公正 3
程序瑕疵 2078
程序选择标准 2791, 2795
惩罚性赔偿 1158, 1950, 2314, 2435, 2436, 2453, 2465, 2756, 2759
惩罚性赔偿请求权 2466
惩罚性赔偿责任 2385, 2469, 2475
惩戒权 2611

迟延付款 1050
迟延接管 1920
迟延履行 1265
迟延履行期间 1122
迟延请求 2250
迟延运输 1881
持续性侵权之债 2254
持续治疗费用 2368
冲抵顺序 1120
出借义务 1283
出借账户 1354
出卖人 1134, 1135
出入境检验检疫 1159
出生日期 2624
出生时间 103
出生证明 103
出资目的 2167
除斥期间 287, 292, 293, 1770, 1889
储蓄存款合同 1976, 1977
处分行为 2220
处置费用 2778
处置权 1376
触电人身损害赔偿 2405
穿透式思维 936
船坞建造 1664
串标 1578
串通行为 1968
次债权 932
次债务人 853, 927, 935, 937
重复起诉 2276
重新鉴定 1736
重整起诉 268
从给付义务 877, 1133
从物 440, 444
从新原则 1571
催告 276, 1006, 1136
催告权 195, 198
催款函 1749
催收公告 273
催收文件 815
村民 1229
村民会议 550, 1378
存单 1274
存单纠纷 2813
存货人 1877
磋商性文件 715, 720
错误认识 163, 166

D

搭便车 2337
大额借贷 1291, 1293, 1294
大气污染 2683
大气污染防治 2708
大气污染责任 2699
大型犬 2406
代表权 808
代建工程 1538, 1551
代理 193, 796
代理权 214, 808
代理人 2159
代签 833
代签劳动合同 2525
代书遗嘱 2206
代为保管 1144
代位继承 2207, 2218
代位权 564, 921, 922, 923, 928, 930, 932, 937, 938, 942, 954
代位权诉讼 935
贷款金额 1350
贷款市场报价利率 1321, 1322, 1323, 1325

贷款业务 1271
贷款用途 1415
贷款逾期利息 1342
待履行合同 1479
怠于履行 2107
怠于主张权利 265
担保 1365
担保财产 529
担保范围 525，556
担保合同 525，593，825
担保条款 822
担保物权 513，515，527，1751
担保责任 564，1390，1416，1465
单纯不作为 685
单方承诺 291
单方过错 1037
单方解除 2570
单方解除权 995
单方违约 1114
单方终止 2453
单位 2418
单位工程 1772
单位建房 622
当事人约定 1354，2279
倒签日期 847
到期债权 930，935
盗赃物 433
道德行为 246
道路 379
道路交通事故 2258
登记 737
登记备案 1434
登记错误 415
登记时间 526
登记要件主义 543
等价补偿 458
低价转让国有资产 846
抵销 1032，1033
抵销权 589，1911
抵押财产 537，555，556
抵押担保 530，550，556
抵押登记 526，530，532，534，538，540，543，555，566，1384
抵押合同 513，529，530，534，538，555，565，572，577，1218
抵押权 527，534，537，539，550，557，561，563，794，1194
抵押权保护期间 559，578
抵押权排除 371
抵押权清偿顺序 526
抵押权实现 2744
抵押权顺位 531
抵押物 515，538，554
抵押物范围 572，573
地方性规范 2495
地基基础工程 1625
地上林木所有权 2751
地役权 402，505，506，507
地域歧视 2608，2612
第二倍工资 2583
第三人 175，304，319，377，407，980，981，983，1207，1353，1495，1902，1932，1937，2366
第三人撤销之诉 794，1544，1780
第三人代为接受履行 859
第三人过错环境侵权 2677
第三人利益 177，750
第三人履行 191，861
第三人欺诈 170
第三人侵权 2268，2284，2601
第三人损害 234
第三人原因 2280

缔结婚姻关系 2077
缔约过失责任 636,704,714,741,1304,1408
缔约目的 2463
典当 508,510,1303,1384
典期 512
典权 508
电源结构调整 2726
电子合同 697,724
电子商务平台 2315
垫付 2128
调查评估报告 142
订购协议 1222
订金 1108
定金 714,1108,1121
定金罚则 1110
定期金 2300
定期租赁合同 1462
定型化计算 2272
定制地产 1222
定着物 301
定作人 1492,1493,1495,1498,1499,1500,1501,1505,1506,1512
定作人材料返还请求权 1519
定作物 1510
定作中的物 1491
董事长 2542
动产交付 420,587
动产所有权 349
动产物权 318,319
动产质押 592,1874
动态体系论 2305
动物侵袭 234
动物饲养人 2237,2409
动物园 2410
动物致害 2237,2407,2409
兜底性规定 84
斗殴 230
独家代理 1938
独立保证 1411
独立条款 738
独立责任 194
独占权 380,729
赌博 1305
堆放物损害责任 2404
对待给付 1114
对赌协议 2172
对世效力 550
多方合同 878
多份合同 885,1680
多式联运合同 1884
多式联运经营人 1884
多项物权并存 324
多因一果 1607,2378
多重买卖 1127
多重转让 982

E

额外费用 1496
恶意串通 177,747,750,752,755,940,1206
恶意添附 436
恶意违约 995
恶意占有 613
二倍工资 2532,2540
二手房买卖 350
二手机动车 420
二重转让 982

F

发包方 1559, 1627
发包人 1538, 1551, 1557, 1602, 1604, 1607, 1706, 1766, 1797
发包主体认定 1530
发票 867, 1671
罚息 1339, 1903
法不溯及既往 80, 570, 1319, 2132, 2168
法典化思维 67
法定保管 1869
法定撤销权 1251, 1260, 1261
法定代表人 796, 805, 811, 1356, 1361, 2542
法定代理 194, 213, 257
法定代理人 97, 119, 195, 1253, 2005
法定抵销权 287
法定扶养义务 2161
法定告知义务 2463
法定继承 2198, 2206, 2207, 2215, 2218
法定监护 2112
法定监护权 2058
法定监护人 2090, 2105, 2161
法定节假日 295
法定解除权 1002, 1028, 1455
法定解除条件 1832
法定纳税人 1984
法定期间 561
法定义务 1209
法定用益物权 497
法定优先权 1742, 1768
法定原则 220
法理 53
法律关系 1277, 1287, 1396
法律规则 78
法律后果 153, 1030
法律漏洞 49, 1989
法律事实 52
法律适用 1125, 2417
法律文书 52, 88, 113, 323, 345
法律效力 161
法律行为 18, 97, 114
法律渊源 24, 30
法律原因 1995
法律原则 78
法律责任 1577
法人名誉权 2038
法人治理 147
法条竞合 2453
法治社会 4
反悔 291
返还财产 183, 185, 1070
返还请求权 318, 319
返还原物 327, 612, 615, 622, 2576
防洪障碍物建设者 2692
防水工程 1636
防卫过当 231, 232, 238
防卫意图 227, 230
防卫准备 230
防止损失扩大原则 1475
房产抵押 2161
房产加名登记 2146
房产约定 2146
房产赠与 1255
房地产 1167
房地产开发 1224
房地产开发企业 1198, 1209
房地分别抵押 518
房地一体 301, 491, 518, 529, 551

房改政策 622
房屋承租人 413
房屋出租 1453
房屋抵押登记 577
房屋典当回赎纠纷 508
房屋过户登记 302, 1198
房屋买卖合同 348, 375, 1169, 1170, 1204, 1205, 1206, 1207, 1211, 1216, 1217, 1220, 1225, 1235, 1238, 1240, 1241, 1242, 1245, 1249, 1365, 1944
房屋拍卖 1202
房屋实际权利人 1201
房屋所有权 314, 502
房屋所有权人 348
房屋用途 394, 397
房屋质量 1189
房屋中介机构 1945
房屋重大瑕疵 1240
房屋转租 1451, 1452
房屋租金 1189
房屋租赁合同 1428, 1429, 1454, 1456, 1465, 1469, 1479
房屋租赁合同纠纷 1435
放弃担保 564
放弃继承 2197, 2198
放弃解除权 1008, 1009
放弃诉讼时效抗辩权 284, 289
非必招项目 1596
非典型担保 602, 1108
非法捕捞 2719
非法采砂 2754
非法改装车 2361
非法集资 1306, 1388, 1398
非法解除劳动合同 2550
非法金融业务活动 1270
非法侵害 617
非法人单位 1956
非法人组织 148
非法吸收公众存款 1306, 1388
非法运输 2729
非法证据 1297
非法转包 1554
非格式条款 702
非婚生子女 2201
非集体组织成员 471
非金钱债务 993
非民间借贷关系 1284
非全日制用工 2614, 2622
非试用行为 1153
非银行业金融机构 1271
非营运机动车 2337
废物处置资质 2695
分包 1558, 1559
分包合同 1560
分包人 1759
分别立案 2769
分别侵权 2677
分割履行 1013
分居 2091
分批交付 1259
分期付款 1025, 1152, 1154
分期履行 2254
分期支付 1476, 2695
分散登记 301
分项限额 2338
风景名胜 2784
风俗习惯 24
风险负担 1522, 1929
风险转移 1498
"夫妻船" 2530
夫妻感情破裂 2137
夫妻共同财产 2140, 2143, 2148,

2155，2156，2158，2160，2161，2162，2168，2179，2183，2230
夫妻共同财产分割 2152
夫妻共同还贷 2155
夫妻共同居住 2232
夫妻共同生活 2175，2176
夫妻共同债务 2136，2171，2172，2173，2175，2176，2177，2178，2180，2181，2182，2186
夫妻共有 1255
夫妻关系 2087，2159
夫妻关系存续期间 2181
夫妻一方 2186
夫妻债务 2169
夫妻之间借款 2154
夫妻之间赠与 2149
扶养 2197
扶养行为 2206
扶养义务 141
服务合同 656，1980
服务细则 1914
服务义务 1918
浮动抵押财产 549
福利待遇 2601
抚养 2197
抚养费 2124，2126，2127，2128
抚养教育义务 2127
抚养义务 141，2121，2123，2124，2126，2130
父母出资 2150
父母合意 2058
父母赠与 2136
付款凭证 1279
付款期限 1692
付款时间 1690
付款义务 1133
负担行为 1153
负面性评价 2025
附不真正条件 188
附负担行为 190
附合 492，1441，1443，1444
附期限 191，428，789
附生效期限 776
附生效条件 776
附随义务 1960，1979
附随义务 728
附条件 191，428，789
附条件合同 786，792，818，913
附条件条款 1111
附条件行为 186，188，190，794
附条件赠与 502
附义务 1254
附属条款 190
复代理 213，214，1898
复利 1331，1333，1339，1342，1343

G

改建行为 1627
概括性授权 848
高度盖然性 1294
高度危险物损害责任 2404
高空抛物 1912，2402
高空抛物坠物 2396，2398
高利贷 1323
高利转贷 1327
高速公路管理者 2491
告知说明义务 2374
告知同意规则 2061
告知义务 166，2429
格式合同 848
格式条款 698，702，1111，1947，2452，

2468
隔代探望 2094
隔代探望权 2096
个人财产 2149
个人公开信息 2061
个人所得税 1347
个人信息 2063, 2064, 2065, 2070, 2073, 2075, 2076
个人债务 2173, 2175, 2182
个体工商户 147
给付义务 878
给付责任 1151
根本违约 986, 1072, 1110, 1164, 1447, 1620, 1713, 1833
工程贷款 1766
工程垫资 1776
工程计价标准 1653
工程价款 958, 1542, 1578, 1579, 1590, 1595, 1596, 1613, 1641, 1651, 1659, 1662, 1666, 1675, 1677, 1680, 1684, 1685, 1687, 1690, 1691, 1697, 1703, 1705, 1719, 1724, 1726, 1733, 1736, 1754, 1756, 1768, 1776, 1784, 1785, 1786, 1789, 1790, 1792, 1809, 1811
工程价款范围 1657, 1742
工程价款付款时间 1591
工程价款鉴定 1730
工程价款结算 1589, 1644, 1671, 1673, 1674, 1679, 1730, 2738
工程价款结算协议 1711
工程价款支付期限 1721
工程价款利息起算日 1723
工程价款优先受偿权 1787, 1796
工程价款支付 1660
工程结算 1682, 1685, 1804
工程进度奖励金 1813
工程竣工 1697, 1753
工程竣工日 1785
工程竣工验收 1629
工程竣工验收日期 1718
工程量 1641, 1644, 1686, 1703
工程量增加 1644
工程签证 1646
工程投资建设单位 1563
工程维修 1617
工程尾款 1670
工程验收 1675
工程造价 1649, 1663, 1686, 1699
工程造价鉴定 1727, 1732
工程招标 1581
工程质量 1557, 1611, 1612, 1613, 1618, 1625, 1627, 1629, 1630, 1637, 1675, 1753, 1779
工程质量保证金 1777
工程质量鉴定 1729
工程转包 1553, 1659
工程转包合同 1550
工期顺延 1493, 1608
工期延误 1597
工伤 2594, 2600, 2616
工伤保险 2280, 2588
工伤保险赔偿 2283, 2598
工伤待遇赔偿 2593
工伤认定 2588
工伤事故 2593, 2596
工伤医疗费 2514
工业用地 1828
工资数额 2581
工作场所 2594
工作成果 1499, 1500, 1501, 1512
工作地点 2611

工作岗位调整权 2541
工作年限 2523
公法义务 742
公告 255, 264, 856
公共场所 2487
公共场所管理人 2484
公共道路妨碍通行损害责任 2404
公共空间案件 2235
公共利益 152, 342, 345, 457, 458, 763, 1469, 2000, 2048
公共区域 2499
公共设施 362
公共秩序 15
公开竞价 487
公民个人信息 763
公民言论自由 2035
公平原则 185, 248, 404, 458, 626, 885, 899, 912, 1023, 1061, 1490, 1491, 1498, 1608, 2148, 2165
公平责任 2245
公平正义 4
公权力救济 2249
公示 321
公司 2542
公司纠纷 2172
公序良俗 15, 18, 24, 30, 78, 152, 743, 761, 1201, 1469, 1928, 2051, 2056, 2084, 2493
公用事业项目 1561
公有住房 387
公章 796
公正与效率 3
公证 308, 737
公证文书 1205
公证遗嘱 2223
公众场所 2489
公众混淆 2057
公众人物 2000, 2048
公租房 2232
供电人 1956, 1960
供热特许经营权 340
供用电合同 1956, 1957, 1960
供用水合同 1926
共担风险 1818
共同保证 1421, 1423
共同被告 1884
共同偿还 2177
共同承担赔偿责任 2427
共同承揽 1514
共同承揽人 1513
共同代理 198
共同抵押 556
共同管理约定 1242
共同借款人 1355, 1361
共同经营 147, 2530
共同居住 2088
共同侵权 1531, 2059, 2238, 2244, 2697, 2719
共同清偿 2172
共同生产经营 2169
共同诉讼 1834, 2244
共同危险行为 2238
共同意思表示 2162
共同债务 1356, 2184
共享单车 2499
共享利润 1818
共用部分 1923
共有部分 357, 369, 2146
共有财产 411
共有房产抵押 2183
共有房屋分割 418
共有人 410, 411, 415, 459

共有物处分 415
共有物分割 410，419
构筑物 327，1997
购置房屋 2167
股权补偿条件 791
股权增值 2179
股权置换 943
股权转让 744，1299，2176
股权转让合同 954，1011，1023
固定期限劳动合同 2540
固定收益 1300
固定总价 1664，1738
固体废物 2774，2778
固体废物污染环境防治 2708
故意 2237
故意隐瞒 166
雇佣关系 2320，2534
雇佣合同 1485，2512
雇员 148
雇主 148
挂靠 1539，2522，2803
挂靠合同 1541
挂靠协议 2456
挂牌 1847
挂牌转让 784
关联企业 2536
关联事实 2790
关联诉讼 1103
观念交付 425，429
管理费 1540，1541
管理规约 394，1915
管理人 156
管理性强制性规定 764
管理义务 2490
惯例 510
光污染 2693
广告合同 1973
归责原则 1485，2071，2245，2388
规范性文件 52
规章 743
规章制度 2518，2618
锅炉房 362
国籍 2133
国际货物买卖合同 1164
国家利益 844，846
国家所有权 347，349
国家政策 15，1201，1467，1468
国家政策变更 1663
国有企业 844
国有土地使用权 487，497，577，1824，1831，1841
国有土地使用权出让 1817，1839，1847
国有土地使用权转让合同 1819
国有资产 342，784
国有资产处分程序 1435
过错 238，1104，1149，1496，1602，1611，1753，2230，2260，2496
过错标准 2502
过错程度 2261
过错赔偿责任 1605
过错相抵 2293
过错责任 532，552，588，811，1453，1490，2268，2336，2500
过度消耗材料 1492
过户登记 2149
过失 202，204
过失相抵 232，2239，2410

H

海上旅客运输 1881

航空旅客运输　1881
行纪费用　1927，1928
行纪合同　1928，1932，1933，1935，1936，1937，1940
行纪人　1929，1930，1931，1933，1935
行纪销售　1938
行业惯例　654，1721，1880，1964
行业习惯　24
好人条款　2235
好意同乘　2336，2337
合并审理　1032，2346
合法到期债权　921
合法婚姻关系　2164
合法权益　240
合法性判断　2570
合法性审查　457
合伙　148
合理措施　2248
合理对价　539，950
合理方式　698
合理怀疑　747，1316，2210
合理价格　420，430
合理路线　2600
合理期限　689，1501，1880，2572
合理使用　1466
合理使用期限　1619
合理限度　2497
合理信赖　525
合理要求　1879
合理预见　1072
合理预期　691
合理原则　1105，1106
合理注意义务　1978，2484
合同　926
合同变更　873，875，912，913，915，918，957，966，1107，1498，1546，1580，1587
合同变更规则　959，961
合同标的物　1161
合同不成立　664，841
合同撤销　262，502，841，956
合同撤销权　2528
合同成立　555，657，666，667，671，674，678，682，691，722，723，724，891，895，1321，1427，1484，1873，1885
合同成立地点　725
合同成立时间　1322
合同当事人　1007
合同订立　729，826，831，1049，1152
合同对价　503
合同附随义务　2507
合同更新　957
合同基础条件　891
合同价款　888
合同僵局　993
合同解除　118，776，843，850，900，912，986，991，993，995，999，1005，1007，1008，1012，1013，1014，1017，1018，1019，1023，1025，1030，1040，1046，1072，1093，1094，1096，1097，1100，1161，1170，1211，1216，1217，1218，1304，1433，1437，1443，1450，1452，1471，1478，1479，1516，1634，1666，1713，1858，2561，2563，2566，2610，2720，2740
合同解除权　996，1006，1011，1921，2434
合同解释　626，637，644，654，702，720，2045，2219，2357
合同纠纷　918，1287，1387，2808

合同利益 861
合同联立 881
合同漏洞 626
合同履行 789, 850, 856, 875, 879, 891, 915, 919, 1002, 1014, 1018, 1019, 1037, 1045, 1094, 1107, 1110, 1472, 1662, 1928, 1945, 1973
合同履行地 888, 1957
合同履行抗辩权 1910
合同目的 986, 1028, 1096
合同目的重大变化 2720
合同能源管理 2684
合同期满自动续延 2538
合同生效 657, 805, 840, 1548
合同实质性变更 1583
合同示范文本 1427
合同书 725
合同条件 1096
合同条款 771
合同条款无效 823, 840
合同未生效 769, 787, 870
合同文本 834
合同无法履行 2562
合同无效 299, 376, 664, 761, 763, 764, 781, 787, 841, 846, 1050, 1073, 1303, 1323, 1377, 1378, 1563, 1570, 1587, 1605, 1660, 1672, 1697, 1804, 1839, 2723
合同相对人 1018
合同相对性 822, 1204, 1207, 1472, 1659, 1797
合同相对性原则 1806
合同效力 302, 415, 474, 489, 513, 532, 551, 552, 730, 737, 738, 742, 743, 752, 755, 780, 783, 784, 786, 803, 818, 819, 822, 825, 843, 850, 919, 926, 927, 1059, 1162, 1167, 1199, 1204, 1206, 1229, 1243, 1275, 1310, 1348, 1349, 1379, 1392, 1403, 1434, 1435, 1463, 1469, 1524, 1529, 1538, 1547, 1552, 1556, 1560, 1561, 1565, 1571, 1572, 1602, 1606, 1679, 1711, 1732, 1751, 1814, 1819, 1821, 1824, 1828, 1831, 1868, 1899, 1906, 1916, 2525, 2528, 2748, 2793
合同效力补正 1835
合同效力转换 1429
合同形式 678, 1885
合同义务 707, 792, 863, 1825, 1896
合同约定 501, 651
合同约定不明 1038, 1045
合同诈骗 781
合同终止 956
合同主体 834, 839
合同自由 2644
合意 667, 875
合资合作开发合同 915, 1818, 1828
合作公司 2531
合作建房 1857
合作经济组织 147
合作经营 2548
合作开发房地产 1298, 1855, 1858
合作开发房地产合同 1542, 1543, 1544
河道行洪 2723
核实义务 589, 1976
黑白合同 959, 1573, 1580, 1581, 1583
宏观调控 1167
后合同义务 728, 1027
互联网群组 2023
互联网中介合同 1946
互易合同 1128

户籍登记 2056
划拨土地使用权 1823，1835
划拨土地使用权转让合同 1836，1838
划拨用地性质改变 1857
怀孕女职工 2611
还本付息 1976
还款期限 1379
还款日期 260
还款协议书 1547
还款行为 1359，1360，2186
还款责任 1381
环境保护 2707
环境民事公益诉讼 2654，2699，2700，2702，2704，2763，2769，2771，2781
环境私益诉讼 2763
环境污染 2690，2759
环境污染责任 2693
环境信息 2704
环境行政公益诉讼 2769
环境修复 2764
环境修复协议 2766
环境影响评价 2702，2724
环境资源 2709
环境资源案件 2657，2663，2669，2677，2734
环境资源审判 2652，2654
患者 2374
患者近亲属 2368，2372，2374，2376
患者意见 2392
患者知情同意权 2394
荒山治理承包合同 2750
黄金地质勘探基金 259
黄金开发基金 259
恢复生产 2753
恢复原状 1029，1459，2723
回购交易 1299
回赎期限 512
回赎权 508
汇率 1345
会议纪要 725，726
毁损 1458，1466
婚介服务 1943
婚内财产分割 2161
婚前财产 2139，2179
婚前个人债务 2184
婚姻撤销 293，2086
婚姻登记 2078，2084
婚姻关系 1943，2081，2088
婚姻关系存续期间 2148，2160，2168
婚姻无效 2085
婚姻自由 2080，2081，2084，2086
婚约 2080
混合担保 564，593
混合担保人 1421
混合过错 1612
混同 883
货物运输风险 1147
货运代理合同 1884

J

机动车交通事故发生时间 2341
机动车交通事故责任 2173，2336
机动车所有权 540，1154
机动车所有人 2332
机动车占有人 2332
机关法人 1817，1839，1841
基本法 72
基本工资 2622
基本要素 2305
基本原则 69，2789

基坑 1762
基数+倍数 2759
基线水平 2717
即时返还 870
急迫危险 240
集体财产 550, 551, 552
集体经济组织 147
集体经济组织成员 332, 344, 1229
集体经营性建设用地 495
集体所有财产 344
集体所有土地 1523
计价标准 1703
计价方法 1644
计价方式 1699
计算标准 2278, 2290
计薪时间 2586
技术交底资料 1638
技术要求 1493
技术中介合同 1940
既判力 2763
既有债务 1356
继承财产 2199
继承纠纷 2204
继承开始 2203
继承权 2201
继承人 1253, 2199
继承人代理人 2220
继父母 2129
继父母遗产 2204
继续履行 2380, 2732, 2751
继续性合同 1012
继子女 2093, 2129, 2204
加班费 2614, 2618, 2620, 2622
加班费法定标准 2615
加班申请审批 2618
加工合同 1511
加害行为 2496
加速到期 1692
加重责任 2460
家事代理权 2159
家庭暴力 2187, 2188, 2189, 2191, 2192, 2194
家庭成员 147, 459, 2194, 2231
家庭承包方式 2233
家庭共同生活 2184
家庭共有财产 2150
家庭教育令 2107
家庭开销 2177
家务劳动补偿 2158
家用汽车 2447
价值判断 674
假冒他人名义 831
间接 2792
间接代理 1902
间接占有 613
间接证据 750
监督管理义务 2237
监督检验 1490, 1495, 1496, 1506
监督义务 2496
监管人责任 597, 601
监管物 588
监护关系 121, 139, 194
监护能力 143, 2099
监护权 119, 2134
监护权特别程序 137
监护人 98, 117, 125, 126, 133, 136, 137, 146, 2101, 2131
监护人变更 139
监护协议 118, 124
监护义务 140, 146
监护责任 2108
监护职责 2099, 2107

监护制度 2103，2186
监护资格 130，133，142，143，2108
监理单位 1627
监理人 1754
检验期间 1160
减价 1149
减轻责任事由 2336，2405
减少负债 1994
简易支付 613
见义勇为 244，246，247，248，250，2235，2252，2253
建设工程 1712，1765，1782，1815
建设工程价款 1701，1732，1753，1770，1778
建设工程价款优先受偿 1759
建设工程价款优先受偿权 1651，1739，1742，1751，1765，1766，1767，1772，1773，1776，1777，1779，1780，1788，1792
建设工程款 1751
建设工程施工合同 818，1524，1529，1537，1541，1542，1544，1546，1547，1548，1551，1552，1553，1556，1558，1560，1565，1569，1570，1572，1573，1579，1580，1583，1587，1589，1590，1591，1595，1598，1605，1606，1607，1608，1617，1618，1620，1627，1629，1630，1632，1634，1636，1649，1653，1659，1660，1662，1674，1675，1677，1679，1680，1684，1685，1686，1687，1691，1692，1697，1699，1705，1710，1711，1715，1718，1719，1723，1724，1726，1730，1733，1734，1738，1762，1770，1771，1772，1773，1777，1779，1783，1784，1785，1786，1789，1790，1800，1801，1806，1809，1811，1812，1814
建设工程施工合同纠纷 1539，1610，1638，1640，1641，1643，1644，1645，1646，1672，1682，1694，1722，1761，1787，1805
建设工程施工合同无效 1635
建设工程实际施工人 1803
建设工程折价补偿 1696
建设工程转包合同 1648
建设项目 1561
建设用地使用权 351，489，491，518，952，1821，1826
建设用地使用权出让 1825
建设用地使用权出让合同 1842，1846
建设用地使用权合同 1523
建设用地使用权转让合同 1853
建设用地使用权租赁合同 1426
建筑工人利益 1790
建筑物 327，491，494
建筑物共用部分 387，388
建筑物管理人 1912，2402
建筑物区分所有权 351，353，397，1909
建筑物区分所有权人 387，388
建筑物所有权 518
建筑物所有人 1651
建筑物外墙面 385
健康权 1999，2482，2500
鉴定 1613，1646
鉴定程序 1729
鉴定范围 1728
鉴定结论 1733
鉴定期限 1728
鉴定意见 1736
奖金 2583

降低偿债能力 931
交叉要约 684, 725
交付地点 1140
交付工作成果 1498
交付货物 1134, 1135
交付期限 1136
交付时间 1489
交付转移风险 1139
交强险 2324, 2338, 2341, 2345, 2346, 2357, 2363
交强险第三人 2342
交强险合同 2361
交通工具延误 1953
交通事故 2323, 2324, 2352, 2491
交通事故认定书 2353
交通事故责任 2350
交通损害 2348
交易习惯 24, 440, 637, 644, 688, 1136, 1489
缴纳工伤保险费 2588
教育机构责任 2262
教育资产 1823
接受赠与 101
节能服务合同 2684
结婚意思表示 2081
结算标准 1648
结算过程性资料 1640
结算协议 1683, 1684, 1732
结算协议未载明 1683
结算协议效力 1672
结算依据 1640, 1650, 1657, 1694, 1734
解除 1029
解除关系 2204
解除合同 1454, 1499, 2750
解除婚姻关系 2137
解除劳动合同 2518, 2572, 2625
解除权 990, 991
解除时间 1017
解除收养关系 2135
解除通知 996
介入权 1900, 1901, 1902, 1937
戒严 345
借贷担保 1363
借贷合意 1290
借贷金额 1291, 1293
借贷融资 1371
借贷债务 2186
借贷中间人 1359, 1360
借婚姻索取财物 2077
借据 1315, 1355
借款本息 1346
借款偿付 1326
借款担保合同 1415, 1896
借款关系 1298
借款合同 589, 1238, 1277, 1281, 1287, 1290, 1291, 1300, 1301, 1336, 1348, 1353, 1355, 1366, 1371, 1376, 1377, 1378, 1381, 1384, 1392, 1398, 1946
借款利率 1369
借款利息 1371
借款人 1273, 1347, 1369
借款用途 1308
借名买房 1199, 1201, 1663
借名人 1201
借条 1280
借新还旧 1379, 1403
借用资质 1529, 1540, 1604, 1809, 1814, 1856
金钱担保 1108
金钱债权 581, 2514

金钱质权 591
金融不良资产 1343
金融借款 1339, 1342, 1343, 1372, 1374, 1382, 1396
金融借款合同 532, 1218, 1270, 1369, 2809
金融民刑交叉案件 2791, 2795
金融危机 910
紧急避险 234, 240, 241, 242, 250
紧急救治 2392
紧急救治侵权责任 2368, 2371, 2377
紧急情况 213, 246, 1930
紧急求助 2235
紧急需要 345
谨慎管理义务 613
进货查验义务 1156
进口食品 1159
近亲属 106, 413, 2006, 2258
近亲属同意 2040
禁令 2008
禁止反言原则 2198
禁止流通物 1883
禁止性规定 1339, 1919, 2723
禁止令 2690
经济补偿金 2514, 2629, 2632, 2644, 2645
经济犯罪 2813
经验法则 2396
经营不善 2427
经营场所 264, 2500
经营性用房 397
经营债务 147
经营者 2460
经营者责任 2423
精神利益 246, 656
精神赡养 2122
精神损害 2038, 2276, 2302
精神损害赔偿 656, 2003, 2065, 2076, 2134, 2308, 2310, 2311, 2312, 2394
精神损害主体 2301
精神性人格权 2305
竞买人 1984
竞业限制 2635, 2644, 2645
竞业限制纠纷 2632
竞业限制期限 2634
竞业限制协议 2640
竞业限制义务 2627
竞业限制约定 2515
旧法 76, 80, 83, 84, 85, 88
旧债 958
救治意见 2376
救助义务 2489
就业平等权 2603
就业歧视 2608, 2612
就业许可 2537
居间合同 1349
居留手续 2537
居住权 371, 497, 501, 502, 503
居住权抵押 504
居住权人 505
居住权转让 504
举证责任 204, 617, 1038, 1289, 1296, 1316, 1355, 1512, 1955, 1974, 1977, 2169, 2474, 2478, 2491
拒保 2356
拒不返还 613
拒绝履行 741
拒绝受领 1499
拒绝提供劳动 2562
具有人身意义的物 325
捐献者 2002
绝当 508, 510

竣工结算 1710
竣工结算报告 1705
竣工日期 1782
竣工验收 1613, 1614, 1617

K

开发商 1219, 1597
开发商售出 1771
开工日期 1608
开机广告一键关闭 2426
开具工程款发票 1717
开具增值税发票 1134, 1135
勘查开采合同 2739
勘察人 1754
"砍头息" 1372
抗辩事由 1825, 2500
可撤销行为 176, 177
可得利益 507, 704, 722, 1072, 1073, 1075, 1082, 1087, 1091
可得利益损失 1014, 1019, 1027, 1041, 1073, 1094, 1100, 1473, 1516
可分物 609, 941
可能加害的建筑物使用人 2396
可容忍度 2693
可识别性 2063
可视门铃 2050
可预见性规则 896, 1082
可再生能源发展 2684
空白内容 848
空白溯及 90
空单转让 1877
空挂资质 2524
恐惧心理 171, 174
口头方式 969
口头合同 505
口头遗嘱 2210
口头约定 1314
扣押 565
跨境电商 1126
宽限期 1478
矿业权承包 2742
矿业权抵押 2744
矿业权流转合同 2748
矿业权许可证 2744
矿业权转让 2740, 2742
矿业权租赁 2742
框架协议书 1028
扩建 1456
扩建费用 1437, 1446
扩建租赁房屋 1436
扩张解释 559, 952

L

劳动报酬 2536, 2580, 2620
劳动法意义上的权利义务关系 2567
劳动关系 2524, 2531, 2537, 2539, 2544, 2593, 2602
劳动合同 1485, 2512, 2520, 2522, 2523, 2528, 2532, 2534, 2535, 2538, 2552, 2561, 2562, 2563, 2565, 2570, 2585, 2602, 2610, 2611
劳动合同解除 2553, 2560, 2567, 2595, 2645
劳动合同纠纷 2531, 2625
劳动合同期限 2539
劳动合同协议 2566
劳动能力丧失说 2272
劳动请求权 2541
劳动人事关系 2568
劳动收入 98

劳动者 2515, 2534, 2536
劳动者名誉 2026
劳动者权益保护 2509
劳动争议 2509, 2511, 2516, 2517, 2544, 2586
劳动终止证明 2625
劳动仲裁 2512
劳务代偿 2727
劳务分包 1554
劳务分包合同 1556
劳务合同 2512, 2530
劳务派遣 2616
劳务派遣单位 2513
老年人 2086
老年人权益 1978
类似性质合同 1480
离婚 119, 136, 2090, 2093, 2121, 2124, 2152, 2155, 2158, 2160, 2192, 2230
离婚分割财产 2156
离婚经济帮助 2165
离婚诉讼 2137
离婚损害赔偿 2191
离婚协议 304
离职 2585, 2620
离职竞业限制条款 2629
历史遗留 2132
立案审查 921
利害关系 927
利害关系人 2222
利率 1323
利息 1117, 1265, 1292, 1301, 1314, 1317, 1322, 1347, 1366, 1374, 1719, 1726, 1903
利息换算 1345
利息计付 1722
利益共同体 2253
利益衡量 127, 503, 2496, 2675
利益受损 747
利益显著失衡 771
连带保证 1400, 1411
连带赔偿责任 2616
连带清偿责任 1411, 1543, 2175
连带责任 127, 218, 220, 873, 1354, 1513, 1597, 1884, 1901, 2028, 2256, 2314, 2315, 2327, 2330, 2423, 2425, 2502, 2639, 2697
连带责任保证 2171
连带债权 884
连带债务 883
连带债务人 284, 882, 2244
连环交易 789
联合国国际货物销售合同公约 1164
联合竞买 1834
“两不找” 2567
列举式扩充 2188, 2189
劣药 2432
烈性犬 2406
邻里隐私权 2050
林业承包合同 2751
林业碳汇交易规则 2668
临时性借贷 1293
领取退休金人员 2589
另行起诉 2276
另有约定 2166
留守儿童 2130
留置 1878, 1883
留置财产 609, 610
留置解除 609
留置权 578, 1507, 1509, 1510, 1887, 2576
留置权竞存 611
留置权人 610

留置物 611
流动质押 586, 601
流质、流押禁令 602
旅客运输合同 2263
旅行合同 1951
旅游合同 1949, 1950, 1953, 1954, 2312
旅游经营者 1955
履行辅助人 861
履行抗辩权 878
履行期限 257, 858, 1489
履行顺序 1106
律师催款函 272
律师费 1336, 1896
律师见证遗嘱 2213
律师声明 2028
绿地 379
绿色发展理念 2649
绿色金融 2682
绿色原则 2649

M

埋藏物 349, 437, 439
买卖不破租赁 324, 1439
买卖合同 763, 831, 1055, 1059, 1125, 1136, 1146, 1151, 1152, 1160, 1238, 1281, 1381, 1522, 2447
买卖合同纠纷 852, 1142
买受人 1134, 1135
冒用 811
没有实际联系的地点 1352
煤炭资源利用 2726
免责抗辩 1059
免责情形 2383
免责事由 221, 250, 2246
免责条款 1979
民法典各分编 69, 91, 96
民法典总则编 69, 91, 96
民法解释方法 67
民间彩礼 2077
民间借贷 263, 530, 1266, 1270, 1273, 1274, 1275, 1279, 1280, 1283, 1292, 1294, 1296, 1299, 1303, 1305, 1309, 1310, 1314, 1315, 1317, 1319, 1321, 1327, 1346, 1347, 1354, 1359, 1360, 1361, 1363, 1365, 1368, 1385, 1388, 1389, 1390, 1394, 1418, 2136, 2805
民间借贷纠纷 1312, 1391, 2806
民间借贷利率最高限额 1058
民间借贷诉讼 1289
民商事法律 72
民生司法保障 1
民事案件审理范围 1717
民事案件中的行为与犯罪行为具有同一性 1387, 2808
民事调解书 311
民事法律行为 116, 157, 160, 161, 163, 165, 183, 678
民事公益诉讼 2426
民事关系 72, 113, 1467
民事合同 726
民事合同效力 1854
民事判决 317, 321
民事权利 149
民事权利放弃 687
民事权利能力 100, 2006
民事审判 1
民事审判理念 3
民事诉讼 470
民事行为能力 114, 117, 2372
民事责任 153, 217, 683, 2813

民事主体　96, 161
民刑交叉　1385, 1394, 1396, 1398, 2789, 2793
民刑交叉案件　1391, 2790, 2806
民宅商用　396
民政部门　2108, 2187
敏感信息　2070
名为合作实为借贷合同　1855
名誉感　2009
名誉权　2009, 2012, 2021, 2023, 2025, 2026, 2028, 2029, 2031, 2032
明示　687
明知　1155, 1156, 2465
末位淘汰　2553
默示　687, 1008
默示承诺　685
默示更新　1465
目的解释　637, 1045

N

内部承包　1539, 1558
内部机构　1550
内部评价　2009
内部责任　1543
内部责任约定　2456
内部债务份额　882
能动司法　2, 3
能力宣告判决　2216
拟制旁系血亲　2084
拟制血亲　2129
匿名消息　2036
年终奖　2585
农村承包地收回　481
农村房屋买卖　1848
农村房屋买卖合同　1229
农村集体产权　33
农村集体建设用地　336
农村集体经济组织　456, 466, 470
农村集体经济组织成员资格　449, 453
农村集体所有土地　471, 1854
农村集体所有土地对外销售　1867
农村集体所有制企业　1378
农村土地　332
农村土地承包合同　462, 478
农村土地承包合同纠纷　449, 470, 474
农村土地承包经营　480
农村土地承包经营权　453
农村土地经营权　336
农村土地“三权分置”　495
农户　332, 461, 481, 483, 2231
农户成员　483
农民　446
农民承包土地　464
农民工　33, 332, 2511
农民工工资　1712
农业生态环境　2750
女方怀孕期间　2164
诺成合同　692, 1548, 1946

P

爬树坠亡　2484
拍卖　1778, 1847, 1931
拍卖变卖　419
拍卖标的物　1368
拍卖程序　1964
拍卖公告　1969
拍卖合同　723, 1964, 1984
拍卖价款　1368

拍卖物 1969
排除义务 1918
判后安置 2116
胚胎 100
赔偿标准 2281
赔偿范围 2435
赔偿款 2567,2589
赔偿权利人 2257
赔偿数额 2300,2302,2385
赔偿损失 1263
赔偿损失请求权 297
赔偿协议 2596
赔偿义务人 2257,2271
赔偿责任 1408,1458,1459,1466,1492,1495,1881,1931,2268,2324,2420,2432,2490,2699
配偶还款 2182
配偶签字 2180
配偶身份 2164
配偶受益 2178
配偶死亡 2230
批准生效合同 732
骗取保证 1392
拼装车 2330
平等就业权 2602,2608,2612
平台经营者 2315,2423
评估鉴定折价 1696
破产程序 1198
破产债务人 955

Q

期间届满 293
期间届满日 295
期限 2645
期限利益 888,1372
欺诈 166,175,744,1243,2431,2447,2463,2528,2567
其他费用 1336
其他遗嘱 2223
气候变化 2683
企业复工复产 2721
企业环境信息披露 2655
企业借贷 1273,1298,1308,1327
企业经营租赁合同 1426
企业名称权 2059
企业内部集资 1306
企业内退人员 2593
企业生存发展 2509
企业生态环境 2681
企业资金周转 2181
汽车消费金融 1154
起诉后撤诉 1409
起诉日 1345
起算点 1782,1788
器官捐献 2002
牵连关系 879
牵连性 878
签名 671
签约地 1352
签章 265,805,808,815,818,819,822,834,839,848,1321,1353
签证单 1644
潜在风险 2724
欠付利息 1724
欠付租金 1452
欠缴、拒缴社会保险费 2591
欠款条 260
强制报告义务 2187
强制标示 2467
强制缔约义务 1879
强制履约义务 1879

强制性标准 1524，1618
强制性措施 2515
强制性规定 18，299，376，487，491，515，738，743，805，1145，1226，1329，1455，1463，1505，1552，1556，1569，1819，2513，2738
强制执行 938，2126，2766
侵害法人名誉权 2034
侵害姓名权 2057
侵权 2177
侵权补充责任 2240，2242
侵权纠纷 338，2499
侵权人 2257
侵权损害 2280
侵权信息 2044
侵权行为 2277
侵权责任 218，221，252，2256，2341，2353，2429，2477，2480，2493，2692，2792，2798
侵权责任承担方式 2260
侵权之诉 2565
亲属身份权 2096
亲子关系 2127
清偿责任 282，610，937
清偿债务期限 1423
情势变更原则 891，894，895，896，899，900，910，911，912
情谊行为 2023
请求权 292
请求权基础 252，1531
穷困抗辩权 1261
区段承运人 1884
取费标准 1727
取回权 1506
权利保护顺位 1174
权利滥用 149，152，153
权利顺位 324
权利瑕疵 1113，1145，1146
权利义务清理 1683
权利义务一并转让 981，982
权利租赁 1464
全面赔偿 2754
全日制用工 2622
缺席判决 1070
缺席审判 255
缺陷医疗产品 2385
确定债权 1031
确权 349，494
确认合同无效纠纷 682
确认劳动关系 2547，2548
确认收养关系无效之诉 2135
确有悔改表现 142

R

让利条款 1656
让与担保 602，1154，1376
让与人 318
扰乱金融市场秩序 1312
人防车位 365
人防工程 365
人格利益 2055
人格权 2000，2003，2039
人格权纠纷 2603
人格权侵害禁令 2070
人工智能软件 2039
人脸识别 1980，2068
人脸识别装置 2050
人脸图像 2068
人脸信息 2065
人身安全保护令 2186，2188，2189
人身损害 1158，1406，2261，2268，

2281, 2601
人身损害赔偿 2246, 2262, 2273, 2274, 2291
人事档案 2626
人事主管 2520
人文生态资源 2771
人章关系 796
认定标准 651, 775
任意撤销权 1251, 1253, 1255, 1259, 1261
任意解除权 1505, 1891, 1904, 1936
日常生活需要 2162
容忍限度 2675
容忍义务 404, 2000
融通资金 1299
融资租赁 857
软暴力 2003

S

三倍赔偿 2431
三方当事人 881
丧失劳动能力 2275
丧子老人 2094
森林保险合同 2753
森林火灾 2753
森林生态环境损害责任规则 2672
森林资源 2730
山地使用权 1868
山地所有权 1868
善良风俗 2040
善良管理人 505
善意第三人 315, 345, 507, 540
善意取得 202, 415, 420, 425, 428, 429, 430, 433, 482, 539, 592
善意添附 436
擅自驾驶 2343
擅自驾驶人 2320
擅自离岗 2572
擅自使用 1557, 1614
擅自转租 1449
赡养 2197
赡养费 2122
赡养义务 141, 2123, 2124
商品房买卖合同 302, 353, 1183, 1185, 1186, 1188, 1197, 1219, 1222, 1277, 1366
商品房限购政策 1199
商品房预售 1226
商品房预售合同 1189
商品房预售合同纠纷 990
商铺承租人 2427
商铺出租人 2427
商事登记 315
商业车险 2355
商业风险 896, 1225
商业秘密 729
商业三者险 2366
商业推广 2059
商业险 2341
上下班途中 2600
设计变更 1703
设计人 1754
社保关系 2626
社会保险 2598
社会保险管理机构追偿权 2283
社会保险机构 2271
社会保障 483
社会公共利益 18, 2006, 2012
社会公益捐款 1254
社会救助 2110
社会评价 2009
社会效果 2

社会知名度 2057
社会主义法律体系 76
社会主义核心价值观 1, 4, 13, 53, 232, 247, 248, 2252
社区矫正 142
涉及刑事犯罪 2809
涉农纠纷案件 33
涉他性 284
涉外人格权 2046
涉外收养 2133
涉嫌犯罪 1385, 1390, 1396
摄影合同 2434
申报债权期间 563
申请变更监护人 2110
申请撤销仲裁 2574
申请撤销仲裁裁决 2573
申请鉴定 2379
申请支付令 2514
申请执行期间 563
申请执行仲裁裁决 2573
身份证件 2056, 2624
身体权 1999
审查义务 2028, 2423
审核义务 2075
审级利益承诺质量标准 2466
审计结果 1734
审理期间 850
审判执行 1266
审批手续 1552
审批义务 2583
审慎义务 2029, 2036
生产工具 1510
生产经营相邻关系 404
生产经营者 2314, 2435
生产者 2454, 2455
生存权 2644
生父母 2131
生父母遗产 2201
生活需要 2169
生理性别 2084
生命权 1999, 2251
生命权纠纷 2429, 2487, 2489, 2497
生态保护 2709
生态环境 2649, 2714, 2774
生态环境保护民事公益诉讼 2724, 2768
生态环境服务功能 2730
生态环境侵权 2756
生态环境损害 2695, 2697, 2778, 2784
生态环境损害赔偿 2721, 2761, 2764, 2766
生态环境损害赔偿金 2774
生态环境修复 2717, 2754, 2781, 2786
生态环境修复责任 2700, 2713
生态破坏民事公益诉讼 2719, 2727, 2730, 2732, 2754
生态文明建设 2654
生态修复 2721
生态资源损害 2727, 2771
生态资源损害赔偿 2719
生物识别信息 1980
生效刑事判决 1394
生效要件 657, 664
生育权 2121, 2380
剩余债权 883
失踪 112
失踪人 107, 109, 110
施工方案 1638
施工方式 1638
施工人 1597

湿地公园　2720
识别能力　2010
实际交付　1142, 1351
实际交易价格　1944
实际借款人　1361
实际履行　682, 1591, 1677, 1701, 1801, 1821
实际履行情况　2548
实际施工人　1550, 1604, 1657, 1756, 1797, 1800, 1801, 1804, 1805, 1806, 1809, 1811, 1812, 1813, 1814, 1815, 2589
实际损失　1027
实际休假日　295
实际支配　1801
实践性合同　1304, 1351, 1548
实体公正　3
实物分割　419
实现担保物权特别程序　557
实质性变更　666, 1580, 1662
实质性化解矛盾　3
实质性内容　1573, 1595
实质性条款　1579
实质要件　2548
食品安全　1155, 1156, 1158, 1159, 2437, 2474, 2475
食品安全标准　2314, 2466, 2467
食品保质期　1155
食品标签　2467, 2474
食品药品推荐责任　2457
使用年限　1619
使者　193
市场标准　2581
市场价格　888
事后管理义务　2044
事实合同　678
事实婚姻　2088
事实解除　1023
事实劳动关系　2522, 2538
事实认定　1280, 1292
事实上的施工关系　1803
事实收养　2132
事实行为　1853
事业单位　342
试用标的物　1153
试用买卖　1492
试用期　2527
试用期间　2563
适用范围　2756
释法说理　43, 46, 49, 84
释明　255, 1059, 1284
收款证明　1792
收养登记　2135
收养公证　2132
收养关系　2084
收养秘密　2134
收养无效　2135
手机电信用户　2461
守约方　1097, 1103
受案范围　2591, 2592
受害责任　250
受理　479
受领权　888
受托监护人　2496
受托人　1901, 1902
受邀医务人员　2388
受益人　2253, 2363
受益人补偿　242, 248
受灾损失　2753
受赠人　1260
授权代表　819
售后服务　2261

售后回租 1154
书面告知 2494
书面函 1749
书面合同 455, 1277, 2520, 2532
书面形式 124, 160, 1415, 1821
输气管道 1761
数个侵权人 2266
数据 2064
数据权益 1982, 2063
数据隐私 2060
数人帮助 2256
数人教唆 2256
数字生态 2060
双方父母出资 2166
双方违约 1216
双务合同 876, 999, 1005, 1114
双重劳动关系 2536
双重留置权 611
双重赔偿 2284
水污染 2700
水污染防治 2687
水污染责任 2764
水资源案件 2687
税费 329
顺序利益 564
顺序履行抗辩权 876
说明告知义务 698
说明义务 2394
司法鉴定 115, 1734
司法解释 85
司法解释溯及力 1319
司法拍卖 1968, 1997
司法拍卖税费 1984
司法确认 2766
司法为民 1
私刻印章 814
私密信息 2063
私人财产 439
私人活动 2048
私人空间 2048
私设暗管 2707
死亡 136
死亡赔偿金 2258, 2273, 2274, 2278, 2281, 2290, 2311
死亡日期 113, 2203
死亡时间 103
死亡先后顺序 2199, 2203
死亡证明 103
死者人格利益 2006
死者肖像 2040
四荒地 478, 2233
饲养动物遗弃、逃逸 2407
送达 1409
诉讼诚信 13, 626
诉讼费 1336
诉讼期间 1637
诉讼请求变更 1018, 1284
诉讼时效 255, 259, 292, 293, 325, 557, 559, 578, 581, 852, 1033, 1405, 1410, 1477, 1519, 1670, 2128, 2154, 2156, 2224, 2811
诉讼时效抗辩权 262
诉讼时效期间 257, 260, 262, 287, 290, 291, 297, 383, 527, 563, 815, 1476, 2254
诉讼时效期间届满 288, 289
诉讼时效起算点 1404
诉讼时效中断 257, 260, 263, 264, 265, 268, 272, 273, 274, 276, 277, 282, 284, 286, 296
诉讼时效中止 256
诉讼主体 1432

溯及力 1012, 2277
孙子女 2094
孙子女、外孙子女 2096, 2124
损害后果 242, 2238, 2388, 2677
损害结果 2191, 2239
损害扩大 2786
损害赔偿 183, 1070, 1075, 1202, 1474, 1954, 2279, 2367, 2484, 2740
损害赔偿范围 722
损害赔偿关系 2257
损害赔偿纠纷 2413
损害赔偿请求权 1488, 2258, 2290
损害赔偿责任 235, 238, 315, 338, 357, 409, 613, 704, 714, 1072, 1885, 1978, 2222, 2565
损害认定 2693
损害社会公共利益 2768
损害事实 297
损耗 1466
损失赔偿 1070, 1091, 1217, 1326
损失赔偿请求权 1477
损失数额 1926
损益相抵规则 1087
所有权 1248, 2139
所有权客体 349
所有权人 492, 615, 1875
所有权转移 1522
所有制结构 147

T

胎儿 100, 101, 104, 129
胎儿利益 2005
胎儿娩出 2005
探矿权 2738, 2739
探望权 2090, 2091, 2092, 2093, 2094
碳达峰碳中和 2651
碳排放配额 2685, 2686
逃避监管 2707
“套路贷” 1205, 1206, 1389
套牌机动车 2327
特别法 72, 1125
特别规定 2465
特别利益保护 402
特别确定规则 966
特别约定 529, 1145
特定沉默 685
特定房屋 1248
特定价格指示 1930
特定类型合同 826
特定领域 2010
特定义务 1051
特困人员救助供养 2073
特殊动产 430
特殊体质 2293
特许经营合同 956
腾退房屋 622
提存错误 1036
提存权 1931
提存物 1036
提存原因 1036
提单 1874
提供材料费用负担 1486
提供担保 955
提供劳务者受害责任纠纷 2589
提前偿付利息 1372
提前履行 888
体系化思维 91, 96, 217, 730
体系解释 121, 602, 637, 885
替代履行 1105
替代性修复 2713
替代责任 2266

天然孳息 437, 444
添附物归属 436
填充物料 349
条件成就 791
调解 410, 1040, 2135
调解书 1768
条款无效 1352
条文引用 88
跳单 1947
铁路运输人身损害赔偿 2263
庭院绿地 380
停工 1610
停工留薪 2601
停工损失费 1602
停工窝工 1602
停工窝工损失 1598
停工限产 1224
停水停电 1919
停薪留职协议 2568
停止侵害 2702
通道方 1381
通道合同 1403
通行权 407
通用合同条款 1706
通用条款 1710, 1721
通知 697, 969, 975, 1139, 1415
通知解除 1017
通知义务 974, 1500, 1960
同等过错 1612
同等条件 412
同居 2164
同时表示 684
同时返还 1005
同时履行抗辩权 1114, 1133
同时死亡 2199
同性婚姻 2084
同一侵权事实 2276
同一事实 2790, 2791
同一性程度 2789
同意购买 1153
同意履行 852
投资合同 1530, 1645
投资合作纠纷 1119
投资款占用利息 1119
投资协议 1300
土地 1765
土地被查封 1832
土地补偿费 456
土地承包经营合同 479, 2723
土地承包经营权 446, 455, 458, 459, 460, 462, 466, 479, 482, 483, 2227
土地承包经营权证 461
土地承包经营权租赁合同 1426
土地出产物 437
土地出让金 487, 1826
土地登记簿 506
土地经营权流转合同 2750
土地开发 1824
土地权属 401, 1229
土地使用权 327
土地使用权出让 1834
土地使用权出让金返还协议 1841
土地使用权出让年限 1464
土地使用权出租 1464
土地腾迁合同 1229
土地有偿转让 1836
土地征收 460
土地征收补偿费 461
土地整理承接协议 1891
土地转让 1833
土地转让合同 1832
土地租赁使用权 1477

土壤、水污染责任 2763
推定 1710
推定力 305
推定意思表示 1643
退休年龄 2624
拖欠劳动报酬 2576
脱保 2355
妥善保管义务 581

W

"娃娃亲" 2080
外币 1345
外部形象 2041
外国企业 497
外国企业常驻代表机构 2534
外国人 2537
外卖平台 2425
外装饰工程 1620
网络餐饮服务 2423
网络盗刷 1974
网络服务合同 1982
网络服务提供者 2044, 2059, 2500, 2502
网络购物合同 1158, 1159
网络交易 2038
网络借贷平台 1348, 1349, 1350, 1351
网络名誉侵权 2021
网络侵害人身权益 2504
网络虚拟财产 1982
网络直播间 2420
网络主播 2531
网签 1235
网签登记 309, 1236
网约车 2350
危房 1469
危急情况 2210
危困状态 771
危险动物 2406
微信踢群案 2023
为子女购房 2136
违法分包 1540, 1797
违法合同 636
违法驾驶 2348
违法建筑 494, 1182, 2413
违法建筑权利 1864
违法借贷 1327
违法转包 1673
违约 999, 1923
违约金 582, 1041, 1051, 1052, 1058, 1059, 1100, 1103, 1117, 1119, 1120, 1121, 1122, 1326, 1459, 1724, 1726, 1826, 1846, 2124
违约金调整 1063, 1064, 1065, 2635, 2640
违约金过高 1048, 1055, 1061, 1070
违约金利息 1104
违约金条款 1046, 1050, 1065, 1097
违约赔偿 1038
违约事实 1049
违约损失 1052, 1073
违约条款 1049
违约行为 1040, 1061, 1113, 2539
违约行为与侵权行为竞合 2071, 2308, 2312
违约责任 221, 252, 543, 597, 738, 741, 877, 993, 1037, 1041, 1045, 1046, 1093, 1107, 1114, 1161, 1183, 1224, 1427, 1472, 1473, 1603, 1815, 1842, 2101, 2453, 2761
违约责任条款 707
维修义务 1458

未成年监护 120, 140
未成年人 97, 98, 105, 126, 127, 2032, 2055, 2105, 2131, 2482
未成年人保护 2110
未成年子女 2080, 2094, 2126, 2127
未成年子女利益 2161
未订立书面合同 2583
未生效合同 732, 787
未完工 1738
未验收合格房屋 1219
未约定利息 1315
未注明产品批号 2432
委托 193
委托代建合同 869, 1867
委托代理 213
委托代理合同 1896
委托代理权 1206
委托贷款 1398
委托担保纠纷 1903
委托合同 1891, 1898, 1901, 1904, 1906, 1932, 1940
委托监管 586
委托监护 125, 126, 127, 134
委托监护人 2105
委托鉴定 1611, 1644, 1728
委托排污 2697
委托人 1900, 1930, 1932, 1933, 1937
委托授权 1900
委托物 1929, 1936
委托协议 1888
温室气体 2682, 2687
文件 1706
文物 349, 433, 439
文义解释 67, 637, 644
窝工 1610
污染防治 2663
无偿处分 936
无偿代驾 2323
无偿委托 1935
无偿赠与 2002
无法预见 894
无固定期限劳动合同 2538, 2583
无国籍人 2537
无过错归责原则 2598, 2675
无过错责任 2263, 2410
无劳动能力人 2367
无力抚养 2130
无民事行为能力 2262
无民事行为能力人 106, 108, 109, 115, 233, 257
无名死者 2258, 2290
无权处分 340, 407, 430, 478, 540, 1162
无权处分的追认 833
无权代理 198, 202, 204, 215, 814, 1898, 2161, 2739
无权占有 433
无线电频率使用权 347
无线电频谱资源 347
无效合同 732, 787, 1603, 1656
无意思联络数人环境侵权 2677
无因管理 156, 246, 297, 1906, 1917
无因管理请求权 1987
无证房产 299
无证探矿 2738
物流服务合同 1884
物权保护 327, 2803
物权变动 304, 308, 309, 311, 317, 321, 323, 326, 345, 409, 513, 1162, 1831
物权变动区分原则 302
物权变动性质 1236

物权登记 315, 326, 345, 430
物权法定原则 299
物权公示效力 540, 2183
物权期待权 326
物权请求权 1488
物权取得 1856
物权确权纠纷 2150
物权确认 340, 348, 497
物权设立 1853
物权损害赔偿 612
物权优于债权 324
物权转让 319, 428
物上代位权 554
物上请求权 402
物业费 1909, 1910, 1911, 1917, 1919
物业服务 1923
物业服务费 1908
物业服务公司 1907, 1911, 2490
物业服务合同 1907, 1908, 1914, 1916, 1917, 1918, 1919, 1920, 1921
物业服务企业 1912, 2402
物业服务人 1915, 1916, 1917, 1918, 1919, 1920
物业管理收益 384
物业管理用房 363
物业管理秩序 399
物业使用人 1910
物质损害赔偿 2311
误导消费者 2431
误信管理 1987

X

吸收公众存款 1271
习惯 53, 78, 1880, 1928
系列合同 1352
系统治理 2781
瑕疵 1497, 1512, 1646
瑕疵程度 1149
瑕疵担保 410, 1522
瑕疵担保责任 1150, 1502
瑕疵履行 1002, 1106
先履行抗辩权 863, 877, 1713
先履行抗辩事项 867
先诉抗辩权 1404
先息后本 1346
先予执行 104, 2008, 2786
显失公平 176, 771, 1225, 2596
现场勘测 1646
现存利益 1989
现实交付 1139
现实紧迫性 2249
限购政策 1170
限缩解释 550
限制范围 2035
限制工作 2137
限制民事行为能力人 106, 108, 109, 115, 116, 233, 257, 2262
乡村规划区 1468
乡村振兴 33, 446
相对人欺诈 170
相互返还 1114
相互追偿权 1405
相邻关系 401, 402, 407, 409, 2047
相邻权纠纷 401
相邻损害防免关系 404
相邻污染侵害 2675
消防安全 1220
消费欺诈 2465, 2469
消费者 1126, 2418
消费者购房人 1194
消费者评论限度 2034

消费者权益　1950, 2415, 2434, 2463, 2468, 2469, 2475
消费者权益保护　2426
消费者身份　2437
销售合同　1938
销售宣传　1169
肖像　2041
肖像权　2044, 2046
肖像使用条款　2045
肖像许可使用合同　2045
校方责任　2288
校外教育培训　2482
校外实习　2288
效力待定　177
效力待定合同　1433
效力认定　976, 1305, 1888, 2088
效力性强制性规定　764, 2615
协商函件　1662
协商原则　1475
协商折价　1696
协议管辖　2517
协议监护　132, 133, 134, 136, 2100
协助退订　2507
协助义务　728, 1029, 1495
胁迫　171, 174, 175
胁迫结婚　2082
新发展理念　2652
新法　76, 80, 83, 84, 85, 88
新闻报道　2029, 2036
新要约　691
新遗嘱　2215
新用人单位　2565, 2639
新增规定　83
新债　958
新证据　268
信访　286
信赖利益　215, 531, 704, 722, 1073
信赖丧失　1904
信息安全原则　2061
信息处理者　2068, 2075
信息披露　1969
信息主体　2061, 2071
信用卡　2031
刑民交叉　2807
刑事犯罪　781
刑事附带民事诉讼　2003
刑事责任和民事责任的聚合　2798
行使范围　928
行使期限　990, 1787
行使条件　924
行政案件　1825
行政处罚　2707, 2708, 2729
行政规章　15
行政机关　2792
行政机关行为　284
行政审批　489, 2589
行政协议　1523, 1817
形成劳动关系　2542
形成权　937
形态变化　2139
形象标识性　2041
性别歧视　2603, 2605
性骚扰　2310, 2518
性质认定　1279
姓名变更　2055
姓名权　2046, 2051, 2056, 2073
休息权　2616
修复费用　2713, 2781
修复验收标准　2732
修复责任　2714
修改规定　83
修缮改良行为　505

虚假诉讼　58, 1190, 1309
虚假宣传　2395, 2420, 2477, 2478
虚假意思表示　823, 825, 826, 1049, 1301
虚拟货币　2579
虚拟人物　2039
虚伪表示　1650
许可使用原则　347
宣告破产　537, 923
宣告失踪　106, 107, 108, 109
宣告死亡　113
宣告死亡判决　2085
悬赏广告　1970, 1971, 1972
学校　126, 2105, 2187
血缘关系　2084
循环借款　1382
循环贸易　1381

Y

压缩工期　1606
严格责任　1977, 2330
验收　1501
养老保险待遇　2589
养老服务合同　1978, 1979
养老服务机构　1978, 1979
药品安全　2432
药品缺陷　2387
药品上市许可持有人　2316, 2387
要式行为　505
要挟　171
要约　666, 667, 684, 688, 689, 725
要约撤回　693, 695
要约撤销　693, 695
要约邀请　724
业主　350, 376, 377, 380, 399, 1240, 1909, 1910, 1915, 1916, 1919, 1920, 1921
业主大会　363
业主共有　351, 362, 365, 375, 379, 383, 384, 385, 399, 1242, 1911
业主共有权　357, 1922
业主委员会　351, 363, 2499
业主知情权　391
一般保证　1400
一般保证人　1404
一般规定　2465
一般认知　2010
一般性规则　69
一般债务利息　1122
一并判决原则　2713
一并审理　2769
一次性包总价　1151
一次性伤残就业补助金　2560, 2595
一带一路　911
一房多卖　302, 1174
一房数租　1432
一年期贷款市场报价利率　1317
一事不再理　559
一物二卖　1129
一址多照　396
一致意思表示　1514
医疗产品缺陷　2383
医疗产品责任　2316
医疗产品责任主体　2387
医疗费　2271
医疗服务合同　2380
医疗机构　2187, 2368, 2371, 2374, 2377, 2378
医疗美容　2395
医疗损害责任　2377, 2378, 2387
医师外出会诊　2388

医务人员 2394
遗产 2207, 2224, 2227
遗产分割 2206, 2230
遗产管理 2220
遗产管理费用 2217
遗产管理人 2217, 2220, 2222
遗产继承 101, 2202, 2232, 2233
遗漏款项 2566
遗弃 2131
遗失物 613
遗赠 504, 2198
遗赠扶养协议 2198
遗嘱 128, 129, 501, 2218
遗嘱继承 2198
遗嘱继承人 2218
遗嘱见证人 2213
遗嘱解释 2219
遗嘱能力 2209, 2216
遗嘱人 2216, 2219
遗嘱无效 2216
遗嘱形式 2213
遗嘱效力 2223
已付款项 1120
以房抵债 326, 692, 963, 1190, 1193, 1249, 2811
以房抵债协议 1548
以物抵债 314, 471, 692, 963, 1128, 1193, 1194
以物抵债合同 961
以物抵债协议 311
以新还旧 1418
以租抵债 1439
异地买卖 1147
异议期限 996
易货交易 1128
意定监护 118, 124, 125, 2112
意思表示 174, 195, 282, 482, 674, 683, 695, 697, 707, 725, 803, 819, 879, 888, 957, 1152, 1197, 1603, 1874, 2002, 2540
意思表示撤回 693
意思表示撤销 693
意思联络 1421, 2256
意思能力 114
意思实现 684, 685
意思自治 15, 18, 128, 1065, 1145, 1317, 2101
意思自治原则 625, 1339, 2279, 2513
意外风险 1492
意外伤害保险金 2589
意外事件 113
意向合同 783
意向书 715, 725
意向协议 784
因工作原因 2594
因果关系 166, 171, 174, 704, 1512, 2065, 2238, 2239, 2245, 2251, 2252, 2291, 2493
阴阳合同 1944
姻亲关系 2129
银行按揭贷款利息 1183
银行借贷 1283
银行卡纠纷 1974
银行业金融机构 1270, 1271
引致性规则 30, 1982
隐蔽瑕疵 1487
隐私保护 2060
隐私权 2047, 2048, 2063, 2064, 2070, 2076, 2134
印章 803
应付款时间 1687
应收账款 581, 589, 780

英烈保护　2012
英雄烈士　2006
英雄人物　2012
盈利目的　1308
盈余分配　147
营业信托　1889
营业执照　2535
永不反悔　843
用工单位　2513
用工主体资格　2535
用人单位　2515, 2527, 2532, 2541, 2574, 2578, 2579, 2598
用人单位变更　2523
用人单位分支机构　2535
用水量　1926
用益物权　444, 2227
优先购买权　412, 413, 1202, 1204
优先清偿　923
优先受偿　554, 1193
优先受偿权　549, 610, 1368, 1749, 1753, 1754, 1756, 1761, 1762, 1765, 1768, 1770, 1771, 1778, 1782, 1783, 1785, 1786, 1789, 1790, 2217
优先受偿权期限　1784
优者危险负担　2352
邮寄催收通知　296
油气资源开发　2738
有偿合同　1935
有偿监护　2101
有偿转让　430
有害气体　1454
有利溯及　90, 2168
有权代理　1550
有限清偿责任　2202
有效履行　853
有效清偿　1976
有益费用　1927
幼儿园　2187
逾期承诺　691
逾期付款利息　1217
逾期还款利息　1326
逾期交房　1183, 1218, 1597
逾期结算　1694
逾期利息　1331, 1333
逾期违约责任　1219
舆论监督权　2036
预包装食品　2467
预冻结　1712
预防性措施　2724
预付款　1108
预付式消费　2452, 2453
预告登记　537, 551, 552, 1234
预期目标　2717
预期违约合同履行　1038
预先放弃　1064
预先扣除　1374
预先扣除利息　1316, 1329
预验收　1499
预约　712, 714, 715, 722
预约合同　707, 1185, 1186, 1241, 1281
员工确认　2620
原因力　1612
原因力竞合　2239
原因行为　1162
约定不明　966, 1140, 1314, 1722, 2581
约定管辖　1352
约定解除权　1009, 1111, 1188
约定期限　1880
约定无效　2645
约束力　1914
运输合同　1884

运输货物 1878, 1883
运输期限 1880

Z

再婚 2058
再交涉义务 899
在建房屋 551, 552
在建工程抵押权 572, 573
在线预订 2507
在职期间 2627
暂定尺寸 1643
造价鉴定 1738
噪声 2690
责任承担 2032
责任分配 2266
责任竞合 252, 2263
责任认定 2323
择业自由权 2644
增建夹层 388
增值税 1347
增值税发票 1715, 1973
增资款项 1377
赠品 2454, 2455
赠与 2146, 2167
赠与财产 1263, 1265
赠与房产 418
赠与合同 1251, 1253, 1254, 1258, 1259, 1263, 1265
赠与人 1253, 1260
诈害行为 940
诈骗 1389, 1392
宅基地 336, 495
宅基地使用权 446, 471, 1229, 1848
债的更新 958
债的消灭原因 883
债权 928
债权到期 932
债权到期日 1382
债权金额确定 951
债权凭证 1291, 1325, 1353
债权请求权 325, 1245
债权确定 565
债权人 296, 940, 942, 950, 955, 2244
债权人撤销权纠纷 931
债权人代位权 926
债权人代位权纠纷 924
债权人代位权之诉 927
债权人行使撤销权 951
债权数额 924
债权未确定 1034
债权债务关系 2811
债权转让 780, 856, 857, 967, 974, 975, 976, 981, 984, 1343
债权转让合同 1301
债权转让通知 265, 971
债务承担 2172, 2202
债务抵销 1031, 1034, 1035
债务加入 983, 1356, 1403, 1411
债务履行 260, 287, 963
债务免除 775
债务清偿 975, 1366
债务清偿方式 869
债务清偿期限 963
债务确认 815
债务人 923, 936, 974
债务种类 1035
债务重组合同 1379
债务转让 980
债务转移 981
占用 1431
占有 591, 1929

占有改定 319, 429, 587, 613, 1142
占有人 615
占有使用收益 1474
占有物返还 617
占有物损害赔偿 612
招标工程 1561
招标投标 722, 1563, 1565, 1569, 1570, 1572, 1577, 1590, 1591, 1657
招标投标文件 1578, 1579, 1595, 1596
招标图 1686
招聘单位 2605
折抵赔偿费用 2721
折价 1778
折价补偿 183, 940, 1701
折价补偿款 1697
折价补偿责任 1070, 1699
诊断证明 115
诊疗过错 2395
诊疗行为 2379, 2388
侦破案件 2029
珍贵、濒危水生野生动物及其制品 2729
真实意思表示 121, 132, 712, 1701, 1944, 2620
争点 1399
征地补偿款 462
征收 340, 345
征收补偿费用分配 456, 464
征收土地地上物补偿纠纷 338
征收征用 456, 457, 458
征用 345
整体搬迁 2562
整体承包 1550
整体解释 644
整体意思表示 879
正当防卫 227, 230, 231, 233, 234, 236, 241, 244, 250
正当防卫人 235
正当理由 118
正当限制 2000
证据审查 1309, 1389
证据效力 307
证明标准 747
证明力 1297
证明责任 744, 2184
政策 30, 1019, 1945
政府行为 900
政府主导的企业改制行为 2516
政治效果 2
支付报酬 1933, 1935
支付工程款 1629, 1696, 1701, 1713, 1806
支付工资 2579
支付规则 2280
支付货款 1134, 1135
支付利息 2300
支付赔偿金 2552
支付时间 1691
知假买假 2437
知名度 2010
知情权 2461, 2610
知情同意权 2372
知识产权收益 2148
执行异议 1856
执行异议之诉 1193, 1194, 1281, 1796
执行中止 2573
直播打赏 98
直播间运营者 2420
直接承担 2714
直接占有 613
直接证据 750
职工档案 2624

职工工资总额 2578
职务行为 805
职业打假人 2436
职业放贷 1310，1327
指导性案例 53
指定监护人 128，129，130，2110
指示交付 1139
指纹识别 1980
质保金 1635
质保金归还日 1723
质量保证金 1630，1632，1634，1636
质量评定 1627
质量缺陷 1614
质量问题 1620
质量瑕疵 1490，1500
质量异议 877
质量责任 1619
质量责任范围 1625
质权 578，592，611
质权登记 589
质权设立 580，587
质物 580，587
质物保管 581，586
质物监管 588，1874
质押 582
质押担保 589
质押合同 580，591，593，597，601
质押客体 581
治疗功能 2431
致人损害 127
智能电视 2426
中标合同 1573，1587
中标通知书 722，1577
中标无效 1581
中标有效 1581
中断供电 1960
中介报酬 1944，1945
中介合同 1940，1943，1945，1947
中介人 1943，1947
中介义务 1943
中小微企业 1040，1273
中药饮片 2429
中止履行抗辨权 899
中止审理 2805
中止探望 2090
中止支付 1113
忠诚协议 2087
终止妊娠 2121
终止审理 1389
仲裁 935
仲裁机构所在地 2580
仲裁条款 1547，2366
重大风险 2768
重大过错 232
重大过失 1360，2237
重大疾病 2086，2126
重大利益 2068
重大误解 163，165，667
重大灾难 112
周岁 105
主动债权 287，1033
主给付义务 877
主观过错 2695
主合同 786，822，825
主合同变更 1416
主物 440
主要生活来源 98
主要条款 1028
主要义务 786，1038，1713
主债权 527，559，561，566
主债权人 589
主张返还 1048

主张债权 263, 264
住房公积金 2592
住改商 394
住宅 497
注意义务 156, 371, 814, 1146, 1935, 1949, 2336, 2494
专项培训服务 2539
专项维修资金 357, 383, 1907, 1922
专业承包 1553, 1554
专有部分 387, 388
专有部分面积 353
专有权 369
专有使用权 1242
转包 1797
转包关系 455
转包合同 1531, 1540
转包人 1812
转供电人 1956
转让 2364
转让部分国有资产 769
转让合同 1835
转让合同债权 969
转让行为 2330
转售差价 1516
转委托 1898, 1899
转账凭证 1289, 1290, 1294
转租 1450, 1471, 1472
转租合同 1449
装饰装修 1767
装饰装修残值 1443
装饰装修物 1441, 1444
装修保证金 1919
追偿 2398
追偿权 883, 1423, 2266, 2314, 2316
追及权 433
追认 97, 98, 195, 198, 202, 214, 1899
追索劳动报酬 2583
坠物 1912
资产委托管理协议 1301
资金借用 1238
资金来源 1308
资金特定化 591
孳息 185, 550
子女抚养 2192
子女探望 2122
自动履行 870
自动续租 1462
自甘风险 2246
自己利益 247
自己责任原则 2398
自力救济 2248, 2249
自然人 107, 143, 497, 2068, 2099
自然人形象 2039
自然人姓氏 2058
自然遗迹 2784
自然增值 2140
自然资源 437
自认 815
自身疾病 2497
自书遗嘱 2209, 2213
自营误导 2315
自由贸易试验区 396
自由权利 625
自由心证 750
自愿实施紧急救助 250
自愿原则 625
自主权 2055
自助过当 2250
自助行为 2248, 2249, 2250, 2251, 2493
总包工程 1718
总承包合同 1559

总承包人 1550
总括效力 884
综合单价 1649
租金 1431, 1475, 1476, 1478
租金差价 1450, 1471
租赁房屋权属争议 1433
租赁合同 1427, 1431, 1434, 1437, 1439, 1447, 1450, 1463, 1464, 1467, 1468, 1473, 1476, 1478
租赁期 1474
租赁期限 1462, 1463
租赁权 2232
租赁物 1455, 1456, 1458, 1459, 1466, 1468, 1474, 1475
租赁用途 1454
租期 1460
阻却违法 2250
组织 143
祖父母、外祖父母 136, 2096, 2124
祖宅 439
最长诉讼时效期间 256
最长租赁期间 1462
最长租赁期限 1465
最大利益原则 120, 123
最低充值额限制 2468
最低工资标准 2580, 2622
最高额保证 570, 1423
最高额保证合同 2178
最高额抵押 565, 566
最有利于被监护人原则 123, 2110
醉酒 683